Inhalt

Inhalt

Inhalt

1. Die Französische Revolution und das Zeitalter Napoleons

Am 14. Juli 1789 erstürmte eine aufgebrachte Volksmenge die Bastille, jene als uneinnehmbar geltende Festung im Herzen von Paris. Mit ihren 25 Meter hohen Mauern galt diese spätmittelalterliche Festung als Symbol des verhassten Despotismus. Der Bau diente als Staatsgefängnis und hatte die Ängste und Fantasien der Einwohner schon immer angeregt. In ihm saßen diejenigen ein, die aufgrund eines „lettre de cachet" (gesiegelten Briefes), das heißt eines königlichen Befehls, verhaftet worden waren.

Die Legende will das Geschehen vom 14. Juli 1789 zur großen Befreiungsaktion für die politischen Gefangenen stilisieren. Doch die Fakten sind nüchterner. Die Bastille wurde nicht militärisch erstürmt, sondern – nach kurzer Schießerei und Öffnung der Tore von innen – vom Kommandanten übergeben. Es wurden auch keine politischen Gefangenen befreit, sondern unter den sieben Häftlingen befanden sich fünf Schwerverbrecher und zwei Geisteskranke. Bei der Belagerung der Festung kamen knapp 100 Angreifer ums Leben und nach der Übergabe tötete die aufgeputschte Masse viele Verteidiger, einschließlich des Kommandanten. In den Jahren der Revolution genossen die Belagerer große Popularität und wurden zu nationalen Helden erhoben.

Der Fall der Bastille und der anschließende Abzug der königlichen Truppen aus Paris markierte den Sieg der Revolution. Die Festung wurde kurz darauf geschleift, was symbolhaft die Vernichtung des Absolutismus bedeuten sollte.

Man hat das Geschehen im Nachhinein heroisiert und zum Gründungsmythos des modernen Frankreich gemacht. Unter Mythen versteht man Geschichten, die ein menschliches Grundbedürfnis nach Identität bedienen. Ihr Wahrheitsgehalt ist dabei offensichtlich zweitrangig. Jede Gesellschaft – die archaische wie die moderne – kennt solche Erzählungen, die in der Regel einer dualen Anordnung folgen, zumeist dem Gut-Böse-Schema. So wird am Ende des 18. Jahrhunderts der Finsternis von Unkenntnis und Unterdrückung das Licht der Aufklärung und Freiheit gegenübergestellt. Gründungsmythen legitimieren mithin die Französische Revolution und die auf ihr bauende neue Ordnung. Der 14. Juli wird bis heute als Nationalfeiertag festlich begangen. Diesem Datum wird durchweg „historische Bedeutung" beigemessen. Die Nachwelt hat sich darauf geeinigt, die Eroberung der Bastille als Wendepunkt in der europäischen Geschichte zu betrachten. Durch die Französische Revolution wurde die absolutistische Monarchie zerstört, die Vorherrschaft des Adels gebrochen und das „bürgerliche Zeitalter" geboren.

Nachdem die Französische Revolution am Anfang von den aufgeklärten Menschen in Europa mit großer Sympathie verfolgt worden war, schlug die Stimmung später um. War es zunächst der Terror der Jakobiner, der die Idee der „Freiheit, Gleichheit und Brüderlichkeit" entstellte, so setzte später Napoleons Griff nach Europa Widerstandskräfte frei.

1.1 Die Französische Revolution (1789–1799)

Die Französische Revolution markiert einen entscheidenden Wendepunkt in der modernen Geschichte. Durch ihren Anspruch auf die Befreiung der Menschheit, auf die Verwirklichung der Menschenrechte und die Durchsetzung des bürgerlich-demokratischen Verfassungsstaates beeinflusste sie tief greifend das politische Denken und Handeln bis in das 20. Jahrhundert hinein.

Die äußere Machtentfaltung der absolutistischen Monarchie in Frankreich (seit Ludwig XIV.) überdeckte eine Reihe innerer Schwächen und Krisenherde.

Die französische Beteiligung am Siebenjährigen Krieg (1756–1763) und am amerikanischen Unabhängigkeitskrieg (1775–1783) und eine verschwenderische Hofhaltung der Monarchie verschärften in den Jahren vor der Revolution die Finanzkrise des Staates. Reformversuche von Finanzpolitikern wie Turgot, Necker und Calonne scheiterten am Widerstand der Krone und einflussreicher Teile des Adels, der auf seine politischen, sozialen und wirtschaftlichen Privilegien nicht verzichten wollte. Das aufsteigende Bürgertum konnte seine wachsende wirtschaftliche Bedeutung nicht in einen entsprechenden politischen Einfluss umsetzen. Die Unterdrückung der Freiheit, die Privilegierung der adligen Führungselite, die zahlreichen Missstände in Verwaltung und Kirche, die vor allem die unteren Volksschichten belasteten, sorgten für sozialen und politischen Zündstoff.

Die Oppositionsbewegung gegen den monarchischen Absolutismus orientierte sich an den Ideen der Aufklärung. Gegen die alte untergehende Gesellschaft setzten die Vertreter der Aufklärung die Vorstellung einer neuen vernunftgemäßen Gesellschaft auf der Grundlage der Freiheit, der Gleichheit und der Brüderlichkeit aller Menschen.

Die Französische Revolution wird oft nur mit einem einzigen spektakulären Ereignis in Verbindung gebracht, nämlich der Erstürmung der Bastille am 14. Juli 1789. Dabei wird leicht übersehen, dass die Französische Revolution keineswegs ein punktuelles historisches Ereignis war. Vielmehr bezeichnet der Begriff das komplexe historische Geschehen während des Zeitraums von zehn Jahren zwischen 1789 und 1799.

Langfristige strukturelle Ursachen

Der absolutistische Staat litt unter permanenter Finanznot, die sich 1788 zum Staatsbankrott zu verschärfen drohte. Maßgeblich verursacht durch teure Kriege und eine kostspielige Hofhaltung vergrößerte sich die Schere zwischen Staatseinnahmen und -ausgaben mit der Folge, dass etwa 50 Prozent der Einnahmen allein für den Schuldendienst ausgegeben werden mussten. Neben den überzogenen Ausgaben spielten aber auch die begrenzten Staatseinnahmen eine gewichtige Rolle. Im Widerspruch zur Theorie des absolutistischen Staates verfügte dieser noch nicht über eine eigene, funktionierende Finanzverwaltung, wie sie in heutigen modernen Staaten existiert. Im Zuge der Ämterkäuflichkeit wurde das Recht zur Einziehung von Steuern an so genannte Steuerpächter verkauft, die ihrerseits einen erheblichen

Anteil der Einnahmen für sich selbst beanspruchten. Nur ein Teil der von den Bürgern und Bauern gezahlten Steuern erreichten daher tatsächlich die Staatskasse.

Die Privilegierten

Die Finanzkrise des Staates hatte eine weitere strukturelle Ursache im Steuerprivileg von Adel und Klerus, das die beiden Stände von der Steuerpflicht weitgehend befreite. Weil König Ludwig XVI. versuchte, neue Finanzquellen durch Besteuerung der Privilegierten zu erschließen, verschärfte sich der Konflikt zwischen diesen und der Monarchie. Der Adel blockierte die Finanzreform in den Parlamenten, den adeligen Gerichtshöfen. Das Parlament von Paris besaß eine Veto-Macht insofern, als königliche Dekrete von ihm registriert werden mussten, um in Kraft treten zu können.

Die Bürger

Das Bürgertum in den Städten Frankreichs, insbesondere in Paris, hatte in der zweiten Hälfte des 18. Jahrhunderts an wirtschaftlicher Bedeutung und politischem Selbstbewusstsein zugenommen. In den Cafés, Lese- und Diskussionszirkeln, in Freimaurerlogen und politischen Clubs hatten sich die Ideen der Aufklärung verbreitet. Es war eine politisierte Öffentlichkeit herangereift. Die Überwindung der Ständegesellschaft galt vielen – nachhaltig beeinflusst durch die Lehren Rousseaus – als überfällig. Aber auch die Vorstellungen der amerikanischen Unabhängigkeitsbewegung fanden ihre Verbreitung. So mancher französische Freiwillige, der im Krieg auf der Seite der Amerikaner gekämpft hatte, war mit der „Erklärung der Menschenrechte" im Gepäck heimgekehrt. Umso mehr musste die Verdrängung von Bürgerlichen aus den höheren Positionen der Verwaltung, Justiz, Armee und Kirche den Widerwillen gegen die feudalistische Gesellschaftsform steigern.

Die Bauern

Das Frankreich der Französischen Revolution war noch ein Agrarland. 85 Prozent der Bevölkerung von etwa 26 Millionen lebten auf dem Land. Die Bauern – rechtlich gesehen ganz überwiegend freie Menschen –

M 1 „Das wird nicht ewig dauern." Karikatur aus dem Jahre 1789 gegen den Ausbeutungscharakter des „Ancien régime"; der Bauer trägt eine Laterne – hier ein Symbol der Aufklärung.

blieben weitgehend ohne Einfluss auf das öffentliche Leben. Ihre Belastungen durch Steuern, Kirchenzehnt und grundherrliche Abgaben summierten sich auf bis zu zwei Drittel des Ertrags. Das anhaltende Bevölkerungswachstum verschärfte die Bodenknappheit, zumal Grund und Boden ungleich verteilt waren (etwa zwei Prozent der Bevölkerung verfügte über ein Drittel der landwirtschaftlichen Nutzfläche). Eine Verelendung von Teilen der Landbevölkerung war die Folge.

Aktuelle kurzfristige Ursachen

Die Forschungsliteratur vermittelt ein höchst widersprüchliches Bild, wenn es um die Frage geht, wie reich oder wie verelendet das damalige Frankreich gewesen ist. Paradoxerweise ist beides richtig. Die Französische Revolution war keine reine Armutsrevolution. Die französische Gesellschaft des 18. Jahrhunderts hatte eine dynamische Entwicklung durchgemacht, die ein wohlhabendes Bürgertum von Bankiers, Händlern und Manufakturbesitzern begründet hatte.

Allerdings zerstörten zwei Missernten vor 1789 die Einnahmequellen breiter bäuerlicher Schichten. In der Folge stieg der Preis für Brot, was die städtischen Unterschichten in besonderem Maße belastete, denn Brot war für sie das wichtigste Nahrungsmittel. Sinkende Nachfrage nach Gütern, wachsende Arbeitslosigkeit und eine Teuerung der Lebensmittel bei sinkendem Lohnniveau führten dazu, dass sich die Schere zwischen den Einnahmen und den Kosten der Lebenshaltung immer weiter öffnete. Auch ein Teil der städtischen Bevölkerung lebte am Rande des Existenzminimums beziehungsweise litt unter Hunger.

Generalstände

Ausgelöst durch die Verschuldungskrise des absolutistischen Staates berief König Ludwig XVI. die Generalstände ein, die seit 1614 im Zeichen der Selbstherrschaft der Könige nicht mehr getagt hatten. In der Ständeversammlung verlagerte sich der Konflikt, der bisher zwischen Adel und Krone ausgetragen worden war, auf eine neue Front. Nunmehr ging es dem selbstbewusst auftretenden Dritten Stand, der zuvor schon eine Verdoppelung der Sitze (auf die gleiche Anzahl wie die ersten beiden Stände zusammen) durchgesetzt hatte, um den Modus der Abstimmung. Eine getrennt nach Ständen erfolgende Abstimmung hätte seine Einflussmöglichkeiten auf ein Minimum reduziert. Seine Forderung lautete daher: Abstimmung nach Köpfen.

Nationalversammlung

König Ludwig XVI. war nicht bereit, diese Forderung zu erfüllen. So entwickelte die Ständeversammlung in der Folgezeit eine eigene Dynamik, wobei die Mehrheit – bestehend aus den bürgerlichen Ständevertretern im Verein mit aufgeklärten Adeligen und Sympathisanten aus dem Klerus – die Umformung der Ständeversammlung in eine Nationalversammlung proklamierte (17. Juni 1789). Drei Tage später versammelten sich die Mitglieder der Nationalversammlung zum Ballhausschwur, durch den sie verkündeten, „niemals auseinander zu gehen und sich überall zu versammeln, wo es die Umstände gebieten, so lange, bis die Verfassung des Königreichs ausgearbeitet ist und auf festen Grundlagen ruht." Diese so genannte Verfassungsrevolution zielte auf eine Transformation der absoluten Monarchie in ein verfassungsgemäß gebundenes (konstitutionelles) Königtum.

M 2 **Der Ballhausschwur vom 20. Juni 1789**
Das Gemälde entstand nach einer Zeichnung von Jacques-Louis David und ist ein Beispiel für revolutionäre Auftragskunst. Es war ursprünglich für den Sitzungssaal der Nationalversammlung vorgesehen.

Im Mittelpunkt steht der Astronom Bailly (auf dem Tisch), seine Schwurhand ragt aus der begeisterten Menge. Vor dem Tisch sieht man eine fiktive Verbrüderungsszene zwischen einem Ordensgeistlichen, Weltgeistlichen und einem evangelischen Pfarrer.

Ludwig XVI. erklärte alle Beschlüsse der Nationalversammlung für ungültig und reagierte mit dem Plan, die Nationalversammlung mit Waffengewalt auseinanderjagen zu lassen. Die Verwirklichung dieser Absicht wurde letztlich dadurch vereitelt, dass neue revolutionäre Akteure auf dem Plan erschienen. Die Pariser Volksbewegung, in der sich vor allem Handwerker und Kleinhändler, Gesellen und Tagelöhner organisierten, stürmte die Bastille, ein nur mäßig bewachtes Gefängnis, das vielen als Symbol für das Zwangssystem des Absolutismus galt.

Parallel dazu gingen Bauern plündernd gegen den Großgrundbesitz vor. Schlösser wurden gebrandschatzt, und mit ihnen gingen viele Urkundenbestände in Flammen auf.

Drei Revolutionen (1789)

Die Französische Revolution gilt als das Muster der „bürgerlichen" Revolution. Diese Bezeichnung wird der Vielgestaltigkeit des Geschehens nur teilweise gerecht, denn bei genauer Betrachtung zeigt sich, dass verschiedene revolutionäre Tendenzen miteinander verwoben waren. Manche Historiker sprechen sogar von drei Revolutionen. Sie erkennen drei revolutionäre Akteure: das gehobene Bürgertum und den mit ihm verbundenen liberalen Adel, die städtischen Unterschichten (insbesondere von Paris) sowie die Bauern. Jede gesellschaftliche Gruppierung handelte dabei aus anderen Motiven. Das Bürgertum, das gewissermaßen den absolutistischen Staat entscheidend mitfinanzierte, forderte – geleitet von den Ideen der Aufklärung – seinen Anteil an der politischen Macht. Bei den städtischen Unterschichten speiste sich die revolutionäre Energie zum Teil aus wirtschaftlichen Notlagen, während die Bauern die Abschaffung der Feudalordnung auf dem Land anstrebten, das heißt bestimmter feudaler Abgaben, die über die übliche Pacht hinausgingen.

Der Erfolg der Revolution von 1789 erklärt sich dadurch, dass sich drei revolutionäre Handlungsstränge verschränkten, was letztlich zu einer Verstärkung des revolutionären Drucks führte:

- Die Ausrufung der Nationalversammlung durch den Dritten Stand und den mit diesem verbundenen Reformadel (Verfassungsrevolution).
- Diese Verfassungsrevolution wurde vorangetrieben durch die Politisierung der städtischen Massen in Paris. Die städtische Revolutionsbewegung belagerte die Bastille, das Herrschaftssymbol des Absolutismus.
- Auf dem Land verbreiteten sich Unruhen und Anarchie. Kleinbesitzer, Landlose und Tagelöhner griffen den Großgrundbesitz an, was die Abschaffung des Feudalsystems durch die Nationalversammlung beschleunigte.

Trotz dieser unterschiedlichen politischen Akteure blieb die Nationalversammlung in der ersten Phase der Revolution eher großbürgerlich ausgerichtet.

Begleitet wurde das revolutionäre Geschehen im Sommer des Jahres 1789 im ländlichen Frankreich durch die „Große Angst" (franz. la grande peur). Die Versorgungskrise, der Zusammenbruch der Staatsautorität, die Zunahme der Kriminalität und die Flucht von Adligen bildeten den Nährboden, auf dem das Gefühl des Bedrohtseins allgemein wuchs. Teile der französischen Gesellschaft befanden sich in einem Zustand der kollektiven Panik, wodurch einer Vielzahl von Gerüchten Glauben geschenkt wurde. Von aristokratischen Verschwörungen war die Rede, von angeblichen „Hungerpakten" der örtlichen Behörden und von Räuberbanden, die angeblich von Aristokraten angeheuert worden waren, um die Ernte zu vernichten.

Die Konstitutionelle Monarchie (1789–1792)

Mit der Umwandlung der Generalstände in eine (verfassunggebende) Nationalversammlung (17. Juni 1789) und dem Sturm auf die Bastille (14. Juli 1789) wurde in Frankreich der Untergang der absoluten Monarchie eingeleitet. Das Reformwerk der Nationalversammlung hatte eine grundlegende Umwälzung der alten Staats- und Gesellschaftsordnung zur Folge. Unter dem Druck schwerer Bauernunruhen beschloss die Nationalversammlung in einer dramatischen Nachtsitzung vom 4. auf den 5. August 1789 die Abschaffung des Feudalsystems. Die privilegierten Stände (Adel und Klerus) mussten auf ihre zahlreichen Sonderrechte wie Frondienste, Jagdrechte und Abgaben der Bauern verzichten.

Die Nationalversammlung verabschiedete am 26. August 1789 eine „Erklärung der Menschen- und Bürgerrechte".

Die von ihr ausgearbeitete Verfassung von 1791 verwandelte Frankreich in eine konstitutionelle Monarchie. Im Rahmen der nunmehr

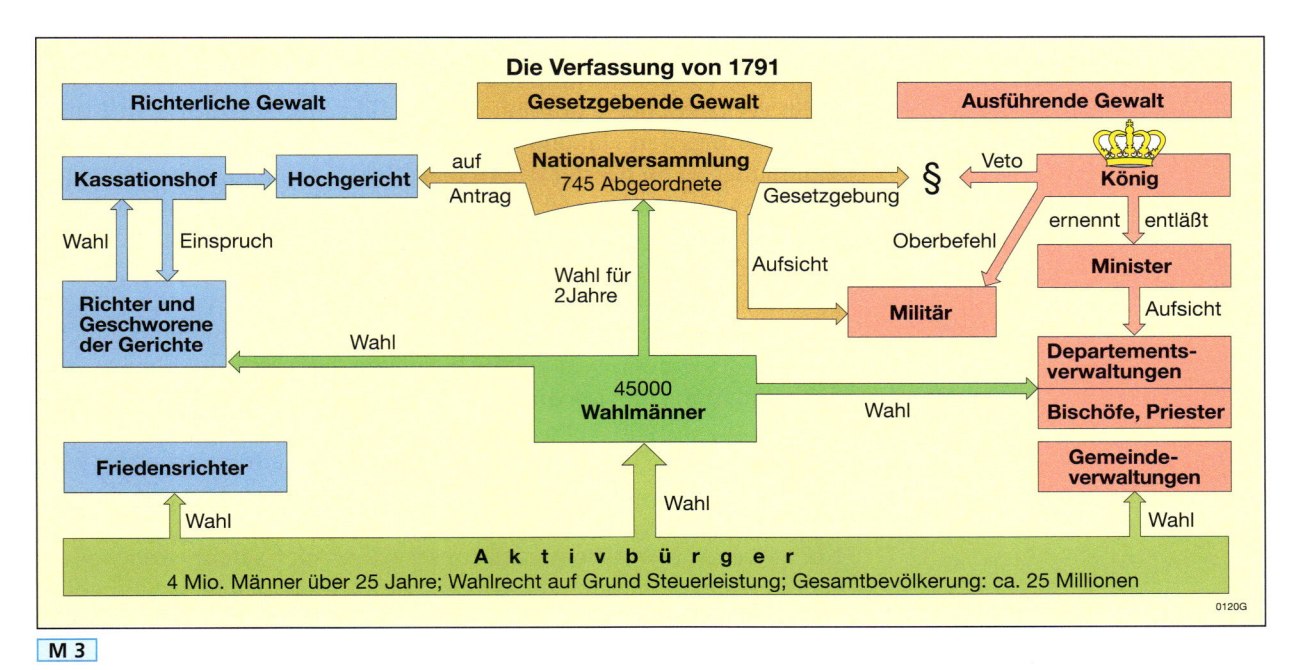

Die Verfassung von 1791

Richterliche Gewalt	Gesetzgebende Gewalt	Ausführende Gewalt

Kassationshof → Hochgericht ← auf Antrag — Nationalversammlung 745 Abgeordnete — Gesetzgebung — § ← Veto — König 👑

Wahl / Einspruch

Richter und Geschworene der Gerichte

ernennt | entläßt

Minister

Aufsicht

Oberbefehl — Militär

Aufsicht

Wahl für 2 Jahre

Wahl — Richter und Geschworene der Gerichte

45000 Wahlmänner

Departementsverwaltungen

Bischöfe, Priester

Wahl

Friedensrichter

Gemeindeverwaltungen

Wahl

A k t i v b ü r g e r
4 Mio. Männer über 25 Jahre; Wahlrecht auf Grund Steuerleistung; Gesamtbevölkerung: ca. 25 Millionen

0120G

M 3

gewaltenteiligen Ordnung blieb dem König die Funktion der Exekutive vorbehalten. Die Gesetzesmacht lag bei der Nationalversammlung, die von Aktivbürgern gewählt wurde. Das Wahlrecht war an Steuerzahlungen gebunden (Zensuswahlrecht); etwa 60 Prozent der Männer über 25 Jahren konnten teilnehmen. Ohne Wahlrecht blieben Männer unter 25 Jahren, Nicht-Steuerzahler sowie Frauen. Die Nationalversammlung beschloss unter anderem die Verstaatlichung der Kirchengüter, um den finanziellen Bankrott des Staates zu verhindern und die alten Machtpositionen des Klerus zu zerschlagen. Die Priester sollten durch den Eid auf die neue Verfassung verpflichtet werden, was allerdings zu massiver Eidesverweigerung führte.

Diese erste Phase der Französischen Revolution mündete in einer Entmachtung des Königs, der Abschaffung des Feudalsystems sowie in der Erklärung der Menschen- und Bürgerrechte, die auch in der Verfassung von 1791 Eingang fand. Dies entsprach im Wesentlichen den Bedürfnissen des gehobenen Bürgertums, was sich im Zensuswahlrecht widerspiegelte. Verfassungsmäßig war Frankreich eine konstitutionelle Monarchie geworden. Damit hätte – theoretisch – die Revolution beendet sein können. Aber aus verschiedenen Gründen misslang eine Stabilisierung der politischen Verhältnisse.

Politische Grundströmungen

Die revolutionären Ereignisse entfachten ungeheure politische Leidenschaften. Durch eine Flut von Büchern und Flugschriften ausgelöst, wurde die gesamte Gesellschaft in hohem Maße politisiert. Unzählige Diskussionszirkel, politische Clubs beziehungsweise parteiähnliche Organisationen wurden gegründet, wobei sich im Wesentlichen drei politische Grundströmungen herauskristallisierten: Zum einen die „Feuillants" – so benannt nach ihrem klösterlichen Versammlungsort. Als Anhänger einer konstitutionellen Monarchie wollten sie die Revolution auf der Basis der Verfassung von 1791 beenden. Zum Zweiten

13

die „Girondisten", die ihren Namen der südwestfranzösischen Provinz (Gironde) verdankten. Sie waren überwiegend republikanisch eingestellt, gerieten aber schon bald in Konflikt mit der dritten wichtigen Gruppierung, den „Jakobinern". Letztere, ebenfalls nach ihrem Versammlungsort im Kloster des Heiligen Jakob benannt, entwickelten in ihren Reihen einen radikalen Republikanismus und gerieten zusehends in Konflikt mit den Girondisten. Soziale Spannungen, Warenknappheit, Hunger, aber auch die Verschwörung des Königs, sein Zusammenspiel mit ausländischen Mächten und emigrierten Adligen, führten zu einer weiteren Radikalisierung. Ein gescheiterter Fluchtversuch des französischen Königs im Juni 1791 ließ die königsfeindliche Stimmung im Volk anwachsen. Diejenigen politischen Kräfte, die noch einen Kompromiss mit der alten Ordnung suchten, wurden zurückgeworfen. Die Jakobiner ergriffen die Initiative, sie wurden zum Motor der Revolution.

Ein Bürgerkrieg zerriss das Land. Auf der einen Seite standen die Königstreuen (Royalisten), der konservative Adel, sofern er noch nicht geflohen war, aber auch die Kirche, die von den neuen Machthabern enteignet und einer Zivilverfassung unterworfen worden war.

Zur Verschärfung der Konflikte trug auch die gefährdete Nahrungsmittelversorgung, insbesondere in Paris, bei. In dieser Situation, wo sich durch Unruhe, Angst und Hysterie aufgeputschte politische Leidenschaften Bahn brachen, machen sich die Jakobiner zum Anwalt des „kleinen Mannes" und der Verteidigung der Revolution.

Die Hinrichtung Ludwigs XVI.

Noch 1789 gab es vermutlich keinen Delegierten in der Ständeversammlung, der den König Ludwig XVI. töten lassen wollte. Im Verlaufe der Revolution gewannen aber jene politischen Kräfte erheblich an Zulauf, die für die gänzliche Abschaffung der Monarchie in Frankreich eintraten.

Nach einem gescheiterten Fluchtversuch Ludwigs im Juni 1791 und nach Aufdeckung von Geheimverhandlungen mit dem Ausland strengten die radikalen Jakobiner einen Prozess wegen Hochverrats gegen ihn an. Die Anklage lautete auf „Verschwörung gegen die öffentliche Freiheit". Nach der politischen Anschauung von Robespierre und Saint-Just, den beiden maßgeblichen Antreibern bei diesem Verfahren, waren Monarchie und Revolution miteinander unvereinbar. „Dieser Mann muss regieren oder sterben." So lautete ein berühmtes Diktum von Saint-Just.

Der Sturm auf die Tuilerien (10. August 1792) läutete den Sturz der Monarchie ein. Auf dem Hintergrund der sich verschärfenden inneren Krise kam es im September 1792 zu Massakern („Septembermorde") an revolutionsfeindlichen Kräften, darunter auch Priester, die den Eid auf die Verfassung verweigerten. Der Nationalkonvent beschloss nun die endgültige Abschaffung des Königtums Ludwigs XVI. (21. September 1792).

Mit einer knappen Mehrheit stimmte der Konvent der Enthauptung des Königs zu. Die Hinrichtung Ludwigs XVI. am 21. Januar 1793 bedeutete einen Tabu-Bruch von großer Tragweite. Die Schleusen der Gewalt öffneten sich danach noch weiter.

Jakobinerherrschaft

In den folgenden Monaten verdrängten die Jakobiner die zweite große Revolutionspartei, die Girondisten, und übernahmen praktisch die Regierungsgewalt.

Seit Mitte 1792 hatte sich der Charakter der Revolution erkennbar verändert. Das Heft des Handelns gelangte immer mehr in die Hände von radikalen bürgerlichen Konventsabgeordneten der Bergpartei (den Jakobinern), die ein Bündnis mit den Sansculotten eingingen. Vor allem in Paris hatte sich ein neuer Typus des Revolutionärs herausgebildet, dessen Name sich aus dem Fehlen der für den Adel typischen Kniebundhose ergab.

Der Sansculotte rekrutierte sich vorrangig aus dem Milieu der Kleinbürger – Handwerker, Gesellen, kleine Ladenbesitzer –, dazu kamen Arbeiter, Tagelöhner und Wohnsitzlose. Mit ihnen erschien ein radikalisierendes Element im Revolutionsprozess. Die Sansculotten lehnten nicht nur die Monarchie ab, sondern sie sahen auch im liberalen Bürgertum ihren Feind. Durch ihr Bündnis mit den Jakobinern entschieden sie den Machtkampf zwischen Girondisten und Jakobinern zu Gunsten der Letzteren.

Diese Phase der Revolution ist aufs Engste mit dem Namen des Jakobiners Robespierre verbunden. Unter seiner Führung organisierte der so genannte Wohlfahrtsausschuss eine Gewaltherrschaft, die auch als „Schreckensherrschaft" (französisch: la terreur) in die Geschichte eingegangen ist. Beim Wohlfahrtsausschuss handelte es sich zwar formell nur um einen Ausschuss des Konvents, tatsächlich fungierte er aber in dieser Zeit als provisorische Regierung.

Die radikalen Revolutionäre machten Jagd auf tatsächliche oder mutmaßliche Feinde. Hausdurchsuchungen waren an der Tagesordnung. So genannte Volksgerichte gingen gegen Verdächtige vor, die als „Feinde der Revolution" angeklagt wurden: Royalisten, Ausländer, Priester, die den Eid auf die Verfassung verweigerten, Händler, die als Wucherer angeklagt wurden.

Getragen und angeheizt wurde die Stimmung durch weit verbreitete Ängste, die sich bis zur Panik steigern konnten. Im Südwesten Frankreichs, in der Vendée, brach ein royalistischer und anti-republikanischer Aufstand los, der auf Befehl des Konvents mit der Verwüstung ganzer Landstriche und der Vernichtung der dortigen Bevölkerung endete. Krieg und Bürgerkrieg, Inflation und Versorgungsengpässe, der wachsende Widerstand der Landbevölkerung und der Kirche, die Ermordung des jakobinischen Konventsabgeordneten Jean-Paul Marat – dies alles stellte den sozialen Hintergrund dar, vor dem Verschwörungsfantasien gedeihen konnten. Schon der Verdächtige galt als schuldig, Konterrevolution als todeswürdiges Verbrechen. Das Etikett „Feind des Vaterlands" kam einem Todesurteil gleich. In dieser hysterisch aufgeladenen Atmosphäre wurde die Guillotine – euphemistisch „Rasiermesser der Nation" genannt – zum Instrument der politischen Konfliktaustragung auch zwischen den revolutionären Fraktionen. Der Guillotine fielen die führenden Girondisten im Oktober 1793 zum Opfer wie auch der gemäßigte Jakobiner Danton oder die linksradikalen Hébertisten. In der Diktatur Robespierres verschlang – wie es so sinnfällig heißt – die Revolution ihre eigenen Kinder. Insgesamt wurden ungefähr 40 000 Menschen hingerichtet – die meisten von ihnen durch die Guillotine.

M 4 Die Sansculotten lehnten die aristokratische Kniehose ab und drückten dadurch ihre republikanische Gesinnung aus.

M 5 Flugblatt gegen die Jakobinerdiktatur (1794)
Auf der Grabespyramide steht: „Hier ruht ganz Frankreich". Robespierre richtet, nachdem er alle Franzosen hat guillotinieren lassen, mit eigener Hand den Henker hin. Jede Guillotine erinnert an eine Kategorie seiner Opfer: z. B. Jakobiner, Girondisten oder Adel und Geistlichkeit.

M 6 **Nationale Gleichheit**
Das Gleichheitsprinzip beflügelte
die Fantasie der Karikaturisten.
Der nationale Nivellierungsappa-
rat sollte alle auf die gleiche Höhe
stutzen, Karikatur von 1789.

Die Radikalisierung und die zunehmende Gewalttätigkeit war eine Folge des sich verschlechternden Lebensstandards breiter städtischer Bevölkerungsschichten. Brot galt als Symbol für Armut oder Wohlstand und somit musste der ständig steigende Brotpreis zum Gradmesser für Menschenwürde und damit zu einem politischen Thema werden. Die Suche nach den Schuldigen, der allgegenwärtige Wucherverdacht prägten die politische Atmosphäre, in der Robespierre und seine Anhänger die Macht an sich zu reißen vermochten. Ein Maximum-Gesetz (27.9.1793), das Höchstpreise für Lebensmittel festsetzte, sollte den Forderungen der Not leidenden Volksmassen entgegenkommen.

„Maximum"

Das innenpolitische Konzept der Jakobiner entsprach dem Modell einer sozialen Demokratie. Das Privateigentum als solches wurde nicht angetastet, gleichwohl sollte es gerechter beziehungsweise gleichmäßiger verteilt werden (Vermögensmaximum). Höchstpreisverordnungen sicherten die Versorgung der städtischen Bevölkerung. Dazu wurden Wirtschaft und Handel staatlichen Kontrollen unterworfen. Die neue Verfassung von 1793 spiegelte das jakobinische Gleichheitsideal wider, unter anderem wurde das Zensuswahlrecht zu Gunsten eines allgemeinen abgelöst. Diese zweite Verfassung trat aber nie in Kraft, weil Frankreich sich seit 1792 im Krieg befand. Österreichische und preußische Truppen waren in das Land eingedrungen, um mithilfe einer militärischen Aktion von außen die alte Ordnung wiederherzustellen. Die Regierung reagiert darauf mit der „Levée en masse", der massenhaften Mobilisierung von Menschen und Material zur Verteidigung der Nation und der Revolution. Der Kriegszustand, in dem sich das revolutionäre Frankreich seit 1792 befand, trug wesentlich zur Dynamisierung des Revolutionsprozesses bei.

Schließlich gelang es der Opposition, am 27. Juli 1794 (nach der Zählung des Revolutionskalenders der 9. Thermidor) der Schreckensherrschaft ein Ende zu setzen. Robespierre und zahlreiche seiner Anhänger wurden hingerichtet. Nach dem Zusammenbruch der revolutionären Diktatur konnte das gemäßigte (thermidorianische) Bürgertum erneut seine Herrschaft etablieren. Damit war nach langen inneren Machtkämpfen zwischen den gemäßigten Gruppierungen (Girondisten) und den radikaleren Befürwortern der Revolution (Jakobiner) der Gipfel der Revolution überschritten.

Die bürgerliche Republik (1794–1799)

Die großbürgerlich orientierten Girondisten gelangten erneut an die Macht. Ab 1795 regierte ein Direktorium. Entsprechend der neuen (dritten) Verfassung von 1795 war das Wahlrecht wieder streng an Besitz geknüpft. Alle von den Jakobinern verfügten Wirtschaftsbeschränkungen wurden aufgehoben. Die neue Regierung blieb in den folgenden Jahren zum einen bedroht durch die wieder erstarkten Royalisten und zum anderen durch sozialistisch inspirierte Volksaufstände, wie zum Beispiel Babeufs „Verschwörung der Gleichen".

Die Jahre zwischen dem Sturz Robespierres und der schließlichen Machtergreifung durch Napoleon Bonaparte (1799) waren gekennzeichnet durch die militärische Expansion Frankreichs und die Einrichtung einer gemäßigt autoritären Herrschaft des so genannten Direktoriums (1795–1799).

Nach dem Frieden von Basel (1795) zwischen Frankreich und Preußen blieb Österreich als Hauptgegner auf dem Kontinent zurück. Im Frieden von Campo Formio (1797) trat das inzwischen besiegte Österreich Belgien an Frankreich ab und bestätigte das linke Rheinufer als französischen Besitz. Als Folge der französischen Eroberungen wurden in Italien und der Schweiz abhängige Tochterrepubliken gegründet.

Der Zweite Koalitionskrieg (1799–1802), getragen von England, Russland und Österreich, zeigte jedoch, dass die alten Mächte ihren Kampf gegen das revolutionäre Frankreich noch nicht aufgegeben hatten. Die durch militärische Niederlagen und innere Krisen erschütterte Herrschaft des Direktoriums wurde am 9. November 1799 durch einen Staatsstreich des Generals Napoleon Bonaparte gestürzt. Damit war das Ende der stürmischen Revolutionsepoche besiegelt.

Napoleon: Vollender und Überwinder der Revolution

Da sich Frankreich seit 1792 fast ununterbrochen im Kriegszustand befunden hatte, führte das zwangsläufig zur Unterordnung der gesamten Gesellschaft unter die militärischen Erfordernisse. Der Kriegsdienst ermöglichte schnelle Karrieren. Ein Mann, der diese Chance genutzt hatte und schnell zum General aufgestiegen war, dessen Ehrgeiz aber durch seine militärischen Siege nicht gestillt war, konnte in dieser Situation an die Macht gelangen.

Napoleon hatte seinen Aufstieg zur Macht durch militärische Erfolge sowie durch seine charismatische Persönlichkeit bewerkstelligt. Es gelang ihm als Erster Konsul, die Errungenschaften der Revolution zu festigen und das Chaos des Revolutionsjahrzehnts zu beenden. Sein politisches Handeln entsprach somit dem Bedürfnis des Bürgertums nach Stabilität. Die Anhänger des Ancien régime, also die Königstreuen, als auch die radikalen Jakobiner wurden an den Rand des politischen Geschehens gedrängt. Abgesegnet durch einen Volksentscheid, machte sich Napoleon fünf Jahre nach dem Staatsstreich zum Kaiser (1804). Das napoleonische Kaisertum war eine moderne Monarchie, die mit der durch die Revolution erkämpften bürgerlichen Ordnung eine neue Einheit einging.

Wesentliche Marksteine der Herrschaft Napoleons waren:
- die Zentralisierung der Verwaltung,
- die Aussöhnung mit der Kirche (Konkordat mit dem Papst 1801),
- der Code Civil, der die Beseitigung der Feudalordnung festschrieb (Gleichheit vor dem Gesetz, bürgerliche Eigentumsordnung, Gewerbefreiheit, Freiheitsrechte des Individuums und anderes).

Der Code Civil ist – trotz mancher Änderungen – bis heute die Grundlage der französischen Rechtsordnung. Viele Historiker sehen in den neuen Gesetzbüchern – und nicht in den militärischen Erfolgen – die größte geschichtliche Leistung Napoleons.

Kulturrevolution

Die Französische Revolution hat auch neue Formen der politischen Kultur hervorgebracht, die nicht nur das Staatsleben, sondern auch den Alltag der Menschen verändert haben. Wie bei jeder Revolution lassen sich dabei destruktive und konstruktive Elemente unterscheiden. Zunächst einmal drückte sich die Revolution durch die Tötung von Menschen und die Zerstörung von Zeugnissen und Traditionen des Ancien régime aus: zum Beispiel durch die Schleifung der Bastille, die Brandschatzung von Adelssitzen, den Sturz von königlichen Denkmälern und die Inszenierung der Hinrichtung von so genannten Feinden des Vaterlandes auf dem Schafott.

Revolutionen haben es an sich, dass sie die politischen Veränderungsprozesse in ungeahnter Weise verdichten und beschleunigen. Dazu gehört auch die totale Politisierung des öffentlichen Lebens. Die Bevölkerung – insbesondere in den Städten – wurde auf vorher nicht gekannte Art aktiviert und auch militarisiert. Allein in Paris soll es in der Hochphase der Revolution etwa 250 000 Bewaffnete gegeben haben.

Nicht nur Zeitungen, Volksgesellschaften und politische Clubs schossen aus dem Boden, die Revolution veränderte auch die alltäglichen Umgangsformen. Das reichte vom „revolutionären Duzen" bis hin zur revolutionären Kleidung (der langen Hose und der Freiheitsmütze).

Angesichts des noch weit verbreiteten Analphabetismus (noch über 60 Prozent) entstand eine neue revolutionäre Symbolsprache. Sie wurde in Abzeichen (Schärpe und Kokarde) sichtbar und in den Bildern. Die geometrische Formsprache (Richtlot und Dreieck) verwies auf die Vernunft. An die Stelle des Gottesauge trat der Strahlenkranz des Gesetzes. Typisch für die Selbstdarstellung der Revolution war dabei der Versuch, das Neue mit traditionellen Formen zu verknüpfen. Anspielungen auf die Antike (beim Liktorenbündel) und auf das Christentum (Zehn Gebote) sollten der Revolution eine neue Legitimität verleihen. Gerade weil die Revolution die überlieferte Herrschaftsform vernichtet hatte (sinnfällig ausgedrückt in der Guillotinierung des Königs), musste sie neue Identität stiftende Vergesellschaftungsformen entwickeln: zum Beispiel durch Einführung einer neuen Zeitrechnung (Revolutionskalender), durch neue Rituale (das Pflanzen von Freiheitsbäumen), neue Feste (die Föderationsfeste am Jahrestag der Bastille-Erstürmung). Ein

M 7 **Einheit und Unteilbarkeit der Republik**

Das Motto der Jakobiner spiegelt die äußere Bedrohung und innere Zerrissenheit der Republik wider. Die Bildsprache lehnt sich an antike römische Vorbilder an: Die Fasces (Rutenbündel) symbolisieren die Staatsgewalt; die Pike ist die Waffe der Sansculotten; die rote phrygische Mütze stellt die antike Kopfbedeckung freigelassener Galeerensträflinge dar. Sie diente als Freiheitssymbol ebenso wie die an ihr geheftete Kokarde. Die Standarten („Freiheit, Gleichheit, Brüderlichkeit oder Tod") sind in den Farben der Trikolore gehalten: blau, weiß, rot. Blau und rot gelten als die Farben der Stadt Paris, weiß wird als Farbe des besiegten Königtums interpretiert.

führender Revolutionär wie Robespierre wusste um das Spannungsverhältnis von zerstörten gesellschaftlichen Bindungen und dem dann entstehenden ideologischen Vakuum, das es aus seiner Sicht zu füllen galt. Ihm war klar, dass auf Dauer gesehen die Revolution allein mit Propaganda (Parolen, Lieder und Theaterstücke) nicht überlebensfähig sein würde. Die Revolution hatte die Gesellschaft entsakralisiert (entheiligt), die Kirchen umfunktioniert und den Einfluss der Priester zurückgedrängt. Auf Robespierres Initiative verabschiedete der Konvent per Dekret eine neue Ersatzreligion: den „Kult des Höchsten Wesens", der aber die Jakobinerdiktatur nicht überlebte.

Jedes Revolutionsgeschehen weist eine äußere Seite auf, die sich zum Beispiel in einer neuen Verfassung ausdrückt, und eine innere, die sich in einer gewandelten Mentalität zeigt. Will eine Revolution auf Dauer erfolgreich sein, muss sie vor allem das Bewusstsein der Menschen verändern.

Frauen in der Französischen Revolution

Frauen pflegten im 18. Jahrhundert kaum eine Rolle im öffentlichen Leben zu spielen. Die männlich geprägte Gesellschaft erachtete sie als nicht politikfähig beziehungsweise unfähig, ein öffentliches Amt zu bekleiden. Die Dynamik der Französischen Revolution und der von ihr ausgelöste Bewusstseinswandel führten dazu, dass immer mehr Frauen in die Politik drängten. Die Frauen der Sansculotten machten in den Brotaufständen von 1789 von sich reden, wenn sie plünderten und gegen Preiswucher vorgingen. Es waren die Marktfrauen, die am 5. Oktober 1789 nach Versailles zogen, um der Forderung nach Brot Nachdruck zu verleihen und bei dieser Gelegenheit den König Ludwig XVI. zwangen, nach Paris zurückzukehren.

M 8 Zug der Marktfrauen von Paris nach Versailles am 5. Oktober 1789. Frauen wurden als Verwalterinnen der Hauswirtschaft unmittelbar mit den Engpässen bei der Versorgung konfrontiert. Dem Marsch der Pariserinnen waren mehrfache Erhöhungen der Brotpreise vorausgegangen.

Einzelne Frauen gelangten in den Jahren der Revolution zu großer Berühmtheit:
- Olympe de Gouges appellierte an den Gerechtigkeitssinn der Männer, wenn sie die vollkommene Gleichstellung der Frau forderte. Wie kaum eine andere vertrat sie den Anspruch revolutionär gesinnter Frauen, mit dem französischen Begriff „homme" nicht nur den

Mann zu bezeichnen. Sie verfasste 1791 eine Erklärung über „Die Rechte der Frau und Bürgerin", die noch heute als Grundakte für die Gleichberechtigung der Geschlechter dient. Olympe de Gouges endete auf dem Schafott, weil sie den König verteidigt hatte.

- Charlotte de Corday verübte das Aufsehen erregende Attentat auf Marat, den sie als treibende Kraft für den Terror ansah. Auch sie endete auf dem Schafott.
- Claire Lacombe gründete 1792 die „Gesellschaft der revolutionären Frauen" und kämpfte für das Recht, eine Uniform zu tragen. Sie saß mehrere Jahre im Gefängnis.
- Théroigne de Méricourt nahm an der Erstürmung der Bastille teil und stand an der Spitze des Zuges der Marktfrauen nach Versailles. 1793 inhaftiert, starb sie nach 24 Jahren in geistiger Umnachtung.
- Manon Roland führte einen Salon in Paris, der als Zentrum der Girondisten diente. Sie wurde 1793 hingerichtet.
- Germaine de Staël, Tochter des Finanzministers Necker, führte ebenfalls einen Salon, der zum Treffpunkt der Pariser Intellektuellen wurde. Sie überlebte die Schreckensjahre im Exil.

Insgesamt gesehen stellten die Frauen in der Revolution keine autonome Kraft dar, zumal sich nur eine Minderheit von ihnen engagierte.

Im Kern ging es um die Frage, ob die Menschenrechtserklärung in vollem Umfang auch für Frauen gelte. Handelte es sich um Menschen- oder Männerrechte? Die französische Formulierung „droits de l'homme" kann beides bedeuten.

M 9 **Patriotischer Frauenclub (1791)**
Die Bildunterschrift lautet:
„Sehr patriotische Frauen hatten einen Club gebildet, zu dem niemand anders zugelassen wurde. Sie hatten ihre Vorsitzende und Sekretärinnen. Man versammelte sich zweimal wöchentlich, die Präsidentin verlas die Sitzungsprotokolle des Nationalkonvents, dessen Beschlüssen man Beifall oder Kritik zollte. Aus Wohltätigkeitseifer veranstalteten die Damen unter sich eine Sammlung und verteilten den Erlös an hilfsbedürftige Familien guter Patrioten."

Die Revolution brachte für die Frauen keinen politischen Durchbruch zur Gleichberechtigung. Die (männliche) Mehrheit – auch der Revolutionäre – lehnte eine Beteiligung der Frauen an der Politik ab. Das Wahlrecht blieb bis in das 20. Jahrhundert den Männern vorbehalten. Erst 1946 erhielten die französischen Frauen das Wahlrecht.

Chronologie: Die drei Phasen der Französischen Revolution

1. Phase: 1789–1792:	**Konstitutionelle Monarchie** Das Großbürgertum hat die Macht.
5. Mai 1789	Eröffnung der Generalstände (Etats géneraux)
17. Juni 1789	Der 3. Stand erklärt sich zur Nationalversammlung (Assemblée nationale).
14. Juli 1789	Sturm auf die Bastille
4. Aug. 1789	Die Nationalversammlung beschließt die Aufhebung des alten Feudalsystems und die Abschaffung der Standesvorrechte.
26. Aug. 1789	Erklärung der Menschen- und Bürgerrechte nach amerikanischem Vorbild
3. Sept. 1791	Eine neue Verfassung wird verkündet (konstitutionelle Monarchie und Zensuswahlrecht).
1. Okt. 1791	Die Gesetzgebende Versammlung mit 745 Abgeordneten beginnt zu regieren. Die Anhänger des Jakobiner-Klubs bilden eine immer mächtiger werdende Gruppe.
2. Phase: 1792–1794:	**Republik der Jakobiner** Das Kleinbürgertum, das nach „Arbeit" und „Brot" verlangt, treibt die Revolution voran.
10. Aug. 1792	Erstürmung der Tuilerien durch das Volk; der König wird gefangengenommen. Organisator dieser Revolutionsphase ist Danton, der als Volksredner sehr einflussreich wird.
21. Sept. 1792	Der neu geschaffene Nationalkonvent führt ein allgemeines Wahlrecht ein und schafft das Königtum ab.
21. Jan. 1793	Der König (Ludwig XVI.) wird hingerichtet.
6. April 1793	Der Wohlfahrtsausschuss, in dem nur Jakobiner vertreten sind, übernimmt die Regierungsgewalt. Der Vorsitzende Danton wird schon nach einigen Monaten von dem Advokaten Robespierre verdrängt. Drei weitere Männer bestimmen die Herrschaft der Jakobiner mit: Saint-Just, Hébert und Marat. Den Jakobinern gelingt es, das Land militärisch gegen das verbündete Ausland (1792–1797 1. Koalitionskrieg gegen Österreich, Preußen, England) abzusichern, aber im Landesinnern wächst der Widerstand gegen den rücksichtslosen Terror, mit dem alle Andersgesinnten verfolgt werden.
27. Juli 1794	Robespierre wird hingerichtet. Auch alle anderen führenden Jakobiner enden auf dem Schafott.
3. Phase: 1794–1799:	**Republik der Bürger** Eine neue Regierung wird gebildet, das Directoire (Direktorium 1795–99), bestehend aus fünf Männern der gemäßigten Richtung. Damit ist wieder das Großbürgertum an der Macht.
5. April 1795	Frankreich und Preußen schließen Frieden (Friede von Basel). In der Folgezeit werden die Ereignisse durch die französische Armee geprägt.
1796	Niederschlagung einer sozialrevolutionären Verschwörung von Babeuf
1796	Feldzug von Napoleon Bonaparte in Italien
1798	Bonaparte besetzt Rom.
1799	Napoleon übernimmt durch einen Staatsstreich die Regierung.
1799–1802	2. Koalitionskrieg gegen England, Russland, Österreich
1804	Napoleon I. wird Kaiser der Franzosen.

M10 Gesellschaftsstrukturen

Die Einteilung der Gesellschaft in drei Stände spiegelt die Komplexität der vorrevolutionären Gesellschaft nur ganz unzureichend wider. Der Historiker Siegfried Loewe gibt ein differenzierteres Bild:

Die Gesellschaft des Ancien régime war ständisch gegliedert und beruhte auf den Privilegien der Geburt und des Grundbesitzes. Der Klerus umfasste etwa 150 000 Personen, welche wohl als Stand orga-
5 nisiert waren, aber keine einheitliche gesellschaftliche Gruppe bildeten. Die Mitglieder des hohen Klerus stammten überwiegend aus dem Hochadel, standen in ihrem prunkvollen Lebensstil diesem kaum nach und residierten vielfach bei Hof. Hinge-
10 gen teilte der niedere Klerus auf dem Lande die Armut der Bauern, solidarisierte sich weitgehend mit der Landbevölkerung und wurde zum Mittler der Reformideen und zum Wortführer des Volkes. Nur die hohe Geistlichkeit bezog hohe kirchliche
15 Einkünfte. Die wirtschaftliche Machtposition der Kirche beruhte einerseits auf den Erträgen aus ihrem enormen Grundbesitz, der im 18. Jahrhundert einen jährlichen Gewinn von etwa 100 Millionen Livres abwarf, andererseits auf dem von den Bauern
20 zu erbringenden Zwanzigsten, der 80 Millionen Livres betrug. Demgegenüber war die Kirche von jeglicher Steuerleistung an den Staat befreit, sie leistete bloß freiwillige Gaben, welche auf ihren alle fünf Jahre abgehaltenen Kirchenversammlungen fest-
25 gelegt wurden. Obwohl politisch vom Königtum entmachtet, spielte in der französischen Gesellschaft des 18. Jahrhunderts die Aristokratie die führende Rolle[1]. Sie besaß ein De-facto-Monopol auf die hohen Ämter in der Verwaltung, der Armee, der
30 Kirche (1789 waren alle 139 Bischöfe Adlige). Aber wie beim Klerus gab es auch innerhalb des Adels bedeutungsvolle Schattierungen. Dem alten Geburts- oder Schwertadel (noblesse d'épée) stand der aus der Bourgeoisie [Bürgertum] durch Ämterkauf oder
35 wegen seiner Verdienste aufgestiegene Amtsadel gegenüber (noblesse de robe, robins); beide Gruppen verschmolzen im Verlauf des 18. Jahrhunderts weitgehend. Nach dem gesellschaftlichen Einfluss und dem Vermögen unterschied sich der am Versailler
40 Hof eingeführte Hofadel, für den „Grundrente und Königsgunst die Haupteinnahmequelle" bildeten und dessen prunkvolle Lebensführung seinen finanziellen Ruin bewirken sollte, vom Landadel in der Provinz, der von den relativ geringen Erträgen
45 seiner nicht sehr großen Ländereien lebte. Angesichts der mehr als angespannten finanziellen Situation, in der sich der Adel befand, erscheint es ver-

ständlich, dass er gemeinsam mit dem Klerus vehement für die Aufrechterhaltung des Status quo, für die Erhaltung seiner Privilegien eintrat, welche ihm 50 Steuerbefreiung sowie feudalrechtliche Abgaben der Bauern sicherten. Der sozial ungeheuer vielschichtige Dritte Stand schließlich umfasste den Rest der Bevölkerung, d. h. etwa 98 % einer Gesamtbevölkerung von 26 Millionen Menschen. Dominiert 55 wurde der Tiers-état (Dritter Stand) vom Bürgertum, welches zum eigentlichen Träger der Revolution wurde. Aber auch die Bourgeoisie bildete keine homogene Klasse. Die große Handels- und Industriebourgeoisie war im System des Ancien régime 60 integriert und neigte bald nach Ausbruch der Revolution zu einer Kompromisshaltung, welche ihr die Privilegien der herrschenden Klasse gesichert hätte. Die mittlere und kleine Bourgeoisie hingegen, die Vertreter der freien Berufe, die Handwerker, 65 Kleinproduzenten, Kleinladenbesitzer, sah sich durch Ansätze zu kapitalistischer Eigentumskonzentration in ihrer Existenz bedroht und mit der Angst konfrontiert, in die Lohnabhängigkeit abzusinken. Besonders litten unter dem System des 70 Ancien régime die eigentlichen Volksmassen, die Lohnabhängigen, denen aber ein Klassenbewusstsein fehlte und die nur durch ihren Hass auf die Aristokratie und die Reichen einen Zusammenhalt fanden, der sie dann zur Unterstützung der Bourgeoi- 75 sie bei der Zerschlagung des Ancien régime trieb. Das Elend der Lohnabhängigen hatte sein Pendant [Gegenstück] in der Not der Bauern. Frankreich besaß im 18. Jahrhundert noch eine ausgeprägte Agrarstruktur, drei Viertel der französischen Bevöl- 80 kerung lebte auf dem Land, der „Alltag des Ancien régime ist das Leben der Bauern". Die Bauern litten am meisten unter den Überresten des Feudalsystems und unter den grundherrlichen Rechten des Adels. Obwohl gegen Ende des Ancien régime 85 30 bis 40% des Bodens in bäuerlichem Besitz waren und es auch wohlhabende, Grund besitzende Bauern gab, war der bäuerliche Landbesitz für den einzelnen Bauern jedenfalls gering. Der auf diese Art karg bleibende Ertrag wurde noch dadurch ge- 90 schmälert, dass die Bauern voll vom strengen und ungerechten Steuersystem des Ancien régime getroffen wurden. Sie zahlten wie alle Nichtadeligen die *taille*, welche […] von einer bestimmten Gemeinde oder Gemeinschaft solidarisch aufgebracht 95 werden musste; dann die Kopfsteuer (*capitation*) und den Zwanzigsten (*vingtième*). […]

1 Der Adel umfasste etwa 350 000 Personen.

B. Schmidt, J. Doll, W. Fekl, S. Loewe: Frankreich-Lexikon, Berlin 1981, S. 54 ff.

„Hoffentlich hat dieses Spiel bald ein Ende"

„Es lebe der König, es lebe die Nation"

M12 Aus den Beschwerdeheften

Im Zusammenhang mit der Einberufung der Generalstände wurden die Wähler aufgefordert, ihren Vertretern Beschwerdeschriften (franz. Cahiers de doléances) mitzugeben. In diesen Beschwerdeheften spiegeln sich Missstände, aber auch Wünsche und Erwartungen der Menschen wider. Historiker haben später von der größten Volksbefragung Alteuropas gesprochen. Ein Dorf in der Champagne schrieb an den König:

In Ew. Majestät Namen verlangt man von uns fortwährend Geld. Man machte uns Hoffnung, dass das ein Ende nehmen werde, aber es wurde von Jahr zu Jahr ärger. Wir lieben Sie so sehr, dass wir uns nicht
5 an Sie wendeten, sondern an Ihre Vertreter, die jedenfalls besser für sich sorgen als für Sie. Wir glaubten, dass sie Sie hintergehen und sagten uns in unserem Kummer: „Wenn der gute König es wüsste!" […] Wir sind mit Steuern aller Art über-
10 häuft; wir haben Ihnen bisher einen Teil unsres Brotes gegeben, und wenn es so fortgeht, werden wir bald gar keines mehr haben […]. Wenn Sie die armseligen Hütten, die wir bewohnen, und die armselige Nahrung, die wir einnehmen, sähen, wären Sie
15 davon gerührt; das würde Ihnen besser als unsre Worte sagen, dass wir nicht weiter können, und dass eine Erleichterung eintreten muss. […] Es schmerzt uns sehr, dass die Reichsten am wenigsten zahlen. Wir entrichten Taillen[1] und alle möglichen
20 Auflagen, während die die schönsten Güter besitzenden Geistlichen und Adligen nichts zahlen. Warum sollen die Wohlhabenden am wenigsten, die Armen dagegen am meisten zahlen? Sollte nicht jedermann nach Maßgabe seiner Verhältnis-
25 se besteuert werden? Wir verlangen, dass dem so werde; denn es wäre gerecht. […] Wir würden gern einige Weinstöcke pflanzen, wagen es aber nicht; denn wir werden von den Beamten der Verzehrsteuer so malträtiert[2], dass wir noch eher daran
30 denken würden, die schon vorhandenen Stöcke auszureißen. Der ganze Wein, den wir erzeugen würden, wäre nur für sie; uns würde nur die Mühe bleiben. Die ganze Steuereintreibung ist eine Schinderei, und um sich ihr zu entziehen, lässt man
35 den Boden lieber brachliegen […]. Entledigen Sie uns der Steuersammler und der Salzmänner[3], von denen wir so viel leiden. Solange wir sie nicht los sind, werden wir nie glücklich sein; es ist Zeit, die Sache abzuändern. Wir und alle ihre Untertanen
40 bitten Ew. Majestät darum, wir sind sehr ermattet. Wir würden Sie noch um manches andere bitten, aber Sie können nicht alles auf einmal machen.

1 Einkommensteuern

2 schlecht behandelt

3 mit Bezug auf die Besteuerung des Salzes

Zit. nach: H. Taine, Die Entstehung des modernen Frankreich, Meersburg o. J., S. 262.

M13 Augenzeugenbericht aus Paris

Der Braunschweiger Pädagoge Joachim Heinrich Campe eilte im Juli 1789 – unmittelbar nach den ersten Nachrichten aus dem revolutionären Frankreich – nach Paris. Er war einer der ersten Revolutionsreisenden, die das deutsche Publikum über ihre Eindrücke vor Ort informierten (9. August 1789):

Das Erste, was uns, außer der hin und her wallenden Volksmenge auffällt, sind die vielen, dicht in

einander geschobenen Menschengruppen, welche
wir teils vor vielen Haustüren, wo entweder Bür-
5 gerwachstuben sind oder Bäcker wohnen, teils vor
allen denjenigen Häusern erblicken, deren Mauern
mit Affichen [Zetteln] beklebt sind. Diese Affichen
oder Bekanntmachungszettel sieht man in allen
Straßen, besonders an den beiden Seitenwänden
10 aller Eckhäuser und an dem ganzen Gemäuer aller
öffentlichen Gebäude auf den Quais und sonstigen
freien Plätzen, eine so unzählbare Menge, dass ein
rüstiger Fußgänger und geübter Schnellleser den
ganzen Tag, vom Morgen bis an den Abend her-
15 umlaufen und lesen könnte, ohne nur mit denjenigen fertig zu werden, welche man an jedem Tage
von neuem ankleben sieht. […] Denken Sie sich, wie
diese Publizität, diese Teilnahme aller an allem, auf
die Entwicklung der menschlichen Seelenkräfte,
20 besonders auf die Verstandes- und Vernunftausbil-
dung der Leute wirken muss! – Vor jedem, mit dergleichen Zetteln, die in großen Bogen mit großer
Schrift gedruckt bestehn, beklebten Hause,
sieht man ein unendlich buntes und vermischtes
25 Publikum von Lastträgern und feinen Herrn, von
Fischweibern und artigen Damen, von Soldaten und
Priestern, in dichten, aber immer friedlichen und
fast vertraulichen Haufen versammelt, alle mit
emporgerichteten Häuptern, alle mit gierigen
30 Blicken den Inhalt der Zettel verschlingend, bald lei-
se, bald mit lauter Stimme lesend, darüber urteilend
und debattierend. Zehn oder zwanzig Schritte weiter hin stößt man auf einen andern eben so bunten
und vermischten Haufen, der einen an die Mauer
35 gelehnten Tisch mit einer kleinen Verdachung
umgibt, worauf die fliegenden Blätter und Broschüren des Tages feilgeboten werden, welche zu
eben der Zeit von vielen hundert Colporteuren
durch alle Straßen der Stadt, nicht bloß dem Titel,
40 sondern auch dem Hauptinhalt nach ausgeschrien
werden. Auffallend und befremdend für den Ausländer ist hier der Anblick ganz gemeiner Menschen aus der allerniedrigsten Volksklasse, z. B. der
Wasserträger, welche die Küchen aller Häuser der
45 Stadt, wohin keine Wasserleitungen führen, mit
dem unreinen Seinewasser versorgen, – auffallend,
sage ich, ist es, zu sehen, welchen warmen Anteil
sogar auch diese Leute, die größtenteils weder
lesen noch schreiben können, jetzt an den öffentli-
50 chen Angelegenheiten nehmen; zu sehen, wie sie
ihre Eimer wohl zwanzigmal in einer und eben derselben Straße niedersetzen, um erst zu hören, was
der Colporteur ausruft oder was etwa einer von
denen, welche vor den Bekanntmachungszetteln
55 sich angehäuft haben, mit lauter Stimme abliest

und was von andern darüber geurteilt und ver-
nünftelt wird; zu sehen – was ich mehrmals beobachtet habe – wie vier, fünf oder sechs solcher armseligen Lastträger mit einem ihrer Kameraden, der
den seltenen Vorzug besitzt, Gedrucktes lesen zu 60
können, in Verbindung treten, ihre Liards [Kupfer-
groschen] zusammenlegen, sich dafür gemeinschaftlich eines der fliegenden Blätter oder der kleinen Broschüren des Tages kaufen, und nun zwischen ihren Eimern oder sonstigen Lasten sich dicht 65
zusammenstellen, um dem vorlesenden gelehrten
Kameraden mit vorgehaltenem Ohre, starren
Augen und offenem Munde zuzuhören.

Zit. nach: R. Reichardt (Hg.), Die Französische Revolution, Würzburg 1988, S. 43 f.

M14 Emmanuel Sieyès: Was ist der Dritte Stand?

*Auszug aus einer der wichtigsten Propaganda-
schriften der Revolutionszeit (1789):*

Der Plan dieser Schrift ist ganz einfach. Wir haben
uns drei Fragen vorzulegen.
1. Was ist der Dritte Stand? Alles.
2. Was ist er bis jetzt in der staatlichen Ordnung
gewesen? Nichts. 5
3. Was verlangt er? Etwas darin zu werden.
Man wird sehen, ob die Antworten richtig sind.
Erstes Kapitel: Der Dritte Stand ist eine vollständige Nation.
Was ist nötig, damit eine Nation bestehen kann 10
und gedeiht? Arbeiten im Privatinteresse und
öffentliche Dienste. […]
Es wäre überflüssig, […] zu zeigen, dass der Dritte
Stand auf allen diesen Gebieten [Landwirtschaft,
Gewerbe, Handel, Dienstleistungen] neunzehn 15
Zwanzigstel leistet, nur dass er mit allen wirklich
beschwerlichen Arbeiten belastet wird, die der privilegierte Stand zu übernehmen sich weigert. Nur
die einträglichsten und ehrenvollsten Stellen sind
von den Mitgliedern des privilegierten Standes 20
besetzt […].
Wer könnte also die Behauptung wagen, der Dritte Stand umfasse nicht alles, was zur Bildung einer
vollständigen Nation nötig ist? […] Wenn man den
privilegierten Stand entfernte, wäre die Nation 25
nicht etwas weniger, sondern etwas mehr. Ebensowenig gehört der Adelsstand wegen seiner bürgerlichen und politischen Privilegien in unsere Mitte […]. Der Dritte Stand umfasst also alles, was zur
Nation gehört. Und alles, was nicht der Dritte Stand 30
ist, kann sich nicht als Bestandteil der Nation
betrachten. Was ist also der Dritte Stand? Alles.

Zweites Kapitel: Was ist der Dritte Stand bis jetzt gewesen? Nichts. [...]

35 Drittes Kapitel: Was verlangt der Dritte Stand? Etwas zu werden.

Es [das Volk] will echte Vertreter in den Generalständen haben, das heißt, Abgeordnete, die aus seinem Stand kommen, seine Wünsche vorbringen und
40 seine Interessen verteidigen [...]. Daher steht es fest, dass der Dritte Stand nur dann in den Generalständen vertreten sein kann und seine Stimme abgeben kann, wenn er wenigstens den gleichen Einfluss wie die Privilegierten bekommt. Er verlangt daher
45 ebenso viele Vertreter wie die beiden anderen Stände zusammen. Die Zahlengleichheit der Vertreter wäre aber vollkommen illusorisch, wenn jede Kammer nur eine Stimme hätte. Der Dritte Stand verlangt daher, dass nach Köpfen, und nicht nach
50 Ständen abgestimmt wird [...]. Die eigentliche Absicht des Dritten Standes ist es, in den Generalständen den gleichen Einfluss zu besitzen wie die Privilegierten. Noch einmal: Kann er weniger verlangen? Kann man hof-
55 fen, dass er aus seiner politischen Bedeutungslosigkeit heraustritt und etwas wird, wenn er nicht gleichberechtigt ist?

Zit. nach: W. Grab (Hg.), Die Französische Revolution. Eine Dokumentation, München 1973, S. 24 ff.

Die Abschaffung der Feudalität

Beschluss der Nationalversammlung vom 11. August 1789:

Art. 1. Die Nationalversammlung vernichtet das Feudalwesen völlig. Sie dekretiert, dass von den Feudal- wie Grundzinsrechten und –pflichten sowohl jene, die sich aus unveräußerlichem Besitz
5 an Sachen und Menschen und aus persönlicher Leibeigenschaft herleiten, als auch jene, die an ihre Stelle getreten sind, entschädigungslos aufgehoben werden; alle übrigen Lasten werden für ablösbar erklärt, die Summe sowie die Art und Weise der Ablö-
10 sung wird die Nationalversammlung festlegen. [...]
Art. 10. Da eine nationale Verfassung und die öffentliche Freiheit den Provinzen mehr Vorteile bringt als die Privilegien, die einige bisher genossen,
15 und da deren Opfer zu einer engen Verbindung aller Teile des Staates unumgänglich ist, werden alle besonderen Privilegien von Provinzen, Fürstentümern, Ländern, Bezirken, Städten und Siedlungen, seien sie finanzieller oder sonstiger Art, für
20 unwiderruflich abgeschafft und in dem für alle

Franzosen gleichen gemeinsamen Recht aufgegangen erklärt.

Art. 11. Alle Bürger sollen, ohne Unterschied ihrer Geburt, freien Zugang zu allen kirchlichen, zivilen und militärischen Ämtern und Würden haben; nie- 25 mand, der einem Erwerbsberuf nachgeht, soll dadurch seines Adelsprädikats verlustig gehen. [...]
Art. 17. Die Nationalversammlung erklärt König Ludwig XVI. feierlich zum Wiederhersteller der französischen Freiheit. 30

W. Grab (Hg.), a. a. O., S. 33 ff.

Der patriotische Taumel

Die dritte Teilrevolution im Sommer 1789 schlug sich nieder in der „Abschaffung der Feudalität" durch die Nationalversammlung am 4. August 1789:

Dieser Stich gehört zu einer Reihe ähnlicher Flugblätter, die revolutionäre Maßnahmen oder Beschlüsse gegen die Missstände des Ancien régime als einmütige, befreiende, symbolische Zerstörungshandlung des „Volkes" verbildlichen: vom 5 „despotischen Drachen der Bastille" über die „Steuern" bis zum „Adel". Hier zerschlagen vier Bauern – teils barfuß, teils in Holzschuhen – mit ihren Dreschflegeln die Insignien, Standes- und Amtszeichen der alten Feudalherren, also sowohl des Adels 10 (Rüstungen, Wappen, Degen, Orden des hl. Ludwig) wie der Geistlichkeit (Beffchen, Bischofsstab und –hut), die zu den Großgrundbesitzern zählte und deren Zehnter für die Bauern den Feudalabgaben glich. Der latent kritische Ausdruck „délire" 15 in der Beischrift, der auch „Fieberwahn" oder „Raserei" bedeutet, bezieht sich zum einen auf die

wohlinszenierte Nachtsitzung der Nationalversammlung, bei der Adel und Klerus ihre Feudal-
20 rechte in einer Art Opfertaumel auf dem „Altar des
Vaterlandes" darbrachten, zum anderen auf den
illusionären Freudentaumel, den diese Nachricht im
bäuerlichen Frankreich auslöste.

R. Reichardt (Hg.), Die Französische Revolution, Würzburg 1988,
S. 80.

M17 Erklärung der Menschen- und Bürgerrechte vom 26. August 1789

Das Dokument – abgefasst nach dem amerikanischen Vorbild – ist bahnbrechend für die europäische Rechtsgeschichte. In ihm kommen in verdichteter Form die Prinzipien des liberalen Rechtsstaates zum Ausdruck:

Da die Vertreter des französischen Volkes, als Nationalversammlung eingesetzt, erwogen haben, dass die Unkenntnis, das Vergessen oder die Verachtung der Menschenrechte die einzigen Ursachen des öffentli-
5 chen Unglücks und der Verderbtheit der Regierungen sind, haben sie beschlossen, die natürlichen, unveräußerlichen und heiligen Rechte der Menschen in einer feierlichen Erklärung darzulegen. […]
Art. 1. Die Menschen sind und bleiben von Geburt
10 frei und gleich an Rechten. Soziale Unterschiede dürfen nur im gemeinen Nutzen begründet sein.
Art. 2. Das Ziel jeder politischen Vereinigung ist die Erhaltung der natürlichen und unveräußerlichen Menschenrechte. Diese Rechte sind Freiheit, Eigen-
15 tum, Sicherheit und Widerstand gegen Unterdrückung.

Art. 3. Der Ursprung jeder Souveränität ruht letztlich in der Nation. Keine Körperschaften, kein Individuum können eine Gewalt ausüben, die nicht ausdrücklich von ihr ausgeht.
20
Art. 4. Die Freiheit besteht darin, alles tun zu können, was einem anderen nicht schadet. So hat die Ausübung der natürlichen Rechte eines jeden Menschen nur die Grenzen, die den anderen Gliedern der Gesellschaft den Genuss der gleichen Rechte
25 sichern. Diese Grenzen können allein durch Gesetz festgelegt werden.
Art. 5. Nur das Gesetz hat das Recht, Handlungen, die der Gesellschaft schädlich sind, zu verbieten. Alles, was nicht durch Gesetz verboten ist, kann
30 nicht verhindert werden, und niemand kann gezwungen werden zu tun, was es nicht befiehlt.
Art. 6. Das Gesetz ist der Ausdruck des allgemeinen Willens. Alle Bürger haben das Recht, persönlich oder durch ihre Vertreter an seiner Formung mit-
35 zuwirken. Es soll für alle gleich sein, mag es beschützen, mag es bestrafen.
Da alle Bürger in seinen Augen gleich sind, sind sie gleicherweise zu allen Würden, Stellungen und Beamtungen nach ihrer Fähigkeit zugelassen ohne
40 einen anderen Unterschied als den ihrer Tugenden und ihrer Talente.
Art. 7. Jeder Mensch kann nur in den durch das Gesetz bestimmten Fällen und in den Formen, die es vorschreibt, angeklagt, verhaftet und gefangen-
45 gehalten werden. Diejenigen, die willkürliche Befehle betreiben, ausfertigen, ausführen oder ausführen lassen, sollen bestraft werden. Doch jeder Bürger, der aufgrund des Gesetzes vorgela-
50 den oder ergriffen wird, muss sofort gehorchen. […]
Art. 8. Das Gesetz soll nur solche Strafen festsetzen, die offenbar unbedingt notwendig sind. Und
55 niemand kann aufgrund eines Gesetzes bestraft werden, das nicht vor Begehung der Tat erlassen, verkündet und gesetzlich angewandt worden ist.
Art. 9. Da jeder Mensch so lange für
60 unschuldig gehalten wird, bis er für schuldig erklärt worden ist, soll, wenn seine Verhaftung für unumgänglich erachtet wird, jede Härte,
65 die nicht notwendig ist, um sich seiner Person zu versichern, durch Gesetz streng vermieden sein.
Art. 10. Niemand soll wegen seiner Meinungen, selbst religiöser Art,

Gemälde zur „Erklärung der Menschen- und Bürgerrechte" (1790)

beunruhigt werden, solange ihre Äußerungen
nicht die durch das Gesetz festgelegte öffentliche
Ordnung stören. [...]

Art. 17. Da das Eigentum ein unverletzliches und
heiliges Recht ist, kann es niemandem genommen
werden, wenn es nicht die gesetzlich festgelegte,
öffentliche Notwendigkeit augenscheinlich erfordert und unter der Bedingung einer gerechten und
vorherigen Entschädigung.

Zit. nach: Grab (Hg.). a. a. O., S. 37 ff.

M18 Erklärung der Rechte der Frau und Bürgerin

*Die Frauenrechtlerin Olympe de Gouges appellierte
1791 an die Nationalversammlung, die „Erklärung"
zu verabschieden (im Folgenden Präambel und
Nachwort):*

Wir, Mütter, Töchter, Schwestern, Vertreterinnen
der Nation, verlangen, in die Nationalsammlung
aufgenommen zu werden. In Anbetracht dessen,
dass Unwissenheit, Vergesslichkeit oder Missachtung der Rechte der Frauen die alleinigen Ursachen
öffentlichen Elends und der Korruptheit der Regierungen sind, haben wir uns entschlossen, in einer
feierlichen Erklärung die natürlichen, unveräußerlichen und heiligen Rechte der Frau darzulegen, auf
dass diese Erklärung allen Mitgliedern der bürgerlichen Gesellschaft ständig vor Augen, sie unablässig
an ihre Rechte und Pflichten erinnert [...]. Frauen,
wacht auf! Die Stimme der Vernunft lässt sich auf
der ganzen Welt vernehmen! Erkennt Eure Rechte!
Das gewaltige Reich der Natur ist nicht mehr
umstellt von Vorurteilen, Fanatismus, Aberglauben
und Lügen. Die Fackel der Wahrheit hat alle Wolken
der Dummheit und Gewalttätigkeit vertrieben. Der
versklavte Mann hat seine Kräfte verdoppelt. Er hat
eurer Kräfte bedurft, um seine Ketten zu zerbrechen. In Freiheit versetzt, ist er nun selbst ungerecht
geworden gegen seine Gefährtin. O Frauen! Frauen,
wann hört ihr auf, blind zu sein?

Zit. nach: S. Petersen, Marktweiber und Amazonen. Frauen in
der Französischen Revolution, Köln 1987, S. 89 ff.

M19 Machtkämpfe: Girondisten und Jakobiner

*Der Frankreich-Spezialist Gilbert Ziebura analysiert
die unterschiedlichen Vorstellungen der Revolutionäre von einer nachrevolutionären Gesellschaftsordnung:*

Die Eintracht konnte nicht lange anhalten, da sich
bald zeigte, dass der Konvent eine tief gespaltene Bourgeoisie repräsentierte. Die Girondisten mit
ihren vielfältigen Bindungen zur Industriebourgeoisie und zum Handels- und Finanzkapital [...]
wünschten sich eine Republik der Notabeln [angesehenen Bürger] auf der Grundlage von Besitz und
ökonomischem Liberalismus. Folglich traten sie für
„Gesetzlichkeit" ein und damit für eine Stabilisierung der bisherigen Ergebnisse der Revolution
gegen die Angriffe der Royalisten[1] wie der städtischen kleinbürgerlichen Volksbewegung. [...] Demgegenüber vertrat die nur über 113 Abgeordnete
verfügende Montagne (Bergpartei)[2], die die Masse
der städtischen, besonders unter der Verteuerung
leidenden Konsumenten vertrat, die Vorstellung,
dass der revolutionäre Prozess weiter vorangetrieben werden müsste, wenn man nur die bisherigen
Ergebnisse der Revolution sichern wollte. Folgerichtig stützten sie sich auf die Pariser Commune[3]
und das immer dichter werdende, das ganze Land
überziehende Netz von Jakobinerklubs (zumeist
unter dem Namen Société des Amis de la liberté et
de l'égalité)[4]. Ihre Führer Robespierre und Marat
waren durchdrungen von einem [...] Glauben an
die sozial gerechte, auf optimaler Gleichheit beruhende Republik, eine Gesellschaft ohne Barrieren,
in der sich Tugend und Bürgerpflichten zum Wohle aller entfalten würden.

„Das Glück ist eine neue Idee in Europa", verkündete der erst 25-jährige Saint-Just, ein leidenschaftlicher Verehrer Rousseaus, der wohl am reinsten dieses idealistische und idealisierte Konzept der Republik vertrat und der nicht zufällig am 19.12.1792
zum Präsidenten der Jakobinerklubs gewählt wurde. [Dahinter] verbarg sich in letzter Instanz der
Idealtyp einer Gemeinschaft kleiner, unabhängiger
Produzenten, die dem Staat die Aufgabe zuwies,
unter ihnen ein annäherndes Gleichgewicht zu
gewährleisten. Der Jakobinismus, der das Privateigentum ebenfalls als unabdingbare Grundlage der
Gesellschaft betrachtete, ist also gewissermaßen
die am radikalsten zu Ende gedachte Form einer
bürgerlichen Gesellschaft. Es zeigte sich bald, dass
die sich damit als antagonistisch [widersprüchlich]
erweisenden Positionen der beiden bürgerlichen
Lager zu einem Machtkampf führen mussten, der
nur mit dem Sieg der einen oder anderen Seite
enden konnte.

1 Anhänger des Königs

2 Der Ausdruck Montagne [Bergpartei] leitete sich von der
Sitzordnung im Parlament ab.

3 der revolutionäre Gemeinderat von Paris

4 „Gesellschaft der Freunde der Freiheit und Gleichheit"

G. Ziebura, Frankreich 1789–1870, Frankfurt/M. 1979, S. 54f.

gesagt: „Demokratie ist die Staatsverfassung, in der ein Jeder Teil des Souveräns ist." Durch die Zerteilung des Körpers des Königs sollte die Nation in ihrer wahren Einheit entstehen. 35

1 der bürgerliche Name Königs Ludwigs XVI.

2 wenn man von der Hinrichtung des englischen Königs Karl I. im Zusammenhang mit dem Konflikt zwischen Krone und Parlament absieht (1649)

3 citoyen = stimmfähiger politischer Bürger, im Unterschied zum bourgeois (Wirtschaftsbürger)

F. v. Klinggräff. A. Smoltczyk, Das ungeheure Ereignis, in: Die Zeit, Nr. 38, 1988.

M20 **Hinrichtung Ludwigs XVI. am 21. Januar 1793,** zeitgenössische Abbildung

M21 **„Das ungeheure Ereignis"**

Über die Hinrichtung des Königs am 21. Januar 1793 schreiben zwei Historiker:

Vor dem Marineministerium steht auf einem Podest das Gestell des Doktor Guillotin, davor haben sich die Kommissare der Commune aufgebaut. Sonst ist der Platz leer. Nur ganz am Rande die blau-weiß-
5 roten Reihen der Nationalgadisten. Die Stufen sind sehr steil. Louis Capet[1] wartet, dass die Trommeln aufhören, um in die Stille – wie es wohl üblich ist – etwas hineinzurufen. Aber die Trommler schlagen weiter. Was wird geschehen, wenn jemand geköpft
10 wird, den Gott auf Erden eingesetzt hat?
Doch keine Erdspalte öffnet sich, kein Himmel fällt dem Volk auf das souveräne Haupt. Nichts. Es bleibt kalt und leer auf dem Platz. Der Kopf wird herumgezeigt: Voilà, nur ein rot blutendes Stück Knochen.
15 Nationalgardisten kommen und tauchen Papier- und Stofffetzen in das Blut. Manche suchen die Reliquie, andere verkaufen die Stücke später als Souvenirs an die Engländer.
Andenken oder Angedenken – der Schnitt war da,
20 irreversibel [unumkehrbar]: Zum ersten Mal in Europa hatte ein Volk bewusst einen Körper, in dem Gott präsent war, vernichtet[2]. Ein Riss begann sich an diesem 21. Januar 1793 durch Frankreich zu ziehen, gerade an dem Tag, der den letzten Rest des
25 Alten und des Anderen von der frisch geborenen Nation abschneiden sollte. Von jetzt an, so hofften die Revolutionäre, repräsentierte der Körper jedes einzelnen Citoyens[3], und nicht allein der des armen Louis, die Einheit des Landes. Robespierre hatte es
30 in seiner großen Rede über die politische Moral

M22 **„Messer der Nation"**

Über die Guillotine schreibt der französische Alltagshistoriker Bertaud:

Die Maschine des Doktors Guillotin wird zunächst an mehreren Leichen erprobt, bevor sie am 25. April 1792 auf der Place de Grève erstmals öffentlich eingesetzt wird, um an einem gewöhnlichen Verbrecher namens Nicolas-Jacques 5 Pelletier das Todesurteil zu vollstrecken. Diese neue Art der Hinrichtung gilt unter den Zeitgenossen als äußerst human, weil sie den Tod rasch herbeiführt, ohne dass der Betroffene lange leiden muss. „Es gibt wohl kein Tötungsinstrument", schreibt Prudhon, 10 „welches die Forderungen der Menschlichkeit besser mit jenen des Gesetzes in Einklang bringt." Die Guillotine, das „Messer der Nation", wandert fortan kreuz und quer durch Paris: Vom 21. August 1792 bis zum 10. Mai 1793 steht sie auf der Place du 15 Carrousel, von der sie nur ein einziges Mal abtransportiert wird. Am 21. Januar befindet sie sich nämlich anlässlich der Hinrichtung des Königs auf der Place de la Révolution, der ehemalige Place Louis XV. und späteren Place de la Concorde. 20

J.-P. Bertaud, Alltagsleben während der Französischen Revolution, Würzburg 1989, S. 242.

M23 **Dantons Rede im Konvent am 1. August 1793**

Danton trug wesentlich zur Radikalisierung der Revolution bei, nahm später – als Mitglied des Wohlfahrtsausschusses eine mäßigend politische Haltung ein, wodurch er in Konflikt zu Robespierre geriet; 1794 wurde er verhaftet und guillotiniert:

Es ist Zeit, dass der Konvent sich auf die Dienste besinnt, die ihm der Wohlfahrtsausschuss geleistet hat. Der Wohlfahrtsausschuss ist ein Gewinn der Frei-

heit! In einer Revolution ist es unsinnig, die Regie-
5 rung geteilt zu lassen. Man braucht ein Zentrum
der Einheit, der Macht, des Vertrauens, und wäre es
auch nur provisorisch. […] Es muss also der Wohlfahrtsausschuss als provisorische Regierung eingesetzt werden, und die Minister dürfen nur die ersten
10 Handlanger seines Willens sein. Diesem neuen Re-
gierungsausschuss müssen auch die nötigen Mittel
bereitgestellt werden für die politischen Ausgaben,
zu denen uns die Perfidie [Niedertracht] unserer
Feinde zwingt. […] Wir haben in Frankreich noch
15 eine Menge Verräter zu entdecken und unschädlich
zu machen. Los denn! Eine geschickte Regierung
sollte hinreichend mit Spitzeln versehen sein. Fügt
der Gewalt der Waffen, fügt der Entfaltung einer
nationalen Macht alle die Mittel hinzu, die gewitzte
20 Köpfe euch an die Hand geben können! […]

Zit. nach: W. Wulf, Geschichtliche Quellenhefte mit Überblick
„Die Welt im Wandel". Heft 6/7: Vom Westfälischen Frieden bis
zum Wiener Kongress, 1648–1815, Frankfurt am Main, Berlin,
München 1970, S. 88.

M24 Marat über die Fortsetzung der Revolu-
tion (10. August 1792)

*Marat, Herausgeber der Zeitung „Ami du Peuple"
(Volksfreund), Sprachrohr der radikalen
Sansculotten, wurde 1793 ermordet:*

Fürchtet die Reaktion, wiederhole ich
euch; eure Feinde werden euch nicht
schonen, wenn die Würfel wieder zu
ihren Gunsten gefallen sind. Deshalb
5 keine Gnade! Rettungslos seid ihr
verloren, wenn ihr euch nicht beeilt,
die verfaulten Mitglieder des Stadtrates und des Departements, alle
vaterlandsfeindlichen Friedensrichter
10 und die brandigsten Mitglieder der
Nationalversammlung auszumerzen.
Ich sage, der Nationalversammlung,
und welchem unseligen Vorurteil,
welcher verhängnisvollen Rücksicht-
15 nahme zuliebe sollte sie geschont
werden? Unaufhörlich predigt man
euch, dass alle sich um sie scharen
müssten, so fehlerhaft sie auch sei. Mit
anderen Worten, ihr sollt euren Fuß
20 auf eine zugedeckte Fallgrube setzen
und die Sorge für euer Schicksal Ver-
brechern überlassen, die entschlossen
sind, euren völligen Untergang herbeizuführen. Bedenkt, die National-
25 versammlung ist euer furchtbarster
Feind; solange sie aufrecht steht, wird

sie nicht ruhen, euch zu verderben. Und gerade
solange, wie ihr Waffen in den Händen habt, wird
sie euch schmeicheln und durch falsche Versprechungen einzulullen suchen. Heimlich jedoch wird 30
sie daran arbeiten, eure Anstrengungen zu durch-
kreuzen, und, wenn sie ihr Ziel erreicht hat, euch
dem Schwert gedungener Schergen überantwor-
ten: erinnert euch an das Marsfeld![1]
Niemand verabscheut Blutvergießen mehr als ich; 35
aber um zu verhindern, dass das Blut in Strömen fließt,
dringe ich in euch, einige Tropfen zu vergießen. Um
die Pflichten der Menschlichkeit mit der Sorge für
die öffentliche Sicherheit in Einklang zu bringen,
schlage ich euch daher vor, die gegenrevolutio- 40
nären Mitglieder des Stadtrates, der Friedensrichter-
kollegien, des Departements und der Nationalversammlung auszumerzen. Wenn ihr davor zurück-
schreckt, so denkt daran, dass das heute vergossene
Blut ganz umsonst geflossen sein wird und ihr für 45
die Freiheit nichts erreicht haben werdet.

1 Auf dem Marsfeld war es im Juli 1791 zu blutigen Zusammenstößen gekommen, als die Nationalgarde das Feuer
auf Demonstranten eröffnete, die die Einführung der
Republik forderten.

Zit. nach: W. Grab (Hg.), a.a.O., S. 118.

M25

Die Revolution in Frankreich

Zentrum der Revolution 1789
Zentrum der Exekutionen
Gebiet der Bauernerhebungen
Zentrum der Gegenrevolution 1792–93
Unruhen wegen Hungersnot 1793
Vorstöße der Französischen Armeen gegen die Feinde der revolutionären Frankreich 1792–93
Vorstöße der Koalitions-Armeen
X franz. Sieg
X franz. Niederlage
— franz. Grenze 1793
350 Anzahl der getöteten „Volksfeinde" während der Revolution
0   100   200 km

29

M26 Republikanischer Dekalog

Nach dem Vorbild der Zehn Gebote wurde 1793/94 ein Schmuckplakat mit folgendem Text verbreitet:

Du sollst allein dem Volke heiligen Gehorsam schwören.

Du sollst die von ihm bestätigten Gesetze treu einhalten.

5 Du sollst jedem König auf ewig Hass und Krieg schwören.

Du sollst bis zu deinem letzten Atemzug deine Freiheit bewahren.

Du sollst die Gleichheit ehren, indem du beständig

10 nach ihr handelst.

Du sollst nicht eigensüchtig sein, weder unabsichtlich noch vorsätzlich.

Du sollst nicht nach Positionen trachten, die du nicht würdig ausfüllen kannst.

15 Du sollst allein auf die Vernunft hören, dich künftig nur von ihr leiten lassen.

Du sollst als Republikaner leben, damit du selig sterben kannst.

Du sollst bis zum Frieden revolutionär handeln.

20 Du sollst alle Verdächtigen einsperren, ohne die geringste Nachsicht zu üben.

Du sollst die Priester unverzüglich von deinem Grund und Boden vertreiben.

Du sollst jeden Emigranten, der zurückkehrt, unver-

25 züglich einen Kopf kürzer machen. [...]

Du sollst den wucherhaften Hamsterer verfolgen, wie auch den Gauner. [...]

Du sollst täglich zu deinem Club gehen, um dich gründlich zu unterrichten.

Zit. nach: R. Reichardt (Hg.), a. a. O., S. 58 f.

M27 Robespierre: Über die Prinzipien der revolutionären Moral (5. Februar 1794)

In einer Rede vor dem Konvent rechtfertigt Robespierre, der von seinen Anhängern der „Unbestechliche" genannt wurde, die Gewalt:

Die Demokratie ist ein Staat, wo das souveräne Volk, von den Gesetzen geleitet, die sein Werk sind, selbst alles dasjenige, was es gehörig tun kann, und durch Abgeordnete alles dasjenige tun lässt, was es

5 nicht selbst zu verrichten imstande ist. [...]

Das Fundamental-Prinzip der demokratischen oder populären Verfassung, das heißt die wesentliche Triebfeder, welche sie erhält und in Bewegung setzt, ist die Tugend; ich meine hier die öffentliche

10 Tugend, welche in Griechenland und Rom so viele Wunder erzeugte und im republikanischen Frankreich noch weit erstaunlichere hervorbringen muss;

nämlich die Tugend, welche nichts anderes als die Liebe zum Vaterland und zu den Gesetzen desselben ist. Da nun aber die Gleichheit das Wesen der 15 Republik oder der Demokratie ist, so folgt daraus, dass die Liebe zum Vaterland auch notwendig die Liebe zur Gleichheit in sich begreife. [...]

So wie im Frieden die Triebfeder der Volksregierung die Tugend ist, so ist es in einer Revolution die 20 Tugend und der Schrecken zugleich; die Tugend, ohne welche der Schrecken verderblich, der Schrecken, ohne den die Tugend ohnmächtig ist. Der Schrecken ist nichts anderes als eine schleunige, strenge und unbiegsame Gerechtigkeit; er 25 fließt also aus der Tugend; er ist also nicht ein

Robespierre (1758–1794)

besonderes Prinzip, sondern eine Folge aus dem Hauptprinzip der Demokratie, auf die dringendsten Bedürfnisse des Vaterlandes angewendet [...]. Die Regierungsform, welche sich für eine Revolution 30 schickt, ist der Despotismus der Freiheit gegen die Tyrannei. [...]

Doch lasst uns ruhig sein; hier [im Konvent] ist das Heiligtum der Wahrheit: hier sitzen die Stifter der Republik, die Rächer der Menschheit, die Zertrüm- 35 merer der Tyrannen. Hier braucht man einen Missbrauch bloß anzuzeigen, um ihn zu vernichten; hier ist es genug, im Namen des Vaterlandes die Ratschläge der Eigenliebe und der Schwäche einzelner Personen, der Tugend und Ehre des Nationalkon- 40 vents anzuzeigen. Wir verlangen eine feierliche Erörterung aller Gegenstände jener Besorgnisse und alles dessen, was auf den Gang der Revolution Einfluss haben kann; wir beschwören Euch, nicht zu gestatten, dass irgendein besonderes und heimli- 45 ches Interesse das Ansehen des allgemeinen Willens der Versammlung und die unzerstörbare Gewalt der Vernunft an sich reiße.

Zit. nach: P. Fischer (Hg.), Reden der Französischen Revolution, München 1974, S. 344 ff.

M28 „Egalité"

Bild von Jean-François Janinet (1793): Die Bildsprache versucht die Ideale der Revolution zu verbreiten. In dieser bildhaften Darstellung (Allegorie) der Gleichheit hält die Figur das freimaurerische Lot als Symbol der Gleichheit und die Gesetzestafel mit der „Erklärung der Menschen- und Bürgerrechte".

Aufgaben

1. Fertigen Sie eine Übersicht von den Ursachen der Französischen Revolution an.
   → Text

2. Stellen Sie die gesellschaftliche Schichtung des Ancien régime dar. Welche Konflikte bzw. sozialen Spannungen lassen sich erkennen?
   → Text, M1, M10, M11

3. Mit welchen Argumenten begründete Sieyès den politischen Machtanspruch des Dritten Standes? Welche Forderungen leitete er daraus ab?
   → M14

4. Erklären Sie den Ablauf der drei „Teilrevolutionen" des Sommers 1789. Welche Träger der Revolution werden sichtbar?
   → Text

5. In welcher Weise machte sich die revolutionäre Atmosphäre bemerkbar?
   → M13

6. Durch welche Maßnahmen wurde das Feudalsystem abgeschafft?
   → M15, M16

7. Stellen Sie eine Übersicht der „Menschen- und Bürgerrechte" zusammen. Welche Rechte bilden auch heute noch die Grundlage demokratischer Verfassungen?
   → M17, M18

8. Arbeiten Sie die wichtigsten Bestimmungen der Verfassung von 1791 heraus. Inwiefern spiegeln diese die Interessen und politischen Ziele des Bürgertums wider?
   → M3

9. Differenzieren Sie die politischen Grundströmungen beziehungsweise Gruppierungen im Konvent. Vergleichen Sie die Anschauungen und Interessen, die sie vertraten.
   → Text, M19

10. Erklären Sie, wie und warum es zur Radikalisierung der Revolution kam.
    → Text, M4, M5, M20–M25

11. Analysieren Sie die Begründung, die Robespierre für den Terror gab.
    → M27

12. Die Französische Revolution brachte auch eine revolutionäre Kultur hervor. Auf welche Weise trat diese in Erscheinung?
    → Text, M7–M9, M13, M18, M26, M28

Fragen an die Geschichte

Warum war die Französische Revolution von so großer Bedeutung?

Revolutionsbegriff

Die Französische Revolution prägte wesentlich den neuzeitlichen Begriff von einer Revolution. Ursprünglich bezog man ihn auf die Umlaufbahn von Planeten, weil die sich wiederholenden Umdrehungen der Himmelskörper gemeint waren. Im alten Revolutionsbegriff steckte also die Wiederholung beziehungsweise die Wiederherstellung des Alten. Erst seit dem 17. Jahrhundert fand eine Bedeutungsübertragung vom astronomischen auf den politischen Bereich statt. Nunmehr wurden auch Umsturz und Herrscherwechsel als „Revolution" bezeichnet. Aber erst die Französische Revolution drückte dem modernen Revolutionsbegriff ihren Stempel auf, wobei nunmehr das Vorwärtstreibende und die Wende zum Neuen betont wurden. Dahinter verbarg sich ein modernes Geschichtsverständnis, das nicht von kreisförmigen Vorstellungen einer ewigen Wiederholung des Vergangenen ausging, sondern von einer linearen – am Fortschritt orientierten – Konzeption der Geschichte. Prägnant wurde dies in der Formulierung von Karl Marx ausgedrückt: „Revolutionen sind die Lokomotiven der Geschichte."

Fluch oder Segen?

Aktualisiert durch die 200-Jahr-Feier der Französischen Revolution fand in Frankreich eine breite öffentliche Diskussion statt, die sich um die Frage bewegte, ob diese Revolution eher einen Fluch oder einen Segen bedeute. Die Antworten fallen – je nach ideologischem Standort – unterschiedlich aus.

Die Gegner und Kritiker hoben hervor, dass die Ergebnisse der Revolution höchst widersprüchlich ausfallen. Die Beseitigung des absolutistischen Königtums mündete erst in der Diktatur der Jakobiner, dann derjenigen von Napoleon. Die Verkündung der Menschenrechte stand im Widerspruch zum Terror. Das Plädoyer für die Völkerfreiheit kontrastierte mit der Unterdrückung von Provinzen und Völkern. Eine Bilanzierung der Opfer kommt auf die Gesamtzahl von bis zu 600 000 Toten als Ergebnis von Bürgerkrieg und politischen Verfolgungen. Die Revolutionskriege und Feldzüge Napoleons kosteten weiterer 1,4 Millionen Menschen das Leben.

Trotz der offenkundigen Fehlentwicklungen wird aber der fortschrittliche Charakter der Französischen Revolution nicht in Frage gestellt.

Aus heutiger Perspektive

Aus heutiger Perspektive erscheint die Französische Revolution als historische Voraussetzung dafür, dass die Revolution als solche überhaupt zu einem Mittel der politischen Veränderung wurde. Das 19. Jahrhundert, in dem sowohl die nationale Einheit als auch der freiheitliche Verfassungsstaat als anzustrebende Ziele angesehen wurden, hätte ohne das historische Vorbild der Französischen Revolution mit Sicherheit einen anderen Verlauf genommen.

Die Französische Revolution bedeutete einen Einschnitt in der europäischen Geschichte, weil sie wie kein anderer Vorgang die Überwindung der ständischen Gesellschaftsordnung zu Gunsten einer bürgerlichen repräsentierte. Nach 1789 sprach man in Europa vom „Ancien régime" (von der alten Staatsform), und man meinte damit jene Gesellschaftsordnung, die sowohl auf den Privilegien der Aristokratie als auch auf der gottgewollten Herrschaft der Monarchen beruhte. Die Parole „Freiheit, Gleichheit, Brüderlichkeit" brachte hingegen die Ideale der Französischen Revolution zum Ausdruck: Freiheit und Republik wurden verstanden als Antithese zu monarchischer Willkür, und die Forderung nach Gleichheit und Brüderlichkeit richtete sich gegen die institutionalisierte Ungleichheit der Ständeordnung.

Fast das gesamte politische Handeln des 19. Jahrhunderts stand unter dem Vorzeichen und im Banne der Französischen Revolution.

M 1 **Das Erwachen des Dritten Standes**
Der Untertitel zu diesem Bild lautet: „Meine Güte, es war für mich höchste Zeit aufzuwachen, denn die Last meiner Ketten verursachte mir etwas zu starke Angstträume".
Der Dritte Stand zerreißt seine Ketten und greift zu den Waffen. Im Hintergrund – vor der eroberten Bastille – werden zwei abgeschnittene Köpfe (u.a. des Gouverneurs der Bastille de Launay) als Trophäe umhergetragen, Zeitgenössisches Flugblatt von 1789.

Nachwirkungen der Französischen Revolution:
- Die Französische Revolution setzte Maßstäbe für eine verfassungsmäßige politische Ordnung, in der die politischen Freiheits- und Gleichheitsrechte und die staatliche Gewaltenteilung festgeschrieben sind. Somit erfolgte ein radikaler Bruch mit der noch mittelalterlich geprägten Adels- beziehungsweise Königsherrschaft.
- Sie förderte das Bedürfnis der Völker nach Selbstbestimmung und rückte das nationalstaatliche Denken ins Bewusstsein.
- In der Folge der Französischen Revolution kristallisierten sich drei ideologische Grundströmungen heraus, die bis in die Gegenwart große Bedeutung besitzen: Nationalismus – Liberalismus – Konservatismus.
  Während der Konservatismus des 19. Jahrhunderts die vorrevolutionäre ständestaatliche Ordnung zu konservieren versuchte, übernahm der Liberalismus im Wesentlichen die Werte der bürgerlichen Revolution in Frankreich.
- Auf der Grundlage seiner zeitweiligen Hegemonie (Vormachtstellung) hat Napoleon Europa, insbesondere Deutschland, neu geordnet. Die Bildung von deutschen Mittelstaaten im Zusammenhang mit dem Reichsdeputationshauptschluss (1803) war seinem politischen Willen zuzuschreiben.

Der Politologe Ossip K. Flechtheim definierte den Begriff folgendermaßen:

[...] Der Begriff Revolution [bezeichnet] im Bereich des Rechts und des Staates, der Wirtschafts- und Gesellschaftsordnung einen geschichtlich bedeutsamen plötzlichen Bruch mit der Tradition und Ver-
5 gangenheit; Ziel der Revolution ist eine tief gehende Umgestaltung der politischen, sozialen oder ökonomischen Verhältnisse in verhältnismäßig kurzer Zeit. Die großen Revolutionen der Weltgeschichte waren meist von blutigen Ereignissen begleitet,
10 doch kann man Revolution nicht einfach mit blutigem Aufstand oder Bürgerkrieg gleichsetzen. [...]
Lenin, der vielfach als „Meisterrevolutionär" bezeichnet wird, betonte, dass eine Revolution ohne eine
15 gesamtnationale Krise unmöglich sei. Eine revolutionäre Situation entstehe erst, „wenn die unteren Schichten die alte Ordnung nicht mehr wollen, und die Oberschichten nicht mehr in der alten Weise leben können." Trotz aller Unterschiedlichkeit in
20 der Zielsetzung ist es für die revolutionäre Bewegung typisch, dass sie eine Machtveränderung zugunsten neuer, aufstrebender „unterer" Gruppen, Schichten oder Klassen auf Kosten derer anstrebt, die an der Spitze der Gesellschaftspyrami-
25 de stehen. In der Revolution wird der Abbau der bestehenden Privilegien, die Befreiung sozial oder national unterdrückter Schichten verlangt. Der Schlachtruf der Französischen Revolution „Freiheit, Gleichheit, Brüderlichkeit" klingt zumindest als Ver-
30 langen nach größerer Gerechtigkeit auch in anderen Revolutionen an [...].
Die sozialen Revolutionen richten sich in erster Linie gegen Privilegien und Institutionen, die im Lande selber tief verankert sind. Hier stehen sich daher
35 meist große bewaffnete Bewegungen und Parteien feindlich gegenüber. In mehr als einem Falle kann der Monarch sich auf große Teile der Geistlichkeit, des Adels, der Bourgeoisie, ja sogar der traditionalistisch-konservativen Bauernschaft stützen. Diese
40 Revolutionen setzen zwar als gemäßigte Reformbewegungen ein, werden aber über sich hinaus

getrieben. Der Widerstand, auf den sie früher oder später stoßen, radikalisiert sie. In demselben Maße, in dem sich eine Revolution durchsetzt, mehren sich die Schwierigkeiten: Übergang der gemäßigteren 45 Elemente zur Gegenrevolution, Erlahmen der Massen, Uneinigkeit unter den Revolutionären, Zerrüttung der Wirtschaft. Aus Enttäuschung und Furcht entsteht der revolutionäre Terror, der immer weiter um sich greift: „Die Revolution verschlingt ihre 50 eigenen Kinder."

In: E. Fraenkel, K. D. Bracher (Hg.), Staat und Politik, Frankfurt/M. 1967, S. 297 f.

M 3 **Die Auswirkungen der Französischen Revolution**

Der Historiker Imanuel Geiss nahm eine weltgeschichtliche Einordnung der Französischen Revolution vor:

Welthistorisch gesehen brachte die Französische Revolution den bewussten und systematischen Bruch mit der aristokratisch-monarchischen Gesellschaftsordnung. Die neue bürgerliche Gesellschaftsordnung beruhte auf den Prinzipien von per- 5 sönlicher Freiheit und rechtlicher Gleichheit und verwertete, vermittelt über die von den Intellektuellen des postrevolutionären England beeinflusste Aufklärung, indirekt Erfahrungen aus der Englischen Revolution des 17. Jahrhunderts, jetzt aber 10 auf einem höheren Niveau der ökonomisch-sozialen Entwicklung und des politischen Bewusstseins. Die Konsolidierung der Nation in einem bewussten politischen Akt gegen die alten Mächte von Krone, Adel und feudaler Kirche, in späteren nationalen 15 Revolutionen auch gegen dynastische Imperien, führte folgerichtig zum Prinzip der Volkssouveränität und der Demokratie und kam damit schon, zumal in der Regel durch Gewalt herbeigeführt, der Revolution gleich. Sie führte zugleich zum Sturz 20 der traditionellen, auf der agrarischen Produktion basierenden herrschenden Klasse durch eine neue, die im Wesentlichen mit den modernen Wirtschaftsformen entstanden war.

I. Geiss, Bürgerliche und proletarische Revolution, in: APuZ, Nr. 42/1975, S. 23.

Aufgaben

1. Wiederholen Sie, worin die historische Bedeutung der Französischen Revolution liegt. Warum wurde sie zum Schlüsselereignis der modernen Geschichte?

2. Erarbeiten Sie die allgemeinen Merkmale von Revolutionen. Überprüfen Sie, inwieweit diese Merkmale auf die Französische Revolution zutreffen.

1.2 Das Zeitalter Napoleons (1799–1815)

Nur selten gelingt es einem einzelnen Menschen, seiner Zeit so sehr den eigenen Stempel aufzudrücken, wie das bei Napoleon der Fall war. Durchaus respektvoll hatte darum der deutsche Philosoph Hegel den charismatischen Heerführer als „Weltgeist zu Pferde" bezeichnet. Napoleon personifizierte eine – wenn auch weltgeschichtlich nur kurze – Epoche.

Staatsstreich und Kaiserkrönung

Durch den Staatsstreich am 9. November 1799 (nach dem Revolutionskalender der 18. Brumaire) an die Macht gekommen, ließ er kurz darauf die Revolution amtlich für beendet erklären und kam damit einem verbreiteten Bedürfnis nach Beruhigung entgegen. Vorausgegangen war eine militärische Blitzkarriere, die ihn aufgrund seines unzweifelhaften militärischen Genies zum führenden General in der französischen Armee emporgehoben hatte.

M 1 **Kaiserkrönung in der Kathedrale Notre Dame de Paris am 2. Dezember 1804**
Napoleon krönt seine Frau Joséphine, nachdem er sich zuvor selbst gekrönt hat, Gemälde von Jacques Louis David.

Napoleon ging zügig daran, die gewonnene Machtposition auszubauen, was in der Kaiserkrönung von 1804 kulminierte (wobei er sich selbst die Krone aufsetzte). Napoleon verkörperte eine Mischung aus Revolutionsbewusstsein und Traditionsbedürfnis. Er tastete die Errungenschaften der Französischen Revolution nicht an, versuchte aber gleichzeitig auf traditionelle Weise eine neue Dynastie zu bilden. In diesem großen Beweger seiner Zeit mischen sich also die Züge des Emporkömmlings, des traditionellen Monarchen und des gesellschaftlichen Modernisierers, am Ende gar des Despoten.

Herrschaft über Europa

Napoleon erwies sich viele Jahre als der überlegene Militärstratege, dem es in etwa 60 großen Schlachten gelang, den Mythos seiner Unbesiegbarkeit zu begründen. Seine militärische und organisatorische Genialität machte ihn nach drei Kriegen gegen wechselnde Koalitionen zum Herrscher über Europa. Nur die europäischen Flügelmächte konnten sich der napoleonischen Hegemonie entziehen. England blieb aufgrund seiner Insellage und der Überlegenheit seiner Flotte unangreifbar. Russland wurde durch seine geostrategische Randlage im Osten Europas geschützt.

Das Ende

M 2 **Napoleon** beißt sich an der harten Nuss Leipzig die Zähne aus, Deutsche Karikatur von 1813.

Der Versuch Napoleons, England mithilfe eines Wirtschaftskrieges in die Knie zu zwingen, scheiterte. Die so genannte Kontinentalsperre (seit 1806) verbot allen Ländern den Handel mit England, was für zahlreiche Regionen wegen des Verlustes von Exportmärkten eine Belastung darstellte und mit Wohlstandseinbußen verbunden war. Der Ausstieg Russlands aus diesem Blockadeverbund veranlasste den französischen Herrscher 1812 zum Krieg gegen den Zaren. Das war der Anfang vom Ende, denn Napoleon unterschätzte offenkundig die Weiten Russlands, die Gefahren des Klimas und die Überdehnung der Transport- und Nachschubwege.

Diese erste Niederlage der „Großen Armee", die mit dem riesigen Aufgebot von etwa 650 000 Soldaten aufgebrochen war, schmälerte den Mythos von der Unbesiegbarkeit Napoleons. In der Folge davon sahen sich die Mächte Europas ermutigt, erneut den Widerstand gegen die französische Hegemonie aufzunehmen. Die europäischen Mächte schlossen sich 1813 zu einer großen Koalition zusammen.

Das Schicksal Napoleons und Europas entschied sich am 18. Oktober 1813 in der Völkerschlacht von Leipzig. Insgesamt eine halbe Million Soldaten waren an dieser bis dahin wahrscheinlich größten

36

Schlacht der Weltgeschichte beteiligt. Die Niederlage Napoleons machte den Weg frei für die Einnahme von Paris und den anschließenden Frieden (1814).

Ein Jahr später versuchte Napoleon – von Elba kommend – noch einmal das Rad der Geschichte zurückzudrehen, aber dieser Versuch scheiterte („nach 100 Tagen") in der Schlacht bei Waterloo am 18. Juni 1815. Diesmal verbannten ihn die alliierten Mächte auf die britische Insel St. Helena im Südatlantik, wo Napoleon 1821 starb.

Die Auswirkungen der napoleonischen Herrschaft auf Deutschland

M 4 Erstausgabe des „Code civil"

Die Französische Revolution fand in den deutschen Ländern ein lebhaftes Echo. Die geistige Elite der Deutschen – darunter Studenten, Schriftsteller, Philosophen und aufgeklärte Bürger – hat die Revolution überwiegend begrüßt oder sogar enthusiastisch gefeiert. Das änderte sich aber tendenziell mit der Radikalisierung, der Schreckensherrschaft der Jakobiner und der Hinrichtung Ludwigs XVI.

Die Französische Revolution hat in Deutschland keine Nachahmung ausgelöst. Dazu waren auch die Verhältnisse in den einzelnen Territorien zu unterschiedlich. Zwar gab es Bauernunruhen, zum Beispiel in Sachsen, Hessen, am Oberrhein, aber diese blieben lokal begrenzt wie die Revolten in verschiedenen Städten. Allgemein ermutigte die Französische Revolution diejenigen politischen Kräfte, die nach Reformen strebten. Die politische Publizistik erfuhr einen Auftrieb, und die Politisierung der Bevölkerung nahm allgemein zu. Aber die große Mehrheit der deutschen Elite sah eher in England – und nicht in Frankreich – das Vorbild für die weitere Entwicklung. Nicht Revolution, sondern Reform des Staates durch Gewaltenteilung und konstitutionelle Sicherung der Freiheiten – so lautete das politische Programm dieser liberal eingestellten Mehrheit.

Die Politik Napoleons schuf die Voraussetzung für umfassende, alle Gesellschaftsbereiche berührende Veränderungen. Vor allem in Süd- und Westdeutschland wurden Reformen eingeleitet, die den Übergang vom feudalen Ständestaat zum bürgerlich-liberalen Staat beschleunigten. Die Reformen der napoleonischen Ära bedeuteten also einen gewaltigen Anschub für die Modernisierung der Gesellschaft. Im französischen Machtbereich wurde 1804 der „Code civil" (auch Code Napoleon genannt) eingeführt. Auch viele Rheinbundstaaten übernahmen den Code civil oder doch zumindest Teile davon.

Das neue französische Gesetzbuch brachte rechtliche Fortschritte in Ländern, die bis dahin noch halbabsolutistisch regiert worden waren. Dazu gehörten Freiheitsrechte (wie zum Beispiel die Eigentums- und Gewerbefreiheit), Rechtsgleichheit, Zivilehe, öffentliche Gerichtsverfahren, unabhängige Richter, die Beseitigung von Steuerprivilegien ebenso wie der Zugang zu hohen Staatsämtern auch für Nichtadlige.

Reichsdeputationshauptschluss

Nach dem Friedensschluss zwischen Frankreich und Preußen in Basel (1795) stimmte Österreich im Frieden von Campo Formio (1797) der Abtretung der linksrheinischen Gebiete an Frankreich zu. Die dadurch beeinträchtigten Fürsten sollten in Deutschland entschädigt werden. Der Friedensschluss von Lunéville (1801) bestätigte die Annexion der linksrheinischen Gebiete durch Frankreich und erlaubte es, die territoriale Neuordnung auf deutschem Gebiet nach den Bedürfnissen der französischen Politik zu bestimmen.

Das strategische Ziel der französischen Politik bestand darin, ein Gegengewicht zu Österreich aufzubauen und damit dessen Macht zurückzudrängen. Diesem Zweck sollte sowohl ein vergrößertes Preußen als auch die Stärkung der süddeutschen Staaten dienen. Unter dem Druck Frankreichs und verschiedener deutscher Staaten verabschiedete der Reichstag in Regensburg 1803 den so genannten Reichsdeputationshauptschluss. Hinter diesem Wortungetüm verbirgt sich der Beschluss eines Ausschusses des Reichstages (Reichsdeputation). Dieser sah eine territoriale Flurbereinigung im großen Stil vor. Zwei Begriffe bildeten dafür die Grundlage: Säkularisation und Mediatisierung.

Die Entschädigung deutscher Fürsten für ihre linksrheinischen Gebiete war nicht möglich ohne die Auflösung geistlicher Staaten. Die Säkularisation (Verweltlichung) von geistlichen Fürstentümern, Bistümern und Abteien bedeutete deren Beseitigung in Form von Enteignung und Eingliederung in den weltlichen Territorialstaat.

Reichsstände, die im Alten Reich eine Reichsunmittelbarkeit besaßen, also rechtlich direkt dem Kaiser unterstanden, nannte man „im-mediat", also unmittelbar. Die Mediatisierung brachte den Verlust dieser Reichsunmittelbarkeit. Das betraf kleine Herrschaften, die nunmehr einem Landesherrn unterstellt wurden. Alle Reichsstädte wurden mediatisiert. Nur Hamburg, Bremen und Lübeck sowie Augsburg, Frankfurt am Main und Nürnberg blieben autonom. Preußen erhielt für seine neutrale Haltung und als Entschädigung für seine verlorenen niederrheinischen Herzogtümer ein fünffach größeres Territorium, und Bayern und Württemberg gewannen damals annähernd ihre heutige Ausdehnung. Allein die kleine Markgrafschaft Baden mit vielen zerstreut liegenden Gebieten wuchs um das Vierfache. Im Unterschied zur Säkularisation blieben bei der Mediatisierung die materiellen Besitzrechte erhalten.

M 5

Der Reichsdeputationshauptschluss kam einem Todesstoß für das Alte Reich gleich, denn es handelte sich um eine territoriale Revolution. Deren Ausmaße werden deutlich, wenn man bedenkt, dass im deutschen Südwesten aus 350 Territorien nur zwei Mittelstaaten, nämlich das Großherzogtum Baden und das Königreich Württemberg, hervorgingen (sieht man von zwei kleinen hohenzollerischen Fürstentümern ab).

Insgesamt verschwanden 112 Reichsstände und etwa drei Millionen Menschen wechselten ihre Staatsangehörigkeit.

Die territoriale Neugestaltung räumte mit der Kleinstaaterei auf und ebnete durch die Bildung von lebensfähigen Mittelstaaten den Weg für die Modernisierung Deutschlands.

Rheinbund

Napoleons Strategie lief darauf hinaus, Mittelstaaten zu schaffen und diese an Frankreich zu binden. Diese Staaten sollten leistungsfähig genug sein, um Frankreich militärisch zu dienen, aber nicht stark genug, um es zu gefährden. Als Folge davon wurde 1806 der Rheinbund gegründet.

Er bedeutete eine grundlegende Umwälzung der alten Reichsordnung. Sechzehn süddeutsche Staaten schieden zunächst aus dem alten Reichsverband aus („Reichsverräter") und konstituierten sich unter der Schutzherrschaft Napoleons zum Rheinbund. Ihnen folgten bis 1811 sämtliche deutsche Fürsten außer den Herrschern von Österreich, Preußen, Braunschweig und Kurhessen. Bayern, Württemberg und Sachsen wurden zu Königreichen erhoben, Baden, Hessen-Darmstadt und Berg zu Großherzogtümern beziehungsweise Nassau zum Herzogtum. Die Rheinbundstaaten verpflichteten sich als Gegenleistung zu einem militärischen Bündnis mit Frankreich, das die Bereitstellung von Truppenkontingenten für die Kriege Napoleons vorsah. Darum wurde zum Beispiel auch der Feldzug Napoleons gegen Russland zu einem erheblichen Teil mit deutschsprachigen Soldaten durchgeführt. Nach der Völkerschlacht bei Leipzig traten die Rheinbundstaaten auf die Seite der Koalition über.

M 6 Huldigung
Die Rheinbundfürsten vor Kaiser Napoleon 1806, zeitgenössischer Stich

Das Ende des Alten Reiches

Auf Druck Napoleons legte der Kaiser Franz II. am 6. August 1806 die römisch-deutsche Kaiserwürde nieder. Damit endeten auch formell das Heilige Römische Reich Deutscher Nation und eine Reichsgeschichte, die 962 mit der Kaiserkrönung Ottos I. begonnen hatte.

Unter den Nachwirkungen der Französischen Revolution wandelte sich auch in Deutschland das Kräfteverhältnis zwischen der alten feudalen und der neuen bürgerlichen Ordnung. Diese Veränderungen stärkten auch die Idee des Nationalstaates.

Preußen nach der Niederlage 1806

Das noch unter der Herrschaft des preußischen Königs Friedrich II. ausgearbeitete „Allgemeine Landrecht für die preußischen Staaten" schrieb nach seinem Inkrafttreten (1794) die alte soziale Ordnung fest: strenge Standesschranken, Vorrechte des Adels, Dienstpflicht der Bauern und Zunftzwang. Erst der Schock, der von der völligen militärischen Niederlage Preußens gegen Frankreich ausging, gab den Anstoß für eine Vielzahl von reformerischen Maßnahmen. Die Katastrophe von Jena und Auerstedt am 14. Oktober 1806 gefährdete den preußischen Staat in seiner Existenz. Das Erbe Friedrichs II. war verspielt: das Territorium um die Hälfte auf die ursprünglichen Kernprovinzen reduziert, der Staatsschatz verloren, die Finanzen wegen der hohen Zahlungen an Frankreich in Not, die Armee reduziert auf 42 000 Soldaten.

Der entscheidende Impuls für die preußischen Reformen kam aus der Notlage des preußischen Staates, als es darum ging, den Staatsbankrott abzuwenden und die Auflösung des Staates zu verhindern.

Die Konfrontation mit dem bürgerlich-revolutionären Frankreich hatte die tatsächliche Schwäche des preußischen Staates offenbart. Der Wiederaufstieg Preußens konnte nur gelingen, wenn sich das Land umfassend modernisieren würde. Die Initiative dafür ging von einer relativ kleinen beamteten Elite aus, weil das Bürgertum – anders als im Frankreich der Französischen Revolution – noch „unterentwickelt" war. Man hat daher oft die Formulierung „Revolution von oben" gebraucht, und Karl August von Hardenberg (seit 1810 preußischer Staatskanzler) sprach von einer „Revolution im guten Sinn", die es durchzuführen gelte.

Die Reformer besaßen kein einheitliches Staats- und Gesellschaftsbild, aber die Staatsform als solche wurde nicht infrage gestellt. Es ging ihnen um die Versöhnung der preußischen Monarchie mit liberalen Grundsätzen. Nach den Worten des Freiherrn vom Stein ging es darum, „Gemeinsinn und Liebe zum Vaterland" dauerhaft zu begründen. Das Beispiel Frankreichs hatte gezeigt, wie sehr dessen politische Bedeutung durch die Teilnahme des Volkes am Staatsleben zugenommen hatte. Darum wuchs auch in Preußen die Einsicht, dass eine Umgestaltung des Staates, der Gesellschaft, der Wirtschaft und des Militärs durchzuführen sei.

Die bedeutendsten Männer der Reform wie Karl Freiherr vom und zum Stein und Karl August Freiherr (seit 1814 Fürst) von Hardenberg (Verwaltungs- und Agrarreform), Gerhard von Scharnhorst und Neithardt von Gneisenau (Heeresreform) und Wilhelm von Humboldt (Bildungsreform) beabsichtigten, Preußen zu einem Modell für den Wiederaufstieg zu machen. Die Reformer entwickelten in diesem Zusammenhang ein neues Bild vom Menschen. Nicht den Untertan hatten sie vor Augen, sondern den Bürger, der sich mit seinem Staat identifizieren konnte und darum auch zu Opfern bereit war. Die Stärkung des Staates sollte mit einer Stärkung der nationalen Bindung einhergehen.

Die preußischen Reformen

Regierungs- und Verwaltungsreform: Neben der Modernisierung der Regierungsorganisation (Ressortprinzip, Ministerverantwortlichkeit) zählte dazu die Selbstverwaltung der Städte (1808). Damit hatte das besitzende Bürgertum die Möglichkeit, an der Entscheidung und Verwaltung auf kommunaler Ebene teilzunehmen.

Judenemanzipation: 1812 erfolgte die rechtliche Gleichstellung der 70 000 preußischen Juden. Sie wurden normale Staatsbürger mit freier Wahl des Wohnsitzes und Zulassung zu allen Berufen (allerdings mit der Ausnahme des Beamten und des Offiziers). Besondere Abgaben, wie zum Beispiel die Judensteuer, entfielen.

Bildungsreform: Der Volkserziehung schenkten die Reformer große Aufmerksamkeit. Ausschlaggebend war dabei die Erkenntnis, dass Mitverantwortung und bürgerliche Selbstständigkeit an ein höheres Bildungsniveau geknüpft sind. In Preußen wurde ein dreigliedriges Bildungswesen eingerichtet, bestehend aus Elementarschule, Gymnasium und Universität.

Heeresreform: Eine Vielzahl reformerischer Maßnahmen zwischen 1807 und 1815 zielte darauf ab, durch die Einführung der allgemeinen Wehrpflicht die Mobilisierung des Volkes zu fördern. Soldatentum und Staatsbürgerschaft sollten zusammengeführt werden. Nicht fremde Söldner, sondern „Landeskinder" sollten das Land befreien und verteidigen. Die Humanisierung der Armee durch die Abschaffung der Prügelstrafe, die Öffnung des Offizierskorps für Bürgerliche und die Beförderung nach Leistung gehörten zu den weiteren wesentlichen Bestandteilen der Heeresreform. Das stehende Heer wurde durch die Landwehr (eine Art Volksmiliz) ergänzt.

Wirtschaftsreform: Die Verkündung der Gewerbefreiheit (1811) beseitigte den Zunftzwang und eröffnete damit den freien Wettbewerb.

Agrarreform und Bauernbefreiung: Das Edikt vom 9. Oktober 1807 setzte das Ende der Erbuntertänigkeit der Bauern für den 11. November 1810 fest. Es brachte den Bauern zeitlich abgestuft die persönliche Freiheit. Bis dahin vererbte sich die Schollenpflicht (auch für die Familienangehörigen). Die Abschaffung der Erbuntertänigkeit entließ die

Karl Freiherr vom und zum Stein (1757–1831)
war nur kurze Zeit leitender preußischer Staatsmann und wurde 1808 auf Druck Napoleons entlassen.

Karl August von Hardenberg (1750–1822)
war fast fünfzehn Jahre der einflussreichste Staatsmann Preußens. Er vertrat sein Land auch auf dem Wiener Kongress.

Wilhelm von Humboldt (1767–1835)
reformierte das preußische Bildungswesen und gründete die Berliner Universität, die noch heute seinen Namen trägt.

Bauern aber nicht aus ihren Dienst- und Abgabeverpflichtungen. Die feudale Agrarverfassung kannte die Unterscheidung zwischen zwei Eigentumsrechten: Es gab das grundherrliche Obereigentum und das bäuerliche Untereigentum, das seinerseits mit bestimmten Dienstpflichten gekoppelt war. Die Umwandlung dieser spätfeudalen Agrarverfassung in ein modernes privatrechtliches Besitzverhältnis sah eine Entschädigung der Grundherrn vor. Die tatsächliche „Bauernbefreiung" gelang zunächst nur einer besser gestellten Minderheit, die in der Lage war, ihre Abgabe- und Dienstverpflichtungen abzulösen. Dazu musste sie etwa ein Drittel, zum Teil sogar die Hälfte ihres Besitzes an den Grundherrn abtreten. Das bedeutete, die Bauernbefreiung führte sogar zu einer Vergrößerung des gutsherrlichen Eigenbesitzes. Auch blieben Jagdrechte und Patrimonialgerichtsbarkeit erhalten. Erst nach der Revolution von 1848 konnte die Agrarreform tatsächlich zu Ende geführt werden. Dennoch blieb die ländliche Bevölkerung im ostelbischen Preußen in erheblichem Umfange der Macht der Gutsherrn („Junker") unterworfen.

Das Ende der Reformen

Der deutsche Nationalismus des 19. Jahrhunderts war im Wesentlichen hervorgerufen durch die anti-französische Einstellung während der napoleonischen Fremdherrschaft. Die Befreiungskriege, getragen vom Idealismus der Studenten, Handwerker und vieler anderer Freiwilliger, entfachten einen vorher so nicht gekannten Patriotismus. Die Opferbereitschaft breiter Volksschichten („Gold gab ich für Eisen.") hatte entscheidenden Anteil am Sieg über den Kaiser der Franzosen, vor allem bei der Völkerschlacht von Leipzig 1813.

Das napoleonische Frankreich wurde letztlich mit der Waffe besiegt, die es selbst in der Französischen Revolution entwickelt hatte: der Nationalisierung des Krieges. Im anti-französischen Befreiungskrieg erhielt die preußisch-deutsche Identität ihre Konturen. Die Mobilisierung des Volkes trug die gleichen Züge wie die „levée en masse" von 1793 der Franzosen. Die preußischen Reformen endeten mit der Restauration nach 1815. Lediglich die Neuorganisation des Heeres wurde konsequent zu Ende geführt. Viele Reformer schieden enttäuscht aus dem Dienst. Das vom preußischen König Friedrich Wilhelm III. gemachte Verfassungsversprechen blieb unerfüllt.

Chronologie

25. Feb. 1803	Reichsdeputationshauptschluss
2. Dez. 1804	Kaiserkrönung Napoleons
12. Juli 1806	Errichtung des Rheinbundes
6. Aug. 1806	Abdankung von Kaiser Franz II.: Ende des Heiligen Römischen Reiches Deutscher Nation
14. Okt. 1806	Schlacht bei Jena und Auerstedt: Niederlage Preußens gegen Frankreich
9. Okt. 1807	Oktoberedikt zur Bauernbefreiung: Beginn der preußischen Reformen
24. Juni 1812	Beginn des Feldzuges Napoleons gegen Russland
1813–1815	Befreiungskriege
11. Aug. 1813	Bündnis Österreichs mit Russland, Preußen, England und Schweden
16.–19. Okt. 1813	Völkerschlacht bei Leipzig
18. Juni 1815	Schlacht bei Waterloo (Belle-Alliance)

M 7 Reorganisation des preußischen Staates

Aus der Rigaer Denkschrift des preußischen Ministers Karl August von Hardenberg (12. September 1807):

Die Französische Revolution, wovon die gegenwärtigen Kriege die Fortsetzung sind, gab den Franzosen unter Blutvergießen und Stürmen einen ganz neuen Schwung. Alle schlafenden Kräfte wur-
5 den geweckt, das Elende und Schwache, veraltete Vorurteile und Gebrechen wurden – freilich zugleich mit manchem Guten – zerstört. [...]
Der Wahn, dass man der Revolution am sichersten durch Festhalten am Alten und durch strenge Ver-
10 folgung der durch solche geltend gemachten Grundsätze entgegenstreben könne, hat besonders dazu beigetragen, die Revolution zu befördern und derselben eine stets wachsende Ausdehnung zu geben. Die Gewalt dieser Grundsätze ist so
15 groß, sie sind so allgemein, anerkannt und verbreitet, dass der Staat, der sie nicht annimmt, entweder seinem Untergange oder der erzwungenen Annahme derselben entgegensehen muss. [...]
Also eine Revolution im guten Sinn, gerade hin-
20 führend zu dem großen Zwecke der Veredelung der Menschheit, durch Weisheit der Regierung und nicht durch gewaltsame Impulsion [Anstoß] von innen nach außen – das ist unser Ziel, unser leitendes Prinzip. Demokratische Grundsätze in einer
25 monarchischen Regierung: Dieses scheint mir die angemessene Form für den gegenwärtigen Zeitgeist.

W. Lautemann, M. Schlenke (Hg.), Amerikanische und Französische Revolution, München 1981, S. 625 f.

M 8 Befreiung der Wirtschaft von ständischen Fesseln

a) Edikt den erleichterten Besitz und den freien Gebrauch des Grundeigentums sowie die persönlichen Verhältnisse der Landbewohner betreffend (9.10.1807):
5 § 1 Freiheit des Güterverkehrs
Jeder Einwohner Unserer Staaten ist ohne alle Einschränkungen in Beziehung auf den Staat zum eigentümlichen und Pfandbesitz unbeweglicher Grundstücke aller Art berechtigt.
10 § 2 Freie Wahl des Gewerbes
Jeder Edelmann ist ohne allen Nachteil seines Standes befugt, bürgerliche Gewerbe zu betreiben, und jeder Bauer ist berechtigt, aus dem Bauern- in den Bürger-, und jeder Bürger aus dem Bürger- in den
15 Bauernstand zu treten.
§ 12 Mit dem Martinitage[1] eintausendachthundertundzehn (1810) hört alle Gutsuntertänigkeit in

Unsern sämtlichen Staaten auf. Nach dem Martinitage 1810 gibt es nur freie Leute, so wie solches auf den Domänen in allen Unseren Provinzen schon 20 der Fall ist; bei denen aber, wie sich von selbst versteht, alle Verbindlichkeiten, die ihnen als freien Leuten vermöge eines Grundstücks oder vermöge eines besonderen Vertrages obliegen, in Kraft bleiben.

1 11. November (Ende des landwirtschaftlichen Arbeitsjahres)

b) Edikt zur Regulierung der gutsherrlichen und bäuerlichen Verhältnisse (14.9.1811):
§ 4 Allen jetzigen Inhabern jener erblichen Bauernhöfe und Besitzungen, sie mögen Ganz-, Halbbauern, Einhüfner oder Kossäten[1] heißen oder 5 einen anderen Provinzialnamen führen, zu geistlichen Domänen, Kämmerei- oder Privatgütern gehören, wird das Eigentum ihrer Höfe übertragen, unter der Verpflichtung, die Gutsherrn dafür, wie nachstehend verordnet ist, zu entschädigen. Unter 10 derselben Bedingung sollen auch die Naturaldienste mit alleiniger Ausnahme einiger [...] Hilfsdienste gegen Entschädigung aufgehoben werden.
§ 10 Es soll daher, mit Ausnahme der hiernächst zu bemerkenden Fälle, Regel sein, dass bei erblichen 15 Besitzern die Gutsherrn für das Eigentum der Höfe, für die Dienst- und gewöhnlichen Abgaben davon abgefunden sein sollen, wenn ihnen die Untertanen den dritten Teil ihrer sämtlichen Gutsländereien abtreten[2] und dabei auf alle außerordentliche 20 Unterstützung, Hofwehr, Bauhilfe und auf die Steuervertretung Verzicht leisten.

1 Kleinbauern (Häusler) ohne Landbesitz

2 bei nicht erblichen bäuerlichen Besitzungen die Hälfte

Aus: W. Conze, Die preußische Reform unter Stein und Hardenberg, Stuttgart 1974, S. 20 ff.

M 9 Agrarreform

Die Folgen der Agrarreform analysiert der Sozialhistoriker Reinhard Koselleck:

Nicht nur waren die Rittergutsbesitzer die Gewinner der Agrarreform, weil die Eigentumsgarantie des ALR [Allgemeines Preußisches Landrecht] – im Unterschied zur Französischen Revolution – bereits vor der Neuverteilung des Bodens in Kraft war; 5 zugleich blieben sie die Nutznießer der herkömmlichen politischen Gemeinde- und Grundsteuerverfassung, die weiterhin auf dem ALR bzw. den noch älteren Provinzialrechten gründeten. Über die Hälfte des gutsherrschaftlichen Grundbesitzes in 10 den fünf östlichen Provinzen, 21 Millionen von 40 Millionen Morgen, blieben steuerfrei, und trotz der wirtschaftlichen Aufspaltung des ganzen Landes

in Guts- und Gemeindebezirke behielten die Guts-
15 herren auch für Gemeinden die politische Führung
in der Hand, in der sie Patronat[1], Ortspolizei und
untere Gerichtsbarkeit vereinigten. 3,7 Millionen
Landbewohner waren – so 1837 – den Patrimonial-
gerichten der rund 12 000 Rittergutsbesitzer unter-
20 worfen, denen allerdings schon 7,9 Millionen Einwohner gegenübertraten (außerhalb der Rhein-
provinz), die unmittelbar der königlichen Gerichtsbarkeit unterstanden. Rund die Hälfte aller rechts-
rheinischen Bewohner des platten Landes war somit
25 noch nicht in ein Immediatsverhältnis [hier: unmittelbares Verhältnis] zur Staatsgewalt getreten.
Der Staat trat nur auf den weniger erfreulichen
Gebieten der Rekrutierung und Steuereintreibung
in direkte Beziehung zu diesen Bewohnern; Kirche,
30 Gericht, Schule und Polizei waren noch weitgehend
vom „Herren" abhängig. Darüber hinaus besaßen
die Rittergutsbesitzer, und zwar meist der adlige
Teil, auf den Kreistagen die überwältigende Majorität, auf den Landtagen teils die absolute, teils die
35 relative Majorität. So vereinigten die preußischen
Großgrundbesitzer die Vorteile der liberalen Eigen-
tums- und Wirtschaftspolitik ihres Staates mit
solchen ständischen Vorrechten, die ihnen auch im
Falle wirtschaftlicher Erfolglosigkeit die politische
40 Führung auf dem Lande – und damit weitgehend
auch im Staat – sicherten.

1 Patronat = hier: Kirchenherr

R. Koselleck, Staat und Gesellschaft in Preußen 1815–1848, in
H.-L. Wehler (Hg.), Moderne deutsche Sozialgeschichte, Köln
1970, S. 71 ff.

M10 Der preußische Weg der Judenemanzipation

*Der Historiker Walter Grab stellt die Judenemanzi-
pation von 1812 in den größeren Zusammenhang
des 19. Jahrhunderts:*

Ebenso wie in anderen christlichen Ländern bildeten auch in Preußen die jüdischen Gemeindekor-
porationen im Zeitalter der ständischen Privilegienordnung einen von der übrigen Bevölkerung
5 abgesonderten „Staat im Staate". Die Juden unterstanden diskriminierenden, von den Fürsten erlassenen Gesetzen und Vorschriften. Sie waren von
der Produktion materieller Güter ausgeschlossen,
weil sie weder den Boden bearbeiten durften noch
10 in Zünfte aufgenommen wurden. Im Rahmen der
vorindustriellen, agrarischen Bedarfsdeckungswirt-
schaft erfüllten sie dennoch notwendige ökonomische Funktionen, denen es hauptsächlich zu verdanken war, dass sie allen Verfolgungen standhiel-

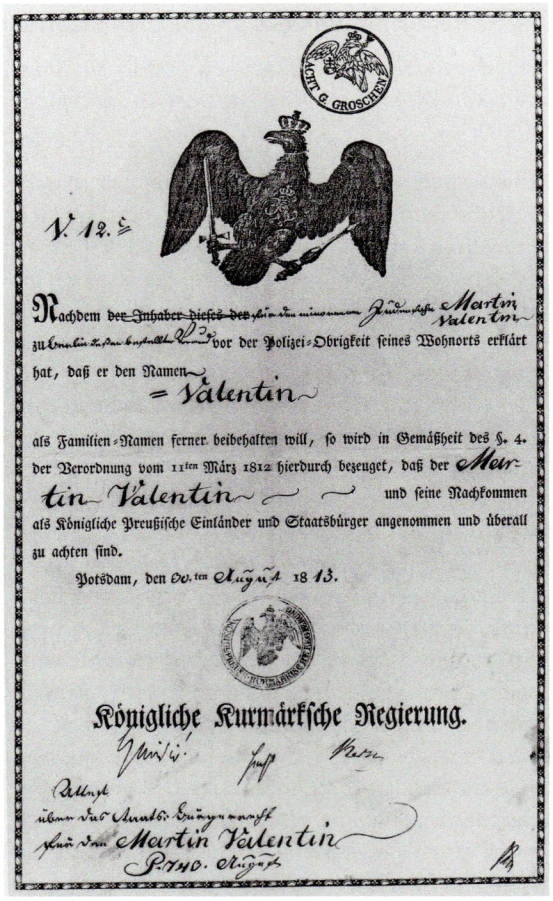

M11 Einbürgerungsurkunde
der kurmärkischen Regierung für den Juden
Martin Valentin, Potsdam 1813.

ten und nach Vertreibungen zurückgerufen wur- 15
den: Wohlhabenden Juden war das Kreditwesen,
minderbemittelten der Trödel als wichtigste
Erwerbsquelle zugewiesen.
In der Epoche des Absolutismus war die winzige
Gruppe privilegierter Hoffaktoren [mit höfischen 20
Geschäften Betraute] für den Fiskus ebenso
bedeutsam, wie es die Pfandleiher für die städtischen Kleinbürger und die Viehhändler für die Bauern waren; bei den jüdischen Besitzern mobilen
Kapitals konnte man stets den notwendigen Geld- 25
bedarf decken. Auch die Markthändler, die
gebrauchte oder von unzünftigen „Pfuschern" her-
gestellte billige Waren des täglichen Bedarfs ver-
kauften, konnten für die große Mehrheit der
Bevölkerung als ein nicht unwichtiger ökonomi- 30
scher Faktor gelten. [...]
Erst die siegreichen Heere der Revolution und Napoleons zertrümmerten die Judengettos Deutschlands und bahnten den Weg zur Befreiung ihrer
Bewohner von den entwürdigenden Ausnahmege- 35

setzen. Juden erhielten bürgerliche Rechte zuerst in den von Frankreich annektierten Gebieten. Die von Napoleons Bruder Jérôme 1808 verkündete Verfassung des Königreichs Westfalen verankerte die volle
40 Gleichstellung der Juden. Um die französische Hegemonie zu überwinden, erließen preußische Staatsmänner und Militärs eine Reihe von Reformen, die jedoch die königliche Autorität und die politische Struktur des Landes nicht antasteten.
45 Das letzte Reformgesetz des Staatskanzlers Hardenberg, das „Edikt betreffend die bürgerlichen Verhältnisse der Juden in dem preußischen Staate" vom 11. März 1812, schaffte die Autonomie der jüdischen Gemeinden ab, ermöglichte Freizügigkeit und
50 freie Berufswahl und legte den zu „Einländern und preußischen Staatsbürgern" erklärten Juden die gleichen Pflichten auf wie der übrigen Bevölkerung; sie blieben jedoch auch weiterhin von allen Staatsämtern und de facto auch von der Offizierslaufbahn aus-
55 geschlossen. Das Edikt galt nur für die mit Schutzbriefen und Konzessionen versehenen Juden in den vier Provinzen Brandenburg, Schlesien, Pommern und Ostpreußen, aus denen damals der preußische Staat bestand; auf das Rheinland und andere
60 westelbische Gebiete sowie Westpreußen und das Großherzogtum Posen, die Preußen am Wiener Kongress zugesprochen erhielt, dehnte man das Emanzipationsedikt nicht mehr aus. Bis 1848 besaß weniger als ein Viertel der preußischen Juden
65 staatsbürgerliche Rechte – und auch diese nur mit den erwähnten Einschränkungen. […]
In Preußen, wo das Bürgertum die Fesseln der Privilegienordnung nicht aus eigener Kraft gesprengt hatte, übte die von oben verordnete Judeneman-
70 zipation auf die öffentliche Meinung nur eine geringe Wirkung aus. Die Taufe war – laut Heine – „das Eintrittsbillet zur europäischen Kultur", blieb aber oft nur eine Scheinlösung, weil der Getaufte zwar seinen Glauben, nicht aber seine ethnische
75 Herkunft wechseln konnte. Der im Zeitalter der französischen Hegemonie hoch aufschäumende deutsche Nationalismus war von Volkstumslehren romantischer Agitatoren wie Arndt und Jahn geprägt. Die nationale Idee der deutschen Ein-
80 heitsbewegung verband sich mit Doktrinen, die an Stelle der religiösen Judenfeindschaft eine biologisch begründete und wertmäßig abgestufte Hierarchie von Menschenrassen setzten und den einzelnen Völkern kollektive, konstante und unver-
85 änderliche Eigenschaften zuschrieben.

W. Grab, Der preußische Weg der Judenemanzipation, in: Juden in Preußen; hrsg. vom Bildarchiv Preußischer Kulturbesitz, Dortmund 1981, S. 24 ff.

M12 „An mein Volk"

Aufruf des preußischen Königs Friedrich Wilhelm III. unmittelbar nach der Kriegserklärung an Frankreich:

An mein Volk.
[…] Brandenburger, Preußen, Schlesier, Pommern, Litauer! Ihr wisst, was Ihr seit fast sieben Jahren erduldet habt, Ihr wisst, was euer trauriges Los ist, wenn wir den beginnenden Kampf nicht ehrenvoll 5 enden. Erinnert Euch an die Vorzeit, an den großen Kurfürsten, den großen Friedrich. Bleibt eingedenk der Güter, die unter ihnen unsere Vorfahren blutig erkämpften: Gewissensfreiheit, Ehre, Unabhängigkeit, Handel, Kunstfleiß und Wissenschaft. Gedenkt 10 des großen Beispiels unserer mächtigen Verbündeten der Russen, gedenkt der Spanier, der Portugiesen. Selbst kleinere Völker sind für gleiche Güter gegen mächtigere Feinde in den Kampf gezogen und haben den Sieg errungen. Erinnert Euch an die 15 heldenmütigen Schweizer und Niederländer.
Große Opfer werden von allen Ständen gefordert werden, denn, unser Beginnen ist groß, und nicht gering die Zahl und die Mittel unserer Feinde. Ihr werdet jene lieber bringen, für das Vaterland, für 20 Euren angeborenen König, als für einen fremden Herrscher, der wie so viele Beispiele lehren, Eure Söhne und Eure letzten Kräfte Zwecken widmen würde, die Euch ganz fremd sind. Vertrauen auf Gott, Ausdauer, Mut, und der mächtige Beistand 25 unserer Bundesgenossen, werden unseren redlichen Anstrengungen siegreichen Lohn gewähren. Aber, welche Opfer auch von Einzelnen gefordert werden mögen, sie wiegen die heiligen Güter nicht auf, für die wir sie hingeben, für die wir streiten 30 und siegen müssen, wenn wir nicht aufhören wollen, Preußen und Deutsche zu sein.
Es ist der letzte entscheidene Kampf, den wir bestehen für unsere Existenz, unsere Unabhängigkeit, unseren Wohlstand; keinen anderen Ausweg gibt 35 es, als einen ehrenvollen Frieden oder einen ruhmvollen Untergang. Auch diesem würdet ihr getrost entgegengehen um der Ehre willen, weil ehrlos der Preuße und der Deutsche nicht zu leben vermag. Allein wir dürfen mit Zuversicht vertrauen: Gott 40 und unser letzter Wille werden unserer gerechten Sache den Sieg verleihen, mit ihm einen sicheren glorreichen Frieden und die Wiederkehr einer glücklichen Zeit.

Breslau, den 17. März 1813
Friedrich Wilhelm

Aus: F. Sieburg, Im Licht und Schatten der Freiheit, Stuttgart 1961, S. 278 f.

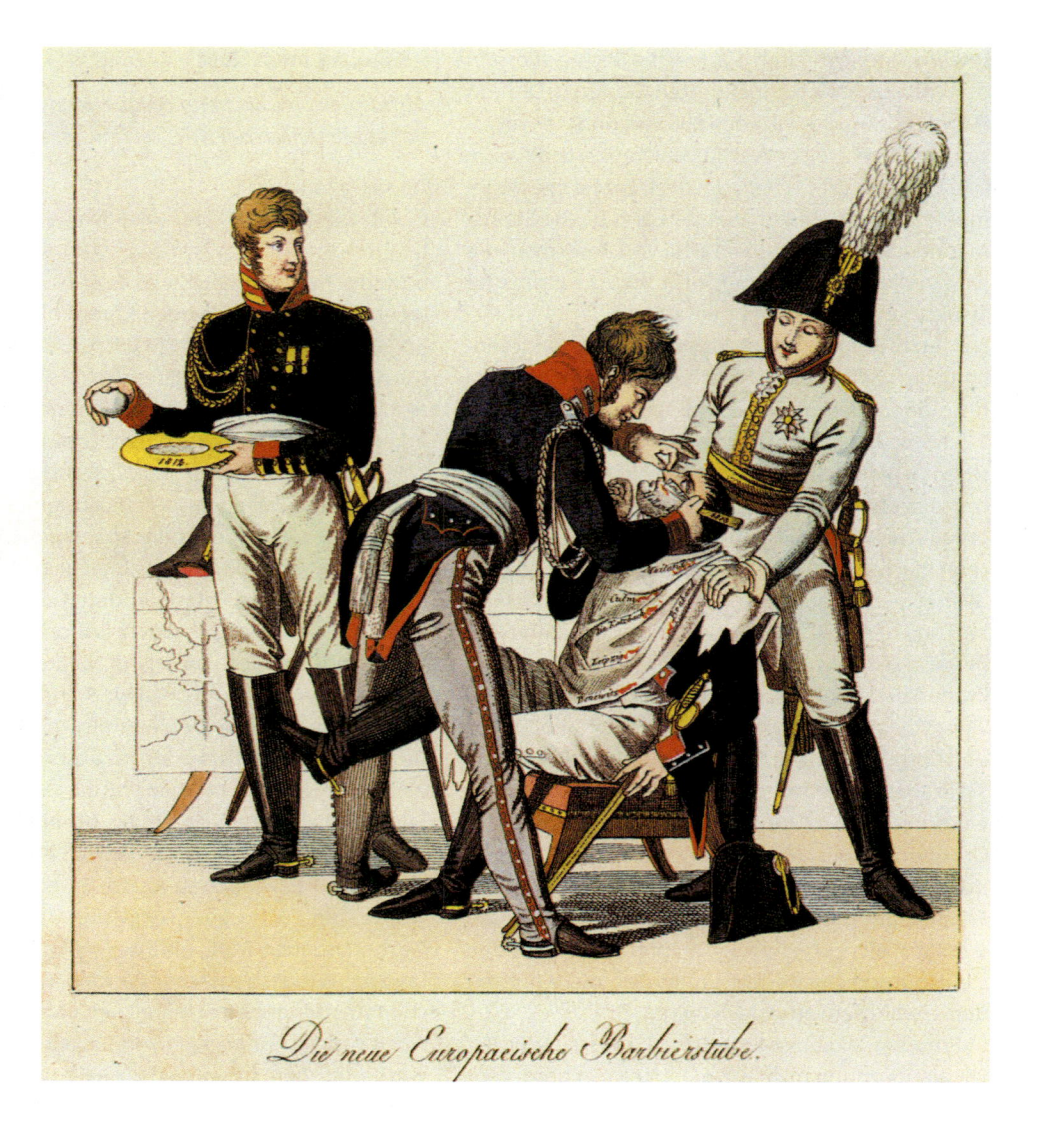

Die neue Europaeische Barbierstube.

M13 Die neue Europäische Barbierstube

In einem Brief schrieb der Berliner Polizeipräsident Lecoq:

Nur von einem […] Stücke, „*Die europäische Barbierstube* bezeichnet und 3 Figuren in Officiersuniform ohne weitere Bezeichnung weder im Grade noch in irgend einer persönlichen Ähnlichkeit vor-
5 stellend, brachte ich in Erfahrung, dass man im Publicum die allerhöchsten Personen der verbündeten Monarchen selbst darunter zu verstehen glaube. Diese bloße Vermutung war mir indessen genug, um sogleich bei Vernehmung derselben die
10 Verfügung zu erlassen, dass alle vorrätig befundenen Exemplare derselben bei sämtlichen Unternehmern sofort in Beschlag genommen und unverzüglich verbrannt werden."Lecoq fügt eine kurze Beschreibung der neuen europäischen Barbierstube bei: „Auf einem Stuhle sitze Napoleon, ein- 15
geseift, auf der weissen Serviette liest man die mit Blut betupften Namen Culm, Katzbach, Leipzig, Dennewitz. Friedrich Wilhelm [von Preußen] rasiert – auf dem Messer steht 1813 – das auf den eingeseiften Backen stehende Wort Holland 20
fort, indem er Napoleon an der Nasenspitze festhält. Alexander [von Russland] rührt das Schaumbecken, auf dessen Rande 1812 steht. Franz [von Österreich] hält Napoleon von hinten auf dem Sitze fest." 25
Der Brief ist in mehrfacher Hinsicht aufschlussreich. Er beleuchtet nicht nur die Praxis der Zensur, sondern gibt auch das Kriterium für den staatlichen Eingriff an: Die Monarchen dürfen in keiner Weise respektlos in die Handlung einbezogen werden. 30

Aus: G. Langemeyer u. a. (Hg.), Mittel und Motive der Karikatur, München 1984, S. 182.

M14 Stufenleiter der Größe und des Sturzes Napoleons

Ein Bild des Nürnberger Karikaturisten Johann Michael Voltz wurde in verschiedenen Varianten aufgelegt (1814). Er greift das traditionelle Motiv der Lebensalter-Treppe auf, die seit dem 16. Jahrhundert auch die Vergänglichkeit versinnbildlichte. Beginnend mit dem „Corsischen Knaben" zeigt das Bild den Aufstieg Napoleons zum Kaisertum und seinen Absturz. Napoleon starb aber nicht am Galgen, wie das Bild suggeriert, sondern in der Verbannung auf St. Helena.

Aufgaben

1. Inwiefern unterscheidet sich die Kaiserkrönung Napoleons 1804 von der traditionellen Kaiserkrönung im Mittelalter? Was sollte damit zum Ausdruck gebracht werden?
→ Text, M1

2. Welche Auswirkungen hatten die Französische Revolution und die Herrschaft Napoleons auf Deutschland?
→ Text, M3, M6

3. Vergleichen Sie die geopolitische Lage Deutschlands vor dem Reichsdeputationshauptschluss mit derjenigen nach dem Beschluss.
→ Text, M5

4. Rekapitulieren Sie die einzelnen Elemente des preußischen Reformwerks.
→ Text

5. Wie urteilte Hardenberg über die Französische Revolution? Welche Schlüsse zog er aus diesem historischen Ereignis?
→ M7

6. In welchem Abhängigkeitsverhältnis befand sich der bäuerliche Stand vor der Reformzeit?
→ Text

7. Untersuchen Sie die Folgen, die das Regulierungsedikt von 1811 für die Bauern beziehungsweise für die Gutsherrn hatte.
→ Text, M8, M9

8. Beschreiben Sie die Auswirkungen der Agrarreform auf die sozioökonomische Situation der Landbevölkerung in Preußen.
→ M9

9. Erläutern Sie die Lage der Juden nach ihrer Emanzipation. Bei welchen gesellschaftlichen Gruppen ist die Judenemanzipation auf Widerstand gestoßen?
→ M10, M11

10. Stellen Sie die Formen des Widerstands gegen Napoleon dar. Wann und wodurch hatte er den Scheitelpunkt der Macht überschritten?
→ Text, M12–M14

Fragen an die Geschichte

Warum scheiterte Napoleons Versuch, eine Vorherrschaft in Europa durchzusetzen?

Das europäische Mächtesystem

Das europäische Mächtesystem war seit dem Mittelalter durch das faktische Fehlen einer Zentralgewalt geprägt. Zwar beanspruchten Kaiser und Papst die höchste Autorität, konnten diese aber zu keinem Zeitpunkt tatsächlich verwirklichen. Es entstand eine multipolare dynastische beziehungsweise staatliche Ordnung, in der die Mächte in einer wechselhaften Beziehung von Austausch, Zusammenarbeit, Rivalität und Krieg standen. Diese Situation eines ständigen kommerziellen, technologischen und militärischen Wettbewerbs hat wesentlich zum Aufstieg Europas beigetragen. Europa gelang es, einen Vorsprung gegenüber außereuropäischen Zivilisationen zu erringen und somit das europäische Zeitalter zu begründen, das erst im Zweiten Weltkrieg zu Ende ging.

Die Herrschaft Napoleons

Napoleons Versuch, zu Beginn des 19. Jahrhunderts in Europa eine Hegemonie (Vormachtsstellung) Frankreichs durchzusetzen, scheiterte am Widerstand der unterworfenen Völker und der anderen europäischen Mächte. Mit dem Umfang der französischen Herrschaft wuchs die Zahl der Revolten. Die wirtschaftliche Ausplünderung besetzter Gebiete zur Deckung der gewaltigen Kriegskosten verbunden mit Wohlstandseinbußen vermehrten den Widerstand. Neue Fronten taten sich auf. Der Guerillakrieg in Spanien vergrößerte genauso die Risse im napoleonischen Machtgebäude wie die strategische Überdehnung durch den Russlandfeldzug. Von der gesicherten Insellage unterstützte das wohlhabende Großbritannien den Widerstand gegen Napoleon mit Geld und Waffen. Und als Österreich und Preußen sich der feindlichen Koalition anschlossen, entstand zwangläufig ein Übergewicht, dem auch Napoleons militärisches Genie nicht gewachsen war.

Das napoleonische Frankreich musste die Erfahrung machen, dass eine Koalition der anderen Großmächte die Hegemonialbildung eines Staates verhinderte. Die Solidarität der Bedrohten erwies sich dann regelmäßig stärker als deren Konflikte untereinander.

Gescheiterte Hegemonialbildungen

Die Geschichte Europas lässt sich aus der Perspektive von „Aufstieg und Fall der großen Mächte" schreiben. Über Jahrhunderte wurde sie beeinflusst durch den Versuch einzelner Mächte, sich in Europa als Vormacht durchzusetzen.

Im Gefüge der europäischen Mächte wurden die Flügel von Russland und England besetzt. Beide Staaten wiesen einen besonderen geostrategischen Schutz auf: Russland durch die Weite der eurasischen Ebene und England durch seine Insellage. Die westliche Seemacht mit ihren überseeischen Interessen handelte über Jahrhunderte nach dem Grundsatz der „balance of power". Die Verhinderung einer kontinentalen Hegemonialbildung gewährleistete das ungefährdete Handeln jenseits der Meere und den Aufbau des Kolonialreiches. So führte die englische Gleichgewichtspolitik beispielsweise nach dem Ende der napoleonischen Ära zur Schonung Frankreichs (als Gegengewicht zum erstarkten Russland). Die gleiche politische Orientierung lag 1914 dem Beitritt zur französisch-russischen Kriegsallianz zugrunde, nachdem das Wilhelminische Deutschland durch den massiven Flottenbau die Seemacht herausgefordert hatte. Der deutsche „Griff nach der Weltmacht" scheiterte zweimal im 20. Jahrhundert – letztlich durch das Eingreifen einer außereuropäischen Macht: der USA. Das wichtigste Gegengewicht zur europäischen Hegemonialbildung kam damit von jenseits der europäischen Grenzen. Die Öffnung des europäischen Staatensystems im 20. Jahrhundert bedeutete gleichzeitig sein Ende.

Der Rückblick auf die Geschichte zeigt, dass es keinem Staat gelang, Europa als Ganzes zu beherrschen. Auch aus dieser Erkenntnis erwuchs die Idee eines geeinten Europas.

Hegemonialmacht	Zeit	Gegenmächte / feindliche Koalition
Habsburg Karl V. (1500–1558)	16. Jahrhundert	Frankreich Protestantische Reichsstände Osmanisches Reich
Spanien Philipp II. (1527–1598)	16. Jahrhundert	England Frankreich Niederlande
Frankreich Ludwig XIV. (1638–1715) Ludwig XV. (1710–1774)	17./18. Jahrhundert	England Kaiser und Reich Habsburg Spanien
Frankreich Napoleon I (1769–1821)	19. Jahrhundert	Großbritannien Russland Preußen Österreich
Deutschland Wilhelminisches Kaiserreich 1. Weltkrieg (1914–1918)	20. Jahrhundert	Großbritannien Frankreich Russland USA
Deutschland Nationalsozialismus 2. Weltkrieg (1939–1945)	20. Jahrhundert	Großbritannien Sowjetunion Frankreich USA

2. Exkurs: Menschenrechte in Geschichte und Gegenwart

Geistesgeschichtliche Wurzeln

Zwar reichen die Ideen von Rechten, die den Menschen gleichermaßen zustehen, bis in die Antike zurück, aber das moderne Menschenrechtsverständnis verknüpft sich erst mit dem gesellschaftlichen Aufstieg des Bürgertums. In einem sich über mehrere Jahrhunderte hinziehenden Prozess bildete das Bürgertum sich als historisches Subjekt heraus, das die Befreiung von ständisch-absolutistischen Fesseln zunächst beanspruchte und letztlich auch durchsetzte.

Diese bürgerliche Emanzipationsbewegung mit ihrer Wertschätzung des Individuums erhielt wesentliche geistige Impulse vom Christentum, insbesondere von der Reformation, vom Humanismus und der Aufklärung. In diesem geistesgeschichtlichen Kontext wuchs die Erkenntnis, dass der Mensch von Natur aus in seinem Wesen gleich sei.

Ihren vorläufigen Abschluss fand diese historische Entwicklung in den bürgerlichen Revolutionen des ausgehenden 18. Jahrhunderts.

Marksteine

Die Marksteine in der Entfaltung der Menschenrechte stellen folgende Dokumente dar:
- Magna Charta Libertatum (1215)
- Bill of Rights (1689)
- Virginia Bill of Rights (1776)
- Deklaration der Menschen- und Bürgerrechte (1789)
- Allgemeine Erklärung der Menschenrechte der Vereinten Nationen (1948)

Aus deutscher Perspektive ist auch die Paulskirchen-Verfassung von 1849 von Bedeutung, unter anderem weil ihr Grund- und Menschenrechtskatalog maßgeblich die Arbeit am Grundgesetz der Bundesrepublik Deutschland (1949) beeinflusst hat.

Charakter der Menschenrechte

Kein Mensch lebt für sich allein. Bereits der griechische Philosoph Aristoteles nannte ihn ein „Zoon politikon" – ein soziales, in der Gemeinschaft handelndes Wesen. Keine wie auch immer strukturierte Gesellschaft kommt ohne Rechte und Normen aus, die das Verhalten des Einzelnen steuern. Diese Normen sind vom Entwicklungsstand einer Gesellschaft abhängig und unterliegen somit einem historischen Wandel.

Das Zusammenleben in Sippen und Stämmen, zum Beispiel auf der Stufe der Jäger und Sammler, wurde mit anderen Rechtsnormen geregelt, als das bei den meisten Menschen im 21. Jahrhundert der Fall ist. So galten zum Beispiel Schutzrechte wie das Tötungsverbot früher prinzipiell nur für Stammesmitglieder.

Das Revolutionäre des bürgerlichen Menschenrechtsbegriffs besteht darin, dass dieser grundsätzlich alle Menschen umfasst. Diese Lehre von den universell geltenden Menschenrechten wurde zum ersten Mal in der Amerikanischen Revolution am Ende des 18. Jahrhunderts klar formuliert und bildete eine ideologische Waffe im Kampf der Amerikaner gegen die britische Krone.

Diese Menschenrechte sind unveräußerlich und gelten unabhängig von Rasse, Geschlecht und Religion. Diese vor-staatlichen Rechte, insbesondere auf Leben, Freiheit und Eigentum, besitzen eine Abwehrfunktion und dienen zur Einschränkung staatlicher Herrschaftsansprüche. Diese Rechtskonstruktion soll es also dem Staat verwehren, diese Rechte einem Individuum zu rauben.

Soziale Menschenrechte

Zu den wesentlichen Menschenrechten zählt man weiterhin die klassischen Freiheitsrechte (zum Beispiel Glaubens- und Meinungsfreiheit) sowie politische Beteiligungsrechte. Umstritten war und ist hingegen, in welchem Ausmaß auch soziale Forderungen zu den Menschenrechten gezählt werden müssen. Der besitzbürgerliche Ursprung der modernen Menschenrechte produzierte Widersprüche, die im 19. Jahrhundert aufbrachen. Vor dem Hintergrund materieller Verelendung kritisierten die Vertreter der Arbeiterbewegung das bürgerliche Rechtsverständnis. Der Schriftsteller Anatole France sprach spöttisch von der „Freiheit, unter Brücken zu schlafen". Man forderte soziale Grundrechte sowie eine aktive Rolle des Staates bei der Daseinsvorsorge. Im modernen Sozialstaat des 20. Jahrhunderts hat der Staat in erheblichem Umfang die Verantwortung für Bildung, Ausbildung, Gesundheit, Wohnung und Mindestversorgung übernommen.

Menschenrechte im 20. Jahrhundert

Seit der zweiten Hälfte des 20. Jahrhunderts sind Menschenrechte zu einem Schlüsselbegriff der internationalen Politik geworden. Als Folge der Menschenrechtskatastrophen, des Rassismus und insbesondere des Genozids (Völkermords) an den Juden verabschiedeten die Vereinten Nationen 1948 eine „Erklärung der Menschenrechte". Nachfolgende Deklarationen und Protokolle der UNO betrafen unter anderem Rassendiskriminierung, Folter, Gewalt gegen Frauen, grausame Strafen, Zwangsarbeit und Flüchtlinge.

Speziell für Europa ist die „Europäische Konvention zum Schutze der Menschenrechte und Grundfreiheiten" (1950) von Bedeutung. Gemäß ihren Bestimmungen wurde 1959 der „Europäische Gerichtshof für Menschenrechte" mit Sitz in Straßburg gegründet. Seine Rechtsprechung bezieht sich ausschließlich auf die Mitglieder des Europarats.

Zeitgenössische Karikatur von Plantu

Gegen Ende des 20. Jahrhunderts hat sich die Kompetenz der internationalen Staatengemeinschaft in Menschenrechtsfragen im Allgemeinen durchgesetzt. Allerdings kollidiert der Universalitätsanspruch der Menschenrechte immer wieder mit dem nationalstaatlichen Prinzip der Souveränität. Etliche Staaten lehnen daher eine menschenrechtliche Intervention als „Eingriff in die inneren Angelegenheiten" ab (zum Beispiel die Volksrepublik China, Nordkorea, Kuba). Die Durchsetzung der Menschenrechte wird nicht nur durch politisch-diplomatische Rücksichtnahme behindert, sondern zeigt sich auch im Fehlen einer international unabhängigen Sanktionsgewalt.

Internationale Strafgerichte

Gleichwohl hat es im Hinblick auf die internationale Strafverfolgung von Menschenrechtsverbrechen Fortschritte gegeben. Das Statut des Internationalen Strafgerichts ermöglichte die Einrichtung zeitlich begrenzter Gerichtshöfe, die die Menschenrechtsverbrechen in Ruanda und im ehemaligen Jugoslawien verfolgen. Parallel dazu ist ein permanenter „Internationaler Strafgerichtshof der Vereinten Nationen" mit Sitz in Den Haag eingerichtet worden. Dessen Aufgabe besteht darin, Völkermord, Kriegsverbrechen und Verbrechen gegen die Menschlichkeit zu verfolgen. Allerdings können bei ihm nur Personen, nicht hingegen Staaten angeklagt werden. Seine juristische Basis ist die „Konvention (der UNO) über die Verhütung und Bestrafung des Völkermords" von 1948. Dieser Internationale Strafgerichtshof soll nach dem Vorbild des Nürnberger Prozesses gegen die (nationalsozialistischen) Hauptkriegsverbrecher (1945/46) arbeiten. Man erhofft sich von seiner Existenz allgemein eine abschreckende Wirkung.

Die wachsende Sensibilisierung für die Menschenrechtsproblematik drückt sich auch dadurch aus, dass massive Menschenrechtsverletzungen als „Gefährdung des Weltfriedens" angesehen werden können.

M 1 **Milosevic vor dem UN-Kriegsverbrechertribunal in Den Haag**

Der ehemalige jugoslawische Staatspräsident Milosevic wurde 2001 von der serbischen Regierung an das UN-Kriegsverbrechertribunal in Den Haag ausgeliefert. Dort hat er sich wegen Kriegsverbrechen und Verbrechen gegen die Menschlichkeit zu verantworten. Die Anklage sieht in Milosevic den Hauptverantwortlichen für die Kriege, die sein Land gegen die Unabhängigkeit Sloweniens, Kroatiens und Bosnien-Herzegowinas geführt hat, Zeichnung von F. Behrendt, FAZ, 25.6.2001.

Dies ermöglicht gemäß der UNO-Charta ein Eingreifen. Allerdings finden „humanitäre Interventionen" nur dann ungeteilte Zustimmung, wenn sie vom Sicherheitsrat der UNO beschlossen wurden.

Neben den Staaten und diversen Menschenrechtskommissionen wacht heutzutage eine Vielzahl von so genannten Nichtregierungsorganisationen über die Einhaltung der Menschenrechte, von denen „amnesty international" (ai) und „Human Rights Watch" nur die bekanntesten sind.

Das Projekt, im Zeitalter der Globalisierung universell gültige Rechtsnormen zu etablieren, findet weltweit Zustimmung, aber auch Ablehnung. Zwar haben sich nach dem Zusammenbruch des sowjetischen Imperiums (1990/91) die Chancen für eine Realisierung sichtlich verbessert. Aber autoritär beziehungsweise kommunistisch regierte und auch islamische Staaten wehren sich gegen die weltweite Geltung der Menschenrechte. Sie denunzieren diese als Instrumente westlich-liberaler Vorherrschaftsbestrebungen. Insbesondere in der islamischen Welt werden viele Stimmen laut, die die universelle Gültigkeit der Menschenrechte entschieden zurückweisen. Man hält ihnen die religiös geprägten Gesetze der islamischen Kultur entgegen. Insbesondere die traditionelle Rolle der Frau im Islam ist mit dem westlichen Menschenrechtsverständnis nicht in Einklang zu bringen. Ob es aber zum „Kampf der Kulturen" kommt, wie ihn der amerikanische Politikwissenschaftler Samuel P. Huntington als Szenario einer künftigen Weltinnenpolitik vorhersagte, muss offen bleiben.

Diese Zeichnung hat Pablo Picasso amnesty international gewidmet.

*Die Generalversammlung der UNO verabschiedete
am 10. Dezember 1948 – bei Stimmenthaltung der
Ostblockstaaten sowie von Südafrika und Saudi-
Arabien – dieses Dokument. Es besitzt keine völkerrechtlich bindende Wirkung:*

Artikel 1

Alle Menschen sind frei und gleich an Würde und
Rechten geboren. Sie sind mit Vernunft und Gewissen begabt und sollen einander im Geiste der
5 Brüderlichkeit begegnen.

Artikel 2

Jeder Mensch hat Anspruch auf die in dieser
Erklärung verkündeten Rechte und Freiheiten
ohne irgendeine Unterscheidung, wie etwa nach
10 Rasse, Farbe, Geschlecht, Sprache, Religion, politischer Überzeugung, nationaler oder sozialer
Herkunft, nach Eigentum oder sonstigen Umständen. […]

Artikel 3

15 Jeder Mensch hat das Recht auf Leben, Freiheit und
Sicherheit der Person.

Artikel 4

Niemand darf in Sklaverei oder Leibeigenschaft
gehalten werden; Sklaverei und Sklavenhandel
20 sind in allen ihren Formen verboten.

Artikel 5

Niemand darf der Folter oder grausamer,
unmenschlicher oder erniedrigender Behandlung
oder Strafe unterworfen werden.

25 Artikel 6

Jeder Mensch hat überall Anspruch auf Anerkennung als Rechtsperson.

Artikel 7

Alle Menschen sind vor dem Gesetze gleich und
30 haben ohne Unterschied Anspruch auf gleichen
Schutz durch das Gesetz. […]

Artikel 8

Jeder Mensch hat Anspruch auf wirksamen Rechts-
schutz vor den zuständigen innerstaatlichen Ge-
35 richten gegen alle Handlungen, die seine ihm nach
der Verfassung oder nach dem Gesetz zustehenden
Grundrechte verletzen.

Artikel 9

Niemand darf willkürlich festgenommen, in Haft
40 gehalten oder des Landes verwiesen werden.

Artikel 10

Jeder Mensch hat in voller Gleichberechtigung
Anspruch auf ein der Billigkeit entsprechendes und
öffentliches Verfahren vor einem unabhängigen
45 und unparteiischen Gericht. […]

Artikel 11

(1) Jeder Mensch, der einer strafbaren Handlung
beschuldigt wird, ist so lange als unschuldig anzusehen, bis seine Schuld in einem öffentlichen Verfahren, in dem alle für seine Verteidigung nötigen 50
Voraussetzungen gewährleistet waren, gemäß
dem Gesetz nachgewiesen ist. […]

Artikel 12

Niemand darf willkürlichen Eingriffen in sein Pri-
vatleben […] ausgesetzt werden. Jeder Mensch hat 55
Anspruch auf rechtlichen Schutz gegen derartige
Eingriffe oder Anschläge.

Artikel 13

(1) Jeder Mensch hat das Recht auf Freizügigkeit
und freie Wahl seines Wohnsitzes innerhalb eines 60
Staates.

(2) Jeder Mensch hat das Recht, jedes Land, einschließlich seines eigenen, zu verlassen sowie in
sein Land zurückzukehren.

Artikel 14   65

(1) Jeder Mensch hat das Recht, in anderen Ländern
vor Verfolgung Asyl zu suchen und zu genießen.

(2) Dieses Recht kann jedoch im Falle einer Verfolgung wegen nichtpolitischer Verbrechen oder
wegen Handlungen, die gegen die Ziele und 70
Grundsätze der Vereinten Nationen verstoßen,
nicht in Anspruch genommen werden.

Artikel 15

(1) Jeder Mensch hat Anspruch auf eine Staatsan-
gehörigkeit.   75

(2) Niemandem darf seine Staatsangehörigkeit willkürlich entzogen noch ihm das Recht versagt werden, seine Staatsangehörigkeit zu wechseln.

Artikel 16

(1) Heiratsfähige Männer und Frauen haben ohne 80
Beschränkung durch Rasse, Staatsbürgerschaft
oder Religion das Recht, eine Ehe zu schließen und
eine Familie zu gründen. Sie haben bei der Ehe-
schließung, während der Ehe und bei deren Auflö-
sung gleiche Rechte.   85

(2) Die Ehe darf nur aufgrund der freien und vollen
Willenseinigung der zukünftigen Ehegatten
geschlossen werden. […]

Artikel 17

(1) Jeder Mensch hat allein oder in Gemeinschaft 90
mit anderen Recht auf Eigentum.

(2) Niemand darf willkürlich seines Eigentums
beraubt werden.

Artikel 18

Jeder Mensch hat Anspruch auf Gedanken-, Gewis- 95
sens- und Religionsfreiheit; dieses Recht umfasst
die Freiheit, seine Religion oder seine Überzeugung
zu wechseln. […]

Artikel 19

100 Jeder Mensch hat das Recht auf freie Meinungsäußerung; dieses Recht umfasst die Freiheit, Meinungen unangefochten anzuhängen und Informationen und Ideen mit allen Verständigungsmitteln ohne Rücksicht auf Grenzen zu suchen, zu empfan-
105 gen und zu verbreiten.

Artikel 20

(1) Jeder Mensch hat das Recht auf Versammlungs- und Vereinigungsfreiheit zu friedlichen Zwecken.

(2) Niemand darf gezwungen werden, einer Verei-
110 nigung anzugehören.

Artikel 21

(1) Jeder Mensch hat das Recht, an der Leitung der öffentlichen Angelegenheiten seines Landes unmittelbar oder durch frei gewählte Vertreter teilzu-
115 nehmen.

(2) Jeder Mensch hat unter gleichen Bedingungen das Recht auf Zulassung zu öffentlichen Ämtern in seinem Lande.

(3) Der Wille des Volkes bildet die Grundlage für
120 die Autorität der öffentlichen Gewalt; dieser Wille muss durch periodische und unverfälschte Wahlen mit allgemeinem und gleichem Wahlrecht bei geheimer Stimmabgabe oder in einem gleichwertigen freien Wahlverfahren zum Ausdruck kommen.

125 Artikel 22

Jeder Mensch hat als Mitglied der Gesellschaft Recht auf soziale Sicherheit. […]

Artikel 23

(1) Jeder Mensch hat das Recht auf Arbeit, auf freie
130 Berufswahl, auf angemessene und befriedigende

Arbeitsbedingungen sowie auf Schutz gegen Arbeitslosigkeit.

(2) Alle Menschen haben ohne jede unterschiedliche Behandlung das Recht auf gleichen Lohn für gleiche Arbeit. 135

(3) Jeder Mensch, der arbeitet, hat das Recht auf angemessene und befriedigende Entlohnung. […]

Artikel 24

Jeder Mensch hat Anspruch auf Erholung und Freizeit sowie auf eine vernünftige Begrenzung der 140 Arbeitszeit und auf periodischen, bezahlten Urlaub.

Artikel 25

(1) Jeder Mensch hat Anspruch auf eine Lebenshaltung, die seine und seiner Familie Gesundheit und 145 Wohlbefinden, einschließlich Nahrung, Kleidung, Wohnung, ärztlicher Betreuung und der notwendigen Leistungen der sozialen Fürsorge, gewährleistet. […]

(2) Mutter und Kind haben Anspruch auf besonde- 150 re Hilfe und Unterstützung. Alle Kinder, eheliche und uneheliche, genießen den gleichen sozialen Schutz.

Artikel 26

(1) Jeder Mensch hat das Recht auf Bildung. Der 155 Unterricht muss wenigstens in den Elementar- und Grundschulen unentgeltlich sein.

(2) Die Ausbildung soll die volle Entfaltung der menschlichen Persönlichkeit und die Stärkung der Achtung der Menschenrechte und Grundfreiheiten 160 zum Ziele haben. […]

Artikel 27

(1) Jeder Mensch hat das Recht, am kulturellen Leben der Gemeinschaft frei teilzunehmen. […]

Artikel 28 165

Jeder Mensch hat Anspruch auf eine soziale und internationale Ordnung, in welcher die in der vorliegenden Erklärung angeführten Rechte und Freiheiten voll verwirklicht werden können.

Artikel 29 170

(1) Jeder Mensch hat Pflichten gegenüber der Gemeinschaft, in der allein die freie und volle Entwicklung seiner Persönlichkeit möglich ist. […]

Artikel 30

Keine Bestimmung der vorliegenden Erklärung 175 darf so ausgelegt werden, dass sich daraus für einen Staat, eine Gruppe oder eine Person irgendein Recht ergibt, eine Tätigkeit auszuüben oder eine Handlung zu [begehen], welche auf die Vernichtung der in dieser Erklärung angeführten Rech- 180 te und Freiheiten abzielt.

M 3 **(Globale) Menschenrechte am Kreuz,** Zeichnung von Hanel, FAZ, 11.3.1982

Zit. nach: W. Heidelmeyer (Hg.), Die Menschenrechte, Paderborn 1997, S. 209 ff.

54

Völkermorde im 20. Jahrhundert (Auswahl)

Gruppe	Zeitraum	Opfer
Ukrainer in Sowjetunion	1932/1933	7 000 000
Juden in Europa	1939–1945	5 300 000
Sowjetrussische Kriegsgefangene durch Hitlerdeutschland	1941–1945	3 300 000
Polen durch Deutschland	1939–1945	2 500 000
[Polen in und durch Russland	1937/1938	140 000]
[Polen unter russischer Besetzung	1939–1945	240 000]
Deutsche Vertriebene	1945–1950	2 111 000
Kambodschaner unter Roten Khmer	1975–1979	2 035 000
Hindus u. Bengalen / West-Pakistan	1971	1 500 000
Deutsche Kriegsgefangene in Sowjetrussland	1941–1955	1 100 000
Armenier im Osmanischen Reich und Kaukasus	1915–1923	1 000 000
Vertriebene Hindus aus Pakistan	1947/1948	1 000 000
Vertriebene Moslems aus Indien	1947/1948	1 000 000
Ibos in Nigeria	1966–1970	1 000 000
Flächenbombardierte in Japan	1942–1945	900 000
Tibeter	1950–1990	800 000
Jugoslawische Kriegsgefangene	1940–1945	600 000
Flächenbombardierte in Deutschland	1940–1945	593 000
Tutsis in Ruanda	1994	600 000
Serben durch Kroaten	1940–1945	600 000
Paschtunen in Afghanistan	1978–1992	500 000
Flächenbombardierte in Kambodscha	1973	400 000
Roma / Sinti durch Hitlerdeutschland	1941–1945	200 000
Demokratische Hutus in Ruanda	1994	200 000
Chittagong-Hill-Stämme unter Bangladesh	seit 1971	200 000
Juden in der Ukraine	1917–1921	150 000
Hutus unter Tutsis in Burundi	1972	150 000
Muslimische Bosnier	ab 1990	140 000
Deportierte Krimtataren	1944/1945	100 000
Ost-Timoresen unter Indonesien	1975	100 000

Aus: G. Heinsohn, Lexikon der Völkermorde, Reinbek 1998, S. 58.
Diese Auflistung sollte nicht im Sinne einer Gleichsetzung missverstanden werden.

M 5 Konvention über die Verhütung und Bestrafung des Völkermordes

Unter dem Eindruck der nationalsozialistischen Gewaltverbrechen wurde im Rahmen der Vereinten Nationen folgender Vertrag geschlossen (9. Dezember 1948):

Artikel I

Die Vertrag schließenden Parteien bestätigen, dass Völkermord, ob im Frieden oder im Krieg begangen, ein Verbrechen gemäß internationalem Recht ist, zu
5 dessen Verhütung und Bestrafung sie sich verpflichten.

Artikel II

In dieser Konvention bedeutet Völkermord eine der folgenden Handlungen, die in der Absicht begangen wird, eine nationale, ethnische, rassische oder religiö-
10 se Gruppe als solche ganz oder teilweise zu zerstören:

(a) Tötung von Mitgliedern der Gruppe;

(b) Verursachung von schwerem körperlichen oder seelischem Schaden an Mitgliedern der Gruppe;

(c) vorsätzliche Auferlegung von Lebensbedingungen für die Gruppe, die geeignet sind, ihre kör- 15 perliche Zerstörung ganz oder teilweise herbeizuführen;

(d) Verhängung von Maßnahmen, die auf die Geburtenverhinderung innerhalb der Gruppe gerichtet sind; 20

(e) gewaltsame Überführung von Kindern der Gruppe in eine andere Gruppe.

Artikel III

Die folgenden Handlungen sind zu bestrafen:

(a) Völkermord; 25

(b) Verschwörung zur Begehung von Völkermord;

(c) unmittelbare und öffentliche Anreizung zur Begehung von Völkermord;

(d) Versuch, Völkermord zu begehen;

30 (e) Teilnahme am Völkermord.

Artikel IV

Personen, die Völkermord oder eine der sonstigen in Artikel III aufgeführten Handlungen begehen, sind zu bestrafen, gleichviel, ob sie regierende Per-
35 sonen, öffentliche Beamte oder private Einzelpersonen sind.

Zit. nach: W. Heidelmeyer (Hg.), Die Menschenrechte, Paderborn 1995, S. 170.

M 6 Grundrechte im Grundgesetz der Bundesrepublik Deutschland

Der Historiker Karl Dietrich Erdmann stellt im Folgenden dar, wie die Menschenrechte im Grundgesetz verankert wurden:

Der Grundrechtskatalog des Grundgesetzes ist in bewusstem Unterschied zur Weimarer Verfassung knapp gehalten. Er beschränkt sich im Wesentlichen auf die klassischen liberalen Freiheitsrechte,
5 wie u. a. Gleichheit vor dem Gesetz, persönliche Sicherheit, Gewissensfreiheit, Versammlungsfreiheit, Freiheit der Wissenschaft. Die sozialen Rechte, die in der Weimarer Verfassung einen sehr breiten Raum einnahmen, hat man mit Absicht unberück-
10 sichtigt gelassen, weil in der offenen Situation des Jahres 1949 die zukünftige Gesellschafts- und Wirtschaftsordnung durch das Grundgesetz nicht präjudiziert [vorentschieden] werden sollte. Durch eine Kannbestimmung über mögliche Sozialisierung von
15 Produktionsmitteln gegen Entschädigung wurde

M 7 Tafel vor dem Polizeipräsidium in Düsseldorf

diese zwischen den bürgerlichen Parteien und den Sozialisten kontroverse Frage in der Schwebe gehalten (Art. 15). Einig war man sich darin, dass, wie auch immer die künftige Gesellschaftsordnung aussehen werde, der Freiheitsraum des Einzelnen 20 gewahrt werden solle. Diesem Gedanken wurde in Übereinstimmung der Parteien dadurch besonderer Nachdruck verliehen – und zwar zum ersten Male in der deutschen Verfassungsgeschichte –, dass diese Menschenrechte als unveräußerlich und unverletz- 25 lich galten (Art. 1.2).

Die in den früheren deutschen Verfassungen der Frankfurter und der Weimarer Nationalversammlung ausgesprochenen Freiheitsrechte galten als vom Staate gesetzte Rechte der deutschen Staats- 30 bürger, nicht als dem Staate vorgegebene Rechte des Menschen. Sie hatten ihren Platz innerhalb der Verfassung im Anschluss an die Bestimmungen über das staatliche Organisationsstatut, während sie im Grundgesetz Einleitung und Grundlage der 35 Verfassung sind, durch die sich der Staat begrenzt weiß.

Damit stellt sich das Grundgesetz in Abweichung von den früheren deutschen Verfassungen in eine Überlieferung hinein, die in den nordamerikani- 40 schen Kolonien begann, in dem Rechtskatalog der amerikanischen Unabhängigkeitserklärung 1776 und danach in der Menschenrechtserklärung der Französischen Revolution 1789 ihren weltgeschichtlichen Ausdruck gefunden hatte. 45

Die einzelnen Menschenrechte des Grundgesetzes werden abgeleitet von dem im ersten Artikel ausgesprochenen Leitbegriff der „Würde des Menschen". Dieser im Einzelnen nicht definierte, aber im Katalog 50 der Grundrechte entfaltete Begriff beansprucht absolute, den Staat bindende Gültigkeit. [...]

Die Unveränderbarkeit dieser Grundlage wurde im Verfassungstext dadurch 55 unterstrichen, dass die Grundrechte auch durch eine verfassungsändernde Mehrheit nicht aufgehoben werden können (Art. 79). Sie sind ferner unmittelbar geltendes Recht, das alle Organe des 60 Staates, auch den Gesetzgeber, bindet (Art. 1.3). In dieser Bestimmung spricht sich die Erfahrung unserer jüngsten Geschichte aus, dass von einem sich selbst absolut setzenden Staatswillen 65 auch das Unrecht als Recht gesetzt werden konnte. Aus der Erfahrung des Missbrauchs, den die Gegner der Freiheit in

56

der Weimarer Zeit mit den durch die Verfassung
70 gewährleisteten Freiheitsrechten machten, entstammt der im Grundgesetz ausgesprochene Satz,
dass die Grundrechte verwirkt, wer sie zum Kampfe
gegen die freiheitliche demokratische Grundordnung missbraucht (Art. 18).

K. D. Erdmann, Das Grundgesetz in der deutschen Verfassungsgeschichte, GWU Nr. 12/1979, S. 721 f.

M 8 Internationaler Menschenrechtsschutz

*Der Völkerrechtler Ulrich Fastenrath untersucht
das Einmischungsverbot im Verhältnis der Staaten
zueinander:*

Diktaturen – vor allem solche des Proletariats –
sehen es nicht gern, wenn die Weltöffentlichkeit
sich darum kümmert, wie die Menschen dort
behandelt werden. Aber auch viele andere Staaten
5 schätzen Belehrungen und Ermahnungen men-
schenrechtlicher Natur von draußen nicht, schon
gar nicht, wenn sie von ausländischen Regierungen
oder Parlamentariern kommen. Die Liste abweh-
render Argumente ist lang – angefangen von kul-
10 turellen Unterschieden über die vorrangig zu
bekämpfende wirtschaftliche Not, die den Frei-
heitsgebrauch einzelner nicht zulasse, bis hin zu
dem schlichten Hinweis auf das völkerrechtliche
Verbot der Einmischung.
15 Dass die Staaten sich um ihre eigenen Angelegenheiten kümmern sollen und – zumindest in der
Regel – nicht um diejenigen anderer, hat eine wichtige friedenswahrende Funktion und ist zugleich
Ausdruck des Selbsbestimmungsrechts der Völker:
20 Jedes Staatsvolk darf selbst festlegen, wie es sich
organisieren will und wer es regieren soll. Freilich
sind dabei die völkerrechtlichen Vorgaben und Einschränkungen zu beachten. Ebenso bezeichnet der
Begriff „innere Angelegenheiten" nicht private
25 Abgeschlossenheit innerhalb der Grenzen eines
Landes, sondern er ist eine Ausprägung staatlicher
Souveränität. Diese wiederum hat zum Inhalt,
innerhalb des vom Völkerrecht gesetzten Rahmens
die eigenen Angelegenheiten bestimmen zu dür-
30 fen. Innere Angelegenheiten sind die Bereiche, die
das Völkerrecht den Staaten zur eigenverantwort-
lichen Gestaltung vorbehält. Es geht also um Kompetenzen, die die Staaten allein und unbehelligt
von der internationalen Gemeinschaft ausüben
35 dürfen. Den Gegensatz dazu bilden die internationalen Angelegenheiten. Sie umfassen zunächst einmal all das, was über die staatliche Hoheitssphäre
hinausreicht und deshalb nur zwischenstaatlich
geregelt werden kann. Beispiele hierfür sind der

diplomatische Verkehr, der internationale Handel 40
und Umweltschutz, das See- und das Kriegsrecht,
die Rüstungskontrolle. Darüber hinaus steht es
aber den Staaten frei, durch völkerrechtliche Regelungen beliebige Gegenstände zu einer internationalen Angelegenheit zu machen. 45
Nach dem Schock der Naziherrschaft und des Zweiten Weltkrieges ist das in großem Umfang bei den
Menschenrechten geschehen. Genossen bis dahin
die Staatsangehörigen gegenüber ihrem eigenen
Staat nur ausnahmsweise internationalen Schutz, 50
so machte sich die Weltgemeinschaft in Artikel 1 der
Charta der Vereinten Nationen nun zum Ziel, „eine
internationale Zusammenarbeit herbeizuführen,
um […] die Achtung vor den Menschenrechten und
Grundfreiheiten für alle ohne Unterschied der Rasse, 55
des Geschlechts, der Sprache oder der Religion zu
fördern und zu festigen". Welche Rechte im Einzelnen gemeint sind, hat die Vollversammlung der Vereinten Nationen am 10. Dezember 1948 in ihrer
bekannten Allgemeinen Erklärung der Menschen- 60
rechte konkretisiert. Später sind zahlreiche Kon-
ventionen hinzugekommen: unter anderem die
internationalen Pakte über bürgerliche und politische Rechte sowie über wirtschaftliche, soziale und
kulturelle Rechte (beide 1966), die Übereinkommen 65
gegen Rassendiskriminierung (1966) und gegen die
Diskriminierung der Frau (1979), Übereinkommen
gegen Folter (1984) und über die Rechte des Kindes
(1989). Dieser universelle wird durch einen regionalen Menschenrechtsschutz ergänzt wie zum Beispiel 70
die Europäische Menschenrechtskonvention, die
Amerikanische Menschenrechtskonvention oder
die Afrikanische Charta der Menschenrechte und
Rechte der Völker.
Diese Verträge verpflichten die Staaten nicht nur, 75
die einzeln aufgeführten Menschenrechte einzuhalten, sondern sie enthalten zudem Sicherungs-
verfahren, in denen die Einhaltung überprüft werden kann. Zu beachten ist jedoch, dass an die Verträge nur diejenigen Staaten gebunden sind, die sie 80
ratifiziert[1] haben. […]
Diese [Menschenrechte] sind damit weltweit durch
die völkerrechtlichen Regelungen zu einer internationalen Angelegenheit geworden. Daran ändert
sich nichts dadurch, dass sie wegen der Verantwor- 85
tung der einzelnen Staaten für die Achtung der
Menschenrechte zugleich weiterhin eine innere
Angelegenheit bleiben.

1 Ratifizierung = Bestätigung durch die gesetzgebende Kör-
perschaft

U. Fastenrath, Was Staaten dürfen und müssen, in: FAZ,
14.11.1996.

M 9 Frauenrechte sind Menschenrechte

Die Journalistin Gabriele Venzky beklagt, dass Frauen in islamischen Ländern ihrer Rechte beraubt werden:

Die Mädchen sind verschwunden unter der Burka, diesem alles verhüllenden Schleier, Symbol der Rechtlosigkeit – ob in Herat oder Kabul. Das Burka-Nichts, das Eingesperrtsein zu Hause, alles nur „zum
5 Schutz der zarten Pflanzen", sagen scheinheilig die Taliban[1], die Eroberer. Raus aus den Schulen, raus aus dem Beruf, raus aus dem Krankenhaus mit den frisch Operierten, weil ein männlicher Arzt sie nicht behandeln darf. Das traditionsreichste Mädchen-
10 gymnasium des Landes ist geschlossen: Es wird jetzt Koranschule, für Jungen […]
Gewiss, nicht überall werden den Dieben die Hände abgehackt. Aber überall werden Frauen grausam erniedrigt, werden Menschenrechte verletzt. 500 Mil-
15 lionen Frauen sind Schritt für Schritt ihre Rechte genommen worden, im Namen Allahs. Auch in Ländern, die international einen guten Ruf haben, wie Malaysia, wo Frauen nicht Richterinnen werden können. Auch in Demokratien wie Pakistan und Bangladesh,
20 an deren Spitze frei gewählte Frauen stehen. Und doch: Die Islamisierung, die von den meist mit saudischem Geld finanzierten Koranschulen ausgeht, ist unübersehbar. Frauenrechte werden schlicht mit Geld weggekauft, selbsternannte Moralhüter und
25 halb gebildete Schriftgelehrte zwischen Allah und die Frauen gesetzt, mittelalterliche Vorstellungen von der Herrschaft des Patriarchats zementiert. Die Scharia, das islamische Gesetz, ist das Herrschaftsinstrument. Wie ein Damoklesschwert hängt es
30 über allen, hält die Männer in Angst und die Frauen in nützlicher Abhängigkeit. […]
In Pakistan dürfen, weil es unislamisch wäre, Frauen nach wie vor keine wichtigen Dokumente unter-
schreiben, sind zwei weibliche Zeugen nötig, wo ein Mann genügt, dürfen Frauen bei Mord- und Verge- 35 waltigungsdelikten als Zeuginnen überhaupt nicht auftreten. In weiten Teilen des Landes sind sie nicht erbberechtigt. Frauen sind nutzlos. Die letzte Volkszählung registriert ganze 146 als in der Vieh- und Landwirtschaft tätig, dabei schuften dort achtzig 40 Prozent aller Frauen. Frauen sind unmoralisch. Deshalb ist es auch nichts Besonderes, dass einem Mann, der seiner Frau den Kopf abschneidet, weil sie sich von ihm trennen will, nichts geschieht. Über 3 000 Fatwas haben Dorfmullahs in den vergangenen zwei 45 Jahren auch in Bangladesh über Frauen verhängt, und das heißt dann: Eingraben bis zur Hüfte, steinigen, auspeitschen, mit Petroleum übergießen und anzünden. Im Koran steht, so behaupten die Peiniger, dass Frauen gezüchtigt werden müssen. 50
Frauen sind im Namen des Islam in Unwissenheit zu halten. Darum schließen die Taliban als erstes die Mädchenschulen in Afghanistan, darum werden in Bangladesh Hilfsorganisationen, die Mädchen ausbilden, bedroht. Darum können im ländlichen 55 Pakistan nur vier Prozent der Frauen lesen und schreiben. Unwissenheit macht gefügig. […]
„In den islamischen Ländern haben sie die Frauen zum Feind Nummer eins erklärt, weil das am meisten zieht", sagt Nighat Khan, die Mitbegründerin 60 der pakistanischen Frauenbewegung. „Dabei geht es uns gar nicht um die Macht. Uns geht es um das Recht, unser Menschenrecht."

1 Taliban = wörtl. (Koran-)Studenten; siegreiche radikale Gruppierung im afghanischen Bürgerkrieg. Das Taliban-Regime in Afghanistan bestand bis Dezember 2001.

G. Venzky, Im Namen Allahs, in: Die Zeit, Nr. 45/1996.

M10 Frauen in Afghanistan, 2001

M11 Islam und Menschenrechte

Der Islamwissenschaftler Lorenz Müller weist darauf hin, dass es „den Islam" nicht gebe und dass dieser in den einzelnen Ländern sehr unterschiedlich praktiziert werde:

Ausgangspunkt aller islamistischen [fundamentalistischen] Autoren ist der Anspruch, der Islam sei Religion und Staat gleichermaßen und bedinge daher die Notwendigkeit eines islamischen Staates mit religiös legitimierten Rechtsvorschriften. Begrün- 5 det wird diese Position in der Regel mit dem Vorbild des Propheten sowie mit Verweisen auf Bestimmungen des Korans. Der Prophet habe in der historischen Realität nicht lediglich als Religionsstifter gehandelt, sondern zugleich als politi- 10 scher Führer auch einen Staat gegründet. […] Als logische Konsequenz dieses Islamverständnisses

wird es angesehen, dass auch die Menschenrechte als von Gott gesetzte Regeln gelten: Mit dem Islam
15 seien die Menschenrechte „bereits vor 14 Jahrhunderten erklärt", in der „vollständigsten Weise und mit den weitesten Grenzen [...] umfassend und tiefgründig festgelegt" worden. [...]

Der eigene Anspruch wird jedoch – bei großen
20 Unterschieden im Einzelnen – zumeist nicht erfüllt. [...] Im Bereich der Religionsfreiheit dienen islamistischen Autoren Koranverse, die den Abfall vom Islam als zu verabscheuendes Unrecht beschreiben, als Begründung für das Verbot, die Religion zu
25 wechseln oder sich auf andere Weise vom Islam abzuwenden. Ein in der Sunna[1] enthaltener, angeblich vom Propheten gegebener Befehl, Abtrünnige zu töten, berechtigt nach Ansicht vieler sogar dazu, die Todesstrafe über den Apostaten[2] zu verhängen.
30 Steht bereits dies im krassen Gegensatz zur menschenrechtlich garantierten Religionsfreiheit, erhält das Apostasieverbot eine darüber noch weit hinausgehende freiheitsbedrohende Dimension: Weil die Islamisten den Islam als alle Lebensbereiche
35 durchdringendes System ansehen, können nicht nur der offene Abfall vom Islam als ketzerisch empfundene Kritik an ihrem Religionsverständnis als Verbrechen angesehen werden, sondern auch Äußerungen, die im säkularen [weltlichen] Verständnis
40 als politisch verstanden würden. [...]

Frauen sind nach islamistischem Rechtsverständnis den Männern im Arbeitsrecht, im Ehe- und Scheidungsrecht, im Kindschaftsrecht, im Erbrecht sowie in politischen Rechten nicht gleichgestellt. Wo vorhanden
45 – etwa im Erbrecht –, werden detaillierte koranische Aussagen zur Begründung herangezogen. Wo solche Ansatzpunkte fehlen, zieht man sich auf Koran 4:34 zurück, dessen herkömmliches Verständnis mit der Übersetzung Parets[3] wieder-

gegeben werden kann: „Die Männer stehen über
50 den Frauen, weil Gott (sie von Natur vor diesen) ausgezeichnet hat [...]".

[...] Problematisch sind schließlich die Körperstrafen des orthodoxen islamischen Strafrechts, die so genannten Hadd-Strafen. Sie beruhen zum Teil auf
55 vergleichsweise eindeutigen koranischen Aussagen. Unter Strafe gestellt werden neben der Verwirklichung des bereits oben beschriebenen Tatbestandes der Apostasie insbesondere der außereheliche Geschlechtsverkehr, die Verleumdung wegen
60 desselben, der Alkoholgenuss und der Diebstahl. Die Rechtsfolgen reichen von Peitschenhieben über das Abtrennen der Hand bis hin zur Todesstrafe. Der definitive und unabänderliche Charakter dieser Straftatbestände und der angeordneten Rechtsfol-
65 gen wird vor allem aus Koran 2:229 abgeleitet: „Dies sind die Gebote (hudud) Gottes. Übertretet sie nicht!" Vor allem letzteres dürfte die Ursache dafür sein, dass die Hadd-Strafen selbst von verhältnismäßig liberalen Islamisten nur relativiert,
70 jedoch nicht grundsätzlich infrage gestellt werden. Nicht selten werden sie gar als Beweis für die Menschenrechtsfreundlichkeit des Islam angeführt. [...] Mit den islamischen Rechtsquellen lassen sich durchaus auch menschenrechtsfreundliche Positio-
75 nen begründen. Es ist keineswegs „der Islam", sondern allenfalls ein bestimmtes Islamverständnis, das Schwierigkeiten bei der Umsetzung der Menschenrechtsidee im islamischen Kulturkreis bedingt.

1 Sunna = muslimische Tradition, die auf Aussprüchen bzw. Handlungen des Propheten Mohammed beruht

2 Apostat = vom Glauben Abgefallener

3 Paret = Autor der bis heute maßgeblichen Übersetzung des Korans ins Deutsche

L. Müller, Islam und Menschenrechte, in: APuZ, Nr. 28/1997, S. 23 ff.

Aufgaben

1. Erläutern Sie, auf welchen Ideen das Konzept der Menschenrechte beruht.
   → Text, M2

2. Halten Sie fest, was man unter „Völkermord" versteht. Untersuchen Sie die Übersicht in Bezug auf die Ihnen bekannten Völkermorde.
   → M4, M5

3. In welcher Form wurden die Menschenrechte ins Grundgesetz aufgenommen?
   → M6, M7

4. Erörtern Sie, unter welchen Umständen eine „humanitäre Intervention" gerechtfertigt ist.
   → Text, M4, M5, M8

5. Die „Allgemeine Erklärung der Menschenrechte" sieht in Art. 23 das Recht auf Arbeit vor. Erörtern Sie, welche Vor- bzw. Nachteile ein solcher Rechtsanspruch hat.
   → Text, M2

6. Beschreiben Sie die rechtliche Situation der Frauen im Kontext des islamischen Fundamentalismus.
   → M9–M11

7. Vergleichen Sie das religiös-islamische Rechtsverständnis mit dem westlichen.
   → M9, M11

Landung in Algier d. 14. Juni.

Einzug des Herzog von Orleans als General-Verweser v. Frankreich in d. Stadthaus, d. 31. Juli.

Abreise Karl X. v. Rambouillet den 3. Aug.

Die denkwürdigsten Tage des Jahres 1830.

GEDÄCHTNISSTAFEL

in 12. Tableaux.

Nürnberg in der J. A. Endterschen Handlung.

Aufstand in Brüssel den 28. Septem.

Vertheidigung des Parks in Brüssel, den 23.–27. Sept.

Aufstand in Leipzig d. 4. Septemb.

Ruinen d. Schlosses v. Braunschweig d. 8. Sep.

Scene in der grofsen Woche in Paris den 29. Juli.

Zerstörung d. Polizeyhauses zu Dresden d. 9. Sep.

Demolirung d. Licentamts in Hanau d. 24. Sept.

Bombardement von Antwerpen, den 27. October.

Aufstand in Warschau, den 25. November.

3. Restauration und Vormärz

Der Nürnberger Bilderbogen von 1830 illustriert die Wirkungen der Pariser Juli-Revolution aus dem gleichen Jahr, mit der die Phase der Restauration durchbrochen wurde.

Die deutsche Geschichte des 19. Jahrhunderts stand zunächst ganz im Zeichen der Nachwirkungen, die von der Französischen Revolution und der nachfolgenden Vorherrschaft Napoleons über Europa ausgingen. Nach der Niederwerfung Napoleons waren die gekrönten Häupter Europas und ihre konservativen Diplomaten bestrebt, eine Wiederholung solcher Ereignisse zu verhindern. Zu diesem Zweck wurde der Wiener Kongress einberufen, auf dem die Grundlagen für die Wiederherstellung („Restauration") der alten vorrevolutionären Ordnung geschaffen werden sollten. Aber es zeigte sich umgehend, dass das Rad der Geschichte nicht ohne Weiteres zurückzudrehen war. Die Idee der Einheit von Staat und Nation besaß in ganz Europa eine enorme Anziehungskraft. Überdies blieben auch die weiteren Ideale der Französischen Revolution („Freiheit und Gleichheit") allgegenwärtig. Daher standen die folgenden Jahrzehnte ganz im Zeichen des Konflikts zwischen fürstlichen Herrschaftsansprüchen und einer wachsenden national-liberalen Bewegung.

In Frankreich war der Versuch, die Bourbonen-Monarchie zu restaurieren, mittelfristig zum Scheitern verurteilt. Nur fünfzehn Jahre nach dem Ende Napoleons war Paris wieder Schauplatz einer Revolution, die auf ganz Europa wirkte. Nach einem Volksaufstand wurde Karl X. zur Abdankung gezwungen (2. August 1830), und an seine Stelle trat Louis Philippe, der Herzog von Orléans. Was zunächst nur wie ein Wechsel der monarchischen Spitze aussah, hatte tief greifende politische Konsequenzen. Denn die Monarchie des Bürgerkönigs war revolutionären Ursprungs und besaß keine Legitimität im Sinne der Restauration. Nicht von „Gottes Gnaden" hatte der König sein Amt erhalten, sondern aus den Händen des dominanten französischen Bürgertums. Folgerichtig leistete Louis Philippe auch den Eid auf die Verfassung. Frankreich besaß damit eine neue Staatsform: die parlamentarische Monarchie.

Die epochale Bedeutung der Juli-Revolution von 1830 wird oft verkannt, weil sie – von den zwei großen Revolutionen von 1789 und 1848 eingerahmt – von diesen überschattet wird. Gleichwohl erfuhr danach die liberale und nationale Bewegung in ganz Europa einen enormen Aufschwung. In Deutschland zeigte sich die Stärkung der bürgerlichen Opposition gegen den Spätabsolutismus in der Gründung von „Press- und Vaterlandsvereinen", im Aufschwung der Verfassungsbewegung, in politischen Demonstrationen, wie zum Beispiel dem Hambacher Fest von 1832, und in der Unterstützung des Freiheitskampfes der Polen gegen den russischen Zaren.

Der Zeitraum zwischen 1830 und 1848 wird üblicherweise als „Vormärz" bezeichnet. Damit wird deutlich, dass die Historiker das politische Geschehen ab 1830 im Lichte der nachfolgenden Revolution sehen, die im März 1848 in Deutschland ausbrach.

3.1 Restauration der alten Ordnung

Klemens Wenzel Fürst von Metternich (1773–1859)
Diplomat, österreichischer Staatskanzler, Architekt der restaurativen Ordnung nach 1815

Antirevolutionäre Prinzipien

Territoriale Neuordnung

Der Wiener Kongress

1814 trafen sich die führenden Staatsmänner Europas in Wien, um eine revolutionäre Erschütterung der traditionellen Ordnung für die Zukunft auszuschließen. Zwei Kaiser, sechs Könige sowie einige hundert Diplomaten mit einem Tross von Zuarbeitern und Interessenvertretern kamen auf Monate in der ehrwürdigen Kaiserstadt zusammen. Die Verhandlungen wurden durch den russischen Zaren Alexander I. (1777–1825), den preußischen Staatskanzler Karl August Fürst von Hardenberg (1750–1822), den britischen Außenminister Lord Castlereagh (1769–1822) sowie den österreichischen Staatskanzler Klemens Fürst von Metternich (1773–1859) beherrscht. Die französischen Interessen nahm Außenminister Talleyrand (1754–1838) wahr, dem es auf geschickte Weise gelang, das unterlegene Frankreich wieder in den Kreis der europäischen Großmächte zu lancieren. Seine wichtigste Persönlichkeit besaß der Wiener Kongress in Metternich. Als Diplomat und Architekt der nachrevolutionären alten Ordnung führte er bei den ungemein komplizierten Verhandlungen Regie. Die neue Ordnung für Europa, die dem Kontinent mehrere Jahrzehnte ohne große Kriege bescherte, war auch sein Verdienst und das seines wichtigsten Mitarbeiters Friedrich von Gentz (1764–1832).

Der Kongress ließ sich bei seinen Beratungen von drei Prinzipien leiten: Restauration, Legitimität und Solidarität. Mit Restauration war die Wiederherstellung des vorrevolutionären Regimes gemeint, also jene politische und soziale Ordnung, die durch die Französische Revolution infrage gestellt und teilweise beseitigt worden war.

Das Legitimitätsprinzip bezog sich auf die monarchisch-dynastische Staatsordnung. Die Herrschaftsbefugnis leitete sich – gemäß dieser Überzeugung – aus der Tradition der fürstlichen Familie und dem Gottesgnadentum ab.

Das Solidaritätsprinzip meinte in diesem Zusammenhang den gemeinsamen Kampf der Fürsten gegen revolutionäre Bestrebungen, wo immer sie in Europa in Erscheinung treten würden. Der Wiener Kongress stellte also den Versuch dar, die Grundsätze der Französischen Revolution – nationale Einheit und politische Freiheit – abzuwehren und eine Konsolidierung im Sinne der Fürstenherrschaft vorzunehmen. Diesem Zweck diente auch die Wiedereinsetzung der alten Herrschaftsfamilie der Bourbonen in Frankreich – in der Person Ludwigs XVIII.

In Wien wurde die Landkarte Europas im Sinne eines Ausgleichs zwischen den fünf Großmächten („Pentarchie") verändert. Frankreich blieb als Großmacht in den Grenzen von 1792 erhalten. Die Rheinbundfürsten ließen sich ihren durch Napoleon vergrößerten Besitzstand garantieren. Das betraf insbesondere Bayern, Württemberg und Baden. Sachsen, ein Bundesgenosse Frankreichs, blieb gegen den preußischen Willen erhalten, musste aber den nördlichen Teil an

Preußen abgeben. Preußen wurde zudem durch die Rheinprovinzen und das polnische Posen vergrößert. Russland erhielt das Herzogtum Warschau (Kongress-Polen genannt). Österreich gab seine Besitzungen im deutschen Südwesten auf. Die Lombardei und Venedig fielen an Österreich.

Heilige Allianz

Im Anschluss an den Wiener Kongress unterzeichneten am 26. September 1815 der russische Zar Alexander I., der österreichische Kaiser Franz I. und der preußische König Friedrich Wilhelm III. in Paris die Heilige Allianz. Inspiriert von christlich-romantischen Ideen sollte das Bündnis dynastische Traditionen wahren, das Legitimitätsprinzip sichern und der Festigung der Bindung von Thron und Altar dienen. Der Beistandspakt sah ein Interventionsrecht bei revolutionären Bedrohungen von innen oder außen vor. Nur Großbritannien und der Heilige Stuhl lehnten es ab, diesem Bund beizutreten.

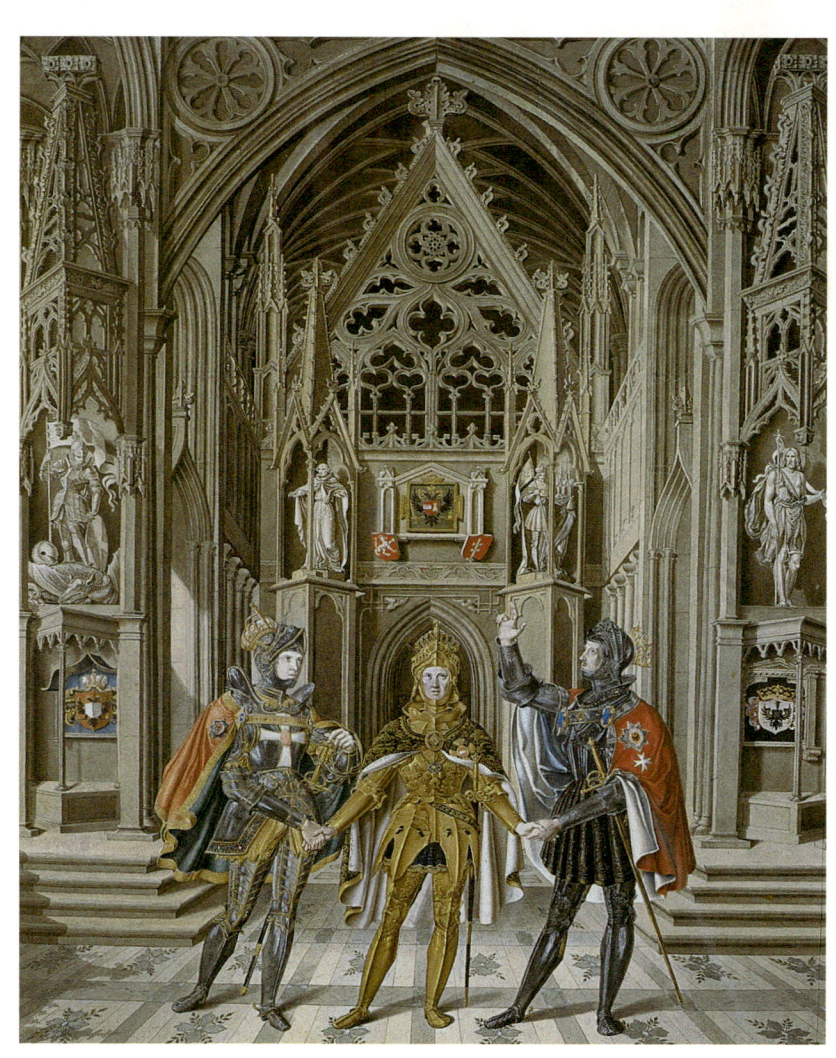

M 1 Sinnbild der Heiligen Allianz
Vor einer gotischen Fassade vereinigen sich die drei Monarchen Friedrich Wilhelm III. von Preußen, Franz I. von Österreich und Zar Alexander I., Gemälde von Heinrich Olivier, 1815.

Der Deutsche Bund

Die Hoffnung vieler deutscher Patrioten, dass in Wien auch ein deutscher Nationalstaat aus der Taufe gehoben werden würde, erfüllte sich nicht. Entscheidend dafür waren zunächst die Interessen der Fürsten selbst. Jede Zentralisierung der Macht wäre mit Souveränitätsein-

Deutscher Bund

Grenze des Deutschen Bundes	Staatsgrenze	Provinzgrenze	
1848–1851 zum Deutschen Bund	Teilreichsgrenze	Freie Stadt	

Abkürzungen der Staatsnamen
H.-H. — Lgft. Hessen-Homburg
Lau. — Hzm. Lauenburg
L.-D. — Fsm. Lippe-Detmold
L. — Fsm. Liechtenstein
M.-Str. — Ghzm. Mecklenburg-Strelitz
S.-L. — Fsm. Schaumburg-Lippe
W. — Fsm. Waldeck

M 2

büßen von ihrer Seite verbunden gewesen. Und überdies zeichnete sich bereits die Konkurrenz zweier Großmächte ab, nämlich Österreich und Preußen, wenn es um die Vormachtstellung im Zentrum Europas ging. Dass die Zersplitterung Deutschlands auf dem Wiener Kongress nicht überwunden wurde, hing aber auch mit der gesamt-europäischen Mächtekonstellation zusammen.

Jede Zentralstaatsbildung in Mitteleuropa hätte die Wahrung des Gleichgewichts gefährdet. Darum einigten sich die Staatsmänner in Wien auf die Gründung des Deutschen Bundes. Dieser relativ lockere Staatenbund von zunächst 34 Fürsten und vier Freien Städten besaß kein Oberhaupt. In seinem einzigen Organ, dem Bundestag, hatte Österreich den Vorsitz inne. Die Souveränität der Einzelstaaten blieb erhalten.

Der Deutsche Bund war also in gezielter Verneinung des Nationalstaatsprinzips gegründet worden. Ihm gehörten auch die Könige von Dänemark, England und der Niederlande als Landesherrn von Schleswig, Hannover und Luxemburg an.

Frühkonstitutionalismus

Auch die Forderung nach einer Verfassung blieb nach Abschluss des Wiener Kongresses weitgehend unerfüllt. In Artikel 13 der Bundesakte findet sich lediglich die vage Formulierung: „In allen Bundesstaaten wird eine Landständische Verfassung stattfinden." Im Kern bedeutete

64

dies die Ablehnung einer Repräsentativverfassung nach französischem Vorbild. Gemeint waren vielmehr die traditionellen Mitwirkungsrechte des Adels. Dennoch eröffnete diese Formulierung das Tor zum deutschen Frühkonstitutionalismus, indem die neuen Verfassungen Elemente des liberalen Repräsentativsystems enthielten. So konnten auf deutschem Boden zum ersten Mal Parlamente (Kammern) zusammentreten, die von der gesamten wahlberechtigten Bevölkerung gewählt wurden. Die ersten Verfassungen wurden in Nassau (1814), Sachsen-Weimar (1816), Bayern (1818), Baden (1818), Württemberg (1819) und Hessen-Darmstadt (1820) erlassen. Vor allem in den süddeutschen Staaten spielten herrschaftssichernde Aspekte eine Rolle, denn die Rheinbundstaaten hatten dank des durch Napoleon errungenen Besitzes ihre Territorien beträchtlich vergrößert. Die Verfassungen und Repräsentativsysteme dienten nun auch dazu, die neuen Territorien mit ihren Bewohnern zu integrieren und das Land zu vereinheitlichen. Die beiden größten Bundesstaaten, Österreich und Preußen, wurden weiter obrigkeitsstaatlich ohne Verfassung regiert. Ein bekannter Historiker hat den Deutschen Bund als eine „Versicherungsgesellschaft der Kronen gegen ihre Völker" bezeichnet. In dieser Aussage deutet sich an, wie zwiespältig die Ergebnisse des Wiener Kongresses waren. Zwar gelang unter der Leitung Metternichs die Errichtung und Stabilisierung einer europäischen Friedensordnung im konservativen Sinn, aber die Idee der Volkssouveränität und die revolutionäre Verbindung von Staat und Nation stellten von Beginn an eine Herausforderung für die restaurative Ordnung dar. Und die Frage des Dichters Ernst Moritz Arndt: „Was ist des Deutschen Vaterland?" blieb bis auf weiteres unbeantwortet.

Burschenschaft und Turnbewegung

M 3 **Beim Wartburgfest** verbrennen Studenten u. a. die Wiener Bundesakte und den Schnürleib einer preußischen Ulanenuniform.

Wartburgfest

Die Beschlüsse des Wiener Kongresses hatten bei Teilen der Bevölkerung, insbesondere des Bildungsbürgertums, zu Enttäuschung und Erbitterung geführt, weil wesentliche Anliegen unerfüllt geblieben waren. So sammelten sich Gruppen von Professoren, Studenten, Publizisten und Schriftstellern im Umfeld von Universitäten, um den Widerstand gegen das restaurative Fürstenbündnis zu betreiben. Die Erinnerungen an die Befreiungskriege – an den „Geist von 1813" – ließen sich nicht einfach auslöschen. Auch waren die Verfassungsversprechungen des preußischen Königs noch in Erinnerung.

1815 wurde in Jena die erste Burschenschaft gegründet, deren Ziel der Kampf für die politische Freiheit und nationale Einheit Deutschlands war („Ehre, Freiheit, Vaterland!"). Die Burschenschaften knüpften an das Lützowsche Korps aus den anti-napoleonischen Befreiungskriegen an und übernahmen dessen Farben: schwarz – rot – gold. Daraus wurden im Vormärz die Farben der deutschen Nationalbewegung.

Unabhängig davon hatte Friedrich Ludwig Jahn (1778–1852) – ein militant-liberaler Professor – in Berlin eine Turngesellschaft gegründet. Seine Turnbewegung verknüpfte körperliche Ertüchtigung mit einer romantischen, nationalistischen und antifranzösischen Ideologie.

Aus Anlass der 300-Jahr-Feier der Reformation und des vierten Jahrestages der Völkerschlacht bei Leipzig versammelten sich am 18. Oktober 1817 etwa 500 Studenten aus dem Gebiet des Deutschen Bundes auf der Wartburg in Thüringen und legten ein Bekenntnis zum deutschen Nationalstaat ab. Der Landesherr, der liberale Großherzog von Weimar, Carl August, hatte den Ort für die Feier zur Verfügung gestellt. Der österreichische Staatskanzler Metternich sah in diesen Vorgängen eine systembedrohende Verschwörung und forderte die Landesherrn zu einer strengeren Überwachung politischer Aktivitäten auf.

Die Ermordung von Kotzebue

Am 23. März 1819 wurde der deutsche Schriftsteller und russische Staatsrat August von Kotzebue in Mannheim vom Burschenschaftler Karl Ludwig Sand ermordet. Kotzebue galt als Feind liberaler Ideen und Berichterstatter ("Spion") des russischen Zaren. Sand wurde zum Tode verurteilt und in Mannheim öffentlich hingerichtet. Diese Tat eines Einzelgängers aktivierte bei den Herrschenden die Furcht vor dem Umsturz. Der Mord an Kotzebue sollte weit reichende Folgen haben, lieferte er doch Metternich den Anlass dafür, den Deutschen Bund auf Unterdrückungsmaßnahmen gegen alle tatsächlichen oder vermeintlichen umstürzlerischen Kräfte festzulegen.

Karlsbader Beschlüsse

Im September 1819 wurden auf Druck der Großmächte hin die Karlsbader Beschlüsse verabschiedet, die in der Folge zu einer massiven Unterdrückung sämtlicher liberaler und demokratischer Bestrebungen führten. In besonderem Maße waren davon die Universitäten und ihre Lehrer sowie Studenten betroffen. Darüber hinaus wurden Burschenschaften und Turnvereine verboten, Presse und Bücher einer Zensur unterworfen. Es begann die Zeit der "Demagogenverfolgung" – ein politisch-propagandistischer Begriff, der von der Obrigkeit in Umlauf gebracht wurde, um die Oppositionellen als "Volksverhetzer" zu diffamieren.

Zum Zwecke der Koordinierung der Bundesmaßnahmen wurde in Mainz eine Zentraluntersuchungs-Kommission eingerichtet, deren Aufgabe es war, bei "revolutionären Umtrieben und demagogischen Verbindungen" zu ermitteln.

Die Karlsbader Beschlüsse blieben bis 1848 in Kraft und bildeten die gesetzlichen Grundlagen für die Repression der nationalen und liberalen Bewegung in Deutschland.

M 4 **Der Denker-Club: Auch eine deutsche Gesellschaft**
Anonymes Spottblatt auf die Zensur und das Spitzelunwesen in Deutschland zur Zeit Metternichs, um 1820. An der Wand die "Gesetze des Denker-Clubs":
I. Der Präsident eröffnet präzise 8 Uhr die Sitzung
II. Schweigen ist das erste Gesetz dieser gelehrten Gesellschaft
III. Auf dass kein Mitglied in Versuchung geraten möge, seiner Zunge freien Lauf zu lassen, werden beim Eintritt Maulkörbe ausgeteilt…

Mit den Karlsbader Beschlüssen von 1819 versuchte das Ancien régime die Entwicklung zur bürgerlich-liberalen Gesellschaft aufzuhalten. Sein Leitbild blieb der Untertan. "Ruhe und Ordnung" galt es aus der Sicht der Obrigkeiten unter allen Umständen zu bewahren.

M 5 Der Wiener Kongress 1814/15

Das Gemälde von Jean Baptiste Isabey aus dem Jahr 1819 zeigt die wichtigsten Delegationsteilnehmer des Wiener Kongresses. Von links: vorne sitzend Hardenberg (Preußen), hinter ihm stehend Wellington (England), stehend vor dem Stuhl Metternich (Österreich) daneben sitzend Palmella (Portugal) und, mit übergeschlagenen Beinen, Castlereagh (England). Rechts am Tisch sitzend Talleyrand (Frankreich), neben ihm im Vordergrund sitzend Stackelberg (Russland); schräg hinter Talleyrand stehend Wilhelm von Humboldt (Preußen), links daneben mit leicht vorgeneigtem Kopf Hofrat von Gentz.

M 6 Neuordnung Deutschlands

Auszug aus der Gründungsurkunde des Deutschen Bundes, der Deutschen Bundesakte, vom 8. Juni 1815:

[…] Art. 1. Die souveränen Fürsten und freien Städte Deutschlands mit Einschluss ihrer Majestäten des Kaisers von Österreich und der Könige von Preußen, von Dänemark und der Niederlande, und zwar:

5 Der Kaiser von Österreich, der König von Preußen, beide für ihre gesamten vormals zum deutschen Reich gehörigen Besitzungen, der König von Dänemark für Holstein, der König der Niederlande für das Großherzogtum Luxemburg, vereinigen sich zu

10 einem beständigen Bunde, welcher der deutsche Bund heißen soll.

Art. 2. Der Zweck desselben ist Erhaltung der äußeren und inneren Sicherheit Deutschlands und der Unabhängigkeit und Unverletzbarkeit der einzel-

15 nen deutschen Staaten.

Art. 3. Alle Bundesglieder haben als solche gleiche Rechte; sie verpflichten sich alle gleichmäßig, die Bundesakte unverbrüchlich zu halten. […]

Art. 4. Die Angelegenheiten des Bundes werden durch eine Bundesversammlung besorgt […]. 20

Art. 9. Die Bundesversammlung hat ihren Sitz zu Frankfurt am Main […].

Art. 11. Alle Mitglieder des Bundes versprechen, sowohl ganz Deutschland als jeden einzelnen Bundesstaat gegen jeden Angriff in Schutz zu nehmen 25 und garantieren sich gegenseitig ihre sämtlichen unter dem Bunde begriffenen Besitzungen.

Bei einmal erklärtem Bundeskrieg darf kein Mitglied einseitige Unterhandlungen mit dem Feinde eingehen, noch einseitig Waffenstillstand oder Frieden 30 schließen. Die Bundesglieder behalten zwar das Recht der Bündnisse aller Art, verpflichten sich jedoch, in keine Verbindungen einzugehen, welche gegen die Sicherheit des Bundes oder einzelner Bundesstaaten gerichtet wären. 35

Die Bundesglieder machen sich ebenfalls verbindlich, einander unter keinerlei Vorwand zu bekriegen, noch ihre Streitigkeiten mit Gewalt zu verfolgen, sondern sie bei der Bundesversammlung anzubringen. […]

45 Art. 13. In allen Bundesstaaten wird eine landständische Verfassung stattfinden[1] […].

Art. 18. Die verbündeten Fürsten und freien Städte kommen überein, den Untertanen der deutschen Bundesstaaten folgende Rechte zuzusichern:

55 a) Grundeigentum außerhalb des Staates, den sie bewohnen, zu erwerben und zu besitzen, ohne deshalb in dem fremden Staate mehreren Abgaben und Lasten unterworfen zu sein, als dessen eigene Untertanen.

b) Die Befugnis

1. des freien Wegziehens aus einem deutschen Bundesstaat in den andern, der erweislich sie zu Untertanen annehmen will, auch

2. in Zivil- und Militärdienste desselben zu treten, beides jedoch nur insofern keine Verbindlichkeit zu Militärdiensten gegen das bisherige Vaterland im Wege stehe […].

d) Die Bundesversammlung wird sich bei ihrer ersten Zusammenkunft mit Abfassung gleichförmiger Verfügungen über die Pressefreiheit und die Sicherstellung der Rechte der Schriftsteller und Verleger gegen den Nachdruck beschäftigen […].

1 In der Wiener Schlussakte vom 15. Mai 1820 wird der Art. 13 der Bundesakte folgendermaßen ausgelegt:

Art. 57. Da der Deutsche Bund, mit Ausnahme der freien Städte, aus souveränen Fürsten besteht, so muss dem hierdurch gegebenen Grundbegriffe zufolge die gesamte Staatsgewalt in dem Oberhaupte des Staates vereinigt bleiben, und der Souverän kann durch eine landständische Verfassung nur in der Ausübung bestimmter Rechte an die Mitwirkung der Stände gebunden werden.

Art. 58. Die im Bunde vereinigten souveränen Fürsten dürfen durch keine landständische Verfassung in der Erfüllung ihrer bundesmäßigen Verpflichtungen gehindert oder beschränkt werden.

Zit. nach: W. Lautemann, M. Schlenke (Hg.) Geschichte in Quellen, Das bürgerliche Zeitalter 1815–1914, München 1980, S. 23 ff.

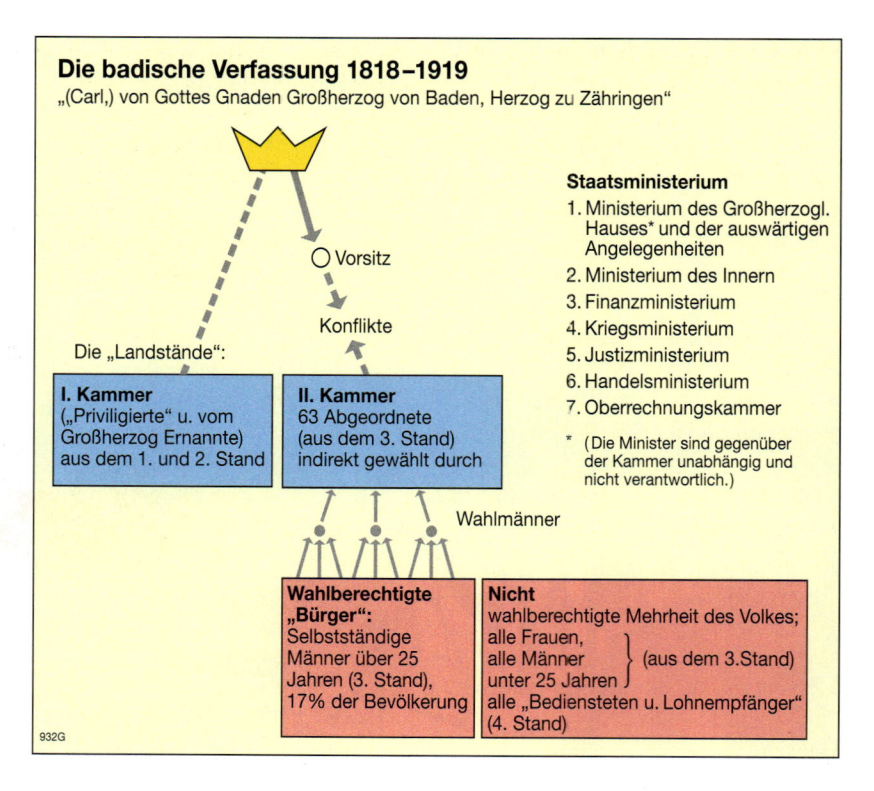

Die badische Verfassung 1818–1919
„(Carl,) von Gottes Gnaden Großherzog von Baden, Herzog zu Zähringen"

Vorsitz

Konflikte

Die „Landstände":

I. Kammer
(„Priviligierte" u. vom Großherzog Ernannte) aus dem 1. und 2. Stand

II. Kammer
63 Abgeordnete (aus dem 3. Stand) indirekt gewählt durch

Wahlmänner

Staatsministerium
1. Ministerium des Großherzogl. Hauses* und der auswärtigen Angelegenheiten
2. Ministerium des Innern
3. Finanzministerium
4. Kriegsministerium
5. Justizministerium
6. Handelsministerium
7. Oberrechnungskammer

* (Die Minister sind gegenüber der Kammer unabhängig und nicht verantwortlich.)

Wahlberechtigte „Bürger":
Selbstständige Männer über 25 Jahren (3. Stand), 17% der Bevölkerung

Nicht
wahlberechtigte Mehrheit des Volkes; alle Frauen, alle Männer unter 25 Jahren } (aus dem 3. Stand) alle „Bediensteten u. Lohnempfänger" (4. Stand)

932G

M 7 Die badische Verfassung 1818–1918

§ 8 Alle Badener tragen ohne Unterschied zu allen öffentlichen Lasten bei […].

§ 13 Eigentum und persönliche Freiheit der Badener stehen für alle auf gleicher Weise unter dem Schutz der Verfassung.

§ 42 Der Großherzog ruft die Stände zusammen, vertagt sie und kann sie auflösen. […]

§ 46 Alle zwei Jahre muss eine Ständeversammlung stattfinden. […]

§ 53 Ohne Zustimmung der Stände kann keine Auflage[1] ausgeschrieben und erhoben werden. […]

§ 65 Kein Gesetz, das die Verfassungsurkunde ergänzt, erläutert oder abändert, darf ohne Zustimmung einer Mehrheit von 2/3 der anwesenden Ständemitglieder einer jeden der beiden Kammern gegeben werden.

1 Auferlegung einer Verpflichtung

Nach: F. X. Vollmer, Vormärz und Revolution 1948/49 in Baden, Frankfurt 1979, S. 30 ff.

M 8 Die Karlsbader Beschlüsse (1819)

Auf einer Regierungskonferenz in Karlsbad wurden jene Gesetzesentwürfe ausgearbeitet, die am 20. September 1819 vom Bundestag verabschiedet wurden:

Aus dem Universitätsgesetz

§ 1 Es soll bei jeder Universität ein mit zweckmäßigen Instruktionen und ausgedehnten Befugnissen versehener, [...] landesherrlicher Bevollmächtigter [...] von der Regierung angestellt werden. Das Amt dieses Bevollmächtigten soll sein, über die strengste Vollziehung der bestehenden Gesetze und Disziplinarvorschriften zu wachen, den Geist, in welchem die akademischen Lehrer bei ihren öffentlichen und Privatvorträgen verfahren, sorgfältig zu beobachten und demselben [...] eine heilsame, auf die künftige Bestimmung der studierenden Jugend berechnete Richtung zu geben, endlich allem, was zur Beförderung der Sittlichkeit, der guten Ordnung und des äußeren Anstandes unter den Studierenden dienen kann, seine unausgesetzte Aufmerksamkeit zu widmen.

§ 2 Die Bundesregierungen verpflichten sich gegeneinander, Universitäts- oder andere öffentliche Lehrer, die durch erweisliche Abweichung von ihrer Pflicht oder Überschreitung der Grenzen ihres Berufes, durch Missbrauch ihres rechtmäßigen Einflusses auf die Gemüter der Jugend, durch Verbreitung verderblicher, der öffentlichen Ordnung und Ruhe feindseliger oder die Grundlagen der bestehenden Staatseinrichtungen untergrabender Lehren, ihre Unfähigkeit zur Verwaltung des ihnen anvertrauten wichtigen Amtes unverkennbar an den Tag gelegt haben, von den Universitäten und sonstigen Lehranstalten zu entfernen, ohne dass ihnen hierbei [...] irgendein Hindernis im Wege stehen könne. [...]

Ein auf solche Weise ausgeschlossener Lehrer darf in keinem anderen Bundesstaate bei irgendeinem öffentlichen Lehrinstitute wieder angestellt werden.

§ 3 Die seit langer Zeit bestehenden Gesetze gegen geheime oder nicht autorisierte Verbindungen auf den Universitäten sollen in ihrer ganzen Kraft und Strenge aufrechterhalten, und insbesondere auf den seit einigen Jahren gestifteten, unter dem Namen der allgemeinen Burschenschaft bekannten Verein [...] ausgedehnt werden. [...] Den Regierungsbevollmächtigten soll in Ansehung dieses Punktes eine vorzügliche Wachsamkeit zur Pflicht gemacht werden.

Die Regierungen vereinigen sich darüber, dass Individuen, die nach Bekanntmachung des gegenwärtigen Beschlusses erweislich in geheimen oder nicht autorisierten Verbindungen geblieben oder in solche getreten sind, bei keinem öffentlichen Amte zugelassen werden sollen.

§ 4 Kein Studierender, der [...] von einer Universität verwiesen worden ist, [...] soll auf einer anderen Universität zugelassen, auch überhaupt kein Studierender ohne ein befriedigendes Zeugnis seines Wohlverhaltens auf der von ihm verlassenen Universität von irgendeiner anderen Universität aufgenommen werden.

Aus dem Pressgesetz

§ 3 Solange der gegenwärtige Beschluss in Kraft bleiben wird, dürfen Schriften, die in der Form täglicher Blätter oder heftweise erscheinen, desgleichen solche, die nicht über 20 Bogen im Druck stark sind, in keinem deutschen Bundesstaate ohne Vorwissen und vorgängige Genehmhaltung der Landesbehörden zum Druck befördert werden. [...]

W. Lautemann, M. Schlenke (Hg.), a. a. O., S. 86 f.

M 9 Der „Zeitgeist" aus der Sicht der Reaktion (1819) Rote Fahne, Morgenstern, Dolch und Forderung der Pressefreiheit: Schreckgespenst des Teufels für alle reaktionären Kräfte. Auf der roten Fahne steht: XIIIe Artikel. Universitäten, Pressfreiheit, Stich von J. M. Voltz.

M10 Grundsatzprogramm Wartburgfest (1817)

Am 18. und 19. Oktober 1817 trafen sich rund 500 Burschenschaftler auf der Wartburg, um vor allem der Völkerschlacht bei Leipzig 1813 zu gedenken:

Die Grundsätze und Beschlüsse des achtzehnten Oktobers, gemeinsam beraten, reiflich erwogen, einmütig bekannt und den studierenden Brüdern auf andern Hochschulen zur Annahme, dem gesamten Vaterlande aber zur Würdigung vorgelegt von den Studierenden zu Jena.

II. Grundsätze

[...] 19. Freiheit und Gleichheit ist das Höchste, wonach wir zu streben haben, und wonach zu streben kein frommer und ehrlicher deutscher Mann jemals aufhören kann. Aber es gibt keine Freiheit als in dem Gesetz und durch das Gesetz und keine Gleichheit als mit dem Gesetz und vor dem Gesetz. Wo kein Gesetz ist, da ist keine Freiheit, sondern Herrschaft, Willkür, Despotismus. Wo kein Gesetz ist, da ist keine Gleichheit, sondern Gewalttat, Unterwerfung, Sklaverei.

[…] 24. der 13te Artikel der Urkunde des Deutschen Bundes: „In allen Bundesstaaten wird eine land-

20 ständische Verfassung stattfinden" enthält die feierliche Bestimmung, dass in keinem deutschen Staate die Willkür herrschen soll, sondern das Gesetz. Der 13te Artikel kann keinen andern Sinn haben, als dass das deutsche Volk durch frei

25 gewählte, und aus seiner Mitte frei gewählte Vertreter unter der Sanktion [Zustimmung] der deutschen Fürsten seine Verhältnisse ordnen, die Gesetze beschließen, die Abgaben bewilligen soll. […]

25. […]1. Jeder, von welchem der Staat Bürger-

30 pflichten fordert, muss auch Bürgerrechte haben. Wer dem Feinde gegenüber als Mann stehen, bluten und sterben soll, der darf auch in der Versammlung der Bürger als Mann stehen, gelten, sprechen. […]

35 28. Das erste und heiligste Menschenrecht, unverlierbar und unveräußerlich, ist die persönliche Freiheit. Die Leibeigenschaft ist das Ungerechteste und Verabscheuungswürdigste, ein Gräuel vor Gott und jedem guten Menschen. […]

40 31. Das Recht, in freier Rede und Schrift seine Meinung über öffentliche Angelegenheiten zu äußern, ist ein unveräußerliches Recht jedes Staatsbürgers, das ihm unter allen Umständen zustehen muss. Dieses Recht muss das Wahlrecht des Bürgers ergänzen,

45 wenn er die reelle Freiheit behalten soll. Wo Rede und Schrift nicht frei sind, da ist überhaupt keine Freiheit, da herrscht nicht das Gesetz, sondern die Willkür. […]

H. J. Franz, Grundrechte in Deutschland, Ulm 1973, S. 41 f.

M11 Reaktion auf die Studentenbewegung

Der Historiker Peter Brandt fasst die Repressionsmaßnahmen gegen „Demagogen" zusammen:

Die dem Deutschen Bund von Österreich und Preußen praktisch oktroyierten „Karlsbader Beschlüsse" […] unterwarfen die Universitäten einer strengen staatlichen Aufsicht, verboten die Burschenschaften und das organisierte Turnen und 5 ordneten eine strenge Zensur, insbesondere für Zeitungen und Zeitschriften, an. Preußen betrieb die „Demagogen"-Verfolgung besonders unerbittlich. Es handelte sich – dem preußischen Polizeidirektor Kamptz zufolge – um den Kampf gegen die „Ver- 10 giftung der Jugend und den uns drohenden Terrorismus", wie ihn ein „Haufen verwilderter Professoren und verführter Studenten" vertrete. Von den Verfolgungsmaßnahmen waren namentlich die Professoren Arndt, Welcker und Schleiermacher 15 betroffen; Görres flüchtete nach Straßburg[1]. Am härtesten unter den Repräsentanten des „Geistes von 1813" wurde der „Turnvater" Jahn verfolgt, der bis 1825 als „Demagoge" in Haft saß und danach noch jahrelang unter Polizeiaufsicht stand. 20 Eine zweite Repressionswelle folgte auf die breitere und stärker demokratisch ausgerichtete Massenbewegung von 1830 bis 1833. In den folgenden Jahren bis 1836 wurden in Preußen 204 Studenten gerichtlich verurteilt, davon 39 zum Tode (sie wur- 25 den dann zu […] Haft begnadigt).

1 Ernst Moritz Arndt, Dichter; Karl Theodor Welcker, Staatsrechtslehrer; Friedrich Schleiermacher, Theologe; Joseph Görres, Publizist

P. Brandt, Preußen – Zur Sozialgeschichte eines Staates, in: Berliner Preußen-Ausstellung, Bd. 3, Reinbek 1981, S. 98.

Aufgaben

1. Nennen Sie die Ziele, die der Wiener Kongress verfolgte. Analysieren Sie die Vorstellungen, die dem Deutschen Bund und der Heiligen Allianz zu Grunde lagen.
   → Text, M1, M2, M6

2. Beurteilen Sie den Erfolg bürgerlicher Emanzipationsbestrebungen auf dem Hintergrund des Wiener Kongresses, der Deutschen Bundesakte und der Heiligen Allianz.
   → M1, M2, M6

3. Überprüfen Sie, inwieweit die badische Verfassung demokratischen Ansprüchen genügt.
   → M7

4. Im Anschluss an das Wartburgfest veröffentlichten Jenaer Studenten ein Grundsatzprogramm. Arbeiten Sie die Gedanken heraus, die diese Schrift enthält. Welche Ideen haben über die Zeit von 1848 hinaus gewirkt?
   → M10

5. Stellen Sie die wichtigsten Maßnahmen gegen „demagogische Umtriebe" nach den Karlsbader Beschlüssen zusammen. Untersuchen Sie die Auswirkungen, die die Karlsbader Beschlüsse auf das politische Leben hatten.
   → Text, M8, M11

6. Aus welchem Geist heraus formte sich der Widerstand gegen den Deutschen Bund und die Karlsbader Beschlüsse?
   → Text, M3, M4, M9, M10

3.2 Die Zeit des Vormärz

Mit „Vormärz" bezeichnet die Geschichtswissenschaft die Zeit zwischen dem Wiener Kongress (1815) und der Märzrevolution von 1848 – im engeren Sinne aber nur die Zeitspanne zwischen der Juli-Revolution in Paris (1830) und 1848. Dieser Zeitabschnitt war gekennzeichnet durch zahlreiche Oppositionsbewegungen gegen das auf Legitimität, Restauration und Solidarität der Fürsten gegründete System des Deutschen Bundes.

Die Idee eines Nationalstaates auf parlamentarischer Grundlage beflügelte zu dieser Zeit alle unterdrückten und geteilten Völker Europas beziehungsweise Mittel- und Südamerikas im Widerstand gegen die monarchistischen Mächte, die eine nationale Souveränität gewaltsam zu verhindern versuchten. Nationale und liberale Bestrebungen in Spanien, Portugal und Italien (1820–1823), die Befreiungskriege der spanischen Kolonien in Süd- und Mittelamerika (1810–1825) und besonders der griechische Befreiungskampf gegen die Türkenherrschaft (1821–1829) führten zu einer Solidarisierung mit den national-revolutionären Bewegungen. Die in dieser Zeit gegründeten Polen- und Griechenvereine in Deutschland waren zugleich auch ein Zeichen der Opposition gegen die „reaktionären" Verhältnisse in Deutschland.

Juli-Revolution in Frankreich

Als König Karl X. aus der traditionellen Dynastie der Bourbonen die verfassungsmäßig verbriefte Pressefreiheit aufhob, die Abgeordnetenkammer auflöste und das Wahlrecht einseitig zu Gunsten des Adels abänderte, brach im Juli 1830 in Frankreich eine Revolution aus.

In der Auseinandersetzung um das künftige Regime siegte das finanzstarke Bürgertum gegen die Mehrheit der Volksmassen, vor allem aber gegen die Arbeiterschaft, deren politisches Ziel die Errichtung einer Republik war. Mit der Einsetzung des liberalen Herzogs Louis Philippe von Orléans zum König (1830–1848) wurde eine neue Form der Monarchie geschaffen.

Der König war an die Verfassung und den Mehrheitsbeschluss der Volksvertretung gebunden. Diesem „Bürgerkönig" fehlte also die Legitimität, wie sie vom Wiener Kongress verlangt worden war. Durch die geänderte Verfassung konnte das Bürgertum den Adel aus entscheidenden politischen Positionen verdrängen.

Die Pariser Juli-Revolution hatte tief greifende Folgen für das übrige Europa. Die revolutionäre Gründung des belgischen Staates und dessen Unabhängigkeit von den Niederlanden (1830) gehörte ebenso dazu wie der nationale polnische Freiheitskampf gegen den russischen Zaren. Nach der Niederschlagung des Aufstandes (1830/31) gliederte sich Russland das 1815 geschaffene Kongress-Polen als Protektorat ein.

Emigranten aus Polen, geflohene polnische Soldaten und Offiziere wurden von den Liberalen in Deutschland und Westeuropa als Patrioten enthusiastisch empfangen, weil Russland als Hort der absolutistischen Reaktion angesehen wurde.

Auch in Deutschland beflügelte die Pariser Revolution die nationale beziehungsweise liberale Oppositionsbewegung. Die Politisierung der

Bevölkerung wuchs: In Sachsen, Hessen-Kassel, Hessen-Darmstadt, Hannover und Braunschweig kam es zu Unruhen und Aufständen mit teilweise sozialrevolutionären Tendenzen. In einigen Ländern sahen sich die Regierenden genötigt, Verfassungen zu bewilligen, so zum Beispiel in Hessen-Kassel, Sachsen, Braunschweig und Hannover, was – trotz unterschiedlicher Ausgestaltung – einem wichtigen Teilerfolg der liberalen Bewegung gleichkam.

Hambacher Fest (1832)

Insbesondere der deutsche Südwesten wurde von der Juli-Revolution inspiriert. Die Rheinpfalz, die durch den Wiener Kongress an Bayern gefallen war, entwickelte sich zum Zentrum oppositioneller Unternehmungen. Dieses Gebiet war für mehr als ein Jahrzehnt integrierter Bestandteil der Französischen Republik gewesen. Man hatte daher das neue gesellschaftliche Gefüge freier und gleichberechtigter Staatsbürger anstelle des Privilegienwesens der Feudalzeit genossen. Eine bedeutende Rolle spielte hierbei der von den Journalisten Wirth und Siebenpfeiffer begründete „Press- und Vaterlandsverein". Bayern verbot diesen Verein, seine Mitglieder wurden angeklagt und verurteilt, vielen blieb nur das Exil. Da die Zeitungen nun einer strengen Zensur unterworfen waren, versuchte man über die Herausgabe von Flugblättern Kritik zu äußern. Darüber hinaus bildeten Volksfeste den Deckmantel für sonst nicht zugelassene politische Veranstaltungen. Im April 1832 erging in mehreren Blättern eine Einladung zu einer Verfassungsfeier auf dem Hambacher Schloss. Da die Mitglieder des „Press- und Vaterlandsvereins" eine ihre Rechte unterdrückende Verfassung nicht feiern wollten, luden sie zu einem Fest „Der Deutsche Mai" am darauf folgenden Tag. Die Gegenveranstaltung wurde zunächst wegen der Angst vor Aufruhr und Tumulten verboten, schließlich jedoch nach gerichtlichen Auseinandersetzungen gestattet.

Mehr als 30 000 liberale Bürger, Arbeiter und Bauern versammelten sich am 27. Mai 1832 zur größten politischen Kundgebung des Vormärz. Es war die erste politische Massendemonstration in Deutschland. Die grundlegende Forderung, die in den Ansprachen und Diskussionen erhoben wurde, lautete: Gründung eines deutschen

M 1 **Das Hambacher Fest** war mit etwa 30 000 Teilnehmern die bedeutendste politische Veranstaltung der liberalen Bewegung im Vormärz, Collage nach einem kolorierten Stahlstich von 1832.

Nationalstaates auf der Grundlage einer Verfassung unter Anerkennung der Souveränität des Volkes.

Nach dem Hambacher Fest waren die Politiker und Anhänger des konservativen Systems aufs Höchste beunruhigt. Der österreichische Staatskanzler Metternich hing zutiefst der Überzeugung an, dass Volksrepräsentation, Pressefreiheit und die Zulassung von politischen Vereinen den Staat und die Gesellschaft zugrunde richten würden. Eine Verschärfung der Repressionsmaßnahmen durch den Deutschen Bund war die Folge: Verbot politischer Vereine, Verbot öffentlicher Reden mit politischem Inhalt, Verbot kritischer Zeitungen, Verschärfung der Zensur. Die schwarz-rot-goldene Fahne, das Symbol der deutschen Nationalbewegung, durfte nicht mehr gezeigt werden. Dazu kamen Verhaftungen und Prozesse.

Gegen die Organisatoren des Hambacher Festes, Johann Georg August Wirth und Philipp Jakob Siebenpfeiffer und weitere Redner, wurden von den bayerischen Behörden Hochverratsverfahren angestrengt, die jedoch aufgrund der pfälzischen Geschworenengerichtsbarkeit mit Freisprüchen endeten. Während sich Siebenpfeiffer durch Flucht in die Schweiz entzog, folgte gegen Wirth ein Beleidigungsprozess (ohne Geschworene), in dem eine zweijährige Freiheitsstrafe ausgesprochen wurde.

Vormärzliche Opposition in Frankfurt und Hannover

Als ein Beispiel für die radikale Richtung der vormärzlichen Opposition darf der Frankfurter Wachensturm (1833) gelten. Eine Gruppe von Bewaffneten (überwiegend Studenten) wollte die Hauptwache der Frankfurter Polizei stürmen und anschließend das Gebäude des Deutschen Bundestages besetzen. Von dort wollten die Aufständischen die deutsche Republik ausrufen, wobei sie mit der Unterstützung der Bevölkerung rechneten. Das war eine naive und unzutreffende Erwartung. Dieser Putschversuch schlug fehl, gab aber den Behörden die Handhabe für eine Intensivierung der Repression. Eine neue Welle von Verfolgungen trieb viele in die Emigration nach Frankreich und in die Schweiz.

Eine nachhaltige politische Wirkung für die liberale Opposition hatte auch der Protest von sieben Göttinger Professoren (1837) gegen die selbstherrliche Aufhebung der relativ liberalen Verfassung von 1833 durch den König von Hannover. Sie ließen ihren König wissen, dass sie sich mit ihrem Eid an die Verfassung gebunden fühlten und verweigerten den Huldigungseid für den Monarchen. Alle Professoren wurden ihrer Ämter enthoben. Vier von ihnen mussten sogar das Land umgehend verlassen.

Literatur und Öffentlichkeit

M 2 Anzahl der Buchhandlungen in einigen großen Städten des Deutschen Bundes

Stadt	1831	1855
Berlin	80	195
Wien	43	34
Leipzig	79	156
Stuttgart	17	55

Aus: H. Lutz, Zwischen Habsburg und Preußen, Berlin 1985, S. 156.

Im Jahr 1770 konnten etwa 15 Prozent der erwachsenen Deutschen lesen und schreiben. 1840 waren es etwa 50 Prozent. Druckerzeugnisse in Form von Zeitungen, Flugblättern, Broschüren und Büchern erreichten also ein immer größeres Lesepublikum, und mit ihm wuchs auch die Macht der öffentlichen Meinung. Diese ging Mitte des 19. Jahrhunderts nicht mehr nur aus einer dünnen Intelligenzschicht hervor, sondern es bildete sich eine immer breitere Basis der bürgerlichen Öffentlichkeit. Sie formierte sich in Lesegesellschaften, Kaffeehäusern, Theatern, Logen und Klubs verschiedener Art. Die Zahl der Verlage und Druckereien nahm zu und mit ihnen die Anzahl der Presseerzeugnisse. Diese Entwicklung verlieh der Forderung nach politischer Partizipation und wirtschaftlicher Freiheit bedeutend mehr Nachdruck. Politik wurde damit verstärkt aus der Privatsphäre beziehungsweise dem Privatbereich der halbabsolutistisch regierenden Fürsten herausgeholt und zur öffentlichen Angelegenheit gemacht.

Das „Junge Deutschland"

Die Zeit des Vormärz war auch die Zeit einer Literatur, die – gegenwartsbezogen und in kritischer Absicht – für möglichst breite Schichten des Lesepublikums zugänglich sein wollte. „Junges Deutschland"

M 3 Lesekabinett
In der ersten Hälfte des 19. Jahrhunderts fand eine Leserevolution statt. Der Anteil der Lese- und Schreibkundigen nahm kontinuierlich zu, Gemälde von L. Arnoto, um 1840.

stellt die Sammelbezeichnung für eine Reihe von zeitkritischen Schriftstellern dar. Der Name selbst stand im Beschluss des Frankfurter Bundestages (1835), in dem eine kleine Gruppe von politisch unbequemen Literaten ein Publikationsverbot erhielt. Zu den bekanntesten Vertretern dieser literarischen Richtung zählen Heinrich Heine (1797–1856), Ludwig Börne (1786–1837) und Karl Gutzkow (1811–1878). Auf die Kritik an den bestehenden Verhältnissen reagierten die Behörden mit verschärfter Zensur. Die Schriftsteller wählten daher oft Spott, Ironie und Satire als literarische Ausdrucksmittel. Denn Ideen, die den Obrigkeiten nicht genehm sein konnten, mussten getarnt werden.

Aus der Sicht der oppositionellen Literaten und Publizisten galt es, die Behörden zu überlisten. Sie konnten zum Beispiel durch räumliche oder zeitliche Distanzierung der Handlung die Zensoren über die tatsächliche Aussageabsicht täuschen. Sie konnten aber auch die deutsche Kleinstaaterei zu ihren Gunsten nutzen, denn die einzelnen Landesregierungen gewährten sehr unterschiedliche Spielräume für die Verbreitung politischer Ideen.

Die politische Dichtung wurde zum Ventil für einen unterschwellig gewachsenen revolutionären Druck. Sie wurde zum Medium liberaler und demokratisch gesinnter Kreise, denen eine andere Möglichkeit der Artikulation genommen war. Schriftsteller des „Jungen Deutschland" prangerten aus dem Ausland die deutschen Zustände an. Georg

Heinrich Heine (1797–1856)

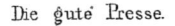

M 4 Karikatur (1840) zur Zensur, die seit 1819 alle Druckerzeugnisse unter 20 Bogen (320 Seiten) erfasste.

Die gute Presse.

Süsse heilige Censur,
Lass uns gehn auf deiner Spur;
Leite uns an deiner Hand
Kindern gleich, am Gängelband!

Georg Büchner (1813–1837)

Büchner (1813–1837) verfasste eine Kampfschrift für die Unterprivilegierten („Der Hessische Landbote, 1834). Auch die Schriften von Georg Herwegh, Ferdinand Freiligrath, Moses Hess und vielen anderen Literaten und Journalisten trugen wesentlich zur Veränderung des öffentlichen Bewusstseins und Verschärfung der revolutionären Stimmung bei.

Der Deutsche Zollverein

Die Beschäftigung mit der Vereinigung der deutschen Staaten zu einem Nationalstaat war zunächst eine Angelegenheit einer relativ dünnen Schicht von Intellektuellen. Im Laufe des 19. Jahrhunderts wuchs zwar das Bildungsbürgertum, aber – aufgrund der Industrialisierung – auch das Wirtschaftsbürgertum. Das Interesse an nationaler Einheit war fortan nicht mehr nur die Sache von Studenten, Hochschullehrern, Juristen und Staatsbeamten, sondern auch von Kaufleuten, Bankiers und industriellen Unternehmern. Zu den ideellen Interessen gesellten sich nun auch materielle Interessen, denn aus der Sicht von Handel und Industrie war der Abbau überholter Handelsschranken, die Bildung eines größeren Binnenmarktes und die Erhebung einheitlicher Außenzölle ein Gebot wirtschaftlicher Vernunft.

Bereits 1819 hatte der Tübinger Nationalökonom Friedrich List in Frankfurt einen „Deutschen Handels- und Gewerbeverein" gegründet, der die Aufhebung der Binnenzölle und einen gemäßigten Schutzzoll forderte.

Aber erst der ausländische Wirtschaftsdruck erzwang eine allmähliche Wirtschaftseinheit. Während die europäischen Nachbarstaaten durch Schutzzölle ausländische Waren von ihren Märkten fern hielten, überschwemmten fremde Produkte (zum Beispiel englische Waren) den deutschen Markt und hinderten die beginnende Industrialisierung in Deutschland in ihrer Entwicklung

Aus diesem Grunde wünschte das Bürgertum für die Entfaltung von Handel und Industrie die Beseitigung der ökonomischen Zersplitte-

Gränzverlegenheit.

rung Deutschlands. Diese hatte Zollschranken sowie ein uneinheitliches Münz-, Maß- und Gewichtssystem zur Folge gehabt. Der Deutsche Zollverein von 1834, der Preußen und die süddeutschen Staaten umfasste, bildete einen wesentlichen Anstoß für die später folgende deutsche Einheit. Preußen hatte sich an die Spitze der wirtschaftsliberalen Bewegung in Deutschland gestellt. Zwar sind Wirtschaft und Politik nicht identisch, aber im Nachhinein muss im Zollverein eine Weichenstellung erblickt werden, die den Gang der deutschen Geschichte mit der Reichsgründung unter Ausschluss Österreichs nicht unwesentlich beeinflusste.

Zur politischen Ideengeschichte des Vormärz

Konservatismus

Der Konservatismus als politische Ideologie bildete sich in Deutschland erst in der Auseinandersetzung mit den Ideen der Französischen Revolution. Seinem Selbstverständnis nach waren Volkssouveränität und Nationalstaatsgedanke abzulehnen. Als Antithese dazu wurde ein Staats- und Gesellschaftsmodell entwickelt, in dessen Zentrum die christliche – von Gott legitimierte – Herrschaft des Fürsten stand. Der Konservatismus lehnte die Gleichheit – auch die Gleichberechtigung – der Menschen mit dem Hinweis auf die gottgegebene Ordnung ab. Seiner Vorstellung entsprach die Hierarchie der ständischen Gesellschaft mit ihren abgestuften Rechten. Die Konservativen betonten das religiöse Fundament der Gesellschaft, und überhaupt galt ihnen die Religion als Mittel der gesellschaftlichen Integration.

Als die wichtigsten konservativen Staatsrechtslehrer in der Zeit vor 1848 gelten: Adam Müller (1779–1829), Carl Ludwig von Haller (1768–1854) und Friedrich Julius Stahl (1802–1861).

Liberalismus

Der Liberalismus bildete die stärkste ideologische Kraft im deutschen Vormärz. Erwachsen aus der Aufklärung des 18. Jahrhunderts sah er in der Entfaltung des Individuums den Kern jeder politischen Emanzipation. Nicht die Autorität des Staates, sondern die bürgerlichen Freiheiten standen im Mittelpunkt des liberalen Staats- und Gesellschaftsverständnisses. Der Schutz des Bürgers vor staatlichen Ein- und Übergriffen sollte dem Liberalismus zufolge durch verfassungsmäßig verbriefte Freiheitsrechte gewährleistet werden.

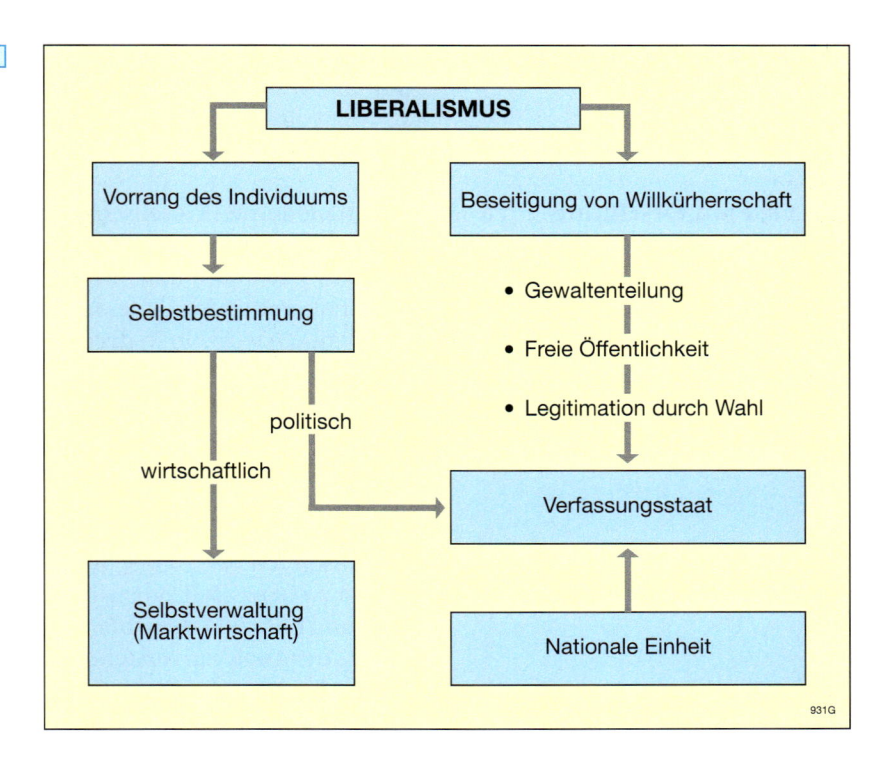

Die Mehrheit der Liberalen des 19. Jahrhunderts stellte die Monarchie nicht infrage. Gerade in der kritischen Auseinandersetzung mit der Radikalisierung der Französischen Revolution und deren Auswüchsen in Form des jakobinischen Terrors erhielt das Modell einer konstitutionellen Monarchie seine Konturen. Der Liberalismus lehnte mehrheitlich die Revolution ab und strebte einen Kompromiss mit der Fürstenherrschaft an – auf der Grundlage von Gewaltenteilung und Rechtsstaatlichkeit.

Die Träger des liberalen Gedankengutes – das Besitz- und Bildungsbürgertum – unterschieden zwischen politischer und rechtlicher Gleichheit. Rechtsgleichheit blieb ein Postulat des Liberalismus, aber zur politischen Teilhabe war nach liberaler Anschauung nur derjenige qualifiziert, der sich durch Besitz, Bildung beziehungsweise als Steuerzahler auswies.

Die Widersprüche, die dem Liberalismus im Hinblick auf das Gleichheitsprinzip innewohnten, führten dazu, dass sich ein Teil seiner Anhänger radikalisierte und die Volkssouveränität sowie die soziale Gleichheit forderte. In der Revolution von 1848 wurden dann die Differenzen zwischen der Mehrheit des gemäßigten Liberalismus und dem demokratischen Linksliberalismus deutlich.

Die bedeutendsten Vertreter des Frühliberalismus waren Karl von Rotteck (1775–1840), Karl-Theodor Welcker (1790–1869) und Robert Mohl (1799–1875).

Nationalismus

Eine zentrale Idee, die von der Französischen Revolution in ganz Europa verbreitet worden war, hieß: Staat und Nation sollten eine Einheit bilden. Diese Idee musste wie ein Sprengsatz in einem Europa wirken, das in weiten Teilen multinational strukturiert und von den Kronen zusammengehalten wurde. Im 19. Jahrhundert entwickelte sich auf der Grundlage von Sprache, Kultur und Geschichte ein Nationalgefühl, das auf die Bildung von Nationalstaaten hinwirkte. Der Selbstbestimmungsanspruch der Völker, der im 20. Jahrhundert ein anerkanntes völkerrechtliches Prinzip wurde, hatte im 19. Jahrhundert seine Geburtsstunde.

Ein Lied mit Geschichte

In allen modernen Gesellschaften stellen Flagge, Hymne und Wappen wichtige Integrationssymbole dar. Sie befriedigen ein offenkundiges Bedürfnis nach nationaler und kultureller Identität.

Die nationalen Symbole der Bundesrepublik Deutschland – Flagge und Hymne – wurzeln in der Zeit des Vormärz. Das Schwarz, Rot und Gold verweist auf die deutschen Burschenschaften, die diese Farben wiederum den Uniformen der Lützowschen Jäger – ein Freikorps zur Zeit der Befreiungskriege gegen Napoleon – entnommen hatten.

Die deutsche Nationalhymne geht auf ein Gedicht von Hoffmann von Fallersleben zurück, der wegen seiner liberalen und nationalen Anschauungen seine Professur in Breslau verloren hatte. Er schrieb 1841 das „Lied der Deutschen" – eines von unzähligen patriotischen Liedern zu jener Zeit. Vor allem die erste Strophe wurde vielfach verkannt und missdeutet, insofern als das „über alles" nicht als imperialistischer Anspruch zu verstehen ist, sondern vielmehr als eine Aufforderung, die deutsche Kleinstaaterei zu überwinden. Die dritte Strophe enthält das liberale und nationale Programm der politischen Bewegung des Vormärz, das bereits in Hambach (1832) proklamiert worden war.

Erst 1922 wurde durch Reichspräsident Friedrich Ebert in einer Rückbesinnung auf die verschüttete demokratische Tradition der Revolution von 1848 das „Lied der Deutschen" zur offiziellen Nationalhymne erklärt.

Die Nationalsozialisten missbrauchten die Hymne der Weimarer Republik, wobei sie insbesondere die erste Strophe als propagandistisches Kampflied für das deutsche Vormachtstreben benutzten. Die Frage nach Einführung einer Nationalhymne blieb nach 1949 lange umstritten. Erst 1952 wurde in einem Briefwechsel zwischen Bundespräsident Theodor Heuss und Bundeskanzler Konrad Adenauer das „Lied der Deutschen" von Hoffmann von Fallersleben nach der Melodie von Joseph Haydn als Nationalhymne wieder eingeführt, allerdings mit dem Zusatz, dass bei staatlichen Veranstaltungen nur die dritte Strophe zu singen ist.

Chronologie

1814/15	Wiener Kongress
1815	Gründung des Deutschen Bundes;
	Manifest der Heiligen Allianz;
	Gründung der Allgemeinen Deutschen Burschenschaft
1817	Wartburgfest
1818	Ermordung des Schriftstellers Kotzebue
	durch den Burschenschaftler Sand
1819	Karlsbader Beschlüsse
1830	Juli-Revolution in Paris
1832	Hambacher Fest
1833	Frankfurter Wachensturm;
1837	Amtsenthebung der „Göttinger Sieben"

M 7 „Deutschlands Pflichten"

Flugblatt des Hauptorganisators des Hambacher Festes Johann Georg August Wirth (3. Februar 1832):

Die Könige haben unter sich einen Bund geschlossen. Der Bund gilt der Unterdrückung der Völker. Die Mittel sind, dass der Wille des Königs mithilfe der Gewalt als oberstes Gesetz geltend gemacht,
5 alle Wünsche und Anträge des Volkes zur Beförderung der gesellschaftlichen Zwecke schnöde zurückgewiesen und die Verteidigung der Volksrechte durch Vernichtung der freien Presse und durch Terrorismus gegen deren unabhängige Orga-
10 ne unmöglich gemacht wird. Die Früchte des Bundes sind: Verarmung der Völker und Entweihung der menschlichen Würde durch Kriecherei und Sklaventum. Dieser Bund, welcher wie eine drückende eherne Kette ganz Europa umschlingt und den
15 Segen der Natur in Calamität [Schwierigkeit] verwandelt, hat seine Hauptstütze in Deutschland. Die zwei mächtigsten deutschen Könige beobachten sorgfältig die Stimmung der Völker. Sobald sie eine Regung der besseren Natur bemerken und das
20 geringste Streben nach Freiheit wahrnehmen, verbünden sie sich mit dem Selbstherrscher der Reußen [veraltet für Russen], d. h. aller Barbaren, um dem Geiste der Zivilisation entgegen zu wirken. Ihre Politik besteht dabei darin, die Kraft des deut-
25 schen Volkes durch Auseinanderreißen des Landes, Zerstörung des deutschen National-Charakters, Unterdrückung der Triebe nach Wiedervereinigung und endlich durch die grausamste Beschränkung der Gedanken-Mitteilung auf immer zu brechen,
30 hiernächst aber die Freiheit des französischen Volkes zu untergraben, indem man die Umtriebe dessen Königs unterstützt und zugleich die deutsche Nation gegen Frankreich aufzuhetzen versucht. In der Erkenntnis der Politik des Bundes lie-
35 gen zugleich die Mittel zur Vernichtung desselben. Sollen die Völker endlich die Freiheit erlangen, soll der Verarmung und dem Elende Europas ein Ende gesetzt werden, so muss Russland von Preußen und Österreich durch ein demokratisch organisiertes
40 Polen getrennt, das Übergewicht des preußischen und österreichischen Königs durch Organisation eines deutschen Reiches, mit demokratischer Verfassung, aufgehoben, und eine europäische Staatengesellschaft durch ein treues Bündnis des fran-
45 zösischen, deutschen und polnischen Volkes vorbereitet werden. Die Wiederherstellung Polens kann nur durch Deutschland geschehen. Unsere Nation ist hierzu moralisch und rechtlich verbunden, um die schwere Sünde der Vernichtung Polens zu süh-
50 nen: Unser Volk muss die Wiederherstellung Polens aber auch wegen der eigenen Interessen zu seiner wichtigsten und dringendsten Aufgabe machen. Da es aber zurzeit noch keine deutsche Nation gibt, so würde vor allem ihre Wiedererweckung not-
55 wendig sein. Wie aber dies möglich wäre, wird niemand einsehen wollen: Denn man weiß ja, dass die deutschen Könige ihre Interessen von jenen des gemeinsamen Vaterlandes geschieden haben, man weiß, dass sie mithilfe der nämlichen Gewalt, wel-
60 che das Vaterland ihnen gibt, also mit unserem Gelde und unsern Kindern, der Wiedergeburt einer deutschen Nation aus allen Kräften sich widersetzen und überhaupt alles zu zerstören, was zum Heile des Gesamtvolkes dienen kann. Dies unge-
65 achtet gibt es gleichwohl ein völlig erlaubtes und völlig gesetzmäßiges Mittel, um den feindseligen und hartnäckigen Widerstand der Könige gegen die Interessen des Vaterlandes zu überwinden. Auch der größte Despot hat nur Gewalt über den
70 Körper: Über den Geist gebietet keine andere Macht als die moralische. Wenn nun auch unsere Körper der Gewalt der Tyrannen unterworfen sind, so bleibt doch der Geist frei; und dadurch ist uns die Macht gegeben, die Wiedervereinigung Deutsch-
75 lands im Geiste herzustellen. Die vereinigte Gewalt der Könige ist nicht hinreichend, um das Bündnis der Geister zu verhindern. Aus dem geistigen Bündnisse entspringt aber die Macht der öffentlichen Meinung, und da diese schwerer in die Waagschale
80 der Gewalten fällt als alle Macht der Fürsten, so führt die Wiedergeburt Deutschlands, im Geiste, von selbst auch auf die materielle Vereinigung.

Zit. nach: J. Kermann (Hg.), Texte zur Landesgeschichte – Das Hambacher Fest, Speyer 1981.

M 8 **Reaktion auf das Hambacher Fest**

Gutachten des preußischen Staatsministeriums vom 8. Juni 1832:

Den Unterzeichneten ist der Befehl Seiner Majestät gegeben worden: sich gutachtlich darüber zu äußern, welche Maßregeln in Folge des Festes zu Hambach jetzt zu ergreifen sein möchten, und
5 zwar 1. in Beziehung auf das Äußere, 2. in Beziehung auf das Innere, 3. in militärischer Hinsicht. Es wurde zuvörderst allgemein anerkannt, dass die Begebenheiten dieses Festes von solcher Natur seien, dass sie die ernstesten und nachdrücklichsten
10 Maßregeln nicht nur rechtfertigten, sondern notwendig machten; indem sie nur als vollständige Revolution bezeichnet werden können, und zwar

nicht bloß gegen Bayern, in dessen Gebiet sie
15 sich zugetragen, sondern gegen alle Staaten des Deutschen Bundes, dass aus diesem Grunde die zu ergreifenden
20 Maßregeln bundesgemäß und streng gesetzlich sein und sich vorerst vornehmlich darauf beschränken müssten:
25 1. der Rädelsführer des Hambacher Festes und der außerdem dabei besonders graviert [belastet] erscheinenden Personen habhaft
30 zu werden und gerichtlich bestrafen zu lassen: 2. Ferneren ähnlichen Versammlungen verhindernd entgegenzutre-
35 ten, und dadurch sowohl, als 3., durch ernste Bekämpfung des Press-Unfugs, der revolutionären Partei ihre
40 beiden Hauptwaffen zu nehmen. Hiernach erscheinen folgende Mittel als die angemessensten: [...] [In Beziehung auf das Innere] wird vorgeschlagen, die Beobachtung verdächtiger Personen im Inland zu verdoppeln und so viel wie möglich auf das Ausland auszudehnen. Ferner, bekannt zu machen,
45 dass alle am Hambacher Fest tätigen Anteil genommen habenden Preußen als Hochverräter verfolgt werden sollen. Alle auf den Universitäten Heidelberg und Freiburg studierenden Preußen zurückzurufen, und beide Universitäten auf unbestimmte
50 Zeit den Inländern zu verbieten. Endlich das Verbot gegen ausländische Zeitungen auszudehnen und auf alle Blätter von entschieden revolutionärer Farbe auszudehnen; auch alle preußischen Buchhändler zu verpflichten, wenn sie ausländische Flugschriften
55 verbreiten wollen, dieselben einer Re-Zensur zu unterwerfen. Wenn auch diese letzteren Mittel nicht radikal sind, so werden sie doch die Verbreitung solcher Blätter und Schriften in Maßen steuern.

Zit. nach: V. Valentin, Das Hambacher Nationalfest, Frankfurt/M. 1982, S. 162 ff.

M 9 Die „Göttinger Sieben"

Über die Bedeutung der „Göttinger Sieben" urteilte der Historiker Theodor Schieder: „Ihre Wirkung war indessen eminent politisch: Für die liberale Opposition war der Schlag gegen die Verfassung in Han-
5 nover und gegen die Professoren in Göttingen ein Fanal. Zudem wurde, wie [Heinrich von] Treitschke zuerst bemerkt hat, durch das Göttinger Ereignis die politische Autorität des deutschen Professorentums begründet und damit eine wichtige Voraus-
10 setzung für die Bewegung von 1848 geschaffen."
Oben (v. l. n. r.): Georg Gottfried Gervinius (1805–1871), Wilhelm Albrecht (1800–1876),
Mitte (v. l. n. r.): Heinrich Edwald (1803–1875), Friedrich Christoph Dahlmann (1785–1860), Wilhelm
15 Weber (1804–1891),
Unten (v. l. n. r.): Wilhelm Grimm (1786–1859), Jacob Grimm (1785–1863).

Aus: H. Scharf, Historische Stätten (Hermes Handlexikon, Düsseldorf 1983, S. 171.

M 10 **Der deutsche Michel (1843)**

Die Aufhebung der Bilderzensur 1842 in Preußen löste eine Flut von Karikaturen aus, die sich vor allem mit den Themen Zensur, Pressefreiheit, Verfassung, deutsche Einheit und Metternich befassten.

5 Die Figur des Michel, Synonym für den dummen, schwerfälligen und einfältigen Deutschen, wurde im Vormärz durch frech kommentierte Karikaturen populär. 1843 erschien in Leipzig in der Renger'schen Buchhandlung eine Flugschrift über die Kari-
10 katur von R. Sabatky, die den Michel darstellt: eingeschläfert vom Zaren, ausgeraubt von der britischen Bulldogge, von Metternich zur Ader gelassen, vom Papst mit einem Mundschloss zum Schweigen gebracht. „Dem blöden Volk" erklärt
15 der Autor Michels Träume von Vergangenheit und Zukunft, und er fordert Michel auf: „vergiss, dass du das Pulver und die Presse erfunden hast […]".

Nach: Chr. Stölzl (Hg.), Deutsche Geschichte in Bildern, a. a. O., S. 375.

M 11 **Ständegesellschaft**

Am Beispiel der Residenzstadt Hannover wird der Aufbau der Gesellschaft im Vormärz gezeigt:

Die Gesellschaftsgruppe, die aufgrund ihrer Herkunft [Geburt], ihres Besitzes sowie ihres Berufes, ihrer Bildung oder ihrer politischen Verdienste zusammengehörte, bezeichnete man im absolu-
5 ten Staat als Stand. Seit dem Mittelalter waren der grundbesitzende Adel, die Prälaten als In-

haber hoher kirchlicher Posten, und das Patriziat, das die Vertreter der obersten Stadtverwaltung stellte, 10 Mitglieder der ständischen Ordnung. Sie stimmten z. B. auf den Landtagen über die vom Kurfürsten beantragten Steuerbewilligungen ab. 15 Die Bewohner von Städten mit Hausbesitz, das waren die „Bürger", sowie die Bauern waren Stände minderen Ranges ohne Stimmrecht. 20 Die städtischen Mietbewohner und die nichtbäuerlichen Landbewohner standen unterhalb und damit außerhalb der altständi- 25 schen Ordnung. Politisch bildete sich zudem ein Beamten- und Offiziersstand heraus. In Hannover gewannen der Adel und die oberen Chargen [Ränge] der Ver- 30 waltung und des Militärs beherrschende Stellungen, weil der Kurfürst von 1714–1837 als König von Großbritannien im fernen London residierte. Die so genannten „hübschen" Familien [=höfisch, ein Staatspatriziat] waren eine schmale bürgerliche 35 Schicht von sozialen Aufsteigern, die in Hannover neben dem regierenden und dem Hofadel einen neuen, einflussreichen Stand bildeten; sie konnten aber nur, wenn sie ein Amt erhielten oder geadelt wurden, direkt an der Macht und den gesellschaft- 40 lichen Zirkeln des ersten Standes teilhaben. Innerhalb der Stadt Hannover unterschied man, etwa in der Kleiderordnung von 1689, sechs Stände und noch darunter standen die Armen. Den Magistrat wählten die Kaufleute, Angehörige der Ämter 45 [Zünfte] und der Meinheit [Brauhausbesitzer]. […] Im eigentlichen Bürgerstand in der Stadt wurde dem Kaufmann der 1. Rang zugebilligt. Ihm folgte der Handwerkerstand, der z. T. ebenfalls städtische Ehrenämter übernahm. Als geringere Bürger, als 50 „Spießbürger" wurde 1847 in Hannover die Mehrheit derjenigen mit niederem Einkommen angesehen, und dazu gehörten inzwischen auch viele Handwerksmeister und -gesellen, die als gleichgültig, uninformiert und ohne politische oder öffent- 55 liche Teilhabe beschrieben wurden. Zur dienenden Klasse zählten die Kammerdiener, Bedienten in Livree [Uniform] und Dienstboten. Nicht vergessen waren im Reiseführer 1847 die Prostituierten, kon-

60 trollierte und nicht kontrollierte – aber unerwähnt
blieben die ungelernten Arbeitskräfte, Tagelöhner,
Bettler und Vagabunden, die sich in zeitgenössischen Karikaturen und Polizeiberichten finden. […]
Die Sitzordnung in der Kirche und im Theater, nach
65 Klassen getrennt, war alter Brauch und wurde selten aufgehoben. Eisenbahnreisende konnten je
nach Geldbörse zwischen drei Klassen wählen. […]
Die 3. Klasse fuhr offen; das Vieh wurde in geschlossenen Waggons befördert.

A. v. Rohr, Ständegesellschaft, in: Historisches Museum Hannover, Biedermeier und Revolution Hannover 1848, Hannover
1998, S. 21 ff.

M12 Verurteilung eines „Demagogen" in Preußen (1837)

Der Schriftsteller Heinrich Laube (1806–1884) über seine Erfahrungen mit der preußischen Justiz:

Ich lebte den langen Winter hindurch und bis in den
Frühsommer 1837 hinein mit meiner Frau, als ob der
Himmel voller Geigen hinge. Wir dachten gar nicht
daran, dass ein Schwert des Damokles über mir hinge.
5 […] Die Untersuchung gegen mich in der Hausvog-
tei [das Berliner Stadtgefängnis] war ja doch in
Gestalt von Verhörprotokollen ans Kammergericht
befördert worden zur Urteilssprechung. Dies Urteil
war jetzt gesprochen worden und lautete auf – sie-
10 ben Jahre Festungsstrafe.
Man sah sich an und fragte sich gegenseitig: ob
man träume? Ein Gerichtshof könne doch nur nach
Gesetzesparagraphen ein Urteil fällen; wo gäbe es
denn aber Gesetzesparagraphen für ein vages
15 Demagogentum ohne Taten? Es gab solche Para-
graphen; man träumte nicht. In Folge der großen
Mainzer Untersuchungskommission gegen die bur-
schenschaftliche Demagogie war ein Gesetz erlassen worden, nach welchem jede Teilnahme an einer
20 Burschenschaft mit sechs Jahren Festung bestraft
wurde. Sechs Jahre Festungsstrafe für Teilnahme an
einer Studentenverbindung, weil sie die Einigung
Deutschlands vorbereiten wollte!
Wie nimmt sich das heute aus, wo der Reichstag des
25 vereinigten Deutschland in Berlin tagt! [seit 1871]
Mir war nachgewiesen, dass ich Anno 26 und 27,
also vor zehn Jahren, Teilnehmer an einer Studentenverbindung in Halle gewesen, welche zwar nicht
alle Formen, aber doch die Ideen der Burschen-
30 schaft betrieben habe. Mir gebührten also sechs
Jahre Festungsstrafe. Für meine schriftstellerischen
Bestrebungen war ein Jahr Festung als Entgelt
ermittelt worden. Meine belletristischen Schriften
hatten da nicht klar genug strafrechtlichen Anhalt
35 gewährt, dieser schien aber geboten in dem ersten

Buche, welches ich 1832 herausgegeben unter dem
Titel: „Das neue Jahrhundert". Der erste Band dieses Buches enthielt eine Geschichte Polens bis zum
großen Aufstande 1830 und 1831. In dieser
Geschichte Polens sei der Kaiser von Russland belei- 40
digt worden. Dieser, ein Schwager des regierenden
Königs von Preußen, sei ein Alliierter des Königs
von Preußen, und weil dieser Alliierte beleidigt
worden ist, sei ein Strafausmaß von einem Jahre
gerechtfertigt. Summa sieben Jahre. 45

H. Laube, Erinnerungen 1810–1840. Wien 1875. Zit. nach:
F. Bedürftig (Hg.), Preußisches Lesebuch, Stuttgart 1981, S. 162.

M13 Das konstitutionelle System

Karl von Rotteck (1775–1840), Historiker und Mit-glied der badischen Zweiten Kammer, schrieb über sein Staatsverständnis:

Wenn der Staat ein wirklich zu Recht bestehender,
nicht bloß auf faktischer Gewalt beruhender,
Zustand sein soll, so ist die Annahme eines
(ursprünglichen oder später hinzugekommenen,
ausdrücklich oder nur stillschweigend geschlosse- 5
nen) Gesellschaftsvertrages die unbedingte Voraussetzung. Die unmittelbar vom Himmel stammende
Gewalt des Herrschers ist eine mystische und veraltete, auch trotz aller Bemühungen der Legitimis-
ten nimmermehr dem Verstande der mündig 10
gewordenen Nation aufzuheftende Idee. Nicht
haltbar ist jene des Erbeigentums über ein ganze
Völker beherbergendes Land; und die dem patri-
archalischen Zustande der Stämme unter Stam-
meshäuptern abgeborgte Idee der väterlichen 15
oder landesväterlichen Gewalt ist eine bloß der
Poesie angehörige Vorstellung. Die Gewalt
schlechthin endlich, keinen anderen Titel als sich
selbst aufstellend, ist kein Fundament eines
Rechtsverhältnisses. Also bleibt nur der – aus- 20
drückliche oder stillschweigende – Vertrag,
namentlich Gesellschaftsvertrag, übrig, um dem
Staatsverein eine rechtliche Grundlage und Bedeutung zu geben, und aus dem natürlichen Gesellschaftsrecht allein, wenn irgendwoher, lassen sich 25
für die Rechtsverhältnisse im Staat vernünftige
Regeln ableiten. Das konstitutionelle System aner-
kennt dieses, und hat darum ganz eigens zu seiner Aufgabe die Verwirklichung der Idee eines
nach vernünftigem Gesellschaftsrecht verfassten 30
und regierten (d. h. zur gemeinsamen Zwecker-
strebung gelenkten) Staates.

Zit. nach: O. H. von der Gablentz, Die Politischen Theorien seit
der amerikanischen Unabhängigkeitserklärung, Politische Theorien III, Köln 1967, S. 144.

M14 Liberalismus

Paul Achatius Pfizer (1801–1867), Jurist und Politiker, war bis 1838 Führer der liberalen Opposition in der Zweiten Kammer des württembergischen Landtags. 1848 wirkte er als Mitglied der Frankfurter Nationalversammlung. Er schrieb über die Gleichheit:

Dass unter dem gleichen Rechte und der gleichen Freiheit aller, welche der Liberalismus fordert, nicht die äußerliche Gleichheit von Besitz und Macht gemeint sein könne, indem Rechtsgleichheit him-
5 melweit verschieden ist von materieller Gleichheit des Besitzes, und die bleibende Durchführung der letzteren ohne einen die Freiheit des Verkehrs, des Eigentums und der Verträge vernichtenden Despo-tismus gar nicht denkbar wäre – dies wird zwar all-
10 mählich von den Gegnern des Liberalismus ebenso gut als von den Liberalen selbst eingesehen. […] Der Liberalismus behauptet zwar, dass bei der Ent-scheidung gemeinsamer Angelegenheiten dem Willen der Mehrzahl von Rechts wegen der Vorzug
15 vor dem Willen der Minderzahl gebühre; aber sein oberstes Rechtsprinzip ist nicht unbedingte, will-kürliche Herrschaft der Majorität, sondern die mög-lichst größte Freiheit aller. Für ungerecht erklärt er insbesondere jede Mehrheitsentscheidung, welche
20 die Minderheit gegen ihren Willen nach einem anderen Gesetz behandelt als nach demjenigen, welches die Mehrheit auch für sich als bindend auf-stellt, und für unbedingt verwerflich gilt ihm jeder Majoritätsbeschluss, der dem Moralgesetz zuwi-
25 derläuft. Denn Vernunft und Gewissen werden ewig die Gleichheit der Menschen oder die gleiche Achtung der fremden Persönlichkeit, welche man für die eigene anspricht, predigen; und eben dieses Prinzip stimmt auch mit den Geboten der allge-
30 meinen Sittenlehre sowohl als insbesondere mit dem christlichen Moralgebot […] innig überein. Indessen ist nicht zu leugnen, dass es Liberale gibt, die von keinem andern Staatszweck als dem Rechts-schutz und der Sorge für die Sicherheit und die
35 Bequemlichkeit des äußeren Daseins wissen, die sittlichen, religiösen und intellektuellen Interessen aber ganz sich selbst überlassen wollen. Allein das oft hervorgetretene Bestreben, die Wirksamkeit des Staates einseitig auf den möglichst engen
40 Umkreis zu beschränken, hat seinen Ursprung nur darin, dass statt des wirklichen Gemeinwohls allzu häufig die selbstsüchtigen Zwecke und Interessen oder die Lieblingsideen und individuellen Ansich-ten der Gewalthaber verfolgt werden.

Zit. nach: W. Mommsen, Deutsche Parteiprogramme. München 1960, S. 105 ff.

M15 Konservatismus

Der preußische Staatsrechtslehrer Friedrich Julius Stahl (1802–1861) über das konservative Staats-prinzip:

Die Monarchie hat darum vor Allem den Vorzug der Einheitlichkeit und Persönlichkeit der Herr-schaft,
dass sich in Einem Manne koncentrirt, der bestän-dig zu handeln im Stande ist, und nicht in sich selbst 5 zerfallen kann, dadurch die Übereinstimmung und Aufeinanderberechnung in der Anordnung, die Energie in der Ausführung.
Sie hat aber den noch viel bedeutenderen Vorzug der Ursprünglichkeit und Erhabenheit der Herr- 10 schaft,
dass der Herrschende in keiner Hinsicht Unterthan oder von den Unterthanen abhängig, sondern immer und überall über ihnen ist,
dass seine Gewalt nicht von den Unterthanen 15 kommt, sondern von sich selbst besteht, dadurch die Unbedingtheit des Ansehens und der Ehrfurcht und die Freiheit von den Interessen, welche die Unterthanen zertheilen und befangen.
Die Gewalt des Königs ist „von Gottes Gnaden", ist 20 ein „göttliches Recht". Das gilt schon von aller Staatsgewalt, auch in der Republik. Aber das gött-liche Ansehen und die Majestät der Staatsgewalt stellt sich bei einem persönlichen Träger derselben, der in keiner Beziehung Unterthan ist, sichtbarer 25 und lebendiger heraus, und es kommt in der Erb-monarchie noch das hinzu,
dass der Inhaber der Staatsgewalt ohne menschli-ches Zuthun in ihrem Besitz ist durch göttliche Fügung, welcher sich die Menschen in Ehrfurcht 30 unterwerfen sollen. Hier ruht also das Ansehen des Herrschers nicht bloß auf einem allgemeinen Gebot und Ordnung Gottes, wie bei aller Obrigkeit, son-dern zugleich auch noch auf einer speciellen (wie-wohl keineswegs einer unmittelbar persönlichen, 35 die Natur durchbrechenden) Veranstaltung Gottes. Dies ist das Princip der Legitimität, wie es der Erb-monarchie eigenthümlich ist.
Fassen wir nun Alles noch einmal zusammen, so beruht das monarchische Princip darauf, 40 dass der Fürst allein die Abfassung der Gesetze (Initiative) hat, die Stände nur Zustimmung und Petition,
dass er allein die Administration hat, dass nicht ad-ministrative Anordnungen, noch weniger adminis- 45 trative Verfügungen (private bills) als Gesetze gel-ten und der ständischen Zustimmung unterliegen, dass er sowohl sein eigenes fürstliches Einkommen

als auch die Mittel des Staatshaushalts unabhängig
50 von ständischer Willkür mit Sicherheit besitzt, nur
für fakultative Ausgaben oder für Erhöhungen
oder beziehungsweise für Abänderungen im bisherigen traditionellen System des Staatshaushalts
der Stände bedarf, endlich,
55 dass er alle diese Rechte wirklich und nicht scheinbar übt, und zu diesem Ende [Zweck] die Kontra-
signatur [Gegenzeichnung] und Verantwortung
der Minister oder sonstige Schutzmittel der Stände
sich nicht weiter erstrecken als auf Einhaltung der
60 Verfassung.

Zit. nach: O. H. von der Gablentz, a. a. O., S. 133 ff.

M16 Das Lied der Deutschen

*August Heinrich Hoffmann von Fallersleben
(1798–1874) dichtete das „Lied der Deutschen" 1841:*

Deutschland, Deutschland über alles,
über alles in der Welt,
Wenn es stets zu Schutz und Trutze
brüderlich zusammenhält.

Von der Maas bis an die Memel,
von der Etsch bis an den Belt
Deutschland, Deutschland über alles,
über alles in der Welt.

Deutsche Frauen, deutsche Treue,
deutscher Wein und deutscher Sang
Sollen in der Welt behalten,
ihren alten schönen Klang.
Uns zu edler Tat begeistern,
unser ganzes Leben lang –
Deutsche Frauen, deutsche Treue,
deutscher Wein und deutscher Sang!

Einigkeit und Recht und Freiheit,
für das deutsche Vaterland!
Danach lasst uns alle streben,
brüderlich mit Herz und Hand!
Einigkeit und Recht und Freiheit,
sind des Glückes Unterpfand –
Blüh' im Glanze dieses Glückes,
blühe deutsches Vaterland!

Aufgaben

1. Formulieren Sie jene politischen Ideen und Forderungen, die sich in der deutschen Geschichte
mit den Begriffen „Vormärz" und „Junges
Deutschland" verbinden.
   → Text, M1, M4, M10, M12

2. Welche Rolle spielte die zunehmende Alphabeti-
sierung im Zusammenhang mit dem Liberalismus?
   → Text, M2, M3

3. Analysieren Sie die Art und Weise, in der die
Obrigkeit auf den politischen Liberalismus rea-
gierte.
   → Text, M4, M8, M9

4. Welche programmatischen Aussagen machte
Wirth in seinem Flugblatt?
   → M7

5. Beurteilen Sie die Forderungen von Hambach
aus der Sicht der Regierenden. Überprüfen Sie,
inwieweit die Forderungen von 1832 ihren Niederschlag im Grundgesetz der Bundesrepublik
Deutschland gefunden haben.
   → Text, M7

6. Welche Absichten verfolgte Preußen mit seiner
Forderung, dass sich die übrigen deutschen
Staaten dem preußischen Zollverein an-
schließen sollten?
   → Text, M5

7. Stellen Sie die Hierarchie im Rahmen der ständischen Gesellschaftsordnung dar.
   → M11

8. Definieren Sie die Begriffe „Konservatismus",
„Liberalismus" und „Nationalismus" im Kontext
des 19. Jahrhunderts.
   → Text, M6, M13–M15

9. Diskutieren Sie die Argumente, die für beziehungsweise gegen die Wiedereinführung des
Deutschlandliedes als Nationalhymne der Bundesrepublik Deutschland sprachen. Wie beurteilen Sie den gefundenen Kompromiss?
   → Text, M16

Fragen an die Geschichte

Welche Rolle spielt der Nationalismus in der Geschichte?

Ein globaler Trend, der vom 19. in das 20. Jahrhundert hineinwirkte, bestand in der Bildung von Nationalstaaten. Der Zerfall der Sowjetunion und die mittelosteuropäischen Revolutionen haben diese Entwicklungstendenz eindrucksvoll bestätigt. Gleichzeitig lässt sich mit Bezug auf die Gegenwart diagnostizieren, dass die Souveränität der Nationalstaaten auf vielfache Weise untergraben wird. Globalisierte Finanzmärkte, multinationale Konzerne, ökologische Handlungszwänge, grenzüberschreitende Sicherheitsprobleme und Migrationsbewegungen spielen dabei eine Rolle.

Die Geburt des deutschen Nationalgefühls

Die Geburt des deutschen Nationalgefühls lässt sich zeitlich auf die Niederlage Preußens im Krieg mit Frankreich und die anschließende Besetzung durch französische Truppen fixieren. Die deutsche Nationalbewegung besaß daher von Anfang an eine anti-französische Stoßrichtung. Die Freiheitskriege 1813/14 stifteten eine neue Form des Gemeinschaftsgefühls, das durch spätere Feiern (zum Beispiel dem Gedenken an die Völkerschlacht bei Leipzig) immer wieder bekräftigt wurde. Der populäre Dichter Theodor Körner (1791–1813) apostrophierte den antinapoleonischen Befreiungskampf gar als „heiligen Krieg".

M 1 **Als Jahrhundertereignis**
allerersten Ranges [wurde] die Völkerschlacht bei Leipzig vom 16. bis 19. Oktober 1813 gefeiert. Der entscheidende Sieg der verbündeten Österreicher, Russen, Preußen, Schweden und Engländer über Napoleon I. hatte die Befreiung Deutschlands von der nationalen Fremdherrschaft zur Folge. Dies setzte nationale Kräfte in zuvor noch nie da gewesenem Ausmaß frei und erzeugte unter den Deutschen eine Euphorie, in der sie vorübergehend alle Grenzen der Herkunft, des Standes, der Bildung und der Religion vergaßen, Postkarte von 1913 zur Einweihung des Denkmals in Leipzig.

H. Scharf, Hermes Handlexikon, Historische Stätten, Düsseldorf 1983, S. 201.

Staatsnation und Kulturnation

Man unterscheidet zwei Typen der Nation: die Staatsnation und die Kulturnation. Die Staatsnation wird als politische Willensgemeinschaft definiert. Eine Nation ist demzufolge, was eine Nation sein will. Mit den Worten des französischen Historikers Ernest Renan: „Die Existenz einer Nation besteht in einer tagtäglichen Volksabstimmung...". Eine Nation umfasst folglich diejenigen Menschen, die aufgrund eines bewussten politischen Entschlusses zusammenleben wollen. Beispiel für eine solche Staatsnation ist Frankreich. Der Begriff der Kulturnation fußt hingegen auf der gemeinsamen Kultur, Sprache und Abstammung der Menschen. Dieser Begriff bezieht sich in besonderem Maße auf die geschichtliche Situation Deutschlands im 19. und 20. Jahrhundert. War es im 19. Jahrhundert der sprichwörtliche politische „Flickenteppich", der im Widerspruch zum Nationalstaat stand, so bestand die deutsche Nation zwischen 1949 und 1990 aus zwei Staaten. Die Einheit des Kulturraums überbrückte somit die staatspolitische Zersplitterung. Es gibt auch Nationen, die gänzlich ohne einen eigenen Staat sind. In der Gegenwart können die Kurden dafür als Beispiel gelten.

Funktionen des modernen Nationalismus

Der Nationalismus wird oft als übersteigertes Nationalgefühl verstanden. Der moderne Nationalismus ist ein Produkt der Neuzeit. Viele Historiker sehen in ihm eine Reaktion der Gesellschaften auf die speziellen Probleme des 19. Jahrhunderts:

- In einer Zeit nachlassender Bindungskraft der Religion bietet der Nationalismus eine Art Ersatzreligion. Analog dazu trat der osteuropäische Nationalismus der Gegenwart in das ideologische Vakuum, das der Kommunismus hinterlassen hat.
- Er stellt eine Antwort dar auf die Suche der Menschen nach kultureller und geschichtlicher Identität.
- Der Nationalismus entfaltet eine Integrationskraft nach innen („Wir sind wer!") und vermittelt so den Angehörigen einer Nation das wohltuende Gefühl von Ansehen und Stärke.

Wandlungen des Nationalismus in Deutschland

Der Nationalismus im Deutschland des 19. Jahrhunderts lässt sich in zwei Phasen unterscheiden:

- In der Zeitspanne von den anti-napoleonischen Befreiungskriegen (1813) bis zur Reichsgründung (1871) ging der Nationalismus eine Verbindung mit der bürgerlichen Freiheitsbewegung ein. Der Nationalismus hatte eine anti-feudalistische Stoßrichtung, was zum Beispiel auch in der Revolution von 1848 zum Ausdruck kam. Die nationale revolutionäre Bewegung strebte – nach französischem Vorbild – die Gründung eines bürgerlich-freiheitlichen Nationalstaates an.
- In der Ära Bismarcks (insbesondere nach 1879) änderte der Nationalismus zusehends seinen Charakter. Er wurde zum Instrument konservativer, antidemokratischer Kräfte. In der Zeit Kaiser Wilhelms II. (1888–1918) erhielt der Nationalismus immer aggressivere außenpolitische Züge, sodass diese Ideologie wesentlich zum Ausbruch des Ersten Weltkrieges beigetragen hat.

Die Zwiespältigkeit des Nationalstaats

Historiker und Wirtschaftswissenschaftler beurteilen den Nationalstaat des 19. und 20. Jahrhunderts keineswegs nur negativ. Der Nationalstaat setzte den Rahmen für eine beispiellose wirtschaftliche, soziale und politische Modernisierung. Er war die organisatorische

Grundlage dafür, dass die europäischen Mächte zeitweise eine globale Vorherrschaft erringen konnten. Auch in den Ländern der Dritten Welt kann der Nationalismus dem politischen Aufbau („nation building") und zur Überwindung vormoderner Stammesgesellschaften dienen.

Die konstruktive Rolle, die der Nationalstaat – und damit ein maßvoller Nationalismus – spielen kann, stellt nur eine Seite des Problems dar. Der Nationalismus steht in ständiger Gefahr, „umzukippen". Was auf der einen Seite das berechtigte Bedürfnis nach Freiheit von fremder Vorherrschaft ist, kann schnell zu einer fanatischen Kampfparole werden. Nationalistisches Selbstbewusstsein wird dann zu Sendungsbewusstsein, und Selbstbestimmung wird dann zu Selbstüberschätzung.

Wenn der Nationalismus den Fremdenhass schürt, wenn die eigene Nation absolut gesetzt wird (Chauvinismus), dann wird oftmals bereits der Weg zur Unterdrückung anderer Nationen und zum Krieg geebnet.

M 2 **Einweihungsfeier des Hermannsdenkmals im Teutoburger Wald 1875,** Holzschnitt nach einer Zeichnung von Knut Ekwall

Der germanische Hermann sollte ein Symbol der deutschen Einheit sein. Der Bildhauer Ernst von Bandel (1800–1876) fertigte den ersten Entwurf 1819 an, die Einweihung des Denkmals fand aber erst 1875 statt. Warum griff man im 19. Jahrhundert auf eine mythische Germanenfigur zurück? Dazu schrieb der Historiker Thomas Nipperdey: „[Das] ist charakteristisch für eine Zeit, die nicht mehr in der Sicherheit von Tradition, sondern im Umbruch von Revolutionen lebt und sich doch nicht allein aus der Gegenwart und der Zukunft rechtfertigen wollte, sondern aus einer weit zurückgreifenden Geschichte. Für eine Nation wie die deutsche [...] war nur eine Figur vor den Zerklüftungen der jüngeren Geschichte geeignet, zu einem nationalen Symbol [...] zu werden."

Aus: FAZ vom 23.8.1975.

Aufgaben

1. Definieren Sie die Begriffe Nation und Nationalismus.
2. Rekapitulieren Sie die Entstehung des deutschen Nationalgefühls.
3. In welcher Weise wurde der Nationalismus auch architektonisch ausgedrückt?
4. Erläutern Sie die Anziehungskraft und die Gefahren des Nationalismus.

4. Die Revolution von 1848/49

Am 30. März 1848 trafen sich die Delegierten zum Frankfurter Vorparlament, um die ersten gesamtdeutschen Wahlen vorzubereiten und Frankfurt am Main zum Tagungsort zu bestimmen. Wenige Wochen später, am 18. Mai 1848, zogen als Ergebnis freier Wahlen die Repräsentanten aus 38 Staaten, Kleinstaaten und Städten in die Paulskirche ein, um sich hier als deutsche Nationalversammlung zu konstituieren. Unter Glockengeläut, vorbei am Ehrenspalier von Turnern und Frankfurter Bürgerwehren, legten die Abgeordneten den kurzen Weg vom Kaisersaal im Römer zum Tagungsort zurück.

Frankfurt am Main war nicht nur wegen seiner zentralen Lage zum Tagungsort gewählt werden. Die Stadt empfahl sich auch aufgrund ihres historischen Fundaments. Als „Freie Reichsstadt" konnte sie auf eine bürgerliche Tradition verweisen. Kaiser Karl IV. hatte die Stadt im 14. Jahrhundert zum Ort der Königwahlen erhoben. Seit dem 16. Jahrhundert wurden auch die meisten römisch-deutschen Könige im dortigen Dom gekrönt. Auf dem Wiener Kongress (1815) erhob man Frankfurt zum Vorort des neu gegründeten Deutschen Bundes. Der Bundestag, die Vertretung der 38 Einzelstaaten, nahm im Frankfurter Palais Thurn und Taxis seinen Sitz. In Anknüpfung an diese Tradition machte es durchaus Sinn, die Paulskirche in Frankfurt zum Tagungsort der deutschen Nationalversammlung zu bestimmen.

Vorausgegangen war ein nationaler Aufbruch in den deutschen Ländern, der – begleitet von Agrarunruhen, Demonstrationen, Barrikadenkämpfen, Volksaufständen – die Herrschenden gelähmt und den Weg für ein nationales Parlament geebnet hatte. Die Frankfurter Paulskirche, eigentlich eine 1833 fertig gestellte evangelische Kirche, wurde so zum Symbol der deutschen Demokratie. Hier nahm zum ersten Mal in der deutschen Geschichte die Vision eines freiheitlichen Nationalstaates konkrete Gestalt an. Auch wenn die von der Paulskirche verabschiedete demokratische Verfassung nie in Kraft trat, so beeinflusste sie auf vielerlei Weise den Parlamentarischen Rat, der 1948/49 das Grundgesetz der Bundesrepublik Deutschland beschloss. Der Grundrechtskatalog und der föderale Staatsaufbau des heutigen Deutschlands stehen in der Kontinuität der Paulskirchenverfassung. Insofern stellt die Frankfurter Paulskirche einen Kontrapunkt zu den Katastrophen der deutschen Geschichte dar, die vor allem mit dem Dritten Reich verknüpft sind.

Der Versuch der Revolution von 1848/49, nationale Einheit und politische Freiheit miteinander zu verzahnen, scheiterte. Der Ablauf der Geschichte lässt sich nicht nachträglich ändern, aber die Bildung einer historischen Tradition unterliegt einer bewussten Entscheidung. Das Deutschland der Gegenwart sieht in der Paulskirche ein Erbe im Rahmen der demokratischen Traditionsbildung.

Die im Zweiten Weltkrieg zerstörte Paulskirche wurde unmittelbar nach dem Krieg für die Feier des 100. Jahrestags der Revolution (18. Mai 1948) wieder errichtet. Heute dient sie als Gedenkstätte und Ort für verschiedene Feierlichkeiten.

sich durch Zeitungen, Vereine, Bürgerwehren und Diskussionsforen manifestierte. Aufgrund der engen Anbindung des deutschen Südwestens an Frankreich sprang der revolutionäre Funken zuerst auf diese Region über.

Der Rhein-Neckar-Raum spielte in der Revolutionszeit 1848/49 eine besondere Rolle. Der in Mannheim am 27. Februar verabschiedete Forderungskatalog besaß eine vorbildhafte Wirkung für ganz Deutschland. Führende Persönlichkeiten der bürgerlichen Bewegung stammten von hier: zum Beispiel Friedrich Daniel Bassermann (Verleger), Lorenz Brentano (Rechtsanwalt), Heinrich von Gagern (Gutsbesitzer), Georg Gottfried Gervinus (Historiker), Ludwig Häusser (Historiker), Friedrich Hecker (Rechtsanwalt), Karl Mathy (Journalist) und Gustav Struve (Rechtsanwalt).

Spaltung der revolutionären Bewegung

Einig war sich die revolutionäre Bewegung in der Ablehnung von Absolutismus, Adelsprivilegierung und obrigkeitsstaatlicher Reglementierung. Aber das Neue, das aus der Revolution hervorgehen sollte, blieb umstritten. Das Volk sollte souverän(er) sein, aber in welcher Form? Sollten die Kronen mit „demokratischem Öl gesalbt" werden? Oder sollten sie im Sinne der Republik ganz abgeschafft werden?

Auf der einen Seite stand im deutschen Südwesten die bürgerlich-liberale Mehrheit der „Konstitutionellen". Ihre führenden Persönlichkeiten – Friedrich Bassermann und Karl Mathy – beabsichtigten die Beseitigung des monarchischen Absolutismus und des „Systems Metternich" sowie die Lösung der nationalen Frage.

Auf der anderen Seite neigte eine Minderheit zum demokratischen Radikalismus. Dessen Anhänger nannten sich die „Entschiedenen". Das Konzept der sozialen, demokratischen Republik wurde von den Mannheimer Rechtsanwälten Friedrich Hecker und Gustav Struve personifiziert. Sie setzten auf ein Bündnis von Bürgern und Arbeitern beziehungsweise unterbürgerlichen Schichten. Ihre revolutionären Versuche, eine „Deutsche Republik" zu etablieren (durch den populären Hecker im April 1848 in Konstanz beziehungsweise durch

M 3 **Wie soll die neue Freiheit aussehen?**
Satire auf den Streit zwischen Republikanern und konstitutionellen Monarchisten von 1848

Volkswille.

„Un e Republik will ich hawe, und wenn's mei Läwe gilt!"
„Un e Kaiser will ich hawe, un wenn's mein Kopp kost!"

Struve im September 1848 in Lörrach) scheiterten. Es fehlte ihnen die Unterstützung durch die Bevölkerung.

Parallel dazu fand das Streben nach Einheit seinen Ausdruck in den Wahlen zu einer verfassunggebenden Nationalversammlung, die sich am 18. Mai 1848 in der Frankfurter Paulskirche konstituierte.

Konterrevolution

Im Herbst 1848 zeichnete sich eine Machtverlagerung zu Gunsten der fürstlichen Gewalten ab. Die konservativen Kräfte, die monatelang erstarrt schienen, besannen sich darauf, dass die Stützen der Macht – insbesondere das Militär – weiterhin der Weisung durch die Fürsten unterstellt waren. Zunächst siegte die Konterrevolution in Österreich.

Vor dem Hintergrund einer möglichen Abspaltung Ungarns vom Kaiserreich fanden dynastische und militärische Interessen zueinander. Konservative Kräfte waren entschlossen, Österreich als Vielvölkerstaat zu erhalten und ein Aufgehen des Landes in einem deutschen Reich zu verhindern. Nach einer Revolte in Wien verließ der kaiserliche Hof die Stadt und organisierte vom böhmischen Olmütz aus die gewaltsame Rückeroberung. Der Angriff der kaiserlichen Truppen erfolgte am 28. Oktober. Nach vier Tagen des Kampfes musste sich das revolutionäre Wien den Truppen des Feldmarschalls Windischgrätz ergeben (31. Oktober 1848). Den folgenden Hinrichtungen fiel auch das Mitglied der Frankfurter Nationalversammlung, Robert Blum, zum Opfer.

In Berlin marschierten die Truppen des Generals von Wrangel ein und entwaffneten, ohne auf Widerstand zu stoßen, die Bürgerwehren (10. November 1848). Kurze Zeit danach – am 5. Dezember – löste König Friedrich Wilhelm IV. die preußische Nationalversammlung auf. Gleichzeitig erließ er eine so genannte oktroyierte (aufgezwungene) Verfassung. Diese Verfassung sah ein nach dem Dreiklassenwahlrecht gewähltes Abgeordnetenhaus vor und blieb in einer revidierten Fassung bis 1918 in Preußen in Kraft.

In Anbetracht des Aufkommens einer radikaldemokratischen, teilweise sozialistisch ausgerichteten Bewegung, die auch eine Veränderung der Eigentumsordnung anstrebte, erschien einer großen Mehrheit des liberalen Bürgertums der Kompromiss mit den Fürsten und der Adelsgesellschaft angezeigt. Das sollte den weiteren Verlauf der Revolution mitbestimmen.

Robert Blum (1807–1848)
Wortführer der Linksliberalen und Verfechter der Volkssouveränität im Frankfurter Parlament, wurde nach dem Sieg der Gegenrevolution in Wien standrechtlich erschossen, Ölportrait von August Hunger, um 1845.

Chronologie 1848

22.–24. Februar	Revolution in Paris
13.–15. März	Revolution in Wien; Rücktritt des österreichischen Staatskanzlers Metternich
18./19. März	Revolution in Berlin
31. März–3. April	Vorparlament in Frankfurt/M.
12. April	Hecker ruft in Konstanz die Republik aus.
18. Mai	Eröffnung der Nationalversammlung in Frankfurt/M.
21. September	Struve proklamiert die Deutsche Republik in Lörrach.
6. Oktober	Volksaufstand in Wien
31. Oktober	Eroberung Wiens durch kaiserliche Truppen
9. November	Der Paulskirchen-Abgeordnete R. Blum wird in Wien erschossen.
10. November	Der preußische General von Wrangel besetzt Berlin.
5. Dezember	Friedrich Wilhelm IV. löst die preußische Nationalversammlung auf.

M 4 Der deutsche Michel ist aufgewacht

Die Bildunterschrift lautet: Wie der deutsche Michel die Nachtmütze wegwirft und sich vornimmt, ins Freie zu gehen!!!

Der deutsche Michel ist aufgewacht. Der gallische
5 Hahn, der auf seinem Kopfkissen steht, hat ihn geweckt. Es ist höchste Zeit, sonst verschläft Michel auch diese günstige Gelegenheit! Weg mit der Nachtmütze, die Sturmhaube aufgesetzt, und schnell die Stiefel an! Die Keule steht am Kopfende
10 des Bettes bereit. Gleich geht es hinaus ins Freie, und dann wird aufgeräumt mit den draußen unter dem Eindruck der Pariser Revolutionsnachricht zittern-den und zeternden Herrschaften, dem Pastor, dem Fürstendiener, den beiden Bürgern und selbst dem
15 Bürgergardisten. Gegen den jugendlich-kraftvollen Michel mit seiner Keule haben weder die Vertreter der alten Strukturen noch das Besitzbürgertum eine Chance, sie alle sind vom Schreck gelähmt.

F. X. Vollmer, Der Traum von der Freiheit, Stuttgart 1983, S. 34.

M 5 Die Mannheimer Petition

Der folgende Forderungskatalog wurde von einer Mannheimer Volksversammlung am 27. Februar 1848 verabschiedet und als Petition an die Zweite Kammer des badischen Landtags gerichtet:

Hohe zweite Kammer
Petition vieler Bürger und Einwohner der Stadt Mannheim, betreffend die endliche Erfüllung der gerechten Forderungen des Volkes.
5 Eine ungeheure Revolution hat Frankreich umge-staltet. Vielleicht in wenigen Tagen stehen franzö-

sische Heere an unseren Grenzmar-
ken, während Russland die seinen im Norden zusammenzieht. Ein Gedanke durchzuckt Europa. Das alte 10
System wankt und zerfällt in Trüm-
mer. Aller Orten haben die Völker mit kräftiger Hand die Rechte sich selbst genommen, welche ihre Machthaber ihnen vorenthielten. Deutschland 15
darf nicht länger zusehen, wie es mit Füßen getreten wird. Das deutsche Volk hat das Recht zu verlangen: Wohlstand, Bildung und Freiheit für alle Klassen der Gesellschaft, ohne Un- 20
terschied der Geburt und des Standes. Die Zeit ist vorüber, die Mittel zu die-sen Zwecken lange zu beraten. Was das Volk will, hat es durch seine gesetzlichen Vertreter, durch die 25
Presse und durch Petitionen deutlich genug ausgesprochen. Aus der großen Zahl von Maßregeln, durch deren Ergreifen allein das deut-sche Volk gerettet werden kann, heben wir hervor:
1. Volksbewaffnung mit freier Wahl der Offiziere. 30
2. Unbedingte Pressfreiheit.
3. Schwurgerichte nach dem Vorbilde Englands.
4. Sofortige Herstellung eines deutschen
   Parlaments.
Diese vier Forderungen sind so dringend, dass mit 35
deren Erfüllung nicht länger gezögert werden kann und darf.
Vertreter des Volkes! Wir verlangen von Euch, dass Ihr diese Forderungen zu ungesäumter Erfüllung bringet. Wir stehen für dieselben mit Gut und Blut 40
ein und mit uns, davon sind wir durchdrungen, das ganze deutsche Volk.
Mannheim, den 27. Februar 1848.

Nach: Arbeitskreis der Archive im Rhein-Neckar-Dreieck (Hg.), Der Rhein-Neckar-Raum und die Revolution von 1848/49, Ubstadt – Weiher 1998, S. 11.

M 6 Gaildorfer Erklärung

Die Erklärung im württembergischen Gaildorf wurde vom dortigen Glasfabrikanten Gottlieb Rau verfasst. Gleichwohl spiegeln sich in ihr auch die ländlichen Bedürfnisse (12. März 1848):

Die am 12. März zu Gaildorf abgehaltene Volks-versammlung berathet und nimmt an folgende Erklärung, deren Verbreitung zugleich beschlossen wird:
Wir schließen uns dem, allerwärts in Deutschland 5
sich erhebenden Streben nach deutscher Einheit von ganzem Herzen an. Wir erblicken in dem für

unser Land jetzt bestehenden Ministerium Römer, Pfizer etc. [württembergische Regierung] die
10 Garantie für das Eingehen der Staatsregierung auf eine neue volksthümliche Bahn, die Garantie für Wahrung und Ausbildung der materiellen, geistigen und politischen Rechte des Volkes. [...]
Noch Ein Fehljahr, und der Jammer von Irland, Flan-
15 dern, Schlesien und Galizien [Regionen, in denen Hungersnöte herrschten] bricht unaufhaltsam auch über uns herein mit all seiner haarsträubenden Grässlichkeit. Wir weisen einfach hin auf die Vorboten solcher Zeiten, die in erschreckendem Maaß
20 wachsende Zahl der Gantfälle [Konkurse] von Woche zu Woche, wir machen aufmerksam auf die gänzliche Stockung in Gewerben und Handel, die uns bei der Ungunst unserer geografischen Lage noch viel härter drücken wird als andere Völker, wir
25 erinnern an die Größe des Geldmangels, an die Möglichkeit einer abermaligen Misserndte des Hauptnahrungsmittels unseres Volkes, der Kartoffel-Pflanze, wir machen aufmerksam auf die Möglichkeit eines europäischen Völkerkampfs, und fra-
30 gen einfach: ist es denkbar, diesen furchtbar wachsenden Größen von Noth, Elend und Gefahr erfolgreich mit Pressfreiheit, Schwurgerichten, Volksbewaffnung, deutschem Parlament und ähnlichen Maaßregeln allein entgegenzutreten? [...]
35 Mit innerster Überzeugung sagen wir: Nein! – Jene großen Verbesserungen allein sind nicht im Stande, den tiefen Krebsschaden der geistigen und materiellen Verkümmerung des Volks aus dem Staatskörper herauszutreiben, er hat zu tief gefressen, es ist
40 zu spät! [...]
In Ansehung des ersten Grundpfeilers der Existenz unseres Volks, des Ackerbaues, halten wir es für ein Gebot der Wahrheit, der Ehre und der Religion, auszusprechen: alle Grund- und Feudallasten, alle
45 Zehenten und Gefälle [an den Boden gebundene Abgabe], sie mögen Namen haben, welche sie wollen, müssen an Einem Tage ohne Entschädigung fallen! [...]
Anlangend das andere große Leiden des Volks an
50 seinem Grundpfeiler, den Gewerben, so glauben wir im Anblick der traurigen Verwahrlosung derselben zu dem Ausruf uns berechtigt und verpflichtet: der Staat, die Gesammtheit, das ganze Volk muss ins Mittel treten.
55 Die Ansicht, dass die Regierung für das Wohl des Ganzen, also für jeden Einzelnen zu sorgen habe, ist in dem Höchsten, was wir haben, in der Religion begründet. [...] Es ist deshalb eine furchtbare Verirrung, wenn man von Communismus spricht, da,
60 wo die ärmeren Klassen Sicherung der Arbeit und

einen zum nothdürftigen Leben hinreichenden Lohn ansprechen. [...] Das sind Staats-Aufgaben, deren Dasein und Wichtigkeit Jeder mit Händen greifen kann, und deren Erfüllung oder Nicht-Erfül-
65 lung das Wohl oder Wehe des Allgemeinen und des Einzelnen enthält. [...]
Wir kennen keine Unmöglichkeit, da, wo es sich um die Rettung von hunderttausenden handelt. Eine große bisher geschonte Quelle kann für den Staat
70 durch eine gerechte Einkommenssteuer eröffnet werden. [...]
Keiner soll hinfort mehr an Leib und Seele verkümmern, denn Jeder, auch der Geringsten Einer, ist Gottes Ebenbild. Wir schließen mit den Worten:
75 Wahrheit, Bildung, Bruderliebe.
(Folgen 738 Unterschriften, denen sich noch etwa 1500 vom Bezirk Gaildorf anreihen werden.)

Zit. nach: J. Cramer u. a., Das Königreich Württemberg zwischen Restauration und Revolution, Stuttgart 1983, M 74.

M 7 Die Märzrevolution in Wien

Der sächsische Diplomat Vitzthum von Eckstädt beobachtete die Geschehnisse vom 13. März 1848. Aus einem Brief an seine Mutter:

Montag, 13. März

8 Uhr. — Großer Zug der Studenten nach dem Ständehaus. Massen wohlgekleideter Menschen wogen in den Straßen.
10 Uhr. — Die Stände begeben sich in das Landhaus, 5 zahlreicher denn je. Das Handbillet wird als ungenügend verworfen, ein Petitionsantrag aufgesetzt. Studentendeputation von zwölf Mitgliedern zerreißt Handbillet und Petition der Stände.
11 Uhr. — Die Masse der Studenten im Hofe ver- 10 sammelt, durch Redner angefeuert, dringt in den Sitzungssaal. Diese Sitzung wird aufgehoben. Wünsche des Volkes: 1. Pressfreiheit, 2. Lehrfreiheit, 3. Assoziationsrecht [Vereinigungsfreiheit], 4. allgemeine Stände, verantwortliche Minister, 5. Öffent- 15 lichkeit, Mündlichkeit, Schwurgerichte.
12 Uhr. — Großer Zug. Montecuccoli [Vorsitzender der Landstände] an der Spitze der Studenten zieht in die Burg mit der ständischen Deputation. Zugleich gewinnt eine Bürgerdeputation Zutritt in 20 die Burg. Unterdessen nehmen die Straßen ein bedrohliches Aussehen an. Volksredner gruppieren das Volk um sich. Die Läden sind teilweise geschlossen: Graben, Herrengasse, Schauflergasse. Vier Bataillone stehen an den Türen der Burg. Kanonen 25 werden aufgefahren und geladen. Die Staatskanzlei mit Truppen umgeben. Der Schrei „Nieder Metternich!" wird allgemein und Losungswort.

M 8 Barrikadenkampf auf dem Berliner Alexanderplatz
in der Nacht vom 18. zum 19. März 1848, zeitgenössische Lithographie von Anton Klaus

1 Uhr. — Truppenbewegung auf der Freiung und
30 dem Michaeler-Platz. Alle Läden schließen sich. Die
Tore der Stadt werden für die Wagen geschlossen,
niemand hereingelassen. Die Bewegung greift um
sich. Endlich wird ein ungarisches Bataillon, nach
der Herrengasse geschickt, von Studenten und Volk
35 angegriffen. Ein Haufen zieht vor die Staatskanzlei
und verlangt Fürst Metternichs Entlassung. Ein
anderer dringt in das Landhaus und zerbricht dort
Fenster und Mobilien. [...]

3 Uhr. — Keine Nachricht von der Deputation. Rat-
40 losigkeit in der Burg und in der Staatskanzlei. Die
Erzherzoge Albrecht und Wilhelm durchschreiten
die Straßen. Die Bewegung wird allgemein. Bajo-
nett-Attacken. Mehrere Opfer. Man spricht von fünfzig Toten.

45 4 Uhr. — Man sagt, die Nachricht vom Empfang der
Deputation solle um fünf Uhr kommen. Der
Straßenkampf entbrennt heftiger. Die in den
Judenplatz einmündenden Straßen in der Nähe des
Zeughauses werden mit Barrikaden versehen. Das
50 Volk wird zurückgeworfen. Das Zeughaus gerettet.
Schotten- und Stubentor werden von den Vorstäd-
tern erstürmt.

5 Uhr. — Die Bürgergarde schlägt Alarm und greift
zu den Waffen. Eine Deputation von zehn Offizie-

ren begibt sich nach der Burg. Es kommt eine Art 55
von Waffenstillstand zu Stande. Die Bürgeroffi-
ziere verlangen 1. sofortige Entfernung des Militärs
aus der Stadt, 2. Bewaffnung der Studenten,
3. Rücktritt des Fürsten Metternich, und zwar, was
Punkt zwei und drei betrifft, bis abends neun Uhr. 60
Sie übernehmen dafür, die Ruhe der Stadt zu garantieren, mit der Drohung, dass wenn die Punkte 2
und 3 bis neun Uhr nicht gewährt werden, die Bürgergarde sich an die Spitze der Bewegung stellen
würde. Beratung in der Burg; Stände und Bürger 65
nehmen daran teil. Der Polizeiminister Sedlnitzky
vollkommen paralysiert.

6 Uhr. — In den Straßen Pöbelexzesse [Ausschrei-
tungen]. Die Schilderhäuser werden zertrümmert.
Die Fenster werden erleuchtet, die nicht erleuchteten 70
zerschlagen. Patrouillen von Bürgergarden und Studenten durchziehen die Straßen. Graben, Kohlmarkt
und Michaeler-Platz sind besonders gedrängt.

7 Uhr. — Das Polizeigebäude am Hof von einem
Insurgentenhaufen [Aufständische] bedroht. Drei 75
Polizeisoldaten schießen aus den Fenstern. Drei
Bürgergardisten fallen. Große Erbitterung. Exzesse
in den Vorstädten.

8 Uhr. — Der Pöbel durchzieht in dichten Massen die
Straßen. In den Vorstädten werden die kaiserlichen 80

96

Marstallgebäude angegriffen und von den ungarischen Grenadieren verteidigt. Großes Gemetzel. In der Burg fortdauernde Ratlosigkeit. Man will sich zu keinen Konzessionen verstehen.

85 9 Uhr. — Erzherzog Johann macht darauf aufmerksam, dass man nur noch eine halbe Stunde habe. Der Rücktritt des Fürsten Metternich beschlossen. Graf Breuner und Erzherzog Johann übernehmen es, ihm die Eröffnung zu machen.

90 Fürst Metternich gibt seine Entlassung [bekannt]. 9 Uhr. — Die Kunde durchläuft die Straßen. Einzelne Patrouillen sagen sie in jedem Hause förmlich an.

Zit. nach: W. Lautemann, M. Schlenke (Hg.), Geschichte in Quellen, Das bürgerliche Zeitalter 1815–1914, München 1980, S. 157 f.

M 9 Flugblatt Friedrich Heckers

Hecker, Anführer der republikanischen Linken in Baden und Mitglied des Vorparlaments, war nach seinem gescheiterten Aufstandsversuch vom April 1848 in die Schweiz geflohen, von wo er diesen Appell Anfang Juni an die Frankfurter Nationalversammlung richtete. Er wanderte im September 1848 in die Vereinigten Staaten aus:

Und ihr in Frankfurt Versammelten, wisst ihr, fasst ihr die Hoheit und Allmacht des Ausdrucks, der euch gebietet, im Namen des souveränen Volkes aufzutreten? Wisst ihr, was es heißt, der Vertreter von Fünf- 5 zigtausend zu sein? Begreift ihr, was es heißt, im Namen des souveränen, des mächtigen, unverantwortlichen, gewaltigen Volkes von vierzig Millionen! zu sprechen und in seinem Namen kraft aller der in ihm liegenden Kraftfülle, Hoheit, Tapferkeit und Energie handeln zu sollen? Volksrepräsentanten, 10 begreift ihr, dass ein Volk nicht zu unterhandeln braucht, wo es handeln muss? Volksrepräsentanten zu Frankfurt a. M., zerreißt das Papier der Unterhandlung mit der Monarchie und werdet selbst die lebendige Volkstat! Rufet dem Volke, das euch 15 gesendet hat, zu: Hannibal steht vor den Toren! ruft ihm zu, dass es gilt: ein Volk oder Knecht. Erhebt euch, Bürgerrepräsentanten, zu dem Stolz und der Vollkraft, die in jedem wohnen muss, der reden und handeln soll für Fünfzigtausende, für 20 vierzig Millionen! Sprecht es aus, das große Wort: Deutsche Republik, deutscher Volksstaat! […]

Zit. nach: W. Grab (Hg.), Die Revolution von 1848/49, München 1980, S. 120.

M10 „Verfassungspillen"

Die absoluten Könige werden gezwungen, die bittere Pille der Verfassung zu schlucken, französische Karikatur vom 24. März 1848.
Von links nach rechts erkennt man: Ferdinand I. von Österreich, Ernst August II. von Hannover, Friedrich August II. von Sachsen und Friedrich Wilhelm IV. von Preußen.

Aufgaben

1. Fassen Sie die Bedeutung der Revolution von 1848/49 zusammen, die sie im Kontext der deutschen Geschichte besitzt.
   → Text

2. Analysieren Sie die Ursachen, die für den Ausbruch der Revolution maßgeblich waren.
   → Text, M6

3. Stellen Sie die Forderungen dar, die im Einzelnen erhoben wurden. Welche gesellschaftlichen Gruppen standen hinter ihnen? Inwiefern lässt sich von einer Spaltung der revolutionären Bewegung sprechen?
   → Text, M2, M3, M5, M6, M9

4. Erläutern Sie, wie die herrschenden Gewalten auf die Revolution reagierten.
   → Text, M7, M8, M10

4.2 Frankfurter Nationalversammlung und das Scheitern der Revolution

Anfang März 1848 versammelten sich 51 liberale Wortführer aus süd- und südwestdeutschen Ländern in Heidelberg (5.3.1848), um die einzelnen Länderregierungen aufzufordern, Wahlen zu einer verfassunggebenden Nationalversammlung auszuschreiben. Dieses unmittelbar aus der revolutionären Bewegung entstandene Vorparlament trat in Frankfurt zusammen (30.3.1848). Es beschloss Empfehlungen für die künftige deutsche Verfassung und legte das Wahlrecht (allgemein und unmittelbar) fest, wobei die Durchführung den einzelnen deutschen Ländern überlassen blieb.

Anfang Mai 1848 fanden die Wahlen zur Nationalversammlung nach dem Prinzip der Mehrheitswahl statt. Das Wahlrecht (nur für Männer) war allgemein und gleich, wobei der Gleichheitsgrundsatz an die Voraussetzung der Selbstständigkeit geknüpft war, was von Land zu Land unterschiedlich ausgelegt wurde. Als Voraussetzung für das Wahlrecht galten zum Beispiel Einkommen, Vermögen und Bildungsstand. In den meisten Ländern wurde nur indirekt über Wahlmänner gewählt. Da es noch keine politischen Parteien gab, stellten Wahlkomitees oder örtliche Honoratioren die Kandidaten auf.

Am 18. Mai 1848 wurde die Nationalversammlung in der Paulskirche zu Frankfurt eröffnet.

Hier hatte sich eine bürgerliche Elite versammelt, die durch Besitz und Bildung ausgezeichnet war. Die beiden Hauptaufgaben der Nationalversammlung bestanden darin, die Einzelstaatlichkeit zu überwinden, das heißt eine zentrale Regierungsgewalt einzusetzen, sowie eine gesamtdeutsche Verfassung auszuarbeiten.

Verfassung

Eine moderne Verfassung spiegelt die Grundwerte und Grundrechte einer Gesellschaft wider. Sie regelt außerdem die Arbeitsweise und das Zusammenwirken der Staatsorgane. Verfassungsfragen sind Machtfragen, bei denen es Verlierer und Gewinner gibt. Eine deutsche Zentralgewalt hätte in jedem Fall die teilweise Entmachtung der einzelstaatlichen Regierungen bedeutet. Auch so wird der Widerstand verständlich, auf den die Forderung nach einer Verfassung traf. Der Kampf um Verfassungen stand im Mittelpunkt der innergesellschaftlichen Konflikte in fast allen europäischen Staaten des 19. Jahrhunderts. Das Bürgertum verlangte die Begrenzung der Staatsgewalt und deren Kontrolle. Der Schutz vor Übergriffen durch eine spät-absolutistische Staatsgewalt war ein Motiv des Bürgertums, ein anderes die Teilnahme an der staatlichen Willensbildung. Selbstherrliche Machtausübung wurde nicht länger akzeptiert. Die moderne Staatsgewalt bedarf der Legitimation durch die Zustimmung der Betroffenen. Und diese sollte verfassungsgemäß durch freie Wahlen gegeben werden.

Die Abgeordneten wählten den liberalen hessischen „Märzminister" Heinrich von Gagern zum Präsidenten und beriefen den österreichischen Erzherzog Johann zum „Reichsverweser", das heißt zum provisorischen Inhaber der Zentralgewalt. Tatsächlich erwies sich die neue Reichsregierung als machtlos, weil insbesondere die Großmächte nicht bereit waren, sich ihr zu unterwerfen.

Parteienbildung

Den meisten Abgeordneten fehlte es an parlamentarischer Erfahrung. Oft wurden die Beratungen und Beschlüsse durch hunderte von Wortmeldungen und eine Flut von Anträgen blockiert. Erst allmählich, gefördert durch die parlamentarische Arbeit, schlossen sich die Abgeordneten mit ähnlicher Gesinnung zu festeren Gruppen zusammen. Zwar herrschte eine starke Fluktuation, aber mit der Zeit schälten sich Fraktionen heraus, die – in Ermangelung von Parteinamen – sich nach den Lokalen nannten, in denen sie sich zu treffen pflegten. 1848 ist das Geburtsjahr der Parteien in Deutschland.

M 1

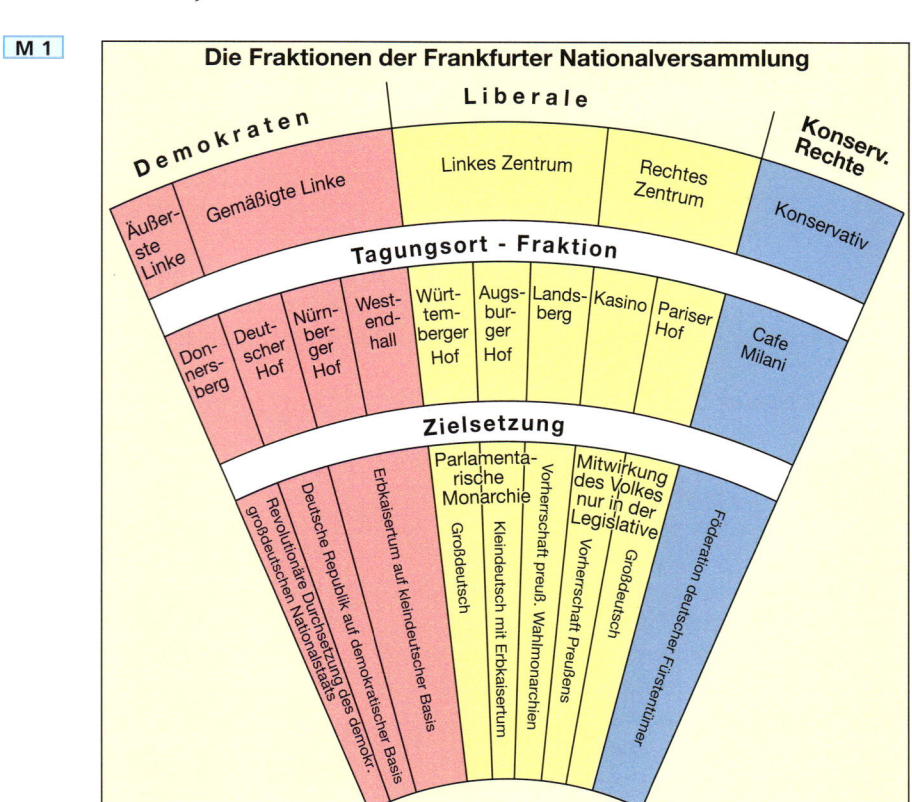

Die Fraktionen der Frankfurter Nationalversammlung

Die Mehrheit der Paulskirchenversammlung war konstitutionell-monarchisch eingestellt, das heißt man sprach sich für die Beibehaltung des Monarchen als formellen Träger der Staatsgewalt aus. Der Monarch sollte aber in der Machtausübung an die Verfassung und an die ihm gegenüber verantwortlichen Minister gebunden sein. Weitere Forderungen lauteten: Gewaltenteilung mit einer mehr oder weniger starken Zentralgewalt und Wahrung der Grundrechte. Die Anhänger der parlamentarischen Monarchie akzentuierten die Volkssouveränität und rückten die Volksvertretung ins Zentrum der Staatsgewalt. Die Regierung bedürfte des Vertrauens des Parlaments. Der Fürst hatte demzufolge nur noch ein formelles Ernennungsrecht. Die radikale demokratische Linke orientierte sich an der republikanischen Staatsform und verband diese mit sozialen Forderungen. Ungefähr 15 Prozent der Abgeordneten zählten sich zu dieser Richtung. Die liberalkonservative Rechte der Nationalversammlung betonte vor allem die Rechte der Einzelstaaten im Rahmen der neu zu schaffenden Einheit (etwa zehn Prozent der Abgeordneten).

Probleme und Widerstände

Die Errichtung eines deutschen Nationalstaates stieß auf enorme Hindernisse und Schwierigkeiten:

- Welches Gebiet sollte der neue deutsche Staat umfassen? Insbesondere der Konflikt, der mit dem Etikett „großdeutsch oder kleindeutsch?" versehen wurde, erwies sich als kaum zu bewältigen. Österreich forderte, mit dem gesamten Staatsverband in das Reich einzutreten. Weil dazu auch die nichtdeutsche Bevölkerung gehörte, hätte das aber eine schwerwiegende Verletzung des Nationalitätsprinzips bedeutet. Die Sprengkraft der Nationalitätenfrage zeigte sich bereits darin, dass preußische Polen und österreichische Tschechen und Slowenen die deutsche Nationalversammlung boykottierten.
- Wem sollte die Führungsrolle im neuen deutschen Staat zukommen? Der traditionellen Vormacht des Deutschen Bundes – Österreich – oder dem aufstrebenden Preußen?
- Auch die Staatsform blieb umstritten: Erbmonarchie, Wahlmonarchie oder Republik?
- Würden die deutschen Fürsten ihre Entmachtung ohne Widerstand hinnehmen? Würden sie die Befehlsgewalt über das Militär an die neue Reichsgewalt abtreten?

M 2 **Die Geburt Deutschlands**
Germania wird vom Erzherzog Johann entbunden. Geburtshelfer Heinrich von Gagern, Präsident der Frankfurter Nationalversammlung, übergibt das Neugeborene dem erzkonservativen österreichischen Abgeordneten Fürst Lichnowsky. Preußen ermuntert Germania mit einem Riechfläschchen. Der deutsche Michel als Vater hatte sich eine Tochter, die Republik, gewünscht; Friedrich Hecker, rechts außen, als Demokrat mit Vollbart, ballt die Faust.

Text nach: Historisches Museum Hannover, Biedermeier und Revolution – Hannover 1848, Hannover 1998, S. 98.

Die Bedeutung der Militärfrage war der Nationalversammlung im September 1848 bewusst geworden, als ein Konflikt mit Dänemark, in dem es um die Einverleibung Schleswigs in den dänischen Staatsverband ging, mit dem Waffenstillstand von Malmö endete, was einer Niederlage gleichkam. Preußen hatte seine Truppen auf internationalen Druck hin zurückziehen müssen. Der Protest der Paulskirche blieb wirkungslos, und die neue Zentralgewalt macht die schmerzhafte Erfahrung, über keine eigenen Machtmittel zu verfügen.

Scheitern

Die im März 1849 verabschiedete Verfassung wurde von 28 Staaten anerkannt, aber die alles entscheidenden Großmächte verweigerten ihre Zustimmung. Vor allem in Wien, Berlin, München und Hannover widersetzte man sich der Vereidigung des Militärs auf die neue Verfassung. Eine relative Mehrheit der Nationalversammlung entschied sich zugunsten der kleindeutschen Lösung mit dem preußischen König als neuem Kaiser. Friedrich Wilhelm IV. lehnte aber die ihm angetragene Kaiserkrone ab, an der „der Ludergeruch der Revolution" hinge. Nach der Abberufung der preußischen und österreichischen Abgeordneten zog sich der linke Flügel der Paulskirchenversammlung, überwiegend Anhänger der Republik, nach Stuttgart zurück. Sie bildeten dort vorübergehend das so genannte Rumpfparlament, das am 18. Juni 1849 auf preußischen Druck hin aufgelöst wurde.

Im österreichischen Staat wurden die revolutionären Ungarn mit tatkräftiger Hilfe durch den russischen Zaren Nikolaus I. im Juni 1849 besiegt.

Den Schlusspunkt der revolutionären Ereignisse 1848/49 setzten die Aufstände in Sachsen, in der bayerischen Pfalz und in Baden. Insbesondere in Baden nahmen die Handlungen dramatische Formen an, weil große Teile des badischen Militärs meuterten, um sich mit den Revolutionskämpfern zu verbünden. Auf Ersuchen der großherzoglichen Regierung intervenierten preußische Truppen und warfen in wochenlangen Kämpfen den Aufstand nieder. Am 23. Juli 1849 endete dieses letzte Kapitel der Revolution mit der Kapitulation der in der Festung Rastatt eingeschlossenen Aufständischen. Im Anschluss daran wurden 50 Freiheitskämpfer erschossen und einige hundert mit Kerkerstrafen belegt. Vielen war zuvor die Flucht in die nahe Schweiz gelungen.

Wegen dieser Ereignisse hat der damalige Bundespräsident Gustav Heinemann 1974 im Rastatter Schloss die „Erinnerungsstätte für die Freiheitsbewegungen in der deutschen Geschichte" einrichten lassen.

Die Revolution von 1848 scheiterte letztlich an ihrer fehlenden Machtbasis und der Entschlossenheit der preußischen und österreichischen Führung, ihre Machtmittel – das Militär – nicht einer neuen Zentralgewalt zu unterstellen. Die beiden Großmächte, auf die es ankam, waren seit dem Spätherbst 1848 entschlossen gewesen, die März-Bewegung nicht länger gewähren zu lassen. Auch das konterrevolutionäre Einwirken Russlands spielte – insbesondere bei der Niederschlagung des ungarischen Aufstands – eine wichtige Rolle.

Die Spaltung der revolutionären Bewegung in Liberale und Demokraten, Monarchisten und Republikaner, Großdeutsche und Kleindeutsche verhinderte ein zügiges und entschlossenes Handeln. Die große liberale Mehrheit der Achtundvierziger schreckte vor Gewaltanwendung zurück. Ihr Ziel bestand letztlich darin, auf friedlichem Weg eine Reformierung der Gesellschaft im bürgerlichen Sinne zu erreichen. Sie arrangierte sich mit Adelsmacht und Krone.

Der polnische General Ludwik Mieroslawski (1814–1878) kämpfte in der preußischen Provinz Posen für die polnische Unabhängigkeit. 1849 führte er die Revolutionstruppen in Baden, Holzstich, Juni 1849.

Chronologie 1849

28. März	Verabschiedung der Reichsverfassung durch die Frankfurter Nationalversammlung
3. April	Der preußische König lehnt die ihm angetragene Kaiserkrone ab.
4.–9. Mai	Sächsischer Aufstand
11. Mai	Beginn des Aufstands in Baden
18. Juni	Auflösung des so genannten Rumpfparlaments in Stuttgart
23. Juli	Kapitulation der letzten aufständischen Truppen in Rastatt

M 3 Das „Innenleben" der Paulskirche

Fotografisch genau zeigt eine zeitgenössische Lithographie das Innenleben des Paulskirchenparlamentes dieser Tage: Unter der mit grünem Tuch verhüllten Orgel, einem romantisch-naiven Gemälde
5 der „Germania" und einem doppelköpfigen Reichsadler sitzt das Präsidium der Versammlung. Dahinter, von einem Säulenrund abgetrennt, sind Plätze für die Journaille [Journalisten], das Diplomatische Corps, und – voneinander getrennt – für die Damen
10 und Herren der gehobenen Schichten reserviert. Die Logenplätze nimmt das gemeine Volk ein; auf der in halb-
15 ber Höhe umlaufenden Galerie haben über 2000 Schaulustige die gerade 1200 Plätze besetzt. Vor dem erhöhten
20 Präsidiumstisch ragt, etwas niedriger, das kanzelähnliche Rednerpult auf. Zu Füßen der Redner hat man schlichte
25 Tische gestellt, an denen seitlich Sekretäre, vorn die Stenografen ihrer

aufreibenden Arbeit nachgehen: Ihre Protokolle werden später fünfzehn dickleibige Bände füllen. Davor, halbkreisförmig angeordnet, die fünfzehn 30 Bankreihen der Parlamentarier selbst; die Sitzordnung prägt die politische Sprachregelung: Von nun an wird in deutschen Parlamenten von „der Rechten", „der Mitte" (oder auch „dem Zentrum") und von „der Linken" die Rede sein. 35

B. Eichmann, Einigkeit! Und Recht! Und Freiheit?, Das Parlament, Nr. 10/1991.

M 4

Berufsgruppen der Frankfurter Nationalversammlung

Anzahl				
Intelligenzberufe 357	**Beamte und im Staatsdienst Tätige 312**			
Sonstige Akademiker	Höhere Verwaltungsbeamte			
Professoren und Lehrer				
Rechtsanwälte	Rechts- und Staatsanwälte	**Unternehmerische Berufe 100**		
Geistliche	Mittlere Beamte	Gutsbesitzer Bauern	**Sonstige Berufe 45**	
Ärzte	Bürgermeister	Kaufleute		
Schriftsteller	Offiziere	Fabrikanten		
Verleger Buchhändler Bibliothekare	Diplomaten	Handwerker		

929 G

Die Grundrechte des deutschen Volkes

Die von der Frankfurter Nationalversammlung verabschiedete Verfassung war die erste in Deutschland, die einen Grundrechtskatalog enthielt:

§ 130 Dem deutschen Volke sollen die nachstehenden Grundrechte gewährleistet sein. Sie sollen den Verfassungen der deutschen Einzelstaaten zur Norm dienen, und keine Verfassung oder Gesetz-
5 gebung eines deutschen Einzelstaates soll dieselben je aufheben oder beschränken können.

§ 133 Jeder Deutsche hat das Recht, an jedem Orte des Reichsgebiets seinen Aufenthalt und Wohnsitz zu nehmen, Liegenschaften jeder Art zu
10 erwerben und darüber zu verfügen, jeden Nahrungszweig zu betreiben, das Gemeindebürgerrecht zu gewinnen. [...]

§ 137 Vor dem Gesetz gilt kein Unterschied der Stände. Der Adel als Stand ist aufgehoben. [...]
15 Die öffentlichen Ämter sind für alle Befähigten gleich zugänglich.

Die Wehrpflicht ist für alle gleich; Stellvertretung bei derselben findet nicht statt.

§ 138 Die Freiheit der Person ist unverletzlich. [...]
20 Die Polizeibehörde muss jeden, den sie in Verwahrung genommen hat, im Laufe des folgenden Tages entweder frei lassen oder der richterlichen Behörde übergeben. [...]

§ 140 Die Wohnung ist unverletzlich. [...]
25 § 143 Jeder Deutsche hat das Recht, durch Wort, Schrift, Druck und bildliche Darstellung seine Meinung frei zu äußern.

§ 144 Jeder Deutsche hat volle Glaubens- und Gewissensfreiheit. [...]

§ 152 Die Wissenschaft und ihre Lehre ist frei. 30

§ 153 Das Unterrichts- und Erziehungswesen steht unter der Oberaufsicht des Staates und ist, abgesehen vom Religionsunterricht, der Beaufsichtigung der Geistlichkeit als solcher enthoben. [...]

§ 158 Es steht einem jeden frei, seinen Beruf zu 35 wählen und sich für denselben auszubilden, wie und wo er will.

§ 159 Jeder Deutsche hat das Recht, sich mit Bitten und Beschwerden schriftlich an die Behörden, an die Volksvertretungen und an den Reichstag zu 40 wenden. [...]

§ 161 Die Deutschen haben das Recht, sich friedlich und ohne Waffen zu versammeln; einer besonderen Erlaubnis dazu bedarf es nicht.

§ 162 Die Deutschen haben das Recht, Vereine zu 45 bilden. [...]

§ 164 Das Eigentum ist unverletzlich. Eine Enteignung kann nur aus Rücksichten des gemeinen Besten, nur aufgrund eines Gesetzes und gegen gerechte Entschädigung vorgenommen werden. [...] 50

§ 174 Alle Gerichtsbarkeit geht vom Staate aus. Es sollen keine Patrimonialgerichte[1] bestehen.

§ 175 Die richterliche Gewalt wird selbstständig von den Gerichten geübt. Kabinetts- und Ministerialjustiz ist unstatthaft. Niemand darf seinem gesetz- 55 lichen Richter entzogen werden. Ausnahmegerichte sollen nie stattfinden.

1 niedere Gerichtsbarkeit der Gutsbesitzer

Nach: H. Hildebrandt, Die deutschen Verfassungen des 19. und 20. Jahrhunderts, Paderborn 1950, S. 19 ff.

Das Verfassungswerk der Frankfurter Nationalversammlung von 1849

Reichsoberhaupt
Träger der Regierungsgewalt in allen Reichsangelegenheiten
Oberbefehlshaber der Streitkräfte
Völkerrechtliche Vertretung des Reiches

Kaiser (Erbliche Monarchie) Ernennung
MINISTER
Regierung

Reichsgericht (Verfassungsgericht)

Gesetzesinitiative aufschiebendes Veto
Kontrollrechte
Auflösung des Volkshauses

Regierungen der 38 Einzelstaaten (ohne Österreich)
entsenden
auf 6 Jahre

Landtage
Wahlen

Reichstag
Staatenhaus 168 Vertreter
Gesetzgebung Budgetrecht
Volkshaus 1 Abgeordneter auf 50 000 Einw.

Allgemeine, gleiche und geheime Wahl auf 3 Jahre

Wahlberechtigte (Männer ab 25 Jahren)

Grundrechte des deutschen Volkes

Wahrung der Grundrechte · Gleichheit vor dem Gesetz · Freiheit der Person · Glaubensfreiheit · Freizügigkeit · Meinungs- u. Pressefreiheit · Eigentumsrecht · Lehrfreiheit · Koalitionsfreiheit · Postgeheimnis · Unverletzlichkeit der Wohnung · Verbot der Zwangsarbeit · Freiheit der Berufswahl

Kaiser und Reichstag sind an die Verfassung gebunden

928G

M 7 Ablehnung der Kaiserkrone

Germania fragt v. Gagern: „Wat heulst'n, kleener Hampelmann?" – „Ick habe Ihr'n Kleenen 'ne Krone geschnitzt, nu will er se nich!" Im Hintergrund König Friedrich Wilhelm IV. mit dem Berliner Bären, Karikatur von 1849.

M 8 Die Ablehnung der Kaiserkrone durch Preußen

Der preußische König scheute vor einem Konflikt mit Österreich zurück. In einem privaten Brief begründete Friedrich Wilhelm IV. die Ablehnung der Kaiserkrone (1849):

[…] Die Krone, die ein Hohenzoller nehmen dürfte, wenn die Umstände es möglich machen könnten, ist […] eine, die den Stempel Gottes trägt, die den, dem sie aufgesetzt wird nach der heiligen Oelung,
5 „von Gottes Gnaden" macht, weil und wie sie mehr denn 34 Fürsten zu Königen der Deutschen von Gottes Gnaden gemacht und den Letzten immer der alten Reihe gesellt. Die Krone, die die Ottonen, die Hohenstaufen, die Habsburger getragen, kann
10 natürlich ein Hohenzoller tragen, sie ehrt ihn überschwänglich mit tausendjährigem Glanze. Die aber, die Sie leider meinen, verunehrt überschwänglich mit ihrem Ludergeruch der Revolution von 1848, der albernsten, dümmsten, schlechtesten, wenn
15 auch, Gottlob, nicht bösesten dieses Jahrhunderts. Einen solchen imaginären Reif, aus Dreck und Letten [Lehm] gebacken, soll ein legitimer König von Gottes Gnaden und nun gar der König von Preußen sich geben lassen, der den Segen hat, wenn auch nicht
20 die älteste, doch die edelste Krone, die Niemand gestohlen worden ist, zu tragen?
Ich sage es Ihnen rund heraus: Soll die tausendjährige Krone deutscher Nation, die 42 Jahr geruht hat, wieder einmal vergeben werden, so bin ich es,
25 und meines Gleichen, die sie vergeben werden. Und wehe dem, der sich anmaßt, was ihm nicht zukommt!

Aus: L. von Ranke: Aus dem Briefwechsel Friedrich Wilhelms IV. mit Bunsen, Leipzig 1873, S. 233 f.

M 9 Frauen in der Revolution

Die Rolle von Frauen in der Revolution stellt der folgende Zeitungsartikel dar (1998):

Die Revolutionen 1848/49 in Europa waren nicht nur Männersache. „Wo sie das Volk meinen, da zählen die Frauen nicht mit", protestierte Louise Otto[1] aus Sachsen 1849 in der von ihr gegründeten Frauen-Zeitung, waren doch staatsbürgerliche 5 Rechte in den Revolutionen 1848/49 auf Männer beschränkt. Die Empörung darüber teilten Frauen europaweit: „Es wäre falsch, das Stimmrecht allgemein zu nennen, wenn von dessen Ausübung wenigstens die Hälfte der Untertanen ausgeschlos- 10 sen ist", hieß es in Wien. „Wir sind Menschen, wir haben Verstand, wir dürfen nicht so tief unter dem Manne stehen", mit dieser Parole versuchten Frauen in Prag und Frankreich als Kandidatinnen für die Wahl zur Nationalversammlung zugelassen zu wer- 15 den. Doch das war verboten. […]
„1848" gilt als Versuch, Freiheit und Gleichheit als politische Prinzipien zu institutionalisieren, allerdings handelte es sich dabei um ein männliches Projekt. Frauen wurden per Geschlecht aus dem politischen 20 Vereinswesen ebenso wie vom Wahlrecht zu den neu gegründeten Parlamenten in der Frankfurter Paulskirche, dem Wiener Reichsrat oder der preußischen Nationalversammlung in Berlin ausgeschlossen. Das richtete sich gegen die politisch Interessierten, 25 doch nicht alle ließen sich davon abschrecken. Heimlich in der Kanzel versteckt, verfolgten einige Frankfurterinnen bereits die Debatten im Vorparlament. „Es sei recht schmerzlich", resümierte eine der Wagemutigen, die Kaufmannsgattin Clothilde 30 Koch-Gontard, „nur eine Frau sein zu müssen, die das Zusehen hat und doch mit Gefühl und Tatkraft im Leben ausgestattet zu sein". Proteste bewirkten, dass bei der Eröffnung der Deutschen Nationalversammlung zumindest 200 Plätze auf den Galerien 35 für Zuschauerinnen reserviert wurden. […]
Es waren einige, meist Angehörige des Bürgertums und des Adels, die sich im revolutionären Aufbruch als politische Individuen begriffen. […] „Demokratische Frauenvereine" wurden gegründet. […] 40
Vor allem die Frauen in den deutschen Freischärlerzügen nutzten eine andere Möglichkeit, um in die Kampfverbände zu gelangen: Sie begleiteten schlicht ihre Männer. Beispiele dafür sind Mathilde Franziska Anneke, Emma Herwegh oder Amalie 45 Struve. Für dieses Engagement in den badischen Freiheitskämpfen wurde Amalie Struve mit 205 Tagen Einzelhaft im Freiburger Turm bestraft. Die Niederlagen der 1848-er waren nicht nur für die

50 Helden der Bewegung mit Tod, Verfolgung, Gefängnis, Verbannung oder Emigration verbunden, sondern auch für deren Gefährtinnen oder allein stehende Frauen.

> 1 Luise Otto-Peters (1819–1895), Vorkämpferin der Frauenbewegung in Deutschland, gründete 1865 den „Allgemeinen Deutschen Frauenverein".

G. Hauch, Frauen zielen auch auf Männer, in: Sonderbeilage „1848" der Frankfurter Rundschau vom 18.5.1998.

nachholen. Sie wurden sämtlich entweder sofort 5 militärisch niedergeworfen oder blieben nach ersten Anfangserfolgen stecken, arrangierten sich mit Krone und Aristokratie oder wurden dann doch noch militärisch erstickt. Als [eherner Fels] der Gegenrevolution erwies sich das zaristische Russ- 10 land [...]. In Frankreich dagegen, seit 1789 Europa in diesem Punkt stets während des 19. Jahrhunderts um einen Schritt voraus, setzte sich die 1830 erstmals sichtbar 15 gewordene Tendenz fort: Das Industrieproletariat, vor allem in Paris, war bereits so stark geworden, dass 20 es in den ersten Monaten Miene machte, sich diesmal die Erfolge der im Wesentlichen abermals von ihm getra- 25 genen Revolution nicht wieder aus der Hand winden zu lassen. Das Bürgertum, verbündet mit den Resten der 30 alten Aristokratie, suchte daher von sich aus die militärische Ent-

scheidung und warf in einer dreitägigen Straßenschlacht im Juni 1848 das bewaffnete Pariser Prole- 35 tariat nieder. [...]

Die Entscheidung in Paris war von weitreichender Signalwirkung, weil nunmehr das Mittel- und Großbürgertum in anderen revolutionierten Gesellschaften mehr oder weniger Anschluss an die 40 Aristokratie suchte, um Schutz gegen das Industrieproletariat zu finden, gleichgültig, ob dieses schon ein nennenswerter Faktor war oder nicht. [...] In Frankreich konsolidierte das Bürgertum seine Macht. [...] 45

In Deutschland, vor allem in Preußen, ließen sich Ruhe und Ordnung nur um den Preis einer komplizierten – und sich mit der von nun an erst stürmisch einsetzenden Industrialisierung immer weiter komplizierenden – Kompromisslösung herstellen: 50 Die politische Macht, repräsentiert in der Krone, blieb weiterhin bei der Aristokratie, aber das Bürgertum erhielt freie Bahn für ökonomische Aktivitäten, die auf die Dauer auch politische Konsequenzen haben sollten. 55

I. Geiss, Bürgerliche und proletarische Revolution, in: APuZ, Nr. 42/1975, S. 28 f.

M10 **Rundgemälde von Europa im August des Jahres 1849**

Der preußische König säubert Deutschland von Demokraten. Links steht Louis Bonaparte (auch mit Besen). Welche Bedeutung haben die Schiffe? Welche Rolle spielt die Schweiz (mit der Jakobiner-
5 mütze)? Rechts eine Anspielung auf den ungarischen Befreiungskampf: Österreich (Helm mit Doppeladler) und Russland (ein Kosak). Wie steht es um Warschau und Frankfurt? Oben links: Queen Victoria. Sie wendet sich von der (Hungers-)not der Iren
10 ab. Ihre Kutsche wird gelenkt durch Merkur, den römischen Gott der Kaufleute, zeitgenössische Karikatur von Friedrich Schroeder.

M11 **Die Revolution 1848/49 und ihre Folgen**

Der Historiker Imanuel Geiss nimmt eine Einordnung der Revolution in das gesellschaftliche Schichten- bzw. Klassengefüge vor:

Die meisten Revolutionsbewegungen wollten – entsprechend den sozialen und politischen Zuständen in ihren Gesellschaften – erst einmal die Ergebnisse der Französischen Revolution von 1789

1848 – Teil der deutschen Nationalgeschichte

Gedenkblatt von 1849. Unter der Abbildung steht:
Die reife Frucht der deutschen Vergangenheit, Der ahnungsvolle Keim der europäischen Zukunft.

Aufgaben

1. Untersuchen Sie, welche Funktionen eine Verfassung in einem modernen Staat hat.
   → Text, M5, M6

2. Informieren Sie sich über die Zusammensetzung und die politischen Gruppierungen der Frankfurter Nationalversammlung. Welches Bild ergibt sich?
   → Text, M1, M3, M4

3. Vergleichen Sie die Grundrechte von 1848 mit denen des Grundgesetzes der Bundesrepublik Deutschland.
   → Text, M5

4. Vor welche Zentralprobleme sah sich die Nationalversammlung gestellt? Erläutern Sie die strittigen Fragen der Einheitsidee, des Staatsgebietes, der Staatsform und des Staatsoberhaupts.
   → Text, M2, M6

5. Vergleichen Sie die geplante Verfassung mit dem Grundgesetz. Welche Unterschiede und Gemeinsamkeiten können Sie feststellen?
   → M6

6. Analysieren Sie die Einstellung Friedrich Wilhelms IV. Welcher prinzipielle Konflikt wird in diesem Brief deutlich?
   → M8

7. Untersuchen Sie, welche Rolle die Frauen im Revolutionsgeschehen spielten.
   → M9

8. Erläutern Sie die Gründe für das Scheitern der Revolution von 1848/49.
   → Text, M7, M8, M10–M12

9. Untersuchen Sie die Auswirkungen der Revolution. Welche Fragen und Probleme ergaben sich aus dem Scheitern für die weitere Entwicklung des deutschen Bürgertums?
   → Text, M11

10. Diskutieren Sie, ob es einen Zusammenhang zwischen dem Scheitern der Revolution und der deutschen Katastrophe im 20. Jahrhundert gibt.

Fragen an die Geschichte

War 1848/49 ein Wendepunkt der deutschen Geschichte?

1848 misslang der Durchbruch zur Demokratie. In der Nachfolge hat man dem Bürgertum vielfach den Vorwurf gemacht, es habe die Revolution „verraten". Das ist insofern abwegig, als die Mehrheit des deutschen Bürgertums eine allmähliche Reform der politischen Verhältnisse anstrebte und keine bedingungslose Konfrontation mit den etablierten Gewalten. Dem Kompromiss zwischen dem liberalen Bürgertum und dem Obrigkeitsstaat haftet darum eine gewisse Zwangsläufigkeit an.

Wäre die deutsche Geschichte anders – weniger verhängnisvoll – verlaufen, wenn die Revolution von 1848 erfolgreich gewesen wäre? Gibt es einen Zusammenhang zwischen dem Scheitern und der deutschen Katastrophe, die den Namen „Hitler" trägt?

M 1 **Nach der Niederschlagung des badischen Aufstandes durch die preußische Armee**
Die Karikatur mit dem ironischen Untertitel „Die rote Monarchie" zeigt den preußischen König Friedrich Wilhelm IV. auf seinem Thron, Zeichnung von 1849.

Interview mit dem Historiker Lothar Gall über das Scheitern der Revolution und die Folgen für die Geschichte des 20. Jahrhunderts:

Spiegel: Herr Professor Gall, Sie haben der Frankfurter Ausstellung zum 150. Geburtstag der Revolution von 1848/49 den optimistischen Titel „Aufbruch zur Freiheit" gegeben. Wurden damals nicht eher
5 die Weichen zur deutschen Katastrophe gestellt?

Gall: Nein, man sollte die deutsche Geschichte nicht als Einbahnstraße ins Dritte Reich sehen. Der Titel zielt auf das, was der Kern der Bewegung von 1848 war und was über die Jahrzehnte trotz aller Gegen-
10 kräfte fortgewirkt hat. Wesentliche Elemente unseres Gemeinwesens, die Garantie von Grundrechten, der Parlamentarismus, die demokratische Legitimation politischen Handelns, gehen auf 1848 zurück.

15 **Spiegel:** Aber steht das Scheitern der Revolution nicht doch am Beginn jenes Weges, der zum Kaiserreich Wilhelms II. und später zu Adolf Hitler führte?

Gall: Sicher hat die Wiederherstellung der alten Machtverhältnisse manche verhängnisvolle Ent-
20 wicklung begünstigt. Aber die Menschen sind nicht bloße Marionetten der Geschichte. Jede Generation trägt ihre eigene Verantwortung. Von der These eines deutschen Sonderweges, der fast zwangsläufig von Bismarck über Wilhelm II. zu Hit-
25 ler geführt habe, sind die Historiker längst auf breiter Front abgerückt.

Spiegel: Gab es denn in den Jahren nach 1849 noch eine reelle Chance für die Demokratie?

Gall: Ja, durchaus, denn in den Köpfen blieben die
30 Ideen von 1848 lebendig. Und seit Ende der 1850-er Jahre erlebten ihre Hauptträger, die Liberalen, wieder einen großen Zuwachs an Bedeutung und Einfluss …

Spiegel: … bis Bismarck 1862 preußischer Minister-
35 präsident wurde.

Gall: Auch danach. Gerade Bismarck musste – zum Schrecken seiner Standesgenossen – viele Forderungen der Revolution von 1848 umsetzen, um sich politisch zu behaupten. Allerdings: Das dunkelste Kapi-
40 tel der deutschen Geschichte, die Entwicklung eines schließlich mörderischen Antisemitismus, wäre bei einem Erfolg der ersten deutschen Demokratie vielleicht gar nicht erst aufgeschlagen worden.

Spiegel: Auch während der Revolution kam es zu
45 judenfeindlichen Ausschreitungen, vor allem auf dem Lande.

Gall: Die will ich damit nicht leugnen. Aber man muss unterscheiden zwischen den seit Jahrhunderten gängigen, im Kern religiös geprägten Vorur-
50 teilen, die sich für die breite Masse auch daraus nährten, dass viele Juden Geldverleiher waren, und jenem radikalen, völkisch-rassenideologisch motivierten Antisemitismus, der schließlich nach Auschwitz führte.

55 **Spiegel:** Trug der massive Nationalismus vieler 48-er – manche träumten von einem großdeutschen Reich zwischen Nordsee und Schwarzem Meer – nicht schon den Keim des wilhelminischen Imperialismus in sich?

60 **Gall:** Dies gehört in der Tat zu den dunklen Seiten von 1848, auf die sich im Übrigen Bismarck später berief, indem er sich den übrigen Mächten als Bändiger des deutschen Nationalismus präsentierte.

Spiegel: Kann sich die Bundesrepublik trotz alledem auf 1848 berufen?
65

Gall: Ja. Ich glaube, die Identität der Deutschen sollte im Bekenntnis zu den Ideen und Ordnungsprinzipien liegen, die 1848 formuliert worden sind: Menschenrechte und Demokratie, vor allem.

Spiegel: Und die Nation?
70

Gall: Die Idee der Nation hat ja zwei Seiten: die dunkle eines militanten und gegenüber allen Andersdenkenden intoleranten und expansiven Nationalismus und diejenige, die darauf zielt, die verschiedenen Gruppen einer Gesellschaft über gemein-
75 same Ideen zusammenzuführen, sie in einem gemeinsamen Willensbildungsprozess zu einem freien Gemeinwesen zu vereinigen.

Spiegel: Nach den ersten Unruhen im März 1848 zogen sich die Aufständischen schnell wieder zu-
80 rück. Woher kam diese Angst vor einem gewaltsamen Umsturz?

Gall: Den Menschen damals stand nicht zuletzt die Entwicklung der Französischen Revolution von 1789 vor Augen, die Schreckensherrschaft der
85 Jakobiner, die mit Gewalt eine ganz neue Ordnung durchzusetzen suchten – und am Ende damit vollständig gescheitert sind.

Spiegel: Die eher friedliche Revolution von 1848 war keineswegs erfolgreicher.
90

Gall: Sie setzen mit Ihrer Frage eine Erwartung gegenüber der Revolution voraus, die die Menschen so nicht hatten. Die meisten Bürger wollten mithilfe eines frei gewählten Parlaments und einer Verfassung eine grundlegende Neuordnung schaf-
95 fen. Sie zielten auf stabile Verhältnisse, nicht auf endlos revolutionäre Zustände.

Spiegel: Aber auch für die Unterstützung ihres Parlaments waren die Deutschen kaum zu mobilisieren.

Gall: Das kann man so nicht sagen. Im Frühjahr und
100 Sommer 1848 war die Begeisterung groß. Die

Abkehr von der Nationalversammlung und der Revolution begann erst im Herbst 1848, als
105 immer weitere Kreise der Bevölkerung durch die Folgen der revolutionären Unruhen ihre materielle Existenz bedroht sahen.

110 **Spiegel:** Hatte die Revolution unter diesen Umständen je eine Chance?

Gall: Ich glaube, ja. Im März 1848 waren die Träger der alten Ord-
115 nung fast vollständig zurückgewichen. Und auch im Sommer behielten die Revolutionäre noch die Oberhand, während in der Frankfurter Paulskirche an
120 der Verfassung gearbeitet wurde. Die Situation kippte erst endgültig, als sich die Führungsschichten der beiden deutschen Großmächte Österreich und
125 Preußen von ihrem Schrecken erholten, ihre Bataillone wieder sammelten und zum Gegenschlag, zur Gegenrevolution, ausholten.

130 **Spiegel:** Friedrich Engels hat den Parlamentariern vorgeworfen, „das deutsche Volk zu langweilen, statt es mit sich fortzureißen". Haben die Abgeordneten
135 zu lange über die Verfassung diskutiert und damit wichtige Zeit verloren?

Gall: Nein. Was hier zur Debatte stand, ließ sich in der Tat nicht
140 im Handumdrehen bewältigen. Die Revolution ist ja auch nicht an den Differenzen zwischen dem Volk und den Parlamentariern gescheitert, sondern an denen, die dieser Revolu-
145 tion feindlich gegenüber standen.

Spiegel: Wen zählen sie dazu?

Gall: Vor allem den Adel. In England war und blieb der Adel zu Reformen bereit, in Deutschland in seiner Mehrheit nicht, obgleich in der Frankfurter
150 Nationalversammlung auch viele Adlige saßen.

Spiegel: Aber diese reformwilligen Adligen konnten sich gegen Reaktionäre wie den jungen Bismarck nicht durchsetzen

Gall: Das war womöglich entscheidend. Dass der
155 konservative Adel 1848 und auch in den folgenden

M 3 „Wie der deutsche Michel Alles wieder von sich gibt."
Im Sommer 1849 sind viele Errungenschaften vom März 1848 wieder verspielt, zeitgenössische Karikatur auf das Scheitern der Paulskirche.

Jahrzehnten starr auf seinen Privilegien beharrte, hat die Entwicklung Deutschlands sehr gehemmt.

Aus: Der Spiegel, Nr. 7, 1998

Aufgaben

1. Erörtern Sie die These: „Die Revolution von 1848/49 war kein Wendepunkt der deutschen Geschichte."
2. Wie beurteilt der Historiker Lothar Gall die Revolution?
3. Inwiefern fängt die Geschichte des Grundgesetzes 1848 an?

ALLGEMEINE
ELEKTRICITÄTS-GESELLSCHAF
BERLIN.

5. Industrielle Revolution und Soziale Frage

Das Werbeplakat der Allgemeinen Elektricitäts-Gesellschaft Berlin (AEG) aus dem Jahre 1888 vermittelt etwas vom Pathos und Fortschrittsoptimismus, die den Prozess der Industrialisierung begleitet haben. Technische Errungenschaften wurden vielfach in überschwänglicher, bisweilen in feierlicher Form begrüßt. Im Zentrum des Bildes steht die Göttin des Lichts, die über der Weltkugel auf einem geflügelten Rad thront – in der rechten Hand eine erstrahlende Glühlampe wie eine Fackel haltend.

Während der ersten Phase der Industriellen Revolution standen Montanindustrie, Eisenbahnbau und Textilindustrie im Vordergrund. Am Ende des 19. Jahrhunderts setzte eine zweite Phase ein. Diese stand ganz im Zeichen der modernen Elektrotechnik sowie der Chemie. Eine neue Form der Energie trat ihren Siegeszug an: Elektrische Kraftmaschinen, Glühlampen und die elektrisch betriebenen Eisenbahnen zeugen bis heute davon.

Der Durchbruch der Industrie markiert aus universalgeschichtlicher Perspektive einen Einschnitt, der vergleichbar ist mit der so genannten Neolithischen Revolution. In der Jungsteinzeit (Neolithikum) – beginnend vor etwa 10 000 Jahren – setzte die Menschheit dazu an, sich eine völlig neue wirtschaftliche Grundlage zu geben. Ein für damalige Verhältnisse beschleunigter Wandel führte zu Sesshaftigkeit und gesteigerter agrarischer Produktivität. Aus Jägern und Sammlern wurden Ackerbauern und Viehzüchter. Zentren der neuen Wirtschaftsform waren zunächst die Flussoasen an Euphrat, Tigris, Indus und Nil.

Die Überwindung der Subsistenzwirtschaft schuf die materielle Voraussetzung für die Entstehung von Hochkulturen. Die Nahrungsmittelüberschüsse eröffneten die Möglichkeit, Teile der Bevölkerung von der unmittelbaren Agrarproduktion freizustellen. Erst in der Folge konnte eine arbeitsteilig differenzierte Gesellschaft entstehen.

Die im 18. Jahrhundert einsetzende Industrialisierung kennzeichnet einen zweiten Einschnitt in der Entwicklung der Menschheit. Sie leitete den Übergang von der agrarisch geprägten Gesellschaft zur Industriegesellschaft ein. Dieser Vorgang, der von Europa seinen Ausgang nahm, war ein globaler, auch wenn die einzelnen Weltregionen in unterschiedlicher Weise von ihm erfasst wurden.

Am Ende des 20. Jahrhunderts kündigte sich bereits das Ende der typischen Industriegesellschaft an: Die klassische Massenproduktion mittels Fließbänder (Fordismus) hat ausgedient. Der Einsatz neuartiger Informationstechnologien hat zu einem fundamentalen Wandel der Arbeitswelt geführt.

Computerisierung und Informationstechnologien haben die Rahmenbedingungen der globalen Wirtschaft von Grund auf geändert. Gegenüber den traditionellen Produktionsfaktoren Kapital, Arbeit und Rohstoffen kommt nunmehr dem Wissen eine abermals gesteigerte Bedeutung zu. Die ehemaligen Industriegesellschaften haben sich zu Informations- beziehungsweise Dienstleistungsgesellschaften gewandelt.

5.1 Die Industrielle Revolution

Die Industrielle Revolution, beginnend in der zweiten Hälfte des 18. Jahrhunderts, veränderte innerhalb weniger Jahrzehnte alle Bereiche der Gesellschaft. Die technischen, wirtschaftlichen und gesellschaftlichen Auswirkungen dieses weltgeschichtlich einzigartigen Prozesses schufen die Grundlagen der modernen Zivilisation. Die Industrielle Revolution nahm ihren Ausgang in England als der „Werkstatt der Welt". Seit dem 19. Jahrhundert gerieten dann weltweit mehr und mehr Länder in den Sog einer dynamischen und umwälzenden Industrialisierung.

Merkmale

Folgende Merkmale kennzeichnen die Industrielle Revolution des 19. Jahrhunderts:

- Typisch für die Industrielle Revolution ist, dass die vorwiegend auf Handarbeit beruhende Produktion von der maschinellen Arbeit abgelöst wurde. Ein Beispiel: Der Handwebstuhl wurde durch den mechanischen Webstuhl ersetzt.
- Die zunehmende Anwendung von Maschinen in der Produktion, wie etwa beim mechanischen Antrieb der Dampfmaschine, erhöhte

M 1

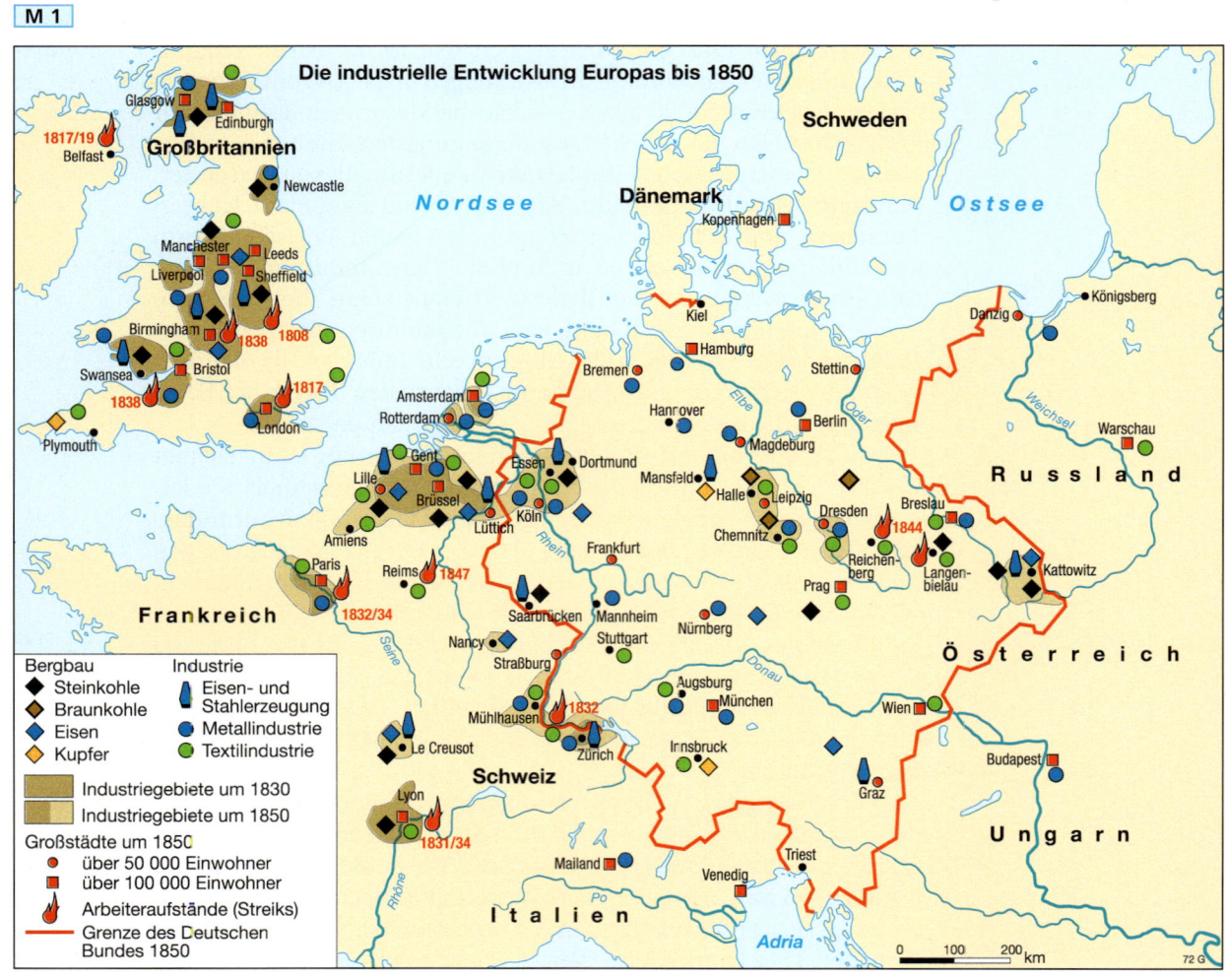

Die industrielle Entwicklung Europas bis 1850

Bergbau
- Steinkohle
- Braunkohle
- Eisen
- Kupfer

Industrie
- Eisen- und Stahlerzeugung
- Metallindustrie
- Textilindustrie

Industriegebiete um 1830
Industriegebiete um 1850

Großstädte um 1850
- über 50 000 Einwohner
- über 100 000 Einwohner
- Arbeiteraufstände (Streiks)
- Grenze des Deutschen Bundes 1850

sprunghaft die Produktivität der menschlichen Arbeit, das heißt mit der gleichen Zahl von Arbeitern ließ sich in der gleichen Zeit mehr herstellen.

- Dadurch wurde erst die Massenproduktion von Gütern für einen sich erweiternden Markt möglich.
- Der Anteil der in der Landwirtschaft beschäftigten Menschen sank.
- Dagegen stieg die Zahl der in der Industrie und später in den verschiedenen Dienstleistungsbereichen tätigen Menschen.
- Eine Reihe von Erfindungen und Neuerungen wie Eisenbahn und Dampfschiff revolutionierte das Verkehrswesen und die technischen Grundlagen aller wichtigen Produktionszweige.
- Große Mengen an Kapital (Geld, Maschinen usw.) häuften sich in den Händen einer reichen und mächtigen Unternehmerschicht an.
- Ein ständiges – wenn auch von Krisen unterbrochenes – Wachstum der Wirtschaft setzte die Investition (Neuanlage) des Kapitals voraus.
- Gleichzeitig entstand mit der Nachfrage nach Arbeitskräften eine zahlenmäßig bedeutende, neue gesellschaftliche Schicht: die Arbeiterschaft.
- Die Bevölkerungszahl nahm stark zu.

Die im 18. Jahrhundert einsetzende Industrialisierung bedeutete also einen weiteren geschichtlichen Wendepunkt: Sie zertrümmerte in Jahrhunderten gewachsene Strukturen, modernisierte die menschlichen Lebensbedingungen und bewirkte einen grundlegenden Wandel in allen sozialen Bereichen. Der Industrialisierungsprozess leitete eine unumkehrbare Entwicklung ein, die bis heute nicht abgeschlossen ist. Die Fortschritte der Technik verursachten eine fortwährende Dynamisierung, die bis zur technologischen Revolution der Gegenwart (Informations- und Kommunikationstechnik) führt.

M 2

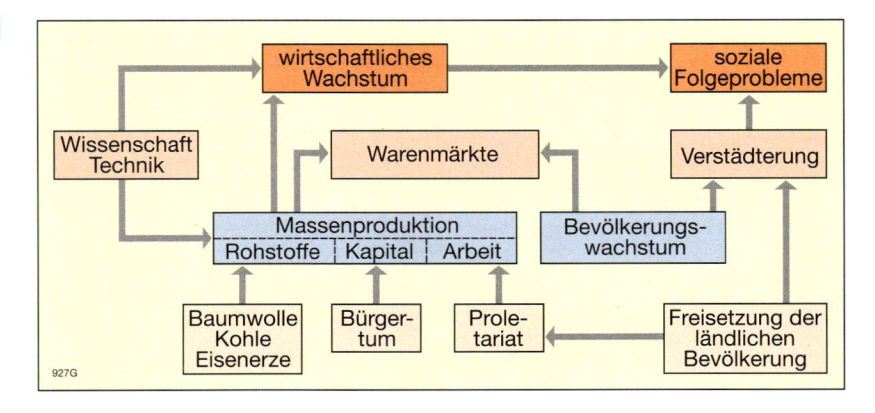

Gesellschaftlicher Wandel

Schroffe Trennung der Stände, Abhängigkeit der Bauern von den Großgrundbesitzern, Zunftschranken und geringe Mobilität charakterisierten die deutsche Gesellschaft zu Beginn des 19. Jahrhunderts.

Die in Preußen 1807 verordnete Gewerbefreiheit, die auch für andere deutsche Staaten richtungsweisend wurde, und die Einschränkung des Zunftzwanges schufen wichtige Voraussetzungen für ein freieres Wirtschaften. Aber erst eine einheitliche Reichsgewerbeordnung (nach 1871) befreite den Handwerker vom Zunftzwang und bot jedem die Möglichkeit, sich als Handwerker oder Fabrikant an jedem Ort und mit jeder Produktionstechnik zu betätigen. Bis zum Anfang des 19. Jahrhunderts blieben viele Bauern abhängig von ihren Guts- und Grund-

M 3 Die erste Eisenbahn in Deutschland
verband die beiden Städte Nürnberg und Fürth. Anlässlich der Eröffnungsfahrt 1835 wurde diese Münze geprägt. Sie zeigt die allegorische Frauengestalt „Industrie" auf dem Flügelrad lehnend.

herren. Nach der Bauernbefreiung im Zuge der preußischen Reformpolitik (1807 bis 1812) zogen vor allem verarmte Kleinbauern und saisonabhängige Landarbeiter in die Industriezentren und stellten dort den Großteil der Fabrikarbeiterschaft. Zusammen mit kleinen Handwerksmeistern, die der Konkurrenz erlagen, Handwerksgesellen ohne Aufstiegschancen und ehemaligen Tagelöhnern bildeten sie allmählich einen neuen sozialen Stand, das Industrieproletariat („vierter Stand").

Der Prozess der Industrialisierung war begleitet von neuen Formen der Arbeitsorganisation in den Fabriken, der Machtentfaltung im Wirtschaftsbereich und der Kultur (Bildungsbürgertum). Das Bürgertum trat neben die bislang alleine führende Aristokratie. Den Grundstock der Gesellschaftspyramide bildete die Masse der Industriearbeiterschaft, die aus ihrer Abhängigkeit heraus ein eigenes Klassenbewusstsein entwickelte. Die alte, relativ immobile Ständegesellschaft wurde von der so genannten Klassengesellschaft abgelöst. Geburt und Abstammung entschieden nicht mehr allein über die gesellschaftliche Position, sondern Leistung und die private Verfügung über Geld und Produktionsmittel. In der Industriegesellschaft war sozialer Aufstieg in größerem Maße möglich als in der Ständegesellschaft, aber auch sozialer Abstieg.

Gleichzeitig setzte ein explosives Wachstum der Städte ein. An den Rändern der alten Stadtkerne entstanden Fabrikquartiere. Die soziale Schichtung spiegelte sich in den Wohnvierteln: Während Handwerker und Gewerbetreibende mit Großfamilie und Gesinde weiter im alten Stadtkern lebten, siedelten die Arbeiter so nahe wie möglich an der Fabrik. Gleichzeitig wuchsen die neuen Villenvororte, in denen die wohlhabenden Bürger residierten.

Revolutionäre Veränderungen in der Landwirtschaft ließen die Erträge um ein Vielfaches steigen. Die Dreifelderwirtschaft wurde durch die Fruchtwechselwirtschaft abgelöst, die eine ununterbrochene Nutzung des Bodens zuließ. Ein damit einsetzender planmäßig betriebener Futtermittelanbau erweiterte die Tierhaltung. Der zunehmende Einsatz moderner maschineller Ackergeräte und schließlich die erfolgreiche Gewinnung von Kunstdünger (Justus von Liebig 1824) führten zur Produktionssteigerung und verbesserten die Ernährungslage der Bevölkerung. Das Prinzip der weitgehenden wirtschaftlichen Selbstgenügsamkeit wurde von der Erzeugung vermarktbarer Überschüsse ersetzt.

Der allgemeine landwirtschaftliche Modernisierungsprozess bewirkte eine massenhafte Abwanderung in die Städte (Landflucht).

Trotz der Veränderungen in der Landwirtschaft und einer fortschreitenden Industrialisierung blieb Deutschland bis zur Mitte des 19. Jahrhunderts noch überwiegend ein Agrarland. Neben der Verbesserung der Ernährungslage trugen insbesondere Fortschritte in der Medizin (Pockenimpfung), der persönlichen Hygiene und die weitgehende Aufhebung der Heiratsbeschränkung (zum Beispiel für Gesellen oder Dienstboten) zur starken Bevölkerungszunahme bei.

Technik als Produktivkraft

Die Industrielle Revolution beruhte auf dem ständigen Fortschritt der Naturwissenschaften und der Technik. Die Konkurrenzverhältnisse auf den Märkten zwangen die Unternehmer zu einer rentableren Massenproduktion von Gütern. Diese Ausweitung der Produktion wurde ermöglicht durch den Einsatz von Maschinen, das heißt die Anwendung wissenschaftlicher Erkenntnisse und einer entwickelten industriellen Technik auf die Produktion. In einem bisher unbekannten Ausmaß erhöhten Technik und Maschinen, die „eisernen Engel" des Industriezeitalters, die Produktivität der menschlichen Arbeit.

Stadien der Technologie					Innovationen				
Erste technologische Revolution Entdeckung und Verwendung des Rades			**Zweite** technologische Revolution Entdeckung von Methoden zum Schmelzen von Erzen sowie zur Herstellung von Legierungen und geschmiedeten Werkzeugen und Waffen ②		Dampfkraft, Textil- und Eisenindustrie ③	Eisenbahn und Dampfschiffe ④	Automobil- und chemische Industrie, Elektrotechnik ⑤	Mikroelektronik, Bio- und Gentechnologie ⑥	
①									
Handwerkszeug aus Stoßzähnen, Horn und Knochen	Allzweckfaustkeile aus Stein und Holz	Spezialhandwerkszeug aus Stein und Holz	Handwerkszeug aus Metall, die nötige Arbeitskraft liefern Mensch und Tier		ab 1800	ab erste Hälfte des 19. Jahrhunderts	ab Ende des 19. Jahrhunderts	ab Ende des 20. Jahrhunderts	
			Bronzezeit	Eisenzeit					

926G_1

M 4

Hauptträger des Mitte des 19. Jahrhunderts einsetzenden wirtschaftlichen Aufschwungs in Deutschland waren die Schwerindustrie und der Eisenbahnbau. Das Schienennetz verzeichnete einen sprunghaften Anstieg: von 3 280 km im Jahre 1845 über 11 633 km 1860 zu 19 575 im Jahre 1870.

Der Eisenbahnbau war der Motor des Wirtschaftswachstums. Kohlebergbau, Eisenerzeugung, Maschinenbau und das Baugewerbe erhielten von dem neuen Verkehrsmittel Wachstumsimpulse, die ihrerseits Anschlussinvestitionen auslösten. Darüber hinaus spielte die Eisenbahn auch eine wichtige Rolle als Beschäftigungsfaktor. Die Eisenbahn veränderte nicht nur die alltäglichen Lebensformen durch eine verbesserte Kommunikation (Verkürzung von Reisezeit und Briefverkehr), sondern leitete langfristig auch einen politischen Umgestaltungsprozess ein. Die modernen Kommunikationstechniken, wie Eisenbahn und Telegrafie, trugen zum Zusammenwachsen der deutschen Mittel- und Kleinstaaten bei. Die Technik bildete somit ein wesentliches Element zur Entstehung moderner Nationalstaaten. Während die bürgerlichen Unternehmer und später auch das Militär den Eisenbahnbau befürworteten, sahen Fuhrleute, Fahrposten zur Brief- beziehungsweise Personenbeförderung und die Schifffahrt in dem rapide wachsenden Schienennetz vor allem eine Konkurrenz.

M 5 In den Berliner Werken der AEG (1898–1913)

M6 **Panorama-Ansicht der Gussstahlfabrik Friedrich Krupp in Essen (1884)**

Die Gussstahlfabrik in Essen bildete den Kern des im 19. Jahrhundert stetig wachsenden und sich verzweigenden Unternehmens Krupp, dessen Beschäftigungszahl von 74 im Jahre 1848 auf 20 200 im Jah-
5 re 1887 und 77 400 vor dem Ersten Weltkrieg anstieg. Die beiden wesentlichen Produktionsbereiche bildeten Eisenbahnmaterial (Schienen, Achsen, Radbandagen) und Geschütze; später kamen die Produktion von Panzerplatten für den Kriegs-
10 schiffbau und schließlich eine eigene Werft (Germania AG in Kiel) hinzu (1902).

Alfred Krupp (1812–1887), mit dessen Namen sich der Aufstieg der Firma verbindet, und seine Nachfolger unternahmen große Anstrengungen, das Werk zu einem geschlossenen Arbeits- und Lebens- 15 zusammenhang zu runden. Arbeiterwohnsiedlungen, Pensionskasse und werkseigene Konsumanstalt sollten einen festen Stamm von Facharbeitern an das Unternehmen binden; andererseits wurden der gewerkschaftlichen oder gar politischen Betäti- 20 gung der Beschäftigten weitestgehende Beschränkungen auferlegt.

Aus: Hauptstadt: Zentren, Residenzen, Metropolen in der deutschen Geschichte, Köln 1989, S 256 f.

M7

Vergleichende Daten zur Wirtschaftsentwicklung

	Länge des Eisenbahnnetzes (in engl. Meilen)	Kohlenförderung oder -verbrauch (in Tausend t)	Dampfkraftkapazität (in Tausend PS)	Roheisenproduktion (in Tausend t)	Rohbaumwollverbrauch (in Tausend t)
Deutschland					
1850	3 639	5 100	250	212	17,1
1869	10 834	26 774	2 480	1 413	64,1
1873	14 842	36 392	–	2 241	117,8
Frankreich					
1850	1 869	7 225	370	406	59,3
1869	10 518	21 432	1 850	1 381	93,7
1873	11 500	24 702	–	1 382	55,4
Großbritannien					
1850	6 621	37 500	1 290	2 249	226,8
1869	15 145	97 066	4 040	5 446	425,8
1873	16 082	112 604	–	6 566	565,1
Belgien					
1850	531	3 481	70	145	10,0
1869	1 800	7 822	350	535	16,3
1873	2 335	10 219	–	607	18,0

D. S. Landes, Der entfesselte Prometheus, Köln 1973, S. 187.

Der Historiker Lothar Gall fasst die Erwartungen und Visionen zusammen, die sich mit den Anfängen der Eisenbahn verbinden:

Doch zurück zu den Anfängen! Von Beginn an, noch bevor die erste Dampflokomotive zu ihrer öffentlichen Jungfernfahrt startete – mit

5 einer, wie Kritiker meinten, für menschliche Passagiere sicher gesundheitsschädlichen Geschwindigkeit von 30 Stundenkilometern, mehr als doppelt so schnell wie die so

10 genannte Eilpost –, war man sich, wie gesagt, über die Bedeutung des neuen Verkehrsmittel im Klaren. Das galt mit Blick auf das Verkehrswesen im Allgemeinen wie die Wirtschaft im

15 Besonderen und nicht zuletzt auch für den Arbeitsmarkt. Zugleich verkörperte die „Eisen"bahn, wie man sie in Kombination des englischen „rail-road" und des französischen „chemin de fer"

20 nannte, für die Zeitgenossen wie kaum etwas anderes Dynamik, Aufbruchsstimmung, Zukunftserwartung, mit einem Wort den Fortschritt, auf den vor allem das Bürgertum in allen Bereichen des Daseins so nachdrücklich setzte. Friedrich Harkort,

25 einer der Herolde des bürgerlichen Aufbruchs in Wirtschaft und Gesellschaft, hatte in diesem Sinne schon 1825 pathetisch formuliert: „Möge auch im Vaterland bald die Zeit kommen, wo der Triumphwagen des Gewerbefleißes mit rauchenden Kolos-

30 sen bespannt ist und dem Gemeinsinn die Wege bahnt." Joseph Ritter von Baader, seit 1798 „Direktor des Bergbaues und des Maschinenwesens" in Bayern, nannte ein Jahr später im Anschluss an entsprechende Versuche und Probeläufe, die der

35 bayerische König veranlasst hatte, die Eisenbahn „eine der nützlichsten Erfindungen", welche die „höchste Aufmerksamkeit aller kultivierten Staaten und Völker in Anspruch zu nehmen" verdiene. Und Friedrich List, der Apostel der deutschen Wirt-

40 schafts- und Verkehrseinheit und Wortführer der Industrialisierung, nannte die Eisenbahnen 1839 emphatisch die „eigentlichen Volkswohlfahrts- und Bildungsmaschinen", die den „Interessen der gesamten Mehrheit" dienlich seien. Ja, emphatisch

45 sprach er von der Eisenbahn als einem „Herkules in der Wiege, der die Völker erlösen wird von der Plage des Kriegs, der Theuerung und Hungersnoth,

M 9 **Gedenkblatt** zur Feier des Ausgangs der Lokomotive Nr. 500 aus der Borsigschen Maschinenbauanstalt in Berlin, 21. August 1854

des Nationalhasses und der Arbeitslosigkeit, der Unwissenheit und des Schlendrians; der ihre Felder befruchten, ihre Werkstätten und Schachte beleben 50 und auch den Niedrigsten unter ihnen Kraft verleihen wird, sich durch den Besuch fremder Länder zu bilden, in entfernten Gegenden Arbeit und an fernen Heilquellen und Seegestaden Wiederherstellung ihrer Gesundheit zu suchen." In seiner Bedeu- 55 tung für den „materiellen Verkehr" sei das neue Transportmittel nur zu vergleichen mit der Bedeutung der Erfindung des Buchdrucks für den „geistigen Verkehr", so etwas pragmatischer die am 14. März 1833 gegründete „Gesellschaft für die Errich- 60 tung einer Eisenbahn mit Dampffahrt zwischen Nürnberg und Fürth". Die Eisenbahnen, bemerkte Heinrich Heine zehn Jahre später in einem seiner Korrespondenzartikel für die „Augsburger Allgemeine Zeitung", seien ein „providencielles [von der 65 Vorsehung bestimmtes] Ereignis, das der Menschheit einen neuen Umschwung gibt, das die Farbe und Gestalt des Lebens verändert; es beginnt ein neuer Abschnitt in der Weltgeschichte, und unsre Generation darf sich rühmen, dass sie dabei gewe- 70 sen. [...] Sogar die Elementarbegriffe von Raum und Zeit sind schwankend geworden. Durch die Eisenbahnen wird der Raum getötet, und es bleibt uns nur noch die Zeit übrig."

L. Gall, M. Pohl (Hg.), Die Eisenbahn in Deutschland, München 1999, S. 16 f.

5.2 Vom Merkantilismus zum Liberalismus

Einen wichtigen Entwicklungsschritt im Übergang zur Industriellen Revolution bildete im 17. und 18. Jahrhundert der Merkantilismus in Frankreich, England und Preußen. Der Merkantilismus war ein durch staatliche Eingriffe und Förderung geprägtes Wirtschaftssystem. Die Einwirkung des Staates erstreckte sich vor allem auf die Bereiche von Verkehr, Handel und Gewerbe. Die absoluten Monarchien ordneten die wirtschaftlichen Tätigkeiten dem Ziel unter, ihre innere und äußere Souveränität auszubauen und zu festigen. Der steigende Finanzbedarf des Absolutismus, hervorgerufen durch die Unterhaltung stehender Heere und eine wachsende staatliche Bürokratie, sollte durch die Geldüberschüsse einer aktiven Handelsbilanz gedeckt werden. Die Förderung der gewerblichen Entwicklung (zum Beispiel für Luxus- und Rüstungsbedarf) und die dadurch ermöglichte Ausweitung des Außenhandels galten als Grundlage des staatlichen Reichtums und der Macht des Monarchen.

Manufakturen

Als die charakteristische Produktionsform des Merkantilismus entstanden die Manufakturen. Von ihnen gingen wichtige Anstöße für die gewerbliche und später auch die industrielle Entwicklung aus. Manufakturen stellen eine Frühform des industriellen Betriebs dar. In ihnen blieb zwar die Technik des Handwerks erhalten, aber die Produktion erfolgte bereits nach den Gesetzen der Arbeitsteilung und der seriellen Produktherstellung. Vom entwickelten Industriebetrieb des 19. beziehungsweise 20. Jahrhunderts unterscheidet sich die Manufaktur vor allem durch den sehr begrenzten Einsatz von Maschinen. Der Begriff Manufaktur weist darauf hin: „mit der Hand gemacht".

Wirtschaftsliberalismus

In den Anfängen der Industriellen Revolution entwarfen der britische Nationalökonom Adam Smith (1723–1790) und der von ihm beeinflusste Engländer David Ricardo (1772–1823) die theoretischen Grundlagen der kapitalistischen Wirtschaftsordnung. In seinem Hauptwerk „Der Reichtum der Nationen" (1776) entwickelte Smith die Grundannahmen des Wirtschaftsliberalismus. Die menschliche Arbeitskraft und ihre arbeitsteilige Organisation betrachtete er als die wesentlichen Quellen des wirtschaftlichen Fortschritts. Die privaten kapitalistischen Unternehmer sollten von staatlichen Reglementierungen unabhängig sein. Die Aktivität des Staates hat sich nach Smith im Wesentlichen auf die Sicherung des bürgerlichen Eigentums zu beschränken.

Smith nahm an, dass sich aus der freien Konkurrenz der Privatinteressen zwangsläufig die Hebung des allgemeinen Volkswohlstandes ergeben würde. Der klassische Wirtschaftsliberalismus unterstellte damit eine natürliche Harmonie von Privatinteressen (Eigennutz) und Gemeinwohl. Die Lehren des Wirtschaftsliberalismus versuchten, die Überlegenheit der kapitalistischen Marktwirtschaft über alle anderen Wirtschaftsordnungen nachzuweisen. Der ökonomische Liberalismus entsprach somit den Interessen der aufsteigenden bürgerlichen Klasse der Kaufleute und Unternehmer.

Die für das wirtschaftliche Wachstum erforderlichen Voraussetzungen waren Mitte des 19. Jahrhunderts gegeben:

- Zum einen konnten die in bisher unbekanntem Ausmaß benötigten billigen Industriearbeitskräfte aus arbeitslosen Handwerkern und insbesondere aus beschäftigungslosen Landarbeitern gewonnen werden.
- Zum anderen floss nach dem Sieg der Gegenrevolution (1849) aufgrund eines verbesserten Investitionsklimas das weitgehend brachliegende Kapital der Großagrarier in die aufkommende Industrie.

Banken

Die Banken waren in der vorindustriellen Zeit Hof- und Staatsbanken. Zu Beginn der Industrialisierung waren zunächst Privatbankiers ausschlaggebend. Danach entstanden Aktienbanken und Aktiengesellschaften allein zu dem Zweck, Industrieunternehmen, Eisenbahngesellschaften und Versicherungen zu finanzieren. Bis 1849 entstanden in Deutschland 18 Aktiengesellschaften. Allein von 1850 bis 1859 wurden weitere 251 gegründet. Die nach französischem Vorbild errichteten Universalbanken benötigten ein großes Eigenkapital, das in Form von Aktien, Industrie- oder Staatsanleihen aufgebracht wurde. Daneben boten kommunale Sparkassen oder Genossenschaftsbanken Kredite für Handwerker und kleinere Unternehmer. Die Kreditausweitung und die Vermehrung der Geldmenge lösten einen Prozess von Neugründungen und von Modernisierungen mittelständischer Handwerksbetriebe aus.

M 1 Die Börse in Frankfurt am Main um 1900

Konzentrationsprozesse

Konjunkturelle Einbrüche der Jahre 1873/79 führten zu Konzentrationsprozessen bei Banken, Versichungsgesellschaften und Industrieunternehmen. Insbesondere Großbanken unterstützen die Bildung von Trusts (Monopole), Kartellen (mit Preisabsprachen, Beschränkung des Wettbewerbs) und Syndikaten (Vereinbarungen von Produktions- und Absatzquoten), da die Anwendung solcher marktbeherrschender Instrumente geringes Risiko und größere Gewinne versprachen.

Diese Konzentrationsprozesse wurden noch von staatlicher Seite durch eine Schutzzollpolitik gefördert, die mittels außenwirtschaftlicher Maßnahmen den Binnenmarkt abschirmen sollte. Das zwischen 1880 und 1914/18 fortschreitende industrielle Wachstum wird in der sozialwissenschaftlichen Forschung als entscheidende Triebkraft imperialer Expansion der großen Industrienationen angesehen.

M 2 Das dynamische Erwerbstreben im Kapitalismus

Der Politikwissenschaftler Gert von Eynern zeigt auf, dass die Industrielle Revolution auch mit einem Mentalitätswandel einherging:

Er wolle „erwerben so viel er nur vermöchte" hatte Jakob Fugger gesagt, als er eine seiner großen kaufmännischen Transaktionen, die Finanzierung der Kaiserwahl von 1519, durchführte. Genau hat er
5 mit diesen Worten die neue Wirtschaftsgesinnung formuliert. Diese kapitalistische Haltung war das Gegenteil jener Idee der „Nahrung", die dem mittelalterlichen Zunftgenossen geboten hatte, nicht mehr zu verdienen, als er zum anständigen, zum
10 standesgemäßen Unterhalt brauchte. So wurde der unersättliche Machthunger der Fürsten ergänzt durch die ebenso unersättliche Profitgier der kapitalistischen Unternehmer. Eine wichtige, wenn auch sicher nicht die einzige geistige Quelle dieses im
15 Prinzip grenzenlosen Erwerbstrebens bildete Calvins Lehre von der Prädestination (Calvin, 1509–1564). Durch unerforschlichen Ratschluss Gottes zum ewigen Heile auserwählt zu sein, ist höchstes menschliches Glück. Wer durch göttliche
20 Gabe „berufen" ist, wird dies bereits auf Erden am Erfolg seiner beruflichen Tätigkeit erfahren. Dem Menschen sind seine irdischen Güter, sein Vermögen, von Gott zur guten Verwaltung anvertraut: Er hat sie zu mehren. Gott wohlgefällig handelt der
25 Mensch nicht etwa, wenn er sich wie ein Mönch aus der Welt zurückzieht, sondern im Gegenteil, wenn er in dieser Welt unermüdlich fleißig ist und sparsam. Erwerbsfleiß aber und Sparsamkeit, also Verzicht auf Genuss, bilden die tugendliche Basis für
30 die Kapitalbildung, die „Akkumulation".
Der Unternehmer, der bei rastlosem Erwerbstreben Erfolg in seinem „Beruf" hatte, konnte sich eines fabelhaft guten Gewissens erfreuen. Den Arbeiter ermunterte diese religiöse Lehre, sich seiner Arbeit
35 mit asketischer Freude hinzugeben. Er stimmte der rücksichtslosen Verwertung der Arbeitskraft durch den Kapitalisten zu; denn dafür war ihm die ewige Seligkeit sicher.
Bei solcher Gesinnung und solchen Produktionsme-
40 thoden war der Schutz des privaten Eigentums von besonders großer Bedeutung. So ist es kein Zufall, dass just in dieser Epoche John Locke, der englische Philosoph und Politologe, erklärte, die vornehmste Aufgabe des Staates bestehe darin, das Eigentum
45 der Bürger zu sichern (1690).

G. v. Eynern, Grundriss der Politischen Wirtschaftslehre I, Opladen 1972, S. 33.

M 3 Die liberale Wirtschaftstheorie

Mit seinem Werk „Untersuchung über die Natur und die Ursachen des Nationalreichtums" von 1776 legte Adam Smith die Grundlage der liberalen Wirtschaftstheorie:

[…] Da nun aber der Zweck jeder Kapitalanlage Gewinnerzielung ist, so wenden sich die Kapitalien den rentabelsten Anlagen zu, d. h. denjenigen, in denen die höchsten Gewinne erzielt werden. Indi-
5 rekt wird aber auf diese Weise auch die Produktivität der Volkswirtschaft am besten gefördert. Jeder glaubt nur sein eigenes Interesse im Auge zu

Adam Smith (1723 – 1790) war davon überzeugt, dass wirtschaftliche und politische Freiheit zusammengehören.

haben, tatsächlich aber erfährt so indirekt auch das Gesamtwohl der Volkswirtschaft die beste Förderung. […] Verfolgt er nämlich sein eigenes Interesse, 10 so fördert er damit indirekt das Gesamtwohl viel nachhaltiger, als wenn die Verfolgung des Gesamtinteresses unmittelbar sein Ziel gewesen wäre. Ich habe nie viel Gutes von denen gesehen, die angeblich für das allgemeine Beste tätig waren. Welche 15 Kapitalanlage wirklich die vorteilhafteste ist, das kann jeder Einzelne besser beurteilen als etwa der Staat oder eine sonstwie übergeordnete Instanz. Jeder kluge Familienvater befolgt den Grundsatz, niemals etwas zu Hause anzufertigen, was er billi- 20 ger kaufen kann. Dem Schneider fällt es nicht ein, sich die Schuhe selbst zu machen, sondern er kauft sie vom Schuhmacher; dem Schuhmacher andererseits fällt es nicht ein, sich die Kleider selbst herzustellen, sondern er gibt sie beim Schneider in Auf- 25 trag, und dem Landwirt kommt es nicht in den Sinn,

sich dies oder jenes selbst zu machen, sondern auch er setzt die einzelnen Handwerker in Nahrung. Alle sehen den Vorteil darin, ihre Arbeitskraft ganz in
30 der Weise zu betätigen, in der sie etwas vor ihren Nachbarn voraushaben und sich mit einem Teil des Ertrages oder, was dasselbe ist, mit dem Preis dafür das zu kaufen, was sie darüber hinaus brauchen. Was aber in der Wirtschaftsführung eines Famili-
35 enhaushaltes klug ist, das kann auch im Ganzen einer großen Volkswirtschaft kaum Torheit sein. Wenn uns nämlich ein anderes Land mit einer Ware billiger versorgen kann, als wir sie selbst herzustellen imstande sind, so ist es vorteilhafter, dass wir
40 dem betreffenden Lande diese Ware gegen Produkte unseres eigenen Gewerbefleißes, in denen wir vor dem Auslande etwas voraushaben, abkaufen. Die natürlichen Produktionsvorteile, die ein Land hinsichtlich bestimmter Waren vor einem
45 anderen voraushat, sind mitunter so groß, dass es, wie alle Welt weiß, vergeblich sein würde, dagegen ankämpfen zu wollen. […]

Zit. nach: Funkkolleg Sozialer Wandel 2, Weinheim und Basel 1974, S. 19 f.

M 4 Wirtschaftskrisen

Der Wirtschaftshistoriker Josef Kulischer erläutert die Ursachen der zyklischen Krisen, die den Industrialisierungsprozess begleiteten:

Doch neben diesen nicht hoch genug anzuschlagenden Wirkungen der Maschine sind auch ihre Schattenseiten nicht zu verkennen. […] Es wäre freilich ein Irrtum, anzunehmen, der Entwick-
5 lungsgang der Großindustrie hätte sich ohne alle Abweichungen und Unterbrechungen in einer stetig aufsteigenden Linie vollzogen. Bereits von den ersten Dezennien [Jahrzehnten] des 19. Jahrhunderts an ist die Produktion bedeutenden Schwan-
10 kungen unterworfen, heftige Krisen finden statt, auf Perioden einer aufsteigenden, ausnehmend günstigen Konjunktur folgen in raschem Wechsel Zeiten der Depression. Allerdings bilden die Krisen keineswegs eine gänzlich neue, dem 19. Jahrhun-
15 dert, dem Zeitalter der maschinellen Betriebsweise ausschließlich eigentümliche Erscheinung. Sie können bereits in der vorhergehenden Periode festgestellt werden, zu der Zeit, als die Stadtwirtschaft sich zur Volkswirtschaft umgestaltete und
20 Industrien, die nunmehr einen größeren Markt zu versorgen hatten, ihre Produktion nur schwer der jeweilig vorhandenen Nachfrage anzupassen vermochten. Doch waren damals, infolge der nur wenig vorgeschrittenen Produktionstechnik sowie

des Umstandes, dass ein bedeutendes Betriebska- 25 pital noch nicht vorhanden und der Kreditverkehr erst schwach entwickelt war, der Steigerung der gewerblichen Produktion ziemlich enge Grenzen gezogen. Daher konnte auch die auf die Erweiterung der Produktion folgende, durch Überpro- 30 duktion hervorgerufene Einschränkung derselben niemals einen dermaßen heftigen Charakter annehmen, als dies später, im Zeitalter der Maschinen, der Fall war. Wohl kannte die Periode des 16.–18. Jahrhunderts Krisen, die durch Kriege und 35 Aufstände, durch Missernten und Rohstoffmangel, durch Zahlungseinstellungen von Fürsten, Börsenspekulation und Geldwirren verursacht waren, zu Produktions- und Absatzstockungen führten; doch lagen alle diese Gründe außerhalb 40 der Produktionssphäre. Jene Krisenursachen verloren nun im 19. Jahrhundert, wenn auch nur allmählich, an Bedeutung. Das Fabrikwesen jedoch sowie die Entwicklung des freien Wettbewerbs und des Weltmarktes, die Ausbildung des Kredit- 45 verkehrs und des Transportwesens bedingten die Entstehung einer neuen Form industrieller Krisen, die einen genau umschriebenen Zyklus von Erscheinungen umfasst. Zunächst kommt eine Periode der Hochkonjunktur – Produktionssteige- 50 rung, Erweiterung bereits bestehender, Gründung neuer Unternehmungen, erhöhte Inanspruchnahme des Kredits, Erhöhung der Preise. Darauf folgt ein heftiger Krach (Depression, Niederschlag), zuerst an der Börse, dann in der Industrie; ein 55 jähes Sinken der Preise, zahlreiche Zahlungseinstellungen, starke Einschränkung des Kredits, Geldmangel, Schließung zahlreicher Fabriken und Entlassung der Arbeiter, Arbeitslosigkeit und Not. Diesen ausgeprägten Charakter trugen die Krisen 60 in England bis zu den siebziger Jahren des 19. Jahrhunderts. Waren die Krisen von 1811, 1815, 1818 noch eine Auswirkung der Napoleonischen Kriege, so sind die periodisch in Zeiträumen von ca. 10 Jahren in England eintretenden Krisen der Jahre 65 1825, 1836, 1847, 1857 und 1866 durch die neue Produktionstechnik, den Großbetrieb, die neue Wirtschaftsverfassung in ihrer Gesamtheit bedingt und mussten Zweifel daran wachrufen, ob denn auch die gesteigerte Entwicklung der pro- 70 duktiven Kräfte segensbringend sei, wenn sie dermaßen schwere Erschütterungen im Leben breiter Volksmassen mit sich bringe und mehr Verwüstungen anzurichten imstande sei, als selbst die erschöpfendsten Kriege. 75

J. Kulischer, Allgemeine Wirtschaftsgeschichte des Mittelalters und der Neuzeit, Band II, Darmstadt 1971, S. 460f.

M 5 Staat und Wirtschaft

Der Historiker Gordon A. Craig zeigt, wie der Staat im 19. Jahrhundert in den Industrialisierungsvorgang eingegriffen hat:

Während sich der Kapitalismus immer weiter ausbreitete, begann er sich zu verändern. Der krasse Individualismus und der ungetrübte Wettbewerbsgeist der frühen Unternehmer verschwand. Ihre
5 Nachfolger vertrauten zunehmend auf staatliche Hilfen und auf Formen des Zusammenschlusses, die die Härten und Unannehmlichkeiten des Wettbewerbs mildern sollten.
[…] Wirtschaftliches Wachstum hängt in erster Linie
10 von der Begründung eines leistungsfähigen Transportsystems und anderer Formen von Sozialkapital ab. Während dieser Phase spielte der Staat im Allgemeinen eine höchst wichtige Rolle, da es schwierig war, Investoren für Projekte zu finden, die kei-
15 nen sofortigen Ertrag versprachen. In der Tat gab es, auch nachdem die erforderlichen Sozialinvestitionen (Straßen, Kanäle, Eisenbahnen) vorgenommen worden waren, noch andere Formen staatlicher Hilfe für die Geschäftswelt, die auch bald
20 erwartet wurden. Der Staat konnte durch eine fortschreitende Liberalisierung der Firmengesetze Investitionen erleichtern. Er konnte auch neue Investitions- und Absatzchancen eröffnen, indem er die Kosten und Risiken des Erwerbs überseeischer
25 Kolonien trug. Schließlich konnte er in Kriegszeiten die als kriegswichtig erachteten Industrien gegen die normalen Marktrisiken abschirmen.
Eine der gebräuchlichsten Formen staatlicher Hilfe für Privatunternehmen war der Schutzzoll. Nach ei-
30 nem Zeitabschnitt des faktischen Freihandels kehrten die meisten europäischen Länder gegen Ende der 70-er Jahre zum Protektionismus [Abschirmung der Wirtschaft gegen ausländische Konkurrenz] zurück. Dafür gab es eine Reihe von Gründen.
35 Zum einen waren die Industriellen in den Ländern, die den Startpunkt nach 1871 erreichten, aller Wahrscheinlichkeit nach empfindlich gegenüber der Konkurrenz aus den weiter fortgeschrittenen Staaten. Die deutschen Produzenten beharrten zum Beispiel
40 auf dem Standpunkt, dass sie ohne Schutz gegen den Druck billiger englischer Importe nicht überleben könnten. Die Unterbietung der kontinentalen Märkte durch englische Waren zu unglaublich niedrigen Preisen in den ersten Jahren der 1873 einsetzenden
45 Depression gab Anlass zu diesen Forderungen.
Zum Zweiten befürworteten die Bauern den Schutzzoll wegen der Gefahren, die ihnen durch billiges ausländisches Getreide drohten. Die gewaltige Ausdehnung des Schienennetzes in den Verei-
50 nigten Staaten nach 1860, die gleichzeitige Senkung der Frachtkosten und die Verbesserung der landwirtschaftlichen Maschinen lösten in der amerikanischen Getreideproduktion gerade zu dem Zeitpunkt einen Boom aus, als die Einführung neuer
55 Schiffsmotoren und die Senkung der Schiffstransportkosten eine billige und schnelle Lieferung dieses Getreides nach Europa ermöglichten. Zur gleichen Zeit gerieten die Bauern in Mitteleuropa in Bedrängnis, weil auf dem Schienenweg beför-
60 dertes Getreide aus Rumänien und Russland die Preise drückte. Es ist nicht verwunderlich, dass bald landwirtschaftliche Interessengruppen entstanden und sich mit anderen staatliche Schutzmaßnahmen suchenden Gruppen zusammentaten. Die Verbin-
65 dung von Agrarinteressen und Schwerindustrie entwickelte sich in der europäischen Politik zu einem allgemeinen Phänomen.

G. A. Craig, Geschichte Europas im 19. und 20. Jahrhundert, München 1978, Bd. I (1815–1914), S. 220.

Aufgaben

1. Erklären Sie, inwieweit im Calvinismus bereits Elemente einer „kapitalistischen" Wirtschaftsgesinnung angelegt sind.
→ M2

2. Arbeiten Sie die theoretischen Grundannahmen des klassischen Wirtschaftsliberalismus heraus. Welche Unterschiede bestehen im Vergleich mit dem Merkantilismus?
→ Text, M3

3. Untersuchen Sie die Merkmale des modernen Marktmodells, die in der Wirtschaftstheorie von Adam Smith enthalten sind.
→ M3

4. Vergleichen Sie die theoretischen Annahmen des Wirtschaftsliberalismus mit der tatsächlichen wirtschaftlichen Entwicklung.
→ Text, M3–M5

5. Erläutern Sie, in welcher Weise sich im Verlauf des 19. Jahrhunderts das Verhältnis von Staat und Wirtschaft veränderte.
→ M5

5.3 Die Soziale Frage und der Marxismus

Die Soziale Frage

Unter dem Begriff „Soziale Frage" werden alle jene Probleme zusammengefasst, die als negative Begleiterscheinungen der Industriellen Revolution anzusehen sind.

Entgegen einer weit verbreiteten Ansicht hat die Industrielle Revolution die Verelendung als solche nicht hervorgebracht. Sie existierte bereits in erheblichem Umfang am Ende der vorindustriellen Epoche, als die Landwirtschaft sich immer weniger in der Lage sah, der wachsenden Bevölkerung Arbeitsplätze zu sichern.

Insbesondere in der frühen Phase der Industrialisierung überwog die Schattenseite, der so genannte Pauperismus, das heißt die bedrückende Armut der unteren Schichten der Gesellschaft.

Wohnverhältnisse

Die Soziale Frage machte sich auf unterschiedliche Weise bemerkbar. Neben der Knappheit an Lebensmitteln bestimmten die Wohnbedingungen die Lebensumstände. Das rasante Wachstum der Städte hatte zur Folge, dass Angebot und Nachfrage in Bezug auf Wohnräume auseinander drifteten. Der Wohnstandard der unteren Bevölkerungsschichten war ganz überwiegend katastrophal: Lichtmangel, schlechte Luft, Feuchtigkeit, Schimmel, Ungeziefer und unangenehme sanitäre Anlagen gingen mit der Überbelegung einher. Erschwerend kam hinzu, dass die ärmeren Bevölkerungsschichten einen proportional größeren Anteil der ohnehin niedrigen Einkommen für die Miete ausgeben mussten. Eine Cholera-Epidemie in Hamburg 1892 belegte den offenkundigen Zusammenhang von Wohnbedingungen und Krankheiten: neben Cholera vor allem Tuberkulose und Rachitis. Weiteren Ausdruck fand die soziale Not in seelischer Zerrüttung, familiärer Gewalttätigkeit, Prostitution und vor allem im weitverbreiteten Alkoholismus.

Da die Löhne – zumindest bis gegen Ende des 19. Jahrhunderts – oft am Rande des Existenzminimums lagen, konnte auf keine mithelfende Hand in der Familie verzichtet werden. Frauen- und auch Kinderarbeit bildeten einen Bestandteil des Arbeitermilieus. Frauen, die Kleinkinder zu versorgen hatten, versuchten die Haushaltskasse durch schlecht bezahlte Heimarbeit aufzubessern. Auch die täglichen Normalarbeitszeiten von zunächst zwölf und später zehn Stunden hatten oft schwächende beziehungsweise krank machende Auswirkungen.

M 1 Hinterhof eines Hamburger Arbeiterquartiers (um 1880)

Arbeitslosigkeit

Die Nöte der Arbeiterexistenz sollten aber den Blick nicht dafür verstellen, dass Arbeiter noch über ein gewisses Mindestmaß an sozialer Sicherheit verfügten. Die wirkliche, das Leben unmittelbar bedrohende Armut verband sich mit Arbeitslosigkeit, die oftmals mit Krankheit und Invalidität einherging. Im Unterschied zur Gegenwart verfügten die Menschen über keine materiellen Reserven, auf die sie in der Not zeitweilig zurückgreifen konnten. Da ein Sozialstaat moderner Prägung fehlte, brachte vor allem die Arbeitslosigkeit das höchste Maß an Verelendung mit sich, die in Form des Hungers, der Obdachlosigkeit und des Selbstmordes zu Tage treten konnte.

Der Marxismus

Seit Beginn des 19. Jahrhunderts entfalteten sich die verschiedenen Strömungen des modernen Sozialismus als Reaktion auf die Entwicklung des industriellen Kapitalismus und die durch ihn bedingten sozialen Missstände wie Ausbeutung, Unterdrückung und Massenelend. Die gemeinsamen Ziele aller sozialistischen Theorien waren Gleichheit und soziale Gerechtigkeit. Nicht Herrschaft und Konkurrenz, sondern Selbstbestimmung der Individuen und die Solidarität der Gemeinschaft sollten die angestrebte neue Gesellschaftsordnung jenseits des Kapitalismus begründen.

Der Frühsozialismus (auch utopischer Sozialismus genannt) verband eine radikale, moralisch und teils auch religiös begründete Kritik der bürgerlichen Gesellschaft mit (utopischen) Entwürfen sozialistischer und kommunistischer Zukunftsgesellschaften. Der französische Frühsozialist Charles Fourier (1772–1837) wollte durch genossenschaftliche Produktions- und Lebensformen das auf Konkurrenz, Hierarchien und Privateigentum basierende Gesellschaftssystem überwinden. Claude Henri de Saint-Simon (1760–1825) erhoffte von einer Förderung des industriellen Reichtums eine Reform der Gesellschaft. Pierre-Joseph Proudhon (1809–1865) erhob im Rahmen seiner anarchistischen Gesellschaftslehre die Forderung nach einer Abschaffung des privaten Eigentums, das als Verfügungsgewalt die Herrschaft über Menschen ermögliche. In England übten die sozialreformerischen Vorstellungen von Robert Owen (1771–1858) einen nachhaltigen Einfluss auf die entstehende soziale Bewegung aus. Owen, der zwar Industrie und Technik bejahte, aber den Kapitalismus ablehnte, wollte die Reform der Gesellschaft über eine genossenschaftliche Arbeiterselbsthilfe erreichen. In seiner Fabrik von New Lanark realisierte Owen Sozialreformen, die richtungsweisend waren. Frühsozialistische Ideen beeinflussten in Deutschland Schriftsteller und Theoretiker wie Moses Hess (1812–1875) und Wilhelm Weitling (1808–1871). Der Frühsozialismus vermittelte der entstehenden Lehre von Marx und Engels wichtige Impulse.

Von allen Antworten auf die Soziale Frage des 19. Jahrhunderts war die von Karl Marx (1818–1883) und Friedrich Engels (1820–1895) die folgenreichste. Die später allgemein als „Marxismus" bezeichnete Wirtschafts-, Gesellschafts- und Staatstheorie wurde erst am Ende des 19. Jahrhunderts wirksam, als sich immer mehr sozialistische Arbeiterparteien auf Marx beriefen. Die politische Kraft, die sich mit dem Namen Marx verband, bekam eine neue Dimension, als die von Lenin vorangetriebene Revolution der Bolschewiki in Russland erfolgreich war (1917). Im 20. Jahrhundert wurde die Ideologie des Kommunismus – in der Form des Marxismus-Leninismus sowjetischer Prägung – zur Weltmacht.

Durch Lenin, Stalin, Mao Zedong und andere kommunistische Führer wurden Marxsche Ideen aufgegriffen und – oft in stark veränderter Form – zu einem ideologischen Dogma gemacht. Das heißt, aus einem Gedankensystem wurde eine Glaubenslehre, die den Zweck hatte, die führende Rolle der leninistischen Partei zu legitimieren (Legitimationsideologie). In der Dritten Welt fand der Marxismus-Leninismus zudem viel Anklang, weil er als Heilslehre auftrat und die Befreiung von Ausbeutung und Armut versprach.

Nach dem Zusammenbruch der Sowjetunion und damit des kommunistischen Weltsystems hat sich Ernüchterung breitgemacht. Deutlicher als zuvor zeigte sich, dass der Kommunismus überall, wo er die Macht erobert hatte, Unfreiheit und gesellschaftliche Lähmung gebracht hat. Der Abschied vom Marxismus als Heilslehre hat ein ideologisches Vakuum hinterlassen, das nunmehr von nationalistischen und religiös-fundamentalistischen Ideologien gefüllt wird.

Geschichtsauffassung

Zentrales Thema der Marxschen Philosophie war die materialistische Geschichtsauffassung. Marx ging davon aus, dass die Geschichte nicht, wie der Philosoph Friedrich Hegel behauptet hatte, durch eine göttliche Kraft gestaltet werde, sondern durch die Auseinandersetzung des Menschen mit der Natur. Wie Hegel war Marx davon überzeugt, dass sich die Geschichte dialektisch auf ein bestimmtes Ziel hinbewege. Dabei unterliege der Geschichtsablauf Gesetzen, die für den Menschen erkennbar seien.

Einer solchen Geschichtsauffassung haftet ein deterministischer Zug an, das heißt die historische Entwicklung wird als kausal vorherbestimmt angesehen. Marx richtete dabei sein Geschichtsmodell auf die zu erwartende Weltrevolution und die darauf folgende klassenlose Gesellschaft aus. Insofern besitzt diese Geschichte den Charakter einer Prophetie.

Marxistisch geschulte Parteifunktionäre haben die Kenntnis der „objektiven Gesetze der Geschichte" regelmäßig für sich beansprucht. Sie wähnten die kommunistische Partei im Besitz des „Schlüssels zur Weltgeschichte". Die kommunistischen Parteiführungen formulierten eine „Parteilinie", zu der Widerspruch nicht geduldet und als „Abweichung" gebrandmarkt wurde. Während der Herrschaft Stalins in der Sowjetunion kam dem Etikett „Abweichler" oft die Bedeutung eines Todesurteils zu.

M 2 Das verordnete Geschichtsbild im Alltag der ehemaligen DDR

Im Westen blieb der Marxismus immer ein gedankliches System im Rahmen einer pluralistischen Ordnung. In der ehemaligen DDR besaß der Marxismus-Leninismus den Status einer Staatsreligion, aufgenommen in der Lutherstadt Eisleben, 1984.

DIE LEHRE VON MARX IST ALLMÄCHTIG, WEIL SIE WAHR IST

Mehrwerttheorie

Marx analysierte die kapitalistische Wirtschaft des 19. Jahrhunderts. Er kam zu dem Schluss, dass in der Epoche des Kapitalismus die Arbeit als Lohnarbeit eine entscheidende Rolle für die politische und wirtschaftliche Entwicklung spiele. Da der Arbeiter keinen Anteil an den Produktionsmitteln (Maschinen, Gebäude, Rohstoffe) besitze, sei er gezwungen, seinen einzigen Besitz, die Arbeitskraft, dem Unternehmer zu verkaufen. Der Lohn des Arbeiters entspreche aber nicht etwa dem „Wert" seiner Arbeitskraft, denn das Produkt habe durch die Arbeit an Wert gewonnen. Die Differenz, der so genannte Mehrwert, sei der Überschuss, der dem Kapitalisten nach Zahlung der Löhne verbleibe. Die Kapitalisten eigneten sich den Mehrwert des gesellschaftlich erwirtschafteten Vermögens privat an, vergrößerten ihre Produktionsmittel durch die Investition der Profite, während im Vergleich dazu die Löhne der Arbeiter zu gering seien, um Kapital zu bilden. Durch die Vermehrung des Kapitals in der Hand weniger (Akkumulationstheorie) könnten kleinere Unternehmer-Konkurrenten ruiniert werden. Die Folge davon sei, dass immer weniger Unternehmer immer größer würden (Konzentrationstheorie).

M 3

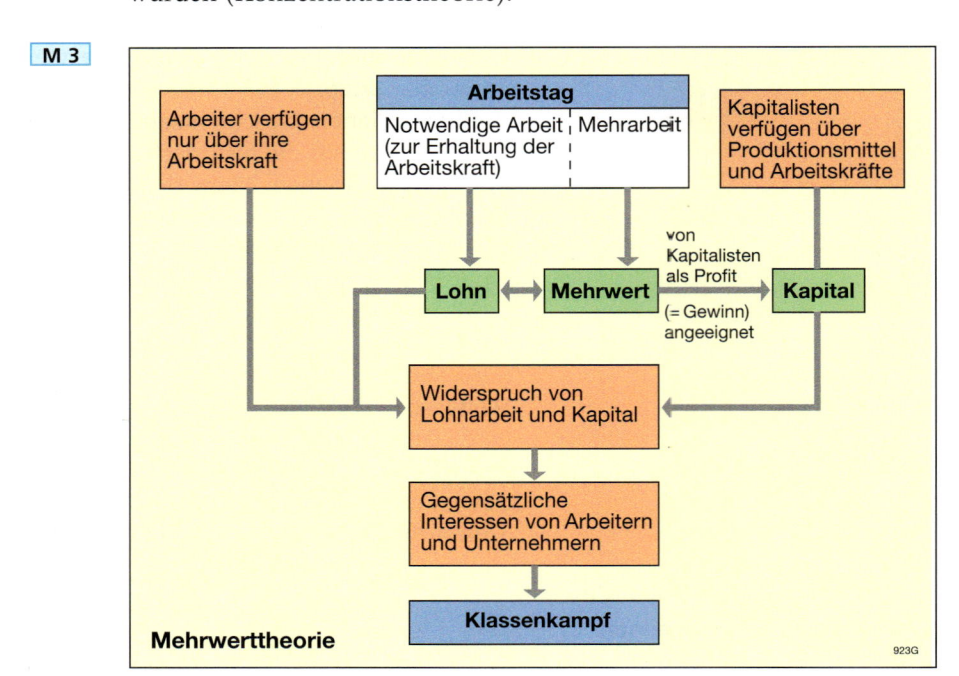

Die tendenzielle Monopolisierung führe gleichzeitig dazu, die Einkommensmöglichkeiten der Unternehmer zu steigern, indem die Produktionsmittel verbessert würden. Durch Arbeit sparende Maschinen würden Arbeiter überflüssig, es folgten Arbeitslosigkeit („industrielle Reservearmee"), Absatzkrisen (Krisentheorie) und Massenelend (Verelendungstheorie).

Schließlich stünden sich nur noch wenige Großkapitalisten und die ungeheure Masse der Proletarier gegenüber. Der gesellschaftliche Charakter der Produktion stünde in schärfstem Widerspruch zum privaten Besitz an Produktionsmitteln bei einer Minderheit. Dem ökonomischen Gesetz zufolge, so Marx, würden die Reichen immer reicher, die sozialen Spannungen zwischen den Besitzenden und den Besitzlosen immer unerträglicher. Es käme zu Klassenkämpfen und schließlich zur Revolution: Das Proletariat übernähme die Produktionsmittel in eigener Regie. Nach der Marxschen Logik der Dialektik gehe der Kapitalismus an sich selbst zugrunde und führe zur klassenlosen Gesellschaft. Nach Marx beginne dann eine neue Epoche, die Geschichte der befreiten Menschheit.

Lebensverhältnisse in der Mitte des 19. Jahrhunderts

Julius Vahlteich (1839–1915) – ein führender sozialistischer Politiker – schildert in seinen Lebenserinnerungen den Alltag von Arbeitern und Gesellen:

Es war nur ein sehr kleiner Teil der Arbeiter, welcher die allernotwendigsten Lebensbedürfnisse einigermaßen befriedigen konnte, die ungeheure Mehrzahl war tatsächlich auf das Niveau der Arbeitstiere
5 herabgedrückt. In den Fabriken wurde in der Regel von früh sechs bis abends acht Uhr gearbeitet. Es gab eine Mittagspause von einer halben Stunde und halbstündige Pausen für Frühstück und Vesper. Der Lohn reichte für den geschicktesten, bestbezahlten
10 Arbeiter nicht aus, um, sofern er unverheiratet war, ein eigenes Zimmer zu mieten. Die Gesellen schliefen in Bodenkammern unmittelbar unter dem Dach. Mochten sie bei ihrem Meister „wohnen" oder in irgendeiner armen Familie für wenige Pfennige eine
15 „Schlafstelle" innehaben, sie waren überall im Weg. [...] Die Lage der Verheirateten war natürlich noch schlechter als die der Ledigen. Frau und Kinder

mussten arbeiten, um nur die kümmerliche Existenz zu sichern. Männliche Fabrikarbeiter waren wenig geachtet, weibliche unterlagen einer vorurteils- 20 vollen Verachtung, womit nicht gesagt sein soll, dass sich die Handwerksgesellen einer besonderen Wertschätzung erfreut hätten. Gesetzgebung, Gerichte und Polizei behandelten die Gesellen als ein notwendiges Übel, einen Gemeinschaden, ein 25 Versuchsobjekt, kurzum als ein Geschöpf ohne Rechte, das man nach Belieben reglementieren konnte. Die Arbeiter befanden sich, wie die Dienstboten, durchaus unter einer Ausnahmegesetzgebung. Die Pflege des Körpers wurde genauso ver- 30 nachlässigt wie die des Geistes. Die Nahrung war schlecht. Der Genuss von vielem trockenen Brot verursachte außer anderen Übelständen besonders Sodbrennen, das man durch Kreideessen bekämpfte. Zur Reinlichkeit fehlte jede Gelegenheit; es 35 waren keine 25 Pfennig wöchentlich übrig, um regelmäßig ein Bad zu nehmen. Es war vielfach Gebrauch, zu zweien in einem Bett zu schlafen.

Zit. nach: W. Lautemann, M. Schlenke (Hg.), Das bürgerliche Zeitalter 1815–1914, München 1980, S. 767.

Jahresverdienst von Arbeitnehmern (Industrie, Handel)		
Jahr	Jahresverdienst / nominal (in Mark)	Jahresverdienst / real (Preise von 1895)
1871	493	466
1880	545	524
1890	650	636
1900	784	737
1913	1083	834

M. Stürmer, Das ruhelose Reich, Deutschland 1866–1918, Berlin 1983, S. 41.

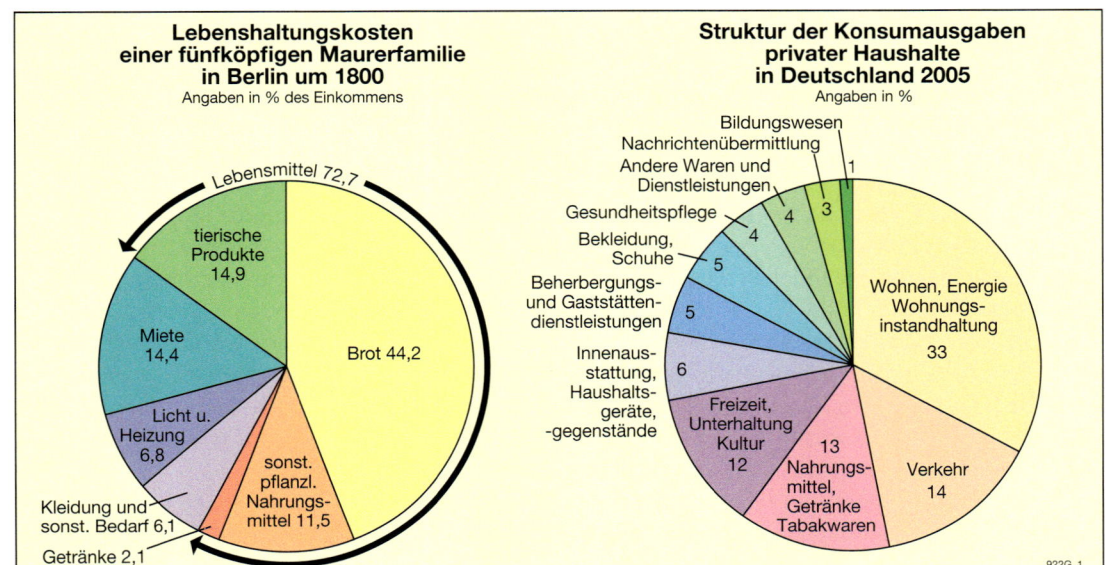

Lebenshaltungskosten einer fünfköpfigen Maurerfamilie in Berlin um 1800
Angaben in % des Einkommens

Lebensmittel 72,7
- tierische Produkte 14,9
- Miete 14,4
- Licht u. Heizung 6,8
- Kleidung und sonst. Bedarf 6,1
- Getränke 2,1
- sonst. pflanzl. Nahrungsmittel 11,5
- Brot 44,2

Struktur der Konsumausgaben privater Haushalte in Deutschland 2005
Angaben in %

- Bildungswesen 1
- Nachrichtenübermittlung 3
- Andere Waren und Dienstleistungen 4
- Gesundheitspflege 4
- Bekleidung, Schuhe 5
- Beherbergungs- und Gaststättendienstleistungen 5
- Innenausstattung, Haushaltsgeräte, -gegenstände 6
- Freizeit, Unterhaltung Kultur 12
- Nahrungsmittel, Getränke Tabakwaren 13
- Verkehr 14
- Wohnen, Energie Wohnungsinstandhaltung 33

922G_1

M 7 Der Fabrikbetrieb und seine Arbeiter

Der Wirtschafts- und Sozialhistoriker Akos Paulinyi beschreibt die Veränderungen, die der Einzug der Maschine in Produktionsprozesse mit sich brachte:

Für die Masse, für den im Textilgewerbe beschäftigten Heimarbeiter und Handwerker bedeutete der Übergang in die Fabrik eine Trennung von seinen Produktionsmitteln. Das Spinnrad blieb ihm zwar

5 erhalten, in der Stube stehen, diente aber nicht mehr seinem Lebensunterhalt. Nun wurde er zum „reinen" Lohnarbeiter, er stellte dem Unternehmer, dem Fabrikherrn, dem „master", wie es im Englischen hieß, nur seine Arbeitskraft zur Verfügung. Die zweite

10 Trennung, die die Fabrik dem ehemaligen Heimarbeiter brachte, war die Trennung der Arbeitsstätte von der Wohnstätte. Anstatt des Fußmarsches einmal in der Woche, zwecks Abgabe des Produktes und Übernahme der Rohstoffe für die nächste

15 Woche, musste er sich dem täglichen Weg zur Arbeit und nach Hause unterziehen. Mochte die Fabrik noch so nahe gelegen sein, bedeutete dies mindestens einen Bruch mit traditionellen Lebensgewohnheiten. Diesen Bruch zu verkraften, fiel dem Arbeiter

20 auch deshalb schwer, weil die Arbeit in der Fabrik gleichzeitig auch einen Bruch mit traditionellen Arbeitsgewohnheiten und Arbeitsinhalten bedeutete. Die Fabrikarbeit brachte eine festgelegte und nicht vom Arbeiter selbst bestimmte Arbeitszeit, Tag für

25 Tag von morgens früh bis spät abends in der Fabrik, im Schnitt mindestens 12, nicht selten aber auch 14-15 Stunden täglich (außer am Samstag, an dem nur 10 Stunden gearbeitet wurde). Den Arbeitsrhythmus, den der Arbeiter einst selbst bestimmte und

30 Pausen nach Belieben einlegte, bestimmte nun die Maschine; die Arbeitspause, in der die Maschinen stillstanden, schrieb die Fabrikordnung vor. Auch wenn das Spinnen am Spinnrad keine besonders abwechslungsreiche Tätigkeit war, beinhaltete sie

35 doch noch etwas Schöpferisches, die zielbewusste Umformung der Materie mit eigenem Kopf und eigenen Händen. Dieses schöpferische Element, das Umformen der Materie, fiel nun der Maschine zu. Dem Arbeiter blieb als Arbeitsinhalt die Versorgung

40 der Maschine mit dem Rohstoff, die Überwachung des Fertigungsvorganges, die Behebung von Pannen und einigen Arbeitern bei einigen Typen von Spinnmaschinen die Steuerung des Bewegungsablaufes der Maschine. Der im Normalfall ununterbrochene

45 und regelmäßige Gang der Maschinen verlangte nach ebenso ununterbrochener und regelmäßiger Konzentration, Aufmerksamkeit und Wiederholung derselben Handgriffe. Disziplin, Unterordnung und Füg-

samkeit wurden deshalb wichtiger als Ausbildung und Begabung. Diese Herabsetzung der Qualifikati-

50 onsmerkmale der Arbeitskraft, die Möglichkeit, Arbeitskräfte ohne Ausbildung direkt in der Produktion anzulernen, der hohe Bedarf an ausgesprochenen Hilfsarbeitern, hauptsächlich bei der Maschinenspinnerei, eröffnete den Weg zur Heranziehung

55 von Kindern und Frauen in die Fabrik.

A. Eggebrecht u. a., Geschichte der Arbeit, Vom alten Ägypten bis zur Gegenwart, Köln 1980, S. 206 ff.

M 8 Fabrik-Ordnung von 1846

für die Werkstätten der Maschinenfabrik Eßlingen

Da Subordination, Ordnung und Regelmäßigkeit für das Gedeihen eines jeden Etablissements unumgänglich notwendig sind, so wird gegenwärtige Verordnung für die Werkstätten der Maschinenfabrik Eßlingen erteilt, von welcher sämtliche

5 Arbeiter und Angestellte sich in Kenntnis zu setzen haben, um sich darnach zu richten.

Art. 1: Jeder angestellte Arbeiter ist gehalten, sich mit einem polizeilichen Arbeitsbüchlein zu versehen und dasselbe bei seinem Eintritt beim Aufseher

10 der Werkstätte abzugeben.

Art. 2: Die Arbeitszeit ist für das ganze Jahr folgende: von 6 Uhr morgens bis 12 Uhr mittags, von 1 Uhr mittags bis 7 Uhr abends. Mit Ausnahme des Montags nach einem Zahltage, wo die Arbeitsstunden

15 folgende sind: von 6 Uhr morgens bis 12 Uhr mittags.

Art. 3: Tage, an denen nicht gearbeitet wird, sind folgende: 1. die Sonntage und üblichen Feiertage, 2. Fastnacht-Dienstag.

Art. 4: Der Eintritt der Arbeiter in die Fabrik kann

20 nur morgens 6 Uhr, 7 Uhr und mittags 1 Uhr stattfinden, und zwar wird jedes Mal 15 Minuten vor diesen Zeiten das Fabriktor aufgeschlossen. Diese Zeiten werden nach der Uhr der Eisenbahnstation angenommen. Dem Portier ist es streng untersagt,

25 Arbeiter ohne Erlaubniskarten zu anderen Zeiten eintreten zu lassen. […]

Art. 6: Für jede Versäumnis der im Art. 2 bestimmten Arbeitszeit wird dem Arbeiter so viel von seinem Lohn abgezogen, als der Verdienst in der ver-

30 säumten Arbeitszeit betragen hätte. Ausgenommen sind Krankheitsfälle, worüber der Fabrikdoktor Bescheinigung zu geben hat, sowie ferner dringende Geschäfte, welche jedoch dem Aufseher anzuzeigen sind, und wovon sich derselbe nötigen-

35 falls zu überzeugen hat.

Art. 7: Fünf Minuten vor 7 Uhr abends werden die Arbeiter durch Glockenzüge erinnert, dass sie ihre Werkzeuge und in Arbeit befindliche Gegenstände

40 zu ordnen und ihre Werkbänke und Arbeitsplätze
zu reinigen und in Ordnung zu bringen haben. […]
Art. 8: Mittags um 12 Uhr und abends um 7 Uhr sind
jedes Mal 10 Minuten Zeit zum Austritt aus der Fabrik
gestattet; wer in dieser Zeit die Fabrik nicht verlas-
45 sen hat, unterliegt einem Abzug von 15 kr. Ausnahmen finden nur mit Erlaubnis des Aufsehers statt.
Art. 9: Jeder Arbeiter, welcher in oder aus der Fabrik
auf einem andern Wege, als durch das Tor beim Portier geht, unterliegt einem Abzuge von 1 fl. 30 kr.
50 [fl. = Gulden; kr. = Kreuzer]

Aus: Hauptstaatsarchiv Stuttgart

M 9 Auswirkungen des Fabriksystems

Der britische Unternehmer und Sozialreformer
Robert Owen (1771–1858) notierte angesichts der
Ausbreitung von Fabriken (1815):

[…] Die unmittelbare Folge dieses Fabrikphäno-
mens war ein rasches Wachstum des Reichtums der
Arbeitsleistung (industry), der Bevölkerung und des
politischen Einflusses des Britischen Reiches. […]
5 Wie wichtig auch diese Erfolge sein mögen, sie wurden von derart großen Übeln geleitet, dass man
fragen muss, ob sie nicht die Vorteile überwiegen.
[…] Die allgemeine Ausbreitung der Fabriken über
das ganze Land erzeugt einen neuen Charakter in
10 seinen Bewohnern. […] Der Erwerb von Reichtum
und die daraus naturgemäß entspringende Begier-
de nach seiner ständigen Vermehrung haben […]
eine Disposition geschaffen, die seine Besitzer ener-
gisch dazu treibt, die besten Empfindungen der Men-
15 schennatur dieser Liebe zur Akkumulation [ge-
meint ist die Anhäufung von Reichtum] zu opfern.
Um dieses Erfolgszieles willen ist die Arbeitsleistung der niederen Stände, aus deren Arbeit dieser
Reichtum heute gewonnen wird, von neuen Kon-
20 kurrenten in ihrem Kampf gegen die schon vorhandenen bis zum Zustand ausgesprochener Unterdrückung gesteigert worden. […] Infolgedessen
befinden sie sich heute in einer unendlich degra-
dierteren und elenderen Lage als vor der Einfüh-
25 rung der Fabriken, von deren Gedeihen ihre nackte Existenz heutzutage abhängt. […] Der Unternehmer betrachtet die Beschäftigten als bloße Instrumente für seinen Gewinn, während die Arbeiter
einen grob gewalttätigen Charakter erwerben, der,
30 wenn nicht auf verständige Weise gesetzliche Maßnahmen gegen seine Ausbreitung und zur Verbesserung der Lage dieser Klasse ersonnen werden, früher oder später das Land in einen furchtbaren und vielleicht ausweglosen Zustand der Gefahr bringen wird.
35 Diese Ausführungen haben den unmittelbaren

Zweck, diese Verbesserung zu bewirken und diese
Gefahr abzuwenden. Der einzige Weg hierzu ist die
Erlangung einer Parlamentsakte,
– die die reguläre Arbeitszeit in maschinentechnischen Betrieben auf täglich zwölf Stunden, einschließ- 40
lich eineinhalb Stunden für Mahlzeiten, beschränkt;
– die die Beschäftigung von Kindern unter zehn
Jahren in maschinentechnischen Betrieben verhindert oder auf sechs Stunden täglich beschränkt,
solange sie noch nicht zwölf Jahre alt sind; 45
– die Kinder beiderlei Geschlechts so lange nicht zur
Fabrikarbeit zulässt […], wie sie nicht fließend lesen
und schreiben können, die vier Grundrechnungsar-
ten beherrschen und die Mädchen nicht außerdem
imstande sind, sich ihre einfachen Kleidungsstücke 50
selbst zu nähen.

Zit. nach: M. Vester (Hg.), Die Frühsozialisten I, 1789–1848,
Reinbek bei Hamburg 1970, S. 55 f.

M10 Eine neue Gesellschaftsordnung

Robert Owen sah in sozialen Reformen den Weg,
um die Not der Arbeiterklasse zu lindern:

Der erste Schritt, der zur Verwirklichung dieser für
die Menschheit so bedeutenden Umgestaltung
getan werden muss, besteht darin, wirksame Maßnahmen zu ergreifen, um die gegenwärtigen Herrscher in allen Ländern aufzuklären. […] Und in die- 5
ser Richtung muss gearbeitet werden, weil man die
Neuordnung viel leichter und besser mithilfe einer
von Herzen kommenden Unterstützung dieser herrschenden Schichten als mit allen anderen Mitteln
erreichen wird. […] Es wird also auch ganz besonders 10
in ihrem unmittelbaren Interesse liegen, dieses Problem zu erkennen und aktiv Maßnahmen zu ergreifen, alle notwendigen Handlungen zu überschauen,
zu leiten und den gesamten Prozess der Umgestaltung ohne Gewaltanwendung und Störung des 15
öffentlichen Lebens sicher zu einem schnellen und
allgemeinen Abschluss zu bringen. Und diese Zusammenarbeit mit der Regierung ist um so notwendiger,
als jede Regierung in jedem Land an der Bildung
eines guten oder schlechten Charakters ihrer Unter- 20
tanen entscheidend beteiligt ist. […]
Die zweite bedeutende Maßnahme zur Bildung
eines besseren und vernünftigen Charakters des
Menschen muss darin bestehen, alle Religionen auf
der Welt zu reformieren und sie langsam auf fried- 25
liche Art und Weise zu dieser einzig wahren und
jetzt beweisbaren Religion zu vereinigen, die für
alle Menschen von dauerndem und wesentlichem
Nutzen sein kann. […]

Zit. nach: M. Vester (Hg.), a. a. O., S. 69.

M11 Der Sozialismus vertreibt den Vampir des Kapitalismus
Bild von Walter Crane (1845–1915).

M12 Arbeitende Frauen

Die Historikerin Rosemarie Beier fasst die Situation berufstätiger Frauen im Berlin der Jahrhundertwende zusammen:

Trotz einer täglichen Arbeitszeit von durchschnittlich zehn bis zwölf Stunden verdiente eine Heimarbeiterin kaum mehr als fünf bis sieben Mark in der Woche – also nicht einmal ein Viertel des in Berlin
5 üblichen Lohnes für männliche Arbeiter. Aber da der Arbeitskräfteandrang enorm war, konnten die Unternehmer die Löhne ständig senken und fanden trotzdem noch genügend Frauen, die bereit waren, für den geringsten Lohn zu arbeiten. […]
10 Für alle Frauen gehörte die Hausarbeit zu den unabdingbaren Pflichten. Das Leben in der Mietskaserne prägte die einzelnen Tätigkeiten: Die „große Wäsche" beispielsweise wurde zur neuen Mühsal. Gewaschen wurde in der Waschküche bzw. auf dem
15 Waschboden oder, wenn der dürftige Textilvorrat nicht für einen Waschtag reichte, in der Wohnung. Zu der Plackerei des Waschens (das Einweichen, Rühren, Schrubben, Wringen, Spülen und Stärken musste ja mit der Hand gemacht werden) kam der beschwerli-
20 che Weg zum Trockenboden und zurück. Wurde in der Küche gewaschen, war die Wohnung mit heißem

Dampf beschlagen, der die Wände durchfeuchtete. Auch der Einkauf wurde zur neuen, großstädtisch geprägten Arbeit von Frauen. Er bedeutete ein Mehr an Wegen und an Schlepperei, und er erforderte 25 neues Wissen. Hatten auf dem Land Gemüse und Obst aus dem eigenen Kleingarten so genommen werden müssen, wie die Natur sie wachsen ließ, wurde es jetzt für die Hausfrau wichtig, darauf zu achten, was sie für ihr Geld bekam. Überdies wurden 30 nun neue Anforderungen an die Hausfrau gestellt, die auf dem Land, woher ja der überwiegende Teil der Berliner Bevölkerung stammte, unbekannt gewesen waren. Auch die Arbeiterfrau sollte jetzt die „Hüterin des Hauses" sein, das sie – so die Vor- 35 stellungen von Wohnungsbauplanern, Medizinern und Hygienikern – volksgesundheitlichen Vorgaben entsprechend reinhalten und pflegen sollte. Die Wohnung wurde das „Feld der Frau", wie der Titel einer Broschüre des Groß-Berliner Vereins für Klein- 40 wohnungswesen (um 1912) lautete.
Nicht nur für Arbeiterfrauen und -mädchen, sondern zunehmend auch für die Töchter aus dem Bürgertum war eine Erwerbstätigkeit finanziell notwendig. Berufstätigkeit bedeutete für sie zugleich 45 die Möglichkeit, häuslicher Enge zu entfliehen. Die Entwicklung wurde insbesondere von der organisierten Frauenbewegung als Chance gesehen, „soziale Mütterlichkeit", d. h. die spezifischen weiblichen Sozialeigenschaften, in Beruf und 50 Gesellschaft zu tragen. […]
Die Tätigkeit im Büro erlangte auch und gerade in Berlin für erwerbstätige Frauen zunehmend Bedeutung. In der Phase der Hochindustrialisierung wurde im Handel, in der Industrie und in der 55 öffentlichen Verwaltung eine arbeitsteilige Zerlegung der anfallenden Büroarbeiten notwendig, eine Entwicklung, die in Berlin als bedeutender Industrie- und Handelsstadt sowie Reichshauptstadt besonders ausgeprägt war. Gesucht wurden 60 jetzt kostengünstige Arbeitskräfte, die wenig spezialisierte Anlerntätigkeiten übernahmen. Das waren zunehmend Frauen, die bis dahin überhaupt nicht in den Büros anzutreffen waren. Zugleich verschlechterte sich die Berufssituation 65 der männlichen Bürodiener. Die traditionellen Qualifikationen der Schreiber und Kopisten waren immer weniger gefragt, denn nicht mehr die sorgfältige Handschrift, sondern die fehlerfreie Maschinenschrift wurde zur Visitenkarte erfolgrei- 70 cher Unternehmen – der Beruf der Maschinenschreiberin, der Typistin, entstand.

In: G. Korff, R. Rürup, Berlin, Berlin, Die Ausstellung zur Geschichte der Stadt, Berlin 1987, S. 335 f.

M13 **Plakat von Käthe Kollwitz (1867–1945)**

Die Deutsche Heimarbeit-Ausstellung von 1906 konfrontierte eine breitere Öffentlichkeit erstmals mit dem verborgenen sozialen Elend in dieser Branche. Auch Käthe Kollwitz klagte mit ihrem Plakat das schwere Los der Hausindustriellen an. Der Anblick der abgearbeiteten, verhärmten Frau störte Kaiserin Auguste Viktoria so sehr, dass sie sich weigerte, die Ausstellung zu besuchen, bis das Plakat auf allen Litfasssäulen in der Reichshauptstadt überklebt wurde.

M14 **Manifest der Kommunistischen Partei**

Karl Marx und Friedrich Engels veröffentlichten 1848 ihre berühmteste Schrift:

Die Geschichte aller bisherigen Gesellschaft ist die Geschichte von Klassenkämpfen.

Freier und Sklave, Patrizier und Plebejer, Baron und Leibeigener, Zunftbürger und Gesell, kurz, Unter-
5 drücker und Unterdrückte standen in stetem Gegensatz zueinander, führten einen ununterbrochenen, bald versteckten, bald offenen Kampf, einen Kampf, der jedesmal mit einer revolutionären Umgestaltung der ganzen Gesellschaft endete
10 oder mit dem gemeinsamen Untergang der kämpfenden Klassen. In den frühen Epochen der Ge-

schichte finden wir fast überall eine vollständige Gliederung der Gesellschaft in verschiedene Stände, eine mannigfaltige Abstufung der gesellschaftlichen Stellungen. Im alten Rom haben wir Patrizier, 15 Ritter, Plebejer, Sklaven; im Mittelalter Feudalherren, Vasallen, Zunftbürger, Gesellen, Leibeigene, und noch dazu in fast jeder dieser Klassen wieder besondere Abstufungen.

Die aus dem Untergang der feudalen Gesellschaft 20 hervorgegangene moderne bürgerliche Gesellschaft hat die Klassengegensätze nicht aufgehoben. Sie hat nur neue Klassen, neue Bedingungen der Unterdrückung, neue Gestaltungen des Kampfes an die Stelle der alten gesetzt. 25

Unsere Epoche, die Epoche der Bourgeoisie, zeichnet sich jedoch dadurch aus, dass sie die Klassengegensätze vereinfacht hat. Die ganze Gesellschaft spaltet sich mehr und mehr in zwei große feindliche Lager, in zwei große, einander direkt gegenüberstehende 30 Klassen: Bourgeoisie und Proletariat. […]

Die große Industrie hat den Weltmarkt hergestellt, den die Entdeckung Amerikas vorbereitete. Der Weltmarkt hat dem Handel, der Schifffahrt, den Landkommunikationen eine unermessliche Ent- 35 wicklung gegeben. Diese hat wieder auf die Ausdehnung der Industrie zurückgewirkt, und in demselben Maße, worin Industrie, Handel, Schifffahrt, Eisenbahnen sich ausdehnten, in demselben Maße entwickelte sich die Bourgeoisie, vermehrte sie ihre 40 Kapitalien, drängte sie alle vom Mittelalter her überlieferten Klassen in den Hintergrund. […] Die Bourgeoisie kann nicht existieren, ohne die Produktionsinstrumente, also die Produktionsverhältnisse, also sämtliche gesellschaftlichen Verhältnisse 45 fortwährend zu revolutionieren. Unveränderte Beibehaltung der alten Produktionsweise war dagegen die erste Existenzbedingung aller früheren industriellen Klassen. Die fortwährende Umwälzung der Produktion, die ununterbrochene Erschütterung 50 aller gesellschaftlichen Zustände, die ewige Unsicherheit und Bewegung zeichnet die Bourgeois-Epoche vor allen früheren aus. Alle festen eingerosteten Verhältnisse mit ihrem Gefolge von altehrwürdigen Vorstellungen und Anschauungen werden aufge- 55 löst, alle neu gebildeten veralten, ehe sie verknöchern können. Alles Ständische und Stehende verdampft, alles Heilige wird entweiht […]. Das Bedürfnis nach einem stets ausgedehnteren Absatz für ihre Produkte jagt die Bourgeoisie über die 60 ganze Erdkugel. Überall muss sie sich einnisten, überall anbauen, überall Verbindungen herstellen.

Zit. nach: I. Fetscher (Hg.), Marx – Engels III, Geschichte und Politik 1, Frankfurt/M., 1966, S. 59 ff.

M15 Marx und Engels

Das noch aus der DDR-Zeit stammende Marx-Engels-Denkmal vor dem „Palast der Republik" und dem Dom in Berlin

M16 Historischer und dialektischer Materialismus

Der Journalist Paul-Heinz Koesters unternimmt den Versuch, das komplizierte Gedankengebäude von Karl Marx in allgemein verständlicher Sprache darzustellen:

Zentrales Thema der Marxschen Philosophie ist die materialistische Geschichtsauffassung. Er entwickelte sie aus der Annahme, dass die Geschichte nicht durch eine göttliche Kraft gestaltet wird, son-
5 dern durch die Auseinandersetzung des Menschen mit der Natur. Wie der Philosoph Friedrich Hegel ging er davon aus, dass sich die Geschichte dialektisch auf ein bestimmtes Ziel zubewegt. Dabei unterliegt der Geschichtsprozess – also die Kette der
10 historischen Ereignisse: Kriege, Erfindungen usw. – Gesetzen, die für den Menschen erkennbar sind.
Nach Marx entwickelt sich ein historisches Ereignis unter bestimmten ökonomischen und politischen Bedingungen einer konkreten geschichtlichen
15 Situation. Im Falle der Französischen Revolution war dies die korrumpierte [sittlich verkommene] und veraltete Feudalherrschaft auf der einen Seite und das wirtschaftlich mächtig gewordene Bürgertum auf der anderen Seite. […]
20 Um die Geschichte ergründen zu können, die das Schicksal eines jeden Menschen bestimmt, ist es wichtig zu wissen, wie die Antriebskraft aussieht, die den Geschichtsprozess in Gang hält. Hegel definierte diese Kraft als ein den Menschen übergeord-

netes göttliches Wesen – als „Weltgeist". Dieser 25 Weltgeist („Vernunft") ist mit sich selbst nicht einig und trägt seine Konflikte im „Volksgeist" der Staaten aus. Dadurch kommt es unter den Menschen zu Elend, Krieg und Ausbeutung. Erst wenn der Weltgeist wieder zu sich selbst zurückgefunden hat und 30 mit sich selbst in Eintracht lebt, ist das Ziel der Geschichte erreicht, und die Menschen können in Frieden und Freiheit leben. […]
Obgleich Marx von Hegels Geschichtserklärung tief beeindruckt war, spürte er sofort deren Schwäche 35 auf. Der wunde Punkt, so fand er, lag darin, dass dem Weltgeist Hegels mit wissenschaftlichen Mitteln nicht beizukommen ist. Er ist weder mess- noch beobachtbar wie ein Atom zum Beispiel. Marx begann daraufhin, die Triebkraft der Geschichte 40 nicht, wie Hegel, außerhalb der Menschen zu suchen, sondern dort, wo sie wirkt: in der Produktion des materiellen Lebens (Nahrung, Kleidung, Behausung, Verkehr usw.). Nach Marx ist die von Hegel zu einer überirdischen Institution mystifizier- 45 te Kraft nichts anderes als der Drang der Menschen, in Freiheit zu leben und in diesem „Reich der Freiheit" den ganzen unterdrückten Reichtum menschlicher Möglichkeiten – wie Liebe, Fantasie, künstlerische Begabung usw. – zu entfalten. Auf dem Weg 50 zur Freiheit machen sich die Menschen die Erde immer mehr untertan und schütteln in einem qualvollen, oft blutigen Prozess die Mächte, die sie selbst geschaffen haben, allmählich wieder ab – bis das Ziel der Geschichte, nach dem kein Mensch über einen 55 anderen Menschen herrschen darf, erreicht ist. Jeder Mensch ist in diese geschichtliche Entwicklung einbezogen – gleichgültig, ob er nun die Gesetze der Geschichte und deren Ziele kennt oder nicht.
Eine der großen Entwicklungsstufen der Menschen 60 war die „Arbeitsteilung", die es den Menschen ermöglicht, weit mehr Dinge zu produzieren, als sie fürs nackte Leben brauchen. Dadurch entstand „Reichtum", der ursprünglich dazu führen sollte, dass alle Menschen besser leben. 65
Doch es kam anders. Das Unglück der Geschichte, so Marx, fing in dem Moment an, als eine Gruppe von Menschen Privateigentum bildete – und zwar in der Form, dass andere Menschen von ihnen abhängig wurden. Fortan waren die Menschen in 70 besitzende und besitzlose Klassen gespalten. Um ihren Besitz gegenüber denen, die nichts als ihre Arbeitskraft haben, zu verteidigen, schufen die jeweils herrschenden Klassen Kulturen – Staatsformen, Künste, Erziehung, Religionen, Gesetze usw. –, 75 die den Besitzlosen suggerieren, dass den Reichen der Besitz zu Recht gehört – zum Beispiel, dass er

gottgewollt sei oder dass es gar nicht auf irdischen Besitz, sondern aufs ewige Leben ankomme.

80 Ökonomischen Gesetzen zufolge, so Marx, werden aber die Reichen immer reicher (zum Beispiel durch die Investition von Gewinnen), sodass die sozialen Spannungen zwischen Besitzenden und Besitzlosen unerträglich werden und es zu Klassenkämpfen

85 und schließlich zur „Revolution" kommt. Der gewaltige kulturelle Überbau bricht dann allmählich zusammen, und die revolutionäre Klasse übernimmt mit ihren eigenen kulturellen Vorstellungen und Ideologien die Macht.

90 Marx definiert also den Gang der Weltgeschichte – angefangen von der [Herrschaft über Sklaven] des Altertums über die Feudalsysteme mit ihren Leibeigenen bis hin zur bürgerlichen Gesellschaft mit ihrem Proletariat – als einen immerwährenden

95 Kampf ums Eigentum an Produktionsmitteln. Er verwarf Hegels Vorstellungen, nach der die kulturellen Unterschiede die geschichtlichen Spannungen auslösen, und formulierte den berühmten Satz, dass das „Sein" (die wirtschaftliche Basis, auf

100 der die Menschen leben) das „Bewusstsein" (also den menschlichen Geist, der die Kulturen schafft) bestimmt und nicht umgekehrt.

Politische Ideen oder Gefühle, die so stark sind (wie zum Beispiel die Vaterlandsliebe), dass sie die Gegensätze zwischen den Klassen überbrücken und die Eigentumsfrage zweitrangig werden lassen, gibt es für Marx nicht. Ebenso töricht ist für ihn der Glaube, dass die Reichen durch einen Appell an ihre Moral freiwillig auf ihren Besitz an den Produktionsmitteln verzichten. Die einzige Möglichkeit, die soziale Frage zu regeln, ist für Marx der Kampf der Unterdrückten gegen die Unterdrücker.

Aus der Geschichte des 19. Jahrhunderts las Marx heraus, dass der historische Kampf sich seinem Ende nähere und es 125 nur noch eines „letzten Gefechtes" bedürfe – der Revolution des Proletariats gegen die Bourgeoisie. Danach beginnt, so Marx, eine neue Geschichte, die Geschichte einer freien Menschheit.

K. Marx: „Tut mir leid Jungs! War halt nur so'ne Idee von mir …"

P.-H. Koesters, Deutschland deine Denker, Geschichten von Philosophen und Ideen, die unsere Welt bewegen, Hamburg 1980, 166 ff.

Aufgaben

1. Erläutern Sie, in welcher Weise sich die Lebensverhältnisse der arbeitenden Bevölkerung durch die Industrialisierung verändert haben.
   → Text, M1, M4–M6

2. Erklären Sie die Auswirkungen, die die Fabrikarbeit auf die Arbeiter hatte.
   → Text, M7–M9

3. Inwiefern kann man von den „Widersprüchen des Fortschritts" sprechen? Erarbeiten Sie eine Gegenüberstellung von positiven und negativen Auswirkungen der Industriellen Revolution.
   → Text, M5, M6

4. Beschreiben Sie die besonderen Belastungen von arbeitenden Frauen.
   → M12, M13

5. Welche Abhilfen und Reformmaßnahmen schlägt Owen vor?
   → M10

6. Erläutern Sie die These von Marx und Engels, nach der die menschliche Entwicklung einen immerwährenden Kampf um das Eigentum an Produktionsmitteln darstellt.
   → Text, M3, M14

7. Erklären Sie die Grundzüge des Historischen und Dialektischen Materialismus.
   → Text, M3, M14, M16

8. Wie beschreibt die materialistische Geschichtsauffassung (Historischer Materialismus) das Verhältnis von „Basis" und „Überbau"?
   → Text, M16

9. Wie beurteilen Sie den Einfluss geistiger Faktoren auf den Geschichtsverlauf?
   → Text, M16

10. Vergleichen Sie die marxistischen Theorien und Voraussagen mit der tatsächlichen wirtschaftlichen und gesellschaftlichen Entwicklung.
    → Text, M2, M5, M6, M11, M16

5.4 Lösungsversuche der Sozialen Frage

Die sozialistische Arbeiterbewegung

M 1

Die organisierte Arbeiterbewegung entstand im 19. Jahrhundert als Ergebnis langer und mühsamer Kämpfe um die politische Solidarisierung und Emanzipation der arbeitenden Bevölkerung.

1847 wurde in London der „Bund der Kommunisten" als Vereinigung der deutschen Handwerkergesellen im Ausland gegründet. Marx und Engels entwarfen als Programmschrift das „Kommunistische Manifest" (1848), das die politische Notwendigkeit des proletarischen Klassenkampfes propagierte.

1848 schlossen sich im Jahr der deutschen Revolution Handwerker und Facharbeiter zu einer „Arbeiterverbrüderung" zusammen. Sie war die erste politische Arbeiterorganisation in Deutschland. Ihre wichtigsten Ziele waren ein zehnstündiger Arbeitstag und soziale Hilfen für kranke Arbeiter.

1863 gründete Ferdinand Lassalle (1825–1864) den „Allgemeinen Deutschen Arbeiterverein" (ADAV). Lassalle wollte durch Reformen und staatliche Hilfen für Arbeitergenossenschaften auf friedlichem Wege die Verelendung des Proletariats aufheben. Politisch forderten die Anhänger Lassalles ein allgemeines und gleiches Wahlrecht als Mittel der Demokratisierung des Staates. Die Gründung des ADAV bedeutete einen wichtigen Schritt auf dem Wege zu einer selbstständigen politischen Partei der Arbeiterschaft.

1864 entwarf eine „Internationale Arbeiter-Assoziation" die erste europäische Plattform für die Arbeiterbewegung. Unter dem Einfluss von Marx ging die „Erste Internationale" davon aus, dass eine wirkliche Verbesserung der sozialen Lage des Proletariats nur als Folge der Überwindung der bürgerlichen Klassenherrschaft möglich sei. Fernziel war die Abschaffung des Staates und eine allgemeine Selbstverwaltung in allen gesellschaftlichen Bereichen.

1869 gründeten in Eisenach (Thüringen) August Bebel (1840–1913) und Wilhelm Liebknecht (1826–1900) eine stark marxistisch ausgerichtete „Sozialdemokratische Arbeiterpartei". Diese forderte soziale Strukturreformen und eine Demokratisierung von Staat und Gesellschaft. Neben dem Ziel der politischen Machtgewinnung stand das der Selbstverwaltung auf sozialistischer Grundlage.

1875 schlossen sich die bisher getrennten politischen Organisationen der Arbeiterklasse („Lassalleaner" und „Eisenacher") trotz politischer Differenzen auf einem Parteitag in Gotha zur „Sozialistischen Arbeiterpartei Deutschlands" (SAPD) zusammen. Die politischen Ziele der Sozialistischen Arbeiterpartei brachten diese zwangsläufig in einen Gegensatz zum autoritären Obrigkeitsstaat des Kaiserreichs. Mit dem „Sozialistengesetz" (1878–1890) drängte Bismarck die Partei in die Illegalität. Die gesamte sozialdemokratische Parteiorganisation und ihre Publikationen wurden für „gemeingefährlich" erklärt und verboten. Nur die Teilnahme an den Reichstagswahlen und einzelnen Landtagswahlen war von der Kriminalisierung durch dieses Ausnahmegesetz nicht betroffen.

Trotz der politischen Knebelung wuchs schon vor der Aufhebung des Sozialistengesetzes der Einfluss der Sozialdemokratie. Bei den

M 2 **Das Traditionsbanner der SPD**
mit dem Handschlag, dem alten Symbol der Arbeiterverbrüderung

Reichstagswahlen 1912 erreichte sie 34,8 Prozent der Stimmen (4,3 Millionen) bei einer Mitgliederzahl von etwa einer Million und wurde damit stärkste Fraktion im Reichstag.

Das auf dem Erfurter Parteitag (1891) beschlossene neue Programm war in seinen theoretischen Grundlagen marxistisch, in seinem praktischen Teil aber eher sozialreformerisch – demokratisch ausgerichtet. Es spiegelte den für die politische Praxis der Sozialdemokratischen Partei Deutschlands kennzeichnenden Widerspruch zwischen einer revolutionären Theorie und einer gemäßigten, reformistischen Tagespolitik wider, die auf eine Demokratisierung des Staates und einen Ausbau der Sozialgesetzgebung zielte.

Der stürmische Aufschwung der Industrie, die langsam steigenden Reallöhne, das Anwachsen der Partei (Wahlerfolge) und der Gewerkschaften begünstigten die Herausbildung des Revisionismus als neuer politischer Strömung in der Partei. Sein bedeutendster Theoretiker Eduard Bernstein (1850–1932) bestritt die marxistische Annahme vom Zusammenhang der Krise des Kapitalismus mit dem politischen Klassenkampf. In der Auseinandersetzung mit den marxistisch-orthodoxen Auffassungen forderte er neben einer Demokratisierung des Staates eine soziale Reformpolitik.

Gegen den Widerstand des linken Flügels der Sozialdemokratie, zu dem zum Beispiel Rosa Luxemburg (1871–1919) gehörte, setzte sich der Revisionismus in der Partei durch und wurde zur Grundlage der

M 3 **Verbrüderung der Arbeiter**
Maifestzeitung von 1896: Die Forderung nach der internationalen Einheit der Arbeiterbewegung greift auch auf die Parole der Französischen Revolution zurück, Bild von Otto Marcus.

sozialdemokratischen Politik (Reformsozialismus). Im letzten Viertel des 19. Jahrhunderts entwickelte sich die deutsche Sozialdemokratie unter der Führung von August Bebel und Wilhelm Liebknecht zu einem der wichtigsten Pfeiler der internationalen Arbeiterbewegung.

Gewerkschaften

Für die Entstehung der Gewerkschaften war die Erfahrung entscheidend, dass nur durch eine Solidarisierung der Arbeiterschaft ein wirksames Gegengewicht zur Macht der Unternehmer aufgebaut werden konnte. In ihren Anfängen waren die Gewerkschaften Organisationen zur Selbsthilfe und gegenseitigen Unterstützung der arbeitenden Bevölkerung, zum Beispiel bei Krankheiten oder Arbeitslosigkeit.

Der gewerkschaftliche Kampf richtete sich – gegen den Widerstand der Unternehmer und des Staates – auf höhere Löhne, Verbesserung der Arbeitsbedingungen, Verkürzung der Arbeitszeit, also auf die rechtliche, soziale und ökonomische Absicherung der lohnabhängigen Arbeiter.

Die Einführung der Koalitionsfreiheit (1861 in Sachsen, 1869 im Norddeutschen Bund) stellte die notwendige rechtliche Voraussetzung für die Bildung der Gewerkschaften dar. Vor ihrer – wenn auch eingeschränkten – Legalisierung wurden die Zusammenschlüsse („Koalitionen") der Handwerker und Lohnarbeiter unterdrückt. Verabredungen über höhere Löhne waren verboten, und Streiks wurden als Gesellenunfug oder Aufruhr gegen die Obrigkeit unter harte Strafen gestellt.

Trotz politischer Differenzen, zum Beispiel über die politische Rolle des Massenstreiks als Kampfmittel, bestanden zwischen den sozialistisch ausgerichteten Freien Gewerkschaften und der Sozialdemokratie enge politische und personelle Verbindungen. Die Gewerkschaftsführung stand dem revisionistischen Flügel in der Partei nahe. Im Jahre 1890 schlossen sich die Freien Gewerkschaften zur „Generalkommission der Gewerkschaften Deutschlands" unter dem Vorsitz von Carl Legien zusammen. Ihre Mitgliederzahl stieg von etwa 90 000 (1888) auf über 2,5 Millionen (1914) an. In zahlreichen Streiks drückte sich das wachsende kollektive Selbstbewusstsein der Arbeiterschaft aus.

M 4 **Der Streik**
Konfrontation des Unternehmers mit den Arbeitern, Gemälde von Robert Koehler aus dem Jahr 1886

Als Konkurrenz zu den sozialistischen Gewerkschaften entstanden eine christliche Gewerkschaftsbewegung und die zahlenmäßig weniger bedeutsamen liberal-sozialen Hirsch-Dunckerschen Gewerkvereine.

Die kirchliche Sozialbewegung

Auch auf kirchlicher Seite entwickelte sich langsam das Verständnis für die sozialen Probleme der Arbeiterschaft. Einzelne Persönlichkeiten wie der Mainzer Bischof von Ketteler (1811–1877) erkannten die Unsicherheit und Rechtlosigkeit des Arbeiterdaseins. Hilfsmaßnahmen des

Staates, der Kirchen und christlich orientierter Einzelner sollten nach seiner Auffassung dazu beitragen, die Soziale Frage zu lösen. Die konkreten Forderungen von Kettelers waren höhere Löhne, kürzere Arbeitszeiten, Gewährung von Ruhetagen und Abschaffung von Frauen- und Kinderarbeit. Diese Verbesserungen sollten aus dem Geist christlicher Nächstenliebe erfolgen.

Ebenfalls von katholischer Seite griff der Priester Adolf Kolping (1813–1865) die sozialen Missstände der Arbeiterschaft auf. Er arbeitete in katholischen Vereinen und Häusern für Not leidende Handwerksgesellen. Die Enzyklika „Rerum Novarum" des Papstes Leo XIII. (1891), in der zur Grundlegung einer katholischen Soziallehre die Haltung der Kirche zur Sozialen Frage und zur Eigentumsordnung zusammengefasst wurde, diente der christlich-sozialen Bewegung als Richtschnur.

Von der evangelischen Kirche gründete der Pfarrer Johann Hinrich Wichern (1808–1881) Heime zur Unterbringung und Ausbildung armer und verwaister Kinder.

Betriebliche Sozialpolitik

Zu den Unternehmern, die ihre Verantwortung gegenüber der Sozialen Frage erkannten, gehörten einzelne Persönlichkeiten wie Ernst Abbe (in Jena), Alfred Krupp (in Essen) und der Stuttgarter Fabrikant Robert Bosch. Sie gründeten einzelne betriebsbezogene Fürsorge- und Wohlfahrtseinrichtungen in einer Zeit, als staatliche Maßnahmen zur Sozialpolitik noch weitgehend unbekannt waren.

Ernst Abbe (1840–1905), der Begründer der bedeutenden „Carl-Zeiss-Stiftung", führte zum Beispiel als soziale Maßnahmen den bezahlten Urlaub, Gewinnbeteiligungen und Pensionsansprüche für Arbeiter und ab 1900 den Achtstundentag ein.

Der Großindustrielle Alfred Krupp (1812–1887) richtete für seine Beschäftigten Betriebskrankenkassen und Pensionskassen ein. Für Arbeiter wurden auch Werkswohnungen gebaut.

Als Gegenleistung der Arbeiter verlangten die Unternehmer Gehorsam und Unterordnung unter die Betriebsleitung. Die betrieblichen Sozialleistungen sollten dazu beitragen, das „treue Zusammenhalten der Arbeiter mit ihrem Arbeitgeber" (Alfred Krupp) zu fördern.

Die private Sozialpolitik blieb insgesamt gesehen nur auf wenige Unternehmen beschränkt. Dennoch gingen von ihr einige wichtige Anstöße für die später einsetzende staatliche Sozialpolitik aus.

Staatliche Sozialpolitik

Als Reflex auf die stürmische Industrialisierung des Deutschen Reiches und das Erstarken der Arbeiterbewegung entstand im Laufe der 80er Jahre des 19. Jahrhunderts das ausgebaute System einer staatlichen Sozialversicherung. Die Sozialgesetzgebung, durch die der Staat ein Mindestmaß an sozialer Verantwortung für die Arbeiterschaft übernahm, umfasste:
- die Krankenversicherung (1883),
- die Unfallversicherung (1884),
- die Invaliditäts- und Altersversicherung (1889).

Die politische Funktion der von Bismarck veranlassten Sozialgesetzgebung lag darin, die Arbeitermassen der Sozialdemokratie abspenstig zu machen. Bismarcks doppelte Strategie, einerseits die sozialistische Bewegung (durch die „Peitsche" der Sozialistengesetze) zu unterdrücken und andererseits (durch das „Zuckerbrot" der Sozialpolitik) in den monarchisch-autoritären Obrigkeitsstaat zu integrieren, erwies sich als nur begrenzt erfolgreich.

durch welches – und durch welches allein –, wie Sie jetzt sofort selbst sehen, jenes eherne und grausame Gesetz beseitigt sein würde, das den Arbeitslohn bestimmt![1] 10

Wenn der Arbeiterstand sein eigener Unternehmer ist, so fällt jene Scheidung zwischen Arbeitslohn und Unternehmergewinn und mit ihr der bloße Arbeitslohn überhaupt fort, und an seine Stelle tritt als Vergeltung der Arbeit: der Arbeits- 20 ertrag! 15

Die Aufhebung des Unternehmergewinns in der friedlichsten, legalsten und einfachsten Weise, indem sich der Arbeiterstand durch frei- 25 willige Assoziationen [Vereinigungen] als sein eigener Unternehmer organisiert, die hiermit allein gegebene Aufhebung jenes Gesetzes, welches unter der heutigen Produk- 30 tion von dem Produktionsertrag das eben zur Lebensfristung Erforderliche auf die Arbeiter als Lohn und den gesamten Überschuss auf den Unternehmer verteilt, das ist die ein- 35 zige wahrhafte, die einzige seinen gerechten Ansprüchen entsprechende, die einzige nicht illusionäre Verbesserung der Lage des Arbeiterstandes. […] 40

1 Das „eherne Lohngesetz" ist die Bezeichnung für Lassalles Lohntheorie, nach der der Arbeitslohn um das Existenzminimum schwankt.

F. Lassalle, Aus seinen Reden und Schriften, Wien 1964, S. 118.

M 5 Ferdinand Lassalle – der Kämpfer gegen die Macht des Kapitals
Das Bild enthält eine Anspielung auf das Alte Testament, auf die Zerstörung des Goldenen Kalbes durch Moses.

M 6 „Der Arbeiter, sein eigener Unternehmer"

Ferdinand Lassalle (1825–1864), Arbeiterführer und Gründer des Allgemeinen Deutschen Arbeitervereins, strebte eine Verbesserung der Lage der Arbeiter an (1863):

Wie also? Sollte das Prinzip der freien individuellen Assoziation [Vereinigung] der Arbeiter nicht vermögen, die Verbesserung der Lage des Arbeiterstandes zu bewirken?

5 Allerdings vermag es das – aber nur durch seine Anwendung und Ausdehnung auf die fabrikmäßige Großproduktion. Den Arbeiterstand zu seinem eigenen Unternehmer machen – das ist das Mittel,

M 7 Das Gothaer Programm der Sozialistischen Arbeiterpartei Deutschlands

Im Mai 1875 erfolgte in Gotha der Zusammenschluss der Lassalleaner mit der von Marx und Bebel beeinflussten Arbeiterpartei. Die neue Partei („Sozialistische Arbeiterpartei Deutschlands") stellte folgende Forderungen auf:

Die Sozialistische Arbeiterpartei Deutschlands, obgleich zunächst im nationalen Rahmen wirkend, ist sich des internationalen Charakters der Arbeiterbewegung bewusst und entschlossen, alle Pflichten, welche dieselbe den Arbeitern auferlegt, zu 5 erfüllen, um die Verbrüderung aller Menschen zur Wahrheit zu machen.

Die Sozialistische Arbeiterpartei Deutschlands fordert, um die Lösung der Sozialen Frage anzubahnen, die Errichtung von sozialistischen Produktiv-
10 genossenschaften mit Staatshilfe unter der demokratischen Kontrolle des arbeitenden Volkes. Die Produktivgenossenschaften sind für Industrie und Ackerbau in solchem Umfange ins Leben zu rufen,
15 dass aus ihnen die sozialistische Organisation der Gesamtarbeit entsteht.

1. Allgemeines, gleiches, direktes Wahl- und Stimmrecht, mit geheimer und obligatorischer Stimmabgabe aller Staatsangehörigen vom zwanzigsten
20 Lebensjahre an für alle Wahlen und Abstimmungen in Staat und Gemeinde. Der Wahl- und Abstimmungstag muss ein Sonntag oder Feiertag sein.

2. Direkte Gesetzgebung durch das Volk. Entscheidung über Krieg und Frieden durch das Volk.
25 3. Allgemeine Wehrhaftigkeit. Volkswehr an Stelle der stehenden Heere.

4. Abschaffung aller Ausnahmegesetze, namentlich der Press-, Vereins- und Versammlungsgesetze; überhaupt aller Gesetze, welche die freie Mei-
30 nungsäußerung, das freie Forschen und Denken beschränken.

5. Rechtsprechung durch das Volk. Unentgeltliche Rechtspflege.

6. Allgemeine und gleiche Volkserziehung durch
35 den Staat. Allgemeine Schulpflicht. Unentgeltlicher Unterricht in allen Bildungsanstalten. Erklärung der Religion zur Privatsache.

Die Sozialistische Arbeiterpartei Deutschlands fordert innerhalb der heutigen Gesellschaft:
40 1. Möglichste Ausdehnung der politischen Rechte und Freiheiten im Sinne der obigen Forderungen.

2. Eine einzige progressive Einkommensteuer für Staat und Gemeinde anstatt aller bestehenden, insbesondere der das Volk belastenden indirekten
45 Steuern.

3. Unbeschränktes Koalitionsrecht.

4. Einen den Gesellschaftsbedürfnissen entsprechenden Normalarbeitstag. Verbot der Sonntagsarbeit.

5. Verbot der Kinderarbeit und aller die Gesundheit
50 und Sittlichkeit schädigenden Frauenarbeit.

6. Schutzgesetze für Leben und Gesundheit der Arbeiter. Sanitäre Kontrolle der Arbeiterwohnungen. Überwachung der Bergwerke, der Fabrik-, Werkstatt- und Hausindustrie durch von Arbeitern
55 gewählte Beamte. Ein wirksames Haftpflichtgesetz.

7. Regelung der Gefängnisarbeit.

8. Volle Selbstverwaltung für alle Arbeiterhilfs- und Unterstützungskassen. […]

Zit. nach: W. Lautemann, M. Schlenke (Hg.), Das bürgerliche Zeitalter 1815–1914, München 1980, S. 878 f.

M 8 **Das Sozialistengesetz (1878–1890)**

Mithilfe des Sozialistengesetzes versuchte Bismarck, die Sozialdemokratie politisch zu zerschlagen. Es erlaubte die Ausrufung des „kleinen Belagerungszustands", verbunden mit einem Aufenthaltsverbot für Sozialdemokraten. August Bebel, Führer der deutschen Sozialdemokratie, erinnert sich:

[…] Während wir so in voller Tätigkeit waren, aus den Trümmern, die das Sozialistengesetz uns bis dahin geschaffen hatte, zu retten, was zu retten möglich war, wurden wir am 29. November mit der Nachricht überrascht, dass am Abend zuvor der 5 „Reichsanzeiger" eine Proklamation des Ministeriums veröffentlichte, wonach der kleine Belagerungszustand über Berlin verhängt wurde. Dieser Hiobspost folgte am nächsten Tage die Mitteilung, dass 67 unserer bekanntesten Parteigenossen […], 10 bis auf einen sämtlich Familienväter, ausgewiesen worden seien. Einige mussten binnen 24 Stunden die Stadt verlassen, die meisten anderen binnen 48 Stunden, einigen wenigen räumte man eine Frist von drei Tagen ein […]. Für uns in Leipzig war durch 15 die Berliner Massenausweisung die Situation sehr verbösert worden. Jetzt galt es aufs Neue, für die brot- und existenzlos gewordenen Genossen Stellung und für sie und ihre Familien während ihrer Existenzlosigkeit Mittel zum Unterhalt zu beschaf- 20 fen […]. Eine kleine Zahl der ausgewiesenen Genossen schwamm über den „großen Teich" nach den Vereinigten Staaten, die Mehrzahl kam nach Leipzig […] und Hamburg […].

Reichs-Gesetzblatt.

№ 34.

Inhalt: Gesetz gegen die gemeingefährlichen Bestrebungen der Sozialdemokratie. S. 351.

(Nr. 1271.) Gesetz gegen die gemeingefährlichen Bestrebungen der Sozialdemokratie. Vom 21. Oktober 1878.

Wir Wilhelm, von Gottes Gnaden Deutscher Kaiser, König von Preußen ꝛc.

verordnen im Namen des Reichs, nach erfolgter Zustimmung des Bundesraths und des Reichstags, was folgt:

§. 1.

Vereine, welche durch sozialdemokratische, sozialistische oder kommunistische Bestrebungen den Umsturz der bestehenden Staats- oder Gesellschaftsordnung bezwecken, sind zu verbieten.

Dasselbe gilt von Vereinen, in welchen sozialdemokratische, sozialistische oder kommunistische auf den Umsturz der bestehenden Staats- oder Gesellschaftsordnung gerichtete Bestrebungen in einer den öffentlichen Frieden, insbesondere die Eintracht der Bevölkerungsklassen gefährdenden Weise zu Tage treten.

Den Vereinen stehen gleich Verbindungen jeder Art.

„Nun mein Kind, drückt Dich denn Dein Korb nicht sehr?
Sozialdemokratie: „O nein — wie Sie sehen, bin ich groß und stark dabei geworden.“

M 9 Sozialistengesetz

„Nun mein Kind, drückt Dich denn Dein Korb nicht sehr?“ Sozialdemokratie: „O nein – wie Sie sehen, bin ich groß und stark dabei geworden.“ Karikatur im „Kladderadatsch“ vom 23.11.1884. Im März 1884 waren über 50 000 Wahlstimmen für sozialdemokratische Reichstagskandidaten abgegeben worden, 1887 wurden es 763 000 Stimmen und 1890 – nach der Aufhebung des Sozialistengesetzes – 1,4 Millionen; seit 1912 stellte die 1890 neu gegründete SPD die stärkste Reichstagsfraktion.

Aus: Deutsche Geschichte, Wiesbaden 1977, S. 158.

25 Die Unterbringung der Ausgewiesenen in einer Arbeitsstelle wurde uns […] sehr schwer gemacht. Die wirtschaftliche Krise befand sich noch auf voller Höhe. Ein Überangebot an Arbeitskräften war in fast allen Branchen vorhanden. Und war es einem
30 Ausgewiesenen geglückt, eine Stelle zu erhalten, flugs erschien die Polizei und denunzierte den armen Teufel seinem Arbeitgeber, der oft widerwillig den eben erst angenommenen Arbeiter entließ. Der musste jetzt sein Ränzel aufs Neue
35 schnüren und zum Wanderstab greifen. Für Männer in vorgeschrittenen Jahren ein hartes Los.
Die fortgesetzten Ausweisungen und die Schikanierung der Ausgewiesenen durch die Polizei hatten aber einen Erfolg, den unsere Staatsretter nicht
40 vorausgesehen. Durch die Verfolgungen aufs Äußerste verbittert, zogen sie von Stadt zu Stadt, suchten überall die Parteigenossen auf, die sie mit offenen Armen aufnahmen, und übertrugen jetzt ihren Zorn und ihre Verbitterung auf ihre Gastgeber, die sie zum Zusammenschluss und zum Handeln
45 anfeuerten. Dadurch wurde eine Menge örtlicher

geheimer Verbindungen geschaffen, die ohne die Agitation der Ausgewiesenen kaum entstanden wären. Der Vorgang erinnerte an die Verfolgung der Christen in den ersten Jahrhunderten unserer 50 Zeitrechnung […].

A. Bebel, Aus meinem Leben, 3. Teil, Stuttgart 1914, S. 24 ff.

M10 Reform oder Revolution?

Eduard Bernstein (1850–1932) gehörte innerhalb der Sozialdemokratie zu den Kritikern der Marx'schen Lehre. Man nannte ihn und seine Anhänger „Revisionisten“. Bernstein schrieb 1898:

[…] Die Prognose, welche das „Kommunistische Manifest“ der Entwicklung der modernen Gesellschaft stellt, war richtig, soweit sie die allgemeinen Tendenzen dieser Entwicklung kennzeichnete. Sie irrte aber in verschiedenen speziellen Folgerungen, 5 vor allem in der Abschätzung der Zeit, welche die Entwicklung in Anspruch nehmen würde. […] Die Zuspitzung der gesellschaftlichen Verhältnisse hat sich nicht in der Weise vollzogen, wie sie das „Manifest“ schildert. Es ist nicht nur nutzlos, es ist 10 auch die größte Torheit, sich dies zu verheimlichen. Die Zahl der Besitzenden ist nicht kleiner, sondern größer geworden. Die enorme Vermehrung des gesellschaftlichen Reichtums wird nicht von einer zusammenschrumpfenden Zahl von Kapitalmag- 15 naten, sondern von einer wachsenden Zahl von Kapitalisten aller Grade begleitet. Die Mittelschichten ändern ihren Charakter, aber sie verschwinden nicht aus der gesellschaftlichen Stufenleiter. Die Konzentrierung der Produktion vollzieht 20 sich in der Industrie auch heute noch nicht durchgängig mit gleicher Kraft und Geschwindigkeit. In einer großen Anzahl Produktionszweige rechtfertigt sie zwar alle Vorhersagungen der sozialistischen Kritik, in anderen Zweigen bleibt sie jedoch 25 noch heute hinter ihnen zurück. Noch langsamer geht der Prozess der Konzentration in der Landwirtschaft vor sich. […]
Politisch sehen wir das Privilegium der kapitalistischen Bourgeoisie in allen vorgeschrittenen Län- 30 dern Schritt für Schritt demokratischen Einrichtungen weichen. Unter dem Einfluss dieser und getrieben von der sich immer kräftiger regenden Arbeiterbewegung hat eine gesellschaftliche Gegenaktion gegen die ausbeuterischen Tenden- 35 zen des Kapitals eingesetzt, die zwar heute noch sehr zaghaft und tastend vorgeht, aber doch da ist und immer mehr Gebiete des Wirtschaftslebens ihrem Einfluss unterzieht. Fabrikgesetzgebung, die Demokratisierung der Gemeindeverwaltungen 40

und die Erweiterung ihres Arbeitsgebiets, die Befreiung des Gewerkschafts- und Genossenschaftswesens bei allen von öffentlichen Behörden vergebenen Arbeiten kennzeichnen diese Stufe der
45 Entwicklung. Dass in Deutschland man noch daran denken kann, die Gewerkschaften zu knebeln, kennzeichnet nicht den Höhegrad, sondern die Rückständigkeit seiner politischen Entwicklung.

Je mehr aber die politischen Einrichtungen der
50 modernen Nationen demokratisiert werden, um so mehr verringern sich die Notwendigkeiten und Gelegenheiten großer Katastrophen. […]

Zit. nach: W. Lautemann, M. Schlenke (Hg.), a. a. O., S. 879 f.

M11 **Der Streik – Kampfmittel der Arbeiterbewegung**

Über den Verlauf eines Streiks berichtet das Berliner Volksblatt (1864):

Am Mittwoch, dem 27. April, hielten die Arbeiter der Lauensteinschen Wagenfabrik eine Versammlung im Saale des Herrn Lummert ab, ihre Krankenkasse betreffend. Nach Erledigung der Tagesord-
5 nung wurde vielseitig der Antrag gestellt und einstimmig beschlossen, die Gelegenheit, die sich durch den kürzlich stattgefundenen Übergang der Fabrik in die Hände einer Aktiengesellschaft darbot, zu benutzen, um mit Übereinstimmung des Fabrik-
10 herrn die Arbeitszeit um eine Stunde abzukürzen, indem sie anstatt wie bisher um 5, um 6 morgens anfangen sollte. Das zu diesem Zweck erwählte Komitee entwarf ein Schreiben in der höflichsten Weise an den Fabrikherrn mit dem Ersuchen, diesen
15 Vorschlag der Arbeiter in Erwägung zu ziehen und sich auf friedlichem Wege mit ihnen darüber einigen zu wollen, da man das Einverständnis zwischen Brotherrn und Arbeiter aufrechtzuerhalten wünsche. Nachdem das Komitee die Sache noch näher
20 mit dem Fabrikherrn besprochen, auf Menschlichkeit und Humanität hingedeutet, ihm bewiesen, dass diese Fabrik die einzige in ganz Deutschland sei, die diese Arbeitszeit innehalte, dass ferner so mancher Arbeiter durch die Verhältnisse gezwun-
25 gen sei, seinen Wohnort fern von der Fabrik aufzuschlagen, wodurch zu der Arbeitszeit noch der weite Weg nach und von demselben in Berechnung komme, entließ sie der Fabrikherr mit dem Bescheid, sich die Sache überlegen zu wollen. Das Resultat seiner
30 Überlegung war nun, dass er den Vorsitzenden des Komitees, der im Namen seiner Mitarbeiter zu ihm gesprochen, sonnabends entließ, der infolgedessen die höchste Mühe hatte, die über diesen Schritt empörten Arbeiter von übereilten Schritten und

Gewalttätigkeiten abzuhalten. Am Montag, dem 35
2. Mai, gingen nun sämtliche Arbeiter wie sonst um 5 Uhr an ihre Beschäftigung, hatten sich aber bis 8 Uhr darüber geeinigt, sämtlich ihre Entlassung zu fordern. Dies geschah denn auch. Die Arbeiter, die sich sonst nie über gleichgültige Dinge einigen 40 konnten, bildeten jetzt eine feste Masse, in der nur ein Wille herrschte. Zuerst wandten die einzelnen Korporationen sich an ihre Werkführer und schickten diese mit ihrer Forderung an den Fabrikherrn, der aber ihr Begehren verweigerte und kurzweg erklärte, 45 sich auf nichts einzulassen. Nun rückten die Arbeiter in Masse vor das Kontor des Herrn und schickten Deputierte mit ihren Anträgen zu ihm hinein, welche er ebenfalls mit herrischem Ton abwies und ihnen befahl, sich an ihre Arbeit zu begeben. Die 50 Arbeiter schickten nun Deputierte nach dem Stadthause ab, um die Polizei von der Sachlage in Kenntnis zu setzen. Währenddessen hatte der Fabrikherr zehn Polizisten requirieren lassen, die aber, nachdem sie die Lage der Sache eingesehen, sich nicht 55 berufen fühlten, dem Wunsch des guten Herrn entsprechend, Arretierungen vorzunehmen. Die Arbeiter beschlossen dann, um sich daraus nicht den Vorwurf der Rebellion zuzuziehen (den ihnen ungeachtet dessen die „Hamburger Nachrichten" tags 60 darauf machten), bis zum Freitag ruhig fortzuarbeiten, da in der Fabrik die Woche mit dem Freitag beginnt. […]

Herr Lauenstein hat bereits, um nicht in Verlegenheit wegen Arbeitskräfte zu kommen, Bevollmäch- 65 tigte in anderen Gegenden beauftragt, für seine Fabrik zu werben. Mögen die Arbeiter anderer Städte ihr Interesse im Auge behalten und sich durch Werber der Lauensteinschen Aktiengesellschaft nicht in den Schlingen etwaiger falscher Vor- 70 spiegelungen fangen zu lassen.

Zit. nach: H. M. Enzensberger u. a. (Hg.), Klassenbuch 2, Ein Lesebuch zu den Klassenkämpfen in Deutschland 1850–1919, Darmstadt und Neuwied 1972, S. 33 ff.

M12 **Die Arbeiterfrage und das Christentum**

Der Mainzer Bischof Wilhelm Emanuel Freiherr von Ketteler (1811–1877) schrieb 1864:

So hat [das Christentum] auch die alte Sklaverei lediglich dadurch abgeschafft, dass es den Menschen seine göttlichen Ideen und den Geist der Liebe mitteilte. […] So ist es auch mit der Lösung der sozialen Frage in unserer Zeit. Die von uns bisher 5 besprochenen Ursachen der damaligen Lage der Arbeiter sowie die Bösartigkeit der aus diesen Ursachen hervorgegangenen Wirkungen und Folgen haben ihren wesentlichen und tiefsten Grund in

10 dem Abfall vom Geist des Christentums, der in den
letzten Jahrhunderten stattgefunden hat.

[...] Das vierte Hilfsmittel des Christentums zur Verbesserung der materiellen Lage des Arbeiterstandes besteht in den sozialen Kräften desselben [...].

15 Mag der Zweck noch so verschieden sein, der viele
zu einer Genossenschaft zusammenführt; mögen
sich die Arbeiter verbinden, um sich durch gegenseitige Hilfe in ihrer materialen Not zu unterstützen; mögen sich andere zu geselligen, zu wissen-

20 schaftlichen Zwecken zusammenfinden; sobald sie
als Christen zusammentreten und im Geist des
Christentums, ist neben diesem Zweck ein höheres,
ein geistigeres, ein heiligeres Band vorhanden, das
die Glieder umfasst und sie unvermerkt wie eine

25 Seelenkraft, die in ihnen wirkt, aus einer bloßen
Genossenschaft zu einer inneren lebendigen Kör-
perschaft umgestaltet. [...]

Als fünftes Hilfsmittel, dem Arbeiterstande durch
das Christentum zu helfen, nennen wir endlich die

30 Förderung der Produktiv-Assoziationen durch die
besonderen Mittel, die eben nur dem Christentum
zu Gebote stehen.

Das Wesen der Produktiv-Assoziationen haben wir
in der Teilnahme der Arbeiter am Geschäftsbetrieb

35 selbst erkannt. Der Arbeiter ist ihnen zugleich
Geschäftsunternehmer und Arbeiter und hat daher
einen doppelten Anteil an dem Einkommen, den
Arbeiterlohn und seinen Anteil an dem eigentlichen Geschäftsgewinn.

Zit. nach: A. Brusatti, W. Haas, W. Pollak (Hg.), Geschichte der
Sozialpolitik mit Dokumenten, Wien, Linz, München 1962, o. S.

M13 Enzyklika „Rerum Novarum"

Papst Leo XIII. äußerte sich 1891 in einem päpstli-
chen Rundschreiben zur Arbeiterfrage und deren
Lösung:

Ein Grundfehler in der Behandlung der sozialen
Frage ist sodann auch der, dass man das gegenseitige Verhältnis zwischen der besitzenden und der
unvermögenden, arbeitenden Klasse so darstellt,

5 als ob zwischen ihnen von Natur ein unversöhnlicher Gegensatz Platz griffe, der sie zum Kampf auf-
rufe. Ganz das Gegenteil ist wahr. Die Natur hat
vielmehr alles zur Eintracht, zu gegenseitiger Harmonie hingeordnet; und so wie im menschlichen

10 Leibe bei aller Verschiedenheit der Glieder im wechselseitigen Verhältnis Einklang und Gleichmaß vorhanden ist, so hat auch die Natur gewollt, dass im
Körper der Gesellschaft jene beiden Klassen in ein-
trächtiger Beziehung zueinander stehen und ein

15 gewisses Gleichgewicht darstellen. Die eine hat die

andere durchaus notwendig. Der Besitz ist auf die
Arbeit angewiesen und die Arbeit auf den Besitz.
Eintracht ist überall die unerlässliche Vorbedingung
von Schönheit und Ordnung; ein fortgesetzter
Kampf dagegen erzeugt Verwilderung und Ver- 20
wirrung. Zur Beseitigung des Kampfes aber und
selbst zur Ausrottung seiner Ursachen besitzt das
Christentum wunderbare und vielgestaltige Kräfte.
Die Kirche, als Vertreterin und Wahrerin der Religion,
hat zunächst in den religiösen Wahrheiten und 25
Gesetzen ein mächtiges Mittel, die Reichen und die
Armen zu versöhnen und einander nahe zu bringen; ihre Lehren und Gebote führen beide Klassen
zu ihren Pflichten gegeneinander und namentlich
zur Befolgung der Vorschriften der Gerechtigkeit. 30
Von diesen Pflichten berühren folgende die arbeitenden Stände: vollständig und treu die Arbeitsleistung zu verrichten, zu welcher sie sich frei und mit
gerechtem Vertrage verbunden haben; den Arbeit-
gebern weder an der Habe noch an der Person 35
Schaden zuzufügen; in der Wahrung ihrer Interessen sich der Gewalttätigkeit zu enthalten und in
keinem Falle Auflehnung zu stiften; nicht Verbindung zu unterhalten mit Übelgesinnten, die ihnen
trügerische Hoffnungen vorspiegeln und nur bittere 40
Enttäuschung von Ruin zurücklassen. Die Pflichten, die hinwieder die Besitzenden und Arbeitgeber angehen, sind die nachstehenden: Die Arbeiter
dürfen nicht wie Sklaven angesehen und behandelt
werden; ihre persönliche Würde, welche geadelt ist 45
durch ihre Würde als Christen, werde stets heilig
gehalten; Arbeit und Erwerbssorgen erniedrigen
sie nicht, vielmehr muss, wer vernünftig und christlich denkt, es ihnen als Ehre anrechnen, dass sie
selbstständig ihr Leben unter Mühe und Anstren- 50
gung erhalten; unehrenvoll dagegen und unwür-
dig ist es, Menschen bloß zu eigenem Gewinne
auszubeuten und sie nur so hoch anzuschlagen, als
ihre Arbeitskräfte reichen. Eine weitere Vorschrift
schärft ein: Habet auch die gebührende Rücksicht 55
auf das geistige Wohl und die religiösen Bedürfnisse der Besitzlosen; ihr Herren seid verpflichtet,
ihnen Zeit zu lassen für ihre gottesdienstlichen
Übungen; ihr dürft sie nicht der Verführung und
sittlichen Gefahren bei ihrer Verwendung ausset- 60
zen; den Sinn für Häuslichkeit und Sparsamkeit
dürft ihr in ihnen nicht ersticken; es ist ungerecht,
sie mit mehr Arbeit zu beschweren, als ihre Kräfte
tragen können, oder Leistungen von ihnen zu fordern, die mit ihrem Alter oder Geschlecht in Wider- 65
spruch stehen.

Zit. nach: Katholische Arbeiterbewegung (Hg.), Texte zur Katholischen Soziallehre, o. O., 1975, S. 41.

M14 Private Sozialpolitik

Der Sozialhistoriker Werner Conze beschäftigt sich im Folgenden mit dem rheinischen Unternehmer Friedrich Harkort (1793–1880):

Eine der wesentlichen Stimmen aus dem besitzenden Bürgertum kam von Friedrich Harkort. In seiner 1844 erschienenen Schrift „Bemerkungen über die Hindernisse der Zivilisation und Emanzipation der
5 untern Klassen" fasste er wohl alle ernst zu nehmenden Vorschläge der damaligen Zeit zusammen, soweit sie auf Eingliederung und nicht nur auf Betreuung des Proletariats zielten. Als ein Gipfel bürgerlichen Bewusstseins in der weithin charakte-
10 ristischen Verbindung konservativer und liberaler Elemente stehe diese Schrift hier für viele andere, die wir gleichsam in dieser Stellungnahme Harkorts aufgehoben wissen. Er sprach aus wirklicher Nähe und fühlte sich unmittelbar betroffen. Als Praktiker
15 industrieller Unternehmung war er gleich weit entfernt von weltfremd wohlmeinender Philanthropie [Menschenliebe] wie von radikal prinzipieller Theorie. Er verband eine realistische Sicht von der Lage der „arbeitenden Klasse" mit einem unge-
20 brochenen Glauben an die Möglichkeit des sozialen Fortschritts durch die Mittel der Zivilisation und die sittlichen Kräfte verantwortlicher Liebe. Er glaubte an die Einpassung des Proletariats in die bürgerliche Gesellschaft. Aus dem Proletariat, das, von den
25 Verantwortlichen liegen gelassen, durch die zerstörerisch schädlichen Führer der Revolution zum „Totengräber der Staaten" zu werden drohte, sollte ein Arbeiterstand werden, der in Stadt und Land durch wirksame Maßnahmen in die bestehende
30 Verfassung eingefügt werden sollte. Harkorts Vorschläge waren weit umfassend, lagen aber alle im Bereich des praktisch Realisierbaren. Sie betrafen: die Hebung der Volksbildung als Voraussetzung für größere Lebensbefriedigung der „handarbeiten-
35 den Klasse", vor allem aber als Grundlage für eine Erhöhung der Produktivität und damit des Volkswohlstandes. Darüber hinaus forderte er Arbeiterschutzgesetze, in denen die Kinderarbeit verboten und eine Höchstgrenze der Arbeitszeit festgesetzt
40 werden sollte. 11–12 Stunden sah er noch durchaus als möglich an.
Eine wesentliche Bedeutung maß er der Wohnungsfrage bei, die deswegen um so dringender wurde, als Wohnung und Arbeitsplatz durch den
45 Industrialismus auseinander zu fallen begonnen hatten. Der Kotten [kleines Haus] des Bergmanns war für Harkort das ideale Vorbild. Das kleine Haus mit Gartenland und Viehhaltung, die ländliche Wohnweise auch für den in der Stadt arbeitenden Menschen – das schien Hartkort mithilfe der moder-
50 nen Verkehrsmittel möglich zu sein.
Die Pendler sollten entweder mit der Eisenbahn oder der Pferdebahn, die eigens zwischen Arbeitersiedlung und Arbeitsstätte hin- und herfahren sollte, auch längere Entfernungen leicht überwin-
55 den. Schließlich erfasste Harkort die Bedeutung der Assoziation in ihren vielfältigen Möglichkeiten, indem er Konsumvereine, Sparkassen, Krankenkassen nicht nur theoretisch vorschlug, sondern zugleich an den Statuten des „Unterstützungsver-
60 eins der Fabriken-, Spar- und Sterbekasse in Lüdenscheid" nachwies. Mit all diesen Vorschlägen und praktischen Ansätzen gab Harkort die grundsätzliche Linie der in den folgenden Jahrzehnten erst allmählich entwickelten Sozialpolitik bis auf unse-
65 re Tage an. Die Größe und die Fruchtbarkeit Friedrich Harkorts lag darin, dass er als Prototyp einer Minderheit von Wirtschaftsführern die zweckmäßige Steigerung von Technik, Organisati-
on und Geschäft mit sozialer Verantwortung, Tat-
70 bereitschaft und idealistisch-christlich begründeter Bruderliebe verband.

W. Conze, Vom „Pöbel" zum „Proletariat", in: H.-U. Wehler (Hg.), Moderne deutsche Sozialgeschichte, Köln, Berlin 1968, S. 129 f.

M15 Kaiserliche Botschaft

Kaiser Wilhelm I. äußerte sich in einer Thronrede zur Notwendigkeit der Arbeiterversicherung (1881):

Schon bei der Eröffnung des Reichstages im Februar 1879 hat Seine Majestät der Kaiser […] der Zuversicht Ausdruck gegeben, dass der Reichstag seine Mitwirkung zur Heilung sozialer Schäden im Wege der Gesetzgebung auch ferner nicht versa-
5 gen werde. Diese Heilung wird nicht ausschließlich im Wege der Repression sozialistischer Ausschreitungen, sondern gleichmäßig auf dem der positiven Förderung des Wohles der Arbeiter zu suchen sein. In dieser Beziehung steht die Fürsorge für die
10 Erwerbsunfähigen unter ihnen in erster Linie. Im Interesse dieser hat Seine Majestät der Kaiser dem Bundesrat zunächst einen Gesetzentwurf über Versicherung der Arbeiter gegen die Folgen von Unfällen zugehen lassen, welcher einem in den Kreisen
15 der Arbeiter wie der Unternehmer gleichmäßig empfundenen Bedürfnis zu entsprechen bezweckt. Seine Majestät der Kaiser hofft, dass derselbe im Prinzip die Zustimmung der Verbündeten Regierungen finden und dem Reichstag als eine Vervoll-
20 ständigung der Gesetzgebung zum Schutze gegen sozialdemokratische Bestrebungen willkommen

sein würde. Die bisherigen Veranstaltungen, welche die Arbeiter vor der Gefahr sichern sollen, durch den Verlust ihrer Arbeitsfähigkeit infolge von Unfällen oder des Alters in eine hilflose Lage zu geraten, haben sich als unzureichend erwiesen, und diese Unzulänglichkeit hat nicht wenig dazu bei-

getragen, Angehörige dieser Berufsklasse dahin zu führen, dass sie in der Mitwirkung zu sozialdemokratischen Bestrebungen den Weg zur Abhilfe suchten.

Zit. nach: H. Peters, Die Geschichte der sozialen Versicherung, Bonn-Bad Godesberg 1973, S. 49 f.

M16

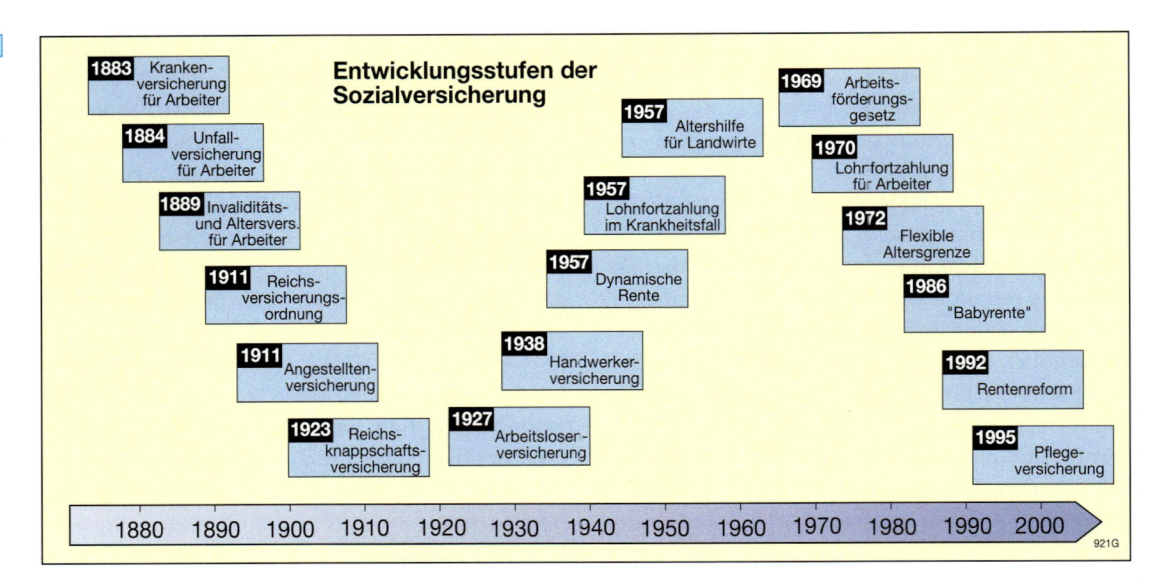

Entwicklungsstufen der Sozialversicherung

Aufgaben

1. Rekapitulieren Sie die Entwicklung der deutschen Arbeiterbewegung im 19. Jahrhundert.
   → Text
2. Nennen Sie die unterschiedlichen Ansätze zur Lösung der Sozialen Frage.
   → Text
3. Erläutern Sie die Vorschläge, die Lassalle zur Lösung der „Arbeiterfrage" machte.
   → M6
4. Stellen Sie in einer Übersicht die Ziele der Sozialistischen Arbeiterpartei Deutschlands zusammen.
   → M7
5. Untersuchen Sie die politische Bedeutung des „Sozialistengesetzes" für die Arbeiterbewegung.
   → M8, M9
6. Mit welchen Begründungen entfernte sich der Revisionismus (Bernstein) von der ursprünglichen marxistischen Theorie?
   → M10
7. Untersuchen Sie das Selbstverständnis der sozialistischen Arbeiterbewegung, das in den Abbildungen zum Ausdruck kommt.
   → M2, M3, M5

8. Beschreiben Sie Ursachen und Verlauf eines Streiks im 19. Jahrhundert.
   → M4, M11
9. Vergleichen Sie die Aufgaben der Gewerkschaften im 19. Jahrhundert mit ihrer Rolle in der Gegenwart.
   → Text, M16
10. Welche Ursachen der „Arbeiterfrage" nennt Ketteler? Welche Lösungsvorschläge werden von Ketteler und in der Enzyklika gemacht?
    → M12, M13
11. Überlegen Sie, aus welchen Motiven die unternehmerische Sozialpolitik erfolgte.
    → M14
12. Beurteilen Sie den Grundsatz der unternehmerischen Betriebspolitik des 19. Jahrhunderts: „Alles für den Arbeiter, nichts durch den Arbeiter."
13. Welche politischen und sozialen Funktionen der Arbeiterversicherung gehen aus der kaiserlichen Thronrede hervor?
    → M15

Fragen an die Geschichte

Warum fand die Industrielle Revolution in Europa statt?

Der Wohlstand der Nationen war und ist ungleich verteilt. Diese nüchterne Tatsachenfeststellung leitet zu der Frage über: Worauf beruht der Reichtum eines Landes? Mit diesem Thema beschäftigen sich Ökonomen und Sozialwissenschaftler, vor allem Entwicklungsexperten. Aber auch Historiker können einen Beitrag leisten. Denn der Durchbruch von der Agrar- zur Industriegesellschaft erfolgte zunächst in Europa. Warum gerade hier und nicht woanders?

Agrarrevolution

Eine entscheidende Bedingung für die Industrielle Revolution war das Vorhandensein einer produktiven Landwirtschaft. Das setzte die Domestikation von Wildtieren und -pflanzen voraus. Nur so war es möglich, Fleisch und pflanzliche Kost in großen Mengen zu produzieren. Agrarüberschüsse dienten ihrerseits zur Versorgung derjenigen Bevölkerungsteile, die nicht mehr selbst landwirtschaftlich tätig waren. Ohne die Agrarrevolution, das heißt die Überwindung der Subsistenzwirtschaft, konnte es keine Industrielle Revolution geben.

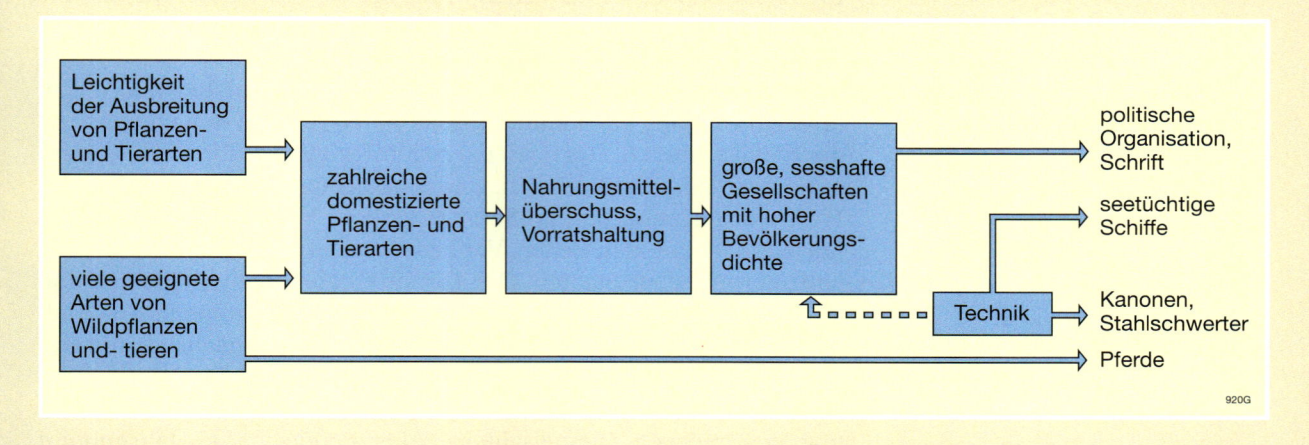

Liberalisierung

Die Problemstellung erhält darüber hinaus ihren besonderen Akzent dadurch, dass am Ende des 20. Jahrhunderts die staatsmonopolistischen Entwicklungsmodelle (Planwirtschaft) gescheitert sind. Das Beispiel der Volksrepublik China hat nachhaltig dokumentiert, wie sehr eine Gesellschaft durch politische Willkür und Bürokratie gelähmt werden kann. Erst die wirtschaftliche Liberalisierung in der Ära nach Mao Zedong (ab 1980) setzte die Energien frei, die zu einem explosionsartigen Wachstum führten. Die Verfügung über Privateigentum und dessen Schutz gehören zu den wesentlichen Rahmenbedingungen für eine Dynamisierung der Gesellschaft.

Rückblickend hat sich die Form des europäischen Staatensystems als Glücksfall für die Entwicklung des Kontinents erwiesen. Diese These erscheint zunächst wenig einleuchtend, wenn man nur an die lange Kette von kostspieligen Kriegen denkt, in die die Staaten Europas verstrickt waren. Die territoriale Zersplitterung führte aber auch zu einer produktiven Vernetzung. Die Konkurrenz der europäischen

Staaten nahm höchst unterschiedliche Formen an, darunter Handel, Piraterie und Spionage.

Bildung und Wissen

Die Fragmentierung der politischen Macht eröffnete immer wieder Freiräume für neue Ideen, Glaubensvorstellungen und Erfindungen. Auch die Mobilität trug dazu bei, dass die autoritäre Kontrolle des öffentlichen Lebens immer wieder durchbrochen werden konnte.

Schon in der Stadtkultur des Mittelalters erschlossen sich neue Freiheiten: der Person („Stadtluft macht frei."), des Marktes und des Geschäfts. Hinzu kam die Bildung. Ohne sie gibt es keinen sozialen Fortschritt. Die Reformation des 16. Jahrhunderts, der Calvinismus, aber auch das europäische Judentum hatten einen wesentlichen Anteil daran, dass die vorhandene Bildungsfeindlichkeit überwunden wurde und sich eine aktive Haltung gegenüber dem Leben durchsetzte. In diesem kulturellen Umfeld wuchs nicht nur die Lese- und Schreibfähigkeit, sondern auch die Akzeptanz der Naturwissenschaften. Ein Wirtschaftshistoriker prägte für diese Kultur die Formulierung: die „Erfindung des Erfindens". Technische Durchbrüche setzen viele kleine Entwicklungsschritte voraus. So dauerte die Entwicklung der Dampfmaschine alles in allem etwa 200 Jahre.

Erfindungen

Jedes ökonomische Wachstum bedingt die Vermehrung verfügbarer Energien. Zunächst nutzte man in Europa – wie woanders auch – die Kraft von Pferden und Ochsen. Dazu kamen Wind- und Wassermühlen. Es folgte eine Vielzahl von Erfindungen, zum Beispiel Brillen, mechanische Uhren, Buchdruck, Schießpulver, Gusstechnik, die in ihrer Anwendung die Produktionsmethoden verbesserten und die Produktivität erhöhten. Das heißt die neuen Techniken führten zu Kostensenkungen und Preisvorteilen. Und im Zusammenspiel von Schiffbau, Hochseenavigation und größerer Feuerkraft bildeten sich im 15./16. Jahrhundert die materiellen Voraussetzungen für die globale Dominanz europäischer Staaten. Die Vorreiter dabei spielten Spanien und Portugal. Aber gerade das Beispiel dieser beiden führenden Kolonial- und Handelsmächte zeigt, dass Reichtum auch arm machen kann. Das klingt zunächst widersinnig. Beide Länder verzeichneten als Folge des Ausgreifens nach Übersee einen immensen Zufluss von Gold, Silber und kostspieligen Handelsgütern. Aber bereits im 17. Jahrhundert begann der Abstieg der iberischen Halbinsel. Sie verpasste den Anschluss an die wirtschaftliche Modernisierung.

Ursachen der Stagnation

Die tieferen Ursachen für Stagnation und wirtschaftliches Zurückbleiben lagen in der Verwendung des Reichtums. Die gesellschaftliche Führung der beiden Länder hatte es versäumt, mit dem Geld zu arbeiten – das Geld zu Kapital zu machen. Statt dessen diente der Reichtum primär dazu, die Wünsche der Oberschichten nach Schlössern, Luxusgütern, Waffen und Soldaten zu befriedigen. Der Import von Gütern bedeutet aber etwas anderes als das Know-how für deren Herstellung. Die Entwicklung wurde nicht durch Geldmangel gehemmt, sondern durch die kulturelle und technologische Unfertigkeit. Reichtum kann auf Dauer nicht transferiert werden. Letztlich muss er produziert werden. Diese Erkenntnis bestätigt sich auch zu Beginn des 21. Jahrhunderts unter den Vorzeichen der informationstechnologischen Revolution. Wissen ist Macht!

M 1 Wachstums- und Entwicklungsgesellschaft

Der Wirtschaftshistoriker David Landes skizziert im Folgenden das Ideal einer Gesellschaft, die den materiellen Wohlstand sichert:

Diese ideale Wachstums- und Entwicklungsgesellschaft wüsste erstens, wie man die Produktionsmittel einsetzt, verwaltet und verfertigt und wie man an der technischen Front neue Techniken ins
5 Leben ruft, praktikabel macht und meistert;
wäre zweitens in der Lage, dieses Wissen und Know-how an die junge Generation weiterzugeben, sei es über eine formale Ausbildung, sei es in einer Lehre;
10 wäre drittens bereit, die Arbeit allein nach Sachkompetenz und Verdiensten zuzuteilen sowie Beförderung und Rückstufung immer am Geleisteten zu orientieren;
gäbe viertens individuellem oder kollektivem
15 Unternehmergeist jede nur denkbare Chance, sich zu betätigen; würde sich stark machen für Initiative, Konkurrenz und Wetteifern;
überließe es fünftens den Menschen, die Früchte ihrer Arbeit oder ihres Unternehmens selbst zu
20 genießen oder zu verwenden.
Diese Maßstäbe implizieren: Gleichstellung der Geschlechter (wodurch das Begabungsreservoir auf das Doppelte anwächst), keinerlei Diskriminierung aufgrund nebensächlicher Kriterien (Rasse,
25 Geschlecht, Religion etc.) sowie Verzicht auf Magie und Aberglauben (Irrationalität) zu Gunsten wissenschaftlicher (Mittel-Zweck-) Rationalität.
Eine solche Gesellschaft besäße auch die politischen und sozialen Institutionen, die zur Erreichung die-
30 ser allgemeinen Ziele beitragen, zum Beispiel
1. dem Privateigentum alle Rechte verschaffen, damit Sparen und Investieren gefördert werden;
2. die individuellen Freiheitsrechte sichern – sowohl gegen die Übergriffe der Diktatur als auch gegen
35 alle von Privatpersonen ausgehenden Störungen (Verbrechen und Korruption);
3. explizite und implizite Vertragsrechte durchsetzen;
4. für eine stabile Regierung sorgen, die nicht unbedingt demokratisch, aber öffentlichen Maßstä-
40 ben unterworfen sein muss (in der nicht eigent-

lich Menschen als vielmehr Gesetze regieren). Im Fall der Demokratie, die sich durch regelmäßig abgehaltene Wahlen ausweist, siegt die Mehrheit, ohne die Rechte der Minderheit zu verletzen; während die Verlierer ihre Niederlage 45 akzeptieren und sich darauf freuen, dass sie auch wieder einmal ans Ruder kommen;
5. für eine ansprechbare Regierung sorgen, die ein offenes Ohr für Beschwerden hat und Abhilfe schafft; 50
6. für eine unbestechliche Regierung sorgen, sodass die ökonomischen Akteure nicht versucht sind, sich innerhalb und außerhalb des Marktes Vorteile und Privilegien zu verschaffen. Um es in der Sprache der Ökonomen zu sagen: Gunst und Stel- 55 lung dürfen nichts abwerfen;
7. für eine gemäßigte, leistungsstarke, genügsame Regierung sorgen. Sie soll die Steuern niedrig halten, ihren Anspruch auf das gesellschaftliche Mehrprodukt zurückschrauben und Privilegien- 60 bildung verhindern.
Die ideale Gesellschaft wäre auch ehrlich. Diese Ehrlichkeit würde gesetzlich oktroyiert, aber im Idealfall würde das Gesetz nicht gebraucht. Die Menschen wären überzeugt, dass Ehrlichkeit das 65 Richtige ist (und sich auszahlt), und würden entsprechend leben und handeln.
Weitere Implikationen: Die Gesellschaft wäre gekennzeichnet durch geografische und soziale Mobilität. Auf der Suche nach Marktchancen würden 70 die Menschen ihren Wohnort wechseln, und je nachdem, ob sie etwas aus sich machen oder nicht, würden sie Aufstieg oder Abstieg erleben. Das Neue gälte hier mehr als das Alte, Jugend mehr als Lebenserfahrung, Veränderung und Risiko mehr als Sicher- 75 heit. In dieser Gesellschaft gäbe es zwar nicht gleiche Anteile für alle, denn auch Begabungen sind nicht gleich; aber tendenziell wären die Einkommen gleichmäßiger verteilt, als wenn Privileg und Begünstigungen das Sagen haben. Die Mittelschicht 80 wäre relativ groß. Die größere Gleichheit würde sichtbar an einheitlicherer Kleidung und dem zwangloseren Umgang der Schichten untereinander.
Keine Gesellschaft der Erde ist an dieses Ideal herangekommen. 85

D. S. Landes, Wohlstand und Armut der Nationen, Berlin 1999, S. 233 f.

Aufgaben

1. Welche Kombination von Faktoren spielte bei der Industrialisierung Europas eine Rolle?
2. Es gibt gesellschaftliche Bedingungen, die die wirtschaftliche Entfaltung fördern, und solche, die sie blockieren. Geben Sie Beispiele und stellen Sie diese gegenüber.

6. Exkurs: Mensch und Umwelt

Jedes Lebewesen steht mit seiner Umwelt in einer Beziehung, die sowohl von Anpassung als auch durch Einflussnahme geprägt wird. Wenn auch jedes Lebewesen seine Umwelt beeinflusst, so erreichte doch mit dem Auftreten des Menschen in der Evolution die Einwirkung eine völlig neue Qualität. Die Nutzung der Erde durch die Spezies Mensch veränderte den Planeten in einer Weise, zu der kein anderes Lebewesen fähig war. Aufgrund von Kultur und Technik ist der Mensch in der Lage, sich auf der gesamten Welt zu verbreiten. Die Verhaltensforscher bezeichnen den Menschen daher auch als „Generalisten", gerade weil er sich in den unterschiedlichsten ökologischen Milieus „einzunisten" vermag. Offenkundig hat es den Menschen schon von früh an fasziniert, die Natur zu besiegen.

Prometheus-Mythos

Im Prometheus-Mythos wird letztlich die Naturbeherrschung gefeiert. Prometheus, der den Göttern das Feuer raubte, forderte damit die Götter heraus und sprengte die dem Menschen von Natur aus gesetzten Grenzen. Bekanntlich musste er dafür büßen, indem Zeus ihn gefangen nahm und an einen Felsen schmieden ließ. Ein Adler fraß täglich die nachwachsende Leber des Gefangenen. Prometheus kann als früher Vorläufer der Aufklärer des 18. Jahrhunderts verstanden werden. Die Aufklärung machte sich den Gedanken der Naturbeherrschung sehr zu eigen. Benjamin Franklins Blitzableiter symbolisierte für viele seiner Zeitgenossen den Sieg menschlicher Ratio (Vernunft) über die Natur (1752).

Das Spannungsverhältnis zwischen Kultur und Natur drückte sich auch in der Naturfurcht aus. Bis ins Mittelalter und auch noch Jahrhunderte danach wurde die Natur mit Gefahr in Verbindung gebracht. Der unwegsame Wald galt nicht nur als Aufenthaltsort wilder Tiere, sondern auch von Asozialen und Ausgestoßenen.

Anthropogene Umweltveränderungen

Im Hinblick auf die Umweltveränderungen lassen sich Naturprozesse von anthropogenen Vorgängen unterscheiden: Naturprozesse sind vom Menschen nicht beeinflussbar, wie Kontinentalverschiebungen, Erdbeben und Vulkanausbrüche. Von anthropogenen Umweltveränderungen spricht man hingegen, wenn sie vom Menschen herbeigeführt wurden. Dabei lassen sich absichtliche (zum Beispiel die Rodung von Wäldern) und unabsichtliche (zum Beispiel die Verkarstung ganzer Landstriche als Folge des Raubbaus an Wäldern) unterscheiden.

Neolithische Revolution

Die Menschen der Altsteinzeit lebten in kleinen Gruppen (Horden) von drei oder vier Dutzend Mitgliedern. Das Sammeln der Nahrung erforderte eine nomadisierende Lebensform, das heißt die Menschen besaßen keinen festen Wohnsitz. Zur Sicherung der Ernährung benötigte man viel Raum. Nach heutigen Maßstäben musste die Siedlungsdichte zwangsläufig sehr gering sein.

Wenn man die Geschichte der modernen Menschheit betrachtet, so lassen sich unter Umweltgesichtspunkten zwei entscheidende Einschnitte markieren:
- der Übergang von der Jäger- und Sammlergesellschaft zur Agrargesellschaft (ungefähr um 8 000 v. Chr.) sowie

- der Übergang von der Agrargesellschaft zur Industriegesellschaft (ab der zweiten Hälfte des 18. Jahrhunderts).

Die Neolithische Revolution bezeichnet jenen epochalen Einschnitt, als die Menschheit vom Sammeln der Nahrung zur Produktion von Nahrung überging. Die damit verbundene Zunahme der Produktivität bildete die Voraussetzung für eine neue Stufe der Zivilisation. Diese radikale Umwälzung der menschlichen Lebensbedingungen fand in der Jungsteinzeit (griechisch: Neolithikum) statt. Die Anfänge der agrarischen Produktion liegen etwa 10 000 Jahre zurück. Der Zeitpunkt hängt wahrscheinlich auch mit dem Rückzug der letzten Eiszeit und den dadurch bedingten klimatischen Veränderungen zusammen. Die Landwirtschaft stellt die Grundlage für jede Zivilisation beziehungsweise für die „moderne" Menschheit dar. Die Zentren der frühen landwirtschaftlichen Kulturen sind in den Niederungen von Nil, Euphrat, Tigris (heute Irak), Indus (heute Pakistan) und am Gelben Fluss (heute Volksrepublik China) zu finden. Fruchtbarer Flussschlamm sowie die Bewässerung waren Voraussetzung für die Intensivierung der Agrarproduktion. Im Zusammenhang mit den frühen Hochkulturen spricht man oft vom „fruchtbaren Halbmond". Man meint damit ein Gebiet, das sich halbkreisförmig vom Niltal bis zum Zweistromland Mesopotamien erstreckt.

M 1

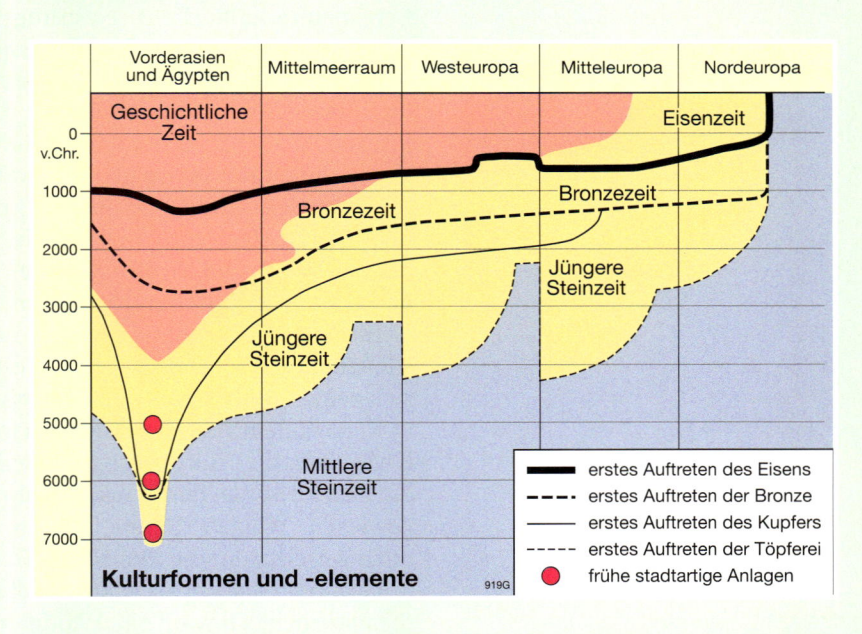

Kulturformen und -elemente

- erstes Auftreten des Eisens
- erstes Auftreten der Bronze
- erstes Auftreten des Kupfers
- erstes Auftreten der Töpferei
- frühe stadtartige Anlagen

Die agrarische Produktionsweise brachte einen ungleich nachdrücklicheren Eingriff in die Natur mit sich, als das bei den vorangegangenen nomadischen Lebensformen der Fall gewesen war. Mit dem Übergang von der nur aneignenden zur produzierenden Lebensform nahm die Intensität der Naturbearbeitung ständig zu. Die Sesshaftigkeit erhöhte die Geburtenfolge, und somit wuchs die Bevölkerungszahl. Mehr Menschen bedeuten aber immer auch eine verstärkte Einwirkung auf den Lebensraum.

Hochkulturen

Die Überwindung der Subsistenzwirtschaft ist die wichtigste Bedingung für die Entstehung von Hochkulturen. Damit ist jene Wirtschaftsweise gemeint, die lediglich der Sicherung des unmittelbaren

Lebensunterhalts dient. Nahrungsmittelüberschüsse sind aber notwendig, wenn Teile der Bevölkerung von der Agrarproduktion freigestellt werden sollen. Erst dann kann sich eine Gesellschaft arbeitsteilig differenzieren: Zu den Bauern treten Beamte, Soldaten, Arbeiter, Priester, Wissenschaftler oder Händler hinzu. Anschließend kann eine staatliche Organisation gebildet werden, und dann können jene Menschenmassen mobilisiert werden, die Bewässerungsanlagen, Paläste und Grabmäler (zum Beispiel die riesigen Pyramiden in Ägypten) bauen. Die ersten Großreiche der Geschichte konnten folglich erst nach der Neolithischen Revolution entstehen.

Im Zuge der Neolithischen Revolution wurden aus den Wildbeutern Viehzüchter und Ackerbauern. Dieser Veränderungsprozess erstreckte sich regional über einen Zeitraum von vielen Jahrhunderten. Er fand in Europa deutlich später statt als im Vorderen Orient. In seinem Verlauf gelang die Kultivierung von wild wachsenden Nutzpflanzen. Für die Zeit zwischen dem 8. und 4. Jahrtausend sind unter anderem nachgewiesen: Weizen, Gerste, Linsen, Erbsen, Datteln, Oliven. Parallel dazu vermochten die Menschen Tiere zu domestizieren: zuerst Hund, Schaf und Ziege, später das Rind. Der Mensch griff immer mehr in die natürliche Umwelt ein. Wälder mussten gerodet, Flussniederungen entwässert werden. Anschließend legte man – in den trockenen Gebieten – Kanäle zur künstlichen Bewässerung an. Technische Entwicklungen wie zum Beispiel Wagen und Pflug trugen zur Intensivierung der landwirtschaftlichen Produktion bei. Erst diese neue bäuerliche Lebensweise machte den Bau von befestigten Siedlungen notwendig und sinnvoll. Es entstanden die ersten Ziegel- beziehungsweise Steinbauten. Die Anlage von Kornspeichern diente der Vorratshaltung.

Der weitere technische Fortschritt – einhergehend mit dem Aufschwung von Kunst und Wissenschaft – war an die Sesshaftigkeit gebunden. Die Produktion von Keramik und Metallen und deren Verarbeitung war zwangsläufig eine Sache von Spezialisten und daher unvereinbar mit einer nomadisierenden Lebensweise.

Antike

Besonders mit dem Römischen Imperium verbinden sich gewaltige landschaftsgestaltende Maßnahmen, deren Überreste noch in der Gegenwart zu besichtigen sind. Die römische Antike besaß ein zivilisatorisches Niveau (Städtebau, Straßen, Aquädukte, Häfen usw.), das im europäischen Mittelalter lange nicht wieder erreicht werden konnte.

Mittelalter

Die mittelalterliche Landschaft wurde durch Wälder geprägt, in denen die Siedlungen wie Inseln wirkten. Seit dem 9. Jahrhundert trieb der Bevölkerungsdruck den Ausbau des Landes und die innere Kolonisation in Europa voran. Dabei spielte auch der Mönchsorden der Zisterzienser mit seinen Klöstern eine wichtige Rolle. Die Kultivierungsarbeiten verwandelten allmählich die Waldgebiete in eine Landschaft, in der Dörfer, Ackerfluren, Weideland, Städte und Straßen eine immer sichtbarere Gestalt annahmen.

Zeitalter des Holzes

Das Mittelalter hat man zu Recht als „Zeitalter des Holzes" genannt. Holz bildete die wichtigste Ressource als Brennstoff und Bauholz. So ist zum Beispiel bekannt, dass allein für den Bau der Münchener Frauenkirche (1468–1488) 20 000 Holzstämme herbeigeschafft werden mussten. Auch die frühindustrielle Produktion verschlang riesige Mengen von Holz. Salinen, Erzschmelzen (Eisen, Zinn, Silber), Ziegel- und Kalkbrennereien und Glashütten waren auf das Holz als wichtigen Rohstoff beziehungsweise Energieträger angewiesen.

Waldschutz

Immer größere Waldflächen fielen dem Raubbau zum Opfer, sodass schon frühzeitig Schutzmaßnahmen getroffen werden mussten. Die älteste deutsche Waldordnung datiert von 1294 und stammt aus Nürnberg. Seit dem 16. Jahrhundert wurde die Waldpflege beziehungsweise kontrollierte Waldnutzung allgemein üblich.

Umweltproblem der mittelalterlichen Stadt

Grundsätzlich kannte die mittelalterliche Stadt ähnliche Umweltprobleme beziehungsweise -belastungen, mit denen auch die moderne Industriegesellschaft zu kämpfen hat. Trinkwasserversorgung, Abfallbeseitigung und Umweltverschmutzung durch Gewerbebetriebe (zum

M 3 **Zerstörte Wälder**
Sächsische Bergbaulandschaft im 16. Jahrhundert, Bild von Hans Hesse vom Bergaltar in der St. Annen Kirche in Annaberg im Erzgebirge

Neuzeit

Naturschutz

Beispiel Gerbereien) waren früher offenbar genauso aktuell wie heute. In den letzten Jahren sind diese Alltagsprobleme der mittelalterlichen Stadt als Gegenstand der historischen Forschung entdeckt worden.

Viele Quellen vermitteln uns heute das Bild einer schmutzstarrenden Stadt sowie einer Gleichgültigkeit gegenüber der allenthalben anzutreffenden Unsauberkeit. Kehricht, Mist und Kadaver fand man auf der Straße; der Gestank muss – zumindest für unsere Nasen – erheblich gewesen sein. Zwar gab es Abortgruben und Brunnen, aber sie wurden oft nicht hinreichend auseinander gehalten, sodass sich der gesundheitsgefährdende Kreislauf Kloake – Trinkwasser wiederholt schließen konnte. Die sanitären Missstände führten zur gesundheitlichen Schwächung der Stadtbewohner. Die hohe Sterblichkeit im Zusammenhang mit den Epidemien des Mittelalters, von denen die Pest nur die herausragendste war, muss gleichfalls auf die unhygienischen Verhältnisse zurückgeführt werden.

So unanfechtbar dieses Bild im Großen und Ganzen auch sein mag, so wird es der Wirklichkeit doch nicht gerecht. Denn die städtischen Obrigkeiten hatten den Schmutz sehr wohl als ein Problem erkannt und Maßnahmen ergriffen. Es gab Verordnungen zur Reinhaltung der Straßen; die Pflasterung wurde – zuerst in den wohlhabenderen Städten – vorangetrieben. Verbot der Schweinehaltung, Einrichtung von Müllplätzen sowie die Anlage von Abwasserrinnen waren weitere Maßnahmen zur Verbesserung der hygienischen Verhältnisse.

In den letzten 250 Jahren hat der Mensch weltweit seine Umwelt tief greifender und unumkehrbarer verändert als in den vorausgegangenen zwei Millionen Jahren seiner Existenz. Die Dampfmaschine ermöglichte die Umwandlung fossiler Energie in mechanische. Bis zur Industriellen Revolution standen dafür nur Wasserräder und Windmühlen zur Verfügung. Kohle löste das Holz als primäre Energiequelle ab. Damit wurde eine dynamische Entwicklung in Gang gesetzt, die die ackerbaulich geformte Kulturlandschaft regional in Industrielandschaften verwandelte.

Die Umgestaltung der Landschaft durch Industrieanlagen, ausufernde Städte, Kanalbauten und Eisenbahnstrecken schritt in einem Ausmaß voran, dass sie von den Zeitgenossen als „Verschandelung" wahrgenommen wurde. Vor diesem Hintergrund erwachte im ausgehenden 18. Jahrhundert zunehmend ein Gefühl für die Natur. Als Reaktion auf die Industrielle Revolution bildete sich eine von der Romantik inspirierte Bewegung der Naturverherrlichung. In diesem Zusammenhang steht auch die Geburt des Naturschutzgedankens.

Als erstes deutsches Naturschutzgebiet wurde der Drachenfels, ein Berg am rechten Rheinufer, ausgewiesen (1836). Im 20. Jahrhundert setzte die Industrialisierung gleichwohl ihren Siegeszug fort, und mit ihr wuchsen die Städte und die für sie typischen Umweltprobleme: Lufthygiene, Wasserversorgung, Abwasserbeseitigung, Seuchengefahren (Cholera, Typhus). Umweltpolitisch korrespondiert dabei das Wachstum der europäischen Städte im 19./20. Jahrhundert mit der gegenwärtigen Urbanisierung der Dritten Welt. Die Zunahme der Weltbevölkerung auf über sechs Milliarden Menschen zu Beginn des 21. Jahrhunderts – in Verbindung mit einem wachsenden Lebensstandard – hat die Ansprüche an die Umwelt in dramatischer Weise vermehrt.

Die Neolithische Revolution und ihre Folgen: Wie aus Jägern und Sammlern Ackerbauern wurden…

Der Historiker Gerd Biegel stellt den Übergang von der aneignenden zur produzierenden Wirtschaftsweise dar:

Die mittelsteinzeitlichen Jägerhorden hatten offensichtlich ihre Siedlungsplätze im Sommer in der Nähe von Flüssen und Seen, an Waldrändern und in Tallandschaften mit fischreichen Bächen auf-
5 gesucht. Ihre Wohnplätze befanden sich entweder in Höhlen oder unter schützenden Felsdächern […], oder man hatte Freilandstationen aus einfachen Flechtwerkhütten mit Laubdächern bzw. schnell zu errichtende Zeltkonstruktionen benutzt. […]
10 Die aneignende Wirtschaftsform von Jagen und Sammeln bedingte, dass auch der Mensch der Mittelsteinzeit wanderte, um neue Nahrungsquellen zu erschließen. Dies geschah vermutlich in jahreszeitlich bedingtem Wechsel, aber wesentlich klein-
15 räumlicher, als dies noch in der Altsteinzeit üblich war. Es ist nicht auszuschließen, dass er dabei von Zeit zu Zeit an die gleichen Orte zurückkehrte, sodass trotz der Mobilität der mittelsteinzeitlichen Gesellschaft eine Art „Sesshaftigkeit" erreicht wur-
20 de. Ein grundlegender Wandel aber trat erst mit der Veränderung der Wirtschaftsform durch Einflüsse aus dem Osten ein. […]
Fast 500 000 Jahre lang lebten die Menschen in Mitteleuropa als Jäger und Sammler, eigneten sich an,
25 was die Natur ihnen bot, und waren damit völlig abhängig von ihrer Umwelt. Als mobile Horden durchstreiften diese altsteinzeitlichen Gruppen die Landschaft, stets auf der Suche nach Nahrung, um ihre Existenz zu sichern.
30 Der Übergang von der Altsteinzeit (Paläolithikum) zur Jungsteinzeit (Neolithikum) aber veränderte die damalige Welt so grundlegend, dass dieser Prozess häufig als „neolithische Revolution" bezeichnet wird. Versteht man darunter einen
35 jahrhundertelang dauernden Veränderungsprozess, der völlig neue Grundlagen für Lebensweise, Wirtschaftsform, Technik, Kultur und Alltagsleben der Menschen brachte, so ist damit tatsächlich eine „Revolution" verbunden. Falsch wäre es,
40 einen plötzlichen und gewaltsamen Veränderungsprozess in der Entwicklung zum Neolithikum sehen zu wollen.
Was aber war so „revolutionierend", und wie kam es zu dieser Entwicklung? Bereits vor 10 000 Jah-
45 ren, als sich die Klimaveränderungen der ausgehenden Eiszeit auch im Vorderen Orient auszuwir-

ken begannen, haben die Jägerkulturen eine Erfindung gemacht, die ihre Auswirkungen bis in das Industriezeitalter behielt: Vorratshaltung der für die Nahrung wichtigen Getreidekörner von den 50 in dieser frühen Zeitstufe noch wild wachsenden Getreidearten. Mit der Vorratshaltung war die Möglichkeit verbunden, sich längere Zeit an einem Ort niederzulassen, also sesshaft zu werden. Allerdings sorgte man für die Fleischnahrung immer 55 noch durch die Jagd. Im 9. und 8. Jahrtausend v. Chr. ging man dazu über, die Getreidearten (Emmer, Einkorn, Gerste) zu kultivieren und anzubauen. Bald wird man wohl begonnen haben, wild lebende Tiere wie Schaf und Ziege zu zähmen und 60 als Haustier zu halten, später folgten noch Rind und Schwein. Damit war die bäuerliche Wirtschaftsweise geboren. Mit Ackerbau und Viehzucht ist zugleich der Übergang von der rein „aneignenden" Wirtschaftsform der Jäger und 65 Sammler hin zur „produzierenden" Wirtschaftsweise der Ackerbauern und Viehzüchter vollzogen und somit die Grundlage für eine Vielzahl neuer Kulturleistungen geschaffen: Sesshaftigkeit, Anlage von Siedlungen, Keramikherstellung, Steinschliff, 70 Spinnen und Weben sind nur einige der Neuerungen, die auch zu deutlichen Veränderungen im gesellschaftlichen Verhalten, in Religion und Kultur führten.
Die Jungsteinzeit, das Neolithikum, war noch 75 immer eine Epoche, in der der Stein wichtigster Rohstoff für Werkzeuge und Geräte blieb. Kennzeichen der neuen Zeit wurde jedoch die veränderte Wirtschaftsweise mit Ackerbau und Viehzucht. Sie verbreitete sich rasch über Anatolien 80 und den Balkanraum und drang von dort allmählich nach Westen vor, wo etwa in der Mitte des 5. Jahrtausends v. Chr. auch das Oberrheingebiet erreicht wurde.
Man muss sich darüber klar werden, welch weit rei- 85 chende Folgen die bäuerliche Wirtschaftsweise für unsere Umwelt hatte. In den zur Ansiedlung ausgewählten Ebenen wurden die Wälder gerodet, Felder angelegt und feste Siedlungen gebaut. Noch nie zuvor hatte der Mensch so massiv in das ökolo- 90 gische Gleichgewicht der Natur eingegriffen. Mit der verbesserten Wirtschaftsgrundlage und der Produktion von größeren Nahrungsmittelreserven war die Zunahme der Bevölkerungszahl verbunden. Die Landschaft wurde dichter besiedelt, als 95 neue politische Organisationsform trat das „Dorf" in Erscheinung.

G. Biegel, Erlebte Geschichte, Streifzüge durch die Ur- und Frühgeschichtee um Ober- und Hochrhein, Freiburg/Brsg. 1985, S. 20 f.

M 6 **Stadt und Umland im späten Mittelalter**
Monatsbild Dezember, lombardisch oder böhmisch, Ende des 14. Jahrhunderts

M 8 Waldschutz

Der Historiker Ernst Schubert stellt die Wald-schutzmaßnahmen seit dem ausgehenden Mittel-alter dar:

Der Bedarf an Holz führt nicht nur zum Raubbau, er erzwingt zu gleicher Zeit auch die Waldschutz-maßnahmen, die Anfänge einer planmäßigen Forstwirtschaft. Dieses Nebeneinander zeigt sich
5 am deutlichsten im Umland spätmittelalterlicher Städte. Hier hatten – sofern nicht Steilhänge in den Bergforsten und Versumpfungen in den Auwäl-dern Einhalt geboten – Viehweide und Holznut-zungen in einem stetig erweiterten Umkreis die
10 Wälder gelichtet. Innerhalb der Bannmeile blieben oft nur vereinsamte Gehölze inmitten von Wiesen und Feldern stehen. In Frankfurt verschwand im Laufe des Spätmittelalters der Baumbestand in der Stadtgemarkung, ohne dass der Rat eingegriffen
15 hatte. Andernorts aber, wo nicht wie in Frankfurt durch den Dreieichenhain die Ressourcen gesichert waren, konnten die Ratsherren einer solchen Devastierung [Zerstörung] nicht tatenlos zusehen. Nürnberg hatte seit seiner ältesten Waldordnung
20 von 1294 konsequent die Reichswälder vor den Toren der Stadt gegen Raubbau geschützt. Seit dem 14. Jahrhundert mehren sich die Nachrichten, dass eine Übernutzung der stadtnahen Wälder ver-hindert werden sollte. […] Städtische Maßnahmen
25 zum Schutze des Waldes: Die Schweinemast wird einschränkenden Regelungen unterworfen, die Waldweide von Ziegen und Schafen wegen der großen Verbissschäden verboten. Die Kohlenmeiler müssen sich in stadtferne Areale zurückziehen. Die
30 von Stadt zu Stadt verschiedenen, in ihrer Vielfäl-tigkeit gar nicht aufzuzählenden weiteren Maß-nahmen lassen sich auf ein Prinzip zurückführen: auf die Einschränkung der Allmend [=Gemeinschafts-] nutzung. Denn ursprünglich stand auch der Wald
35 als Teil der städtischen Allmende allen Einwohnern als Nutzungsreserve offen. Zunächst wird der Kreis der Berechtigten eingeschränkt, die Knechte und Mägde sowie alle ohne Bürgerrecht Ansässigen werden ausgeschlossen. Sodann wird die Nutzung
40 nur noch zu bestimmten Zeiten und schließlich – bei dem wertvollen Bauholz – allein noch gegen Zah-lung eines „Stammgeldes" gestattet. Aus der All-mende wird „des Rats Wald". Der Obrigkeit ver-pflichtete Forstknechte, Bannwarte, haben den
45 Bürgern die Holznutzungen anzuweisen.

E. Schubert, Der Wald: wirtschaftliche Grundlage der spätmit-telalterlichen Stadt, in: B. Herrmann (Hg.), Mensch und Umwelt im Mittelalter, Stuttgart 1986, S. 263 ff.

M 7 Umweltschäden durch den Bergbau

1556 erschien ein bedeutendes Buch über den Bergbau und das Hüttenwesen: „De Re Metallica". In diesem setzt sich der Arzt und Humanist Georg Agricola (1494–1555) mit der Umweltbelastung auseinander. Er referiert zunächst die Meinung der Zeitgenossen, die die Verwüstungen durch das Montanwesen beklagen:

Außerdem betonen sie folgende Beweismittel: Durch das Schürfen nach Erz werden die Felder verwüstet; deshalb ist einst in Italien durch ein Gesetz dafür gesorgt worden, dass niemand um der Erze willen die Erde aufgrabe und jene überaus fruchtbaren Gefilde 5 und die Wein- und Obstbaumpflanzungen verderbe. Wälder und Haine werden umgehauen; denn man bedarf zahlloser Hölzer für die Gebäude und das Gezeug sowie, um die Erze zu schmelzen. Durch das Niederlegen der Wälder und Haine aber werden die 10 Vögel und anderen Tiere ausgerottet, von denen sehr viele den Menschen als feine und angenehme Speise dienen. Die Erze werden gewaschen; durch das Waschen aber werden, weil es die Bäche und Flüsse vergiftet, die Fische entweder aus ihnen vertrieben 15 oder gar getötet: Da also die Einwohner der betref-fenden Landschaften infolge der Verwüstung der Fel-der, Wälder, Haine, Bäche und Flüsse in große Verle-genheit kommen, wie sie die Dinge, die sie zum Leben brauchen, sich verschaffen sollen, und da sie 20 wegen des Mangels an Holz größere Kosten zum Bau ihrer Häuser aufwenden müssen, so ist es vor aller Augen klar, dass bei dem Schürfen mehr Schaden entsteht, als in den Erzen, die durch den Bergbau gewonnen werden, Nutzen liegt. 25

Agricola argumentiert nun dagegen:

Da ferner die Bergleute meistenteils in Bergen gra-ben, die gar keine Früchte tragen, sowie in Tälern, die von Finsternis umgeben sind, so verwüsten sie Felder entweder gar nicht oder nur in geringem Maße. Wo sie endlich Wälder und Haine umhauen, 5 da säen sie nach Ausrodung der Wurzeln von Sträu-chern und Bäumen Getreide, und diese neuen Äcker bringen in kurzer Zeit so fette Früchte, dass die Bewohner den Schaden, den sie durch teureren Einkauf des Holzes erleiden, bald wieder gutma- 10 chen. Und für die Edelmetalle, die man aus dem Erze schmilzt, können anderswo zahlreiche Vögel, essbare Tiere und Fische erworben und nach den Gebirgsgegenden gebracht werden.

Zit. nach: U. Troitzsch, Umweltprobleme im Spätmittelalter und der Frühen Neuzeit aus technikgeschichtlicher Sicht, in: B. Herr-mann (Hg.), Umwelt in der Geschichte, Göttingen 1989, S. 104 f.

Der französische Historiker Jean Gimpel stellt fest, dass Umweltverschmutzung nicht nur ein Thema der Gegenwart ist:

Zur Lärmbelästigung und zur Luftverunreinigung gesellte sich auch die Wasserverschmutzung, für die die Schlachthäuser und mehr noch die Gerbereien verantwortlich waren. Die städtischen Behörden
5 waren stets bemüht, die Metzger, Gerber (und auch die Friedhöfe) flussabwärts und außerhalb der

M10 **Straßenkehrer**
Ein Diener als Straßenkehrer; hölzerne Überschuhe sollen das Einsinken in den Dreck verhindern, Abbildung aus dem Jahre 1434.

Stadtgrenzen anzusiedeln. Dies […] im Bestreben, sich „Wanzen und Fäulnis" vom Leibe zu halten. Eine Verfügung des französischen Parlaments vom
10 7. September 1366 bestimmt, dass das Vieh nicht mehr wie bisher an Ort und Stelle, sondern an einem Wasserlauf flussabwärts und außerhalb von Paris geschlachtet und zerlegt werden soll. Diese Verfügung war sicher nötig, da jährlich annähernd
15 250 000 Stück Vieh geschlachtet wurden. […]
Um die Verunreinigung der Seine in einem erträglichen Rahmen zu halten, versuchten die Stadtväter von Paris nicht nur, das Schlachten innerhalb der Mauern rigoros zu beschränken, sondern
20 bemühten sich auch, die umweltfeindliche Tätigkeit der Gerber und Weißgerber genauen Regeln zu unterstellen. 1395 forderte der Statthalter des Königs die Lederhersteller, die das Leder an den Ufern der Seine „vom Grand Pont bis zum Palast des
25 Herzogs von Bourbon" bearbeiteten, auf, „ihr Gewerbe flussabwärts zu verlegen, da es das den Anwohnern und Bewohnern des Louvre und des besagten Palastes unentbehrliche Wasser verschmutze". Das Gerben beinhaltet nämlich einige
30 Arbeitsgänge, bei denen die Häute mit chemischen

Substanzen behandelt werden, die das Wasser verunreinigen. Es handelt sich dabei um Gerbsäure und Ätzkalk. Geronnenes Blut, Fett, Hautabfälle, verwesendes Fleisch, Borsten, Säure und Ätzkalk
35 gaben dem aus den Gerbereien fließenden Wasser einen widerlichen Geruch. Dennoch hatte jede Stadt im Mittelalter eine oder mehrere Gerbereien. 1425 beschwerten sich die Bierbrauer der Stadt Colchester (Essex) über die Gerber, die das Wasser, das
40 sie zur Herstellung von Bier verwendeten, verunreinigten. Einen eigentlichen Begriff „Umweltverschmutzung" gab es zwar noch nicht, doch ist die Sprache des Mittelalters nicht weniger eindeutig: „Die Verunreinigung des Flusses ist derart, dass
45 sogar die Fische sterben. Bittere Klagen wurden vorgebracht, da zahlreiche Brauer der genannten Stadt das Wasser zur Herstellung von Bier verwendeten. Einzelne Leute, Fellscherer und Hautgerber, verschmutzen und verunreinigen besagten Fluss,
50 vergiften die Fische und schädigen die guten Leute der genannten Stadt sehr." […]
Als das englische Parlament 1388 in Cambridge tagte, verabschiedete es das erste staatliche Umweltschutzgesetz. Es betraf die Luft- wie die Wasserver-
55 schmutzung. Abfall in die Flüsse oder auf die Straßen zu werfen, wurde verboten; Kehricht musste außerhalb der Stadt abgelagert werden: „Sonst", verkündet das Gesetz, „wird die Luft sehr verschmutzt und verpestet sein, und zahllose unerträgliche Krankheiten und Epidemien werden
unaufhörlich wüten." 65

J. Gimpel, Die industrielle Revolution des Mittelalters, Zürich 1980, S. 91 ff.

M11 **Aborte**

Die Entsorgung der Fäkalien war Gegenstand hoheitlicher Maßnahmen, wie der österreichische Alltagshistoriker Harry Kühnel den Quellen entnimmt:

In Nürnberg wurde der Grubeninhalt mit Pferdekarren weggeführt und an bestimmten Stellen in die Pegnitz geleert. Um die Geruchs- und Lärmbelästigung möglichst gering zu halten, waren diese Arbeiten nur in der kalten Jahreszeit zwischen 5
dem 16. Oktober und dem 4. April und nur zur Nachtzeit gestattet. Überdies wurde 1382 die jeweilige Nachbarschaft einer Fäkaliengrube zur Duldung einer gewissen Geruchs- und Lärmbelästigung durch eine Satzung des Rates von Nürnberg 10
verpflichtet. Die Ausübung dieses Gewerbes oblag in Nürnberg den „Nachtmeistern" oder „Pappenheimern" (1441). In Wien wurden sie offiziell „pur-

gatores privete" [heimliche Reiniger], im Volksmund aber etwas spöttisch „Kotkönige" oder auch
„Könige der Nacht" und in München „Gold-
grübler" genannt, hingegen war die Entleerung
der Fäkaliengruben in Hamburg die Aufgabe des
Abdeckers. In Frankfurt waren die „Heimlichkeits-
feger" angehalten, die Fäkalien der Oberstadt auf
die Mainbrücke zu führen und dort in den Fluss zu
leeren, der Inhalt der Kloaken der Niederstadt durfte in der Nähe des Frauenhauses in den Main
geschüttet werden. Da die Hauseigentümer verpflichtet waren, auf eigene Kosten die Räumung in
Auftrag zu geben, verfiel man auf zwei Auswege.
Zum einen wurden die Gruben mit einem großen
Fassungsvermögen angelegt, zum anderen erfolgte im Zeitraum von 7 bis 30 Jahren die Räumung.
Selbst der wohlhabende Michael Behaim hat sein
„heimliches Gemach" nur im Abstand von acht Jahren, nämlich 1502 und 1510, räumen lassen, weil
das Grubenräumen eine recht teure Angelegenheit
war, nämlich 8 Pfund 2 Pfennig bzw. 92 Pfund 3
Pfennig!
Bei dieser Einstellung konnte der Fall eintreten,
dass ein „heimliches Gemach" seine Trennwände
durchbrach und ausfloss. Dies geschah 1472 beim
Gabler in der Wechsel, der beim Schönen Brunnen
am Marktplatz in Nürnberg wohnte.
Endres Tucher bemerkte dazu, dass weder Gabler
noch die Nachtmeister je daran gedacht hätten, die
Grube, aus der man 360 Schaff[1] Fäkalien aushob,
räumen zu lassen. Die immensen Kosten für die
Wartung der Abortanlagen machen verständlich,
„dass die nach zeitgemäßem Standard einwand-
freie Entsorgung von Privathäusern weit mehr vom
verfügbaren Einkommen als vom individuellen Sau-
berkeitsempfinden abhängig war".
Es wurde bei der Darstellung der häuslichen Wasserversorgung bereits angedeutet, dass meistens
Brunnen und Abtritte sehr nahe beieinander
lagen. Der Rat von Nürnberg forderte 1479 einen
Abstand von drei Schuh [ca. 90 cm] vom Nachbargrundstück bei Anlage eines Abtritts. Ende des 15.
Jahrhunderts war man sich der Gefahr der Verjau-
chung von Brunnen durchaus bewusst, wurde doch
in der Münchner Bauordnung von 1489 gefordert,
dass bei Herstellung neuer Abtritte die dazugehörigen Gruben nicht durch Letten [Lehm]
gegraben werden dürfen, damit angrenzende
Brunnen weder beschädigt noch verunreinigt werden! Überdies legte man fest, dass heimliche Gruben, Mist- und Sickergruben einen Mindestab-
stand von 1 1/2 Schuh zum Nachbargrundstück
haben und mit Holz ausgeschlagen sein müssen.

Ähnliche Bestimmungen enthielt auch schon die
Straßburger Bauordnung von 1482. Doch nicht
allein die unmittelbare Nachbarschaft von Brunnen und Abtritt, gegen die im Mittelalter kein Ein-
wand bestand, gab den Anstoß zu einem unheilvollen Infektionskreislauf Kloake – Brunnen –
Mensch – Kloake, auch die Schichttiefe, aus der das
Trinkwasser entnommen wurde. Die verhältnismäßig zahlreichen Aufzeichnungen zu diesem
Thema in Nürnberg lassen erkennen, dass die
Abortgruben bis zu 6 m, die Brunnen 9 bis 12 m tief
waren, daher die Gefahr einer Versickerung auch
hier nicht auszuschließen war. Klagen über starke
Geruchsbelästigung wurden häufig vorgebracht.
Der Göttweiger Hofmeister in Wien, Friedrich,
führte gegen Wilhelm den Gürtler Beschwerde,
dass von dessen Abtritt manchmal der Unflat durch
die Mauer dringe und in allen Räumen des Gött-
weigerhofes sich übler Geruch verbreite (1387).

1 Scheffel, Hohlmaß zwischen 30 und 300 Liter

H. Kühnel (Hg.), Alltag im Spätmittelalter, Graz 1984, S. 56 f.,

Aufgaben

1. Halten Sie die Auswirkungen der Neolithischen
   Revolution auf die Umwelt fest.
   → Text, M5
2. In welcher Weise veränderte sich das Land-
   schaftsbild im Laufe des Mittelalters?
   → Text, M6
3. Analysieren Sie die Abbildung im Hinblick auf
   den Zusammenhang von Wirtschaft, Verkehr,
   Technik und deren Auswirkungen auf die
   Umwelt.
   → M6
4. Welche Bedeutung besaß der Wald für die mittelalterliche Wirtschaft, und welche Maßnahmen wurden zu seinem Schutz ergriffen?
   → Text, M7
5. Das Montanwesen beeinträchtigte bereits in
   der Frühen Neuzeit die Qualität der Umwelt.
   Setzen Sie die Beschwerden der Zeitgenossen
   in Beziehung zur Abbildung.
   → M3, M8
6. Beschreiben Sie die (un-)hygienischen Zustände
   in mittelalterlichen Städten.
   → Text, M9–M11

7. Das Deutsche Kaiserreich

Das Deutsche Kaiserreich, dessen Gründungsakt am 18. Januar 1871 auf französischem Boden stattfand, war entscheidend mit dem politischen Wirken Otto von Bismarcks verbunden. Bismarck hatte – modern gesprochen – die Fäden gezogen, die politische Strategie entworfen, Monarchen bekniet und Druck ausgeübt, bis es im Anschluss an den siegreichen Frankreich-Feldzug zu jener denkwürdigen Zeremonie im Spiegelsaal des Schlosses von Versailles kommen konnte, wo der preußische König zum Kaiser Wilhelm I. proklamiert wurde.

Bismarck war der überragende deutsche Staatsmann in seiner Epoche und vielfach ist vom Bismarckreich die Rede, wenn man von Deutschland in der Zeit von 1871 bis 1890, dem Jahr seiner Entlassung durch Kaiser Wilhelm II., spricht.

Das Bild von Ludwig Rudow aus dem Jahr 1890 ist Teil einer Bismarck-Verherrlichung, die erst nach Bismarcks Sturz vehement einsetzte und nach seinem Tod 1898 ihre Fortsetzung fand.

„Der Kanzler in Kürassieruniform ist bereits zu Lebzeiten sein eigenes Denkmal, bekränzt von der Siegesgöttin; daneben die geharnischte Germania, gekrönt mit der Reichskrone, die zwar in der zeitgenössischen Symbolik allenthalben auftauchte, aber nur als Holzmodell existierte. Links sitzt Clio, die Muse der Geschichte, die das Kapitel von 1870/71 aufgeschlagen hat. Im Vordergrund jubelndes Volk, dabei ein Korpsstudent; die Studentenschaft sollte in den nächsten Jahren die stärkste Stütze des gegen Wilhelm II. gerichteten Bismarck-Kults werden, Erbauerin hunderter Bismarck-Türme im gesamten Reich."(Hagen Schulze, Kleine deutsche Geschichte, München 1996, S. 142)

Die Reichsgründung war vordergründig das Ergebnis der waffenmäßigen Überlegenheit Preußens in den so genannten Einigungskriegen. Die Euphorie als Folge des schnellen Sieges über Frankreich hatte eine Dynamik in das Einheitsbestreben gebracht, der sich auch die süddeutschen Staaten nicht entziehen wollten.

1848/49 war der bürgerliche Versuch gescheitert, die nationale Einheit auf demokratischer Basis zu bewerkstelligen. Sie war gegen den Widerstand der beiden Großmächte Preußen und Österreich nicht durchzusetzen. 1870/71 gelang sie zwar, aber unter gänzlich anderen Vorzeichen.

Staatsrechtlich gesehen war das Deutsche Reich aus einem Bündnis der Fürsten (und dreier Stadtstaaten) hervorgegangen. Bei der Proklamation in Versailles wird man das Volk oder dessen Repräsentanten vergeblich suchen.

Gleichwohl fand dieser Akt die Zustimmung breiter bürgerlicher Schichten beziehungsweise der deutschen Nationalbewegung, die es in allen Ländern gab. Wirtschaftliche Interessen und der grenzüberschreitende Handel im Zollverein, der schon seit 1834 Preußen mit den süddeutschen Staaten verknüpfte (unter Ausschluss Österreichs), und nicht zuletzt die Intensivierung der Verkehrsströme durch die Eisenbahnen waren ganz wesentliche Voraussetzungen für das Zusammenwachsen der verschiedenen deutschen Staaten.

7.1 Reichsgründung: Der Weg zur nationalen Einigung

„Verspätete Nation"

Gemessen an der nationalstaatlichen Einigung Englands und Frankreichs musste Deutschland als eine „verspätete Nation" gelten. Nachdem in der Revolution von 1848/49 der Versuch gescheitert war, die nationale Einheit auf demokratischer Grundlage – gleichsam „von unten" – zu schaffen, bestand der Zustand der Zersplitterung weiter fort. Deutschland existierte nur indirekt in Form des Deutschen Bundes, das heißt als Bündnis souveräner Einzelstaaten. Unter diesen ragten Österreich und Preußen als Großmächte heraus. Beide Staaten konkurrierten nach 1848 um die Vormacht in Deutschland.

Otto von Bismarck (1815–1898)

Otto von Bismarck, der als Stifter der deutschen Einheit in die Geschichte eingegangen ist, sah in diesem Dualismus der beiden Großmächte ein entscheidendes Hindernis auf dem Weg zur nationalen Einigung. Dieses Spannungsverhältnis aufzulösen, war das Ziel seiner Politik, nachdem er 1862 von Wilhelm I. als preußischer Ministerpräsident berufen worden war.

Die Persönlichkeit Bismarcks stand und steht im Mittelpunkt außerordentlich vieler Betrachtungen. Die Beurteilungen gehen weit auseinander und reichen von vorbehaltloser Verherrlichung bis zu entschiedener Ablehnung.

Bismarcks politischer Charakter kann als eine Mischung von verschiedenen Komponenten begriffen werden. Bismarck war

- monarchistisch in Bezug auf die Verpflichtung gegenüber „seinem" (preußischen) Monarchen,
- konservativ in seinem Kampf für die Macht der Krone und gegen die Sozialdemokratie,
- realistisch in seiner Einschätzung der Machtverhältnisse,
- unorthodox, wenn er zum Beispiel den König von Hannover absetzte und somit gegen den Legitimitätsbeschluss des Wiener Kongresses verstieß,
- skrupellos, zum Beispiel beim Gebrauch militärischer Macht und bei der Verleumdung politischer Gegner,
- weitsichtig, wenn er im Gegner von heute den Verbündeten von morgen sah,
- fortschrittlich, wenn er durch die Sozialgesetzgebung den Grundstein des Sozialstaats legte.

Der preußische König Friedrich Wilhelm IV. hatte bereits 1848 über Bismarck notiert: „Nur zu brauchen, wo das Bajonett schrankenlos waltet." Nicht zuletzt der Ruf seines bedingungslosen Einsatzes für die Krone war es wohl auch, der Wilhelm I. 1862 – in einer schier ausweglosen Situation – bewogen hatte, Bismarck in das Amt des preußischen Ministerpräsidenten zu berufen.

Otto von Bismarck 1862
vor der Berufung zum preußischen Ministerpräsidenten

Heereskonflikt

Der preußische König stand in einem Konflikt mit der Volksvertretung, dem preußischen Abgeordnetenhaus. In diesem so genannten Heereskonflikt ging es um eine von der Regierung geforderte Erhöhung des Militäretats sowie um die Verlängerung der Dienstzeit der Soldaten und die Verstärkung der direkt dem König unterstellten Linientruppen.

Die liberale Fortschrittspartei, die eine große Mehrheit im Parlament hatte, weigerte sich, dem Verlangen der Regierung zu entsprechen und die erforderlichen Geldmittel zu bewilligen. Diesem Konflikt zwischen Parlament und Krone kam über den aktuellen Anlass hinaus grundsätzliche Bedeutung zu. Im Kern ging es um die Machtverteilung im preußischen Staat. Würde es dem liberalen Bürgertum gelingen, den bürgerlichen Verfassungsstaat gegen den Widerstand der Krone und der konservativen Junker (adelige Großgrundbesitzer) durchzusetzen? Es ging um die Macht der Legislative, um ihr Budgetrecht und um die Kontrolle der bewaffneten Macht. Bismarck „löste" den Konflikt auf seine Weise: mit Verfassungsbruch. In den folgenden Jahren regierte er ohne verfassungsgemäß verabschiedeten Haushalt. Widerstand wurde mit obrigkeitsstaatlichen Maßnahmen (Beamtenentlassungen und Pressezensur) gebrochen. Bismarcks Karriere begann also mit der Niederlage des Parlamentarismus und der Demokratie.

Gleichwohl war Bismarck zu klug, um nicht zu erkennen, dass dieses Vorgehen kein Dauerzustand sein konnte. Er suchte den außenpolitischen Erfolg, um die innenpolitischen Wogen zu glätten beziehungsweise die liberale Bewegung zu versöhnen. Diese Strategie war letztendlich nach militärischen Siegen auch erfolgreich. Vier Jahre später (1866) stimmte das preußische Abgeordnetenhaus mehrheitlich für eine Indemnitätsvorlage (Indemnität = Entlastung, Straflosigkeit), mit der nachträglich die Staatsausgaben gebilligt wurden und Bismarck Straflosigkeit bescheinigt wurde. Nicht zuletzt über die Bewertung des Bismarckschen Vorgehens spaltete sich die liberale Bewegung in Deutschland: in einen Fortschritts-Liberalismus, der nach wie vor gegen Bismarck und dessen autoritär-monarchistische Praxis opponierte, und den Nationalliberalismus, der der Indemnitätsvorlage zugestimmt hatte und im Folgenden zu einer Stütze von Bismarcks Politik wurde.

Preußen gewinnt die Vorherrschaft

Bedingt durch die Vorgehensweise Bismarcks gegen das Parlament sank das Ansehen Preußens in den anderen deutschen Staaten. Preußen wurde vor allem in Süddeutschland als ein militarisierter Obrigkeitsstaat abgelehnt. Dennoch hoffte Bismarck, durch eine Politik, die die Lösung der nationalen Frage herbeiführte, die Sympathien des national gesinnten und an großen Wirtschaftsräumen interessierten (Wirtschafts-)Bürgertums zu erringen.

Im Dualismus zweier deutscher Großmächte sah Bismarck das entscheidende Hindernis auf dem Weg zum Nationalstaat. Zielstrebig leitete er eine anti-österreichische Politik in die Wege, wobei er – durchaus in der Tradition seiner Zeit stehend – den Krieg als eine „Fortsetzung der Politik mit anderen Mitteln" sah.

Einen ersten außenpolitischen Schritt unternahm Bismarck, als Dänemark entgegen gültigen Verträgen seine Verfassung auf Schleswig ausdehnte. Bismarck veranlasste die Eroberung Schleswig-Holsteins durch preußische und österreichische Truppen (1864). Nach dem Erfolg der deutschen Truppen, insbesondere nach dem Sieg der preußischen Truppen bei den Düppeler Schanzen, stieg das Prestige Preußens beträchtlich. Man kam später überein, Schleswig unter

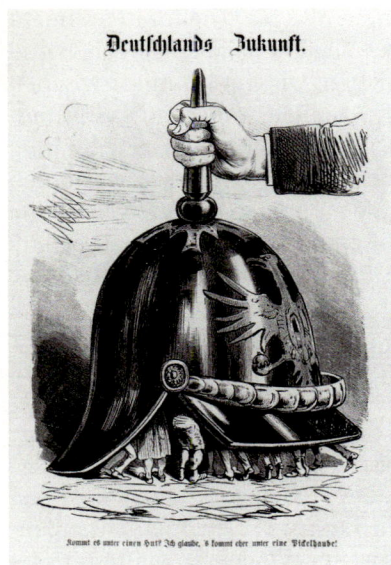

M 1 Deutschlands Zukunft aus österreichischer Perspektive

Kommt es [Deutschland] unter eine Haube? Ich glaube, 's kommt eher unter eine Pickelhaube, Wien 1870.

preußische und Holstein unter österreichische Verwaltung zu stellen. Die eigentliche Entscheidung über die Vorherrschaft in Deutschland fiel zwei Jahre später im von Bismarck herbeigeführten so genannten Deutschen Krieg (1866).

Nach der Besetzung Holsteins durch preußische Truppen mobilisierte der Deutsche Bund unter der Führung Österreichs seine Armeen. Obgleich der Krieg aus preußischer Perspektive als außerordentlich riskant betrachtet werden musste, kam es zu einem raschen Sieg Preußens. Zuerst waren Hannover, Sachsen und Kurhessen besetzt worden, kurz darauf erfolgte die Entscheidungsschlacht zwischen Preußen und Österreich bei Königgrätz in Böhmen. Die österreichische Niederlage wurde aufgrund der heftigen Gegenwehr Bismarcks nicht zu einem Marsch auf Wien genutzt. Im Gegenteil: Der anschließende Friede zu Prag war maßvoll und milde. Gegen den vehementen Druck des Königs und der Militärs setzte Bismarck eine Friedensregelung durch, die im Nachhinein als eine diplomatische Meisterleistung betrachtet werden muss. Bismarck sah offensichtlich im Verlierer von Königgrätz schon einen Verbündeten von morgen. Gleichzeitig wurden auch die süddeutschen Mittelstaaten geschont.

Das Ergebnis des Krieges war die Teilung Deutschlands an der Mainlinie:
- Der Deutsche Bund wurde aufgelöst.
- Schleswig-Holstein, Hannover, Kurhessen, Nassau und Frankfurt wurden annektiert. Somit fand die territoriale Streulage Preußens ein Ende.
- Preußen schloss mit den süddeutschen Staaten Bayern, Württemberg und Baden ein militärisches Defensivbündnis gegen Frankreich ab (Geheimes Schutz- und Trutzbündnis).

Norddeutscher Bund

1867 schlossen sich auf Initiative Preußens die restlichen norddeutschen Staaten mit Preußen zum Norddeutschen Bund zusammen. Es folgte eine Politik des Werbens um die Gunst der deutschen Nationalbewegung. Dazu zählte die Beilegung des Konflikts Bismarcks mit dem preußischen Abgeordnetenhaus, die Stärkung des Zollvereins und die Verfassung des Norddeutschen Bundes, die mit ihrem gleichen Wahlrecht ein Lockmittel für die süddeutschen Liberalen darstellte. Dennoch gelang es Preußen vorerst nicht, die Sympathien des Südens auf sich zu ziehen.

Deutsch-Französischer Krieg (1870–1871)

Die Entscheidung über den deutschen Dualismus war auf dem Schlachtfeld gefallen. Der Einheit Deutschlands beziehungsweise der Reichsgründung sollte ein weiterer Krieg vorausgehen. Nach dem für alle Beobachter überraschend schnellen Sieg der preußischen Waffen hatte sich Bismarck entschieden geweigert, die französische Neutralität zu belohnen. Die Spekulation des französischen Kaisers Napoleon III., als „lachender Dritter" Vorteile aus dem Konflikt der deutschen Staaten zu gewinnen, zum Beispiel das linke Rheinufer, erfüllte sich daher nicht. Das wurde in Frankreich als schwere Prestigeeinbuße empfunden. Der latente Konflikt spitzte sich zu, als Spanien Leopold v. Hohenzollern aus der süddeutschen Linie des preußischen Herrscherhauses die spanische Krone anbot. Frankreich forderte heftig die Zurücknahme der Thronkandidatur, weil es im Kriegsfalle die Bedrohung von zwei Fronten befürchtete.

Anlass für die französische Kriegserklärung und somit für den Deutsch-Französischen Krieg von 1870/71 war die so genannte Emser Depesche. Dabei handelte es sich um ein von Bismarck redaktionell gekürztes Schriftstück, das für den heutigen Betrachter in keiner Weise als rechtfertigender Anlass für einen Krieg erscheint. Als der Konflikt durch die Absage des Hohenzollern praktisch beigelegt war, verweigerte der preußische König lediglich die Zusage, für alle Zukunft auf eine Thronkandidatur seines Hauses zu verzichten. Aber in der Atmosphäre hochgeputschter nationaler Leidenschaften wurde der schroffe Ton des von Bismarck an die Öffentlichkeit gebrachten Schriftstücks in Frankreich als diplomatische Demütigung empfunden.

Auf beiden Seiten des Rheins schlugen die Wellen des Patriotismus hoch. Der Krieg wurde offensichtlich als eine nationale Erfüllung angesehen. Das Defensivbündnis Preußens mit den süddeutschen Staaten trat in Kraft. Die deutschen Truppen mobilisierten schneller und drangen in Frankreich ein. Die Schlacht bei Sedan (1. Sept. 1870) besiegelte die Niederlage Frankreichs und führte zur Gefangennahme Napoleons III.

Noch während der Kampfhandlungen um Paris wurde am 18. Januar 1871 im Spiegelsaal des Schlosses von Versailles das Deutsche Reich proklamiert. Der Ort der Proklamation war ursprünglich nicht ausgewählt worden, um Frankreich zu demütigen. Seine Wahl ergab sich vielmehr aus Nützlichkeitserwägungen. Der Krieg war zwar zu diesem Zeitpunkt militärisch entschieden, aber noch nicht beendet. Paris wurde belagert, und das deutsche Hauptquartier befand sich in Versailles –

M 2

Der Weg zum Deutschen Reich 1866 – 1871

- Kgr. Preußen 1864
- Erwerbungen bis 1866
- Reichsland Elsass-Lothringen 1871
- Grenze des Deutschen Reiches 1871
- freie Reichsstädte

S.-L. = Fsm. Schaumburg-Lippe

M 3 Der 2. September, der „Sedanstag",
war im Deutschen Kaiserreich der Nationalfeiertag. Festschmuck zum 25. Jahrestag der Schlacht bei Sedan 1895.

M 4 „Preußen kettet das Elsass an sich",
Französische Karikatur von Cham aus dem Jahr 1871.

etwas außerhalb der Kampfzone. Allerdings empfand man in Frankreich die Wahl des Ortes als eine Verletzung des Nationalstolzes.

Der Proklamation waren intensive diplomatische Aktivitäten Bismarcks vorausgegangen. Bismarck war sich immer sehr bewusst gewesen, dass die Vereinigung des Norddeutschen Bundes mit den süddeutschen Staaten nur in einem Augenblick des nationalen Enthusiasmus gelingen konnte. Dennoch hatte er erhebliche Widerstände zu überwinden. In den Verhandlungen musste er den süddeutschen Staaten Zugeständnisse machen. Insbesondere Bayern behielt Sonderrechte, zum Beispiel die eigene Armee und den eigenen diplomatischen Dienst. Zudem musste die Zustimmung des bayerischen Königs Ludwig II. mit beträchtlichen Finanzmitteln erkauft werden. Aber auch der preußische König, dem zuvor von einer Delegation die Kaiserwürde angetragen worden war, zeigte sich alles andere als begeistert. Die Aussicht, die Verpflichtung als „Deutscher Kaiser" zu übernehmen, machte ihn äußerst unglücklich. Wilhelm I. meinte, dass der Kaisertitel den preußischen Königstitel „verdunkeln" würde. Erst nachdem er von Bismarck unter Druck gesetzt worden war, stimmte er der „Reichsgründung" zu. Wie durch Augenzeugen der Proklamation hinreichend belegt ist, kam bei der Zeremonie selbst keine nennenswerte Euphorie auf.

Im Frieden zu Frankfurt (1871), der den Krieg beendete, wurde Frankreich gezwungen, Elsass-Lothringen abzutreten und eine Kriegsentschädigung in Höhe von fünf Milliarden Francs zu zahlen.

Chronologie

1862	Berufung Bismarcks zum preußischen Ministerpräsidenten durch König Wilhelm I.
1864	Deutsch-Dänischer Krieg
1866	Deutscher Krieg
1867	Gründung des Norddeutschen Bundes
1870/71	Deutsch-Französischer Krieg
18. Januar 1871	Gründung des Deutschen Reiches

Bismarck, von 1851–59 Gesandter Preußens beim Bundestag in Frankfurt am Main, schrieb in einem Bericht an den preußischen Ministerpräsidenten Manteuffel (1856):

[…] Nach der Wiener Politik ist einmal Deutschland zu eng für uns beide; solange ein ehrliches Arrangement über den Einfluss eines jeden in Deutschland nicht getroffen und ausgeführt ist, pflügen
5 wir beide denselben streitigen Acker, und so lange bleibt Österreich der einzige Staat, an den wir nachhaltig verlieren und von dem wir nachhaltig gewinnen können. […] Wir haben eine große Anzahl streitender Interessen, die keiner von uns
10 aufgeben kann, ohne auf die Mission, an die er für sich glaubt, zu verzichten. […] Selbst der schwerste Druck von außen, die dringendste Gefahr der Existenz beider, vermochte 1813 und 1849 das Eisen nicht zu schmieden. Der deutsche Dualismus hat
15 seit tausend Jahren gelegentlich, seit Karl V. [Römisch-deutscher Kaiser von 1519–1556] in jedem Jahrhundert regelmäßig in einem größeren inneren Krieg seine gegenseitigen Beziehungen reguliert, und auch in diesem Jahrhundert wird
20 kein anderes als dieses Mittel die Uhr der Entwicklung auf ihre richtige Stunde stellen können. Ich beabsichtige mit diesem Raisonnement [Überlegung] keineswegs zu dem Schlusse zu gelangen, dass wir
25 jetzt unsere Politik darauf richten sollen, die Entscheidung zwischen uns und Österreich unter möglichst günstigen Umständen herbeizuführen. Ich will nur meine Überzeugung aus-
30 sprechen, dass wir in nicht zu langer Zeit für unsere Existenz gegen Österreich werden fechten müssen.

Zit. nach: H.-J. Schoeps, Preußen – Geschichte eines Staates, Frankfurt/M. u. Berlin 1966, S. 373 f.

M 6 **Bismarck: Eisen und Blut**

Bismarck sprach aus, wie er sich (1863) die Lösung des deutschen Dualismus vorstellte:

In den ersten Tagen des Oktobers fuhr ich dem Könige, der sich am 30. September, dem Geburtstage seiner Gemahlin, nach Baden-Baden bege-
5 ben hatte, bis Jüterbog entgegen und erwartete ihn in dem noch unfertigen, von Reisenden dritter

Klasse und Handwerkern gefüllten Bahnhofe, im Dunkeln auf einer umgestürzten Schiebekarre sitzend. Meine Absicht, indem ich die Gelegenheit zu 10 einer Unterredung suchte, war, Se. Majestät über eine Aufsehn erregende Äußerung zu beruhigen, welche ich am 30. September in der Budgetkommission getan hatte und die zwar nicht stenografiert, aber in den Zeitungen ziemlich getreu wie- 15 dergegeben war.

Ich hatte […] deutlich genug gesagt, wo ich hinaus wollte, Preußen könne – das war der Sinn meiner Rede – wie schon ein Blick auf die Karte zeige, mit seinem schmalen lang gestreckten Leibe die Rüs- 20 tung, deren Deutschland zu seiner Sicherheit bedürfe, allein nicht länger tragen; diese müsse sich auf alle Deutschen gleichmäßig verteilen. Dem Ziele würden wir nicht durch Reden, Vereine, Majoritätsbeschlüsse näher kommen, sondern es werde ein 25 ernster Kampf nicht zu vermeiden sein, ein Kampf, der nur durch Eisen und Blut erledigt werden könne. Um uns darin Erfolg zu sichern, müssten die Abgeordneten das möglichst große Gewicht von Eisen und Blut in die Hand des Königs von Preußen legen, 30 damit er es nach seinem Ermessen in die eine oder andere Waagschale werfen könne. […]

O. von Bismarck, Gedanken und Erinnerungen, Stuttgart u. Berlin 1928, S. 258 f.

M 7 **Schlacht bei Königgrätz 1866:** In der Bildmitte (rechts) sieht man den preußischen König Wilhelm, Gemälde von Christian Sell.

M 8 Die Kaiserproklamation am 18. Januar 1871 in Versailles, Gemälde von Anton von Werner (1885)

M 9 Eine Stimme zur Reichsgründung

Aus dem Tagebuch der Baronin Spitzemberg, der Frau des württembergischen Gesandten in Berlin, einer aufmerksamen Beobachterin der Berliner Gesellschaft:

3. März [1871] [...] Und was für ein Friede für uns Deutsche! Herrlicher und glorreicher als wir je einen geschlossen! Vereint zu einem Reiche, dem größten, mächtigsten, gefürchtetsten in Europa, groß
5 durch seine physische Macht nicht allein, größer noch durch seine Bildung und den Geist, der das Volk durchdringt! Jedes deutsche Herz hatte das erhofft, keines geahnt, dass seine Träume sich in dieser Weise, so bald und so herrlich erfüllen wür-
den. Glücklich sind wir, dass wir nicht nur den Stern 10 deutscher Größe und Herrlichkeit aufgehen sahen, sondern dass wir noch jung genug sind, um uns unter seinen Strahlen zu wärmen, um die, so Gott will, recht reichen und segensvollen Früchte zu genießen, die aus dieser unter Blut und Tränen 15 gesäten Saat hervorgehen. [...]

Zit. nach: H. Böhme (Hg.), Die Reichsgründung, München 1967, S. 273.

Aufgaben

1. Erläutern Sie Bismarcks politische Strategie im Hinblick auf die deutsche Einheit. Rekapitulieren Sie die Schritte, die zu diesem Ziel hinführten.
   → Text, M5, M6

2. Kommentieren Sie die unterschiedlichen Betrachtungsweisen der preußischen Einigungspolitik.
   → M1, M3, M4, M9

3. Beurteilen Sie den Politiker Otto von Bismarck als „Staatsgründer".
   → Text, M5, M6

4. Interpretieren Sie das Gemälde der Kaiserproklamation im Hinblick auf den Charakter des neu gegründeten Reiches.
   → M8

7.2 Die Verfassung des Deutschen Reiches

Der preußenfreundliche Historiker Heinrich von Sybel wird mit den Worten zitiert: „Wodurch hat man die Gnade Gottes verdient, so große und mächtige Dinge erleben zu dürfen?" Der Enthusiasmus, der aus diesen Worten spricht, gilt der Ausrufung des preußischen Königs Wilhelm I. zum „Deutschen Kaiser". Die damit verknüpfte Gründung des Deutschen Reiches war das Ergebnis von Verhandlungen zwischen den einzelnen Monarchen beziehungsweise Regierungen. Die Reichsgründung wurde also gleichsam „von oben" vollzogen. Die Proklamation im Spiegelsaal von Versailles stand folglich im Gegensatz zur Paulskirche 1848/49. Dieser historische Ort in Frankfurt am Main symbolisiert den ersten – allerdings gescheiterten – Versuch, einen deutschen Nationalstaat zu gründen. Hier sollte eine demokratisch legitimierte Nationalversammlung das Fundament des neuen Staates bilden. Folglich prägten bürgerliche Abgeordnete das Bild der Paulskirchenversammlung. Auf den Bildern von der Kaiserproklamation in Versailles hingegen dominieren Uniformträger. Bismarck hatte einen gänzlich anderen Weg eingeschlagen als die Liberalen von 1848. Zwar erkannte auch er in der deutschen Nationalbewegung eine politische Kraft, die der Staatsmann auf Dauer nicht ignorieren durfte, aber er lehnte das Prinzip der Volkssouveränität von ganzem Herzen ab. Die Machtstellung der traditionellen Gewalten – der Fürsten und des Adels – sollte nicht ungebührlich beschnitten werden. Folglich war das neu gegründete Reich von 1871 auch keine Demokratie. Die Souveränität lag bei den 25 Einzelstaaten (22 Monarchien und drei freie Städte), die Teile ihrer Hoheitsgewalt auf das Reich übertrugen. Dies musste den Charakter der Verfassung prägen.

Die Verfassung des Deutschen Reiches war nach dem Vorbild derjenigen des Norddeutschen Bundes konzipiert, die unter der unmittelbaren Anleitung Bismarcks verfasst worden war. Sie bestand aus einem komplizierten Gefüge von zentralistischen und föderalistischen Komponenten und stellte den Versuch Bismarcks dar, liberal-bürgerliche und dynastische Interessen auszubalancieren.

Die bundesstaatliche Ausrichtung des Reiches schlug sich im Organ des Bundesrates nieder. Das (zentralistische) Gegengewicht zu den Dynastien war der Reichstag, der nach dem allgemeinen, gleichen Wahlrecht (Männer ab 25 Jahren) gewählt wurde, was Bismarck von konservativer Seite den Vorwurf einbrachte, das „Wahlrecht der Revolution" eingeführt zu haben. Dem Reichstag waren jedoch hinsichtlich seiner Kompetenzen erhebliche Beschränkungen auferlegt. Gesetze bedurften der Zustimmung des Bundesrates. Die Regierung, der Reichskanzler, war dem Reichstag nicht verantwortlich. Das Recht zur Ernennung des Reichskanzlers lag in den Händen des Kaisers.

Bismarcks Position

Bismarck sicherte sich in dieser Verfassung maßgeblichen Einfluss. Dieser ergab sich insbesondere aus seiner Doppelrolle als Reichskanzler und preußischer Ministerpräsident beziehungsweise Außenminister. Er führte den Vorsitz im Bundesrat. Alle Regierungsakte bedurften neben der Unterschrift des Kaisers seiner Gegenzeichnung.

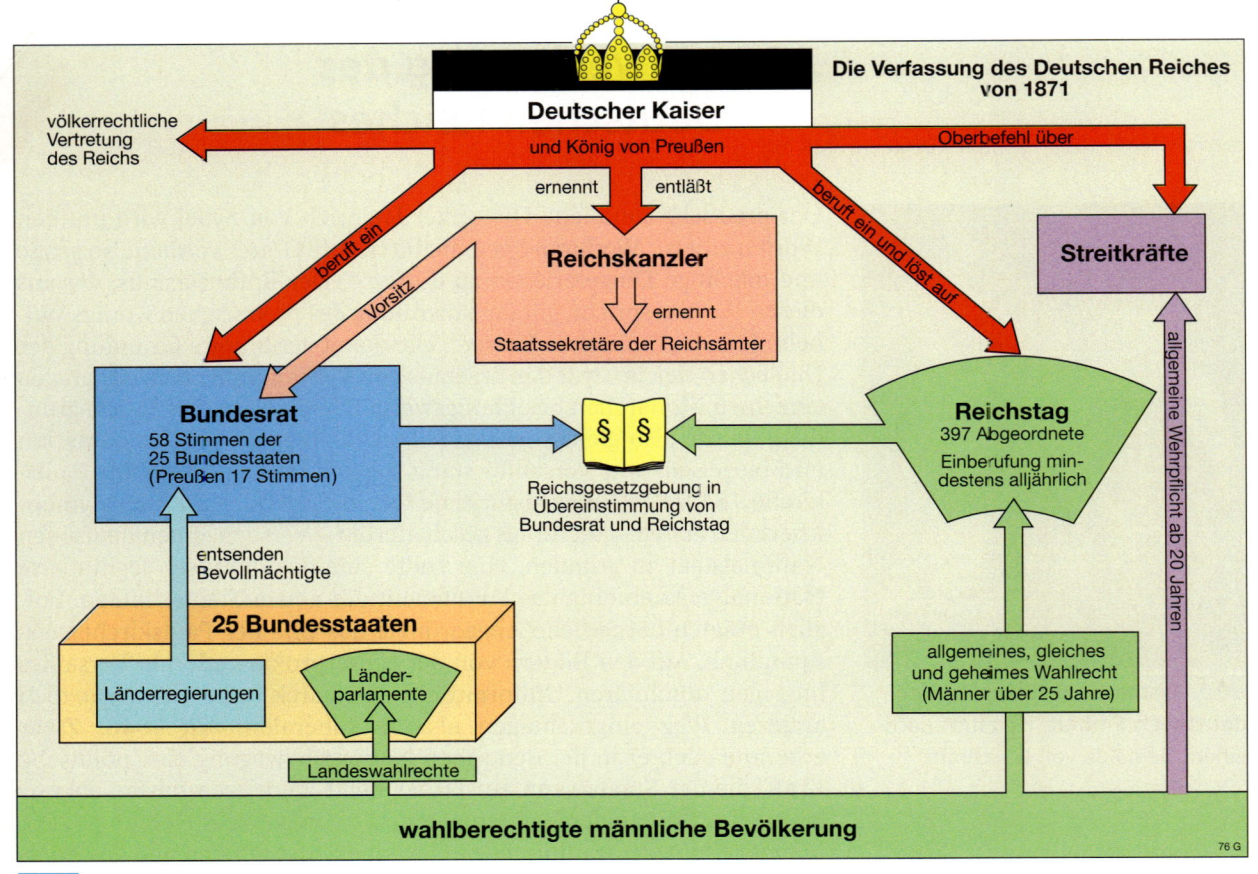

Die Verfassung des Deutschen Reiches von 1871

Deutscher Kaiser und König von Preußen

völkerrechtliche Vertretung des Reichs

beruft ein

Vorsitz

ernennt — entläßt

Oberbefehl über

beruft ein und löst auf

Reichskanzler

ernennt

Staatssekretäre der Reichsämter

Streitkräfte

Bundesrat
58 Stimmen der
25 Bundesstaaten
(Preußen 17 Stimmen)

§ § Reichsgesetzgebung in Übereinstimmung von Bundesrat und Reichstag

Reichstag
397 Abgeordnete
Einberufung mindestens alljährlich

allgemeine Wehrpflicht ab 20 Jahren

entsenden Bevollmächtigte

25 Bundesstaaten

Länderregierungen

Länderparlamente

allgemeines, gleiches und geheimes Wahlrecht (Männer über 25 Jahre)

Landeswahlrechte

wahlberechtigte männliche Bevölkerung

76 G

M 2

Einen Grundrechtskatalog, wie ihn die Verfassung von 1848 noch vorgesehen hatte, enthielt die Verfassung von 1871 nicht.

Zwei Parlamenten kam im Deutschen Reich herausragende Bedeutung zu: dem Reichstag, der nach einem allgemeinen, gleichen, geheimen und direkten Wahlrecht gewählt wurde, und dem preußischen Landtag.

Preußischer Landtag

Der preußische Landtag verdient daher Beachtung, weil Preußen mit Abstand das größte Einzelland im Reich war und maßgeblichen Einfluss auf die gesamte Reichspolitik hatte. Die Zusammensetzung des preußischen Landtags bestimmte sich aufgrund des Dreiklassen-Wahlrechts, so wie es auch in den meisten anderen Ländern zumindest abgestufte Wahlrechtsvorschriften gab. Im Dreiklassen-Wahlrecht, das bis 1918 zäh verteidigt wurde, manifestierte sich politisch die konservativ-agrarische Vormacht.

Die Urwähler wurden entsprechend ihrem Steueraufkommen in drei Klassen eingeteilt, denen jeweils das gleiche politische Gewicht gegeben wurde. Die Wirkungen des preußischen Wahlrechts lassen sich daran erkennen, dass die SPD erst 1908 im Landtag vertreten war. Sie erreichte damals mit 23,8 Prozent der Urwähler-Stimmen nur einen Sitz, während zum Beispiel die Konservativen bei der gleichen Wahl mit 14,1 Prozent der Urwähler-Stimmen 152 Abgeordnete stellten. Im Unterschied zur Reichstagswahl war die Stimmenabgabe zum preußischen Landtag öffentlich. Für beide Parlamente galt das so genannte Mehrheitswahlrecht; das heißt derjenige Kandidat war gewählt, der in einem Wahlkreis die Mehrheit der Stimmen erringen konnte.

M 3 Auszüge aus der Reichsverfassung von 1871

S. M. [Seine Majestät] der König von Preußen im Namen des Norddeutschen Bundes, S. M. der König von Bayern, S. M. der König von Württemberg, S. Königl. Hoheit der Großherzog von Baden und
5 S. Königl. Hoheit der Großherzog von Hessen und bei Rhein für die südlich vom Main gelegenen Teile des Großherzogtums Hessen schließen einen ewigen Bund zum Schutz des Bundesgebietes und des innerhalb desselben gültigen Rechtes sowie zur
10 Pflege der Wohlfahrt des Deutschen Volkes. Dieser Bund wird den Namen Deutsches Reich führen und wird nachfolgende Verfassung haben. [...]
Art. 5. Die Reichsgesetzgebung wird ausgeübt durch den Bundesrat und den Reichstag. Die Über-
15 einstimmung der Mehrheitsbeschlüsse beider Versammlungen ist zu einem Reichsgesetze erforderlich und ausreichend. [...]
Art. 6. Der Bundesrat besteht aus den Vertretern der Mitglieder des Bundes, unter welchen die Stimm-
20 führung sich in der Weise verteilt, dass Preußen mit den ehemaligen Stimmen von Hannover, Kurhessen, Holstein, Nassau und Frankfurt 17 Stimmen führt, Bayern 6, Sachsen 4, Württemberg 4, Baden 3, Hessen 3, Mecklenburg-Schwerin 2, Braunschweig 2,
25 die übrigen[1] je 1, zusammen 58 Stimmen. [...]
Art. 7. Der Bundesrat beschließt: 1. über die dem Reichstage zu machenden Vorlagen, und die von demselben gefassten Beschlüsse; 2. über die zur Ausführung der Reichsgesetze erforderlichen all-
30 gemeinen Verwaltungsvorschriften und Einrichtungen. [...] Die Beschlussfassung erfolgt [...] mit einfacher Mehrheit.
Art. 11. Das Präsidium des Bundes steht dem Könige von Preußen zu, welcher den Namen Deutscher Kai-
35 ser führt. Der Kaiser hat das Reich völkerrechtlich zu vertreten, im Namen des Reichs Krieg zu erklären und Frieden zu schließen, Bündnisse und andere Verträge mit fremden Staaten einzugehen, Gesandte zu beglaubigen und zu empfangen. Zur Erklärung des Krie-
40 ges im Namen des Reichs ist die Zustimmung des Bundesrates erforderlich, es sei denn, dass ein Angriff auf das Reichsgebiet oder dessen Küsten erfolgt. [...]
Art. 12. Dem Kaiser steht es zu, den Bundesrat und den Reichstag zu berufen, zu eröffnen, zu vertagen
45 und zu schließen.
Art. 14. Die Berufung des Bundesrates muss erfolgen, sobald sie von einem Drittel der Stimmenzahl verlangt wird.
Art. 15. Der Vorsitz im Bundesrate und die Leitung
50 der Geschäfte steht dem Reichskanzler zu, welcher vom Kaiser zu ernennen ist. [...]

Art. 18. Der Kaiser ernennt die Reichsbeamten, lässt dieselben für das Reich vereidigen und verfügt erforderlichenfalls deren Entlassung. [...]
Art. 20. Der Reichstag geht aus allgemeinen und 55 direkten Wahlen mit geheimer Abstimmung hervor. [...]
Art. 63. Die gesamte Landmacht des Reichs wird ein einheitliches Heer bilden, welches in Krieg und Frieden unter dem Befehl des Kaisers steht. [...] 60
Art. 64. Alle deutschen Truppen sind verpflichtet, den Befehlen des Kaisers unbedingte Folge zu leisten. Diese Verpflichtung ist in den Fahneneid aufzunehmen. [...]
Art. 68. Der Kaiser kann, wenn die öffentliche 65 Sicherheit in dem Bundesgebiete bedroht ist, einen jeden Teil desselben in Kriegszustand erklären. [...]
Art. 78. Veränderungen der Verfassung erfolgen im Wege der Gesetzgebung. Sie gelten als abge- 70 lehnt, wenn sie im Bundesrate 14 Stimmen gegen sich haben. [...]

1 Sachsen-Weimar, Mecklenburg-Strelitz, Oldenburg, Sachsen-Meiningen, Sachsen-Altenburg, Sachsen-Coburg-Gotha, Anhalt, Schwarzburg-Rudolstadt, Schwarzburg-Sondershausen, Waldeck, Reuß ältere Linie, Reuß jüngere Linie, Schaumburg-Lippe, Lübeck, Bremen, Hamburg.

Verfassung des Deutschen Reiches vom 16. April 1871, zit. nach: Deutsche Verfassungen, München o. J., S. 55 ff.

M 4 Verfassung und Nationalstaat

Der Historiker Eberhard Jäckel schreibt über die gesellschaftlichen Interessen des Bürgertums:

Das neue Reich war ein Nationalstaat ohne Nation. Deswegen wies die Verfassung dem Reichstag die Aufgabe zu, die noch sehr unterschiedlichen Teile der deutschen Gesellschaft zu integrieren, und hinderte ihn zugleich daran, diese Aufgabe zu erfül- 5 len. Es ist oft gesagt worden, dieser Widerspruch sei taktischen Überlegungen Bismarcks entsprungen, der sich die Verfassung auf den Leib geschrieben habe, um seine eigene Machtstellung zu sichern. In Wirklichkeit jedoch war dieser Widerspruch nicht 10 künstlich erzeugt worden. Er entsprach vielmehr zutiefst der politischen und sozialen Struktur des neuen deutschen Nationalstaates. Seine Einigung war der Wunsch der liberalen Bourgeoisie, aber das Werk der feudalen Oberschicht gewesen. Seit 15 ihrem Beginn am Ende der napoleonischen Zeit war die deutsche Einheitsbewegung in erster Linie immer vom Bürgertum getragen worden. Das ist leicht erklärlich, denn die Einheit entsprach seinen Interessen mehr als denjenigen irgendeiner 20 anderen Gesellschaftsschicht. Das Bürgertum, tätig in Industrie, Handel, Handwerk und Gewerbe, benötigte ein größeres Wirtschaftsgebiet und stieß sich an den zahllosen Zollgrenzen und anderen

25 Schranken, die seiner ökonomischen Expansion im Wege standen. Die fürstlichen Obrigkeiten der deutschen Einzelstaaten dagegen und die sie tragenden politischen Kräfte im Heer, in der Beamtenschaft und im Großgrundbesitz waren an einer

30 Einigung Deutschlands viel weniger interessiert, und auch das ist leicht erklärlich. Die Einheit musste zwangsläufig ihre überlieferte Machtstellung schmälern. [...]

E. Jäckel, Einleitung zu A. Kuhn (Hg.), Deutsche Parlamentsdebatten, Bd. 1, Frankfurt/M. 1970, S. 16 f.

M 5 Preußisches Dreiklassen-Wahlrecht

Der bekannte SPD-Politiker Eduard Bernstein beklagte vor dem Reichstag die Ungerechtigkeit des preußischen Wahlrechts (1906):

Dieses Wahlsystem war geradezu ausgeklügelt, den Wählern ihr Wahlrecht zu verekeln. Alle Ungeheuerlichkeiten sind in dieses preußische Dreiklassenwahlsystem hineingelegt: die Einteilung nach drei

5 Wählerklassen und die Ungleichheit der Stimmen, zweitens die offene Stimmabgabe, d. h. die Abhängigkeit der Wähler, und drittens der Wahlakt mit der großen Inanspruchnahme der Zeit des Wählers. Wie all dies in der späteren Reaktionszeit gewirkt hat

10 und noch heute wirkt, können Sie an der Statistik der letzten Landtagswahlen verfolgen. Alle abhängigen Beamten, wie sie auch im Innern denken, wählen, wenn sie nicht fern bleiben können, mit der Regierungspartei; sie dürfen es nicht wagen, eine

15 oppositionelle Stimme abzugeben. Kurz, das ganze System ist darauf berechnet, den Ausdruck des Willens der Wählerschaft zu fälschen.

Meine Herren, eine kleine Minderheit der Bevölkerung, 2 1/2 Prozent, bildet die erste Klasse, etwa 11

20 bis 12 Prozent die zweite, und mehr als 85 Prozent die dritte. Im Jahre 1903 hatten wir in Preußen 239 000 Wähler erster Klasse, 856 000 Wähler zweiter Klasse und 6 Millionen Wähler dritter Klasse. (Hört! hört! bei den Sozialdemokraten.)

25 In der Regel haben in Preußen denn auch nicht mehr als 20 Prozent der Wähler bei der Landtagswahl ihr Wahlrecht ausgeübt, in den meisten Fällen sind noch nicht 16 Prozent der Wähler zur Urne gegangen, und selten ist die Beteiligung über 20 Pro-

30 zent hinausgegangen, niemals über 35 Prozent, niemals hat in Preußen die Hälfte der Stimmberechtigten bei der Landtagswahl ihr Wahlrecht ausgeübt. Das ist kein Zufall, das liegt am Wahlsystem.

Dass selbst in politisch bewegten Zeiten, wo eine große geistige Erregung durch das Volk geht, die 35 große Masse den Wahlen fern bleibt, dadurch ist das Wahlsystem von vornherein verurteilt. [...] Die jetzige Wahlkreiseinteilung in Preußen datiert noch immer aus der Zeit [...] der sechziger Jahre [1860]. Seitdem hat sich jedoch nicht nur in Deutsch- 40 land, sondern in allen Kulturländern eine Umwälzung, eine vollständige wirtschaftliche Revolution vollzogen. Die Bevölkerungsklassen haben sich verschoben, die Verteilung der Bevölkerung hat gleichfalls die allergrößten Veränderungen erfah- 45 ren. Trotzdem ist weder am Dreiklassenwahlsystem noch an der Wahlkreiseinteilung das geringste geändert worden. So ist es jetzt dahin gekommen in Preußen, dass die zurückgebliebensten Bezirke des Landes die fortgeschrittensten beherrschen 50 und je nachdem ausbeuten. Wir haben in Preußen Landtagswahlkreise, wo auf einen Abgeordneten 370 000, 340 000 usw. Einwohner entfallen, und andererseits Wahlkreise, wo auf einen Abgeordneten noch nicht 40 000 Einwohner entfallen. Auch 55 hier die größte Ungerechtigkeit, auch hier nicht die entfernteste Spur einer Gleichartigkeit, sondern wie der Zufall es einmal geschaffen, so soll es bleiben, und so ist es nach dem Willen der maßgebenden Partei in Preußen geblieben. 60

Zit. nach: G. A. Ritter (Hg.), Das Deutsche Kaiserreich 1871–1914, Göttingen 1975, S. 120 f.

M 6 Ein konservativer Wahlkreis

Hellmut von Gerlach (1866–1935), Journalist und linksdemokratischer Politiker, stammte aus einer Junker-Familie und kannte die Verhältnisse aus eigener Erfahrung:

Der Wahlkreis Wohlau-Guhrau-Steinau [Niederschlesien], in dem ich aufgewachsen bin, hieß der Goldene Wahlkreis der Konservativen, weil er der deutsch-konservativen Partei pupillarisch[1] sicher war. Bei den Landtagswahlen wurde nicht einmal 5 ein Gegenkandidat aufgestellt. Ein einziges Mal hatte ein jüngerer Pastor die Frechheit, sich unter der Firma[2] Freikonservativ auf eigene Faust um ein Mandat zu bewerben. Gegen ihn erließ der konservative Führer von Seydlitz eine Erklärung im „Woh- 10 lauer Kreisblatt", in der er es als eine Anmaßung bezeichnete, wenn jemand, der einst als Hauslehrer bei ihm in Lohn und Brot gestanden habe, sich nun herausnehme, gegen seinen, des Herrn von Seydlitz, Willen in den Landtag gelangen zu wollen. Mit 15 dieser Erklärung war der tollkühne Pastor zur Strecke gebracht. Die Wahlen waren damals in den

meisten ostelbischen Wahlkreisen die Angelegenheit einer kleinen Adelsclique. Wenn der Wahltag
20 herannahte, versammelte der älteste Landrat unseres Wahlkreises die führenden Junker bei sich. Ein paar bürgerliche Konzessionsschulzen von erprobter Junkerfrommheit wurden gütigst als Statisten zugezogen; so etwa ein Superintendent, ein Kreis-
25 physikus, ein Gymnasialdirektor. En petit comité [im kleinen Kreis] einigte man sich über den Kandidaten, der entweder von Kessel, von Ravenstein oder von Nitzschwitz oder Graf Carmer hieß, aber jedenfalls adlig war. Der Erkorene hielt in den drei Kreis-
30 städten seine Kandidatenrede vor einem geladenen Publikum von Honoratioren. Öffentliche Wahlversammlungen galten als unberechtigte Konzessionen an den Zeitgeist. Natürlich dachte die verdammte freisinnige Opposition – Sozialde-
35 mokraten gab es in diesem Junkerparadies noch nicht – an keinen Verzicht auf Wahlversammlungen. Da setzte nun die Wahltätigkeit der Konservativen ein. Nicht etwa, dass sie den Freisinnigen in ihren Versammlungen entgegentraten. Viel wir-
40 kungsvoller war es, wenn sie ihnen die Versammlungen unmöglich machten.
Das ging sehr leicht. Versammlungen unter freiem Himmel waren nach dem alten preußischen Vereinsgesetz ohne Weiteres zu verbieten. Die Ver-
45 sammlungslokale aber wurden einfach „abgetrieben". Amtsvorsteher war immer ein Großgrundbesitzer. Der ließ die Wirte seines Bezirks wissen, dass es ihm „unerwünscht" sei, wenn sie ihre Räume für Versammlungen hergäben. Sie wussten,
50 was das zu bedeuten hatte. Handelten sie den Wünschen des Herrn Amtsvorstehers zuwider, so gab es auf Jahre hinaus keine Tanzerlaubnis, so wurde keine Holzversteigerung oder sonst ein öffentlicher Termin bei ihnen angesetzt, so schlich
55 der Gendarm immer gegen 10 Uhr abends bei ihnen herum, ob nicht die Polizeistunde um fünf Minuten überschritten wurde. Sie waren der Willkür ausgeliefert. Nur in vereinzelten großen Bauerndörfern ohne Rittergut waren Wahlversamm-
60 lungen zustande zu bringen. Dort blühte denn auch der Weizen des Freisinns oder des Zentrums. Aber das waren nur kleine Oasen in der großen konservativen Wüste. […]
Am besten, außer mit sich selber, kamen die kon-
65 servativen Großgrundbesitzer mit ihren Landarbeitern aus. Die Landarbeiter parierten damals noch willenlos, waren Stimmvieh in des Wortes verwegenster Bedeutung. Dass bei der öffentlichen Landtagswahl keine einzige ihrer Stimmen danebenging, ist selbstverständlich. Aber auch bei den
70 ging, ist selbstverständlich. Aber auch bei den

Reichstagswahlen klappte es tadellos. Da saß der gnädige Herr als Wahlvorsteher obenan, und in der Mittagpause wurden die Arbeiter, direkt vom Felde weg, vom Inspektor und Vogt in das Wahllokal geführt. Draußen bekam jeder seinen „richtigen" 75 Wahlzettel in die rechte Hand gedrückt. Keiner traute sich, ihn unter der Kontrolle des gnädigen Herrn und seiner Adjutanten gegen einen anderen umzutauschen.
Nur einmal ist die Sache in Mönchmotschelwitz 80 schief gegangen. Aus irgendeinem Grund hatte mein Vater zum Wahltag nach Berlin reisen müssen. Ganz aufgeregt kam er am Tage darauf zu mir: „Denk dir nur, bei uns ist die Wahl ganz schlecht ausgefallen. Unsere Knechte scheinen freisinnig 85 gewählt zu haben. Die Kerls sind zu dumm. Ist man einmal nicht da, fallen sie auf irgendeinen Schwätzer herein. Aber das soll mir eine Lehre sein. Nie fehle ich wieder am Wahltag!" Der gute Papa ahnte nicht, dass die Knechte zum ersten Mal in ihrem 90 Leben politisch nicht hereingefallen waren.

1 veraltet: das Mündel betreffend; hier: absolut

2 hier: ironisch für Partei

H. von Gerlach, Von Rechts nach Links, Zürich 1937, S. 32 ff.

Aufgaben

1. Halten Sie die wesentlichen Bestimmungen der Reichsverfassung von 1871 fest.
   → Text, M2–M4
2. Beurteilen Sie die Rolle Bismarcks in diesem Verfassungsgefüge.
   → Text, M1–M4
3. Inwiefern spiegeln sich in der Verfassung die unterschiedlichen sozialen und politischen Interessen wider?
   → M4
4. Charakterisieren Sie das Wahlrecht für den Reichstag und den preußischen Landtag.
   → Text, M5, M6
5. Beschreiben Sie die politischen Verhältnisse in einem konservativen Wahlkreis Ostelbiens.
   → M6

7.3 Die Gesellschaft im Kaiserreich

Vorrang des Soldatischen

Da die Gründung des Bismarck-Reiches aufs Engste mit den Siegen der preußischen Armeen verknüpft war, leitete sich daraus eine Vorrangstellung des Soldatischen ab. Das Militär stand an der Spitze der nationalen Prestigeskala.

In der Armee sahen die monarchische Führung beziehungsweise der Adel den Garanten für die Aufrechterhaltung eigener Privilegien und die Abwehr demokratischer Ansprüche. Das Offizierskorps, das sich wie eine Kaste weitgehend nach außen abschloss, begriff sich als die Stütze der Monarchie.

Die Macht der „alten" Eliten

Das allgemeine und gleiche Reichstagswahlrecht hat die herausgehobene politische Stellung des Adels nur geringfügig beeinträchtigen können. Insbesondere im östlichen Preußen besaß der Adel aufgrund seines Grundbesitzes eine soziale Macht, die unter anderem in Form der Gutsherrschaft zum Ausdruck kam. Politisch spielten auch die vielfältigen Beziehungen zum preußischen Königshaus eine Rolle. Und überdies sicherte das Dreiklassenwahlrecht die Dominanz konservativer Kräfte in Preußen. Folglich stellten bei der Auswahl insbesondere der höheren Beamten soziale Herkunft und königstreue Gesinnung entscheidende Filter dar.

Bismarcks innenpolitische Strategie bei der Reichsgründung lief darauf hinaus, die altpreußische, monarchisch gesinnte Führungsschicht mit dem aufkommenden Bürgertum zu versöhnen. Zunächst einmal entsprach die Reichsgründung den ökonomischen Wünschen der überwiegend nationalliberal eingestellten bürgerlichen Schichten. Sozialgeschichtlich beförderte sie deren Wirtschafts- und Handelsinteressen. Aber die politische Macht sollte im Wesentlichen bei den konservativ-adeligen Mächten bleiben, die sich um Kaiser und Hof, um Militärs und ostelbische Gutsbesitzer gruppierten.

Aufstieg des Bürgertums

Nicht zuletzt aufgrund der französischen Reparationszahlungen setzte nach 1871 ein zuvor nicht gekannter Wirtschaftsaufschwung ein, der die Grundlage schuf für die rasche Umstrukturierung Deutschlands von einem überwiegend agrarisch geprägten Land in ein Industrieland.

Im Zuge der Industrialisierung wurde das Bürgertum zusehends zum Träger der ökonomischen Macht. Außerdem bedrängte die organisierte Arbeiterbewegung, zum Teil mit revolutionärem Anspruch, die Stützen des Obrigkeitsstaates. Ein Großteil der politischen Spannungen im Deutschen Kaiserreich lag darin begründet, dass die traditionellen (vorindustriellen) Eliten ihre politische Vormachtstellung in einer modernen Industriegesellschaft zu behaupten versuchten.

Frauenbewegung

Noch bis weit ins 19. Jahrhundert war Politik in der Hauptsache eine reine Männerangelegenheit. Selbst das fortschrittliche allgemeine und gleiche Wahlrecht der Reichsverfassung von 1871 bezog sich nur auf Männer. Die historische Herrschaft der Männer in Staat und Gesellschaft wurde erst in der zweiten Hälfte des 19. Jahrhunderts infrage gestellt. Das traditionelle Bild von der weiblichen Rolle in der Gesellschaft stand sowohl einer Erwerbstätigkeit als auch der politischen Beteiligung im Wege. Die Öffentlichkeit galt als Domäne des Mannes. Entsprechend waren die Entfaltungsmöglichkeiten der Frauen eingeschränkt. So blieben zum Beispiel ihre Bildungsmöglichkeiten lange Zeit stark beschnitten. In Preußen verwehrte man ihnen bis 1896, die Reifeprüfung abzulegen. Erst 1895 erlaubte man Frauen, als Hörerinnen an der Universität Berlin aufzutreten. Als erstes Bundesland sprach Baden den Frauen das Immatrikulationsrecht zu (1900). Die anderen deutschen Bundesstaaten öffneten in den folgenden Jahren ihre Universitäten für Frauen. Im Jahre 1913 waren 4,9 Prozent der Studierenden weiblich. Frauen erhielten allerdings lange Zeit keine Anstellung bei Behörden; und die höhere Beamtenlaufbahn blieb ihnen ohnehin verschlossen.

Die Ehe war gleichfalls durch rechtliche Ungleichheit beziehungsweise die Dominanz des Mannes geprägt. Das Bürgerliche Gesetzbuch (1900) bekräftigte das alleinige Entscheidungsrecht des Mannes in der Ehe, was bis in die fünfziger Jahre in der Bundesrepublik Deutschland Bestand hatte.

Der vordemokratische Staat hielt Frauen ferner in politischer Unmündigkeit: durch Verbot einer Mitgliedschaft in Parteien und Gewerkschaften sowie durch die Vorenthaltung des Wahlrechts. Das Preußische Allgemeine Landrecht verbot selbst die Teilnahme an politischen Veranstaltungen.

Angesichts der offenkundigen Verletzungen des Gleichheitsprinzips bildete sich in der zweiten Hälfte des 19. Jahrhunderts eine Frauenbewegung, die von zwei Richtungen her die Sache der Frauen fördern wollte. Die sozialistische Frauenbewegung strebte eine Veränderung der Gesellschaft durch die sozialistische Revolution an. Die Lösung der Frauenfrage verstand man als Teil des Klassenkampfes. Die Befreiung der Frau wurde demzufolge im Rahmen einer neuen (nicht-kapitalistischen) Gesellschaftsordnung gesehen. Als äußerst einflussreich erwies sich in diesem Zusammenhang eine Publikation von August Bebel, dem Vorsitzenden der Sozialdemokraten. Aus seiner Perspektive war die Frauenfrage nur eine Seite der Sozialen Frage. Sein Buch „Die Frau und der Sozialismus" erschien erstmals 1879 und blieb eines der meistgelesenen politischen Bücher im Kaiserreich. Prominente Personen der sozialistischen Frauenbewegung waren Clara Zetkin und Lily Braun. Auch von Rosa Luxemburg ging eine starke politische Wirkung aus, obgleich sie sich nicht als spezielle Frauenrechtlerin verstand.

Das Emanzipationsverständnis der bürgerlichen Frauenbewegung zielte auf Gleichberechtigung innerhalb der bürgerlichen Gesellschaftsordnung. Das Bestreben ihrer führenden Vertreterinnen – Louise Otto-Peters, Helene Lange, Hedwig Dohm und Gertrud Bäumer – richtete sich ebenfalls auf einen Ausbruch aus dem häuslichen Getto. Die Lösung der Abhängigkeit von der Männerwelt als Voraussetzung der Selbstständigkeit sollte durch das Recht auf uneingeschränkte Bildung und Erwerbsarbeit erreicht werden. 1865 wurde der Allgemeine Deutsche Frauenverein (ADF) gegründet, dessen Leitung Helene Lange und Gertrud Bäumer übernahmen.

Erst 1908 verabschiedete der Reichstag ein Vereins- und Versammlungsgesetz, das es den Frauen gestattete, sich politisch zu betätigen. Erst jetzt konnten Frauen auch legal Parteimitglieder werden. Das Wahlrecht erhielten die Frauen in Deutschland aber erst im November 1918.

Clara Zetkin (1857–1933)
Mitbegründerin des Spartakusbundes und langjährige KPD-Abgeordnete im Reichstag

Louise Otto-Peters (1819–1895)
Vorkämpferin der Frauenbewegung. Sie gründete 1865 den „Allgemeinen deutschen Frauenverein".

M 1 Ein Leutnant und zehn Mann

Aus einer Reichstagsrede des preußischen Ritter-gutsbesitzers und führenden konservativen Politi-kers Elard von Oldenburg-Januschau (1910):

Ja, meine Herren, das ist auch eine alte preußische Tradition, und dass Ihnen diese Tradition nicht passt, das glaube ich sehr gern. Der König von Preußen und der deutsche Kaiser muss jeden Moment im Stande
5 sein, zu einem Leutnant zu sagen: Nehmen Sie zehn Mann und schließen Sie den Reichstag! Meine Her-ren, wir haben uns über diesen Fall schon einmal unterhalten. Ich will ihn nicht länger ausführen. Ich wollte Ihnen aber diese Freude machen. Alles in
10 allem kann man nur den Wunsch haben, dass die Tra-dition in unserem Offizierskorps, die die Armee groß gemacht hat, erhalten bleibt. Und wir von der Rech-ten hoffen, dass der preußische Herr Kriegsminister diese Tradition aufrechterhalten wird, auch in der
15 Zusammensetzung des Offizierskorps, in der Homo-genität des Offizierskorps, die alte, die königlich preußische Tradition. Adieu, meine Herren!

E. von Oldenburg-Januschau, Erinnerungen, Leipzig 1936, S. 110.

M 2 Standesbewusstsein der Offiziere

Auszug aus dem Militär-Wochenblatt (1889):

Der Stolz jedes Deutschen ist die Armee, die Blüthe des Volkes. Deutschlands Heer – Deutschlands Ehr! Der ausgezeichnetste Theil aber, die Elite des Hee-res, ist das Offizierskorps. [...] Von der größten
5 Wichtigkeit ist daher der Zustand des Offiziers-korps; er ist entscheidend für den Wert des ganzen Heeres. Es wiederholt sich hier, was im Leben all-gemeine Erfahrung ist: Die unteren Schichten sind stets das, was die oberen aus ihnen machen. Solan-ge die höheren, führenden Klassen [...] sittliche 10 Tüchtigkeit und moralische Gesundheit bewah-ren, bleibt auch das Volk stark und lebenskräftig; während die sittliche Fäulnis der herrschenden Schichten den Verfall und den Niedergang der ganzen Nation unaufhaltsam nach sich zieht. [...] 15 In keinem anderen Lande der Welt steht der Offi-zierstand auf einer so hohen Stufe, nimmt er auf der Skala der menschlichen Gesellschaft einen so hohen Rang, eine so angesehene und geachtete Stellung ein als in Deutschland. [...] 20 Der Waffenadel muss dem Geburtsadel gleichste-hen. Adelige Ehre und Offiziersehre fällt in allen Punkten zusammen, diese ist unzweifelhaft aus jener hervorgegangen. [...] In dieser ehrenvollen, bevorzugten Stellung und in 25 dem Ansehen, das den Deutschen Offizier in den Augen des Volkes zum Edelmann macht, liegt gleichsam die geistige Zulage zu seinem kärglichen Solde. Das ist der ideale Zug im Offizierstande inmitten unserer materiellen, realistischen Zeit, der 30 für ein so Geringes Leben und Gesundheit für Königstreue und Vaterlandsliebe opfert und sein Alles freudig setzt an seine Ehre. [...] Beide, der bürgerliche sowohl wie der adlige Offi-zier, vertreten das gleiche Prinzip, die aristokrati- 35 sche Weltanschauung gegen die demokratische.

Zit. nach: G. A. Ritter (Hg.), Das Deutsche Kaiserreich 1871–1914, Ein historisches Lesebuch, Göttingen 1977, S. 92 f.

M 3 Soziale Zusammensetzung des preußischen Beamtentums (1910)

	Gesamt	Beruf der Eltern				Alter (agrarischer) Adel	Neuer (Beamten- und Berufs-) Adel	Nicht adelig
		Beamte und Offiziers-familien	Freie wissen-schaftliche Berufe	Landwirte	Handel			
Oberpräsidenten	12	7	–	5	–	7	4	1
Regierungspräsidenten	36	21	1	10	4	16	7	13
Oberpräsidialräte	12	4	2	5	1	6	–	6
Oberregierungsräte	141	60	18	33	30	27	5	109
Verwaltungsgerichts-direktoren	36	17	9	5	5	2	–	34
Polizeipräsidenten	22	11	2	5	4	11		
Regierungsräte	612	279	97	114	122	117	4	7
Regierungsassessoren	506	258	63	92	93	161	22	473
Landräte und Oberamtmänner	481	228	30	152	71	241	34	311
Summe	1858	885	222	421	330		27	213

P. Brandt, Preußen, Zur Sozialgeschichte eines Staates; Katalog Preußen – Versuch einer Bilanz, 1981, Bd. 3, Reinbek 1981, S. 136.

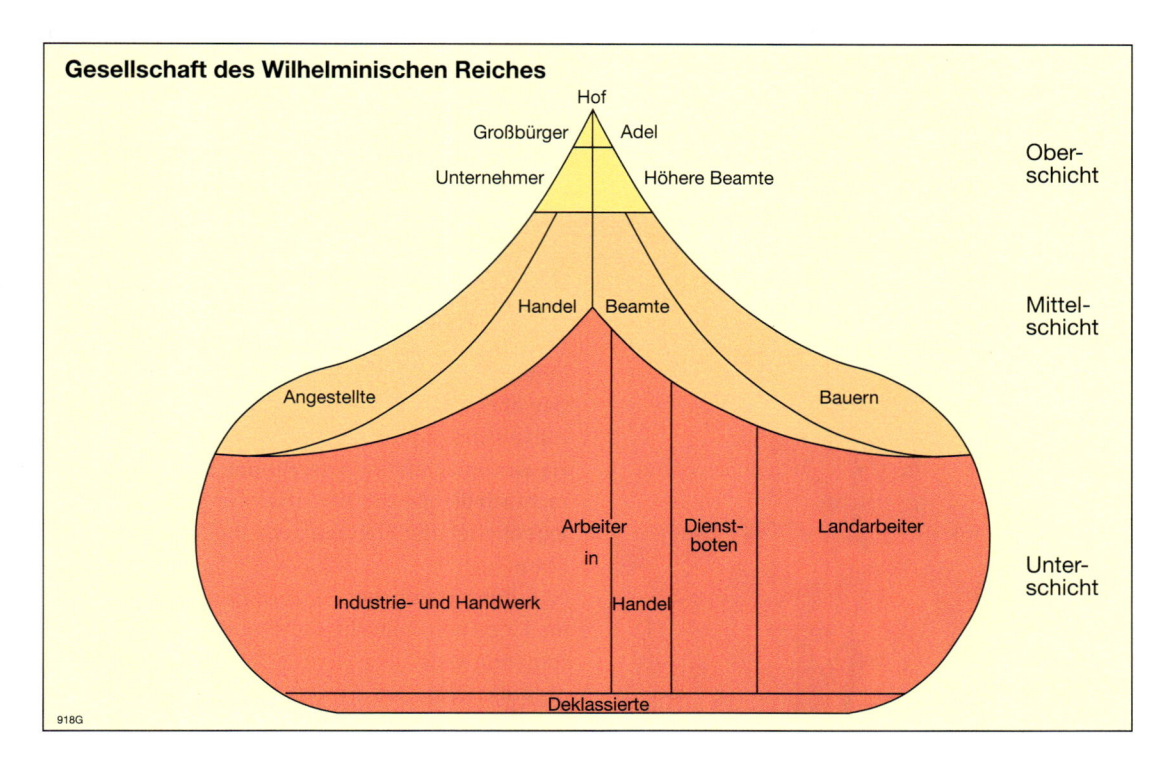

Gesellschaft des Wilhelminischen Reiches

Hof

Großbürger — Adel

Unternehmer — Höhere Beamte — Oberschicht

Handel — Beamte — Mittelschicht

Angestellte — Bauern

Arbeiter in Industrie- und Handwerk — Arbeiter in Handel — Dienstboten — Landarbeiter — Unterschicht

Deklassierte

918G

M 4 **Die Schichtung der Gesellschaft im Wilhelminischen Kaiserreich**

1907 lebten im Kaiserreich 61,72 Millionen Menschen. 28,1 Millionen (einschließlich der Soldaten) gingen einer Erwerbstätigkeit nach; von diesen waren 34 % Frauen (9,5 Millionen):

1. Unterschicht – sozial Deklassierte (Asoziale, Prostituierte, Gelegenheitsarbeiter, Arbeitslose usw.). Zu ihnen sind auch größtenteils die jährlich rund 180 000 unehelichen Kinder und ihre Mütter zu
5 rechnen. Landarbeiter: 3,4 Mio Erwerbstätige; Arbeiter in Industrie und Handwerk: 8,7 Mio; Arbeiter in Handel, Verkehr und Dienstleistungen (meist Verkäufer): 1,9 Mio; Arbeiter in häuslichen Diensten (meist Dienstboten): 1,7 Mio. Knapp 16 Millio-
10 nen (= 55 %) der Erwerbstätigen sind also Arbeiter. Die Zahl der Soldaten und Unteroffiziere beträgt rund ½ Mio, d. h. rund 58 % der Erwerbstätigen gehören zur Unterschicht.
2. Untere Mittelschicht (= Mittelstand) – Angestellte
15 in Handel, Dienstleistungsgewerbe und Industrie: 2 Mio; Handwerker und Kleinkaufleute: 2 Mio, untere und mittlere Beamte: 1,5–2 Mio; selbstständige Bauern: 2,5 Mio; insgesamt ca. 30 % der Erwerbstätigen. Unter- und untere Mittelschicht machen
20 also rund 90 % der Erwerbstätigen aus.
3. Mittlere und obere Mittelschicht – Gehobene und höhere Beamte als Kernanteil (dazu zählen u. a. Gymnasiallehrer, Universitätsprofessoren, Richter,

Offiziere), Unternehmer, Ingenieure, Schauspieler, Musiker, Schriftsteller, bildende Künstler u. ä.; 25 zusammen 8–9 % der Erwerbstätigen.
4. Oberschicht – Elite. Zur älteren Elite gehören die Höfe, der Hochadel, aber auch der grundbesitzende Landadel als großer Arbeitgeber (vor allem Ostelbier) und die Spitzen von Militär und Verwaltung (vor- 30 wiegend adliger Herkunft); höchstens 1–2 %. Zur neuen Elite zählte man die wenigen tausend Spitzenkräfte des Großbürgertums.

G. Michel, in: Praxis Geschichte, 4/1990, S. 9.

M 5 **Programm des Allgemeinen Deutschen Frauenvereins (1905)**

I. Bildung.

[…] Im Einzelnen stellt sie [die Frauenbewegung] folgende Forderungen:

a) obligatorische Fortbildungsschulen für alle aus der Volksschule entlassenen Mädchen; 5

b) eine Reorganisation der höheren Mädchenschule […]. Den Mädchen muss […] die Möglichkeit gegeben werden, an den Berechtigungen der höheren Lehranstalten teilzunehmen;

c) unbeschränkte Zulassung ordnungsmäßig vor- 10 gebildeter Frauen zu allen wissenschaftlichen, technischen und künstlerischen Hochschulen.

II. Berufstätigkeit.

Die Frauenbewegung betrachtet für die verheiratete Frau den in der Ehe und Mutterschaft beschlos- 15 senen Pflichtenkreis als ersten und nächstliegen-

den Beruf. Die befriedigende Erfüllung dieses Berufs muss im Interesse der Gesamtheit mit allen Mitteln der Bildung, der wirtschaftlichen Reform,
20 des staatlichen Schutzes gesichert werden. Die Arbeit der Frau […] ist wirtschaftlich und rechtlich als vollgültige Kulturleistung zu bewerten.

In Anbetracht der großen Zahl von Frauen, die unverheiratet bleiben, und […] derer, die in der Ehe
25 keine ausreichende wirtschaftliche Versorgung finden können, ist die Berufsarbeit der Frau eine

M 6 „Aber ich bitt´ Sie, mit so einem lieben G´sichterl studiert man doch nicht"
1908 erfolgte die Zulassung von Frauen zum Studium in Preußen,
aus: „Fliegende Blätter", 1908/09.

wirtschaftliche und sittliche Notwendigkeit. Die Frauenbewegung betrachtet die berufliche Frauenarbeit aber auch in weiterem Sinne und unab-
30 hängig von jeder äußeren Notwendigkeit als Kulturwert, da auch die Frau Träger hervorragender spezifischer Begabung sein kann und bei vollkommen freier Entfaltung ihrer Fähigkeiten auf vielen Gebieten geistiger und materieller Tätigkeit Auf-

gaben finden wird, die sie ihrer Natur nach besser 35 lösen kann als der Mann. […]

III. Ehe und Familie.

Die Frauenbewegung sieht in der Heilighaltung der Ehe die wesentlichste Bürgschaft für das körperliche und geistige Wohl der Nachkommenschaft und 40 die Grundbedingung sozialer Gesundheit. Sie legt in Bezug auf die sexuelle Sittlichkeit Männern und Frauen die gleichen Pflichten auf und bekämpft die doppelte Moral, die einerseits dem Manne eine in jeder Hinsicht verhängnisvolle sexuelle Freiheit 45 gewährt, andererseits die Frau mit ungerechter Härte trifft. Sie fordert für die Frau als Leiterin des Hauses und Erzieherin der Kinder, dass sie […] auch rechtlich die gleiche Verantwortung in allen Angelegenheiten der Ehe und der Familie trage wie der 50 Mann […].

IV. Öffentliches Leben, Gemeinde und Staat.

Im Einzelnen erstrebt die Frauenbewegung […] folgende Ziele:

a) Zulassung der Frauen zu verantwortlichen 55 Ämtern in Gemeinde und Staat, vor allem solchen, die zu den Interessen der Frauen in besonders naher Beziehung stehen (Mädchenschulwesen, staatliche und kommunale Sozialpolitik, Arbeiterinnenfrage, Rechtspflege usw.). 60

b) Zuziehung der Frauen zur Vertretung der Laien bei der Rechtspflege (weibliche Schöffen und Geschworene).

c) Beseitigung der vereinsrechtlichen Beschränkungen der Frau. 65

d) Teilnahme der Frauen am kirchlichen Wahlrecht.

e) Teilnahme der Frauen am kommunalen Wahlrecht.

f) Teilnahme der Frauen am politischen Wahlrecht.

Zit. nach: G. A. Ritter, J. Kocka (Hg.), Deutsche Sozialgeschichte 1870–1914, Dokumente und Skizzen, München 1982, S. 422 f.

Aufgaben

1. Erläutern Sie, wodurch die „alten" Eliten auch im Kaiserreich ihre Vorrangstellung zu behalten vermochten.
   → Text, M1–M3
2. Stellen Sie die Rolle und das Selbstverständnis des Militärs dar.
   → Text, M1, M2
3. Inwiefern konnten die sozialen Verhältnisse im Kaiserreich demokratischen Ansprüchen nicht genügen?
   → Text, M1–M4

4. Beschreiben Sie die rechtliche Position der Frauen im Kaiserreich.
   → Text
5. Analysieren Sie das Programm des Allgemeinen Deutschen Frauenvereins daraufhin, welche konservativen und welche modernen Forderungen in ihm enthalten sind.
   → M5

7.4 Innenpolitische Entwicklung bis 1890

Die deutsche Einheit bedeutete noch lange nicht die Einheit der Deutschen. Insbesondere nachdem die nationale Begeisterung von 1870/71 verblasst war und die Wirtschaftskrise von 1873 eingesetzt hatte, fürchtete Bismarck um den inneren Zusammenhalt des neuen Reiches.

Bismarcks Konzept, das die Lebensfähigkeit des Reiches auch in der Zukunft gewährleisten sollte, lässt sich unter zwei Gesichtspunkten sehen:
- außenpolitisch: Zügelung von Machtansprüchen und Errichtung einer europäischen Friedensordnung,
- innenpolitisch: eine auf Bismarcks Bedürfnisse zugeschnittene Verfassung, die seinen Vorrang institutionell absicherte.

Bismarck verstand sich selbst zu keinem Zeitpunkt als Parteipolitiker: Während seiner Reichskanzlerschaft suchte und fand er unterschiedliche Mehrheiten im Reichstag zur Abstützung seiner obrigkeitsstaatlichen Politik. Um sein Lebenswerk zu sichern, scheute er keineswegs davor zurück, mithilfe von Feindbildern den inneren Zusammenhalt des Reiches zu festigen. So machte Bismarck nicht nur die Sozialdemokratie, sondern auch den Katholizismus zu „Reichsfeinden".

Kulturkampf

M 1 **Pontifex: Nun, bitte genieren Sie sich nicht! Kanzler: Bitte, gleichfalls!** Papst Pius IX.; im Hintergrund Ludwig Windthorst, Führer der Zentrum-Partei und Gegenspieler Bismarcks im Kulturkampf, aus der satirischen Zeitschrift Kladderadatsch

Kurswechsel 1878

Der irreführende Begriff „Kulturkampf" bezeichnet den Konflikt zwischen der katholischen Kirche und dem preußischen Staat. Politisch wurde der Katholizismus durch die Zentrumspartei repräsentiert, die 1870 von Ludwig Windthorst und den Brüdern August und Peter Reichensperger gegründet worden war.

Der Kulturkampf, der im Mittelpunkt der preußischen Innenpolitik der siebziger Jahre stand und endgültig erst 1887 beigelegt wurde, kann als typisch für die Bismarcksche Regierungstechnik bezeichnet werden. Das Zentrum wurde als Partei der Reichsfeinde verleumdet und als „ultramontan", das heißt hier als papsthörig, abqualifiziert. Da auch nationale Minderheiten in Deutschland (zum Beispiel Polen und Elsässer) überwiegend katholisch waren, erleichterte das den Vorwurf der „nationalen Unzuverlässigkeit". Im Kulturkampf konnte Bismarck auf die Unterstützung durch die Liberalen bauen, weil der Liberalismus die Trennung von Kirche und Staat forderte und den kirchlichen Anspruch auf Einfluss im Unterrichtswesen zurückwies.

Im Zuge des Kulturkampfes wurden etliche Gesetze erlassen: Diese beseitigten die geistliche Schulaufsicht, führten die Zivilehe ein, erleichterten den Austritt aus der Kirche, untersagten die politische Betätigung von Geistlichen im Amt (so genannter Kanzelparagraph) und verboten den Jesuitenorden.

Entsprechend der Reichsverfassung von 1871 erhielt der Reichskanzler (Bismarck) seinen Regierungsauftrag vom Kaiser beziehungsweise König von Preußen. Bismarck selbst gehörte keiner Partei an. Politisch stand er zwischen dem Monarchen und der Volksvertretung, denn er musste, um Gesetze ordnungsgemäß verabschieden zu lassen, Mehrheiten im Reichstag gewinnen.

Die Jahre 1878/79 markierten einen Einschnitt in der politischen Entwicklung des Deutschen Reiches, den man wegen seiner langfristigen

Bedeutung auch als die „Zweite Reichsgründung" bezeichnet. In den siebziger Jahren erwiesen sich sowohl die deutsche Landwirtschaft als auch die Schwerindustrie als nicht konkurrenzfähig auf dem Weltmarkt. Auf dieser Grundlage kam es zu einer Verständigung zwischen „Roggen und Eisen", das heißt zwischen junkerlichen Großagrariern und schwerindustriellem Großbürgertum unter dem Vorzeichen gemeinsamer Schutzzollinteressen.

Bismarck reagierte auf den Druck der Interessengruppen, zum Beispiel des 1876 gegründeten Zentralverbandes Deutscher Industrieller. Aber er handelte auch, indem er mithilfe der Schutzzoll-Allianz „sein" Reich auf eine neue Grundlage stellte.

Die Änderung der Wirtschaftspolitik setzte den Protektionismus an die Stelle des Freihandels. Politisch zerbrach damit auch Bismarcks Bündnis mit den Nationalliberalen, die ihm im Kulturkampf zur Seite gestanden hatten.

Man hat den Kurswechsel von 1878 vielfach auch als innere Abkehr Bismarcks vom Parlamentarismus gedeutet. Für den Liberalismus war dieser Parlamentarismus konstitutiv, das heißt die Bindung der Regierung an die Parlamentsmehrheit und die damit einhergehende Verantwortlichkeit der Minister gegenüber dem Parlament.

Bismarck sah in der aufkommenden Sozialdemokratie die wichtigste Herausforderung des nationalen Obrigkeitsstaates. Darum zählte er ihre Eindämmung zu seinen politischen Hauptaufgaben. Geschickt nutzte Bismarck zwei Attentate auf Kaiser Wilhelm I. aus, um in der angeheizten Krisenstimmung die Angst vor dem Umsturz zu schüren und den Reichstag aufzulösen. Die Neuwahlen stärkten die katholische Zentrumspartei sowie die Konservativen. Der politische Liberalismus sowie die Sozialdemokratie gingen geschwächt aus der Wahl hervor. Damit war mittelfristig der Weg für eine Neuorientierung Bismarckscher Politik frei. Der neu gewählte Reichstag verabschiedete 1878 auf Bismarcks Drängen hin das Gesetz „wider die gemeingefährlichen Bestrebungen der Sozialdemokratie". Nach mehrmaliger Verlängerung galt es bis 1890. Mithilfe des Sozialistengesetzes setzte ein verschärfter Kampf gegen die Sozialdemokratie ein. Parallel dazu musste die Freihandelspolitik, die ein Anliegen der Liberalen gewesen war, der Schutzzollpolitik weichen. Die Abkehr Bismarcks von den Nationalliberalen ging einher mit dem Auslaufen des so genannten Kulturkampfes. Das Zentrum stützte danach die Bismarcksche Politik im Reichstag. Die Personal- und Schulpolitik erhielten in den folgenden Jahren eine betont konservative Ausrichtung. Der Kurswechsel von 1878 war grundlegend für die Innenpolitik des Reiches.

Bismarcks Entlassung

Das Amt des Reichskanzlers war geknüpft an das Vertrauen des Kaisers. 1888 kündigte sich das Ende der Bismarck-Ära an. Als Wilhelm I. im gleichen Jahr starb, übernahm sein Sohn Friedrich das Amt.

Friedrich III., auf dem die Hoffnungen der Liberalen in Deutschland ruhten, starb aber nach nur 99 Tagen an Krebs. Ihm folgte 1888 sein ältester Sohn Wilhelm auf den Thron. Daher spricht man vom Dreikaiserjahr. Wilhelm II. war keineswegs bereit, eine politische Statistenrolle zu übernehmen. Bismarck, der die politische Bühne seit 1862 beherrscht hatte, wurde entlassen (1890). In der Reaktion der Bevölkerung überwog die Erleichterung. Mit zunehmender Dauer seiner Amtsführung hatten Launenhaftigkeit und autokratisches Verhalten

M 2 **Der Lotse geht von Bord**
Englische Karikatur von John
Tenniel im „Punch" vom 29. März
1890. Ein Lotse verlässt freiwillig
das Schiff nach getaner Arbeit.
Bismarck hat das politische Steuer
nicht freiwillig aus der Hand
gegeben.

M 3 **Das Bismarck-Denkmal in
Hamburg St. Pauli**
Der „eiserne Kanzler" ist nach
seinem Tod (1898) zu einer
Legende geworden, die in zahlreichen Denkmälern versteinert
worden ist. Das Bismarck-Denkmal
in Hamburg wurde zwischen 1901
und 1906 ausgeführt. Das Preisge-
richt entschied sich für den Entwurf des Architekten Emil Schaudt
und des Bildhauers Hugo Lederer
mit der Begründung, in ihrem
Denkmal sei „die sich im Volksbe-
wusstsein allmählich vollziehende
Steigerung der Gestalt Bismarcks
ins Heldenhafte" voll ausgeprägt.

(Hermes Handlexikon: Historische Stätten)

zugenommen. Vieles deutete darauf hin, dass er angesichts des Wahl-
erfolgs der Sozialdemokraten (1890) Staatsstreichpläne hegte.

Im Gegensatz zur Innenpolitik konnte Bismarck hinsichtlich der
Außenpolitik des Deutschen Reiches als erfolgreicher Politiker gelten.
Nach der äußerst riskanten Außenpolitik, die in der Reichsgründung
gemündet hatte, konsolidierte er nach 1871 das Reich im europäischen
Großmachtsystem. Durch eine maßvolle Außenpolitik vermittelte er
die Überzeugung, dass Deutschland nunmehr, das heißt nach den so
genannten Einigungskriegen, „saturiert" (gesättigt) sei. Es gelang Bismarck, eine Zweifronten-Bedrohung Deutschlands zu vermeiden, Krisen zu bewältigen und somit Kriege zu verhindern.

Die Bilanz der Politik Bismarcks ist durchaus zwiespältig. Seine
diplomatische Kunstfertigkeit wird heute weitgehend gewürdigt. In
Bezug auf die Innenpolitik erkennt man den Ausbau des Reiches zu
einer Wirtschafts- und Rechtseinheit an. Aber der Aufstieg des Deutschen Reiches zu einer Wirtschaftsmacht ging nicht einher mit einer
angemessenen politischen Modernisierung. Dies zeigte sich zum Beispiel dadurch, dass Bismarck die Arbeiterbewegung unterdrücken ließ.
Sein Staatsverständnis war letztlich auch gegen Liberalismus und
Demokratie gerichtet. Zwar setzte er das gleiche Wahlrecht (für Männer) bei Reichstagswahlen durch, aber das war ein strategischer
Schachzug und geschah lediglich zur Festigung der Reichseinheit. Der
Parlamentarismus blieb ihm immer nur ein notwendiges Übel.

Eugen Richter (1838–1906), linksliberaler Führer der Deutsch-Frei-
sinnigen Partei, kam nach Bismarcks Tod (1898) zu dem deprimieren-
den Ergebnis: „Die Volksvertretung wurde stets in der rücksichtslos-
ten Weise behandelt und in ihrem Ansehen herabgewürdigt, so oft sie
dem Kanzler nicht zu Gefallen stimmte."

Bismarck repräsentiert heute den deutschen Obrigkeitsstaat. Historische Größe wird man ihm kaum absprechen können, aber im Hinblick auf die Bildung einer demokratischen Tradition in Deutschland
ist sein Wirken eher ein Unglück gewesen.

M 4 Bismarcks Regierungstechnik

Der Historiker Hans-Ulrich Wehler analysiert die Regierungstechnik des Reichskanzlers Otto von Bismarck:

[Bismarck entwickelte] eine Herrschaftstechnik, die man auf den Begriff der „negativen Integration" gebracht hat. Er machte sich den uralten sozialpsychologischen Gegensatz von „in-group" und „out-
5 group" zu Nutze und stilisierte innere Konflikte derart um, dass er eine Mehrheit von „reichstreuen" Elementen gegen eine Minderheit von „Reichsfeinden" führen konnte, die zwar als „ernsthafte Gefahr" erscheinen mussten, das Gesamtsystem aber doch
10 nicht wirklich infrage zu stellen vermochten. Vorwiegend durch Feindschaft gegen gemeinsame Gegner, daher unter negativem Vorzeichen, wurden diese Koalitionen der Reichsfreunde zusammengehalten. Welfen, Großdeutsche, Elsass-Lothringer, Dänen und
15 Polen waren für die Kategorie der „Reichsfeinde" ohnehin prädestiniert, konnten aber je für sich schwerlich die Vorbedingungen einer gravierenden Bedrohung erfüllen. Daher wurden der politische Katholizismus, der parlamentarische Liberalismus,
20 die Sozialdemokratie, die freisinnigen Juden als die eigentlichen „Reichsfeinde" aufgebaut.

H.-U Wehler, Das Deutsche Kaiserreich 1871–1918, Göttingen 1973, S. 96 f.

M 5 Katholizismus als „Reichsfeind"

Die Hintergründe des „Kulturkampfes" untersucht der Historiker Peter Brandt:

Seinen Höhepunkt erreichte der Konflikt zwischen dem preußischen Staat und dem Katholizismus indessen im „Kulturkampf", der die Innenpolitik Preußens und des neu gegründeten Reiches in den
5 1870er Jahren schwer belastete. Zwar wurden die staatlichen Repräsentanten aus dem Lager des politischen Liberalismus unterstützt und vorwärts gedrängt – es war die Zeit, in der Bismarck seine Politik durch das Bündnis mit den Nationalliberalen
10 absicherte; im Kern handelte es sich jedoch um eine Auseinandersetzung zwischen zwei konservativen Mächten, deren Ansprüche in Widerspruch zueinander getreten waren. Dem vom Vatikanischen Konzil am 18. Juli 1870 verkündeten Dogma von
15 der Unfehlbarkeit des Papstes stand die Forderung des Staates nach Unabhängigkeit von jedem geistlichen Einfluss gegenüber. In der zweiten Phase verschmolz diese Auseinandersetzung mit den Versuchen Bismarcks, die von ihm zu den „Reichsfein-
20 den" gezählte katholische Zentrumspartei zurückzudrängen, wenn nicht zu zerschlagen.

Der „Kulturkampf" begann mit der Weigerung einer Gruppe katholischer Theologen, Religionslehrer und Feldgeistlicher, der „Altkatholiken", sich dem Unfehlbarkeitsdogma des Vatikanischen Kon- 25 zils unterzuordnen. Da sie auch staatliche Beamte waren, fühlte sich der Staat durch die von Seiten des Episkopats[1] erhobene Forderung, diese Altkatholiken zu entlassen, herausgefordert.
Mit den 1874 verabschiedeten Strafgesetzen sollte 30 der katholische Widerstand gegen die obligatorische Zivilehe, die Einrichtung der Standesämter, die staatliche Aufsicht über kirchliche Schulen und anderes mehr gebrochen werden. Aufgrund der Strafgesetze waren 1876 alle katholischen Bischö- 35 fe Preußens verhaftet oder ausgewiesen und fast ein Viertel der Priesterstellen unbesetzt.

1 Gesamtheit der Bischöfe eines Landes

P. Brandt, Preußen, Zur Sozialgeschichte eines Staates, Katalog zur Ausstellung „Preußen – Versuch einer Bilanz", Bd. 3, Reinbeck 1981, S. 157 f.

M 6 Parteienspektrum

Der amerikanische Historiker Gordon Craig gibt einen Überblick über die wichtigsten Parteiströmungen des Kaiserreiches:

Die Parlamentarier [...] verteilten sich auf sechs große Parteigruppierungen sowie auf eine Anzahl Splittergruppen, welche die polnische Bevölkerung Posens, die Dänen von Nordschleswig und das eroberte Elsass-Lothringen repräsen- 5 tierten. Auf der äußersten Rechten befand sich die Deutsche Konservative Partei, Partei des Preußentums, der Aristokratie und des Großgrundbesitzes mit starkem Rückhalt vor allem in den ostelbischen Gebieten. Zu jener Zeit desor- 10 ganisiert und ohne wirkliche Führungspersönlichkeiten, stellte sie im Reichstag von 1871 keine starke Kraft dar, wenngleich ihre Schwäche nur eine scheinbare war, weil sie ihre eigentliche Hochburg immer im preußischen Abgeordneten- 15 haus hatte. Ein Ableger dieser Partei war die so genannte Reichspartei (in Preußen die „Freikonservativen" genannt), die, mit einer aus landwirtschaftlichem Grundeigentum und industriellem Unternehmertum zusammengesetzten Mit- 20 gliederschaft, nicht so ausschließlich auf den agrarischen Standpunkt festgelegt war und in den ersten Friedensjahren Bismarck weniger kritisch gegenüberstand als die Konservativen. Die Freikonservativen wurden in der Tat sogar die Bis- 25 marckpartei sans phrase [ohne Umschweife] genannt, da sie seine nationale Politik vorbehaltlos unterstützen und aus ihren Reihen viele Beamte für seine Ministerien kamen.

30 Stärker als diese beiden Parteien und in seinem politischen Einzugsbereich breiter war das katholische Zentrum, eine erklärtermaßen konfessionelle Partei, die 1870 mit dem Ziel gegründet worden war, die Rechte der Katholiken in einem überwiegend
35 protestantischen Land zu wahren. Dessen ungeachtet schloss das Zentrum immer auch Personen und Gruppen unterschiedlicher politischer und sozialer Färbung ein – mit der Folge, dass es, wenn nicht gerade die Selbstständigkeit der katholischen Kir-
40 che, die Freiheit der religiösen Erziehung oder das bundesstaatliche Prinzip auf dem Spiel standen, in der Regel eine größere Handlungsfreiheit als andere Parteien an den Tag legen konnten und sich entsprechend oft dem Vorwurf des Opportunismus aus-
45 gesetzt sah. Aber die Politik des Zentrums wies eine innere Folgerichtigkeit auf. Einerseits war sie vorwiegend konservativ in Bezug auf die Bewahrung der Tradition, auf die Vorrechte der Krone und auf die hierarchische Struktur der Gesellschaft; ebenso
50 auch in Bezug auf alle Fragen der gesellschaftlichen Moral. Andererseits stand sie politischen Reformen wohlwollend gegenüber – solange diese nicht zu stärkerer Zentralisierung beitrugen – und neigte in der Frage sozialer Reformen der fortschrittlichen
55 katholischen Soziallehre zu, die in den 40er Jahren von Adolf Kolping begründet und von Bischof Wil-

helm Emmanuel von Ketteler weitergeführt worden war. Bischof Ketteler predigte von 1850 bis zu seinem Tod 1877 die Notwendigkeit, durch die Gründung von Arbeitergenossenschaften und 60 christlichen Gewerkschaften sowie durch andere Maßnahmen die Auswüchse des Kapitalismus zu bekämpfen und den Lebensstandard der Armen zu heben. Das größte Wählerpotenzial besaß die Partei in Süddeutschland, im Rheinland, in Schlesien 65 und in den polnischen Gebieten Preußens.

Es gab zwei liberale Parteien. Die Nationalliberalen stellten einen Zusammenschluss dar zwischen dem Gros der preußischen Fortschrittspartei, die im Verfassungskonflikt gegen Bismarck gefochten, sich 70 1866 dann allerdings der Unterstützung seiner Außenpolitik verschrieben hatte, und einer in eben diesem Jahr von Rudolf von Bennigsen in Hannover gegründeten nationalliberalen Partei. Als politische Vertreter des mittleren Bildungs- und Besitz- 75 bürgertums und der gehobenen Beamtenschaft wiesen die Nationalliberalen, wie bereits angedeutet, viele Ähnlichkeiten mit den liberalen Parteien anderer Länder auf: Sie traten für Zentralisierung, für eine Wirtschaftspolitik des laisser-faire, für die 80 Säkularisierung des öffentlichen Lebens ein. Ihre stärksten Bastionen hatten sie in Sachsen, Hannover, Baden und dem rheinischen Industrierevier. Die unverbesserlichen Linksliberalen von 1866 bildeten den Kern der Fortschrittspartei, die die meisten 85

M 7

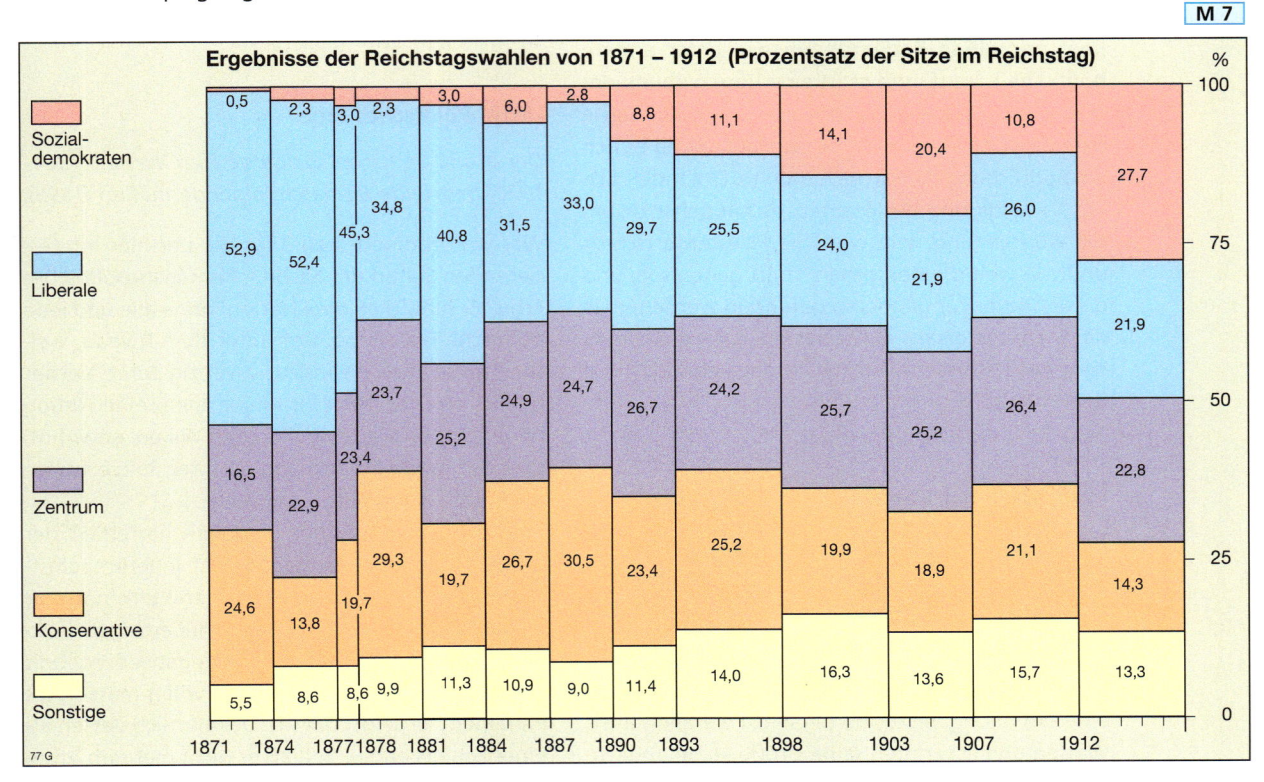

Ergebnisse der Reichstagswahlen von 1871 – 1912 (Prozentsatz der Sitze im Reichstag)

wirtschaftspolitischen Prinzipien der Nationalliberalen teilte, jedoch sehr viel entschiedener für die Ausweitung der Rechte des Parlaments eintrat, der Politik der Regierung ganz allgemein kritischer
90 gegenüberstand und – getreu der Tradition der Konfliktzeit – die Militärausgaben und die Heerespersonalpolitik mit Misstrauen verfolgte.

Und schließlich gab es noch – gerade erst am Beginn jener bemerkenswerten Entwicklung stehend, die
95 sie bis 1914 zur größten einzelnen politischen Kraft Deutschlands werden lassen sollte – die Sozialdemokratische Partei. [...]

G. A. Craig, Deutsche Geschichte 1866–1945, München 1980, S. 66 f.

M 8 Kulturkampf

In einer Rede im preußischen Herrenhaus nahm Bismarck, der ja auch preußischer Ministerpräsident war, Stellung zur katholischen Kirche (1873):

Es ist meines Erachtens eine Fälschung der Politik und der Geschichte, wenn man Seine Heiligkeit den Papst ganz ausschließlich als den Hohepriester einer Konfession oder die katholische Kirche als Vertreter
5 des Kirchentums überhaupt betrachtet. Das Papsttum ist eine politische Macht jederzeit gewesen, die mit der größten Entschiedenheit und dem größten Erfolge in die Verhältnisse dieser Welt eingegriffen hat, die diese Eingriffe erstrebt und zu ihrem Pro-
10 gramm gemacht hat. [...] Dieser Machtstreit unterliegt denselben Bedingungen wie jeder andere politische Kampf, und es ist eine Verschiebung der Frage, die auf den Eindruck auf urteilslose Leute berechnet ist, wenn man sie darstellt, als ob es sich
15 um Bedrückung der Kirche handelte. Es handelt sich um Verteidigung des Staates, es handelt sich um die Abgrenzung, wie weit die Priesterherrschaft und wie weit die Königsherrschaft gehen soll, und diese Abgrenzung muss so gefunden werden, dass
20 der Staat seinerseits dabei bestehen kann. Denn in dem Reiche dieser Welt hat er das Regiment und den Vortritt. [...]

Zit. nach: W. Kampmann, Bismarck, Paderborn 1967, S. 82.

M 9 Bismarcks Größe

Der viel gelesene Publizist Theodor Ziegler kam 1916 zu folgender Einschätzung des Politikers Otto von Bismarck:

Als er aber dann am 30. Juli 1898 seinem Volke für immer entrissen wurde, da war es auch wieder wie eine Sammlung. Jetzt senkten selbst die Gegner die Waffen und erkannten seine Größe an. In andäch-

tiger Ehrfurcht und tiefem Schmerz richteten sich 5 die Blicke seines Volkes auf den Stillegewordenen, der nach einem Leben voll Kampf und Arbeit, voll Sieg und Erfolg unter den deutschen Eichen seines schönen Waldes zur Ruhe gebracht wurde. Die Grabschrift, die er sich selbst gewünscht: „Fürst 10 Bismarck, ein treuer deutscher Diener Kaiser Wilhelms I." verstand man als die Summe seines Lebens und als den scharfen Trennungsstrich zwischen zwei Generationen. Aber sie sagte doch nur die Hälfte. Uns war er mehr, war er die Verkörperung des deut- 15 schen Wesens selbst in seiner Kraft und Stärke, in seiner Männlichkeit und seinem frohen Kampfesmut. Noch einmal, neben Luther war er deshalb der größte Deutsche, weil er so ganz deutsch war. Darum steht er – dagegen kommt aller Hass nicht auf – er, 20 der harte, eiserne Reichskanzler, dem Herzen seines Volkes so nahe und hat sich vor allem das Herz der deutschen Jugend im Sturme erobert: Er ist geliebt worden, heiß wie seit 400 Jahren keiner mehr geliebt worden ist. Umso schmerzlicher, dass auch 25 diesmal wieder der Riss durch unser deutsches Volk ging und auch diesem besten und größten seiner Söhne ein starker Bruchteil verständnislos und zornerfüllt den Rücken kehrte. Aber das hängt nun einmal notwendig zusammen mit der Kampfstel- 30 lung, die solche gewaltige Willensmenschen für sich selber einnehmen und anderen aufzwingen: Das ist das Los und das Schicksal der Größe.

Th. Ziegler, Die geistigen und sozialen Strömungen im 19. und 20. Jahrhundert, Berlin 1921, S. 464 f.

M10 Politisches Erbe

Der große deutsche Soziologe Max Weber (1864–1920) beurteilte Bismarck folgendermaßen (1895):

Was war infolgedessen – für die uns hier interessierenden Seiten der Sache – Bismarcks politisches Erbe? Er hinterließ eine Nation, ohne alle und jede politische Erziehung, tief unter dem Niveau, welches sie in dieser Hinsicht zwanzig Jahre vorher 5 bereits erreicht hatte. Und vor allem eine Nation ohne allen und jeden politischen Willen, gewohnt, dass der große Staatsmann an ihrer Spitze für sie die Politik schon besorgen werde. [...] Eine politische Tradition dagegen hinterließ der 10 große Staatsmann überhaupt nicht. Innerlich selbstständige Köpfe und vollends Charaktere hatte er weder herangezogen, noch auch nur ertragen. [...] Demgegenüber nun als ein rein negatives Ergebnis seines gewaltigen Prestiges: ein völlig machtloses 15 Parlament. Er selbst hat sich bekanntlich dessen als eines Fehlers angeklagt, als er nicht mehr im Amte war und die Konsequenzen an seinem eigenen Schicksal erfahren hatte. Jene Machtlosigkeit 20 bedeutete aber zugleich: ein Parlament mit tief herabgedrücktem geistigen Niveau.

Max Weber, zit. nach: G. A. Ritter, J. Kocka (Hg.), Deutsche Sozialgeschichte 1870–1914, München 1982, S. 262.

M11 **Bismarck-Barometer** (unten)

Karikatur von Wilhelm Scholz aus dem Jahr 1881. Nachdem Scholz zunächst den damals noch preußischen Minister durch die direkt auf die Glatze gepflanzte Spitze der preußischen Pickelhaube 5 charakterisiert hatte, kam er 1863 auf die Idee, den spärlichen Haarwuchs durch drei einzelne, prononciert auf die Mitte des Schädels gesetzte Haare auf-

zubessern. Die „drei Haare" – auch in den begleitenden satirischen Texten ist oft von ihnen die Rede – werden zum Kennzeichen Bismarcks und erlau- 10 ben es, ihn in der absonderlichsten Gestalt wiederzuerkennen. Sie vertreten als Pars pro toto die Person [ein Teil steht für das Ganze]. Die hier ausgestellten Beispiele verwenden zudem eine weitere Methode der Karikatur, die Phasenverschiebung: 15 In den einzelnen Bildsequenzen verändern sich markante Details – die „drei Haare" – und bringen die sich wandelnde Stimmung zum Ausdruck. Die drei Schönwetter-Locken nehmen die Form der Spitze auf der preußischen Pickelhaube an. [...] 20

G. Langemeyer u. a. (Hg.), Mittel und Motive der Karikatur in fünf Jahrhunderten, München 1984, S. 127.

Schön Wetter. Veränderlich. Sturm.

(Sollte bei keinem Minister, Reichs- oder Landboten fehlen.)

Aufgaben

1. Untersuchen Sie die Methoden, mit denen Bismarck das heterogene Deutsche Reich zu regieren versuchte.
   → Text, M4

2. Rekapitulieren Sie, wie und warum der Kurswechsel von 1878 zustande kam.
   → Text

3. Erläutern Sie die Ursachen und Ergebnisse des so genannten Kulturkampfes.
   → Text, M1, M5, M8

4. Analysieren Sie die Gründe für Bismarcks Kampf gegen den Katholizismus.
   → M8

5. Charakterisieren Sie die Parteien in Bezug auf Programmatik und Wahlergebnisse.
   → M6, M7

6. Zumindest die Beurteilungen der Innenpolitik Bismarcks fallen sehr unterschiedlich aus. In welcher Weise wird Bismarck zu einem Mythos stilisiert?
   → M9

7. Nehmen Sie zu der Kritik Stellung, die an der politischen Hinterlassenschaft Bismarcks geübt wurde.
   → M10

Fragen an die Geschichte

Männer machen Geschichte?
Oder was heißt „historische Größe"?

Wladimir Iljitsch Uljanow, Partei-name Lenin (1870–1924)

Adolf Hitler (1889–1945)

Winston Churchill (1874–1965)

Vom preußisch-deutschen Historiker Heinrich von Treitschke (1834–1896) stammt jenes berühmte Diktum „Personen, Männer sind es, die Geschichte machen". Sieht man von der männer-zentrierten Sichtweise des 19. Jahrhunderts ab, so schließt sich die Frage an, welche Rolle spielen die großen Einzelnen in der Geschichte? Und was heißt überhaupt „historische Größe"?

Wir haben uns heute in vielen Fällen daran gewöhnt, einige historische Personen mit dem Beinamen „der oder die Große" zu versehen, zum Beispiel Alexander der Große, Katharina die Große, Karl der Große, Friedrich der Große. Womit wurde dieses Prädikat verdient? Der Schweizer Historiker Jakob Burckhardt (1818–1897) definierte historische Größe durch „Einzigkeit" und „Unersetzlichkeit".

Wenn man diesem Gesichtspunkt folgt, dann zählt allein die Wirkung derjenigen, die das Gesicht der Welt geprägt haben. Diese großen Persönlichkeiten bestimmten durch Willenskraft, Machtwillen oder Genie, welches Stück auf der Weltbühne gespielt wurde. Groß ist – so gesehen – derjenige, der den Gang der Weltgeschichte beeinflusst beziehungsweise verändert hat. Diese Sichtweise ist wertneutral. Sie sagt nichts aus über die moralische Qualität der historisch Großen. Zu den Weltbewegern gehören große amoralische Verbrecher genauso wie die Verteidiger des Rechts und der Humanität.

Der Historiker Hans-Peter Schwarz zählt zu den denkwürdigen politischen Gestalten unter anderem große Ungeheuer, große Retter, große Ruinierer und große Reformer. Oft ist es erst im Nachhinein möglich, eine sinnvolle Beurteilung vorzunehmen, da historische Größe gerade auch in ihrer Fernwirkung besteht. Die große historische Persönlichkeit scheint in besonderem Maße das Identifikationsbedürfnis breiter Massen zu befriedigen. Offenkundig sind viele Menschen – in ganz unterschiedlichen Epochen und Systemen – dazu bereit, ihre Wünsche, Hoffnungen und Erwartungen auf eine Person zu projizieren. Der große Einzelne – ob Feldherr, Führer oder Berufsrevolutionär – entfesselt Emotionen und vermag im ungünstigen Fall ein ganzes Volk in den Abgrund zu ziehen. Führung und Verführung liegen nach den totalitären Katastrophenerfahrungen des 20. Jahrhunderts dicht beieinander. Die Faszination, die dabei vom Bösen ausgeht, hat offensichtlich nicht nachgelassen, wie man an der fortdauernden Beschäftigung mit dem Phänomen Hitler ermessen kann. Die Bedingungen der modernen Demokratie scheinen dem Aufstieg des großen historischen Individuums eher hinderlich zu sein. Bürokratisierung, Pluralismus sowie die Komplexität der modernen Lebensform scheinen eher den Typus des modernen Managers an die Spitze des Staates zu bringen. Das muss kein Nachteil sein. Mit Bezug auf Bismarck schrieb 1881 der viel gelesene Schriftsteller Gustav Freytag (1816–1895) das Folgende: „Denn Seele und Leben einer Nation dürfen nicht lange von dem Gemüt und Gewissen eines Einzelnen abhängen und in ihrem wichtigsten Inhalt durch die Selbstherrlichkeit eines Mannes geleitet werden. Das Volk bezahlt solche Herrschaft zu teuer,

Franklin Delano Roosevelt
(1882–1945)

Indira Gandhi (1917–1984)

Michail Gorbatschow (geb. 1931)

wie groß auch der Fortschritt sei, den der Eine ihm bereitet hat." (Zitiert nach: G. A. Craig, Deutsche Geschichte 1866–1945, München 1980, S. 64).

Wie unabhängig ist das weltgeschichtliche Individuum in seinem politischen Handeln?

Der Philosoph Georg Wilhelm Friedrich Hegel (1770–1831) schrieb mit Blick auf die großen Beweger der Geschichte, sie seien „Geschäftsführer eines Zwecks". Bei ihm erscheint der Einzelne eingebunden zu sein in überindividuelle Gesetzmäßigkeiten, die er als „Entfaltung des Weltgeistes" bezeichnete. In Bezug auf Napoleon sprach Hegel zum Beispiel vom „Weltgeist zu Pferde". Der politische Gestalter verkörpert so gesehen nur die objektiv in einer Zeit angelegten Tendenzen.

Im Gegensatz zu dieser Perspektive steht die Herausstreichung der Autonomie des politischen Handelns beziehungsweise die Betonung des subjektiven Willens der historischen Persönlichkeit. Demzufolge schreibt das große Individuum sein eigenes Drehbuch und drückt der Welt seinen Stempel auf.

Grundsätzlich repräsentieren die großen Persönlichkeiten in jeweils eigener Weise ihre Epoche. In ihnen verdichten sich Tendenzen der Zeit, was sehr wohl eine Mischung von Einklang und Widerspruch beinhalten kann. Ideen bedürfen immer auch einer Personifizierung, um historisch wirksam sein zu können.

Historisches Handeln wird sich immer an objektiven – vorgefundenen – Gegebenheiten orientieren müssen. Die moderne Geschichtsschreibung negiert tendenziell die Autonomie des großen Politikers und berücksichtigt kaum den Faktor Persönlichkeit. Es dominiert die Gesellschaftsgeschichte, wobei der Analyse der Faktoren Mächtekonstellation, Wirtschaftsinteressen, Gesellschaftsaufbau, Bevölkerungszahl, Waffentechnik, Massenmedien usw. Vorrang beigemessen wird.

Bismarck als „großes" Untersuchungsobjekt

Historische Größe

Der große Schweizer Historiker Jacob Burckhardt (1818–1897) schrieb über „das Individuum und das Allgemeine":

Der große Mann ist ein solcher, ohne welchen die Welt uns unvollständig schiene, weil bestimmte große Leistungen nur durch ihn innerhalb seiner Zeit und Umgebung möglich waren und sonst
5 undenkbar sind; er ist wesentlich verflochten in den großen Hauptstrom der Ursachen und Wirkungen. Sprichwörtlich heißt es: „Kein Mensch ist unersetzlich." – Aber die wenigen, die es eben doch sind, sind groß.
10 Freilich ist der eigentliche Beweis der Unersetzlichkeit und Einzigkeit nicht immer streng beizubringen. […]
Die Bestimmung der Größe scheint zu sein, dass sie einen Willen vollzieht, der über das Individuelle
15 hinausgeht, und der je nach dem Ausgangspunkt als Wille Gottes, als Wille einer Nation oder Gesamtheit, als Wille eines Zeitalters bezeichnet wird. So erscheint uns jetzt im hohen Grade als Wille eines bestimmten Weltalters die Tat Alexanders: die
20 Eröffnung und Hellenisierung Asiens; denn auf sein Tun sollten sich ja dauernde Zustände und Kulturen, oft für viele Jahrhunderte, gründen; ein ganzes Volkstum, eine ganze Zeit scheint von ihm Dasein und Sicherung verlangt zu haben. Hierzu bedarf es
25 aber auch eines Menschen, in welchem Kraft und Fähigkeit von unendlich vielen konzentriert ist.
Der Gesamtwille, dem das Individuum dient, kann nun ein bewusster sein: Es vollzieht diejenigen Unternehmungen, Kriege und Vergeltungsakte,
30 welche die Nation oder die Zeit haben will. Alexander nimmt Persien, und Bismarck einigt Deutschland. Oder aber er ist ein unbewusster: Das Individuum weiß, was die Nation eigentlich wollen müsste, und vollzieht es; die Nation aber erkennt
35 dies später als richtig und groß an; Cäsar unterwirft Gallien, Karl der Große Sachsen.
Es zeigt sich, scheint es, eine geheimnisvolle Koinzidenz [Zusammenfallen] des Egoismus des Individuums mit dem, was man den gemeinen Nutzen oder die Größe, den Ruhm der Gesamtheit nennt. 40

J. Burckhardt, Weltgeschichtliche Betrachtungen (Historisch-kritische Gesamtausgabe), o. O., o. J., S. 257 ff.

M 2 **Der Faktor Persönlichkeit**

Der Historiker Hans-Peter Schwarz in einer Untersuchung über das 20. Jahrhundert:

Wenn es in den Anfängen des Jahrhunderts ein Beispiel für die überragende Bedeutung des Faktors Persönlichkeit gab, so war dies Lenin. […]
Wenn man die großen weltgeschichtlichen Beweger des 20. Jahrhunderts als „Extrapersonen" iden- 5 tifiziert, verdienen jedoch auch Winston Churchill und Roosevelt Beachtung, an denen Hitler, Mussolini und die modernen Samurai [Krieger] in Japan letztlich scheiterten. Moralisch ragten sie über die großen Ungeheuer turmhoch empor, und ihre 10 historische Kurzzeit- und Langzeitwirkung war noch stärker. Denn seit ihrem Eingreifen sind es letztlich doch die Demokratien, die im 20. Jahrhundert den Ton angeben. Lenin, Hitler und Stalin, Churchill und Roosevelt, Mao Zedong und Deng 15 Xiaoping – ihre jedem bekannten Physiognomien treten unwillkürlich vors geistige Auge, wenn vom Gesicht des Jahrhunderts die Rede ist.
Aber das 20. Jahrhundert hatte viele Gesichter, und nicht alle starken Individualitäten haben derart 20 welthistorische Auswirkungen erzielt wie die eben genannten. Die Geschichte des 20. Jahrhunderts ist schließlich nicht allein eine Saga vom Aufstieg und Abstieg der Großmächte. Sie umfasst ebenso das Schicksal regionaler Vormächte, der Mittelmächte 25 und der Kleinstaaten. In manchen von diesen sind gleichfalls einmalige Persönlichkeiten aufgetreten, welche, nochmals mit Jacob Burckhardt zu sprechen, in der Geschichte ihrer Länder „Einzigartigkeit, Unersetzlichkeit" aufweisen: Atatürk, Pilsudski, 30 Mussolini, Adenauer, Ben Gurion, Ibn Saud, Nasser oder Sadat in Ägypten, Gandhi oder Neru in Indien, Khomeini im Iran, um nur einige zu nennen.

H.-P. Schwarz, Das Gesicht des Jahrhunderts, Berlin 1998, S. 15 ff.

Aufgaben

1. Untersuchen Sie, was „historische Größe" im Einzelnen bedeuten kann.
2. Wodurch wird das politische Handeln auch von herausragenden Individuen eingeengt?
3. Diskutieren Sie, inwiefern das Wirken von Persönlichkeiten zutiefst problematisch ist.
4. Schlagen Sie in Geschichtsbüchern und Lexika nach, warum den aufgeführten Persönlichkeiten das Prädikat „Extraperson" (Außergewöhnlichkeit) zukommt.

7.5 Politik und Gesellschaft im Zeitalter Wilhelms II.

Wilhelm II.

Mit der Entlassung Bismarcks begann in Deutschland die Epoche des Wilhelminismus. Sie wurde geprägt durch das „persönliche Regiment" Wilhelms II. Die Nachwelt hat über ihn zum Teil sehr kritisch geurteilt. Im Zeitalter einer sich in rasantem Tempo vollziehenden Industrialisierung und wachsender demokratischer Bestrebungen blieb er vom eigenen Gottesgnadentum überzeugt und zeigte für demokratische Einrichtungen wenig mehr als Verachtung.

Er soll sich gerühmt haben, die Verfassung niemals gelesen zu haben. Die vielen Berichte, die der Nachwelt überliefert wurden, ergeben in der Zusammenfassung ein höchst problematisches Bild von Wilhelms Persönlichkeit. Charmant, wie er sein konnte, blendete er seine Gesprächspartner, imponierte durch Faktenwissen, um andererseits launisch, unkontrolliert, aufbrausend und prahlerisch aufzutreten. Theatralisches Verhalten ging mit einer Vernachlässigung der Regierungsarbeit einher.

Eine Kluft öffnete sich zwischen fortschreitender industrieller Modernisierung auf der einen und dem Rückfall in ein mittelalterlich anmutendes romantisches Kaisertum auf der anderen Seite.

Wegen seines selbstherrlichen Auftretens wurde Wilhelm II. wiederholt als gemütskrank charakterisiert. Seine Hassausbrüche riefen immer wieder Befremden – vor allem außerhalb Deutschlands – hervor. Das vielzitierte „persönliche Regiment" bedeutete in der Praxis, dass die politische Richtlinienkompetenz vom Reichskanzler auf den Kaiser überging. Nur wer das „Allerhöchste Vertrauen" besaß, konnte regieren. Mit der unumschränkten Kommandogewalt stand dem Kaiser zudem ein politisches Instrument zur Verfügung, das sich der demokratischen Kontrolle entzog. Darum konnte der Einfluss einer kleinen Hofclique aus Militärs und persönlichen Freunden wachsen. Politische Entscheidungen wurden zusehends ohne Kontrolle durch den Reichstag getroffen. Trotz beziehungsweise wegen seiner schillernden Persönlichkeit und seines zweifelhaften Auftretens gilt Wilhelm II. als Repräsentant der Epoche. Mit den Regeln einer konstitutionellen Monarchie war es kaum zu vereinbaren, wenn ein Monarch noch 1891 hervorhob, dass er im „Auftrage eines Höheren (...) berufen" sei.

Nach der Thronbesteigung Wilhelms II. (1888) taten sich schon bald persönliche und sachliche Differenzen zwischen dem jungen 29-jährigen Kaiser und dem greisen Reichskanzler auf.

Der ehrgeizige Monarch wollte das politische Ruder selbst in die Hand nehmen. Dabei stand ihm der politisch erfahrene Bismarck im Wege. Dessen Entlassung bedeutete zweifellos einen Einschnitt. Nachfolger Bismarcks im Amt des Reichskanzlers waren:

1890–1894	General Leo von Caprivi,
1894–1900	Chlodwig zu Hohenlohe-Schillingsfürst,
1900–1909	Bernhard von Bülow,
1909–1917	Theobald von Bethmann Hollweg.
1917	Georg Michaelis
1917–1918	Georg von Hertling
1918	Max von Baden

Die Regierungszeit Wilhelms II. brachte – zumindest bis 1914 – eine kontinuierliche Verbesserung des Lebensstandards breiter Bevölkerungsschichten. Der wirtschaftliche Aufstieg des Reiches war beeindruckend. Aber hinter einer imponierenden Machtentfaltung entdeckten aufmerksame Beobachter manches Krisenzeichen.

Das politische Kräftefeld wurde geprägt durch gegensätzliche Entwicklungsrichtungen. Während die monarchisch-adlige Führung an einem überlebten politischen System festhielt, das in vielen Aspekten den Zuschnitt einer vor-industriellen Gesellschaft aufwies, formierte sich eine breite demokratische und zum Teil auch republikanische Bewegung. Seit 1890 erzielten Zentrum, Linksliberale und Sozialdemokraten deutliche Mehrheiten. Gleichwohl blieb ihr Einfluss auf die Regierung aufgrund der halb-absolutistischen Regierungsform gering. Folgerichtig nahm das Drängen auf eine Parlamentarisierung zu, die die jeweilige Regierung von der Parlamentsmehrheit abhängig machen würde. Das wiederum wurde von den herrschenden Schichten als eine Bedrohung ihrer Vorrangstellung empfunden.

Exekutive und Legislative blockierten sich nach der Lage der Dinge gegenseitig. Zudem engten Finanzprobleme den politischen Spielraum der Reichsregierung ein. Das Reich verfügte nur über begrenzte eigene Einnahmequellen und war im Übrigen auf die Beiträge der Länder angewiesen. Als wegen wachsender Rüstungsausgaben und ansteigender Sozialleistungen der Haushalt des Reiches immer mehr belastet wurde, stellte sich eine finanzielle Dauerkrise ein.

Flottenbau

Um die Jahrhundertwende schien das Deutsche Reich bestrebt, nicht nur über ein mächtiges Heer zu verfügen, sondern auch eine maritime Großmacht zu werden. Die Durchsetzung von zwei Flottenbaugesetzen (1898 und 1900) war heftig umstritten, und es bedurfte massiver Beeinflussung des Reichstags, damit die dafür notwendigen Haushaltsmittel bewilligt wurden. Die Realisierung des Flottenbauprogramms war verknüpft mit dem Namen des Admirals Alfred von Tirpitz, der 1897 Staatssekretär des Reichsmarineamts wurde und den Flottenverein mitbegründete.

M 1 **Deutschland zur See**
Popularisierung des Flottenbaus durch Plakate, Ansichtskarten und Sammelbildchen

Der Flottenverein war die erste Massenorganisation, die alle Merkmale des modernen Lobbyismus aufwies. Unterstützt durch Schwerindustrie, Banken, Küstenstädte und Zeitungen wurde unter Anwendung von Methoden moderner Propaganda ein öffentliches Klima erzeugt, das dem Flottenbau förderlich war. Der Flottenverein umfasste mehr als eine Million Mitglieder und war damit die größte – überdies betont kaisertreue – Organisation des Kaiserreichs.

Anhand des Flottenbauprogramms lässt sich das Ineinandergreifen innen- und außenpolitischer Faktoren nachweisen. Interessen der Schwerindustrie spielten zum Beispiel eine Rolle, aber auch Weltmacht-Prestige und das Ringen um internationalen Einfluss.

Nachdem Deutschland durch die Annäherung von Frankreich und Russland (1892) in eine prekäre außenpolitische Lage gekommen war, fühlten sich viele Deutsche bedroht und glaubten, durch eine starke Flotte ihre Sicherheit erhöhen zu können. Allerdings musste der Flottenbau zwangsläufig das Misstrauen Englands, der größten Seemacht, hervorrufen. Der Konflikt mit England war somit vorprogrammiert.

Ähnlich wie in anderen europäischen Ländern erhielt in der Endphase des 19. Jahrhunderts das Nationalgefühl der Deutschen immer aggressivere Züge. Eine oft unkritische Verherrlichung staatlicher Autorität ging einher mit einer expansiven Orientierung.

Antisemitismus

Nicht nur beim überaus mächtigen Bund der Landwirte (BdL) sowie beim Deutschen Handlungsgehülfenverband fiel der Antisemitismus auf fruchtbaren Boden. Antisemitische Parteien wurden gegründet, so zum Beispiel durch den Hofprediger der Hohenzollern Adolf Stoecker die Christlich-Soziale-Partei (1878). Der rassische Antisemitismus fand – zumeist verknüpft mit einem militanten Nationalismus – Eingang in akademische Kreise und Mittelschichten.

Diese neuen ideologischen Tendenzen fanden ihre Verkörperung beziehungsweise Organisierung im 1891 entstandenen Alldeutschen Verband, dessen Vorsitzender Heinrich Claß zu den volkstümlichsten Vertretern dieser politischen Richtung gehörte. Im kleinen, aber einflussreichen Alldeutschen Verband artikulierten sich – nach unserem heutigen Verständnis – rechtsradikale Tendenzen, die in ihrer Bedeutung weit über den Zusammenbruch des Kaiserreichs (1918) hinaus reichten. Die Ideologie der Alldeutschen war eine der Wurzeln des Nationalsozialismus.

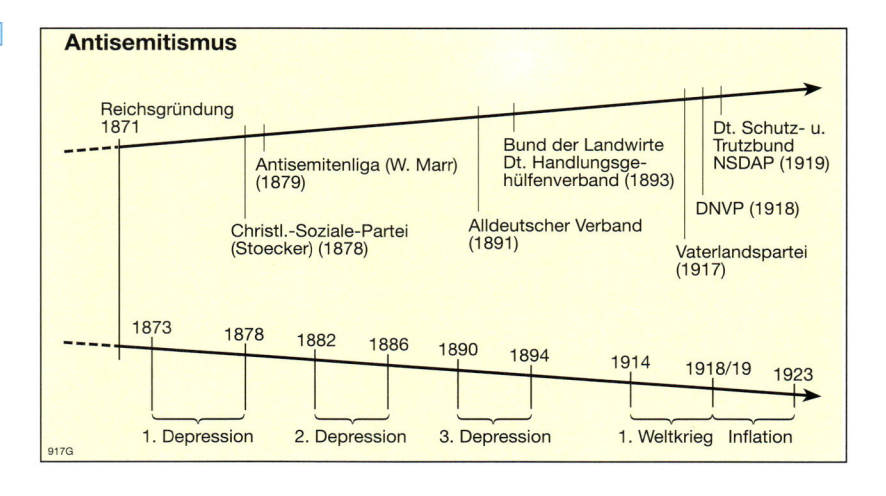

M 2

Antisemitismus

917G

M 3 Die Verhältnisse am Hof

Der Sohn des Reichskanzlers Chlodwig zu Hohen-
lohe-Schillingsfürst (1819–1901) kritisiert den
Kaiser und dessen Umgebung:

Wohl waren nicht alle in Deutschland blind für seine
Fehler und Mängel, und, wie ich schon erwähnte, es
gab Männer, die nicht unbesorgt wegen der Gefahren seiner Persönlichkeit waren. Aber es offen aus-
5 zusprechen, dazu fehlte fast allen der Mut, oder sie
schwiegen aus Respekt vor der monarchischen Tradition, aus angestammter Treue zum Herrscherhaus
oder – und zu diesen gehörte auch mein Vater, mit
dem ich mehr als einmal die Frage erörtert habe –
10 aus der Überzeugung, dass es im Interesse des Reiches nützlicher sei, angesichts des Auslandes die
Autorität des deutschen Kaiserthrones nicht durch
eine zu offene Kritik des Monarchen zu mindern.
Dies hatte aber zur Folge, dass das Gefühl der Gott-
15 ähnlichkeit immer stärker in ihm wurde und dass er,
beim Anblick der Kriecherei und Schmeichelei, die
ihn umgab und die mehr und mehr zunahm (wurde es doch zuletzt in der Armee zum Brauche, dass
selbst manche ältere Generäle und Offiziere ihm die
20 Hand küssten!), eine Menschenverachtung und
zugleich ein Selbstbewusstsein bekam, das ins Gren-
zenlose ging.

Prinz A. v. Hohenlohe, zit. n.: R. Eckart (Hg.), Gründerjahre und
Weltkrieg 1871–1918, Ebenhausen bei München 1966, S. 83 f.

M 4 Wilhelm II.: Herrscher von Gottes Gnaden

Ein Publizist fasst das Leben und Wirken des
letzten deutschen Kaiser aus heutiger Sicht zu-
sammen:

Wilhelm II. wurde am 27. Januar 1859 als ältester
Sohn des preußischen Prinzen Friedrich Wilhelm,
des späteren Kaiser Friedrich III., und der englischen
Prinzessin Victoria, der Tochter der Queen Victoria, in
5 Potsdam geboren. Er wuchs in der Zeit heran, in
welcher Preußen mit der Begründung des
preußisch-deutschen Kaiserreiches zur europäischen Großmacht aufstieg. In den Jahren 1888 bis
1918 stand er als deutscher Kaiser an der Spitze die-
10 ses neuen Reiches. Nach der Ausrufung der Republik im November 1918 ging er nach Holland ins
Exil, wo er am 4. Juni 1941 verstarb. Sein Leben
umfasste nahezu die gesamte Spanne des Aufstiegs
und Zerfalls der kleindeutschen Reichsgründung
15 von 1871, einen Zeitraum, dessen Analyse zur
Klärung unserer eigenen historisch-politischen
Situation beitragen kann.

Waren die ersten beiden Jahrzehnte des neuen Kaiserreiches untrennbar mit dem Namen des Reichskanzlers Fürst Otto von Bismarck verbunden, so 20
vollzog sich unter Wilhelm II. eine Machtverlagerung vom Reichskanzleramt zur Krone. Bismarcks
Nachfolger vermochten die Machtgefühle des Amtes
weder zu wahren noch gar zu steigern. Indem man
vom „Zeitalter Wilhelms II." oder vom „Wilhelminis- 25
mus" spricht, charakterisiert man nicht nur dessen
Selbstwertgefühl, sondern entspricht auch dem
Empfinden der Zeitgenossen: „Es gibt im gegenwärtigen Deutschland keine stärkere Macht als das
Kaisertum. Gerade die Klagen der nicht-kaiserlich 30
gesinnten Demokraten […] beruhen auf der immer
erneuten Beobachtung, wie alle Politik, äußere und
innere, vom Wollen und Reden des Kaisers
abhängt. Kein Monarch der absoluten Monarchie
hat so viel wirklichen Einfluss gehabt wie heute der 35
Kaiser. […] Dieses Jahrhundert, dessen Mitte vom
Traume der deutschen Republik widerhallte, endete mit einer Kaisermacht, die kein Barbarossa[1]
besaß." (Friedrich Naumann)[2]. In zahllosen Reden,
Trinksprüchen und Ansprachen erhob Wilhelm II. 40
nach Bismarcks Entlassung den Anspruch, den Kurs
der Politik selbst zu bestimmen. Dieser Anspruch
entsprang der tief verwurzelten Anschauung, dass
den Hohenzollern die Herrschaft von Gottes Gnaden verliehen sei. Aus diesem Gottesgnadentum 45
speiste sich seine antikonstitutionelle Haltung, die
aus der Eintragung „suprema lex regis voluntas"[3]
in das Goldene Buch der Stadt München spricht
oder aus der Behauptung im Kreise seiner Mitarbeiter, „Ich kenne keine Verfassung. Ich kenne nur 50
das, was Ich will." deutlich wird.

1 Friedrich I., gen. Barbarossa, vermutlich 1122–1190

2 nationalliberaler Politiker, 1860–1919

3 Der Wille des Königs ist das höchste Gesetz.

W. Ludwigs, in: Das Parlament, Nr. 22/1981.

M 5 Wilhelm II.: Ansprache an Rekruten (1891)

So sprach der Kaiser nach dem „Breslauer Lokal-
anzeiger" vom 8. Dezember 1891:

Rekruten Meiner Garderegimenter!
Ihr seid hier aus allen Teilen Meines Reiches zusam-
mengezogen, um eurer Militärpflicht zu genügen,
und habt eben an heiliger Stätte euerm Kaiser
Treue geschworen bis zum letzten Atemzuge. Ihr
seid noch zu jung, um das alles zu verstehen, ihr 5
werdet aber nach und nach damit bekannt
gemacht werden. Stellt euch dies alles nicht zu
schwer vor und vertraut auf Gott, betet auch

manchmal ein Vaterunser, das hat schon manchem
10 Krieger wieder frischen Mut gemacht.

Kinder Meiner Garde, mit dem heutigen Tage seid ihr Meiner Armee einverleibt worden, steht jetzt unter Meinem Befehl und habt das Vorrecht, Meinen Rock tragen zu dürfen. Tragt ihn in Ehren. Den-
15 ket an unsere ruhmreiche vaterländische Geschichte; denket daran, dass die deutsche Armee gerüstet sein muss gegen den inneren Feind sowohl als gegen den äußeren. Mehr denn je hebt der Unglaube und Missmut sein Haupt im Vaterlande
20 empor, und es kann vorkommen, dass ihr eure eignen Verwandten und Brüder niederschießen oder -stechen müsst. Dann besiegelt die Treue mit Aufopferung eures Herzblutes. Und nun geht nach Hause und erfüllet eure Pflichten.

Nach der „Neißer Zeitung" hatte die Rede folgenden Wortlaut:

Rekruten!
Ihr habt jetzt vor dem geweihten Diener Gottes
und angesichts dieses Altars Mir Treue geschworen.
Ihr seid noch zu jung, um die wahre Bedeutung des
5 eben Gesprochenen zu verstehen; aber befleißigt
euch zunächst, dass ihr die gegebenen Vorschriften
und Lehren immer befolgt. Ihr habt Mir Treue
geschworen, das – Kinder meiner Garde – heißt, ihr
seid jetzt meine Soldaten, ihr habt euch Mir mit
10 Leib und Seele ergeben; es gibt für euch nur einen
Feind, und der ist Mein Feind. Bei den jetzigen
socialistischen Umtrieben kann es vorkommen, dass
Ich euch befehle, eure eignen Verwandten, Brüder,
ja Eltern niederzuschießen – was ja Gott verhüten
15 möge – aber auch dann müsst ihr Meine Befehle
ohne Murren befolgen.

Zit. nach: E. Johann (Hg.), Reden des Kaisers, München 1966,
S. 55 f. [Die Textunterschiede sind dem Umstand geschuldet,
dass es noch keine Tonbandaufzeichnungen gab].

M 7 Deutsche Flottenpolitik

*Alfred von Tirpitz (1849–1930), Staatssekretär im
Reichsmarineamt, gilt als der „Vater" der deutschen Schlachtflotte:*

1895: Zwei Gedankengänge bildeten sich damals
heraus: die taktische Notwendigkeit einer
Schlachtflotte, wenn wir überhaupt auf Seegeltung losstrebten und mit Zweck und Nutzen Schiffe bauen wollten, und die politische Notwendig-
5 keit, für die unaufhaltsam und reißend anwachsenden deutschen Seeinteressen eine sie
schützende Flotte zu schaffen. Die Flotte erschien
mir niemals als Selbstzweck, sondern stets als eine

M 6 **Wilhelm II. aus zwei Perspektiven**
Gemälde von Max Kroner, 1890 und Karikatur von H. Paul in: „Le Cri de Paris, 1900.
Wilhem II. sagte am 27.07.1900 anlässlich der Verabschiedung eines Expeditionskorps nach China: „Pardon wird nicht gegeben, Gefangene werden nicht gemacht".

Funktion der Seeinteressen. Ohne Seemacht blieb 10
die deutsche Weltgeltung wie ein Weichtier ohne
Schale. Dem Handel musste die Flagge folgen, wie
das andere, ältere Nationalstaaten längst begriffen hatten, als es bei uns erst zu dämmern begann.
[...] Der Flottengedanke wurde im Volk noch viel- 15
fach mit Misstrauen aufgenommen. Die Deutschen
spürten, verwöhnt von dem Glück, in das die Bismarcksche Reichsschöpfung und das plötzliche
Umsichgreifen unserer so lange zurückgestauten
wirtschaftlichen Tüchtigkeit uns versetzt hatte, 20
noch nicht genügend, dass unsere Entfaltung auf
dem breiten Rücken des britischen Freihandels sich
auf Widerruf vollzog. Dem Wachstum unsrer Industrie verdankten wir das Wachstum unsrer physischen und materiellen Stärke. Wir nahmen jährlich 25
fast um eine Million Menschen zu, das heißt,
gewannen auf dem unveränderlich engen Spielraum der heimischen Scholle alljährlich etwas, das

M 8 Patriotisches Militärehrenblatt

dem Zuwachs einer Provinz gleichkam, und dies
30 alles beruhte auf der Aufrechterhaltung unsres
Ausfuhrhandels, der mangels eigener Seemacht
ausschließlich vom Belieben der Fremden, das
heißt der Konkurrenten, abhing. Wir mussten nach
Bismarck „entweder Waren ausführen oder Men-
35 schen", und es handelte sich bei dem Entschluss,

eine Seemacht zu bilden, letzten Endes um nichts
anderes als um den Versuch, eine sich nicht in eigenen Siedelungskolonien, sondern in heimischen
Werkstätten vermehrende Bevölkerung deutsch
zu erhalten. 40

Zit. nach: Geschichtliche Quellen, Das Zeitalter des Imperialismus 1890–1918, Frankfurt/M. 1974, S. 35 f.

194

M 9 Angst vor der Demokratie

Der Rittergutsbesitzer und Politiker Elard von Oldenburg-Januschau stellte die konservative Sicht der Dinge dar:

Mit dem Abgang Bismarcks stellte es sich heraus, dass das Reich auf die Dauer nicht mehr so zu regieren war wie bisher. Hatte Bismarck selbst noch den von ihm geschaffenen Reichstag bezwungen, so
5 war das unter seinen Nachfolgern nicht mehr der Fall. Darunter litt die Straffheit der politischen Führung. Es entstand eine gewisse Reichsverdrossenheit, die über manchen Deutschen Gewalt gewann. Dies machte sich vor allem die Sozialde-
10 mokratie zu Nutze. Dabei verstand sie es, an der richtigen Stelle anzupacken. Denn das Reich stand auf den Säulen einer gesunden Landwirtschaft und eines starken Heeres. Gelang es, beides zu erschüttern, so musste die Sozialdemokratie ihr Ziel, die Zerstörung der Staatsautorität, erreichen. Deshalb 15 begrüßte sie im Stillen das Tempo der industriellen Entwicklung, die mangelnden Zölle und die schlechten Handelsverträge. Sie rechnete damit, dass mit der mangelnden wirtschaftlichen Ertragsfähigkeit die politische Spannkraft der deutschen 20 Landwirtschaft nachlassen würde. Gleichzeitig griff die Sozialdemokratie das Heer an, eiferte sich über belanglose Misshelligkeiten, verallgemeinerte sie und forderte schließlich offen die Abschaffung der kaiserlichen Kommandogewalt. Der Reichstag, 25 der verfassungsmäßig nur eines unter den vielen Regierungsorganen darstellte, verfiel dem Schicksal der meisten Parlamente. Er trat wie ein reißender Fluss über seine Ufer und riss alle Macht im Staat an sich. Das Gift der Demokratie, der man- 30 gelnden Ein- und Unterordnung vernebelte wie kein zweites Verstand und Herz der Menschen.

E. v. Oldenburg-Januschau, Erinnerungen, Leipzig 1936, S. 63.

M10 Wilhelm II. begibt sich mit seinen Söhnen zur Neujahrsparade 1914.

Aufgaben

1. Charakterisieren Sie die Persönlichkeit Wilhelms II. und sein Herrschaftsverständnis.
   → Text, M4–M6

2. Wie beurteilen Sie die politischen Auswirkungen des wilhelminischen Kaisertums?
   → Text, M3–M6

3. Interpretieren Sie die politisch-psychologische Situation der herrschenden Schichten.
   → M3, M9

4. Verdeutlichen Sie die Ursachen und Funktionen des Antisemitismus anhand der Darstellung.
   → Text, M2

5. Welche Interessen organisierten sich im Flottenverein?
   → Text, M1, M7

6. Beschreiben Sie die Selbstdarstellung des Kaiserreiches und seiner Repräsentanten anhand des Militärehrenblatts. Analysieren Sie die Bildelemente in Bezug auf ihren historischen und ideologischen Gehalt.
   → M8

8. Imperialismus

Die Welt in der Kralle des bösartigen britischen Imperialismus – so sollten die Zeitgenossen der Jahrhundertwende diese französische Karikatur von 1899 verstehen. Der französische Text des Spruchbandes lautet: „Ein Schurke sei, wer dabei Schlechtes denkt." Der gebildete Leser wusste, dass es sich dabei um das Motto des höchsten englischen Ordens, nämlich des Hosenbandordens, handelte. Diese Karikatur attackierte mit visuellen Mitteln die britische Kolonialpolitik als brutal und rücksichtslos. Aber weniger das Schutzbedürfnis rückständiger Völker motivierte den Zeichner, vielmehr spiegelten sich in diesem Bild die kolonialen Spannungen zwischen England und Frankreich wider. Kurz zuvor standen beide Länder noch am Rande eines militärischen Konflikts, als Expeditionskorps beider Staaten in Faschoda – am Oberlauf des Nils – zusammentrafen (1898). England hatte zuvor Ägypten und das Land am Nil „unter seinen Schutz genommen" und strebte eine zusammenhängende Landverbindung von Kairo nach Kapstadt an. Die französische Expansion richtete sich – von Westafrika kommend – nach Osten. Im geografischen Schnittpunkt lag der Sudan. Der englische General Kitchener drohte mit Krieg, was die französische Einheit unter der Führung des Hauptmanns Marchand zum Rückzug zwang und die französische Niederlage besiegelte. Der Nationalstolz Frankreichs war zutiefst verletzt, gleichwohl suchte die französische Politik den Ausgleich mit England, weil sich das Land wegen der Spannungen mit Deutschland keinen weiteren Konflikt leisten konnte. So wurde der unscheinbare Ort Faschoda zur Schnittstelle in einem Vorgang, der als „scramble for Africa" in die Geschichtsbücher eingegangen ist – wörtlich ein „Sich-Raufen" der europäischen Staaten um die scheinbar herrenlosen Gebiete des Kontinents. Dabei ging es sowohl um die Wahrung eines Großmachtstatus als auch um nationales Prestige.

Wie sehr koloniale Konflikte in der Peripherie auf das europäische Zentrum zurückwirkten, geht auch aus der Nachgeschichte des Faschoda-Konflikts hervor. Im Sudan-Vertrag (1899) grenzten anschließend beide Länder ihre Interessensphären ab. Für die Respektierung der englischen Interessen am Nil erhielt Frankreich als Gegenleistung freie Hand in Marokko. Damit war das Fundament für die Entente cordiale (1904) gelegt, also für jenes „herzliche Einverständnis", das den Weg für ein militärisches Bündnis zwischen Großbritannien und Frankreich ebnete.

Deutschland betrieb aufgrund seiner späten nationalstaatlichen Einigung erst relativ spät – ab 1890 – imperialistische Politik. Da die Interessensphären zu diesem Zeitpunkt bereits weitgehend abgesteckt waren, musste das expansive Auftreten einer weiteren Großmacht fast zwangsläufig zu diplomatischen Spannungen führen. Als das Deutsche Reich sich anschickte, Weltmacht zu werden, wozu nach dem damaligen Verständnis der Besitz von Kolonien gehörte, stieß es auf den Widerstand der etablierten Kolonialmächte.

8.1 Begriff und historische Einordnung

Der Begriff Imperialismus stammt von lateinisch imperium ab und bedeutete in der römischen Geschichte zunächst die Befehlsvollmacht, ferner die Herrschaft oder das Herrschaftsgebiet, später auch die Ausdehnung von Herrschaft. Dem Begriff haftet also eine erhebliche Bedeutungsbreite an, zumal in neuester Zeit auch zwischenstaatliche Abhängigkeitsverhältnisse der verschiedensten Art oft „imperialistisch" genannt werden. Außerdem gibt es den Imperialismus als Epochenbegriff. Er umfasst die Zeit zwischen etwa 1880 und 1914 (Beginn des 1. Weltkrieges), als ein globaler Wettlauf der europäischen Mächte um die Aufteilung scheinbar noch „herrenloser" Gebiete stattgefunden hat.

Europäisierung der Welt

Universalhistorisch bezeichnet Imperialismus die historische Endphase der Europäisierung der Welt, die bis ins 15. Jahrhundert zurückreicht. Beginnend mit dem Zeitalter der Entdeckungen (15./16. Jahrhundert), konstituierte sich durch den Imperialismus des ausgehenden 19. Jahrhunderts das Weltwirtschaftssystem – ein Vorgang, der durch die Globalisierung zu Beginn des 21. Jahrhunderts seine Fortsetzung erfährt. Voraussetzung der europäischen Expansion war die wirtschaftliche, militärische und technologische Überlegenheit, die im ausgehenden 19. Jahrhundert zum Beispiel im Dampfschiff, im Telegrafen und im Maschinengewehr sichtbar wurde.

M 1

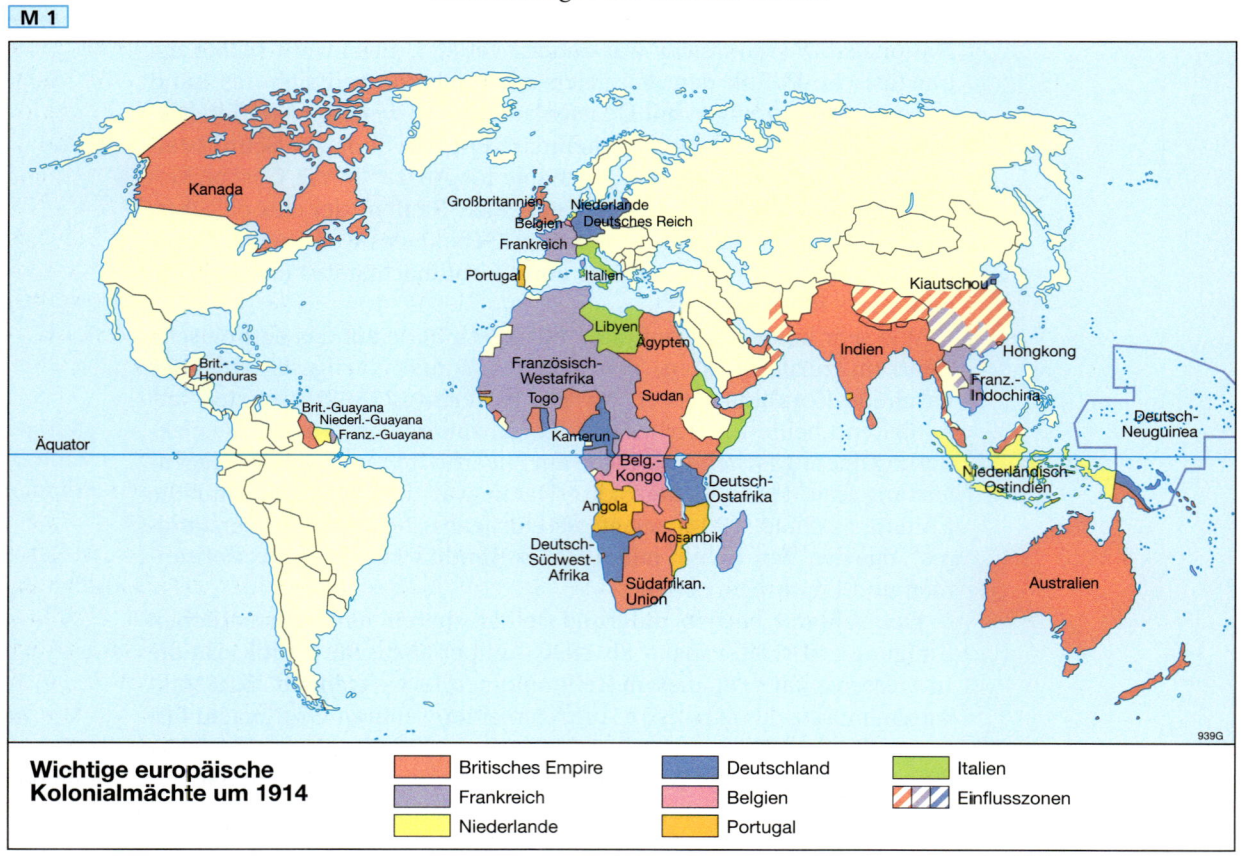

Wichtige europäische Kolonialmächte um 1914

- Britisches Empire
- Frankreich
- Niederlande
- Deutschland
- Belgien
- Portugal
- Italien
- Einflusszonen

Die europäische Dominanz begann mit dem Raub- und Plünderungskolonialismus, der nach der Eroberung Mexikos und Perus durch Spanien einsetzte. In dieser Phase stand die Jagd nach Edelmetallen sowie die mit Sklaven ausgeführte Plantagenwirtschaft im Mittelpunkt. Der Imperialismus am Ende des 19. Jahrhunderts bedeutete die Fortsetzung und gleichzeitig den Höhepunkt des Kolonialismus, denn nunmehr wandelte sich der Handelskolonialismus zum „formellen Kolonialismus" im Zeichen imperialistischer Konkurrenz. An der Bildung von Kolonialreichen beteiligten sich alle bedeutenden Staaten Europas: die ursprünglichen imperialen Mächte Spanien und Portugal, die „älteren" Kolonialmächte Holland, England und Frankreich und die „späten" Nationalstaaten Deutschland und Italien. Der russische Binnenkolonialismus richtete sich auf Zentralasien. Außerdem traten die außereuropäischen Mächte USA und Japan hinzu.

Begründungen

Die Begründungen für die koloniale Expansion waren dabei immer sehr ähnlich:
- die Sicherung von Rohstoffen und die Erschließung von Exportmärkten,
- der Erwerb von Raum als Siedlungsgebiet für eine wachsende Bevölkerung,
- die Nutzung von Arbeitskräften,
- die Schaffung von Stützpunkten für den Handel, die Schifffahrt und den militärischen Nachschub.

Im Zuge des fortschreitenden industriellen Wachstums konkurrierten die imperialistischen Staaten weltweit um die Einverleibung von Territorien beziehungsweise um die Schaffung von politisch-ökonomischen Einflusssphären. In den achtziger Jahren des 19. Jahrhunderts setzte ein regelrechter Wettlauf um Afrika ein, wobei die Besetzung Tunesiens durch Frankreich (1881) und die britische Oberherrschaft über Ägypten (1882) als auslösende Momente gelten. Noch 1880 hatten europäische Mächte kaum ein Zehntel Afrikas in Besitz genommen, 20 Jahre später war der Rest vereinnahmt (außer Äthiopien, Liberia und Marokko).

In diesem letzten Stadium der Expansion Europas nach Übersee spielten der nationale Machtwille und innenpolitische Faktoren eine immer größere Rolle. Denn der Imperialismus besaß eine Massenbasis in einer nationalistisch gestimmten Öffentlichkeit. Erst der Besitz von Kolonien schien einem Land den Status einer Großmacht zu verleihen und das nationale Prestigebedürfnis zu befriedigen.

Sozialimperialismus

Keine Idee hat den Imperialismus so sehr befeuert wie der Sozialdarwinismus. Diese mächtige geistige Zeitströmung, die sich mit den Namen Charles Darwin (1809–1882) und Herbert Spencer (1820–1903) verbindet, übertrug Darwins These von der „natürlichen Auslese" auf die Konkurrenzsituation von Völkern und Gesellschaften. Dieses Denkmuster erschien den damaligen Zeitgenossen plausibel, vor allem im Hinblick auf die zivilisatorisch-technische Überlegenheit der europäischen Staaten im Vergleich mit den kolonisierten Völkern. Imperialistische Politik schien geradezu im Einklang mit der Natur zu stehen. Der Sozialdarwinismus diente somit der Legitimation von Herrschaft im Allgemeinen und des Imperialismus im Besonderen. Ihre Ergänzung fand diese Ideologie in der Idee von der (christlichen) Mission. Diese rechtfertigte den Kolonialismus mit der Verpflichtung des „weißen Mannes", den unterentwickelten Völkern zivilisatorischen Fortschritt und christlichen Glauben zu bringen, um so zur Humanisierung der Welt beizutragen.

Sozialdarwinismus

Der Imperialismus besaß eine nicht zu verkennende sozialpsychologische Basis im Seelenhaushalt der europäischen Gesellschaften. Er kann gleichsam als „Verlängerung" des Nationalismus begriffen werden. Die Vorstellung nationaler Größe, zu der Kolonien quasi als Statussymbol dazugehörten, stellte einen ideologischen Kitt im Innern dar und förderte das Zusammengehörigkeitsgefühl. Der englische Imperialist Cecil Rhodes ging sogar so weit, 1895 zu behaupten, wer den Bürgerkrieg vermeiden wolle, der müsse zum Imperialisten werden. Er bezog sich damit auf die Einbindung proletarisierter und unterprivilegierter (Arbeiter-)massen in die bürgerliche Gesellschaftsordnung. Man spricht in diesem Zusammenhang von Sozialimperialismus. Zwar hat sich diese These empirisch nicht bestätigt, aber sie entsprach vielfach der öffentlichen Meinung in den Industrieländern. Die imperialistische Konkurrenz führte fast zwangsläufig zu politischen Spannungen zwischen den beteiligten Mächten. „Säbelgerassel" und diplomatische Zerwürfnisse gefährdeten stets aufs Neue das europäische Gleichgewicht. Die Konflikte an der Peripherie wirkten auf das europäische Zentrum zurück.

Das Ausgreifen nach Übersee ging einher mit Flottenbau und allgemeiner Militarisierung. Dies fügte den Konflikten zwischen den europäischen Staaten eine weitere Dimension hinzu, die in der Vorgeschichte des Ersten Weltkrieges eine bedeutende Rolle spielte.

M 2 **Imperialistische Krisenherde**

Geographische Bezeichnung	Zeitpunkt	Konkurrierende Nationen
Faschoda (Sudan)	1898	England/Frankreich
Südafrika (Burenkrieg)	um 1900	England/Deutschland
Türkei (Bagdad-Bahn)	ab 1903	England/Deutschland/Russland
Marokko	1905/06 u. 1911	Frankreich/Deutschland
Mandschurei	1904/05	Japan/Russland

Widerstand

Die Überlegenheit der imperialistischen Mächte darf den Blick dafür nicht verstellen, dass die Inbesitznahme fremder Gebiete und die Aufrechterhaltung der Herrschaft kein friedlicher Prozess war. Genauso wie es die freiwillige Unterwerfung gab, die freiwillige Kollaboration der Einheimischen mit den Vertretern der Kolonialmächte, so kennzeichnete auch eine Kette von Aufständen den Widerstand der beherrschten Völker. Die Bedrohung, die von den fremden Kolonialmächten ausging, wurde nicht immer gleich erkannt. Wenn aber die Kolonialmacht das Land in Besitz nahm, die Einheimischen der Zwangsarbeit und der Besteuerung unterwarf, regte sich der Protest. Ähnlich reagierten die Unterworfenen oft auch auf die christliche Missionierung, die die tradierte Kultur infrage stellte. Der Widerstand konnte verschiedene Formen annehmen, wobei die großflächigen Antikolonialkriege eher die Ausnahme bildeten. In der Regel handelte es sich um Guerillakriege. Dabei setzte sich am Ende die materielle Überlegenheit der Eroberer durch. Gleichwohl gab es bereits im 19. Jahrhundert bedeutende militärische Niederlagen für die Kolonialmächte wie zum Beispiel 1836 der Franzosen in Algerien, 1842 der Briten in Afghanistan oder 1896 der Italiener in Äthiopien. Kolonialkriege stellten also einen wesentlichen Aspekt des Imperialismus dar.

„Auf Jamaika herrscht Ordnung."
Französische Karikatur von Honoré Daumier
anlässlich der Übernahme Jamaikas als
britische Kronkolonie am 17. Januar 1866

M 4 Die auserwählte englische Rasse

Der Kolonialpolitiker und spätere Ministerpräsident der Kapkolonie Cecil Rhodes (1853–1902) schrieb 1877:

Ich behaupte, dass wir die erste Rasse in der Welt
sind und es für die Menschheit um so besser ist, je
größere Teile der Welt wir bewohnen. Ich behaupte,
dass jedes Stück Land, das unserem Gebiet hinzuge-
5 fügt wird, die Geburt von mehr Angehörigen der
englischen Rasse bedeutet, die sonst nicht ins Dasein
gerufen worden wären. Darüber hinaus bedeutet
es einfach das Ende aller Kriege, wenn der größere
Teil der Welt in unserer Herrschaft aufgeht […].
10 Die Förderung des Britischen Empire, mit dem Ziel,
die ganze zivilisierte Welt unter britische Herrschaft
zu bringen, die Wiedergewinnung der Vereinigten

Staaten, um die angelsächsische Rasse zu einem einzigen Weltreich zu machen: Was für ein Traum! Aber
dennoch ist er wahrscheinlich. Er ist realisierbar. […] 15
Da [Gott] sich die Englisch sprechende Rasse offensichtlich zu seinem auserwählten Werkzeug ge-
formt hat, durch welches er einen auf Gerechtigkeit, Freiheit und Frieden gegründeten Zustand der
Gesellschaft hervorbringen will, muss es auch sei- 20
nem Wunsch entsprechen, dass ich alles in meiner
Macht Stehende tue, um jener Rasse so viel Spielraum und Macht wie möglich zu verschaffen. Wenn
es einen Gott gibt, denke ich, so will er daher eines
gern von mir getan haben: nämlich so viel von der 25
Karte Afrikas britisch-rot zu malen wie möglich und
anderswo zu tun, was ich kann, um die Einheit der
Englisch sprechenden Rasse zu fördern und ihren
Einflussbereich auszudehnen.

Zit. nach: P. Alter, Der Imperialismus, Grundlagen, Probleme,
Theorien, Stuttgart 1979, S. 14.

M 6 Das Konzept des Empire

*Joseph Chamberlain (1836–1914), britischer Kolo-
nialminister 1895–1903, vor dem Royal Colonial
Institute am 31. März 1897 über das wahre Konzept des Empire:*

Aber das Britische Reich besteht nicht nur aus den
sich selbst regierenden Kolonien und dem Vereinigten Königreich. Es umfasst ein viel größeres
Gebiet und eine viel größere Menschenzahl in tro-
pischen Regionen, wo europäische Ansiedlung 5
nicht möglich ist und die eingeborene Bevölkerung
den Weißen an Zahl weit überlegen ist. Doch auch
hier hat sich die Reichsidee gewandelt. Das Besitz-
gefühl ist vom Pflichtgefühl abgelöst worden. Wir
fühlen nun, dass unsre Herrschaft über diese Gebiete 10
nur durch den Nachweis gerechtfertigt werden
kann, dass sie zum Glück
und Wohlergehen der
Völker beiträgt. Ich be-
haupte, dass unsere 15
Herrschaft in der Tat
Sicherheit, Frieden und
bescheidenen wirt-
schaftlichen Wohlstand
für Länder gebracht 20
hat und bringt, die sol-
che Segnungen bislang
nie gekannt haben.
Indem wir diese Zivili-
sationsarbeit ausführen, 25
erfüllen wir das, was
nach meiner Meinung

„Hilf uns!"
Zeitgenössische Rechtfertigung der Missionierungsidee

unsre nationale Mission ist. Wir haben Raum gefunden für die Entfaltung jener Fähigkeiten und Qualitäten, die uns zu einer großen Herrschaftsrasse
30 haben werden lassen. Ich sage nicht, dass unser Erfolg in jedem Fall vollkommen war, und auch nicht, dass unsere Methoden immer einwandfrei waren. Doch ich sage, dass in jedem Fall, in dem die Herrschaft der Königin und die Pax Britannica
35 durchgesetzt wurden, größere Sicherheit für Leben und Eigentum und eine materielle Verbesserung

der Lebensbedingungen für die Masse der Bevölkerung die Folge waren. Zweifellos wurde im Anfangsstadium der Eroberungen Blut vergossen, gab es Opfer unter der eingeborenen Bevölkerung 40 und, mehr noch, Opfer unter denen, die ausgesandt wurden, um diese Länder in eine disziplinierte Ordnung zu bringen. Doch man muss immer daran denken, dass das zu den Bedingungen der uns auferlegten Mission gehört …   45

Zit. nach: P. Alter, a. a. O., S. 18f.

M 7 „Das imperialistische Spiel für das Jahr 1879"
Der russische Außenminister Gortschakow zu Großbritanniens Premier Disraeli: „Ich bin nur neugierig, wie viel du da noch aufbauen wirst, ehe es zusammenfällt." Disraeli: „Das dauert noch eine ganze Zeit, wenn keiner an den Tisch stößt."
In Afghanistan stießen russische und britische Kolonialinteressen aufeinander, Karikatur aus dem Kladderadatsch vom 29. Dezember 1878.

Aufgaben

1. Definieren Sie den „Imperialismus" als Begriff für eine Epoche.
   → Text, M1–M3

2. Fassen Sie die Begründungen für das Streben nach Kolonien zusammen.
   → Text, M4–M6

3. Erklären Sie den Begriff „Sozialimperialismus".
   → Text

4. Untersuchen Sie, inwiefern der Kolonialismus eine Destabilisierung der internationalen Ordnung mit sich brachte.
   → Text, M2, M7

8.2 Deutschland als Kolonialmacht

Deutschlands Rolle als Kolonialmacht begann 1884, als Deutsch-Südwest-Afrika, Kamerun und Togo unter den Schutz des Deutschen Reiches gestellt wurden. Ein Jahr später kam Deutsch-Ostafrika hinzu. Entgegen dem Motto „Die Ware folgt der Flagge." hatten Kaufleute und private Handelsgesellschaften den Beginn des (deutschen) Kolonialismus markiert, bevor sich der Staat einschaltete.

Bismarcks Haltung zu Kolonien

Deutschland war eine späte und zweitrangige Kolonialmacht. Bismarck hatte angesichts der Kolonial-Agitation lange gezögert, diesen Schritt zu veranlassen, weil er zum einen den ökonomischen Nutzen bezweifelte. Zum anderen lag ihm der Gedanke an eine deutsche Expansion nach Übersee auch darum fern, weil im Mittelpunkt seines außenpolitischen Denkens die Stabilisierung Deutschlands im europäischen Mächtefeld stand und weil er daher weitere Konflikte vermeiden wollte.

Bismarcks Widerstreben gegen koloniale Engagements resultierte also aus der ungesicherten geopolitischen Lage des Deutschen Reiches in der Mitte Europas. Bismarck wird mit den Worten zitiert: „Meine Karte von Afrika liegt in Europa. Hier liegt Russland, und hier liegt Frankreich, und wir sind in der Mitte; das ist meine Karte von Afrika."

Dennoch setzten sich die Befürworter des Kolonialgedankens durch. Bismarck gab dem öffentlichen Druck nach und erklärte 1884 den staatlichen Schutz für private Landerwerbungen durch den Kaufmann Adolf Lüderitz im Südwesten Afrikas. Diese politische Kursänderung diente offenkundig dazu, innenpolitischen Druck nach außen

M 1

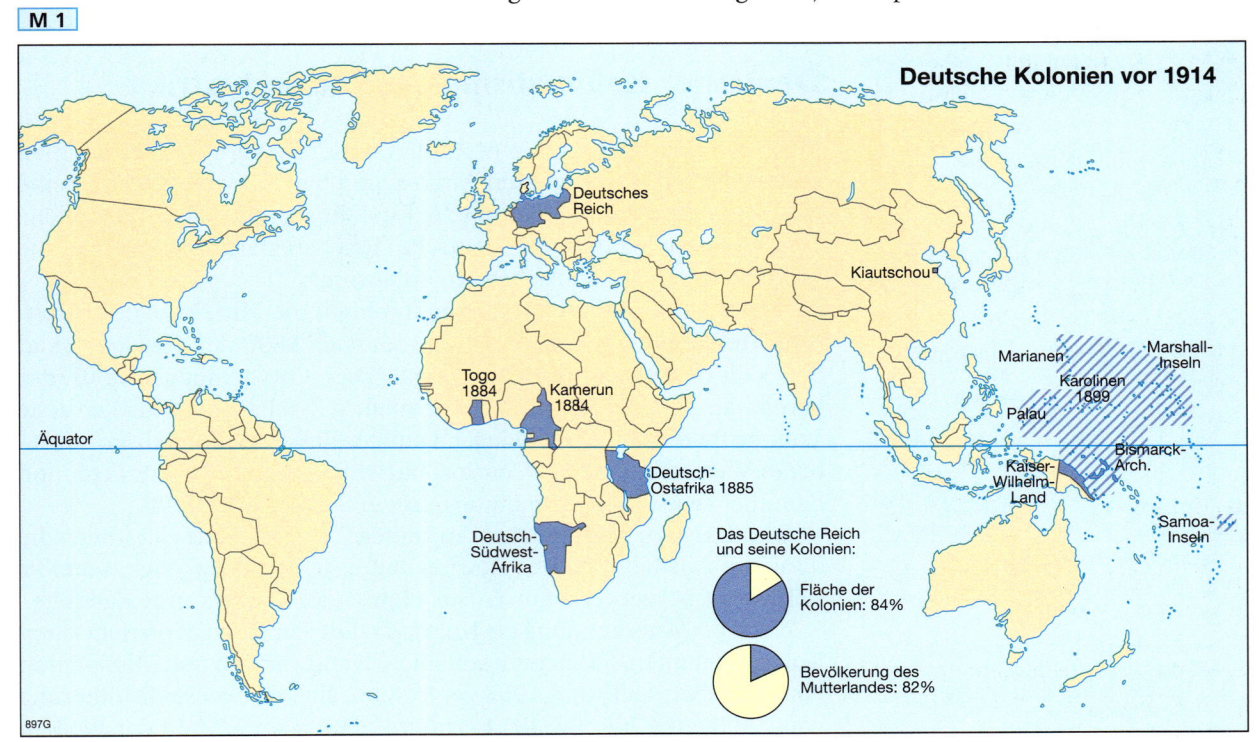

Deutsche Kolonien vor 1914

203

zu kanalisieren und eine Integration von Wirtschaftsbürgertum und Arbeiterschaft herzustellen. Allerdings spielte der Kolonialismus zu Bismarcks Amtszeit noch keine bedeutende Rolle. Erst nach 1890 – im wilhelminischen Deutschland – wurde der Kolonialgedanke populär und zu einer wirklichen innenpolitischen Macht. Das englische Vorbild, nationales Prestigedenken und deutsches Sendungsbewusstsein dürften dabei eine wesentliche Rolle gespielt haben. Um 1900 kontrollierte Großbritannien das größte Reich, das es in der Weltgeschichte je gegeben hat. Es umfasste etwa 30 Millionen km^2 und 25 Prozent der Weltbevölkerung. Das englische Empire war machtpolitisch das Maß aller Dinge. Im aufstrebenden wilhelminischen Deutschen Reich besaßen maßgebende Repräsentanten die Vorstellung, England als führende Weltmacht abzulösen. Der „Griff nach der Weltmacht" beflügelte die Fantasien hinsichtlich eines eigenen deutschen Kolonialreiches. Das Deutsche Reich stieß dabei als „verspätete Nation" überall auf andere Mächte, die ihre Interessengebiete bereits abgesteckt hatten.

Geringe Bedeutung der Kolonien

Am Vorabend des Ersten Weltkrieges besaß Deutschland ein Kolonialreich von 2,9 Mio. km^2 mit etwa 12 Millionen eingeborenen Einwohnern und 24 000 Deutschen. Eine nennenswerte Bedeutung als Siedlungsland hatten die Kolonien bis dahin offensichtlich nicht gehabt. Auch ökonomisch waren die Kolonien bis 1913 unerheblich. Der Anteil am Außenhandel betrug 0,5 Prozent (1913); maximal fünf Prozent des deutschen Auslandskapitals war in den Kolonien angelegt.

Die Kolonien blieben Kostgänger des Reiches. Zudem waren die deutschen Kolonialkriege äußerst blutig und kostspielig, so zum Beispiel die Niederschlagung der Hereros (1904/05) und Namas (1904–07) in Südwest-Afrika und des Ostafrika-Aufstands in Tanganjika (1905).

Deutscher Kolonialismus in Südwest-Afrika

1883 erwarb der Kaufmann Adolf Lüderitz Angra Pequeña, einen Küstenstreifen im Südwesten Afrikas, und bat um Schutz, weil er eine englische Intervention befürchtete. Ein Jahr später erfolgte eine solche Schutz-Zusage durch die deutsche Reichsregierung. Das war die Geburtsstunde des deutschen Kolonialismus.

Der privaten Kolonialgesellschaft fehlten die Mittel zur infrastrukturellen Erschließung des Landes, sodass ab 1890 der deutsche Staat die Kolonialverwaltung übernahm. Das Entwicklungsniveau der bereits ansässigen Bewohner war niedrig. Sechs große afrikanische Volksgruppen lebten überwiegend auf der Basis von nomadisch betriebener Viehzucht (wie die Hereros) beziehungsweise noch als Jäger und Sammler (wie die Buschmänner). Einen Staat gab es nicht.

Die Existenzbedingungen in einem Gebiet, das letztlich die doppelte Ausdehnung des Reiches hatte, waren schwierig, zumal es sich ganz überwiegend um Wüste, Halbwüste und Savanne handelte.

Nach der Anerkennung als Kolonie setzte der Zuzug von deutschen Kolonialbeamten, Farmern, Kaufleuten, Handwerkern und Missionaren ein. Zwischen 1897 und 1903 vergrößerte sich die weiße Bevölkerung von 2 800 auf 4 700. Bis 1914 erhöhte sich zwar die Zahl der Weißen

M 2

Deutsch-Südwestafrika

◆ Diamanten ◇ Gold
◆ Kupfer ⚒ Bergbau
▬ Eisenbahn
— Diamantensperrgebiet der Deutschen Kolonialgesellschaft für Südwestafrika

Hendrik Witbooi, Häuptling der Namas

Theodor Leutwein, Gouverneur von Südwestafrika

auf 12 000, dies zeigt aber zugleich die geringe Bedeutung als Siedlerkolonie. Ab 1894 versuchte der Gouverneur Theodor Leutwein durch Kooperation mit den Stammesführern und mit behutsamer Vorgehensweise die Unterordnung der Stämme zu erreichen. Weitere Vertragsabschlüsse führten zu Gebietserweiterungen. Gleichwohl waren die Konflikte zwischen den deutschen Siedlern und den nomadisch lebenden Eingeborenen vorprogrammiert. Der europäische Eigentumsbegriff und die auf Großfarmen basierende Viehwirtschaft waren unvereinbar mit der präkolonialen afrikanischen Wirtschaftsordnung. 1904 erhoben sich die Hereros unter der Führung von Samuel Maharero, kurz darauf die Namas unter Hendrik Witbooi. Diese Aufstände der Hereros und Namas (von den Deutschen auch Hottentotten genannt) wurden zwischen 1904 und 1907 von der deutschen Schutztruppe unter dem Oberbefehl General von Trothas niedergeschlagen. Der kostspielige Kolonialkrieg endete nicht nur mit der Niederlage der Aufständischen: Ihr Land wurde enteignet und das Stammesvermögen eingezogen. Eine gnadenlose Kriegsführung hatte zur Dezimierung der Hereros um zwei Drittel und der Namas um die Hälfte geführt.

Die Eingeborenen gerieten nunmehr in eine totale Abhängigkeit von den deutschen Kolonialbehörden. Nicht nur untersagte man ihnen den Landerwerb, es entstand ab 1907 durch Einschränkung ihrer Mobilität und Passpflicht ein gezielt herbeigeführter Arbeitszwang. Nach der Zerstörung der Stammesstrukturen sollte aus den Afrikanern eine (Farm-)arbeiterklasse gemacht werden.

Nach der Entdeckung reicher Diamantenfelder nahm die Kolonie nach 1906 einen wirtschaftlichen Aufschwung. Der Staat profitierte von Zolleinnahmen und Förderabgaben. Der Ausbau der Infrastruktur (Eisenbahnen, Straßen und Hafenanlagen) ging voran. Gleichwohl blieb die wirtschaftliche Bedeutung der Kolonie bis zum Vorabend des Ersten Weltkrieges gering. Die deutsche Kolonialgeschichte endete in Südwest-Afrika 1915 mit der Kapitulation der deutschen Truppen vor südafrikanischen Einheiten. Völkerrechtlich wurde der Verlust der deutschen Kolonien durch den Versailler Vertrag (1919) besiegelt.

M 3 „So kolonisiert der Deutsche." Karikatur aus dem Simplicissimus

Nach der Gründung seiner „Gesellschaft für deutsche Kolonisation" schrieb Carl Peters (28. März 1884):

Die deutsche Nation ist bei der Verteilung der Erde, wie sie vom Ausgang des 15. Jahrhunderts bis auf unsere Tage hin stattgefunden hat, leer ausgegangen. Alle übrigen Kulturvölker Europas besitzen
5 auch außerhalb unseres Erdteils Stätten, wo ihre Sprache und Art feste Wurzel fassen und sich entfalten kann. Der deutsche Auswanderer, sobald er die Grenzen des Reiches hinter sich gelassen hat, ist ein Fremdling auf ausländischem Grund und Boden.
10 Das Deutsche Reich, groß und stark durch die mit Blut errungene Einheit, steht da als die führende Macht auf dem Kontinent von Europa: Seine Söhne in der Fremde müssen sich überall Nationen einfü-

gen, welche der unsrigen entweder gleichgültig oder geradezu feindlich gegenüberstehen. Der 15 große Strom deutscher Auswanderung taucht seit Jahrhunderten in fremde Rassen ein, um in ihnen zu verschwinden. Das Deutschtum außerhalb Europas verfällt fortdauernd nationalem Untergang. In dieser für den Nationalstolz so schmerzlichen 20 Tatsache liegt ein ungeheurer wirtschaftlicher Nachteil für unser Volk! Alljährlich geht die Kraft von 200 000 Deutschen unserem Vaterland verloren! Diese Kraftmasse strömt meistens unmittelbar in das Lager unserer wirtschaftlichen Konkurrenten 25 ab und vermehrt die Stärke unserer Gegner. Der deutsche Import von Produkten tropischer Zonen geht von ausländischen Niederlassungen aus, wodurch alljährlich viele Millionen deutschen Kapitals an fremde Nationen verloren gehen! Der deut- 30 sche Export ist abhängig von der Willkür fremdländischer Zollpolitik. Ein unter allen Umständen sicherer Absatzmarkt fehlt unserer Industrie, weil eigene Kolonien unserem Volke fehlen. [...] Jeder Deutsche, dem ein Herz für die Größe unse- 35 rer Nation schlägt, ist aufgefordert, unserer Gesellschaft beizutreten. Es gilt, das Versäumnis von Jahrhunderten gutzumachen, der Welt zu beweisen, dass das deutsche Volk mit der alten Reichsherrlichkeit auch den alten deutschnationalen Geist der 40 Väter übernommen hat!

Zit. nach: J. Petschull, Der Wahn vom Weltreich, Hamburg 1984, S. 162.

M 6 **Bismarck über die Aufnahme der Kolonialpolitik**

Im April 1884 hatte die deutsche Regierung die Erwerbung des Bremer Kaufmanns Lüderitz unter deutschen Schutz gestellt. Es gelang ihr anschließend, die Anerkennung dieser Annexion durch Großbritannien zu erwirken. In einer Rede im Reichstag begründete der Reichskanzler, warum er seine Haltung zur Kolonialpolitik geändert hatte (26. Juni 1884):

[...] Wir sind zuerst durch die Unternehmung hanseatischer Kaufleute, verbunden mit Terrainankäufen und gefolgt von Anträgen auf Reichsschutz dazu veranlasst worden, die Frage, ob wir diesen Reichsschutz in dem gewünschten Maße verspre- 5 chen könnten, einer näheren Prüfung zu unterziehen. Ich wiederhole, dass ich gegen Kolonien [bin], gegen Kolonien, die als Unterlage ein Stück Land schaffen und dann Auswanderer herbeizuziehen suchen, Beamte anstellen und Garnisonen errich- 10 ten –, dass ich meine frühere Abneigung gegen

Berliner Wespen.

Die neue Crinoline.

– Muß ich denn die Mode mitmachen?
– Nur Muth, gnädige Frau. Wenn Sie das Neue auch im Anfang etwas geniert, so giebt es Ihnen doch ein brillantes Relief nach außen.

Verlag von Wilhelm Friedrich in Berlin und Leipzig. – Druck von R. Jenich in Berlin, Kommandantenstraße 7.

M 5 **Der neue Reifrock** (oben)
„Die neue Crinoline". Bismarck schneidert der unwilligen Germania einen modischen Kolonial-Reifrock.
– Muss ich denn die Mode mitmachen?
– Nur Mut, gnädige Frau, wenn Sie das Neue im Anfang auch etwas geniert, so gibt es Ihnen doch ein brillantes Relief nach außen, Holzschnitt von Gustav Heil für das satirische Blatt „Berliner Wespen", 13. März 1885.

diese Art von Kolonisation […] heute noch nicht aufgegeben habe. […]

Etwas ganz anderes ist die Frage, ob es zweck-
15 mäßig, und zweitens, ob es die Pflicht des Deut-
schen Reiches ist, denjenigen seiner Untertanen, die solchen Unternehmungen im Vertrauen auf des Reiches Schutz sich hingeben, diesen Reichsschutz zu gewähren und ihnen gewisse Beihilfen in ihren
20 Kolonialbestrebungen zu leisten, um denjenigen Gebilden, die aus den überschüssigen Säften des gesamten deutschen Körpers naturgemäß heraus-
wachsen, in fremden Ländern Pflege und Schutz angedeihen zu lassen. Und das bejahe ich, aller-
25 dings mit weniger Sicherheit vom Standpunkte der Zweckmäßigkeit – ich kann nicht voraussehen, was daraus wird –, aber mit unbedingter Sicherheit vom Standpunkte der staatlichen Pflicht.

Ich kann mich dem nicht entziehen. Ich bin mit
30 einem gewissen Zögern an die Sache herangetre-
ten, und ich habe mich gefragt: Womit könnte ich es rechtfertigen, wenn ich diesen hanseatischen Unternehmern […] sagen wollte: Das ist alles sehr schön, aber das Deutsche Reich ist dazu nicht stark
35 genug, es würde das Übelwollen anderer Staaten auf sich ziehen, es würde […] in unangenehme Berührung mit anderen kommen, es würde „Nasenstüber" bekommen, für die es keine Vergeltung hätte; dazu ist unsere Flotte nicht stark
40 genug! […] Aber ich muss sagen, dass ich als der erste Kanzler des neu geschaffenen Reichs doch eine gewisse Schüchternheit empfand, eine Abneigung, mich so auszusprechen, und selbst wenn ich an diese unsere Schwäche und Unfähigkeit
45 geglaubt hätte, ich würde mich geniert haben, den Hilfe suchenden offen zu sagen: Wir sind zu arm, wir sind zu schwach, wir sind zu furchtsam, für euren Anschluss an das Reich euch Hilfe vom Reich zu gewähren.
50 Ich habe nicht den Mut gehabt, diese Bankrott-
erklärung der deutschen Nation auf überseeische Unternehmungen den Unternehmern gegenüber als Reichskanzler auszusprechen.

Zit. Nach: W. Lautemann, M. Schlenke (Hg.), Geschichte in Quellen, Das bürgerliche Zeitalter, München 1980, S. 471.

M 7 Wider die Kolonialpolitik

Der SPD-Vorsitzende August Bebel (1840–1913) äußerte sich 1889 in einer Rede vor dem Reichstag zur Kolonialpolitik der Regierung:

Nun, wer ist denn diese Ostafrikanische Gesellschaft? Ein kleiner Kreis von Großkapitalisten, Bankiers, Kaufleuten und Fabrikanten, d. h. ein kleiner Kreis

von sehr reichen Leuten, deren Interessen mit den Interessen des deutschen Volkes gar nichts zu tun 5 haben, die bei dieser Kolonialpolitik nichts als ihr eigenes persönliches Interesse im Auge haben. […] Einer solchen Kolonialpolitik werden wir nie unsere Zustimmung geben. Im Grunde genommen ist das Wesen aller Kolonialpolitik die Ausbeutung einer 10 fremden Bevölkerung in der höchsten Potenz. Wo immer wir die Geschichte der Kolonialpolitik in den letzten drei Jahrhunderten aufschlagen, überall begegnen wir Gewalttätigkeiten und der Unterdrückung der betreffenden Völkerschaften, die 15 nicht selten schließlich mit deren vollständiger Aus-
rottung endet. Und das treibende Motiv ist immer, Gold, Gold und wieder nur Gold zu erwerben. Und um die Ausbeutung der afrikanischen Bevölkerung im vollen Umfange und möglichst ungestört betrei- 20 ben zu können, sollen aus den Taschen des Reiches, aus den Taschen der Steuerzahler Millionen verwendet werden, soll die Ostafrikanische Gesell-
schaft mit den Mitteln des Reiches unterstützt wer-
den, damit ihr das Ausbeutegeschäft gesichert 25 wird. Dass wir von unserem Standpunkt aus als Gegner jeder Unterdrückung nicht die Hand dazu bieten, werden sie begreifen. Ich gehe weiter und sage, dass sogar im Falle einer kolonialen Bearbeitung […] für die Einwohner der betreffenden Län- 30 der nichtmal irgendein Vorteil erwächst. […]

Ich habe […] die Überzeugung, das wesentlichste Kolonisations- und Zivilisationsmittel, das in allen Kolonien angewendet wird, die Masseneinfuhr von Branntwein, ist ganz wesentlich darauf gerichtet, 35 die widerspenstige und opponierende Bevölke-
rung dadurch unterzubringen, dass man sie an den reichlichen Genuss des Branntweins gewöhnt, dass man sie dadurch degeneriert und korrumpiert und schließlich auf diese Weise vollständig in die Gewalt 40 bekommt. […] Meine Herren, das sind keine Ziele, das sind keine Mittel, für die wir uns begeistern könnten. Es wird allerdings als eigentliches Ziel aufgestellt, es handle sich um die Verbreitung europäi-
scher Zivilisation, es gelte vor allen Dingen, dem 45 scheußlichen Sklavenhandel und den Sklavenjag-
den ein Ende zu machen. Aber, meine Herren, den Kernpunkt der Sache, der erst den Sklavenhandel und die Sklavenjagden zur Folge hat, die Sklaverei an sich, wollen Sie nicht aufheben. […] Sitzen wir 50 aber erst einmal an den Fieberküsten Ostafrikas fest, dann werden auch noch ganz andere Forderungen an uns herantreten; dann wird es vor allen Dingen heißen: Nachdem wir einmal soundso viel Gut und Blut für jene Lande geopfert und auf- 55 gewendet haben, ist es ein Gebot der nationalen

Ehre, dieselben zu halten; was immer es kosten mag, wir müssen dafür eintreten. Dann wird in erster Linie notwendig, eine bedeutende Verstär-
60 kung der Flotte vorzunehmen – Herr von Kardorff[1] nickt mir bereits zustimmend zu –; es wird ferner notwendig, eine bedeutende Anzahl von Koloni-altruppen aus deutschen Reichsmitteln zu unter-halten. Es wird dann heißen: Wir müssen uns derar-
65 tig in unserer Marine rüsten, dass wir im Falle

einer europäischen Krisis nicht nur unsere hei-matlichen Küsten, sondern auch unsere Kolonien in fremden Ländern ausreichend schützen und verteidigen können.

1 Wilhelm von Kardorff (1828–1907), konservativer Politi-ker, Vertrauensmann Bismarcks

Zit. nach: A. Kuhn (Hg.), Deutsche Parlamentsdebatten, Bd. 1, 1871–1918, Frankfurt/M. 1970, S. 170 ff.

M 8 Die blonde Germania, das Sinnbild für das Deutsche Reich, nährt das schwarze Baby an ihrer Brust, Kolonial-kritische deutsche Karikatur von 1904.

M 9 Plädoyer für einen deutschen Imperialismus

Der nationalistische Publizist Paul Rohrbach war im wilhelmischen Kaiserreich ein viel gelesener Autor und verstand sich als Advokat einer deut-schen Weltmachtrolle. Er schrieb 1912:

[...] Wollen wir also vom deutschen Gedanken in der Welt reden, so meinen wir den sittlichen Ideal-gehalt des Deutschtums als gestaltende Kraft im gegenwärtigen wie im zukünftigen Weltgesche-
5 hen, und gehen dabei mit Bewusstsein von der Überzeugung aus, dass wir dazu in das Spiel der Weltkräfte hineingestellt sind, um sittliche Tüch-tigkeit nicht nur für uns, sondern auch für die ganze Menschheit zu erarbeiten und zu bewähren.
10 Nach diesem Prinzip also glauben wir, und nach

keinem andern, geschieht die dauernde Auslese der Tüchtigsten unter den Völkern, die dazu gelan-gen, ein Stück Menschheitsfortschritt zu verwirkli-chen, indem sie der Welt den Stempel ihrer natio-nalen Idee aufdrücken. [...] 15
Wir wachsen und mehren uns, aber nicht in einem weiträumigen Lande, das Überfluss an allem hat, was man zum Leben braucht: an Feldfrucht, Boden-schätzen und Rohstoffen, sondern wir sind in enge und keineswegs günstige Grenzen gepresst und 20 müssen von Jahr zu Jahr mehr Gut aus der Ferne herbeischaffen, um satt zu werden und unsere Maschinen in Gang zu halten. Mit jedem Jahr wächst derjenige Teil unseres Volkes, der sein Dasein nur fristen kann, wenn Materialien einge- 25 führt und Fabrikate ausgeführt werden, fast um eine Million. Unser Schulwissen und alle sonstige

208

Bildung, unsere Technik, Erfindungsgabe und Kunst, unsere Gründlichkeit und Exaktheit, hier
30 und da vielleicht auch schon etwas freien Geschmack, legen wir in den Wandlungsprozess hinein, der amerikanisches Holz und spanisches Metall, ägyptische Baumwolle und australisches Mohair, Kautschuk vom Kongo und Ochsenhäute
35 vom La Plata bei uns zu Fabrikaten für den Weltmarkt umschafft. Den Weltmarkt! – ihn brauchen wir jetzt schon für unsere Existenz ebenso nötig wie unsere eigene Scholle, und unerbittlich kommt der Tag näher, an dem wir ihn noch nötiger brau-
40 chen werden als sie. Nur aber, wenn mit unserem eigenen Wachstum auch Anteil und Ertrag an Weltmarkt und Weltwirtschaft für uns zunehmen, können wir gesund bleiben; nur dann vermögen wir die innere Werte, die aus unserer nationalen
45 Idee herauswachsen, auch sich entfalten, aufblühen und als gestaltende Faktoren der Weltkultur wirken zu lassen. Aufhören des Wachstums wäre für uns eine Katastrophe nach außen wie nach innen, denn es könnte unter unsern heutigen
50 Verhältnissen auf keine Weise ein freiwilliges oder natürliches sein, sondern erst dann sich ereignen, wenn ein anderes Volk oder eine Vereinigung von Völkern uns derartig zu Boden geworfen hat, dass wir auf lange Zeit hinaus sich werden.

P. Rohrbach, Der deutsche Gedanke in der Welt, Düsseldorf/Leipzig 1912, S. 6 ff.

M10 Der Platz an der Sonne

Der Staatssekretär im Auswärtigen Amt Bernhard von Bülow (ab 1900 Reichskanzler) hielt 1897 im Reichstag die folgende Rede:

[...] Der Herr Reichskanzler ist nicht der Mann, und seine Mitarbeiter sind nicht die Leute, irgend unnütze Händel zu suchen. Wir empfinden auch durchaus nicht das Bedürfnis, unsere Finger in
5 jeden Topf zu stecken. Aber allerdings sind wir der Ansicht, dass es sich nicht empfiehlt, Deutschland in zukunftsreichen Ländern von vornherein auszuschließen vom Mitbewerb anderer Völker. (Bravo!) Die Zeiten, wo der Deutsche dem einen seiner
10 Nachbarn die Erde überließ, dem anderen das Meer und sich selbst den Himmel reserviert, wo die reine Doktrin thront (Heiterkeit – Bravo!) – diese Zeiten sind vorüber. Wir betrachten es als eine unserer vornehmsten Aufgaben, gerade in
15 Ostasien die Interessen unserer Schifffahrt, unseres Handels und unserer Industrie zu fördern und zu pflegen. [...]

Wir müssen verlangen, dass der deutsche Missionar und der deutsche Unternehmer, die deutschen Waren, die deutsche Flagge und das deutsche 20 Schiff in China geradeso geachtet werden, wie diejenigen anderer Mächte. (Lebhaftes Bravo.) Wir sind endlich gern bereit, in Ostasien den Interessen anderer Großmächte Rechnung zu tragen, in der sicheren Voraussicht, dass unsere eigenen 25 Interessen gleichfalls die ihnen gebührende Würdigung finden. (Bravo!) Mit einem Worte: Wir wollen niemand in den Schatten stellen, aber wir verlangen auch unseren Platz an der Sonne. (Bravo!) In Ostasien wie in Westindien werden wir 30 bestrebt sein, getreu den Überlieferungen der deutschen Politik, ohne unnötige Schärfe, aber auch ohne Schwäche unsere Rechte und unsere Interessen zu wahren.

Zit. nach: G. A. Ritter (Hg.), Das deutsche Kaiserreich 1871–1914, Göttingen 1977, S. 300 f.

Aufgaben

1. Stellen Sie die Haltung Bismarcks dar, die er zunächst zur Kolonialpolitik einnahm.
   → Text
2. Untersuchen Sie die Anfänge der deutschen Kolonialpolitik. Wie begründete Bismarck seine Kehrtwendung?
   → Text, M5, M6
3. Welche typischen Kolonialkonflikte lassen sich am Beispiel Südwestafrikas aufzeigen? Beurteilen Sie das Wirken der Kolonialmacht.
   → Text
4. Untersuchen und beurteilen Sie das Bild, das Carl Peters vom Zustand der deutschen Nation zeichnete.
   → M4
5. Mit welchen Argumenten sprach sich Bebel gegen den Erwerb von Kolonien aus?
   → M7
6. Erläutern Sie die Begründungen für die Expansion nach Übersee.
   → M9, M10

8.3 Kolonialismus – eine Bilanz

M 1 „Licht der Zivilisation"
Schüler an deutscher Missionsschule in Togo (um 1900)

M 2 Als Nation fast ausgerottet
Von Deutschen gefangene Hereros (1904)

Der gesamtwirtschaftliche Ertrag der Kolonien war allgemein enttäuschend. Das gilt definitiv für die französischen und deutschen Kolonien. Überdies fällt für jede einzelne Kolonie die Kosten-Nutzen-Rechnung anders aus und lässt sich zumeist nicht genau aufmachen.

Das Kolonialgeschäft war immer nur ein untergeordneter Teil der europäischen Wirtschaft. Die großen Handelsströme bewegten sich zwischen den europäischen Staaten selbst. Die moderne Sozialwissenschaft ist zu dem Ergebnis gekommen, dass der Aufstieg Europas und seine Industrialisierung keineswegs eine Folge von Kolonialismus beziehungsweise Imperialismus waren, wenngleich eine Begünstigung nicht auszuschließen ist. Die nachkoloniale Geschichte hat gezeigt, dass Landerwerbungen nicht notwendig sind, um profitablen Handel zu treiben. Lenins Imperialismustheorie, die das Überleben des modernen Kapitalismus an die Existenz der ihn tragenden Kolonien knüpfte, hat sich als unzutreffend herausgestellt.

Mit dem Kolonialismus in der Epoche des Imperialismus verbindet sich in jedem Fall eine äußerst zwiespältige Bilanz. Die zerstörerischen Folgen von Unterwerfung, Fremdherrschaft und Ausbeutung sind nachhaltig dokumentiert. Dazu zählen Landraub, Anbauzwang, willkürliche Preisfestsetzungen durch die Verwaltung und in der Folge eine einseitige wirtschaftliche Entwicklung. Andererseits lehrt der Blick auf die Kolonialgeschichte, dass in vielen Fällen die Überlegenheit der Eroberer anerkannt wurde und die traditionelle Ordnung zum größten Teil erhalten blieb. Um 1900 regierten nur 6 000 britische Beamte über 300 Millionen Inder. Ohne weitgehende Kooperation wäre das nicht möglich gewesen.

Die Kolonialverwaltung legte oft auch die Grundlagen für eine moderne Infrastruktur in Form von Straßen, Eisenbahnlinien, Telegrafenleitungen. Um 1900 war das indische Eisenbahnnetz 35 mal so groß wie das des nominell unabhängigen China. Der Aufbau moderner Strukturen (Verwaltung, Rechtsprechung, Krankenhäuser, Schulen) ging oft mit der Kolonialisierung einher. Die Entwicklung der Produktivkräfte hat für manche Staaten nach der Dekolonialisierung den Durchbruch zur modernen Industriegesellschaft ermöglicht (zum Beispiel Korea und Taiwan), während andererseits Äthiopien und Afghanistan als Nichtkolonien nach wie vor extrem unterentwickelt sind. Erst aus den Schulen, Missionsstationen und Universitäten der Kolonialherren ging eine neue Elite hervor, die in der zweiten Hälfte des 20. Jahrhunderts die Kolonialherren zum Abzug zwang und damit den Prozess der Dekolonisierung bewerkstelligte.

In der Epoche des Imperialismus erfolgte die Einbeziehung der meisten Gebiete der Welt in den Weltmarkt beziehungsweise in die internationale Arbeitsteilung. Dieser Vorgang war unumkehrbar und bedeutete einen Schritt zu der *einen* Welt, in der wir heute leben. Aus gegenwärtiger Sicht stellt der Imperialismus universalgeschichtlich eine Etappe auf dem Weg zur Globalisierung dar. Dieser Prozess, der im Zeitalter der Entdeckung begann, endet im 21. Jahrhundert in einer durch moderne Kommunikations- und Transporttechnik vernetzten Welt.

Jahr	Großbritannien	Frankreich	Deutsches Reich	Andere Länder
1882	Ägypten	Guinea, am Kongo		
1883		Bamako (Niger) als Beginn der Durchdringung Westafrikas. Annam (Vietnam)		
1884	Südost-Neuguinea Somaliland	Guinea Tonking	Togo, Kamerun Dt.-Südwestafrika, Bismarckarchipel Kaiser-Wilhelm-Land	Merw (Russland)
1885	Betschuanaland Nigeria (z.-T. 1861)		Dt.-Ostafrika Marschallinseln	Massaua/Eritrea (Italien). Rio de Oro Protektorat (Spanien). Beginn der Erwerbung des Kongo (Belgien).
1886	Oberburma Kenia	Kambodscha		
1888		Somaliland		
1889	Rhodesien			Somaliland (Italien)
1890	Sansibar (Zanzibar)			Eritrea Kolonie (Italien)
1891	Zentralafrikanisches Protektorat (Njassaland)			
1892		Sudan. Dahomey		
1893		Elfenbeinküste. Laos		
1894	Uganda			
1895		Verwaltungseinheit Frz.-Westafrika		Pamir (Russland)
1896		Madagaskar Kolonie		
1898	Waihaiwei		Kiautschou	Port Arthur (Russland)
1899	Sudan		Marianen, Karolinen, Palau-, Samoa-Inseln	
1900	Nigeria Protektorat	Protektorat des Tschad		Mandschurei (Rußland)
1902	Burenrepubliken			
1908				Kongo (Belgien)
1910	Südafrik. Union			
1912				Tripolis, Dodekanes (Italien

M 3 **Koloniale Expansion** Großbritanniens, Frankreichs und des Deutschen Reiches von 1882 bis 1912

M 4 **Wesenszüge des britischen Imperialismus**

Der Historiker und Anwalt englischer Weltgeltung John Robert Seeley in seinem äußerst populären Buch „Die Ausbreitung Englands" (1883):

[… In unserem Kolonialreich haben wir uns den Grundstein für ein Größeres Britannien gelegt, und ein solches mag sich schließlich daraus entwickeln. […] Im vorigen Jahrhundert konnte es noch kein
5 wahres Größeres Britannien geben, weil die Entfernungen zwischen Mutterland und Kolonien und zwischen den Kolonien selbst zu weit waren. Dies Hindernis besteht nicht mehr. Die Naturwissenschaft hat dem politischen Organismus durch den
10 Dampf einen neuen Kreislauf und durch die Elektrizität ein neues Nervensystem gegeben. Diese neuen Grundlagen fordern eine ganz neue Einstellung zum Kolonialproblem. Erst jetzt sehen wir die Möglichkeit – und zugleich fast eine zwingende
15 Notwendigkeit –, den alten Traum eines Größeren Britannien zu verwirklichen. […]
Denn gerade die technischen Erfindungen, die große politische Vereinigungen ermöglichen, lassen die Großstaaten nach altem Maßstab klein,

unbedeutend und ungesichert erscheinen. Wenn 20 die Vereinigten Staaten und Russland noch ein halbes Jahrhundert zusammenhalten, so werden bis dahin alte europäische Staaten wie Frankreich und Deutschland als zwerghafte Gebilde in den Hintergrund gedrängt sein. Auch England wird es so er- 25 gehen, wenn es dann noch fortfährt, sich nur als europäisches Reich zu betrachten, als das Vereinigte Königreich Großbritannien und Irland. Ein dürftiges Auskunftsmittel wäre der Versuch, diesen gewaltigen Staaten von einem ganz neuen Typus 30 als ein künstliches Gebilde entgegenzutreten, dessen Siedlungen und Inseln über die ganze Erde zerstreut sind, dessen Bewohner den verschiedensten Völkern angehören und die nur durch ein zufälliges schwaches Band, die von allen gemeinsam aner- 35 kannte Oberhoheit der Königin von England, zusammengehalten würden. Aber das, was wir unser Imperium nennen, ist kein so künstliches Gebilde; es ist, wenn wir von Indien absehen, überhaupt kein Imperium im eigentlichen Sinn. Es ist die 40 Lebensform des großen englischen Volkes, welches über so weite Räume zerstreut ist, dass vor dem Zeitalter des Dampfes und der Elektrizität die Ent-

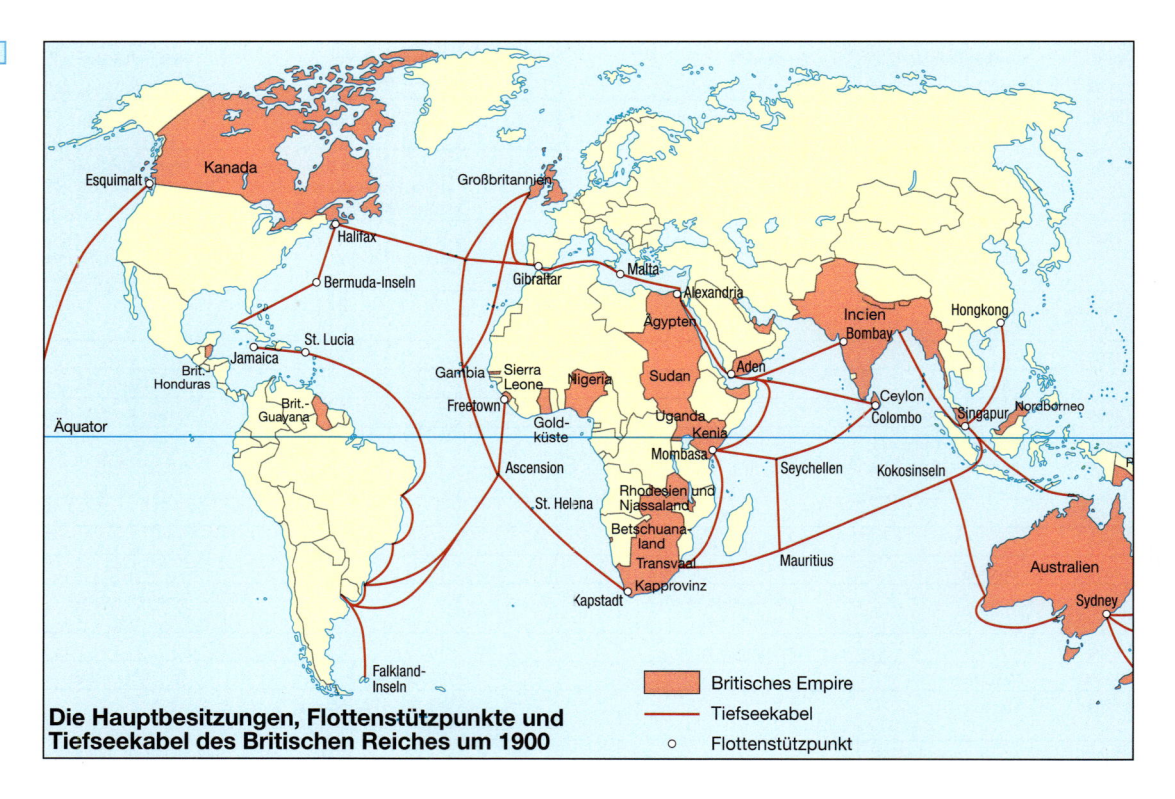

Die Hauptbesitzungen, Flottenstützpunkte und Tiefseekabel des Britischen Reiches um 1900

Legende:
- Britisches Empire
- Tiefseekabel
- ○ Flottenstützpunkt

fernung die starken Bande des Blutes und der Reli-
45 gion zu sprengen drohte. Heute, wo die Entfernung überwunden ist und das Beispiel der Vereinigten Staaten und Russlands die Möglichkeit politischer Vereinigung über so weite Flächen erwiesen
hat, erhebt sich auch das Größere Britannien als
50 eine Wirklichkeit, und zwar als eine sehr lebens-
kräftige. Es wird eine starke politische Vereinigung
werden, wenn auch nicht stärker als die Vereinigten
Staaten, aber, wie wir zuversichtlich hoffen dürfen,
weit stärker als die große Völkermischung von Sla-
55 wen, Germanen, Turkmenen und Armeniern, von
griechischen und römischen Katholiken, Protestan-
ten, Mohammedanern und Buddhisten, die sich
Russland nennt. […]

J. R. Seeley, Die Ausbreitung Englands, Frankfurt/M. 1954, S. 67
und 79 ff.

M 6 Lenin: Imperialismustheorie (1917)

*Der Begründer der Sowjetunion sah den Imperia-
lismus im Zusammenhang mit seinen Vorstellungen vom Monopolkapitalismus:*

Die gundlegende Besonderheit des modernen
Kapitalismus ist die Herrschaft der Monopolver-
bände der Großunternehmer. Derartige Monopole
sind am festesten, wenn alle Rohstoffquellen in einer
5 Hand zusammengefasst werden, und wir haben
gesehen, wie eifrig die internationalen Kapitalis-
tenverbände bemüht sind, dem Gegner jede Konkurrenz unmöglich zu machen, wie eifrig sie
bemüht sind, z. B. Eisenerzlager oder Petroleum-
quellen usw. aufzukaufen. Einzig und allein der 10
Kolonialbesitz bietet volle Gewähr für den Erfolg
der Monopole gegenüber allen Zufälligkeiten im
Kampfe mit dem Konkurrenten – bis zu einer solchen Zufälligkeit einschließlich, dass der Gegner
auf den Wunsch verfallen könnte, sich hinter einem 15
Gesetz über ein Staatsmonopol zu verschanzen. Je
höher entwickelt der Kapitalismus, je stärker fühl-
bar der Rohstoffmangel, je schärfer ausgeprägt die
Konkurrenz und die Jagd nach Rohstoffquellen in
der ganzen Welt sind, desto erbitterter ist der 20
Kampf um die Erwerbung von Kolonien. […]
Würde eine möglichst kurze Definition des Imperialismus verlangt, so müsste man sagen, dass der
Imperialismus das monopolistische Stadium des Kapitalismus ist. Eine solche Definition enthielte die 25
Hauptsache, denn auf der einen Seite ist das Finanzkapital das Bankkapital einiger weniger monopolis-
tischer Großbanken, das mit dem Kapital monopo-
listischer Industriellenverbände verschmolzen ist,
und auf der anderen Seite ist die Aufteilung der 30
Welt der Übergang von einer Kolonialpolitik, die
sich ungehindert auf noch von keiner kapitalistischen Macht eroberte Gebiete ausgedehnt, zu einer
Kolonialpolitik der monopolistischen Beherrschung
des Territoriums der restlos aufgeteilten Erde. […] 35

Hier sind Ursachen und Wirkungen deutlich aufgezeigt. Ursachen: 1. Ausbeutung der ganzen Welt durch das betreffende Land; 2. seine Monopolstellung auf dem Weltmarkt; 3. sein Kolonialmonopol.

40 Wirkungen: 1. Verbürgerung eines Teils des englischen Proletariats; 2. ein Teil des Proletariats lässt sich von Leuten führen, die von der Bourgeoisie gekauft sind oder zumindest von ihr bezahlt werden. Der Imperialismus zu Beginn des 20. Jahrhun-

45 derts hat die Aufteilung der Welt unter einige wenige Staaten zu Ende geführt, von denen jeder gegenwärtig einen nicht viel kleineren Teil der „ganzen Welt" ausbeutet (im Sinne der Gewinnung von Extraprofit) als England im Jahre 1858; jeder

50 nimmt eine Monopolstellung auf dem Weltmarkt ein dank den Trusts, den Kartellen, dem Finanzkapital und dem Verhältnis des Gläubigers zum Schuldner; jeder besitzt bis zu einem gewissen Grade ein Kolonialmonopol. (Wir sahen, dass von den

55 75 Mill. Quadratkilometern aller Kolonien der Welt 65 Mill., d. h. 86 %, in den Händen von sechs Mächten konzentriert sind; 61 Mill., d. h. 81 % sind in den Händen von 3 Mächten konzentriert.)

W. I. Lenin, Der Imperialismus als höchstes Stadium des Kapitalismus, in: dgl., Werke, Bd. 22, Berlin, S. 264, 270, 279.

M 7 Keine Identität von Imperialismus und Kapitalismus

Der Historiker Theodor Schieder schreibt über die verschiedenen Motive imperialistischer Politik:

Die Theorie von der Identität des Imperialismus mit dem Kapitalismus, von dem jener nur die letzte Stufe darstelle, und von dem Untergang, den sich der Kapitalismus selbst bereite, ist dann von Lenin während

5 des Ersten Weltkrieges zusammengefasst und durch seine Schrift „Der Imperialismus als höchstes Stadium des Kapitalismus" von 1917 zu kanonischer [hier: unabänderlicher] Geltung erhoben worden. Einer Überprüfung des Imperialismus der einzelnen Mäch-

10 te hält sie nicht stand: Kapitalexporte und kapitalistische Expansionen gehen nur in seltenen Fällen in die gleiche Richtung; weder für Großbritannien noch für Frankreich lässt sich anderes beweisen. Vom Standpunkt wirtschaftlicher Rentabilität erfüllten die

15 französischen und die deutschen Kolonien in keiner Weise Erwartungen, wie sie in der propagandistischen Literatur ausgesprochen worden sind; sie waren ökonomisch fast bedeutungslos, geradezu Gebilde eines politischen Luxus.

20 Einheitliche Motive für alle Staaten, die imperialistische Politik betrieben haben, lassen sich nicht finden, es sei denn eine allgemeine Konkurrenzangst

und die Sorge, unter den Mächten im Weltmaßstab nicht mehr zu zählen, wenn man sich mit kontinentaleuropäischer Politik begnügte. Es lassen sich viel- 25 mehr je nach dem Vorrang der Antriebskräfte, die historisch nachgewiesen werden können, verschiedene Typen von Imperialismus unterscheiden. Um Wirtschaftsimperialismus ging es überall da, wo Handels- und Rohstoffinteressen im Vordergrund standen, was 30 in erster Linie für Großbritannien zutraf, oder offene Ausbeutung auf dem Agrarsektor durch monopolistischen Anbauzwang vorherrschte wie schon bei den Holländern auf den Gewürzinseln und später im Kongo. Dazu gehörten einerseits alle Formen der Umstel- 35 lung von Landwirtschaft auf den Export durch so genannte Cash crops[1], andererseits auch politische Herrschaft, die sich auf Finanzkontrollen beschränkte wie in China, im Osmanischen Reich, in Ägypten. Von Siedlungsimperialismus kann man für das späte 19. 40 Jahrhundert lediglich beim ausgedehnten Vordringen [Russlands] in Zentralasien und Sibirien sprechen. Nationaler Prestige-Imperialismus lässt sich vor allem bei den zu spät gekommenen Mächten wie Deutschland und Italien feststellen. In Frankreich trat er als 45 eine Substitution [Ersatz] für die Einbuße an kontinentaleuropäischer Macht in Erscheinung.

1 Landwirtschaftliche Produkte, die für den (Welt-)markt produziert werden

T. Schieder, Staatensystem als Vormacht der Welt 1848–1918, Propyläen Geschichte Europas, Bd. 5, Frankfurt/M., Berlin 1982, S. 256 f.

M 8 Sozialimperialismus

Der Historiker Hans-Ulrich Wehler analysiert den Imperialismus als eine Form der Herrschaftstechnik:

[…] Der Sozialimperialismus erkannte in dem sozialökonomischen Transformationsprozess, den die Industrialisierung vorantrieb und während der Konjunkturschwankungen schmerzhaft verschärfte, eine tödliche Gefahr für die überkommene Gesell- 5 schaftsordnung, die unter dem Anprall der wirtschaftlichen und sozialen Veränderungen zu zerreißen drohte. In der Expansion nach außen glaubte er, ein Heilmittel zu finden, das den Markt erweiterte, die Wirtschaft sanierte, ihr weiteres 10 Wachstum ermöglichte, die Gesellschaftsverfassung damit ihrer Zerreißprobe entzog und die inneren Machtverhältnisse aufs Neue stabilisierte.
Mehr noch als der ökonomische Vorteil und das Streben nach Gewinnmaximierung war die gesell- 15 schaftliche Ruhelage sein Ziel, aber er blieb sich des Abhängigkeitsverhältnisses von wirtschaftlicher Prosperität und Erhaltung des Sozialgefüges vollauf bewusst. […]

20 Der Sozialimperialismus war die moderne, in ent-
scheidendem Maße sozialökonomisch motivierte
Form einer alten […] Herrschaftstechnik: um der
Bewahrung des sozialen und politischen Status quo
willen die inneren Bewegungskräfte und Spannun-
25 gen nach außen abzulenken. […]
Wenn in der wilhelminischen „Weltpolitik" das
innen- und nun auch das außenpolitische Prestige-
element ungleich stärker als in den Vorjahren hervorgetreten ist, so wird man das nicht nur sozial-
30 psychologisch mit dem gesteigerten Nationalismus,
dem überschüssigen Kraftgefühl und mutwilligen
Geltungsbedürfnis auf der Woge der Hochkon-
junkturperiode seit 1896 erklären können. Man
wird vielmehr dazu auch die sozialhistorische Er-
35 klärung heranziehen können, dass der inneren Zerrissenheit der Nation in eine Klassengesellschaft,
den sozialen und politischen Spannungen zwischen
Obrigkeitsstaat, landadeliger Führungsschicht und
feudalisiertem Bürgertum auf der einen Seite und
40 den vorandrängenden Kräften der Parlamentarisierung und Demokratisierung, vor allem der Emanzipationsbewegung der Sozialdemokratie, jene
Politik entsprang: durch Prestigeerfolge die innere
Zerklüftung zu überbrücken oder doch zu ver-
45 decken. In diesem Sinn beschrieb Holstein[1] ein
durchgängiges Motiv dieser wilhelminischen Presti-
gepolitik, die auf der Dynamik der sozialökonomischen Entwicklung beruhte, als er 1897 konstatierte, wegen der verfahrenen Innenpolitik brauche
50 „die Regierung Kaiser Wilhelms II. […] einen greif-
baren Erfolg nach außen, der dann wieder nach
innen zurückwirken würde. Dieser Erfolg ist nur zu
erwarten entweder als Ergebnis eines europäischen
Krieges, eines weltgeschichtlichen Hazardspiels
55 [Glücksspiel] oder aber einer außereuropäischen
Erwerbung!" […]

1 maßgeblicher preußischer Diplomat (1837–1909)

H.-U. Wehler, Bismarck und der Imperialismus, Köln 1972,
S. 155, 498 f.

M 9 Imperialismus: Segen und Übel

*Der amerikanische Wirtschaftshistoriker David
Landes versucht rückblickend den Imperialismus
zu bilanzieren:*

Erstens: Ein Hauptziel des Imperialismus war die
Aneignung von Reichtum und Arbeit über das Maß
hinaus, das zu einem freien Marktpreis zur Verfügung stand. Das Ergebnis entsprach nicht immer
5 den Erwartungen. Auf der anderen Seite haben in
(fast) allen Fällen ein paar Leute beiderseits der
Scheidelinie von Herrschern und Beherrschten, Stär-

keren und Schwächeren es zu etwas gebracht –
energische Kaufleute, Kommissionäre, Beamte,
Mittelsmänner (compradores) und örtliche Eliten. 10
Zweitens: Der Imperialismus hat in fast all seinen
Formen der unterworfenen Bevölkerung materiel-
les und seelisches Leid gebracht. Aber auch materielle Gewinne, direkter und indirekter Art, ob sie
nun gewollt waren oder nicht. Um John Stuart Mill 15
zu zitieren, der Mitte des neunzehnten Jahrhunderts aus der Perspektive eines Engländers und
Adam-Smith-Anhängers schreibt: „[…] die Tendenz
jeder Ausweitung des Marktes [ist] die Verbesserung der Produktionsprozesse." 20
Die genannten Auswirkungen für den Handel hingen von der Art der Kolonialherrschaft ab. Die
Kolonialherren waren unterschiedlich reich und
ambitiös. Normalerweise bauten die Kolonialisten
nützliche Dinge – Straßen, Eisenbahnlinien, Hafen- 25
anlagen, Gebäude, Wasserleitungen, Müllbeseiti-
gungsanlagen und Ähnliches. Die Einheimischen
mussten für diese Verbesserungen in Form von
Arbeit und Steuern bezahlen, aber die Kolonialherren hätten das Geld auch einfach einstreichen 30
können. Die Gewinne, die dabei für die Einheimischen abfielen, waren indes eher beiläufiger Art,
denn die Verbesserungen wurden in erster Linie
zum Nutzen der Kolonialmacht und ihrer kommerziellen Interessen durchgeführt. Schließlich war es 35
unumgänglich, diese entlegenen Orte lebenswert
und profitträchtig zu gestalten; zudem mussten die
Grenzen verteidigt, musste die Ordnung aufrechterhalten werden. Nichtsdestoweniger waren es
Gewinne. Gleiches gilt für die Gesundheitseinrich- 40
tungen, die zunächst nur den Herren zugute
kamen (wobei Straßen und Rodungen dazu beitrugen, dass sich Krankheiten überhaupt erst ausbreiten konnten). Gleichwohl zählen die Absichten
weniger als die Auswirkungen. Niemand ist in der 45
Lage, den Nutzen dieser Maßnahmen eindeutig zu
ermitteln. Überdies hatten Techniker und Ärzte
immer auch eigene Vorstellungen von ihrer Pflicht
gegenüber der gesamten Gesellschaft. Wären aber
mehr solcher Einrichtungen gebaut worden, wenn 50
diese Länder frei gewesen wären? Für die vorkolo-
nialen Systeme lautet die Antwort: unwahrschein-
lich. Sogar heutzutage, wo doch Entwicklungspoli-
tik geradezu ein universelles Glaubensbekenntnis
geworden ist und Unternehmen jederzeit auf 55
Abruf bereitstehen, machen die öffentlichen Bauten in den früheren Kolonien einen eher enttäu-
schenden Eindruck. Was noch schlimmer ist: Die
Nachfolgeregime haben dem Verfall des Kolonial-
erbes zugesehen. Große Ausnahmen waren dies- 60

bezüglich die postkolonialen Gesellschaften Ost- und Südostasiens wie Südkorea, Taiwan und Singapur. Und natürlich haben die neuen Technologien unwiderrufliche Verbesserungen gebracht, zum Beispiel Flughäfen und Luftverkehr. […]

Drittens: Die Karte der kolonialen Welt wurde von Europäern gezeichnet. Die Grenzziehung wurde weder der Realität der Örtlichkeiten noch der der Völker gerecht. Das gilt vor allem für Afrika (aber auch für Indien und Burma), wo Stämme willkürlich getrennt, andere einfach zusammengelegt wurden (einschließlich der frisch ins Land gekommenen Horden weißer Siedler und Einwanderer); die Voraussetzung für Gebietsansprüche und dauernden Zank war geschaffen. Als die Freiheit endlich kam, waren die Völker nur unzureichend auf ein Zusammenleben vorbereitet. […]

Viertens: Energie, Ressourcen und das potenzielle Wohlwollen der Nachfolgestaaten sind im Prozess ihrer Selbstfindung erschöpft worden. Nur einige wenige (bestes Beispiel ist Korea) hatten bereits so etwas wie eine nationale oder ethnische Identität, als die Kolonialmacht die Herrschaft übernahm, und konnten darauf ihren Widerstand gründen beziehungsweise darauf zurückgreifen, als die Eindringlinge wieder fort waren. Andere hatten unter der Instabilität und Gewalttätigkeit zu leiden, die jede ungesicherte politische Identität und Legitimität begleiten, und schleppten sich von Staatsstreich zu Staatsstreich, von einem Gewaltausbruch zum nächsten. […]

Fünftens: […] Der Imperialismus hat einige Länder weder daran gehindert, sich zu selbstbestimmten Zentren zu entwickeln, noch daran, die für eine industrielle Ökonomie erforderlichen Techniken zu erlernen oder zu erfinden. Das trifft zum Beispiel auf die englischen Kolonien in Nordamerika zu, auf Finnland als Teil des Russischen Reiches, auf Norwegen unter schwedischer und auf Hongkong unter briti-

scher Herrschaft. Als erstes Beispiel eines nichtwestlichen Landes, das sich entsprechend entwickelte, wäre Japan zu nennen, das zwar selbstständig blieb (was beileibe nicht zu vernachlässigen ist), aber seine Unabhängigkeit […] geschmälert fand. Aber Japan ist bekanntlich ein Sonderfall.

Die Geschichte legt nahe, dass Vormundschaft eine gute Schule sein kann. Natürlich kommt es dabei sehr auf den Lehrer an. Manche Länder mit imperialem Anspruch zeichneten sich gegenüber anderen durch bessere Herrschaftsformen aus; entsprechend ging es auch ihren Kolonien nach der Unabhängigkeit besser. Unter diesem Gesichtspunkt stehen Spanien und Portugal schlecht da, die Holländer und Franzosen weniger schlecht und die Engländer am wenigsten schlecht – wegen ihrer Bereitschaft und ihres Geschicks, in Gemeinschaftsaufgaben zu investieren (in Indien zum Beispiel in den Eisenbahnbau), und wegen der Heranziehung örtlicher Eliten zur Wahrnehmung von Verwaltungsaufgaben im Namen der Briten. Um 1900 war das indische Eisenbahnnetz fünfunddreißig Mal so groß wie das des nominell unabhängigen Chinas – man kann England zu dieser Auffassung von imperialer Herrschaft und Pflichtwahrnehmung nur beglückwünschen. (Ein Zyniker könnte geltend machen, dass dieses Eisenbahnnetz hauptsächlich dazu da war, Rohbaumwolle und andere Rohstoffe zu den Häfen und Soldaten zu den Unruheherden zu transportieren. Gleichwohl bedeutete die dadurch erreichte Verknüpfung der indischen Märkte, dass Nahrungsmittel rascher an den Mann gebracht werden konnten, keine unwichtige Sache in einem Land, das ständig von örtlichen Hungersnöten bedroht war. Und manchmal ist vielleicht eine Hungersnot nötig, damit eine Eisenbahnlinie gebaut wird.)

D. Landes, Wohlstand und Armut der Nationen, Berlin 1999, S. 439 ff.

Aufgaben

1. Wie begründete Seeley das britische Imperium als „Lebensform"?
   → M4

2. Stellen Sie den Zusammenhang zwischen dem Imperialismus und der Globalisierung her.
   → M5

3. Konfrontieren Sie die Imperialismustheorie Lenins mit der Stellungnahme des Historikers Theodor Schieder.
   → M6, M7

4. In welcher Weise bietet der Begriff „Sozialimperialismus" eine Erklärung für imperialistische Politik?
   → M8

5. Die Bilanz des Imperialismus fällt zwiespältig aus. Stellen Sie positive und negative Aspekte gegenüber.
   → Text, M1, M2, M9

Fragen an die Geschichte

Ist die Unterentwicklung in der Gegenwart die zwangsläufige Folge des Kolonialismus?

M 1

M 2

Auch heute noch ist sich die Sozialwissenschaft uneinig darüber, wie der Kolonialismus im Zeichen imperialistischer Konkurrenz wissenschaftlich zu bewerten ist. So werden zum Beispiel folgende Fragen kontrovers diskutiert:

- Wie rentabel waren die Kolonien für die Mutterländer?
- Wie war das Verhältnis von Nutzung (beziehungsweise Ausbeutung) und der zivilisatorischen Leistung (Infrastruktur, Bildung, Gesundheit, Verwaltung, Rechtssicherheit)?

Eine einheitliche und richtige Antwort auf die Fragen gibt es vermutlich nicht. Die sozio-ökonomische Situation der einzelnen Kolonien war zu unterschiedlich, und die Leistungen der Kolonialmächte selbst wichen stark voneinander ab. Am Einzelfall müsste Folgendes geprüft werden:

- Inwieweit wurden die Kolonien einseitig im Interesse der Mutterländer genutzt?
- Inwieweit sind die Kolonialmächte verantwortlich für eine internationale Arbeitsteilung, die den Kolonien die Rolle von Rohstofflieferanten und Abnehmern von Industriewaren aufzwingt?

Anhand dieser Fragen stellt sich zwangsläufig eine Verbindung her zu einem fundamentalen Problem der Gegenwart: der Unterentwicklung. Eine marxistisch inspirierte Theorie der Unterentwicklung, die Dependenztheorie, ging davon aus, dass die wirtschaftliche Entwicklung der reichen Industriestaaten nur die Kehrseite der Armut in der Dritten Welt sei. Aus dieser Perspektive begriff man die globale Entwicklung als ein Nullsummenspiel: Der wirtschaftliche Fortschritt der einen bedinge das Zurückbleiben der anderen. Diese Ansicht ist im Lichte moderner Erfahrungen nicht aufrecht zu erhalten.

Auch nach Jahrzehnten der Unabhängigkeit diente den Führern vieler Entwicklungsländer der Verweis auf die koloniale Vergangenheit zur eigenen Entlastung. Die Entwicklungserfolge ehemaliger angelsächsischer Siedlerkolonien, aber auch die Erfahrung, dass auch in Südostasien ehemalige Kolonien (zum Beispiel Singapur, Hongkong, Taiwan, Südkorea) sich zu modernen Hochtechnologie-Staaten entwickeln konnten, haben der Theoriediskussion neue Impulse gegeben. Im Zusammenhang mit der wirtschaftlichen Rückständigkeit, insbesondere afrikanischer Länder, richtet sich der Blick zunehmend auf die inneren Verhältnisse in den besagten Ländern. Dabei wird das Versagen der dortigen Staatsklassen (Politiker, Stammesführer, Offiziere, Beamte) stärker gewichtet, als das früher der Fall gewesen ist. Das Hauptaugenmerk bei der Ursachenforschung liegt weniger auf der Jahrzehnte zurückliegenden kolonialen Vergangenheit als auf aktuellen internen Faktoren. Vielfach sind es ethnische Konflikte, Korruption, Kriminalität, Rechtsunsicherheit und bürokratische Willkür, die jede positive Wirtschaftsentwicklung hemmen beziehungsweise beeinträchtigen. Der Aufbau einer produktiven Wirtschaft setzt aber ein Mindestmaß an gesellschaftlicher Stabilität, Rechtssicherheit und ein funktionierendes Bildungs- und Gesundheitswesen voraus.

Die Folgen der europäischen Expansion

Der Historiker Wolfgang Reinhard zieht eine Bilanz des europäischen Kolonialismus:

Ökonomisch bedeutete Kolonialismus zunächst einmal Ausbreitung europäischer und dann auch von Europa vermittelter amerikanischer Kulturpflanzen über die ganze Erde, wobei Erdräume,
5 die bisher nur extensiv von Jägern und Nomaden genutzt wurden, intensiver landwirtschaftlicher Nutzung durch sesshafte Bewohner zugeführt werden konnten. Was für Europa die Kartoffel, sind Mais und Maniok für Afrika, Mais und Süsskartof-
10 fel für China usw. Eine Steigerung der Nahrungsmittelproduktion für die Menschheit war die Folge. Dazu kam zweitens die Ausbeutung der Bodenschätze vom Silber Spanisch-Amerikas über Gold, Diamanten und Erze Afrikas zum heute wichtigsten
15 Primärpodukt, dem Erdöl. Dritte Säule der Kolonialwirtschaft war die Erzeugung hochwertiger tropischer Agrarprodukte wie Zucker, Kaffee, Tee auf kapitalintensiven Großbetrieben. Solche Innovationen gingen häufig mit brutaler Ausbeutung
20 nicht-europäischer Arbeitskraft einher; der Sklavenhandel wurde vom wenig besseren, weltweiten Kontraktarbeiterhandel abgelöst, von der Zwangsarbeit in Afrika gar nicht zu reden. Aber es existierte als vierte Möglichkeit in Asien und Afrika
25 auch die Produktion für den Weltmarkt durch einheimische Kleinbauern: Kakao in Ghana, Erdnüsse in Senegal […].
Für alle Bereiche wurde diese Einbindung in den von Europa und Nordamerika beherrschten Weltmarkt
30 zur entscheidenden Tatsache. Da die Kolonialherren es meistens unterlassen haben, in ihren Kolonien Industrie zu entwickeln, ist eine einseitige Abhängigkeit der Rohstoffproduzenten vom Weltmarkt entstanden, die nur für das strategische Erdöl zeit-
35 weise ins Gegenteil verkehrt werden konnte.
Man sollte freilich strukturelle Fehlentwicklung und Abhängigkeit nicht im Sinne der Dependenztheorien als irreversible [unumkehrbare] Unterentwicklung interpretieren. Die Kolonisierten waren
40 alles andere als hilflose Opfer des Kolonialismus, sondern wussten sich die gegebenen Verhältnisse häufig sehr geschickt und erfolgreich zu Nutze zu machen. Die wirtschaftlichen Erfolge Koreas und Taiwans in nachkolonialer Zeit werden nicht zuletzt
45 auf Unternehmer zurückgeführt, die sich bereits unter japanischer Kolonialherrschaft erfolgreich in wirtschaftlichen Nischen etabliert hatten. Außerdem beweisen gerade die wirtschaftlichen Fehlentscheidungen der nachkolonialen Staaten, dass

ihnen bei aller strukturellen Abhängigkeit doch ein 50 beachtlicher Operationsspielraum geblieben ist.
Der moderne Staat westlichen Zuschnitts mit seiner Gesetzgebung, Verwaltung und Justiz, seinem Militär und seinem Bildungswesen ist die ausschlaggebende Hinterlassenschaft des Kolonialis- 55 mus auf dem Felde der Politik. Dass sich seine demokratische Variante in der nachkolonialen Welt nicht besonders bewährt hat, sollte man schon deswegen nicht überbewerten, weil schließlich der Staat in Europa selbst die längste Zeit keinen 60 besonders demokratischen Charakter hatte. […]
Damit sind wir bei der meines Erachtens ausschlaggebenden, der soziokulturellen Hinterlassenschaft des Kolonialismus. Er hat überall ganz neue gesellschaftliche Gruppen westlichen Zuschnitts hervor- 65 gebracht: Arbeiter und Unternehmer, Lehrer und Freiberufler, Beamte und Berufssoldaten sowie als deren gemeinsames Milieu die moderne Großstadt und ein Verkehrs- und Kommunikationswesen westlichen Zuschnitts. Dazu kommen neue Rollen für 70 die Frauen, nicht selten mit Emanzipation von den bisherigen Verhältnissen verbunden. Das alles beruht auf westlicher Naturwissenschaft und Technik, Medizin und Ökonomie sowie auf Ideen und Ideologien wie Rationalismus und Individualismus, Rechts- 75 staatsprinzip und Menschenrechten, Christentum und Sozialismus, die mehr oder weniger westlicher Herkunft, inzwischen aber Allgemeingut der Menschheit geworden sind, die ohne sie nicht mehr auskommen kann. Insofern ist es wenig sinnvoll, 80 historisch nachzuweisen, dass diese oder jene Errungenschaft irgendwo schon vorhanden war, bevor sie von den Europäern gebracht wurde, obwohl es sich bei diesem Verfahren um eine beliebte interkulturelle Assimilationstechnik han- 85 delt. Wichtiger ist, dass die anderen sich nach dem Ende des Kolonialismus alle diese Dinge längst vollständig angeeignet haben, sodass die Rede von der „Europäisierung der Erde" als Inbegriff der Hinterlassenschaft des Kolonialismus zwar richtig ist, aber 90 nur noch im historischen Sinne.

W. Reinhard, Kleine Geschichte des Kolonialismus, Stuttgart 1996, S. 342 ff.

Aufgabe

1. Die sozialwissenschaftlichen Theorien sind nur selten als wertfrei oder objektiv zu bezeichnen. Vielfach lässt sich ein bestimmtes Interesse hinter ihnen erkennen. Welche Interessen sehen Sie, wenn es um Aussagen über die Unterentwicklung geht?

DEUTSCHLAND — AUGUST * 1914

9. Der Erste Weltkrieg

Die Gestalt der Germania leitet sich aus der römischen Bezeichnung für Deutschland her. Im 19. Jahrhundert wurde sie zur populären Allegorie. Die Figur versinnbildlichte – zuerst als Schlachtenjungfrau dargestellt – das nationale Einigungsbestreben der Deutschen.

Das Gemälde von Friedrich August von Kaulbach trägt den Titel „Deutschland – August 1914" und stammt aus dem gleichen Jahr. Im Vordergrund ist eine junge Frau zu sehen, aus derem zornigen Blick tatkräftige Entschlossenheit spricht. Ihre aufrechte Statur, der weibliche Brustpanzer, Schild und Schwert unterstreichen den Ausdruck der Wehrhaftigkeit. Die Krone auf dem Kopf ist der mittelalterlichen Reichsinsignie nachgebildet. Die langen Haare der Frau fallen wehend herab und berühren sich mit der flammend-roten Hintergrundmalerei.

In diesem Bild drückt sich ein Gefühl der Stärke und Willenskraft aus, das die Haltung der meisten Deutschen zum Kriegsbeginn 1914 prägte.

Auch heute noch vermag dieses Bild etwas vom nationalen Pathos zu vermitteln, das 1914 die politische Atmosphäre – nicht nur in Deutschland – durchdrang. Wenn heute in Großbritannien oder Frankreich vom „Großen Krieg" die Rede ist, dann meint man dort den Ersten Weltkrieg. In Deutschland ist dieser Erste Weltkrieg von der NS-Diktatur und dem mit ihr unlösbar verknüpften Zweiten Weltkrieg in den Hintergrund gedrängt worden.

Gleichwohl ist der Erste Weltkrieg die „Urkatastrophe" des 20. Jahrhunderts, wie es ein amerikanischer Historiker formuliert hat. Dieser Erste Weltkrieg leitete eine neue Epoche der Weltgeschichte ein. Dieser Erste Weltkrieg brachte einen Einbruch kriegerisch-destruktiver Gewalt mit sich, wie sie vorher nicht geahnt wurde. Zwischen 1914 und 1918 wurden die Weichen gestellt für sämtliche (Fehl-)entwicklungen des 20. Jahrhunderts. Das kommunistische Russland erlebte seine Geburtsstunde 1917. Und auch der Aufstieg Hitlers und seiner Bewegung war auf vielfältige Weise mit dem Ersten Weltkrieg verkettet. Manche Historiker sehen heute im Zweiten Weltkrieg eine Art Fortsetzung des Ersten Weltkrieges – lediglich unterbrochen durch einen Waffenstillstand (auch Zwischenkriegszeit genannt).

Wie einschneidend der Erste Weltkrieg historisch gewirkt hat, lässt sich auch daraus ermessen, dass vier Monarchien zerbrachen (Russland, Österreich-Ungarn, Deutschland und das Osmanische Reich). Diese und andere dramatische Änderungen lassen es angezeigt sein, im Ersten Weltkrieg die entscheidende Zäsur des 20. Jahrhunderts zu sehen.

Die neuere Geschichtsschreibung ist deshalb dazu übergangen, vom „langen 19. Jahrhundert" und vom „kurzen 20. Jahrhundert" zu sprechen. Gemeint ist damit ein 19. Jahrhundert, das mit der Französischen Revolution (1789) begann und 1914/18 endete, und ein 20. Jahrhundert, das mit dem Ersten Weltkrieg einsetzte und das durch die mittelosteuropäischen Revolutionen (1989/90) beziehungsweise durch das Ende der Sowjetunion (1991) zum Abschluss gekommen ist.

9.1 Vorgeschichte: Europäische Politik zwischen 1871 und 1914

Bismarcks Außenpolitik

Nach der Reichsgründung galten Bismarcks außenpolitische Bestrebungen der Wahrung des deutschen Besitzstandes. Aufgrund der deutsch-französischen „Erbfeindschaft", die eine Folge des Krieges von 1870/71 war, fürchtete Bismarck mächtige, gegen Deutschland gerichtete Koalitionen. Als überragender Staatsmann auf der diplomatischen Bühne Europas war Bismarck bemüht, Frankreich zu isolieren, da es alleine Deutschland nicht gewachsen war. Er errichtete ein kompliziertes Bündnissystem, das im Wesentlichen diesem Zweck diente. Die Grundlage seiner Außenpolitik bildete das enge Bündnis zwischen Deutschland und Österreich-Ungarn. Bismarck gelang es mithilfe einer geschickten Diplomatie, eine Annäherung zwischen Frankreich und Russland zu verhindern. Diesem Zweck diente auch der geheime Rückversicherungsvertrag, der 1887 zwischen dem Deutschen Reich und Russland abgeschlossen wurde. Dieser Vertrag verpflichtete Russland zur Neutralität, falls Frankreich das Deutsche Reich unprovoziert angreifen sollte.

Die außenpolitische Konzeption Bismarcks beruhte also auf folgenden Pfeilern:

- Besitzstandswahrung: Bismarck ließ wiederholt verlauten, das Reich sei „saturiert" (gesättigt). Es sollten keine weiteren Eroberungen gemacht werden.
- Isolierung Frankreichs: Frankreich allein sei nicht stark genug, um das Deutsche Reich zu gefährden.
- Verhinderung eines Zweifrontenkrieges: Durch eine freundliche Haltung gegenüber Russland sollte eine Annäherung zwischen Frankreich und Russland vermieden werden.
- Festes Bündnis zwischen Deutschland und Österreich-Ungarn: So glaubte Bismarck die Nachteile der geostrategischen Mittellage tendenziell ausgleichen zu können, zumal die fünfte Großmacht – Großbritannien – nur begrenzte kontinentale Interessen besaß.

Bismarcks Nachfolger waren nach dessen Ablösung als Reichskanzler (1890) nicht mehr so erfolgreich. Denn schon zwei Jahre danach kam es zu einer französisch-russischen Militärkonvention. Das Jahr 1890 bedeutet also auf den ersten Blick einen fundamentalen Einschnitt in der europäischen Politik. Den Politikern unter Wilhelm II. wird der Vorwurf gemacht, dass sie sich von den bewährten Grundlagen Bismarckscher Politik entfernt hätten. Allerdings waren die Keime für eine deutsch-russische Entzweiung bereits in der Bismarck-Zeit vorhanden. Sie datieren zurück auf den Berliner Kongress (1878). In seiner Rolle als „ehrlicher Makler" hatte Bismarck damals die führenden Staatsmänner Europas nach Berlin geladen, um die verwickelten Probleme auf dem Balkan diplomatisch zu lösen. Die Ergebnisse des Berliner Kongresses gingen zu Lasten Russlands, dessen Expansionsstreben, insbesondere zum Bosporus, eingedämmt wurde. Obgleich Russland der militärische Sieger in einem Krieg mit der Türkei gewesen war, schied es von dieser diplomatischen Bühne als Verlierer. Hingegen konnte Österreich-Ungarn seine Macht auf dem Balkan erweitern (Besetzung Bosniens und Herzegowinas). In Russland machte man

letztendlich Bismarck beziehungsweise Deutschland für
matische Niederlage verantwortlich. Als parallel dazu
Reichsregierung den Import des billigeren russischen Ge
Einfuhrzölle erschwerte, entwickelte sich bei führende
Politikern eine Deutschfeindlichkeit. Die Beziehungen verschlechterten sich abermals, als 1887 das Deutsche Reich ein so genanntes Lom-
bardverbot für russische Wertpapiere verhängte. Das bedeutete, dass
russische Staatspapiere nicht mehr als Sicherheit für Kredite akzeptiert
wurden. Um aber das Kapital für die ehrgeizigen Industrialisierungs-
anstrengungen zu beschaffen, wandte sich Russland nun verstärkt dem
französischen Kapitalmarkt zu.

Zunehmende Spannungen

Als der 1887 geschlossene deutsch-russische Rückversicherungsvertrag 1890 von Bismarcks Nachfolger Leo von Caprivi nicht verlängert
wurde, resultierte daraus eine umfassende französisch-russische Verständigung (1892/94).

Die Zeit nach 1890 wurde gekennzeichnet durch eine verstärkte
Bedrohung jenes europäischen Gleichgewichts, das Bismarck aufrecht
zu erhalten suchte. Die sich bereits abzeichnende Entfremdung zwischen Deutschland und Russland schlug sich nieder im Bündnis zwischen Russland und Frankreich. Damit hatte Frankreich seine Isolierung durchbrochen.

Im Westen blieb der deutsch-französische Gegensatz eine Konstante
im europäischen Konfliktfeld. Er erhielt sogar neue Nahrung, als imperiale Interessen Deutschlands und Frankreichs in Marokko aufeinander stießen (1905/11).

Die Lage auf dem Balkan wurde gleichfalls immer brisanter. Dauerhafte Konfliktregelungen waren misslungen. Das russische Expansionsstreben war nach wie vor auf den Zugang zum Mittelmeer gerichtet (Meerengenfrage). Die nationale Unabhängigkeitsbewegung der
Balkanvölker regte sich, bedrohte den „kranken Mann am Bosporus",
das Osmanische Reich. Aber auch der österreichisch-ungarische Vielvölkerstaat musste um seinen inneren Zusammenhalt fürchten. Während
Russland sich die panslawistische Bewegung zu Nutze machte, war die
österreichische Balkanpolitik abhängig vom deutschen Schutz.

M 1 „Der kochende Kessel",
englische „Punch"-Karikatur aus dem
Jahre 1908 zur Balkankrise

In den unversöhnlichen Interessengegensatz zwischen Österreich-
Ungarn und Russland war folglich auch Deutschland verstrickt. Die
Spannungen zwischen Deutschland und Russland nahmen zu, als
Deutschland zum einen die österreichische Annexion Bosniens und
Herzegowinas deckte (1908) und zum anderen immer mehr zur
Schutzmacht des von Russland bedrängten Osmanischen Reiches wur-
de. Deutschland stärkte die türkische Armee und Flotte und engagierte
sich bei der wirtschaftlichen Durchdringung des Osmanischen Reiches,
zum Beispiel mit dem Bau der Bagdad-Bahn.

Wettrüsten

Damit bahnte sich eine Entwicklung an, die jene Mächtekonstellation herbeiführte, wie sie zu Beginn des Ersten Weltkrieges existierte. Nachdem eine Allianz zwischen Deutschland und England aufgrund des Flottenbaus und der imperialistischen Konkurrenz
gescheitert war, kristallisierten sich zwei Machtblöcke heraus: die
so genannte Entente (Frankreich, Russland und England) und die
Mittelmächte (Deutschland, Österreich-Ungarn). Ab 1905 war in
Europa die Kriegsgefahr ständig gestiegen. In allen großen Ländern

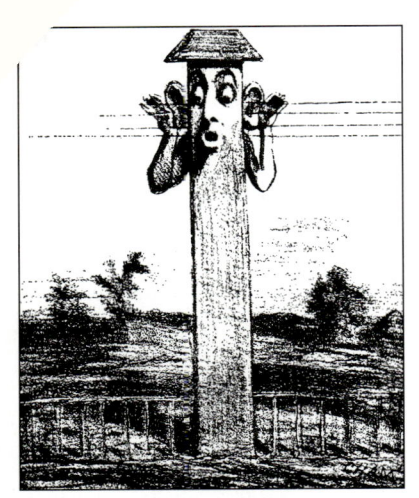

M 2 Der Telegraf: hellhörig

Der Telegraf: Krieg … Krieg … nichts als Krieg … ,
französische Karikatur von Cham aus der französischen Zeitschrift „Charivari"

gab es so genannte Kriegsparteien, das heißt politische Gruppen, die zum Krieg drängten. In Deutschland propagierten Alldeutscher Verband und Wehrverein (gegründet 1912) nachdrücklich jede Aufrüstung. Während sich Massenhysterien breitmachten (in Deutschland beispielsweise die Russenangst), fehlte ein erfolgreiches diplomatisches Krisenmanagement. Jede neue Krise schürte Ängste und stärkte Bedrohungsvorstellungen. Das Sicherheitsbedürfnis artikulierte sich in der Forderung nach vermehrter Rüstung: Es begann ein Rüstungswettlauf.

In Deutschland stieg die Furcht vor einer Einkreisung, zu der man selbst nicht unerheblich beigetragen hatte. Die Kriegsplanung wurde vorangetrieben, und eine nicht zuletzt auch technisch bedingte Präventivkriegsbereitschaft (Schlieffenplan) gewann innerhalb der deutschen Reichsführung an Boden.

Alle Versuche, den Mechanismus steigender Kriegsbereitschaft zu durchbrechen, misslangen. Es gab vor 1914 neben der militaristischen Grundströmung eine pazifistische Bewegung, die sowohl aus dem Bürgertum als auch von der Arbeiterschaft unterstützt wurde.

Für die Pazifisten standen die entschiedene Ablehnung von Gewaltanwendung und die Bewahrung des Friedens an oberster Stelle. Die bedeutendste deutsche Persönlichkeit des Vorkriegspazifismus war Bertha von Suttner (1843–1914), die den Antikriegsroman „Die Waffen nieder!" verfasste. Sie wurde 1905 mit dem Friedensnobelpreis ausgezeichnet. Der internationale Pazifismus vermochte sich zwar Gehör zu verschaffen, konnte sich politisch aber nicht durchsetzen. Durchweg erwies sich der aggressive Nationalismus stärker als die antimilitaristischen Appelle und Demonstrationen, zum Beispiel der europäischen Arbeiterbewegung.

M 3 Europäischer Dreschplatz

Postkarte von 1914 zur Mobilisierung der Soldaten

1873	Dreikaiser-Abkommen (Deutsches Reich, Österreich-Ungarn, Russland):
(–1887)	Bund der drei konservativen Monarchien; Bismarcks Strategie der Isolierung Frankreichs funktionierte, allerdings beeinträchtigte die russisch-österreichische Rivalität auf dem Balkan den Wert des Übereinkommens.
1878	Berliner Kongress: Bismarcks Versuch, die Balkankrisen zu lösen; diplomatische Niederlage Russlands; russischer Zugang zum Bosporus wurde verhindert; Besetzung Bosniens und Herzegowinas durch Österreich-Ungarn.
1879	Zweibund zwischen Deutschland und Österreich-Ungarn; 1882 mit Italien zum Dreibund erweitert; der Bund wird belastet durch italienisch-österreichische Gebietskonflikte (Trentino, Triest).
1887	Dreikaiser-Bündnis wird nicht verlängert. Geheimer Rückversichungsvertrag zwischen Russland und Deutschland; Russland verhält sich neutral bei französischem Angriff auf Deutschland; Deutschland ist seinerseits neutral bei österreichischem Angriff auf Russland, ein Zusatzprotokoll sieht wohlwollende deutsche Neutralität vor in Bezug auf den russischen Anspruch auf den Bosporus (Widerspruch zum Zweibund).
1888	Wilhelm II. wird Kaiser.
1890	Entlassung Bismarcks; Rückversicherungsvertrag wird nicht erneuert.
1892	Russisch-französische Militärkonvention: Verpflichtung zum gegenseitigen militärischen Beistand im Falle eines Angriffs durch einen Dreibundstaat.
1904	Verständigung zwischen England und Frankreich (Entente Cordiale): Abgrenzung kolonialer Interessen; Verständigung, aber kein formelles Bündnis.
1905/06	1. Marokkokrise zwischen Deutschland und Frankreich: Die anschließende Konferenz von Algeciras (Spanien) führt zur diplomatischen Isolierung Deutschlands.
1907	Britisch-russisches Abkommen über die Abgrenzung der Einflusssphären in Mittelasien.
1908/09	Bosnische Annexionskrise: Gegen den Widerstand Serbiens und Russlands annektiert Österreich-Ungarn Bosnien und Herzegowina.
1911	2. Marokkokrise: Deutschland erhebt Einspruch gegen den französischen Anspruch auf Marokko. Das deutsche Kanonenboot „Panther" wird nach Agadir (Südmarokko) entsendet. Zwar kommt es zu einem Ausgleich, aber als Folge davon rücken Frankreich und Großbritannien politisch enger zusammen.
1912	1. Balkankrieg: Balkanstaaten (Bulgarien, Serbien und Griechenland) besiegen mit russischer Unterstützung die Türkei; damit wird der europäische Teil der Türkei praktisch aufgelöst.
1912	Britisch-französische Verständigung: Zusage britischer Hilfe für Frankreich im Falle eines Krieges mit Deutschland.
1913	2. Balkankrieg: Krieg der Sieger untereinander; Serbien geht als Gewinner hervor.

In einer Rede vor dem Reichstag am 6. Februar 1888 beschrieb der Reichskanzler die schwierige sicherheitspolitische Lage, nachdem Gerüchte über ein Bündnis zwischen Russland und Frankreich nicht verstummen wollten:

Wir müssen in diesen Zeiten so stark sein, wie wir irgend können, und wir haben die Möglichkeit, stärker zu sein als irgendeine Nation von gleicher Kopfstärke in der Welt – ich komme darauf noch
5 zurück –, es wäre ein Vergehen, wenn wir sie nicht benutzten. Sollten wir unsere Wehrkraft nicht brauchen, so brauchen wir sie ja nicht zu rufen.
Wenn ich sage, wir müssen dauernd bestrebt sein, allen Eventualitäten gewachsen zu sein, so erhebe
10 ich damit den Anspruch, dass wir noch größere Anstrengungen machen müssen als andere Mächte zu gleichem Zwecke, wegen unserer geografischen Lage. Wir liegen mitten in Europa. Wir haben mindestens drei Angriffsfronten. Frankreich hat nur sei-
15 ne östliche Grenze, Russland nur seine westliche Grenze, auf der es angegriffen werden kann. Wir sind außerdem der Gefahr der Koalition nach der ganzen Entwicklung der Weltgeschichte, nach unserer geografischen Lage und nach dem viel-
20 leicht minderen Zusammenhang, den die deutsche Nation bisher in sich gehabt hat im Vergleiche mit anderen, mehr ausgesetzt als irgendein anderes Volk. Die Hechte im europäischen Karpfenteich hindern uns, Karpfen zu werden, indem sie uns ihre
25 Stacheln in unsern beiden Flanken fühlen lassen.

Gott hat uns in eine Situation gesetzt, in welcher wir durch unsere Nachbarn daran verhindert werden, irgendwie in Trägheit oder Versumpfung zu geraten. Er hat uns die kriegerischste und unruhigste Nation, die Franzosen, an die Seite gesetzt, und er 30 hat in Russland kriegerische Neigungen groß werden lassen, die in früheren Jahrhunderten nicht in dem Maße vorhanden waren. So bekommen wir gewissermaßen von beiden Seiten die Sporen und werden zu einer Anstrengung gezwungen, die wir 35 vielleicht sonst nicht machen würden.

Zit. nach: W. Wulf, Nationalismus und Demokratie im Werden 1850–1890 (Geschichtliche Quellenhefte 9), Frankfurt/M. 1971, S. 103.

Der Historiker und Publizist Sebastian Haffner setzt sich kritisch mit der Politik von Bismarcks Nachfolgern auseinander:

Auf dem Kontinent sollte Deutschland nicht mehr einer unter gleichen sein, sondern Führungs- und Ordnungsmacht. Auf den Weltmeeren aber und in der überseeischen Welt sollte England nicht mehr Hegemonialmacht sein, sondern nur noch einer 5 unter gleichen. Das alte europäische Gleichge-wichtssystem – so die Theorie, die von den besten akademischen und publizistischen Köpfen des damaligen Deutschland seit den späten neunziger Jahren in immer neuen Variationen bestechend 10 vorgetragen wurde – musste jetzt, im Zeitalter des Imperialismus, zu einem Weltgleichgewichtssystem ausgeweitet werden, und dieses neue Weltgleich-

M 5

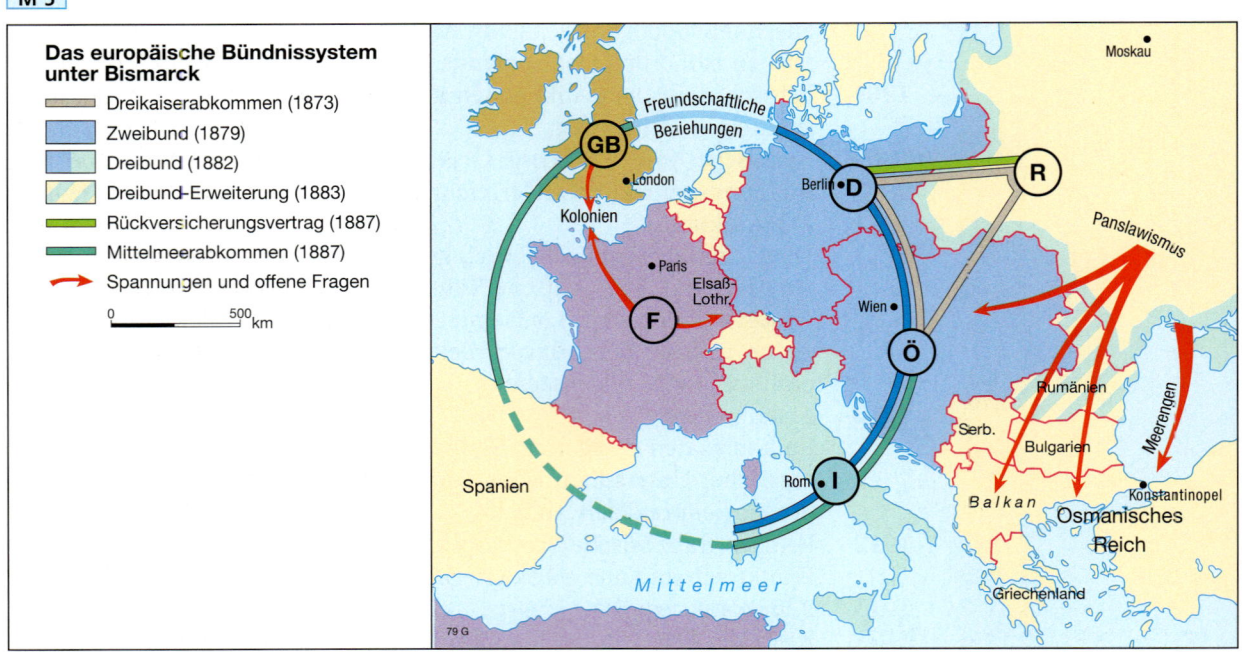

Das europäische Bündnissystem unter Bismarck

- Dreikaiserabkommen (1873)
- Zweibund (1879)
- Dreibund (1882)
- Dreibund-Erweiterung (1883)
- Rückversicherungsvertrag (1887)
- Mittelmeerabkommen (1887)
- → Spannungen und offene Fragen

0 — 500 km

gewicht musste England abgerungen werden, so
15 wie vor Jahrhunderten das europäische Gleichgewicht früheren kontinentalen Führungsmächten –
Spanien, Frankreich – abgerungen worden war.
„Wir wollen niemanden in den Schatten stellen,
aber wir wollen auch einen Platz an der Sonne" –
20 und zwar nicht nur, wie bisher, von Englands Gnaden. Daher die große Kriegsflotte, die Deutschland
nun plötzlich nötig zu haben glaubte und zu bau-
en anfing. „Unsere Zukunft liegt auf dem Wasser".
[…] Zwar war das französisch-russische Bündnis, das
25 Bismarck zwölf Jahre lang zu verhindern gewusst
hatte, bald nach seinem Abgang zu Stande gekommen. Aber zwischen Russland/Frankreich und
Deutschland/Österreich herrschte Gleichgewicht;
vielleicht sogar ein leichtes Übergewicht zu Guns-
30 ten Deutschlands, denn Deutschland wurde ganz
von selbst immer noch stärker, Russland (allerdings
auch Österreich) durch innere Krisen eher
schwächer. Angriffslustig war der russisch-französi-
sche Zweierbund jedenfalls nicht.
35 Aber er konnte es natürlich werden, wenn Deutschland sich mit einem neuen Gegner, England, anleg-
te. Beides zusammen, ein Weltkonflikt mit England
um den „Platz an der Sonne" und ein europäischer
Konflikt mit Frankreich und Russland um die konti-
40 nentale Vorherrschaft, war zweifellos zuviel für
Deutschland; auch für das ungeheuer starke
Deutschland von 1900. […]
Die Führungs- und Vorherrschaftsstellung auf dem
Kontinent, die es [Deutschland] zum Weltkampf
45 mit England brauchte, glaubte es schon halb und

halb in der Tasche zu haben. Außerdem verließ es
sich darauf, dass England mit Frankreich und nun
gar mit Russland nie zusammenkommen könnte:
Die Gegensätze schienen so groß. Die deutschen
Staatslenker von 1900 saßen auf einem sehr hohen 50
Ross. Und die deutsche öffentliche Meinung mit
ihnen.
Das rächte sich. Die Opfer gegenüber Frankreich
und Russland, die Deutschland nicht nötig zu
haben glaubte, um aus Gegnern Bundesgenossen 55
zu machen: England brachte sie. 1904 legte es,
unter Opfern, seine Kolonialkonflikte mit Frankreich bei, 1907 mit Russland. Damit war Deutschland „eingekreist". Es ist nicht unfair zu sagen: Es
hatte sich selbst eingekreist. 60
[…] Der entscheidende erste Fehler, den Deutschland – lange vor Kriegsausbruch – gemacht hat,
war seine Abkehr von Bismarck. Bismarck sah mit
der Reichsgründung Deutschlands Optimalposition
erreicht. Er erklärte noch 1887: „Wir gehören zu 65
den saturierten Staaten, wir haben keine Bedürfnisse, die wir durch das Schwert erkämpfen könnten." Und seine Politik seit 1871 beweist, dass er
meinte, was er sagte.
Die allgemeine Stimmung der folgenden deut- 70
schen Generation drückte dagegen Max Weber
aus, als er 1916 schrieb: „Wollten wir diesen Krieg
nicht riskieren, dann hätten wir die Reichsgründung unterlassen können." Für diese Generation –
die Bismarck als „Eiserner Kanzler" heroisierte, 75
aber zugleich als veraltet abtat – war die Reichsgründung nicht Endziel und Abschluss, sondern

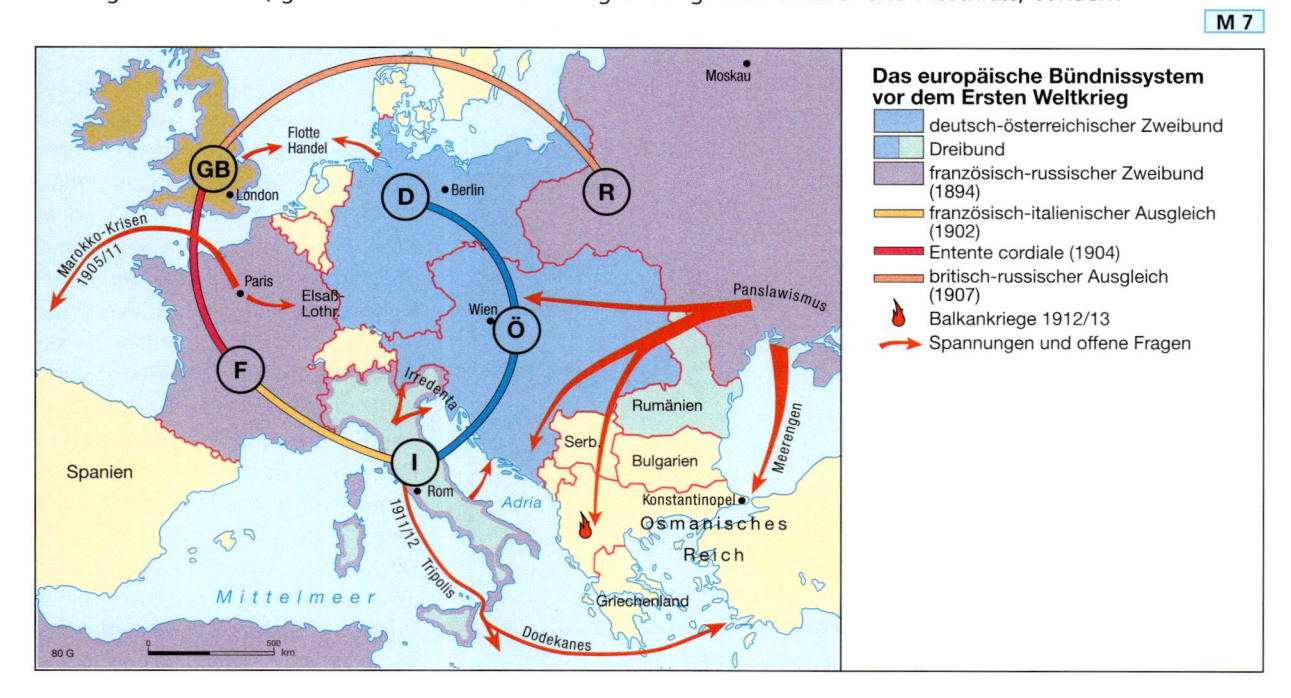

Das europäische Bündnissystem vor dem Ersten Weltkrieg

- deutsch-österreichischer Zweibund
- Dreibund
- französisch-russischer Zweibund (1894)
- französisch-italienischer Ausgleich (1902)
- Entente cordiale (1904)
- britisch-russischer Ausgleich (1907)
- Balkankriege 1912/13
- Spannungen und offene Fragen

Aufmarsch zum Durchbruch. Sie wollte heraus aus
der mitteleuropäischen Enge, sie wollte Weltmacht
80 und europäische Vormacht werden, und sie wollte
beides zugleich: die Nachfolge des Napoleonischen
Frankreich in Europa und die Nachfolge Englands in
der Welt. Sie sah „herrlichen Zeiten entgegen": Das
20. Jahrhundert sollte das deutsche Jahrhundert
85 werden, so wie das 19. das englische und das 18. das
französische gewesen war. Sie berauschte sich an
ihren großen Zielen, ihren großen Visionen, am
eigenen Wesen und an der eigenen Kraft.

S. Haffner, Die sieben Todsünden des Deutschen Reiches, Hamburg 1965, S. 14 ff.

M 8 Sozialdemokratisches Wahlflugblatt von 1912

M 9 **Präventivkriegserwägungen**

Besprechung der Spitzen von Armee und Marine[1] bei Kaiser Wilhelm II. (8.12.1912):

8. Dezember. – 11 Uhr zum Kaiser ins Schloss befohlen, mit Tirpitz[2] und den Chefs des Generalstabes und Admiralstabes zusammen. Der Kaiser erzählt aus einem telegrafischen Bericht des neuen Botschafters in London, Fürsten Lichnowsky, über die 5 politische Lage. Haldane[3] habe als Sprachrohr Greys[4] dem Fürsten erklärt, dass England, wenn wir Frankreich angriffen, unbedingt Frankreich beispringen würde, denn England könne nicht dulden, dass die balance of power in 10 Europa gestört würde. Se. Majestät begrüsste diese Mitteilung als erwünschte Klärung der Lage denjenigen gegenüber, die sich durch englische Pressefreundlichkeiten der 15 letzten Zeit Englands sicher glaubten. Se. Majestät habe sich folgendes Bild gemacht:
Österreich müsse den auswärtigen Slawen (Serben) gegenüber kraftvoll 20 auftreten, sonst verliere es die Macht über die Serben der österreichisch-ungarischen Monarchie. Wenn Russland die Serben stütze (Sassonoffs[5] Erklärung, Russland würde sofort in 25 Galizien einrücken, wenn Österreich in Serbien einrücke), wäre der Krieg für uns unvermeidlich. Wir könnten aber hoffen, Bulgarien und Rumänien, auch Albanien und vielleicht auch 30 die Türkei auf unserer Seite zu haben. Ein Bündnisangebot Bulgariens an die Türkei sei schon ergangen. Wir hätten den Türken sehr zugeredet. Se. Majestät habe auch kürzlich dem 35 Kronprinzen von Rumänien, der auf der Durchreise von Brüssel durch Berlin gekommen sei, sehr zur Verständigung mit Bulgarien zugeredet. Treten diese Mächte auf Österreichs Seite, 40 dann seien wir soweit frei, dass wir den Krieg mit ganzer Macht gegen Frankreich führen könnten. Die Flotte müsste sich natürlich auf den Krieg gegen England einrichten. 45
Der von dem Chef des Admiralstabes im letzten Vortrag erörterte Fall eines Krieges mit Russland allein werde nach der Haldaneschen Erklärung außer

50 Betracht bleiben. Also gleich Unterseebootskrieg
gegen englische Truppentransporte etc. nach Dünkirchen, Minenkrieg an der Themse. An Tirpitz gerichtet: Schleunige Mehrbauten von U-Booten usw.
– Empfehlung einer Konferenz aller Marinestellen.
55 General v. Moltke[6]: „Ich halte einen Krieg für
unvermeidlich und: je eher, desto besser." Wir sollten aber durch die Presse die Volkstümlichkeit eines
Krieges gegen Russland im Sinne der Kaiserlichen
Ausführungen besser vorbereiten. Seine Majestät
60 bestätigt dies und fordert Staatssekretär von Tirpitz
auf, auch mit seinen Pressemitteln nach dieser Richtung zu wirken.
Tirpitz macht darauf aufmerksam, dass die Marine
gern das Hinausschieben des großen Kampfes um
65 1 ½ Jahre sehen würde.[7] Moltke erwiderte: Die
Marine würde auch dann nicht fertig sein, und die

Armee käme in immer ungünstigere Lage, denn
die Gegner rüsten stärker als wir, die wir mit dem
Gelde sehr gebunden seien.

1 Es wirft ein bezeichnendes Licht auf die Machtverteilung
im Deutschen Reich, dass die politische Führung nicht
geladen war. Reichskanzler Bethmann Hollweg blieb vom
militärischen Entscheidungsprozess ausgeschlossen, ist
aber über den Inhalt der Konferenz informiert worden.

2 Staatssekretär des Reichsmarineamtes

3 englischer Kriegsminister

4 englischer Außenminister

5 russischer Außenminister

6 Chef des Generalstabes

7 Im Juli 1914 sollten die Erweiterungsarbeiten am Nord-Ost-
see-Kanal beendet sein.

Der Kaiser ..., Aufzeichnungen des Chefs des Marinekabinetts
Admiral Georg Alexander v. Müller, hrsg. von W. Görlitz, Göttingen 1965, S. 124 f.

M10

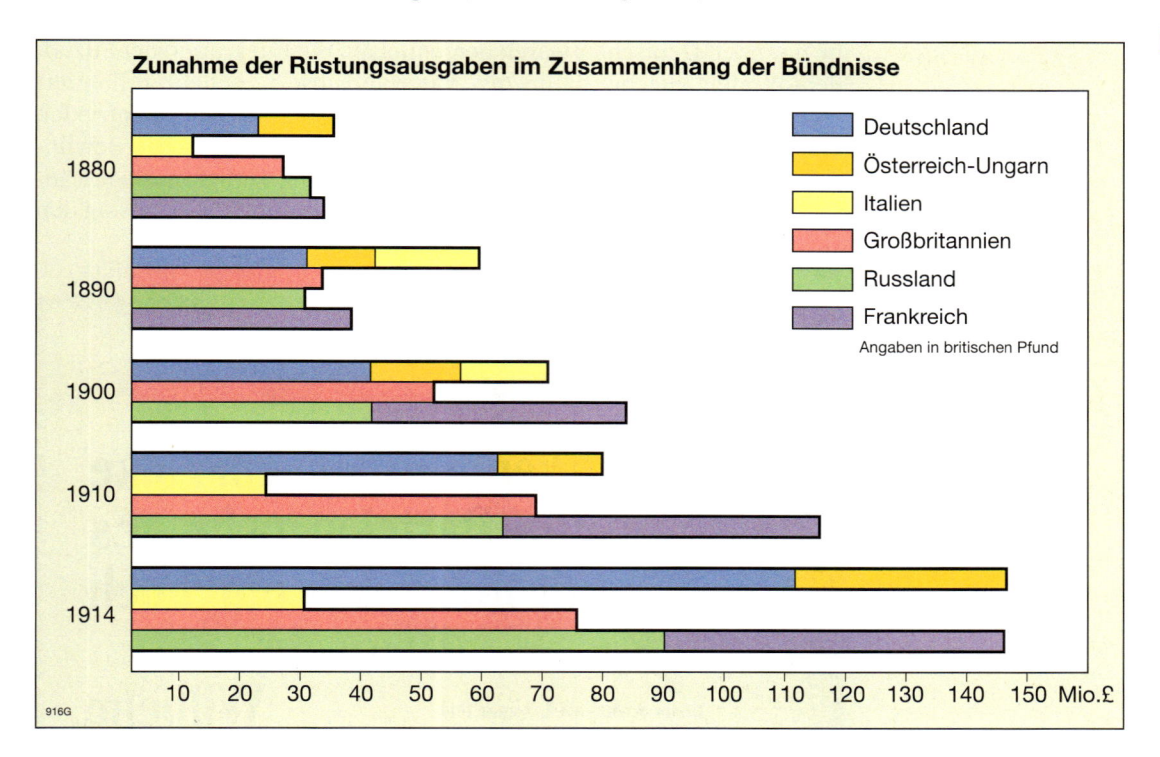

Zunahme der Rüstungsausgaben im Zusammenhang der Bündnisse

Legende: Deutschland, Österreich-Ungarn, Italien, Großbritannien, Russland, Frankreich — Angaben in britischen Pfund

x-Achse: 10 20 30 40 50 60 70 80 90 100 110 120 130 140 150 Mio.£

Jahre: 1880, 1890, 1900, 1910, 1914

916G

Aufgaben

1. Stellen Sie Bismarcks außenpolitische Konzeption dar.
→ Text, M4, M5, M7

2. Erläutern Sie den Prozess der „Selbsteinkrei-
sung" Deutschlands.
→ Text, M5, M6, M7

3. Listen Sie diejenigen Faktoren auf, die den 1. Weltkrieg ermöglichten bzw. zu ihm hinführten.
→ Text, M1–M7, M9, M10

4. Analysieren Sie jene Erwägungen und Planun-
gen, die in Deutschland die Bereitschaft zu
einem Präventivkrieg erhöhten.
→ M9

5. Diskutieren Sie, warum sich die Sozialdemokratie mit ihrer Friedenspolitik nicht durchsetzen
konnte.
→ Text, M8

9.2 Ausbruch und Verlauf des Krieges

Kriegsbereitschaft

Es hat in den Tagen vor dem Ersten Weltkrieg auch Friedens- beziehungsweise Antikriegsdemonstrationen gegeben – zumeist organisiert von der europäischen Arbeiterbewegung. Der Hauptstrom der Ereignisse spiegelte aber Enthusiasmus, Aufbruchsstimmung und eine Bereitschaft zum Krieg wider. Ein erheblicher Teil – nicht nur der deutschen Bevölkerung – empfand den Krieg offenkundig als notwendige Selbstverteidigung und Akt der Befreiung.

Nicht nur in Berlin, sondern auch in Paris, London und St. Petersburg kam es zum Schulterschluss der Regierungen mit den nationalistisch aufgewühlten Massen. Innenpolitische Konflikte wurden von einer Woge des Patriotismus überdeckt, die auch diejenigen erfasste, die bislang dem Staat distanziert gegenübergestanden hatten. Die Worte Kaiser Wilhelms II.: „Ich kenne keine Parteien mehr, ich kenne nur noch Deutsche", waren berechnet auf die Integration der Sozialdemokraten, die bis dahin als „vaterlandslose Gesellen" diffamiert worden waren. In Deutschland wurde der innenpolitische Burgfrieden geschlossen, in Frankreich auch „union sacrée" genannt. Die Bewilligung von Kriegkrediten und die Mobilmachung verlief in allen Ländern reibungslos. Auch die SPD-Opposition stimmte im Reichstag den Kriegskrediten zu.

M 1

Vom kommenden Krieg hatten wahrscheinlich nur die wenigsten ein realistisches Bild. Weit verbreitet war die Vorstellung eines kurzen Waffenganges. Man hoffte, spätestens bis Weihnachten zurück zu sein. Die einrückenden Soldaten des August 1914 dachten kaum an Tanks, Gas, Maschinengewehre und die Entbehrungen eines jahrelangen Stellungskrieges.

Einige Politiker hatten eine Ahnung davon, dass nach diesem Krieg die Welt nicht mehr die gleiche sein würde. So ist zum Beispiel vom britischen Außenminister Edward Grey das geflügelte Wort überliefert: „In diesem Augenblick gehen in ganz Europa die Lichter aus …"

Kriegsursachen

Im Hinblick auf die Kriegsursachen lassen sich langfristige und kurzfristige Wirkungsmechanismen unterscheiden. Zu den langfristigen Ursachen zählen die folgenden Aspekte, die damit gleichsam die Rahmenbedingungen für das Handeln der Politiker im Sommer 1914 bildeten:

- die Bündnissituation im europäischen Staatensystem,
- das europäische Wettrüsten,
- die imperialistische Konkurrenz der Großmächte,
- der Versuch des Deutschen Reiches, Weltpolitik zu betreiben (auch mit dem Bau einer Schlachtflotte),
- der Nationalismus als vorherrschende Ideologie,
- die sozialen Spannungen im Innern der europäischen Gesellschaften (Transformation von der Agrar- zur Industriegesellschaft).

Und dennoch erklären diese Faktoren keineswegs, warum das Attentat auf den österreichischen Thronfolger, verübt von serbischen Nationalisten, zum sprichwörtlichen Funken werden konnte, der das europäische Pulverfass zur Detonation brachte. An diplomatischen Bemühungen, den Konflikt auf dem Balkan einzudämmen, hat es nicht gefehlt. So bleibt die Frage: Warum konnte sich ein Regionalkonflikt (zwischen Wien und Belgrad) zum großen europäischen Krieg ausweiten? Oder anders formuliert: Wie konnte es passieren, dass ein Attentat im bosnischen Sarajewo letztlich dazu führte, dass ein paar Wochen später deutsche Soldaten in das neutrale Belgien einmarschierten?

Julikrise 1914

Österreich-Ungarn beabsichtigte in der Folge des Mordes am Thronfolger Franz Ferdinand und seiner Frau eine Strafaktion gegen Serbien. Dazu bedurfte er aber der Rückendeckung durch Deutschland, denn Serbien wurde seinerseits durch Russland geschützt. Das Deutsche Reich gab eine Unterstützungsgarantie in Form des so genannten Blankoschecks, und führende politische und militärische Kreise in Berlin (einschließlich Kaiser Wilhelms) drängten auf eine gewaltsame Lösung des Konflikts.

Österreich-Ungarn stellte am 23. Juli 1914 ein Ultimatum an Serbien, das absichtlich unannehmbar formuliert und auf 48 Stunden befristet worden war. Es enthielt – demütigend in Form und Ton – den nicht unberechtigten Vorwurf an die serbische Regierung, den Terrorismus geduldet zu haben. Durch verschiedene Forderungen wurde die Souveränität des serbischen Staates infrage gestellt. Nachdem die österreichisch-ungarische Regierung eine Fristverlängerung abgelehnt hatte, begann Serbien am 25. Juli 1914 mit der Mobilmachung. Damit begann jene Kette von Kriegsvorbereitungen, die letztlich in der deutschen Kriegserklärung an Frankreich (3. August 1914) mündete.

Auch wenn man am Ende in Berlin zurückschreckte, so war die deutsche Politik risikoreich und auf Krieg angelegt. Denn der europäische Bündnismechanismus musste zu einer Kettenreaktion führen. Hinter Serbien stand Russland, das seinerseits mit Frankreich militärisch verbündet war. Frankreich wiederum besaß eine britische Zusage, die einem militärischen Bündnis nahe kam.

Die Reichsleitung mit Reichskanzler Bethmann Hollweg an der Spitze hatte einen Ostkrieg gegen den Zarismus im Auge und erhoffte sich dabei auch die Unterstützung durch die deutsche Sozialdemokratie. Ihr Kalkül: Deutschland verhält sich gegenüber Frankreich defensiv, sodass Großbritannien in einer neutralen Haltung verbleiben würde.

Schlieffenplan

Die Kriegsplanung des Generalstabes sah hingegen völlig anders aus. Es gab keine separaten Ostaufmarschpläne, die mit den Absichten der politischen Führung im Einklang standen. Es gab nur den so genannten Schlieffenplan, der auf den Zweifronten-Krieg zugeschnitten war und den Durchmarsch der deutschen Hauptstreitmacht durch das neutrale Belgien vorsah. Dieser Schlieffenplan versuchte der geostrategischen Mittellage Deutschlands gerecht zu werden, aber die Verletzung der belgischen Neutralität musste zwangsläufig ein noch zögerndes Großbritannien an die Seite Frankreichs ziehen. Aus einem Balkankonflikt wurde so ein Krieg im Westen.

Präventivkriegsbereitschaft

Gefördert wurde diese verantwortungslose Risikopolitik des Deutschen Reiches durch eine fatalistische Haltung, die in Bethmann Hollwegs Worten: „Der Krieg kommt sowieso." zum Ausdruck kommt. In der Reichsführung bestand die nicht unbegründete Furcht vor einer zunehmenden Überlegenheit der kontinentalen Rivalen. Es existierte eine Einkreisungsfurcht, auf die man mit einer Präventivkriegsbereitschaft reagierte. Nicht nur in Militärkreisen war man von der Unausweichlichkeit eines Krieges überzeugt. Im Endeffekt trat auch die politische Führung die „Flucht nach vorn" an und proklamierte vor der Öffentlichkeit den nationalen Verteidigungskrieg.

Kriegsverlauf

Die deutschen Hoffnungen auf einen „Blitzkrieg" beziehungsweise einen schnellen Sieg über Frankreich zerschlugen sich schon nach vier Wochen durch die Schlacht an der Marne (5.–12. September 1914). Militärisch gesehen war der Krieg danach kaum noch zu gewinnen, zumal die Front auf der ganzen Linie erstarrte und der Krieg im Westen zum Stellungskrieg wurde. Durchbruchversuche, die das militärische Patt sprengen sollten, scheiterten unter riesigen Verlusten (zum Beispiel in Verdun 1916). Zur See errichtete die überlegene britische Flotte einen Blockadering um die Mittelmächte, sodass diese von jeglichem überseeischen Nachschub abgeschnitten wurden.

Im Osten agierten die deutschen Armeen trotz zahlenmäßiger Unterlegenheit erfolgreicher. Oberbefehlshaber Paul von Hindenburg und sein Generalstabschef Erich Ludendorff begründeten hier ihren militärischen Ruhm, der sie an die Spitze der Obersten Heeresleitung (OHL) brachte (1916).

M 2 **Besprechung der Kriegslage im Großen Hauptquartier**
Kaiser Wilhelm II. (Mitte), Generalfeldmarschall von Hindenburg (links) und der 1. Generalquartiermeister, General der Infanterie Ludendorff

Das Eingreifen der USA auf Seiten der Entente (1917) erfolgte aus verschiedenen politischen, diplomatischen und ökonomischen Gründen. Der unbeschränkte U-Boot-Krieg, mit dem Deutschland die britische Güterversorgung unterbinden wollte, spielte dabei auch eine wesentliche Rolle. Mit der Kriegserklärung der USA war der Erste Weltkrieg militärisch entschieden, weil dieses Land nunmehr sein riesiges wirtschaftliches und militärisches Potenzial auf Seiten der Westmächte einbringen konnte. Daran änderte auch die Russische Revolution (1917) nichts. Die Machtergreifung Lenins, der mithilfe der OHL aus seinem Schweizer Exil zurückgekehrt war, ermöglichte den Frieden von Brest-Litowsk (3. März 1918). Aber die amerikanischen Truppen, die fortan Woche für Woche den Atlantik überquerten, verschoben das Kräfteverhältnis an der Westfront kontinuierlich zugunsten der Entente.

Chronologie

1914	**28. Juni**	Ermordung des österreichischen Thronfolgers durch serbische Nationalisten
	5. Juli	deutsche Unterstützung für österreichisch-ungarisches Vorgehen gegen Serbien (Blankovollmacht)
	23. Juli	praktisch unannehmbares österreichisch-ungarisches Ultimatum an Serbien (befristet auf 48 Stunden)
	25. Juli	Serbien akzeptiert das Ultimatum weitgehend. Russland erklärt seine Unterstützung für Serbien.
	28. Juli	Kriegserklärung Österreich-Ungarns an Serbien; Teilmobilmachung Russlands; große Friedensdemonstration der Sozialdemokratie in Berlin
	30. Juli	allgemeine russische Mobilmachung
	31. Juli	allgemeine österreichisch-ungarische Mobilmachung; deutsche Ultimaten an Russland (Einstellung der Mobilisierung) und Frankreich (Neutralität, Herausgabe von Festungen)
	1. Aug.	Verkündung der deutschen und französischen Mobilmachung; deutsche Kriegserklärung an Russland
	3. Aug.	deutsche Kriegserklärung an Frankreich; Einmarsch deutscher Truppen in das neutrale Belgien
	4. Aug.	Nach Bruch der belgischen Neutralität folgt die englische Kriegserklärung an Deutschland.
	12. Sept.	Die deutsche Offensive im Westen scheitert. Die Fronten erstarren zum Stellungskrieg.
1915	**23. Mai**	Kriegseintritt Italiens auf Seiten der Alliierten
1916	**Feb.–Sept.**	Schlacht von Verdun
	29. Aug.	neue Oberste Heeresleitung (OHL), gebildet durch Hindenburg und Ludendorff
1917	**ab 1. Feb.**	unbeschränkter U-Boot-Krieg
	15. März	Nach der Februar-Revolution in Russland folgt die Abdankung des Zaren.
	6. April	Kriegserklärung der USA an Deutschland
	6. Nov.	Bolschewistische Machtergreifung in Russland (Oktoberrevolution)
	5. Dez.	deutsch-russischer Waffenstillstand
1918	**3. März**	Friede von Brest-Litowsk
	ab Juli	Offensive der Alliierten im Westen
	28. Sept.	Waffenstillstandsgesuch durch Ludendorff
	11. Nov.	Waffenstillstand von Compiègne

M 3 **Auf dem Weg zur Westfront 1914:**
„Auf in den Kampf - mir juckt die Säbelspitze."

M 4 Rücktransport der Toten bei Vimy-Arras 1917

M 5 Juli-Krise 1914

Der Historiker Wolfgang J. Mommsen untersucht die Präventivkriegsbereitschaft der deutschen Führung:

[…] Bereits am 3. Juli kommentierte Wilhelm II. einen Bericht Tschirschkys[1] in höchst impulsiver Weise: „Jetzt oder nie […]. Mit den Serben muss aufgeräumt werden, und zwar bald." In der Tat
5 war man in Berlin inzwischen zu der Ansicht gekommen, dass man sich einer österreichisch-ungarischen militärischen Aktion gegen Serbien nicht in den Weg stellen solle, auch auf die Gefahr hin, dass dies zu einer allgemeinen europäischen
10 Konflagration [Brand] führe. Nicht „Nibelungen-treue" und noch weniger dynastische Solidarität waren die entscheidenden Motive für diese folgenschwere Entscheidung, sondern höchst komplizierte Erwägungen hinsichtlich der allgemeinen
15 politischen und militärischen Situation der Mittelmächte. Bethmann Hollweg[2] hielt diese für äußerst kritisch; die eigene Bündnisgruppe werde immer schwächer, jene der Gegner immer stärker. Eine ausschlaggebende Rolle spielte dabei die Furcht
20 vor dem erstarkenden Russland. Zwar teilten Bethmann Hollweg und seine Berater nicht die Ansicht der Militärs, dass für 1916 oder 1917 mit einem russischen Angriffskrieg gerechnet werden müsse, doch auch sie waren beunruhigt über die wach-
25 sende Macht Russlands, wie eine – freilich erst Ende Juli 1914 gefallene Äußerung des Kanzlers zeigt, welche Riezler[3] seinem Tagebuch anvertraute:

„Russlands gewaltige Ansprüche und gewaltige Sprengkraft. In wenigen Jahren nicht mehr abzu-wehren, zumal wenn die jetzige europäische Kon-
30 stellation bleibt." Die Militärs hingegen waren noch zusätzlich besorgt darüber, dass mit dem Fortschreiten der russischen Rüstungen und des Ausbaues der russischen Westbahnen die Voraus-setzungen des Schlieffen-Plans mehr und mehr
35 untergraben würden. Ihr Argument, dass man den Krieg gegen Russland und Frankreich, wenn überhaupt, dann möglichst bald führen müsse, gewann in einem Augenblick, in dem man überall in Europa das Herannahen eines großen europäischen
40 Krieges zu spüren vermeinte, vermehrtes Gewicht. Bethmann Hollwegs Hoffnung, dem gesteigerten Druck Russlands und Frankreichs auf die Mittelmächte durch eine Politik der Annäherung an England entgegenzuwirken, aber hatte gerade eben
45 einen schweren Stoß erhalten. Wie die englisch-russischen Flottenverhandlungen zeigten, war England im Begriff, definitiv ins Lager der gegnerischen Gruppe überzuwechseln.

Unter diesen Umständen mehrten sich in Berlin die
50 Argumente zu Gunsten eines Präventivkrieges, zumal der Generalstab zuversichtlich erklärte, zum gegebenen Zeitpunkt einen großen europäischen Krieg noch siegreich bestehen zu können. Bethmann Hollweg war ein entschiedener Gegner des
55 Präventivkrieges; er wollte einen großen Krieg nicht ohne äußerste Not führen. Aber er konnte in der gegebenen Situation nicht mehr wagen, gerade das Gegenteil zu tun und Österreich-Ungarn,

60 koste es was es wolle, von seinem gefährlichen serbischen Abenteuer zurückzuhalten. [...]
In diesem Sinne gab Wilhelm II. am 5. Juli 1914 der
österreichisch-ungarischen Regierung die Zusiche-
rung deutscher Unterstützung auch für den Fall,
65 dass sich aus einem österreichisch-serbischen Krieg
weitere Verwicklungen ergäben. Der Donaumo-
narchie wollte man die Entscheidung hinsichtlich
der serbischen Aktion selbst überlassen; doch sollte
sie, wenn überhaupt, dann möglichst bald zuschla-
70 gen, um die durch das Attentat von Sarajewo
geschaffene günstige psychologische Situation aus-
zunutzen. Sollte Russland die österreichische „Straf-
expedition" gegen Serbien zum Anlass nehmen,
einen großen europäischen Krieg auszulösen, so
75 wollte man in Berlin den Dingen ihren Lauf lassen,
im Bewusstsein, einen solchen Krieg jetzt noch
gewinnen zu können. Freilich nahm man in der
deutschen Hauptstadt ziemlich zuversichtlich an,
dass Russland ebenso wie 1908 schließlich doch
80 zurückweichen werden, zumal seine Rüstungen
noch nicht abgeschlossen waren, sofern sich Deutschland nur rücksichtslos hinter Österreich-Ungarn
stellte. Bestand Russland gleichwohl auf einer
militärischen Intervention zu Gunsten seines Schütz-
85 lings Serbien, so war zu erwarten, dass sowohl
Frankreich wie England, die beide an den Balkan-
fragen nur ein untergeordnetes Interesse hatten,
sich diesem Vorgehen nicht anschließen würden.

1 deutscher Botschafter in Wien

2 deutscher Reichskanzler (1909–1917)

3 enger Vertrauter und Berater des Reichskanzlers Bethmann
Hollweg

W. J. Mommsen, Das Zeitalter des Imperialismus, Frankfurt
1969, S. 276 f.

M 6 Kriegsgedicht

*Der bekannte Lyriker Richard Dehmel schrieb 1914
sein „Lied an alle":*

Sei gesegnet, ernste Stunde,
die uns endlich stählern eint;
Frieden war in aller Munde,
Argwohn lähmte Freund und Feind –
5 Jetzt kommt der Krieg,
der ehrliche Krieg!

Dumpfe Gier mit stumpfer Kralle
feilschte um Genuss und Pracht;
10 jetzt auf einmal ahnen alle,
was uns einzig selig macht –
Jetzt kommt die Not,
die heilige Not!

Feurig wird nun Klarheit schweben
über Staub und Pulverdampf;   15
nicht ums Leben, nicht ums Leben
führt der Mensch den Lebenskampf –
Stets kommt der Tod,
der göttliche Tod!
                                     20
Gläubig greifen wir zur Wehre,
für den Geist in unserm Blut;
Volk, tritt ein für deine Ehre,
Mensch, dein Glück heißt Opfermut –
Dann kommt der Sieg,   25
der herrliche Sieg!

Erstdruck in der „Frankfurter Zeitung" vom 4. August 1914, zit.
nach: Chr. Graf von Krockow, Von deutschen Mythen, Stuttgart
1995, S. 16 f. (Insgesamt sollen 1,5 Mio. Kriegsgedichte im 1.
Weltkrieg verfasst worden sein).

M 7 Nationale Erhebung

*Der Historiker Friedrich Meinecke erinnert sich an
den August 1914:*

Noch einmal schien ein guter Geist das deutsche
Volk auf seine Wege zurückführen zu können, als
der Erste Weltkrieg ausbrach. Die Erhebung der
Augusttage 1914 gehört für alle, die sie miterlebt
haben, zu den unverlierbaren Erinnerungswerten   5
höchster Art, – trotz ihres ephemeren [vergängli-
chen] Charakters. Alle Risse, die im deutschen Men-
schentum sowohl innerhalb des Bürgertums wie
zwischen Bürgertum und Arbeiterschaft bisher
bestanden hatten, überwölbten sich plötzlich   10
durch die gemeinsame Gefahr, die über uns gekommen war und uns aus der bisher genossenen Seku-
rität materiellen Gedeihens herausriss. Und mehr
als das, man spürte dabei wohl in allen Lagern, dass
es mit der bloßen Einigkeit eines Zweckverbandes   15
nicht getan sei, dass eine innerliche Erneuerung für
das Ganze von Staat und Kultur Not tue. Man
glaubte sogar vielfach, dass sie jetzt schon begonnen habe und weitergehen werde in dem gemeinsamen Erlebnis des Krieges, den man als einen   20
Abwehr- und Veteidigungskrieg empfand

F. Meinecke, Die deutsche Katastrophe, Wiesbaden 1946, S. 43.

M 8 An das deutsche Volk

Aufruf Kaiser Willhelms II. am 6. August 1914:

An das deutsche Volk!
Seit der Reichsgründung ist es durch 43 Jahre Mein
und Meiner Vorfahren heißes Bemühen gewesen,
der Welt den Frieden zu erhalten und in Frieden
unsere kraftvolle Entwicklung zu fördern. Aber die
Gegner neiden uns den Erfolg unserer Arbeit. Eine   5

offenkundige und heimliche Feindschaft von Ost und West, von jenseits der See haben wir zu ertragen im Bewusstsein unserer Verantwortung und Kraft. Nun aber will man uns demütigen. Man ver-
10 langt, dass wir mit verschränkten Armen zusehen, wie unsere Feinde sich zu tückischem Überfall rüsten. Man will nicht dulden, dass wir in entschlossener Treue zu unserem Bundesgenossen stehen, der um sein Ansehen als Großmacht kämpft
15 und mit dessen Erniedrigung auch unsere Macht und Ehre verloren ist. So muss denn das Schwert entscheiden. Mitten im Frieden überfällt uns der Feind. Darum auf zu den Waffen! Jedes Schwanken, jedes Zögern wäre Verrat am Vaterlande. Um Sein
20 oder Nichtsein unseres Reiches handelt es sich, das unsere Väter sich neu gründeten. Um Sein oder Nichtsein deutscher Macht und deutschen Wesens. Wir werden uns wehren bis zum letzten Hauch von Mann und Ross, und wir werden diesen Kampf
25 bestehen auch gegen eine Welt von Feinden. Noch nie ward Deutschland überwunden, wenn es einig war. Vorwärts mit Gott, der mit uns sein wird, wie er mit den Vätern war.

Zit. nach: E. Johann, (Hg.), Reden des Kaisers, Frankfurt/M. 1966.

M 9 Erklärung der Sozialdemokratischen Reichstagsfraktion

Rede des SPD-Vorsitzenden Hugo Haase am 4. August 1914:

Meine Herren, im Auftrage meiner Fraktion habe ich folgende Erklärung abzugeben.
Wir stehen vor einer Schicksalsstunde. Die Folgen der imperialistischen Politik, durch die eine Ära
5 des Wettrüstens herbeigeführt wurde und die Gegensätze unter den Völkern sich verschärften, sind wie eine Sturmflut über Europa hereingebrochen. Die Verantwortung hierfür fällt den Trägern dieser Politik zu; wir lehnen sie ab.
10 Die Sozialdemokratie hat diese verhängnisvolle Entwicklung mit allen Kräften bekämpft, und noch bis in die letzten Stunden hinein hat sie durch machtvolle Kundgebungen in allen Ländern, namentlich in innigem Einvernehmen mit den fran-
15 zösischen Brüdern, für die Aufrechterhaltung des Friedens gewirkt. Ihre Anstrengungen sind vergeblich gewesen.
Jetzt stehen wir vor der ehernen Tatsache des Krieges. Uns drohen die Schrecknisse feindlicher Inva-
20 sionen. [...] Für unser Volk und seine freiheitliche Zukunft steht bei einem Sieg des russischen Despotismus, der sich mit dem Blut der Besten des eigenen Volkes befleckt hat, viel, wenn nicht alles, auf dem Spiel. Es gilt, diese Gefahr abzuwehren, die Kultur und Unabhängigkeit unseres eigenen Lan- 25 des sicherzustellen. Da machen wir wahr, was wir immer betont haben: Wir lassen in der Stunde der Gefahr das eigene Vaterland nicht im Stich. Wir fühlen uns dabei im Einklang mit der Internationale, die das Recht jedes Volkes auf nationale Selbst- 30 ständigkeit und Selbstverteidigung jederzeit anerkannt hat, wie wir in Übereinstimmung mit ihr jeden Eroberungskrieg verurteilen.
Wir fordern, dass dem Kriege, sobald das Ziel der Sicherung erreicht ist und die Gegner zum Frieden 35 geneigt sind, ein Ende gemacht wird durch einen Frieden, der die Freundschaft mit den Nachbarvölkern ermöglicht. Wir fordern dies nicht nur im Interesse der von uns stets verfochtenen internationalen Solidarität, sondern auch im Interesse des 40 deutschen Volkes. Wir hoffen, dass die grausame Schule der Kriegsleiden in neuen Millionen den Abscheu vor dem Krieg wecken und sie für das Ideal des Sozialismus und des Völkerfriedens gewinnen wird. 45
Von diesen Grundsätzen geleitet, bewilligen wir die geforderten Kredite.

Zit. nach: H. Potthoff, Die Sozialdemokratie von den Anfängen bis 1945, Bonn 1978, S. 189 f.

M10 Erklärung der Hochschullehrer des Deutschen Reiches

Dieses Dokument vom 16. Oktober 1914 trug die Unterschriften von 3016 Hochschullehrern:

Wir Lehrer an Deutschlands Universitäten und Hochschulen dienen der Wissenschaft und treiben ein Werk des Friedens. Aber es erfüllt uns mit Entrüstung, dass die Feinde Deutschlands, England an der Spitze, angeblich zu unsern Gunsten einen 5 Gegensatz machen wollen zwischen dem Geiste der deutschen Wissenschaft und dem, was sie den preußischen Militarismus nennen. In dem deutschen Heere ist kein anderer Geist als in dem deutschen Volke, denn beide sind eins, und wir gehören 10 auch dazu. Unser Heer pflegt auch die Wissenschaft und dankt ihr nicht zum wenigsten seine Leistungen. Der Dienst im Heere macht unsere Jugend tüchtig auch für alle Werte des Friedens, auch für die Wissenschaft. Denn er erzieht sie zu 15 selbstentsagender Pflichttreue und verleiht ihr das Selbstbewusstsein und das Ehrgefühl des wahrhaft freien Mannes, der sich willig dem Ganzen unterordnet. Dieser Geist lebt nicht nur in Preußen, sondern ist derselbe in allen Landen des Deutschen 20

Reiches. Er ist der gleiche in Krieg und Frieden. Jetzt steht unser Heer im Kampfe für Deutschlands Freiheit und damit für alle Güter des Friedens und der Gesittung nicht nur in Deutschland. Unser
25 Glaube ist, dass für die ganze Kultur Europas das Heil an dem Siege hängt, den der Deutsche „Militarismus" erkämpfen wird. Die Manneszucht, die Treue, der Opfermut des einträchtigen freien deutschen Volkes.

Zit. nach: G. Richter u. a. (Redaktion), Unser Jahrhundert im Bild, Gütersloh 1964, S. 193.

M11 Schlieffenplan

Darstellung und Problematisierung der Denkschrift von Alfred Graf von Schlieffen (1833–1913):

1914 lag dem deutschen Aufmarsch und den strategischen Absichten der so genannte Schlieffenplan zugrunde. Graf Schlieffen, der Vorgänger des seit 1906 amtierenden deutschen Generalstabchefs
5 Graf Moltke, hatte ihn 1905 in einer weltpolitischen Situation konzipiert, die einer Ausnahmesituation gleichkam: Russland war damals durch die äußere Niederlage gegen Japan und die folgende Revolution militärisch so gründlich geschwächt, dass es auf
10 Jahre hinaus als Großmacht faktisch ausschied. Daher sollten nach Schlieffens Plan zunächst sieben deutsche Armeen mit voller Wucht im Westen vorgehen, während im Osten nur eine Armee, zusammen mit dem Feldheer des verbündeten Österreich-
15 Ungarn, hinhaltenden Widerstand leisten sollte. Für die Westoffensive war vorgesehen, die starke französische Festungslinie in Lothringen nördlich zu umgehen, womit immerhin die Verletzung der Neutralität von drei Staaten – davon zwei mit inter-
20 national garantierter Neutralität – von vornherein „eingeplant" wurde: von Luxemburg, Belgien und

den Niederlanden. Innerhalb von sechs Wochen sollte alsdann der Sieg über Frankreich errungen werden, anschließend, nach Überführung der deutschen Armeen an die Ostfront, der Sieg über Russ- 25 land in der gleichen Zeit. Ganz abgesehen von moralisch-völkerrechtlichen Bedenken, die in den eingeweihten militärischen und politischen Führungskreisen offenbar nie aufkamen, beruhte das angeblich unfehlbare Siegesrezept Schlieffens 30 auf einer Reihe von politischen und militärischen Fehlkalkulationen:
1. Die Verletzung der belgischen, gar noch der niederländischen Neutralität musste unfehlbar England in den Krieg gegen Deutschland bringen. 35
2. Russland würde sich von seinem Tiefpunkt 1905 früher oder später wieder erholen, sodass die Strategie einer deutschen „Dampfwalze" erst im Westen, anschließend im Osten einem doppelten Vabanque-Spiel gleichkam, denn Russland war 40 1914 viel stärker als unmittelbar nach 1905, und die deutsche Westoffensive konnte stecken bleiben, was ja tatsächlich auch an der Marne geschah.
3. Um die politischen Konsequenzen des vorgesehenen Neutralitätsbruchs ein wenig zu verrin- 45 gern, beschloss Schlieffens Nachfolger, zumindest die Niederlande aus dem deutschen Offensivbereich herauszunehmen. Dadurch musste sich nun der rechte Schwenkungsflügel im südlichen Belgien durch unübersichtliche Natur- und Industrieland- 50 schaften hindurchquälen.
4. Weder 1905 noch 1914 verfügte die deutsche Armee über die für den Schlieffenplan erforderliche numerische Stärke. Der Plan war also auf einem ureigensten Gebiet – militärischer und strategischer 55 Planung – hoffnungslos unrealistisch.

I. Geiss, Das Deutsche Reich und der Erste Weltkrieg, München 1978, S. 47 f.

M12 Industrieller/technologischer Vergleich der Bündnisse

	Deutschl./ Österr.-Ungarn	Frankr./Russl.	+	Großbr.	=	Summe	ab 1917 GB/USA/F
Prozent der Welt-Industrieproduktion (1913)	19,2 %	14,3%	+	13,6%	=	27,9%	51,7 %
Energieverbrauch (1913) Mio. Tonnen Kohleäquivalent	236,4	116,8	+	195,0	=	311,8	798,8
Stahlproduktion (1913) in Mio. Tonnen	20,2	9,4	+	7,7	=	17,1	44,1
Gesamtes Industriepotenzial (GB im Jahr 1900 = 100)	178,4	133,9	+	127,2	=	261,1	472,6

Aus: P. Kennedy, Aufstieg und Fall der großen Mächte, Frankfurt/M. 1989, S 392 u. 411.

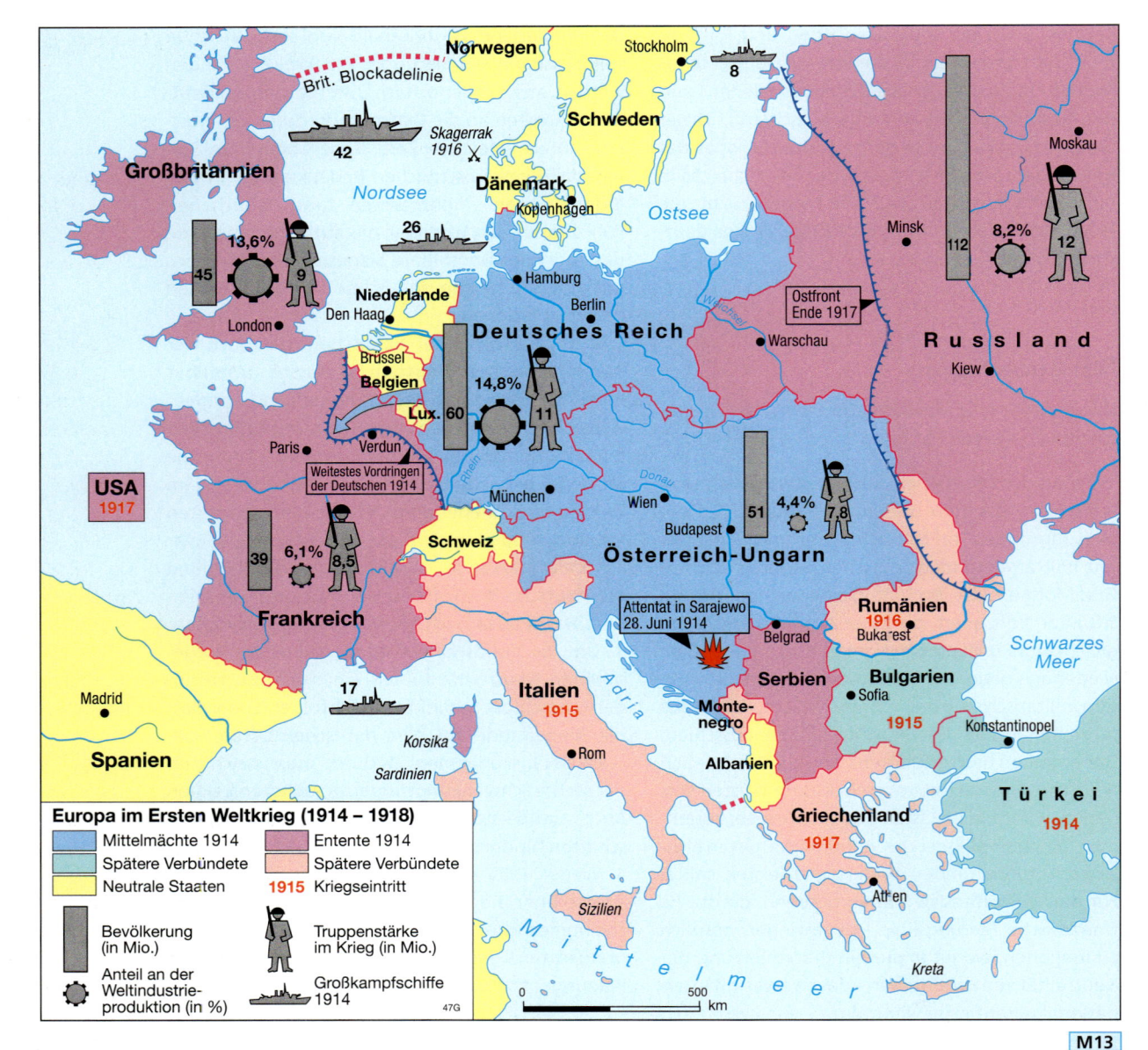

Europa im Ersten Weltkrieg (1914 – 1918)

Mittelmächte 1914	Entente 1914
Spätere Verbündete	Spätere Verbündete
Neutrale Staaten	1915 Kriegseintritt

Bevölkerung (in Mio.)

Anteil an der Weltindustrieproduktion (in %)

Truppenstärke im Krieg (in Mio.)

Großkampfschiffe 1914

M13

Aufgaben

1. Erläutern Sie den Vorgang, wie aus einem Konflikt zwischen Österreich-Ungarn und Serbien der deutsche Einmarsch in das neutrale Belgien resultierte.
   → Text, M5, M11

2. Inwiefern war der Rückgriff auf den Schlieffenplan verhängnisvoll? Welche Mächtekonstellation ergab sich nicht zuletzt aus dieser militärischen Aktion?
   → Text, M11

3. In der Juli-Krise von 1914 ist der Anlass, nicht aber die Ursache des Krieges zu sehen. Erläutern Sie diese Aussage.
   → Text

4. Beschreiben Sie die Reaktion in Deutschland auf die Kriegserklärungen.
   → Text, M1, M3, M6–M10

5. Versuchen Sie die weit verbreitete Kriegsbereitschaft zu erklären.
   → Text, M3, M7, M10

6. Rekapitulieren Sie den Verlauf des 1. Weltkriegs.
   → Text

7. Erklären Sie, worin die politisch-historische Bedeutung des Jahres 1917 liegt.
   → Text

8. Vergleichen Sie das Industriepotenzial der feindlichen Kriegskoalitionen.
   → M12, M13

9.3 Kriegsziele und Kriegsschuldfrage

Keiner der Krieg führenden Staaten ging mit klaren Zielvorstellungen in den Krieg, sieht man von begrenzten Zielen ab, wie zum Beispiel die Rückeroberung Elsass-Lothringens durch Frankreich. Die eigentliche Kriegszieldiskussion fing erst nach Kriegsbeginn an und entwickelte sich im Laufe des Waffenganges.

Nach Kriegsbeginn meldeten sich verschiedene gesellschaftliche Gruppen und Institutionen zu Wort, um ihre Kriegsziel-Forderungen zu verkünden. Das Septemberprogramm der Reichsregierung (1914), der Kriegszielkatalog des Alldeutschen Verbandes (1914), die Denkschrift der Wirtschaftsverbände (1915), das Kreuznacher Kriegszielprogramm der Obersten Heeresleitung (1917) sowie andere Eingaben dokumentieren die Freisetzung hegemonialer Energien auf das Nachdrücklichste. Die Befürworter ehrgeiziger Kriegsziele lassen sich – vereinfacht – unterteilen in Annexionisten (zumeist Militärs) und die Anhänger der Mitteleuropa-Idee (zumeist Wirtschaftskreise), denen mehr eine indirekte Beherrschung des Kontinents durch Zollunion, Wirtschaftsverflechtung und finanzielle Abhängigkeit vorschwebte.

Insgesamt fällt auf, dass auf deutscher Seite die Kriegs-Zielsetzungen immer fantastischere Ausmaße annahmen, je unwahrscheinlicher ihre Realisierung wurden. Die maßlosen Kriegsziele stellten zwangsläufig ein Hindernis bei allen Friedensbemühungen dar.

Erst 1917 verfasste eine Reichstagsmehrheit – getragen von Sozialdemokraten, Liberalen und Zentrums-Abgeordneten – eine Friedensresolution, die einen Frieden „ohne Annexionen und Kontributionen" (Entschädigungen) forderte. Allerdings erwies sich dieser Vorstoß in Richtung eines Verständigungsfriedens als folgenlos, weil der Reichstag weder die Außenpolitik noch die militärischen Entscheidungen direkt beeinflussen konnte. In der exekutiven Gewalt hatten nach wie vor die Anhänger eines so genannten Siegfriedens das Sagen.

Auf alliierter Seite war man mit der Formulierung von Kriegszielen insgesamt zurückhaltender. In den verschiedenen Dokumenten werden unter anderem notiert: politisch-wirtschaftliche Schwächung Deutschlands sowohl auf dem Kontinent als auch als Konkurrent Englands auf dem Weltmarkt; Rückgliederung Elsass-Lothringens an Frankreich; Wiederherstellung der belgischen Souveränität; der Rhein als mögliche französische Ostgrenze; Zurückdrängung der türkischen Herrschaft auf den türkischen Kernraum.

Die Dauer und die Härte des Krieges trieben die Erwartungen auf die „Kriegsbeute" in die Höhe. Die Maßlosigkeit zeigte sich zum Beispiel in den harten Bestimmungen, die Russland im Friedensvertrag von Brest-Litowsk (1918) von deutscher Seite auferlegt worden waren.

Auch der Versailler Vertrag von 1919 wird das Deutsche Reich nach seiner Niederlage mit extremen Kompensationsforderungen konfrontieren, die das riesige Ausmaß des Sterbens, der Verwüstungen der Länder und der Zerrüttung des Wirtschaftslebens reflektieren.

Die „14 Punkte" des amerikanischen Präsidenten Woodrow Wilson stellten den Versuch dar, gemeinsame Prinzipien für die Errichtung einer Nachkriegsordnung zu etablieren. Wilson verstand sich als

M 1

Der Friede von Brest-Litowsk
- Grenze Russlands 1914
- Mittelmächte und Verbündete
- Frontverlauf 1918
- Russische Verluste im Frieden von Brest-Litowsk (3.3.1918)
- **3.11.1918** Unabhängigkeitserklärungen
- Russische Sozialistische Föderative Sowjetrepublik (seit 1917)

Gegenspieler zu Lenin, dem Kopf der russischen Kommunisten. Zum Zeitpunkt des Kriegsendes hatte die Partei Lenins ihre Herrschaft in Zentralrussland mit Zwangsgewalt gefestigt. Ursprünglich war Lenin davon ausgegangen, dass es gelingen würde, den Krieg der Völker in einen Krieg der Klassen („Klassenkampf") zu verwandeln.

Die Politik des US-Präsidenten Wilson war strategisch darauf angelegt, eine Sowjetisierung der Welt zu verhindern. Sein Programm wurde von der Vorstellung einer demokratischen Weltrevolution inspiriert. Unter dem Motto „The world must be made safe for democracy." beabsichtigte er die Neugestaltung Europas auf der Grundlage des Selbstbestimmungsrechts der Völker, der Wahrung der Menschenrechte sowie einer kollektiven Friedensordnung. Der Erste Weltkrieg sollte zum Ausgangspunkt für eine neue globale Rechtsordnung werden. Auf Wilsons Initiative ging die Errichtung des Völkerbundes – des Vorläufers der heutigen Vereinten Nationen (UNO) – zurück.

Kriegsschuld-Kontroverse

Nach dem Weltkrieg musste Deutschland in Art. 231 des Versailler Friedensvertrages anerkennen, dass es allein (mit seinen Verbündeten) für den Krieg verantwortlich sei. Daraus hat sich eine heftige Kriegsschuld-Kontroverse ergeben, die bis in die Gegenwart reicht und die keineswegs auf die Geschichtswissenschaft beschränkt blieb. Zwei Positionen bildeten in diesem Streit die Eckpfeiler: zum einen die These des englischen Premierministers Lloyd George: „Wir sind alle hineingeschlittert."; und zum anderen die These von der deutschen Alleinschuld. Viele Wissenschaftler kamen bei ihren Untersuchungen auch zu Ergebnissen, die zwischen diesen beiden Positionen anzusiedeln sind.

Die deutsch-französischen Schulbuchempfehlungen kamen zu folgendem Schluss: „Die Dokumente erlauben es nicht, im Jahre 1914 irgendeiner Regierung oder einem Volk den bewussten Willen zu einem europäischen Krieg zuzuschreiben." Allerdings sind seitdem neue Dokumente gefunden worden, die diese These als fragwürdig erscheinen lassen. Vor allem bei der militärischen Führung des Deutschen Reiches lässt sich eine Präventivkriegsbereitschaft erkennen, die dann in der Juli-Krise 1914 konkret wurde.

Während die Alleinschuldthese des Versailler Vertrags in erster Linie eine politisch-juristische Bedeutung hatte, denn nur sie konnte die harten Friedensbedingungen legitimieren, fand eine seriöse wissenschaftliche Diskussion zur Schuldfrage erst in den sechziger Jahren statt. Ausgelöst wurde sie durch den Hamburger Historiker Fritz Fischer und dessen Buch „Griff nach der Weltmacht" (1961).

Er vertrat darin die These, dass auch schon der Erste Weltkrieg (und nicht nur der Zweite) als Eroberungskrieg anzusehen sei, und er akzentuierte die aggressiven Seiten der deutschen „Weltpolitik". Diese Thesen sprengten schnell den Rahmen der historischen Seminare und wurden von der Publizistik aufgegriffen. Über 300 Rezensionen und Aufsätze zeugen von der Intensität dieser Debatte.

Aufgrund der höchst komplexen Zusammenhänge, die sich 1914 beim Ausbruch des Ersten Weltkriegs „verknoteten", fällt es auch heute noch schwer, ein eindeutiges Urteil zur Schuldfrage zu sprechen. Wer der deutschen Regierung den überwiegenden Anteil an der historischen Schuld beziehungsweise Verantwortung gibt, der kann dafür gute Argumente ins Feld führen. Der Erste Weltkrieg ist noch schwerer zu verstehen als andere Kriege.

M 2 Folgen der Kriegsziel-Bewegung

Der deutsch-amerikanische Historiker Fritz Stern erörtert die Kriegsziele unter gesamteuropäischen und innenpolitischen Gesichtspunkten:

Die Festlegung von Kriegszielen erwies sich als Anlass zu Zwistigkeiten unter den und innerhalb der Nationen. Die französischen Forderungen
5 täuschten Vernunft vor: Sie forderten die Rückgliederung von Elsass-Lothringen – was nur ein geschlagenes Deutschland hergeben würde; die Briten suchten den preußischen
10 Militarismus zu zerstören und der deutschen Bedrohung des europäischen Gleichgewichts ein Ende zu setzen. Ganz nebenbei würde es Gewinne in den Kolonien geben. Deutsch-
15 land hegte die ehrgeizigsten Kriegsziele. Dadurch hätte es sich tatsächlich als Vormacht in Europa und folglich als Weltmacht anstelle Englands durchgesetzt. Der Kern der
20 deutschen Programme – bei den verschiedenen Gruppen bestanden natürlich auch verschiedene Spielarten der Habgier – war die Errichtung eines mitteleuropäischen Bundes
25 unter der Vorherrschaft des siegreichen Reiches. Viele Deutsche glaubten, durch diese neue Ordnung im zwanzigsten Jahrhundert als Ersatz für die alte Pax [Friede] Britannica
30 eine Pax Germanica durchzusetzen. Ob von übersteigerter Leidenschaft oder von scheinbarer Vernunft getragen, die Kriegsziele der Krieg führenden Staaten schlossen einen Kompromissfrieden
35 aus, wie ihn der Papst oder Präsident Wilson zu vermitteln hofften. Der Appetit wuchs beim Essen – oder, in diesem Fall, mit der Zahl der Gefallenen.
Die Eskalation der Kriegsziele hatte politische Ursprünge und Folgen. Im Großen und Ganzen ver-
40 folgte die traditionelle Rechte in Europa harte Kriegsziele, in der Hoffnung, dass sichtbare, nationale Gewinne der Oberschicht zum Vorteil gereichen, ihr Ansehen mehren würden. Deutsche Industrielle waren besonders vehemente Exemplare dieser Vermengung von Habgier und Furcht. Die
45 europäische Linke war in Kriegszielfragen weitaus

Heiß liebt **Profeſſor Lindenſtätt** | Trifft er ein Tier, er trägt's nach Haus
Sein Naturalienkabinett; | Und ſtopft's für ſeine Sammlung aus.

Franzoſen klettern oft auf Bäume. | Ruft der **Profeſſor**, „ſo ſoll's ſein:
„Erfüllt ſind meine kühnſten Träume!" | Der **Kerl** kommt **in die Sammlung 'rein!**

M 3 Hinter der Front
1915 erschien das Buch „Das Volk steht auf … Deutsche Verse mit Bildern für deutsche Kinder" und mit Zeichnungen von Paul Simmel, der nach 1918 seine berühmten Karikaturen in der „Berliner Illustrierten" veröffentliche. Es ist nur eines von zahllosen Beispielen der damals üblichen Hetzpropaganda.

zurückhaltender, und eine ständig wachsende Minderheit aktiver Sozialisten forderte einen Frieden ohne Annexionen und Entschädigungen, um diesen „imperialistischen Krieg" zu beenden. Der Ver-
50 dacht, dass der Krieg nur aus Klasseninteresse fortgesetzt werde, verbreitete sich unter Radikalen und Gruppen der Arbeiterklasse, besonders in Russland und Deutschland – gerade in jenen Ländern, in denen die Unterschicht die Hauptlast der steigen-
55 den Nöte zu tragen hatte, wie etwa die Inflation bei Löhnen, die weit hinter dem Preisanstieg zurückblieben, die Unterernährung und die schlimmste Form des Krieges zwischen den Klassen: der Kampf

60 um Brot. Dieser Verdacht und die täglich erfahrene
Ungleichheit brachten einen neuen sozialistischen
Kampfgeist hervor, der in Deutschland zum Beispiel
zur Spaltung der sozialistischen Bewegung und zur
Gründung der Unabhängigen Sozialisten führte,
65 einer radikalen Antikriegs-Partei. Auf internationaler Ebene, in der neutralen Schweiz, gelobten im Exil
lebende Russen unter der Führung Lenins sowie
radikale Sozialisten anderer Länder, den imperialistischen Krieg in einen revolutionären Kampf umzu-
70 wandeln, den Krieg zu beenden, indem zunächst
der kapitalistischen Unterdrückung ein Ende gesetzt
werde, wie sie es ausdrückten. Sozialisten mit anderer Ansicht, sei es aus Patriotismus oder aus einem
Gefühl für Pragmatismus [hier: praktische Erforder-
75 nisse] wurden schnell als „Sozialchauvinisten" verleumdet. Die Leidenschaft für nationale Einigkeit,
die 1914 ganz Europa überschwemmte, war 1916
erschüttert; 1917 brach diese Einigkeit in einem Lande völlig zusammen und war in allen übrigen auf
80 eine sehr harte Probe gestellt.

F. Stern, Das Scheitern illiberaler Politik, Berlin 1974, S. 156f.

M 4 Die „14 Punkte" des amerikanischen Präsidenten Woodrow Wilson

Der amerikanische Politiker (US-Präsident von 1913 bis 1921) veröffentlichte am 8. Januar 1918 seine Vorstellungen zur Neuordnung der Welt nach dem Krieg:

I. [...] Die Diplomatie [soll] stets offen gehandhabt
werden und vor aller Öffentlichkeit sich abspielen.
II. Absolute Freiheit der Schifffahrt auf den Meeren
[...].
5 III. Soweit als möglich die Aufhebung sämtlicher
wirtschaftlicher Schranken und die Festsetzung
gleichmäßiger Handelsbedingungen zwischen
allen Nationen, die dem Frieden zustimmen und
sich zu seiner Aufrechterhaltung vereinigen.
10 IV. Ausreichende Garantien, gegeben und genommen, dass die nationalen Rüstungen auf den niedrigsten Grad, der mit der inneren Sicherheit verein-
bar ist, herabgesetzt werden.
V. Eine freie, aufgeschlossene und absolut unpar-
15 teiische Neuordnung aller kolonialen Ansprüche,
gegründet auf strenge Beachtung des Grundsatzes,
dass bei Entscheidung aller derartigen Fragen der
Souveränität die Interessen der betroffenen Bevölkerung das gleiche Gewicht haben müssen wie die
20 berechtigten Ansprüche der Regierung, deren
Rechtstitel festgestellt werden sollen.
VI. Die Räumung des gesamten russischen Gebietes.
[...]

VII. Belgien [...] muss [...] geräumt und wiederhergestellt werden. [...]   25
VIII. Das gesamte französische Gebiet müsste
befreit und die eroberten Teile zurückgegeben
werden. Ebenso müsste das Frankreich durch
Preußen 1871 hinsichtlich Elsass-Lothringens ange-
tane Unrecht [...] wieder gut gemacht werden. [...]   30
IX. Eine Berichtigung der Grenzen Italiens sollte
gemäß den klar erkennbaren Nationalitätenlinien
bewirkt werden.
X. Den Völkern Österreich-Ungarns, deren Platz
unter den Nationen wir gesichert und anerkannt zu 35
sehen wünschen, sollte die freieste Möglichkeit
autonomer Entwicklung gewährt werden.
XI. Rumänien, Serbien und Montenegro sollten
geräumt werden, besetzte Gebiete wiederhergestellt, Serbien freier und gesicherter Zugang zum   40
Meere gewährt und die Beziehungen der verschiedenen Balkanstaaten zueinander aufgrund
freundschaftlicher Beratung gemäß den historisch
begründeten Grundsätzen der Treuepflicht und
der Nationalität festgelegt werden. Es sollten   45
internationale Garantien für die politische und
wirtschaftliche Unabhängigkeit und die territoriale Integrität der verschiedenen Balkanstaaten
vereinbart werden.
XII. Den türkischen Teilen des gegenwärtigen   50
ottomanischen Reiches sollte eine gesicherte Souveränität gewährleistet werden, aber den anderen Nationalitäten, die sich jetzt unter türkischer
Herrschaft befinden, sollte eine unzweifelhafte
Sicherheit des Lebens und eine absolut ungestör-   55
te Möglichkeit der autonomen Entwicklung ver-
bürgt werden.
Die Dardanellen sollten dauernd als freier Durch-
gang für die Schiffe und den Handel aller Nationen
unter internationalen Garantien geöffnet werden.   60
XIII. Ein unabhängiger polnischer Staat sollte errichtet werden. [...]
XIV. Ein allgemeiner Verband der Nationen muss
aufgrund besonderer Verträge gebildet werden
zum Zweck der Gewährung gegenseitiger   65
Garantien für politische Unabhängigkeit und territoriale Integrität in gleicher Weise für die
großen und kleinen Staaten. In Bezug auf diese
Berichtigung von Unrecht und Sicherung des
Rechts betrachten wir uns als intime Genossen   70
sämtlicher Regierungen und Völker, die sich
gegen die Imperialisten zusammengeschlossen
haben.

Zit. nach: W. J. Mommsen, Imperialismus, Seine geistigen, politischen und wirtschaftlichen Grundlagen, Hamburg 1977, S. 262 ff.

M 5 Das „Septemberprogramm" von Reichskanzler Bethmann Hollweg

Diese Denkschrift stammte von Reichskanzler Bethmann Hollweg (1909–1917) und seinem Mitarbeiter Kurt Riezler. Sie fasste die Ideen der Wirtschaft, des Militärs und der Politik zusammen. Später hat sich Bethmann Hollweg von einer extremen Politik der Annexion distanziert (1914):

Sicherung des Reiches nach West und Ost auf erdenkliche Zeit. Zu diesem Zweck muss Frankreich so geschwächt werden, dass es als Großmacht nicht neu erstehen kann, Russland von der deutschen
5 Grenze nach Möglichkeit abgedrängt und seine Herrschaft über die nichtrussischen Vasallenvölker gebrochen werden. [...]
1. Frankreich: Von den militärischen Stellen zu beurteilen, ob die Abtretung von Belfort, des
10 Westabhangs der Vogesen, die Schleifung der Festungen und die Abtretung des Küstenstrichs von Dünkirchen bis Boulogne zu fordern ist.
In jedem Falle abzutreten, weil für die Erzgewinnung unserer Industrie nötig, das Erzbecken von
15 Briey [Lothringen].
Ferner eine in Raten zahlbare Kriegsentschädigung; sie muss so hoch sein, dass Frankreich nicht imstande ist, in den nächsten achtzehn bis zwanzig Jahren erhebliche Mittel für Rüstung aufzuwen-
20 den. Des Weiteren: ein Handelsvertrag, der Frankreich in wirtschaftliche Abhängigkeit von Deutschland bringt, es zu unserem Exportland macht und es ermöglicht, den englischen Handel in Frankreich auszuschalten. Dieser Handelsvertrag muss uns
25 finanzielle und industrielle Bewegungsfreiheit in Frankreich schaffen – so, dass deutsche Unternehmungen nicht mehr anders als französische behandelt werden können.
2. Belgien: Angliederung von Lüttich und Verviers
30 an Preußen, eines Grenzstriches der Provinz Luxemburg an Luxemburg.
Zweifelhaft bleibt, ob Antwerpen mit einer Verbindung nach Lüttich gleichfalls zu annektieren ist. Gleichviel, jedenfalls muss Belgien, wenn es auch
35 als Staat äußerlich bestehen bleibt, zu einem Vasallenstaat herabsinken, in etwa militärisch wichtigen Hafenplätzen ein Besatzungsrecht zugestehen, seine Küste militärisch zur Verfügung stellen, wirtschaftlich zu einer deutschen Provinz werden.
40 3. Luxemburg: Wird deutscher Bundesstaat und erhält einen Streifen aus der jetzt belgischen Provinz Luxemburg und eventuell die Ecke von Longwy.
4. Es ist zu erreichen die Gründung eines mitteleuropäischen Wirtschaftsverbandes durch gemeinsa-

me Zollabmachungen, unter Einschluss von Frank- 45 reich, Belgien, Holland, Dänemark, Österreich-Ungarn, Polen und eventuell Italien, Schweden und Norwegen. Dieser Verband, wohl ohne gemeinsame konstitutionelle Spitze, unter äußerlicher Gleichberechtigung seiner Mitglieder, aber tatsäch- 50 lich unter deutscher Führung, muss die wirtschaftliche Vorherrschaft Deutschlands über Mitteleuropa stabilisieren.
5. Die Frage der kolonialen Erwerbungen, unter denen in erster Linie die Schaffung eines zusam- 55 menhängenden mittelafrikanischen Kolonialreichs anzustreben ist, desgleichen die Russland gegenüber zu erreichenden Ziele werden später geprüft. [...]
6. Holland: Dies engere Verhältnis müsste [...] 60 Holland also äußerlich unabhängig belassen, innerlich aber in Abhängigkeit von uns bringen. Vielleicht ein die Kolonien einschließendes Schutz- und Trutzbündnis, jedenfalls enger Zollanschluss [...] wäre zu erwägen. 65

Zit. nach: F. Fischer, Griff nach der Weltmacht, Düsseldorf 1967, S. 93 f.

M 6 Niemand hat den Frieden ernsthaft gewollt

Der Kieler Historiker Karl Dietrich Erdmann betont eine Mitschuld der anderen europäischen Mächte am Ersten Weltkrieg:

Das Problem [der Kriegsschuld] gewinnt eine andere Dimension, wenn man – angenommen, keine der Regierungen habe es auf einen allgemeinen Krieg angelegt – die Frage umgekehrt stellt, ob sie denn den Frieden gewollt haben. Auch 5 auf diese Frage muss die Antwort für alle Beteiligten Nein lauten. Denn wie deutlich auch bei einigen Staaten der Wunsch und die Bereitschaft sichtbar wurden, den Frieden zu vermitteln, keiner hat es zuwege gebracht, das Entscheidende zu tun, 10 nämlich sich aus den bestehenden Bündnissen und Verpflichtungen herauszureißen und auf die Verfolgung bestimmter politischer Ziele zu verzichten. Diese Ziele waren keine willkürlichen Setzungen, sondern tief in der Geschichte und der besonderen 15 politischen Lage der Staaten begründet. In dem österreichisch-serbischen Konflikt prallten die übervölkische und die nationale Staatsidee gegeneinander. Ebensowenig wie sich Serbien selbst preisgab, konnte Österreich darauf verzichten, den 20 serbischen Nationalismus auszuschalten. Deutschland war auf seinen letzten Bundesgenossen angewiesen. Es unterstützte Österreich, in der ersten Phase der

M 7 Kaiser Wilhelm II.
Wilhelm II. war als Konfliktmanager absolut ungeeignet. Zunächst heizte er die Stimmung durch forsche Parolen an („Jetzt oder nie!"); später mäßigte er seine Reden, aber da war es zu spät, Postkarte von 1914.

Krise und gab sich der Hoffnung hin, dass durch schnelles und energisches Handeln die notwendige Aktion auf Serbien lokalisiert werden könne. Und in der zweiten Phase der Krise, als ein europäischer Krieg sich aus dem österreichisch-serbischen Konflikt zu entwickeln drohte, konnte Deutschland zwar versuchen, Österreich zurückzuhalten, aber es konnte nicht das unzweideutige Mittel anwenden, den Bündnisfall als nicht gegeben zu erklären, wenn es nicht in einem auf die Dauer für unvermeidlich gehaltenen Zweifrontenkrieg allein stehen wollte. Die russische Regierung war aus äußeren wie inneren Gründen an den Erfolg ihrer Balkanpolitik gebunden. Sie war in ihrer Entscheidungsfreiheit gelähmt durch die Furcht vor der Alternative Krieg oder Revolution. Frankreich war auf das Bündnis mit Russ-
55 land angewiesen wie Deutschland auf das Bündnis mit Österreich. Dem Bündnis mit Russland verdankte es seine nach zwei Jahrzehnten politischer Isolierung allmählich zurückgewonnene europäische Machtstellung. Deshalb unterstützte es die russi-
60 sche Politik durch die Zusage seiner Bündnistreue. England besaß die relativ größte Freiheit des Handelns in der Krise. Aber für den Fall eines Krieges war seine Stellung durch die Flottenrivalität mit Deutschland, der potenziellen europäischen Hege-
65 monialmacht, festgelegt.
Von diesen sehr verständlichen, nicht zufälligen Interessen waren also die verantwortlichen Staatsmänner der europäischen Mächte in der Krise geleitet. Keiner von ihnen wollte eigentlich den Welt-
70 krieg. Alle sahen im Verlauf der Krise früher oder später das Risiko eines allgemeinen Krieges. Einige unternahmen Schritte, die einen mehr oder weniger starken Wunsch nach Vermeidung eines allgemeinen Krieges erkennen lassen: so Wilhelms II.
75 und Bethmanns Versuche, Österreich zurückzuhalten, Greys[1] Vermittlungen, Poincarés[2] Warnung an Russland, Deutschland nicht zu provozieren. Aber niemand wollte den Preis für den Frieden bezahlen. Wenn man den Frieden auch wünschte, so hat ihn doch niemand ernsthaft gewollt. 80

1 britischer Außenminister von 1905–1916

2 franz. Politiker, u. a. von 1913–1920 Staatspräsident

K. D. Erdmann, Der Erste Weltkrieg; Gebhardt, Handbuch der deutschen Geschichte, Bd. 18. München 1980, S. 92 f.

M 8 Deutschlands Schuld am Ausbruch des Ersten Weltkrieges

Der Historiker Fritz Fischer sieht im Ersten Weltkrieg den deutschen „Griff nach der Weltmacht":

Diese Behauptung Erdmanns ist die wissenschaftliche Variation der These Lloyd Georges, dass alle Mächte in den Krieg hineingeschlittert seien. Sie hält der Konfrontation mit den Dokumenten nicht stand. Nicht jede der europäischen Mächte konnte 5
den Krieg verhindern, verhindern konnte den Krieg nur die Macht, die ihn wollte – sie hätte auf den Krieg verzichten müssen.
Ich selbst habe noch auf dem Historikertag in Berlin im Oktober 1964 die Ansicht vertreten, Deutsch- 10
land habe im Juli 1914 bewusst das Risiko eines großen europäischen Krieges auf sich genommen, weil ihm die Situation so günstig wie nie zuvor erschien. In Verschärfung meiner damaligen Ausführungen stelle ich heute fest, gestützt auf allge- 15
mein zugängliches wie auch auf unveröffentlichtlichtes Material: Deutschland hat im Juli 1914 nicht nur das Risiko eines eventuell über den österreichisch-serbischen Krieg ausbrechenden großen Krieges bejaht, sondern die deutsche Reichsleitung 20
hat diesen großen Krieg gewollt, dementsprechend vorbereitet und herbeigeführt.
Die sich zunehmend verschärfende ungünstige außenpolitische Lage Deutschlands, die immer deutlicher werdende Unfähigkeit Deutschlands, 25
seine expansiven wirtschaftlichen, politischen und militärischen Ziele durch eine bloße Kriegsdrohung durchzusetzen, die von verschiedenen Direktoren der deutschen Großbanken in übereinstimmenden Gutachten vom Frühjahr 1914 konstatierte handels- 30
politische und konjunkturelle Krise, die von den herrschenden Kräften als immer bedrohlicher empfundene innenpolitische Situation und schließlich die als entscheidende Bedrohung des deutschen Weltmachtstrebens angesehene Möglichkeit, dass 35
Österreich-Ungarn sich dem härter werdenden Zugriff des „Bundesgenossen" entziehen könnte – all diese Faktoren bestimmten die deutsche Reichsleitung, den „Durchbruch nach vorn" zu wagen

40 und durch einen Hegemonialkrieg Deutschlands Weltmachtstellung nach außen zu begründen, nach innen das konservative antiparlamentarische und antidemokratische System zu konservieren. [...] Der Mord an dem österreichisch-ungarischen

45 Thronfolger, Erzherzog Franz Ferdinand, aber bot den idealen Anlass zur Herbeiführung des Krieges. Denn Österreich, dessen militärischer Macht Deutschland so dringend für den geplanten Krieg bedurfte, musste mitgehen, und die deutsche Reichslei-

50 tung konnte vor der Welt und der eigenen Nation eine Bedrohung Österreichs durch das von Russland protegierte Serbien behaupten. Damit wurde der durch den Fürstenmord aufs Äußerste erbitterte deutsche Kaiser auf einen harten Kurs festgelegt

55 und die Sozialdemokratie für den Kampf gegen die russische Tyrannei gewonnen. [...]
Das österreichische Ultimatum an Serbien, dessen Hauptinhalt in Berlin lange vor Überreichung bekannt war, hatte im deutschen Kalkül nur eine

60 Funktion: Es sollte eine den Krieg herbeiführende Provokation gegen Russland sein. Nur insofern zeigte die deutsche Reichsleitung Interesse am Inhalt des Ultimatums, nur in diese Richtung liefen die ständigen Anfragen und das deutsche Drängen

65 in Wien. [...]
Nach der Anbahnung der direkten österreichisch-russischen Gespräche verbürgte selbst die inzwischen beschlossene, am 31. Juli bekannt gegebene russische Gesamtmobilmachung nicht mehr den

70 Krieg. Deshalb beschloss die deutsche Reichsleitung, an Frankreich wie an Russland Ultimaten zu schicken, in denen von Russland nicht nur die Einstellung aller Mobilmachungsmaßnahmen gegen Deutschland, sondern auch gegen das selbstmobi-

75 lisierte Österreich-Ungarn und von Frankreich als Pfand für sein Wohlverhalten im Falle eines isolierten russisch-deutschen Krieges die Herausgabe der Festungen Toul und Verdun verlangt wurden.

Die russische Antwort vom 1. August auf das auf 12 Stunden befristete Ultimatum war – wie von der 80 Reichsleitung erwartet – ablehnend; aber Sazonov[1] betonte ausdrücklich, dass Russland sich, solange die Gespräche fortdauerten, aller kriegerischen Maßnahmen enthalten werde. Pourtalès, der deutsche Botschafter in Petersburg, überreicht dem rus- 85 sischen Außenminister daraufhin die deutsche Kriegserklärung.
Auch Frankreich antwortet auf das auf 18 Stunden befristete Ultimatum – wie erhofft – ablehnend, ließ sich indes auch nach der deutschen Kriegser- 90 klärung an Russland nicht zu kriegerischen Maßnahmen gegen Deutschland verleiten. Daher behauptete die deutsche Reichsleitung Grenzverletzungen und Bombenabwürfe von französischer Seite und nahm diese Propagandalügen zum 95 Anlass für die Kriegserklärung.
Am 4. August, nach einer deutschen Kriegserklärung an Russland, einer deutschen Kriegserklärung an Frankreich, einem deutschen Durchmarsch durch das neutrale Belgien, konnte Grey[2] 100 das gespaltete und zögernde England einigen – zu einem sofortigen Kriegseintritt gegen Deutschland, gegen die Macht, die das europäische Gleichgewicht zerstört hatte.
Es gibt nicht ein einziges Dokument in der Welt, das 105 die zentrale Wahrheit entkräften könnte, dass im Juli 1914 ein Kriegswille einzig und allein auf deutscher Seite bestand und dass alle Verabredungen auf Seiten der Entente nur der defensiven Sicherung ihrer Allianz dienten. 110

1 russischer Außenminister
2 britischer Außenminister

F. Fischer, Vom Zaun gebrochen – nicht hineingeschlittert; Deutschlands Schuld am Ausbruch des 1. Weltkriegs, aus: Die Zeit, 3. Sept. 1965.

Aufgaben

1. Nennen Sie die Komponenten, aus denen sich das deutsche Kriegszielprogramm zusammensetzte.
   → Text, M1, M2, M5

2. Welche innen- und außenpolitischen Auswirkungen hatte die Proklamierung von übersteigerten Kriegszielen?
   → Text, M2

3. Der amerikanische Präsident W. Wilson versuchte die Grundlage für eine neue und dauerhafte Friedensordnung zu schaffen. Analysieren Sie die Prinzipien, auf denen sie beruhen sollte.
   → M4

4. Stellen Sie die Argumente für und wider eine deutsche Kriegsschuld zusammen.
   → Text, M4–M8

5. Erörtern Sie die These von der deutschen Alleinschuld.
   → Text, M6–M8

9.4 Ergebnisse und Folgen des Ersten Weltkrieges

Gefallene Soldaten im Ersten Weltkrieg

Deutsches Reich 1.808.500	
Rußland 1.700.000	
Frankreich 1.385.000	
Österreich-Ungarn 1.200.000	
Großbritannien 947.000	
Italien 460.000	
Serbien 360.000	
Türkei 325.000	
Rumänien 250.000	
USA 115.000	

66G

M 1

Der Erste Weltkrieg kann als der erste totale Krieg der Weltgeschichte bezeichnet werden. Er hatte nicht nur nachhaltige Rückwirkungen auf die Zivilbevölkerung, sondern er veränderte die gesamte Gesellschaft. Blockaden schnürten das Land ab, beeinträchtigten die Versorgung, die Wirtschaft wurde nach den Anforderungen des Krieges umstrukturiert und einer Militarisierung unterworfen. Die Macht verlagerte sich von den traditionellen Institutionen (Kaiser, Regierung, Parlament) auf die Oberste Heeresleitung (OHL). Deutschland erhielt zusehends den Charakter einer Militärdiktatur. Das galt insbesondere ab 1916, nachdem die damaligen Volkshelden Hindenburg und Ludendorff die OHL übernommen hatten. Mit zunehmender Kriegsdauer schwand die anfängliche Kriegsbegeisterung, und der allgemeine Burgfriede, der ab August 1914 zwischen den politischen Kräften im Reich herrschte, wurde brüchig. Die Spannungen führten zu einer politischen Polarisierung. Auf der einen Seite sammelten sich jene Kräfte, die einen Verständigungsfrieden anstrebten beziehungsweise einen Frieden ohne Annexionen und Kontributionen (Entschädigungen). Diese politischen Kräfte (Sozialdemokratie, Fortschrittsliberale und Zentrum) strebten zugleich die Abschaffung des Dreiklassen-Wahlrechts in Preußen und die Parlamentarisierung des politischen Systems an.

M 2

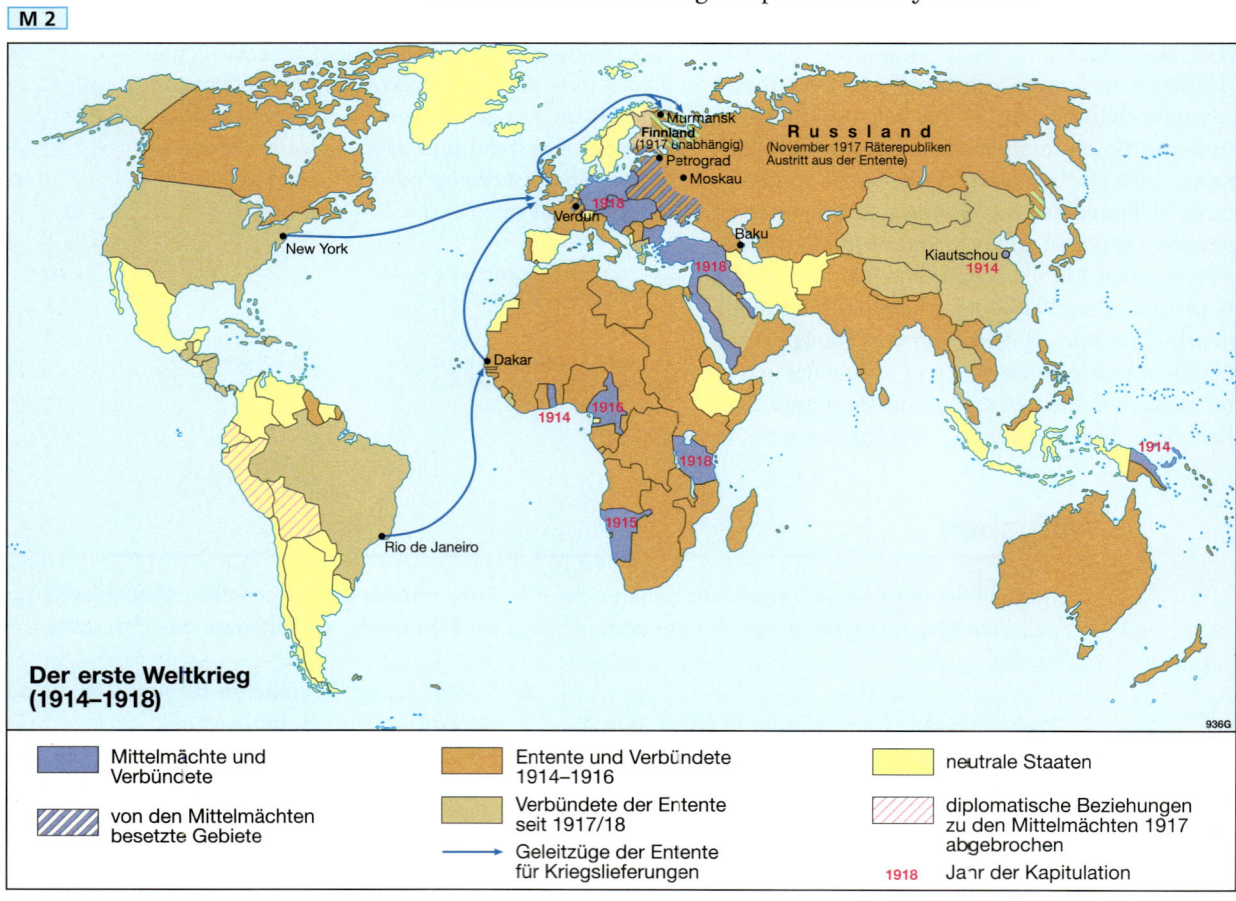

Der erste Weltkrieg (1914–1918)

936G

Mittelmächte und Verbündete		Entente und Verbündete 1914–1916		neutrale Staaten	
von den Mittelmächten besetzte Gebiete		Verbündete der Entente seit 1917/18		diplomatische Beziehungen zu den Mittelmächten 1917 abgebrochen	
		Geleitzüge der Entente für Kriegslieferungen		1918 Jahr der Kapitulation	

Auf Seiten der Konservativen propagierte man die entschlossene Fortführung des Krieges bis zum Sieg (Siegfrieden). In der Gründung der Deutschen Vaterlandspartei zeigte sich der Versuch der herrschenden Gesellschaftsschichten, die eigenen Machtpositionen kompromisslos zu verteidigen und sich dem verstärkten inneren Reformdruck entgegenzustellen. Man klammerte sich auch darum verzweifelt an den „Siegfrieden", weil man die soziale Revolution als Folge der militärischen Niederlage befürchtete.

Parlamentarisierung

Die sich im Herbst 1918 deutlich abzeichnende Niederlage veranlasste die OHL (Ludendorff/Hindenburg), die politische Verantwortung in die Hände von Zivilisten zu legen. Die Regierung wurde überdies von der OHL ersucht, ein sofortiges Waffenstillstandsangebot zu machen. Es wurden daraufhin auch Vertreter der Mehrheitsparteien in die Regierung berufen. Unter anderen traten Gustav Bauer und Philipp Scheidemann von der SPD und Matthias Erzberger von der Zentrumspartei in das Kabinett des Reichskanzlers Max von Baden ein. Das Ergebnis war die Parlamentarisierung im Oktober 1918. Dadurch wurde Deutschland verfassungsmäßig zu einer parlamentarischen Monarchie. Diese Verfassungsänderung entzog dem Kaiser die politische Macht. Nunmehr bedurfte der Reichskanzler für die Amtsführung des Vertrauens des Reichstags. Auch der Vorrang des Kaisers hinsichtlich der Armee entfiel. Diese Demokratisierung der politischen Ordnung konnte angesichts des Zusammenbruchs und der Novemberrevolution keine Wirksamkeit mehr entfalten. Sie kam zu spät.

Auswirkungen

Der Erste Weltkrieg kann in seiner historisch-politischen Bedeutung kaum überschätzt werden. Allein auf den Schlachtfeldern wurden zehn Millionen Menschen getötet. Die politische Ordnung Europas wurde aufs Schwerste erschüttert. Mit dem Sieg des Bolschewismus in Russland, dem Zusammenbruch der österreichisch-ungarischen Doppelmonarchie, dem Sieg des Faschismus in Italien und der Novemberrevolution in Deutschland veränderte sich das Machtgefüge in Europa. Vor dem Hintergrund massiver materieller und psychischer Verelendung sind die Krisen zu sehen, die den Aufstieg des Nationalsozialismus begünstigten beziehungsweise ermöglichten. Die Geschichte Europas im 20. Jahrhundert kann in ihrer Kontinuität nur verstanden werden, wenn der Erste-Weltkrieg in die historische Betrachtung einbezogen wird. Es gibt sogar Historiker, die von einem Dreißigjährigen Krieg (1914–1945) sprechen, um den inneren Zusammenhang beider Weltkriege zu betonen.

Der Erste Weltkrieg hinterließ eine Generation von jungen Leuten, die durch militärische Kameradschaft, Fronterlebnisse und die Erfahrung des Todes geprägt worden war. Entfremdet vom Zivilleben misslang vielen von ihnen nach 1918 die Integration in eine bürgerliche Erwerbswelt. Angetrieben durch die Erbitterung über einen angeblichen Verrat an der kämpfenden Truppe (Dolchstoßlegende), sannen diese jungen Männer auf Revanche. Im Frieden sahen sie nur einen einstweiligen Waffenstillstand. Einer dieser jungen Männer, die von der Kriegserfahrung nachdrücklich beeinflusst worden waren, hieß Adolf Hitler.

In der Folge des Ersten Weltkrieges zerbrachen vier große Monarchien (Deutschland, Russland, Österreich-Ungarn und das Osmanische Reich). Insbesondere durch die Auflösung der österreichisch-ungari-

M 3

Der Zerfall Österreich-Ungarns

87 G

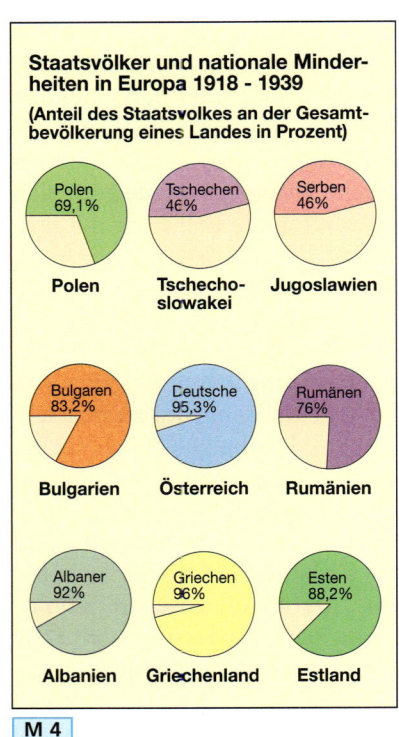

Staatsvölker und nationale Minderheiten in Europa 1918 - 1939
(Anteil des Staatsvolkes an der Gesamtbevölkerung eines Landes in Prozent)

Polen 69,1% — Polen
Tschechen 46% — Tschechoslowakei
Serben 46% — Jugoslawien

Bulgaren 83,2% — Bulgarien
Deutsche 95,3% — Österreich
Rumänen 76% — Rumänien

Albaner 92% — Albanien
Griechen 96% — Griechenland
Esten 88,2% — Estland

M 4

schen Doppelmonarchie entstanden in Osteuropa – gemäß dem Prinzip der nationalen Selbstbestimmung – neue Staaten, die aber selbst wieder nationale Minderheiten beherbergten. Die neuen territorialen Regelungen, die durch US-Präsident Wilson inspiriert worden waren, bargen ein enormes Konfliktpotenzial in sich. Die Instabilität der ost- beziehungsweise südosteuropäischen Staaten sollte sich im Laufe des 20. Jahrhunderts noch mehrfach erweisen.

Darüber hinaus stellte der Erste Weltkrieg die „historischen Weichen" für folgende weitere Entwicklungen:

- Die Vorrangstellung Europas war verloren gegangen.
- Die USA stiegen zur Weltmacht auf.
- Die anti-kolonialistischen Befreiungsbewegungen wurden gestärkt. Der Höhepunkt des Kolonialismus war überschritten.
- Die Sozialstrukturen, wie sie sich im Laufe des 19. Jahrhunderts entwickelt hatten, wurden erschüttert.
- Die Russische Revolution bildete die Grundlage für die Entwicklung der Sowjetunion. Sie stellte eine Herausforderung für die westlichen Staaten dar.
- In den bürgerlichen Demokratien erweiterte sich das politische Spektrum durch kommunistische und prä-faschistische Parteien.
- Die Novemberrevolution sowie die Gründung der Weimarer Republik in Deutschland resultierten aus der militärischen Niederlage.

Chronologie

11. April 1917	Gründung der Unabhängigen Sozialdemokratischen Partei (USPD); die SPD hatte sich gespalten aufgrund der Bewilligung der Kriegskredite.
14. Juli 1917	Nach dem Sturz Bethmann Hollwegs durch die OHL wird Georg Michaelis neuer Reichskanzler.
19. Juli 1917	Friedensresolution des Reichstags: Der Reichstag erstrebt einen Frieden der Verständigung und der dauernden Versöhnung der Völker.
2. Sept. 1917	Gründung der Deutschen Vaterlandspartei durch Alfred v. Tirpitz und Wolfgang Kapp; das Programm ist antidemokratisch, hegemonial, monarchistisch und antisemitisch.
1. Nov. 1917	Graf Hertling wird neuer Reichskanzler.
Januar 1918	Streikbewegung in vielen deutschen Städten (insgesamt etwa eine Million Streikende): Vor dem Hintergrund der Kriegsmüdigkeit und allgemeiner Unzufriedenheit fordert die Streikleitung einen Frieden ohne Annexionen und Reparationen sowie die Demokratisierung der innenpolitischen Verhältnisse.
29. Sept. 1918	Die OHL fordert die Regierung auf, ein Waffenstillstandsangebot zu machen.
3. Okt. 1918	Max v. Baden wird Reichskanzler an der Spitze einer Regierung, die von Zentrum, SPD und Fortschrittlicher Volkspartei gebildet wird.
28. Okt. 1918	„Parlamentarisierung": Verabschiedung verfassungsändernder Gesetze, mit denen im Deutschen Reich das parlamentarische Regierungssystem eingeführt wird.
28. Okt. 1918	Beginn der Meuterei der deutschen Hochseeflotte in Kiel; Bildung von Arbeiter- und Soldatenräten
9. Nov. 1918	Reichskanzler Max v. Baden verkündet die Abdankung des Kaisers. Philipp Scheidemann (SPD) ruft die Republik aus.

M 5 **Europa nach dem Ersten Weltkrieg**

Der Politikwissenschaftler und Historiker Karl Dietrich Bracher verweist auf drei weltgeschichtlich bedeutende Ideologien als Antworten auf den Ersten Weltkrieg:

Die meisten Antworten auf den Ersten Weltkrieg, um welche sich die europäische Politik in der Folge bemüht hat, führten zu einer Unterminierung [Untergrabung] und Infragestellung dessen, was
5 das Zeitalter Europas emporgebracht hatte. Ihre Wurzeln sind in der geistigen und materiellen Welt des 19. Jahrhunderts verankert, obgleich die politische Umsetzung dann als eine unmittelbare Folge des Weltkrieges erscheint. Es sind vorrangig drei
10 welthistorische Antworten zu nennen: Marxismus – Kommunismus; liberale Demokratie; Faschismus – Nationalsozialismus. Sie verkörpern das Neue und doch längst Angebahnte, sie sind die Antworten auf die Herausforderung nicht nur des Krieges, son-
15 dern auch auf industrielle Revolution, Modernisierung, Nationalismus und Imperialismus – jene Kräfte also, die sich im Krieg entluden. In diesen Antworten liegen Kriterien für die Deutung des Zeitalters, die dem Verfasser angemessener erschei-
20 nen als die gängige Vorstellung einer globalen Konfrontation von Revolution und Konterrevolution, wie sie damals und heute insbesondere die linke Polemik beherrscht. In allen drei Fällen bewirkte der Krieg ganz unmittelbar die Transformation
25 von Ideen des 19. Jahrhunderts in politische Herrschaftsformen der Nachkriegszeit. Erstens: Der Marxismus wurde zur Staatsdoktrin in der Revolution Lenins, die eher Staatsstreich zu nennen ist – jedenfalls eine direkte Frucht der militärischen Nie-
30 derlage des alten Regimes sowie der Unfähigkeit der demokratischen Revolution in Russland, den Krieg zu beenden und eine parlamentarische Republik zu organisieren. Zweitens: Die parlamentarische Demokratie galt als der eigentliche Sieger des

Krieges. Ihre Ausbreitung in die alten und neuen 35 Staaten Europas erscheint nicht zuletzt als Verwirklichung der Ideen Wilsons, mithin der entscheidenden Interventionsmacht der USA. Drittens: Faschismus und Nationalsozialismus waren das Ergebnis einer nationalen und autoritären Welle, 40 die sich in den vom Krieg frustrierten Ländern, zumal in Italien und Deutschland, gegen jene scheinbar siegreiche Demokratie wandten. Für sie ging der Kampf weiter: Ihre Allianz im Zeichen des Revisionismus [Rückgängigmachung] und schließ- 45 lich der Expansion sollte die Friedensordnung zu Fall bringen.

Diese drei Antworten auf den Ersten Weltkrieg zogen jede auf ihre Art ein Fazit der wesentlichen Strömungen, die der Krieg emporgetragen hatte: 50 Sozialismus, Demokratie und Nationalismus. Aber sie repräsentierten auch die drei Missverständnisse des Krieges, wenn sie diesen einer einseitigen oder einlinigen Interpretation unterwarfen. Das kollektivistische Missverständnis erblickte im 55 Krieg den unwiderstehlichen Schrittmacher eines künftigen Weltsozialismus; das autonomistische den endgültigen Sieg der Selbstbestimmungs- und Menschenrechte; das nationalistische den Wiederaufstieg oder die Vollendung des autarken 60 [wirtschaftlich unabhängigen] integralen Machtstaates. Den Missverständnissen folgten die Enttäuschungen und die Fehlreaktionen: für die Sozialisten die Enttäuschung, dass die internationale Revolution ausblieb oder von der Bevölke- 65 rung nicht akzeptiert wurde, für die Demokraten, dass die nationalstaatliche Selbstbestimmung nicht funktionierte, vielmehr neue Probleme schuf, sofern sie alte löste; für die Nationalisten die grandiose Fehlrechnung, mit einem zweiten 70 Akt des Weltkrieges doch die ausgebliebenen Machtgewinne zu erreichen.

K. D. Bracher, Die Krise Europas 1917–1975, Frankfurt/M. 1982, S. 20 f.

Aufgaben

1. Stellen Sie die Auswirkungen dar, die der Erste Weltkrieg auf die innere Situation in Deutschland hatte.
   → Text, M1, M2, M5

2. In welcher Weise veränderte der Erste Weltkrieg auch die gesamte internationale Ordnung?
   → Text, M2–M5

3. Der Erste Weltkrieg muss im Rückblick als ein Schlüsselereignis des 20. Jahrhunderts angese-

hen werden. Nennen und erläutern Sie die politischen Strömungen, die durch ihn emporgetragen wurden.
   → Text, M5

4. Analysieren Sie die Gründe für das Scheitern einer stabilen Friedensordnung nach 1918.
   → M4, M5

Fragen an die Geschichte

Warum sind Menschen immer wieder bereit, in den Krieg zu ziehen?

M 1 Kriegsausbruch 1914
„In fröhlichen Märschen Flandern entgegen"

Es ist viel darüber gerätselt worden, was Menschen – nicht nur in Deutschland – 1914 dazu gebracht haben könnte, mit Begeisterung in den Krieg zu ziehen. Dabei muss davon ausgegangen werden, dass die Bilder vom August 1914 weder gestellt noch anders manipuliert worden sind, so wie das in modernen Diktaturen oftmals Praxis war und ist. Einfache Antworten gibt es nicht. Vom Lust am Krieg ist die Rede, von Abenteuerlust, von aufgestauten Aggressionen, von Verteidigungsbereitschaft oder vom Ausbruch aus einer gesättigten Lebenswelt. Fest steht, dass trotz der Friedensdemonstrationen in Berlin und Paris, die es angesichts der Spannungen auch gegeben hat, eine große Bereitschaft vorhanden gewesen war, „zu den Fahnen zu eilen" – wie es damals hieß. Freiwilligkeit war an der Tagesordnung. Oberschüler hielten es vielfach hinter ihren Pulten nicht mehr aus und wollten „mitmachen". Und dieses Gefühl war in ganz Europa grenzüberschreitend vorhanden. Zumindest zu Kriegsbeginn im Sommer 1914 dominierte die patriotische Begeisterung, es kam Jubel auf – wie nach einem Befreiungsschlag. Zweifellos ahnten die Wenigsten, was auf sie zukommen würde.

Die meisten Deutschen, die im August 1914 die Eisenbahnwaggons Richtung Westen bestiegen, hatten die schnelle Kriegsentscheidung von 1870 im Sinn. Der Krieg schien „machbar", und man war sich des

M 2 Otto Dix, Der Krieg (1929–1932)

Gewöhnlich richtet sich die Aufmerksamkeit jedoch vor allem auf die furchtbaren Geschehnisse der Materialschlachten seit 1916, vor allem auf Verdun, die Somme und die Ypernschlachten. Einen Kontrast zum Geschehen des Stellungskrieges an anderen Frontabschnitten bilden sie letztlich vor allem durch die immens höhere Intensität des Feuers. Darüber hinaus sind diese Schlachten zum Symbol für die Sinnlosigkeit eines massenhaften Tötens ohne konkreten militärischen Nutzeffekt geworden. Sie zeugen damit von der dem industriellen Krieg immanenten grausamen Irrationalität.

R. v. Dülmen (Hg.), Erfindung des Menschen, Wien 1998, S, 413.

Ruhmes gewiss. Die Orientierung an der Vergangenheit erwies sich als Fehler, denn der Erste Weltkrieg sollte nicht nur viel länger dauern als der relativ kurze Waffengang vom Herbst 1870, sondern er sollte auch mit neuen Waffen (darunter Tanks, Flugzeuge, Maschinengewehre, Flammenwerfer und Giftgas) durchgeführt werden. Der Erste Weltkrieg war der historisch neuartige Krieg von entwickelten Industriegesellschaften mit ihrem extrem gesteigerten Zerstörungspotenzial. Den Massenheeren des 20. Jahrhunderts entsprachen am Ende die massenhaften Opfer: als Tote, Verwundete, Verstümmelte und psychisch Erkrankte. Unabhängig davon, dass es auch legitime Gründe für einen Krieg geben kann, zum Beispiel zur Verteidigung oder aus humanitären Gründen zur Verhinderung von Völkermord, kann Kriegsbereitschaft auch systematisch produziert werden. Insbesondere undemokratische beziehungsweise unkontrollierte Regierungen und Autoritäten können ihren Einfluss gezielt einsetzen, um in Menschen (Bürgern, Untertanen) eine Bereitschaft zum Kriege zu fördern. In diesem Zusammenhang spielen die Erziehungseinrichtungen und Massenmedien eine kaum zu überschätzende Rolle:

M 3 **Verherrlichung des Opfers**

- Nationalistische Gefühle können im Volk geweckt werden, die oft eine aggressive Grundierung erhalten.
- Die Außenwelt wird als feindlich dargestellt, sodass Ängste, Überlebensinstinkte und Defensiv-Aggressionen geweckt werden. (1914 hieß es zum Beispiel: „Deutschland ist von Feinden umgeben.")
- Feindbilder werden verfestigt. Das kann der „welsche (französische) Barbar", das „perfide (hinterhältige) Albion" (Britannien) oder auch der „Klassenfeind" sein.
- Eine militaristische Erziehung setzt oft schon im Kindergarten ein und findet in der Schule ihre Fortsetzung (in der ehemaligen DDR hieß das „sozialistische Wehrerziehung").
- Appelle an die nationale Ehre, an das Pflichtgefühl des Einzelnen oder an dessen Opfermut erweisen sich in bestimmten Situationen als wirkungsvoll.
- Der politisch-religiöse Fundamentalismus legitimiert das Töten als „gottgewollten und heiligen Krieg" gegen die „Ungläubigen".
- Der Krieg kann systematisch verharmlost werden („Ausflug nach Paris").

Erziehung und Propaganda vermögen manches zu erklären. Auch die Humanbiologie, die Ethologie (Verhaltenslehre) und Anthropologie (Lehre vom Menschen) können Wesentliches zur Beantwortung der Frage nach der Bereitschaft zum Krieg beitragen. Aber selbst dann bleibt ein unaufklärbarer Rest.

M 4 **Sozialistische Wehrerziehung in der DDR (1982)**
Kinder im Minipanzer bei einer Feldparade in Dresden nach einem Pioniermanöver

Aufgaben

1. Beschreiben und interpretieren Sie das Bild von Otto Dix. Welche psychologischen Auswirkungen hatte der Krieg auf die Kriegsteilnehmer?

2. Kriegsbereitschaft kann von Seiten der jeweils Herrschenden produziert werden. Welche psychologischen Aspekte fördern die Kriegsbereitschaft? Diskutieren Sie, wie man ihr entgegenwirken kann.

Wer hat im **Weltkrieg** dem deutschen Heere den Dolchstoß versetzt? Wer ist schuld daran, daß unser Volk und Vaterland so tief ins Unglück sinken mußte? Der Parteisekretär der Sozialdemokraten **Vater** sagt es nach der Revolution 1918 in Magdeburg:

> „**Wir** haben unsere Leute, die an die Front gingen, zur Fahnenflucht veranlaßt. Die Fahnenflüchtigen haben wir organisiert, mit falschen Papieren ausgestattet, mit Geld und unterschriftslosen Flugblättern versehen. **Wir** haben diese Leute nach allen Himmelsrichtungen, hauptsächlich wieder an die Front geschickt, damit sie die Frontsoldaten bearbeiten und die Front zermürben sollten. Diese haben die Soldaten bestimmt, überzulaufen, und so hat sich der Verfall allmählich, aber sicher vollzogen."

Wer hat die Sozialdemokratie hierbei unterstützt? Die Demokraten und die Leute um Erzberger. Jetzt, am 7. Dezember, soll das Deutsche Volk den

zweiten Dolchstoß

erhalten. Sozialdemokraten in Gemeinschaft mit den Demokraten wollen uns

zu Sklaven der Entente machen,

wollen uns für immer zugrunde richten.

Wollt ihr das nicht,
dann
Wählt deutschnational!

10. Die Weimarer Republik

Das Plakat der Deutschnationalen Volkspartei (DNVP) stammt aus dem Jahr 1924. Es illustriert auf sinnfällige Weise eine Vorstellung, die aus dem ideologischen Arsenal rechtskonservativer, antidemokratischer Kreise stammte und als Dolchstoßlegende in die Geschichte eingegangen ist. Sie besagt, dass die Niederlage im Weltkrieg auf das Wirken der demokratischen Politiker zurückzuführen sei, die dem kämpfenden und unbesiegten Feldheer in den Rücken gefallen seien. Im Kern war die Dolchstoßlegende gegen die Existenz der Weimarer Republik gerichtet. Sie diente dazu, die Republik ideologisch auszuhebeln und sie ihrer Legitimität zu berauben.

Nicht genug damit, dass in den Augen vieler Zeitgenossen die Weimarer Republik mit dem Makel der Niederlage behaftet war, nun wurde durch die propagandistische Verbreitung solcher Plakate der Eindruck erweckt, als hätte die Niederlage Ende 1918 vermieden werden können, wenn nicht Verrat im Spiele gewesen wäre. Und anknüpfend an diese emotionale Einstimmung suggeriert das Plakat von 1924 nun noch einen zweiten Dolchstoß durch diejenigen, die bereit waren, mit den Siegermächten zu kooperieren. Für sie wurde der diffamierende Ausdruck „Erfüllungspolitiker" in Umlauf gebracht.

Den Humus, auf dem die Dolchstoßlegende gedeihen konnte, bildete eine desorientierte Bevölkerung, die von der Plötzlichkeit des Zusammenbruchs im Herbst 1918 zutiefst überrascht wurde. Deutsche Soldaten standen zu diesem Zeitpunkt im Osten und im Westen außerhalb der deutschen Grenzen. Manipuliert durch eine zensierte Presse, war die Öffentlichkeit auf eine Niederlage mental nicht vorbereitet. Nur so konnte der Verdacht auf Verrat und Verschwörung aufkeimen.

Die historischen Ursprünge der Dolchstoßlegende liegen bei Ludendorff und Hindenburg. Zusammen bildeten sie seit 1916 die Oberste Heeresleitung (OHL) und somit das eigentliche Machtzentrum des Deutschen Reiches im Krieg. Ludendorff gelang es – taktisch geschickt – angesichts des drohenden Endes die Vertreter eines Verständigungsfriedens in die Regierung berufen zu lassen. Damit entzog sich die OHL ihrer eigenen Verantwortung.

Faktisch war bereits Mitte 1918 der Krieg verloren. Die strategische Situation des Deutschen Reiches verschlechterte sich fortlaufend aufgrund des massiven Auftretens der USA auf dem Kriegsschauplatz in Frankreich. Die USA veränderten mithilfe frischer Truppen (1,2 Millionen Soldaten) das relative Gleichgewicht an der Westfront, sodass es nur eine Frage der Zeit war, bis den Westalliierten ein Durchbruch im großen Stil gelingen würde. Rohstoff- und Versorgungsmängel, Demoralisierung und Kriegsmüdigkeit taten ein Übriges dafür, die Kampfbereitschaft der deutschen Soldaten zu mindern. Der Krieg war faktisch verloren.

Die Dolchstoßlegende trug mit dazu bei, dass die Weimarer Republik letzten Endes nicht die Zustimmung ihrer Bürger erhielt – eine „belagerte Republik" wurde.

10.1 Die Novemberrevolution

Politische, soziale und militärische Voraussetzungen

Der Beginn des Ersten Weltkrieges im August 1914 war von weiten Teilen der deutschen Bevölkerung begeistert begrüßt worden, da allgemein die Vorstellung eines kurzen Waffenganges verbreitet gewesen war. Als diese Hoffnung sich nicht erfüllte und der deutsche Vorstoß nach Westen zu einem Stellungskrieg erstarrte, veränderten sich unter dem Einfluss des Krieges die deutsche Gesellschaft und die politischen Verhältnisse. Mit der Fortdauer des Krieges sowie der Unterordnung der gesamten Gesellschaft unter militärische Erfordernisse verlagerte sich die politische Macht zusehends an die militärische Spitze der Obersten Heeresleitung (OHL). Diese lag ab 1916 in den Händen von Hindenburg und Ludendorff, die in die Rolle von heimlichen Militärdiktatoren hineinwuchsen.

1914 waren die wesentlichen politischen Kräfte bereit gewesen, ihre Interessen zurückzustellen, um so die innenpolitischen Voraussetzungen für einen deutschen Sieg zu schaffen. Diese Politik des Burgfriedens zerbrach, und der politische Konsens wich einer zunehmenden Polarisierung. Auf der einen Seite standen die Mehrheitsparteien im Reichstag (SPD, Fortschrittspartei, Zentrum). Sie drängten auf einen Kompromissfrieden ohne Annexionen, Abschaffung des preußischen Dreiklassenwahlrechts sowie Demokratisierung der autoritär-obrigkeitsstaatlichen Gesellschaft. Ihnen gegenüber standen die konservativen Anhänger eines Siegfriedens, die ab 1917 in der Vaterlandspartei organisiert waren.

Als im Herbst des Jahres 1918 die militärische Niederlage zur Gewissheit wurde, drängte die OHL auf eine Parlamentarisierung. Diese wurde vollzogen und brachte unter anderem die parlamentarische Verantwortlichkeit des Reichskanzlers sowie eine allgemeine politische Aufwertung des Reichstags. Durch diese Reform – bisweilen auch als „Revolution von oben" bezeichnet – war fast unter Ausschluss der Öffentlichkeit aus dem monarchistischen Obrigkeitsstaat eine parlamentarisch-demokratische Monarchie geworden.

Das deutsche Volk hatte unter dem Krieg außerordentlich zu leiden. Hunger und Entbehrungen waren ab 1917 weit verbreitet. Die Blockade der Alliierten verschlechterte die Versorgung mit lebensnotwendigen Gütern. Kriegsmüdigkeit und Friedenssehnsucht wuchsen ständig, als der wiederholt angekündigte Sieg ausblieb. Die ungleiche Verteilung der Kriegslasten („Kriegsgewinnler") stärkte die Protestbereitschaft.

Das Eingeständnis der militärischen Niederlage musste wie ein Schock wirken, da eine systematische Zensur den Einblick der Öffentlichkeit in die tatsächliche Lage bis dahin verhindert hatte. Überspannte Hoffnungen auf den großen Sieg brachen unversehens zusammen.

Meuterei der Matrosen

In dieser Situation beschloss die deutsche Seekriegsleitung die Ausfahrt der Hochseeflotte in Richtung England. Diese Flotte, die bei Kriegsbeginn 1914 eine wesentliche Ursache für die deutsch-britische Feindschaft gewesen war, hatte aufgrund der britischen Überlegenheit die vergangenen Kriegsjahre fast ausschließlich in den schützenden Heimathäfen verbringen müssen.

M 1 Das Titelblatt des Simplicissimus vom 3. Dezember 1918

Die große Mehrheit der Matrosen teilte nicht die bei hohen Marineoffizieren verbreitete Idee eines ruhmvollen Untergangs. Im Gegenteil: Die Matrosen empfanden dieses Vorhaben als einen sinnlosen Opfergang. Ihre Weigerung mündete in einer spontanen und unorganisierten Bewegung, die kaum auf Widerstand stieß. Die Stützen der alten Ordnung schienen erstarrt zu sein. In dieses Machtvakuum hinein bildeten sich erst Soldatenräte, dann Arbeiter- und Soldatenräte, und übernahmen – vorwiegend in den Städten – die Macht.

Die Bildung der Provisorischen Regierung

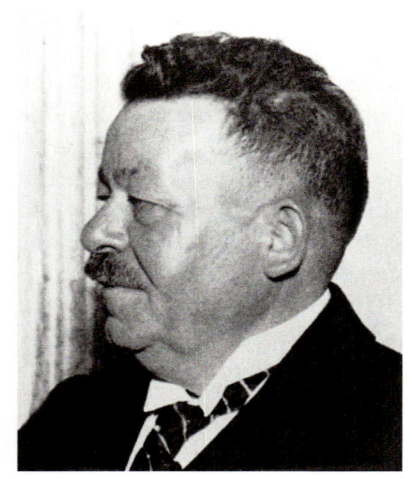

Friedrich Ebert (1871–1925)
Parteivorsitzender der SPD, erster Präsident der Weimarer Republik von 1919 bis 1925, war kein Revolutionär. Er strebte eine Demokratie nach westlichem Vorbild an. Am Ende seiner Amtszeit wurde er das Opfer einer maßlosen politischen Hetze der politischen Rechten.

Im Unterschied zur Oktoberrevolution 1917 in Russland war die Novemberrevolution in Deutschland nicht das Ergebnis des ziel- und machtbewussten Vorgehens einer revolutionären Partei wie die der Bolschewiki in Russland. Der mit ihnen sympathisierende Spartakusbund spielte zu diesem Zeitpunkt noch eine politisch untergeordnete Rolle. Der Umsturz im November 1918 geschah spontan in der Atmosphäre eines politischen Machtvakuums. Angesichts der militärischen Niederlage blieben die „kaiserlichen Gewalten" wie gelähmt und wichen handlungsunfähig zurück. Die eigentliche Politisierung beziehungsweise Radikalisierung der linken und rechten Strömungen vollzog sich erst zu einem späteren Zeitpunkt: während des Bürgerkrieges 1919.

„Wir können nicht sagen, wir haben die Revolution ‚gemacht', aber wir sind nicht ihre Gegner gewesen." Dieser Ausspruch des SPD-Politikers Wels zeigt das zwiespältige Verhältnis der SPD zu der neuen politischen Massenbewegung. Die SPD machte sich viele Forderungen erst nachträglich zu eigen, nicht zuletzt um die spontane Bewegung unter Kontrolle zu bringen. Das galt auch in Bezug auf die Kaiserfrage. Ihre Forderung nach Absetzung des Monarchen und Umwandlung Deutschlands in eine Republik spiegelte die allgemeine Radikalisierung wider.

Als der amtierende Reichskanzler Max von Baden erkannte, dass der Kaiser aus außenpolitischen (Druck von Seiten der USA) und innenpolitischen Gründen nicht zu halten war, veröffentliche er ein nicht-autorisiertes Abdankungstelegramm Wilhelms II. Daraufhin übergab er eigenmächtig die Regierungsgeschäfte dem SPD-Vorsitzenden Friedrich Ebert (9. November 1918).

Am gleichen Tag noch rief der SPD-Politiker Philipp Scheidemann vom Balkon des Reichstages die demokratische Republik aus, während (sein Gegenspieler) Karl Liebknecht vom Spartakusbund fast zeit-

M 2

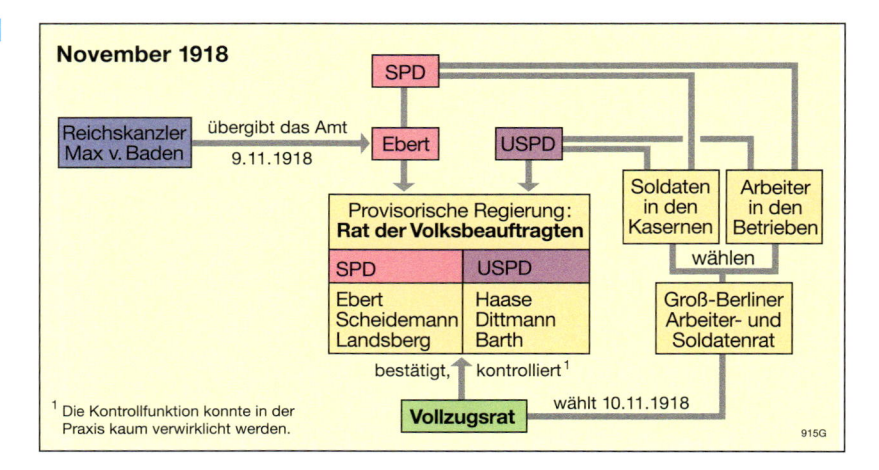

253

gleich die sozialistische Republik proklamierte. Die SPD sowie die linkssozialistische Unabhängige Sozialdemokratische Partei (USPD) einigten sich auf eine neue provisorische Regierung und bildeten den „Rat der Volksbeauftragten". Ebert versicherte sich der militärischen Unterstützung. Er und General Groener von der OHL vereinbarten eine künftige Zusammenarbeit.

Durch die halblegale Machtübertragung aus den Händen seines Vorgängers verkörperte Ebert als Reichskanzler die Kontinuität des Amtes. Gleichzeitig besaß er als Vorsitzender im Rat der Volksbeauftragten eine revolutionäre Legitimität.

Rätesystem oder parlamentarische Demokratie?

Parallel zum Rat der Volksbeauftragten bildete sich in Berlin der Groß-Berliner Arbeiter- und Soldatenrat, der sich als revolutionäres Organ verstand und daher Kontrollbefugnisse über die provisorische Regierung beanspruchte. Es entstand ein Konkurrenzverhältnis zwischen der Regierung und den Räten. In diesem Konflikt konnte sich die Regierung sowohl auf das Militär als auch auf die traditionelle Verwaltung stützen.

Die Räte verstanden sich als Organe, deren Aufgabe es war, die Revolution gegen die „alten Mächte" – Militär, Industrie, Bürokratie – zu sichern. Spartakisten und Teile der USPD befürworteten eine radikale Form der Revolution. Auf der Basis einer sozialisierten Industrie strebten sie die politische Ordnung eines Rätesystems an und orientierten sich dabei weitgehend am Vorbild des bolschewistischen Russland.

Die Hauptströmung der gesellschaftlichen Erneuerung Ende 1918 repräsentierte die Mehrheitssozialdemokratie im Bündnis mit den Liberalen und der katholischen Zentrumspartei. Sie strebte eine parlamentarische Demokratie nach westeuropäischem Muster an. Dazu gehörte die Abschaffung des preußischen Dreiklassenwahlrechts, die Einführung des allgemeinen Wahlrechts auch für Frauen und die Einrichtung einer parlamentarisch-verantwortlichen Regierung, das bedeutete in diesem Zusammenhang die Abhängigkeit der Regierungsausübung von einer Mehrheit im Reichstag.

Die Wahlen zum Reichsrätekongress offenbarten das Kräfteverhältnis innerhalb der Arbeiterbewegung. Die Räte waren in ihrer erdrückenden Mehrheit keineswegs kommunistisch oder bolschewistisch orientiert. Von den etwa 500 Delegierten vertraten etwa 300 die SPD und knapp 100 die USPD; nur 10 Delegierte gehörten dem Spartakusbund an. Der Rest war parteilos oder bürgerlich-demokratisch eingestellt. Einer der Konflikte, die den Kongress im Dezember 1918 spalteten, entzündete sich an der Frage, ob Wahlen zu einer Nationalversammlung abgehalten werden sollten. Der Rätekongress beschloss mit großer Mehrheit diese Wahlen und stellte damit die Weichen für die Einführung eines parlamentarischen Systems.

Der Reichsrätekongress zeigte, dass die Voraussetzungen für die Einführung eines revolutionären Rätesystems fehlten. Eine solche Neuordnung wurde selbstverständlich nicht nur von den (abwartenden) bürgerlich-konservativen Kräften abgelehnt, sondern selbst innerhalb der Arbeiterbewegung war dieser Weg nicht mehrheitsfähig. Die tonangebende sozialdemokratische Führung unter Ebert und Scheidemann war antirevolutionär eingestellt und sah in der Räteherrschaft eine Form der Diktatur, die es auch mit Blick auf das bolschewistische Russland zu verhindern galt.

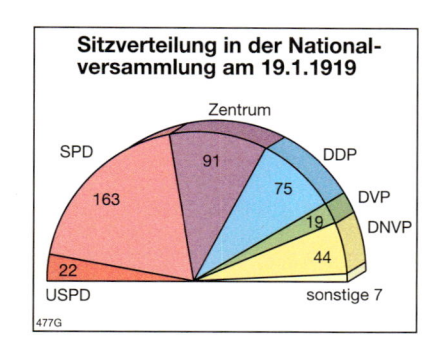

**Sitzverteilung in der National-
versammlung am 19.1.1919**

Zentrum
SPD
91
DDP
163
75
DVP
19
DNVP
22
44
USPD
sonstige 7
477G

Die Wahl zur Nationalversammlung am 19. Januar 1919 fand nach einem neuen Verfahren statt, das durch die Begriffe Verhältniswahl, Frauenwahlrecht und Senkung des Wahlalters auf 20 Jahre gekennzeichnet war. Ihr Ergebnis verhieß eine solide Basis für die neue republikanische Ordnung. Zwar erfüllten sich nicht die Erwartungen der SPD auf eine absolute Mehrheit, aber die „Weimarer Koalition", bestehend aus SPD, Zentrum und DDP (Deutsche Demokratische Partei), errang einen überwältigenden Wahlsieg.

Diese parlamentarische Mehrheit bildete das Fundament für die Verabschiedung der Weimarer Reichsverfassung, die im Wesentlichen vom liberalen Staatsrechtler Hugo Preuß entworfen wurde. Sie trat am 11. August 1919 in Kraft.

Die Novemberrevolution 1918/19 – Versuch einer Einordnung

Die Novemberrevolution hat bis heute in der historischen Forschung keine einhellige Beurteilung gefunden.

Einigkeit herrscht unter den Historikern in Bezug darauf, dass die Novemberrevolution das Produkt der militärischen Niederlage Deutschlands im Ersten Weltkrieg gewesen sei. Aber bereits bei der Frage, wie groß die Handlungsspielräume der damaligen Politiker für einen radikalen Neubeginn gewesen seien, scheiden sich die Geister.

Politisch war eine einschneidende Änderung durch die Parlamentarisierung vom 28. Oktober 1918 bereits erreicht worden. Die Parlamentarisierung hatte dem Kaiser die Macht entzogen und die politische Rechte des Reichstages gestärkt. Die Reichsregierung bedurfte nunmehr des Vertrauens der Volksvertretung. Dieser Verfassungsänderung, die formal eine parlamentarische Monarchie begründete, folgte wenig später der Sturz der Monarchen und Fürsten in Deutschland. Diese politische Revolution, aus der die Republik hervorging, wurde aber nicht von wirtschaftlichen und personellen Umschichtungen flankiert. Die Umwälzung von 1918 bedeutete keine soziale Revolution. Wichtige politische Kräfte in Verwaltung, Armee, Justiz und Wirtschaft vermochten ihre Machtpositionen vom Kaiserreich in die Republik hinüberzuretten.

Chronologie

29. Sept. 1918	Die OHL fordert die Reichsregierung auf, ein Waffenstillstandsangebot an die Westmächte herauszugeben sowie die Regierung umzubilden.
4. Okt. 1918	Waffenstillstandsersuchen an den amerikanischen Präsidenten Wilson
24. Okt. 1918	Abschaffung des preußischen Dreiklassenwahlrechts
28. Okt. 1918	Beginn der Meuterei von Teilen der Hochseeflotte
28. Okt. 1918	Änderung der Verfassung (Parlamentarisierung)
4. Nov. 1918	Bildung des Kieler Arbeiter- und Soldatenrats
8. Nov. 1918	Kurt Eisner (USPD) ruft die bayerische Räterepublik aus, die sich unabhängig von der Kieler Matrosenbewegung gebildet hat.
9. Nov. 1918	Ausrufung der Republik: Philipp Scheidemann (SPD) und Karl Liebknecht (Spartakus)
10. Nov. 1918	Bildung des Rats der Volksbeauftragten
11. Nov. 1918	Unterzeichnung des Waffenstillstands
16. Dez. 1918	Beginn des Reichskongresses der Arbeiter- und Soldatenräte in Berlin
19. Jan. 1919	Wahlen zur Nationalversammlung

M 3 Deutsches Reich: Kriegsrationen und Friedensverbrauch

Während des Krieges waren die Lebensmittel rationiert. Die folgende Statistik spiegelt die relative Lebensmittelversorgung wider:

(Friedensverbrauch = 100)	Juli 1916 bis Juni 1917	Juli 1917 bis Juni 1918	Juli 1918 bis Dez. 1918
Fleisch	31	20	12
Fisch	51	–	5
Eier	18	13	13
Schmalz	14	11	7
Butter	22	21	28
Käse	3	4	15
Reis	4	–	–
Hülsenfrüchte	14	1	7
Zucker	49	56–67	80
Pflanzliche Fette	39	41	17
Kartoffeln	71	94	94
Mehl	53	47	48

Zit. nach: G. Hardach, Der Erste Weltkrieg, München 1973, S. 130.

M 4 Anzahl der Streiks (1914–1918)

	Jan.–Aug. 1914	Aug. 1914	Sept. bis Dez 1914	1915	1916	1917	1918
Streiks	1199	0	24	141	240	562	773
Streikende	94014	0	1126	12866	124188	651461	1304248

Zit. nach: J. Berlin (Hg.), Die deutsche Revolution 1918/19, Quellen und Dokumente, Köln 1979, S. 39.

M 5 Eingeständnis der militärischen Niederlage

General Ludendorff (1865–1937) hatte zusammen mit Hindenburg die militärische Gesamtleitung im Krieg inne. Ende September 1918 sagte er vor Vertrauten:

Er [Ludendorff] sagte ungefähr Folgendes: Er sei verpflichtet, uns zu sagen, dass unsere militärische Lage furchtbar ernst sei. Täglich könne unsere Westfront durchbrochen werden. Er habe darüber
5 in den letzten Tagen Sr. M. [Seiner Majestät] zu berichten gehabt. Zum 1. Mal sei der O.H.L. von Sr. M. bzw. vom Reichskanzler die Frage vorgelegt worden, was sie und das Heer noch zu leisten imstande seien. Er habe im Einvernehmen mit dem
10 Generalfeldmarschall geantwortet: „Die O.H.L. und das deutsche Heer seien am Ende; der Krieg sei nicht nur nicht mehr zu gewinnen, vielmehr stehe die endgültige Niederlage wohl unvermeidlich bevor. Bulgarien sei abgefallen. Österreich und die
15 Türkei am Ende ihrer Kräfte würden wohl bald folgen. Unsere eigene Armee sei leider schon schwer verseucht durch das Gift spartakistisch-sozialistischer Ideen. Auf die Truppen sei kein Verlass mehr. Seit dem 8.8. sei es rapide abwärts gegangen. Fort-

gesetzt erwiesen Truppenteile sich so unzuverläs- 20 sig, dass sie beschleunigt aus der Front gezogen werden müssten. Würden sie von noch kampfwilligen Truppen abgelöst, so würden diese mit dem Rufe „Streikbrecher" empfangen und aufgefordert, nicht mehr zu kämpfen. Er könne nicht mit 25 Divisionen operieren, auf die kein Verlass mehr sei. So sei vorauszusehen, dass dem Feinde schon in nächster Zeit mithilfe der kampffreudigen Amerikaner ein großer Sieg, ein Durchbruch in ganz großem Stile gelingen werde, dann werde dieses 30 Westheer den letzten Halt verlieren und in voller Auflösung zurückfluten über den Rhein und werde die Revolution nach Deutschland tragen.
Diese Katastrophe müsse unbedingt vermieden werden. Aus den angeführten Gründen dürfe man 35 sich nun nicht mehr schlagen lassen. Deshalb habe die O.H.L. von Sr. M. und dem Kanzler gefordert, dass ohne jeden Verzug der Antrag auf Herbeiführung eines Waffenstillstandes gestellt würde bei dem Präsidenten Wilson von Amerika zwecks Herbeifüh- 40 rung eines Friedens auf der Grundlage seiner 14 Punkte.

Aus den Tagebuchblättern des Obersten von Thaer vom 1. Oktober 1918, zit. nach: G. A. Ritter, S. Miller, Die deutsche Revolution 1918–1919, Frankfurt 1968, S 23.

M 6 Forderungen der Kieler Matrosen

Nach dem erfolgreichen Matrosen-aufstand formulierte der Soldaten-rat die folgenden Forderungen (4. November 1918):

1. Freilassung sämtlicher Inhaftierten und politischen Gefangenen.

2. Vollständige Rede- und Pressefreiheit.

3. Aufhebung der Briefzensur.

5 4. Sachgemäße Behandlung der Mannschaften durch Vorgesetzte.

5. Straffreie Rückkehr sämtlicher Kameraden an Bord und in die Kasernen.

10 6. Die Ausfahrt der Flotte hat unter allen Umständen zu unterbleiben.

7. Jegliche Schutzmaßnahmen mit Blutvergießen haben zu unterbleiben.

8. Zurückziehung sämtlicher nicht zur

15 Garnison gehöriger Truppen.

9. Alle Maßnahmen zum Schutze des Privateigentums werden sofort vom Soldatenrat festgesetzt.

10. Es gibt außer Dienst keine Vorgesetzte mehr.

20 11. Unbeschränkte persönliche Freiheit jedes Man-nes von Beendigung des Dienstes bis zum Beginn des nächsten Dienstes.

12. Offiziere, die sich mit den Maßnahmen des jetzt bestehenden Soldatenrates einverstanden er-

25 klären, begrüßen wir in unserer Mitte. Alles Übrige hat ohne Anspruch auf Versorgung den Dienst zu quittieren.

13. Jeder Angehörige des Soldatenrates ist von jeg-lichem Dienste zu befreien.

30 14. Sämtliche in Zukunft zu treffenden Maßnah-men sind nur mit Zustimmung des Soldatenrates zu treffen.

Diese Forderungen sind für jede Militärperson Befehle des Soldatenrates.

35 Der Soldatenrat.

Zit. nach: G. A. Ritter, S. Miller, a. a. O., S. 44.

M 7 „Matrosen, Soldaten und Arbeiter verbrüdern sich"

Zeitungsbericht vom 7.11.1918 über die revolu-tionären Ereignisse am 6. November 1918 in Hamburg:

Das gellende Signal von Kiel hat auch die Hambur-ger Arbeiter und die Matrosen und Soldaten auf-gerufen. Am Mittwoch morgen wurde auf den Werften und sehr vielen anderen Betrieben die

M 8

Novemberrevolution in Deutschland

- ● 5./6. November 1918
- ● 7./8. November 1918
- ● 9. November 1918
- ○ 10. November 1918

Arbeit niedergelegt. Auf den im Hafen liegenden 5 Kriegsfahrzeugen wurde die rote Flagge gehisst als Zeichen, dass auch hier die Matrosen dem Beispiel ihrer Kieler Kameraden gefolgt sind.

Die Straßen zeigen ein verändertes Bild. Überall sah man bewaffnete Gruppen mit roten Schleifen 10 geschmückter Matrosen und Soldaten. Jeder Offi-zier wurde verhaftet und nach Abnahme seiner Waffen einige Stunden im Gewerkschaftshaus festgehalten.

Gegen 12 Uhr hatten sich in langen Zügen die Prole- 15 tarier Hamburgs, durchsetzt mit großen Massen be-waffneter Matrosen und Soldaten, auf dem Heilig-geistfeld eingefunden – insgesamt zirka 40000 Mann. […] Das Generalkommando hatte uns zum Heili-gengeistfelde einen Hauptmann gesandt, der uns 20 mitteilte, dass [General] v. Falk bereit sei, eine Abordnung zu empfangen.

[…] Genosse Wolffheim bedeutete dem Offizier, dass wir jetzt Wichtigeres zu tun hätten, als mit von Falk zu verhandeln, dass er es aber schon bemerken 25 würde, wenn die Demonstranten dort wären. Inzwischen war uns gemeldet, dass das General-kommando sehr stark mit Maschinengewehren und Truppen besetzt sei. Um unnötiges Blutver-gießen zu vermeiden, begaben sich die Genossen 30 Düwell und Wolffheim 20 Minuten vor dem Ein-treffen des Zuges in das Gebäude, um den General zu fragen, wie er sich gegenüber den Demonstran-ten zu verhalten gedenke. Zu unserer maßlosen

Brüder! Nicht schiessen!

M 9 **Übergabe der Garde-Ulanen-Kaserne in Berlin**
an die Mitglieder des Arbeiter- und Soldatenrates,
November 1918

35 Überraschung war der Falke ausgeflogen und niemand wusste, wohin er seinen – gar nicht stolzen –
Flug genommen hatte! Nur ein Registrator befand
sich noch im Gebäude, die Maschinengewehre und
Truppen waren entfernt worden. Von Falk [...] hat-
40 te sich feige zurückgezogen. [...]
Dies war uns der Beweis, dass wir die Stadt in den
Händen hatten. Was jetzt noch zu geschehen hatte, vollzog sich mit relativer Leichtigkeit. Die Bahn-
höfe wurden besetzt, die Kasernen übernommen.
45 Die Bezirkskommandos aufgehoben. Der gesamte
Verkehr ging in die Hände des Soldatenrates über,
der im Gewerkschaftshause seine Bureaus etabliert
hatte und mit bewunderungswürdiger Zielsicher-
heit und Entschlossenheit seine Weisungen erteilte,
50 die von den freien Proletariern im Waffenrock mit
peinlichster Sorgfalt durchgeführt wurden. [...]
Eine Vertretung des Arbeiter- und Soldatenrats
begab sich am Mittwoch, abends 6 1/2 Uhr, ins Rat-
haus, um mit dem Senat über die folgenden Forde-
55 rungen zu verhandeln:
Abberufung des Generals Falk.
Anerkennung des Soldatenrats durch das General-
kommando.
Festsetzung der Zeit einer Verhandlung zwischen
60 Generalkommando und Soldatenrat.
Übergabe des öffentlichen Verkehrs an den Soldatenrat.
Unterstellung der Lebensmittelversorgung unter
die Kontrolle des Arbeiterrats.

Sicherung der Papierversorgung für die Zwecke der 65
Bekanntmachungen des Arbeiter- und Soldaten-
rats. [...]
Der Soldatenrat übernahm die Verpflichtung, für
Aufrechterhalt der öffentlichen Ruhe und Sicher-
heit zu sorgen. 70
Die Arbeiter und Soldaten haben die politische
Macht in die Hand genommen, sie werden zeigen,
dass sie reif sind, von dieser Macht den richtigen
Gebrauch zu machen. Gegen den Mob und sonsti-
ge unlautere Elemente wird rücksichtslos einge- 75
schritten werden.

Zit. nach: G. A. Ritter, S. Miller, a. a. O., S. 52 ff.

M10 **Der Rat der Volksbeauftragten: Aufruf**
vom 12. November 1918

Die neue Regierung, die sich „Rat der Volksbeauf-
tragten" nannte, betonte ihren revolutionären
Ursprung. Sie verkündete:

An das deutsche Volk!
Die aus der Revolution hervorgegangene Regierung, deren politische Leitung rein sozialistisch ist,
setzt sich die Aufgabe, das sozialistische Programm
zu verwirklichen. Sie verkündet schon jetzt mit 5
Gesetzeskraft Folgendes:
1. Der Belagerungszustand wird aufgehoben.
2. Das Vereins- und Versammlungsrecht unterliegt
keiner Beschränkung, auch nicht für Beamte und
Staatsarbeiter. 10
3. Eine Zensur findet nicht statt.
4. Meinungsäußerung in Wort und Schrift ist frei.
5. Die Freiheit der Religionsausübung wird gewährleistet. Niemand darf zu einer religiösen Handlung
gezwungen werden. 15
6. Für alle politischen Straftaten wird Amnestie
gewährt. Die wegen solcher Straftaten anhängi-
gen Verfahren werden niedergeschlagen.
7. Das Gesetz über den vaterländischen Hilfsdienst
wird aufgehoben, mit Ausnahme der sich auf die 20
Schlichtung von Streitigkeiten beziehenden Bestimmungen.
8. Die Gesindeordnungen werden außer Kraft
gesetzt; ebenso die Ausnahmegesetze gegen die
Landarbeiter. 25
9. Die bei Beginn des Krieges aufgehobenen Arbei-
terschutzbestimmungen werden hiermit wieder in
Kraft gesetzt.
Weitere sozialpolitische Verordnungen werden
binnen kurzem veröffentlicht werden, spätestens 30
am 1. Januar 1919 wird der achtstündige Maximal-
arbeitstag in Kraft treten. [...] Die Regierung wird
die geordnete Produktion aufrecht erhalten, das

Eigentum gegen Eingriffe Privater sowie die Freiheit und Sicherheit der Person schützen.

35 Alle Wahlen zu öffentlichen Körperschaften sind fortan nach dem gleichen, geheimen, direkten, allgemeinen Wahlrecht auf Grund des proporzionellen Wahlsystems für alle mindestens 20 Jahre alten
40 männlichen und weiblichen Personen zu vollziehen. Auch für die konstituierende Versammlung, über die nähere Bestimmung noch erfolgen wird, gilt dieses Wahlrecht.

Berlin, den 12. November 1918.

45 Ebert, Haase, Scheidemann, Landsberg, Dittmann, Barth

Zit. nach: E. Forsthoff, Deutsche Geschichte seit 1918 in Dokumenten, Stuttgart 1938, S. 10.

M11 Rätekongress in Berlin (16.–20. Dezember 1918)

a) Rede des Vollzugsratsmitglieds Max Cohen-Reuss (SPD) am 19.12.1918:

Wie man auch über die Arbeiter- und Soldatenräte denken mag – ich denke ziemlich günstig über sie und werde darauf noch zurückkommen –, in jedem Falle drücken die Arbeiter- und Soldatenräte nur
5 einen Teilwillen, niemals aber den Willen des ganzen deutschen Volkes aus. Diesen festzustellen, darauf kommt es an.

[…] Um nun auf das zu kommen, was mich und meine Freunde von den Genossen der U.S.P. und wahr-
10 scheinlich auch von dem Koreferenten, dem Genossen Däumig, trennt, möchte ich Folgendes hervorheben. Die Genossen sagen: Wenn eine baldige Nationalversammlung zusammentritt, bekommen wir keine sozialistische Mehrheit, wir müssen des-
15 halb die Sozialisierung vorher so schnell wie möglich beschließen. Parteigenossen, ich bin direkt der gegenteiligen Auffassung. (Sehr richtig!) Wenn wir eine sozialistische Mehrheit bekommen wollen, müssen wir die Nationalversammlung so schnell
20 wie möglich einberufen. […] Wenn die Genossen der U.S.P., die an eine solche Mehrheit nicht glauben, sich mit der alten Partei [der SPD] für die Wahlen zusammentun, was mein sehnlichster Wunsch wäre, dann wird hier eine feste Reihe entstehen,
25 die alle bürgerlichen Parteien schlagen wird und schlagen muss. (Beifall bei der Mehrheit.)

[…] Wenn es aber innerhalb der Arbeiterschaft eine Gruppe geben sollte – und leider ist das die Spartakusgruppe, die dieses gemeinsame Vorgehen
30 nicht will, dann mag sie sich zur Wahl stellen, dann wollen wir sehen, wer hinter ihr steht. Parteigenossen! Lassen Sie mich bei dieser Gelegenheit

M12 Demonstration für das Rätesystem in Berlin im Dezember 1918

noch eines sagen! Es ist selbstverständlich, dass wir alle so viel Sozialismus wollen, wie durchführbar ist. Aber persönlich habe ich die Überzeugung, es wird 35 nicht mehr Sozialismus durchführbar sein, als die Mehrheit des Volkes will. Denn ein Sozialismus, der vorher durchgeführt wäre, hätte sehr geringen Bestand, wenn die Mehrheit des Volkes anderer Meinung wäre. 40

[…] Parteigenossen, schätzen Sie wirklich bei ganz ruhiger, nüchterner Überlegung den Widerstand der bürgerlichen Kreise und der Intelligenz so gering ein, das wir, wenn wir sie politisch entrechten, gegen ihren Willen die Wirtschaft führen kön- 45 nen? […]

Nun noch ein paar Worte über die Arbeiter- und Soldatenräte […]. Man wird zu der Erkenntnis kommen, dass ohne die Arbeiter- und Soldatenräte in den ersten Tagen wahrscheinlich schon die Katas- 50 trophe hereingebrochen wäre. (Sehr richtig!) Nur die Arbeiter- und Soldatenräte sind es gewesen, die die Ordnung aufrecht erhalten konnten und die soviel Autorität besaßen, dass nicht alles drunter und drüber ging; und ebenso, wie man zugeben 55 muss, dass sie manche Geldmittel verschwendet haben – aber wie wäre das in so ungeordneten Zuständen auch anders möglich! –, so haben die Arbeiter- und Soldatenräte auch Milliarden von deutschem Volksvermögen gerettet. (Sehr richtig!) 60 Ich meine also, die Arbeiter- und Soldatenräte hatten ihre Berechtigung und werden ihre Berechti-

gung auch weiter haben. Nur, glaube ich, müssen
sie an der Zentralstelle, die die Verfassung des Deut-
65 schen Reiches schaffen wird, der Nationalversammlung Platz machen.

Zit. nach: G. A. Ritter, S. Miller, a. a. O., S. 300 ff.

b) *Rede des Vollzugsratmitglieds Ernst Däumig
(USPD) am 19.12.1918:*

Wenn die Geschichte dieser Revolutionswochen in
Deutschland geschrieben wird, dann wird man sich
lächelnd fragen: Waren denn die Leute so blind,
dass sie nicht sahen, dass sie sich selbst den Strick um
5 den Hals legten? Denn das muss doch jedem klar
Denkenden einleuchten, dass die jubelnde Zustimmung zur Nationalversammlung gleichbedeutend
ist mit einem Todesurteil für das System, dem Sie
jetzt angehören, für das Rätesystem. (Sehr richtig –
10 Unruhe.) Und wenn Sie die Leidenschaft haben,
einen politischen Selbstmörderklub darzustellen,
ich lasse ihnen das Vergnügen, ich für meinen Teil
danke dafür. (Lebhafter Beifall, Zurufe!) […]
Was soll denn dieses Rätesystem neben einem sich
15 so breitspurig einnistenden parlamentarisch-demo-
kratisch-bürgerlichen System, wie es die Nationalversammlung einmal im Gefolge hat! Eine
leere Staffage, eine Marionette! Im Wirtschaftsleben
werden mithilfe der Nationalversammlung und des
20 Bürgertums die Gewerkschaften alten Stils natürlich die Arbeiterräte aus den Betrieben ganz schnell
herausgedrängt haben. (Zuruf.) – Das machen sie
heute schon und haben es schon gemacht.
[…] Lassen Sie sich nicht durch die Missgriffe und
25 Fehler der ersten Wochen irremachen. Überall sind
die Arbeiterräte impulsiv auf einmal aus der Erde
geschossen ohne gegenseitige Verständigung, so
dass manche Reibungen und Missverständnisse und
auch manche Missgriffe haben vorkommen müs-
30 sen. Aber das sind Kinderkrankheiten, die überwunden werden können und müssen. Das ist aber
nur möglich, wenn wir dieses System anerkennen.
Dann werden viele Klagen, die im Laufe der ersten
Zeit laut geworden sind, verstummen. Denn was
35 jetzt ist, ist doch nur ein Kompromiss zwischen
Revolution und altem System, (Sehr wahr!) aus dem
natürlich nichts Gutes herauskommen konnte. Die
alte Staatsmaschine mit all den Leuten, die bisher
an ihren verschiedenen Stellen gearbeitet haben,
40 ist ja noch beibehalten, und der Vollzugsrat, der
hier in Berlin gewirkt hat, hatte ebenso wie die
Arbeiter- und Soldatenräte in der Provinz nur ein
Kontrollrecht.

Zit. nach: G. A. Ritter, S. Miller, a. a. O., S. 306 ff.

M15 **Kennzeichnung von Räten**

*Räte (russisch Sowjets) bildeten sich zum ersten
Mal in der Russischen Revolution von 1905. Der
Politikwissenschaftler Peter von Oertzen erläutert
den Rätebegriff:*

Alle „Räte" richten sich gegen etwas, gegen eine
bestimmte politische oder wirtschaftliche Ordnung, gegen eine bestimmte gesellschaftliche Ordnung, gegen eine bestimmte gesellschaftliche
Machtverteilung. Der Grundzug der Räte kommt 5
zum Ausdruck: 1. in den sozialen Schichten, die sie
– in der Regel – vertreten, 2. in der Form ihres Wir-
kens, 3. in der Art ihrer Entstehung.
Zu 1: Gemeine Soldaten, Bauern und Kleinbürger,
Arbeiter, Angestellte oder unterdrückte Volks- 10
massen schlechthin waren in verschiedenen
geschichtlichen Situationen und mit verschiede-
nem Gewicht die Träger von Rätebewegungen.
Allen diesen Klassen bzw. Schichten ist gemeinsam, dass sie – sozial, wirtschaftlich, politisch – 15
unterdrückt oder entrechtet oder zumindest
abhängig sind, d. h., sich gegenüber bestimmten
herrschenden Schichten in einer gesellschaftlich
unterprivilegierten Position befinden. Sie sind –
sei es durch die politische Verfassung (z. B. durch 20
Wahlrechtsbeschränkung), sei es durch die Eigentumsordnung (z. B. als Lohnarbeiter) – von den
entscheidenden gesellschaftlichen Machtstellun-
gen: Offizierkorps, hohe Bürokratie, Parlament,
Wirtschaftsleitung, weitgehend ausgeschlossen 25
und haben auf deren Ausnutzung nur einen
geringen oder gar keinen Einfluss.
Zu 2: Gegen die politischen, sozialen und rechtlichen Organisationsformen oder Institutionen, in
deren Rahmen und mit deren Hilfe die herrschen- 30
den Schichten ihre Macht ausüben, richtet sich die
politische Form der Rätebewegung: eine radikale
direkte Demokratie. Durch sie wollen die bislang
unterprivilegierten Schichten unmittelbar einen
maßgebenden, wenn nicht überwiegenden Ein- 35
fluss auf die Besetzung und Tätigkeit der leitenden
Positionen in der Gesellschaft ausüben. […]
Zu 3: Entsprechend der gegen die jeweils bestehende gesellschaftliche Ordnung gerichteten, der
„revolutionären" Tendenz der Räte entstehen sie in 40
der Regel aus revolutionären Situationen, und das
spontane Handeln von Massen prägt ihre Entwicklung. Infolgedessen haftet den Räten weitgehend,
wenn auch nicht durchweg, der Charakter von
Revolutionsorganen an. 45

P. v. Oertzen, Betriebsräte in der Novemberrevolution, Berlin,
Bonn-Bad Godesberg 1976, S. 9 f.

Vergleich von Grundprinzipien der parlamentarischen Demokratie mit dem Rätemodell

Merkmale	Parlamentarische Demokratie	Rätemodell
Wählerschaft und Willensbildung	Gesellschaftsmitglieder in der Rolle des *einzelnen „Staatsbürgers";* individuelle Meinungsbildung; oft durch Parteien unterstützt; Wahl der „freien" Repräsentanten	Basiseinheiten (Arbeiter eines Betriebes, Wohneinheiten; aber auch „Senioren") in allen gesellschaftlichen Bereichen. Permanente öffentliche Diskussion (herrschaftsfreier Dialog); dabei einheitliche Willensbildung des *Kollektivs*
Repräsentation	*Abgeordnete* auf mehreren Ebenen von Parteien nominiert, unter Einfluss von (organisierten) Interessen; von Wahlberechtigten für bestimmte Perioden gewählt	*Räte* als System von Delegationskörperschaften („Pyramide") gewählt von den jeweils nachgeordneten Ebenen; keine Parteien, keine Verbände; alle öffentlichen Ämter durch Wahl besetzt
Mandat	*freies Mandat* (nur Gewissen unterworfen), mit faktischen Einengungen (Fraktions- und Parteidisziplin)	*imperatives Mandat;* jeder kann jederzeit abberufen werden (recall); Beschlüsse der entsendenden Einheiten sind zu vertreten (Rückkoppelung); Ämterrotation
Gewaltenteilung	*zentrales Prinzip,* insbesondere Regierung/Opposition (mit Minderheitenschutz); unabhängige Gerichte	*unnötig* (nach Aufhebung der Klassenherrschaft); Räte übernehmen exekutive, legislative und judikative Funktionen gleichzeitig.
Menschenbild	Mensch mit begrenzten Fähigkeiten und Möglichkeiten: jeder kann nicht alles machen. Persönliches Machtstreben begrenzen. Geringes Maß an sozialer Gleichartigkeit; Vielfalt der Interessen und Ideen	„Neuer Mensch" mit umfassenden analytischen, theoretischen und praktischen Fähigkeiten; kann verschiedenste Funktionen wahrnehmen; kein persönliches Machtstreben; hohes Maß an sozialer Gleichartigkeit

C. Böhret u. a., Innenpolitik und politische Theorie, Opladen 1979, S. 431.

M13 Die Novemberrevolution im Urteil der Historiker

a) Zusammenbruch oder Revolution? Der Historiker Golo Mann bezeichnet die Novemberrevolution als „unecht":

Echte Revolutionen, sagten wir, sind nichts Gutes. […] Macht man dagegen eine unechte Revolution, das ist eine solche, welche nur die politische Struktur umwirft, die gesellschaftliche aber
5 unangetastet lässt, so wird das neue Gebäude auf unsicherem Boden stehen; es wäre dann besser gewesen, das alte bestehen zu lassen und nur, vorsichtig, ein wenig anders einzurichten, so wie Max von Baden es im Oktober 1918 versucht hat-
10 te. Mit den Sozialdemokraten versucht hatte. Das war es ja eben, die Ereignisse des Novembers waren nicht gemacht worden, am wenigsten von jenen, die sich dann wohl oder übel an die Spitze stellten und sie übernahmen. Sie waren ein Zusammenbruch, unvorhergesehen und 15 unerwünscht, keine gemachte, schöpferisch geleitete Revolution. Folglich blieb der ganze Herrschafts- und Geistesapparat des Kaiserreichs erhalten: Verwaltung, Justiz, Universität, Kirchen, Wirtschaft, Generalität. Folglich war die 20 politische Macht schwach; sie arbeitete mit Bürokraten, Richtern, Lehrern, die wohl oder übel ihren Beruf weiter ausübten, ohne an die Republik zu glauben.

G. Mann, Deutsche Geschichte des 19. und 20. Jahrhunderts, Frankfurt 1958, S. 689 f.

261

b) Warum scheitert die proletarische Revolution? Der Historiker Imanuel Geiss betont die Unterschiede zwischen Deutschland und Russland:

Im Gegensatz zu Russland war Deutschland bereits ein hochindustrielles Land. [...]

1. Nur ein Teil der Arbeiterschaft identifizierte sich mit der proletarischen Revolution, weil der übrige
5 Teil, vermutlich die Mehrheit, sich bereits so weit in die Gesellschaft integriert fühlte, dass er – politisch bei den Konservativen, dem Zentrum, der MSPD (MSPD = Mehrheitssozialdemokratische Partei Deutschlands = SPD) gebunden – eine proletarische
10 Revolution ablehnte.

2. Das Bürgertum war quantitativ sehr viel stärker als in Russland und verfügte, wie schon erwähnt, bereits über so viele Machtpositionen, dass es sich 1918/19 nicht einfach beiseite schieben ließ. Teile des Bür-
15 gertums, vor allem des Kleinbürgertums und der Angestellten, lieferten daher auch eine städtische Massenbasis für konservative, ja reaktionäre Politik.

3. Die Bauern waren, nachdem 1848 die letzten feudalen Lasten im Wesentlichen gefallen waren, 1918
20 insgesamt überwiegend konservativ eingestellt, auf keinen Fall revolutionär, und gaben im Allgemeinen die ländliche Massenbasis für konservative bis reaktionäre Politik ab.

4. Ein proletarisch revolutioniertes Deutschland wäre dem militärischen Eingriff der bürgerlichen, 25 gerade eben siegreichen Großmächte des Westens so gut wie schutzlos ausgeliefert gewesen. Aus geografischen wie strukturellen Gründen hätte sich eine proletarische Revolution in Deutschland 1918/19 gegenüber einer militärischen Interventi- 30 on, wie sie im weiter abgelegenen Russland ja auch versucht wurde, kaum halten können. Schon die stärkere Verletzbarkeit der höher entwickelten, damit aber auch anfälligeren Wirtschaftsstrukturen mit einer einen höheren Lebensstandard gewöhn- 35 ten Bevölkerung durch einen Bürgerkriegs-Kommunismus hätte eine siegreiche proletarische Revolution in Deutschland nicht verkraften können. Hinzu kam die Abhängigkeit von außen für Lebensmittel und Rohstoffe, dramatisch unterstri- 40 chen und verstärkt durch die alliierte Seeblockade.

I. Geiss, Bürgerliche und proletarische Revolution, in: Aus Politik und Zeitgeschichte, Nr. 42/1975, S. 40 f.

Aufgaben

1. Die Dolchstoßlegende war das Instrument der politischen Rechten und hatte die Funktion einer Schuldzuweisung. Konfrontieren Sie die Legende mit den historischen Fakten.
→ Text, M5

2. Erläutern Sie die Auswirkungen des Krieges auf die sozialen Verhältnisse in Deutschland.
→ Text, M3, M4

3. Erklären Sie, aus welchem Kalkül heraus die OHL (Ludendorff) auf ein Waffenstillstandsgesuch drängte.
→ Text, M5

4. Überprüfen Sie, ob den 14 Punkten der Kieler Matrosen ein politisches Programm für die Neuordnung Deutschlands zugrunde lag.
→ M6

5. Wie erfolgte die Machtübernahme durch die Arbeiter- und Soldatenräte? Warum konnte sich die Matrosenbewegung so schnell ausbreiten?
→ Text, M7–M9

6. Stellen Sie die Argumente der beiden Redner für beziehungsweise gegen eine Nationalversammlung gegenüber.
→ Text, M11

7. Erläutern Sie, wie die politische Ordnung nach dem Sturz des Kaisers aussehen sollte.
→ Text, M10

8. Rekapitulieren Sie die Merkmale der Räteherrschaft und erörtern Sie, ob ein solches politisches System auch realisierbar ist.
→ M11, M13, M14

9. In welchen Situationen entstehen Räte und welche Aufgaben nehmen sie wahr?
→ Text, M13

10. Diskutieren Sie, ob Räte eine Alternative zum Parlamentarismus darstellen können.
→ M14

11. Inwiefern haftete der Revolution von 1918/19 eine Kompromissstruktur an?
→ Text, M15

12. Vergleichen Sie die revolutionären Ausgangsbedingungen in Russland (1917) und Deutschland (1918).
→ Text, M15

10.2 Politische Parteien und die Weimarer Verfassung

Die Wahlen zur Nationalversammlung am 19. Januar 1919 erbrachten eine überwältigende Mehrheit für die staatstragenden demokratischen Parteien. Die Aufgabe der Nationalversammlung bestand in erster Linie darin, eine neue Verfassung auszuarbeiten. Zu diesem Zweck trat sie in Weimar zusammen, weil Anfang 1919 in Berlin heftige Kämpfe tobten, die als „Spartakusaufstand" in die Geschichte eingegangen sind. Das mit der deutschen Klassik unauflösbar verbundene Weimar gab der neuen Republik ihren Namen. Die Konstituante verabschiedete eine Verfassung, die – beruhend auf Entwürfen des liberalen Staatsrechtlers Hugo Preuß – geprägt wurde durch die Furcht vor einer zu großen Parlamentsmacht. Vor diesem Hintergrund ist die verfassungsmäßig starke Position des Reichspräsidenten zu sehen, den man als eine Art „Ersatzkaiser" ansehen konnte. Er war Oberbefehlshaber der Streitkräfte; er ernannte und entließ die Regierung; er konnte das Parlament auflösen (Art. 25 WRV); und mit dem Artikel 48 stand ihm das Recht zu, Notverordnungen zu erlassen.

Die Weimarer Reichsverfassung integrierte mehrere Strukturmerkmale der europäischen Verfassungstradition:

- das Präsidialprinzip in der Institution des Reichspräsidenten,
- das Prinzip der repräsentativen Demokratie in der Institution des Reichstags,
- das Prinzip der plebiszitären Demokratie in der Einrichtung des Volksentscheids.

Die Weimarer Verfassung war auf dreifache Weise an den Grundsatz der Volkssouveränität gebunden:

- durch die Direktwahl des Reichspräsidenten,
- durch die Reichstagswahlen und
- durch unmittelbare Volksabstimmungen.

M 1

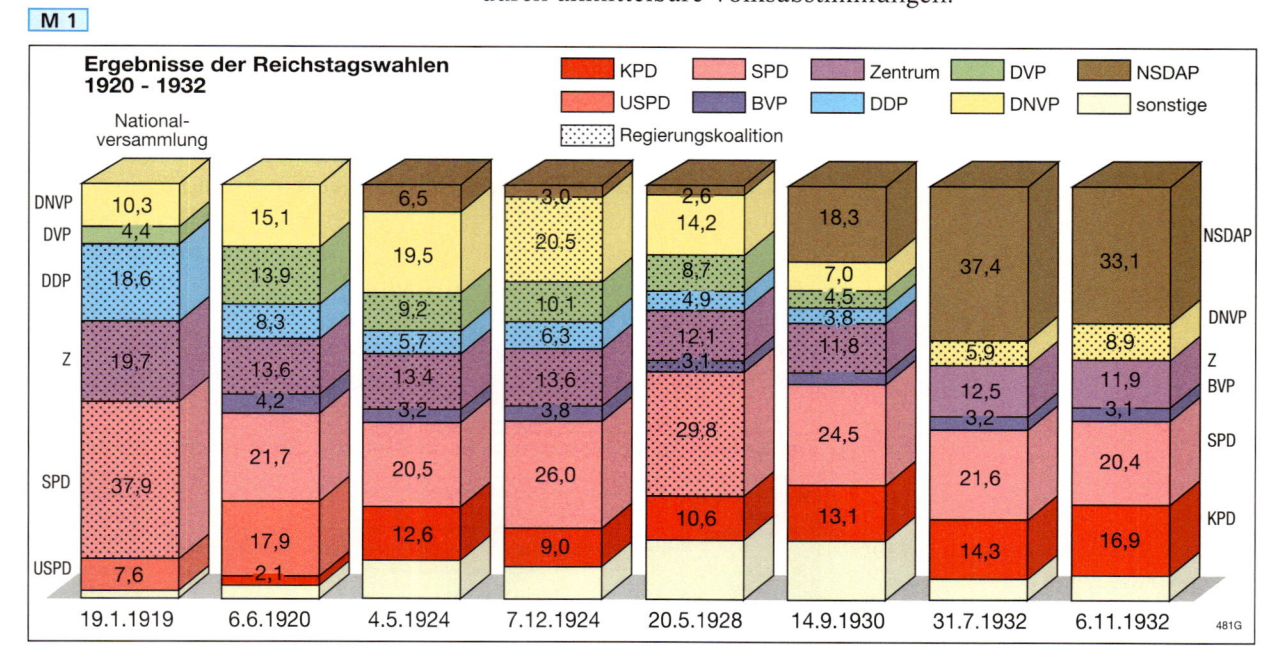

Ergebnisse der Reichstagswahlen 1920 - 1932

KPD, SPD, Zentrum, DVP, NSDAP, USPD, BVP, DDP, DNVP, sonstige, Regierungskoalition

	19.1.1919	6.6.1920	4.5.1924	7.12.1924	20.5.1928	14.9.1930	31.7.1932	6.11.1932
DNVP	10,3	15,1	6,5	3,0	2,6	18,3	37,4	33,1
DVP	4,4		19,5	14,2	14,2			
DDP	18,6	13,9		20,5	8,7	7,0		
		8,3	9,2	10,1	4,9	4,5	5,9	8,9
Z	19,7	13,6	5,7	6,3	12,1	3,8		
		4,2	13,4	13,6	3,1	11,8	12,5	11,9
SPD	37,9	21,7	3,2	3,8	29,8	24,5	3,2	3,1
			20,5	26,0			21,6	20,4
USPD	7,6	17,9	12,6	9,0	10,6	13,1	14,3	16,9
		2,1						

481G

Im Unterschied zur Reichsverfassung von 1871 enthielt die Weimarer Verfassung einen Grundrechtskatalog, in dem die herkömmlichen Freiheits- und Gleichheitsrechte fixiert wurden: zum Beispiel Meinungs- und Versammlungsfreiheit, Vereinsfreiheit, Freiheit der Person, Unverletzlichkeit der Wohnung, Postgeheimnis, Recht auf Eigentum.

Wahlberechtigt waren Männer und Frauen ab 20 Jahren. Die Weimarer Verfassung schrieb zudem das reine Verhältniswahlrecht fest und kannte mithin keine 5-Prozent-Klausel wie das Wahlgesetz der Bundesrepublik. Dies hatte eine gewisse Zersplitterung der politisch-parlamentarischen Kräfte zur Folge.

Charakterisierung der wichtigsten Parteien der Weimarer Republik

- Kommunistische Partei Deutschlands (KPD): Revolutionäre Arbeiterpartei, die aus dem Spartakusbund hervorgegangen war; bekämpfte die Weimarer Republik und geriet im Laufe der zwanziger Jahre immer stärker in die Abhängigkeit von der Sowjetunion.
- Unabhängige Sozialdemokratische Partei Deutschlands (USPD): Abspaltung des linken beziehungsweise pazifistischen Flügels der SPD; konnte sich nicht auf Dauer etablieren und existierte als bedeutsame politische Kraft nur von 1917 bis 1922; ein Großteil ihrer Mitglieder ging zur KPD.
- Sozialdemokratische Partei Deutschlands (SPD): Gemäßigt-sozialistische (Arbeiter-)partei; trotz mancher revolutionärer Rhetorik in der Praxis für Reformen; strebte eine Zusammenarbeit mit den bürgerlichen Parteien an.
- Zentrum (Z): Bürgerlich-katholische Volkspartei; eine Stütze der Weimarer Republik; war bis 1932 an allen Regierungen beteiligt.
- Bayerische Volkspartei (BVP): Konservative Schwesterpartei des Zentrums.
- Deutsche Demokratische Partei (DDP): Linksliberale Partei insbesondere des städtischen Bürgertums; forderte eine Privatwirtschaft mit sozialer Bindung; bildete zusammen mit der SPD und dem Zentrum die Weimarer Koalition; ab 1930 Deutsche Staatspartei.
- Deutsche Volkspartei (DVP): Rechtsliberale bürgerliche Partei; vertrat die Interessen der Wirtschaft, vor allem der Großindustrie; hatte zur Weimarer Republik ein zwiespältiges Verhältnis.
- Deutschnationale Volkspartei (DNVP): Konservativ-monarchistische Partei, die ihre Anhänger in der alten Elite des Kaiserreichs besaß; vertrat auch die Interessen der Großagrarier; wurde in der Endphase der Weimarer Republik zum Verbündeten Hitlers.
- Nationalsozialistische Deutsche Arbeiterpartei (NSDAP): Antidemokratische, nationalistische Partei, aufgebaut nach dem Führerprinzip; zielte auf die Zerschlagung der Weimarer Republik im Sinne einer Revolution von rechts; bis 1923 nur als bayerische Regionalpartei von Bedeutung; erwirkte ihren landesweiten politischen Durchbruch erst nach dem Beginn der Weltwirtschaftskrise.

M 2

Der begrenzte Grundkonsens in der Haltung zur Weimarer Republik

Weitertreiben der Revolution — Sozialisierung Räte | KPD | USPD | SPD | Z | DDP | DVP | DNVP | NSDAP — Weimarer Koalition | Konsens — Rücknahme der Revolution — Monarchie Führerstaat

909G

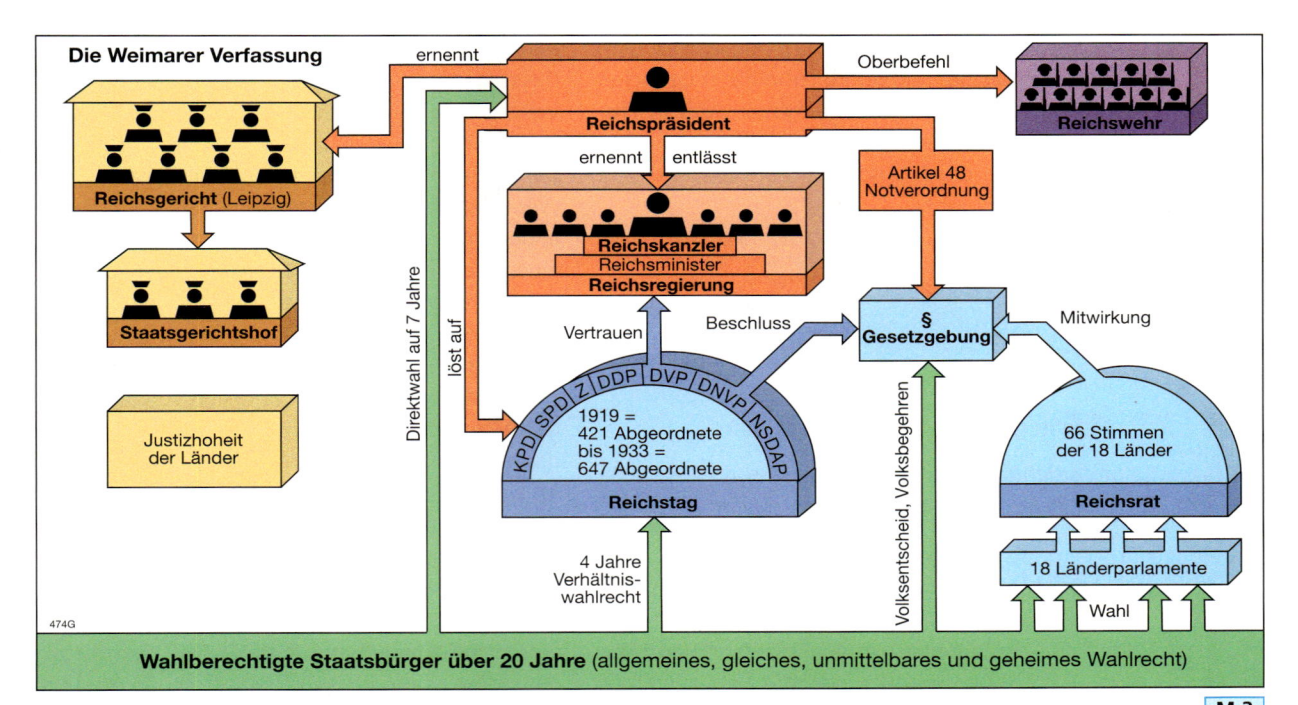

Die Weimarer Verfassung

Reichsgericht (Leipzig)

Staatsgerichtshof

Justizhoheit der Länder

Direktwahl auf 7 Jahre

löst auf

ernennt — Reichspräsident — Oberbefehl — Reichswehr

ernennt | entlässt

Reichskanzler
Reichsminister
Reichsregierung

Artikel 48
Notverordnung

Vertrauen — Beschluss — § Gesetzgebung — Mitwirkung

KPD | SPD | Z | DDP | DVP | DNVP | NSDAP

1919 = 421 Abgeordnete bis 1933 = 647 Abgeordnete

Reichstag

4 Jahre Verhältnis-wahlrecht

Volksentscheid, Volksbegehren

66 Stimmen der 18 Länder

Reichsrat

18 Länderparlamente

Wahl

474G

Wahlberechtigte Staatsbürger über 20 Jahre (allgemeines, gleiches, unmittelbares und geheimes Wahlrecht)

M 3

M 4 **Auszug aus der Weimarer Verfassung**

Artikel 25.

(1) Der Reichspräsident kann den Reichstag auflösen, jedoch nur einmal aus dem gleichen Anlass.

(2) Die Neuwahl findet spätestens am sechzigsten
5 Tage nach der Auflösung statt.

Artikel 43.

(1) Das Amt des Reichspräsidenten dauert sieben Jahre. Wiederwahl ist zulässig.

Artikel 44.

10 Der Reichspräsident kann nicht zugleich Mitglied des Reichstags sein.

Artikel 45.

(1) Der Reichspräsident vertritt das Reich völkerrechtlich. Er schließt im Namen des Reichs Bündnis-
15 se und andere Verträge mit auswärtigen Mächten. Er beglaubigt und empfängt die Gesandten.

(2) Kriegserklärung und Friedensschluss erfolgen durch Reichsgesetz.

(3) Bündnisse und Verträge mit fremden Staaten, die
20 sich auf Gegenstände der Reichsgesetzgebung beziehen, bedürfen der Zustimmung des Reichstags.

Artikel 46.

Der Reichspräsident ernennt und entlässt die Reichsbeamten und die Offiziere, soweit nicht
25 durch Gesetz etwas anderes bestimmt ist. Er kann das Ernennungs- und Entlassungsrecht durch andere Behörden ausüben lassen.

Artikel 47.

Der Reichspräsident hat den Oberbefehl über die
30 gesamte Wehrmacht des Reichs.

Artikel 48.

(1) Wenn ein Land die ihm nach der Reichsverfassung oder den Reichsgesetzen obliegenden Pflichten nicht erfüllt, kann der Reichspräsident es dazu mithilfe der bewaffneten Macht anhalten. 35

(2) Der Reichspräsident kann, wenn im Deutschen Reiche die öffentliche Sicherheit und Ordnung erheblich gestört oder gefährdet wird, die zur Wiederherstellung der öffentlichen Sicherheit und Ordnung nötigen Maßnahmen treffen, erforderlichen- 40 falls mithilfe der bewaffneten Macht einschreiten. Zu diesem Zwecke darf er vorübergehend die in den Artikeln 114, 115, 117, 118, 123, 124 und 153 festgesetzten Grundrechte ganz oder zum Teil außer Kraft setzen.[1] 45

(3) Von allen gemäß Abs. 1 oder Abs. 2 dieses Artikels getroffenen Maßnahmen hat der Reichspräsident unverzüglich dem Reichstag Kenntnis zu geben. Die Maßnahmen sind auf Verlangen des Reichstags außer Kraft zu setzen. 50

Artikel 50.

Alle Anordnungen und Verfügungen des Reichspräsidenten, auch solche auf dem Gebiete der Wehrmacht, bedürfen zu ihrer Gültigkeit der Gegenzeichnung durch den Reichskanzler oder den 55 zuständigen Reichsminister. Durch die Gegenzeichnung wird die Verantwortung übernommen.

Artikel 53.

Der Reichskanzler und auf seinen Vorschlag die Reichsminister werden vom Reichspräsidenten 60 ernannt und entlassen.

Artikel 54.

Der Reichskanzler und die Reichsminister bedürfen zu ihrer Amtsführung des Vertrauens des Reichstags. Jeder von ihnen muss zurücktreten, wenn ihm der Reichstag durch ausdrücklichen Beschluss sein Vertrauen entzieht.

1 Diese Artikel beziehen sich auf die klassischen Grundrechte: Freiheit der Person, Unverletzlichkeit der Wohnung; Postgeheimnis, Meinungsfreiheit, Versammlungsfreiheit, Vereinigungsfreiheit und Eigentumsfreiheit.

Zit. nach: H.-J. Winkler, Die Weimarer Demokratie, Berlin 1963, S. 67, 70 f.

M 5 Regierung, Volk und Präsident

Im folgenden Text wird eine verfassungsrechtliche Analyse der wichtigen Artikel 48, 53 und 54 vorgenommen:

Die Reichsregierung war wie eine „Brücke" auf die beiden unmittelbar gewählten Organe aufgelagert. Die Stützpfeiler bildeten auf der einen Seite der Art. 53 „Der Reichskanzler und auf seinen Vorschlag die Reichsminister werden vom Reichspräsidenten ernannt und entlassen." und auf der anderen Seite der Art. 54 „Der Reichskanzler und die Reichsminister bedürfen zu ihrer Amtsführung des Vertrauens des Reichstages. Jeder von ihnen muss zurücktreten, wenn ihm der Reichstag durch ausdrücklichen Beschluss sein Vertrauen entzieht."

Aber diese Konstruktion war insofern asymmetrisch, als der Pfeiler Reichstag sich der Last der Stützung entledigen konnte, ohne dass die Brücke sofort zusammenbrach. Der Reichstag war nicht gezwungen, von sich aus zu regierungsfähigen Mehrheiten zu kommen. Er konnte sich dieser Verantwortung entziehen. Bei der Gesetzgebung traten als Konkurrenten (neben der Rolle, die der Reichsrat spielte) gleich zwei außerordentliche Gesetzgeber auf: Die Wählerschaft durch den Volksentscheid und der Reichspräsident aufgrund von Art. 48.

Dem Volksentscheid, zu dem die Initiative aus der Wählerschaft kam, musste ein Volksbegehren vorangehen. [...] Nur zweimal ist es also wirklich zu einem Volksentscheid gekommen. Der jeweils vorgelegte Gesetzentwurf ist in keinem der beiden Fälle angenommen worden. Es war vor allem die Agitation der Rechtsparteien und der wirtschaftlichen und militärischen Verbände im Verein mit der NSDAP vor dem Volksentscheid im Jahre 1929, die das Referendum bei vielen in Verruf gebracht hat. In der politischen Praxis wurde der Art. 48 das bei weitem wichtigere Instrument der beiden Möglichkeiten. In den dreizehn Jahren der Weimarer Republik ist insgesamt 250 Mal von ihm Gebrauch gemacht worden. Sein entscheidender Absatz in diesem Zusammenhang lautet: „Der Reichspräsident kann, wenn im Deutschen Reich die öffentliche Sicherheit und Ordnung erheblich gestört oder gefährdet wird, die zur Wiederherstellung der öffentlichen Sicherung und Ordnung nötigen Maßnahmen treffen, erforderlichenfalls mithilfe der bewaffneten Macht einschreiten. Zu diesem Zweck darf er vorübergehend [...] Grundrechte ganz oder zum Teil außer Kraft setzen."

Der Reichspräsident musste dem Reichstag von allen Maßnahmen unverzüglich Kenntnis geben und sie auf dessen Verlangen außer Kraft setzen. Der Artikel 48 gewann aber seine volle Bedeutung für die Überlegenheit des Reichspräsidenten erst zusammen mit seinen Befugnissen, die Reichsregierung zu ernennen und den Reichstag aufzulösen.

Aus: Informationen zur politischen Bildung, Nr. 133, S. 14 f.

Aufgaben

1. Inwiefern war die Macht des Parlaments in der Weimarer Republik verfassungsmäßig durchbrochen?
   → Text, M3–M5

2. Welche Unterschiede zwischen dem Grundgesetz der Bundesrepublik Deutschland und der Weimarer Verfassung fallen Ihnen auf?
   → Text, M3–M5

3. Linke Kritiker der Verfassung befürchteten eine monarchische Restauration bzw. eine präsidiale Diktatur. Worauf stützte sich diese Ansicht?
   → Text, M3–M5

4. Rekapitulieren Sie das Parteienspektrum der Weimarer Republik. Welche grundlegende Problematik in Bezug auf die politische Orientierung können Sie erkennen?
   → Text, M2

5. Inwiefern hat sich das Kräfteverhältnis der Parteien zwischen 1919 und 1933 geändert?
   → M1

6. Vergleichen Sie das Parteienspektrum der Bundesrepublik Deutschland mit der Parteienentwicklung vor 1933.
   → Text

10.3 Zwischen Konsolidierung und Gefährdung (1919–1923)

Bürgerkrieg 1919

M 1 **Plakat der Antibolschewistischen Liga**
In Bremen war am 9. Januar 1919 eine Räterepublik ausgerufen worden, Bremen 1918/19.

Versailler Vertrag

Während der Herbst 1918 mehr durch einen Zusammenbruch der kaiserstaatlichen Autoritäten geprägt war, radikalisierte sich die Arbeiterbewegung unter der politischen Führung der KPD und des linken Flügels der USPD. Sie rief offen zum Sturz der Regierung auf und forderte die Machtübernahme durch die Arbeiter- und Soldatenräte. Mit Blick auf die Oktoberrevolution in Russland 1917 verlangten die Revolutionäre die Bewaffnung der Arbeiterschaft, die Diktatur des Proletariats, die Sozialisierung der Industrie und die Enteignung größerer landwirtschaftlicher Betriebe. Wie die Wahlen zur Nationalversammlung zeigten, besaß diese politische Strömung allerdings keine Mehrheit in der Gesamtbevölkerung.

Im Januar 1919 mündeten Massendemonstrationen gegen die Entlassung des Berliner Polizeipräsidenten Eichhorn (USPD) in einem gewaltsamen Umsturzversuch durch den Spartakusbund. Der SPD-Volksbeauftragte Noske ließ diesen Aufstand mithilfe von Freikorpstruppen unter der Führung von General v. Lüttwitz niederschlagen. Dabei handelte es sich um militärische Verbände, die noch nicht demobilisiert waren und in denen eine nationalistische, antidemokratische Einstellung vorherrschte. Die Spartakus-Führer Rosa Luxemburg und Karl Liebknecht wurden von den Regierungstruppen ermordet (15. Januar 1919). Die Brutalität, mit der die Truppen vorgingen, bewirkte eine Verbitterung bei der politischen Linken, die die Arbeiterbewegung gänzlich entzweite.

In den Wochen nach dem Januar-Aufstand wurden die Räterepubliken in Bayern, Bremen und Braunschweig militärisch besetzt, ebenso wie das Ruhrgebiet und das sächsische Industriegebiet. Arbeiterräte wurden von den Freikorpstruppen aufgelöst oder entmachtet.

Die Weimarer Republik und die sie tragenden politischen Parteien mussten nach der Niederlage 1918 ungewollt die Rolle eines Konkursverwalters des alten Regimes übernehmen. Der Krieg hinterließ eine enorme Reichsschuld, die zum Ausgangspunkt einer Inflation wurde. Hinzu kamen die Versailler Friedensbedingungen, die von allen Deutschen als außerordentlich hart empfunden wurden. Ihre Annahme, die durch ein Ultimatum der Sieger erwirkt wurde, spaltete die deutschen Parteien. Obgleich von der Opposition (DDP, DVP, DNVP) die „vaterländische Gesinnung" der Mehrheit in der Nationalversammlung ausdrücklich bestätigt wurde, begann kurz nach der Unterzeichnung am 28. Juni 1919 eine Hetze von rechts gegen so genannte Erfüllungspolitiker. Die Republik erschien mit dem Makel der Niederlage behaftet. Im Zuge der sich steigernden Radikalisierung fand der politische Mord seine Fortsetzung.

Eine weitere Belastung ergab sich aus den Friedensbedingungen des Versailler Vertrages. Der Artikel 231 sprach dem Deutschen Reich die Alleinschuld am Ersten Weltkrieg zu, was eine juristische Voraussetzung für die umfangreichen Reparationsbestimmungen war. Der Versailler Vertrag wurde von den meisten Deutschen als Diktat angesehen. Tatsächlich hat es praktisch keine Verhandlungen gegeben. Und eine

Kladderadatſch

M 2 „ **Rachsucht des Weibes!"**
Am 10. Januar 1920 war der
Versailler Vertrag in Kraft getreten, Karikatur aus dem Berliner
Wochenblatt „Kladderadatsch"
vom 22. Februar 1920 zum
deutsch-französischen Verhältnis.

Kapp-Lüttwitz-Putsch

Verweigerung der Unterzeichnung scheiterte am Fehlen einer politischen Alternative. Eine Wiederaufnahme des Krieges war aussichtslos.

Die wichtigsten Bestimmungen des Versailler Vertrages waren:
- Weitgehende militärische Entwaffnung: Begrenzung des Heeres auf 100 000 Mann und der Marine auf 15 000,
- Verbot schwerer Waffen (Panzer, Kampfflugzeuge, U-Boote, Groß-kampfschiffe),
- Besetzung des linken Rheinufers durch Truppen der Entente,
- Entmilitarisierte Zone 50 km rechts des Rheins,
- Gebietsabtretungen (unter anderem Elsass-Lothringen, West-preußen, Posen, Teile Oberschlesiens, Nordschleswig),
- das Saarland wurde für 15 Jahre – mit französischer Verwaltung – dem Völkerbund unterstellt. Anschließend sollte eine Volksabstim-mung über die weitere Zugehörigkeit des Landes entscheiden,
- Verlust aller Kolonien,
- Vereinigungsverbot des Deutschen Reiches mit Deutsch-Österreich,
- Reparationsleistungen in noch unbestimmter Höhe (Enteignung des deutschen Auslandsbesitzes, Abgabe von Schiffen, Eisenbahnmate-rial, Lieferung von Kohle, Barzahlungen).

Der Versailler Vertrag einte und spaltete die deutsche Gesellschaft
zugleich. Einig war man sich über alle Parteigrenzen hinweg in den
Gefühlen der Demütigung und Empörung. Die innenpolitische Explo-
sivkraft entzündete sich an der Frage, wie die deutsche Politik zu reagieren habe: Fortsetzung des Krieges, Verweigerung oder Kooperation
mit dem Ziel einer Lastenminderung?

Die Schwächung der Republik durch Streiks, Aufruhr, politische Attentate und wirtschaftliche Not ließ bei der politischen Rechten den Ruf
nach einer Diktatur immer lauter werden. Wie zerbrechlich die neue
demokratische Ordnung war, zeigte sich bereits 1920 im Zuge des
Kapp-Lüttwitz-Putsches.

Am 13. März 1920 rückte die Freikorpsbrigade Ehrhardt ins Berliner Regierungsviertel ein, um die Regierung zu stürzen. Nachdem die
sozialdemokratisch geführte Regierung sich vergeblich um den Schutz
durch die Reichswehr bemüht hatte, floh sie nach Stuttgart, nicht ohne
vorher zum Generalstreik aufgerufen zu haben. Sowohl der einhellig
befolgte Generalstreik als auch die Widerstände in Teilen der Minis-
terialbürokratie ließen den Putsch nach vier Tagen zusammenbrechen.
In der Nachfolge des Generalstreiks gewannen linke revolutionäre
Bestrebungen einen erneuten Aufschwung. Im Ruhrgebiet formierte
sich eine Arbeiterarmee, die in den folgenden Wochen zum Teil von
den gleichen Truppen besiegt wurde, die am Kapp-Lüttwitz-Putsch
beteiligt gewesen waren. Der Putschgeneral v. Lüttwitz wurde mit Pen-
sionsberechtigung aus der Armee verabschiedet.

Der Kapp-Lüttwitz-Putsch machte auf eindringliche Weise deutlich,
dass die Weimarer Republik in ihrer Existenz gefährdet war. Die Putschisten repräsentierten jene Teile der Gesellschaft, die nicht bereit
waren, sich mit der demokratischen Republik anzufreunden. Die
Demokratie war für die gesamte politische Rechte mit dem Makel der
Niederlage von 1918 und dem außenpolitischen Machtverlust verbunden. Jetzt rächte es sich, dass die demokratischen Parteien – allen
voran die Sozialdemokraten – es versäumt hatten, die Reichswehr auf
die Ideale der Demokratie zu verpflichten.

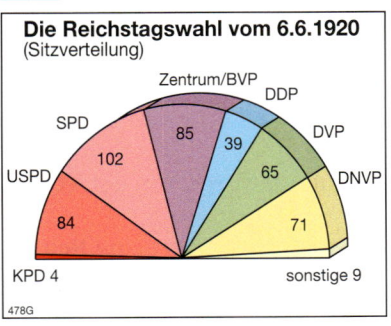

M 3

Die Reichstagswahl vom 6.6.1920
(Sitzverteilung)

Zentrum/BVP
DDP
SPD
85
39
DVP
102
65
USPD
DNVP
84
71
KPD 4
sonstige 9
478G

Stattdessen hatte man das in der Kaiserzeit geprägte Offizierskorps übernommen. Dies war eine Voraussetzung dafür, dass die zwar kleine, aber innenpolitisch entscheidende Reichswehr die unglückselige Rolle eines „Staates im Staate" spielen konnte.

Ähnliche Vorbehalte wie die Offiziere hatten auch die Richter gegen die Weimarer Republik. Geprägt durch den kaiserlichen Obrigkeitsstaat vor 1919, standen sie in ihrer Mehrheit rechts. Viele von ihnen sympathisierten mit den Putschisten, was sich auch in der politischen Rechtsprechung ausdrückte.

Die Tendenz zur politischen Polarisierung spiegelte sich auch in den Reichstagswahlen von 1920 wider: Wahlsieger waren die USPD und die DNVP. Damit zeichnete sich bereits die Auszehrung der politischen Mitte ab.

Insgesamt 300 politische Morde wurden in der Anfangsphase der Weimarer Republik registriert. Die prominentesten Opfer waren der USPD-Führer und bayerische Ministerpräsident Kurt Eisner (21. Feb. 1919), der USPD-Vorsitzende Hugo Haase (7. Nov. 1919), der Zentrum-Politiker, Reichsfinanzminister und Mitunterzeichner des Waffenstillstands Matthias Erzberger (26. Aug. 1921) und der DDP-Politiker und Reichsaußenminister Walther Rathenau (24. Juni 1922).

Inflation

Die destabilisierenden Ereignisse fanden ihren vorläufigen Höhepunkt im Krisenjahr 1923. In diesem Jahr war die Existenz der Weimarer Republik aufs Äußerste bedroht.

Der Weimarer Staat war hoch verschuldet. Die Kriegskosten – Kredite, mit denen der Krieg überwiegend finanziert worden war – belasteten die Staatsfinanzen. Weitere Kriegsfolgelasten ergaben sich aus den Reparationsleistungen, der Kriegsopferversorgung und der Integration von Flüchtlingen. Der Währungsverfall spitzte sich 1923 zu, als französische und belgische Truppen das Ruhrgebiet besetzten, um die pünktliche Ablieferung von Reparationen (Kohle) zu erzwingen. Die Finanzierung des Widerstands verschlang zusätzliche Finanzmittel, über die das Reich nicht verfügte. Die Notenpresse wurde in Bewegung gesetzt. Ab Mitte 1923 verwandelte sich die galoppierende Inflation in einen Geldwertverfall astronomischen Ausmaßes. Die psychologischen und materiellen Auswirkungen dieser Inflation sind nicht zu überschätzen. Sie beraubte den deutschen Mittelstand seiner Erspar-

M 4 „Notgeld"
Da die staatlichen Druckereien dem Bedarf an Bargeld nicht mehr nachkommen konnten, gaben Gemeinden, die Deutsche Reichsbahn und selbst Betriebe „Notgeld" aus.

Deutsche Reichsbahn
Einhundert Milliarden Mark
08280
Dieser Schein wird an allen öffentlichen Kassen wie gesetzliche Zahlmittel angenommen; er kann vom 1. Dezember 1923 ab zur Einlösung aufgerufen werden.
Berlin, den 27. Oktober 1923.
RH-23
Der Reichsverkehrsminister

nisse und hat wesentlich dazu beigetragen, dass diese Schichten der Republik entfremdet wurden. Die Inflation konnte erst im November 1923 durch die Ausgabe der so genannten Rentenmark (eine Rentenmark entsprach einer Billion Papiermark) unter Kontrolle gebracht werden.

Das Krisenjahr 1923

1923 häuften sich die Krisenerscheinungen in der noch jungen Weimarer Republik. Die Bedrohung des Staates äußerte sich durch folgende politische Vorkommnisse:

- Ein kommunistischer Aufstand in Hamburg wurde von der Polizei niedergeschlagen.
- Auf Druck der Reichswehr ließ Reichspräsident Ebert eine Reichsexekution gegen die von linken Sozialdemokraten und Kommunisten regierten Länder Sachsen und Thüringen durchführen und die Regierungen absetzen.
- In Bayern planten völkisch-nationalistische Kreise offen die Errichtung einer Diktatur. Analog zum faschistischen Vorbild in Italien (Mussolinis Marsch auf Rom 1922) sollte ein Marsch auf Berlin die demokratisch gewählte Regierung beseitigen.
- Die bayerische Reichswehrführung (General v. Lossow) verweigerte der Heeresleitung in Berlin den Gehorsam und unterstellte sich der bayerischen Regierung. Dieser Akt der Meuterei und des Hochverrats blieb ungeahndet. Der Chef der Heeresleitung (v. Seeckt) spielte selbst mehrfach mit dem Gedanken an eine Diktatur.
- Ein Putschversuch Hitlers in München scheiterte, obgleich sich Hitler zunächst im Einklang mit den bayerischen Rechtskreisen befand (9. Nov. 1923).

Das Jahr 1923 setzte den Schlusspunkt unter jene erste Phase der Weimarer Republik. Die Jahre zwischen 1919 und 1923 waren durch zwei Tendenzen geprägt gewesen: zum einen durch den Versuch, die Republik in die Richtung einer sozialistischen Entwicklung weiterzutreiben; zum anderen durch die Bestrebungen, die demokratisch-republikanischen Grundlagen zugunsten einer nationalen Diktatur zu verlassen. Beide politischen Bewegungen scheiterten vorerst.

Ab 1924 trat die Weimarer Republik in ihre zweite Phase ein. Dieser Abschnitt, der bis zum Einbruch der Weltwirtschaftskrise (1929) andauerte, war durch eine relative Stabilität der Republik charakterisiert. Man sprach schon bald von den „Goldenen Zwanziger Jahren".

Chronologie

29. Dez. 1918	Austritt der USPD-Mitglieder aus dem Rat der Volksbeauftragten u. a. wegen der Zusammenarbeit der SPD mit der militärischen Führung
31. Dez. 1918	Gründung der Kommunistischen Partei Deutschlands (KPD), aus dem Spartakusbund hervorgehend
5. Jan. 1919	Beginn des Spartakusaufstandes
15. Jan. 1919	Ermordung von Rosa Luxemburg und Karl Liebknecht in Berlin
31. April 1919	Beseitigung der bayerischen Räterepublik
13. März 1920	Kapp-Lüttwitz-Putsch
9. Nov. 1923	Putsch Hitlers und Ludendorffs in München
Ende Nov. 1923	Höhepunkt der Inflation

General Groener über sein Bündnis mit Ebert vom 10. November 1918:

Das Offizierskorps konnte aber nur mit einer Regierung zusammengehen, die den Kampf gegen den Radikalismus und Bolschewismus aufnahm. Dazu war Ebert bereit, aber er hielt sich nur mühsam am
5 Steuer und war nahe daran, von den Unabhängigen und der Liebknechtgruppe über den Haufen gerannt zu werden. Was war demnach näher liegend, als Ebert, den ich als anständigen, zuverlässigen Charakter und unter der Schar seiner Parteigenossen
10 als den staatspolitisch weitsichtigsten Kopf kennen gelernt hatte, die Unterstützung des Heeres und des Offizierskorps anzubieten?
[...] Am Abend [des 10. November] rief ich die Reichskanzlei an und teilte Ebert mit, dass das Heer
15 sich seiner Regierung zur Verfügung stelle, dass dafür der Feldmarschall und das Offizierskorps von der Regierung Unterstützung erwarteten bei der Aufrechterhaltung der Ordnung und Disziplin im Heer. Das Offizierkorps verlange von der Regierung
20 die Bekämpfung des Bolschewismus und sei dafür zum Einsatz bereit. Ebert ging auf meinen Bündnisvorschlag ein. Von da ab besprachen wir uns täglich abends auf einer geheimen Leitung zwischen der Reichskanzlei und der Heeresleitung über die
25 notwendigen Maßnahmen. Das Bündnis hat sich bewährt. [...] Wir [die Offiziere der OHL] hofften, durch unsere Tätigkeit einen Teil der Macht im neuen Staat an Heer und Offizierskorps zu bringen, gelang das, so war der Revolution zum Trotz das
30 beste und stärkste Element des alten Preußentums in das neue Deutschland hinübergerettet.
Zunächst galt es freilich Zugeständnisse zu machen, denn die Entwicklung im Heer und in der Heimat war solche Wege gegangen, dass es sich vorerst
35 nicht um rücksichtsloses Befehlen von Seiten der OHL handeln konnte, sondern um Auffangen und Unschädlichmachen der revolutionären Strömungen.

Zit. nach: G. A. Ritter, S. Miller, a. a. O., S. 91 f.

M 6 Spartakus-Aufstand

Der marxistische Historiker Arthur Rosenberg (1889–1943) hat die Januar-Ereignisse von 1919 kritisch untersucht:

Die Besetzung der Zeitungen am 5. Januar war ein durchaus sinnloses Unternehmen. Entweder die Revolutionäre hatten die Macht in Berlin, oder sie hatten sie nicht. Wenn man die Macht hatte, dann
5 musste man vor allem die Regierungsgebäude in der Wilhelmstraße besetzen, und dann konnte man die unbequemen Zeitungen mit einer einzigen Verordnung unterdrücken. Beherrschte man aber Berlin nicht, dann nützte auch die Besetzung des Vorwärtshauses [„Vorwärts": Parteizeitung der SPD]
10 nichts. Aber, wie schon oben betont wurde, das Vorwärtsgebäude hatte für die utopisch-radikalen Arbeiter den Wert eines politischen Symbols. [...] So führte der utopische Fanatismus der Spartakusbesatzungen dazu, dass der Kampf bis aufs Äußerste
15 weiter ging.
Die Regierung der Volksbeauftragten, die am 5. Januar in Berlin so gut wie wehrlos gewesen war, entschloss sich jetzt, eine schlagkräftige Truppe in aller Eile zu bilden. Der Volksbeauftragte Noske
20 erhielt den Oberbefehl über die neu zu bildenden Regierungstruppen, die den Berliner Aufstand niederwerfen sollten. Als Noske den Auftrag erhielt, sagte er, einer müsse der Bluthund sein, und er wolle die Verantwortung übernehmen. Man konnte
25 von der Regierung nicht verlangen, dass sie, ausgestattet mit dem Vertrauen der großen Volksmehrheit, vor ein paar tausend Bewaffneten kapitulierte. [...] Das Verhängnis für die deutsche Republik kam nicht dadurch, dass Noske Gewalt
30 anwandte, sondern mit welchen Truppen er Gewalt anwandte. Aber Noske legte das Hauptgewicht [...] auf [...] Truppenteile, die in der Nähe von Berlin von Offizieren der alten Armee gebildet wurden. Die Oberste Heeresleitung und die Generäle hatten
35 von Anfang an die Situation herbeigesehnt, in der sie im Auftrage von Ebert die radikale Arbeiterschaft niederschlagen konnten. [...] Ausgestattet mit den Mitteln und der Autorität der republikanischen Regierung, begann eine Reihe von Offizieren
40 der alten Armee mit der Werbung von Freiwilligen. Sie stellten Freikorps auf, die ihren Führern unbedingt gehorchen sollten und deren Geist die Offiziere bestimmten. Die Freiwilligen setzten sich aus Arbeitslosen zusammen oder überhaupt aus
45 kampf- und abenteuerlustigen jungen Leuten. Sie fühlten sich als die Erben der alten, vorrevolutionären Armee und entwickelten bald einen starken Korpsgeist. Die Offiziere der Freikorps waren von einem leidenschaftlichen Hass gegen die Revo-
50 lution erfüllt, die das alte Heer und das alte Kaiserreich zerschlagen hatte. Wenn sie vorläufig noch den Mehrheitssozialisten dienen mussten, so rechneten sie um so lieber mit dem Spartakismus ab. Darunter verstand man die Summe aller radikalen
55 und aufrührerischen Erscheinungen.

A. Rosenberg, Geschichte der Weimarer Republik, Frankfurt 1961, S. 58 ff.

M 7 Plakat der Bayerischen Volkspartei zur Landtagswahl am 12.1.1919

Der Bolschewik richtet – von Berlin aus – seine Brandfackel auf München. In Wirklichkeit war die Räterepublik vom April 1919 eine bayerische Sonderentwicklung.

M 8 Kriegsfolgen und Versailler Vertrag

Der Wirtschaftshistoriker Gerd Hardach bilanziert die wirtschaftlichen und finanziellen Belastungen der Weimarer Republik:

Trotz der fieberhaften Aktivität in einigen rüstungswirtschaftlichen Bereichen betrug die Industrieproduktion insgesamt 1918 nur noch etwa 57 Prozent des Niveaus von 1913. Die Landwirtschaft konnte
5 sich trotz der Verluste an Arbeitskräften und des Rückgangs der Futtermittel- und Düngereinfuhr anscheinend etwas besser halten, man schätzt, dass bis 1918 die Produktion an Getreide und Hackfrüchten um 30 Prozent und die Viehproduktion um 25
10 Prozent zurückging. Die Millionen von Kriegstoten und Kriegsverletzten bedeuteten nicht nur menschliches Leid, sondern auch eine Einschränkung des wirtschaftlichen Entwicklungspotenzials. Die Konzentration der industriellen Kapazität auf die Rüs-
15 tungsindustrie bedeutete, dass die normale Akkumulation von industriellem und landwirtschaftlichem Produktionskapital für einige Jahre ausgesetzt

war. Der drastische Rückgang des Lebensstandards und die Zerrüttung der Staatsfinanzen als Folge der […] Kriegsfinanzpolitik waren weithin sichtbare Zei- 20 chen des wirtschaftlichen Niedergangs.

Der Friedensvertrag brachte zusätzliche Belastungen. Die Gebietsabtretungen einschließlich des Saargebietes reduzierten vor allem die Produktionskapazität der Landwirtschaft, des Steinkohle-, 25 Eisenerz- und Kalibergbaus, der Eisen- und Stahlindustrie und der Textilindustrie. Das Reich verlor alle Kolonien, das im Ausland investierte Kapital, den größten Teil der Handelsflotte und wurde auf Jahre hinaus mit beträchtlichen Reparationen belastet. 30 […] In den abgetretenen Gebieten waren nach dem Vorkriegsstand 10 Prozent der Reichsbevölkerung, 15 Prozent der landwirtschaftlichen Nutzfläche, und, um nur einige wichtige Rohstoffe zu nennen, 80 Prozent der Eisenerzförderung, 60 Prozent der 35 Zinkerzförderung, 26 Prozent der Steinkohleförderung. Man kann also sagen, dass die eigene Lebensmittel- und Rohstoffbasis der deutschen Bevölkerung und Industrie durch die Gebietsveränderungen relativ kleiner wurde. Man kann aber nicht 40 sagen, dass die Leistungsfähigkeit der Wirtschaft darunter litt. […]

Im Versailler Vertrag wurde die deutsche Kriegsschuld festgehalten und daraus eine Entschädigungspflicht in zunächst unbestimmter Höhe abge- 45 leitet. Nach langen Beratungen setzten die Alliierten die Reparationsschuld auf 132 Mrd. Goldmark fest und zwangen die deutsche Regierung mit dem Londoner Ultimatum vom Mai 1921, diese Schuldsumme anzuerkennen. 1924 wurde im Dawes-Plan ein Zah- 50 lungsplan festgelegt, der bis auf Weiteres eine Höchstbelastung von 2,5 Mrd. Goldmark [pro Jahr] vorsah. Der Dawes-Plan sagte nichts über die Gesamtverpflichtung und die Zahlungsdauer; formal blieben die 132 Mrd. Goldmark von 1921 bestehen, faktisch 55 waren die Reparationen erheblich reduziert. […] Der Young-Plan von 1929 sah 59 Jahreszahlungen mit einer durchschnittlichen Höhe von 2 Mrd. RM vor, die einen Barwert von 37 Mrd. RM repräsentierten (eine Reichsmark entsprach der früheren 60 Verrechnungseinheit Goldmark). Mit dem Hoover-Moratorium von 1931 wurden die Reparationen, zunächst für ein Jahr, ausgesetzt. Auf der Konferenz von Lausanne von 1932 wurden die Reparationen […] gegen eine einmalige Abfindung von 3 65 Mrd. RM eingestellt; diese Abfindung wurde nicht mehr bezahlt.

G. Hardach, Zur politischen Ökonomie der Weimarer Republik, in: R. Kühnl (Hg.), Die Zerstörung der Weimarer Republik, Köln 1977, S. 15 ff.

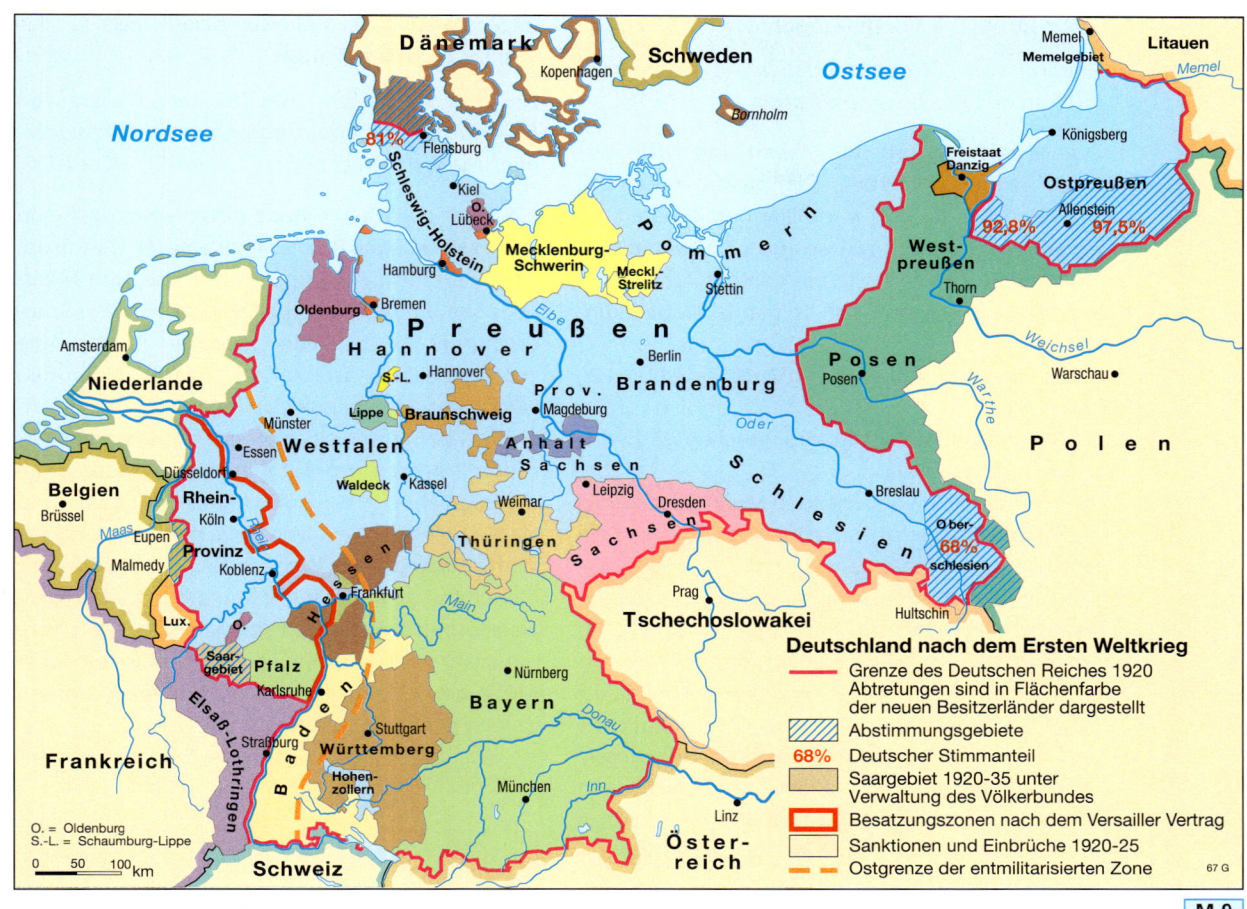

Deutschland nach dem Ersten Weltkrieg

▬▬	Grenze des Deutschen Reiches 1920 Abtretungen sind in Flächenfarbe der neuen Besitzerländer dargestellt
▨	Abstimmungsgebiete
68%	Deutscher Stimmanteil
	Saargebiet 1920-35 unter Verwaltung des Völkerbundes
▭	Besatzungszonen nach dem Versailler Vertrag
	Sanktionen und Einbrüche 1920-25
- - -	Ostgrenze der entmilitarisierten Zone

67 G

M 9

M10 Marsch auf Berlin (1920)

Über die Hintergründe des Kapp-Lüttwitz-Putsches berichtet der Historiker Walter Tormin:

Die Spannungen innerhalb der Reichswehr […] wurden dadurch verschärft, dass die Alliierten auf eine Verminderung des Heeresstärke gemäß den Versailler Bestimmungen [auf 100 000 Mann] drängten.
5 Mehrere hunderttausend Soldaten, über 20 000 aktive Offiziere mussten entlassen werden. Dabei waren soziale Härten unvermeidlich. Aus wirtschaftlichen, aber auch aus politischen Gründen wehrten sich die Freikorps gegen ihre Auflösung. Dabei fanden sie
10 Unterstützung durch Politiker, besonders der Deutschnationalen Partei. […] Schließlich bildete sich eine Verschwörung unter der politischen Leitung des Generallandschaftsdirektors (höherer Beamter in der Provinzialverwaltung von Ostpreußen) Kapp
15 und der militärischen des Generals von Lüttwitz. Am 10. März erschien Lüttwitz beim Reichspräsidenten [Friedrich Ebert] – auch Noske [sozialdemokratischer Reichswehrminister] war anwesend – und forderte: Auflösung der Nationalversammlung und Neuwahl
20 des Reichstages, Wahl des Reichspräsidenten durch

das Volk, Ablösung der Politiker in der Regierung durch Fachminister, Ablösung des Generals Reinhardt [republiktreuer Chef der Heeresleitung, 1920 zurückgetreten], keine weitere Truppenverminderung, insbesondere keine Auflösung der Marinebri- 25 gade Ehrhardt, deren Mitglieder zum größten Teil im Baltikum gekämpft hatten und die jetzt in Döberitz bei Berlin lag. Ebert antwortete, dass die politischen Forderungen bereits von den Deutschnationalen in der Nationalversammlung gestellt und 30 von dieser abgelehnt seien. Noske wies den General scharf zurecht: Er habe überhaupt keine Forderungen zu stellen, sondern Befehle zu befolgen. Am nächsten Tag verfügte Noske die Entlassung des Generals von Lüttwitz und ersuchte die Polizei um 35 Verhaftung der übrigen Verschwörer. Die Polizei versagte. Die Verschwörer waren gewarnt und entschlossen sich, zuzuschlagen.
In der Nacht vom 12. zum 13. März erhielt Noske die Meldung, dass die Marinebrigade auf Berlin mar- 40 schiere.

G. Prüfer, W. Tormin, Die Entstehung und Entwicklung der Weimarer Republik bis zu Eberts Tod, in: W. Tormin (Hg.), Die Weimarer Republik, Hannover 1962, S. 105.

273

M11 Politische Vorstellungen der Putschisten

General von Lüttwitz schrieb am 1. September 1919 an den Reichswehrminister:

Zwei Dinge tun uns not: Arbeit und Ordnung! Beide können wir haben, aber nicht mit Worten. Die Versuche, das Volk mit Milde und Zureden zur Annahme von Arbeit zu bewegen, sind vergeblich
5 gewesen. Nur Zwang wird das Volk zur Arbeit bringen. Daraus ergeben sich folgende Notwendigkeiten:

1. Vernünftiger Abbau der Arbeitslosenunterstützung […].
10 2. Unbedingtes Verbot aller politischen und wirtschaftlichen Streiks.

Hand in Hand mit vorstehenden Maßnahmen muss die Frage der Arbeitsbeschaffung großzügig in die Hand genommen werden.

15 Wie aber wird die Regierung mit solchen im wahrsten Sinne des Wortes sozialen Maßnahmen durchdringen, wenn ihr Elemente ungestraft entgegentreten dürfen, deren einziges Streben darauf gerichtet ist, auf den Trümmern unserer staatlichen
20 und wirtschaftlichen Ordnung ihre nur aus Ehrgeiz und Egoismus, im besten Falle aus utopischen Ideen erstrebte Herrschaft zu errichten? Diese Schädlinge müssen rücksichtslos vernichtet werden. Kampf bis aufs Messer gilt es diesen staatsfeindlichen Ele-
25 menten gegenüber. Rigorose Unterdrückung ihrer Presse und ihrer führenden Persönlichkeiten ist das einzig wirksame Mittel.

Auch heute ist die Armee Fundament der Staatsgewalt.

Zit. nach: G. Prüfer, W. Tormin, in. W. Tormin (Hg.), a. a. O., S. 103 f.

M12 Haltung der Reichswehr: „Truppe schießt nicht auf Truppe …"

Der Chef der Obersten Heeresleitung General von Seeckt in der Lagebesprechung beim Reichswehrminister in der Nacht vom 12. zum 13. März 1920:

„Es kann doch keine Rede davon sein, dass man Reichswehr gegen Reichswehr kämpfen lässt, Truppe schießt nicht auf Truppe. Haben Sie, Herr Minis-
5 ter, etwa die Absicht, eine Schlacht vor dem Brandenburger Tor zu dulden zwischen Truppen, die vor 1 1/2 Jahren Schulter an Schulter gegen den Feind gefochten haben?"

Noske warf erregt ein, Seeckt wolle also die Auf-
10 rührer schützen, worauf dieser antwortete: „Keineswegs, aber ich weiß die tragischen Folgen – und vielleicht weiß ich es allein –, die der Kampf mit der Waffe haben würde. Wenn Reichswehr Reichswehr niederschlägt, dann ist alle Kameradschaft im Offi-
15 zierskorps hin. Wenn das aber einträte, dann wäre die wahre Katastrophe, die mit so unendlicher Mühe am 9. November 1918 vermieden worden ist, erst richtig da […]."

Zit. nach: R. Wohlfeil, H. Dollinger, Die deutsche Reichswehr, Wiesbaden 1977, S. 193.

M13

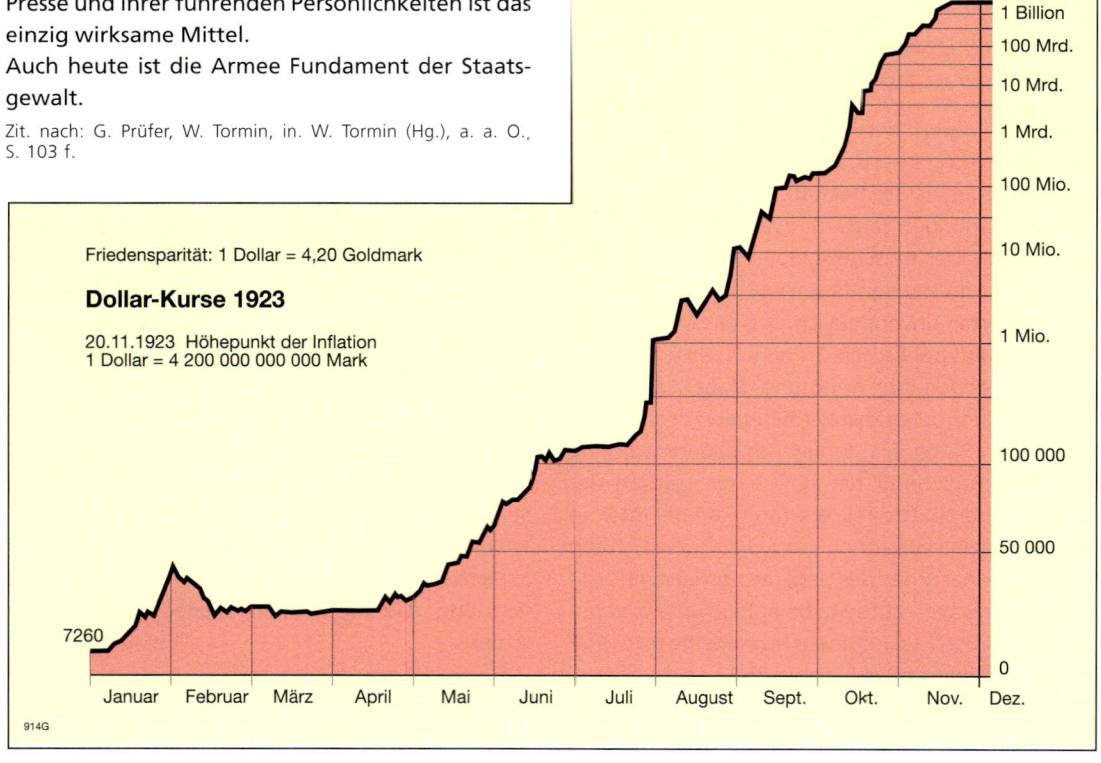

Friedensparität: 1 Dollar = 4,20 Goldmark

Dollar-Kurse 1923

20.11.1923 Höhepunkt der Inflation
1 Dollar = 4 200 000 000 000 Mark

7260

Januar | Februar | März | April | Mai | Juni | Juli | August | Sept. | Okt. | Nov. | Dez.

Mark
1 Billion
100 Mrd.
10 Mrd.
1 Mrd.
100 Mio.
10 Mio.
1 Mio.
100 000
50 000
0

914G

M14 **Politische Justiz der Republik (1918–1922)**

Emil Julius Gumbel (1891–1966), Pazifist jüdischer Abstammung, 1933 von den Nationalsozialisten ausgebürgert, analysierte die Haltung der Justiz zu politischen Morden:

| | Politische Morde begangen | | |
	von Linksstehenden	von Rechtsstehenden	Gesamtzahl
Gesamtzahl der Morde	22	354	376
davon ungesühnt	4	326	330
teilweise gesühnt	1	27	28
gesühnt	17	1	18
Zahl der Verurteilungen	38	24	
Geständige Täter freigesprochen	–	23	
Geständige Täter befördert	–	3	
Dauer der Einsperrung je Mord	15 Jahre	4 Monate	
Zahl der Hinrichtungen	10	–	
Geldstrafe je Mord	–	2 Papiermark	

Zusammenstellung von J. Gumbel, zit. nach: H. Pross, Die Zerstörung der deutschen Politik, Frankfurt/M. 1959, S. 139.

1914:
„Meine Herren, das ganze Volk steht hinter uns! Wir haben die Macht! Wir sind das Vaterland! Darum: Se. Majestät, hurra, hurra, hurra!"

1920:
„Die anderen haben die Macht, was geht uns das Vaterland der anderen an? Sollen sie den Karren nur selber aus dem Dreck ziehen. Pröstchen!"

M15 „Deutschland, Deutschland über alles!"
Karl Arnold (1883–1953), einer der prägenden Köpfe der satirischen Zeitschrift „Simplicissimus", karikierte den Zustand der Weimarer Republik.

Aufgaben

1. Halten Sie die Bestimmungen des Versailler Vertrages fest. Wie reagierte die deutsche Öffentlichkeit?
   → Text, M2, M8, M9

2. Aus welchen Überlegungen heraus stellte sich die OHL der Regierung Ebert zur Verfügung?
   → M5

3. Stellen Sie die politischen Ergebnisse dar, die der Bürgerkrieg 1919 brachte.
   → Text, M6

4. Fassen Sie die Kritik an der Militärpolitik der Sozialdemokratie zusammen.
   → M6

5. Untersuchen Sie die wirtschaftlichen, politischen und ideologischen Hypotheken, die die Weimarer Republik belasteten.
   → Text, M1–M4, M8, M9, M13

6. In Militärkreisen überwog gegenüber den Putschisten die Haltung einer wohlwollenden Neutralität. Zeigen Sie die darin enthaltene Problematik für den Bestand der Weimarer Demokratie auf.
   → Text, M10–M12

7. Messen Sie die politischen Vorstellungen der Putschisten, die der DNVP nahestanden, an den Maßstäben demokratischer Gesinnung.
   → M11

8. Analysieren Sie die Urteilsfindungen der Weimarer Justiz. Welche Rückschlüsse lassen sie zu?
   → M14

9. „Die deutsche Republik, insofern sie eine sozialdemokratische sein sollte, war schon 1920 am Ende (Golo Mann)." Interpretieren Sie die Karikatur.
   → M3, M15

10.4 Die Außenpolitik

Die Außenpolitik der Weimarer Republik, so wie sie von allen Regierungen betrieben wurde, war von dem Bestreben geprägt, den Versailler Vertrag zu revidieren. Dieser Vertrag wurde von allen politischen Kräften der Republik als unerträglich empfunden. Die Revisionspolitik hatte das Ziel, die Vormundschaft der Siegermächte abzustreifen, die internationale Isolierung zu durchbrechen und wieder in eine europäische Großmachtposition aufzusteigen. Allerdings gab es innerhalb des politischen Spektrums der Weimarer Republik keinen Konsens darüber, mit welchen Methoden diese Ziele zu erreichen seien.

Zunächst dominierte die Ostorientierung, die im Vertrag von Rapallo mit der Sowjetunion ihren Ausdruck fand (1922). Der Vertrag führte jene zwei Staaten zusammen, die aus unterschiedlichen Gründen im Nachkriegseuropa politisch isoliert waren. Für die Weimarer Republik bedeutete die Ostorientierung eine Erweiterung ihres diplomatischen Spielraumes. Der Vertrag beinhaltete die Aufnahme von diplomatischen Beziehungen sowie den Verzicht auf Ersatz von Kriegskosten. Neben wirtschaftlichen Vorteilen (Rohstoffversorgung) eröffnete der Vertrag eine heimliche militärische Kooperation. Das betraf unter anderem den Aufbau einer Luftwaffe, die dem Versailler Vertrag zufolge dem Deutschen Reich verboten war.

Die Ostpolitik wurde fortgesetzt im Berliner Vertrag von 1926 zwischen dem Deutschen Reich und der Sowjetunion, der die gegenseitige Neutralität im Falle eines Krieges zusicherte.

Reparationen

In Bezug auf den Westen stand zunächst die Minderung der Reparationslasten im Vordergrund. Erschwert wurde die Aufbringung der Reparationsmilliarden dadurch, dass aufgrund der Importsperren der Ententemächte keine nennenswerten Ausfuhrüberschüsse (Devisen)

M 1

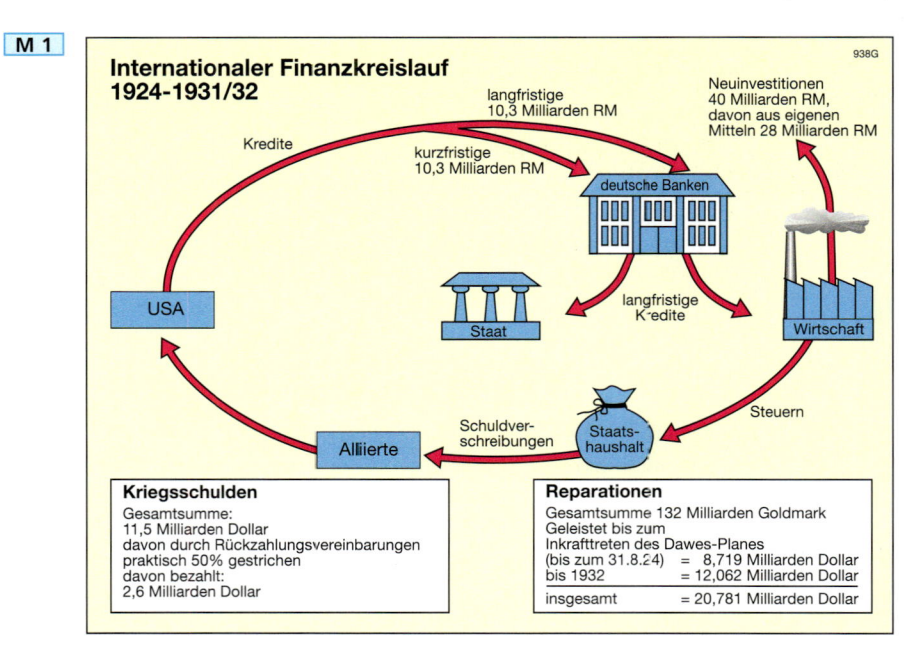

Internationaler Finanzkreislauf 1924-1931/32

938G

langfristige 10,3 Milliarden RM

Kredite

kurzfristige 10,3 Milliarden RM

Neuinvestitionen 40 Milliarden RM, davon aus eigenen Mitteln 28 Milliarden RM

deutsche Banken

USA

Staat

langfristige Kredite

Wirtschaft

Schuldverschreibungen

Alliierte

Staatshaushalt

Steuern

Kriegsschulden
Gesamtsumme:
11,5 Milliarden Dollar
davon durch Rückzahlungsvereinbarungen
praktisch 50% gestrichen
davon bezahlt:
2,6 Milliarden Dollar

Reparationen
Gesamtsumme 132 Milliarden Goldmark
Geleistet bis zum
Inkrafttreten des Dawes-Planes
(bis zum 31.8.24) = 8,719 Milliarden Dollar
bis 1932 = 12,062 Milliarden Dollar
insgesamt = 20,781 Milliarden Dollar

erwirtschaftet werden konnten. Die Reparationszahlungen mussten daher durch Anleihen (Kredite) gewährleistet werden, was eine Abhängigkeit von den (amerikanischen) Gläubigern mit sich brachte. Dieses System funktionierte bis zum Beginn der Weltwirtschaftskrise, als amerikanische Banken ihre Gelder aus Deutschland abzogen.

Für die Weimarer Republik waren die Jahre 1924 bis 1928 mit einer Konsolidierung verbunden, in der die pünktliche Zahlung der Reparationen mit außenpolitischen Erfolgen einhergingen. Der Dawes-Plan (1924) und der Young-Plan (1929) – so benannt nach ihren amerikanischen Vorsitzenden – orientierten sich bei der Festschreibung der Reparationen an der Leistungsfähigkeit Deutschlands. Sie bedeuteten jeweils eine finanzielle Entlastung im Vergleich zu den vorherigen Forderungen. Der ökonomische Zusammenbruch hat dann 1931 zur Zahlungseinstellung geführt.

Locarnopakt

Die deutsche Außenpolitik der zwanziger Jahre ist unauflöslich mit dem Namen Gustav Stresemann (Außenminister von 1923 bis 1929) verknüpft. Stresemann – Vernunftrepublikaner und Realist – sah, dass eine gewaltsame Revision nicht möglich war. Sein Konzept, Deutschland wieder in den Kreis der europäischen Großmächte zu integrieren, lautete: Vertrauen schaffen, um das französische Sicherheitsbedürfnis zu befriedigen. Stresemanns Westpolitik mündete im Locarnopakt (1925), der ein europäisches Sicherheitssystem schuf und die Unverletzlichkeit der Westgrenzen festschrieb. Das hieß unter anderem, Elsass-Lothringen blieb französisch und Eupen-Malmedy belgisch. Damit war Deutschland zum ersten Mal nach dem Ersten Weltkrieg wieder Partner im europäischen Mächtekonzert. Es folgte die Aufnahme in den Völkerbund (1926). Der Völkerbund war 1919 auf Anregung des US-Präsidenten Woodrow Wilson gegründet worden. Zweck dieser Organisation mit Sitz in Genf war es, das friedliche Zusammenleben der Völker zu sichern.

Bei seiner Aussöhnungspolitik mit Frankreich fand Stresemann einen Partner in seinem französischen Amtskollegen Aristide Briand (Außenminister von 1925 bis 1932). Gemeinsam erhielten sie 1926 den Friedensnobelpreis. Ihre Politik mussten sie gegen den erbitterten Widerstand nationalistischer Kreise in beiden Ländern durchsetzen.

Die Bemühungen um den Abbau von Spannungen fanden ihre Fortsetzung im Kellogg-Pakt, der den Verzicht auf Krieg als Mittel der Politik beinhaltete (1928).

Dem Tod Stresemanns am 3. Oktober 1929 kommt im Rückblick eine geradezu symbolische Bedeutung zu. Mit Stresemann verlor die Republik eine ihrer stärksten Stützen. Fast zeitgleich mit dem Einsetzen der Weltwirtschaftskrise ging damit die stabile Phase der Weimarer Republik zu Ende.

M 2 **Die Außenminister (v. l.) Aristide Briand (Frankreich) und Gustav Stresemann (Deutschland)** nach Unterzeichnung der Verträge von Locarno 1925.

Chronologie

16. April 1922	Vertrag von Rapallo
16. Aug. 1924	Dawes-Plan
16. Okt. 1925	Locarno-Pakt
10. Sept. 1926	Aufnahme Deutschlands in den Völkerbund
7. Juni 1929	Young-Plan

M 3 Außenpolitische Konzeption der Reichswehr

Der Chef der Heeresleitung, General von Seeckt, äußerte sich 1922:

Mit Polen kommen wir nun zum Kern des Ostproblems. Polens Existenz ist unerträglich, unvereinbar mit den Lebensbedingungen Deutschlands. Es muss verschwinden und wird verschwinden durch eigene,
5 innere Schwäche und durch Russland – mit unserer Hilfe. Polen ist für Russland noch unerträglicher als für uns; kein Russland findet sich mit Polen ab. Mit Polen fällt eine der stärksten Säulen des Versailler Friedens, die Vormachtstellung des Versailler Frie-
10 dens, die Vormachtstellung Frankreichs. Dieses Ziel zu erreichen, muss einer der festesten Richtungspunkte der deutschen Politik sein, weil er ein erreichbarer ist. Erreichbar nur durch Russland oder mit seiner Hilfe.
15 Polen kann niemals Deutschland irgendwelchen Vorteil bieten, nicht wirtschaftlich, denn es ist entwicklungsunfähig, nicht politisch, denn es ist Vasall Frankreichs. Die Wiederherstellung der Grenze zwischen Russland und Deutschland ist die Vorausset-
20 zung beiderseitiger Erstarkung. Russland und Deutschland in den Grenzen von 1914 sollte die Grundlage einer Verständigung zwischen beiden sein. [...] Wir wollen zweierlei: erstens eine Stärkung Russlands auf wirtschaftlichem und auf politischem, also
25 militärischem Gebiet und damit indirekt die eigene Stärkung, indem wir einen zukünftigen möglichen Bundesgenossen stärken; wir wollen ferner, zunächst vorsichtig und versuchend, die unmittelbar eigene Stärkung, indem wir eine uns im
30 Bedarfsfall dienstbare Rüstungsindustrie in Russland heranbilden helfen. [...] Das deutsche Volk soll in seiner sozialistischen Mehrheit einer aktiven Politik, die mit Kriegsmöglichkeiten rechnen muss, abgeneigt sein. Es ist
35 zuzugeben, dass der Geist, der über der Versailler Friedensdelegation schwebte, noch nicht verschwunden ist und dass der törichte Ruf: „Nie wieder Krieg!" verbreiteten Nachhall findet. Er findet ihn auch in manchen pazifistisch-bürgerlichen Krei-
40 sen, aber es gibt auch unter den Arbeiterkreisen, auch in der offiziellen Sozialdemokratischen Partei viele, die nicht gewillt sind, dem Franzosen und Polen aus der Hand zu fressen. Gewiss besteht im deutschen Volk weitgehendes und erkliches
45 Friedensbedüfnis. Am klarsten wird das Für und Wider des Krieges in militärischen Köpfen abgewogen werden, aber Politik treiben, heißt führen. Dem Führer wird trotz allem das deutsche Volk in

dem Kampf um seine Existenz folgen. Diesen Kampf vorzubereiten, ist die Aufgabe; denn 50 erspart wird er uns nicht.

Zit. nach: W. Michalka und G. Niedhart (Hg.), Die ungeliebte Republik, München 1980, S. 144 f.

M 4 Ziele deutscher Außenpolitik

In einem Brief an Kronprinz Wilhelm schrieb Außenminister Stresemann (7.9.1925):

[...] In der Frage des Eintritts in den Völkerbund möchte ich Folgendes bemerken:
Die deutsche Außenpolitik hat nach meiner Auffassung für die nächste absehbare Zeit drei große Aufgaben: Einmal die Lösung der Reparationsfrage 5 in einem für Deutschland erträglichen Sinne und die Sicherung des Friedens, die die Voraussetzung für eine Wiedererstarkung Deutschlands ist. Zweitens rechne ich dazu den Schutz der Auslandsdeutschen, jener 10–12 Millionen Stammesgenos- 10 sen, die jetzt unter fremdem Joch in fremden Ländern leben.
Die dritte große Aufgabe ist die Korrektur der Ostgrenzen: die Wiedergewinnung von Danzig, vom polnischen Korridor und eine Korrektur der Grenze 15 in Oberschlesien. [...]
Die Frage des Optierens [Wählens] zwischen Osten und Westen erfolgt durch unseren Eintritt in den Völkerbund nicht. Optieren kann man ja übrigens nur, wenn man eine militärische Macht hinter sich hat. 20 Das fehlt uns leider. Wir können weder zum Kontinentaldegen für England werden, wie einige glauben, noch können wir uns auf ein deutsch-russisches Bündnis einlassen. Ich warne vor einer Utopie, mit dem Bolschewismus zu kokettieren. Wenn 25 die Russen in Berlin sind, weht zunächst die rote Fahne vom Schloss, und man wird in Russland, wo man die Weltrevolution wünscht, sehr zufrieden sein, Europa bis zur Elbe bolschewisiert zu haben, und wird das übrige Deutschland den Franzosen 30 zum Fraß geben.

Zit. nach: W. Michalka und G. Niedhart (Hg.), a. a. O., S. 162 ff.

M 5 Die Bedeutung des Locarno-Vertrages

Außenminister Stresemann in einer Rede am 14. Dezember 1925:

Wenn ein Außenminister seine Aufgabe nicht dahin auffasst, die täglichen Eingänge zu erledigen, sondern sich fragt, ob es Ausblicke für eine andere Stellung seines Landes in der Welt gibt, dann muss er sich zunächst die Frage vorlegen, wel- 5 che Mittel ihm zur Verfügung stehen, um seinem

Lande wieder Geltung zu verschaffen. Das Hauptmittel ist die materielle Macht, Armee und Flotte. Dass wir sie nicht besitzen, ist Ihnen bekannt. […]

10 Eine dritte Frage für die deutsche Außenpolitik ist die, ob Deutschland noch irgendwo eine Großmacht wäre und als Großmacht sich wieder in das Konzert der Mächte einschalten könnte, und diese einzige große Waffe unserer Außenpolitik sehe ich 15 in unserer wirtschaftlichen Stellung, und zwar in unserer wirtschaftlichen Stellung als Konsumentenland, in unserer Stellung als großes Schuldnerland gegenüber anderen Nationen. […] Ich glaube, man wird am weitesten kommen, wenn man 20 irgendein Verhältnis zu anderen Nationen auf gleich laufenden Interessen aufbaut. An unserer Produktion haben die andern kein Interesse; aber sie haben ein Interesse daran, dass die aus den Fugen geratene Weltwirtschaft, die sich in einer 25 Zerstörung der Währungen mit Ausnahme von zwei großen Ländern ausgesprochen hat, wieder in Ordnung kommt; und sie glauben nicht daran, dass

sie wieder in Ordnung kommt, wenn Deutschland in den Abgrund hineingezogen wird. […]

Nun lassen Sie mich von den drei Fragenkomplexen 30 sprechen, die Locarno im Speziellen betreffen. Der erste ist die Frage: Elsass-Lothringen und Eupen-Malmedy. In dem Artikel 1 und dem Artikel 2 des Vertrages ist gesagt worden, worauf die Mächte verzichten. Sie verzichten auf Krieg, Gewalt oder Einbruch […]. 35 [Daraus ergibt sich], dass es sich um einen moralischen Verzicht nie handeln konnte, sondern um das, was mir jeder Verständige zugeben wird, dass es Wahnwitz wäre, heute mit der Idee eines Krieges gegen Frankreich zu spielen […]. 40

Der andere Komplex der Fragen war der der Ostgrenzen. […] [Die Regierungen Polens und der Tschechoslowakei wollten] einen Pakt, bei dem wir uns verpflichten, von jedem Angriff abzusehen. Diese Verpflichtung sind wir im Westen eingegangen, wir 45 haben sie für den Osten abgelehnt. Auch der Eintritt in den Völkerbund schließt den Krieg nicht aus. […]

Zit. nach: W. Michalka und G. Niedhart (Hg.), a. a. O., S. 173 ff.

M 6 **Plakat der DNVP zu den Reichstagswahlen am 20. Mai 1928**
Innenpolitisch blieb Locarno umstritten. Nach deutschnationaler Auffassung bedeutete der endgültige Verzicht auf Elsass-Lothringen die dauernde Überlegenheit Frankreichs am Rhein. Stresemanns Außenpolitik stützte sich daher innenpolitisch auf die sozialdemokratische Opposition.

Aufgaben

1. In welcher Weise versuchte die deutsche Politik mit der Reparationsfrage umzugehen?
   → Text, M1

2. Aus welchen Überlegungen heraus vertritt v. Seeckt die Politik einer Annäherung an die Sowjetunion? Erläutern Sie die innenpolitischen Aspekte, die sich dabei abzeichneten.
   → Text, M3

3. Vergleichen Sie die außenpolitische Position von Stresemann mit der von v. Seeckt im Hinblick auf Unterschiede und Gemeinsamkeiten.
   → M3–M5

4. Analysieren Sie die politische Konzeption, die sich mit der Westorientierung und dem Locarnopakt verbindet.
   → Text, M2, M4–M6

Fragen an die Geschichte

Die deutsch-französische Erbfeindschaft: Wirklichkeit oder Legende?

Die älteren Wurzeln im deutsch-französischen Spannungsverhältnis liegen vermutlich im 17. Jahrhundert, als die ausgreifende Politik Ludwigs XIV. mit der Annexion des Elsass und der Zerstörung der Pfalz (1689/92) anti-französische Gefühle keimen ließ. Aber es gab noch keinen deutschen Staat und kein deutsches Nationalbewusstsein. Das Leben spielte sich noch im Rahmen von Dynastien, Ständen, Religionen und Regionen ab.

Die anti-napoleonischen Befreiungskämpfe (1813) trugen zwar bereits einen deutlichen antifranzösischen Akzent, aber doch nur bei einer relativ kleinen Schicht von Intellektuellen und Militärs.

Wenn es überhaupt so etwas gibt wie eine Geburtsstunde der „deutsch-französischen Erbfeindschaft", dann 1866, als Preußen in der Schlacht von Königgrätz Österreich besiegte und zur (nord-)deutschen Hegemonialmacht aufstieg. Das Frankreich Napoleons III. war zutiefst erschüttert und fürchtete, die politische Führung in Europa einzubüßen. Die sich abzeichnende Überwindung der deutschen Zersplitterung unter preußischem Vorzeichen bedeutete eine Herausforderung der politischen Vormachtstellung Frankreichs. Erst im 19. Jahrhundert – im Zeichen einer „Nationalisierung der Massen" – wurde die Identitätsbildung unter nationalen Vorzeichen zu einem offensichtlich weit verbreiteten Bedürfnis. Die Abgrenzung vom Nachbarn erleichterte die politische Selbstfindung. Erst jetzt konnte die Polarisierung zwischen „germanisch" und „welsch", zwischen „deutscher Kultur" und „französischer Zivilisation", zwischen den Ideen der Französischen Revolution" und den „Ideen von 1914" von den Massen Besitz ergreifen.

Ein knappes Jahrhundert später, in der zweiten Hälfte des 20. Jahrhunderts, hat sich aufgrund schmerzhafter Erfahrungen für beide Völker die Erkenntnis durchgesetzt, dass der Frieden auf dem Kontinent vom deutsch-französischen Verhältnis abhängt. Konrad Adenauer, der erste deutsche Bundeskanzler, suchte bewusst den Ausgleich mit dem westlichen Nachbarn und fand im französischen Präsidenten Charles de Gaulle einen geistesverwandten Partner.

Freundschaftliche persönliche Beziehungen zwischen den Staatsmännern eröffneten den Weg für eine deutsch-französische Aussöhnung (in Klammern die Daten der gemeinsamen politischen Verantwortung):

Gustav Stresemann – Aristide Briand (1925–1929)
Konrad Adenauer – Charles de Gaulle (1958–1963)
Helmut Schmidt – Valery Giscard d'Estaing (1974–1981)
Helmut Kohl – François Mitterrand (1982–1995)
Gerhard Schröder – Jacques Chirac (1998–2005)

ACTUALITÉS

— Adieu!
— Non, au revoir! Ça se rend, les visites.

M 1 Frankreich denkt an Revanche aus der Sicht der französischen Zeitschrift „Charivari" (31.3.1871). Im Vordergrund der französische Kaiser Napoleon III. Untertitel:
– „Adieu!"
– „Nein, auf Wiedersehen. Besuche pflegt man zu erwidern."

Aufgaben

1. Diskutieren Sie, welche Lehren für die Gestaltung der europäischen Zukunft aus den deutsch-französischen Beziehungen zu ziehen sind.

Deutsch-französischer Krieg 1870/71

Reichsgründung durch Ausrufung des preußischen Königs Wilhelm I. zum Deutschen Kaiser im Spiegelsaal des Schlosses von Versailles (18. Januar 1871)

Annexion Elsass-Lothringens

1. Weltkrieg 1914-1918

Waffenstillstand unterzeichnet in einem Eisenbahnwagen im Wald von Compiègne (11. November 1918)

Unterzeichnung des Friedensvertrags im Spiegelsaal von Versailles (28. Juni 1919)

2. Weltkrieg 1939-1945

Unterzeichnung des Waffenstillstands im historischen Eisenbahnwagen im Wald von Compiègne (21. Juni 1940)

Hitler und seine Generäle vor dem historischen Eisenbahnwagen von Compiègne.

Unterzeichnung der Kapitulation in Reims (7. Mai 1945)

Französische Besatzung (1945 - 1949)

Unterzeichnung des Vertrages über die deutsch-französische Zusammenarbeit in Paris am 22. Januar 1963.
Von links: Bundeskanzler Konrad Adenauer, Staatspräsident Charles de Gaulle und Premierminister Georges Pompidou.

Elysée-Vertrag (22. Januar 1963)

Vertrag zwischen der Bundesrepublik Deutschland und der Französischen Republik über die deutsch-französische Zusammenarbeit

10.5 Die Auflösung der Republik

Weltwirtschaftskrise und der Übergang zu den Präsidialkabinetten

Am 25. Oktober 1929 stürzten die Aktienkurse an der New Yorker Börse. Dieser Tag, der als „Schwarzer Freitag" in die Geschichte eingegangen ist, markierte den Beginn einer weltweiten Wirtschaftskrise, die insbesondere in den USA und in Deutschland verheerende Ausmaße annahm. Die deutsche Wirtschaft, die aufgrund der Reparationslasten in beträchtlichem Umfang mit amerikanischem Kapital arbeitete, wurde durch den plötzlichen Abzug von Kapital schwer getroffen. Der Zusammenbruch von Banken, Produktionsrückgang und Arbeitslosigkeit stellten die unmittelbaren und mittelbaren Folgen dieses Ereignisses da. Die Arbeitslosigkeit stieg bis 1932 auf über sechs Millionen offiziell registrierte Menschen an. Von ihr waren die Industriearbeiter am schwersten betroffen. 1933 waren 40 Prozent aller männlichen Industriearbeiter arbeitslos, aber beispielsweise nur 13 Prozent der Angestellten.

Mit der Weltwirtschaftskrise begann auch der endgültige politische Niedergang der Weimarer Republik. Die von Hermann Müller (SPD) geführte Große Koalition (SPD, Zentrum, BVP, DDP, DVP) zerbrach im Frühjahr 1930, weil es zwischen der industrienahen DVP und der SPD zu keiner Einigung über die Beitragshöhe der Arbeitslosenversicherung kam. Angesichts der Arbeitslosigkeit stemmte sich die SPD gegen den Abbau der Sozialleistungen, der vom Reichsverband der deutschen Industrie wiederholt gefordert worden war.

Die Auflösung der Großen Koalition hatte eine parlamentarische Situation zur Folge, die eine mehrheitsgestützte Regierung nicht mehr zuließ. Denn der wirtschaftliche Verfall ging einher mit einer politischen Radikalisierung, die in letzter Konsequenz politisch handlungsfähige Mehrheiten im Reichstag unmöglich machte. Dieses Machtvakuum war die Ausgangslage für die Umformung der parlamentarischen Demokratie in ein Präsidialsystem auf der Grundlage des Notverordnungsrechts. Da die Parteien des Reichstages von sich aus nicht mehr in der Lage waren, regierungsfähige Koalitionen zu bilden, hatten sie indirekt die Macht dem Reichspräsidenten und dessen Vertrauensleuten überlassen.

Dieser „selbstmörderische Entschluss der demokratischen Parteien" (Bracher) leitete eine Entmachtung des Reichstages zugunsten des Reichspräsidenten und seiner Berater ein. Verordnungen nach Art. 48 WRV traten an die Stelle von im Reichstag verabschiedeten Gesetzen.

Die Konzeption der präsidialen Kabinette, die unabhängig von der parlamentarischen Mehrheit regierten, war gezielt von Teilen der Großindustrie und national-konservativen Großagrariern sowie von der Reichswehr angestrebt worden.

Mit der Berufung des Zentrumpolitikers Heinrich Brüning zum Reichskanzler durch Hindenburg, der seit 1925 das Amt des Reichspräsidenten innehatte, begann die stufenweise Durchbrechung des Weimarer Verfassungssystems.

M 1 Plakat der NSDAP zu den Reichstagswahlen am 25. Mai 1928

Das durch die nationalsozialistische Propaganda stilisierte und vereinnahmte „Kriegserlebnis" zielt auf die Opferbereitschaft einer Jugend, die selbst den Schützengraben nie kennen gelernt hat.

Opposition gegen die Republik

Der Volksentscheid über den Young-Plan (1929) wurde zum Kristallisationskern eines Bündnisses konservativ-nationalistischer Kräfte. Zwar scheiterte der Volksentscheid, aber die im Kampf gegen die Republik zusammengehaltene „Nationale Opposition" formierte sich im Oktober 1931 zur „Harzburger Front". Sie umfasste alle Gegner der Weimarer Republik mit Ausnahme der Kommunisten. Ihr Programm lautete auf eine Formel gebracht: „Ordnung und Diktatur statt Novemberverbrecher!" Man forderte den Rücktritt der Regierung Brüning sowie der Regierung Braun (SPD) in Preußen. Neben der NSDAP nahm die von Hugenberg geführte DNVP an dem Treffen in Harzburg teil. Hugenberg, der gleichzeitig Beherrscher eines großen Pressekonzerns war, benutzte diesen zur gezielten Verbreitung antidemokratischer Ideologien. In der Nachfolge des Treffens nahm die finanzielle Unterstützung der NSDAP durch Kreise der Wirtschaft beträchtlich zu.

Zu den beiden Parteien stieß der „Stahlhelm", der Bund der Frontsoldaten. Er hatte eine offen republikfeindliche Haltung, die durch einen militanten Nationalismus geprägt wurde.

Neben die außenparlamentarische Opposition des „Stahlhelm" trat die SA (Sturmabteilung) der NSDAP, die offen die Gewalt als ein Mittel zur Durchsetzung politischer Ziele propagierte und anwendete.

Die Ablehnung der Republik durch die politische Rechte wurde ergänzt durch die Ablehnung von Seiten der KPD. Aber obwohl den Kommunisten in der durch Radikalisierung geprägten Weimarer Endphase Stimmengewinne zuwuchsen, waren sie im Unterschied zu den Rechtsparteien politisch isoliert und ohne Einfluss auf die Machtsäulen des Staates: Regierung, Bürokratie, Polizei und Reichswehr.

Die Endphase der Weimarer Republik (1932/33)

Reichspräsidentenwahl

Hindenburg war ein monarchisch gesinnter Generalfeldmarschall und im Ersten Weltkrieg „Sieger von Tannenberg" in Ostpreußen, wo 1914 mit unterlegenen Kräften der Vormarsch der russischen Armeen abgewehrt worden war. Er wurde 1932 erneut zum Reichspräsidenten gewählt. Um eine Präsidentschaft Hitlers zu verhindern, hatten ihn diesmal die demokratischen Parteien unterstützt.

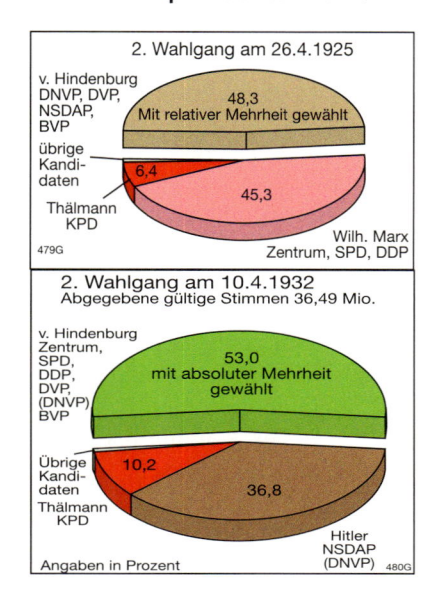

M 2 Reichspräsidentenwahlen

Altersschwach wie er war (86 Jahre alt), geriet er nunmehr noch stärker als zuvor unter den Einfluss seiner engsten Umgebung. Sein Sohn Oskar, von dem es hieß, er sei in der Verfassung nicht vorgesehen, Hindenburgs Staatssekretär Meißner und von Schleicher (General und Chef des Ministeramts im Reichswehrministerium) wurden seine entscheidenden Ratgeber und Drahtzieher. Die Politik hatte sich aus der Öffentlichkeit des Parlaments hinter die Kulissen des Reichspräsidentenpalais verlagert. Da jede Regierung abhängig war vom Vertrauen, das Hindenburg ihr schenkte, wurde er zur Anlaufstelle der Intriganten.

Die Endphase der Weimarer Republik begann im Mai 1932 mit der Ablösung Brünings als Reichskanzler. Ein Bündnis aus Nationalsozialisten, Deutschnationalen und Generälen brachte ihn zu Fall. Hindenburg entzog ihm sein Vertrauen, wobei die Arbeitslosigkeit und das Verbot der SA eine Rolle gespielt hatten. An die Stelle Brünings trat der konservative, aus dem Zentrum ausgeschlossene Politiker Franz von Papen.

M 3 Plakat der NSDAP zu den Reichstagswahlen 1932

Die graue Masse als Objekt des Stimmenfangs: Im politischen Kampf gewinnt, wer die Hoffnung der größtmöglichen Zahl von Individuen auf sich zu bündeln versteht.

M 4

M 5 Plakat der SPD zu den Reichstagswahlen 1930

Der Weimarer Staat wurde in immer größerer Intensität durch die Existenz von „Privatarmeen" herausgefordert. Die Sturmabteilung (SA) als Parteimiliz der NSDAP, der Stahlhelm (DNVP-nahestehend), der Rotfrontkämpferbund (RFB) als militärischer Arm der KPD und das Reichsbanner Schwarz-Rot-Gold (Kampfverband von Sozialdemokraten und Gewerkschaftern) lieferten sich blutige Straßenschlachten. Der Staat vermochte sein Gewaltmonopol nicht erfolgreich zu verteidigen. Der Verfall der Autorität war offenkundig.

Das neue Kabinett des betont antiparlamentarischen von Papen („Kabinett der Barone") hob das SA-Verbot auf, was eine gewaltige Zunahme des politischen Terrors zur Folge hatte. Innerhalb von nur zwei Monaten forderten die Straßenkämpfe zwischen den rivalisie-

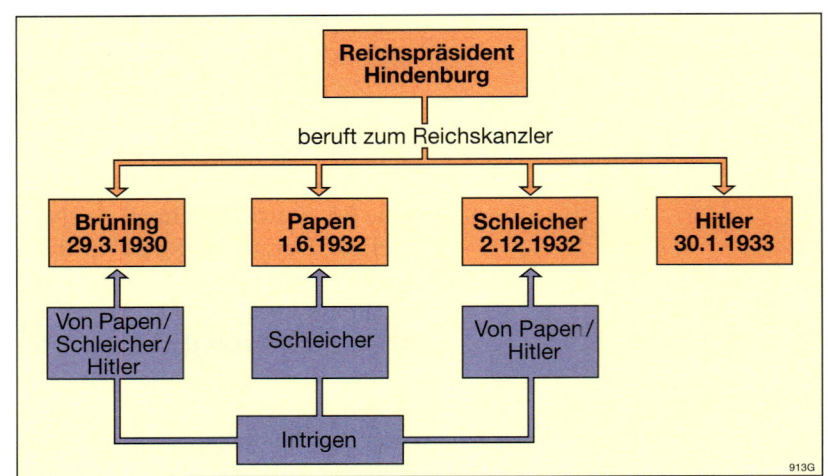

renden Privatarmeen 300 Tote und 1200 Verletzte. Durch einen Staatsstreich gegen Preußen am 20. Juli 1932 („Preußenschlag") wurde die Sozialdemokratie in ihrer letzten Bastion in Deutschland entmachtet. Renten, Arbeitslosen- und Wohlfahrtsunterstützungen wurden gekürzt. Die Regierung Papen blieb politisch isoliert. Im Dezember 1932 wurde von Schleicher, Hindenburgs Ratgeber, selbst neuer Reichskanzler. Der „soziale General" bemühte sich um eine neue Basis aus Gewerkschaften und dem linken Flügel der NSDAP, verlor aber dabei sehr schnell das Vertrauen Hindenburgs. Unter dem Einfluss von Papens und seines Sohnes Oskar gab Hindenburg seine Widerstände gegen Hitler auf, den er nicht zuletzt wegen seines niedrigen Dienstgrades (Gefreiter) abgelehnt hatte.

Am 30. Januar 1933 wurde Hitler zum Reichskanzler eines Kabinetts ernannt, das aus drei Nationalsozialisten und acht Konservativen bestand. Hitlers Ernennung zum Reichskanzler, die aufgrund der Beeinflussung Hindenburgs zustande kam, wäre nicht möglich gewesen ohne den Rückhalt durch eine politische Massenbewegung.

Begünstigt wurde die „Machtergreifung" Hitlers durch die Spaltung der Arbeiterschaft in Kommunisten und Sozialdemokraten. Die KPD diffamierte – entsprechend den Beschlüssen der Kommunistischen Internationale (Komintern) – die SPD als „sozialfaschistisch" und als Hauptstütze des Klassenfeindes. Die SPD ihrerseits hatte als demokratische Partei keinerlei Sympathien für das bolschewistische Herrschaftssystem der Sowjetunion.

Den Nationalsozialisten gelang es, soziale und nationale Regungen gleichermaßen zu mobilisieren. Die Gefühle des existenziellen Bedrohtseins richteten sich auf Hitler als „Retter in der Not". Die historische Wahlforschung hat gezeigt, dass der Aufstieg der NSDAP auf zwei Faktoren zurückgeführt werden kann:

- die Radikalisierung von Mittelschichtwählern, insbesondere beim „alten" Mittelstand (Geschäftsleute, Handwerker, Bauern),
- die Mobilisierung von Erst(Jung-)wählern und Nichtwählern.

Im protestantischen Milieu war die Partei erfolgreicher als im katholischen. Auch wenn Arbeiter sich als nicht so anfällig für die NS-Ideologie erwiesen, so kann man doch die NSDAP als „Volkspartei des Protestes" (J. W. Falter) bezeichnen.

M 6

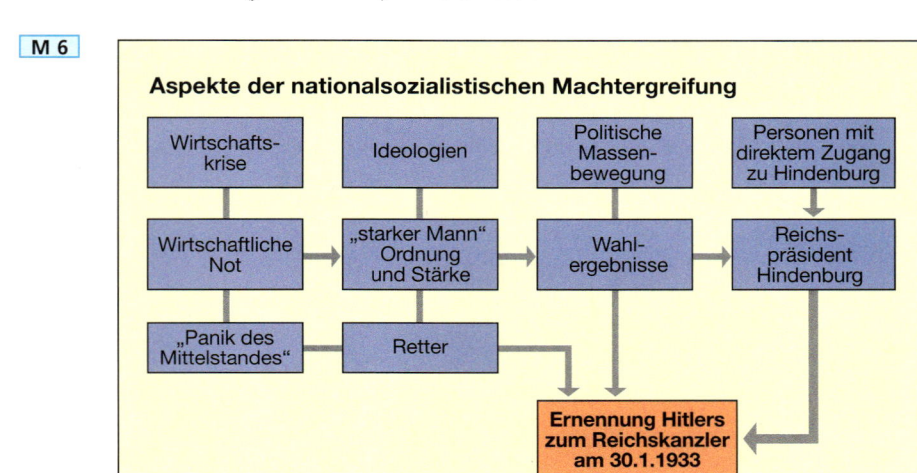

Chronologie

25. Okt. 1929	Börsenkrach in New York
22. Dez. 1929	Volksentscheid gegen den Young-Plan scheitert.
27. März 1930	Rücktritt der Regierung Müller (SPD) und damit Ende der Großen Koalition
29. März 1930	Ernennung Heinrich Brünings zum Reichskanzler
14. Sept. 1930	Wahlen zum Reichstag bringen hohe Gewinne für die NSDAP.
11. Okt. 1931	Formierung der „Harzburger Front"
10. April 1932	Wiederwahl Hindenburgs zum Reichspräsidenten
13. April 1932	SA-Verbot
30. Mai 1932	Entlassung Brünings durch Hindenburg
1. Juni 1932	Franz von Papen wird neuer Reichskanzler.
14. Juni 1932	Aufhebung des SA-Verbots
20. Juli 1932	Staatsstreich gegen die sozialdemokratisch geführte Regierung in Preußen
31. Juli 1932	Aus den Reichstagswahlen geht die NSDAP als stärkste Partei hervor.
6. Nov. 1932	Die Reichstagswahl bringt der NSDAP Stimmenverluste.
2. Dez. 1932	Nach dem Rücktritt der Regierung Papen wird General von Schleicher zum neuen Reichskanzler ernannt.
28. Jan. 1933	Rücktritt Schleichers
30. Jan. 1933	Hindenburg beruft Hitler zum Reichskanzler.

M 7 Aktionsprogramm der KPD

Der Zentralausschuss der KPD beschloss ein Aktionsprogramm, das eine Diktatur nach sowjetischem Muster vorsah (11. Januar 1925):

Eine solche Regierung kann sich [...] nicht auf das bürgerliche Parlament, nicht auf den korrupten, reaktionären Verwaltungsapparat stützen, sondern sie muss sich stützen auf proletarische Massenorgane,
5 die den bürgerlichen Staatsapparat zerschlagen, die illegale und die legale Reichswehr entwaffnen und das Proletariat so organisieren, dass es die Regierungsbeschlüsse selbst durchführen oder ihre Durchführung kontrollieren kann. Nur eine solche Regie-
10 rung kann die Produktion den Händen der Bourgeoisie entreißen und sie der Leitung und Kontrolle der arbeitenden Massen unterstellen. Eine solche Regierung ist nichts anderes als die Diktatur der Arbeiter- und Bauernräte. [...] Die Bolschewisierung der Partei

M 8
Wahlplakat der KPD zu den Reichstagswahlen 1924

15 ist die notwendige Voraussetzung für die Durchführung aller dieser Aufgaben. Nur bei der größten Klarheit und Festigkeit in den Reihen der Partei, bei der schärfsten politischen Abgrenzung gegen alle Schattierungen des Menschewismus [russische Sozi-
20 aldemokratie] kann die Partei auch in den schwierigsten Situationen die enge Verbindung mit den Massen behalten, ohne sich den reformistischen Illusionen anzupassen und dadurch zum Anhängsel der Bourgeoisie zu werden. Engste Verbindung mit den
25 Massen in den Betrieben und in den Gewerkschaften, aber nicht als Anhängsel dieser Massen, ihren

wechselnden Stimmungen nachgebend, sondern als die klare, feste, unerschütterliche Führerin der ganzen Masse der Ausgebeuteten und Unterdrückten – das ist der Sinn der Bolschewisierung der Partei. 30

Zit. nach: J. Flemming u. a. (Hg.). Die Republik von Weimar, Bd. 1, Königstein/Ts. 1979, S. 146 f.

M 9 Zielprojektionen aus dem rechten Flügel der DNVP

Hans Schlange-Schöningen, Rittergutsbesitzer und Mitglied des Reichstages schrieb 1924:

Eines Tages wird diese Macht in Deutschland imstande sein, alles durchzusetzen, querweg über das Geschrei aller Parlamente. Die Diktatur, von der man möglichst nur wenig sprechen soll, die man aber wollen muss, kann und muss nach Lage der 5 Dinge in Deutschland nur kommen vom Preußischen Ministerium des Inneren in Verbindung mit

M10
Plakat der DNVP 1932

der Reichswehr. Die Reichswehr wird nach allen Erfahrungen nie von sich allein aus wollen, sondern erst dann, wenn der rücksichtslose Wille dazu in der 10 anderen Machtstelle in Deutschland besteht, nämlich im Preußischen Ministerium des Inneren: Diese Machtstellung mit einem Mann unserer Richtung zu besetzen, muss daher meiner Meinung nach das Ziel unserer politischen Richtung sein, zu erstreben 15 mit allen uns zur Verfügung stehenden Mitteln! Und dann? Wenn die Diktatur da ist? Ich halte nicht viel von langfristigen Programmen, da die Bilder in unserer schnelllebigen Zeit zu oft wechseln. Aber

20 ein Leitsatz lässt sich wohl aufstellen: Schaffung einer außenpolitischen Ruhezeit, um den inneren Aufbau der Staatsmacht und der Wehrhaftigkeit zu ermöglichen. Ich sehe die Möglichkeit der äußeren Ruhe nur darin, dass wir kaltherzig den Franzosen 25 Rhein und Ruhr zeitweise opfern, um Deutschland aufzubauen und die verlorenen Gebiete eines Tages wieder zu erobern.

Zit. nach: J. Flemming u. a. (Hg.), Die Republik von Weimar, Bd. 1. Königstein/Ts. 1979, S. 135 f.

M11 Aus einem Aufruf des „Stahlhelm"

Der Stahlhelm, Bund der Frontsoldaten, neigte den Rechtsparteien zu. Aus einem Aufruf des Landesverbandes Brandenburg (1928):

Wir hassen mit ganzer Seele den augenblicklichen Staatsaufbau, seine Form und seinen Inhalt, sein Werden und sein Wesen […], weil er uns die Aussicht versperrt, unser geknechtetes Vaterland zu 5 befreien und das deutsche Volk von der verlogenen Kriegsschuld zu reinigen, den notwendigen Lebensraum im Osten zu gewinnen, das deutsche Volk wieder wehrhaft zu machen.

Zit. nach: W. Michalka, G. Niedhart (Hg.), a. a. O., S. 251 f.

M12 Arbeitslosigkeit

Der Historiker Heinrich Potthoff beschreibt die sozialen Verhältnisse in der Wirtschaftskrise:

Nach stundenlangem Schlangestehen erhielten die unverschuldet in Not geratenen Menschen schließlich gegen einen Stempel auf dem Arbeitslosenaus-

weis ihre Unterstützung ausgezahlt. Bis Juni 1932 war sie noch so bemessen, dass sie halbwegs für das 5 Existenzminimum ausreichte. Dann aber kürzte das Kabinett des Barons von Papen […] die Summe auf einen Satz, der zum Leben nicht mehr ausreichte. So erhielt beispielsweise eine Familie mit zwei Erwachsenen und einem Kind monatlich 51 RM Unterstüt- 10 zung, von denen allein 32,50 RM für Miete, Heizung und Beleuchtung ausgegeben werden mussten. Für Nahrungsmittel blieben ganze 18,50 RM. Das heißt bei den damaligen Preisen eine Ration pro Kopf der Familie von einem halben Brot, einem Pfund Kar- 15 toffeln, 100 g Kohl und 50 g Margarine. Dreimal im Monat konnte man sich noch einen billigen Hering kaufen und für das Kind sogar einen Extra-Hering sowie täglich einen halben Liter Milch. Vergleichsweise ging es dieser Familie noch besser 20 als vielen anderen; denn die Arbeitslosenunterstützung […] wurde längstens bis zu einem Jahr gewährt. Im Februar 1932 erhielten 12,6 Prozent der Erwerbslosen überhaupt keine Unterstützung. 29,9 Prozent = 1,833 Millionen, denen kein Arbeits- 25 losengeld mehr gezahlt oder die wie viele Arme und Alte, Jugendliche und ehemalige Freiberufliche nie Mitglied der Sozialversicherung geworden waren, blieben auf die örtliche Wohlfahrtsunterstützung angewiesen. Sie reichte an vielen Orten 30 nicht einmal dazu aus, um sich etwas zum Essen zu kaufen, geschweige denn eine Wohnung zu bezahlen. Im Freien, in Wartesälen und Obdachlosenasylen vegetierten die Menschen dahin […].

H. Potthoff, Die Sozialdemokratie von den Anfängen bis 1945, Bonn 1974, S. 111.

M13

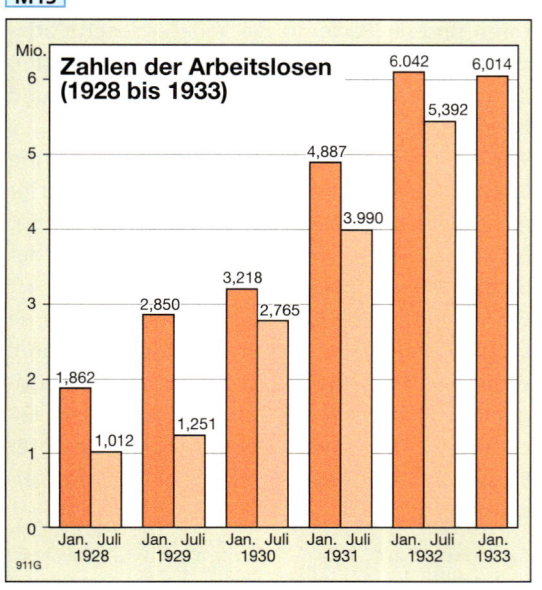

M14

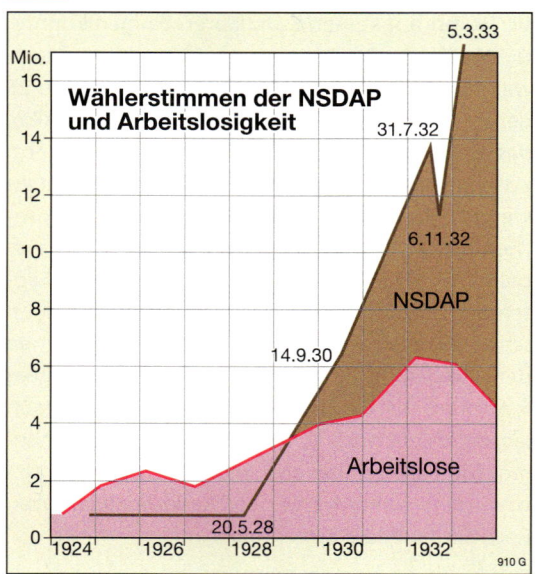

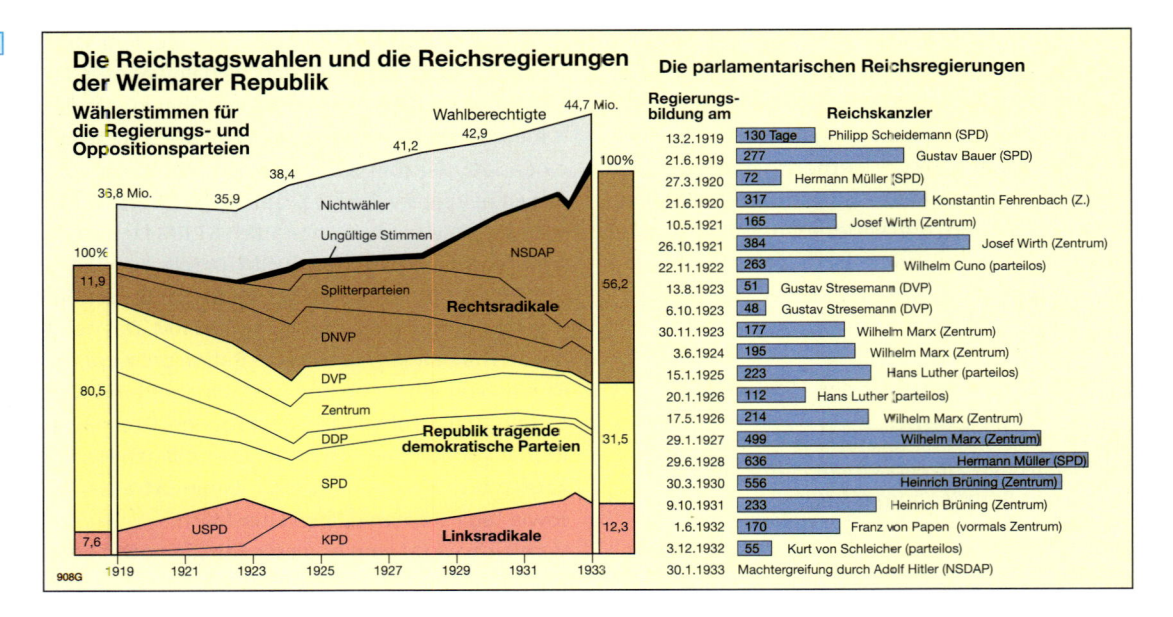

M15

Die Reichstagswahlen und die Reichsregierungen der Weimarer Republik

Die parlamentarischen Reichsregierungen

Regierungs-bildung am		Reichskanzler
13.2.1919	130 Tage	Philipp Scheidemann (SPD)
21.6.1919	277	Gustav Bauer (SPD)
27.3.1920	72	Hermann Müller (SPD)
21.6.1920	317	Konstantin Fehrenbach (Z.)
10.5.1921	165	Josef Wirth (Zentrum)
26.10.1921	384	Josef Wirth (Zentrum)
22.11.1922	263	Wilhelm Cuno (parteilos)
13.8.1923	51	Gustav Stresemann (DVP)
6.10.1923	48	Gustav Stresemann (DVP)
30.11.1923	177	Wilhelm Marx (Zentrum)
3.6.1924	195	Wilhelm Marx (Zentrum)
15.1.1925	223	Hans Luther (parteilos)
20.1.1926	112	Hans Luther (parteilos)
17.5.1926	214	Wilhelm Marx (Zentrum)
29.1.1927	499	Wilhelm Marx (Zentrum)
29.6.1928	636	Hermann Müller (SPD)
30.3.1930	556	Heinrich Brüning (Zentrum)
9.10.1931	233	Heinrich Brüning (Zentrum)
1.6.1932	170	Franz von Papen (vormals Zentrum)
3.12.1932	55	Kurt von Schleicher (parteilos)
30.1.1933		Machtergreifung durch Adolf Hitler (NSDAP)

M16 Präsidialkabinette

Der Politikwissenschaftler Hans-Joachim Winkler analysiert die Schwäche des Parlaments und zeigt auf, wie das parlamentarische Regierungssystem immer mehr unter den Einfluss des Reichspräsidenten geriet:

[…] Mit zunehmender Schwäche und Zersplitterung des Parlaments durch den Radikalismus wuchs die Macht des Präsidenten, bis schließlich am 30. März 1930 mit der Ernennung Brünings ohne
5 Bindung an eine Reichstagskoalition die Ära der Präsidialkabinette ohne Rückhalt bei der Reichstagsmehrheit begann, die mit Hitler endete. Die Reichstagsmehrheit musste die vom Präsidenten vorgeschlagenen Kandidaten tolerieren, weil sie
10 sich selbst auf keinen Kandidaten einigen konnte. Die Waffe des Reichstages, das Misstrauensvotum, war stumpf, weil der Reichspräsident nach Art. 25 den Reichstag daraufhin auflösen konnte, ein Risiko, das kein Parlament freiwillig einzugehen liebt.
15 Zweimal hat die Reichstagsmehrheit ihr Misstrauen wegen unsozialer Notverordnungen ausgesprochen. Beide Male wurde der Reichstag sofort aufgelöst, am 16. Juli 1930 von Brüning, am 12. September 1932 von Papen. Nachdem die Regierungen
20 schon vorher in einer Zwangslage standen zwischen dem Reichspräsidenten, der sie berief, und dem Reichstag, der sie stürzen konnte, waren sie nun eigentlich nur noch vom Reichspräsidenten abhängig. Die Führung lag also beim Reichspräsidenten
25 bzw. den unkontrollierten, unkontrollierbaren Rechtskreisen, die hinter ihm standen.

H.-J. Winkler, Die Weimarer Demokratie, Berlin 1963, S. 47.

M17 Goebbels' Vorstellung von „Legalität"

Die Ausnutzung der Demokratie schildert der NS-Gauleiter von Berlin und spätere Propagandaminister Joseph Goebbels 1928:

Wir gehen in den Reichstag hinein, um uns im Waffenarsenal der Demokratie mit deren eigenen Waffen zu versorgen. Wir werden Reichstagsabgeordnete, um die Weimarer Gesinnung mit ihrer eigenen Unterstützung lahm zu legen. Wenn die 5 Demokratie so dumm ist, uns für diesen Bärendienst Freifahrkarten und Diäten zu geben, so ist das ihre eigene Sache. […]
Uns ist jedes gesetzliche Mittel recht, den Zustand von heute zu revolutionieren. Wenn es uns gelingt, 10 bei diesen Wahlen [1928] sechzig bis siebzig Agitatoren unserer Partei in die verschiedenen Parlamente hineinzustecken, so wird der Staat selbst in Zukunft unseren Kampfapparat ausstatten und besolden. […] 15
Wir kommen als Feinde! Wie der Wolf in die Schafherde einbricht, so kommen wir. Jetzt seid ihr nicht mehr unter euch! Ich bin kein Mitglied des Reichstags. Ich bin ein IdI. Ein IdF. Ein Inhaber der Immunität, ein Inhaber der Freifahrkarte. […] 20
Ein IdI hat freien Eintritt zum Reichstag, ohne Vergnügungssteuer zahlen zu müssen. Er kann, wenn Herr Stresemann von Genf erzählt, unsachgemäße Zwischenfragen stellen, zum Beispiel, ob es den Tatsachen entspricht, dass besagter 25 Stresemann Freimaurer und mit einer Jüdin verheiratet ist.

Aus: „Der Angriff" (30.4.1928), zit. nach: W. Michalka, G. Niedhardt (Hg.), a. a. O., München 1980, S. 251.

288

Notverordnung
aus der Sicht des Karikaturisten Erich Schilling (1931). Der Untertitel lautet: „Nach den Erfahrungen der letzten Wochen ist verfügt worden, dass jeder Demonstrationszug seinen eigenen Leichenwagen mitzuführen hat."

M19 Sozialstruktur der NSDAP (1930)

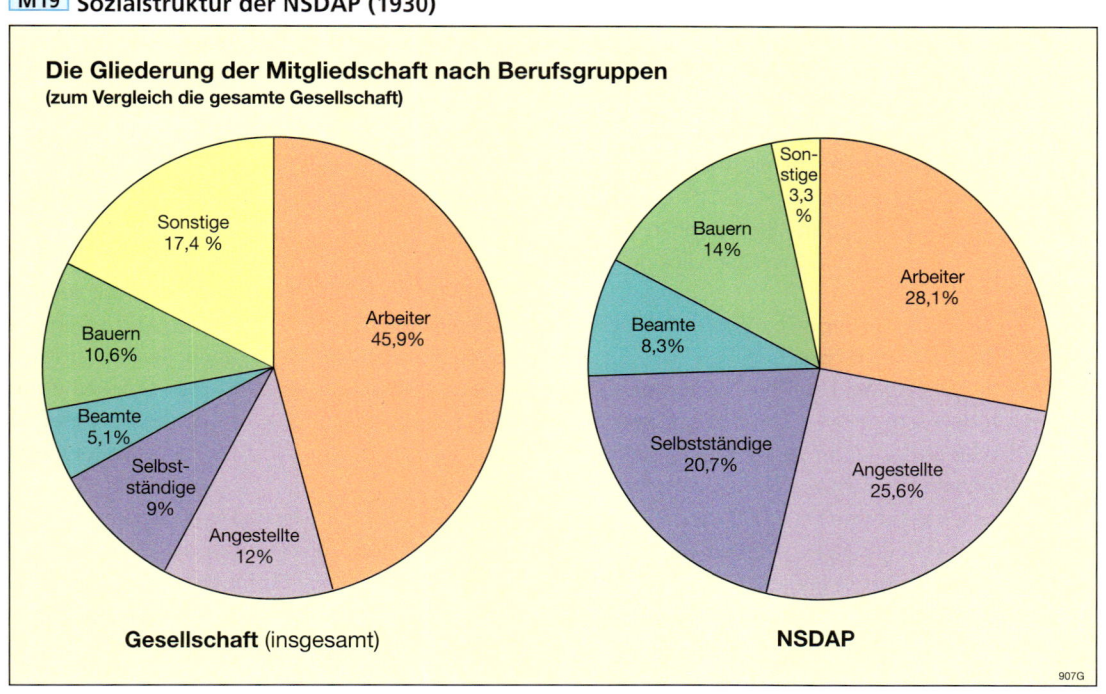

Die Gliederung der Mitgliedschaft nach Berufsgruppen
(zum Vergleich die gesamte Gesellschaft)

Gesellschaft (insgesamt):
- Arbeiter 45,9 %
- Sonstige 17,4 %
- Bauern 10,6%
- Beamte 5,1%
- Selbstständige 9 %
- Angestellte 12 %

NSDAP:
- Arbeiter 28,1%
- Sonstige 3,3 %
- Bauern 14%
- Beamte 8,3%
- Selbstständige 20,7%
- Angestellte 25,6%

907G

M20 Der Sturz der Regierung Brüning

Die Tagebücher von Joseph Goebbels (NSDAP) geben Aufschluss darüber, wie hinter den Kulissen intrigiert und die politische Krise verschärft wurde:

14.4.1932: [...] Nachmittags um 5 Uhr kommt das SA-Verbot. Es wird für das ganze Reich erlassen. Das ist Groeners Geschoss. Vielleicht aber wird er darüber zu Fall gebracht. Uns wird mitgeteilt, dass
5 Schleicher seinen Kurs nicht billigt.[...]

16.4.1932: [...] Der Reichspräsident schreibt einen Brief an Groener [Reichswehrminister, gewährleis-

M21 Der Reichstag wird eingesargt (1932)

Fotomontage des Antifaschisten und KPD-Mitglieds John Heartfield (1891–1968)

tet das SA-Verbot], in dem er sich über Material gegen das Reichsbanner [politischer Kampfver-
10 band, der die Weimarer Republik verteidigte] beschwert und fordert, dass dem hoch- und landesverräterischen Treiben dieser Organisation ein wachsames Augenmerk seitens der Regierung zuteil werde. Das ist eine schwere moralische Nie-
15 derlage für die Regierung. [...]

26.4.1932: [...] Graf Helldorf [SA-Führer in Berlin-Brandenburg] war bei Schleicher. Der will eine Kursänderung vollziehen. [...]

28.4.1932: [...] Der Führer ist bei Schleicher gewe-
20 sen. Das Gespräch verlief gut.

3.5.1932: [...] Unterwegs kaufen wir Zeitungen. Die Berliner Juden schimpfen über die Intrigen der „Offizierskamarilla" [einflussreiche Günstlinge] gegen Brüning und Groener. Es fängt also schon an.
25 Man hat so seine richtige Freude daran. Nun muss in der Partei eisern geschwiegen werden. Wir müssen die Desinteressierten spielen. [...]

4.5.1932: [...] Von Berlin kommt die Meldung, dass Hitlers Minen zu springen beginnen. [...] Als erster
30 muss Groener und nach ihm Brüning fallen. [...]

6.5.1932: [...] Die Bombe ist geplatzt. Der Reichswirtschaftsminister [Warmbold] hat seinen Rücktritt erbeten. Groener und Brüning wackeln. [...]

8.5.1932: [...] Der Führer hat eine entscheidende Unterredung mit General Schleicher; einige Herren 35 aus der nächsten Umgebung des Reichspräsidenten sind dabei. Alles geht gut. Der Führer hat überzeugend zu ihnen geredet. Brüning soll in den nächsten Tagen schon fallen. Der Reichspräsident wird ihm sein Vertrauen entziehen. Der Plan geht dahin, ein 40 Präsidialkabinett zu installieren; der Reichstag wird aufgelöst, alle Zwangsgesetze sollen fallen, wir bekommen Agitationsfreiheit und liefern dann ein Meisterstück an Propaganda. [...] Beglückend das Gefühl, dass noch kein Mensch etwas ahnt, am 45 wenigsten Brüning selbst. [...]

11.5.1932: Der Reichstag plätschert weiter. Groeners Stellung ist erschüttert, die Armee will ihn nicht mehr. Selbst seine eigene Umgebung drängt auf seinen Sturz. So muss es anfangen; wenn einer 50 erst fällt, dann kommt das ganze Kabinett und mit ihm das System ins Purzeln. Brüning sucht zu retten, was zu retten ist. Er redet im Reichstag und zieht sich klugerweise auf die Außenpolitik zurück. Dort wird er sehr aggressiv. Er wähnt sich 100 Meter vor 55 dem Ziel. Von Groener sagt er kein Wort. Er gibt ihn also auf. [...]

12.5.1932: [...] Abends kommt die längst erwartete Meldung: Groener ist als Wehrminister zurückgetreten. [...] 60

13.5.1932: Wir bekommen Nachricht von General Schleicher: Die Krise geht programmgemäß weiter. [...]

18.5.1932: [...] Brüning wird von unserer Presse und Propaganda auf das Schärfste attackiert. Er muss 65 fallen, koste es, was es wolle.

Die geheime Aktion gegen ihn geht unentwegt weiter. Er ist bereits vollkommen isoliert. [...]

24.5.1932: [...] Am Sonnabend schon soll Brüning auffliegen. Staatssekretär Meißner reist nach Neu- 70 deck [wo sich Hindenburg aufhielt]. Nun wollen wir den Daumen halten. Die Ministerliste steht im Großen und Ganzen fest: v. Papen, Reichskanzler, v. Neurath, Außenminister, dazu noch eine Reihe von unbekannten Namen. Für uns ist die Hauptsache, 75 dass der Reichstag aufgelöst wird. Das Weitere wird sich dann finden. [...]

30.5.1932: Die Bombe ist geplatzt. Brüning hat um 12 Uhr dem Reichspräsidenten die Gesamtdemission [Rücktritt] des Kabinetts überreicht. Das 80 System befindet sich im Fall. [...]

Zit. nach: W. Michalka und G. Niedhart (Hg.), a. a. O., S. 326.

M22 Hitler wird Reichskanzler (30. Januar 1933)

Der Historiker Andreas Hillgruber beschreibt, wie konservative Kräfte versuchten, Hitler „einzurahmen":

Das Kabinett der „Einrahmung", das noch am 29. Januar abends zusammengestellt wurde, sah oberflächlich nach einem Duumvirat [Herrschaft von zwei Männern] Hitler–Papen aus. Letzterer war nicht nur
5 als Vizekanzler mit dem Recht, bei jedem Vortrag Hitlers beim Reichspräsidenten anwesend zu sein, sondern auch als Reichskommissar für Preußen vorgesehen. Überhaupt standen den drei Nationalsozialisten im Kabinett, Hitler als Reichskanzler, Frick
10 als Reichsinnenminister und Göring als Reichsminister ohne Geschäftsbereich, acht konservative Minister gegenüber, von denen der DNVP-Vorsitzende Hugenberg als „Wirtschaftsdiktator" eine Schlüsselposition einzunehmen schien. Demgegenüber verfügte nun allerdings Göring, weniger als Minister 15 ohne Geschäftsbereich, aber als stellvertretender Reichskommissar für Preußen und preußischer Innenminister, ebenso wie Frick als Reichsinnenminister, über ein Machtzentrum, das für eine volle „Machtübernahme" im nationalsozialistischen Sinne 20 die geeignete Ausgangsstellung bot. Allen kritischen Warnern gegenüber behauptete hingegen Papen: Sie irren, wir haben ihn [Hitler] uns engagiert. […] Was wollen Sie denn. Ich habe das Vertrauen Hindenburgs. In zwei Monaten haben wir Hitler in die 25 Ecke gedrückt, dass er quietscht.

A. Hillgruber, in: W. Tormin (Hg.), a. a. O., S. 247.

M23 „Das Verhängnis"
„Der Nationalsozialismus ist kein Beginn – er ist ein Ende" (Ernst Niekisch, 1932), Zeichnung von A. Paul Weber, 1932.

Aufgaben

1. Analysieren Sie, mit welchen Zielvorstellungen KPD, DNVP und der Stahlhelm ihre Opposition gegen die Republik betrieben.
   → M7–M9, M11

2. Welche Rolle spielte der Reichspräsident bei der Auflösung der Weimarer Republik?
   → Text, M4, M10, M16, M20

3. In den Wahlergebnissen dokumentieren sich die Verschiebungen der politischen Gewichte. Bestimmen und erläutern Sie anhand dieser Wahlergebnisse die Phasen der Weimarer Republik. Berücksichtigen Sie auch die Reichspräsidentenwahlen von 1925 und 1932.
   → Text, M2, M15

4. Inwiefern leitete die Wahl von 1930 eine gewaltige Veränderung der parlamentarischen Machtverhältnisse ein?
   → M2, M15

5. Erläutern Sie die Funktionsweise der präsidialen Kabinette unter Berücksichtigung der Art. 48, 25 und 53 der Weimarer Verfassung.
   → Text, M16, M20, M21

6. Im Ulmer Reichswehrprozess (1930) erklärte Hitler, auf legalem Wege an die Macht gelangen zu wollen. Stellen Sie eine Beziehung zur Aussage von Goebbels her.
   → M17

7. Vergleichen Sie die Konzeption der „Einrahmung Hitlers" mit dem tatsächlichen Verlauf der Geschichte.
   → Text, M22

8. Welche sozialen Schichten waren in der NSDAP überrepräsentiert?
   → M19

9. Fassen Sie zusammen: Welche Faktoren spielten bei der Machtergreifung Hitlers eine Rolle?
   → Text, M1, M3, M6, M12–M15, M20, M22

11. Der Nationalsozialismus

Ein bekannter Historiker hat sein Werk über das Dritte Reich mit dem Untertitel „Verführung und Gewalt" versehen. In der Tat führten die nationalsozialistischen Machthaber auf meisterhafte Weise Regie, wenn es um Selbstdarstellung und Propaganda ging.

Das Bild von der Totenehrung auf dem Nürnberger Reichsparteitag (1934) vermittelt einen anschaulichen Eindruck von der Inszenierung der Macht: Menschenmassen, zu monolithischen Blöcken gegossen, geometrisch angeordnet, bilden ein Spalier für den Führer. Das Volk erscheint als – im doppelten Wortsinn – uniformiert. Im Abschreiten der überdimensionierten Fronten fand der Führerstaat seinen sinnfälligen Ausdruck: Hitler voneweg, in gebührendem Abstand hinter ihm Himmler (Reichsführer SS) und Lutze (Stabschef der SA). Die pseudoreligiöse Prozession endete vor einer Art Altar mit stillem Gedenken. Kultische Handlungen stellten ein wesentliches Element in der Selbstdarstellung des Dritten Reiches dar. So gehörten Totenfeiern, wie zum Beispiel das Gedenken an die „Gefallenen der Bewegung" (9. November) und die „Fahnenweihe", zu den jährlich wiederholten Ritualen. Dabei wurden neue Parteifahnen von Hitler selbst mit der so genannten Blutfahne (vom missglückten Putsch am 9. November 1923) in Berührung gebracht.

Die Demonstrationen von Macht und Geschlossenheit, die das NS-Regime inszenierte, stachen augenfällig ab von der Un-Ordnung des Jahres 1932, als Deutschland im Bürgerkrieg zu versinken drohte. Die Zeitgenossen hatten noch das Chaos aus den letzten Monaten der Weimarer Republik im Kopf. Auch darum blieben sehr viele Menschen nicht unbeeindruckt vom Bild dieser kraftvollen, aber gebändigten Menschenmassen. Und viele wurden verführt mitzumachen.

Hinter der Bühne, auf der sich das Regime darstellte, setzte unmittelbar nach der Machtergreifung eine ungehemmte Gewalttätigkeit ein. Diese begann mit der von staatlicher Seite weitgehend unkontrollierten Jagd der SA auf den politischen Gegner und setzte sich fort in der planmäßigen Errichtung von Konzentrationslagern.

Warnung
Ernst Niekisch (1889–1967), Vertreter einer national-bolschewistischen Tendenz, 1939 wegen „literarischen Hochverrats" verurteilt, nach dem Krieg Mitglied der KPD und SED, verließ die DDR nach dem 17. Juni 1953.

11.1 Begriff und Bewegung

M 1 **Faschistische Embleme**
Obere Reihe: Joch und Pfeile der spanischen Falange; Donnerkeil der British Union of Fascists; Liktorenbündel der italienischen Faschisten. Unten: Keltenkreuz der „Jeune Nation" in Frankreich; Pfeilkreuz der ungarischen Faschisten. In der Mitte das Hakenkreuz der Nationalsozialisten.

M 2 **Der italienische Faschismus**
Benito Mussolini mit den alten römischen Staatssymbolen

Der Begriff „Faschismus" leitet sich von lateinisch „fasces" ab. Dabei handelt es sich um ein Rutenbündel mit Beil, in der römischen Antike als Liktorenbündel bekannt, einem Symbol der politischen Exekutivgewalt. Sprachlich verwandt ist damit die Bezeichnung „fascio di combattimento" – im Sinne von Kampfbund.

Die faschistische Bewegung ging aus einem Bündnis von ehemaligen Kriegsteilnehmern hervor und wurde 1919 von Benito Mussolini gegründet. Nach nur drei Jahren des rücksichtslosen Terrors gegen die politische und gewerkschaftliche Linke gelang es ihm, an die Regierungsmacht zu kommen. Vorausgegangen war jener legendäre Marsch auf Rom (1922), ein Putschversuch, der letztlich nur wegen der Schwäche des italienischen Staats erfolgreich endete. Mussolini erhielt den Regierungsauftrag aus der Hand von König Vittorio Emanuele III.

Für Hitler war Mussolinis Wirken in Italien so vorbildhaft, dass er nur ein Jahr später (am 9. November 1923) gleichfalls versuchte, mit einem Putsch in München und einem anschließend geplanten Marsch auf Berlin an die Macht zu gelangen.

Historiker und Politikwissenschaftler sind sich bei der Anwendung des Faschismusbegriffs und bei dessen Abgrenzung vom Nationalsozialismus nicht durchweg einig. Einerseits kann der Faschismus allgemein als Oberbegriff für einen bestimmten Herrschaftstypus gelten. Demzufolge wird der Nationalsozialismus als die deutsche Variante des Faschismus verstanden. Denn beide Bewegungen – der italienische Faschismus sowie der deutsche Nationalsozialismus – entstanden als Folge einer tief greifenden gesellschaftlichen Krise, die beide Länder nach dem Ersten Weltkrieg erfasst hatte. Als Zielsetzung faschistischer Bewegungen, die es auch in anderen europäischen Ländern gab, galt die Beseitigung der parlamentarischen Demokratie. In Italien und Deutschland strebte man zudem danach, die gesamte europäische Friedensordnung, so wie sie 1919 in Versailles festgeschrieben worden war, zu Fall zu bringen. Dieser Ansatz unterstreicht die strukturelle Ähnlichkeit, die sich zum Beispiel in Nationalismus und Imperialismus, in Kriegsverherrlichung und Führerkult zeigt. Wenn hingegen die zweifellos vorhandenen Unterschiede betont werden sollen, dann wird man Faschismus und Nationalsozialismus stärker voneinander abgrenzen. So kannte der italienische Faschismus weder Rassismus noch eine originäre Judenfeindschaft. Insgesamt war seine Verfolgungs- und Vernichtungstendenz wesentlich geringer ausgeprägt als diejenige des Dritten Reiches. Die Zwischenkriegszeit hatte eine Vielzahl von faschistischen Bewegungen in Europa hervorgebracht, zum Beispiel die Ustascha-Bewegung (Kroatien), die Pfeilkreuzler (Ungarn), die Heimwehren (Österreich), die Action Française (Frankreich).

In Polen, Litauen, Jugoslawien und Griechenland etablierten sich Diktaturen. Auch Spanien (unter General Franco) und Portugal (unter Salazar) wurden mit autoritär–faschistischen Methoden regiert. Trotz ideologischer, historischer und auch regionaler Unterschiede berühren sich alle faschistischen Bewegungen in der unversöhnlichen Feindschaft gegenüber der parlamentarischen Demokratie.

M 5 Wurzeln des Faschismus

Ein Politikwissenschaftler schrieb zum Verhältnis von Faschismus und Nationalsozialismus:

Auch beim Aufstieg des Nationalsozialismus in Deutschland sind die Elemente die gleichen
5 wie in Italien: eine durch Kriegsverlust und Revolution desorientierte Gesellschaft; deklassierte Ober-
10 schichten, die der vergangenen Größe des Kaiserreiches nachträumen; eine nationalistischen Parolen aufge-
15 schlossene breite Arbeiter- und Kleinbürgerschicht; endlich der „Führer", der, aus der anonymen Masse auf-
20 gestiegen, dem Hass, der Verzweiflung, den Zukunftserwartungen dieser Gesellschaft zu Sprache und politi-
25 schem Ausdruck verhilft. Mussolinis Kunstgriff, die Verbindung der sozialistischen und

Europa zwischen Demokratie und Diktatur (1918–1938)

- � Faschistische Diktatur
- ▮ Autoritäres Regime, Militärdiktatur
- ▮ Kommunistische Diktatur
- ▮ Demokratie
- **1936** Jahr der Errichtung einer Diktatur oder eines autoritären Regimes

der nationalen Traditionen, kommt bei der natio-
30 nalsozialistischen Bewegung schon im Namen zum Ausdruck, obwohl das Wort bereits im neunzehnten Jahrhundert auftaucht; und die Funktion der gesellschaftlichen Desperados [Verzweifelten] in der Entfaltung der Bewegung ist, genau wie in Ita-
35 lien, mit Händen zu greifen, ob es sich nun um abgesunkene Intellektuelle wie Dietrich Eckart[1], Rosenberg[2], Goebbels[3] handelt, um „Lumpenproletarier" wie Streicher[4] oder um soldatische Landsknechtsnaturen wie Göring[5] und Röhm[6], die nach
40 den Aufschwüngen und Verzauberungen des Krieges nicht ins bürgerliche Dasein zurückgefunden hatten. Aber ebenso deutlich sind auch die Unterschiede zum Faschismus. Charakteristisch ist, dass Hitlers Putschversuch in München, ein Jahr nach
45 Mussolinis Marsch auf Rom, an der Gegenwehr des

noch intakten Staates scheitert: erst als scheinlegaler Führer einer parlamentarischen Partei gewinnt Hitler, zehn Jahre später, die Macht. Wenn der italienische Faschismus auf einer Woge von Brutalität und Terror zur Herrschaft kommt, dann aber die 50 Konsequenzen totaler Macht nur zögernd und stückhaft zieht, so ist es bei seinem deutschen Gegenstück gerade umgekehrt: Der Nationalsozialismus gibt sich in den Jahren 1929–1933 zusehends den Anschein einer konservativen, staatsbewah- 55 renden Bewegung – daher das viele verführende Bündnis mit konservativen Parteien –, errichtet aber nach der Machtergreifung ein System totaler Herrschaft, das an Gewaltsamkeit und brutalem Vernichtungswillen alles übertrifft, was faschisti- 60 sche Bewegungen vorher realisiert hatten. Die nationalsozialistischen Führer haben nie einen Hehl

daraus gemacht, dass sie den italienischen Faschismus eher für einen unvollkommenen Natio-
65 nalsozialismus hielten als für den Prototyp ihrer
eigenen Bewegung. So hat Goebbels wiederholt
betont, dass der Faschismus an der Oberfläche hängen bleibe und dass Mussolini kein Revolutionär
wie Hitler oder Stalin sei; und bei Hitler finden sich
70 viele Zeugnisse der Bewunderung für Stalin und
den Bolschewismus neben kritischen und verächtli-
chen Äußerungen über den Faschismus, die nur die
Persönlichkeit Mussolinis ausnehmen.

1 D. Eckart (1868–1923), früher Förderer Hitlers

2 A. Rosenberg (1893–1946), u. a. zuständig für die weltan-
schauliche Schulung der NSDAP; Autor von „Der Mythus
des 20. Jahrhunderts"; 1946 in Nürnberg hingerichtet

3 J. Goebbels (1897–1945), Gauleiter von Berlin, Reichsminister für Volksaufklärung und Propaganda; Selbstmord

4 J. Streicher (1885–1946), Herausgeber des antisemitischen
Hetzblattes „Der Stürmer"; 1946 in Nürnberg hingerichtet

5 H. Göring (1893–1946), u. a. Feldmarschall und designierter Nachfolger Hitlers, Selbstmord in Nürnberg

6 E. Röhm (1887–1934), Stabschef der SA; Ermordung im
Zusammenhang mit dem so genannten Röhmputsch 1934

H. Maier, Faschismus, in: H. J. Schultz (Hg.), Politik für Nichtpo-
litiker, Bd. 1, München 1972, S. 164 f.

M 5 Grundgedanken des Faschismus

Aus einer Schrift Mussolinis[1]:

Der Liberalismus negiert den Staat im Interesse des
einzelnen Individuums; der Faschismus bejaht den
Staat als die einzig wahre Realität des Individuums;
und wenn Freiheit ein Recht des realen Menschen
5 sein soll und nicht jenes abstrakten Gebildes, an das
der individualistische Liberalismus dachte, so ist der
Faschismus für die Freiheit. Er ist für die einzige
Freiheit, die ernst genommen werden kann, nämlich für die Freiheit des Staates und des Individuums
10 im Staate. Denn es liegt für den Faschismus alles im
Staate beschlossen. Nichts Menschliches oder Geis-
tiges besteht an sich, noch weniger besitzt dieses
irgendeinen Wert außerhalb des Staates. In diesem

Sinne ist der Faschismus totalitär, und der faschisti- 15
sche Staat als Zusammenfassung und Vereinheitlichung aller Werte gibt dem Leben des ganzen
Volkes seine Deutung, bringt es zur Entfaltung
und kräftigt es. [...] Außerhalb des Staates darf es
keine Individuen, noch Gruppen (Parteien, Vereine 20
und Klassen) geben. Die Individuen werden gemäß
der Art ihrer Sonderinteressen eingegliedert. [...]
Dieser [Staat] ist keine bloße Zahl, als Summe der
Einzelwesen, welche die Mehrheit des Volkes ausmachen. Der Faschismus wendet sich daher gegen 25
die Demokratie, die das Volk mit Mehrheit gleich-
setzt, und es auf den Stand der Masse herabdrückt.
[...] Das Volk ist [...] eine Vielheit, die geeint wird
durch eine Idee [...].
Vor allem betrachtet der Faschismus die Zukunft 30
und die Entwicklung der Menschheit im Allgemeinen nur vom Standpunkt der politischen Realität
aus und glaubt weder an die Möglichkeit noch an
die Nützlichkeit des ewigen Friedens. Er lehnt daher
den Pazifismus ab, der einen Verzicht auf den 35
Kampf und eine Feigheit gegenüber dem Opfer in
sich birgt. Der Krieg allein bringt alle menschlichen
Energien zur höchsten Anspannung und verleiht
den Völkern die Würde des Adels, die den Mut und
die virtù [Tugend] haben, dem Kampfe die Stirn zu 40
bieten. Alle anderen Erprobungen sind Ersatz, weil
sie den auf sich selbst gestellten Mann nicht vor die
Alternative von Leben oder Tod stellen. [...]
Der Faschismus [...] behauptet die unabänderliche,
fruchtbare und heilsame Ungleichheit der Men- 45
schen, die nicht auf dem mechanischen und äußerli-
chen Wege wie bei dem allgemeinen Stimmrecht auf
das gleiche Niveau gebracht werden können. [...]
Der faschistische Staat ist Wille zur Macht und Herrschaft. Die römische Überlieferung ist ihm eine Idee 50
des Antriebes.

1 Benito Mussolini (1883–1945), Führer und Machthaber in Italien zwischen 1922 und 1943; 1945 von Partisanen erschossen

Zit. nach: W. Lautemann, M. Schlenke, Geschichte in Quellen,
Bd. V, München 1961, S. 151 f.

Aufgaben

1. Definieren Sie den Begriff „Faschismus". In welchem Verhältnis steht er zum Nationalsozialismus?
   → Text, M4, M5

2. Erläutern Sie die Bedingungen, die den Aufstieg
des Faschismus beziehungsweise des National-

sozialismus begünstigten.
→ Text, M4

3. Charakterisieren Sie die Form, in der sich der
Faschismus inszenierte.
→ Text, M1, M2

11.2 Der Prozess der „Machtergreifung"

„Machtergreifung" ist ein nationalsozialistischer Propagandabegriff, der von Joseph Goebbels unermüdlich verbreitet wurde. Staatsrechtlich betrachtet handelte es sich bei den Ereignissen vom 30. Januar 1933 um eine Machtübertragung. Nach seiner Ernennung zum Reichskanzler stand Hitler einem so genannten Kabinett der nationalen Erhebung vor, in dem zunächst nur drei Nationalsozialisten gegen neun andere (konservative) Minister standen. Der Nationalsozialist Frick hatte das Innenministerium inne, Göring war Minister ohne Geschäftsbereich und zugleich kommissarischer preußischer Innenminister.

Aus dieser Position heraus begann die im Laufe von nur wenigen Monaten herbeigeführte Umwandlung der Weimarer Republik zum Einparteien- und Führerstaat.

Der Reichstagsbrand (27. Februar 1933) wurde von der neuen Regierung zum Anlass genommen, mithilfe einer Verordnung des Reichspräsidenten Hindenburg die Grundrechte außer Kraft zu setzen. Mit der Ausrufung eines angeblichen Staatsnotstandes begann die Verfolgung politischer Gegner, insbesondere von Kommunisten. Die SA wurde dabei als Hilfspolizei eingesetzt.

Das verfassungsändernde Ermächtigungsgesetz (23. März 1933) fand nur bei Kommunisten und Sozialdemokraten entschiedenen Widerstand. Die anderen im Reichstag vertretenen Parteien stimmten ihm teils freiwillig, teils unter Druck zu. Die erforderliche Zweidrittel-Mehrheit kam so zustande. Die kommunistischen Reichstagsabgeordneten befanden sich zum Zeitpunkt der Reichstagssitzung entweder auf der Flucht oder bereits im Konzentrationslager (KZ). In der Folgezeit wurde die Politik der Gleichschaltung systematisch weitergetrieben. Parteien und Verbände lösten sich selbst auf, oder sie wurden gewaltsam zerschlagen. Die Menschen organisierte man in teils neuen, teils bereits vorhandenen NS-Organisationen.

Die Auflösung der Länder zentralisierte die Macht in Berlin. Damit war jede Form der Gewaltenteilung aufgehoben.

M 1 **Postkarte aus dem Jahr 1933**
Friedrich II. der Große, Otto von Bismarck, Paul von Hindenburg und Adolf Hitler

Was der König – der Fürst – der Feldmarschall – rettete und einigte – eroberte, formte, verteidigte, der Soldat.

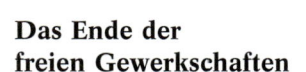 **Häftlinge beim Zählappell im Konzentrationslager Sachsenhausen**
Die Zahl der politischen Gefangenen war nach der Machtergreifung Hitlers im Januar 1933 weit höher, als der arrangierte Jubel auf den Straßen und Plätzen erkennen ließ. Man weiß von 26 000 „Polizeigefangenen" bis Mitte Oktober. Weitaus mehr Fälle aber gab es, wo die Inhaftierten ohne Verfahren in eines der rasch entstehenden, metastasenhaft sich über das ganze Land ausbreitenden Konzentrationslager eingeliefert wurden. Ein regelrechtes Verfahren bekamen, wie die Statistik besagt, in den ersten sechs Jahren der nationalsozialistischen Herrschaft 225 000 Personen.

Text aus: J. Fest, Staatsstreich, Der lange Weg zum 20. Juli, Berlin 1994, S. 27.

Die neuen Machthaber „säuberten" den Staatsapparat von – im Sinne der Nationalsozialisten – politisch unzuverlässigen sowie jüdischen Mitarbeitern.

Das Ende der freien Gewerkschaften

Nicht untypisch für die Gleichschaltungspolitik der Nationalsozialisten war die Vorgehensweise bei der Zerschlagung der Gewerkschaften. Nachdem Hitler den 1. Mai 1933 zum „Tag der nationalen Arbeit" erklärt und damit einer alten Forderung der Arbeiterbewegung entsprochen hatte, schöpften viele Gewerkschaftsfunktionäre Hoffnung und glaubten, sich vielleicht doch mit den neuen Machthabern arrangieren zu können. Der Irrtum wurde schon am nächsten Tag offenkundig, als im ganzen Reich die Gewerkschaftsbüros von SA- und SS-Leuten besetzt wurden. Viele Gewerkschaftsfunktionäre wurden misshandelt, verhaftet und in Lager verschleppt. Der widerstandslosen Auflösung der als so mächtig angesehenen Gewerkschaften folgte die Überführung der Arbeitnehmer in die nationalsozialistische Deutsche Arbeitsfront (DAF).

Der Vorgang der gewaltsamen Gleichschaltung darf aber nicht darüber hinwegtäuschen, dass teilweise ein bruchloser Übergang von der Weimarer Republik zum Dritten Reich stattfand. So wurde beispielsweise der gesamte Polizei- und Justizapparat übernommen, in dem bereits eine konservative und zum Teil republikfeindliche Gesinnung vorherrschend gewesen war. Von den 122 Reichsrichtern wurde nur einer – ein Sozialdemokrat – entlassen!

Oberbefehl über die Reichswehr

Im Rückblick muss es nachgerade verwundern, mit welcher Geschwindigkeit die Gleichschaltung von Staat und Gesellschaft vollzogen wurde. Die Rechnung konservativer Politiker, Hitler als „Trommler" zu instrumentalisieren, war nicht aufgegangen.

Schon wenige Wochen nach dem unheilvollen 30. Januar 1933 schien Hitlers Machtposition ungefährdet. Nur noch zwei Institutio-

298

nen standen seinem absoluten Herrschaftswillen im Weg, der Reichspräsident und die Reichswehr. Hindenburg – der einst so mächtige Reichspräsident der Weimarer Republik – zog sich schon bald aufs Altenteil zurück und spielte keine politische Rolle mehr. Er verstarb am 2. August 1934. Hitler nutzte die Gunst des Augenblicks, um sich die Funktion des Reichspräsidenten anzueignen und damit den Oberbefehl über die Reichswehr. Kurz darauf ließ Hitler die Reichswehr nicht auf eine Verfassung, sondern auf sich persönlich vereidigen.

Der sogenannte Röhmputsch (30. Juni 1934)

Nach der Ausschaltung der innenpolitischen Gegner des Nationalsozialismus zeichneten sich im Laufe des Jahres 1934 drei Konflikte ab: Erstens konkurrierten Hitler und der SA-Führer Ernst Röhm um die Führung der bewaffneten SA; zweitens ging es um die Frage, ob die Reichswehr der „alleinige Waffenträger der Nation" sein sollte; und drittens versuchte die Schutzstaffel (SS) sich von der SA zu lösen und eine unabhängige Organisation zu werden.

In dieser Situation sicherte Hitler die Herrschaft auf seine Weise. Er ließ mithilfe der SS und mit Duldung der Reichswehr die SA-Führung ermorden. In dieser „Nacht der langen Messer" rechnete die SS auch gleichzeitig mit anderen Gegnern ab. Man schätzt die Zahl der Toten auf 150 bis 200. Der Staatsrechtler Carl Schmitt rechtfertigte dieses Vorgehen mit dem Satz: „Der Führer schützt das Recht".

Der sogenannte Röhmputsch bildete zusammen mit der nach Hindenburgs Tod erfolgten Vereidigung der Reichswehr auf Hitler den Abschluss der Gleichschaltung. Mitte 1934 war Hitlers Macht unzweifelhaft gefestigt. Es gab nun keinen innenpolitischen Gegner mehr, der ihm hätte gefährlich werden können. Die vom linken Flügel der NSDAP und der SA geforderte Fortsetzung der „nationalen Revolution" in eine sozialistische Richtung war endgültig unterbunden.

Der Begriff „Röhmputsch" als solcher ist irreführend und spiegelt die Sprache des politischen Siegers wider. Der Begriff suggeriert, dass Hitler in Staatsnotwehr gehandelt habe. Mit dieser Formulierung sollten die Morde gerechtfertigt werden. Nach der Erlangung des Oberbefehls über die Reichswehr und nach der Liquidierung der innerparteilichen Widersacher hielt der Diktator ab Mitte 1934 die uneingeschränkte Macht in seinen Händen. In nur 18 Monaten war es Hitler gelungen, die Institutionen der Weimarer Republik gänzlich aufzulösen. An die Stelle der pluralistischen Demokratie war der gleichgeschaltete Führerstaat getreten.

Chronologie

30. Januar 1933	Hindenburg beruft Hitler zum Reichskanzler eines konservativen Kabinetts, in dem die Nationalsozialisten noch in der Minderheit sind.
28. Februar 1933	Verordnung zum Schutz von Volk und Staat
5. März 1933	Letzte, nur noch bedingt freie Reichstagswahl; Stimmenanteil der NSDAP: 44 %
23. März 1933	Ermächtigungsgesetz
2. Mai 1933	Zerschlagung der Freien Gewerkschaften
22. Juni 1933	Verbot der SPD
30. Juni 1934	Hitler lässt die SA-Führung ermorden (sogenannter Röhmputsch).
2. August 1934	Nach Hindenburgs Tod lässt Hitler die Reichswehr auf sich persönlich vereidigen.

M 3 **Verfolgung und KZ im Spiegel der gleichgeschalteten Presse**
Die Bildfolge stammt aus dem satirischen Blatt „Kladderadatsch" und wurde unter der Überschrift „Der Edelkommunist im Konzentrationslager" 1933 publiziert.

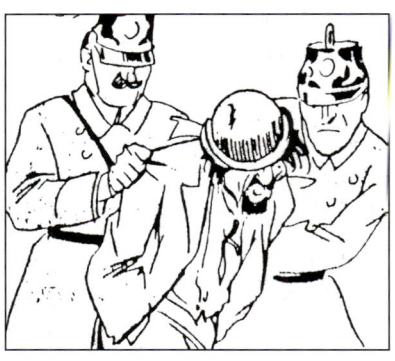

Verhaftung

Reinigung

Beschneidung (Haare und Bart)

Auslüftung

Als nach 6 Wochen seine Fotografie im Café Größenwahn[1] eintrifft: „Entsetzlich! Was muss der Ärmste durchgemacht haben!"

1 bekannter Treffpunkt von Schriftstellern und Intellektuellen in Berlin

Fotografie

Romanisches Café[1]

M 4 **Verordnung des Reichspräsidenten zum Schutz von Volk und Staat vom 28. Februar 1933**
Aufgrund des Artikels 48 Absatz 2 der Reichsverfassung wird zur Abwehr kommunistischer staatsgefährdender Gewaltakte folgendes verordnet:
§ 1 Die Artikel 114, 115, 117, 118, 123, 124 und 153
5 der Verfassung des Deutschen Reiches werden bis auf Weiteres außer Kraft gesetzt. Es sind daher Beschränkungen der persönlichen Freiheit, des Rechtes der freien Meinungsäußerung, einschließlich der Pressefreiheit, des Vereins- und Versamm-
10 lungsrechts, Eingriffe in das Brief-, Post-, Telegrafen- und Fernsprechgeheimnis, Anordnungen von Haussuchungen und von Beschlagnahme sowie

Beschränkungen des Eigentums auch außerhalb der sonst hierfür bestimmten Grenzen zulässig.

Zit. nach: W. Conze, Der Nationalsozialismus, Teil I, Stuttgart 1972, S. 62 f.

M 5 **Gesetz zur Behebung der Not von Volk und Reich (Ermächtigungsgesetz) vom 23. März 1933**
[…] Artikel 1. Reichsgesetze können außer in dem in der Reichsverfassung vorgesehenen Verfahren auch durch die Reichsregierung beschlossen werden. […]
Artikel 2. Die von der Reichsregierung beschlosse- 5
nen Reichsgesetze können von der Reichsverfas-

sung abweichen, soweit sie nicht die Einrichtung des Reichstags und des Reichsrats als solche zum Gegenstand haben. Die Rechte des Reichspräsiden-
10 ten bleiben unberührt.

Zit. nach: W. Conze, a. a. O., S. 65 f.

M 6 Verabschiedung des Ermächtigungsgesetzes

Der SPD-Abgeordnete Wilhelm Hoegner[1] erinnert sich an die Umstände der Reichstagssitzung vom 23. März 1933:

Als wir uns daraufhin in kleinen Gruppen zur Krolloper[2] begaben, fanden wir den weiten Platz davor, die Moltkestraße und Zeltenallee mit schwarzen Menschenhaufen bedeckt. Wilde Sprechchöre
5 empfingen und begleiteten uns: „Wir wollen das Ermächtigungsgesetz, sonst gibt es Feuer!"
Junge Burschen, Hakenkreuzabzeichen an der Brust, musterten uns frech, versperrten uns schier den Weg und riefen uns Schimpfworte wie „Zen-
10 trumsschwein!"oder „Marxistensau!" zu. Es war ein richtiges Spießrutenlaufen. [...]
In der Krolloper wimmelte es von SA und SS. Wir erfuhren in der Garderobe, dass Severing[3] beim Eintritt in das Gebäude verhaftet worden war. Im
15 Laufe der Sitzung wurde er dann allerdings wieder freigelassen. Der Sitzungssaal war mit riesigen Hakenkreuzfahnen und ähnlichem Zierat ausgeschmückt. Diplomatenlogen und Zuhörerränge waren überfüllt. Unsere Plätze befanden sich, da
20 kommunistische Abgeordnete nicht anwesend waren, auf der äußersten Linken. Als wir sie eingenommen hatten, stellten sich SA- und SS-Leute an den Eingängen und Wänden hinter uns im Halbkreis auf. Ihre Mienen ließen nichts Gutes erwarten.

1 1887–1980; Reichstagsabgeordneter der SPD von 1930 bis 1933; nach dem Krieg Ministerpräsident in Bayern

2 Tagungsort des Reichstags nach dem Reichstagsbrand

3 1875–1952; Reichstagsabgeordneter der SPD; Innenminister in Preußen von 1920–1932 (mit Unterbrechungen)

W. Hoegner, Flucht vor Hitler, Frankfurt 1979, S. 98.

M 7 Aus der Anordnung von Innenminister Frick über das Verbot der SPD vom 22. Juni 1933

Die Sozialdemokratische Partei Deutschlands ist namentlich nach ihrer Betätigung in den letzten Tagen und Wochen als staats- und volksfeindliche Organisation anzusehen. Ich ordne daher
5 Folgendes an:
Sämtliche Mitglieder der Sozialdemokratischen Partei Deutschlands, die heute noch den Volksvertretungen und Gemeindevertretungen angehören,

sind sofort von der weiteren Ausübung ihrer Mandate auszuschließen, weil ihre Weiterbetätigung 10 eine Gefährdung der öffentlichen Sicherheit darstellt.

Zit. nach: H. Brüdigam, Das Jahr 1933, Der Terrorismus an der Macht, Frankfurt 1978, S. 104.

M 8 Gesetz gegen die Neubildung von Parteien vom 14. Juli 1933

Die Reichsregierung hat das folgende Gesetz beschlossen, das hiermit verkündet wird:
§ 1 In Deutschland besteht als einzige Partei die Nationalsozialistische Deutsche Arbeiterpartei.
§ 2 Wer es unternimmt, den organisatorischen Zu- 5 sammenhalt einer anderen politischen Partei aufrechtzuerhalten oder eine neue politische Partei zu bilden, wird, sofern nicht die Tat nach anderen Vorschriften mit einer höheren Strafe bedroht ist, mit Zuchthaus bis zu drei Jahren oder mit Gefängnis 10 von sechs Monaten bis zu drei Jahren bestraft.
Berlin, den 14. Juli 1933
Der Reichskanzler: Adolf Hitler
Der Reichsminister des Innern: Frick
Der Reichsminister der Justiz: Dr. Gürtner 15

Zit. nach: W. Hofer, Der Nationalsozialismus, Dokumente 1933–1945, Frankfurt/M. 1957, S. 61.

M 9 Zerschlagung der Gewerkschaften

Die sorgfältige Planung des Unternehmens geht aus einer Tagebuchnotiz von J. Goebbels[1] vom 17. April 1933 hervor:

Hier oben habe ich mit dem Führer die schwebenden Fragen eingehend durchgesprochen. Den 1. Mai werden wir zu einer grandiosen Demonstration deutschen Volkswillens gestalten. Am 2. Mai werden dann die Gewerkschaftshäuser besetzt. Gleich- 5 schaltung auch auf diesem Gebiet. Es wird vielleicht ein paar Tage Krach geben, aber dann gehören sie uns. Man darf hier keine Rücksicht mehr kennen. Wir tun dem Arbeiter nur einen Dienst, wenn wir ihn von der parasitären Führung befreien, die ihm 10 bisher nur das Leben sauer gemacht hat.
Sind die Gewerkschaften in unserer Hand, dann werden sich auch die anderen Parteien und Organisationen nicht mehr lange halten können. Jedenfalls ist der Entschluss gestern auf dem Obersalz- 15 berg [Hitlers Wohnsitz] gefasst worden. Ein Zurück gibt es nicht mehr. Man muss den Dingen nur ihren Lauf lassen. In einem Jahr wird ganz Deutschland in unserer Hand sein.

1 Reichsminister für Volksaufklärung und Propaganda

Zit. nach: W. Conze, a. a. O., S. 67.

M10 „Gesetz zur Wiederherstellung des Berufsbeamtentums" (7. April 1933)

§ 2 (1) Beamte, die seit dem 9. November 1918 in das Beamtenverhältnis eingetreten sind, ohne die für ihre Laufbahn vorgeschriebene oder übliche Vorbildung oder sonstige Eignung zu besitzen, sind
5 aus dem Dienste zu entlassen. […]

§ 3 (1) Beamte, die nicht-arischer Abstammung sind, sind in den Ruhestand zu versetzen. Soweit es sich um Ehrenbeamte handelt, sind sie aus dem Amtsverhältnis zu entlassen. […]

§ 4 Beamte, die nach ihrer bisherigen politischen 10 Betätigung nicht die Gewähr dafür bieten, dass sie jederzeit rückhaltlos für den nationalen Staat eintreten, können aus dem Dienst entlassen werden. […]

Zit. nach: W. Lautemann, M. Schlenke (Hg.), Geschichte in Quellen, Bd. 5, München 1961, S. 299.

M11 Bücherverbrennung in Berlin am 10. Mai 1933
Heinrich Heine: „Wo man Bücher verbrennt, dort verbrennt man am Ende auch Menschen".

M12 Scheiterhaufen[1]

Anlässlich der Bücherverbrennung am 10. Mai 1933 auf dem Opernplatz in Berlin riefen Studenten in brauen Uniformen:

1. Rufer: „Gegen Klassenkampf und Materialismus, für Volksgemeinschaft und idealistische Lebenshaltung! Ich übergebe dem Feuer die Schriften von Marx und Kautsky."
5 2. Rufer: „Gegen Dekadenz und moralischen Verfall! Für Zucht und Sitte in Familie und Staat! Ich übergebe dem Feuer die Schriften von Heinrich Mann, Ernst Glaeser und Erich Kästner."

3. Rufer: „Gegen Gesinnungslumperei und politi-
10 schen Verrat, für Hingabe an Volk und Staat! Ich übergebe dem Feuer die Schriften von Friedrich Wilhelm Foerster."

4. Rufer: „Gegen seelenzerfasernde Überschätzung des Trieblebens, für den Adel der menschlichen
15 Seele! Ich übergebe dem Feuer die Schriften des Sigmund Freud."

5. Rufer: „Gegen Verfälschung unserer Geschichte und Herabwürdigung ihrer großen Gestalten, für Ehrfurcht vor unserer Vergangenheit! Ich übergebe dem Feuer die Schriften von Emil Ludwig und 20 Werner Hegemann."

6. Rufer: „Gegen volksfremden Journalismus demokratisch-jüdischer Prägung, für verantwortungsvolle Mitarbeit am Werk des nationalen Aufbaus! Ich übergebe dem Feuer die Schriften von Theodor 25 Wolff und Georg Bernhard."

7. Rufer: „Gegen literarischen Verrat am Soldaten des Weltkrieges, für Erziehung des Volkes im Geist der Wehrhaftigkeit! Ich übergebe dem Feuer die Schriften von Erich Maria Remarque." 30

8. Rufer: „Gegen dünkelhafte Verhunzung der deutschen Sprache, für Pflege des kostbarsten Gutes unseres Volkes! Ich übergebe dem Feuer die Schriften von Alfred Kerr."

9. Rufer: „Gegen Frechheit und Anmaßung, für 35 Achtung und Ehrfurcht vor dem unsterblichen

deutschen Volksgeist! Verschlinge, Flamme, auch die Schriften der Tucholsky und Ossietzky!"

1 Die Bücherverbrennungen waren Teil einer Kampagne „wider den undeutschen Geist", die von der Nationalsozialistischen Deutschen Studentenschaft mit Unterstützung durch Goebbels organisiert wurde. Bücherverbrennungen fanden in ca. 30 Universitätsstädten statt.

Zit. nach: Chr. Graf von Krockow, Scheiterhaufen, Größe und Elend des deutschen Geistes, Berlin 1983, S. 11 f.

M13 Machtkämpfe

Der Zeithistoriker Klaus Hildebrand beleuchtet die Hintergründe des so genannten Röhmputsches:

Nachdem Hitler und Frick[1] bei verschiedenen Gelegenheiten vom Juli 1933 an die Revolution für beendet erklärt hatten, musste der „Führer" endlich noch mit einem ihn herausfordernden Macht-
5 faktor im Lager seiner eigenen „Bewegung" fertig werden. Es stellte sich nämlich immer drängender die Frage, was mit jener „Sturmabteilung" (SA) werden sollte, die als eine ihrem „Führer" ergebene Bürgerkriegstruppe erheblich dabei mitgehol-
10 fen hatte, die Weimarer Republik zu zerstören, politische Gegner auf den Straßen zu bekämpfen und die „Machtergreifung" zu ermöglichen. Jetzt verlangte sie ihren Tribut, und dumpf drang aus den Reihen der SA-Männer der Ruf nach einer
15 zweiten, einer sozialen Revolution, der, so unartikuliert er sich auch ausnahm, insgesamt doch an die Tradition jener 1930 aus der NSDAP ausgetretenen

bzw. aus ihr entfernten „linken" Nationalsozialisten erinnerte. Die Führer der SA, vor allem ihr Stabschef Ernst Röhm, forderten den Oberbefehl über 20 eine aus revolutionärer SA und konservativem Heer zu bildenden Volksmiliz. Dabei sollte der „graue Fels" der Reichswehr in der „braunen Flut" der Parteitruppe untergehen. Diesem Verlangen stand das Offizierskorps unter von Blomberg selbstverständ- 25 lich misstrauisch und ablehnend gegenüber. Im Hinblick auf die angestrebte möglichst frühzeitige Kriegsbereitschaft des Deutschen Reiches entschied sich Hitler für die Zusammenarbeit mit den konservativen Offizieren und gegen die sozialromanti- 30 schen Ideen der SA. Angebliche Putschpläne Röhms wurden zum Vorwand genommen, um die Führung der SA unter Mithilfe und Begünstigung durch die Reichswehr zu beseitigen, Hitlers Macht zu festigen, der konservativen Forderung vom Ende der 35 Revolution nachzukommen, dem Militär die Sorge vor einem lästigen Konkurrenten zu nehmen und den Aufstieg der „Schutzstaffel" (SS) einzuleiten. Sie wurde nicht nur Hitlers Prätorianergarde[2], sondern mehr und mehr auch ideologische Vorhut und 40 weltanschaulicher Orden für die nationalsozialistische Rassenpolitik.

1 W. Frick (1877–1946), Nationalsozialist, u. a. Reichsinnenminister von 1933–1943, 1946 in Nürnberg zum Tod verurteilt und hingerichtet.

2 Leibgarde

K. Hildebrand, Das Dritte Reich, München, Wien 1979, S. 14.

Aufgaben

1. Analysieren Sie den Zweck, den die neuen Machthaber mit der Postkarte 1933 verfolgten.
   → M1

2. Formell wurde die Weimarer Verfassung nie außer Kraft gesetzt. Die Nationalsozialisten legalisierten ihre politischen Maßnahmen unter Bezug auf die Verordnung vom 28. Februar 1933 beziehungsweise auf das Ermächtigungsgesetz. Inwiefern wurde damit die Grundlage für die Diktatur geschaffen?
   → Text, M4, M5

3. Erläutern Sie, was Gleichschaltung in der politischen Praxis bedeutete. Welche Methoden wurden im Einzelnen angewandt, um die Gleichschaltung durchzusetzen?
   → Text, M3–M13

4. Erklären Sie, warum die NS-Diktatur keine freien Gewerkschaften dulden konnte.
   → Text, M9

5. Welche Absichten wurden mit einer Darstellung wie derjenigen im „Kladderadatsch" verfolgt?
   → M3

6. Analysieren Sie die Sprache im Zusammenhang mit der kulturellen Gleichschaltung. Wer waren die „verbrannten" Schriftsteller?
   → M12

7. Untersuchen Sie die Gründe für die Entmachtung der SA durch Hitler.
   → Text, M13

8. Fassen Sie das politische Ergebnis des so genannten Röhmputsches zusammen.
   → Text, M13

11.3 Nationalsozialistische Ideologie

Ideologie ist ein mehrdeutiger Begriff. Er bezeichnet unter anderem Ideen und Wertvorstellungen, die als Richtschnur für das Handeln politischer Gruppen dienen (können) beziehungsweise einen Herrschaftsanspruch rechtfertigen. In einer Ideologie können Interessen zum Ausdruck gebracht oder auch verschleiert werden. Oftmals erhält sie einen wissenschaftlichen Anstrich, der sie unangreifbar machen soll.

Ideen werden zur politischen Macht, wenn sie sich in den Köpfen der Menschen festsetzen und damit zur „materiellen Gewalt" werden. Auch wenn es dem Nationalsozialismus in freien Wahlen nicht gelungen war, eine Mehrheit der Wähler für sich zu gewinnen, so ist doch unstrittig, dass er am Ende der Weimarer Republik die stärkste politische Kraft darstellte. Dieser relative Erfolg ist darauf zurückzuführen, dass die „Hitler-Bewegung" offenkundig verschiedene Sehnsüchte der Bevölkerung zu befriedigen vermochte. In pseudoreligiöser Weise wurde einem Volk, das durch Kriegsniederlage, Inflation und Wirtschaftszusammenbruch in eine schwere Orientierungskrise geraten war, Mut und Zuversicht vermittelt. Dies unterschied sich in elementarer Weise vom sachlich-kühlen Politikstil der Weimarer Republik.

Mit der geschickten Propagierung eines dritten Weges zwischen Kapitalismus und Kommunismus verknüpfte man das Leitbild von der Volksgemeinschaft, die dem kommunistischen Ideal der klassenlosen Gesellschaft entgegengesetzt wurde. Die nationalsozialistische Propaganda antwortete auf die Niedergeschlagenheit breiter Bevölkerungskreise mit dem unbedingten Willen zum nationalen Wiederaufstieg. „Befreiung von den Fesseln von Versailles" – so lautete eine der Parolen, was für manchen gedemütigten Deutschen eine Stärkung seines Selbstwertgefühls bedeuten mochte.

Führerkult

Ein weiteres zentrales Element der NS-Ideologie war der Führerkult. Führer sind ein durchaus gängiges Erscheinungsbild der politischen Geschichte. Ihre Macht beruht darauf, dass sie bestimmten weit verbreiteten Idealen entsprechen und ein Identifikationsangebot für die Massen darstellen. Hitler repräsentierte im Zusammenhang der NS-Ideologie den Erlöser, der von der „Vorsehung" berufen sei, die zu Unrecht mit dem Makel der Kriegsniederlage belastete Nation zu befreien. Versehen mit einer quasi religiösen Ausstrahlung versprach er, Nation und Rasse zu vereinigen, was auf die demoralisierten Massen als ein Angebot zur Überwindung der Krise wirkte. Führer legitimieren sich in

M 1

950G

der Regel nicht durch freie und demokratische Wahlen, sondern durch ihr Charisma, das heißt ihre Ausstrahlung. Sie berufen sich auf eine höhere Instanz („Vorsehung") beziehungsweise ihre eigene Auserwähltheit. Mit dem modernen Führerkult des 20. Jahrhunderts verbindet sich zumeist auch eine hierarchisierte und militarisierte Gesellschaft.

Sozialdarwinismus

Die NS-Ideologie wurde am populärsten von Hitler in „Mein Kampf" (1925) formuliert. Er machte sich eine Denkrichtung zu eigen, die sich auf den englischen Naturforscher Charles Darwin (1809–1882) bezieht. Darwin hatte eine Theorie zur Ausbildung der Lebewesen formuliert, derzufolge Entwicklung als „natürliche Auslese" verstanden wird. Dasjenige Lebewesen, das der Umwelt besser angepasst beziehungsweise lebenstüchtiger ist, setze sich durch. Die Sozialdarwinisten übertrugen diese Theorie auf den Menschen und verstanden die Gesellschaft als biologischen Organismus. Ergänzt wurde diese kriegerische Weltsicht durch einen Dualismus, der die Menschheit in Gut und Böse aufspaltete. Aus rassischer Perspektive richtete sich die Hasspropaganda gegen die Juden als der Verkörperung des Bösen – schuld am Unglück der Deutschen („jüdisch-bolschewistische Weltverschwörung"). Auf politischer Ebene wurde die Negativrolle in erster Linie dem internationalen Kommunismus zugewiesen.

Antisemitismus

Nach der Volkszählung von 1933 gab es im Deutschen Reich nur 499 000 Juden, das waren 0,8 Prozent der Gesamtbevölkerung. Dennoch hatte die nationalsozialistische Propagandamaschinerie erfolgreich versucht, die Weimarer Republik als „Judenrepublik" zu verleumden. Obgleich diese Einschätzung einer sachlichen Prüfung nicht standhält (so waren zum Beispiel von 250 Ministern der Weimarer Republik nur sechs Juden gewesen), wurde sie doch in breiten Bevölkerungskreisen für bare Münze genommen. Dies kann man durch die Existenz von antisemitischen Vorurteilen erklären, die – nicht nur in Deutschland – eine lange Tradition haben. Der Antisemitismus lässt sich bis ins Mittelalter zurückverfolgen, wobei es zurzeit des ersten Kreuzzuges (um 1100), aber auch im Zusammenhang mit dem Auftreten der Pest (um 1350) zu blutigen Pogromen (Verfolgungen) gekommen war. Die Juden wurden damals als „Christus-Mörder" und „Brunnenvergifter" gebrandmarkt. Als wehrlose Minderheit mussten sie immer wieder die Rolle von gesellschaftlichen Sündenböcken spielen. Ihre wirtschaftliche Bedeutung als Händler und Bankiers begünstigte zusätzlich das Entstehen von Gefühlen der Abneigung.

Das 19. Jahrhundert markiert dann das Entstehen eines Antisemitismus auf rassischer Grundlage. Wegbereiter dieser Entwicklung waren unter anderen Joseph Arthur Graf von Gobineau (1816–1882) und Houston Stewart Chamberlain (1855–1927). Der Antisemitismus war also keineswegs eine Erfindung Hitlers, vielmehr konnte dieser an eine lange – zeitweilig schlummernde, zeitweilig offene – Tradition anknüpfen. Antisemitismus ist kein speziell deutsches Phänomen. Pogrome gegen Juden haben insbesondere in Osteuropa eine lange Vorgeschichte. Die Besonderheit des nationalsozialistischen Antisemitismus liegt in seiner biologistischen Ausprägung. Juden wurden von den NS-Rassefanatikern mit Krankheitskeimen gleichgesetzt („Rassentuberkulose"), wodurch die Vernichtungskonsequenz auch sprachlich zum Ausdruck kam.

Dies ist der Jud, das sieht man gleich
Der größte Schuft im ganzen Reich!
Er meint, daß er der schönste sei
Und ist so häßlich doch dabei!

M 2 **Aus einem Kinderbuch**
Die Bildüberschrift lautet:
Dies ist der Jud, das sieht man gleich, der gößte Schuft im ganzen Reich! Er meint, dass er der schönste sei, und ist so hässlich doch dabei!

M 3 Sozialdarwinismus und Krieg

Hitler sprach vor Offizieren der Wehrmacht (22. Juni 1944):

Die Natur lehrt uns bei jedem Blick in ihr Walten, dass [...] das Prinzip der Auslese sie beherrscht, dass der Stärkere Sieger bleibt und der Schwächere unterliegt. Sie lehrt uns, dass das, was dem Men-
5 schen dabei oft als Grausamkeit erscheint, weil er selbst betroffen ist oder weil er durch seine Erziehung sich von den Gesetzen der Natur abgewandt hat, im Grunde doch notwendig ist, um eine Höherentwicklung der Lebewesen herbeizuführen. [...]
10 [Die Natur] kennt vor allem nicht den Begriff der Humanität, der besagt, dass der Schwächere unter allen Umständen zu fördern und zu erhalten sei, selbst auf Kosten der Existenz des Stärkeren. [...] Die Natur kennt in der Schwäche keinen Milde-
15 rungsgrund, [...] im Gegenteil, die Schwäche ist der Grund zur Verurteilung. [...]
Der Krieg ist also das unabänderliche Gesetz des ganzen Lebens, die Voraussetzung für die natürliche Auslese des Stärkeren und zugleich der Vor-
20 gang der Beseitigung des Schwächeren. Das, was dem Menschen dabei als grausam erscheint, ist vom Standpunkt der Natur aus selbstverständlich weise. Ein Volk, das sich nicht zu behaupten vermag, muss gehen und ein anderes an seine Stelle treten. Ein
25 Wesen auf dieser Erde wie der Mensch kann sich nicht dem Gesetz entziehen, das für alle anderen Wesen auch gültig ist. [...] Seit es Wesen auf dieser Erde gibt, ist der Kampf das Unvermeidliche.

Zit. nach: H. Krausnick, Judenverfolgung, in: Broszat u. a., Anatomie des SS-Staates Bd. 2, München 1967, S. 246.

M 4 Außenpolitische Zielsetzung

Hitler schrieb in „Mein Kampf":

Demgegenüber müssen wir Nationalsozialisten unverrückbar an unserem außenpolitischen Ziele festhalten, nämlich dem deutschen Volk den ihm gebührenden Grund und Boden auf dieser Erde zu sichern. [...] Der
5 Grund und Boden, auf dem dereinst deutsche Bauerngeschlechter kraftvolle Söhne zeugen können, wird die Billigung des Einsatzes der Söhne von heute zulassen, die verantwortlichen Staatsmänner aber, wenn auch von der Gegenwart verfolgt, dereinst frei-
10 sprechen von Blutschuld und Volksopferung. [...] Staatsgrenzen werden durch Menschen geschaffen und durch Menschen geändert. [...] Deutschland wird entweder Weltmacht oder überhaupt nicht sein. [...]

A. Hitler, Mein Kampf, München 1942, S. 739 ff.

M 5 Wiederaufstieg

Hitler schrieb 1927 in einer geheimen Broschüre für Industrielle:

Die neue Bewegung lehnt kategorisch jede Standes- und Klassenteilung ab und proklamiert an deren Stelle eine zusammenfassende deutsche Einstellung. [...]
Die nationalsozialistische Bewegung erkennt wei- 5
ter als wesentlichste Voraussetzung zur Lösung dieser Aufgabe und für die Bildung eines einheitlichen Nationalkörpers die restlose Eingliederung des so genannten vierten Standes in die Volksgemeinschaft. Sie sieht darin nicht ein theoretisches 10
Problem, sondern die Lebensvoraussetzung für unser Volk. Sie wünscht, dass diese Millionenmasse unseres Volksgutes aus den Händen ihrer derzeitigen internationalen, meist undeutschen Verführer und Leiter genommen wird und ihre volle Einglie- 15
derung in den Rahmen der Nation und des Staates findet.

Zit. nach: R. Kühnl, Der deutsche Faschismus in Quellen und Dokumenten, Köln 1975, S. 118 f.

M 6 Der Aufbau der NS-Organisation

Hitler beschrieb in seinem Buch „Mein Kampf" den Aufbau seiner Bewegung:

Die Bewegung vertritt im Kleinsten wie im Größten den Grundsatz der unbedingten Führerautorität, gepaart mit höchster Verantwortung.
Die praktischen Folgen dieses Grundsatzes in der Bewegung sind nachstehende: Der erste Vorsitzen- 5
de einer Ortsgruppe wird durch den nächsthöheren Führer eingesetzt. [...] Sämtliche Ausschüsse unterstehen ihm und nicht er umgekehrt einem Ausschuss. [...] Der gleiche Grundsatz gilt für die nächsthöhere Organisation, den Bezirk, den Kreis 10
oder den Gau. Immer wird der Führer von oben eingesetzt und gleichzeitig mit unbeschränkter Vollmacht und Autorität bekleidet. [...]
Der Fortschritt und die Kultur der Menschheit sind nicht ein Produkt der Majorität, sondern beruhen 15
ausschließlich auf der Genialität und der Tatkraft der Persönlichkeit. [...]
Damit ist die Bewegung aber antiparlamentarisch, und selbst ihre Beteiligung an einer parlamentarischen Institution kann nur den Sinn einer Tätigkeit 20
zu deren Zertrümmerung besitzen, zur Beseitigung einer Einrichtung, in der wir eine der schwersten Verfallserscheinungen der Menschheit zu erblicken haben.

A. Hitler, Mein Kampf, a. a. O., S. 378 f.

M7 Erziehung des Volkes

Hitler sprach am 15. März 1933 vor dem Generalrat der Wirtschaft:

Man muss ein Volk dazu erziehen, dass es durch dick und dünn mit seiner Regierung marschiert und dass es sich mit seiner Regierung absolut verbunden fühlt, ein Volk, in das man die ganzen Momente
5 psychologischer Art sofort hineingeben kann, das man aufputschen kann, das man begeistern kann und das man mitreißen kann. Wenn das nicht möglich ist, sind alle Maßnahmen vergeblich, muss man kapitulieren.

Zit. nach: T. W. Mason, Sozialpolitik im Dritten Reich, Opladen 1977, S. 208.

Mein Führer!

(Das Kind spricht:)

Ich kenne dich wohl und habe dich lieb
        wie Vater und Mutter.
Ich will dir immer gehorsam sein
        wie Vater und Mutter.
Und wenn ich groß bin, helfe ich dir
        wie Vater und Mutter,
Und freuen sollst du dich an mir
        wie Vater und Mutter!

M8 Hitler als Vaterfigur
Aus einem Malbuch für Kinder

M9 Glaube und Politik

Aus einem „Schulungsbrief" der NSDAP, IV. Jahrgang, 4. Folge 1937:

Adolf Hitler!
Dir sind wir allein verbunden! Wir wollen in dieser Stunde das Gelöbnis erneuern:
Wir glauben auf dieser Erde allein an Adolf Hitler.
5 Wir glauben, dass der Nationalsozialismus der allein seligmachende Glaube für unser Volk ist.
Wir glauben, dass es einen Herrgott im Himmel gibt, der uns geschaffen hat, der uns führt, der uns lenkt und der uns sichtbarlich segnet.

Und wir glauben, dass dieser Herrgott uns Adolf 10
Hitler gesandt hat, damit Deutschland für alle Ewigkeit ein Fundament werde.
Reichsleiter Dr. Robert Ley am 10. Februar 1937[1]

1 R. Ley (1890–1945), u. a. Leiter der Deutschen Arbeitsfront (DAF); Selbstmord in Nürnberg

Zit. nach: Neue Gesellschaft für Bildende Kunst und Kunstamt Kreuzberg (Hg.), Faschismus, Berlin 1976, S. 85.

M10 Antisemitische Propaganda

Schreiben der Firma W.G. in Kehl an die Stadtverwaltung Kornwestheim vom 30. Oktober 1936:

Im Kampf gegen das Judentum, die treibende Kraft des Weltfeindes 1, den Bolschewismus, habe ich mit Genehmigung des Zentralverlages der NSDAP, Franz Eher Nachfolger GmbH München, für das Deutsche Reichsgebiet den Alleinvertrieb antisemi- 5
tischer Spruchtafeln, Zitate aus Adolf Hitlers „Mein Kampf", übernommen. Es handelt sich hier um eine antisemitische Propaganda, die sehr wohl geeignet erscheint, zur weltanschaulichen Schulung unseres Volkes wesentlich beizutragen. Ferner stellen diese 10
Spruchtafeln noch eine vorbildliche und würdige Ausschmückung von Dienst- und Verkehrsräumen von Partei und Staat dar. Namentlich empfiehlt sich der Aushang dieser Spruchtafeln in Räumen, wo ein reger Publikumsverkehr herrscht […]. 15
Die Spruchtafeln […] werden zu einem Preise von RM 2,60 pro Stück an Behörden und Verwaltungsdienststellen abgegeben. […]
Heil Hitler! W. G.
Der Jude ist und bleibt der typische Parasit, ein 20
Schmarotzer, der wie ein schädlicher Bazillus sich immer mehr ausbreitet, sowie nur ein günstiger Nährboden dazu einlädt.
Hitler „Mein Kampf", Seite 334
Nr. 51 – Adolf Hitler 25
Der Jude, nur scheinbar darauf ausgehend, die Lage des Arbeiters zu verbessern, in Wahrheit aber die Versklavung und damit die Vernichtung aller nichtjüdischer Völker beabsichtigend.
Hitler „Mein Kampf" Seite 351 30
Nr. 52 – Adolf Hitler
Der Jude lauert stundenlang, satanische Freude in seinem Gesicht, auf das ahnungslose Mädchen, das er mit seinem Blute schändet und damit seinem, des Mädchens, Volke raubt. 35
Hitler „Mein Kampf", Seite 357
Nr. 59 – Adolf Hitler

Zit. nach: Dokumente über die Verfolgung der jüdischen Bürger in Baden-Württemberg durch das Nationalsozialistische Regime 1933–1945, Bd. 1, hrsg. von der Archivdirektion Stuttgart, bearbeitet von P. Sauer, Stuttgart 1966, S. 86 f.

Der Vampyr

Vom Teufel in die Welt gesetzt er stets die Völker quält und hetzt

Schlangenbrut

Der Jud führt nicht umsonst den Wurm als Zeichen
Was er erreichen will, das sucht er zu erschleichen

M11 Antisemitische Propaganda

Die Abbildungen stammen aus dem antisemitischen Wochenblatt „Der Stürmer" (1934)

M14 NS-Rassenprogramm

Der Zeithistoriker Wolfgang Scheffler fasst das NS-Rassenprogramm zusammen:

Unter Missachtung und Missdeutung aller wissenschaftlichen Ergebnisse wurden aus verschiedenen Bereichen der Wissenschaft jene Bausteine zusammengetragen, die zusammengesetzt das Wunsch-
5 bild einer angeblich reinen Rasse ergeben sollten. Dieser reinen Rasse schrieb man dank der „Tatsache", dass sich bei ihr nur die guten Eigenschaften vererbten, alle Kulturschöpfungen der Geschichte zu. Alle

M13 **Rasse und Gesäß**
Abbildung aus einem „Ostara"-Heft – eine Schriftenreihe, die auch von Hitler gelesen wurde.

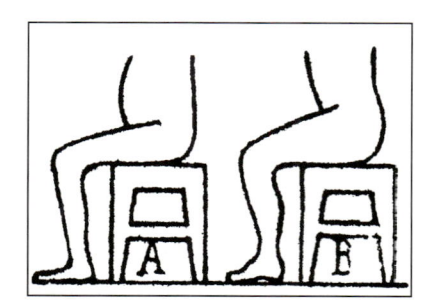

Gesäßformen: **A** der niederen, **B** der höheren Rasse

anderen, angeblich mehr oder minder untereinander
10 vermischten Rassen wurden als minderwertig betrachtet. Die „Artreinheit" ist eine der Grundlagen für den Anspruch des Nationalsozialismus auf die Gewinnung von „Lebensraum" im Osten, mit dessen Hilfe die „arische Herrenrasse" Europa beherrschen
15 sollte. Der Gegenpol des Herrenmenschen ist nach der nationalsozialistischen Ideologie der Jude, der

den Herrschaftsanspruch des „arischen" Menschen bedroht und den es zu bekämpfen gilt. Die angeblich minderwertigen Mischrassen, wie z.B. die slawischen Völker, die als willige Hilfsorgane der „jüdi- 20 schen Weltmacht" angesehen wurden, sollten als zukünftige Sklaven im Großgermanischen Reich Verwendung finden, und ihrer biologischen Fortpflanzung wollte man Beschränkung auferlegen.

W. Scheffler, Judenverfolgung im Dritten Reich, Berlin 1964, S. 13.

M12 Judenfeindschaft

Der Psychoanalytiker Rudolph M. Loewenstein untersucht, wie Feindbild und Aggressionslenkung zusammenhängen:

Die wahnähnlichen Überzeugungen der Antisemiten reflektierten die Furcht und die deutlichen Hassregungen gegenüber den Juden. „Der Jude" gilt im Mittelalter als Hexer, Zauberer, Mörder, Kannibale und Feind der Menschheit. Er wird schließlich 5 nicht mehr als menschliches Wesen angesehen. […] Jetzt klagt man sie an, sie nähmen den armen „Ariern" die Substanz, zerre sie in Kriege hinein, die vorher von Juden vom Zaun gebrochen worden seien, und sie seien die Anstifter teuflischer Ver- 10 schwörungen zur Zerstörung und Versklavung der „arischen" Welt. […]
Aggressionskräfte einer Gruppe wachsen bekanntlich in Zeiten von Not, Unheil, von Zwietracht und Gefahr. Die Juden sind aus vielen Anlässen oft Ziel- 15 scheiben und Opfer dieser Aggressionen geworden, die sich dann in einem systematischen und allgemeinen Antisemitismus organisiert haben. […]

Der Antisemitismus verdankt seine besondere Stoß-
20 kraft der Verschiebung der Aggressionskräfte, die
bei den Massen durch reale soziale Probleme freigesetzt werden. […]
Nun boten sich die Juden, eine schwache Minderheit, der man eine „finstere und furchtbare Macht"
25 zuschrieb, den Naziführern als der gesuchte Prü-
gelknabe an. Auf sie lenkten sie nun die im Herzen
der Nation freigesetzten Aggressionskräfte und
besänftigten dadurch die gewaltigen Konflikte, die
das deutsche Volk zerspalteten. Das Manöver war

simpel und hatte doppelten Effekt: Die Juden wur- 30
den für die Niederlage verantwortlich. Die Nazifüh-
rer schrieben ihnen die Nöte der Nachkriegszeit zu
und übertrugen auf sie die den Deutschen eigenen
Schwächen. Der Deutsche war niemals im Unrecht,
dem jüdischen Einfluss war alles zu verdanken. Her- 35
vor trat das deutsche Volk, der Schande, der Ver-
antwortungen und der Gewissensbisse ledig.

R. M. Loewenstein, Psychoanalyse des Antisemitismus, Frank-
furt/M. 1967, S. 39, 45 f., 50 f.

M15 **Vertreibung der Juden**
Aus dem Kinderbuch von E. Bauer,
„Trau Keinem Fuchs auf grüner
Heid und Keinem Jud bei seinem
Eid" von 1936. Die Bildinschrift
lautet: Einbahnstraße; tempo,
tempo; Die Juden sind unser
Unglück!

Aufgaben

1. Fassen Sie zusammen, wie Hitler seine Sichtweise der Gesellschaft begründete.
   → Text, M3

2. Analysieren Sie die außenpolitischen Konsequenzen dieser Ideologie.
   → M3, M4

3. Kann man im Hinblick auf Hitlers Programm von
   einer „natürlichen Auslese" (Darwin) sprechen?
   → Text, M3, M4

4. Inwiefern stellen Sozialdarwinismus und Volks-
   gemeinschaftsideologie – trotz scheinbarer
   Gegensätzlichkeit – zwei Seiten der gleichen
   Medaille dar?
   → M5

5. Geben Sie die Begründung Hitlers für das Führerprinzip wieder. Wie sah er das Volk?
   → Text, M6

6. Beschreiben und erläutern Sie die Formen der
   Unterwerfung, wie sie in M8 und M9 zum Aus-
   druck kommen.
   → Text, M8, M9

7. Welche Verführung ging für viele Menschen der
   Weimarer Republik von einem Führer aus bzw.
   welchen Bedürfnissen entsprach er?
   → Text, M1, M7–M9

8. Untersuchen Sie die Rolle, die die Juden im
   nationalsozialistischen Weltbild einnahmen.
   → Text, M2, M10–M13, M15

9. Inwiefern kann der Antisemitismus als eine
   Herrschaftstechnik bezeichnet werden?
   Erklären Sie den Mechanismus der Aggressions-
   verschiebung.
   → M14

11.4 Gleichschaltung von Staat und Gesellschaft

Die Nationalsozialisten waren wegen ihrer antidemokratischen Einstellung zu keinem Zeitpunkt bereit, sich durch freie Wahlen wieder von der Machtausübung abberufen zu lassen. Sie arbeiteten folglich nach der Machtübernahme planmäßig darauf hin, ihre Herrschaft lückenlos zu festigen. Die zu diesem Zweck ergriffenen Maßnahmen bezeichnet man als Herrschaftstechnik.

Die gesamte literarische Produktion wurde überwacht. Schwarze Listen dienten der „Säuberung" von Bibliotheken. Die Aufgabe der Reichsschrifttumskammer bestand darin, das – wie es hieß – „deutsche Kulturleben von allem schädlichen und unerwünschten Schrifttum rein zu halten." Diese Politik mündete augenfällig in den Bücherverbrennungen vom 10. Mai 1933. Die kulturelle Gleichschaltung verursachte die Emigration der führenden deutschen Schriftsteller. Ungefähr ein Drittel aller Hochschullehrer wurde aus dem Dienst entlassen oder ging ins Ausland. Das deutsche Geistesleben im Allgemeinen und die deutsche Wissenschaft im Besonderen haben einen Aderlass ohnegleichen erfahren.

 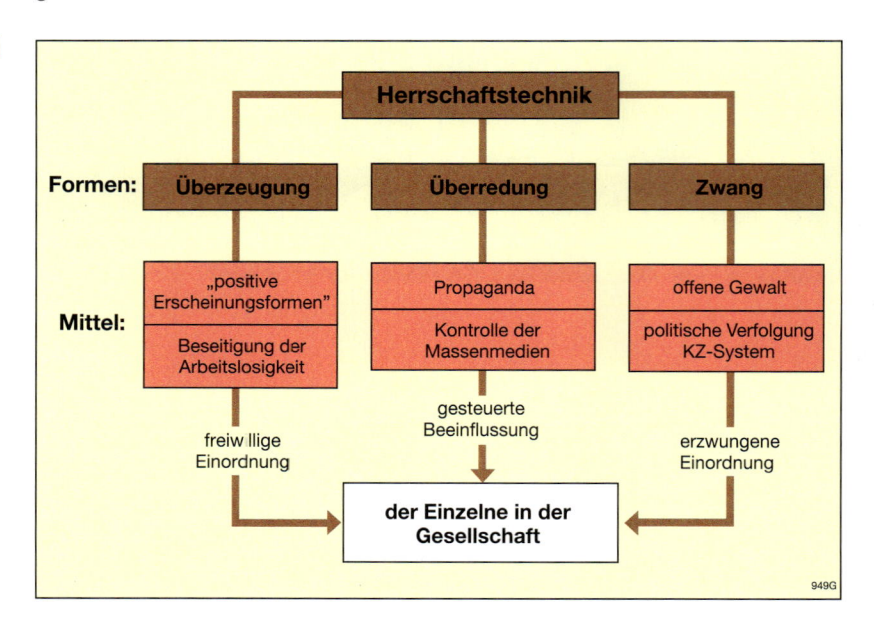

Propaganda

„In Deutschland gibt es keine Privatsache mehr." Diese Worte des Leiters der Deutschen Arbeitsfront Robert Ley machen den Anspruch auf totale Durchdringung von Staat, Gesellschaft und Individuum deutlich. Bei der Lenkung jedes Einzelnen kam den Massenmedien eine zentrale Aufgabe zu. Joseph Goebbels als Reichsminister für Volksaufklärung und Propaganda sorgte dafür, dass die von den Nationalsozialisten abweichenden Stimmen schnell verstummten. Reichskulturkammer (22. Sept. 1933) und Schriftleitergesetz (4. Okt. 1933) legalisierten eine massive Personalpolitik. Rundfunk („Volksempfänger"), Presse, Film und Literatur wurden einer strengen Zensur unterworfen und zügig zu Instrumenten nationalsozialistischer Indoktrination umfunktioniert.

Jugend und Schule

M 2 Der „Bund deutscher Mädel" (BdM) organisierte die weibliche Jugend zwischen 14 und 18 Jahren, Plakat aus dem Jahre 1936.

Frauen

M 3 Der Weg des „gleichgeschalteten" Staatsbürgers
„Und sie werden nicht mehr frei, ihr ganzes Leben." (Hitler)

Die nationalsozialistische Führung war sich der Tatsache bewusst, dass die Jugend der Schlüssel für die Zukunft ist. Folglich setzte die totalitäre Vereinnahmung des Einzelnen durch den Staat bereits beim Kind an. Ab 1939 war die Mitgliederschaft in der Hitlerjugend (HJ) Pflicht. Die verschiedenen Organisationen waren entsprechend der NS-Ideologie hierarchisch nach dem Führerprinzip aufgebaut. Auch die Schule blieb von Eingriffen nicht verschont. Diese dokumentierten sich zum Beispiel durch:

- Entlassung, Umerziehung und Kontrolle von Lehrern,
- Zusammenfassung der Lehrer im Nationalsozialistischen Lehrerbund (NSLB),
- neue Lehrpläne und Lehrbücher,
- Beseitigung von pädagogischen Freiräumen.

Parallel zu den staatlichen Schulen entstanden neue Schultypen: zum einen die „Nationalpolitischen Erziehungsanstalten" (NAPOLA) und zum anderen die „Adolf-Hitler-Schulen". Es handelte sich dabei um Internatsschulen, in denen rassische, ideologische und vormilitärische Gesichtspunkte eine Rolle spielten. Die „Adolf-Hitler-Schulen" unterstanden nicht dem an sich zuständigen Schulministerium, sondern dem Reichsjugendführer Baldur von Schirach. Sie dienten der Heranbildung des Führernachwuchses für die Partei.

„Der Mann als Kämpfer, die Frau als Mutter... Der Mann, der in der Öffentlichkeit wirkt oder an der Front, und die Frau als Hüterin von Haus und Familie..." In dieses schematische Denken passt es, dass im (entmachteten) Reichstag auch keine Frau mehr vertreten war. Frauen sollten eben nur als Mütter öffentlich Anerkennung genießen. Dieses Bild von den unterschiedlichen Aufgaben der Geschlechter blieb erstaunlich lange unverrückbar. Selbst als während des Krieges der Arbeitskräftemangel offenkundig wurde, weigerte sich Hitler, im großen Stil die Zwangsverpflichtung von deutschen Frauen für die Rüstungswirtschaft anzuordnen. Dies war auch ein Grund dafür, dass ab 1942 in großem Umfang Arbeitskräfte aus den besetzten Ländern zur Zwangsarbeit nach Deutschland geholt wurden.

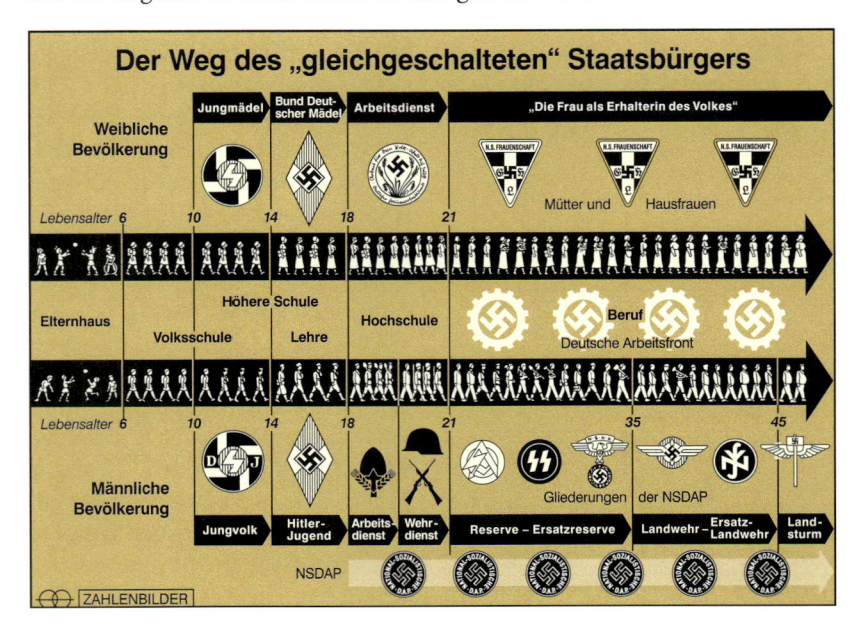

Justiz

Ein typisches Merkmal einer jeden Diktatur ist die Abschaffung der gewaltenteiligen Ordnung. Mit dem Führer als dem alleinigen Träger der Staatsgewalt ging die Abschaffung der unabhängigen Dritten Gewalt einher. Der unabhängige Richter, der einen Grundpfeiler des liberalen Rechtsstaates darstellt, wurde in seiner Amtsführung immer weiter eingeengt.

Sondergerichte, zum Beispiel der Volksgerichtshof für Hoch- und Landesverrat, machten die Politisierung der Justiz augenfällig. Zudem waren die Partei (NSDAP) sowie SA und SS der ordentlichen Gerichtsbarkeit entzogen. Das galt natürlich in besonderem Maße für den Führer selbst.

Wirtschaft

Der Nationalsozialismus kam nicht zuletzt wegen der hohen Arbeitslosigkeit und des damit verbundenen Elends an die Macht. Seine Popularität gewann er zwar auch aufgrund der außenpolitischen Erfolge, aber für weite Teile der Öffentlichkeit war der Rückgang der Arbeitslosigkeit von entscheidender Bedeutung. Allerdings wurde die Überwindung der Massenarbeitslosigkeit mit zweifelhaften Methoden erreicht:

- Die Ankurbelung der Rüstungsproduktion diente der Kriegsvorbereitung.
- Auch der Autobahnbau, der schon während der Weimarer Republik begonnen hatte, wurde unter strategischen Gesichtspunkten vorangetrieben.
- Bedingt durch das Finanzierungssystem musste der sichtbare Aufschwung mit einer rasanten Inflation beziehungsweise im Bankrott oder im Krieg enden.
- Mithilfe von Lohnstopps wurde das Konsumniveau breiter Bevölkerungsschichten niedrig gehalten.
- Die Arbeitslosenstatistiken wurden durch Einschränkung der Frauenarbeit, Einberufung zum Reichsarbeitsdienst (RAD) sowie durch die Einführung der allgemeinen Wehrpflicht (1935) geschönt.

Die Wirtschaftspolitik des Dritten Reiches entsprach in vielerlei Hinsicht dem Modell der so genannten Zentralverwaltungswirtschaft. Der Staat plante, machte Vorgaben, kontrollierte – vor allem im Hinblick auf die kriegsbedingte Bewirtschaftung, ohne jedoch grundsätzlich die private Verfügungsgewalt über das Eigentum abzuschaffen.

Die nationalsozialistische Führung erklärte die gesellschaftlichen Klassen für aufgehoben. An deren Stelle setzte sie die angeblich konfliktlose Volksgemeinschaft. Die Gewerkschaften wurden durch die Deutsche Arbeitsfront (DAF) ersetzt, die schon bald die Mehrheit der Arbeitnehmer organisierte – oft in Form einer Zwangsmitgliedschaft. Populärste Gliederung der DAF war die NS-Gemeinschaft „Kraft durch Freude" (KdF), die unter anderem Freizeit- und Urlaubsveranstaltungen ausrichtete.

Der Umbau der Zivil- in eine Kriegswirtschaft wurde von der nationalsozialistischen Führung zunächst nur zögerlich in Angriff genommen. Die strategischen Reserven waren mithin nur so gering, dass wirtschaftlich gesehen nur Blitzkriege erfolgreich geführt werden konnten. Erst ab 1942 unter der Leitung des neu ernannten Rüstungsministers Albert Speer erfolgte der Übergang zur totalen Kriegswirtschaft. Zentralisierung und Reorganisation im europäischen Maßstab führten zu einer massiven Erhöhung der Rüstungsproduktion, die trotz der alliierten Bombardements 1944 ihren Höhepunkt erreichte.

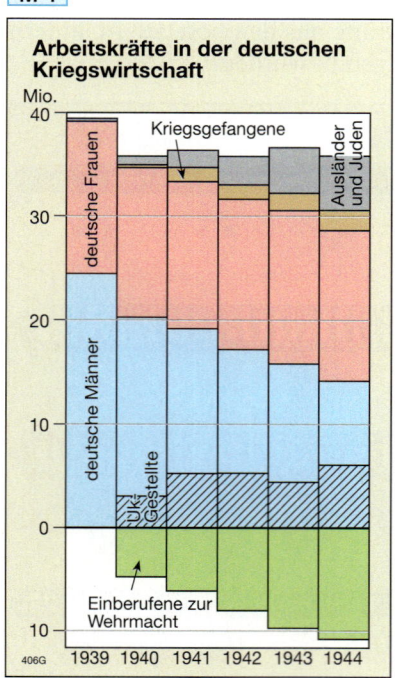

M 4

Arbeitskräfte in der deutschen Kriegswirtschaft

Mio.

deutsche Frauen · Kriegsgefangene · Ausländer und Juden · deutsche Männer · UK/Gestellte · Einberufene zur Wehrmacht

406G · 1939 1940 1941 1942 1943 1944

Zwangsarbeit

Das hohe Produktionsniveau der deutschen Wirtschaft konnte nur aufgrund von Zwangsarbeit erreicht werden. Da Millionen von wehrfähigen deutschen Männern als Arbeitskräfte nicht zur Verfügung standen und da die industrielle Tätigkeit mit dem Frauenbild des Nationalsozialismus nicht im Einklang stand, mussten die Lücken anders geschlossen werden. Die nationalsozialistische Führung griff im Laufe des Krieges immer mehr auf Zwangsarbeiter zurück. Zu diesem Zweck wurden Menschen willkürlich aus den besetzten Ländern deportiert. Diese Arbeitskräfte waren zwar offiziell keine Gefangenen, aber ihre Behandlung war oft demütigend und ihre Versorgung blieb unzureichend. Außerdem nutzte der Staat in großem Umfang die Arbeitskraft von Kriegsgefangenen und KZ-Häftlingen. Man geht heute davon aus, dass im Jahre 1944 etwa 7,5 Millionen Zwangsarbeiter im Deutschen Reich tätig gewesen waren.

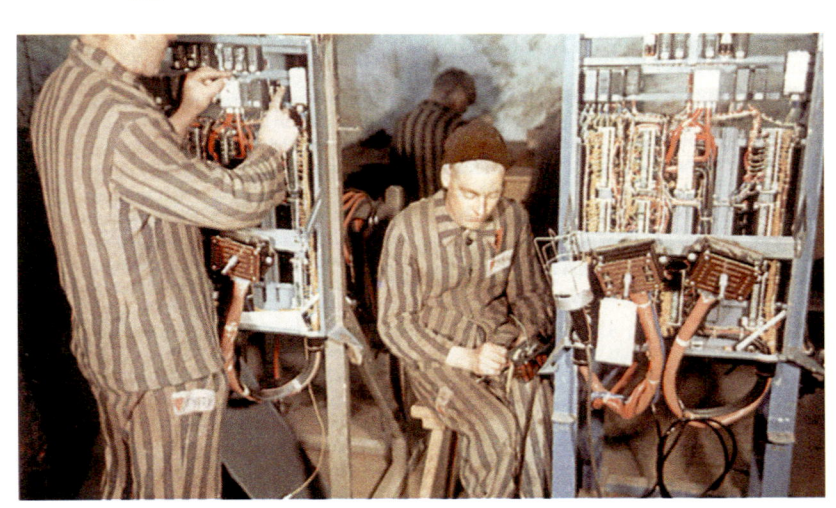

M 5 **KZ-Zwangsarbeiter**
des Lagers Mittelbau-Dora bei der
V2-Raketenproduktion 1944

Chronologie

1. Mai 1933	1. Mai als Feiertag
2. Mai	Zerschlagung der Gewerkschaften; Aufhebung der Tarifautonomie
10. Mai	Gründung der Deutschen Arbeitsfront (DAF)
19. Mai	„Treuhänder der Arbeit" werden eingesetzt, um Löhne und Arbeitsbedingungen festzulegen.
20. Januar 1934	„Gesetz zur Ordnung der nationalen Arbeit"
15. Mai	„Gesetz zur Regelung des Arbeitseinsatzes" soll vor allem Landarbeiter zwingen, die Arbeit auf den Bauernhöfen beizubehalten.
4. Dezember	Kapitalgesellschaften werden gesetzlich gezwungen, den Reingewinn eines Jahres an das Reich abzutreten.
26. Februar 1935	Einführung eines Arbeitsbuches
26. Juni	Einführung der Arbeitsdienstpflicht für alle jungen Deutschen
9. September 1936	Ankündigung des Vierjahresplanes für die deutsche Wirtschaft (Autarkie)
22. Juli 1938	Einführung der Arbeitsverpflichtung
27. Januar 1943	Verordnung des „Generalbevollmächtigten für den Arbeitseinsatz" (Sauckel) zur Führung des totalen Krieges; Männer zwischen 16 und 65 sowie Frauen zwischen 17 und 45 Jahren müssen sich zum Arbeitseinsatz zur Verfügung stellen.

M 6 Massenpsychologie

Hitler notierte in „Mein Kampf" dazu (1925):

Die Psyche der breiten Masse ist nicht empfänglich für das Halbe und Schwache. Gleich dem Weibe, dessen seelisches Empfinden weniger durch Gründe abstrakter Vernunft bestimmt wird, als durch solche
5 einer undefinierbaren, gefühlsmäßigen Kraft, und das sich deshalb lieber dem Starken beugt, als den Schwächling beherrscht, liebt auch die Masse den Herrscher mehr als den Bittenden, und fühlt sich im Innern mehr befriedigt durch eine Lehre, die keine
10 andere neben sich duldet, als durch die Genehmigung liberaler Freiheit; sie weiß mit ihr auch meist nur wenig anzufangen und fühlt sich sogar leicht verlassen. Die Unverschämtheit ihrer geistigen Terrorisierung kommt ihr ebensowenig zum Bewusst-
15 sein wie die empörende Misshandlung ihrer menschlichen Freiheit, ahnt sie doch den inneren Irrsinn in keiner Weise. So sieht sie nur die rücksichtslose Kraft und Brutalität ihrer zielbewussten Äußerungen, der sie sich endlich immer beugt.

A. Hitler, Mein Kampf, München 1936, S. 44.

M 7 Überredungsstrategie

Hitler sprach am 10. November 1938 vor Vertretern der deutschen Presse. Er offenbarte dabei die Planmäßigkeit seiner Vorgehensweise:

Der Zwang war die Ursache, warum ich jahrelang nur vom Frieden redete. Es war nunmehr notwendig, das deutsche Volk psychologisch allmählich umzustellen und ihm langsam klar zu machen, dass es
5 Dinge gibt, die, wenn sie nicht mit friedlichen Mitteln durchgesetzt werden können, mit Mitteln der Gewalt durchgesetzt werden müssen. Dazu war es aber notwendig, nicht etwa nun die Gewalt als solche zu propagieren, sondern es war notwendig, dem
10 deutschen Volk bestimmte außenpolitische Vorgänge so zu beleuchten, dass die innere Stimme des Volkes selbst langsam nach der Gewalt zu schreien begann. Das heißt also, bestimmte Vorgänge so zu beleuchten, dass im Gehirn der breiten Masse ganz
15 automatisch allmählich die Überzeugung ausgelöst wurde: Wenn man das eben nicht im Guten abstellen kann, dann muss man es mit Gewalt abstellen; so kann es aber auf keinen Fall weitergehen. Diese Arbeit hat Monate erfordert, sie wurde planmäßig begon-
20 nen, planmäßig fortgeführt, verstärkt. Viele haben sie nicht begriffen, meine Herren; viele waren der Meinung, das sei doch alles etwas übertrieben. Das sind jene überzüchteten Intellektuellen, die keine Ahnung haben, wie man ein Volk letzten Endes zu

der Bereitschaft bringt, gerade zu stehen, auch 25 wenn es zu blitzen und zu donnern beginnt. […]

Zit. nach: H. A. Jacobsen,: 1939–1945, Der Zweite Weltkrieg in Bildern und Dokumenten, Darmstadt 1959, S. 91 f.

M 8 Sprachregelung

Auf diesen Konferenzen gab Goebbels seine Anweisungen an die Verantwortlichen der Massenmedien:

4. Januar 1943:

Es sei notwendig, einige feststehende Grundsätze laufend und unaufhörlich bei jeder Gelegenheit herauszustellen und sie in das Gewissen des Volkes einzuhämmern. Als solche führte er u. a. an: 5
1. Der Krieg ist dem deutschen Volke aufgezwungen worden;
2. Es gehe in diesem Kriege um Leben oder Sterben;
3. Es gehe um die totale Kriegführung.

12. Februar 1943: 10

Von nun an müsse jeder Rundfunkvortrag, jede Meldung, jede Rede und jede Wochenparole mit der stereotypen Wendung schließen, dass der Kampf gegen den Bolschewismus unsere große Aufgabe sei. 15

W. A. Boelcke, Wollt ihr den totalen Krieg? Die geheimen Goebbels-Konferenzen 1939–1943, München 1969, S. 415 und 440.

M 9 Gesetz über die Hitlerjugend (1. Dezember 1936)

Von der Jugend hängt die Zukunft des deutschen Volkes ab. Die gesamte deutsche Jugend muss deshalb auf ihre künftigen Pflichten vorbereitet werden. Die Reichsregierung hat daher das folgende Gesetz beschlossen, das hiermit verkündet wird: 5
§ 1 Die gesamte deutsche Jugend innerhalb des Reichsgebietes ist in der Hitlerjugend zusammengefasst.
§ 2 Die gesamte deutsche Jugend ist außer in Elternhaus und Schule in der Hitlerjugend körper- 10 lich, geistig und sittlich im Geiste des Nationalsozialismus zum Dienst am Volk und zur Volksgemeinschaft zu erziehen.

Nach: W. Conze, Der Nationalsozialismus, Stuttgart 1972, S. 21.

M10 Hitler über die Jugend

Hitler hielt diese Rede am 2. Dezember 1938. Der Text war im „Völkischen Beobachter" vom 4. Dezember 1938 nachzulesen:

Diese Jugend, die lernt ja nichts anderes als deutsch denken, deutsch handeln. Und wenn nun dieser Knabe und dieses Mädchen mit ihren zehn Jahren

M11 Kinder unter dem Nationalsozialismus

Links: Kind in SA-Uniform, gestellte Aufnahme vom Reichsjugendtag 1934

Rechts: Kind bei einer von den Nazis durchgeführten Razzia in Warschau 1943

in unsere Organisationen hineinkommen und dort
5 nun so oft zum ersten Mal überhaupt eine frische
Luft bekommen und fühlen, dann kommen sie vier
Jahre später vom Jungvolk in die Hitlerjugend, und
dort behalten wir sie wieder vier Jahre, und dann
geben wir sie erst recht nicht zurück in die Hände
10 unserer alten Klassen- und Standeserzeuger, sondern dann nehmen wir sie sofort in die Partei oder
in die Arbeitsfront, in die SA oder in die SS, in das
NSKK [NS-Kraftfahrerkorps] und so weiter. Und
wenn sie dort zwei Jahre oder anderthalb Jahre
15 sind und noch nicht ganze Nationalsozialisten
geworden sein sollten, dann kommen sie in den
Arbeitsdienst und werden dort wieder sechs und
sieben Monate geschliffen, alle mit einem Symbol,
dem deutschen Spaten. Und was dann nach sechs
20 oder sieben Monaten noch an Klassenbewusstsein

oder Standesdünkel da oder da noch vorhanden
sein sollte, das übernimmt dann die Wehrmacht
zur weiteren Behandlung auf zwei Jahre. Und
wenn sie dann nach zwei oder drei oder vier Jahren
zurückkehren, dann nehmen wir sie, damit sie auf 25
keinen Fall rückfällig werden, sofort wieder in SA,
SS und so weiter. Und sie werden nicht mehr frei,
ihr ganzes Leben.

Zit. nach: K.-J. Flessau, Schule der Diktatur, München 1977, S. 26.

M13 Der NS-Lehrerbund

Aus einem Organisationshandbuch der NSDAP:

Das Hauptamt für Erzieher betreut den Nationalsozialistischen Lehrerbund e.V. Der NS-Lehrerbund ist
ein der NSDAP angeschlossener Verband. […]
Für amtliche Zwecke, wie Anstellung, Ernennungen
und Beförderungen hat 5
es [das Hauptamt] die
politisch-weltanschauli-
che Beurteilung der
Erzieher und Erziehe-
rinnen aller Schulgat- 10
tungen vorzunehmen.
Die Beurteilungen wer-
den im engsten Einver-
nehmen mit den
zuständigen Kreislei- 15
tungen der NSDAP er-
stellt und in Form von
Gutachten den zustän-
digen Regierungsstel-
len zugeleitet. 20

M12 Uniformierte Hitlerjugend

Gleichzeitig wahrt das Amt für Erzieher in Zusammenarbeit mit den staatlichen Anstellungsbehörden die Belange der NSDAP bei Schulstellenbesetzungen, insbesondere bei der Besetzung leitender Stellen
25 (Schulleiter, Amtsleiter, Schulratsstellen usw.) […] Der NS-Lehrerbund ist für die Durchführung der politisch-weltanschaulichen Ausrichtung aller Lehrer im Sinne des Nationalsozialismus verantwortlich. [Ergebnisse einer Erhebung aus dem Jahre 1936:
30 Mitglieder des NSLB: 97 Prozent der gesamten Erzieherschaft, davon 32 Prozent Parteigenossen.]

Zit. nach: H. Focke, U. Reimer, Alltag unterm Hakenkreuz, Reinbek 1979, S. 80 f.

M14 Die Aufgabe des Lehrers

Aus dem Buch „Feierstunden der deutschen Schule" (1941):

Die Deutsche Schule ist keine Anstalt zur einseitigen Wissensvermittlung, sie ist nicht tote Organisationsform, sie ist Lebensform. Der Lehrer ist nicht nur Wissensvermittler, Unterrichter. Er ist mehr. Auch er ist
5 Soldat in der kulturpolitischen Front des Nationalsozialismus. Wohl ist der Kampf an dieser Front anders als sonst, wohl wird er mit anderen Waffen geführt, aber er ist nicht minder hart und nicht minder wichtig, denn der Kampf geht um die Seele des Volkes. Es
10 hätte wahrlich keinen Sinn, den politischen Kampf zu gewinnen und den kulturpolitischen zu verlieren.

H. Klaus, zit. nach: G. L. Mosse, Der nationalsozialistische Alltag, Königstein/Ts. 1978, S. 159.

M16 Schulbuchaufgabe

Aus einem Rechenbuch für Mittelschulen (1936):

Der jährliche Aufwand des Staates für einen Geisteskranken beträgt im Durchschnitt 766 RM; ein Tauber oder Blinder kostet 615 RM, ein Krüppel 600 RM. In geschlossenen Anstalten werden auf Staatskosten versorgt: 167 000 Geisteskranke, 8 300 Taube und 5 Blinde, 20 600 Krüppel. Wie viel Mill. RM kosten diese Gebrechlichen jährlich? Wie viel erbgesunde Familien könnten bei 60 RM durchschnittlicher Monatsmiete für diese Summe untergebracht werden […]? 10

Zit. nach: K.-J. Flessau, a. a. O., S. 147.

M17 Frau und Politik

Aus einem Buch mit dem Titel „Das ist Nationalsozialismus" (1933):

Für die politische Frau ist in der Ideenwelt des Nationalsozialismus kein Platz. […]
Die geistige Einstellung der Bewegung zu diesem Thema geht gegen die politische Frau. Sie weist die Frau in ihren naturgegebenen Kreis der Familie 5 und in ihre Aufgaben als Gattin und Mutter zurück. Die politisierende Frau, diese Nachkriegserscheinung, die in parlamentarischen Wortgefechten nur selten „gute Figur" machte, bedeutet eine Entwürdigung der Frau. 10
Die deutsche Erhebung ist ein männliches Erzeugnis.

Zit. nach: G. L. Mosse, a. a. O., S. 71.

Deutsche Jugend fliegt im NS-Fliegerkorps

Stundenplan der 8. Klasse

	Montag	Dienstag	Mittwoch	Donnerstag	Freitag	Sonnabend
8–9	Geschichte	—	Religion	Geschichte		Erdkunde
9–10	Deutsch	Musik	Deutsch	Deutsch	Geschichte	Deutsch
10–11	Rechnen	Deutsch	Rechnen	Rechnen	Rechnen	Religion
11–12	Erdkunde	Deutsch	Turnen	Flugphysik	Naturkunde	Zeichnen
12–13	Naturkunde	Flugmodellbau	Turnen	Turnen	Musik	Turnen
13–14	Turnen	Flugmodellbau				

M15 Stundenplan einer achten Klasse aus dem Jahr 1940
Drei Stunden in der Woche gab es „Flugmodellbau" und „Flugphysik" – die Deutschen sollten ein Volk der Flieger werden.

M18 Die Vogelfrau

Der spätere Propagandaministers J. Goebbels in seinem Roman „Michael" (1929):

Die Frau hat die Aufgabe, schön zu sein und Kinder zur Welt zu bringen. Das ist gar nicht so roh und unmodern, wie 5 sich das anhört. Die Vogelfrau putzt sich für den Mann und brütet für ihn die Eier aus. Dafür sorgt der Mann 10 für die Nahrung. Sonst steht er auf der Wacht und wehrt den Feind ab.

Zit. nach: G. L. Mosse, a. a. O., S. 66.

M19 **Die NSDAP belohnte den Kinderreichtum mit Mutterkreuzen und Ehrenkarten.**

M20 Der Richter im nationalsozialistischen Staat

Leitsätze des Reichsministers Hans Frank[1] (1936):

1. Der Richter ist nicht als Hoheitsträger des Staates über den Staatsbürger gesetzt, sondern er steht als Glied in der lebendigen Gemeinschaft des deutschen Volkes. Es ist nicht seine Aufgabe, einer über

5 der Volksgemeinschaft stehenden Rechtsordnung zur Anwendung zu verhelfen oder allgemeine Wertvorstellungen durchzusetzen, vielmehr hat er die konkrete völkische Gemeinschaftsordnung zu wahren, Schädlinge auszumerzen, gemeinschafts-

10 widriges Verhalten zu ahnden und Streit unter Gemeinschaftsgliedern zu schlichten.

2. Grundlage der Auslegung aller Rechtsquellen ist die nationalsozialistische Weltanschauung, wie sie insbesondere in dem Parteiprogramm und den Äu-

15 ßerungen unseres Führers ihren Ausdruck findet.

3. Gegenüber Führerentscheidungen, die in die Form eines Gesetzes oder einer Verordnung gekleidet sind, steht dem Richter kein Prüfungsrecht zu. Auch an sonstige Entscheidungen des Führers

20 ist der Richter gebunden, sofern in ihnen der Wille, Recht zu setzen, unzweideutig zum Ausdruck kommt.

1 Hans Frank (1900–1946), Jurist ab 1939 Generalgouverneur im besetzten Polen, 1946 im Nürnberger Prozess verurteilt und anschließend hingerichtet.

Zit. nach: W. Hofer, Der Nationalsozialismus. Dokumente 1933–1945, Frankfurt 1957, S. 101 f.

M21 a) Ein Gerichtsurteil: „Im Namen des Deutschen Volkes"

In der Strafsache gegen den Landwirt Ignatz Kaczmarek aus Halemba II, Halembaerstraße 15, geboren am 31. Juli 1881 zu Hindenburg, verheiratet, Angehöriger der Abteilung 4 der Deutschen Volksliste, polizeilich festgenommen am 19. April 1943,

5 z. Zt. in der Haftanstalt in Beuthen O. S. [Oberschlesien], wegen Vorbereitung zum Hochverrat, Rundfunkverbrechen und Wehrkraftzersetzung hat der 1. Strafsenat des Oberlandesgerichts Kattowitz in Beuthen O. S. in der Sitzung vom 27. Juni

10 1944 […] für Recht erkannt:

Der Angeklagte wird wegen wehrkraftzersetzender Äußerungen zum Tode verurteilt.

Die Ehrenrechte werden ihm auf Lebenszeit aberkannt.

15 Die Kosten des Verfahrens werden dem Angeklagten auferlegt.

Begründung:

Über die Kriegsursachen hat er sich dahin ausgelassen, dass niemand den Krieg gewünscht, Deutsch-

20 land ihn aber angefangen und Russland überfallen habe. […]

Weiter hat der Angeklagte erklärt, Adolf Hitler sei nur dadurch an die Macht gelangt, dass er viele deutsche Persönlichkeiten habe erschießen lassen,

25 jetzt habe das Volk kein Vertrauen mehr zu ihm, er müsse sich auf die 10-jährigen Hitlerjungen stützen; wie schlimm es stehe, ersehe man daraus, dass die Frauen und Mädchen zur Arbeit herangezogen würden. Der Führer möchte jetzt zwar gern Frieden

30 schließen, er müsse aber weiter kämpfen und werde den Krieg doch verlieren. […]

Erläuterung der Rechtslage:

Die Verhängung der Todesstrafe erfolgte wegen Wehrkraftzersetzung, und zwar gem. § 5 der Kriegs-

35 sonderstrafrechtsverordnung vom 17. August 1938 (RGBI. I, S. 1455). Dort heißt es:

„Wegen Zersetzung der Wehrkraft wird mit dem Tode bestraft:

40 Ziff. 1 Wer öffentlich dazu auffordert oder anreizt, die Erfüllung der Dienstpflicht in der deutschen oder einer verbündeten Wehrmacht zu verweigern, oder sonst öffentlich den Willen des deutschen oder verbündeten Volkes zur wehrhaften Selbstbehaup-
45 tung zu lähmen oder zu zersetzen sucht." [...]
Das Gericht nimmt ein öffentliches Handeln an, obgleich der Angeklagte die beanstandeten Äußerungen nur gegenüber einer einzigen Person getan hat. Zudem wird die Todesstrafe verhängt, obgleich die
50 Kriegssonderstrafrechtsverordnung die Todesstrafe nicht zwingend vorsah [...].

Zit. nach: I. Staff (Hg.), Justiz im Dritten Reich. Eine Dokumentation, Frankfurt/M. 1978, S. 170, 172, 174 f.

M21 b) Reichsanwaltschaft beim Volksgerichtshof

Geschäftsnummer 4J777/44 (Staatsanwaltschaft)
Kostenrechnung
in der Strafsache gegen Erich Knauf
Gebühr gem. §§ 49, 52 SGKG für

5 Todesstrafe 300,00
Postgebühren gem. § 72, 1 SGKG 1,84
Gebühr gem. § 72,6 für den als
Pflichtverteidiger bestellt
gewesenen Rechtsanwalt [...]
10 Berlin-Lichterfelde-Ost,
Gärtnerstraße 10a..81,60
für die Strafhaft vom 6.4.44 bis 2.5.44 44,00
Kosten für Strafvollstreckung:
Vollstreckung des Urteils 158,18
15 hinzu Porto für Übersendung
der Kostenrechnung 0,12
zusammen: 585,74
Zahlungspflichtig: Die Erben des Erich Knauf, z. Hd. von Frau Erna Knauf, Berlin-Tempelhof, Manfred-
20 von-Richthofen-Str. 13, bei Fa. Gilbert, Mach.

Zit. nach: I. Bayer, Ehe alles Legende wird, Baden-Baden 1979, S. 95.

M22 Autarkie

Der Sozialhistoriker Helmut Böhme stellt den Zusammenhang von Wirtschaftspolitik und Kriegsvorbereitung her:

Nun, Landwirtschaft und Industrie taten alles, um diesen Beweis zu erbringen; die landwirtschaftliche Produktion stieg an; bis zu 80 Prozent konnte sich Deutschland selbst versorgen. Die deutsche
5 industrielle Rüstungsproduktion erarbeitete Rekorde; Menge und Qualität der Ersatzstoffe konnten – trotz beträchtlicher Gestehungskosten – erheblich

gesteigert werden. Unter dem Druck der diktierten Selbstversorgung errang Deutschlands Industrie eine Führung in technischen Forschungsleistungen; 10 Kunstseide, Azetat, künstliches Gummi und Treibstoff ersetzten die natürlichen, wohl viel billigeren, aber eben vom Ausland bezogenen Rohstoffe und erlaubten, die Aufrüstung trotz den Engpässen und Einschränkungen, die die fortschreitende wirtschaft- 15 liche Isolierung mit sich brachte, fortzuführen.
Eine Autarkie indes war nicht zu erreichen – Deutschland blieb in seinem Fett- und Fleischbedarf vom Ausland abhängig, ebenso in seinem Bedarf an Eisenerz, Kupfer, Zink, Mangan, Chrom, Wolf- 20 ram, Nickel, Textilrohstoffen, Häuten, Benzin und Mineralölen. Statt zur Wirtschaftsautarkie kam es zur Verarmung: denn die unproduktive Rüstungswirtschaft garantierte zwar Vollbeschäftigung, aber sie zehrte auch am Wohlstand. Hinter dem Schein 25 „eines ständig steigenden Volkseinkommens" verbarg „sich faktisch eine fortschreitende Verarmung" (F. Lütge).
So fing 1939, nachdem die zur Einlösung anstehenden Mefo-Wechsel[1] auf Reichsschuldverschreibun- 30 gen „verwiesen" wurden – was nach den Worten H. Schachts[2] „etwas Ungeheuerliches" war –, die Notenpresse wieder an, zu rotieren. Der Zeitpunkt der Einlösung der nationalsozialistischen Versprechungen war gekommen. Das „Raumproblem" als 35 Problem der „Industrie- und Lebensversorgung" glaubte die Führung nur auf dem Weg eines Krieges, eines neuerlichen Griffes nach der Weltmacht, lösen zu können.

1 Mefo-Wechsel (von Metall-Forschungs-GmbH): Finanzierungsinstrument; Schuldpapiere, die durch eine Einlösungsverpflichtung durch die Reichsbank gesichert schienen.

2 Hjalmar Schacht (1877–1970), u. a. Reichsbankpräsident von 1933–39

H. Böhme, Prolegomena zu einer Sozial- und Wirtschaftsgeschichte. Deutschland im 19. und 20. Jahrhundert, Frankfurt/M. 1968, S. 128 f.

M23 Aus dem „Gesetz zur Ordnung der nationalen Arbeit" (1934)

Führer des Betriebes und Vertrauensrat
§ 1 Im Betriebe arbeiten der Unternehmer als Führer des Betriebes, die Angestellten und Arbeiter als Gefolgschaft gemeinsam zur Förderung der Betriebszwecke und zum gemeinsamen Nutzen 5 von Volk und Staat.
§ 2 (1) Der Führer des Betriebes entscheidet der Gefolgschaft gegenüber in allen betrieblichen Angelegenheiten, soweit sie durch dieses Gesetz geregelt werden. [...] 10

Zit. nach: W. Conze, a. a. O., Teil I, Stuttgart 1972, S. 75.

318

M24 Selbstversorgung

Aus einer Denkschrift Hitlers (1936):

Kurz zusammengefasst: Ich halte es für notwendig, dass nunmehr mit eiserner Entschlossenheit auf all den Gebieten eine 100%ige Selbstversorgung eintritt, auf denen diese möglich ist, und dass dadurch nicht nur die nationale Versorgung mit diesen wichtigsten Rohstoffen vom Ausland unabhängig wird, sondern dadurch auch jene Devisen eingespart werden, die wir im Frieden für die Einfuhr unserer Nahrungsmittel benötigen. [...]

Zit. nach: W. Conze, a,a,O.,, Teil II, Stuttgart 1972, S. 32.

Hurrah, die Butter ist alle!

M25 Fassade und Wirklichkeit

Dieses Bild durfte in Deutschland nicht gezeigt werden, Fotomontage von John Heartfield (19. Dezember 1935).

M26

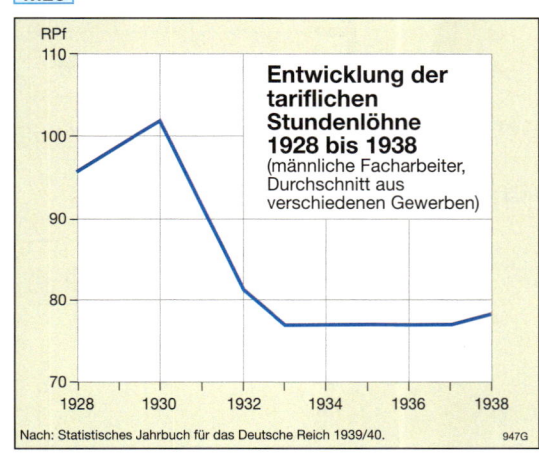

Entwicklung der tariflichen Stundenlöhne 1928 bis 1938
(männliche Facharbeiter, Durchschnitt aus verschiedenen Gewerben)

Nach: Statistisches Jahrbuch für das Deutsche Reich 1939/40.   947G

M27

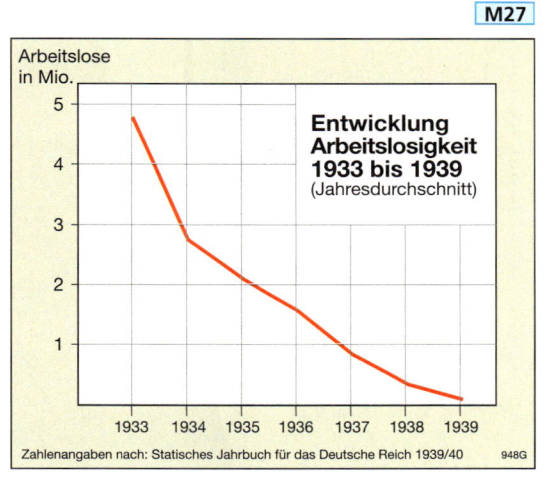

Entwicklung Arbeitslosigkeit 1933 bis 1939
(Jahresdurchschnitt)

Zahlenangaben nach: Statisches Jahrbuch für das Deutsche Reich 1939/40   948G

M28

Rüstungsausgaben des Deutschen Reiches
(1928-1943)

Zeit	Rüstung (Wehrmacht) [in Mio. RM]	Anteil der Rüstung am Volkseinkommen in v. H.[1]
1928	827	1,1
1932	620	1,4
1933	720	1,6
1934	3300	6,3
1935	5150	8,7
1936	9000	13,7
1937	10850	14,7
1938	15500	18,9
1939	32300	23
1940	58100	40
1941	75600	52
1942	96900	64
1943	117900	70

1 ab 1939 Bruttosozialprodukt

D. Petzina u. a., Sozialgeschichtliches Arbeitsbuch III, Materialien zur Statistik des Deutschen Reiches 1914 bis 1945, München 1978, S. 149.

M29

Index der Industriellen Produktion

(1938 = 100)

Jahr	Industrie insgesamt	Verbrauchsgüter	Rüstung
1938	100	100	100
1939	106	100	125
1940	102	95	220
1941	105	96	220
1942	106	87	320
1943	119	91	500
1944	117	87	425

G. Stolper u. a., Deutsche Wirtschaft seit 1870, Tübingen 1964, S. 187.

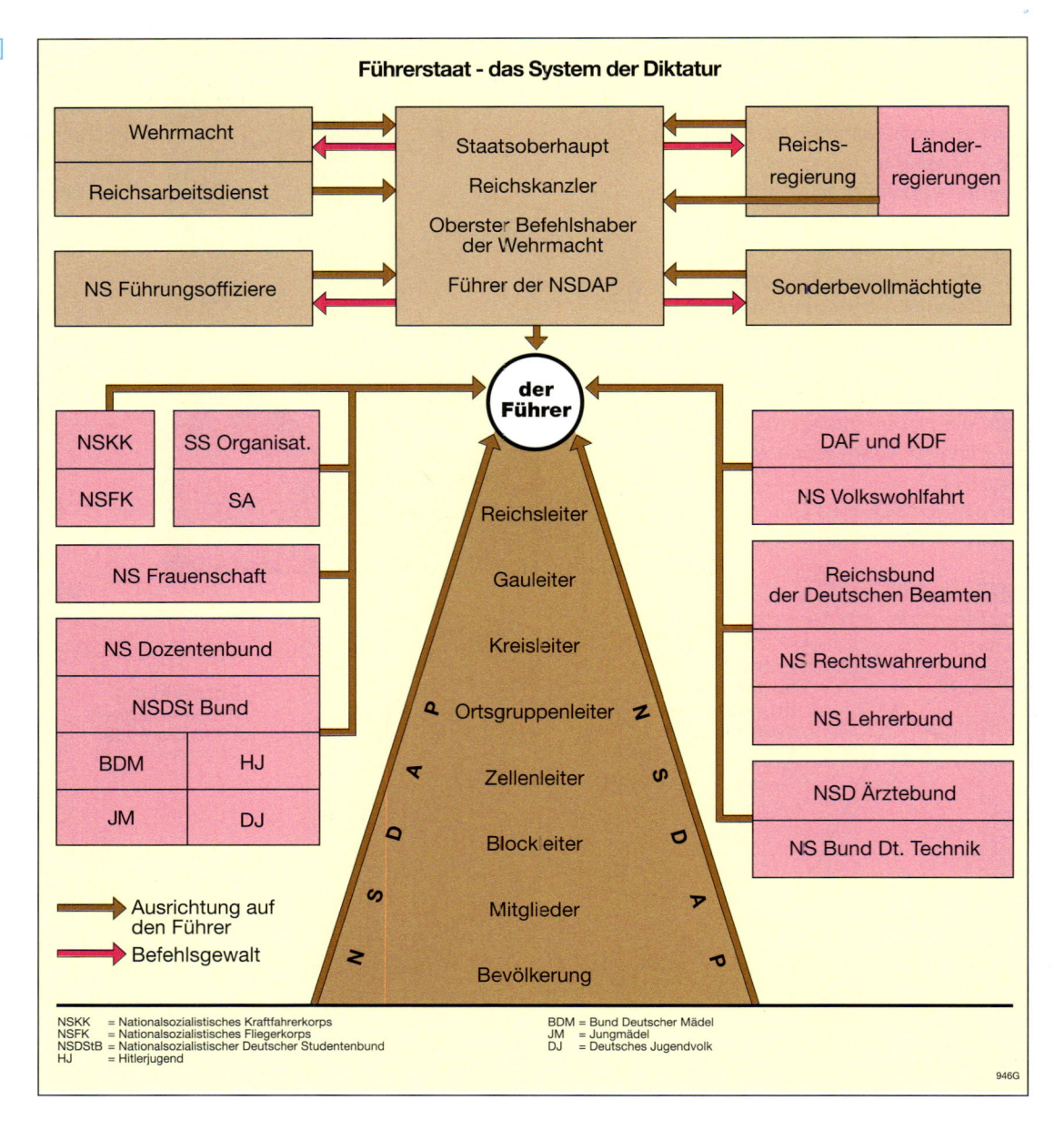

Führerstaat – das System der Diktatur

Wehrmacht

Reichsarbeitsdienst

NS Führungsoffiziere

Staatsoberhaupt

Reichskanzler

Oberster Befehlshaber der Wehrmacht

Führer der NSDAP

Reichs- regierung

Länder- regierungen

Sonderbevollmächtigte

der Führer

NSKK

NSFK

SS Organisat.

SA

NS Frauenschaft

NS Dozentenbund

NSDSt Bund

BDM

JM

HJ

DJ

Reichsleiter

Gauleiter

Kreisleiter

Ortsgruppenleiter

Zellenleiter

Blockleiter

Mitglieder

Bevölkerung

DAF und KDF

NS Volkswohlfahrt

Reichsbund der Deutschen Beamten

NS Rechtswahrerbund

NS Lehrerbund

NSD Ärztebund

NS Bund Dt. Technik

→ Ausrichtung auf den Führer

→ Befehlsgewalt

NSKK	= Nationalsozialistisches Kraftfahrerkorps	BDM = Bund Deutscher Mädel
NSFK	= Nationalsozialistisches Fliegerkorps	JM = Jungmädel
NSDStB	= Nationalsozialistischer Deutscher Studentenbund	DJ = Deutsches Jugendvolk
HJ	= Hitlerjugend	

946G

M31 Führerdiktatur

Beschluss des Großdeutschen Reichstags (1942):

„Es kann keinem Zweifel unterliegen, dass der Führer in der gegenwärtigen Zeit des Krieges, in der das
deutsche Volk in einem Kampf um Sein oder Nichtsein
steht, das von ihm in Anspruch genommene Recht
5 besitzen muss, alles zu tun, was zur Erringung des Sieges dient oder dazu beiträgt. Der Führer muss daher
– ohne an bestehende Rechtsvorschriften gebunden
zu sein – in seiner Eigenschaft als Führer der Nation,
als Oberster Befehlshaber der Wehrmacht, als Regie-
10 rungschef und oberster Inhaber der vollziehenden
Gewalt, als oberster Gerichtsherr und als Führer der
Partei jederzeit in der Lage sein, nötigenfalls jeden

Deutschen – sei er einfacher Soldat oder Offizier,
niedriger oder hoher Beamter oder Richter, leitender
oder dienender Funktionär der Partei, Arbeiter oder 15
Angestellter – mit allen ihm geeignet erscheinenden
Mitteln zur Erfüllung seiner Pflichten anzuhalten und
bei Verletzung dieser Pflichten nach gewissenhafter
Prüfung ohne Rücksicht auf so genannte wohl erwor-
bene Rechte mit der ihm gebührenden Sühne zu 20
belegen, ihn im Besonderen ohne Einleitung vorge-
schriebener Verfahren aus seinem Amte, aus seinem
Rang und seiner Stellung zu entfernen."
Im Auftrage des Führers wird dieser Beschluss hiermit verkündet. 25

Zit. nach: K. Kroeschell, Deutsche Rechtsgeschichte, Bd. 3, Opladen 1989, S. 277 f.

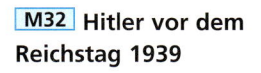 **M32** Hitler vor dem Reichstag 1939

Aufgaben

1. Erklären Sie den Begriff „Herrschaftstechnik".
   → Text, M1
2. Charakterisieren Sie das Menschenbild, das der NS-Propaganda zu Grunde lag.
   → M6
3. Beschreiben Sie die Methoden, derer sich die Propagandamaschinerie bediente.
   → Text, M7, M8
4. Vergleichen Sie die Funktion der Massenmedien in einer Demokratie und in einer Diktatur.
5. Mit welcher Zielsetzung wurde die Jugend im Nationalsozialismus organisiert?
   → Text, M2, M3, M9, M10–M12
6. Kennzeichnen Sie das Frauenbild des Nationalsozialismus.
   → Text, M17–M19
7. Beurteilen Sie die Rollenverteilung zwischen Männern und Frauen.
8. Welcher Methoden bedienten sich die Nationalsozialisten bei der Durchdringung des Schulwesens? Vergleichen Sie die Aufgaben und Ziele der Schule im Dritten Reich mit den Wertvorstellungen einer demokratischen Erziehung.
   → Text, M13–M16

9. Zählen Sie die Kernelemente der NS-Rechtsauffassung auf.
   → Text, M20, M21
10. Vergleichen Sie dieses Rechtsverständnis mit dem eines demokratischen Rechtsstaates.
11. Erläutern Sie die Zielsetzung der NS-Wirtschaftspolitik.
    → Text, M22–M24
12. Analysieren Sie die Entwicklung der deutschen Wirtschaft nach 1933.
    → M25–M29
13. Arbeiten Sie die Auswirkungen der NS-Wirtschaftspolitik auf die Arbeitnehmer heraus.
    → M23, M25–M27
14. „Wo immer der Faschismus gesiegt hat, hat er die Freien Gewerkschaften zertrümmert." (Otto Bauer, 1882–1938, österreichischer Sozialdemokrat) – Erklären Sie die Gründe für eine solche Politik.
15. Wie beurteilen Sie die Rolle Hitlers im Rahmen des Führerstaates?
    → M30–M32

11.5 Kriegspolitik

„Hitler bedeutet Krieg." – So war es von den politischen Gegnern des Nationalsozialismus bereits zu Zeiten der Weimarer Republik lautstark zu vernehmen. Sie hatten offenkundig Hitlers Buch „Mein Kampf" aufmerksam gelesen.

Die gesamte Außenpolitik der Nationalsozialisten stand unter dem Imperativ der Kriegsvorbereitung und der Kriegsführung. Krieg war Hitlers ureigenstes Ziel, und er zögerte nicht, ihn zum nächstmöglichen Zeitpunkt zu beginnen. Im Unterschied zu den komplexen Ursachen des Ersten Weltkrieges, bei dem man zumeist vom „Kriegsausbruch" (1914) spricht, bietet sich für den Zweiten Weltkrieg (1939) der Ausdruck „Entfesselung" als angemessen an. Es gibt keine Kriegsschuldfrage. In der Anfangsphase der NS-Herrschaft erweckte Hitler absichtlich den Eindruck, dass er mit seiner Außenpolitik friedliche Absichten verfolge – im Sinne einer ausschließlichen Revision des Versailler Vertrags.

Appeasementpolitik

Es schien, als wolle er lediglich eine für Deutschland angemessene internationale Geltung wiedererlangen. Großbritannien unterstützte dies zuerst mittels seiner Appeasement(=Beschwichtigungs)politik. So wurde unter anderem die Einführung der allgemeinen Wehrpflicht (1935) als auch die Besetzung des entmilitarisierten Rheinlands toleriert.

Die deutschen Zeitgenossen billigten in ihrer überwältigenden Mehrheit die nationalsozialistische Außenpolitik. Obgleich in Hitlers „Mein Kampf" deutlichst entworfen, nahmen sie zumeist nicht wahr, dass die außenpolitische Strategie auf Eroberung von „Lebensraum im Osten" ausgerichtet war. Dabei wurde seitens der nationalsozialistischen Führung der Krieg als Mittel der Politik angesehen.

In dem Maße, wie die Aufrüstung Fortschritte machte, wurden die Ansprüche immer aggressiver. Das Jahr 1938 stellte dabei den Übergang von einer nicht-militärischen Revision des Versailler Vertrags zur gewaltsamen Machtausdehnung dar. In diesem Jahr erfolgte die Besetzung und Eingliederung Österreichs. Auf der Münchener Konferenz (29. Sept. 1938), an der Chamberlain (Großbritannien), Daladier (Frankreich), Mussolini (Italien) und Hitler teilnahmen, wurde ein Abkommen geschlossen, das die Abtrennung des Sudetenlandes von der Tschechoslowakei vorsah. Als dann im März 1939 deutsche Truppen in die Rest-Tschechoslowakei einmarschierten, war für jedermann erkennbar, dass der NS-Staat seine Herrschaft auch über nichtdeutsche Siedlungsgebiete ausdehnte. Der imperialistische Charakter des NS-Staates war fortan nicht mehr zu übersehen. Die Appeasementpolitik zur Friedenserhaltung war durch diese Aktion endgültig gescheitert. England und Frankreich sahen sich nunmehr genötigt, sich auf einen europäischen Krieg vorzubereiten. Das vom nationalsozialistischen Deutschland bedrohte Polen erhielt eine Schutzgarantie.

Hitler-Stalin-Abkommen

Kurz vor dem Angriff auf Polen am 1. September 1939 gelang der deutschen Diplomatie – mittels des so genannten Hitler-Stalin-Abkommens – ein taktischer Schachzug, mit dem Hitler einen Zweifrontenkrieg vermeiden konnte. Diese von den Zeitgenossen als sensationell

Das "Dritte Reich" und Europa 1935-1939

- Deutsches Reich
- Angliederungen 1935-1939
- Protektorat Böhmen und Mähren (15.3.1939)
- **1939** Jahr der Angliederung
- Achsenmächte
- "Stahlpakt" Deutsches Reich-Italien (22.5.1939)
- Deutsch-sowjetischer Nichtangriffspakt (23.8.1939)
- Deutsch-sowjetische Interessensgrenze (1939)
- Westliche Alliierte
- Britisches Hilfeleistungsabkommen (25.8.1939)
- Britisch-französische Grenzgarantien
- Ⓜ Teilnehmer der Münchener Konferenz (29.9.1938)

0   250   500 km

471G

M 1

empfundene Übereinkunft sah in einem geheimen Zusatzprotokoll die Teilung Polens sowie die Abgrenzung der Interessensphären in Osteuropa vor. Dieses Abkommen stieß die gesamte kommunistische Bewegung außerhalb der Sowjetunion in eine tiefe Glaubenskrise, denn von einem Tag zum anderen war aus dem nationalsozialistischen Erzfeind eine befreundete Nation geworden.

Eine Woche später marschierten deutsche Truppen – vorbereitet durch ein propagandistisches Trommelfeuer und einen von der SS vorgetäuschten polnischen Angriff auf den Rundfunksender Gleiwitz – in Polen ein. Damit hatte der Zweite Weltkrieg begonnen. England und Frankreich bestätigten ihre für Polen eingegangenen Verpflichtungen und erklärten Deutschland den Krieg. Der nach der Niederwerfung Polens gegen England und Frankreich geführte Krieg hatte Hitlers eigentliche Perspektive nicht verändert. Letztlich ging es ihm um die Erringung von so genanntem Lebensraum im Osten. Einen entsprechenden Befehl zur Vorbereitung erhielt die Reichswehr bereits Mitte 1940. Der Überfall auf die Sowjetunion begann dann am 22. Juni 1941.

Der auch nach Osten hin geplante schnelle Feldzug („Blitzkrieg") scheiterte im Winter 1941/42 vor den Toren Moskaus. Die Niederlage in der Schlacht von Stalingrad ein Jahr später wird in der Retrospektive als Wendepunkt des Zweiten Weltkrieges angesehen. Trotz der enormen Steigerungen der Rüstungsproduktion ab 1942 war der Krieg des nationalsozialistischen Deutschlands verloren. Denn mit dem Kriegseintritt der USA trat eine Macht auf den Plan, die innerhalb kürzester Zeit ein militärisches Potenzial entfalten konnte, das ausreichte, um auf zwei weit auseinander liegenden Schauplätzen – in Europa und in Asien – siegreich präsent zu sein.

Das nationalsozialistische Deutschland hatte seine Kräfte überspannt. Es folgten „Frontbegradigungen", opferreiche Rückzüge, verheerende Bombardierungen deutscher Städte und schließlich die Mobilisierung des „Volkssturms" – das letzte Aufgebot der Jugendlichen und Alten.

Der Krieg endete mit der bedingungslosen Kapitulation („unconditional surrender") am 8. Mai 1945. Drei Monate später setzten die amerikanischen Atombomben auf Hiroshima und Nagasaki den Schlusspunkt auch auf dem asiatischen Kriegsschauplatz.

M 2

Der Zweite Weltkrieg in Europa 1939-1942

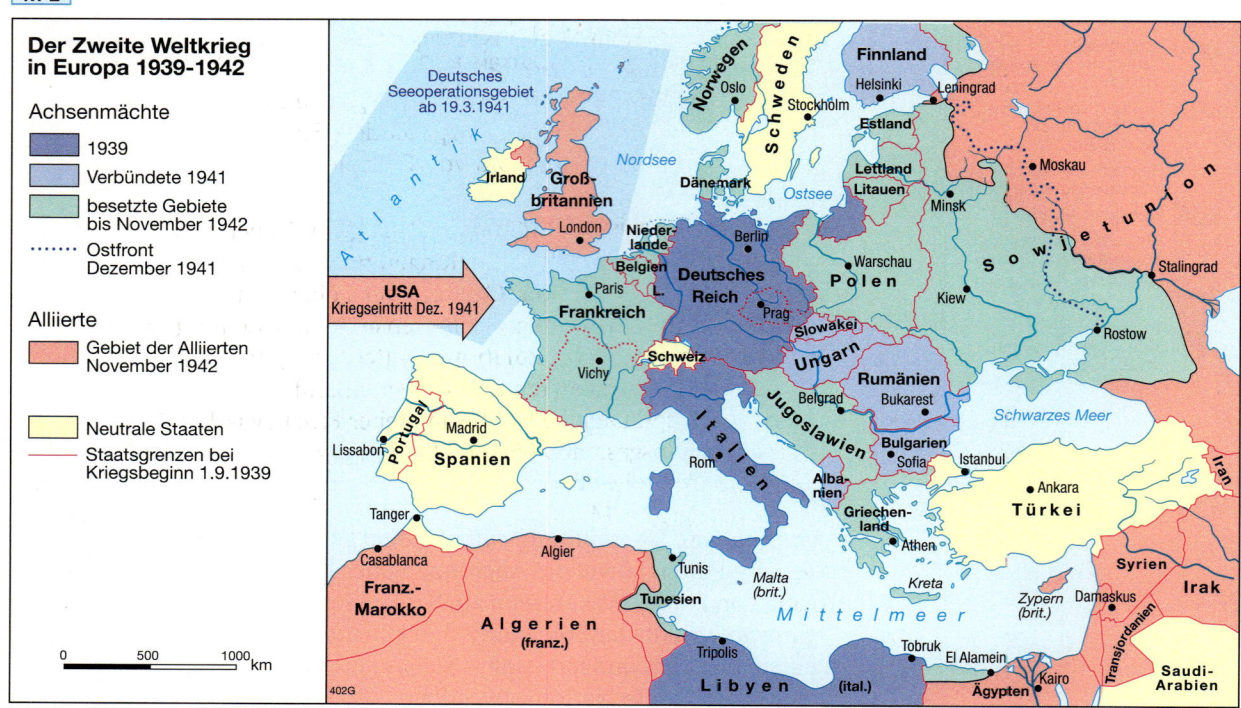

Achsenmächte

- 1939
- Verbündete 1941
- besetzte Gebiete bis November 1942
- Ostfront Dezember 1941

Alliierte

- Gebiet der Alliierten November 1942
- Neutrale Staaten
- Staatsgrenzen bei Kriegsbeginn 1.9.1939

M 3

Der Zweite Weltkrieg in Europa 1942-1945

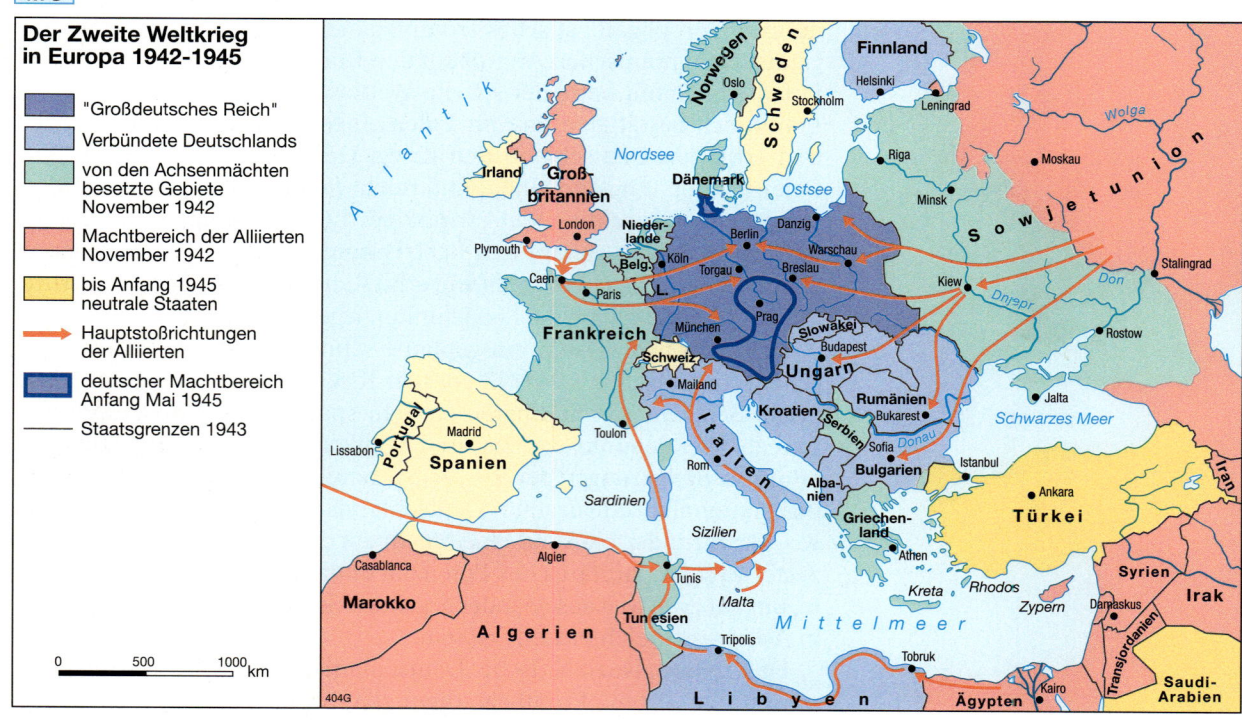

- "Großdeutsches Reich"
- Verbündete Deutschlands
- von den Achsenmächten besetzte Gebiete November 1942
- Machtbereich der Alliierten November 1942
- bis Anfang 1945 neutrale Staaten
- Hauptstoßrichtungen der Alliierten
- deutscher Machtbereich Anfang Mai 1945
- Staatsgrenzen 1943

Chronologie: Der Zweite Weltkrieg

1939	
1. September bis 1. Oktober	4.45 Uhr: Beginn des deutschen Angriffs auf Polen. Auf deutscher Seite kämpfen 53 Divisionen, 2 Luftflotten und Seestreitkräfte. Ende des Polenfeldzuges nach der Kapitulation von Warschau und der Übergabe von Modlin.
1940	
9. April bis 30. April	Besetzung Dänemarks und Norwegens durch deutsche Truppen
10. Mai bis 22. Juni	Unter Verletzung der Neutralität der Niederlande, Belgiens und Luxemburgs Einmarsch deutscher Truppen in Frankreich. 14. Juni Besetzung von Paris. 22. Juni Kapitulation Frankreichs und Waffenstillstandsabkommen im Wald von Compiègne.
1941	
12. Februar bis 13. Mai 1943	Eine deutsche Division wird unter Führung von Generalleutnant Rommel zum Angriff gegen britische Stellungen nach Libyen entsandt. Vorstoß bis zur libysch-ägyptischen Grenze. Der Feldzug endet am 13. Mai 1943 nach einer britischen Großoffensive unter Leitung des Generals Montgomery durch Kapitulation der Reste der Heeresgruppe Afrika.
6. April bis 1. Juni	Feldzug gegen Jugoslawien und Griechenland
22. Juni 1941	Deutscher Angriff auf die UdSSR in breiter Front zwischen Ostsee und Karpaten mit insgesamt 3 050 000 Soldaten (= 75 Prozent des Feldheeres). In den folgenden anderthalb Jahren deutscher Vormarsch bis zur Linie Leningrad – Moskau – Stalingrad – Kaukasus. Nach Stalingrad: Kriegswende. Danach werden sowjetische Truppen im Gegenangriff unter immer größeren deutschen Verlusten bis in die Mitte Deutschlands vordringen.
22. November	Sowjetische Truppen schließen die deutsche 6. Armee mit ca. 250 000 Soldaten im Raum zwischen Don und Wolga bei Stalingrad ein. Hitler verweigert den Ausbruch aus dem Kessel. Ende Januar 1942 Kapitulation; 91 000 deutsche Soldaten gehen in Kriegsgefangenschaft.
7. Dezember	Japanischer Überfall auf Pearl Harbor: Die Japaner vernichten fast die gesamte amerikanische Pazifikflotte. Vier Tage später erklären auch Deutschland und Italien den USA den Krieg.
1942–1945	Luftkrieg: Ständig zunehmende Bombardierung deutscher Städte
1943	
10. Juli bis 13. Oktober	22. Juli Eroberung von Palermo durch die 7. US-Armee. Luftangriffe auf Rom. Mussolini wird zum Rücktritt gezwungen und verhaftet, aber durch deutsche Fallschirmjäger wieder befreit. Italien unterzeichnet am 3. September 1943 einen Waffenstillstand und erklärt Deutschland den Krieg.
1944	
6. Juni	Alliierte Landung in der Normandie
1945	
4. bis 12. Februar	Konferenz von Jalta: Stalin, Roosevelt und Churchill verhandeln über die Koordinierung der militärischen Operationen in der Schlussphase des Krieges und über die Teilung Deutschlands nach Kriegsende.
30. April	Selbstmord Hitlers in Berlin
8. Mai	Ende des Zweiten Weltkrieges in Deutschland; Gesamtkapitulation der Deutschen Wehrmacht im Hauptquartier General Eisenhowers in Reims und im sowjetischen Hauptquartier in Berlin (Karlshorst), 9. Mai.
6. August	Abwurf der ersten Atombombe auf Hiroshima. Vier Wochen später: Unterzeichnung der bedingungslosen Kapitulation Japans.

M 4 Außenpolitische Zielsetzung

Hitler schrieb in „Mein Kampf" (1925):

Demgegenüber müssen wir Nationalsozialisten unverrückbar an unserem außenpolitischen Ziele festhalten, nämlich dem deutschen Volk den ihm
gebührenden Grund und Boden auf dieser Erde zu
5 sichern. Und diese Aktion ist die einzige, die vor
Gott und unserer deutschen Nachwelt einen Blut-
einsatz gerechtfertigt erscheinen lässt. [...]
Deutschland wird entweder Weltmacht oder überhaupt nicht sein. [...] Damit ziehen wir Nationalso-
10 zialisten bewusst einen Strich unter die außenpolitische Richtung unserer Vorkriegszeit. Wir setzen
dort an, wo man vor sechs Jahrhunderten endete.
Wir stoppen den ewigen Germanenzug nach dem
Süden und Westen Europas und weisen den Blick
15 nach dem Land im Osten. Wir schließen endlich ab die
Kolonial- und Handelspolitik der Vorkriegszeit und
gehen über zur Bodenpolitik der Zukunft. Wenn
wir aber heute in Europa von neuem Grund und
Boden reden, können wir in erster Linie nur an Russ-
20 land und die ihm untertanen Randstaaten denken.

A. Hitler, Mein Kampf, a. a. O., S. 739, 742.

M 5 Gebrauch der politischen Macht

*Unmittelbar nach seinem Regierungsantritt
skizzierte Hitler vor Befehlshabern des Heeres und
der Marine seine außenpolitischen Absichten
(3. Februar 1933):*

Wie soll politische Macht, wenn sie gewonnen ist,
gebraucht werden? Jetzt noch nicht zu sagen. Vielleicht Erkämpfung neuer Export-Möglichkeiten,
vielleicht – und wohl besser – Eroberung neuen
5 Lebensraums im Osten und dessen rücksichtslose
Germanisierung. Sicher, dass erst mit politischer
Macht und Kampf jetzige wirtschaftliche Zustände
geändert werden können. Alles, was jetzt geschehen kann – Siedlung – Aushilfsmittel. Wehrmacht,
10 wichtigste und sozialistischste Einrichtung des Staates. Sie soll unpolitisch und überparteilich bleiben.
Der Kampf im Innern nicht ihre Sache, sondern der
Nazi-Organisationen. Anders wie in Italien keine
Verquickung von Heer und SA beabsichtigt. –
15 Gefährlichste Zeit ist die des Aufbaus der Wehrmacht. Da wird sich zeigen, ob Fr[ankreich] Staatsmänner hat; wenn ja, wird es uns Zeit nicht lassen,
sondern über uns herfallen (vermutl. mit Ost-Tra-
banten).

Aufzeichnung des Generalleutnants Liebmann, zit. nach: R.
Kühnl, Der deutsche Faschismus in Quellen und Dokumenten,
Köln 1975, S. 208.

M 6 Hitler: öffentlich und intern

*a) Rede Hitlers vor dem Reichstag am 7. März 1936
(am Tag der Besetzung des entmilitarisierten
Rheinlands durch deutsche Truppen):*

Nach drei Jahren glaube ich so mit dem heutigen
Tage den Kampf um die deutsche Gleichberechtigung als abgeschlossen ansehen zu können. [...]
Wir haben in Europa keine territorialen Forderungen zu stellen.   5

Zit. nach: W. Conze (Teil 2), a. a. O., S. 39.

*b) Denkschrift Hitlers zum Vierjahresplan vom
August 1936:*

Die endgültige Lösung liegt in einer Erweiterung
des Lebensraumes bzw. der Rohstoff- und
Ernährungsbasis unseres Volkes. Es ist die Aufgabe
der politischen Führung, diese Frage dereinst zu
lösen. [...] Ich stelle damit folgende Aufgabe: 5
1. Die deutsche Armee muss in 4 Jahren einsatzfähig sein.
2. Die deutsche Wirtschaft muss in 4 Jahren kriegs-
fähig sein.

Zit. nach: R. Kühnl. Der deutsche Faschismus in Quellen und
Dokumenten, a. a. O., S. 287 f.

M 7 Strategie der NS-Außenpolitik am Bei-
spiel des Angriffs auf die Tschechoslowakei

a) Militärische Weisung „Fall Grün":

Angriff auf die Tschechoslowakei (22.4.1938) –
Zusammenfassung der Besprechung Führer/Gene-
ral Keitel [seit 1938 Chef des Oberkommandos der
Wehrmacht OKW] am 21.4.1938
a. Politisch: 5
1. Strategischer Überfall aus heiterem Himmel ohne
jeden Anlass oder Rechtfertigungsmöglichkeit wird
abgelehnt. Da Folge: feindliche Weltmeinung, die
zu bedenklicher Lage führen kann.
2. Handeln nach einer Zeit diplomatischer Ausein- 10
andersetzungen, die sich allmählich zuspitzen und
zum Kriege führen.
3. Blitzartiges Handeln aufgrund eines Zwischen-
falls (z. B. Ermordung des deutschen Gesandten im
Anschluss an eine deutschfeindliche Demonstration.) 15

Zit. nach: W. Hofer, Der Nationalsozialismus, Dokumente
1933–1945, Frankfurt 1957, S. 202.

*b) Geheime Kommandosache: Hitlers Weisung vom
30. Mai 1938:*

Es ist mein unabänderlicher Entschluss, die Tschechoslowakei in absehbarer Zeit durch eine militärische Aktion zu zerschlagen. Den politisch und

militärisch geeigneten Zeitpunkt abzuwarten oder
5 herbeizuführen ist Sache der politischen Führung.
Eine unabwendbare Entwicklung der Zustände
innerhalb der Tschechoslowakei oder sonstige politische Ereignisse in Europa, die eine überraschend
günstige, vielleicht nie wiederkehrende Gelegen-
10 heit schaffen, können mich zu frühzeitigem Handeln veranlassen. Die richtige Wahl und entschlossene Ausnützung eines günstigen Augenblicks ist
die sicherste Gewähr für den Erfolg. Dementsprechend sind die Vorbereitungen unverzüglich zu
15 treffen. [...]

Zit. nach: W. Conze, a.a.O., Teil II, S. 51 f.

c) Aus Hitlers Sportpalastrede vom 26. Sept. 1938[1]

Ich habe ihm [Herrn Chamberlain – britischer Premierminister von 1937–1940] weiter versichert und
wiederhole es hier, dass es – wenn dieses Problem gelöst ist – für Deutschland in Europa kein territoriales
5 Problem mehr gibt! Und ich habe ihm weiter versichert, dass in dem Augenblick, in dem die Tschechen
mit ihren anderen Minderheiten sich auseinander-
gesetzt haben, und zwar friedlich und nicht durch
Unterdrückung, dass ich dann am tschechischen
10 Staat nicht mehr interessiert bin. Und das wird ihm
garantiert! Wir wollen gar keine Tschechen!

1 Die Münchner Konferenz (Teilnehmerstaaten: Deutschland,
Großbritannien, Frankreich und Italien) beschloss am 30. Sept.
1938 die Abtretung des sudetendeutschen Gebietes an
Deutschland.

Zit. nach: W. Hofer, a. a. O., S. 207.

d) Hitlers Geheimbefehl vom 21. Oktober 1938:

Die künftigen Aufgaben der Wehrmacht und die
sich daraus ergebenden Vorbereitungen für die
Kriegsführung werde ich später in einer Weisung
niederlegen. Bis zum In-Kraft-Treten dieser Wei-
5 sung muss die Wehrmacht jederzeit auf folgende
Fälle vorbereitet sein:

1. Sicherung der Grenzen des Deutschen Reiches
und Schutz gegen überraschende Luftangriffe.
2. Erledigung der Rest-Tschechei
3. Inbesitznahme des Memellandes [...] 10

Zit. nach: W. Hofer, a. a. O., S. 219.

M 8 **Nationalsozialistische Aggressionspolitik**

*Der Historiker Hans-Adolf Jacobsen fasst die Schrit-
te zur Expansion zusammen:*

Seit dem Kriegsausbruch (1. September 1939) zeichneten sich indessen die nationalsozialistischen Ziele
Schritt für Schritt deutlicher ab: Nach dem Aufbau
„Großdeutschlands" ging es zunächst um die Liquidierung Polens, begleitet von den ersten völkischen 5
Ausrottungsmaßnahmen; sodann setzte der Kampf
um die Vormachtstellung des Reiches in Mitteleuropa ein, der mit den militärischen Erfolgen von April
bis Juni 1940 (Norwegen- und Westfeldzug) siegreich beendet zu sein schien. Aber als Hitler sich 10
außer Stande sah, England zur Anerkennung seiner
politischen und militärischen Eroberungen zu zwingen und eine Kontinentalkoalition gegen Großbritannien im Sinne seiner Zielsetzung aufzubauen,
fasste er den Entschluss, die „Konsolidierung" Euro- 15
pas, das heißt die von ihm und seinen engsten politischen Mitarbeitern geplante Neuordnung des
Kontinents im Geiste der nationalsozialistischen
Ideologie mittels Gewalt zu „vollenden". [...] Nach
allen bis heute vorliegenden Zeugnissen ist aber 20
festzuhalten: Der seit Juli 1940 geplante und im Juni
1941 ausgelöste deutsche Angriff gegen die Sowjetunion war kein Präventivkrieg; Hitlers Entschluss zur
Offensive entsprang nicht der tiefen Sorge vor
einem drohenden, bevorstehenden sowjetischen 25
Angriff, sondern war letzten Endes Ausdruck seiner
Aggressionspolitik, wie sie seit 1938 immer deutlicher zum Ausdruck gekommen war.

H.-A. Jacobsen, Kommissarbefehl ..., in: M. Broszat u. a., Anatomie des SS-Staates, Bd. 2 München 1967, S. 138

Aufgaben

1. Fassen Sie zusammen, wie Hitler seine imperialistischen Vorstellungen rechtfertigte. Welche
grundsätzliche Stoßrichtung hatten diese?
   → M4, M5
2. Stellen Sie die Strategie dar, nach der Hitler auf
außenpolitischem Gebiet operierte.
   → M6–M8

3. Rekonstruieren Sie die Stationen der NS-Außen-
bzw. Kriegspolitik.
   → Text, M1–M3, M8
4. Diskutieren Sie, warum es nach dem Zweiten
Weltkrieg keine ernsthafte Kriegsschuld-Diskus-
sion in Deutschland geben konnte.
   → Text, M1–M8

11.6 Verfolgung und Vernichtung der Juden

Judenverfolgung

M1 **Schild in Braunschweig** von 1935. Solche Schilder gab es überall in Deutschland. Während der Olympischen Spiele 1936 wurden sie vorübergehend entfernt.

„Reichspogromnacht"

M2 **Von der NS-Propaganda im November 1934 verbreiteter Aufkleber**

1933 lebten in Deutschland eine halbe Million Juden (0,8 Prozent der Bevölkerung), die überwiegend der Mittelschicht angehörten und in die deutsche Gesellschaft weitgehend integriert waren. Die meisten von ihnen ahnten zu diesem Zeitpunkt keineswegs, welche brutalen und tödlichen Konsequenzen die nationalsozialistische Machtübernahme haben würde.

Die neuen Machthaber begannen unverzüglich mit der Ergreifung von judenfeindlichen Maßnahmen. Zwischen 1933 und 1939 schränkten etwa 250 Gesetze und Verordnungen die Existenz der Juden ein. Diese wurden aus allen öffentlichen Ämtern entfernt und schrittweise aus vielen Berufen herausgedrängt (Juristen, Ärzte, Schriftleiter, Apotheker). Ein Gesetz beschränkte den Zugang jüdischer Schüler zur Universität (1933). Ab 1936 wurde die Rassentrennung an den Schulen eingeführt. Die „Nürnberger Gesetze" (1935) grenzten die Juden aus dem Verband der deutschen Reichsbürger aus. Die Absonderung und Entrechtung der Juden wurde auch in den nächsten Jahren systematisch weiterbetrieben. Pässe von Juden verloren ihre Gültigkeit (1938). Den Juden wurde (ab 1939) die Pflicht auferlegt, jüdische Vornamen anzunehmen: Israel für männliche und Sara für weibliche Juden. Ab 1941 mussten die Juden in der Öffentlichkeit einen Stern tragen. Die Verordnung zur Ausschaltung der Juden aus dem deutschen Wirtschaftsleben (1938) machte einen Zusammenhang augenfällig, der von Anfang an integraler Bestandteil der anti-jüdischen Politik gewesen war. Mit der Entrechtung ging der Vermögensentzug einher. Die „Arisierung der Wirtschaft" lief praktisch auf eine Zwangsenteignung hinaus.

Vorläufiger Höhepunkt der nationalsozialistischen Judenpolitik war die so genannte Reichskristallnacht am 9. November 1938, als Synagogen abgebrannt, jüdische Geschäfte zerstört und Zehntausende von Juden verhaftet wurden. Die „Reichskristallnacht" stellte eine neue Stufe der Verfolgung und Entrechtung der Juden in Deutschland dar. Das Attentat eines Juden auf einen Diplomaten der deutschen Botschaft in Paris (vom Rath) war für die NS-Führung der willkommene Anlass zu diesem Pogrom. Motiv für den jüdischen Attentäter Grynszpan war der Protest gegen kurz zuvor durchgeführte Abschiebungen von Juden nach Polen.

Ein großer Teil der deutschen Öffentlichkeit schien das Vorgehen der Nationalsozialisten am 9. November 1938 zu missbilligen. Gleichwohl kam es zu keinen größeren Protesten. Obgleich die NS-Propaganda nichts unversucht ließ, diese Aktionen als Ausdruck eines „gerechten Volkszorns" zu deklarieren, handelte es sich um ein zentral gesteuertes Unternehmen – organisiert von Goebbels als der treibenden Kraft und ausgeführt von SA-Kommandos. Im Zusammenhang mit der „Reichskristallnacht" wurden mindestens 267 Synagogen und 7 500 Geschäfte zerstört. Ungefähr 20 000 jüdische Deutsche wurden (vorübergehend) verhaftet und in Konzentrationslagern festgesetzt.

Der Volksmund sprach wegen der vielen Scheiben, die zu Bruch gegangen waren, etwas unbekümmert von der „Reichskristallnacht".

Aufgrund der in diesem Ausdruck enthaltenen Verharmlosung wird gegenwärtig bei offiziellen Anlässen von der „Reichspogromnacht" gesprochen.

Trotz der Schikanen und der sich fortsetzenden Diskriminierungen hatte bis 1938 nur etwa ein Drittel der jüdischen Deutschen ihre Heimat verlassen. Die Emigration war durch die Erhebung einer so genannten Reichsfluchtsteuer mit weitgehendem Vermögensverlust verbunden (bis 90 Prozent). Mit Kriegsbeginn schränkten die Behörden die Auswanderungsmöglichkeiten weiter ein. Ab 1941 wurden die jüdischen Deutschen – unter Entzug der deutschen Staatsangehörigkeit und ihrer Vermögen – nach Osten deportiert.

Menschenvernichtung

Die ideologische Grundlage für die Menschenvernichtung im Dritten Reich ist in der Rassenlehre und in der Eugenik (Erbgesundheitslehre) zu sehen. Unter dem Vorzeichen eines irreführenden Biologismus und versehen mit dem Etikett scheinbarer naturwissenschaftlicher Korrektheit entwickelten die neuen Machthaber ein Programm der „Rassenhygiene". Die Fortpflanzung von biologisch Minderwertigen sollte verhindert werden. Die Rassenhygieniker – darunter viele Mediziner – glaubten, dass auch soziales Fehlverhalten, wie zum Beispiel Verwahrlosung, Alkoholismus und Kriminalität, genetisch bedingt seien. Die Zwangssterilisierung und Tötung von Asozialen, Behinderten und Erbkranken lagen in der Konsequenz dieser ideologischen Prämissen.

Lange bevor die Entscheidung zur systematischen Vernichtung von Juden getroffen worden war, hatte Hitler den Befehl für das T4-Programm gegeben (1938). Hinter dem Kürzel T4 verbarg sich eine Dienststelle (Tiergartenstr. Nr. 4 in Berlin), die dem Reichsinnenministerium unterstand. Von hier aus wurde die Tötung von Behinderten und Geisteskranken geleitet. Das geschah in Gaswagen mit Kohlenmonoxyd. Nicht zuletzt aufgrund der Proteste von katholischen Geistlichen wurden diese Aktionen 1941 zunächst gestoppt, aber später heimlich weitergeführt. Die Gesamtzahl der Opfer des T4-Befehls belief sich bis Mitte 1941 auf etwa 70 000. Insgesamt fielen etwa 120 000 Menschen diesem Tötungsprogramm zum Opfer, das die NS-Ideologen zynisch als Euthanasie (wörtlich: schöner Tod) bezeichneten.

M 3 **Vorbereitung der Euthanasie**
Aus der Dia-Serie „Blut und Boden", die für Schulungszwecke eingesetzt wurde

Die so genannte Endlösung

Ein schriftlicher Befehl Hitlers („Führerbefehl") in Bezug auf die systematische Vernichtung der Juden und Roma und Sinti liegt nicht vor. Jedoch ist es aufgrund der Machtstrukturen des Dritten Reiches undenkbar, dass eine so weitreichende Entscheidung ohne Hitlers Einverständnis zustande kam. Sie wurde innerhalb der NS-Führung in der zweiten Hälfte des Jahres 1941 getroffen, wahrscheinlich nach Beginn des Feldzuges gegen die Sowjetunion und nach der zwischenzeitlichen Eroberung großer Gebiete in Osteuropa. An der Wannsee-Konferenz (20. Januar 1942) – benannt nach dem Tagungsort, einer Villa „Am Großen Wannsee" (heute eine Gedenkstätte), – nahmen die Staatssekretäre aus verschiedenen Ministerien sowie Vertreter der Partei, SS, Reichskanzlei usw. teil. Sie waren einer Einladung von Reinhard Heydrich (Chef der Sicherheitspolizei und des Sicherheitsdienstes) gefolgt, der sich auf der Konferenz als „Beauftragter für die Endlösung der europäischen Judenfrage" zu erkennen gab. Diese Konferenz fasste keinen Beschluss über die so genannte Endlösung, denn zu diesem Zeitpunkt war die Judenvernichtung bereits im Gange.

Die „Endlösung der Judenfrage" wurde unter dem Siegel einer „Geheimen Reichssache" von der SS exekutiert. Ihr fielen zwischen fünf und sechs Millionen Juden zum Opfer. Obgleich die Judenvernichtung die verbrecherische Konsequenz des kompromisslosen Antisemitismus war, versuchte die NS-Führung dennoch, dieses Geschehen vor der deutschen Öffentlichkeit geheim zu halten. Begriffe wie „Evakuierung", „Sonderbehandlung" und „Arbeitseinsatz im Osten" dienten dazu, das grausige Geschehen zu tarnen.

Ob dem Massenmord schon frühzeitig ein Generalplan zugrunde lag, ist unter den Historikern umstritten. Es überwiegt die Ansicht einer schrittweisen Radikalisierung. Das NS-System beraubte die Juden durch rechtliche, wirtschaftliche und politische Maßnahmen ihrer Lebensmöglichkeiten, erlaubte und förderte bis 1939 aber die Auswanderung. Der Massenvernichtung fehlte am Anfang die Systematik. Sie erfolgte durch Massenerschießungen, die in erster Linie von SS-Einsatzgruppen und teilweise auch von Wehrmachtseinheiten hinter den Fronten vorgenommen wurden. Insbesondere die Beseitigung von Ernährungs- und Versorgungsengpässen während des Krieges könnte

M 4

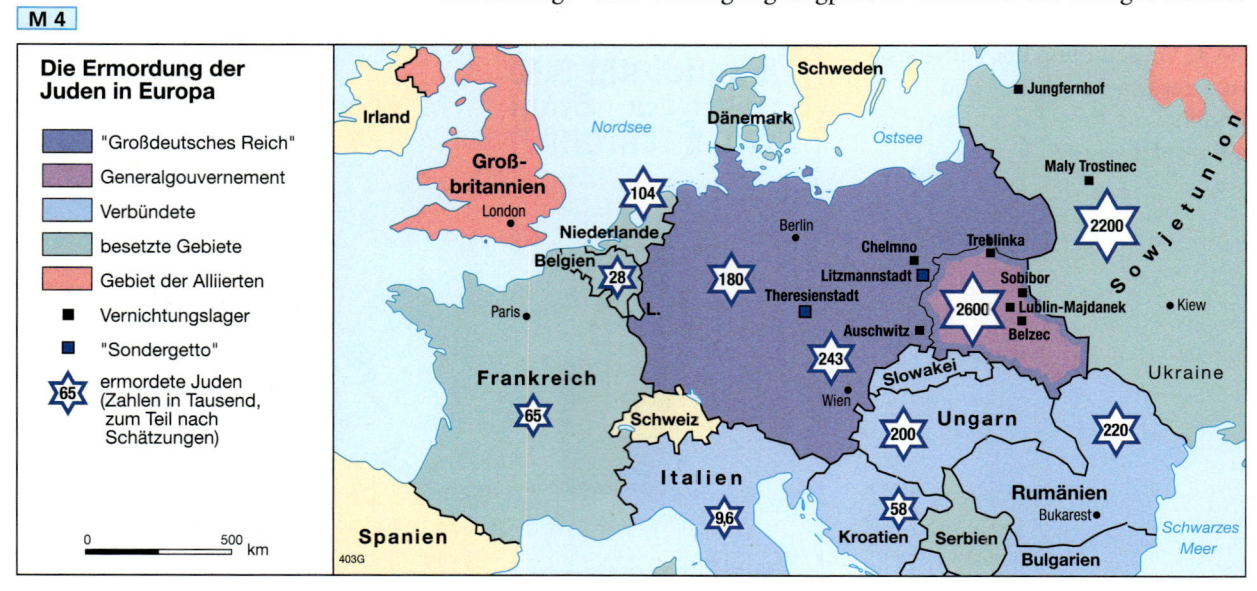

Die Ermordung der Juden in Europa

- "Großdeutsches Reich"
- Generalgouvernement
- Verbündete
- besetzte Gebiete
- Gebiet der Alliierten
- ■ Vernichtungslager
- ■ "Sondergetto"
- 65 ermordete Juden (Zahlen in Tausend, zum Teil nach Schätzungen)

dem industriell durchgeführten Genozid (Völkermord) Vorschub geleistet haben. Für den Massenmord – insbesondere an den Juden – hat sich gegenwärtig auch als Folge eines amerikanischen Films mit gleichem Titel der Ausdruck „Holocaust" eingebürgert. Dieses Wort ist insofern unpassend, weil mit ihm ursprünglich ein religiöses Brandopfer gemeint war. Die Juden benutzen daher „Schoah", das hebräische Wort für „Vernichtung".

Das Schicksal der jüdischen Deutschen

Von der halben Million jüdischer Deutscher des Jahres 1933 wanderten etwa 280 000 aus. Von ihnen wurden ungefähr 30 000 nach Einmarsch der deutschen Truppen in die verschiedenen europäischen Länder festgenommen und deportiert. 72 000 Juden starben eines natürlichen Todes. Etwa 134 000 Juden, die im Reich verblieben waren, wurden nach Osten deportiert. Von ihnen überlebten etwa 5 000. Im Reich selbst vermochten etwa 20 000 Juden ihr Leben zu retten: 15 000, weil sie einen arischen Ehepartner hatten, zwischen 5 000 und 15 000 überlebten – zumeist auf abenteuerliche Weise – verborgen in der Illegalität. Nach den Forschungsergebnissen der Geschichtswissenschaft ist davon auszugehen, dass die Gesamtzahl der von den Nationalsozialisten in Europa getöteten Juden annähernd sechs Millionen beträgt.

Widerstand

Einen organisierten Widerstand der jüdischen Deutschen im Reich selbst hat es nicht gegeben – konnte es auch nach Lage der Dinge nicht geben. Auch in den besetzten Gebieten Osteuropas war aufgrund der Überlegenheit der SS und ihrer Helfer Widerstand fast aussichtslos. Die meisten Juden verfolgten eine Strategie der Anpassung, verbunden mit der vagen Hoffnung, so die Verfolgungen zu überstehen und dem Tod zu entgehen. Um so größer ist die historische Bedeutung des Warschauer Gettoaufstands von 1943. Im Warschauer Getto hatten die nationalsozialistischen Besatzer annähernd eine halbe Million Juden auf engstem Raum zusammen gepresst und von der Außenwelt abgeschottet. 1942 erfolgten von dort die Deportationen ins Vernichtungslager Treblinka. Dagegen bildete sich ein bewaffneter Widerstand, der im Frühjahr 1943 in einem Aufstand mündete. Mit minimalen militärischen Mitteln verteidigten etwa 750 Mann das Getto in einem wochenlangen Kampf gegen die Übermacht der SS-Truppen. Dieser Kampf endete mit der – wie es in einem SS-Bericht hieß – „Liquidierung des jüdischen Wohnbezirks".

Chronologie

1. April 1933	Boykott jüdischer Geschäfte
15. September 1935	„Nürnberger Gesetze"
9. November 1938	„Reichskristallnacht"
ab Juni 1941	Massenerschießungen von Juden durch Einsatzgruppen der SS (Baltikum, Weißruthenien, Ukraine, Krim)
1. September 1941	Juden müssen einen gelben Stern tragen.
ab Dezember 1941	Beginn der Massentötungen von Juden durch den Einsatz von Gaswagen in Chelmo
20. Januar 1942	Wannsee-Konferenz
ab Juni 1942	Beginn der Massenvergasungen in Auschwitz
19. April 1943	Aufstand im Warschauer Getto (bis zum 16. Mai niedergeworfen)
27. Januar 1945	Befreiung von Auschwitz durch die sowjetische Armee

M 5 Boykott jüdischer Geschäfte
(1. April 1933)
Der Boykott war als prograndistische Aktion
gedacht. Der englische Text auf dem Schau-
fenster verweist darauf, dass die Urheber offenkundig auch Ausländer beeinflussen wollten.

M 6 „Rassenschande"
Wegen „Rassenschande" am Pranger. Am 15.
September 1935 erließ Hitler das „Gesetz zum
Schutz des deutschen Blutes und der deutschen
Ehre". Den Juden wurde die Ehe und der
außereheliche Geschlechtsverkehr mit „Ariern"
verboten, Aufnahme aus Hamburg, 1935.

M 7 „Nürnberger Gesetze" (15.9.1935)

1. „Gesetz zum Schutze des deutschen Blutes und
der deutsche Ehre"

Durchdrungen von der Erkenntnis, dass die Rein-
heit des deutschen Blutes die Voraussetzung für
den Fortbestand des deutschen Volkes ist, und 5
beseelt von dem unbeugsamen Willen, die deutsche Nation für alle Zukunft zu sichern, hat der
Reichstag einstimmig das folgende Gesetz
beschlossen, das hiermit verkündet wird.
§1 10
1. Eheschließungen zwischen Juden und Staatsangehörigen deutschen und artverwandten Blutes
sind verboten. Trotzdem geschlossene Ehen sind
nichtig, auch wenn sie zur Umgehung dieses Gesetzes im Auslande geschlossen sind. 15
2. Die Nichtigkeitsklage kann nur der Staatsanwalt
erheben.
§2
Außerehelicher Verkehr zwischen Juden und
Staatsangehörigen deutschen oder artverwandten 20
Blutes ist verboten.
§3
Juden dürfen weibliche Staatsangehörige deutschen oder artverwandten Blutes unter 45 Jahren
nicht in ihrem Haushalt beschäftigen. 25
§4
1. Juden ist das Hissen der Reichs- und National-
flagge und das Zeigen der Reichsfarben verboten.
[…]
2. „Reichsbürgergesetz" […] 30
§2
1. Reichsbürger ist nur der Staatsangehörige deutschen oder artverwandten Blutes, der durch sein
Verhalten beweist, dass er gewillt und geeignet ist,
in Treue dem deutschen Volk und Reich zu dienen. 35
[…]

Zit. nach: I. v. Münch, Gesetze des NS-Staates, Paderborn 1982,
S. 122 ff.

M 8 Der befohlene Pogrom

*Aus dem Urteil des Obersten Parteigerichts vom
20. Januar 1939:*

Der Befehl des Gruppenführers, der dem Stabsfüh-
rer der Gruppe, Oberführer Römpagel in der Nacht
vom 9. zum 10. November 1938 telefonisch über-
mittelt wurde, ist von diesem wie folgt schriftlich
zusammengefasst worden: 5
„Sämtliche jüdischen Geschäfte sind sofort von SA-
Männern in Uniform zu zerstören. Nach der Zerstörung hat eine SA-Wache aufzuziehen, die dafür
zu sorgen hat, dass keinerlei Wertgegenstände ent-

10 wendet werden können. Die Verwaltungsführer der SA stellen sämtliche Wertgegenstände einschließlich Geld sicher.

Die Presse ist heranzuziehen.

Jüdische Synagogen sind sofort in Brand zu
15 stecken, jüdische Symbole sind sicherzustellen. Die Feuerwehr darf nicht eingreifen. Es sind nur Wohnhäuser arischer Deutscher zu schützen von der Feuerwehr. Jüdische anliegende Wohnhäuser sind auch von der Feuerwehr zu schützen, allerdings
20 müssen die Juden raus, da Arier in den nächsten Tagen dort einziehen werden.

Die Polizei darf nicht eingreifen. Der Führer wünscht, dass die Polizei nicht eingreift.

Die Feststellung der jüdischen Geschäfte, Läger und
25 Lagerhäuser hat im Einvernehmen mit den zuständigen Oberbürgermeistern und Bürgermeistern zu erfolgen, gleichfalls das ambulante Gewerbe.

Sämtliche Juden sind zu entwaffnen. Bei Widerstand sofort über den Haufen schießen. An den zer-
30 störten jüdischen Geschäften, Synagogen usw. sind Schilder anzubringen mit etwa folgendem Text:

Rache für Mord an vom Rath.

Tod dem internationalen Judentum.

Keine Verständigung mit den Völkern, die juden-
35 hörig sind.

Dies kann auch erweitert werden auf die Freimaurerei."

Zit. nach: W. Scheffler, Judenverfolgung im Dritten Reich, Berlin 1964, S. 73.

M 9 „Da muss der Jude den Schaden bezahlen"

Die NS-Führung beschließt antijüdische „Sühnemaßnahmen". Aus dem Protokoll der Sitzung im Reichsluftfahrtministerium vom 12. November 1938:

Göring[1]: Wie viele Synagogen sind tatsächlich niedergebrannt?
Heydrich[2]: Es sind im ganzen 101 Synagogen durch Brand zerstört, 76 Synagogen demoliert, 7500 zer-
5 störte Geschäfte im Reich. […]
Goebbels: Da muss der Jude den Schaden bezahlen […].
Heydrich: Sachschaden, Inventar- und Warenschäden schätzen wir auf mehrere hundert Millionen
10 […].
Göring: Mir wäre lieber gewesen, ihr hättet 200 Juden erschlagen und nicht solche Werte vernichtet.
Heydrich: 35 Tote sind es.
Göring: Ich werde den Wortlaut wählen, dass die
15 deutschen Juden in ihrer Gesamtheit als Strafe für die ruchlosen Verbrechen usw. usw. eine Kontribu-

tion [Zwangsabgabe] von einer Milliarde auferlegt bekommen. Das wird hinhauen.

1 Herman Göring, Reichsmarschall, 1939 zum Nachfolger Hitlers bestimmt

2 Reinhard Heydrich, sehr hoher SS-Führer, u. a. Chef des Reichssicherheitshauptamtes (RSHA), war maßgeblich beteiligt an der Vernichtung der europäischen Juden.

Zit. nach: Das Parlament, Nr. 44/1978.

M10 Aufruf vom 10. November 1938

M11 Zunehmende Entrechtung der Juden

Aus dem Tagebuch von Victor Klemperer[1] (Eintrag vom 2. Juni 1942):

Neue Verordnungen in judaeos [gegen die Juden]. Der Würger wird immer enger angezogen, die Zermürbung mit immer neuen Schikanen betrieben. Was ist in diesen letzten Jahren alles an Großem und Kleinem zusammengekommen! Und der klei- 5
ne Nadelstich ist manchmal quälender als der Keulenschlag. Ich stelle einmal die Verordnungen zusammen: 1) Nach acht oder neun Uhr abends zu Hause sein. Kontrolle! 2) Aus dem eigenen Haus vertrieben. 3) Radioverbot, Telefonverbot. 4) Thea- 10
ter-, Kino-, Konzert-, Museumsverbot. 5) Verbot, Zeitschriften zu abonnieren oder zu kaufen. 6) Verbot zu fahren; (dreiphasig: a) Autobusse verboten, nur Vorderperron der Tram erlaubt, b) alles Fahren verboten, außer zu Arbeit, c) auch zur Arbeit zu 15

Fuß, sofern man nicht 7 km entfernt wohnt oder krank ist (aber um ein Krankheitsattest wird schwer gekämpft.) Natürlich auch Verbot der Autodroschke.) 7) Verbot, ‚Mangelware' zu kaufen. 8) Verbot,
20 Zigarren zu kaufen oder irgendwelche Rauchstoffe, 9) Verbot, Blumen zu kaufen. 10) Entziehung der Milchkarte. 11) Verbot, zum Barbier zu gehen. 12) Jede Art Handwerker nur nach Antrag bei der Gemeinde bestellbar. 13) Zwangsablieferung von
25 Schreibmaschinen, 14) von Pelzen und Wolldecken, 15) von Fahrrädern – zur Arbeit darf geradelt werden (Sonntagsausflug und Besuch zu Rad verboten), 16) von Liegestühlen, 17) von Hunden, Katzen, Vögeln. 18) Verbot, die Bannmeile Dresdens zu ver-
30 lassen, 19) den Bahnhof zu betreten, 20) das Ministeriumsufer, die Parks zu betreten, 21) die Bürgerwiese und die Randstraßen des Großen Gartens (Park- und Lennéstraße, Karcherallee) zu benutzen. Diese letzte Verschärfung seit gestern erst. Auch das
35 Betreten der Markthallen seit vorgestern verboten. 22) Seit dem 19. September der Judenstern. 23) Verbot, Vorräte an Esswaren im Hause zu haben. (Gestapo nimmt auch mit, was auf Marken gekauft

ist.) 24) Verbot der Leihbibliotheken. 25) Durch den Stern sind uns alle Restaurants verschlossen. Und in 40 den Restaurants bekommt man immer noch etwas zu essen, irgendeinen ‚Stamm', wenn man zu Haus gar nichts mehr hat. Eva sagt, die Restaurants seien übervoll. 26) Keine Kleiderkarte. 27) Keine Fischkarte. 28) Keine Sonderzuteilung wie Kaffee, Scho- 45 kolade, Obst, Kondensmilch. 29) Die Sondersteuern. 30) Die ständig verengte Freigrenze. Meine zuerst 600, dann 320, jetzt 185 Mark. 31) Einkaufsbeschränkung auf eine Stunde (drei bis vier. Sonnabend zwölf bis eins). Ich glaube, diese 31 Punkte 50 sind alles. Sie sind aber alle zusammen gar nichts gegen die ständige Gefahr der Haussuchung, der Misshandlung, des Gefängnisses, Konzentrationslagers und gewaltsamen Todes.

1 Victor Klemperer, Romanistikprofessor in Dresden, Jude, überlebte das 3. Reich, weil er mit einer so genannten. Arierin verheiratet war. Man nannte das damals eine „privilegierte Mischehe". Von Victor Klemperer stammt auch eine wichtige Analyse der Sprache des Dritten Reiches.

V. Klemperer, Ich will Zeugnis ablegen bis zum letzten. Tagebücher 1933–1945, Tagebücher 1942, hrsg. von W. Nowojski, Berlin 1999, S. 107 f.

M12 Karte der Konzentrations- und Vernichtungslager

Legende:
- Deutschland in den Grenzen von 1937
- Konzentrationslager
- Vernichtungslager

0   100   200 km

M14 Beschluss der Wannsee–Konferenz[1]

Heydrich hatte für den 20. Januar 1942 Vertreter der Partei und verschiedener Ministerien in eine Villa am Wannsee geladen:

An Stelle der Auswanderung ist nunmehr als weitere Lösungsmöglichkeit nach entsprechender vorheriger Genehmigung durch den Führer die Evakuierung [wörtlich Aussiedlung] der Juden nach dem
5 Osten getreten. Diese Aktionen sind jedoch lediglich als Ausweichmöglichkeiten anzusprechen, doch werden hier bereits jene praktischen Erfahrungen gesammelt, die im Hinblick auf die kommende Endlösung der Judenfrage von wichtiger
10 Bedeutung sind. [...]
Unter entsprechender Leitung sollen im Zuge der Endlösung die Juden in geeigneter Weise im Osten zum Arbeitseinsatz kommen. In großen Arbeitskolonnen, unter Trennung der Geschlechter, werden
15 die arbeitsfähigen Juden, Straßen bauend in diese Gebiete geführt, wobei zweifellos ein Großteil durch natürliche Verminderung ausfallen wird. Der allfällig endlich verbleibende Restbestand wird, da es sich bei diesen zweifellos um den widerstands-
20 fähigsten Teil handelt, entsprechend behandelt werden müssen, da dieser, eine natürliche Auslese darstellend, bei Freilassung als Keimzelle eines neuen jüdischen Aufbaus anzusprechen ist. (Siehe die Erfahrung der Geschichte.)

> 1 Einberufen von R. Heydrich, anwesend waren Vertreter der Partei sowie der verschiedenen Ministerien („Staatssekretärs-Konferenz")

Zit. nach: G. Schoenberner, Der gelbe Stern, München 1978, S. 103.

M13 Im Vernichtungslager

Bericht des SS-Offiziers Kurt Gerstein[1], der 1942 das Lager Belzec besucht hatte:

Belzec. [...] Tatsächlich kam nach einigen Minuten der erste Zug von Lemberg aus an. 45 Waggons mit 6 700 Menschen, von denen 1 450 schon tot waren bei ihrer Ankunft. Hinter den vergitterten Luken
5 schauten, entsetzlich bleich und ängstlich, Kinder durch, die Augen voller Todesangst, ferner Männer und Frauen. Der Zug fährt ein: 200 Ukrainer reißen die Türen auf und peitschen die Leute mit ihren Lederpeitschen aus den Waggons heraus. Ein
10 großer Lautsprecher gibt die weiteren Anweisungen: Sich ganz ausziehen, auch Prothesen, Brillen usw. Die Wertsachen am Schalter abgeben, ohne Bons oder Quittung. Die Schuhe sorgfältig zusammenbinden (wegen der Spinnstoffsammlung),
15 denn in dem Haufen von reichlich 25 Meter Höhe

hätte sonst niemand die zugehörigen Schuhe wieder zusammenfinden können. Dann die Frauen und Mädchen zum Friseur, der mit zwei, drei Scherenschlägen die Haare abschneidet und sie in Kartoffelsäcken verschwinden lässt. „Das ist für irgend- 20 welche Spezialzwecke für die U-Boote bestimmt, für Dichtungen oder dergleichen!" sagt mir der SS-Unterscharführer, der dort Dienst tut. –
Dann setzt sich der Zug in Bewegung. Voran ein bildhübschen junges Mädchen, so gehen sie die 25 Allee entlang, alle nackt, Männer, Frauen, Kinder. [...] Ich selbst stehe mit dem Hauptmann Wirth oben auf der Rampe zwischen den Kammern. Mütter mit ihren Säuglingen an der Brust, sie kommen heraus, zögern, treten ein in die Todenskammern! 30 – An der Ecke steht ein starker SS-Mann, der mit pastoraler Stimme zu den Armen sagt: „Es passiert euch nicht das Geringste! Ihr müsst nur in den Kammern tief Luft holen, das weitet die Lungen, diese Inhalation ist notwendig wegen der Krankheiten 35 und Seuchen." Auf die Frage, was mit ihnen geschehen würde, antwortete er: „Ja, natürlich, die Männer müssen arbeiten, Häuser und Chausseen bauen, aber die Frauen brauchen nicht zu arbeiten. Nur wenn sie wollen, können sie im Haushalt oder 40 in der Küche mithelfen." – Für einige von diesen Armen ein kleiner Hoffnungsschimmer, der ausreicht, dass sie ohne Widerstand die paar Schritte zu den Kammern gehen – die Mehrzahl weiß Bescheid, der Geruch kündet ihnen ihr Los! – So 45 steigen sie die kleine Treppe hinauf, und dann sehen sie alles. Mütter mit Kindern an der Brust, kleine nackte Kinder, Erwachsene, Männer, Frauen, alle nackt – sie zögern, aber sie treten in die Todeskammern, von den anderen hinter ihnen vorge- 50 trieben oder von den Lederpeitschen der SS getrieben. Die Mehrzahl, ohne ein Wort zu sagen. Eine Jüdin von etwa 40 Jahren mit flammenden Augen ruft das Blut, das hier vergossen wird, über die Mörder. Sie erhält fünf oder sechs Schläge mit der Reit- 55 peitsche ins Gesicht, von Hauptmann Wirth persönlich, dann verschwindet auch sie in der Kammer. – Viele Menschen beten. Ich bete mit ihnen, ich drücke mich in eine Ecke und schreie laut zu meinem und ihrem Gott. Wie gern wäre ich mit ihnen 60 in die Kammern gegangen, wie gern wäre ich ihren Tod mitgestorben. Sie hätten dann einen uniformierten SS-Offizier in ihren Kammern gefunden – die Sache wäre als Unglücksfall aufgefasst und behandelt worden und sang- und klanglos ver- 65 schollen. Noch also darf ich nicht, ich muss noch zuvor künden, was ich hier erlebe! – Die Kammern füllen sich. Gut vollpacken – so hat es der Haupt-

mann Wirth befohlen. Die Menschen stehen einan-
70 der auf den Füßen […]. Die SS zwängt sie physisch
zusammen, soweit es überhaupt geht. – Die Türen
schließen sich […]. Die Menschen warten in ihren
Gaskammern. […] Sie weinen, schluchzen. […] Nach
28 Minuten leben nur noch wenige. Endlich, nach
75 32 Minuten, ist alles tot!

Von der anderen Seite öffnen Männer vom Arbeits-
kommando die Holztüren. Man hat ihnen – selbst
Juden – die Freiheit versprochen […] für ihren
schrecklichen Dienst. Wie Basaltsäulen stehen die
80 Toten aufrecht aneinandergepresst in den Kammern. Es wäre auch kein Platz, hinzufallen oder
auch nur sich vornüberzuneigen. Selbst im Tod
kennt man die Familien. Sie drücken sich, im Tode
verkrampft, noch die Hände, sodass man Mühe hat,
85 sie auseinanderzureißen, um die Kammern für die
nächste Charge freizumachen. Man wirft die Leichen […] hinaus. Kinderleichen fliegen durch die

Luft. Man hat keine Zeit, die Reitpeitschen der
Ukrainer sausen auf die Arbeitskommandos. Zwei
Dutzend Arbeiter öffnen mit Haken den Mund und 90
sehen nach Gold. Gold links, ohne Gold rechts.
Andere brechen mit Zangen und Hämmern die
Goldzähne und Kronen aus den Kiefern.

Die nackten Leichen wurden auf Holztragen nur
wenige Meter weit in Gruben von 100 x 20 x 12 m 95
geschleppt. Nach einigen Tagen gärten dann die
Leichen hoch und fielen alsdann kurze Zeit später
stark zusammen, sodass man eine neue Schicht auf
dieselben draufwerfen konnte. Dann wurde zehn
Zentimeter Sand darübergestreut, sodass nur noch 100
vereinzelte Köpfe und Arme herausragten […].

1 Gerstein wandte sich anschließend u. a. an den päpstli-
chen Nuntius in Berlin, um das Ausland auf diese Verbrechen aufmerksam zu machen.

Zit. nach: Schriftenreihe der Bundeszentrale für Heimatdienst,
Dokumentation zur Massenvergasung, Bonn 1962, S. 7 ff.

M15 **Selektion**

Das ist die berüchtigte Rampe von Auschwitz, dem größten Vernichtungslager der Nationalsozialisten.
Hier fand die Auswahl statt: 25 % eines jeden Zugtransports durfte – zeitweilig – überleben und wurde
zum Arbeitseinsatz abkommandiert. Die restlichen 75 % wurden sofort in die Gaskammern geschickt.

M16 **Auschwitz**

Auschwitz, Oswiecim, 60 Kilometer westlich von
Krakau wurde 1939 mit Ostoberschlesien in das
Deutsche Reich eingegliedert. Im April 1940 befahl
Heinrich Himmler, ein Konzentrationslager für
5 10 000 Häftlinge einzurichten (Stammlager Auschwitz I); später wurde es auf 30 000 ausgelegt. Anfang
1941 begann die IG Farben ein Werk zur Erzeugung
von synthetischem Treibstoff und Gummi zu bauen,
für das Ende Mai 1942 ein Arbeitslager für 10 000
10 Häftlinge in Monowitz (Auschwitz III) entstand. Seit

Ende November 1941 existierte bereits in der Nähe
des Dorfes Brzezinka (Birken-Au) ein Lager für
100 000 Gefangene (Auschwitz II), seit Januar 1942 Vernichtungslager. Seit Frühjahr 1942 rollten die Trans-
portzüge. An der Rampe von Birkenau wurden die 15
Neuankömmlinge durch SS-Ärzte selektiert. Mindestens 900 000 Juden, 70 000 Polen, 21 000 Zigeuner
und 13 000 sowjetische Gefangene, so können Historiker inzwischen belegen, wurden in Auschwitz ermordet. Es war das größte Vernichtungslager im Holocaust. 20

Aus: Die Zeit, Nr. 5/1995.

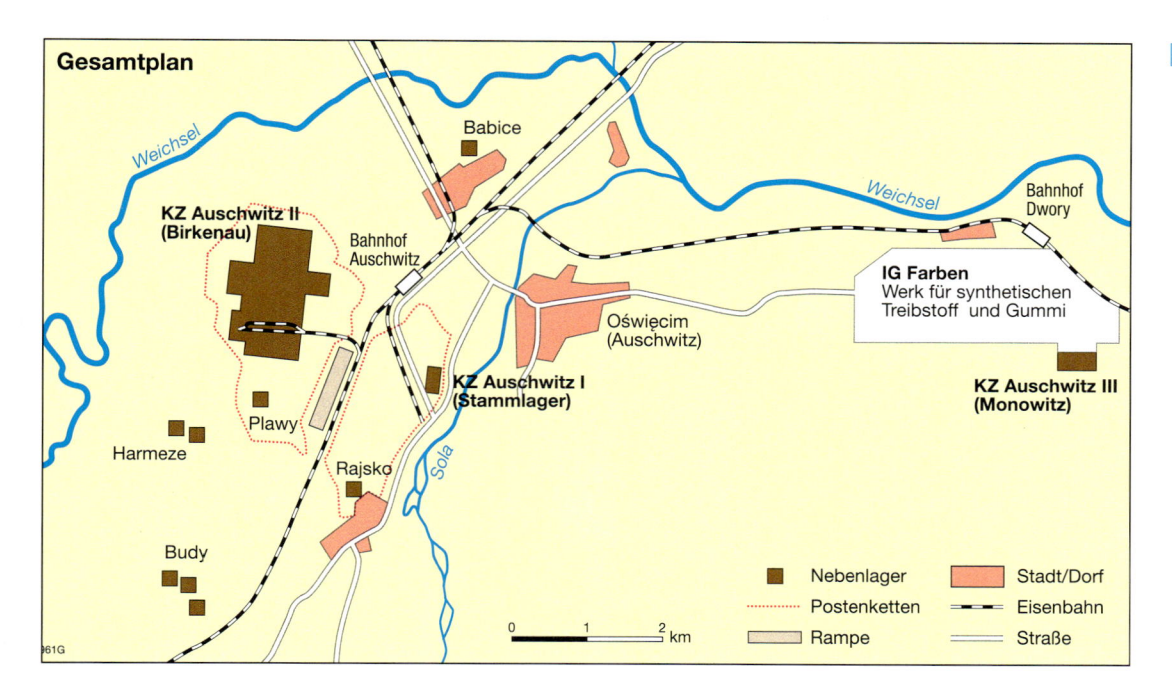

Gesamtplan **M17**

KZ Auschwitz II (Birkenau)
Bahnhof Auschwitz
Babice
Weichsel
Weichsel
Bahnhof Dwory
IG Farben
Werk für synthetischen Treibstoff und Gummi
Oświęcim (Auschwitz)
KZ Auschwitz I (Stammlager)
KZ Auschwitz III (Monowitz)
Plawy
Harmeze
Rajsko
Sola
Budy

Nebenlager — Stadt/Dorf — Postenketten — Eisenbahn — Rampe — Straße
0 1 2 km

M18

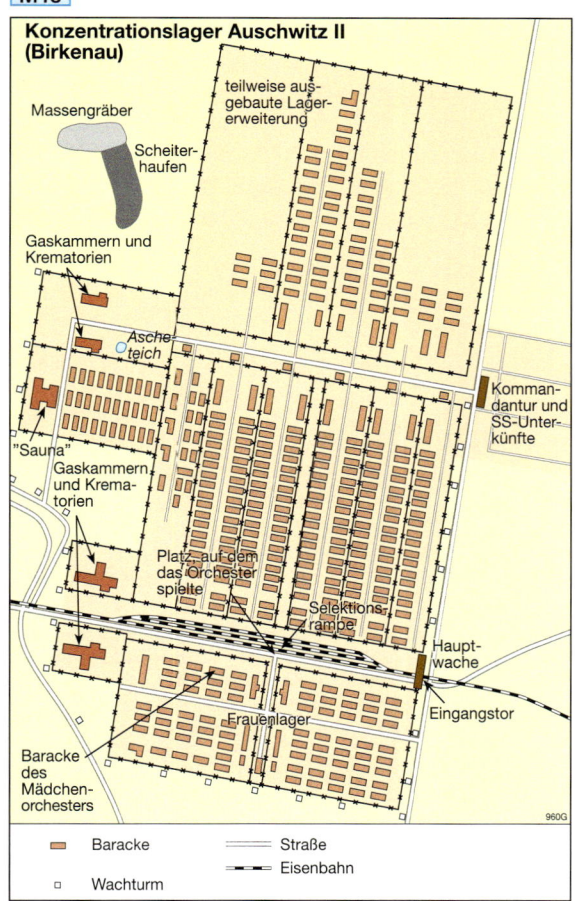

Konzentrationslager Auschwitz II (Birkenau)

Massengräber
teilweise ausgebaute Lagererweiterung
Scheiterhaufen
Gaskammern und Krematorien
Aschenteich
"Sauna"
Gaskammern und Krematorien
Kommandantur und SS-Unterkünfte
Platz auf dem das Orchester spielte
Selektionsrampe
Hauptwache
Eingangstor
Frauenlager
Baracke des Mädchenorchesters

Baracke — Straße
Wachturm — Eisenbahn

Aufgaben

1. Rekapitulieren Sie die einzelnen Schritte, die zur Entrechtung der Juden führten. Welcher Systematik bedienten sich die Nationalsozialisten bei ihrem Vorgehen?
   → Text, M1, M2, M5–M12

2. Veranschaulichen Sie sich die Maßnahmen, die die Lebensentfaltung der Juden immer weiter einschränkten.
   → M11

3. Halten Sie die Bestimmungen der „Nürnberger Gesetze" fest. Inwiefern spiegeln sie die NS-Ideologie wider?
   → M7

4. Der Pogrom vom 9. November 1938 wurde in den Massenmedien so dargestellt, als handele es sich um den Ausbruch der berechtigten Volkswut. Woran ist zu erkennen, dass diese Darstellung falsch ist? Welche Motive für das Handeln der NS-Führung werden sichtbar?
   → Text, M8, M9

5. Stellen Sie einen Zusammenhang her zwischen dem Programm der „Rassenhygiene" und dem Massenmord.
   → Text, M3

6. Informieren Sie sich über Zeitpunkt, Umfang und Methoden der so genannten Endlösung der Judenfrage.
   → Text, M4, M11–M16

11.7 Polizei, KZ-System und Besatzungsregime

Zum Zwecke der politischen Überwachung und Verfolgung Oppositioneller hatte der NS-Staat einen riesigen Apparat aufgebaut, in den die SS und der SD integriert wurden. Bei der Schutzstaffel (SS) handelte es sich zunächst um eine reine Parteiformation. Sie war 1925 gegründet worden und diente dem persönlichen Schutz Hitlers. Der Sicherheitsdienst (SD) der NSDAP besaß die Aufgabe, gegnerische Parteien zu überwachen, er richtete sich aber auch gegen die innerparteiliche Opposition.

Nach der Machtergreifung zielten die Bestrebungen des „Reichsführers SS" – Heinrich Himmler – darauf ab, diese Parteiorganisationen mit der regulären staatlichen Polizei zu verschmelzen. Dies gelang ihm 1936. Damit existierte ein einheitlicher Machtapparat des Staates und der Partei, an dessen Spitze nunmehr der „Reichsführer SS und Chef der Deutschen Polizei" stand. Beim Reichssicherheitshauptamt der SS (RSHA) liefen alle Fäden zur innenpolitischen Machterhaltung zusammen. Die Unterdrückungsmaschinerie – allein die Gestapo zählte ab 1943 etwa 45000 Menschen – durchdrang die gesamte Gesellschaft und erstickte jede Opposition zumeist schon im Keim. Mitte 1944 waren über eine halbe Million KZ-Häftlinge registriert, im Januar 1945 sogar über 700000. Nicht nur Juden wurden Opfer des NS-Terrors. Jede politisch abweichende Aktivität wurde kriminalisiert. So genannte Gemeinschaftsfremde führte man der „Vernichtung durch Arbeit" zu. In den Konzentrationslagern gab es unter anderem folgende Häftlingskategorien: politische Häftlinge (zumeist Kommunisten und Sozialdemokraten), Bibelforscher, Kriminelle, Asoziale, Homosexuelle, Emigranten und Zigeuner.

M 1 **Die vorsorgliche Inhaftierung** hatte schon die Schutzhaftpraxis der Anfangsjahre geprägt. Während des Krieges wurde von ihr immer freizügiger Gebrauch gemacht, wenn auch nur die Möglichkeit zukünftiger Unzuverlässigkeit vorlag.

Geheime Staatspolizei
Geheimes Staatspolizeiamt
-IV C2- H.-Nr. Sch.9788-

Berlin SW 11, den 22. Mai 1941
Prinz-Albrecht-Straße 8

Schutzhaftbefehl

Vor- und Zuname: Hans Schiftan   Geburtstag und -Ort: 8.12.99 Schöneberg
Beruf: Angestellter   Familienstand: verh.   Staatsangehörigkeit: DR
Religion: glaubenslos   Rasse (bei Nichtariern anzugeben): -.-
Wohnort und Wohnung: Berlin-Neukölln, Zietenstr.27
  wird in Schutzhaft genommen.

Gründe:

Er gefährdet nach dem Ergebnis der staatspolizeilichen Feststellungen durch sein Verhalten den Bestand und die Sicherheit des Volkes und Staates, indem er auf Grund seines politischen Vorlebens zu der Befürchtung Anlaß gibt, er werde sich nach Verbüßung einer Zuchthausstrafe von 2 Jahren wegen Vorbereitung zum Hochverrat erneut im marxistischen Sinne betätigen.
      gez. Heydrich.   Beglaubigt: Rottan

**Die SS –
Akteure des Verbrechens**

Die SS wuchs in wenigen Jahren von einer kleinen Unterorganisation der SA zur Führungsschicht des NS-Staates heran. Sie unterhielt zum Beispiel eigene Schulen und besaß auch Industrieunternehmen, die auf der Grund-

lage der Zwangsarbeit von KZ-Häftlingen betrieben wurden. In den Händen der SS lag nicht nur die Verwaltung der Konzentrations- und Vernichtungslager, sondern auch die Versklavung der Völker im Osten sowie die Vernichtung der polnischen und sowjetischen Intelligenz.

Bei den brutalen Verbrechen, die im deutschen Namen verübt wurden, kam der SS eine zentrale Bedeutung zu. Wenn es auch in der historischen Forschung umstritten ist, inwieweit die Gliederungen der Waffen-SS sich schuldig gemacht haben, so gilt dennoch: Der SS unterstand unter anderem die Leitung der Konzentrationslager; sie organisierte den Völkermord. Die SS verstand sich als „Orden des guten Blutes" und als nationalsozialistische Elite, die unter dem Motto „Meine Ehre heißt Treue" angetreten war. Der SS-Angehörige schwor den Eid, Hitler bis in den Tod gehorsam zu sein.

Angesichts der Geschehnisse stellt sich die Frage, welcher Menschentyp zu solchen Verbrechen fähig war. Forschungen, die in der Nachkriegszeit in dieser Richtung angestellt worden waren, kamen zu dem Ergebnis, dass nicht der wütende Sadist der repräsentative Tätertyp gewesen war. Hannah Arendt gab ihrem Buch über den SS-Angehörigen Adolf Eichmann, der maßgeblich an der Judenvernichtung beteiligt gewesen war, den Untertitel: „Ein Bericht von der Banalität des Bösen."

Besatzungspolitik

Die Besatzungspolitik der Nationalsozialisten besaß eine spezifische Ausprägung nach rassischen Kriterien. Das Besatzungsregime wurde in Osteuropa deutlich brutaler ausgeübt als im Westen, weil – entsprechend der NS-Ideologie – die slawische Bevölkerung als minderwertige Rasse eingestuft wurde. Zwar ist überliefert, dass deutsche Soldaten zu Kriegsbeginn besonders in der Ukraine als Befreier (vom stalinistischen Terror) begrüßt worden waren, doch änderte sich diese Haltung sehr schnell angesichts der hemmungslosen Repression. Vertreibung, Ausplünderung und Verschleppung als Zwangsarbeiter waren an der Tagesordnung. Im Herbst 1944 befanden sich 7,6 Millionen ausländische Arbeitskräfte im Reich: 5,7 Millionen Zivilarbeiter und knapp zwei Millionen Kriegsgefangene.

M 3 Ausschaltung der Justiz

Über den von Himmler (Reichsführer der SS und Chef der deutschen Polizei) herausgegebenen Erlass zur „vorbeugenden Verbrechensbekämpfung durch die Polizei" (12. Dez. 1937) schreibt der Historiker Wolfgang Wippermann:

„Rechtens" war nun, dass folgende Personenkreise ohne Gerichtsverfahren in Konzentrationslager eingeliefert werden konnten:

1. „Personen, die durch geringfügige, aber sich
5 immer wiederholende Gesetzesübertretungen sich der in einem nationalsozialistischen Staat selbstverständlichen Ordnung nicht fügen wollen (z. B. Bettler, Landstreicher (Zigeuner)), Dirnen, Trunksüchtige, mit ansteckenden Krankheiten, insbeson-
10 dere Geschlechtskrankheiten, behaftete Personen, die sich den Maßnahmen der Gesundheitsbehörden entziehen."

2. „Personen, ohne Rücksicht auf etwaige Vorstrafen, die sich der Pflicht zur Arbeit entziehen und die
15 Sorge für ihren Unterhalt der Allgemeinheit überlassen (z. B. Arbeitsscheue, Arbeitsverweigerer, Trunksüchtige)."

3. „Arbeitsscheue [...], die nachweislich in zwei Fällen die ihnen angebotenen Arbeitsplätze ohne
20 berechtigten Grund abgelehnt oder die Arbeit zwar aufgenommen, aber nach kurzer Zeit ohne stichhaltigen Grund wieder aufgegeben haben."

4. Alle Personen, die „durch gemeinschaftswidriges, wenn auch nicht verbrecherisches Verhalten" zeig-
25 ten, dass sie sich „nicht in die Gemeinschaft" einfügen wollten.

Aufgrund dieser weit gefassten Kriterien wurden im Mai 1938 in der „Aktion Arbeitsscheu Reich" 11 000 Personen in „polizeiliche Vorbeugungshaft" ge-
30 nommen und in Konzentrationslager verschleppt. Darunter befanden sich, wie schon erwähnt, neben Sinti und Roma auch Juden, die, und sei es wegen eines Bagatelldelikts, vorbestraft waren. [...]

Zit. nach: W. Wippermann, Der konsequente Wahn, Ideologie und Politik Adolf Hitlers, Gütersloh 1989, S. 165 f.

M 4 Innere Staatssicherung

Erlass des Chefs der Sicherheitspolizei an die Leiter aller Staatspolizei(leit)stellen (3. September 1939):

Geheim!
Betr.: Grundsätze der inneren Staatssicherung während des Krieges.
Um den für die Verwirklichung der Ziele des Führers
5 notwendigen einheitlichen Einsatz aller Kräfte des Volkes gegen jede Störung und Zersetzung zu

sichern, werden für den Vollzug der Aufgabe der inneren Staatssicherung die folgenden Grundsätze aufgestellt, nach denen die Tätigkeit der Sicherheitsorgane des Reiches sich zu richten hat.
10
1. Jeder Versuch, die Geschlossenheit und den Kampfwillen des deutschen Volkes zu zersetzen, ist rücksichtslos zu unterdrücken. Insbesondere ist gegen jede Person sofort durch Festnahme einzuschreiten, die in ihren Äußerungen am Sieg des
15 deutschen Volkes zweifelt oder das Recht des Krieges in Frage stellt.

2. Dagegen sind mit psychologischem Verständnis und mit erzieherisch bestärkendem Bemühen diejenigen Volksgenossen zu behandeln, die aus äuße-
20 rer oder innerer Not oder in Augenblicken der Schwäche sich Entgleisungen irgendwelcher Art zuschulden kommen lassen.

3. Besonderes Augenmerk ist auf alle Versuche zu richten, in der Öffentlichkeit – Gastwirtschaften,
25 öffentlichen Verkehrsmitteln usw. – andere Personen in volks- und reichsfeindlichem Sinne zu beeinflussen. Ebenso ist gegen jeden Versuch der Bildung von Zusammenschlüssen und Kreisen zur Verbreitung derartiger Auffassungen und Nachrichten
30 in der schärfsten Weise einzuschreiten. Wenn die Voraussetzungen der Öffentlichkeit oder der Zirkelbildung vorliegen, sind die verdächtigen Personen in jedem Falle festzunehmen.

4. Nach der Festnahme einer verdächtigen Person
35 sind unverzüglich alle zur möglichst vollständigen Klärung des Falles erforderlichen Ermittlungen durchzuführen. [...] Alsdann ist unverzüglich dem Chef der Sicherheitspolizei Bericht zu erstatten und um Entscheidung über die weitere Behandlung der
40 festgenommenen Personen zu bitten, da gegebenenfalls auf höhere Weisung brutale Liquidierung solcher Elemente erfolgen wird. [...]
gez. Heydrich

Zit. nach: T. W. Mason, Arbeiterklasse und Volksgemeinschaft, Dokumente und Materialien zur deutschen Arbeiterpolitik 1936–1939, Opladen 1975, S. 1061 f.

M 5 Häftlingsarbeit

Aussage von Rudolf Höß[1], dem ersten Kommandanten des KZ Auschwitz, in einem der Nürnberger Prozesse (1946):

[...] Nach meiner Kenntnis begann die massenhafte Verwendung von KZ-Häftlingen in der deutschen Privatindustrie im Jahre 1940/1941. Diese Verwendung steigerte sich fortlaufend bis zum Ende des Krieges. Gegen Ende 1944 waren ungefähr 5
400 000 Konzentrationslagerhäftlinge in der privaten Rüstungsindustrie und rüstungswichtigen

Betrieben beschäftigt. Wie viele Häftlinge schon vorher und nachher eingesetzt waren, kann ich nicht sagen. Nach meiner Schätzung sind in den Betrieben mit besonders schweren Arbeitsbedingungen, z. B. Bergwerken, jeden Monat ein Fünftel gestorben oder wurden wegen Arbeitsunfähigkeit zur Vernichtung von den Betrieben an die Lager zurückgeschickt.

1 Höß selbst wurde 1947 nach einem Prozess in Warschau auf dem Gelände des ehemaligen KZ Auschwitz hingerichtet.

Zit. nach: R. Kühnl, Der deutsche Faschismus in Quellen und Dokumenten, Köln 1975, S. 377.

M 6 Menschenverwertung

Das folgende Dokument gibt einen Einblick in die Verwertung von Menschen durch das Wirtschafts-Verwaltungs-Hauptamt der SS:

Täglicher Verleihlohn: zwischen RM 6,00 und RM 8,00, durchschnittlich RM 6,00
abzüglich
a) Ernährung RM 0,60–0,70
b) Bekleidungsamortisation RM 0,10–RM 0,70
Demnach bei durchschnittlich dreivierteljähriger Lebensdauer mal 270 = RM 1431,00 Dieser Gewinn erhöhte sich durch rationelle Verwertung der Häftlingsleiche nach 9 Monaten um den Erlös aus

a) dem Zahngold,
b) den Privatkleidern,
die teils der Häftlingsbekleidung in anderen Lagern zugeführt wurden, wodurch sich Neuanschaffungskosten erübrigten, teils der Spinnstoffverwertung für SS-Uniformen,
c) den hinterlassenen Wertsachen,
d) dem hinterlassenen Geld.
Wertsachen und Geld wurden bis in die ersten Kriegsjahre hinein nur noch bei der reichsdeutschen Minderheit der Häftlinge den Angehörigen zurückgeschickt.

Diese Beträge verringerten sich je Leiche um die Verbrennungskosten von durchschnittlich RM 2,00 sodass sich ein unmittelbarer und mittelbarer Nettogewinn je Leiche von mindestens RM 200,00 ergab, der aber in vielen Fällen in die Tausende von Reichsmark ging. Der Gesamtgewinn des Häftlingsumsatzes betrug daher in durchschnittlich 9 Monaten je Kopf wenigstens RM 1 630,00
Durch Knochen- und Aschenverwertung hat sich das eine oder andere KZ noch Sondereinnahmen verschafft.

Zit. nach: E. Kogon, Der SS-Staat, Das System der deutschen Konzentrationslager, München 1974, S. 357.

Das System der Klassifikation im Konzentrationslager

Erläuterungen:
1. SU-Kgf = russische Kriegsgefangene
2. Rotspanier = Anhänger der spanischen Republik im Bürgerkrieg (1936-38)
3. Bver = befristete Vorbeugehäftlinge
4. Sver = polizeilich Sicherungsverwahrte
5. NN-Häftlinge = aus den besetzten Ländern Westeuropas

M 7 Das System der Klassifikation im KZ
Die Lagerwelt bildete eine eigene Gesellschaft mit krassen Unterschieden und extremer Ungleichheit zwischen den Häftlingen. Die Chancen des (befristeten) Überlebens waren höchst ungleich verteilt. Der Soziologe Wolfgang Sofsky hat diese „Ordnung des Terrors" klassifiziert.

M 8 **Innerhalb des von elektrisch geladenen Zäunen umspannten Lagers** wurde dem Häftling die Persönlichkeit genommen. Der Tod wurde alltäglich. Einige Häftlinge unternahmen Fluchtversuche. Sie fanden den Tod im Elektrozaun oder wurden von SS-Wächtern erschossen.

M 9 **Grundsätze für die Besatzungspolitik in Polen**

Aus dem Diensttagebuch des Generalgouverneurs in Polen, Hans Frank[1] (31. Oktober 1939 und 19. Januar 1940):

[31. Oktober 1939]
Ganz klar müsse der Unterschied zwischen dem deutschen Herrenvolk und den Polen herausgestellt werden. […]

5 Den Polen dürfen nur solche Bildungsmöglichkeiten zur Verfügung gestellt werden, die ihnen die Aussichtslosigkeit ihres völkischen Schicksals zeigten. Es könnten daher höchstens schlechte Filme oder solche, die die Größe und Stärke des Deut-
10 schen Reiches vor Augen führen, in Frage kommen. Es werde notwendig sein, dass große Lautsprecheranlagen einen gewissen Nachrichtendienst für die Polen vermitteln.
Reichsminister Dr. Goebbels führt aus, dass das
15 gesamte Nachrichtenvermittlungswesen der Polen zerschlagen werden müsse. Die Polen dürften keine Rundfunkapparate und nur reine Nachrichtenzeitungen, keinesfalls eine Meinungspresse behalten. Grundsätzlich dürfen sie auch keine Theater,
20 Kinos und Kabaretts bekommen, damit ihnen nicht immer wieder vor Augen geführt werden würde, was ihnen verloren gegangen sei. […]
[19. Januar 1940]
Am 15. September 1939 erhielt ich den Antrag, die
25 Verwaltung der eroberten Ostgebiete aufzunehmen, mit dem Sonderbefehl, diesen Bereich als Kriegsge-

biet und Beuteland rücksichtslos auszupowern, es in seiner wirtschaftlichen, sozialen, kulturellen, politischen Struktur sozusagen zu einem Trümmer-
30 haufen zu machen.
[…] Entscheidend wichtig ist nunmehr auch der Neuaufbau der Produktion im Generalgouvernement. […] Den Polen, die in die Betriebe eingestellt werden, muss Hören und Sehen vergehen, sodass
35 sie vor lauter Arbeit – disziplinierter Arbeit! – zu Sabotageakten gar nicht mehr kommen. […] Mein Verhältnis zu den Polen ist dabei das Verhältnis zwischen Ameise und Blattlaus. Wenn ich den Polen förderlich behandele, ihn sozusagen freundlich kit-
40 zele, so tue ich das in der Erwartung, dass mir seine Arbeitsleistung zugute kommt. Hier handelt es sich nicht um ein politisches, sondern um ein rein taktisch-technisches Problem.

1 Hans Frank wurde im Nürnberger Prozess zum Tode verurteilt und anschließend hingerichtet.

Zit. nach: I. Geiss, Die deutsche Politik im Generalgouvernement Polen 1939–1945, in: Aus Politik und Zeitgeschichte, Nr. 34/1978, S. 16 ff.

M10 **Grundsätze für den SS-Mann**

Heinrich Himmler, Reichsführer der SS, in einer Ansprache vor höheren SS-Führern (4. Oktober 1943):

Ein Grundsatz muss für den SS-Mann absolut da sein: Ehrlich, anständig, treu, kameradschaftlich haben wir zu unserem eigenen Blut zu sein. Zu sonst niemand anderem. Wie es dem Russen geht,
5 wie es dem Tschechen geht, ist mir total gleichgültig. Das, was in den Völkern an gutem Blut unserer

Art da ist, das werden wir uns holen, indem wir denen, wenn notwendig, die Kinder rauben, bei uns großziehen. Ob die anderen Völker in Wohl-
10 fahrt leben, ob sie verrecken vor Hunger, das interessiert mich nur soweit, als wir sie als Sklaven für unsere Kultur brauchen. Anders interessiert es mich nicht. Ob bei dem Bau eines Panzergrabens 10 000 russische Weiber an Entkräftung umfallen oder
15 nicht, interessiert mich nur soweit, als der Panzergraben für Deutschland fertig wird. Wir werden niemals roh sein und herzlos, wo es nicht sein muss. Das ist klar.
Ich will auch ein ganz schweres Kapitel – will ich
20 hier vor Ihnen in aller Offenheit nennen. Es soll zwischen uns ausgesprochen sein, und trotzdem werden wir nicht – in der Öffentlichkeit nie darüber reden. Ich meine die Juden-Evakuierung, die Ausrottung des jüdischen Volkes. Es gehört zu den
25 Dingen, die man leicht ausspricht: „Das jüdische Volk wird ausgerottet!" – Das sagt Ihnen jeder Parteigenosse! Ganz klar! Steht in unserem Programm drin! Ausschaltung der Juden! Ausrottung! Machen wir! – Hah! – Kleinigkeit! Von Euch werden
30 die meisten wissen, was es heißt, wenn 100 Leichen beisammen liegen, wenn 500 daliegen oder wenn 1 000 daliegen. Und stets durchgehalten zu haben und dabei – abgesehen von menschlichen Ausnahmeschwächen – anständig geblieben zu sein, hat
35 uns hart gemacht und ist ein niemals genanntes und niemals zu nennendes Ruhmesblatt.

Zit. nach: L. Poliakov, J. Wulf (Hg.), Das Dritte Reich und die Juden, Dokumente u. Aufsätze, Berlin 1955, S. 213, 215.

M11 „Führer befiehl, wir folgen"

Autobiografische Aufzeichnungen des Rudolf Höß – Kommandant in Auschwitz (1946):

Nach dem Willen des RFSS [Reichsführer der SS] wurde Auschwitz die größte Menschen-Vernichtungs-Anlage aller Zeiten. Als er mir im Sommer 1941 persönlich den Befehl erteilte, in Auschwitz einen Platz zur Massenvernichtung vorzubereiten 5 und diese Vernichtung durchzuführen, konnte ich mir nicht die geringsten Vorstellungen über die Ausmaße und die Auswirkungen machen. Wohl war dieser Befehl etwas Ungewöhnliches, etwas Ungeheuerliches. Doch die Begründung ließ mich 10 [mir!] diesen Vernichtungsvorgang richtig erscheinen. Ich stellte damals keine Überlegungen an – ich hatte den Befehl bekommen – und hatte ihn durchzuführen. Ob diese Massenvernichtung der Juden notwendig war oder nicht, darüber konnte ich mir 15 kein Urteil erlauben, soweit konnte ich nicht sehen. Wenn der Führer selbst die „Endlösung der Judenfrage" befohlen hatte, gab es für einen alten Nationalsozialisten keine Überlegungen, noch weniger für einen SS-Führer. „Führer befiehl, wir folgen" – 20 war keinesfalls eine Phrase, kein Schlagwort für uns. Es war bitter ernst gemeint.
Es wurde mir seit meiner Verhaftung wiederholt gesagt, dass ich ja diesen Befehl hätte ablehnen können […]. 25
So etwas war einfach ganz unmöglich.

Zit. nach: M. Broszat (Hg.), Kommandant in Auschwitz, Autobiographische Aufzeichnungen des Rudolf Höß, München 1963, S. 124 f.

Aufgaben

1. Erläutern Sie den totalitär-gewalttätigen Charakter des NS-Regimes.
   → Text, M1, M3, M4

2. Stellen Sie die Lebens- und Sterbensbedingungen in den Konzentrationslagern dar.
   → M2, M5–M8

3. Über dem Eingang des Konzentrationslagers Auschwitz stand: „Arbeit macht frei". Vergleichen Sie den Ausspruch mit der Praxis des Lagerlebens.
   → Text, M2, M5–M8

4. Die Nationalsozialisten sahen in den besetzten Gebieten ein Objekt der Erniedrigung und Ausbeutung. An welchen Maßnahmen ist dies erkennbar?
   → M9

5. Charakterisieren Sie die „Moralvorstellungen", die Himmler in seiner Rede vor SS-Führern entwickelte. Überlegen Sie, welche Funktion diese Rede hatte.
   → M10

6. Von den meisten hohen SS-Führern (z. B. Himmler, Eichmann, Höß) ist bekannt, dass sie keinen Juden eigenhändig umgebracht haben. Charakterisieren Sie am Beispiel von Höß, dem Lagerkommandanten von Auschwitz, die autoritätsfixierte Persönlichkeit.
   → M11

7. Finden Sie mögliche Gründe für die Entstehung einer solchen autoritätsfixierten Persönlichkeit.
   → M11

11.8 Widerstand

Claus Schenk Graf von Stauffenberg (1907–1944)
(ganz links) in Hitlers Hauptquartier „Wolfschanze" in Ostpreußen

Jede Form des Widerstands gegen die nationalsozialistischen Machthaber war mit einem sehr großen Risiko für Leib und Leben verbunden. Das allein vermag schon zu erklären, warum es eine wirklich breite Widerstandsbewegung zu keinem Zeitpunkt gegeben hat. Der Widerstand hatte keine Massenbasis in der deutschen Bevölkerung. Der Widerstand, der jahrelang durch die zuerst diplomatischen, dann militärischen Erfolge Hitlers behindert wurde, erhielt erst ab 1943 durch die sich abzeichnende Niederlage einen gewissen Auftrieb. Im Großen und Ganzen ist es aber erstaunlich, wie lange die Popularität Hitlers bei der Bevölkerungsmehrheit anhielt. Charakteristisch für den Widerstand gegen das Dritte Reich war seine extreme Zersplitterung. Widerstand zeigte sich durchweg in Aktionen einzelner oder kleinerer Gruppen, die aus militärischen (zum Beispiel um General Ludwig Beck), kirchlichen (zum Beispiel Dietrich Bonhoeffer), studentischen (zum Beispiel um die Geschwister Scholl) und kommunistischen (zum Beispiel Harro Schulze-Boysen und die „Rote Kapelle") Kreisen heraus ausgeführt wurden. Den Höhepunkt des deutschen Widerstandes gegen Hitler stellte ohne Zweifel das Attentat des Claus Graf Schenk von Stauffenberg und der damit verknüpfte Putschversuch dar (20. Juli 1944). Dieser bedeutsamste Versuch, ein als verbrecherisch erkanntes Regime zu beseitigen, scheiterte letztlich daran, dass Hitler den Anschlag überlebte. Die Rache des Regimes war grausam; etwa 5000 Menschen wurden als Folge des 20. Juli 1944 hingerichtet.

Bei diesem Putschversuch kam dem Kreisauer Kreis eine hervorragende Bedeutung zu. In ihm wirkten sowohl Bürgerlich-Konservative als auch Sozialdemokraten mit, um Pläne für die Neuordnung Deutschlands nach der NS-Herrschaft auszuarbeiten. Neben vielen anderen nahmen teil: Helmuth James Graf von Moltke, Yorck von Wartenburg und die Sozialdemokraten Adolf Reichwein, Julius Leber, Carlo Mierendorff.

Ein weiterer Widerstandskreis bildete sich um den nationalkonservativen Carl Friedrich Goerdeler, den ehemaligen Oberbürgermeister von Leipzig.

Schon vor 1944 waren andere mutige Männer zu dem Ergebnis gekommen, dass der Tyrannenmord den einzigen Ausweg aus der bedrückenden Situation biete (so z. B. Fabian von Schlabrendorff, Friedrich Olbricht, Henning von Tresckow, Axel von dem Bussche). Bereits am 8. November 1939 hatte Georg Elser, ein Einzelgänger, versucht, Hitler durch eine Zeitbombe während einer Ansprache im Bürgerbräukeller in München zu töten. Hitler entging diesem Attentat wie so vielen anderen auch. Insgesamt sind über 40 Attentatsversuche bekannt. Aber Zufälle, wie zum Beispiel nicht funktionierende Zeitzünder oder kurzfristige Terminänderungen, hatten jedes Mal den Erfolg der Attentate verhindert.

So gewiss wie der antifaschistische Widerstand nie eine Massenbewegung war, so gewiss ist auch, dass der Widerstand einen Umfang und eine Qualität hatte, die es verbieten, ihn dem Vergessen preiszugeben.

Was als Widerstand zu gelten habe, ist nicht unumstritten. Gewissermaßen hat der NS-Staat selbst bestimmt – und zwar durch die Praxis

Carl Goerdeler (1884–1945)
vor dem Volksgerichtshof

der Strafverfolgung –, was dazu zu zählen habe. Wie eng der Spielraum für den Einzelnen war, zeigte das strikte Verbot, einen ausländischen Rundfunksender zu hören („Rundfunkverbrechen"). Die totalitäre Erfassung des so genannten Volksgenossen durch die Partei und den Staat lässt es angebracht erscheinen, Widerstand in verschiedenen Formen zu erkennen.

Widerstand kann ganz unterschiedliche Reichweiten besitzen. Er reicht von privater Verweigerung, wie zum Beispiel dem Erzählen eines politischen Witzes, bis zu einem politisch-konzeptionellen Widerstand, der staatspolitisch ausgerichtet ist. In jedem Fall waren die Risiken beträchtlich. Als das Hitler-Regime sich dem Ende zuneigte, verfolgte es selbst geringfügige Anzeichen der Missbilligung mit drakonischen Strafen. Eine Verordnung vom 24. Oktober 1941 bestrafte öffentliche Sympathiebezeugungen für Juden mit drei Monaten KZ. Und die Beteiligten vom 20. Juli planten ihr Vorgehen in dem Bewusstsein ihres wahrscheinlichen Scheiterns, was diesem „Aufstand des Gewissens" etwas Heroisches verleiht.

Hans und Sophie Scholl

Neben den spektakulären Attentaten müssen auch die folgenden anderen Aktivitäten zum Widerstand gerechnet werden: Emigration (allein 1933 etwa 53 000 Menschen), propagandistische Aktivitäten (zum Beispiel Flugblätter herstellen und verteilen), Streiks, Protestpredigten evangelischer Pastoren der Bekennenden Kirche und katholischer Geistlicher, Befehlsverweigerung (zum Beispiel des Kommissarbefehls, der die kriegsrechtswidrige Ermordung gefangener sowjetischer Parteifunktionäre vorsah), Eides- und Kriegsdienstverweigerung (zum Beispiel der Zeugen Jehovas) sowie die verschiedenen Hilfeleistungen für die Verfolgten. Ungefähr 5000 Juden überlebten in Deutschland in der Illegalität, zum Beispiel auf Dachböden, in Kellern oder Gartenlauben. Das war ohne Hilfe von anderen Menschen nicht möglich, denn die Versteckten bedurften der Versorgung mit Nahrungsmitteln.

Die Historiker haben etwa 10 000 Hinrichtungen aufgrund ziviler Strafgerichtsurteile wegen politischer Delikte festgestellt. Außerdem wurde an 15 000 Soldaten (von 22 000) das Todesurteil wegen Fahnenflucht vollstreckt. Die meisten Anklagen wegen Kriegsdienstverweigerung endeten gleichfalls mit der Todesstrafe (10 500 Fälle).

Chronologie

5. März 1933	Synode der Bekennenden Kirche beschließt eine Kanzelverkündigung gegen die NS-Ideologie; 700 Pfarrer werden daraufhin verhaftet.
8. Nov. 1939	Georg Elsers Attentat auf Hitler im Münchner Bürgerbräukeller
26. Mai 1942	Attentat auf Reinhard Heydrich (stellv. Reichsprotektor von Böhmen und Mähren) in Prag
22. Februar 1943	Hinrichtung der Geschwister Scholl in München
19. April 1943	Beginn des jüdischen Aufstandes im Warschauer Getto
9. August 1943	„Kreisauer Kreis" von überwiegend christlich-sozialen Nazi-Gegnern entwirft ein Programm zur Neuordnung Deutschlands.
Juni 1944	Massenverhaftungen durch die Gestapo, u. a. werden die Sozialdemokraten Julius Leber und Adolf Reichwein verhaftet.
20. Juli 1944	Attentat des Obersten v. Stauffenberg auf Hitler; der Versuch eines Staatsstreichs scheitert.

Widerstand gegen den Nationalsozialismus

Kommunistische Widerstandsgruppen
Uhrig-Römer-Gruppe (Berlin)
Saefkow-Jacob-Gruppe (Berlin)
Bästlein-Gruppe (Hamburg)

Rote Kapelle
Harro und Libertas Schulze-Boysen
Arvid und Mildred Harnack
Hans Coppi · Eva-Maria Buch

Sozialistischer und gewerkschaftlicher Widerstand

Kirchliche Opposition

Weiße Rose
(München 1942/43)
Hans und Sophie Scholl · Alexander
Schmorell · Christoph Probst
Willi Graf · Kurt Huber

Denkmal
für die Opfer
des 20. Juli 1944
(Berlin)

Goerdeler-Kreis
Carl Goerdeler · Johannes Popitz
Ulrich von Hassell · Fritz-Dietlof von
der Schulenburg · Jakob Kaiser
Wilhelm Leuschner

Kreisauer Kreis
Helmuth James Graf von Moltke
Peter Graf Yorck von Wartenburg
Adam von Trott zu Solz
Julius Leber · Adolf Reichwein
Pater Alfred Delp

Militärische Opposition
Wilhelm Canaris · Hans Oster
Ludwig Beck · Erwin von Witzleben
Henning von Tresckow · Friedrich
Olbricht · Carl-Heinrich v. Stülpnagel
Albrecht Mertz von Quirnheim
Werner von Haeften · Claus Schenk
Graf von Stauffenberg

Verschwörung des 20. Juli 1944

ZAHLENBILDER
50 095

M 2 Protest

Martin Niemöller[1] in einem kritischen Rückblick:

Als die Nazis die Kommunisten holten,
habe ich geschwiegen;
ich war ja kein Kommunist.
Als sie die Sozialdemokraten einsperrten,
5 habe ich geschwiegen;
ich war ja kein Sozialdemokrat.
Als sie die Gewerkschaften verboten,
habe ich nicht protestiert;
ich war ja kein Gewerkschaftler.
10 Als sie mich holten, gab es keinen mehr,
der protestieren konnte.

1 Vertreter der oppositionellen Bekennenden Kirche, ehem. Kirchenpräsident von Hessen und Nassau, 1938–1945 in KZ-Haft

Zit. nach: Neue Gesellschaft für Bildende Kunst (Hg.) a. a. O., S. 87.

M 3 Scheitern der Widerstandsbewegung

Der Erzähler Günther Weisenborn schrieb eines der ersten Bücher über den Widerstand (1953):

Die Widerstandsbewegung wollte der Welt den Frieden retten. Sie hat dieses Ziel aus drei Gründen nicht erreicht:
1. Ihr Gegner war der gewaltigste und beste Polizeiapparat der Welt.
5 2. Der Krieg kam, weil so viele Deutsche der Widerstandsbewegung fernblieben.

3. Die Widerstandsbewegung war zersplittert. Ihren Aktionen fehlte die Einheitlichkeit.
Aber wenn die Widerstandsbewegung trotzdem 10 ein so großes Ausmaß gewonnen hat, so ist das eine Ehrenrettung des viel geschmähten deutschen Volkes.

G. Weisenborn, Der lautlose Aufstand, Bericht über die Widerstandsbewegung des deutschen Volkes 1933–1945, Reinbek 1962, S. 228.

M 4 Widerstand gegen die so genannte Euthanasie

Der Bischof von Münster, Graf von Galen, erstattete Anzeige wegen Mordes (3. August 1941):

Als ich von dem Vorhaben erfuhr, Kranke aus Mariental abzutransportieren, um sie zu töten, habe ich am 28. Juli bei der Staatsanwaltschaft, beim Landgericht in Münster […] Anzeige erstattet durch eingeschriebenen Brief mit folgendem Wort- 5 laut: „Nach mir zugegangenen Nachrichten soll im Laufe dieser Woche (man spricht vom 31. Juli) eine große Anzahl Pfleglinge der Provinzialheilanstalt bei Mariental in Münster als so genannte ,unproduktive Volksgenossen' nach der Heilanstalt Eich- 10 berg überführt werden, um dann alsbald, wie es nach solchen Transporten aus anderen Heilanstalten nach allgemeiner Überzeugung geschehen ist, vorsätzlich getötet zu werden."

Zit. nach: W. Hofer, Der Nationalsozialismus, Dokumente 1933–1945, Frankfurt 1957, S. 164.

Die Kunst des Selbstrasierens

Neue Wege
männlicher Kosmetik

H. F. G. & Cie.
Hamburg-London-Paris-
New York

I. Der Standort der Sozialdemokratie.

1 Die revolutionäre Aufgabe.

Die Sozialdemokratische Partei ist von ihrem nationalsozialistischen Gegner am 22. Juni verboten worden. Damit sind alle Diskussionen über Gleichschaltung, Tolerierung oder Mitarbeit erledigt. Das System des totalen, faschistischen Staates kennt keine Faktoren des Staatswillens außerhalb der herrschenden Partei.

Eine Partei mit den Aufgaben und Zielen der Sozialdemokratie hat deshalb nur noch Existenzberechtigung als revolutionäre Partei. Sie kann den Staatswillen nur beeinflussen, indem sie den Willen der regierenden Partei bricht. Gegen die Despotie gibt es keine parlamentarische oder verfassungsmäßige Opposition, sondern nur noch das Mittel der Revolution! Die NSDAP., die bei der Machteroberung feierlich verkündet hat, daß sie niemals mehr die Macht aus der Hand geben wolle, kann nur noch entmachtet werden durch die Brechung ihres Willens, sie muß vernichtet werden.

Die Sozialdemokratische Partei hat bisher ihre historisch gewordene Macht in der Form der legalen, die Grundgesetze der Verfassung achtenden parlamentarischen Partei angewandt, sei es als Regierungspartei, sei es als parlamentarische Opposition; bald mit dem Ziel, zur Regierung zu gelangen, bald mit der Verpflichtung, die Regierung abzugeben, wenn es der auf demokratisch-verfassungsmäßige Wege ausgesprochene Volkswille erfordern sollte. Mit dem Sturz der Demokratie und der demokratischen Verfassung ist diese Form der Machtausübung und der politischen Aktivität unmöglich geworden. Jeder Versuch, diese rein parlamentarische Form aus dem demokratischen System in das faschistische System zu übertragen, würde eine Anerkennung des faschistischen Systems bedeuten. Dem Regime ohne wirkliches Parlament und ohne Anerkennung von Staatsbürgerrechten gegenüber sich auf parlamentarische Opposition beschränken zu wollen, würde den Uebergang zu einer Systempartei bedeuten.

Die neue Form der Machtäußerung der Sozialdemokratischen Partei und des sie tragenden Willens weiter Arbeiterschichten zu Freiheit und Sozialismus muß deshalb revolutionär sein. Nationalsozialismus und Sozialismus sind feindliche Prinzipien, die sich unversöhnlich gegenüberstehen, es gibt zwischen ihnen keinerlei Gemeinschaft, sondern nur Kampf auf Tod und Leben. Der Nationalsozialismus ist Gegenrevolution mit scheinrevolutionären Mitteln. Er war bis vor kurzem noch Gegenrevolution im alten deutlich erkennbaren Gewande — er hat jetzt die Maske einer Revolution von unten vorgenommen. Ihm die Maske vom Gesicht zu reißen, der Todfeindschaft zwischen Sozialismus und Nationalsozialismus äußeren Ausdruck zu verleihen, die geeignete Form des Machtkampfes gegen die nationalsozialistische Despotie in unversöhnlicher Haltung zu finden und anzuwenden, das ist die Aufgabe der Sozialdemokratie.

2. Die Garantien der Zukunft.

Die Sozialdemokratische Partei ist der Ausdruck einer historisch gewordenen Macht, die in den Köpfen und dem Willen von Menschen fest verankert ist. Der Wille zu Freiheit, Gerechtigkeit und Sozialismus, die untrennbar miteinander verbunden sind, wächst immer aufs neue hervor aus dem Elend unvollkommener Organisation menschlicher Gesell-

M 5 Tarnschrift „Die Kunst des Selbstrasierens"
Sie enthielt das Prager Manifest der SPD: „Kampf und Ziel des revolutionären Sozialismus" (1934)

M 6 Ein Attentat auf Hitler (1939)

Der Publizist Jörg von Uthmann erzählt die Geschichte von Georg Elser, einem Attentäter mit gutem Gewissen. Das Attentat schlug nur deshalb fehl, weil Hitler die Veranstaltung im Bürgerbräukeller früher als geplant verlassen hatte:

Die Deutschen sind vermutlich das einzige Volk, das Jahr für Jahr einen misslungenen Anschlag auf das Leben seines Staatsoberhauptes feiert – wobei es nicht das Misslingen des Anschlags ist, das gefeiert
5 wird, sondern der Mut derer, die ihn unternahmen. Nicht allen freilich ist bei diesen Feiern wohl. Hitlers Rundfunkansprache, in der er die Attentäter des 20. Juli 1944 „eine ganz kleine Clique ehrgeiziger, gewissenloser und zugleich verbrecherischer, dum-
10 mer Offiziere" nannte, wirkt bis heute nach. Sogar den Kriegsgegnern fiel es schwer, die Gründe ernst zu nehmen, aus denen pflichttreue deutsche Beamte Hoch- und Landesverräter wurden. [...]
Vor allem trifft es nicht zu, dass sich der Widerstand
15 erst geregt habe, als der Krieg offenkundig verloren war. Das Attentat vom 20. Juli ist kein Einzelfall, sondern der Kulminationspunkt eines Dramas, dessen Hauptdarsteller schon seit Jahren auf der Bühne standen. Addiert man alle Versuche und Vorberei-

tungshandlungen, deren Ziel die Beseitigung Hit- 20
lers war, dann kommt man auf eine Zahl zwischen 40 und 50. Was ihn immer wieder rettete, war gewiss auch Stümperei und mangelnde Entschlossenheit, häufiger aber noch die von ihm so gern beschworene „Vorsehung", die ihm durch eine Reihe 25
schier unglaublicher Zufälle zu Hilfe kam.
Ein klassisches Beispiel ist der Anschlag des Möbeltischlers Johann Georg Elser im Münchner „Bürgerbräukeller". Die Bierwirtschaft war eine der heiligen Stationen des nationalsozialistischen Leidens- 30
weges. Am 8. November 1923 war hier der Marsch zur Feldherrnhalle beschlossen worden, bei dem sechzehn Parteigenossen ihr Leben ließen. Seit 1933 spielte sich jedes Jahr das gleiche Ritual ab: Am Abend des 8. November hielt Hitler im „Bür- 35
gerbräukeller" eine anderthalbstündige Rede, bevor am nächsten Tag, dem Karfreitag der Bewegung, die „Alten Kämpfer" vor dem Haus zum Erinnerungsmarsch antraten.
Elser, ein verschlossener Einzelgänger und begab- 40
ter Tüftler, hatte eine Zeitlang dem „Roten Frontkämpferbund" angehört, war aber auch hier isoliert geblieben. Im Herbst 1938, zurzeit des Münchner Abkommens, reifte in ihm der Entschluss, Hitler umzubringen. Aus seinem Heimatdorf Königsbronn 45

M 7 Der zerstörte Bürgerbräukeller in München nach dem Attentat vom 8. November 1939

(bei Heidenheim) fuhr er in die bayerische Hauptstadt, um sich nach einem geeigneten Ort umzusehen. Seine Wahl fiel auf den „Bürgerbräukeller". In seine Heimat zurückgekehrt, verdingte er sich zum allgemeinen Erstaunen als Hilfsarbeiter in einem Steinbruch. Den übrigen Arbeitern fiel nicht auf, dass ihr schweigsamer Kollege systematisch Sprengstoff entwendete. Nach einigen Monaten hatte
50

Georg Elser (1903–1945)
Schreiner aus Hermaringen (Württemberg), verübte am 8. November 1939 ein Bombenattentat auf Hitler im Bürgerbräukeller in München. Georg Elser starb 1945 im Konzentrationslager Dachau.

Elser die zehn Kilo „Donarit" zusammen, die er nach seinen Berechnungen benötigte. Zu Ostern war er ein zweites Mal in München gewesen und hatte die Räumlichkeiten fotografiert. Dabei war ihm aufgefallen, dass neben der Rednertribüne ein holzgetäfelter Stützpfeiler stand. Hier, entschied er, werde er seine Höllenmaschine installieren. Im August 1939 verkaufte Elser seine bescheidene
55

60

Habe und siedelte nach München um. Sein Vermieter, ein Tapezierer in der Türkenstraße, wunderte sich, dass sein Gast tagsüber schlief und nachts so gut wie niemals zu Hause war. Er arbeite an einer Erfindung, antwortete Elser geheimnisvoll, als ihn der Tapezierer befragte. In Wahrheit verbrachte er seine Nächte am Tatort. Nachdem er gegessen und gezahlt hatte, versteckte er sich in einer Rumpelkammer, wo er die Schließung des Lokals abwartete. Danach machte er sich an die Arbeit. 30 bis 35 Nächte, schätzte er später, habe es ihn gekostet, um den Sprengsatz und den Zündmechanismus in die Säule einzubauen. […] Danach bestieg er den Zug nach Konstanz, um von dort aus die sichere Schweiz zu gewinnen. […]
65

70

75

Elser wurde gefasst, als er versuchte, über den Grenzzaun zu klettern. Zum Verhängnis wurde ihm, dass er eine Ansichtskarte des „Bürgerbräukellers" bei sich trug. Kellnerinnen identifizierten den schwäbelnden Stammgast. Dass er allein gehandelt habe, wollte Hitler freilich nicht glauben. Er war überzeugt davon, dass die Engländer hinter dem Anschlag standen.
80

Unter Himmlers persönlicher Aufsicht wurde Elser gefoltert. Später versuchte es die Gestapo mit Pervitin-Spritzen und einem Hypnotiseur, um ihn zum Sprechen zu bringen. Aber es half nichts: Hitler musste auf den geplanten Schauprozess verzichten. Elser kam in das KZ Sachsenhausen, später nach Dachau, wo er wenige Tage vor der Befreiung des Lagers erschossen wurde.
85

90

J. v. Uthmann, Attentat, Mord mit gutem Gewissen, Berlin 1996, S. 133 ff.

M8 Widerstand gegen die Judenverfolgung in Dänemark

Die Rettung fast aller Juden in Dänemark (1943) war das Ergebnis des Zusammenwirkens von deutschen, dänischen und schwedischen Widerstandskämpfern:

Als Datum für die Festnahme und den sofortigen Abtransport wurde die Nacht des 1. Oktober festgesetzt – im Hafen lagen Schiffe bereit –, und da man sich für die notwendige Unterstützung weder
5 auf die Dänen noch auf die Juden, noch auf die in Dänemark stationierten deutschen Truppen verlassen konnte, trafen Polizeieinheiten aus Deutschland ein, um die Stadt von Haus zu Haus nach Juden zu durchsuchen. Ihnen sagte Best [Reichsbevollmächti-
10 gerer für Dänemark] im letzten Augenblick, mit Gewalt in Wohnungen einzudringen sei verboten, da sich sonst womöglich die dänische Polizei einmischen könnte, und mit den Dänen dürfe es nicht zu Handgreiflichkeiten kommen. Infolgedessen konn-
15 ten sie nur Juden, die ihre Tür freiwillig öffneten, verhaften. Von insgesamt mehr als 7 800 Juden fanden sie genau 477, die zu Hause waren und sie einließen. Einige Tage vor dem verhängnisvollen Datum hatte der deutsche Speditionskaufmann
20 Georg F. Duckwitz – vermutlich von Best selbst mit dem Tipp versehen – dänischen Regierungsbeamten den ganzen Plan eröffnet, die ihrerseits schleunigst die Leiter der jüdischen Gemeinde informierten. Und diese gaben dann, in auffallendem Gegensatz
25 zu jüdischen Funktionären in anderen Ländern, die Nachricht öffentlich bekannt – beim Neujahrsgottesdienst in den Synagogen. Den Juden blieb gerade genügend Zeit, ihre Wohnungen zu verlassen und sich zu verstecken, was in Dänemark sehr
30 einfach war, denn „alle Kreise des dänischen Volkes, vom König bis zum einfachen Bürger", standen, wie es im Urteil heißt, bereit, sie aufzunehmen. Sie hätten bis zum Ende des Krieges „untergrund" bleiben müssen, hätten sie nicht zum Glück Schwe-
35 den als Nachbarn gehabt. Die Juden nach Schweden zu bringen, schien das Vernünftigste zu sein, und mithilfe der dänischen Fischereiflotte ist das auch gelungen. Die Überfahrt der mittellosen Juden – der Preis betrug ca. 100 Dollar pro Person
40 – wurde weitgehend von wohlhabenden dänischen Bürgern bezahlt [...]

Zit. nach: H. Arendt, Eichmann in Jerusalem, Reinbek 1964, S. 214.

M9 „Weiße Rose"

Flugblatt einer Widerstandsgruppe von Münchener Studenten um die Geschwister Hans und Sophie Scholl (1942):

Nichts ist eines Kulturvolkes unwürdiger, als sich ohne Widerstand von einer verantwortungslosen und dunklen Trieben ergebenen Herrscherclique regieren zu lassen [...]. Wenn jeder wartet, bis der andere anfängt, werden die Boten der rächenden
5 Nemesis[1] unaufhaltsam näher und näher rücken, dann wird auch das letzte Opfer sinnlos in den Rachen des unersättlichen Dämons geworfen sein. Daher muss jeder Einzelne seiner Verantwortung als Mitglied der christlichen und abendländischen
10 Kultur bewusst in dieser letzten Stunde sich wehren, so viel er kann, arbeiten wider die Geißel der Menschheit, wider den Faschismus und jedes ihm ähnliche System des absoluten Staates. Leistet passiven Widerstand – Widerstand – , wo immer ihr
15 auch seid, verhindert das Weiterlaufen dieser atheistischen Kriegsmaschine, ehe es zu spät ist, ehe die letzten Städte ein Trümmerhaufen sind, gleich Köln, und ehe die letzte Jugend des Volkes irgendwo für die Hybris[2] eines Untermenschen
20 [gemeint ist Hitler] verblutet ist. Vergesst nicht, dass ein jedes Volk diejenige Regierung verdient, die es erträgt.

1 Nemesis: griechische Göttin der strafenden Gerechtigkeit

2 Hybris: verbrecherische Überheblichkeit

Zit. nach: G. Weisenborn, a.a.O., S. 82.

Aufgaben

1. In welcher Form konnte sich Widerstand im Dritten Reich bemerkbar machen?
   → Text, M4–M9
2. Erläutern Sie, welche gesellschaftlichen und politischen Bedingungen Widerstand gegen den NS-Staat so außerordentlich erschwerten.
   → Text, M3
3. Benennen Sie die unterschiedlichen Akteure des Widerstandes und erläutern Sie deren Motive.
   → Text, M1, M2, M4–M9
4. Beurteilen Sie das Handeln von Georg Elser.
   → M6, M7
5. Erklären Sie, wie die überwiegende Mehrheit der dänischen Juden vor der Vernichtung gerettet werden konnte.
   → M8

11.9 Deutschland am Ende des Zweiten Weltkrieges

Schon während des Krieges hatten die Alliierten Listen von festzunehmenden Personen aufgestellt. Die Strafverfolgung von NS-Verbrechen setzte unmittelbar nach dem Kriegsende ein. Vor allem auf Betreiben der USA wurde in Nürnberg ein Internationaler Militärgerichtshof eingerichtet, dem die Aufgabe der Aburteilung von Hauptschuldigen zukam. Die Anklage lautete auf Verbrechen gegen den Frieden, Kriegsverbrechen und Verbrechen gegen die Menschlichkeit.

Im Zuge der Entnazifizierung beziehungsweise der juristischen Aufarbeitung der NS-Verbrechen wurden etwa 50 000 deutsche Täter verurteilt, die meisten von ihnen von Gerichten der UdSSR. In den Westzonen kam es zu 5 000 Verurteilungen unter alliierter Zuständigkeit, davon 650 zum Tode. Nach der Wiederherstellung der westdeutschen Rechtshoheit (1949/50) folgten weitere 4 000 Verurteilungen von NS-Straftätern durch deutsche Gerichte.

Die verheerenden Konsequenzen, die das Dritte Reich hatte, beziehen sich nicht nur auf Menschenleben, Gebietsverluste und zerstörte Städte, sondern auch auf das geistige Leben einer Kulturnation. Die Bücherverbrennungen vom 10. Mai 1933 waren nur der symbolische Ausdruck für die Vernichtung eines Teils der deutschen Kultur und Wissenschaft. Das bezieht sich zum einen auf die jüdischen Deutschen, die bis 1933 elf der 40 deutschen Nobelpreisträger stellten. Der Verlust von Deutschlands Weltgeltung im Hinblick auf die Wissenschaften hat auch mit der Vertreibung nach 1933 zu tun. Außer 280 000 Juden waren etwa 40 000 politische Gegner des NS-Regimes emigriert. Die Machtergreifung durch Hitler war mit einem Aderlass an den Universitäten verbunden. 40 Prozent aller Universitätslehrer (3000) verließen das Land. Auch die Mehrzahl der bekannten Schriftsteller emigrierte, unter ihnen Thomas und Heinrich Mann, Bertolt Brecht, Anna Seghers, Alfred Döblin, Lion Feuchtwanger.

Bedeutende Emigranten waren während der zwölf Jahre der NS-Diktatur in Vergessenheit geraten. Manche Namen, wie zum Beispiel Thomas Mann, durften aufgrund einer Anweisung von Goebbels in den Medien nicht mehr erwähnt werden. Nach 1945 mussten die Traditionsfäden der deutschen Kultur, die von den Nationalsozialisten so sorgfältig zerschnitten worden waren, erst wieder neu geknüpft werden. Hitler, der sich – wie andere NS-Politiker auch – das Leben genommen hatte (30. April 1945), hinterließ ein Land in Ruinen. Das galt in sichtbarer Weise beim Anblick deutscher Städte, aber auch hinsichtlich der sozialpsychologischen Verfassung eines ganzen Volkes. Hin- und hergerissen zwischen Verdrängung des Geschehens und dessen Aufarbeitung, zwischen den Gefühlen der Niederlage und Befreiung, suchten die Deutschen eine neue Orientierung. Mit wachsendem Abstand wurde Hitler immer klarer als unheilsvolle Führerfigur erkannt. Etwas zögerlich kam ein Dialog in Gang: über die Notwendigkeit und Unfähigkeit zu trauern, über Kollektiv- und Einzelschuld, über Schuld und Verantwortung – eine gesellschaftliche Diskussion, die bis in die Gegenwart reicht. In der deutschen Geschichte wird es auf absehbare Zeit immer ein Vorher und ein Nachher geben.

M 1 Niederlage
Hannover nach Kriegsende 1945. Etwa 3,5 Millionen Häuser wurden im Bombenkrieg zerstört.

M 2 Befreiung
Die Häftlinge des KZ Dachau begrüßen ihre amerikanischen Befreier am 30. April 1945.

M 3 Die geistige Emigration

Gemälde von Arthur Kaufmann, entstanden zwischen 1938 und 1965. 1. Viertel, Berthold (Schriftsteller u. Regisseur) 2. Lang, Fritz (Regisseur) 3. Anders, Günther (Schriftsteller) 4. Toch, Ernst (Philosoph) 5. Bloch, Ernst (Philosoph) 6. Kaufmann, Arthur (Maler) 7. Musset-Kaufmann, Elisabeth (Psychologin) 8. Wertheimer, Max (Psychologe) 9. Feuermann, Emanuel (Cellist) 10. Schönberg, Arnold (Komponist) 11. Grosz, George (Maler) 12. Floch, Joseph (Maler) 13. Mann, Heinrich (Schriftsteller) 14. Zucker, Paul (Architekt u. Kunsthistoriker) 15. Rainer, Luise (Schauspielerin) 16. Friedemann, Ulrich (Arzt, Bakteriologe) 17. Klemperer, Otto (Dirigent) 18. Tillich, Paul (Theologe) 9. Zweig, Arnold (Schriftsteller) 20. Stern, William (Psychologe) 21. Bruckner, Ferdinand (Schriftsteller) 22. Einstein, Albert (Physiker) 23. Mann, Klaus (Schriftsteller) 24. Mann, Thomas (Schriftsteller) 25. Mann, Erika (Schriftstellerin) 26. Renn, Ludwig (Schriftsteller) 27. Valentin, Curt (Kunsthändler) 28. Jelinek, Hans (Grafiker) 29. Frank, Bruno (Schriftsteller) 30. Piscator, Erwin (Regisseur) 31. Goslar, Lotte (Tänzerin) 32. Graf, Oskar Maria (Schriftsteller) 33. Dolbin, Benedikt Fred (Zeichner) 34. Goldstein, Kurt (Arzt, Neurologe) 35. Weill, Kurt (Komponist) 36. Reinhardt, Max (Regisseur) 37. Thimig, Helene (Schauspielerin) 38. Toller, Ernst (Schriftsteller)

M 4 Hitlers Nero-Befehl

Im Gespräch mit Speer[1] äußerte sich Hitler folgendermaßen (März 1945):

Wenn der Krieg verlorengeht, wird auch das Volk verloren sein. Es ist nicht notwendig, auf die Grundlagen, die das deutsche Volk zu seinem primitivsten Weiterleben braucht, Rücksicht zu nehmen. Im
5 Gegenteil ist es besser, selbst diese Dinge zu zerstören. Denn das Volk hat sich als das schwächere erwiesen, und dem stärkeren Ostvolk gehört ausschließlich die Zukunft. Was nach diesem Kampf übrigbleibt, sind ohnehin nur die Minderwertigen,
10 denn die Guten sind gefallen!

1 Albert Speer (1905–1981), zunächst als Architekt ein Vertrauter Hitlers, später (ab 1942) Reichsminister für Bewaffnung und Munition; im Nürnberger Prozess zu 20 Jahren Haft verurteilt.

A. Speer, Erinnerungen, Frankfurt/M. 1969, S. 446.

M 5 Nach dem Ende des Kriegs

Der Historiker Christian Graf von Krockow schildert die Nachkriegshaltung der Deutschen:

Die Nachkriegshaltung ist später analysiert und auf den Begriff gebracht worden als die Unfähigkeit zu trauern. Aber um wen wohl hätten die Deutschen weinen sollen, etwa um den „Führer", der ihnen so
5 plötzlich abhanden gekommen war? Hitler hatte versprochen – und dies tatsächlich gehalten –, dass sich ein „November 1918" nicht wiederholen werde; alle, wirklich alle, hatten jetzt miterlebt, was das bedeutete. Die Endphase des Krieges, etwa
10 vom 20. Juli 1944 an gerechnet, forderte mehr Opfer als die Jahre zuvor, um von Hab und Gut, von den brennenden Dörfern und Städten, von Würzburg und Dresden, von Flucht und Vertreibung, von Ostpreußen, Pommern und Schlesien nicht erst zu
15 reden. Das Regime hatte sich widerlegt, wie nur es selbst sich widerlegen konnte: Überall war man Zeuge gewesen, wie die Parteifunktionäre Durchhalteparolen ausgaben, wie sie mit Greisen und Halbwüchsigen eine absurde Verteidigung organisierten, den Treckbefehl verzögerten, bis es zu spät 20 war – um dann zu verschwinden, als hätte es sie nie gegeben. Sie waren, wie der „Führer" selbst, ihrer Verantwortung schmählich entlaufen.

Diese Verantwortung fiel nun auf die Hinterbliebenen zurück; sie wurde den Besiegten von den 25 Siegern als Schuld zugerechnet, als Rechenschaft abgefordert. Genau damit aber fühlten die Deutschen sich von den Machthabern des als „tausendjährig" angekündigten Dritten Reiches um ihre Leistungsbereitschaft, ihre Treue im Dienst geprellt, 30 um die Begeisterung, die Hingabe betrogen. […]
So löste sich der Bann des Dritten Reiches fast über Nacht. Kein Widerstand gegen die Besatzung, kein Partisanenkampf, keine „Werwölfe" weit und breit. Über den „Verrat" der Deutschen klagte bereits der 35 Propagandaminister Dr. Goebbels in seiner letzten Ansprache vor Mitarbeitern am 21. April 1945: „Was fange ich mit dem Volk an, dessen Männer nicht einmal mehr kämpfen, wenn ihre Frauen vergewaltigt werden!? […] Im Osten läuft es davon, im Westen 40 hindert es die Soldaten am Kampf und empfängt den Feind mit weißen Fahnen."
Nur wenig später, im August, schrieb der neue Landrat des fränkischen Gunzenhausens, einer alten Hochburg der NSDAP, in seinem Lagebericht: 45 „Obwohl der Krieg erst seit einigen Monaten beendet ist, wird vom Nationalsozialismus fast nicht mehr, und wenn, dann im nachteiligen Sinne gesprochen. Bei Leuten, die in ihren Heimen Zeichen des nationalsozialistischen Staates in jeglicher 50 Form zeigten, ist keine Spur davon zu sehen." Der Hohn, dass außer Hitler offenbar niemand Nationalsozialist war, verfehlte indessen sein Ziel – oder traf es auf vertrackte Weise: Einzig dem Führer hatte man „unbedingten Gehorsam" geschworen und 55 nur ihm wirklich vertraut.

Chr. Graf von Krockow, Die Deutschen in ihrem Jahrhundert 1890–1990, Reinbek 1990, S. 268 f.

Aufgaben

1. Ziehen Sie eine Bilanz für Deutschland im Jahre 1945. Berücksichtigen Sie die materiellen und menschlichen Aspekte.
   → Text, M1–M3
2. Die Emigration erfolgte aus vielfältigen Gründen. Informieren Sie sich über einige Emigranten auf dem Gemälde.
   → M3
3. Charakterisieren Sie die Haltung Hitlers angesichts der Niederlage.
   → M4
4. Erläutern Sie, was viele Deutsche nach dem Ende des Krieges 1945 empfanden.
   → Text, M5

Gibt es eine Kollektivschuld der Deutschen?

Wahrscheinlich ist kein Abschnitt der Weltgeschichte so gründlich erforscht worden wie jene zwölf Jahre zwischen 1933 und 1945, die man mit dem Dritten Reich verbindet. Es liegen zehntausende von wissenschaftlichen Publikationen vor, und dennoch gibt es viele Fragen, auf die bis in die Gegenwart keine abschließende Antwort gefunden wurde und die vermutlich auch niemals beantwortet werden können:

- Was konnte oder wollte der Einzelne vom Holocaust in Erfahrung bringen?
- War die deutsche Geschichte tatsächlich auf einen „eliminatorischen" (löschenden) Antisemitismus angelegt?
- Wie viele Menschen waren am Holocaust unmittelbar beteiligt?
- Was bedeutet es für die Nachgeborenen, wenn Eltern und Großeltern historische Schuld auf sich geladen haben?

Unmittelbar nach dem Zweiten Weltkrieg gingen die Westalliierten davon aus, dass das gesamte Volk einem Wahn verfallen sei, psychisch deformiert durch eine schwere „geistige Krankheit". Die Vorstellung war weit verbreitet, dass ein spezifisch ausgeprägter Nationalcharakter die Deutschen zu solch schrecklichen Verbrechen geführt beziehungsweise verführt habe.

Schuld und Gewissen

Schuld ist ein moralischer und rechtlicher Begriff, der sich gemäß dem abendländischen Menschenbild nur auf natürliche Personen beziehen kann. Schuld beinhaltet die Urheberschaft einer verwerflichen Handlung. Sie setzt die freie Entscheidung, das heißt Handlungsalternativen, voraus. Schuld korreliert mit Gewissen als jener psychomoralischen Instanz, die auch das Schuldbewusstsein repräsentiert. Die naturrechtlich geprägte Denktradition ordnet Schuld und Gewissen dem Einzelnen zu. Die Übertragung auf ein ganzes Volk ist sozialpsychologisch plausibel, jedoch so gesehen nicht statthaft. Auch die rechtsstaatlich geführten NS-Prozesse nach 1945 gingen davon aus, dass juristische Schuld individuell bewiesen werden muss.

Wer waren die Täter?

Der amerikanische Politikwissenschaftler Daniel Goldhagen erregte großes Aufsehen mit seiner These, der Antisemitismus sei „ein nationales Projekt der Deutschen" gewesen. In seinem Buch „Hitlers willige Vollstrecker" (1996) vertrat er die Ansicht, dass die Deutschen einem „eliminatorischen Antisemitismus" anhingen, der geradezu zwangsläufig zum Holocaust geführt habe. Der Mord an den Juden erschien in dieser Perspektive als Teil des deutschen Nationalcharakters. Goldhagens These wurde als Bekräftigung der Kollektivschuldthese verstanden, zumal sich der Blick des Autors auf jene „ganz gewöhnlichen Deutschen" richtete, ohne die der Holocaust nicht durchzuführen gewesen wäre. Goldhagens Ausführungen haben in der deutschen Öffentlichkeit viel Beifall erhalten, aber auch deutliche wissenschaftliche Kritik erfahren.

Wer hat den Holocaust vollstreckt?

Mit der Durchführung des Genozids war die SS beauftragt, insbesondere das Reichssicherheitshauptamt (RSHA), dazu kamen Teile der Sicherheitspolizei (Sipo), des Sicherheitsdienstes (SD) und der Geheimen Staatspolizei (Gestapo). Im KZ und Vernichtungslager Auschwitz zum Beispiel taten ungefähr 7 000 SS-Leute Dienst. Die Einsatzgruppen mit ihren Erschießungskommandos umfassten 3 000 Männer, in den Polizeibataillonen wirkten noch einmal 16 000 Deutsche mit.

Der komplexe Prozess der Massenvernichtung war ohne die Beihilfe von verschiedenen Stellen und Ämtern nicht durchführbar: Partei- und Regierungsangehörige, Polizisten, Eisenbahner, Wehrmachtsangehörige. Die Zahl der direkten Tatbeteiligten am Holocaust (Täter und Helfer) lässt sich objektiv nicht ermitteln. Die Schätzungen der Fachleute bewegen sich im Bereich zwischen 100 000 und 500 000. Das Handeln „ganz normaler Männer" gibt auch heute noch Rätsel auf. Um die Gehorsamsbereitschaft zu verstehen, muss man wahrscheinlich die Wirkung des Krieges und der jahrelangen Propaganda genauso berücksichtigen wie die systematische Enthumanisierung der Opfer. Außerdem spielte der Gruppendruck innerhalb der SS- und Polizeieinheiten eine nicht zu unterschätzende Rolle.

Was konnte die Bevölkerung wissen?

Die Psychoanalytikerin Margarete Mitscherlich schrieb 1979: „Ohne diese Teilnahme und Übereinstimmung der Bevölkerung [...] wäre der schließlich erfolgte Massenmord nicht möglich gewesen." Andererseits zeigen verschiedene Äußerungen von Hitler und Himmler, dass man in der NS-Führung mit dem Antisemitismus des Volkes nicht zufrieden war. Sympathiebezeugungen zu Gunsten von Juden wurden ab 1941 unter Strafe gestellt. Die Gestapo-Berichte anlässlich der „Reichskristallnacht" belegen, dass diese Aktionen alles andere als populär waren. Wie ausgeprägt war also der Antisemitismus der Deutschen? Die Antworten reichen von einem paradoxen „gering" bis zu der These von Goldhagen.

Gesichert ist, dass sich die Entrechtung und Deportation der Juden im öffentlichen Raum abspielten und tendenziell jedem Deutschen bewusst sein mussten. Aber Deportation, die Propaganda sprach von Umsiedlung, und Vernichtung sind nicht das Gleiche. Fraglich ist, ob es für einen Durchschnittsdeutschen vorstellbar war, dass es im Osten Todesfabriken gab. Die Vernichtung war Geheime Reichssache; sie wurde abgeschirmt von der Öffentlichkeit vollzogen. Gerüchteweise wird hier und da das eine oder andere bekannt geworden sein, eventuell zugetragen von Soldaten, die auf Heimaturlaub von der Ostfront gekommen waren. Aber was sollte (wollte) man glauben? Zwar kannte man die antisemitische Propaganda, aber wer konnte sich vorstellen, dass die NS-Führung es so blutig ernst meinte? Die Skepsis wird verständlich, wenn man bedenkt, dass auch die Regierungen in Washington und London die ersten Berichte über Auschwitz – von polnischen Widerstandskämpfern aus dem Lager herausgeschmuggelt – als Übertreibungen und Propaganda abtaten.

M 1 Karikatur von Walter Hanel, 1995

Aufgabe

1. Diskutieren Sie, wie die nachgeborenen Generationen mit der geschichtlichen Erblast umgehen sollten.

11.10 Faschismustheorien

Die wissenschaftliche Beurteilung des Faschismus ist umstritten und nicht zuletzt auch abhängig vom politischen Standort des Wissenschaftlers. Die kontroverse Diskussion findet in einer Vielzahl von wissenschaftlichen Richtungen und Theorien ihren Niederschlag, die im Folgenden nicht alle berücksichtigt werden können.

Umstritten war unter anderem der wissenschaftliche Ansatz, der Hitler als zentrale Figur im Mittelpunkt einer jeden Faschismus-Interpretation sehen möchte. Dieser Orientierung an der Persönlichkeit steht eine andere Interpretationsrichtung gegenüber, die die wirtschaftlichen und sozialen Strukturmerkmale als bestimmend ansieht, wobei die Frage „Wem nutzte der Faschismus?" berücksichtigt wird.

Die Ergebnisse der neueren Forschungen verweisen insgesamt darauf, dass Hitler eine einzigartige Machtstellung zukam. Die Diktatur des Dritten Reiches ist vom Diktator Hitler nicht zu trennen. Die gesamte politische Willensbildung war auf den „Führer" ausgerichtet. Hitler stand gleichsam über den gesellschaftlichen Institutionen. Alle wesentlichen politischen und militärischen Entscheidungen wurden von ihm getroffen. Der „Führerwille" war praktisch Gesetz. Insofern erweist sich jede Analyse des nationalsozialistischen Herrschaftsapparates ohne Berücksichtigung der Persönlichkeit Hitlers als unzureichend.

Auf Hitler konzentrierten sich die Hoffnungen großer Teile des deutschen Volkes. Außerordentlich weit verbreitet war der quasi religiöse Glaube an sein Genie. Hitlers Macht beruhte unter anderem auf der Projektion derjenigen Menschen, die in ihm die Verkörperung des „Erlösers" sahen.

Hitler ist zum Inbegriff der Gewaltherrschaft geworden. Diese war aber auf die Mitwirkung zahlloser Deutscher angewiesen. Die Führerdiktatur wäre nicht möglich gewesen ohne die vielen Helfer (Beamte, Polizisten, Soldaten, Parteimitglieder), die dem Führer zugearbeitet haben.

Wie unterschiedlich die Forschungsschwerpunkte gesetzt wurden, wird auch an Hand der DDR-Geschichtsschreibung deutlich. Hier spielte das politische Interesse der Staatsmacht eine entscheidende Rolle. Als Hauptschuldiger am „Hitlerfaschismus" wurde monokausal das Bündnis von Finanzkapital (Banken) und Schwerindustrie ausgemacht. Der Nationalsozialismus ließ sich als „Herrschaftsform des Monopolkapitalismus in seiner Niedergangsperiode" interpretieren – so lautet die offizielle Sprachregelung. Auf dieser ideologischen Grundlage konnte die DDR ihre eigene Diktatur als „antifaschistisch" deklarieren.

Die Totalitarismustheorie definiert den Faschismus mit einem Begriff („total"), der von den Nationalsozialisten selbst als typisches Merkmal ihrer Gesellschaftsvorstellung herausgestellt worden ist. Die totale Erfassung des Einzelnen widersprach aufs Tiefste dem Grundrechtsverständnis des Liberalismus. Die Totalitarismustheorie stammte aus den vierziger Jahren, der Zeit des so genannten Kalten Krieges. Die Vertreter dieser Theorie betonten die Gemeinsamkeit zwischen dem faschistischen und dem sowjetkommunistischen Herrschaftstyp, um diese vom demokratischen Rechtsstaat abzugrenzen.

M 1 Hitler und die Deutschen

Interview mit dem britischen Historiker und Hitler-Experten Jan Kershaw:

Spiegel: Was war Hitler – ein zynischer Machtmensch, ein fanatischer Weltverbesserer, ein verblendeter Ideologe?

Kershaw: Unter den Historikern würde heute
5 niemand mehr Hitler nur auf die Figur eines zynischen Machtpolitikers reduzieren. Natürlich war er das auch, aber seine Antriebskraft war eine politische Vision: Deutschland zu neuer Größe zu führen, am Ende sollte die Weltherrschaft stehen.
10 Die Vernichtung Andersdenkender und der Genozid an den Juden gehörten dazu, waren aber nicht Selbstzweck.

Spiegel: War Hitlers letzte Antriebskraft Mordlust, wie [der Historiker] Sebastian Haffner meint?

15 **Kershaw:** Nein, Hitlers entscheidender Beweggrund war der Wunsch, Deutschland zur beherrschenden Weltmacht zu erheben. Das bedeutete nicht nur, die Gegner im Krieg zu besiegen, sondern sie buchstäblich zu vernichten. Zu Feinden zählten
20 für Hitler hauptsächlich natürlich die Juden, die für ihn zugleich Weltkapitalismus und Weltkommunismus verkörperten. […]
Hitler war kein schwacher Diktator, auch wenn sich einige Beispiele für Entscheidungsschwäche finden
25 lassen. Dass er den inkompetenten und morphiumsüchtigen Luftwaffenchef Hermann Göring nicht abgesetzt hat, ist sicherlich kein Beweis für Stärke. Ins Gewicht fällt aber vor allem, dass Hitler alle herausragenden Entscheidungen wie die über Außen-
30 politik oder Krieg selbst traf. Er strebte den Krieg mit Frankreich 1940 und mit der Sowjetunion 1941 an, er wollte die Juden – deutsche, ost- und westeuropäische – vernichten lassen, er stand unter keinerlei Druck von irgendjemandem.

35 **Spiegel:** Aber wie lässt sich das Zusammenspiel zwischen Hitler und der NSDAP, der Verwaltung oder der Wehrmacht erklären?

Kershaw: Den Schlüssel fand ich in einer Rede, die Werner Willikens, ein Staatssekretär im preußischen
40 Landwirtschaftsministerium, 1934 vor NS-Funktionären hielt. Er sagte, es gelte, „dem Führer entgegen zu arbeiten". Dieser Satz war mein Aha-Erlebnis. Hitler hatte eine unveränderte Vision, doch kein konkretes Programm etwa für die Ermordung der
45 Juden oder für den Kampf um Lebensraum in Osteuropa. Da jedoch bekannt war, dass Hitler immer die radikalste Lösung wählte, wussten seine Mitarbeiter, aber auch die Verwaltungs- und Mordexperten in den besetzten Gebieten, dass sie selbst für

radikalste Vorschläge Zustimmung aus Berlin 50
erhielten, es sei denn, taktische Gründe sprachen zu diesem Zeitpunkt aus Hitlers Sicht dagegen.

Aus: Der Spiegel, Nr. 34/2000.

M 2 Faschismus als Produkt des Führers

Der deutsche Faschismus war ganz und gar auf Hitler selbst ausgerichtet:

Auch die in Massenauflagen verbreitete, mit gewaltigen Reklamemitteln zum „Weltbestseller" hochgetriebene und 1977 verfilmte Hitler-Biografie von Joachim C. Fest ist ganz auf diese personalistische Interpretation abgestellt. Über Hitler heißt 5
es: „Tatsächlich war er in einem wohl beispiellosen Grade alles aus sich und alles in einem: Lehrer seiner selbst, Organisator einer Partei und Schöpfer ihrer Ideologie, Taktiker und demagogische Heilsgestalt, Führer, Staatsmann und während eines 10
Jahrzehnts Bewegungszentrum der Welt." Die faschistische Diktatur war demnach ein System, „das nur von einem einzigen Punkt her Sinn und Konsequenz erhielt: dem monströsen [ungeheuerlichen] Macht- und Einsatzwillen Hitlers". „In seiner 15
Person hat ein Einzelner noch einmal seine stupende [erstaunliche] Gewalt über den Geschichtsprozess demonstriert."

R. Kühnl, Faschismustheorien, Reinbek 1979, S. 48 f.

M 3 Faschismus contra Arbeiterklasse

Die Sichtweise des österreichischen Politikers Otto Bauer, Sozialdemokrat und Haupttheoretiker des so genannten Austromarxismus (1936):

Der Faschismus ist das Resultat dreier eng miteinander verschlungener sozialer Prozesse. Erstens hat der Krieg Massen von Kriegsteilnehmern aus dem bürgerlichen Leben hinausgeschleudert und deklassiert [herabgesetzt]. […] 5
Zweitens haben die Wirtschaftskrisen der Nachkriegszeit breite Massen von Kleinbürgern und Bauern verelendet. Diese Massen, pauperisiert [verarmt] und erbittert, fielen von den bürgerlichdemokratischen Massenparteien, denen sie bisher 10
Gefolgschaft geleistet hatten, ab, sie wandten sich enttäuscht und hasserfüllt gegen die Demokratie […] und scharten sich um die militaristisch-nationalistischen „Milizen" und „Wehrverbände".
Drittens haben die Wirtschaftskrisen der Nach- 15
kriegszeit die Profite der Kapitalistenklasse gesenkt. Die Kapitalistenklasse, an ihren Profiten bedroht, will ihre Profite durch Steigerung des Grades der Ausbeutung wiederherstellen. Sie will den Wider-

20 stand, den die Arbeiterklasse dem entgegensetzt, brechen. Sie verzweifelt daran, dies unter demokratischer Herrschaft zu können. Sie bedient sich der um die faschistischen und völkischen Milizen ge- scharten rebellischen Massenbewegung der Klein-
25 bürger und Bauern zuerst, um die Arbeiterklasse einzuschüchtern und in die Defensive zu drängen, später um die Demokratie zu zerschlagen.

O. Bauer, Der Faschismus, in: dgl. u. a., Faschismus und Kapitalismus, Frankfurt 1967, S. 143 f.

M 4 Faschismus als „Extremismus der Mitte"

Der amerikanische Soziologe Seymour Lipset vertritt folgende These (1962):

Zusammenfassend interpretiert Lipset den „Extremismus der Mitte" wie folgt: Kennzeichnend sei, dass sich die faschistischen Bewegungen – „genau wie andere Bewegungen, die an die selbstständi-
5 gen städtischen und ländlichen Mittelschichten appellieren – auf die ungelösten Frustrationen von Menschen zurückführen lassen, die sich von den Haupttrends der modernen westlichen Gesellschaft abgeschnitten fühlen. Diese Bewegungen wurde ja
10 nicht nur in überproportionaler Weise von den kleinen Selbstständigen unterstützt, sondern sie erhielten auch überall einen starken Zulauf von Personen, die auf dem Lande oder in Provinzstädten wohnten. Dies sind die im Niedergang begriffenen
15 ‚liberalen' Schichten, die in Notstandsgebieten leben. Das Kleinbürgertum solcher Gegenden leidet nicht nur deshalb unter Entbehrungen, weil es als Klasse im Vergleich zu anderen im Abstieg ist, sondern auch, weil es in Gemeinden wohnt, deren
20 Status und Einfluss innerhalb der Gesamtgesellschaft rasch abnehmen."

R. Kühnl, a. a. O., S. 94.

M 5 Agententheorie

Die quasioffizielle sowjetkommunistische Definition, die für alle Kommunisten verbindlich war (1933):

[…] Statt dessen sah man im Faschismus nur den Agenten der Bourgeoisie. Die endgültige Formulierung dieser „Agententheorie" wurde 1933 auf dem XIII. Plenum des EKKI [Exekutivkomitee der Kom-
5 munistischen Internationale] gefunden: „Der Faschismus ist die offene terroristische Diktatur der am meisten reaktionären, chauvinistischen [übersteigert nationalistisch] und imperialistischen Elemente des Finanzkapitals."

W. Wippermann, Faschismustheorien, Darmstadt 1972, S. 16.

M 6 Totalitarismustheorie

Die moderne Totalitarismustheorie stellt den Versuch dar, einen klassifizierenden Vergleich von Sowjetkommunismus und Faschismus herzustellen, beispielhaft ausformuliert im Buch des deutschen Emigranten C. J. Friedrich: Totalitäre Diktatur (1956):

Totalitär sollen Regime nur dann genannt werden, wenn folgende typologischen Merkmale erfüllt seien:
(1) eine Ideologie, die alle Bereiche des menschlichen Lebens umfasst, einen Endzustand der Menschheit proklamiert, die bestehende Gesell- 5 schaft dagegen radikal verwirft,
(2) eine hierarisch und oligarchisch aufgebaute Massenpartei, die in der Regel von einem Mann geleitet wird und nur ca. 10 % der Gesamtbevölkerung umfasst und der Bürokratie übergeordnet 10 oder mit ihr verflochten ist,
(3) ein Terrorsystem, das sich auch gegen potenzielle, willkürlich ausgewählte Feinde richtet (z. B. Juden und „Klassenfeinde"),
(4) ein technologisch bedingtes nahezu vollständi- 15 ges Nachrichtenmonopol,
(5) ein Waffenmonopol
sowie
(6) eine Wirtschaft, die einer zentralen Kontrolle unterworfen ist und auch als „Befehlswirtschaft" 20 bezeichnet werden kann.

W. Wippermann, a. a. O., S. 70 f.

M 7 Totalitarismustheorie und Antikommunismus

Wegen der Einbeziehung des kommunistischen Herrschaftssystems ist die Totalitarismustherorie oft scharf angegriffen worden:

Nicht nur die Beurteilung des Rechtsextremismus, sondern auch die politische Bewertung des Linksextremismus wird durch die Erfahrung mit dem Nationalsozialismus bestimmt. Die Gleichung „rot gleich braun" wurde begünstigt durch eine Theo- 5 rie, die selber eine Folge des Nationalsozialismus ist: die Totalitarismustheorie.
Diese Lehre, von deutschen Emigranten in Amerika entwickelt, behauptet, Kommunismus und Faschismus seien wesensverwandt. Für den Beweis prinzi- 10 pieller Gleichheit hebt sie auf ähnliche Erscheinungsformen und Methoden einer Politik ab, die eine Staatsgesellschaft in den Gleichschritt uniformierter Kolonnen zwingt.
Niemand kann leugnen, dass es einem von Rechts- 15 unsicherheit, Verfolgung und Mord Bedrohten einer-

lei ist, ob die Schergen, die ihn in früher Morgen-
stunde abholen, auf ihren Uniformen Hakenkreuze
oder Sowjetsterne tragen. Dennoch gibt es Unter-
20 schiede, die nicht nur von theoretischem Interesse
sind, etwa den zwischen der NS-Rassenideologie
und der marxistischen Klassentheorie. Der Glaube
an die Überlegenheit einer Rasse ist biologische
Ideologie. Der marxistische Klassenbegriff ist dage-
25 gen ein soziologischer Begriff von erheblicher
Erkenntniskraft. Ziel der marxistischen Theorie ist
die klassenlose Gesellschaft. Ziel des Nationalsozialismus war die Herrschaft einer Rasse über „Untermenschen", die es entweder auszutilgen oder für
30 alle Zeit als Sklaven zu unterwerfen galt. Solche
Unterschiede wurden schon in den fünfziger Jahren an deutschen Schulen nicht mehr gelehrt. Später besiegelte ein Beschluss der Ständigen Konferenz der Kultusminister die inzwischen fest einge-
35 schliffene Gleichsetzung von Kommunismus und
Nationalsozialismus. In diesem Beschluss heißt es:
„Die Auseinandersetzung mit dem Totalitarismus
gehört zu den wesentlichen Aufgaben der politi-

schen Bildung unserere Jugend. Die Lehrer aller
Schularten sind daher verpflichtet, die Schüler mit 40
den Merkmalen des Totalitarismus und den
Hauptzügen des Bolschewismus und des Nationalsozialismus als den wichtigsten totalitären Systemen des 20. Jahrhunderts vertraut zu machen."
Die Totalitarismustheorie wurde besonders von 45
unbelehrbaren Nationalsozialisten geschätzt. Sie
gab ihnen die Möglichkeit, im Kommunismus einen
Feind zu bekämpfen, den Hitler schon als Weltfeind
Nr. 1 bezeichnet hatte. Die Totalitarismustheorie
erwies sich damit als die wirksamste politische Ent- 50
lastung. Den auf die eigene Verantwortung zielen-
den Pfeil lenkte sie in die Front gegen den gefähr-
licheren, weil noch unbesiegten Vertreter des Totalitarismus ab. Auf diese Weise entstand ein
Bollwerk, dessen demokratische Qualität zumin- 55
dest fragwürdig war: Alte Nationalsozialisten
kämpften zusammen mit neuen Demokraten
gegen den Kommunismus.

M. und S. Greiffenhagen, Ein schwieriges Vaterland, Zur politischen Kultur Deutschlands, München 1979, S. 51 f.

M 8 Hans-Georg Rauch: Zeitzeichen. Rad der Geschichte

Aufgaben

1. Analysieren Sie die Unterschiede zwischen den
   Faschismustheorien.
   → M2, M3–M5

2. Begründen Sie, warum die „Agententheorie"
   zu kurz greift.
   → M5

3. Erklären Sie, welche Bedingungen im Sinne der
   Totalitarismustheorie erfüllt sein müssen, damit
   man eine Gesellschaft als „totalitär" bezeichnen kann. Überprüfen Sie, inwiefern diese

   Bedingungen im Nationalsozialismus erfüllt
   waren.
   → M6

4. Erläutern Sie, welche Einwände gegen die Totalitarismustheorie erhoben werden könnten.
   → M7

5. Interpretieren Sie die Zeichnung „Rad der
   Geschichte".
   → M8

12. Deutschland: Von der Teilung zur Wiedervereinigung

Deutschland, 8. Mai 1945: Das Dritte Reich hat kapituliert. Ein Soldat vor dem zerstörten Reichstag in Berlin: erschöpft und am Ende. Wie der Einzelne, so auch das ganze Land – im wahrsten Sinne des Wortes ruiniert. Die Städte lagen in Trümmern, und in den Köpfen sah es ähnlich aus: zerbrochene Ideale, ideologische Leere. Vom heroischen Kult des Dritten Reiches war nichts mehr übrig geblieben, nichts an das sich noch zu glauben lohnte.

Die „Stunde Null" hat es, obwohl man immer wieder von ihr spricht, nie gegeben. Denn das Leben ging in einem banalen physischen Sinne weiter, und zwar als Überlebenskampf.

Wenn man diesem Soldaten damals gesagt hätte, in nur vier Jahren würde wieder ein deutscher Staat entstehen, er hätte es schlichtweg für utopisch halten müssen. Realistisch betrachtet mussten sich die Deutschen auf eine lange Zeit der Siegerherrschaft, wenn nicht gar der Rache einstellen. Dass es anders kam, hing mit der „großen Politik" zusammen. Die Kriegskoalition zwischen den USA und Großbritannien auf der einen Seite und der Sowjetunion auf der anderen funktionierte nur so lange, bis der gemeinsame Feind – Hitler-Deutschland – besiegt war. Die Idee, die noch von US-Präsident Roosevelt verfochten wurde, nämlich die Welt nach einheitlichen demokratischen Prinzipien im Einklang mit der UdSSR zu leiten, erwies sich schon bald als Illusion. Bereits im Laufe des Jahres 1946 zeichnete sich immer deutlicher der Gegensatz zwischen den westlich-liberalen Demokratien und der sowjetischen Parteidiktatur ab. Die Grenze zwischen den Systemen zerteilte Europa und verlief mitten durch Deutschland. Doch zumindest der Westen des geschlagenen Landes sollte vom Ost-West-Konflikt auf ungeahnte Weise profitieren. Denn den Planern der amerikanischen Strategie war klar, dass nur ein wirtschaftlich erstarktes Westeuropa in der Lage sein würde, einer sowjetischen Expansion zu widerstehen. Das schloss Westdeutschland mit ein. Aufbauhilfe (Marshallplan) und die westdeutsche Staatsgründung waren Bausteine in dieser Strategie, allerdings um den Preis einer verfestigten Teilung. Denn gleichsam spiegelbildlich integrierte die Sowjetunion ihre Besatzungszone in den Ostblock. Die Situation von zwei deutschen Staaten schien über Jahre stabil, weil jede Änderung des Status quo eine Kriegsgefahr heraufbeschwören musste. Eine Änderung im sowjetischen Machtbereich war gegen den Willen der UdSSR nicht möglich. Der Schlüssel zur Wiedervereinigung lag letztlich in Moskau. Erst Michail Gorbatschows Politik der Perestroika (Umbau) ab 1985 brachte Bewegung in die internationalen Verhältnisse – auch in die Deutsche Frage. Als das Volk auf die Straße ging, blieben die Panzer der Roten Armee – im Unterschied zum 17. Juni 1953 – in den Kasernen. Diese Tatsache lähmte auch den riesigen Sicherheitsapparat der DDR-Führung. Der friedliche Protest führte dann zur Öffnung der Mauer am 9. November 1989 und letztlich zur Vereinigung der beiden deutschen Staaten am 3. Oktober 1990.

12.1 Das Scheitern einer gemeinsamen Besatzungspolitik

Die Ausweitung des Krieges durch Deutschland führte bei dessen Gegnern zu einer ständig enger werdenden Zusammenarbeit. Anlässlich mehrerer Konferenzen berieten der amerikanische Präsident Franklin D. Roosevelt, der britische Premierminister Winston Churchill und später auch der sowjetische Regierungschef Josef W. Stalin über die gegen Deutschland und seine Verbündeten zu ergreifenden Maßnahmen. Die USA und das von ihnen unterstützte Großbritannien formulierten in der Atlantik-Charta Grundsätze für die zwischenstaatlichen Beziehungen (1941). Auf dieser Grundlage sollte eine weltweite Allianz gegen Faschismus und Imperialismus entstehen und nach dem Krieg der Weltfriede in der Zukunft gesichert werden. Bis Kriegsende stimmten 45 Staaten der Charta zu, darunter die Sowjetunion, die sich dadurch, über alle ideologischen Gegensätze hinweg, materielle Hilfe der USA in der Auseinandersetzung mit Deutschland sicherte. Anlässlich der Konferenz von Casablanca (1943) erklärte Roosevelt, der Krieg werde bis zur bedingungslosen Kapitulation Deutschlands, Italiens und Japans fortgeführt. Anders als nach dem Ersten Weltkrieg sollten dieses Mal jedem Deutschen die militärische Niederlage und die sich daraus ergebenden Konsequenzen bewusst gemacht und die deutsche Kriegsmacht vollständig beseitigt werden. Militärische Erfolge ließen die Alliierten schon bald konkretere Bestimmungen über die Behandlung Deutschlands nach Beendigung des Krieges ins Auge fassen. Die Vorschläge der an der Konferenz von Teheran (1943) und Jalta (1945) beteiligten Mächte liefen auf eine territoriale, wirtschaftliche und vor allem militärische Schwächung sowie auf eine gesellschaftliche Neuordnung Deutschlands hinaus. Über den dabei einzuschlagenden Weg gab es innerhalb der amerikanischen Regierung kein einheitliches Konzept, sondern tief greifende Meinungsverschiedenheiten zwischen den Außen-, Kriegs- und Finanzministerien. Nur vorübergehend bestimmte die harte Linie von Finanzminister Morgenthau, der aus Deutschland einen Agrarstaat machen wollte, die amerikanische Politik. Die in Teheran noch vorgesehene Aufteilung Deutschlands in mehrere selbstständige Teilstaaten wurde in Jalta aufgegeben. Wegen sowjetischer Gebietsansprüche im Osten Polens sollte aber dieser Staat auf bisher deutsches Territorium nach Westen verschoben werden. Die Einheit des restlichen Deutschlands entsprach dem amerikanischen Interesse an weltweiter Freizügigkeit („one world"-Konzept), vor allem aber dem Ziel der Sowjetunion, Reparationsansprüche und Kontrollrechte in ganz Deutschland geltend zu machen. Die Sowjetunion forderte Wiedergutmachungsleistungen in Höhe von insgesamt 20 Milliarden US-Dollar, wovon sie 50 Prozent für sich beanspruchte. Darüber konnte keine Einigung erzielt werden. Zu gegensätzlich waren bereits die Interessen der Beteiligten, die aus militärischen Gründen noch zu kooperieren gezwungen waren.

M 1 Die „großen Drei"
Churchill, Roosevelt und Stalin auf der Konferenz von Jalta im Februar 1945. Auf der Potsdamer Konferenz (Juli/August 1945) wurden die USA von Präsident Truman an Stelle des inzwischen verstorbenen Roosevelt vertreten. Nach einem Wahlsieg der Opposition in Großbritannien musste Churchill noch während der Konferenz den Platz zugunsten seines Nachfolgers im Amt, Attlee, aufgeben. Nur Stalin blieb.

Bedingungslose Kapitulation

Angesichts des sicheren militärischen Zusammenbruchs beging Adolf Hitler am 30.4.1945 Selbstmord. Zu seinem Nachfolger hatte er Großadmiral Dönitz bestimmt, dem nun die Abwicklung der bedingungslosen Kapitulation oblag. Diese wurde am 7. Mai 1945 in Reims und auf Verlangen Stalins am 9. Mai in Berlin vom Oberkommando der Wehrmacht vollzogen. Die Amtszeit der Regierung Dönitz endete bald darauf durch Absetzung und Verhaftung. Die Siegermächte übernahmen die uneingeschränkte Regierungsgewalt im besiegten Deutschland. Zur Verwirklichung ihrer Ziele in Deutschland hatten die drei Mächte in Jalta die Besetzung und Kontrolle des Landes beschlossen. Frankreich war auf Betreiben der Briten aufgefordert worden, sich hieran zu beteiligen. Die französische Zone wurde zu Lasten der amerikanischen und britischen Zonen ausgewiesen. Die Bildung von Zonen ging auf den Wunsch Großbritanniens zurück, das ohne vertragliche Regelung die sowjetische Präsenz in ganz Deutschland fürchtete. Deutschland war somit in vier Besatzungszonen und Berlin als besonderes Gebiet in vier Sektoren aufgeteilt. Die oberste Gewalt übten die militärischen Oberbefehlshaber der vier Siegermächte aus, ein jeder in seiner eigenen Besatzungszone. In den Deutschland als Ganzes betreffenden Angelegenheiten waren gemeinsame und einstimmige Entscheidungen in dem eigens dafür gebildeten Alliierten Kontrollrat erforderlich. Für die gemeinsame Verwaltung der ehemaligen Reichshauptstadt wurde eine Kommandantur errichtet, die dem Kontrollrat unterstand. Bevor Amerikaner und Briten vereinbarungsgemäß in die ihnen zugewiesenen Sektoren Berlins einzogen, räumten sie die von ihren Truppen besetzten Gebiete Mitteldeutschlands (Thüringen, Sachsen-Anhalt, Teile Mecklenburgs und Sachsens), die in der den Sowjets zugeteilten Zone lagen.

Potsdamer Konferenz

Die Ziele der drei Mächte hinsichtlich Deutschlands erfuhren ihre endgültige Konkretisierung anlässlich der Konferenz von Potsdam (1945). Alarmiert durch die beeindruckende Ausdehnung des sowjetischen Machtbereichs über Ost- und Mitteleuropa wollte die britische Regierung die bisherigen Konferenzergebnisse zu Gunsten des Westens nachbessern. Dagegen wandten sich die USA, die zu diesem Zeitpunkt noch auf eine Kooperation mit der Sowjetunion im Rahmen der UN hofften, sodass die Vereinbarungen von Jalta bei der nun stattfindenden Konferenz von Potsdam maßgebend blieben. Die USA vertrat an Stelle des verstorbenen Roosevelt dessen Nachfolger Truman. Großbritannien war zuerst durch Churchill, nach dessen Wahlniederlage durch Attlee vertreten, und Stalin repräsentierte die UdSSR. Frankreich, obwohl als Besatzungsmacht vorgesehen, war zur Konferenz nicht eingeladen worden.

Die in Potsdam festgelegten politischen und wirtschaftlichen Grundsätze sollten den Siegermächten helfen, ihre Kriegsziele in Deutschland zu erreichen. Diese waren im Wesentlichen: Demilitarisierung, Denazifizierung, Demontage, Dezentralisierung und Demokratisierung. Voneinander abweichende Grundvorstellungen über die künftige Ordnung in Deutschland traten noch nicht offen zu Tage. Dagegen brachten die Frage der Westgrenze Polens und das Reparationsproblem die Konferenz an den Rand des Scheiterns.

Die Westmächte befürchteten, die sowjetischen Reparationsforderungen würden die deutsche Wirtschaft über die Maßen schwächen, dadurch amerikanische Hilfslieferungen an die Deutschen erforderlich machen und den wirtschaftlichen Aufbau Europas behindern. Auch fürchteten sie den sowjetischen Zugriff auf die Industrieanlagen und

Rohstoffe an Ruhr und Saar. Man einigte sich schließlich darauf, dass jede Macht nur der eigenen Besatzungszone Wiedergutmachungsleistungen entnehmen durfte. Die Vereinbarung, Deutschland als wirtschaftliche Einheit behandeln zu wollen, war jetzt unmöglich einzuhalten. Die zu erwartende unterschiedliche Behandlung der Zonen im Hinblick auf die zu leistende Wiedergutmachung musste zwangsläufig zu Sonderentwicklungen in den einzelnen Zonen führen. Ebenso widersprüchlich war das westliche Taktieren in der Polenfrage. Die Gebiete östlich der Oder-Neiße-Linie sollten nur vorläufig unter polnische Verwaltung gestellt werden, die endgültige Grenzregelung aber einem Friedensvertrag mit Deutschland vorbehalten bleiben. Gleichzeitig stimmten Großbritannien und die USA aber der Umsiedlung der dort sowie der in der Tschechoslowakei und in Ungarn lebenden Deutschen zu. Als Folge von Flucht und Vertreibung verließen über zwölf Millionen Deutsche ihre Heimat.

M 2 Standarten in den Staub

In einem feierlich-pathetischen Akt senkte die siegreiche Rote Armee die Fahnen und Standarten von Wehrmacht und Waffen-SS bei der Moskauer Siegesparade in den Staub. Die Szene wiederholt, bewusst oder unbewusst, jenen Akt der Huldigung bei der Parade anlässlich Hitlers 50. Geburtstag am 20. April 1939 in Berlin, als eine breite Front von Fahnenträgern auf die Tribüne des Gewaltherrschers zumarschierte, abrupt Halt machte, die Fahnen senkte und damit jene Selbstentmachtung symbolisch vollendete, welche die Wehrmacht seit 1933 in Stufen vollzogen hatte.

Aus: M. Stürmer, Die Grenzen der Macht, Berlin 1990, S. 127.

Die Potsdamer Konferenz brachte nur provisorische Lösungen hervor. Die Ausarbeitung eines Friedensvertrages mit Deutschland wurde den Außenministern der vier Mächte und Chinas übertragen, die konkrete Besatzungspolitik sollte der Kontrollrat koordinieren. Gelingen oder Misslingen hingen nun allein vom guten Einvernehmen der beteiligten Mächte ab. Die geschichtliche Bedeutung der Konferenz bestand darin, dass sie die Verantwortung der vier Mächte für ganz Deutschland und speziell für Berlin begründete. Diese endete erst mit dem Deutschlandvertrag von 1990.

Von der Kooperation zur Konfrontation

Gemeinsam hatten die USA, Großbritannien und die Sowjetunion Hitler-Deutschland besiegt, gemeinsam wollten sie es zusammen mit Frankreich verwalten und zu einem demokratischen und entmilitarisierten Land umgestalten. Mit zunehmender zeitlicher Distanz zum Krieg traten jedoch grundlegende Gegensätze zwischen den Siegermächten auf.

Der amerikanische Präsident F. D. Roosevelt war der Überzeugung, dass die Kooperation zwischen den USA und der UdSSR auch nach Kriegsende dauerhaft fortgeführt werden könnte. Die – wenn auch mit Vorbehalten vorgenommene – Zustimmung Stalins zur Atlantik-Charta nährte solche Hoffnungen. Die amerikanische Regierung hatte die Zielvorstellung, nach Kriegsende eine die ganze Welt umspannende Ordnung durchzusetzen, die von den Grundsätzen der wirtschaftlichen und politischen Liberalität geprägt sein sollte („one world"). Die Idee einer globalen Friedensordnung fand ihren organisatorischen Ausdruck in der Gründung der Vereinten Nationen im Juni 1945.

Die USA hatten ein starkes Interesse am weltweiten Zugang zu den Rohstoff-, Absatz- und Finanzmärkten („open-door-policy") als Voraussetzung für eine gut funktionierende Wirtschaft und innenpolitische Stabilität. Dies erforderte weitgehend ähnliche Wirtschafts- und Gesellschaftsordnungen nach amerikanischem Vorbild sowie die Beseitigung von Handelshemmnissen.

Spaltung

Aufgrund der Vorgehensweise der Sowjetunion in Osteuropa geriet die Idee der „one world" zusehends in Widerspruch zu der politischen Wirklichkeit. Die Einsetzung einer sowjetfreundlichen Regierung in Polen schuf auf westlicher Seite ein Misstrauen, das im weiteren Verlauf durch die Sowjetisierung der osteuropäischen Staaten massiv verstärkt wurde. Die Bildung eines Sicherheitsgürtels („cordon sanitaire") – bestehend aus Satellitenstaaten – entsprach zweifellos den sowjetischen Sicherheitsinteressen, verletzte aber genauso unzweideutig das Ideal des Selbstbestimmungsrechts der Völker. Es zeigte sich, dass die Sowjetunion unter „Demokratie" etwas anderes verstand als der Westen.

Noch nicht im Besitz der Atombombe, wirtschaftlich schwach und mit hohen Kriegsverlusten belastet, empfand die Führung der UdSSR das amerikanische Wirtschaftskonzept als Bedrohung für ihre eigene, noch nicht gefestigte Großmachtstellung. Sie wollte nicht Juniorpartner der USA werden. Darum schloss sie ihren Machtbereich ab. Nach dem Sieg über den gemeinsamen Feind waren die Systemunterschiede zwischen Ost und West immer klarer zu Tage getreten. Fortan trennte ein „Eiserner Vorhang" Ost- und Westeuropa.

Eindämmung

Zwischen 1946 und 1948 kristallisierte sich jene bipolare Weltordnung heraus, die letztlich auf der Unvereinbarkeit der Systeme beruhte. Der Idealist F. D. Roosevelt erlebte das Scheitern seiner Politik nicht mehr. Während der Amtszeit seines Nachfolgers Truman (Präsident ab 1945) schlug die zunächst sehr sowjetfreundliche Stimmung der amerikanischen Öffentlichkeit um. Unmittelbar nach dem Krieg hatte die zukünftige innere Gestaltung des polnischen Staates für Verstimmung zwischen den Kriegsalliierten gesorgt. Die Sowjetisierung Polens durch Stalins Politik war zweifellos nicht das Ziel gewesen, für das die Westmächte gekämpft hatten. Allerdings lag Polen im Einflussbereich der Sowjetunion, sodass die Interventionsmöglichkeiten begrenzt waren. Als aber Großbritannien in dem zu seiner Interessensphäre zählenden Griechenland der Bedrohung durch eine kommunistische Bürgerkriegsstreitmacht nicht mehr Herr werden konnte, erklärten die USA die

Phase der Kooperation auch offiziell für beendet (1947). Die als expansiv angesehene Sowjetunion und die Ideologie des Kommunismus sollten weltweit eingedämmt werden (Truman-Doktrin). Die Eindämmung (containment) sollte sowohl mithilfe von militärischen als auch wirtschaftlichen Mitteln (NATO, Marshall-Plan) erfolgen.

Die Ausdehnung des sowjetischen Machtbereichs bis in die Mitte Europas war mittelbar eine Folge des vom nationalsozialistischen Deutschland entfesselten Krieges. Die Blockbildung und der einsetzende Kalte Krieg mussten Deutschland besonders betreffen, weil nunmehr die Konfrontationslinie mitten durch Deutschland verlief. Die Spaltung Europas und die Spaltung Deutschlands sind gleichermaßen das Ergebnis der Systemunterschiede zwischen Ost und West.

Das Scheitern der gemeinsamen Besatzungspolitik

Das Vorhaben, Deutschland gemeinsam zu verwalten und umzugestalten, scheiterte auch bald an den gegensätzlichen Interessen der Besatzungsmächte.

Die Briten hatten Versorgungsengpässe im eigenen Land und finanzierten die in Deutschland anfallenden Besatzungskosten zum Teil durch Kreditaufnahmen in den USA. Durch Zurückhaltung bei den Reparationen sollte die Fähigkeit der Deutschen zur Selbstversorgung verbessert werden.

Dem gleichen Ziel diente die amerikanische Forderung nach Herstellung der Wirtschaftseinheit durch Öffnung der sowjetischen und französischen Zonen zumindest für den Handel. Die Sowjetunion dagegen beharrte auf ihrer ursprünglichen Reparationsforderung von zehn Milliarden US-Dollar und beanspruchte über die Beteiligung an einer Viermächtekontrolle des zur britischen Zone gehörenden Ruhrgebietes Mitsprache auch im Westen. Ihr Sicherheitsdenken veranlasste die Franzosen, neben einer internationalen Kontrolle des Ruhrgebiets auch die Abtretung des Rheinlandes und Westfalens zu verlangen sowie die Angliederung des Saarlandes. Frankreich blockierte auch ständig die Einrichtung zentraler deutscher Verwaltungsstellen, wie sie in Potsdam, allerdings ohne französische Beteiligung, für wichtige Bereiche vereinbart worden waren. Über diese Probleme wurde im Kontrollrat und auch anlässlich des Zusammentreffens der Außenminister ergebnislos verhandelt. Im Zeichen wachsender Ost-West-Spannungen nahm die Kooperationsbereitschaft immer mehr ab. Dies gilt für Maßnahmen innerhalb der jeweiligen Zone, wo zunehmend separate Wege beschritten wurden, wie auch im Verhältnis der Besatzungsmächte untereinander. War die Wirtschaftseinheit insgesamt nicht herstellbar, so wollten Amerikaner und Briten durch Vereinigung ihrer Zonen der wirtschaftlichen Gesundung Vorrang geben vor dem Ringen um einheitliche Lösungen, die immer unwahrscheinlicher wurden. Der Zusammenschluss der Bi-Zone erfolgte zum 1. Januar 1947. Die wirtschaftlichen Möglichkeiten und Ressourcen sollten zusammengefasst und bis 1949 die ökonomische Selbstständigkeit des Gebiets erreicht werden. Das Angebot an Sowjets und Franzosen, sich diesem Schritt anzuschließen, wurde nicht angenommen. Lagen ursprünglich auch nur wirtschaftliche und administrative Gründe für diesen Schritt vor und wurde auch noch kein westdeutscher Staat

M 3 Besatzungsmächte (1945-1949)

angestrebt, so zeitigte dies doch politische Wirkungen. So konnten, im Lichte der Ost-West-Auseinandersetzungen besehen, die Ansprüche der Sowjetunion auf das Ruhrgebiet zurückgewiesen und auf jene Gebiete beschränkt werden, wo sie ohnehin die Macht hatte. Gleichzeitig konnte der westliche Einfluss, wenn auch nur auf einen Teil Deutschlands, gesichert werden. Für die USA war Europa ein wichtiger Markt. Das vereinigte Wirtschaftsgebiet konnte nun leichter wirtschaftlich aufgebaut und dadurch gegen kommunistischen Einfluss besser abgeschirmt werden. Im Jahre 1947 fand die entscheidende Weichenstellung für die weitere Entwicklung im Nachkriegsdeutschland statt, denn die Bi-Zone wurde zur Keimzelle für den späteren westdeutschen Staat.

Chronologie

14. August 1941	Atlantik-Charta (amerikanisch-britische Erklärung über die Friedensziele)
14.–26. Januar 1943	Konferenz von Casablanca (USA und Großbritannien wollen den Krieg bis zur bedingungslosen Kapitulation Deutschlands fortsetzen.)
28. Nov.–1. Dez. 1943	Konferenz von Teheran (USA, Großbritannien und Sowjetunion planen die Aufteilung Deutschlands in mehrere Staaten.)
4.–11. Februar 1945	Konferenz von Jalta/Krim (USA, Großbritannien und Sowjetunion beschließen Besatzungszonen und Kontrollsystem in Deutschland und bereiten Besatzungspolitik vor.)
7. und 9. Mai 1945	Bedingungslose Kapitulation der deutschen Wehrmacht in Reims (7. Mai) und Berlin-Karlshorst (9. Mai)
17. Juli – 2. August 1945	Potsdamer Konferenz (Festlegung der Besatzungspolitik für Nachkriegsdeutschland und Neuordnung Europas)
30. August 1945	Errichtung des Alliierten Kontrollrats für Deutschland in Berlin
14. November 1945	Beginn des Nürnberger Prozesses gegen die Hauptkriegsverbrecher (bis 1. Okt. 1946)
11. März 1947	Truman-Doktrin (Eindämmung der Sowjetunion)

M 4 Ergebnisse der Potsdamer Konferenz

Sie wurden in Form einer amtlichen Verlautbarung am 2. August 1945 publiziert:

Politische und wirtschaftliche Grundsätze, deren man sich bei der Behandlung Deutschlands in der Anfangsperiode der Kontrolle bedienen muss:
A. Politische Grundsätze [...]

5 2. Soweit dieses praktisch durchführbar ist, muss die Behandlung der deutschen Bevölkerung in ganz Deutschland gleich sein.

3. Die Ziele der Besetzung Deutschlands, durch welche der Kontrollrat sich leiten lassen soll, sind:

10 (I) Völlige Abrüstung und Entmilitarisierung Deutschlands und die Ausschaltung der gesamten deutschen Industrie, welche für eine Kriegsproduktion benutzt werden kann. [...]

(II) Das deutsche Volk muss überzeugt werden, dass 15 es eine totale militärische Niederlage erlitten hat und dass es sich nicht der Verantwortung entziehen kann für das, was es selbst dadurch auf sich geladen hat, dass seine eigene mitleidlose Kriegsführung und der fanatische Widerstand der Nazis die deut- 20 sche Wirtschaft zerstört und Chaos und Elend unvermeidlich gemacht haben.

(III) Die Nationalsozialistische Partei mit ihren angeschlossenen Gliederungen und Unterorganisationen ist zu vernichten [...]; jeder nazistischen und milita- 25 ristischen Betätigung und Propaganda ist vorzubeugen.

(IV) Die endgültige Umgestaltung des deutschen politischen Lebens auf demokratischer Grundlage und eine eventuelle Mitarbeit Deutschlands am 30 internationalen Leben sind vorzubereiten.

4. Alle nazistischen Gesetze, welche die Grundlage für das Hitlerregime geliefert haben oder eine Diskriminierung aufgrund der Rasse, Religion oder politischen Überzeugung errichteten, müssen 35 abgeschafft werden. [...]

5. Kriegsverbrecher und alle diejenigen, die an der Planung und Verwirklichung nazistischer Maßnahmen, die Gräuel oder Kriegsverbrechen nach sich zogen, oder als Ergebnis hatten, teilgenommen 40 haben, sind zu verhaften und dem Gericht zu übergeben. Nazistische Parteiführer, einflussreiche Nazianhänger [...] sind zu verhaften und zu internieren.

6. Alle Mitglieder der nazistischen Partei, welche mehr als nominell an ihrer Tätigkeit teilgenommen 45 haben, und alle anderen Personen, die den alliierten Zielen feindlich gegenüberstehen, sind aus den öffentlichen oder halb öffentlichen Ämtern und von verantwortlichen Posten in wichtigen Privatunternehmungen zu entfernen. [...]

7. Das Erziehungswesen in Deutschland muss so 50 überwacht werden, dass die nazistischen und militaristischen Lehrer völlig entfernt werden und eine erfolgreiche Entwicklung der demokratischen Ideen möglich gemacht wird.

8. Das Gerichtswesen wird entsprechend den 55 Grundsätzen der Demokratie und der Gerechtigkeit auf der Grundlage der Gesetzlichkeit und der Gleichheit aller Bürger vor dem Gesetz ohne Unterschied der Rasse, der Nationalität und der Religion reorganisiert werden. 60

9. Die Verwaltung Deutschlands muss in Richtung auf eine Dezentralisation [...] durchgeführt werden. Zu diesem Zwecke:

(I) Die lokale Selbstverwaltung wird in ganz Deutschland nach demokratischen Grundsätzen 65 [...] wiederhergestellt.

(II) In ganz Deutschland sind alle demokratischen politischen Parteien zu erlauben. [...]

(IV) Bis auf Weiteres wird keine zentrale deutsche Regierung errichtet werden, jedoch werden einige 70 wichtige zentrale deutsche Verwaltungsabteilungen errichtet werden, an deren Spitze Staatssekretäre stehen, und zwar auf den Gebieten des Finanzwesens, des Außenhandels und der Industrie. [...]

Zit. nach: R. Steininger, Deutsche Geschichte 1945–1961, Bd.1, Frankfurt/M. 1983, S. 75 ff.

M 5 Über die Potsdamer Konferenz (1945)

Der US-Diplomat George F. Kennan hat früher als andere die Unvereinbarkeit der Systeme erkannt. Er hat das Konzept der Eindämmungspolitik entwickelt:

Die Idee, Deutschland gemeinsam mit den Russen regieren zu wollen, ist ein Wahn. Ein ebensolcher Wahn ist es, zu glauben, die Russen und wir könnten uns eines schönen Tages höflich zurückziehen und aus dem Vakuum werde ein gesundes und 5 friedliches, stabiles und freundliches Deutschland steigen. Wir haben keine andere Wahl, als unseren Teil von Deutschland – den Teil, für den wir und die Briten die Verantwortung übernommen haben – zu einer Form von Unabhängigkeit zu führen, die so 10 befriedigend, so gesichert, so überlegen ist, dass der Osten sie nicht gefährden kann. Das ist eine gewaltige Aufgabe für Amerikaner. Aber sie lässt sich nicht umgehen; und hierüber, nicht über undurchführbare Pläne für eine gemeinsame Militärregierung, sollten 15 wir uns Gedanken machen. Zugegeben, dass das Zerstückelung bedeutet, aber die Zerstückelung ist bereits Tatsache, wegen der Oder-Neiße-Linie. Ob das Stück Sowjetzone wieder mit Deutschland verbun-

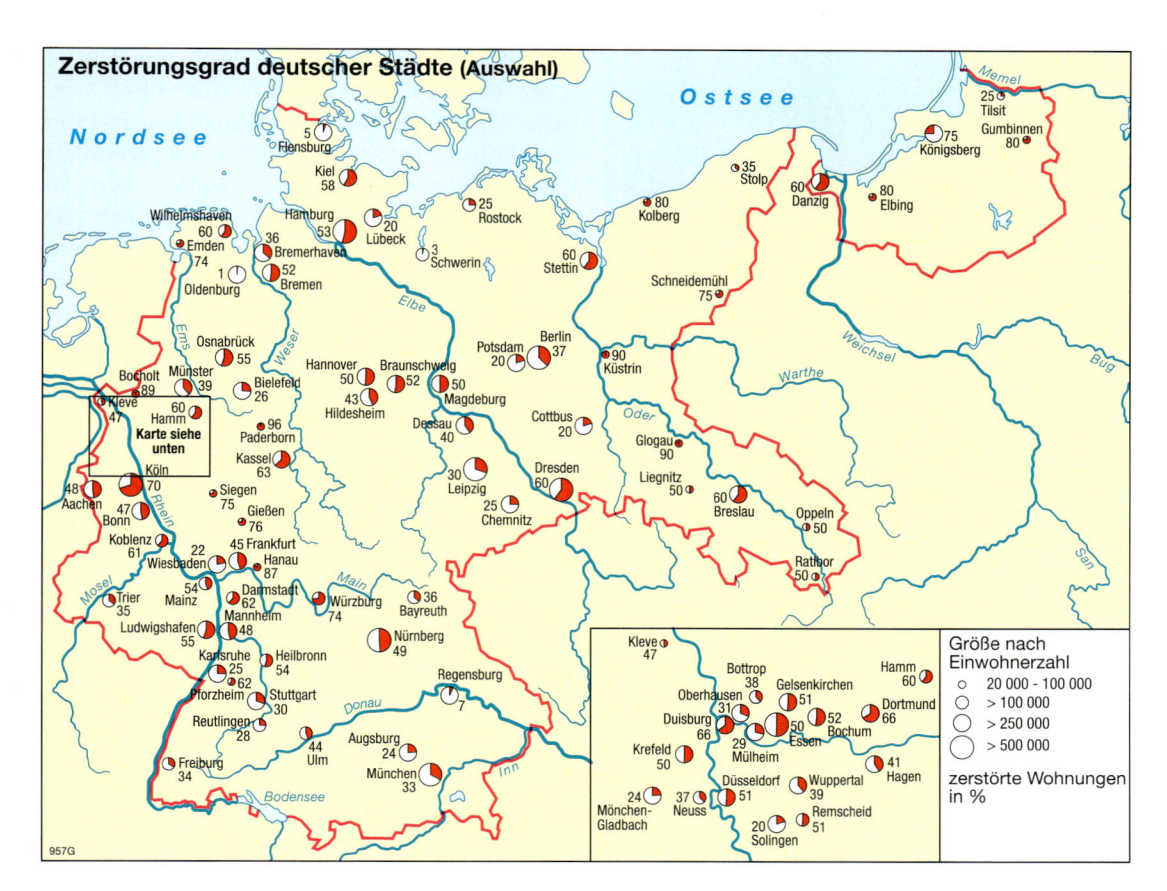

Zerstörungsgrad deutscher Städte (Auswahl) — M 6

Größe nach Einwohnerzahl
- ○ 20 000 - 100 000
- ○ > 100 000
- ○ > 250 000
- ○ > 500 000

zerstörte Wohnungen in %

957G

M 7 **Die Not der Besiegten**

Der Historiker Rolf Steininger schildert die Umstände der „Stunde Null":

20 den wird oder nicht, ist jetzt nicht wichtig. Besser ein zerstückeltes Deutschland, von dem wenigstens der westliche Teil als Prellbock für die Kräfte des Totalitarismus wirkt, als ein geeintes Deutschland, das diese Kräfte wieder bis an die Nordsee vorlässt. [...]

G. F. Kennan, Memoiren eines Diplomaten, Stuttgart 1968, S. 262 f.

Dem totalen Krieg folgte die totale Niederlage. Deutschland – als Staat, als Nation, als Volk – schien im Sommer 1945 am Ende. Auch wenn es in der Geschichte des deutschen Volkes keine Stunde Null
5 gibt, den Zeitgenossen erschien die Stunde der Kapitulation als die Stunde Null, Ende und Anfang zugleich: das Ende des Sterbens, der Bombennächte in feuchten Luftschutzkellern, der Standgerichte, für viele das Ende einer Illusion, für 700 000 Über-
10 lebende in den KZs das Ende ihrer Qualen. Und es war der Anfang des Improvisierens, des Überlebens, der Trümmerfrauen, der Schwarzmarktzeit, der Zigaretten- und Schokoladenwährung, der Kippensammler und der Hoffnung auf eine bessere
15 Zeit.

Wohin man auch blickte, überall bot sich das gleiche Bild: Trümmerhaufen, aus denen nicht selten noch der Leichengeruch emporstieg: 4 Millionen deutsche Soldaten waren gefallen, fast ebenso viele Zivilpersonen umgekommen. Die Städte lagen in Schutt 20 und Asche, ihre Zentren waren zu 60, 70, 80 % zerstört; einige hatten besonders schwere Angriffe erlebt.

Berlin lag in Trümmern. „Experten" rechneten damals aus, dass allein für deren Räumung 16 Jahre 25 lang täglich 10 Güterzüge mit je 50 Waggons erforderlich sein würden. Wo vor dem Krieg 4,3 Millionen Menschen lebten, waren es nach der Kapitulation noch 2,8 Millionen. Mehr als ½ Million Wohnungen waren zerstört; durch Bomben und anschließende 30 Demontage war das Industriepotenzial um 85 % verringert worden.

Köln war zu 72 % zerstört, von ehemals 770 000 Einwohnern hausten noch 40 000 in diesen Trümmern. Düsseldorf war zu 90 % unbewohnbar, in Frankfurt 35 waren 80 000 von 180 000 Gebäuden beschädigt, in Hannover lag die Zahl der völlig unbeschädigten Häuser unter 1 %. Nicht nur die Großstädte, auch kleinere Städte wie Hildesheim, Heilbronn, Paderborn hatten schwer gelitten. Der alliierte Bomben- 40 krieg hatte sich in den letzten Wochen des Krieges

M 8 **In einer südwestdeutschen Stadt** hat ein amerikanischer Panzer ein Pferd totgefahren. Einwohner schlachten das Pferd aus – der Hunger treibt sie dazu an.

so weit verselbstständigt, dass er sich nicht mehr lokalisieren ließ und sich schließlich wie eine Naturkatastrophe ausgetobt hatte. Obdachlosigkeit wur-
45 de zum Massenproblem.
Im Trümmerhaufen Deutschland standen 14 Millionen Haushaltungen 1946 nur 8 Millionen Wohnungen gegenüber. Das bedeutete Überbelegung des Wohnraumes oder Lagerleben; von abends 9 bis
50 morgens 6 Uhr bestand Ausgehverbot, in den ersten Wochen nach der Kapitulation waren Erschießungen an der Tagesordnung; 10 Millionen Zwangsarbeiter (DPs – Displaced Persons) aus allen Teilen Europas wollten zurück in ihre Heimat; viele
55 von ihnen nahmen nach ihrer Befreiung Rache an den Deutschen, viele zogen plündernd durchs Land; ihre Rückführung in ihre Heimatländer wurde zu einem zusätzlichen Problem für die Sieger. Soziale Bindungen waren vielfach zerrissen; Millionen Sol-
60 daten befanden sich in Gefangenschaft, eine Million wurde vermisst; beim Roten Kreuz stapelten sich die Suchanträge, im Oktober 1946 waren es 10 Millionen. Und die Menschen hungerten schon bald, mit Ausnahme der Landbevölkerung, der es nach
65 wie vor gut ging.
Der Völkerbund hatte 1936 Richtlinien festgelegt, nach denen ein Mensch, der 8 Stunden arbeitete, 3 000 Kalorien pro Tag, und bei völliger Ruhe immer noch 1 600 Kalorien zum Leben brauchte. Die Briten
70 setzten die tägliche Minimalration auf 1 150 Kalorien fest, auch sie wurde in der Praxis weit unterschritten. Im Juli 1945, zu einem Zeitpunkt, als noch Vorräte aus dem Krieg in Deutschland lagerten, erhielt z. B. jeder Erwachsene in Essen nur 700–800

Kalorien pro Tag; wenn man Glück hatte, bekam 75 man seine tägliche Ration: zwei Scheiben Brot, einen Löffel Milchsuppe, zwei kleine Kartoffeln. In Köln litten Ende 1945 88 % der Kinder unter Untergewicht; in der amerikanischen Zone – in der die Versorgungslage noch am besten von allen vier 80 Zonen war – lag das durchschnittliche Gewicht eines männlichen Erwachsenen Mitte 1946 bei etwa 51 kg – und es sank weiter; es kam vor, dass tagelang überhaupt kein Brot verteilt wurde, dass – so in Hamburg im März 1946 – in 2 Wochen die 85 gesamte Monatsration an Brot aufgegessen war.
Die Ernährungslage verschärfte sich beinahe täglich. Es kamen jene „hungrigen Mägen" hinzu, die Churchill schon während der Potsdamer Konferenz gefürchtet hatte: Flüchtlinge und Vertriebene aus 90 den deutschen Ostgebieten. Die Gesamtzahl ging in die Millionen; allein zwei bis drei Millionen starben auf der Flucht in den Westen.

R. Steininger, Deutsche Geschichte 1945–1961, Darstellung und Dokumente in zwei Bänden, Bd. 1, Frankfurt/M. 1983, S. 87 ff.

M 9 Der 8. Mai – Ein Gedenktag

Aus Anlass des 40. Jahrestages der Beendigung des Zweiten Weltkrieges am 8. Mai 1945 hielt der damalige Bundespräsident Richard von Weizsäcker eine Rede (1985):

Viele Völker gedenken heute des Tages, an dem der Zweite Weltkrieg in Europa zu Ende ging. Seinem Schicksal gemäß hat jedes Volk dabei seine eigenen Gefühle. Sieg oder Niederlage, Befreiung von Unrecht und Fremdherrschaft oder Übergang zu 5 neuer Abhängigkeit, Teilung, neue Bündnisse, gewaltige Machtverschiebungen – der 8. Mai 1945 ist ein Datum von entscheidender historischer Bedeutung in Europa. [...]
Der 8. Mai ist für uns vor allem ein Tag der Erinne- 10 rung an das, was Menschen erleiden mussten. Er ist zugleich ein Tag des Nachdenkens über den Gang unserer Geschichte. Je ehrlicher wir ihn begehen, desto freier sind wir, uns seinen Folgen verantwortlich zu stellen. 15
Der 8. Mai ist für uns Deutsche kein Tag zum Feiern. Die Menschen, die ihn bewusst erlebt haben, denken an ganz persönliche und damit ganz unterschiedliche Erfahrungen zurück. Der eine kehrte heim, der andere wurde heimatlos. Dieser wurde 20 befreit, für jenen begann die Gefangenschaft. Viele waren einfach nur dafür dankbar, dass Bombennächte und Angst vorüber und sie mit dem Leben davongekommen waren. Andere empfanden Schmerz über die vollständige Niederlage des 25

eigenen Vaterlandes. Verbittert standen Deutsche vor zerrissenen Illusionen, dankbar andere Deutsche für den geschenkten neuen Anfang.

30 Es war schwer, sich alsbald klar zu orientieren. Ungewissheit erfüllte das Land. Die militärische Kapitulation war bedingungslos. Unser Schicksal lag in der Hand der Feinde. Die Vergangenheit war furchtbar gewesen, zumal auch für viele dieser Feinde. Würden sie uns nun nicht vielfach entgel-

35 ten lassen, was wir ihnen angetan hatten?

Die meisten Deutschen hatten geglaubt, für die gute Sache des eigenen Landes zu kämpfen und zu leiden. Und nun sollte sich herausstellen: Das alles war nicht nur vergeblich und sinnlos, sondern es

40 hatte den unmenschlichen Zielen einer verbrecherischen Führung gedient.

[…] Und dennoch wurde von Tag zu Tag klarer, was es heute für uns alle gemeinsam zu sagen gilt: Der 8. Mai war ein Tag der Befreiung. Er hat uns alle

45 befreit von dem menschenverachtenden System der nationalsozialistischen Gewaltherrschaft.

Niemand wird um dieser Befreiung willen vergessen, welche schweren Leiden für viele Menschen mit dem 8. Mai erst begannen und danach folgten.

50 Aber wir dürfen nicht im Ende des Krieges die Ursache für Flucht, Vertreibung und Unfreiheit sehen. Sie liegt vielmehr in seinem Anfang und im Beginn jener Gewaltherrschaft, die zum Krieg führte. Wir dürfen den 8. Mai 1945 nicht vom 30. Januar

60 1933 trennen.

Zit. nach: Bulletin Nr. 52, S. 441, hrsg. vom Presse- und Informationsamt der Bundesregierung.

M10 **Richtlinien für die amerikanische Besatzungspolitik (1945)**

Direktive der amerikanischen Stabschefs an den Oberbefehlshaber der US-Besatzungstruppen in Deutschland (JCS 1067):

[…] Grundlegende Ziele der Militärregierung in Deutschland

a) Es muss den Deutschen klar gemacht werden, dass Deutschlands rücksichtslose Kriegsführung

5 und der fanatische Widerstand der Nazis die deutsche Wirtschaft zerstört und Chaos und Leiden unvermeidlich gemacht haben, und dass sie nicht der Verantwortung für das entgehen können, was sie selbst auf sich geladen haben.

10 b) Deutschland wird nicht besetzt zum Zwecke seiner Befreiung, sondern als ein besiegter Feindstaat. Ihr Ziel ist nicht die Unterdrückung, sondern die Besetzung Deutschlands, um gewisse wichtige alliierte Absichten zu verwirklichen. Bei der Durch-

15 führung der Besetzung und Verwaltung müssen Sie gerecht, aber fest und unnahbar sein. Die Verbrüderung mit deutschen Beamten und der Bevölkerung werden Sie streng unterbinden.

c) Das Hauptziel der Alliierten ist es, Deutschland

20 daran zu hindern, je wieder eine Bedrohung des Weltfriedens zu werden. Wichtige Schritte zur Erreichung dieses Zieles sind die Ausschaltung des Nazismus und des Militarismus in jeder Form, die sofortige Verhaftung der Kriegsverbrecher zum Zwecke der Bestrafung, die industrielle Abrüstung

25 und Entmilitarisierung Deutschlands mit langfristiger Kontrolle des deutschen Kriegspotenzials und die Vorbereitungen zu einem späteren Wiederaufbau des deutschen politischen Lebens auf demokratischer Grundlage. […]

30

Deutscher Lebensstandard

[…] Sie [als der Oberbefehlshaber] werden alle durchführbaren wirtschaftlichen und polizeilichen Maßnahmen ergreifen, um sicherzustellen, dass die

35 deutschen Hilfsquellen voll ausgenutzt werden und der Verbrauch auf dem Mindestmaß gehalten wird, damit die Einfuhren streng begrenzt und Überschüsse für die Besatzungsstreitkräfte, verschleppte Personen und Kriegsgefangene der Vereinten

40 Nationen sowie für Reparationszwecke verfügbar gemacht werden können. Sie werden nichts unternehmen, was geeignet wäre, den Mindestlebensstandard in Deutschland auf einem höheren Niveau zu erhalten als in irgendeinem benachbarten Mit-

45 gliedstaat der Vereinten Nationen. […]

Zit. nach: W. Cornides, H. Volle, Um den Frieden mit Deutschland, Oberursel 1948, S. 58 ff.

M11 **Churchill: Eiserner Vorhang**

Durch die Rede, die Winston Churchill am 5. März 1946 in Fulton (USA) hielt, wurde „Eiserner Vorhang" zu einer stehenden Redewendung:

Ein Schatten ist auf die Erde gefallen, die erst vor kurzem durch den Sieg der Alliierten hell erleuchtet worden ist. Niemand weiß, was Sowjetrussland und die kommunistische internationale Organisa-

5 tion in der nächsten Zukunft zu tun gedenken oder was für Grenzen ihren expansionistischen und Bekehrungstendenzen gesetzt sind, wenn ihnen überhaupt Grenzen gesetzt sind. […]

Von Stettin an der Ostsee bis hinunter nach Triest an der Adria ist ein „Eiserner Vorhang" über den

10 Kontinent gezogen. Hinter jener Linie liegen alle Hauptstädte der alten Staaten Zentral- und Osteuropas: Warschau, Berlin, Prag, Wien, Budapest, Bel-

grad, Bukarest und Sofia. Alle jene berühmten
15 Städte liegen in der Sowjetsphäre und alle sind sie
in dieser oder jener Form nicht nur dem sowjetrus-
sischen Einfluss ausgesetzt, sondern auch in ständig
zunehmendem Maße der Moskauer Kontrolle
unterworfen. [...] Die kommunistischen Parteien,
20 die in allen diesen östlichen Staaten Europas bisher
sehr klein waren, sind überall großgezogen worden, sie sind zu unverhältnismäßig hoher Macht
gelangt und suchen jetzt überall die totalitäre Kontrolle an sich zu reißen. [...]

Zit. nach: H. Weber, Kleine Geschichte der DDR, Köln 1980, S. 39.

M12 Die Weltlage aus sowjetischer Sicht

*Aus einem Referat von Andrei Shdanow, der als
Nachfolger Stalins galt (1947):*

Die Beendigung des 2. Weltkrieges führte zu wesentlichen Veränderungen in der gesamten internationalen Lage. Die militärische Zerschmetterung
des Blocks der faschistischen Staaten, der antifa-
5 schistische Charakter des Befreiungskrieges sowie
die entscheidende Rolle der Sowjetunion bei dem
Sieg über die faschistischen Aggressoren haben das
Kräfteverhältnis zwischen den beiden Systemen –
dem sozialistischen und dem imperialistischen –
10 stark zugunsten des Sozialismus verändert [...].
Die internationale Bedeutung und die Autorität der
UdSSR sind infolge des Krieges unermesslich gestiegen. Die UdSSR war die führende Kraft und die Seele
der militärischen Zerschmetterung Deutschlands und
15 Japans. Um die Sowjetunion schlossen sich die demo-

kratischen, progressiven Kräfte der ganzen Welt
zusammen. Der sozialistische Staat bestand die
schwersten Prüfungen des Krieges und ging aus dem
Kampf auf Leben und Tod gegen den ungeheuer starken Feind als Sieger hervor. Statt zu einer Schwächung 20
der UdSSR kam es zu einer Stärkung. [...]
Konkrete Ausdrucksformen der expansionistischen
Bestrebungen in den USA stellen gegenwärtig die
„Truman-Doktrin" und der „Marshall-Plan" dar. Diese beiden Dokumente sind im Grunde genommen 25
der Ausdruck der gleichen Politik, obwohl sie sich
in der Form unterscheiden, in der in beiden Dokumenten ein und derselbe amerikanische Anspruch
auf die Versklavung Europas serviert wird.
Die Hauptpunkte der „Truman-Doktrin" im Hinblick 30
auf Europa sind folgende: 1. Schaffung amerikanischer Stützpunkte im Ostteil des Mittelmeerbeckens
mit dem Ziel, die amerikanische Herrschaft in dieser
Zone zu behaupten. 2. Demonstrative Unterstützung des reaktionären Regimes in Griechenland 35
und in der Türkei als Bastionen des amerikanischen
Imperialismus gegen die neue Demokratie auf dem
Balkan (Erweisung militärischer und technischer Hilfe an Griechenland und die Türkei, Gewährung von
Anleihen). 3. Ständiger Druck auf die Staaten der 40
neuen Demokratie. [...] Die „Truman-Doktrin", die
darauf berechnet ist, jedem reaktionären Regime
amerikanische Hilfe zu gewähren, das den demokratischen Völkern aktiv entgegentritt, trägt einen
unverhüllt aggressiven Charakter. 45

Zit. nach: H.-J. Lieber, K.-H. Ruffmann (Hg.), Sowjetkommunismus, Dok. Bd. 2, Köln 1964, S. 603 f.

Aufgaben

1. Nennen Sie die wichtigsten Ziele und Ergebnisse
der Potsdamer Konferenz für Deutschland.
→ Text, M3, M4, M10

2. Beschreiben Sie die Situation in Deutschland
unmittelbar nach der Kapitulation.
→ M1, M3, M6–M8

3. Fassen Sie zusammen, wie G. F. Kennan die
Beschlüsse der Potsdamer Konferenz beurteilt.
Welches Vorgehen schlägt er vor?
→ M5

4. Welche Bedeutung kommt dem 8. Mai 1945 aus
der Sicht des ehemaligen Bundespräsidenten
Richart von Weizsäcker zu?
→ M9

5. Analysieren Sie die Anweisung in Bezug auf die
Ziele der amerikanischen Besatzungspolitik.
→ M10

6. Wie begründete der britische Premierminister
W. Churchill seine Aussage, Europa sei durch
einen Eisernen Vorhang getrennt?
→ M11

7. Kennzeichnen Sie das Selbstverständnis der
Sowjetunion nach dem Zweiten Weltkrieg. Wie
schätzt Shdanow die Politik der USA ein?
→ M12

8. Charakterisieren Sie zusammenfassend die veränderte politische Haltung der Siegermächte
zueinander und Deutschland gegenüber. Diskutieren Sie, inwiefern eine innere Zwangsläufigkeit in der Entstehung des Ost-West-Konflikts
lag.
→ Text, M5, M11, M12

12.2 Von der Neuordnung zur Bundesrepublik Deutschland

Entnazifizierung: Bestrafung und Umerziehung

Wesentliches Ziel der Besetzung und Kontrolle Deutschlands durch die Siegermächte war die Beseitigung des Nationalsozialismus. Dies sollte durch die Verfolgung und Bestrafung der Schuldigen an den im deutschen Namen begangenen Verbrechen sowie durch die Umerziehung der Deutschen zur Demokratie geschehen. Über die verbliebene NS-Führungselite wurde in Nürnberg Gericht gehalten. Viele Verantwortliche für NS-Verbrechen hatten sich durch Untertauchen oder Flucht ins Ausland dem Richter entzogen. Andere galten als unbescholten, bis ihre Täterschaft oft nur durch Zufall bekannt wurde. Zuerst erschwerte die fehlende Zuständigkeit deutscher Gerichte, dann das verspätete Interesse der deutschen Strafjustiz die Ahndung von NS-Verbrechen. Im Sinne der Potsdamer Vereinbarungen mussten grundsätzlich alle Deutschen über 18 Jahre sich einem Entnazifizierungsverfahren unterwerfen.

Ihnen wurde ein Fragebogen vorgelegt, mit dessen Hilfe das Verhalten im Dritten Reich erfragt wurde. Betroffen waren vor allem jene, die in NS-Organisationen mitgearbeitet beziehungsweise den NS-Staat in den verschiedensten gesellschaftlichen Funktionen unterstützt hatten. Sie wurden von Spruchkammern nach der Schwere ihrer Schuld als Entlastete, Mitläufer, Minderbelastete, Belastete und Hauptschuldige eingestuft und mit entsprechenden Zwangsmaßnahmen, wie Internierung, Berufsverbot oder Haft belegt. Der Einfluss von ehemaligen Nazis auf das öffentliche Leben sollte dadurch unmöglich gemacht werden.

Das Verfahren war allerdings nicht geeignet, das angestrebte Ziel zu erreichen: Der Kreis der von Entnazifizierungsverfahren Betroffenen war zu groß gewählt. Die Bearbeitung beanspruchte zu viel Zeit. Der

M 1 „Habe ich den nicht schon mal gesehen?"

Ein Memorandum des Education Branch der britischen Militärregierung vom 13. August 1948 stellt fest:

„Wir stimmten alle überein, dass „re-education" einer der Hauptzwecke unserer Besatzung ist. Es muss jedoch daran erinnert werden, dass es kein Wort gibt, das die Deutschen, auch die am freundlichsten Gesinnten unter ihnen, so sehr verabscheuen wie dieses und dass es keines gibt, das so energische Reaktionen hervorzurufen geeignet ist",
britische Karikatur von 1947.

Text aus: A. M. Birke, Nation ohne Haus, Berlin 1989, S. 84.

M 2 Vergangene Insignien der Macht

In Trier werden unter alliierter Bewachung Überbleibsel des „Dritten Reiches" entfernt, Mai 1945.

Demokratischer Neuanfang

Parteien und Gewerkschaften

Umfang der begangenen Verbrechen wurde erst nach und nach bekannt. Belastete kamen wieder in Amt und Würden, nur weil sie beim Wiederaufbau gebraucht wurden. Es gab eine Tendenz, Schuldige möglichst zu rehabilitieren und lediglich als Mitläufer einzustufen. Ehemalige Nationalsozialisten brachten in großem Umfange entlastende Schreiben von unbelasteten Personen vor – so genannte Persilscheine. Zu Anfang der Verfahren wurden für schuldhaftes Verhalten härtere Maßstäbe angelegt als später unter dem Eindruck des Kalten Krieges.

Zwar hatte die Entnazifizierung gezeigt, wie schwierig es oft im Einzelfall war, individuelle Schuld nachzuweisen, doch die Millionen Opfer von Krieg und Gewaltherrschaft belasteten das deutsche Volk als Ganzes, unabhängig von individuellem Verhalten, mit einer kollektiven Verantwortung. Um solche Verbrechen künftig auszuschließen, sollten den Deutschen demokratische Verhaltensweisen anerzogen werden (re-education). Mit diesem Ziel nahmen die Besatzungsmächte Einfluss auf das Bildungswesen und auf die Massenmedien. Die von ihnen herausgegebenen Nachrichtenblätter wurden nach und nach durch Lizenzzeitungen deutscher Herausgeber abgelöst.

Der Rundfunk wurde nach britischem Vorbild öffentlich-rechtlich organisiert, das heißt er sollte sowohl der Regierungskontrolle als auch dem Zugriff großer privater Organisationen entzogen werden.

Ein wesentliches Ziel der Alliierten in Deutschland war eine grundlegende Umgestaltung durch Schaffung demokratischer Strukturen. Anlässlich der Potsdamer Konferenz wurden zu diesem Zweck die Meinungs-, Presse- und Versammlungsfreiheit, die Zulassung politischer Parteien, ein dezentraler Staatsaufbau mit gemeindlicher Selbstverwaltung und die Neugründung von Ländern sowie die Entflechtung der hoch konzentrierten deutschen Wirtschaft vereinbart.

Nach einer Übergangszeit erlaubten die Alliierten Parteien und Gewerkschaften, allerdings nur auf lokaler Ebene und nur unter ihrer Kontrolle. In den Westzonen erhielten neben regional orientierten politischen Gruppierungen wie der Christlich-Sozialen Union (CSU), der Zentrumspartei, der Deutschen Partei und der Bayernpartei insbesondere die Sozialdemokratische Partei Deutschlands (SPD), die Christlich-Demokratische Union (CDU), die Kommunistische Partei Deutschlands (KPD) sowie die Liberalen unter verschiedenen Bezeichnungen (FDP, LDP, DVP) entsprechende Zulassungen. Der Zusammenschluss auf Länder- und Zonenebene war anfänglich verboten und später durch den Mangel an Verkehrs- und Kommunikationsmitteln erschwert. Abgesehen von CDU und CSU war dies für die Parteien nur organisatorisch ein totaler Neuanfang, nicht aber personell und programmatisch. Sie konnten an frühere Traditionen, insbesondere an die Zeit der Weimarer Republik, anknüpfen.

Parallel zu den Parteigründungen vollzog sich der Neuaufbau der Gewerkschaften ab September 1945. In Abkehr von Weimar wurde eine weltanschaulich neutrale, das heißt nicht an einzelne Parteirichtungen gebundene Einheitsgewerkschaft angestrebt. Im Gegensatz zu den früheren Richtungsgewerkschaften sollte darin eine Zusammenfassung aller Arbeitnehmer und damit eine mächtige Arbeitnehmervertretung möglich werden. Im April 1947 erfolgte die Gründung des Deutschen Gewerkschaftsbundes in der britischen Zone.

Aufbau der Verwaltung

Weil die Militärbehörden eine totale Übernahme aller Verwaltungstätigkeiten überfordert hätte, ernannten sie unmittelbar nach ihrem Einmarsch als unbelastet geltende Deutsche zu Bürgermeistern und Landräten. Erst 1946 fanden in allen Zonen Gemeinde- und Kreistagswahlen statt. Bald wurden auch auf Länderebene Regierungen mit beschränkten Befugnissen eingesetzt. Später erfolgte die Bildung zusätzlicher beratender Ausschüsse mit der Funktion von Parlamenten.

Ernannte, später gewählte Gremien erarbeiteten Verfassungsentwürfe, die nach Genehmigung durch die jeweilige Besatzungsmacht durch Volksabstimmung angenommen wurden. Aus danach abgehaltenen Landtagswahlen gingen demokratisch legitimierte Parlamente und Länderregierungen hervor.

Parallel zum Aufbau der Länder entstand die Bi-Zonen-Wirtschaftsverwaltung. Ein von den Landtagen gewählter Wirtschaftsrat erhielt legislative Zuständigkeiten für die Bereiche Wirtschaft, Finanzen, Ernährung und Landwirtschaft, Verkehr und Post. Somit eröffnete sich für deutsche Organe ein – wenn auch begrenzter – Handlungsspielraum.

Reparationen

Mit der Forderung nach Reparationen (Kriegsentschädigungen) verfolgten Deutschlands Kriegsgegner vor allem zwei Ziele: Durch Sachlieferungen, durch Beschlagnahmungen der Auslandsguthaben und die Nutzung deutscher Arbeitskräfte sollte der von Deutschland angerichtete materielle Schaden wieder gutgemacht werden. Mit der Demontage von industriellen Anlagen wiederum beabsichtigte man gleichzeitig die Zerschlagung der deutschen Kriegsindustrie und die Schwächung der deutschen Wirtschaft in einem Maße, dass von Deutschland auf absehbare Zeit keine Kriegsgefahr mehr ausgehen würde. Nach den Vereinbarungen der Potsdamer Konferenz sollte der durchschnittliche Lebensstandard der deutschen Bevölkerung den der anderen europäischen Länder nicht übersteigen. Im Industrieplan von 1946 legten die Besatzungsmächte dementsprechend die Produktionsleistung der deutschen Industrie auf 50 bis 55 Prozent der Produktion von 1938 fest.

Marshallplan

M 3

Die deutsche Industrie war nicht so stark zerstört, wie dies unmittelbar nach dem Krieg allgemein angenommen worden war. Die deutsche Wirtschaft verfügte im Gegenteil über einen relativ modernen Produktionsapparat, da kurz vor und während des Krieges in erheblichem Umfang investiert worden war. Zwar behinderten die unmittelbar nach der Besatzung beginnenden Entnahmen der Sieger und die immer unüberwindbarer werdenden Zonengrenzen die Entfaltung der Wirtschaft, dennoch konnte bis Herbst 1946 ein kräftiger Aufschwung verzeichnet werden.

Aufgrund des harten Winters 1946/47 kam es vor allem in der Bi-Zone zu einem Rückgang beziehungsweise Stillstand der Produktionstätigkeit wegen Energiemangels. Die Verschlechterung der Ernährungslage führte zu Demonstrationen und Arbeitskämpfen. Allerdings fiel die Wirtschaftskrise zeitlich mit einem politischen Umdenken in den USA zusammen. Bei Amerikanern und Briten trat mit Fortdauer der Besatzung das Ziel, Deutschland wirtschaftlich wieder auf eigene Beine zu stellen, immer klarer hervor. Die Not der Deutschen und die Kosten der Nahrungsmittellieferungen erschienen ihnen

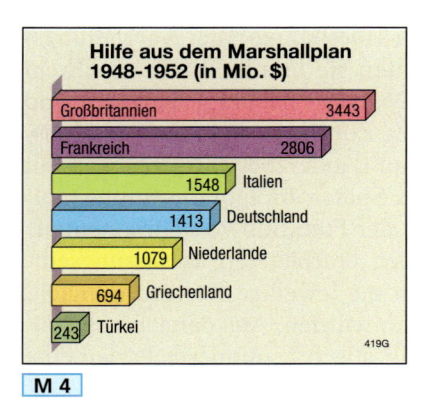

Hilfe aus dem Marshallplan 1948-1952 (in Mio. $)

- Großbritannien 3443
- Frankreich 2806
- Italien 1548
- Deutschland 1413
- Niederlande 1079
- Griechenland 694
- Türkei 243

419G

M 4

auf Dauer zu groß. Außerdem änderte sich die politische Haltung der USA aufgrund der sich verschärfenden Ost-West-Spannungen. Das European Recovery Program (ERP) – so die offizielle Bezeichnung für den Marshallplan – stellte einen Wendepunkt in der amerikanischen Nachkriegspolitik dar und erfolgte im Zusammenhang mit der Truman-Doktrin.

Die USA boten allen europäischen Staaten Hilfe beim Wiederaufbau ihrer Wirtschaft an. Ein entsprechender Plan wurde besonders von dem damaligen US-Außenminister George C. Marshall verfolgt. Die Sowjetunion und auf deren Druck hin auch alle mittelost- und osteuropäischen Staaten lehnten das Angebot ab.

Mögliche Motive für das amerikanische Hilfsangebot waren: Es diente der ökonomischen Stabilisierung der europäischen Volkswirtschaften und damit auch der politischen Immunisierung gegenüber dem Kommunismus. Es trug somit zur Eindämmung des sowjetischen Einflusses in Europa bei. Außerdem ermöglichte es die Expansion des amerikanischen Handels auf den europäischen Märkten. Der ökonomische Wiederaufbau Westeuropas sollte nicht mehr durch die Ausbeutung Westdeutschlands mittels Reparationen, sondern vielmehr durch amerikanische Finanzhilfe an Deutschlands Gläubiger erreicht werden.

Bis Ende 1951 erhielten die westeuropäischen Länder etwa 12,4 Milliarden US-Dollar, teils als Geschenk, teils als Kredit, wofür Güter vorwiegend aus den USA bezogen werden konnten. Die Westzonen wurden im April 1948 in das Programm einbezogen. Westdeutschland erhielt bis Ende 1957 etwa 1,7 Milliarden US-Dollar, von denen eine Milliarde innerhalb von 30 Jahren zurückzuzahlen war.

Eigentumsordnung

In der Frage der künftigen Eigentumsordnung bestand unmittelbar nach dem Krieg ein breiter Konsens im Sinne antikapitalistischer Strömungen. In den ersten Nachkriegsjahren forderten SPD, CDU und Gewerkschaften nahezu übereinstimmend eine gerechtere Sozialordnung, die den politischen Missbrauch wirtschaftlicher Macht künftig ausschließen sollte. Ein Zusammenhang zwischen der vorher in Deutschland bestehenden Eigentumsordnung und der Naziherrschaft und dem Krieg wurde dabei unterstellt. Dies lief auf die Sozialisierung vor allem des Kohlebergbaus und der Eisen- und Stahlindustrie sowie auf mehr Mitbestimmung der Arbeitnehmer bei wirtschaftlichen Entscheidungen hinaus. Dies schien vor allem in der britischen Zone, wo die fraglichen Betriebe an Rhein und Ruhr konzentriert lagen, geboten und angesichts einer von der Labour-Partei geführten britischen Regierung auch möglich. Sozialisierungsexperimente und die Einschränkung der freien Unternehmertätigkeit gefährdeten aber nach Ansicht der USA die Effizienz der aufzubauenden deutschen Wirtschaft und belasteten wegen der notwendigen Hilfslieferungen den amerikanischen Steuerzahler. Die Amerikaner machten ihr weiteres finanzielles Engagement – sie übernahmen Ende 1947 den Großteil der finanziellen Lasten in der Bi-Zone – von einer antisozialistischen Politik abhängig. Angewiesen auf die amerikanische Unterstützung, hatten die Briten die Handlungsfreiheit in ihrer Zone verloren.

Der von den Besatzungsmächten vorgegebene Wille war für Deutschland verbindlich. Auch veränderten sich zum Teil bei den Deutschen selbst die politischen Anschauungen. So distanzierte sich mit dem Erstarken des bürgerlichen Flügels in der CDU diese Partei zunehmend von ihrem ursprünglichen Sozialisierungsprogramm. Auch nahm der wirtschaftliche Aufschwung dieser Forderung ihre ursprüngliche Bedeutung. So strebten die Gewerkschaften nachdrücklich in den Betrieben und auf Unternehmensebene die Mitbestimmung der Beschäftigten an. Hinsichtlich der entflochtenen Betriebe gelang ihnen dabei bereits 1947 ein Erfolg, der für die im Jahre 1951 erkämpfte paritätische Mitbestimmung in der Montanindustrie Modellcharakter hatte. Anfang der 50er-Jahre wurden die privatwirtschaftlichen Besitzverhältnisse wiederhergestellt, als die ursprünglich für eine Sozialisierung vorgesehenen und nunmehr entflochtenen Unternehmen von den alten Eigentümern wieder übernommen wurden.

Währungsreform

Die Kriegsfinanzierung mit der Notenpresse hatte die Reichsmarkwährung durch eine inflationäre Geldvermehrung zerrüttet. Lohn- und Preisstopp, Bewirtschaftung und Rationierung hatten den Geldüberhang bis Kriegsende verschleiert. Nur in Verbindung mit Lebensmittelkarten und Bezugsscheinen behielt das Geld offiziell seinen Wert. Längst jedoch wurden inoffiziell und verbotenerweise auf dem Schwarzmarkt um das Mehrfache überhöhte Preise für Mangelartikel bezahlt. Das Geld hatte seine Aufgabe als allgemeines Tauschmittel verloren. Zigaretten und Ähnliches traten an seine Stelle. Weil der Schwarzhandel einträglicher war als zu arbeiten, waren viele Menschen in Deutschland unterwegs, um das Nötigste, vor allem Nahrungsmittel, zu beschaffen. Der Naturaltausch verhinderte die Entfaltung der wirtschaftlichen Kräfte. Über die dringend notwendige Währungsumstellung für ganz Deutschland konnte im Kontrollrat keine Einigung erzielt werden, doch liefen bei den Alliierten schon seit geraumer Zeit die Vorbereitungen für diese Maßnahme. In den USA wurde schon seit Oktober 1947 neues Geld gedruckt. Deutsche Fachleute durften lediglich Hilfsdienste bei der Vorbereitung leisten, eine wirkliche Einflussnahme blieb ihnen verwehrt. Stichtag der Währungsreform in den drei Westzonen war der 20. Juni 1948. Die Sowjetunion zog in ihrer Zone drei Tage später nach. Damit war eine der letzten Gemeinsamkeiten, das Band der Währungseinheit, zwischen Ost- und Westdeutschland zerschnitten und die deutsche Spaltung noch sichtbarer geworden. Größter Nutznießer dieser Reform war der Staat, der sich bei einer Reichsschuld von fast 400 Milliarden Reichsmark nahezu vollständig entschuldete. Die Geldwertbesitzer wurden bei einem Umtauschsatz von höchstens 1:10 quasi enteignet und die Besitzer von Sachwerten einseitig begünstigt, da nur Geldbestände diese einschneidende Abwertung erfuhren. Der Lastenausgleich für Kriegssachgeschädigte und Vertriebene, den die Deutschen gern mit der Währungsreform verbunden hätten, wurde auf später verschoben. Ab Ende der 50er-Jahre wurden die Vermögensverluste entschädigt und bei Auslaufen des Lastenausgleichs werden voraussichtlich Zahlungen in Höhe von etwa 146 Milliarden DM geleistet worden sein.

Wachsende Spannungen

Als Folge des sich verschärfenden Ost-West-Konflikts setzte sich bei den Westmächten wie bei den Westdeutschen die Ansicht durch, die inzwischen erreichten wirtschaftlichen und politischen Fortschritte nicht einer ungewiss und riskant erscheinenden Einheit zu opfern. Vielmehr sprach man einer separaten Staatsgründung eine gewisse

Magnetwirkung zu, sodass die Einheit nach einer Zeit der Spaltung doch noch erreicht werden könnte.

Bereits Ende 1947 schien die deutsche Einheit nicht mehr in Sicht. Zudem gab es in den Westzonen im Laufe des Jahres 1948 bedeutende Weichenstellungen wie die Einbeziehung in den Marshall-Plan, die Währungsreform und die Einführung der Marktwirtschaft.

Zwar hat es nicht an Bemühungen gefehlt, die sich abzeichnende Spaltung abzuwenden, so zum Beispiel die Konferenz der Ministerpräsidenten der Länder in München (1947), aber diese scheiterten letztlich am Systemgegensatz zwischen Ost und West.

Briten und Amerikaner strebten einen höheren Grad des Zusammenschlusses aller Westzonen mit staatsrechtlichen Qualitäten an, um dieses Gebiet politisch, wirtschaftlich und gegebenenfalls militärisch in den Westen zu integrieren. Auf diese Weise sollte nach britischer Ansicht eine Annäherung Westdeutschlands an die Sowjetunion künftig ausgeschlossen werden, und außerdem konnten die Westeuropäer Sicherheit vor Deutschland erlangen. Diesem Zweck diente die Londoner Sechsmächtekonferenz 1948, wobei die Vorbehalte der westlichen Anrainerstaaten Deutschlands auszuräumen waren. Unter dem Eindruck der kommunistischen Machtergreifung in der Tschechoslowakei im Februar 1948 stimmten Frankreich, Belgien, die Niederlande und Luxemburg der Weststaatsgründung im Grundsatz zu. Als Gegenleistung sollten sie über das Ruhrstatut an der internationalen Kontrolle der Ruhrindustrie beteiligt werden. Dabei ging es um die Aufteilung der dortigen Kohle-, Koks- und Stahlproduktion zwischen dem deutschen Bedarf und dem Export. Durch die Nichtbeteiligung der Sowjetunion sollten deren Ansprüche endgültig ausgeschlossen werden. Zusätzlich vereinbarten die Konferenzteilnehmer einen Beistandspakt (Brüsseler Pakt), der sie vor einer erneuten deutschen Aggression schützen sollte. Das Bündnis war aber mehr noch die Antwort der Westeuropäer auf die als bedrohlich empfundene sowjetische Politik. Wegen des westlichen Vorgehens stellte die Sowjetunion am 20. März 1948 ihre Mitarbeit im Alliierten Kontrollrat ein.

Berlin-Blockade

Die Vorbereitungen zur Gründung eines westdeutschen Staates, insbesondere die Währungsreform in den Westzonen, nahm die Sowjetunion zum Anlass ihrer Berlin-Blockade.

Die alliierten Vereinbarungen über die Besetzung und gemeinsame Verwaltung Berlins enthielten keine Regelung über die Zugangswege. Eine Notwendigkeit hierzu wurde nicht gesehen, weil Deutschland als Einheit behandelt werden sollte und die Alliierten von einer Fortdauer ihrer gemeinsamen Politik auch im Frieden ausgingen. Die Zugangsfrage wurde erst zum Problem, als sich in der Berlin umgebenden Sowjetischen Besatzungszone eine vom übrigen Deutschland abweichende politische und gesellschaftliche Ordnung herausbildete. Dadurch und als Folge des aufkommenden Kalten Krieges geriet Berlin in den Schnittpunkt der Ost-West-Konfrontation. Die Sowjetunion begann, die Verkehrsverbindungen zwischen Berlin und den Westzonen als Druckmittel zur Erreichung ihrer politischen Ziele zu nutzen. Anlass dazu bot die Währungsreform in den Westzonen.

Am 24. Juni 1948 begann die Berlin-Blockade. Sie dauerte bis zum 12. Mai 1949. Die Sowjets begründeten die Blockade der Stadt mit dem Scheitern der Viermächteverwaltung. Die Schuld daran trügen die Westmächte, die dadurch ihre Besatzungsrechte in Berlin verwirkt

M 5 Gefährliche Passage
Mittelweg zwischen Kapitulation und einem (möglichen) Krieg, amerikanische Karikatur von 1948.

Gründung des westdeutschen Staates

hätten. Die Westmächte gründeten ihren Rechtsstandpunkt auf die totale Niederlage und bedingungslose Kapitulation Deutschlands. Die gemeinsame Besetzung und Kontrolle seien vertraglich geregelt. Daraus und aus der tatsächlichen Besetzung Berlins leite sich auch das Recht auf freien Zugang zu Lande, auf dem Wasser und in der Luft ab.

Neben der praktizierten Luftbrücke gab es den Vorschlag, durch Verhandlungen der Alliierten die Besatzungszonen neu so festzulegen, dass ein direkter Zugang nach Berlin möglich wäre. Das Eintreten der westlichen Besatzungsmächte für die Stadt und der Durchhaltewillen der Berliner ließen die Blockade scheitern. Berlin wurde für Jahre zum Symbol für die Verteidigung der Freiheit gegen die sowjetische Expansionspolitik. Die tatsächlichen Blockadeziele der Sowjetunion kann man nur vermuten. Nachdem der Versuch, die ganze Stadt zu beherrschen, fehlgeschlagen war, setzte sie jetzt die Spaltung der Stadtverwaltung durch. Damit war nach der gemeinsamen Verwaltung Deutschlands auch die gemeinsame Verwaltung Berlins gescheitert.

Die Berlin-Blockade vertiefte die Spaltung Deutschlands und Europas. Sie gab dem Antikommunismus weiteren Auftrieb und schuf den gefühlsmäßigen Hintergrund, vor dem die westdeutsche Staatsgründung mehrheitsfähig wurde.

Die Ergebnisse der Londoner Sechsmächtekonferenz legten die drei Militärgouverneure als Frankfurter Dokumente den Ministerpräsidenten der westdeutschen Länder zur Stellungnahme vor. Diese erhielten den Auftrag, eine verfassunggebende Versammlung einzuberufen, die Länder neu zu gliedern und Stellung zu nehmen zu einem Besatzungsstatut, das die Kompetenzen einer deutschen Regierung abgrenzen sollte.

Die Ministerpräsidenten hatten Bedenken und wollten den provisorischen Charakter der vorgesehenen Maßnahmen betont wissen. Danach sollte ein von den Landtagen gewählter Parlamentarischer Rat – und nicht eine direkt gewählte Nationalversammlung – nur ein vorläufiges Grundgesetz und nicht eine endgültige Verfassung ausarbeiten. Ein Ausschuss wurde ernannt, der in Herrenchiemsee Lösungen für die anstehenden Verfassungsprobleme erarbeitete.

Ein aus den Landtagen gewählter Parlamentarischer Rat trat zusammen, vertreten waren die 11 westdeutschen Länder und mit beratender Stimme Berliner Abgeordnete. Auf die Parteien entfielen die Mandate wie folgt: SPD 27, CDU 19, CSU 8, DP 2, FDP/LDP/DVP 5, Zentrum 2, KPD 2.

Die parteipolitische Zusammensetzung und die Vorstellungen der Alliierten beeinflussten maßgeblich das Ergebnis der Verfassungsberatungen. Insbesondere wegen der Stellung der Länder im Bund bezüglich der Gesetzgebung und der Finanzverfassung kam es zu politischen Auseinandersetzungen zwischen den süd- und norddeutschen Ländern sowie zwischen CDU und SPD. Mehrfach griffen die Besatzungsmächte ein, um ein ausgewogenes Verhältnis zwischen Föderalismus und Zentralismus herzustellen. Am 8. Mai 1949 stimmte der Parlamentarische Rat dem Grundgesetzentwurf mehrheitlich zu. Dagegen stimmten sechs Abgeordnete der CSU und die Parlamentarier von DP, Zentrum und KPD. Nachdem alle Landtage, außer dem bayerischen, dem Grundgesetz zugestimmt hatten, wurde es am 23. Mai 1949 verkündet, am Tag darauf trat es in Kraft. Damit waren die Voraussetzungen geschaffen zur Konstituierung der Staatsorgane.

Vorne rechts: Theodor Heuss, der
erste Bundespräsident, Mitte:
Carlo Schmid. Die KPD-Abgeord-
neten Renner und Reimann bleiben demonstrativ sitzen und
bekunden damit ihren Protest
gegen die Verabschiedung der
Verfassung.

M 7 Antrittsbesuch von Bundeskanzler Adenauer bei den Hohen
Kommissaren 1949

Im Vorhinein war von den alliierten
Siegermächten festgelegt worden,
dass Adenauer den Teppich nicht
zu betreten habe. Dieser hielt sich
jedoch nicht an das demütigende
Protokoll. Die Hohen Kommissare
[McCloy (USA), François-Poncet
(Frankreich) und Robertson (Groß-
britannien)] wagten es nicht, den
Bundeskanzler zu korrigieren.

Allerdings war mit der Gründung der Bundesrepublik Deutschland
noch kein souveräner Staat entstanden. Im Besatzungsstatut zur
Abgrenzung der Befugnisse und Verantwortlichkeiten der zukünftigen
Regierung und der alliierten Kontrollbehörde hatten sich die Westmächte bestimmte Befugnisse vorbehalten in Bezug auf Entmilitarisierung, Ruhrkontrolle, Außenhandel und Außenpolitik.

Die Militärgouverneure wurden durch die Hohe Kommission, eine
zivile Besatzungsbehörde, abgelöst. Als vorläufige Hauptstadt hatte der
Parlamentarische Rat bereits Bonn festgelegt, das sich gegen Frank-
furt/Main durchsetzen konnte.

Die Politik der neuen Bundesregierung unter Konrad Adenauer zielte darauf ab, Westdeutschland möglichst umgehend wieder zu einem
souveränen Staat zu machen. Eine Gelegenheit dazu eröffnete der
Korea-Krieg seit 1950. Der Angriff des kommunistischen Nordkoreas
auf den Süden des geteilten Landes hatte den Ost-West-Konflikt massiv verschärft. Dieser Angriff wäre ohne Billigung und Unterstützung
durch Stalin nicht möglich gewesen. Die Westalliierten erkannten in
der militärischen Entblößung Westeuropas die Gefahr, dass die
Sowjetunion diese Situation ausnutzen konnte. Einem militärischen
Vormarsch der Roten Armee hätte Westeuropa zu diesem Zeitpunkt
kaum etwas entgegenzusetzen gehabt. Die USA hatten sich weitgehend
zurückgezogen, und die französische Armee war in Kolonialkriege
verwickelt. Aus dieser Situation resultierten die Überlegungen der
Westalliierten zur Wiederbewaffnung Westdeutschlands. Die Bundesregierung ihrerseits sah in dieser Konstellation die Chance für eine vergrößerte Unabhängigkeit. Die Verhandlungen über einen deutschen
Verteidigungsbeitrag verknüpfte sie mit dem Ziel der Aufhebung des
Besatzungsstatuts. Diese Verhandlungen mündeten – nach dem Scheitern einer Europäischen Verteidigungsgemeinschaft (EVG) – in den
Pariser Verträgen von 1954, auch Deutschlandvertrag genannt. Dieser
beinhaltete die Wiederbewaffnung, den Beitritt der Bundesrepublik
Deutschland zur NATO und – im Gegenzug – die Herstellung der staatlichen Souveränität. Lediglich die alliierten Vorbehaltsrechte in Bezug
auf Deutschland als Ganzes und Berlin blieben erhalten. Diese alliierten Vorbehaltsrechte erklären, warum die Vereinigung der beiden deutschen Staaten 1990 kein rein innerdeutscher Vorgang sein konnte und
völkerrechtlich nur im Einverständnis mit den Siegermächten des
Zweiten Weltkrieges vorgenommen werden konnte.

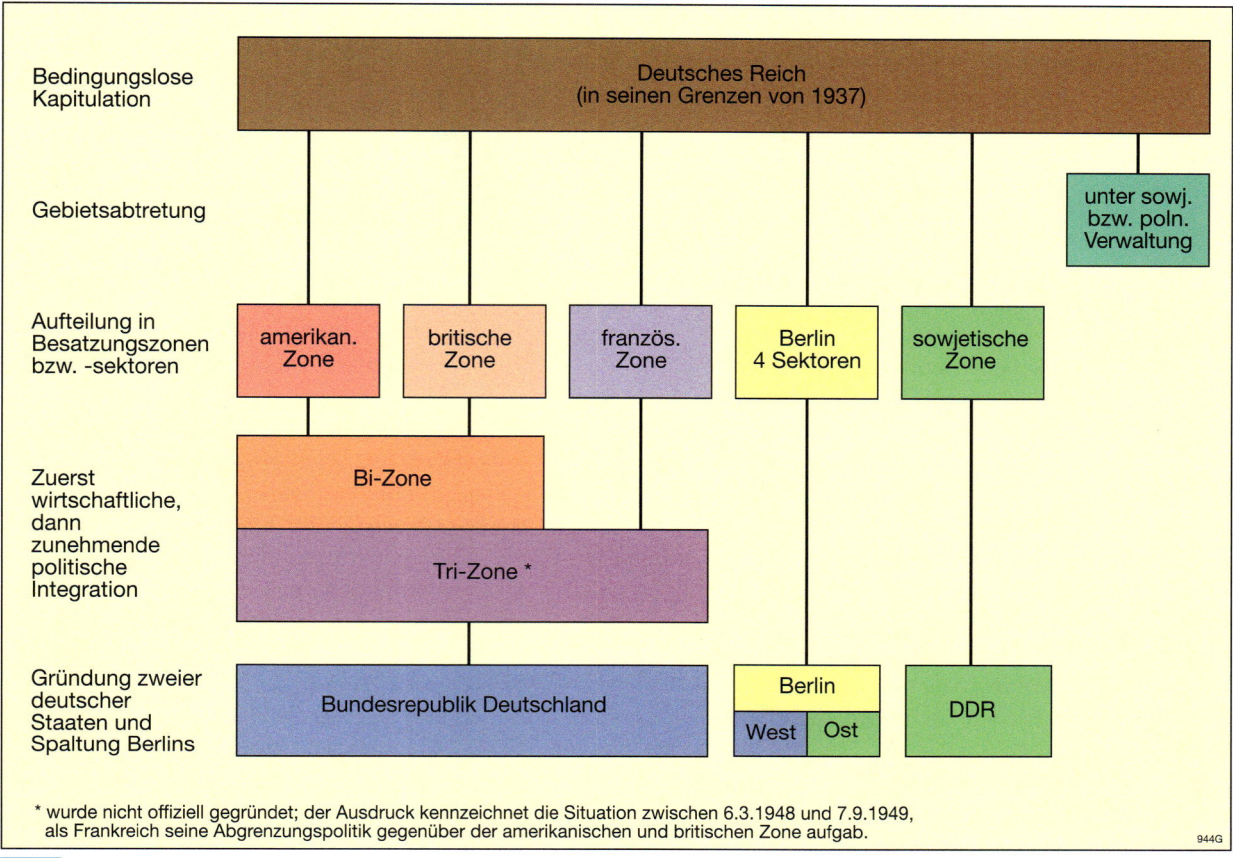

	Deutsches Reich (in seinen Grenzen von 1937)				
Bedingungslose Kapitulation					
Gebietsabtretung					unter sowj. bzw. poln. Verwaltung
Aufteilung in Besatzungszonen bzw. -sektoren	amerikan. Zone	britische Zone	französ. Zone	Berlin 4 Sektoren	sowjetische Zone
Zuerst wirtschaftliche, dann zunehmende politische Integration	Bi-Zone				
	Tri-Zone *				
Gründung zweier deutscher Staaten und Spaltung Berlins	Bundesrepublik Deutschland			Berlin West / Ost	DDR

* wurde nicht offiziell gegründet; der Ausdruck kennzeichnet die Situation zwischen 6.3.1948 und 7.9.1949, als Frankreich seine Abgrenzungspolitik gegenüber der amerikanischen und britischen Zone aufgab.

944G

M 8

Chronologie

6. Sept. 1946	Rede des amerikanischen Außenministers Byrnes in Stuttgart (Wandel in der amerikanischen Besatzungspolitik)
1. Januar 1947	Zusammenschluss der amerikanischen und britischen Zone zur Bi-Zone
11. März 1947	Truman-Doktrin (Eindämmung der Sowjetunion)
Mai 1947	USA stoppen Reparationslieferungen aus ihrer Zone.
5. Juni 1947	Ankündigung eines amerikanischen Hilfsprogramms für Europa durch US-Außenminister Marshall
5./6. Juni 1947	Konferenz der deutschen Ministerpräsidenten in München
23. Februar–6. März 1948	Beginn der Londoner Sechsmächtekonferenz; Teilnehmer: USA, Großbritannien, Frankreich, Belgien, Niederlande und Luxemburg (Fortsetzung 20. März bis 2. Juni 1948)
20. Juni 1948	Währungsreform in den drei Westzonen
24. Juni 1948	Berlin-Blockade (bis 12. Mai 1949)
1. Juli 1948	Übergabe der Frankfurter Dokumente an westdeutsche Ministerpräsidenten
1. September 1948	Zusammentreten des Parlamentarischen Rates zur Erarbeitung des Grundgesetzes
23. Mai 1949	Verkündung des Grundgesetzes
14. August 1949	Wahlen zum ersten Bundestag
21. September 1949	In-Kraft-Treten des Besatzungsstatuts

M 9 Verfolgung von Kriegsverbrechern

Der Historiker Rolf Steininger fasst wesentliche Aspekte der juristischen Entnazifizierung zusammen:

Als der Krieg zu Ende ging, begann die große Jagd alliierter Sonderkommandos nach den Naziverbrechern. Am 8. August 1945 unterzeichneten Vertreter der vier Siegermächte nach schwierigen Ver-
5 handlungen in London ein „Abkommen über die Verfolgung und Bestrafung der Hauptkriegsverbrecher der europäischen Achse" und ein „Statut für den Internationalen Militärgerichtshof".
Am 18. Oktober trat der Internationale Gerichtshof
10 in jenem Saal des ehemaligen Volksgerichtshofes in Berlin zusammen, in dem dessen berüchtigter Präsident Freisler den Schauprozess gegen die Männer des 20. Juli durchgeführt hatte.
Am 20. November 1945 wurde das „Tribunal der
15 Sieger" in Nürnberg, jener symbolträchtigen „Stadt der Reichsparteitage", fortgesetzt. Die Anklage gegen die Hauptkriegsverbrecher lautete: Verschwörung gegen den Frieden, Verbrechen gegen den Frieden, Verletzung der Kriegsrechte und Ver-
20 brechen gegen die Menschlichkeit. Sie waren sowohl als Einzelpersonen angeklagt als auch als Mitglieder von Reichskabinett, Führerkorps der NSDAP, SS, Sicherheitsdienst, Gestapo, SA, Generalstab und Oberkommando der Wehrmacht. […]
25 Am 1. Oktober 1946 wurde den Angeklagten einzeln ihr Urteil verkündet: Göring, Ribbentrop, Keitel, Kaltenbrunner, Rosenberg, Frick, Frank, Streicher, Sauckel, Jodl, Seyß-Inquart, und – in Abwesenheit – Bormann wurden zum Tode durch den
30 Strang verurteilt. Heß, Funk und Raeder erhielten lebenslänglich, Schirach und Speer zwanzig Jahre, Neurath fünfzehn und Dönitz zehn Jahre Gefängnis, Schacht, Papen und Fritzsche wurden freigesprochen. […]
35 Dem Nürnberger Prozess [folgten] zahlreiche Verfahren vor den Gerichten der einzelnen Besatzungsmächte. […]
Angeklagt wurden u. a. Direktoren des IG-Farben-Konzerns, SS-Ärzte, KZ-Aufseher, Alfred Krupp,
40 Friedrich Flick, leitende Beamte des Auswärtigen Amtes, Generalstäbler, Leiter von Einsatzgruppen. Allein von den Militärgerichten der drei Westmächte wurden 5 006 Angeklagte verurteilt, davon 794 zum Tode; 486 dieser Todesurteile wurden voll-
45 streckt. Die übrigen Verurteilten wurden fast alle zwischen 1950 und 1956 wieder entlassen – Ausdruck des gewandelten Verhältnisses der ehemaligen Sieger gegenüber dem neuen Verbündeten. 1955 fielen die letzten Beschränkungen für die

deutsche Justiz bei der Verfolgung von Kriegsver-
50 brechern – allerdings mit einer gewichtigen Ausnahme: Verfahren, die von den Alliierten entschieden worden waren, durften von deutschen Gerichten nicht mehr aufgegriffen werden. Dahinter stand die Befürchtung, dass deutsche Richter die
55 Urteile zugunsten der Angeklagten revidieren würden.
Tatsächlich aber führte dies in den 60er-Jahren zu jener unerträglichen Situation, dass in zahlreichen Prozessen die für die NS-Gewaltverbrechen eigent-
60 lich Verantwortlichen nur mehr als Zeugen auftraten – auch wenn inzwischen neues Beweismaterial gegen sie vorlag. Sie waren für die deutsche Justiz unantastbar, während ihre ehemaligen Untergebenen zu hohen Freiheitsstrafen verurteilt wurden.
65 Nur schwer verständlich bleibt auch, dass die systematische deutsche Verfolgung des organisierten Massenmordes und der NS-Gewaltverbrechen erst 15 Jahre nach Kriegsende einsetzte – 1958 eher
70 zufällig ausgelöst durch einen Prozess in Ulm, in dem es um Verbrechen der SS-Einsatzgruppen ging. Die Erkenntnis, dass zahlreiche, insbesondere im Osten begangene NS-Verbrechen gerichtlich noch nicht geahndet waren, führte zur Einrichtung einer
75 „Zentralen Stelle der Landesjustizverwaltungen zur Aufklärung nationalsozialistischer Verbrechen" in Ludwigsburg.
Im „Ulmer-Einsatzgruppen-Prozess" war ein ehemaliger SS-Oberführer, 1941 Polizeidirektor in
80 Memel, der Hauptangeklagte. Dieser hatte gerichtlich auf Wiedereinstellung in den Staatsdienst geklagt; ein Leser hatte sich daran erinnert, dass dieser Mann zu Beginn des Russlandfeldzuges maßgeblich an Massenerschießungen von Juden in
85 Litauen beteiligt gewesen war. Als er verhaftet wurde, legte er den Entnazifizierungsbescheid „nicht betroffen" vor.
Dieser Fall war symptomatisch für das Scheitern jener Politik nach 1945, für die die Amerikaner den
90 Begriff Entnazifizierung geprägt hatten.

R. Steininger, Deutsche Geschichte 1945–1961, Bd. 1, Frankfurt/M. 1983, S. 124 ff.

M10 Internationaler Gerichtshof gegen die Hauptkriegsverbrecher

Die Hauptkriegsverbrecher:

Hermann Göring (Reichsmarschall, bis kurz vor Kriegsende designierter Nachfolger Hitlers), Rudolf Heß (Hitlers Stellvertreter als Parteivorsitzender – er
5 war 1941 nach England geflogen), Joachim von Ribbentrop (Reichsaußenminister seit 1938), Robert Ley (Reichsorganisationsleiter der NSDAP und Füh-

rer der Deutschen Arbeitsfront), Wilhelm Keitel (Chef des Oberkommandos der Wehrmacht), Ernst Kaltenbrunner (Chef des Reichssicherheitshauptamtes), Alfred Rosenberg (Parteiideologe und Minister für die besetzten Ostgebiete), Hans Frank (Generalgouverneur von Polen), Wilhelm Frick (Reichsinnenminister), Julius Streicher (Gauleiter von Franken und Herausgeber des Hetzblattes „Der Stürmer"), Walther Funk (Reichswirtschaftsminister), Hjalmar Schacht (Reichswirtschaftsminister bis 1937, Reichsbankpräsident bis 1939), Gustav Krupp von Bohlen und Halbach[1] (Industrieller), Karl Dönitz (Oberbefehlshaber der Kriegsmarine seit 1943, Nachfolger Hitlers als Staatsoberhaupt), Erich Raeder (Vorgänger von Dönitz als Oberbefehlshaber der Kriegsmarine), Baldur von Schirach (Reichsjugendführer, Gauleiter von Wien), Fritz Sauckel (Generalbevollmächtigter für den Arbeitseinsatz), Alfred Jodl (Chef des Wehrmachtsführungsstabes), Martin Bormann[2] (Reichsleiter, d. h. Sekretär Hitlers), Franz von Papen (Vizekanzler bis 1934, danach Botschafter in Wien und Ankara), Arthur Seyß-Inquart (Reichskommissar der Niederlande), Albert Speer (Architekt und Rüstungsminister), Konstantin von Neurath (Reichsaußenminister bis 1938, Reichsprotektor von Böhmen und Mähren) und Hans Fritzsche (Chefkommentator des Rundfunks).

1 Der Prozess erfolgte zu einem späteren Zeitpunkt.

2 Wie erst später bekannt wurde, hatte sich Bormann bereits bei Kriegsende das Leben genommen.

M11 Doppelte Eindämmung

Der Historiker Michael Stürmer präzisiert die Aufgaben US-amerikanischer Außenpolitik nach 1945:

Deutschlands Schicksal entschied sich damals nicht am Rhein, nicht an der Seine, nicht an der Themse, sondern an der Moskwa und am Potomac. Im Juli 1947 hatte der Planungschef des State Department, George F. Kennan, eine Studie unter dem Titel „Die Antriebskräfte sowjetischer Politik" veröffentlicht. Eindämmung der sowjetischen Expansion wurde die Formel, die seitdem zum Leitmotiv amerikanischer Weltpolitik aufstieg. Kennan beschrieb Eindämmung als „[...] langfristige, geduldige, aber entschiedene und wachsame Eindämmung des russischen Ausdehnungsdranges. [...]"

Die Nazi-Täter vor Gericht in Nürnberg

Was Amerika indessen damals zu leisten hatte, war „doppelte Eindämmung". Das bedeutete Schutz vor der Roten Armee, die vor den Toren stand, aber auch Schutz vor der Macht des Deutschen Reiches, das es doch nicht mehr gab. In Westeuropa erinnerte man sich der Zwischenkriegszeit und fürchtete das deutsch-russische Gespenst von Rapallo 1922 und Moskau 1939. Man fürchtete jedes Deutschland, das nicht fragmentarisiert [hier: zerstückelt] war und noch über die Ruhr verfügte. Die Westeuropäer hatten die Sprengkraft nicht vergessen, die immer in der Deutschen Frage lag [...]. So musste die Eindämmungspolitik der USA, um zu wirken, beides herstellen: Sicherheit vor den Deutschen und Sicherheit vor den Russen. Die Westeuropäer zahlten, indem sie Deutschlands Wiederaufstieg hinnahmen; die Westdeutschen zahlten mit der Hinnahme der Teilung. Es war noch einmal der Preis des verlorenen Krieges. Die Westalliierten allerdings milderten ihn auf Insistieren [Beharren] Adenauers, indem sie immer wieder bekräftigten – am deutlichsten im Artikel 7 des Deutschland-Vertrages von 1954 –, dass sie das Ziel der nationalen Einheit der Deutschen unterstützten. Zwar blieb deren genaue geografische Erstreckung unausgesprochen, insbesondere die bittere Wahrheit, dass jenseits von Oder und Neiße Deutschland verloren war. Aber es lag darin für die deutsche Innenpolitik die entscheidende moralische Voraussetzung der Westbindung, für die deutsche Außenpolitik ein Wechsel auf die Zukunft.

M. Stürmer, Die Grenzen der Macht, Berlin 1992, S. 137 ff.

Umfang der Demontagen (in den westlichen Besatzungszonen)

	Anlagen oder Teile von Anlagen	in %
Nach dem ersten Industrieplan, März 1946	1 800	100
Nach dem revidierten Industrieplan, August 1947	858	48
Nach dem Petersberg-Abkommen, November 1949	680	38

Aus: W. Abelshauser, Wirtschaftsgeschichte der Bundesrepublik Deutschland 1945–1980, Frankfurt/M.1983, S. 25.

M13

Die Entwicklung der industriellen Produktion[1] in den Besatzungszonen

Jahr	amerikanische Zone	britische Zone	französische Zone	sowjetische Zone
1946	41	34	36	44
1947	44		45	54
1948	63		58	60
1949	86		78	68

1 1936 = 100   Nach: W. Abelshauser, a. a. O., S. 34.

M14 **Zerstörungsgrad der deutschen Industrie am Ende des Krieges 1945**

Der Wirtschafts- und Sozialhistoriker Werner Abelshauser erklärt, warum trotz der Bombardierungen die industrielle Substanz noch beträchtlich war:

Am Ende des Krieges schien unter den Trümmern der Großstädte auch der Kapitalstock der deutschen Industrie begraben. Es lag nahe, den fast völligen Stillstand der Produktion auf die Luftangriffe
5 der beiden letzten Kriegsjahre zurückzuführen. Tatsächlich war im Mai 1945 die Substanz des industriellen Anlagevermögens jedoch keineswegs entscheidend getroffen. Bezogen auf das Vorkriegsjahr 1936 war das Brutto-Anlagevermögen der
10 Industrie sogar noch um rund 20 % angewachsen. Diese auf den ersten Blick überraschende Bilanz hat im Wesentlichen zwei Gründe.
Das Jahrzehnt zwischen dem Ende der Weltwirtschaftskrise und dem Beginn der strategischen Luft-
15 kriegsoffensive der alliierten Bomberverbände war eine Zeit beispielloser Investitionstätigkeit. Von Anfang 1935 bis Ende 1942 beschleunigte sich das Wachstum des Brutto-Anlagevermögens von Jahr zu Jahr stärker. Erst 1944 übertrafen die Bomben-
20 schäden den Wert der laufenden Investitionen. Bis 1945 kumulierten sich die Brutto-Anlageinvestitionen der westdeutschen Industrie auf rund 75 % des Brutto-Anlagevermögens von 1936, während im gleichen Zeitraum die volkswirtschaftlichen Abschreibungen
25 bei 37 % des Basisvermögens lagen.
Andererseits wurde unmittelbar nach Kriegsende das Ausmaß der Bombenschäden stark überschätzt.

[…] Tatsächlich aber hatte der Bombenkrieg auf die Industrie – selbst auf die Rüstungsindustrie – die geringste Wirkung hinterlassen. Der Schwerpunkt 30 der Bombenangriffe lag, neben den Flächenbombardierungen von Wohngebieten, auf Zielen im Transportsystem. Auf die Zivilbevölkerung und auf Verkehrseinrichtungen fielen jeweils siebenmal mehr Bomben als auf die Rüstungsindustrie. Es ist 35 daher nicht die Zerstörung von industriellem Anlagevermögen, sondern die Lähmung des Transportsystems für den seit Mitte 1944 eintretenden Rückgang der industriellen Erzeugung verantwortlich gewesen. Insbesondere die Abschnürung des 40 Kohletransports aus dem Ruhrgebiet wurde zur wichtigsten Einzelursache des endgültigen Zusammenbruchs der deutschen Kriegswirtschaft.

Zit. nach: W. Abelshauser, Wirtschaftsgeschichte der Bundesrepublik Deutschland 1945–1980, Frankfurt/M. 1983, S. 20 ff.

M15 **Der Marshallplan**

Aus den „Erinnerungen" des ersten Bundeskanzlers der Bundesrepublik Deutschland, Konrad Adenauer:

Die Industrien fast aller Länder Europas waren zerstört und mussten neu aufgebaut werden. Die Verluste an Menschen waren ungeheuer groß. Die allgemeine Umstellung von der Kriegs- auf die Friedenswirtschaft brachte erhebliche Schwierigkeiten mit 5 sich. Die Entwicklung in Europa schien immer weiter abwärts zu gehen. Die Kommunistische Partei fand daher überall gute Möglichkeiten für ihre Werbung. Am 8. Mai 1947 hielt der damalige Unterstaatsse-

10 kretär im amerikanischen Außenministerium, Dean
Acheson, in Cleveland, Mississippi, eine Rede, in der er
offen von einem Misserfolg der Moskauer Außen-
ministerkonferenz sprach und betonte, dass die
Vereinigten Staaten sich nicht davon abhalten lassen
15 würden, den Wiederaufbau Europas auch ohne eine
Einigung der Großen Vier in Angriff zu nehmen.
Dean Acheson ging in dieser Rede auch auf Deutschland ein und sagte, dass die Vereinigten Staaten unter
den gegebenen Umständen alles nur Mögliche tun
20 müssen, um den Wiederaufbau der großen „Werkstätte" Europas möglich zu machen. Ähnliche Worte
fand er für Japan. Er sagte, dass die endgültige Gesundung Europas und Asiens im hohen Maße von
der Gesundung Deutschlands und Japans abhänge.
25 Die amerikanische Wirtschaft brauche den europäischen Absatzmarkt, und die Vereinigten Staaten
müssten aus Gründen ihrer Sicherheit gegenüber
dem Weltkommunismus und ihrer eigenen Wirtschaft ein Interesse daran haben, dass Europa wie-
30 der gesunde. Dean Acheson führte […] aus, dass die
Vereinigten Staaten sehr vielen Ländern der Welt in
der Nachkriegszeit Unterstützung gewährt hätten,
und wies darauf hin, dass diese Maßnahmen nicht
nur aus humanitären Erwägungen erfolgten, son-
35 dern zu einem großen Teil eine Frage der Selbster-
haltung der Vereinigten Staaten seien. Wenn nicht
alle Länder der Welt wieder über eine gesunde
Wirtschaft verfügten, werde es keinen dauerhaften
Frieden für irgendein Land geben. Der Krieg wer-
40 de erst dann wirklich beendet sein, wenn alle Völker der Erde wieder genug zum Leben hätten und
voll Vertrauen in die Zukunft blicken könnten. Der
Friede in der Welt diene dem Wohle der Vereinigten Staaten. Die Unterstützungsmöglichkeiten für
45 andere Länder von Seiten der Vereinigten Staaten
seien jedoch beschränkt, und so müssten sich die
Vereinigten Staaten darauf konzentrieren, ihre Hilfe dort zu geben, wo sie die Autorität der Vereinten Nationen stärke und zu dem Ausbau einer libe-
50 ralen Handelspolitik beitrage. Ein künftiges amerikanisches Hilfsprogramm werde den freien
Völkern, deren Ziel es sei, ihre Unabhängigkeit, ihre
demokratischen Institutionen und die Freiheit der
Person gegen jeden totalitären Druck von innen
55 oder außen zu verteidigen, den absoluten Vorrang
geben. Damit hat Dean Acheson die Grundlinien
des großen amerikanischen Hilfsprogramms, das
unter dem Namen „Marshall-Plan" in die Geschichte einging, gezeichnet.
60 Außenminister Marshall hatte nach Abschluss der
Moskauer Konferenz sofortige Maßnahmen gefordert, wenn nicht anders möglich ohne vorherige

Einigung der Großmächte, um die Gesundung
Europas herbeizuführen. Er sagte, die gesamte
Wirtschaft Europas müsse als harmonisches Ganzes 65
zusammenarbeiten. Ziel der amerikanischen
Außenpolitik sei, eine gesunde koordinierte Wirt-
schaft in Europa wiederherzustellen.

K. Adenauer, Erinnerungen 1945–1953, Stuttgart 1965, S. 114 f.

M16 Parteipolitischer Neubeginn

*Der Politikwissenschaftler Wolfgang Rudzio cha-
rakterisiert die neu entstandene „Parteienland-
schaft":*

Als die westlichen Militärregierungen nach der
Potsdamer Konferenz zur offiziellen Lizenzierung
[Zulassung] von Parteien schritten – in den Monaten
August bis Dezember 1945 – hinkten sie damit hinter
der realen Entwicklung hinterher. Mit diesem über- 5
raschend schnellen Wiedererstehen von Parteien war
freilich ein Neubeginn von der Basis her hinfällig –
denn überall lag die Initiative bei Politikern der
Weimarer Republik und Honoratioren, während
sich der Mitgliederunterbau erst nachfolgend ent- 10
wickelte; doch dies war wohl kaum vermeidbar.
Im Ergebnis entstand so – entsprechend den Berliner Gründungen – eine Parteien-Vierergruppe im
Gebiet der späteren Bundesrepublik Deutschland:
1. Die „Christlich-Demokratische Union" (CDU), in 15
Bayern: „Christlich-Soziale Union" (CSU): Sie verstand sich – im Unterschied zum alten Zentrum – als

M17 Drei führende Köpfe der Nachkriegszeit

Kurt Schumacher (1895–1952), Vorsitzender der SPD, während des
Dritten Reiches KZ-Häftling, bekämpfte den ostdeutschen Zusammenschluss von SPD und KPD; Carlo Schmid (1896–1979), er beklei-
dete wichtige (SPD-) Partei- und Staatsämter, Konrad Adenauer
(1876–1967), CDU-Vorsitzender und Bundeskanzler von 1949 bis
1963 (v. l. n. r.).

überkonfessionelle christliche Partei ("Union") und zugleich als Partei aller sozialen Schichten. Die poli-
20 tische Herkunft ihrer Gründer wies auf alle nichtso-zialistischen Parteien der Weimarer Republik: Zen-trum, DDP, DVP und DNVP; der Vorsitzende der Par-tei in der Britischen Zone, der ehemalige Kölner Oberbürgermeister Dr. Konrad Adenauer, ent-
25 stammte dem Zentrum.

In der Partei existierten nebeneinander bürgerlich-katholische, konservative und liberale Strömungen sowie ein – von der katholischen Arbeiterbewe-gung herkommender – linker Flügel.

30 2. Die "Sozialdemokratische Partei Deutschlands" (SPD): Sie war die Wiederbegründung der Weimarer SPD unter Einschluss einiger sozialistischer Splitter-gruppen. Die Partei fand in Kurt Schumacher rasch ihren unbestrittenen Vorsitzenden. Ausgehend von

ihrer Hausmacht, der protestantischen Industriear- 35 beiterschaft, suchte die SPD nun bewusst auch andere Bevölkerungsschichten anzusprechen; ihre Politik zielte auf sofortige Sozialisierungen der Großindustrie und eine Rahmenplanung der Wirt-schaft. 40

3. Die "Freie Demokratische Partei" (FDP), in Würt-temberg-Baden: Demokratische Volkspartei:
Die FDP vertrat als liberale Partei zunächst allein konsequent eine freie Marktwirtschaft auf der Grundlage des Privateigentums. Sie war auch 45 geschlossen in ihrer Abwehr starken kirchlichen Einflusses im gesellschaftlichen Leben, zeigte im Übrigen jedoch starke regionale Unterschiede. Erster Bundesvorsitzender wurde der ehemalige Reichstagsabgeordnete der DDP, Prof. Theodor 50 Heuss.

M18 **Erste Wahlpla-kate aus den Westzo-nen 1946/1947**

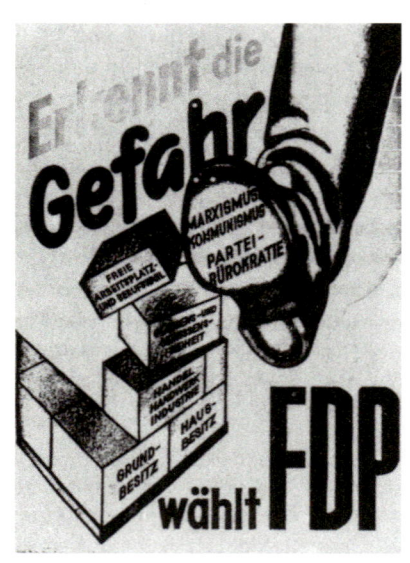

4. Die „Kommunistische Partei Deutschlands"
(KPD): Die KPD führte die Weimarer Partei gleichen
Namens fort. Sie überraschte zunächst durch die
55 Mäßigung, mit der sie ihre Forderungen nach sozialer und wirtschaftlicher Neuordnung vortrug. Ihre
uneingeschränkte Unterstützung der sowjetischen
Politik und der Entwicklung in der Sowjetischen
60 Zone isolierte sie allerdings zunehmend von allen
anderen politischen Kräften.

W. Rudzio, Die organisierte Demokratie, Parteien und Verbände
in der Bundesrepublik Deutschland, Stuttgart 1977, S. 82.

M19 Frankfurter Dokumente

*Aufforderung der drei westlichen Militärgouver-
neure an die westdeutschen Ministerpräsidenten
(1. Juli 1948):*

In Übereinstimmung mit den Beschlüssen ihrer
Regierung autorisieren die Militärgouverneure der
amerikanischen, britischen und französischen
Besatzungszone in Deutschland die Ministerpräsi-
5 denten der Länder ihrer Zonen, eine Verfassunggebende Versammlung einzuberufen, die spätestens am 1.9.1948 zusammentreten sollte.
[...] Die Verfassunggebende Versammlung wird
eine demokratische Verfassung ausarbeiten, die für
10 die beteiligten Länder eine Regierungsform des
föderalistischen Typs schafft, die am Besten geeignet ist, die gegenwärtig zerrissene deutsche Einheit
schließlich wiederherzustellen, und die Rechte der
beteiligten Länder schützt, eine angemessene Zen-
15 tralinstanz schafft und Garantien der individuellen
Rechte und Freiheiten enthält.
Wenn die Verfassung in der von der Verfassunggebenden Versammlung ausgearbeiteten Form mit diesen allgemeinen Grundsätzen nicht im Widerspruch
20 steht, werden die Militärgouverneure ihre Vorlage
zur Ratifizierung genehmigen. Die Verfassunggebende Versammlung wird daraufhin aufgelöst.

Zit. nach: Th. Stammen (Hg.), Einigkeit und Recht und Freiheit,
Westdeutsche Innenpolitik 1945–1955, München 1965, S. 178.

M20 Stellungnahme der westdeutschen Ministerpräsidenten (10. Juli 1948)

Die Ministerpräsidenten sind davon überzeugt, dass
die Notstände, unter denen Deutschland heute leidet, nur bezwungen werden können, wenn das
deutsche Volk in die Lage versetzt wird, seine Ange-
5 legenheiten auf der jeweils möglichen höchsten territorialen Stufe selbst zu verwalten. Sie begrüßen es
daher, dass die Besatzungsmächte entschlossen sind,
die ihrer Jurisdiktion unterstehenden Gebietsteile
Deutschlands zu einem einheitlichen Gebiet zusam-

menzufassen, dem von der Bevölkerung selbst eine 10
kraftvolle Organisation gegeben werden soll, die es
ermöglicht, die Interessen des Ganzen zu wahren,
ohne die Rechte der Länder zu gefährden.
Die Ministerpräsidenten glauben jedoch, dass, un-
beschadet der Gewährung möglichst vollständiger 15
Autonomie an die Bevölkerung dieses Gebietes, alles
vermieden werden müsste, was dem zu schaffenden
Gebilde den Charakter eines Staates verleihen würde; sie sind darum der Ansicht, dass auch durch das
hierfür einzuschlagende Verfahren zum Ausdruck 20
kommen müsste, dass es sich lediglich um ein Provi-
sorium handelt, sowie um eine Institution, die ihre
Entstehung lediglich dem augenblicklichen Stand
der mit der gegenwärtigen Besetzung Deutschlands verbundenen Umstände verdankt. [...] 25
Für den Vorschlag der Ministerpräsidenten, von einem Volksentscheid Abstand zu nehmen, waren die
gleichen Erwägungen maßgebend. Ein Volksentscheid würde dem Grundgesetz ein Gewicht verleihen,
das nur einer endgültigen Verfassung zukommen 30
sollte. Die Ministerpräsidenten möchten an dieser
Stelle noch einmal betonen, dass ihrer Meinung
nach eine deutsche Verfassung erst dann geschaffen
werden kann, wenn das gesamte deutsche Volk die
Möglichkeit besitzt, sich in freier Selbstbestimmung 35
zu konstituieren, bis zum Eintritt dieses Zeitpunk-
tes können nur vorläufige organisatorische Maßnahmen getroffen werden.

Zit. nach: M. Overesch, Deutschland 1945–1949, Vorgeschichte
und Gründung der Bundesrepublik, Königstein 1979, S. 240 f.

M21 Konflikte bei der Beratung des Grundgesetzes im Parlamentarischen Rat

*Der Historiker Jürgen Weber beleuchtet einige
Aspekte der Arbeit des Parlamentarischen Rats, der
zwischen dem 1. September 1948 und dem 8. Mai
1949 das Grundgesetz ausarbeitete:*

Man ist sich zwar in den Reihen der Abgeordneten
weitgehend darin einig, dass der zu schaffende
Weststaat nur eine provisorische Lösung sein soll.
Keine Übereinstimmung besteht allerdings zwischen den beiden großen Parteien darin, ob die 5
Verfassung daher eher den Charakter eines Orga-
nisationsstatuts für eine ungewisse Übergangszeit
haben soll, wie dies die SPD auf der Grundlage der
Argumente ihres Fraktionsvorsitzenden, Carlo
Schmid, anstrebt, oder ob sie ein Modell für ein spä- 10
teres Gesamtdeutschland sein soll, wie dies die
führenden Abgeordneten von CSU und CDU wünschen. Die FDP nimmt in dieser Frage eine eher ver-
mittelnde Position ein.

15 Rasche Einigung erzielt der Parlamentarische Rat in der Frage der Grundrechte. Bereits in der ersten Grundsatzdebatte im Plenum am 8. September 1948 wird deutlich, dass die Mehrheit der Abgeordneten für die Verankerung von Grundrechten 20 eintritt und diese auf die individuellen Freiheitsrechte beschränken will, die als unmittelbar geltendes Recht (also nicht bloß als gut gemeinte Programmsätze) Verwaltung, Rechtsprechung und Gesetzgebung binden sollen. Zu harten Auseinan- 25 dersetzungen kommt es allerdings zwischen SPD und CDU/CSU in der Frage des Elternrechts und der Frage der Stellung der Kirche im Staat. Um den provisorischen Charakter des Grundgesetzes zu unterstreichen, verzichtet man nämlich innerhalb der 30 SPD-Fraktion darauf, auch soziale Grundrechte in die Verfassung zu schreiben. Die entsprechenden Wünsche der Gewerkschaften, die das Streikrecht sowie ein Grundrecht auf Arbeit in der Verfassung verankert sehen wollen, finden daher keine Unter- 35 stützung bei den Abgeordneten der SPD. Allerdings sieht sich die SPD-Fraktion bald in ihrer Hoffnung getäuscht, dass durch diesen Verzicht auch die christlich-konservativen Abgeordneten im Gegenzug auf Grundrechte der kulturellen Lebensord- 40 nung – also Elternrecht, Festlegung der religiösen Erziehung der Kinder in der Schule, Schutz von Ehe und Familie, Stellung der Kirchen –, wie sie insbesondere von der katholischen Kirche gefordert wer-

den, verzichten würden. Zum zentralen Streitpunkt wird die Frage der Ausgestaltung der von den 45 West-Alliierten verbindlich geforderten föderativen Ordnung des zukünftigen westdeutschen Staates. Die Meinungsverschiedenheiten gehen aber durch alle Parteien und bilden den Stoff tief greifender Kontroversen zwischen den Parteien. Die 50 SPD fordert eine starke Bundesgewalt, die CDU und noch mehr die CSU sind bestrebt, das politische Gewicht der Länder zu sichern. Eine extrem föderative Position (Staatenbundkonzept) verficht die Deutsche Partei, weniger eindeutig äußert sich die 55 FDP. Die Auseinandersetzungen entzünden sich an drei grundsätzlichen Fragen:

• Sollen die Länderinteressen durch einen Bundesrat als Vertretung der Länderregierungen oder durch einen Senat als unmittelbar gewählte Ver- 60 tretung der Bevölkerung der Länder zur Geltung gebracht werden?

• Soll dem Bund oder den Ländern der Vorrang bei der Finanzverwaltung und Steuergesetzgebung zustehen, und nach welchen Prinzipien soll die Auf- 65 teilung des Steueraufkommens vorgenommen werden?

• Welche Rolle spielen die Länder bei der Gesetzgebung des Bundes?

J. Weber, Parlamentarischer Rat – Das Ringen um eine demokratische Verfassung, in: Schulfunk-Materialien (SDR/SR/SWF), Das Werden des neuen Staates, 30 Jahre Bundesrepublik Deutschland, o. O., o. J.

Aufgaben

1. Erklären Sie die Schwierigkeiten bei der gerichtlichen Ahndung von Kriegsverbrechen und bei der Entnazifizierung.
   → Text, M1, M9, M10

2. Erläutern Sie den Begriff „doppelte Eindämmung".
   → M11

3. Beschreiben Sie, wie sich die Blockade Berlins auf die westdeutsche Bevölkerung auswirkte. Welche Ziele verband die Sowjetunion möglicherweise mit der Blockade?
   → Text

4. Analysieren Sie die Zahlen der industriellen Produktion und stellen Sie Überlegungen an hinsichtlich der unterschiedlichen Entwicklung in den Besatzungszonen.
   → M12–M14

5. Erläutern Sie die Ziele, die die USA mit der Marshall-Plan-Hilfe für Europa verbanden.
   → Text, M3, M4, M15

6. Beschreiben Sie das Parteienspektrum, wie es sich während der Besatzungszeit herausgebildet hat.
   → Text, M16, M18

7. Analysieren Sie die Wahlplakate insbesondere unter dem Gesichtspunkt ihrer programmatischen Aussage.
   → M18

8. Welche Konflikte traten bei den Beratungen für ein Grundgesetz auf? Inwieweit waren dabei Vorgaben der Westmächte zu beachten?
   → Text, M6, M19–M21

9. Erläutern Sie die Haltung der westdeutschen Ministerpräsidenten zur Weststaatsgründung.
   → M19, M20

10. Fassen sie zusammen: Wodurch wurde die Gründung des westdeutschen Staates beschleunigt?

11. Wie beurteilen Sie die Frage, ob das föderalistische System noch zeitgemäß ist?

12.3 Von der Sowjetischen Besatzungszone zur DDR

In ihrem Gründungsaufruf vom 11.6.1945 vertrat die KPD die Auffassung, dass es falsch wäre, Deutschland das Sowjetsystem aufzuzwingen, weil dies nicht den aktuellen Entwicklungsbedingungen entspräche. Stattdessen wurde der Aufbau einer antifaschistischen, demokratischen Ordnung, einer parlamentarischen Republik mit demokratischen Rechten und Freiheiten für das Volk gefordert.

Bis zur Gründung der Deutschen Demokratischen Republik (DDR) 1949 hatten in der Sowjetischen Besatzungszone (SBZ) so tief greifende Veränderung stattgefunden, dass die offizielle DDR-Geschichtsschreibung von der Phase der „antifaschistisch-demokratischen Umwälzung" sprach. Als wahre Antifaschisten galten den Sowjets nur die deutschen Kommunisten. Ihre führenden Vertreter waren in der Sowjetunion für den Neuaufbau Deutschlands besonders geschult worden und bereit, den Anordnungen der Besatzungsmacht bedingungslos zu folgen. Dafür erfuhren sie von der Sowjetischen Militäradministration in Deutschland (SMAD) jede Art von Begünstigung. So wurden unter dem Deckmantel der Entnazifizierung die Schlüsselpositionen, zum Beispiel bei der Polizei und im Justizapparat, Kommunisten übertragen.

Veränderte Eigentumsverhältnisse

Parallel zu den politischen Veränderungen wurde von der SMAD die Umgestaltung der wirtschaftlichen und sozialen Verhältnisse betrieben. Mit der Bodenreform, bereits im Herbst 1945 in die Wege geleitet, wurden die agrarischen Besitzverhältnisse grundlegend verändert.

Der Grundbesitz von Kriegsverbrechern, Kriegsschuldigen und von aktiven Nazis wurde entschädigungslos enteignet, ebenso alle privaten Besitztümer mit über 100 Hektar Land. Die insgesamt zur Verteilung anstehende Fläche betrug über drei Millionen Hektar. Sie wurde unter mehr als 500 000 Empfängern aufgeteilt. Im Nachhinein wurde deut-

M 1 **Propagandafoto zur Bodenreform 1945**
Die Fotografie (Herbst 1945) zeigt die Zuteilung von Landparzellen des ehemaligen Rittergutes Helfenberg (bei Dresden) an Industriearbeiter. Ein freies Bauerntum war zu keinem Zeitpunkt Ziel der Politik in der SBZ (DDR), vielmehr diente die Bodenreform als taktische Vorstufe für die spätere Kollektivierung (ab 1952).

lich, dass dies nur eine Vorstufe zu der späteren Kollektivierung der Landwirtschaft war.

Mit der Industriereform, ebenfalls bereits 1945 begonnen, wurden die Weichen für eine neue Wirtschaftsordnung gestellt. Sie führte zur Beschlagnahmung vieler privater Industriebetriebe, die zum Teil in sowjetischen Besitz überführt und zum Teil verstaatlicht wurden. Bereits 1948 hatte sich die Wirtschaftsstruktur dahingehend geändert, dass der private Anteil an der Industrieproduktion nur noch 30 Prozent betrug.

In der SBZ waren die umfangreichen Entnazifizierungsmaßnahmen von vornherein darauf angelegt, einer neuen kommunistisch orientierten Elite den Zugang zu den Schaltstellen der Macht zu ebnen. Die neuen Machthaber entließen über eine halbe Million Menschen – vor allem aus dem öffentlichen Dienst. Der Polizei- und Justizapparat wurde personell fast komplett ausgetauscht. Auch im Schulwesen und in der Wirtschaftsverwaltung fanden weitreichende Entlassungsaktionen statt.

Gründung der SED

LIEBKNECHT   BEBEL

Wählt SED

M 2 Den „Händedruck"
von Wilhelm Pieck (links, vorher KPD) und Otto Grotewohl (vorher SPD) auf dem Vereinigungsparteitag 1946 stilisierte die SED zum Symbol und Parteiabzeichen. Als „historische Schirmherren" wachen Wilhelm Liebknecht und August Bebel. Die Verschmelzung der SPD und der KPD in der sowjetischen Zone Deutschlands zur SED fand am 21./22. April 1946 statt.

Die Politik der Sowjetunion zielte darauf ab, in ihrem Machtbereich den Kommunisten die Führungsrolle zu übertragen. Unmittelbar nach dem Krieg war von einer „Sowjetisierung" – dem Umbau der Gesellschaft nach sowjetischem Vorbild – noch keine Rede. Allerdings begünstigte die SMAD von Beginn an die KPD, die ihre Vertrauensleute in den politisch wichtigen Ämtern platzieren konnte. In den offiziellen Bekundungen der KPD war zunächst nur von einer „antifaschistisch-demokratischen" Umgestaltung die Rede. Diese Vorgehensweise besaß eine innere Logik, zumal die Bevölkerung der SBZ mehrheitlich antikommunistisch eingestellt war. Das Zusammenspiel von SMAD und KPD begünstigte zwar den raschen organisatorischen Aufbau der KPD, brachte sie aber zugleich bei der Bevölkerungsmehrheit in Verruf. Die Kommunisten waren der verlängerte Arm der Besatzungsmacht. In dieser Situation entwickelte sich nicht die KPD, sondern die SPD zur stärksten Partei in der SBZ. Ihr Führungsanspruch stieß mit den Zielen der KPD zusammen. Um diesen bedeutendsten Konkurrenten im Kampf um die Macht auszuschalten, änderte die KPD im Herbst 1945 ihre Taktik. Die von Moskauer Exilanten geführte Partei hatte zunächst der Vereinigung von KPD und SPD ablehnend gegenübergestanden. Aber nach dem schlechten Abschneiden bei Wahlen in Ungarn und Österreich änderten die Kommunisten ihre Haltung. Vermutlich weil sie befürchteten, in Deutschland schwächer zu bleiben als die SPD oder gar die bürgerlichen Parteien CDU und LDPD, arbeiteten sie auf eine Vereinigung mit den Sozialdemokraten hin.

Die Vereinigungsbestrebungen von KPD und SPD fanden vielfach Unterstützung, weil die Erinnerung an gemeinsam erlittene Verfolgungen in der Zeit des Nationalsozialismus Mitglieder beider Parteien verband. Gleichwohl gab es innerhalb der SPD Widerstand gegen den Zusammenschluss, der aber von der SMAD brutal unterdrückt wurde.

Am 21./22. April 1946 fand der Gründungsparteitag der Sozialistischen Einheitspartei Deutschlands (SED) statt. Die SPD in den westlichen Besatzungszonen und in den Berliner Westsektoren lehnte diese Vorgehensweise entschieden ab. Ihr Vorsitzender Kurt Schumacher befürchtete zu Recht, dass das Konzept der Einheitspartei nur dazu diene, der Sozialdemokratie eine kommunistische Führung aufzuzwingen.

„Partei neuen Typs"

Bei den Gemeindewahlen 1946 erreichte die SED 52 Prozent der Stimmen, bei den Landtagswahlen im gleichen Jahr 46 Prozent. Diese Ergebnisse waren allerdings durch schwerwiegende Wahlbehinderungen der bürgerlichen Parteien zustande gekommen. In Groß-Berlin erhielt die SED sogar nur 20 Prozent gegenüber 49 Prozent der SPD, 22 Prozent der CDU und neun Prozent der LDPD. Diese Wahlen stellten einen Gradmesser für die politische Stimmung innerhalb der Bevölkerung dar. Und diese Wahlen endeten für die SED mit einer Niederlage. Alles deutet darauf hin, dass angesichts dieser Wahlergebnisse die kommunistische Führung der SED einen Strategiewechsel einleitete. Denn es zeichnete sich ab, dass eine ungeteilte kommunistische Machtübernahme unter Wahrung demokratischer Regeln nicht gelingen würde.

Dass die These vom „besonderen deutschen Weg zum Sozialismus" vor allem taktische Gründe hatte, wurde im Laufe des Jahres 1948 deutlich. Die SED eröffnete den Kampf gegen „Sozialdemokratismus". Daraufhin setzten umfangreiche „Säuberungen" gegen Mitglieder mit „parteifeindlichen Einstellungen" ein. Ehemalige Sozialdemokraten wurden aus den Führungsämtern der SED verdrängt. Die Parteiführung erhob nunmehr den Marxismus-Leninismus zur offiziellen Ideologie. Somit diente eingestandenermaßen die Kommunistische Partei der Sowjetunion (KPdSU) als Vorbild für die SED.

Die Umwandlung der SED in eine „Partei neuen Typs" ist auf dem Hintergrund des sich deutlich abzeichnenden Ost-West-Konflikts zu sehen. Der einsetzende Kalte Krieg machte Rücksichten auf westliche Partner seitens der Sowjetunion überflüssig. Die UdSSR ging daran, ihren Machtbereich in Osteuropa abzusichern. Die Integration ihrer Besatzungszone in den Ostblock war gewissermaßen die Antwort auf die Schaffung der Bi-Zone, das heißt der Vereinigung der von den USA und Großbritannien verwalteten Westzonen. Die Teilung Deutschlands zeichnete sich ab.

Die sowjetische Besatzungsmacht und die SED waren darum bemüht, die faktische Einparteiherrschaft mit einem scheinbaren Pluralismus zu verschleiern. Zwar konnten Parteien und Organisationen nach 1945 gegründet werden, aber durch deren Zusammenfassung im so genannten antifaschistischen Block gelang es der SED, ihre Vorherrschaft im Parteiensystem der SBZ zu sichern.

Die Entmachtung konkurrierender Parteien und die Vereinigung von Parteien und Massenorganisationen in einer „Nationalen Front", Wahlen mit Einheitsliste und vorher festgelegter Mandatsverteilung sind bis zum Ende grundlegende Merkmale des politischen Systems der DDR geblieben.

Als vorbereitete Reaktion auf die Entstehung der Bundesrepublik Deutschland wurde die Deutsche Demokratische Republik am 7. Oktober 1949 gegründet.

M 3 Plakat der Freien Deutschen Jugend (FDJ), der Jugendorganisation der SED

Chronologie

8. Mai 1945	Bedingungslose Kapitulation Deutschlands
21./22. April 1946	Gründung der Sozialistischen Einheitspartei Deutschlands (SED)
3. Juli 1948	Umwandlung der SED in eine „Partei neuen Typs"
7. Oktober 1949	Gründung der Deutschen Demokratischen Republik

M 4 Ein ehemaliger Kommunist berichtet

Wolfgang Leonhard lebte zehn Jahre in der Sowjetunion, kam im April 1945 auf Anweisung der sowjetischen Führung im Rahmen der „Gruppe Ulbricht" nach Berlin, um dort den Aufbau kommunistischer Strukturen vorzubereiten. Seine bekannte Biografie trägt den wegweisenden Titel: „Die Revolution entlässt ihre Kinder.":

Frage: Während die Amerikaner Westdeutschland und Süddeutschland besetzten, eroberte die Rote Armee Berlin. Am 2. Mai 1945 kapitulierten die letz-
5 ten Reste der deutschen Wehrmacht, und am selben 2. Mai begann die sowjetische Besatzungsmacht mit dem Staatsaufbau von unten. Das Manöver ist bekannt geworden unter dem Namen „Gruppe Ulbricht", zu der Sie gehört haben.

Leonhard: Es war nicht nur am selben Tag, sondern
10 sogar zur selben Stunde. Am 2. Mai 1945 um 12 Uhr kapitulierten die letzten Reste der Wehrmacht in Berlin – und genau zur gleichen Zeit fuhr eine Gruppe von Personenwagen, von Osten kommend, in Berlin ein: die Gruppe Ulbricht, die später als die
15 Initiativgruppe der deutschen kommunistischen Partei bezeichnet wurde, faktisch die neue KP-Führung. Es waren zehn Personen, die an diesem 2. Mai den Aufbau einer neuen Verwaltung in Deutschland in Angriff nahmen. […]
20 Dann kam die Aufgabe, in jedem der zwanzig Verwaltungsbezirke Berlins eine, wie es hieß, demokratische Verwaltung aufzubauen.

Frage: Es sollten, wie gesagt, nicht nur Kommunisten sein?

25 **Leonhard:** Es sollten ein Bürgermeister für jeden Bezirk, zwei Stellvertreter und dann Dezernenten für Ernährung, Wirtschaft, Soziales, Gesundheit, Verkehr, Arbeit, Volksbildung und so weiter ausfindig gemacht werden. Und davon sollten nur der
30 stellvertretende Bürgermeister, der gleichzeitig für Personalfragen zuständig war, der Dezernent für Volksbildung sowie der Chef der Bezirkspolizei unbedingt und überall in Händen der Kommunisten sein. Oder, wie es immer bei uns hieß, in Hän-
35 den der eigenen Leute.
In die neue Verwaltung, wurde uns gesagt, müssten Sozialdemokraten herein, vor allen Dingen für Wirtschaft, Soziales und Ernährung. Ulbricht sagte: „Die Sozialdemokraten, die verstehen was von Kom-
40 munalpolitik." Und dann immer wieder die Direktive: bürgerliche Antifaschisten, besonders in den westlichen Bezirken Berlins, am liebsten Leute, die den Doktortitel hatten. Die Idee war: wenn die westlichen Alliierten die Berliner Westbezirke besetzten,

sollten sie dann die von uns eingesetzten Bezirks- 45
verwaltungen übernehmen. Walter Ulbricht gebrauchte wiederholt für die Zusammensetzung der Bezirksverwaltungen den berühmten Satz: Es muss demokratisch aussehen, aber wir müssen alles in der Hand haben. […] 50

Frage: Sie bekamen alsbald Zuzug aus Moskau. Als nächstes kam die Gruppe Pieck an. Änderte sich damit das Konzept?

Leonhard: Das ist eine interessante Frage, die von der Zeitgeschichte noch zu untersuchen wäre. Die 55
Gruppe Pieck kam mit einer ganzen Reihe von prominenten Emigranten aus der Sowjetunion an. Wir hatten dann einige Tage viele Besprechungen. Anfang Juni wurde plötzlich eine Änderung der politischen Linie verkündet. Während man bis 60
dahin eine langfristige Zusammenarbeit zwischen den Alliierten voraussetzte, kam jetzt heraus, dass da einiges nicht klappte. Während man uns vorher gesagt hatte: keine kommunistische Partei, sondern „Block der kämpferischen Demokratie", wur- 65
de uns jetzt verkündet: Nach dem Aufbau der Verwaltungen so schnell wie möglich eine kommunistische Partei gründen.

Frage: Nur eine kommunistische Partei oder ein ganzes Parteiensystem? 70

Leonhard: Ja, gleichzeitig kam die Anweisung, es sollten auch drei andere Parteien gegründet werden: eine sozialdemokratische Partei, ein Zentrum, also wieder eine katholische Partei, und eine demokratische oder liberale Partei. Unsere Aufgabe 75
bestand nun darin, dies zu beschleunigen. […]
Ich glaube, dass damals Walter Ulbricht und noch manche andere die Möglichkeit der KPD weit überschätzt haben. Sie dachten, dass in dem Spiel der Parteien die KPD – mit der zusätzlichen Unterstützung 80
der sowjetischen Besatzungsmacht und ihren genauen Plänen – die stärkste Partei würde.

Frage: Vorgearbeitet war in diesem Sinne. Man hatte zwar die Parteien unabhängig voneinander gründen lassen, aber zugleich auch versucht, sie 85
aneinander zu koppeln.

Leonhard: Dazu wurde zunächst einmal ein Einheitsausschuss KPD/SPD gegründet und dann am 14. Juli der Antifaschistisch-Demokratische Block (später Antifaschistisch-Demokratische Einheitsfront) aus 90
den vier inzwischen gegründeten Parteien KPD, SPD, CDU, LDP. Der Hintergedanke war: gemeinsam die Verantwortung tragen, wobei die KP immer die weitesten Forderungen stellen und auf diese Weise die anderen mitziehen würde. Wenn sie nicht 95
mehr mitgehen wollten, könnte man eine Scheibe nach der anderen abschneiden – was später als

Salami-Taktik bezeichnet wurde. Das, glaube ich, waren die Vorstellungen Walter Ulbrichts, aber nicht die Vorstellungen aller Kommunisten.

Frage: Sie haben damals ja ziemliche Wandlungen mitmachen müssen. Nach dieser ganzen Geschichte mit den vier separaten Parteigründungen wurde im Herbst 1945 ganz plötzlich der Hebel herumgelegt und auf die Tendenz geschaltet: lieber doch eine sozialistische Einheitspartei, also eine Verbindung von SPD und KPD.

Leonhard: Man hatte ursprünglich im Kreise von Ulbricht gedacht, die KPD würde die stärkste Partei. Aber dann geschahen zwei Dinge: Im Laufe des Sommers und Herbstes begann die Diskreditierung der KP; die Leute sahen, das ist die Russenpartei. Der Zulauf zur SPD wurde immer stärker, sodass im Spätherbst 1945 klar wurde, dass die SPD die KPD in den Schatten stellte. Zweitens: Ende November 1945 kamen die österreichischen Wahlen, aus denen die KP – wider aller Erwartung – als ganz kleine Partei mit nur vier Abgeordneten hervorging. Da wurde bei uns umgeschaltet und gesagt, wir müssen doch die Vereinigung machen. [...]

A. Wucher (Hg.), Wie kam es zur Bundesrepublik? Politische Gespräche mit Männern der ersten Stunde, Freiburg, Basel, Wien 1968, S. 38 ff.

M 5 Lenkung des öffentlichen Lebens

Der Autor des Textes, Gregory Klimow, war Offizier bei der Sowjetischen Militäradministration in Deutschland (SMAD):

Die politische Verwaltung [der Sowjetischen Militäradministration] überwacht die Tätigkeit der politischen Parteien der Sowjetzone Deutschlands: Von hier aus werden den Führern der deutschen Kommunisten, dem Dreigespann Pieck, Grotewohl und Ulbricht, das vor den Wagen der SMAD gespannt ist, die direkten Moskauer Instruktionen erteilt. Zu den Pflichten der Politverwaltung gehört ferner die Propagierung und Verbreitung der sowjetischen Ideologie. Diesem Zweck dient sowohl das „Haus der Kultur der Sowjetunion" als auch die „Tägliche Rundschau" und der „Sowjetexportfilm" und als Gegenstück die Spezialabteilung Zensur für Presse, Film und Rundfunk.

Eine Abteilung der Politverwaltung befasst sich mit Fragen der Aufklärung und der politischen Arbeit innerhalb der deutschen Jugend. Alle Lehrpläne und Lehrbücher für die deutschen Schulen werden nach den Richtlinien der Verwaltung für Aufklärung der SMAD zusammengestellt, müssen aber außerdem, bevor sie in Druck gehen, der Politverwaltung nochmals zur Überprüfung und endgültigen Billigung vorgelegt werden. Das beweist, welch große Bedeutung der Erziehung der deutschen Jugend in sowjetischem Geist beigemessen wird.

Ohne Genehmigung der Politverwaltung kann niemand im öffentlichen Leben der deutschen Sowjetzone eine Rolle spielen. Selbst dort, wo – wie z. B. bei den Wahlen der Vertreter der deutschen Parteien und Gewerkschaften – die Demokratie scheinbar aufrechterhalten wird, bestimmt die Politverwaltung den Ausgang der Wahlen im Voraus. Dabei bedient sie sich verschiedener Methoden, vorzugsweise einer Unterhaltung im Stab der SMAD, wo man mit den „demokratischen" Vertretern auch sonst nicht viel Federlesens macht und sie kurzerhand auffordert: „Legen Sie uns eine Liste ihrer Kandidaten zur Bestätigung vor."

G. Klimow, Berliner Kreml, zit. nach: I. Spittmann (Hg.), Die SED in Geschichte und Gegenwart, Köln 1987, S. 174.

M 6 SED – „Partei neuen Typs"

Nachdem eine Wiedervereinigung unter kommunistischen Vorzeichen 1948 endgültig gescheitert war, wurde die SED auch offiziell dem sowjetischen Vorbild angepasst. Entschließung der 1. Parteikonferenz der SED (28. Januar 1949):

Die Kennzeichen einer Partei neuen Typus sind:
• Die marxistisch-leninistische Partei ist die bewusste Vorhut der Arbeiterklasse. Das heißt, sie muss eine Arbeiterpartei sein, die in erster Linie die besten Elemente der Arbeiterklasse in ihren Reihen zählt, die ständig ihr Klassenbewusstsein erhöhen. Die Partei kann ihre führende Rolle als Vorhut des Proletariats nur erfüllen, wenn sie die marxistisch-leninistische Theorie beherrscht, die ihr die Einsicht in die gesellschaftlichen Entwicklungsgesetze vermittelt. [...]

Die marxistisch-leninistische Partei ist die höchste Form der Klassenorganisation des Proletariats. Die Partei, in der die besten Menschen der Klasse zusammengefasst sind, die mit der Theorie des Marxismus-Leninismus, mit der Kenntnis der Gesetze des Klassenkampfes und mit der Erfahrung der revolutionären Bewegung gewappnet sind – hat die Möglichkeit und ist berufen und verpflichtet, alle anderen Organisationen der Werktätigen [...] zu leiten. [...]

Um die führende Rolle der Partei sicherzustellen und die Partei vor Schwankungen zu bewahren, ist die Einführung einer Kandidatenzeit für die Aufnahme in die Partei erforderlich.

• Die marxistisch-leninistische Partei beruht auf dem Grundsatz des demokratischen Zentralismus.

Dies bedeutet die strengste Einhaltung des Prinzips der Wählbarkeit der Leitungen und Funktionäre
30 und der Rechnungslegung der Gewählten vor den Mitgliedern. Auf dieser innerparteilichen Demokratie beruht die straffe Parteidisziplin, die dem sozialistischen Bewusstsein der Mitglieder entspringt. Die Parteibeschlüsse haben ausnahmslos
35 für alle Parteimitglieder Gültigkeit. [...]
Die Duldung von Fraktionen und Gruppierungen innerhalb der Partei ist unvereinbar mit ihrem marxistisch-leninistischen Charakter.

• Die marxistisch-leninistische Partei ist vom Geist
40 des Internationalismus durchdrungen. Dieser Internationalismus bestimmt ihren Platz in der weltweiten Auseinandersetzung zwischen den Kriegshetzern und den Friedenskräften, zwischen Reaktion und Fortschritt, zwischen Kapitalismus und Sozia-
45 lismus. In diesem Kampfe steht die marxistisch-leninistische Partei eindeutig im Lager der Demokratie und des Friedens, an der Seite der Volksdemokraten und der revolutionären Arbeiterparteien der ganzen Welt. Sie erkennt die führende Rolle der
50 Sowjetunion und der KPdSU [...] im Kampfe gegen den Imperialismus an und erklärt es zur Pflicht jedes Werktätigen, die sozialistische Sowjetunion mit allen Kräften zu unterstützen.

Entschließung der 1. Parteikonferenz der SED, 28.1.49, zit. nach: E. Deuerlein (Hg.), DDR, 1945–1970, S. 83 ff.

Aufgaben

1. In welcher Weise wurden schon sehr frühzeitig die Weichen für eine kommunistische Parteidiktatur gestellt?
   → Text, M1, M2, M4–M7

2. Analysieren Sie die Entstehung des Parteiensystems in der SBZ. Welcher politischen Strategie folgte dabei die Gründung der SED?
   → Text, M2, M4, M5, M7

3. Durch welche Maßnahmen und mit welchem Ziel beeinflusste die sowjetische Besatzungsmacht das öffentliche Leben in ihrer Zone?
   → M5

4. Arbeiten Sie die wichtigsten Merkmale der SED als „Partei neuen Typs" heraus.
   → M6

5. Erklären Sie, warum 1948 die Umwandlung der SED in eine „Partei neuen Typs" erfolgte.
   → Text

6. Vergleichen Sie das Wahlsystem in der SBZ (bzw. der DDR) mit demjenigen in einer parlamentarischen Demokratie.
   → M7

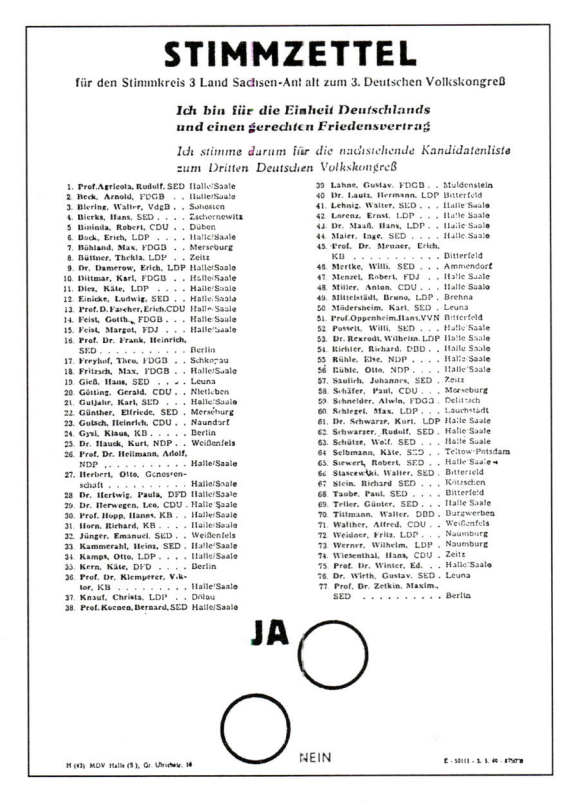

M 7 **Einheitslisten-Wahl**

Der Volksrat [...] beschloss allgemeine Wahlen zu einem 3. Volkskongress. Sie fanden am 15. und 16. Mai 1949 in der sowjetischen Besatzungszone und Ostberlin statt. „Gewählt" wurde auf einer Einheitsliste, auf der es keine Auswahlmöglichkeiten 5 zwischen Parteien gab. Nur mit JA oder NEIN konnte auf die Trickaussage geantwortet werden: „Ich bin für die Einheit Deutschlands und einen gerechten Friedensvertrag. Ich stimme darum für die nachstehende Kandidatenliste zum Dritten Deut- 10 schen Volkskongress." Die Verteilung der Mandate lag schon vorher fest und sicherte der SED über ihre Mitglieder in den Massenorganisationen die Mehrheit.

Am Abend des 15. Mai fanden erste Auszählungen 15 statt. Als sie nicht die gewünschten Ergebnisse zeigten, wurden Manipulationen angeordnet. Leere oder durchgestrichene Stimmzettel mussten nachträglich als Ja-Stimmen gewertet werden. Am Abend des 16. Mai 1949 wurde dann bekannt gegeben, 20 dass 66,1 Prozent der Wähler mit „ja" gestimmt hätten, in Ostberlin nur 58,1 Prozent. Der so „legitimierte" Volkskongress bestätigte die Verfassung am 30. Mai 1949 abermals und setzte einen neuen Volksrat [aus dem die Volkskammer wurde] ein. 25

Aus: Informationen zur politischen Bildung, Nr. 232, Die Teilung Deutschlands 1945–1955, Bonn 1991, S. 25.

12.4 Deutschland im Zeichen der Zweistaatlichkeit

Aufbau des Sozialismus nach sowjetischem Vorbild

M 1 **SED-Plakat von 1946**
Die Propaganda vom einheitlichen Deutschland verschwieg, dass diese (natürlich) unter kommunistischen Vorzeichen angestrebt wurde.

Die Zulassung von Parteien und Gewerkschaften durch die sowjetische Besatzungsmacht unmittelbar nach Kriegsende erweckte zunächst den Anschein einer pluralistischen Ordnung. Verlautbarungen der KPD in der SBZ ließen eine gewisse Distanzierung vom Sowjetkommunismus erkennen. Der Ausschluss faschistischer und auch bürgerlicher Kräfte von der politischen Willensbildung und die Enteignung von Industriebetrieben und Grundbesitz konnten leicht mit der Entnazifizierung und Demokratisierung der Gesellschaft begründet werden. Doch die dann zwischen 1945 und 1949 vollzogene so genannte antifaschistisch-demokratische Umwälzung in der SBZ brachte für die dortige Gesellschaft grundlegende Veränderungen. Ein nationaler deutscher Weg zum Sozialismus wurde ab 1948 von der nun allein bestimmenden SED verneint. Allerdings befleißigten sich die Kommunisten bis Anfang der 50er-Jahre noch diesbezüglich einer gewissen Zurückhaltung. Es war Rücksicht zu nehmen auf die eigene Bevölkerung, bis die Macht der Partei endgültig gesichert war. Auch durfte man die westdeutsche Bevölkerung nicht abschrecken, die man für eine Wiedervereinigung unter sozialistischen Vorzeichen gewinnen wollte. Die Westintegration der Bundesrepublik Deutschland machte eine solche Rücksichtnahme überflüssig. Die Angleichung an das sozialistische Lager, insbesondere an die Führungsmacht Sowjetunion, hatte nun eindeutig Priorität gegenüber der Wiedervereinigung. Die SED konnte die von ihr verdeckt seit 1945 betriebene Ostintegration nun auf allen Gebieten der Gesellschaft offen betreiben.

Die II. Parteikonferenz der SED 1952 beschloss die planmäßige Errichtung des Sozialismus in der DDR nach sowjetischem Vorbild.

Es folgte nun eine Zeit der beschleunigten Umgestaltung durch Verstaatlichung von Unternehmen und der Bildung von erzwungenen Produktionsgenossenschaften in allen Bereichen der Wirtschaft. Gleichzeitig wurde die Zentralisierung des Staatsaufbaus durch Auflösung der Länder und die rigorose Gleichschaltung der Parteien und Massenorganisationen betrieben. Der Einfluss der Kirchen wurde bekämpft. Die Bevölkerung der DDR reagierte auf diese von der SED betriebene Sowjetisierung der Gesellschaft zum Teil mit Flucht in den Westen. Verschärfte Grenzkontrollen und ab Mai 1952 die Ausweisung einer fünf Kilometer breiten Sperrzone entlang der innerdeutschen Grenze sowie die Errichtung von Sperranlagen sollten dieser Fluchtbewegung entgegenwirken.

Bereits vor Gründung der DDR betrieb deren politische Führung eine Politik der Annäherung an die Sowjetunion, die als Besatzungsmacht ohnehin das Sagen hatte. Die KPD und auch die SED orientierten sich ideologisch an der KPdSU. Nur durch Anlehnung an die Besatzungsmacht ließ sich gegen den Willen breiter Bevölkerungskreise die politische Macht erringen und sichern. Diese Gesichtspunkte behielten auch über das Jahr 1949 hinaus Gültigkeit. Die Integration der DDR, wie auch der weiteren osteuropäischen Staaten in das sozialistische Lager, erfolgte auch durch wirtschaftliche und militärische Bindung an die UdSSR.

Die handelspolitisch traditionell nach dem Westen ausgerichteten osteuropäischen Staaten hatten Interesse an der amerikanischen Marshallplan-Hilfe bekundet, durften diese aber auf sowjetischen Druck hin nicht annehmen. Stattdessen bot ihnen die Sowjetunion die Zusammenarbeit im Rat für gegenseitige Wirtschaftshilfe (RGW) an, der 1949 gegründet wurde. Die DDR trat dieser übernationalen Organisation im Jahre 1950 bei.

M 2 **Auf dem Weg in das Blocksystem unter der Vormacht der Sowjetunion,**
Plakat der SED, 1952

Über die Zusammenarbeit im RGW hinaus unterhielt die DDR seit den 60er-Jahren besonders enge zweiseitige Wirtschaftsbeziehungen zur Sowjetunion.

Die Einbeziehung der Bundesrepublik Deutschland in die NATO am 9. Mai 1955 nahm die Sowjetunion zum Anlass, am 14. Mai 1955 ein Bündnis der sozialistischen Staaten, den Warschauer Pakt, ins Leben zu rufen. Die Eingliederung der Nationalen Volksarmee der DDR in den Militärpakt erfolgte im Januar 1956. Allerdings besaß die DDR bereits vor deren Gründung mit der Kasernierten Volkspolizei streitkräfteähnliche Verbände, die 1952 offiziell die Funktion von nationalen Streitkräften übernommen hatten.

Die Vertragspartner im Warschauer Pakt verpflichteten sich zur Zusammenfassung ihrer Militärpotenziale unter einem gemeinsamen sowjetischen Oberkommando, zur Koordinierung ihrer Verteidigungspolitik und zur gemeinsamen Abwehr von Bedrohungen. Neben der Sicherung des Friedens vor Angriffen von außen hatte auch der „Schutz der sozialistischen Errungenschaften" vor Bedrohungen von innen Bedeutung erlangt, wie der Einmarsch von Paktstreitkräften in die Tschechoslowakei (1968) bewies. Die Theorie des sozialistischen Internationalismus hatte dort die praktische Begrenzung der nationalen Souveranität zur Folge.

Die Deutsche Frage

Stalin-Note

Nach der Gründung der beiden deutschen Staaten (1949) kam es zu einer Konkurrenz, welcher von ihnen die rechtmäßige Vertretung des ganzen deutschen Volkes für sich in Anspruch nehmen dürfe. Die Bundesregierung verwies zu Recht immer wieder darauf, dass sie die einzige demokratisch legitimierte deutsche Regierung sei.

Am Anspruch auf Wiedervereinigung hielten zunächst beide Seiten fest, wenngleich unter den Bedingungen des Kalten Krieges eine Realisierung immer unwahrscheinlicher wurde. Die Integration der DDR in den Ostblock und der Bundesrepublik Deutschland in die westliche Staatengemeinschaft ließ letztlich die Wiedervereinigung in weite Ferne rücken. Vereinzelte Vorstöße, wie zum Beispiel die Stalin-Note von 1952, hatten eher eine taktische politische Bedeutung. Dieser Friedensvertragsentwurf erging vor dem Hintergrund der militärischen Integration der Bundesrepublik Deutschland in die westliche Verteidigungsgemeinschaft. Das Angebot der UdSSR sah eine Wiedervereinigung nur unter der Bedingung der Blockfreiheit vor. Sowohl die westlichen Alliierten als auch die Bundesregierung weigerten sich, in Verhandlungen einzutreten. Heute sind sich die meisten Historiker sicher, dass die Bereitschaft der Sowjetunion zur Wiedervereinigung nur ein propagandistischer Schachzug gewesen war.

Deutschlandpolitik im Westen

In der Anfangsphase der Bundesrepublik Deutschland schälten sich rasch drei verschiedene deutschlandpolitische Konzepte heraus, die jeweils von einem bedeutenden Politiker verkörpert wurden.

- Jakob Kaiser (CDU) verstand Deutschland als Brücke zwischen Ost und West. Daher forderte er Neutralität als Voraussetzung für die Wiedervereinigung. Diese Vorstellung ließ sich aber nicht verwirklichen, weil sie ein Klima der Kooperation zwischen den Siegermächten vorausgesetzt hätte. Der Kalte Krieg stand letztlich im Gegensatz zu diesem Plan.

- Kurt Schumacher (SPD) sah Deutschlands Zukunft in einem sozialdemokratischen, einheitlichen Deutschland. Er lehnte die sowjetkommunistische Gesellschaftsform ab. Nach seinem Tod (1952) traten neutralistische Tendenzen innerhalb der Sozialdemokratie stärker hervor. Die Kritik an der Sowjetunion teilte Schumacher mit seinem Gegenspieler Adenauer.

- Mit Konrad Adenauer (CDU) verbindet sich die so genannte Magnettheorie. Unter Inkaufnahme der Teilung sollte Westdeutschland an die Seite der Westmächte geführt werden. Es hieß dazu: Der Verlust der Einheit wäre zwar der Preis für die Freiheit (des Westens), aber eine wirtschaftlich erstarkte Bundesrepublik würde zu einem späteren Zeitpunkt eine so starke Anziehungskraft auf den Osten ausüben, dass es doch noch zur Wiedervereinigung käme. Adenauer war Realpolitiker. Er sah und nutzte den begrenzten außenpolitischen Spielraum, um die noch junge Bundesrepublik zu einem gleichberechtigten Mitglied der westlichen Wertegemeinschaft zu machen. Er lehnte folglich jede „Schaukelpolitik" zwischen Ost und West ab.

Rückblickend bleibt die Erkenntnis, dass es – gemäß den Gesetzen der Machtlogik – erst nach Überwindung des Systemkonflikts zwischen Ost und West zu einer Vereinigung der beiden deutschen Staaten kommen konnte.

M 3 **Konrad Adenauer (1876–1967),**
erster Bundeskanzler, war bereits 81 Jahre alt, als seine Partei 1957 die absolute Mehrheit bei der Bundestagswahl errang. Seine Persönlichkeit dominierte die westdeutsche Politik, Wahlkampfplakat von 1957.

Volksaufstand (17. Juni 1953)

Die DDR-Führung hatte 1951 einen Fünfjahresplan in Kraft gesetzt, der bis zum Ende seiner Geltungsdauer eine Verdoppelung der Produktion im Vergleich zur Vorkriegszeit vorsah. Die Priorität lag dabei auf dem Ausbau der Schwerindustrie zu Lasten der Konsumgüterindustrie. Dies hatte in der Praxis Versorgungsengpässe zur Folge. Zur Sicherstellung der Planerfüllung erhöhte die Regierung Ende Mai 1953 die Arbeitsnormen um zehn Prozent, was wegen des Wegfalls von Leistungsprämien zu einer gravierenden Lohnsenkung führte. Unmittelbar nach dem Tode Stalins hatte die Führung der Sowjetunion einen neuen Kurs verkündet, der von der SED nur zögernd übernommen wurde. Er sah insbesondere eine Abschwächung des Sozialisierungsprogrammes, Verbesserungen im Konsumbereich und Erleichterungen im innerdeutschen Reiseverkehr vor. Die Normenerhöhung dagegen wurde von der Partei und der Gewerkschaft ausdrücklich bestätigt. Daraufhin zogen am 16. Juni 1953 Ost-Berliner Bauarbeiter vor Regierungsgebäude und forderten eine Senkung der Arbeitsnormen. Eine entsprechende Zusage befriedigte die Arbeiter nicht, sie forderten nun den Rücktritt der Regierung und riefen zum Generalstreik für den kommenden Tag auf. Am 17. Juni 1953 kam es an mehr als 250 Orten in der DDR und in Berlin (Ost) zu Unruhen. In Betrieben fanden nicht genehmigte Versammlungen statt, Streikausschüsse wurden gebildet, die über das weitere Vorgehen berieten. Am Rande von Demonstrationen gab es Ausschreitungen wie die Erstürmung von Parteibüros, Rathäusern, Gerichten und Gefängnissen sowie Gewaltanwendung gegen Repräsentanten der Staatsmacht. Der ursprünglich ausschließlich sozial motivierte Aufstand der Arbeiter weitete sich zusehends durch politische Forderungen und durch seine Wirkung auf andere Gruppen der Gesellschaft zu einem Volksaufstand aus. Dem wirkte die Sowjetunion durch Ausrufung des Ausnahmezustandes und Verhängung von Ausgangsverbot und Kriegsrecht entgegen. Sowjetische Truppen und Einheiten der DDR-Volkspolizei bereiteten der Erhebung innerhalb von drei Tagen ein Ende. 70 Menschen wurden dabei von sowjetischen Soldaten beziehungsweise Angehörigen der Kasernierten Volkspolizei getötet. In der Folge kam es zu 13 000 Verhaftungen durch DDR-Dienststellen und 3 000 Festnahmen durch sowjetische Truppen.

M 4 **Aufstand der Arbeiter in Berlin (Ost) am 17. Juni 1953**
Im Unterschied zu 1989 blieben die sowjetischen Panzer nicht in den Kasernen.

Die SED reagierte auf diese eindeutige Misstrauenserklärung an ihre Adresse auf mehrfache Weise:
- Sie bezeichnete den Arbeiteraufstand als Putschversuch westdeutscher faschistischer Elemente.

- Sie verlangsamte das Tempo der sozialistischen Umgestaltung und versprach die Erhöhung des Lebensstandards.
- Sie säuberte die Partei auf allen Ebenen von „unzuverlässigen" Mitgliedern und Amtsträgern; mehr als die Hälfte der Funktionäre wurde ausgetauscht.

In Würdigung der Geschehnisse vom 17. Juni 1953 erklärte die Bundesrepublik Deutschland diesen Tag zum nationalen Feiertag. Ab 1990 trat an dessen Stelle der 3. Oktober – das Datum der Wiedervereinigung.

Bau der Mauer in Berlin (13. August 1961)

Ab dem Jahre 1958 sollte in der DDR endgültig und umfassend die Grundlage für den Sozialismus geschaffen werden.

Angestrebt wurde insbesondere die Zurückdrängung des Privateigentums durch Kollektivierung der Landwirtschaft und durch staatliche Beteiligung an privaten Unternehmen. Diese Vorhaben stießen erneut auf Widerstand im Kreise der Betroffenen, die sich der Mitwirkung in großem Umfang durch Flucht entzogen. Als Tor zum Westen diente nach der Absperrung der innerdeutschen Grenze insbesondere Berlin (West), wohin die DDR-Bürger über Berlin (Ost) relativ gefahrlos gelangen konnten. Die Sowjetunion forderte darum Ende 1958 die Vereinigung von Berlin (West) mit dem Ostteil der Stadt und die Eingliederung in die DDR. Übergangsweise war die Sowjetunion mit der Umwandlung von Berlin (West) in eine selbstständige politische Einheit beziehungseise in eine entmilitarisierte „Freie Stadt" innerhalb von sechs Monaten einverstanden. Die Westmächte bestanden jedoch auf ihren Rechten in Berlin auf der Grundlage des Viermächtestatus der Stadt, sodass keine Änderung eintrat.

Die Sowjetunion übertrug nun zunehmend Kontrollrechte, die ihr als Besatzungsmacht zustanden, auf DDR-Organe. 1960 schränkte die DDR die Freizügigkeit in Berlin unbefristet ein. Viele DDR-Bewohner fürchteten nun, bald überhaupt keine Fluchtmöglichkeit mehr zu haben, und kehrten der DDR den Rücken.

Ab 1960 verstärkte sich die Fluchtbewegung derart, dass die DDR diesem Aderlass an Arbeitskräften und vor allem an jungen Menschen am 13. August 1961 durch den Mauerbau ein Ende setzte. Berlin (West) wurde durch Sperranlagen völlig von Berlin (Ost) und der DDR abgeriegelt. Die Fluchtbewegung war gestoppt. Nun hatten die Deutschen in der DDR keine andere Wahl mehr, sie mussten sich mit dem System der SED arrangieren. Im Jahre 1963 stellte der VI. Parteitag der SED fest, dass die Grundlagen des Sozialismus in der DDR geschaffen seien.

Walter Ulbricht (1893–1973) bestimmte zwei Jahrzehnte – unter sowjetischer Vorherrschaft – die Politik der DDR, wurde 1971 von seinem Nachfolger Erich Honecker als SED-Chef entmachtet. Ulbricht, ein kühler Funktionärstyp, war unpopulär. Im Westen hieß es oft: „Der Spitzbart muss weg!"

Entspannung – Die Ostverträge

Die konkurrierenden Siegermächte des Weltkrieges nahmen eher ein geteiltes Deutschland in Kauf als auf jeweils „ihren Staat" zu verzichten. Auch die jeweiligen deutschen Regierungen waren nicht bereit, die freiheitliche Gesellschaftsordnung der Bundesrepublik Deutschland beziehungsweise die „sozialistischen Errungenschaften" der DDR aufs Spiel zu setzen. Zur Unterstreichung ihres Anspruchs, allein für das deutsche Volk zu sprechen, drohte die Bundesregierung seit Ende 1955 jedem Land mit dem Abbruch der diplomatischen Beziehungen, das die DDR völkerrechtlich als Staat anerkannte (Hallstein-Doktrin).

Der Anspruch der Bundesregierung, Deutschland allein zu vertreten, fand nur vorübergehend Beachtung. Im Verlaufe der sechziger Jahre wurde die DDR als zweiter deutscher Staat verstärkt von neutralen Ländern und von Staaten der Dritten Welt diplomatisch anerkannt. In dem Bemühen der Bundesrepublik Deutschland um ein Offenhalten der Deutschen Frage glaubten die sozialistischen Staaten des Ostblocks revanchistische Tendenzen zu erkennen. Darum forderten sie wiederholt von der Bundesregierung die Anerkennung der nach dem Zweiten Weltkrieg in Europa entstandenen „Realitäten". Um ihrem Anliegen Nachdruck zu verleihen, übten die Sowjetunion und die DDR Ende der 60er-Jahre Druck auf Berlin (West) aus. Sie stellten nun nicht mehr den Viermächtestatus von Berlin infrage, sondern sie kritisierten die Bindungen der Stadt an die Bundesrepublik Deutschland. Mehrfach kam es zu ernsthaften Behinderungen auf den Transitstrecken zwischen Berlin (West) und der Bundesrepublik Deutschland. Ohne Anerkennung der Oder-Neiße-Grenze als Westgrenze Polens und der innerdeutschen Grenze als Staatsgrenze würde es keine Verbesserungen in Berlin geben, ließ die Sowjetunion verlauten.

Im Rahmen der allgemeinen Ost-West-Entspannung beschritt 1969 die neu gebildete Bundesregierung unter Bundeskanzler Brandt (SPD) und Außenminister Scheel (FDP) den Weg der Vertragspolitik mit dem Osten. Unter dem Vorbehalt einer demokratisch und friedlich herzustellenden deutschen Einheit wurde die europäische Nachkriegsordnung völkerrechtlich anerkannt.

Die Ost-Verträge (1970)

Vertragspartner:
Bundesrepublik Deutschland - UdSSR
Bundesrepublik Deutschland - Polen

Ziel:
Internationale Friedenssicherung durch
Normalisierung der Beziehungen

Mittel:
- territoriale Integrität
- Verzicht auf Gebietsansprüche
- Unverletzlichkeit der Grenzen
- Gewaltverzicht

Folgen:
- Anerkennung der Oder-Neiße-Linie
  als Westgrenze Polens
- (nicht-völkerrechtliche) Anerkennung der
  Demarkationslinie zur DDR als Staatsgrenze
- politische Entspannung
- Erleichterung bei der Familienzusammenführung
- Zunahme des Reiseverkehrs
- Erweiterung des Handels
- Förderung des Kulturaustausches

943G

M 5

Die Verträge von Moskau und Warschau, die unter anderem diese Anerkennung enthielten, ebneten somit auch den Weg für eine Entspannung um Berlin. Gemäß ihren Rechten und Zuständigkeiten in Berlin regelten die Vier Mächte die strittigen Probleme in einem Abkommen. Dieses wurde durch deutsch-deutsche Vereinbarungen, die Teil des Viermächteabkommens waren, ergänzt und konkretisiert (Protokoll über den Post- und Fernmeldeverkehr, Transitabkommen, Vertrag über Reise- und Besucherverkehr).

Die Verhandlungen im Zuge des Viermächteabkommens hatten die Deutschen in Ost und West ermutigt, das Verhältnis zwischen beiden Teilen Deutschlands zu entspannen. Die Bundesregierung strebte menschliche Erleichterungen an. Artikel 7 stellte aus dieser Sicht den Kern des Grundlagenvertrags dar. Der DDR war an einer Anerkennung als zweiter deutscher Staat und an wirtschaftlichen Vorteilen gelegen.

Mit dem Abschluss wurden aufgrund der vertraglichen Regelungen vor allem für die Menschen in der DDR merkliche Verbesserungen

M 6 Ein Bild, das um die Welt ging
Der Kniefall Bundeskanzler Brandts vor dem Mahnmal im ehemaligen Warschauer Getto 1970

erzielt. Allerdings versuchte die Regierung der DDR, die Freizügigkeit von Menschen und Ideen in Deutschland zu behindern. Ein Mittel dazu war die Pflicht zum Umtausch eines Mindestbetrags westlicher Währung gegen DDR-Mark bei der Einreise nach Berlin (Ost) beziehungsweise in die DDR. Auch in anderen Bereichen ließ sich die DDR das westdeutsche Streben nach Geltung der Menschenrechte finanziell und wirtschaftlich honorieren.

Der Abschluss der Ostverträge und des Grundlagenvertrages war innenpolitisch von heftigen Auseinandersetzungen begleitet. Die damalige Opposition (CDU und CSU) bekämpfte die Vertragspolitik der Regierungskoalition von SPD und FDP mit der Begründung, Leistung und Gegenleistung seien nicht ausgewogen. Später betrachteten alle im Bundestag vertretenen Parteien die abgeschlossenen Verträge als Grundlage ihrer Deutschland- und Ostpolitik.

Die faktische Anerkennung der deutschen Zweistaatlichkeit im Zuge der neuen Ostpolitik hatte die Forderung nach Beibehaltung wenigstens der nationalen Gemeinschaft in den Vordergrund treten lassen. Das Festhalten am Begriff der gesamtdeutschen Nation hatte die Aufgabe, als einigende Klammer die weitere Entfremdung der beiden deutschen Staaten und der darin lebenden Menschen aufzuhalten.

Die Regierung der Bundesrepublik Deutschland vertrat die Auffassung von der Fortexistenz der ungeteilten deutschen Nation. Danach hat das Deutsche Reich den politischen und militärischen Zusammenbruch 1945 überdauert. Die DDR-Führung hielt dagegen an der These fest, nicht kulturelle Zusammenhänge oder gemeinsame geschichtliche Erfahrung, sondern ökonomische, soziale, politische und ideologische Merkmale seien grundlegend für eine Nation. Die Regierung der DDR forderte die Aufhebung des gesamtdeutschen Staatsangehörigkeitsanspruchs des Grundgesetzes. Die Staatsangehörigkeit sei künftig an eine sozialistische Nation (DDR) und eine kapitalistische Nation (Bundesrepublik Deutschland) zu koppeln.

Chronologie

7. Oktober 1949	Gründung der DDR
29. September 1950	Aufnahme der DDR in den Rat für gegenseitige Wirtschaftshilfe (RGW)
9. bis 12. Juli 1952	2. Parteikonferenz der SED beschließt planmäßige Errichtung der Grundlagen des Sozialismus.
17. Juni 1953	Volksaufstand in Berlin (Ost) und in der DDR
14. Mai 1955	Gründung des Warschauer Paktes; DDR ist Gründungsmitglied.
18. Januar 1956	Volkskammerbeschluss zur Schaffung der Nationalen Volksarmee
13. August 1961	Bau der Berliner Mauer durch die Regierung der DDR
12. August 1970	Moskauer Vertrag zwischen der Bundesrepublik Deutschland und der Sowjetunion
7. Dezember 1970	Warschauer Vertrag zwischen der Bundesrepublik Deutschland und Polen
3. September 1971	Unterzeichnung des Viermächteabkommens über Berlin durch die Siegermächte des Zweiten Weltkrieges
21. Dezember 1972	Unterzeichnung des Grundlagenvertrags zwischen der Bundesrepublik Deutschland und der DDR
19. September 1973	Aufnahme der beiden deutschen Staaten in die UNO
11. Dezember 1973	Prager Vertrag zwischen der Bundesrepublik Deutschland und der Tschechoslowakei

M 7 Grundgesetz für die Bundesrepublik Deutschland

Präambel[1]

Im Bewusstsein seiner Verantwortung vor Gott und den Menschen, von dem Willen beseelt, seine nationale und staatliche Einheit zu wahren und als gleichberechtigtes Glied in einem vereinten Europa
5 dem Frieden der Welt zu dienen, hat das Deutsche Volk, […] um dem staatlichen Leben für eine Übergangszeit eine neue Ordnung zu geben, kraft seiner verfassunggebenden Gewalt dieses Grundgesetz der Bundesrepublik Deutschland beschlossen.
10 Es hat auch für jene Deutschen gehandelt, denen mitzuwirken versagt war. Das gesamte Deutsche Volk bleibt aufgefordert, in freier Selbstbestimmung die Einheit und Freiheit Deutschlands zu vollenden.

1 in der bis zum 3.10.1990 gültigen Fassung

Zit. nach: Bundeszentrale für politische Bildung (Hg.), Grundgesetz, Bonn 1974, S. 19.

M 8 Alleinvertretungsanspruch

Erklärung der Bundesregierung vor dem Deutschen Bundestag am 21. September 1949:

In der Sowjetzone gibt es keinen freien Willen der deutschen Bevölkerung. Das, was jetzt dort geschieht, wird nicht von der Bevölkerung getragen und damit legitimiert. Die Bundesrepublik Deutsch-
5 land stützt sich dagegen auf die Anerkennung durch den frei bekundeten Willen von rund 23 Millionen stimmberechtigter Deutscher. Die Bundesrepublik Deutschland ist somit bis zu Erreichung der deutschen Einheit insgesamt die alleinige legitimierte
10 staatliche Organisation des deutschen Volkes. […]

Unter dem Sowjetstern verlieren die Worte und Begriffe ihre Bedeutung. Sie werden zu verlogenen Propagandaformel mißbraucht, hinter denen eine grausame Wirklichkeit lauert

M 9 Volksbund-Plakat für die Bundesbahn 1953

Die Bundesrepublik Deutschland fühlt sich verantwortlich für das Schicksal der 18 Millionen Deutschen, die in der Sowjetzone leben. Sie versichert sie ihrer Treue und ihrer Sorge. Die Bundesrepublik Deutschland ist allein befugt, für das deutsche Volk 15 zu sprechen. Sie erkennt Erklärungen der Sowjetzone nicht als verbindlich für das deutsche Volk an.

Zit. nach: Dokumente und Akten zur Frage Deutsche Einheit in Freiheit und Frieden, hrsg. vom Bundesministerium für gesamtdeutsche Fragen, Bonn 1951, S. 35 f.

M10 Wiedervereinigung durch Westintegration der Bundesrepublik Deutschland

Bundeskanzler Adenauer am 1. März 1952:

Ich möchte Ihnen sagen, dass ich der festen Überzeugung bin, auf dem eingeschlagenen Wege auch die Wiedervereinigung Deutschlands zu erreichen. Kann einer glauben, dass Sowjetrussland jemals, ohne dazu genötigt zu sein, die Ostzone wieder 5 freigeben wird? Ich glaube es nicht. Aber ich denke mir die Entwicklung folgendermaßen: Wenn der Westen stärker ist als Sowjetrussland, dann ist der Tag der Verhandlungen mit Sowjetrussland gekommen. Dann wird man auch Sowjetrussland klarmachen 10 müssen, dass es so nicht geht, dass es unmöglich halb Europa in Sklaverei halten kann, und dass im Wege einer Auseinandersetzung, nicht einer kriegerischen Auseinandersetzung, sondern im Wege einer friedlichen Auseinandersetzung, die Verhältnisse in Ost- 15 europa neu geklärt werden müssen. Ich bin auch der Auffassung, dass Sowjetrussland zu solchen Verhandlungen alsdann bereit sein wird, denn, glauben Sie mir, auch Sowjetrussland hat schwere innere Probleme, sogar außerordentlich schwere inne- 20 re Probleme, nämlich das Nahrungsmittelproblem.

Bundeskanzler K. Adenauer am 1.3.1952. Zit. nach K. P. Tudyka (Hg.), Das geteilte Deutschland, Stuttgart 1965, S. 70.

M11 Die DDR als Teil des sozialistischen Weltsystems

Die offizielle Sichtweise der DDR: „Die sozialistische Etappe des Übergangs vom Kapitalismus zum Sozialismus 1949–1961/62":

[Die] Haupttendenzen des weltrevolutionären Prozesses sind auch maßgebend für Entstehung und Entwicklung der DDR, die vom ersten Tag ihres Bestehens an fest zum sozialistischen Weltlager gehört. Ihre Gründung stellt eine entscheidende 5 Wende in der Geschichte des deutschen Volkes und seiner Nachbarvölker dar. Sie erhöht das Gewicht des sich herausbildenden sozialistischen Weltsystems, an dessen Westgrenze nun ein stabiler Frie-

10 densstaat existiert. Mit der Gründung der DDR tritt der von der Arbeiterklasse und ihrer marxistisch-leninistischen Partei, der SED, geführte Umwälzungsprozess vom Kapitalismus zum Sozialismus in seine zweite – die sozialistische – Etappe ein. Die Er-
15 richtung der Arbeiter-und-Bauern-Macht als Form der Diktatur des Proletariats schafft die grundlegende Voraussetzung, um die Entwicklung der Elemente sozialistischer Produktionsverhältnisse in Gestalt der volkseigenen Betriebe, den Beginn der Planwirt-
20 schaft und die veränderte Stellung der Arbeiterklasse in Produktionsprozess und Gesellschaft zu wirksamen Faktoren für die Weiterführung der gesellschaftlichen Umwälzung werden zu lassen. Der in der DDR vollzogene gesellschaftliche Umwälzungsprozess
25 ist Bestandteil des Wachstums des Sozialismus im Weltmaßstab, von dem er – namentlich durch die Sowjetunion als dessen Hauptkraft – entscheidende Hilfe und Unterstützung erfährt, dem er aber in dialektischer Wechselwirkung auch neue Kräfte zuführt.
30 Die höheren Formen der Zusammenarbeit der sozialistischen Staaten, wie sie sich in der Arbeit des „Rates für Gegenseitige Wirtschaftshilfe" und seit Mai 1955 in der Arbeit der Organe des Warschauer Vertrages ausdrücken, entwickeln sich dabei zum entscheidenden
35 Instrument für den erfolgreichen Kampf um Frieden und Sicherheit. […] Als fester Bestandteil des sozialistischen Weltlagers macht die DDR alle imperialistischen Liquidierungspläne zunichte. Gestützt auf die Solidarität der Sowjetunion und der anderen sozialis-
40 tischen Staaten, hält sie dem Druck des Imperialismus stand und wehrt den permanenten Wirtschaftskrieg der BRD und ihrer Verbündeten gegen sich ab. Sie durchkreuzt die massivsten Versuche einer Konterrevolution im Sommer 1953 [17. Juni] und im Herbst
45 1956 [Verhaftung einer parteiinternen Reformgruppe um W. Harich] durch die Standhaftigkeit der Arbeiterklasse und die solidarische Unterstützung der sozialistischen Staaten, besonders der Sowjetunion. Als sich der Imperialismus schließlich im Som-
50 mer 1961 offen anschickt, die DDR zu überfallen und aus der sozialistischen Staatengemeinschaft herauszubrechen, bereiten die bewaffneten Kräfte der DDR in Verwirklichung eines gemeinsamen Beschlusses der Staaten des Warschauer Vertrags,
55 gedeckt von der Sowjetarmee, dem imperialistischen Klassengegner am 13. August 1961 eine entscheidende Niederlage. Für alle Welt wird die neue geschichtliche Lage sichtbar. Das Kräfteverhältnis hat sich entscheidend
60 zugunsten des Sozialismus verändert. In der DDR, wie in anderen sozialistischen Staaten, hat die Arbeiterklasse ihre historische Mission er-

füllt, die Herrschaft der Bourgeoisie zu stürzen und eine Gesellschaft aufzubauen, in der die Ausbeutung des Menschen durch den Menschen beseitigt 65 ist. Im Zusammenhang mit dem sich abzeichnenden Sieg der sozialistischen Produktionsverhältnisse bildet sich mehr und mehr die politisch-moralische Einheit des Volkes heraus. Die sozialistische deutsche Nation in der DDR nimmt deutliche Konturen an. 70

Zit. nach: Sozialistisches Vaterland DDR, Entstehung und Entwicklung, Museum für Deutsche Geschichte, Berlin (Ost) 1979, S. 38 f.

M12 Der 17. Juni 1953

Die Sichtweise der Staatspartei kommt in der Entschließung des Zentralkomitees der SED zum Ausdruck (26.7.1953):

Der 17. Juni hat bewiesen, dass in der DDR eine von den Amerikanern organisierte und unterstützte faschistische Untergrundbewegung vorhanden ist. An diesem Tage traten in einigen Städten (Magdeburg, Halle, Görlitz u. a.) ganze Gruppen maskierter 5 Volksfeinde aus der Anonymität hervor und provozierten Unruhen. Es wurden illegale faschistische Organisationen mit eigenen Zentren, eigener Disziplin und ständigen Verbindungen mit den Agentenorganisationen in Westberlin aufgedeckt. 10 […] Der Versuch der Feinde des deutschen Volkes, die Partei und die Regierung durch die faschistische Provokation von der Durchführung des neuen Kurses abzubringen, ist gescheitert. […] Diese Generallinie der Partei war und bleibt richtig. 15

Zit. nach: H. Weber (Hg.), DDR, Dokumente zur Geschichte der Deutschen Demokratischen Republik 1945 bis 1985, München 1986, S. 188 f.

M13 Beschluss der DDR zum Bau der Mauer

Der Beschluss des Ministerrats der DDR erfolgte, nachdem eine entsprechende Entscheidung in Moskau getroffen worden war:

Die westdeutschen Revanchisten und Militaristen missbrauchen die Friedenspolitik der Sowjetunion und der Staaten des Warschauer Paktes in der Deutschland-Frage, um durch feindliche Hetze, durch Abwerbung und Diversionstätigkeit [hier: 5 Sabotage] nicht nur der Deutschen Demokratischen Republik, sondern auch anderen Staaten des sozialistischen Lagers Schaden zuzufügen. Aus all diesen Gründen beschließt der Ministerrat der Deutschen Demokratischen Republik in Überein- 10 stimmung mit dem Beschluss des Politischen Beratenden Ausschusses der Staaten des Warschauer Vertrages zur Sicherung des europäischen Friedens, zum Schutze der Deutschen Demokratischen Repu-

15 blik und im Interesse der Sicherheit der Staaten des
sozialistischen Lagers folgende Maßnahmen:
Zur Unterbindung der feindlichen Tätigkeit der
revanchistischen und militaristischen Kräfte West-
20 deutschlands und West-Berlins wird eine solche
Kontrolle an den Grenzen der Deutschen Demokratischen Republik einschließlich der Grenze zu
den Westsektoren von Groß-Berlin eingeführt, wie
sie an den Grenzen jedes souveränen Staates üblich
25 ist. Es ist an den West-Berliner Grenzen eine verläss-
liche Bewachung und eine wirksame Kontrolle zu

gewährleisten, um der Wühltätigkeit den Weg zu
verlegen. Diese Grenzen dürfen von Bürgern der
Deutschen Demokratischen Republik nur noch mit
besonderer Genehmigung passiert werden. Solan- 30
ge West-Berlin nicht in eine entmilitarisierte neutrale Freie Stadt verwandelt ist, bedürfen Bürger der
Hauptstadt der Deutschen Demokratischen Republik für das Überschreiten der Grenzen nach West-
Berlin einer besonderen Bescheinigung. 35

Zit. nach: A. Hillgruber, Berlin, Dokumente 1944–1961, Darmstadt 1961, S. 198 f.

M14 **Kritik am Mauerbau,** Fotomontage der Westberliner Arbeitsgemeinschaft 13. August

M15 Vertrag

*über die Grundlagen der Beziehungen zwischen
der Bundesrepublik Deutschland und der Deutschen Demokratischen Republik (1973 in Kraft
getreten):*

Die Hohen Vertragschließenden Seiten eingedenk
ihrer Verantwortung für die Erhaltung des Friedens,
in dem Bestreben, einen Beitrag zur Entspannung
und Sicherheit in Europa zu leisten […].
5 Artikel 1
Die Bundesrepublik Deutschland und die Deutsche
Demokratische Republik entwickeln normale gut-

nachbarliche Beziehungen zueinander auf der
Grundlage der Gleichberechtigung.
Artikel 2 10
Die Bundesrepublik Deutschland und die Deutsche
Demokratische Republik werden sich von den Zielen und Prinzipien leiten lassen, die in der Charta
der Vereinten Nationen niedergelegt sind, insbesondere der souveränen Gleichheit aller Staaten, 15
der Achtung der Unabhängigkeit, Selbstständigkeit und territorialen Integrität, dem Selbstbestimmungsrecht, der Wahrung der Menschenrechte
und der Nichtdiskriminierung.

20 Artikel 3

Entsprechend der Charta der Vereinten Nationen werden die Bundesrepublik Deutschland und die Deutsche Demokratische Republik ihre Streitfragen ausschließlich mit friedlichen Mitteln lösen und sich
25 der Drohung mit Gewalt oder Anwendung von Gewalt enthalten. Sie bekräftigen die Unverletzlichkeit der zwischen ihnen bestehenden Grenze jetzt und in der Zukunft und verpflichten sich zur uneingeschränkten Achtung ihrer territorialen Integrität.
30 Artikel 4

Die Bundesrepublik Deutschland und die Deutsche Demokratische Republik gehen davon aus, dass keiner der beiden Staaten den anderen international vertreten oder in seinem Namen handeln kann. […]
35 Artikel 6

Die Bundesrepublik Deutschland und die Deutsche Demokratische Republik gehen von dem Grundsatz aus, dass die Hoheitsgewalt jedes der beiden Staaten sich auf sein Staatsgebiet beschränkt. Sie
40 respektieren die Unabhängigkeit und Selbstständigkeit jedes der beiden Staaten in seinen inneren und äußeren Angelegenheiten.

Artikel 7

Die Bundesrepublik Deutschland und die Deutsche Demokratische Republik erklären ihre Bereitschaft, 45 im Zuge der Normalisierung ihrer Beziehungen praktische und humanitäre Fragen zu regeln. Sie werden Abkommen schließen, um auf der Grundlage dieses Vertrages und zum beiderseitigen Vorteil die Zusammenarbeit auf dem Gebiet der Wirt- 50 schaft, der Wissenschaft und Technik, des Verkehrs, des Rechtsverkehrs, des Post- und Fernmeldewesens, des Gesundheitswesens, der Kultur, des Sports, des Umweltschutzes und auf anderen Gebieten zu entwickeln und zu fördern. Einzelheiten sind in 55 dem Zusatzprotokoll geregelt.

Artikel 8

Die Bundesrepublik Deutschland und die Deutsche Demokratische Republik werden ständige Vertretungen austauschen. Sie werden am Sitz der jewei- 60 ligen Regierung errichtet. […]

Zit. nach: Der Grundlagenvertrag, Seminarmaterial des Gesamtdeutschen Instituts – Bundesanstalt für gesamtdeutsche Aufgaben (Hg.), Bonn 1975, S. 3 f.

M16 **DDR-Grenzsperranlagen**
Bis zum Bau der Mauer verließen etwa 2,7 Millionen Menschen die DDR.

1 Geländestreifen	5 Kolonnenweg
2 Metallgitterzaun	6 Beobachtungsturm
3 Kfz-Sperrgraben	7 Beobachtungsbunker
4 Kontrollstreifen	8 Lichtsperre

9 Hundelaufanlage
10 Schutzstreifenzaun mit Signalanlagen
11 Betonsperrmauer
12 Stolperdrähte
13 Kontrollpassierpunkt zur Sperrzone
14 Hinweisschilder: „Beginn des Schutzstreifens"

M17 **Brief zur deutschen Einheit (1972)**

Egon Bahr, Berater von Willy Brandt und entscheidend mit beteiligt an der Neukonzeption der deutschen Ostpolitik, an den Staatssekretär beim Ministerrat der DDR Michael Kohl (21.12.72):

Sehr geehrter Herr Kohl!

Im Zusammenhang mit der heutigen Unterzeichnung des Vertrages über die Grundlagen der Beziehungen zwischen der Bundesrepublik Deutschland
5 und der Deutschen Demokratischen Republik beehrt sich die Regierung der Bundesrepublik Deutschland festzustellen, dass dieser Vertrag nicht im Widerspruch zu dem politischen Ziel der Bundesrepublik Deutschland steht, auf einen Zustand des Friedens in Europa hinzuwirken, in dem das 10 deutsche Volk in freier Selbstbestimmung seine Einheit wiedererlangt.

Mit vorzüglicher Hochachtung
Bahr

Zit. nach: Der Grundlagenvertrag, Bundesanstalt für gesamtdeutsche Aufgaben (Hg.), a. a. O., S. 4.

*a) Im Jahre **1949**:*

Artikel 1

Deutschland ist eine unteilbare demokratische Republik; sie baut sich auf den deutschen Ländern auf. Die Republik entscheidet alle Angelegenheiten, die
5 für den Bestand und die Entwicklung des deutschen Volkes in seiner Gesamtheit wesentlich sind; alle übrigen Angelegenheiten werden von den Ländern selbstständig entschieden. [...] Es gibt nur eine deutsche Staatsangehörigkeit.

*b) Im Jahre **1968**:*

Artikel 1

Die Deutsche Demokratische Republik ist ein sozialistischer Staat deutscher Nation. Sie ist die politische Organisation der Werktätigen in Stadt und Land, die gemeinsam unter Führung der Arbeiter- 5 klasse und ihrer marxistisch-leninistischen Partei den Sozialismus verwirklichen.

*c) Im Jahre **1974**:*

Artikel 1

Die Deutsche Demokratische Republik ist ein sozialistischer Staat der Arbeiter und Bauern. Sie ist die politische Organisation der Werktätigen 5 in Stadt und Land unter Führung der Arbeiterklasse und ihrer marxistisch-leninistischen Partei.

Zit. nach: a) R. Thomas, Modell DDR, München 1977, S. 185; b) Staatsverlag der Deutschen Demokratischen Republik, Berlin (Ost) 1970, S. 9; c) H. Weber (Hg.), DDR, Dokumente zur Geschichte, München 1986, S. 156 f.

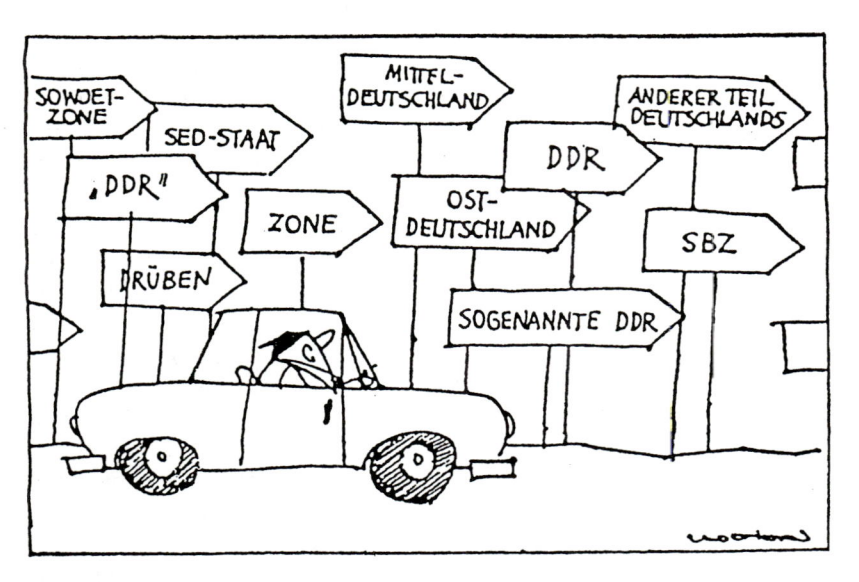

M19 Orientierungsschwierigkeiten
Westdeutsche Karikatur von 1968

Aufgaben

1. Skizzieren Sie die wesentlichen Veränderungen, die beim Übergang der DDR-Gesellschaft vom Kapitalismus zum Sozialismus auftraten und erläutern Sie die damit verbundenen Probleme.
   → Text, M2, M11

2. Unterscheiden Sie die politischen Strategien zur Lösung der Deutschen Frage, die es in Ost und West gab.
   → Text, M1, M7, M8, M10, M18

3. Halten Sie den Auftrag fest, der sich aus dem Grundgesetz für die Verfassungsorgane der Bundesrepublik ergab. Auf welche Widerstände stieß die Verwirklichung dieses Auftrages?
   → M7

4. Wie begründete die Bundesregierung ihren Anspruch, für das ganze Deutschland zu sprechen?
   → M8

5. Wie erklärte die SED-Führung den Arbeiteraufstand vom 17. Juni 1953?
   → Text, M12

6. Konfrontieren Sie die offizielle Rechtfertigung der DDR-Regierung für den Bau der Berliner Mauer mit den tatsächlichen Gründen.
   → Text, M13, M14, M16

7. In welcher Form und mit welchem Ziel wurde die Politik der Entspannung von der Bundesregierung betrieben?
   → Text, M5, M6, M15

8. Nennen Sie die Inhalte des Grundlagenvertrages. Inwiefern haben sich im Text die Interessen der DDR und der Bundesrepublik Deutschland niedergeschlagen?
   → M15

9. Erklären Sie die Bedeutung, die dem Brief zur deutschen Einheit im Zusammenhang mit dem Grundlagenvertrag zukam.
   → M7, M17

10. Untersuchen Sie, wie sich die offizielle DDR-Haltung zur nationalen Frage in den Verfassungen niederschlug.
    → M18

Fragen an die Geschichte

Die DDR – ein Staat der Stasi?

MfS

Die Führung der DDR baute im Laufe der Zeit einen riesigen Sicherheitsapparat auf, in dessen Zentrum das Ministerium für Staatssicherheit (MfS) stand. Beim Zusammenbruch des Staates 1989 befehligte der zuständige Minister Erich Mielke (SED) etwa 91 000 hauptamtliche Mitarbeiter. Außerdem konnte man auf etwa 173 000 Inoffizielle Mitarbeiter (IM) zurückgreifen. Bezogen auf die Einwohnerzahl ergab das eine selbst für kommunistische Staaten ungewöhnliche Überwachungsdichte. Die Staatssicherheitsbehörde (abgekürzt Stasi) stellte einen mitunter sichtbaren, oft aber auch unsichtbaren Bestandteil des DDR-Alltags dar. Der Volksmund sprach ironisch vom „VEB Horch und Greif" (VEB: Volkseigener Betrieb), manchmal auch nur kurz und bündig von der „Firma". Jeder DDR-Bürger wusste, was gemeint war.

Führungsanspruch der SED

Die DDR war der Staat der Sozialistischen Einheitspartei Deutschlands (SED). Diese Kennzeichnung gründete sich auf den Anspruch der Partei, alle Bereiche des politischen, ökonomischen und gesellschaftlichen Lebens zu durchdringen, um das sozialistische System planmäßig zu gestalten und den Aufbau der „entwickelten sozialistischen Gesellschaft" voranzutreiben. Dieser Führungsanspruch wurde aus der Überzeugung abgeleitet, dass nur die SED die objektiven Gesetze der gesellschaftlichen Entwicklung erkennen könne.

Dieser Anspruch sowie der Aufbau der SED orientierten sich grundsätzlich am Vorbild der KPdSU und damit am leninistischen Parteiverständnis. Die SED verstand sich folglich als der „organisierte Vortrupp der Arbeiterklasse" und sie bekannte sich zur „unverbrüchlichen Freundschaft und [zum] brüderlichen Bündnis mit der kommunistischen Partei der Sowjetunion, der Vorhut der kommunistischen Weltbewegung" (Parteistatut).

Machtmonopol

Das politische System wurde – formal betrachtet – durch das Vorhandensein von vier Parteien gekennzeichnet, die neben der SED zugelassen waren. Dies erweckte den Anschein eines Mehrparteiensystems. Tatsächlich wurde aber das Machtmonopol der SED durch die Existenz der anderen Parteien nur oberflächlich verschleiert. Denn die neben der SED bestehenden Parteien stellten keine politische Alternative zur SED dar. Zusammen mit vier Massenorganisationen waren alle unter dem Dach der Nationalen Front vereinigt. Dieses Blocksystem diente der SED als ein Instrument zur Durchsetzung ihrer tatsächlichen Führungsrolle.

Mittels der Nationalen Front sollten auch solche Bevölkerungskreise in das politische System integriert werden, die nicht kommunistisch eingestellt waren. Neben einer allgemeinen Mobilisierungsfunktion bestand die Hauptaufgabe der Nationalen Front darin, die Wahlen zum Parlament der DDR – der Volkskammer – zu organisieren. Sie stellte eine Einheitsliste auf, die aber zuvor von den höchsten Parteigremien gebilligt worden war. Die Kandidaten der Nationalen Front traten im Wahlkampf nicht gegeneinander an. Außerdem wurde durch das Ergebnis der Wahlen die Sitzverteilung in der Volkskammer nicht

M 1 Staatsbesuch
Bundeskanzler Helmut Schmidt besucht Güstrow am 13.12.1981. Die Kleinstadt ist abgeriegelt durch die „Organe". Nicht weniger als 34 000 Volkspolizisten und MfS-Mitarbeiter hatte die SED aufgeboten, um jegliche spontane Regung zu unterdrücken.

berührt. Die Stärke der einzelnen Fraktionen stand schon vor der Wahl fest. Auch vor Wahlfälschungen schreckte die politische Führung nicht zurück.

Formal gesehen blieben die Partei (SED) und der Staat getrennt. Parteibeschlüsse bedurften einer Bestätigung durch die Volkskammer, damit sie Gesetzeskraft erlangten. Tatsächlich waren aber Partei- und Staatsfunktionen aufs Engste miteinander verschmolzen.

Schild und Schwert der Partei

Das Ministerium für Staatsicherheit war 1950 nach dem Vorbild sowjetischer Sicherheitsorgane geschaffen worden. Es diente von Beginn an der Sicherung der SED-Parteidiktatur. Die Stasi verstand sich als „Schild und Schwert der Partei". Treue zur Partei war für den Stasi-Offizier keine leere Phrase. Es hat in der Geschichte der DDR auch keine Versuche der Staatssicherheit gegeben, sich von der Führung durch die SED loszulösen. Die Stasi bildete keinen „Staat im Staate". Aus dieser Perspektive ist es nicht richtig, von einem Stasi-Staat zu sprechen. Die Staatssicherheit war das Werkzeug der Staatspartei SED. Die Anleitung und Kontrolle durch das Führungsorgan der SED, das Politbüro, wurde nicht infrage gestellt. Die personelle Verflechtung zeigte sich auch darin, dass der Minister für Staatssicherheit gleichzeitig Mitglied des Politbüros der SED war. Hier empfing er Anweisungen in erster Linie von Erich Honecker, dem Generalsekretär der SED. Die Unterordnung des Apparats ergab sich auch aus der Tatsache, dass alle Stasi-Offiziere SED-Mitglieder waren und damit der Parteidisziplin unterlagen.

Funktionen der Stasi

Die Aufgaben des MfS bezogen sich auf alle Bereiche des Machterhalts: Die Stasi besaß die Funktion einer politischen Geheimpolizei, eines Justizorgans und eines Auslands-Spionagedienstes. Außerdem standen ihr auch militärische Einheiten zur Verfügung. Im Laufe der Zeit übernahm das Ministerium für Staatssicherheit immer mehr Zuständigkeiten, zum Beispiel im Außenhandel und bei der Devisenbeschaffung. Es entstand ein hoch bürokratisierter Apparat, der die gesamte Gesellschaft durchdrang. Ein engmaschiges Netz von Inoffiziellen Mitarbeitern (IM) überzog alle Bereiche der Republik. Im Zentrum stand dabei die „Verhinderung feindlich-negativer Tätigkeit" – so lautete eine Stasi-Anweisung. Vom zuständigen Minister Erich Mielke ist der Ausspruch überliefert: „Wir wollen alles wissen." Der Prozess der Überwachung, Kontrolle und Bespitzelung der DDR-Gesellschaft war in einem beträchtlichen Maße fortgeschritten. Es kann daher kaum verwundern, dass alle bedeutenden Oppositionsgruppen in der Spätphase der DDR von der Stasi unterwandert gewesen waren. Rund 200 000 Menschen sind in der ehemaligen DDR aus politischen Gründen inhaftiert worden. Die politischen Verfolgungen betrafen ganz unterschiedliche soziale Gruppen, die als „Feinde des Sozialismus" bezeichnet wurden: zum Beispiel liberale Bürger, Gewerbetreibende, selbstständige Bauern, Sozialdemokraten und kirchlich gebundene Menschen.

Die Bürgerrechtsgruppen der ehemaligen DDR haben einen entscheidenden Verdienst daran, dass die Tätigkeit der Stasi aufgedeckt und ins öffentliche Bewusstsein der Deutschen gerückt wurde. Viele Stasi-Dokumente blieben erhalten, obgleich bereits im November 1989 die Anordnung zur systematischen Vernichtung von Unterlagen im MfS ergangen war.

Gauck-Behörde

Zu den Hinterlassenschaften der DDR-Staatssicherheit zählen sechs Millionen personenbezogene Akten im zentralen Archiv: vier Millionen über DDR-Bürger und zwei Millionen über Westdeutsche beziehungsweise Ausländer. Entsprechend dem Einigungsvertrag zwischen der DDR und der Bundesrepublik wurden diese Aktenbestände dem „Bundesbeauftragten für die Unterlagen des Staatssicherheitsdienstes der ehemaligen DDR" unterstellt. Diese Bundesbehörde (zumeist nach ihrem ersten Leiter Joachim Gauck benannt) sichert das Material für die zeitgeschichtliche Forschung und für die historisch-politische Erinnerungsarbeit. Die „Gauck-Behörde" ermöglicht es den betroffenen Opfern der Stasi-Tätigkeit, Einsicht in „ihre" Akten zu nehmen.

M2 **Vor der Stasi-Zentrale** in der Normannenstraße in Ost-Berlin, nachdem diese besetzt worden war (19.2.1990)

Aufgaben

1. Stellen Sie das Verhältnis zwischen der Staatspartei SED und der Staatssicherheit dar.
2. Charakterisieren Sie das Welt- bzw. Gesellschaftsbild, das hinter den Stasi-Aktivitäten stand.
3. Welche Funktionen bzw. Aufgaben besaß die Stasi und mit welchen Methoden operierte sie?

M 4 Die Liquidierung von Gesellschaft und Tradition

Der Autor Erhard Neubert ist Mitarbeiter beim Bundesbeauftragten für die Unterlagen des Staatssicherheitsdienstes der ehemaligen DDR:

„Liquidierung" ist ein gängiger kommunistischer Begriff, der hundertfach in den operativen Akten des Repressionsapparates verwendet wird. Er fordert eine begriffliche Klärung heraus. Gemeint ist
5 immer die politische Vernichtung von Gegnern. Ihm ist aber auch die Bedeutung der physischen Vernichtung inhärent [innewohnend].
Dem entsprechen auch Bedeutungszuschreibungen anderer Begriffe, wie dem der Säuberung. Gesäu-
10 bert wurden Geschichtsbücher und Parteiprogramme. Gesäubert wurde auch immer wieder die Partei. Letzteres kostete dann auch Todesopfer. […]
Je näher die Kommunisten dem Ziel der Liquidierung der Gesellschaft kamen [gemeint ist die Aus-
15 löschung traditioneller Schichten und Milieus], desto mehr mussten sie darauf achten, jede soziale Selbstorganisation oder geistige Unabhängigkeit zu verhindern. Sie mussten in der gleichgeschalteten Gesellschaft jedes Individuum kontrollieren, um
20 Individualität in die Vorgaben der Parteigesellschaft zu zwingen. Die flächendeckende konspirative [verschwörerische] Überwachung und Beeinflussung war damit schon vorgegeben.

E. Neubert, in: S. Courtois (Hg.), Schwarzbuch des Kommunismus, München 1998, S. 844 f.

M 3 Stasi-Tätigkeiten

Komprimierte Fassung der Aufgaben einer MfS-Kreisdienststelle am Beispiel Jena:

1. Sicherung des sozialistischen Staates
1.1. Vorbeugende Verhinderung, Aufdeckung, Bekämpfung politischer Untergrundtätigkeit
1.2. Durchdringung des Sicherungsbereiches „Fried-
5 rich-Schiller-Universität" Jena
1.3. Politisch-operative Sicherung des Staatsapparates und der Blockparteien
1.4. Politisch-operative Sicherung politischer und gesellschaftlicher Höhepunkte
10 1.5. Zurückdrängung von Antragstellern auf ständige Ausreise und Bearbeitung feindlich-negativer Zusammenschlüsse und Kräfte
2. Unterstützung der Wirtschaftsstrategie der Partei
15 2.1. Politisch-operative Sicherung und Unterstützung wirtschaftsstrategischer und verteidigungswichtiger Aufgaben […].

2.2. Politisch-operative Sicherung der Außenwirtschaftsbeziehungen mit dem NSW [Nichtsozialistischen Wirtschaftsgebiet]
20 3. Vorbeugende Sicherung, Aufklärung und Bekämpfung der subversiven Angriffe imperialistischer Geheimdienste
4. Sicherung der Organe der Landesverteidigung
5. Ziel- und Aufgabenstellungen zur Gewährleis-
25 tung des Schutzes und der Unverletzlichkeit der Staatsgrenze zur BRD, zur vorbeugenden Verhinderung, Aufklärung und Bekämpfung des ungesetzlichen Verlassens der DDR und des staatsfeindlichen Menschenhandels [gemeint sind Flücht-
30 linge].

Zit. nach: W. Süß, in: E. Kuhrt u. a. (Hg.), Die SED-Herrschaft und ihr Zusammenbruch, Opladen 1996, S. 119 f.

M 5 „Zersetzung"

Die Stasi bekämpfte tatsächliche und vermeintliche Gegner der SED-Diktatur. In einer Anweisung aus dem Jahre 1976 wurden die Formen der „Zersetzung" dargestellt:

Maßnahmen der Zersetzung sind auf das Hervorrufen sowie die Ausnutzung und Verstärkung solcher Widersprüche bzw. Differenzen zwischen feindlich-negativen Kräften zu richten, durch die
5 sie zersplittert, gelähmt, desorganisiert und isoliert […] werden […].
Bewährte anzuwendende Formen der Zersetzung sind: systematische Diskreditierung des öffentlichen Rufes, des Ansehens und des Prestiges auf der
10 Grundlage miteinander verbundener wahrer, überprüfbarer und diskreditierender sowie unwahrer, glaubhafter, nicht widerlegbarer und damit ebenfalls diskreditierender Angaben; systematische Organisierung beruflicher und gesellschaftlicher
15 Misserfolge zur Untergrabung des Selbstvertrauens einzelner Personen; […] die Erzeugung von Zweifeln an der persönlichen Perspektive […].
Bewährte Mittel und Methoden der Zersetzung sind: die Verwendung anonymer oder pseudony-
20 mer Briefe; Telegramme, Telefonanrufe und so weiter; kompromittierender Fotos, zum Beispiel von stattgefundenen oder vorgetäuschten Begegnungen; die gezielte Verbreitung von Gerüchten über bestimmte Personen einer Gruppe, Gruppie-
25 rung oder Organisation; gezielte Indiskretionen […]; die Vorladung von Personen zu staatlichen Dienststellen oder gesellschaftlichen Organisationen mit glaubhafter oder unglaubhafter Begründung.

W. Schuller, Zersetzungsangriff aus dem Dunkeln, FAZ 6.7.1999.

12.5 Die deutsche Einheit

Einundvierzig Jahre nach Gründung der Bundesrepublik Deutschland und der Deutschen Demokratischen Republik im Jahre 1949 gab die DDR ihre Staatlichkeit auf und trat mit Wirkung vom 3. Oktober 1990 der Bundesrepublik Deutschland bei. Die Vorgeschichte dieses historischen Momentes wies ganz unterschiedliche Dimensionen auf:

Entspannung

Die internationale Situation wurde seit den siebziger Jahren durch Entspannungsbemühungen geprägt. So konnte der Ost-West-Konflikt entschärft werden. Ihren Ausdruck fand die neue Kooperation in der ersten Konferenz über Sicherheit und Zusammenarbeit in Europa (KSZE), die 1975 in Helsinki stattfand. Die beteiligten europäischen Staaten (sowie die USA und Kanada) einigten sich auf Rechtsgrundsätze, zu denen unter anderem die Achtung der Menschenrechte, die territoriale Integrität, das Selbstbestimmungsrecht und der Verzicht auf Gewaltanwendung gehörten.

Innerdeutsche Bindungen

Im Rahmen der Entspannungspolitik vervielfachten sich die persönlichen Kontakte zwischen den Menschen in den beiden deutschen Staaten. Die Grenze wurde wieder durchlässiger, vor allem in West-Ost-Richtung. Besuchsreisen nahmen zu. Neu verlegte Telefonleitungen ermöglichten eine fernmündliche Kommunikation in vorher nicht gekanntem Ausmaße. Der Empfang des Westfernsehens wurde für die DDR-Bürger zur Norm. Die Verträge zwischen den beiden deutschen Staaten ermöglichten es, dass die menschlichen Bindungen trotz der staatlichen Teilung nie abrissen. Allerdings lehnte die DDR-Führung die Einheit der deutschen Nation als „Fiktion" ab. In der DDR-Verfassung von 1974 fehlte jeder Hinweis auf eine deutsche Nation. Zudem reagierte der Staat mit verschärfter ideologischer Abgrenzung und mit dem Ausbau des Überwachungsapparates.

„Perestroika"

Eine wesentliche Rolle bei der Überwindung des Ost-West-Konfliktes spielte Michail Gorbatschow, ab 1985 Generalsekretär der KPdSU. Der von ihm eingeleitete politische Kurswechsel, die so genannte „Perestroika"(Umbau), ermöglichte eine Reihe von Abrüstungsabkommen. Die jahrzehntelange Bedrohung durch einen Atomkrieg zwischen den Großmächten verschwand.

Reformbewegungen

Der langsame Zerfall der bipolaren Struktur der Nachkriegszeit gab den antikommunistischen Oppositionsbewegungen in den osteuropäischen Staaten Auftrieb. Dabei kam Polen eine Vorreiterrolle zu. Dort war bereits 1980 die unabhängige Gewerkschaft „Solidarność" (Solidarität) gegründet worden. Im darauffolgenden Jahr verboten, wurde sie 1989 unter ihrem Vorsitzenden Lech Walesa wieder zugelassen. Auch mit Unterstützung der katholischen Kirche trieb sie die Demokratisierung des öffentlichen Lebens voran.

In Ungarn setzten sich die Reformkräfte innerhalb der regierenden Sozialistischen Arbeiterpartei durch. Sie demokratisierten das Land, führten ein Mehrparteiensystem ein und ließen 1989 die Sperranlagen an der Grenze zu Österreich abbauen. In der Tschechoslowakei war es vor allem die Menschenrechtsorganisation „Charta 77", die die Umgestaltung des politischen Lebens vorantrieb. Der mehrfach inhaftierte Dramatiker und Dissident Václav Havel wurde 1989 frei gewählter Staatspräsident der Tschechischen Republik.

Opposition in der DDR

Das Klima der gesamteuropäischen und innerdeutschen Entspannung begünstigte zunächst eine Lockerung der staatlichen Überwachung. Allerdings stießen abweichende Äußerungen schnell an die Grenze dessen, was die SED-Führung zu tolerieren bereit war. Da in den offiziellen Institutionen der DDR wichtige Themen tabuisiert waren, begannen vermehrt Pastoren ihre Kirchenräume für eine sich bildende Friedensbewegung zu öffnen. Diese übte unter anderem Kritik am Einmarsch der Roten Armee in Afghanistan (1979), an Aufrüstung, Wehrpflicht sowie an der Militarisierung der Kinder- und Jugenderziehung in der DDR. Ihre prominentesten Vertreter waren der Pfarrer Rainer Eppelmann und der Systemkritiker Robert Havemann. Beflügelt durch Gorbatschows Reformpolitik weitete sich der Themenkatalog aus: Bürokratisierung, fehlende Demokratie, Verletzung der Menschenrechte und Umweltverschmutzung wurden kritisiert.

Diese Oppositionsgruppen bildeten von Anfang an ein Objekt für die Stasi-Überwachung. Ein Dossier des Ministeriums für Staatssicherheit (MfS) sprach 1989 von 2500 Dissidenten, von denen 60 als „führend" bezeichnet wurden, wie zum Beispiel Bärbel Bohley, Vera Wollenberger, Ulrike und Gerd Poppe oder Friedrich Schorlemmer. Ziel der meisten Dissidenten war zunächst ein reformierter, demokratischer Sozialismus. Im Herbst 1989 traten diese Bürgerrechtsgruppen („Neues Forum", „Demokratie Jetzt", „Demokratischer Aufbruch") an die Öffentlichkeit.

In der Wende traf der Einsatz der Bürgerrechtler für eine freiheitliche Ordnung auf den fortschreitenden Zerfall einer hochgerüsteten Staatsmacht. Nicht zuletzt daraus entwickelte sich die Dynamik einer friedlichen Revolution im Herbst 1989 als Glied in der Kette der mittelosteuropäischen Revolutionen.

Es bewahrheitete sich der prophetische Satz des einstigen Bundespräsidenten Richard von Weizsäcker: „Die deutsche Frage ist solange offen, wie das Brandenburger Tor geschlossen ist."

M 1 **Bei einer SED-„Kampfdemonstration"**
anlässlich des 69. Jahrestages der Ermordung von Rosa Luxemburg und Karl Liebknecht am 17. Januar 1988 reihten sich Bürgerrechtler ein. Sie trugen dabei Transparente mit einem Zitat von Rosa Luxemburg. 120 Personen wurden anschließend von der Staatssicherheit verhaftet, einige Dissidenten ausgebürgert und in die Bundesrepublik abgeschoben, wie zum Beispiel Freya Klier und Stephan Krawcyzk, Karikatur von 1988.

Friedliche Revolution

Die mangelnde Übereinstimmung zwischen ideologischem Anspruch und gesellschaftlicher Wirklichkeit haben letztlich den Zusammenbruch des SED-Regimes in der DDR bewirkt. Die geringe Leistungsfähigkeit des sozialistischen Wirtschaftssystems, die unzureichende Versorgung mit Konsumgütern, die Umweltzerstörung, die politische Bevormundung und die fehlende Reisefreiheit hatten zu einer anhaltenden Unzufriedenheit der Bevölkerung geführt. Dies konnte nur unzureichend geäußert werden, weil Kritiker leicht als Staatsfeinde verdächtigt wurden. Die SED verwirklichte ihren Führungsanspruch mithilfe der gelenkten Medien, der Massenorganisationen, des Bildungssystems und nötigenfalls durch polizeistaatliche Unterdrückungsmaßnahmen. Die starre Haltung der Partei geriet zunehmend in Widerspruch zu den Bemühungen um politische und wirtschaftliche Reformen in der Sowjetunion, in Ungarn und Polen. Der Ostblock im Sinne einer geschlossenen Kampfgemeinschaft kommunistischer Staaten zur Abwehr westlich-kapitalistischer Einflüsse zerfiel zusehends, nachdem sich die Sowjetunion als ehemalige Führungsmacht unter Michail Gorbatschow an die Spitze der Reformbewegung gesetzt hatte. Ihren früheren Lehrsatz „Von der Sowjetunion lernen, heißt siegen lernen" befolgte die Partei jedoch nicht. Die Bevölkerung der DDR musste befürchten, Opfer einer gescheiterten Form des Sozialismus zu sein. Die völlige Verkennung der

M 2 Honecker-Zitat vom August 1989

413

anstehenden Probleme durch die SED-Führung wird an einer Äußerung des damaligen Politbüromitglieds Kurt Hager deutlich. Er beschied eine Frage nach der Notwendigkeit von Reformen in der DDR so: „Würden Sie … wenn Ihr Nachbar seine Wohnung neu tapeziert, sich verpflichtet fühlen, Ihre Wohnung ebenfalls neu zu tapezieren?" Reformbewegungen auf den unteren Ebenen der Parteihierarchie scheiterten an den undemokratischen Macht- und Entscheidungsstrukturen innerhalb der SED. Die Hoffnungen vieler DDR-Bewohner, die sich besonders mit der Person des sowjetischen Staats- und Parteichefs Michael Gorbatschow und dessen Reformpolitik verbanden, wurden so von der autoritären Staatspartei in der DDR unter Honecker enttäuscht.

Unter Berufung auf die Schlussakte der Konferenz für Sicherheit und Zusammenarbeit in Europa (KSZE) forderten auch in der DDR immer mehr Bürger die ihnen bisher vorenthaltenen Freiheitsrechte. Die außerhalb der SED und der Blockparteien entstandenen Bürgerrechts-, Friedens- und Umweltgruppen fanden Freiräume unter dem Dach der evangelischen Kirche. Diese Bewegungen haben in der ersten Phase der Revolution maßgeblich dazu beigetragen, dass sich der Bürgerprotest organisieren konnte.

Fluchtbewegung

Vor allem jüngere Menschen sahen angesichts solcher Praktiken der Mächtigen keine Aussichten auf positive Veränderungen in der DDR. Sie flüchteten unmittelbar vor den Feierlichkeiten zum 40-jährigen Bestehen der DDR ab August 1989 über Ungarn, CSSR und Polen in die Bundesrepublik Deutschland. Viele von ihnen waren in die bundesdeutschen Botschaften in Prag und Warschau geflüchtet. Dass sie von dort nach langem diplomatischen Tauziehen ausreisen durften, legte die deutliche Isolierung der DDR-Regierung unter den sozialistischen Staaten Mittelosteuropas offen. Die Massenauswanderung verschärfte den chronischen Arbeitskräftemangel und stellte das Funktionieren wichtiger gesellschaftlicher Einrichtungen infrage. Die Berichterstattung über diese Vorgänge ermutigte viele DDR-Bürger zu einer offenen Ablehnung des SED-Staates. Sie löste eine gewaltige Welle des Protestes bei den Zurückgebliebenen aus, denen die legale Ausreise verwehrt war. Hunderttausende von ihnen hatten Ausreiseanträge gestellt und ablehnende Bescheide erhalten.

Massendemonstrationen

Die Äußerung von Partei- und Staatschef Gorbatschow anlässlich seines DDR-Besuches, „Wer zu spät kommt, den bestraft das Leben", machte deutlich, dass die DDR-Führung von dieser Seite keine militärische Unterstützung gegen das eigene Volk erwarten konnte. Sie war damit einer folgenschweren Fehleinschätzung der sowjetischen Außenpolitik erlegen. Dennoch versuchte das Regime durch Einsatz der Sicherheitskräfte, Festnahmen und Bestrafungen, dem ab Anfang August 1989 aufkommenden Massenprotest die Spitze zu nehmen. Vor einem letzten Versuch, mithilfe von Polizei, Betriebskampfgruppen und Truppen der Nationalen Volksarmee (NVA) am 9. Oktober eine Demonstration in Leipzig zu verhindern und der Demokratiebewegung den Todesstoß zu versetzen, schreckten die Machthaber dann doch zurück. Jetzt gehörte die Straße den demonstrierenden Volksmassen, die friedlich und gewaltlos in unzähligen Demonstrationszügen zu zehn- und hunderttausenden ihre immer weitergehenden Forderungen erhoben. Richtung und Tempo der politischen Entwicklung wurden in der DDR

M 3 Karikatur aus der Frankfurter Rundschau von 1990

über Monate von den Menschen auf der Straße bestimmt. Sie erzwangen letztlich den Rücktritt der Partei- und Staatsführung. Die Aussage „Wir sind das Volk." machte das Selbstverständnis dieser Menschen deutlich, die von nun an die führende Rolle selbst beanspruchten. Die Versuche der SED, sich nach personellen und programmatischen Korrekturen an die Spitze der Reformbewegung zu setzen, scheiterten, weil kaum noch jemand an eine wirkliche Erneuerung der Partei glaubte. Dies zeigte sich auch in der Konstituierung des „Runden Tisches". In Polen zuerst praktiziert, stellte der Runde Tisch ein nach der Verfassung nicht vorgesehenes politisches Gremium dar. Seine Gründung war eine Folge des Vertrauensverlustes der regierenden SED und der mit ihr verbündeten Blockparteien. Oppositionelle Gruppierungen hatten sich gebildet, die ihre Reformvorstellungen in den politischen Entscheidungsprozess einbringen wollten. Diesem Zweck diente vorübergehend der Runde Tisch, der mit Vertretern der Regierung und der Opposition besetzt war. Auf allen Ebenen des Staates eingerichtet, sollte er insbesondere die von der SED beherrschten Volksvertretungen kontrollieren. Weitere Ziele waren die Auflösung des Staatssicherheitsdienstes sowie die Einführung rechtsstaatlicher Regeln im gesellschaftlichen Zusammenleben. Dies bedeutete das Ende des Machtmonopols der Staatspartei.

Angesichts der jahrzehntelangen scheinbaren Stabilität des SED-Regimes ist dessen überraschend schneller Zusammenbruch bemerkenswert. Es zeigte sich, dass das Regime, abweichend von den Wahlergebnissen, nur über relativ wenige überzeugte Anhänger verfügte. Es verdankte seine Existenz der besonderen geschichtlichen Situation Nachkriegsdeutschlands und seiner Funktion als Vorposten des Sozialismus unter sowjetischer Vorherrschaft in Mittelosteuropa. Das Ende der Ost-West-Konfrontation ermöglichte somit die deutsche Einheit.

Auf dem Weg zur Einheit

Nach dem Ende der SED-Alleinherrschaft strebten vor allem Intellektuelle und Mitglieder von Bürgerrechtsgruppen für die DDR eine Reform des Sozialismus an. Sie suchten nach einem dritten Weg zwischen dem gescheiterten „realen Sozialismus" der SED und der westlichen Konsumgesellschaft. Dieses Vorhaben setzte Eigenstaatlichkeit voraus, wie sie Ministerpräsident Modrow (SED/PDS) seinem Vorschlag einer Vertragsgemeinschaft zwischen beiden deutschen Staaten zugrunde legte. Zu dieser Zeit schien dieses Vorgehen auch von der DDR-Bevölkerung mehrheitlich gewünscht zu sein. Man befürchtete den Verlust bestimmter sozialer Errungenschaften beziehungsweise den Verlust einer gewissen erst entstehenden DDR-Identität. Hinzu kamen Ängste vor Problemen, die man in der DDR bisher offiziell nicht kannte, wie Kriminalität, Drogenabhängigkeit oder Ausländerzuwanderung.

Der Wunsch nach Beibehaltung der Zweistaatlichkeit fand auch in der Bundesrepublik Deutschland begrenzte Unterstützung. Dies geschah mit der Begründung, eine sozialistische Alternative zu Westdeutschland könne sich positiv auf das gesellschaftliche Leben im Westen auswirken. Ein weiteres Argument in der Debatte war die politische, wirtschaftliche und militärische Stärke eines vereinten Deutschland, das zu einer Bedrohung für die Nachbarn werden könnte.

Einheit als Ziel

M 4 **Demokratie, jetzt oder nie!**
Ein Meer von Plakaten begleitet
die Demonstranten in Leipzig im
Herbst 1989.

Wirtschafts-, Währungs- und Sozialunion

Verfassungsrechtliche Grundlagen

Je mehr aber das breite Volk die Politik über Massendemonstrationen mitbestimmte, desto stärker rückte das Thema der staatlichen Einheit Deutschlands in den Mittelpunkt. Bereits im November 1989 zeigte sich dies bei Demonstrationen. Aus dem Slogan: „Wir sind das Volk." wurde zunehmend „Wir sind ein Volk." Die DDR-Bürger verdeutlichten damit neben ihrem Freiheitswillen und aufgestauten materiellen Bedürfnissen auch die nationale Komponente der Revolution. Hunderttausende hatten die Öffnung der Grenze zu Besuchen in der Bundesrepublik Deutschland genutzt. Viele von ihnen sahen in Westdeutschland das positive Gegenbild zur erlebten Wirklichkeit in der DDR. Unter diesen Bedingungen wollten sie leben und zwar möglichst bald.

Früher als andere Politiker erkannte Bundeskanzler Kohl die Chancen für die Überwindung der Zweistaatlichkeit. Zielstrebig nutzte er die sich plötzlich eröffnenden politischen Spielräume. Er legte ein Zehn-Punkte-Programm vor, in dem er über eine Vertragsgemeinschaft hinaus zuerst lockere konföderative, dann engere bundesstaatliche Formen der Zusammengehörigkeit in Aussicht stellte. Die Mehrheit der Menschen in der DDR wollte nicht das Risiko weiterer sozialistischer Experimente eingehen, sondern wünschte einen möglichst kurzen Weg zu besseren Lebensbedingungen. Wachsende wirtschaftliche Schwierigkeiten und die fehlende demokratische Legitimation von Volkskammer und Regierung führten zu einer Vorverlegung des Termins für die ersten freien Volkskammerwahlen auf den 18. März 1990. Bei diesen Wahlen hatten die politischen Parteien Erfolg, die sich für eine rasche Verwirklichung der deutschen Einheit ausgesprochen hatten. Von ihnen erwarteten die Wähler auch die schnelle Einführung der Deutschen Mark, wovon sie sich eine rasche Angleichung des Wohlstandes erhofften. Die breite Mehrheit der DDR-Bevölkerung wollte die Einheit.

Zur zügigen Überwindung der Unterschiede in den Lebensverhältnissen wurde zwischen beiden deutschen Staaten eine Wirtschafts-, Währungs- und Sozialunion vereinbart, die am 1. Juli 1990 in Kraft trat. Der Vertrag regelte unter anderem die Einführung der DM und der Sozialen Marktwirtschaft in der DDR, außerdem die Übernahme des Wirtschafts-, Sozial- und Steuerrechts sowie der Einrichtungen der Sozialen Sicherung. Kontrovers diskutiert wurde der Umtauschsatz der beiden Währungen. Kritiker hielten auch den Zeitpunkt der Währungsumstellung angesichts der Anpassungsprobleme der DDR-Wirtschaft für verfrüht. Die Wirtschafts-, Währungs- und Sozialunion stellte eine entscheidende Weichenstellung für die Herstellung der deutschen Einheit dar.

Nach der Volkskammerwahl am 18. März 1990 spitzte sich die öffentliche Diskussion über den richtigen Weg der Einheit zu. Sollte die DDR nach Artikel 23 des Grundgesetzes der Bundesrepublik Deutschland beitreten und dabei das Grundgesetz übernehmen, wie die Bundesregierung es wollte? Oder war der Vorschlag der Opposition angemessener, auf der Grundlage des Grundgesetzes eine ganz neue Verfassung für den gemeinsamen Staat zu entwerfen und dem ganzen Volk zur Entscheidung vorzulegen? Auch diesen zweiten Weg sah das Grundgesetz (Artikel 146) als Möglichkeit vor. Für die erste Lösung sprach die Eile, mit der die Einheit vollzogen werden sollte. Auch hatte sich das Grundgesetz in vier Jahrzehnten Geltungsdauer zweifellos bewährt. Die

DDR-Bewohner wünschten ja den Beitritt zu genau dieser Ordnung. Die Befürworter einer neuen Verfassung wollten aus ihrer Sicht wünschenswerte Ergänzungen des Grundgesetzes vornehmen und den Eindruck eines glanzlosen Anschlusses der DDR an die Bundesrepublik Deutschland vermeiden. Der Konflikt wurde im Einigungsvertrag in der Weise beigelegt, dass der Beitritt nach Artikel 23 erfolgte. Bundestag und Bundesrat des vergrößerten Deutschland mussten innerhalb von zwei Jahren über weitergehende Verfassungsänderungen entscheiden.

Der Einigungsvertrag

Im Jahre 1952 waren die historisch gewachsenen Länder in der DDR aufgelöst und durch 14 Bezirke ersetzt worden. Diese Entscheidung wurde nun von der Volkskammer revidiert. Die Bildung von fünf Bundesländern war nicht nur eine formale Rechtsangleichung an den föderalen Aufbau der Bundesrepublik Deutschland. Die Rückbesinnung auf die früheren Länder, das Zeigen ihrer Symbole (Flaggen) im Herbst 1989 war Ausdruck des Protestes gegen den von der SED praktizierten Zentralismus. Nach dem Untergang der DDR bilden die Länder eine neue Basis für Heimatgefühl und Identitätsstiftung. Der Einigungsvertrag vom September 1990 regelt den Beitritt der neuen Bundesländer und das In-Kraft-Treten des Grundgesetzes in der ehemaligen DDR. Er fasst die Präambel des Grundgesetzes neu, entscheidet die Hauptstadtfrage und legt weitere Verfassungsänderungen aufgrund des Beitritts fest.

M 5 **Einheitsfeier vor dem Reichstag (am 3. Oktober 1990)**

Gesamtdeutsche Wahlen

Im Vorfeld der ersten gemeinsamen Bundestagswahl kam es zu politischem Streit wegen des Wahltermins und wegen des vereinbarten Wahlrechts. Der von den beiden Parlamenten beschlossene Wahlvertrag, der ein einheitliches Wahlgebiet mit Sperrklausel (5 Prozent) vorsah, wurde vom Bundesverfassungsgericht für verfassungswidrig erklärt, weil es die Wahl- und Chancengleichheit der kleineren Parteien nicht als gegeben ansah. Gewählt wurde letzt-

Während einer Wahlkampf-veranstaltung mit Bundeskanzler Helmut Kohl im März 1990 in Leipzig

lich in zwei getrennten Wahlgebieten, die den bisherigen Staatsgebieten entsprachen. Somit bekamen auch solche Parteien Mandate im Bundestag, die nur in einem Wahlgebiet die Mindeststimmenzahl erreicht hatten. Im Großen und Ganzen wurde das westdeutsche Parteiensystem auf die DDR übertragen. Ergänzt wurde es durch die PDS, die aus der SED hervorgegangen ist. Hatten die West-Parteien bereits bei den Volkskammerwahlen und Kommunalwahlen ihnen nahe stehenden Parteien und Gruppierungen unterstützt, so zeigte sich ihre Einflussnahme deutlich im Vorfeld der Landtagswahlen und der ersten gesamtdeutschen Wahl. SPD, CDU und Liberale hatten inzwischen ihre Parteiorganisationen von West und Ost vereint. Die jeweiligen Parteigliederungen im Gebiet der DDR erfuhren massive personelle und materielle Unterstützung. Die Bundestagswahl am 2. Dezember 1990 bildete den vorläufigen Abschluss des deutschen Einigungsprozesses.

Die äußeren Aspekte der deutschen Einheit

Die Deutsche Frage

Die Teilung Deutschlands und die Abtretung der Gebiete östlich von Oder und Neiße waren eine Folge der nationalsozialistischen Herrschaft in Deutschland. Der von Hitler-Deutschland begonnene und verlorene Krieg mündete in der Kontrolle Deutschlands durch die vier Siegermächte. Das Zerbrechen der Anti-Hitler-Koalition im Zuge des Kalten Krieges (ab 1946/47) bedingte fast zwangsläufig die Teilung Deutschlands. Die Zweistaatlichkeit Deutschlands war also von Anfang an mit dem Ost-West-Konflikt verzahnt. Aus deutscher Perspektive beinhaltete die „Deutsche Frage" die Überwindung der Teilung beziehungsweise die Herstellung der Einheit.

Entspannung in Europa

Da die Teilung Deutschlands ein Ergebnis des Ost-West-Konflikts beziehungsweise eine Folge der europäischen Zentrallage Deutschlands war, setzte die Überwindung der Teilung folglich eine Änderung der politischen Gesamtsituation in Europa voraus. Bis Mitte der achtziger Jahre bildete die Konkurrenz der Systeme von Ost und West die Achse der gängigen Wahrnehmung: Kapitalismus contra Sozialismus, parlamentarische Demokratie contra Parteidiktatur, Marktwirtschaft contra Planwirtschaft.

Die starre Blockbildung begann sich aber – unter dem Einfluss der Reformpolitik des sowjetischen Präsidenten Gorbatschow – erst zu lockern, dann aufzulösen. Die Politik der Perestroika („Umbau") bereitete den Boden für den Abbau von Spannungen beziehungsweise für das Ende der militärischen Konfrontation. Gorbatschows Vision von einem „gemeinsamen Haus Europa" setzte den Rahmen, in dem die Überwindung der deutschen Zweistaatlichkeit überhaupt erst möglich wurde.

Die neue sowjetische Politik gab den Reformkräften in allen kommunistischen Ländern Auftrieb. Die Anwendung des Grundsatzes vom „Selbstbestimmungsrecht der Völker" erlaubte die Emanzipation der ehemaligen Satellitenstaaten von der UdSSR. Diese verzichtete auf den Einsatz ihrer militärischen Macht, zu der sie in der Nachkriegszeit bereits mehrmals gegriffen hatte. Dadurch wurde auch für die Opposition in der DDR der Weg frei, die SED-Herrschaft erst einzuschränken und dann zu beseitigen.

Widerstand im Osten und Westen

Wenn sich aus deutscher Sicht mit der „Deutschen Frage" die Überwindung der Teilung verband, so stand für das Ausland die Friedensverträglichkeit Deutschlands im Vordergrund. Folglich mussten im Zuge des Vereinigungsprozesses vielfach Ängste hervortreten, die zuvor gerade durch die Teilung abgebaut worden waren: Ängste vor einer neuen deutschen Großmacht im Allgemeinen beziehungsweise vor einer wirtschaftlichen Übermacht Deutschlands in Europa im Besonderen. Dass die Widerstände überwunden werden konnten, hatte unter anderem folgende Ursachen:

- Die Bundesrepublik Deutschland hatte sich 40 Jahre als stabile Demokratie bewährt.
- Das vereinigte Deutschland blieb wirtschaftlich (in der EU) und militärisch (in der NATO) in den Westen integriert.
- Die verbindliche und endgültige Anerkennung der Oder-Neiße-Grenze als polnische Westgrenze setzte einen Schlussstrich unter die territoriale Neuordnung, die als Folge des Zweiten Weltkrieges geschaffen worden war.
- Insbesondere bei den osteuropäischen Reformländern verband sich mit der deutschen Einheit die Hoffnung, dass man von Deutschland kapitalkräftige Hilfe für die Modernisierung der Wirtschaft erhalten werde.

M 7 Befürchtungen im Ausland anlässlich der Wiedervereinigung
Dämonenwechsel in Europa: Der eine ist tot, ersteht jetzt der andere wieder auf?, britische Karikatur.

Der „Zwei-plus-Vier-Prozess"

Der Deutschlandvertrag von 1952/54, den die drei Westmächte mit der Bundesrepublik Deutschland abgeschlossen hatten, regelte die alliierten Vorbehaltsrechte. Danach blieben – trotz der Souveränität der Bundesrepublik Deutschland – die Alliierten zuständig für alle Fragen, die Deutschland als Ganzes betrafen. Berlin behielt seinen besonderen Viermächte-Status. Das Truppenstatut regelte den Aufenthalt alliierter Militärverbände auf westdeutschem Territorium. Aus den alliierten Vorbehaltsrechten ergab sich, dass die deutsche Einheit nicht gegen den Willen der vier Siegermächte des Zweiten Weltkrieges herzustellen war.

Die „Zwei-plus-Vier-Konferenzen" (zwei deutsche Staaten plus die vier Siegermächte) hatten das Ziel, den Weg zur deutschen Einheit einvernehmlich zu ebnen. Am Schluss einer Serie von Treffen der sechs Außenminister stand der „Vertrag über die abschließende Regelung in Bezug auf Deutschland". Er wurde am 12. September 1990 in Moskau unterzeichnet und stellt die historische Geburtsurkunde des vereinigten Deutschlands dar. In einem Brief an die vier Siegermächte versicherten die beiden deutschen Regierungen,

- die Enteignungen in der sowjetisch besetzten Zone während der Besatzungszeit (1945–1949) nicht rückgängig zu machen,
- die Denkmäler für die Opfer des Krieges und der nationalsozialistischen Gewaltherrschaft zu schützen,
- Parteien mit nationalsozialistischer Zielsetzung auch in Zukunft zu verbieten.

Dieser Brief wurde auf ausdrücklichen sowjetischen Wunsch hin verfasst. Er ist ein offizielles Dokument, das den Vertrag ergänzt. Daneben stellte die Anerkennung der Oder-Neiße-Grenze eine weitere Bedingung für die Inkraftsetzung des Vertrages dar. In einem separaten Vertrag zwischen Deutschland und Polen vom 14. November 1990 wurde die „uneingeschränkte Achtung" der „territorialen Integrität" Polens bestätigt.

Mit dem zweiten Deutschland-Vertrag erhielt das nunmehr geeinte Deutschland seine volle Souveränität. Nach allgemeiner Überzeugung ging damit die Nachkriegszeit in Europa zu Ende. Es war gelungen, den Einheitswunsch der Deutschen mit den Interessen der Siegermächte in Einklang zu bringen. Helmut Kohl als Bundeskanzler und Hans-Dietrich Genscher als Außenminister hatten daran entscheidenden Anteil gehabt. Sie hatten es geschafft, den komplizierten diplomatischen Prozess der Zwei-plus-Vier-Gespräche ungewöhnlich zügig zu Ende zu bringen. Die vertrauensvolle Zusammenarbeit mit den führenden Politikern der Siegermächte hatte dabei eine Rolle gespielt, insbesondere mit denjenigen der Sowjetunion. Der sowjetische Präsident Gorbatschow und sein Außenminister Schewardnadse hatten zweifellos die größten Zugeständnisse gemacht. Sie entließen nicht nur die DDR aus dem sowjetischen Machtbereich, sondern ließen es auch zu, dass das vereinigte Deutschland der NATO angehört.

Chronologie

6./7. Oktober 1989	Feiern zum 40. Jahrestag der DDR-Gründung; gewaltsame Auflösung von Demonstrationen in mehreren Städten der DDR
18. Oktober, 1989	Rücktritt von Erich Honecker als DDR-Staatsratsvorsitzender und SED-Parteichef; Egon Krenz Nachfolger als Generalsekretär der SED
9. November 1989	Öffnung der Mauer in Berlin
18. März 1990	Erste freie Wahl zur Volkskammer der DDR
1. Juli 1990	In-Kraft-Treten des Staatsvertrages über die Wirtschafts-, Währungs- und Sozialunion.
23. August 1990	Volkskammer beschließt den Beitritt der DDR zum Geltungsbereich des Grundgesetzes nach Art. 23.
12. September 1990	„Vertrag über die abschließende Regelung in Bezug auf Deutschland"
3. Oktober 1990	Beitritt der DDR zur Bundesrepublik Deutschland; Tag der Deutschen Einheit
14. November 1990	Unterzeichnung des Grenzvertrages zwischen Deutschland und Polen
2. Dezember 1990	Erste gesamtdeutsche Wahl zum Deutschen Bundestag

1945: „Bruder!"

1955: „Mein lieber Vetter"

1965: „Achja, – wir haben ja einen entfernten Verwandten im Ausland"

1992

M 8 Die Deutsche Frage im Spiegel der Karikatur

M 9 „Die Karre steckte tief im Dreck"

Aus einem Brief von Egon Krenz (zeitweiliger Nachfolger von Erich Honecker im Amt des DDR-Staats- und Parteichefs) von 1991:

Lieber Erich Honecker!
[…] Ich bin jetzt überzeugt, dass wir als politische Führung das wahre Ausmaß der tiefen Krise, in der unsere Gesellschaft seit Jahren lebte, nicht erkannten. Mir ist
5 heute bewusst, dass sie alle Seiten des Lebens betraf: die Politik, die Ökonomie, die Moral, die Wissenschaft, die Kultur. Die Glaubhaftigkeit der Werte, Ideale und Ziele des Sozialismus standen seit langem – auch wenn wir dies nicht in dieser Schärfe sahen – infrage.
10 Viele redeten anders, als sie dachten, und sie dachten anders, als sie handelten. Nicht wenige – darunter viele Parteimitglieder – lebten in Gewissenskonflikten zwischen dem, was sie erkannten, und dem, was sie tatsächlich beeinflussen konnten. Rat-
15 losigkeit und Resignation griffen um sich, begannen die ideologische Situation zu beeinflussen. Die Verletzung des Leistungsprinzips verhinderte, dass sich gute Arbeit wirklich lohnte. Für die Sozialpoli-

tik fehlte uns die notwendige Produktivität. Damit begann der Anfang vom Ende der DDR. […] 20
Die volkswirtschaftlichen Notwendigkeiten wurden Wunschvorstellungen untergeordnet. Es kam immer mehr zu fehlerhaften administrativen statt zu ökonomisch durchdachten Entscheidungen. Zwischen dem, was unser Politbüro als Festtags- 25 stimmung am 1. Mai, beim Pfingsttreffen der FDJ, beim Pädagogischen Kongress deutete, sowie dem Alltag der Menschen gab es eine tiefe Kluft, die von uns im Politbüro leider verdrängt wurde. Wir neigten dazu, die Wirklichkeit von Tribünen und Präsi- 30 diumstischen aus einzuschätzen. So haben wir uns sehr vielen Täuschungen hingegeben. […]
Ich bin davon überzeugt, dass die Hauptschuld für die Ursachen des Untergangs der DDR – soweit sie die innere Lage betreffen – beim Politbüro lag, dem 35 ich angehörte und das du geleitet hast. Unsere Politik schwankte in den letzten Jahren zwischen „Nichtzurkenntnisnahme der Realitäten" und „politischer Verdrängung". Wir setzten die führende Rolle der SED gleich mit der falschen Auffassung, dass nur die 40 Parteiführung – und dort wieder einige dominie-

rende Genossen – im Besitz der Wahrheit über die
gesellschaftliche Entwicklung waren. Anders kann
ich mir nicht erklären, dass es in den letzten Jahren
45 kaum öffentliche Diskussionen über den Inhalt
unserer Politik gab. […]

Die Massenpsychose, die DDR zu verlassen, ist zwar
auch mit Ungarn erklärbar, aber die volle Wahrheit
ist doch, dass dahinter eine sehr starke Perspektiv-
50 und Hoffnungslosigkeit vieler DDR-Bürger stand.
Wir haben uns von einem falschen, einem ideali-
sierten Menschenbild leiten lassen.

Wir sind unter anderem gescheitert, weil wir nicht
wirklich im Volk gelebt haben, weil wir uns eine
55 Scheinwelt aufbauten. Die Informationen, die wir
erhielten, waren geschönt, die Meinungsforschung
wurde von uns gering geschätzt und das Mei-
nungsforschungs-Institut sogar aufgelöst. Bei unseren, vor allem bei deinen Reisen ins Land war jeder
60 Schritt vorbereitet. Solide Analysen über Denken
und Fühlen des Volkes haben dem Politbüro selten
vorgelegen. Wir hatten die falsche Vorstellung,
eine moderne Gesellschaft ließe sich nach dem Willen des Politbüros gestalten. […]

Aus: Der Spiegel, Nr. 6/1991.

M10 Die DDR in der deutschen Geschichte

*Die ostdeutschen Historiker Armin Mitter und Ste-
fan Wolle ziehen eine Bilanz:*

Wie weit trägt der Vergleich zwischen den beiden
deutschen Diktaturen, der nationalsozialistischen
von 1933 bis 1945 und der realsozialistischen von
1945 bis 1989? Schon die formalen Unterschiede
5 sind riesengroß. Zwölf Jahre stehen auf der einen
Seite, vierundvierzig Jahre auf der anderen Seite.
Hinzu kommt ein weiterer unübersehbarer Unterschied. Das Deutsche Reich war eine politische und
militärische Großmacht, die DDR dagegen wurde
10 auch von jenen, die ihr kritisch gegenüberstanden,
häufig „das Ländchen" genannt. Hitlerdeutschland
überfiel seit 1938 der Reihe nach sämtliche Nachbarn außer der Schweiz. Bei der einzigen nach
außen gerichteten Militäraktion [Bezug auf die Nie-
15 derschlagung des „Prager Frühlings", 1968], an der
die DDR beteiligt war, beschränkte sich die NVA auf
die Sicherung des Hinterlandes und logistische Aufgaben. Ulbricht und Honecker hingen im Wesentlichen an der sowjetischen Leine, Hitler war selbst-
20 ständig in seinen Entscheidungen. Aus alledem
ergibt sich ein extrem unterschiedliches Gewicht
der Schwere der Verbrechen. Vor allem ist das NS-
System im Krieg untergegangen und der SED-Staat
im tiefsten Frieden in sich zusammengebrochen.

Der NS-Staat war wirtschaftlich und politisch gänz- 25
lich anders strukturiert als die DDR. Auch das Verhältnis zwischen Volk und Führung war grundlegend anders. Während sich Hitler auf die Zustimmung einer großen Mehrheit verlassen konnte,
wusste die SED-Führung zu jedem Zeitpunkt, dass 30
eine potenzielle Mehrheit des Volkes gegen sie
stand. Daraus ergaben sich weitere fundamentale
Unterschiede. Die Gestapo verfügte bei weitem
über kein mit dem MfS [Ministerium für Staats-
sicherheit] vergleichbares Netz von Informanten 35
und Zuträgern. Die NSDAP war längst nicht in dem
Maße die führende Kraft im Staat, wie die SED. Die
Universitäten des Nazireiches waren nicht in dem
Maße politisch indoktriniert [stark beeinflusst] wie
die Hochschulen der DDR. Aus alledem ergibt sich 40
ein merkwürdig widersprüchliches Resultat. Die
DDR war wesentlich „totalitärer" als Hitler-
deutschland. […]

Die DDR war sowohl Antithese als auch Fortsetzung der Nazidiktatur. Antithese insofern, als die 45
Kommunisten als die schärfsten Gegner des deutschen Faschismus an die Macht kamen. Viele von
ihnen kamen aus der Emigration, der Illegalität
oder aus den Konzentrationslagern und Gefängnissen der Hitlerdiktatur. Von Anfang an bezog die 50
SED ihre Legitimation primär aus der Geschichte.
Das deutsche Volk war in seiner Mehrheit dem Rat-
tenfänger Adolf Hitler gefolgt. Dies zeigt in den
Augen der Kommunisten den fragwürdigen Charakter der „formalen Demokratie". Nicht numeri- 55
schen Mehrheiten dürfe das Schicksal in die Hände
gegeben werden, sondern der Avantgarde [Vor-
hut] der Arbeiterbewegung. Die Arbeiterklasse ist
gewissermaßen an sich fortschrittlich und die Partei ihr bewusster Vortrupp. Die kommunistische 60
Avantgarde hat das Recht und die Pflicht, die
Macht zu ergreifen. Im revolutionären Kampf auf
formale demokratische Mehrheiten zu schielen,
war in den Augen der Kommunisten eine typisch
sozialdemokratische Verfälschung der reinen Lehre 65
der Revolution. […]

Fortsetzung der Nazidiktatur war die DDR durch
die Perpetuierung [hier: Fortsetzung] deutschen
Untertanengeistes, geistiger Unselbstständigkeit,
stupider Propaganda, politischer Unfreiheit und 70
Brutalität. Die Generation, die unter Hitler groß
geworden war, rückte bald schon in wichtige Positionen ein und trat erst 1989 ab. […]

Bei jeder Entscheidung der SED-Führung saß ein
unsichtbarer Gast mit am Tisch. Die Existenz der 75
Bundesrepublik war zu jedem Zeitpunkt politisch
präsent. Je lauter die Eigenständigkeit der DDR-

Nation beschworen wurde, desto deutlicher wurde, dass ihre Existenz auf russischen Bajonetten und
80 nicht auf dem Willen des Volkes ruhte. Die Mauer war nicht nur das Symbol der Trennung der Deutschen, sondern auch ein ständig vorhandener Beweis ihrer Einheit. Die Tatsache, dass das SED-Regime auf Mauer und Todesstreifen nicht verzich-
85 ten konnte, führte ihre These von der nationalen Eigenständigkeit ad absurdum [ins Widersinnige].

A. Mitter, S. Wolle, Untergang auf Raten, München 1993, S. 544 ff.

M11 Wege zur Einheit nach dem Grundgesetz

Artikel 23 – Geltungsbereich des Grundgesetzes[1]: Dieses Grundgesetz gilt zunächst im Gebiet der Länder Baden, Bayern, Bremen, Groß-Berlin, Hamburg, Hessen, Niedersachsen, Nordrhein-Westfalen,
5 Rheinland-Pfalz, Schleswig-Holstein, Württemberg-Baden und Württemberg-Hohenzollern. In anderen Teilen Deutschlands ist es nach deren Beitritt in Kraft zu setzen.

> 1 aufgehoben durch den Einigungsvertrag mit Wirkung zum 3. Oktober 1990

Artikel 146 – Geltungsdauer des Grundgesetzes[2] Dieses Grundgesetz verliert seine Gültigkeit an dem Tage, an dem eine Verfassung in Kraft tritt, die von dem deutschen Volke in freier Entscheidung
5 beschlossen worden ist.

> 2 in der Fassung, wie der Artikel bis zum 3. Oktober 1990 gültig war

Zit. nach: Bundeszentrale für politische Bildung (Hg.), Grundgesetz, Bonn 1974, S. 30 und 31.

M12 Einigungsvertrag

Vertrag zwischen der Bundesrepublik Deutschland und der Deutschen Demokratischen Republik über die Herstellung der Einheit Deutschlands:

Kapitel 1: Wirkung des Beitritts:

Artikel 1 – Länder
(1) Mit dem Wirksamwerden des Beitritts der Deutschen Demokratischen Republik zur Bundesrepublik Deutschland gemäß Artikel 23 des Grundge-
5 setzes am 3. Oktober 1990 werden die Länder Brandenburg, Mecklenburg-Vorpommern, Sachsen, Sachsen-Anhalt und Thüringen Länder der Bundesrepublik Deutschland. Für die Bildung und die Grenzen dieser Länder untereinander sind die
10 Bestimmungen des Verfassungsgesetzes zur Bildung von Ländern in der Deutschen Demokratischen Republik vom 22. Juli 1990 [...] maßgebend.

(2) Die 23 Bezirke von Berlin bilder
Artikel 2 – Hauptstadt, Tag der D
(1) Hauptstadt Deutschlands ist
des Sitzes von Parlament und R
der Herstellung der Einheit De
den.
(2) Der 3. Oktober ist als Tag
gesetzlicher Feiertag.

Zit. nach: Presse und Informationsamt der Bundes... (Hg.), Die Vereinigung Deutschlands im Jahr 1990, Bonn 1991, S. 102.

M13 Vertrag über die abschließende Regelung in Bezug auf Deutschland (12. September 1990)

Dieser Vertrag schloss den „Zwei-plus-Vier-Prozess" ab und besitzt die Qualität einer internationalen Gründungsurkunde für das wiedervereinigte Deutschland:

Artikel 1
(1) Das vereinte Deutschland wird die Gebiete der Deutschen Demokratischen Republik, der Bundesrepublik Deutschland und ganz Berlins umfassen.
Seine Außengrenzen werden [...] am Tage des In- 5
Kraft-Tretens dieses Vertrages endgültig sein. Die Bestätigung des endgültigen Charakters der Grenzen des vereinten Deutschlands ist ein wesentlicher Bestandteil der Friedensordnung in Europa.
(2) Das vereinte Deutschland und die Republik Polen 10
bestätigen die zwischen ihnen bestehende Grenze in einem völkerrechtlich verbindlichen Vertrag.
(3) Das vereinte Deutschland hat keinerlei Gebietsansprüche gegen andere Staaten und wird solche auch nicht in Zukunft erheben. [...] 15
Artikel 2
Die Regierungen der Bundesrepublik Deutschland und der Deutschen Demokratischen Republik bekräftigen ihre Erklärungen, dass von deutschem Boden nur Frieden ausgehen wird. Nach der Ver- 20
fassung des vereinten Deutschlands sind Handlungen, die geeignet sind und in der Absicht vorgenommen werden, das friedliche Zusammenleben der Völker zu stören, insbesondere die Führung eines Angriffskrieges vorzubereiten, verfassungs- 25
widrig und strafbar. Die Regierungen der Bundesrepublik Deutschland und der Deutschen Demokratischen Republik erklären, dass das vereinte Deutschland keine seiner Waffen jemals einsetzen wird, es sei denn in Übereinstimmung mit seiner 30
Verfassung und der Charta der Vereinten Nationen.
Artikel 3
(1) Die Regierungen der Bundesrepublik Deutschland und der Deutschen Demokratischen Republik bekräftigen ihren Verzicht auf Herstellung und 35

sitz von und auf Verfügungsgewalt über atomare, biologische und chemische Waffen. […]

(2) Die Regierung der Bundesrepublik Deutschland
hat in vollem Einvernehmen mit der Regierung der
40 Deutschen Demokratischen Republik am 30. August
1990 in Wien bei den Verhandlungen über konventionelle Streitkräfte in Europa folgende Erklärung
abgegeben:

„Die Regierung der Bundesrepublik Deutschland
45 verpflichtet sich, die Streitkräfte des vereinten
Deutschlands innerhalb von drei bis vier Jahren auf
eine Personalstärke von 370 000 Mann (Land-, Luft-
und Seestreitkräfte) zu reduzieren. […]
Artikel 4

50 (1) Die Regierungen der Bundesrepublik Deutschland, der Deutschen Demokratischen Republik und
der Union der Sozialistischen Sowjetrepubliken erklären, dass das vereinte Deutschland und die Union der Sozialistischen Sowjetrepubliken in vertrag-
55 licher Form die Bedingungen und die Dauer des

Aufenthalts der sowjetischen Streitkräfte auf dem
Gebiet der heutigen Deutschen Demokratischen
Republik und Berlins sowie die Abwicklung des
Abzugs dieser Streitkräfte regeln werden, der bis
zum Ende des Jahres 1994 vollzogen sein wird. […] 60
Artikel 6
Das Recht des vereinten Deutschlands, Bündnissen
mit allen sich daraus ergebenden Rechten und
Pflichten anzugehören, wird von diesem Vertrag
nicht berührt. 65
Artikel 7
(1) Die Französische Republik, die Union der Sozia-
listischen Sowjetrepubliken, das Vereinigte König-
reich von Großbritannien und Nordirland und die
Vereinigten Staaten von Amerika beenden hiermit 70
ihre Rechte und Verantwortlichkeiten in Bezug auf
Berlin und Deutschland als Ganzes. […]

Zit. nach: Presse- und Informationsamt der Bundesregierung
(Hg.), Vertrag über die abschließende Regelung in Bezug auf
Deutschland, Bonn 1990, S. 40 ff.

M14 „Es ist
Wiedervereinigung…"
Der französische Präsident
François Mitterand öffnet die Tür.
Die britische Premierministerin
Margaret Thatcher auf der Couch,
im Hintergrund der amerikanische
Uncle Sam, Karikatur von 1990.

Aufgaben

1. Rekapitulieren Sie die einzelnen Schritte bei der
   Herstellung der deutschen Einheit.
   → Text

2. Erläutern Sie die Ursachen für das Scheitern der
   DDR.
   → Text, M1, M2, M3, M4, M9, M10

3. Fassen Sie die Merkmale der SED-Herrschaft
   zusammen, die Egon Krenz für den Machtverlust der Partei verantwortlich machte.
   → M9

4. Erläutern Sie die Wege, die das Grundgesetz zur
   Vollendung der deutschen Einheit wies. Begrün-
   den Sie das gewählte Verfahren.
   → Text, M11, M12

5. Welche Befürchtungen, aber auch Hoffnungen
   werden von französischer, polnischer und
   sowjetischer Seite in Bezug auf ein vereinigtes
   Deutschland geäußert?
   → Text, M7, M14

6. Skizzieren Sie die Bedingungen, die der „Vertrag über die abschließende Regelung in Bezug
   auf Deutschland" im Einzelnen festschreibt.
   → Text, M13

7. Wie beurteilen Sie das Verhältnis von Ost- und
   Westdeutschen zueinander?
   → M8

8. Diskutieren Sie die Frage: Was ist Deutschland?
   → M5, M13

Fragen an die Geschichte

Was waren die tieferen Ursachen für den Zusammenbruch der DDR?

Die Tatsache, dass ein Staat verschwindet, ist ein außerordentlicher Vorgang. Die Revolution der DDR-Bürger 1989/90 stellte bei distanzierter Betrachtung den Schlusspunkt einer längerfristigen Entwicklung dar. Der Niedergang der DDR kann auch als Beispiel dafür dienen, wie über einen längeren Zeitraum die politischen und materiellen Grundlagen eines Staates zerstört wurden.

Beziehung zur Sowjetunion

Der DDR-Staat war eine Gründung der Sowjetunion. Am 17. Juni 1953 retteten alleine die Truppen der UdSSR das Regime. Auch ökonomisch blieb die DDR von der UdSSR abhängig: als Empfänger billiger Rohstoffe, vor allem Erdöl, und als Lieferant von Fertigwaren, die auf dem Weltmarkt nicht konkurrenzfähig waren. Doch politisch und wirtschaftlich traten im beiderseitigen Verhältnis in den achtziger Jahren massive Spannungen auf:

- Steigende Preise für das sowjetische Erdöl bei gleichzeitig verringerten Liefermengen führten zu Zahlungsschwierigkeiten. Die neue sowjetische Führung unter Gorbatschow (ab 1985) war zu keinen finanziellen Hilfen mehr bereit.
- Gorbatschows Politik der „Perestroika" (wörtlich: Umbau) stieß bei der SED-Führung auf Widerstand. Entscheidend wurde Gorbatschows Abschied von der so genannten Breschnew-Doktrin. Diese Doktrin von der „beschränkten Souveränität sozialistischer Staaten" war 1968 im Zusammenhang mit der Niederschlagung des „Prager Frühlings" in der Tschechoslowakei formuliert worden. Sie hatte dazu gedient, die Intervention der Warschauer Pakt-Staaten zu rechtfertigen. Indem der sowjetische Parteiführer sich von diesem außenpolitischen Grundsatz verabschiedete, signalisierte er, dass die Truppen der Roten Armee nicht eingreifen würden, falls die DDR-Führung in innenpolitische Schwierigkeiten geraten würde.

Die 50er und 60er-Jahre waren durch eine massive politische Unterdrückung der Bevölkerungsmehrheit geprägt. Angesichts der ständigen Fluchtbewegung ließ sich die staatliche Existenz der DDR nur durch eine hermetische Abschließung sichern. Der Bau der Berliner Mauer im August 1961 bildete dabei lediglich den Schlusspunkt.

Finanzen

Mit Honecker setzte nach 1970 insofern eine Wende ein, als nunmehr die Befriedigung materieller Bedürfnisse in den Vordergrund gerückt wurde. Um die Konsumausweitung zu finanzieren, war eine Steigerung der wirtschaftlichen Produktivität notwendig. Dazu war aber die DDR-Wirtschaft nur in unzulänglicher Weise in der Lage.

Die Politik der DDR-Führung wurde zusehends durch das Bestreben geprägt, die Deviseneinnahmen zu erhöhen. (Mit „Devisen" bezeichnet man Geld, das – im Unterschied zur ehemaligen DDR-Mark – international akzeptiert wird.)

Verhältnis zur Bundesrepublik

Dies erfolgte zum einen durch eine massive Schuldenaufnahme im westlichen Ausland. Zum anderen wurde das politische Handeln der DDR-

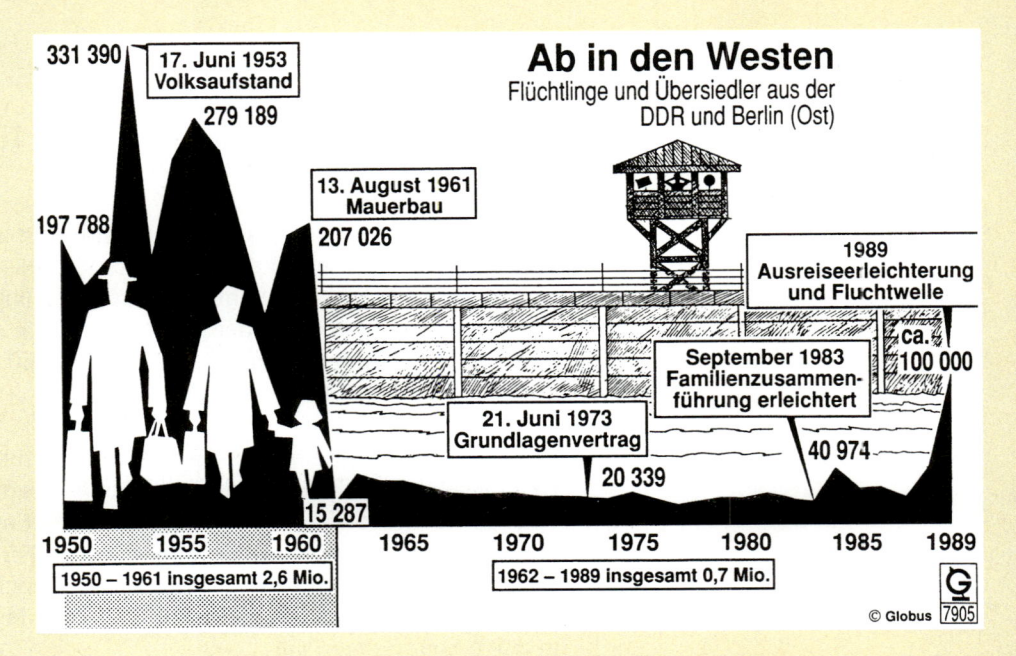

Ab in den Westen
Flüchtlinge und Übersiedler aus der
DDR und Berlin (Ost)

331 390

17. Juni 1953
Volksaufstand

279 189

197 788

13. August 1961
Mauerbau

207 026

1989
Ausreiseerleichterung
und Fluchtwelle

September 1983
Familienzusammen-
führung erleichtert

ca. 100 000

21. Juni 1973
Grundlagenvertrag

40 974

20 339

15 287

| 1950 | 1955 | 1960 | 1965 | 1970 | 1975 | 1980 | 1985 | 1989 |

1950 – 1961 insgesamt 2,6 Mio.

1962 – 1989 insgesamt 0,7 Mio.

© Globus 7905

Führung gegenüber der Bundesrepublik durch die Absicht geleitet, die Deviseneinnahmen zu erhöhen. Im Einzelnen geschah das durch:
- Freikauf politischer Häftlinge (2–3 Mrd. DM),
- Dienstleistungen im Postverkehr,
- Gewährleistung des Autoverkehrs nach West-Berlin (7,8 Mrd. DM),
- Ausbesserung von Straßen und Transitstrecken (3 Mrd. DM),
- Visagebühren und Zwangsumtausch für Besucher (ca. 5 Mrd. DM),
- Private Geldtransfers (ca. 20 Mrd. DM).

Die DDR wurde in zunehmendem Maße ökonomisch abhängig von westdeutschen Zahlungen. Der Devisenhunger machte sie politisch verwundbar. Die Bindung von westdeutschen Zahlungen an politische Zugeständnisse führte letztlich zu einer Lockerung der kommunistischen Abschirmungspolitik.

Zuspitzung der Finanzprobleme

Der ständige Kapitalzufluss aus dem Westen reichte aber nicht aus, um die Wirtschafts- und Finanzprobleme in den Griff zu bekommen. Der Sozialwissenschaftler Gerhard Wettig verwies in diesem Zusammenhang auf die folgenden Gründe:
- Die DDR stand des öfteren am Rande der Zahlungsunfähigkeit. Die Verschuldung erreichte etwa 50 Milliarden DM (1989). Diese Summe entspricht in etwa dem Betrag von 25,5 Milliarden Euro.
- Die Exporterlöse dienten dazu, die Schulden zu bedienen.
- Zum Zweck der Deviseneinnahmen musste in großem Umfang exportiert werden, was zu Lasten der inländischen Versorgung ging.
- Es fehlte an finanziellen Mitteln, den Kapitalstock zu erneuern. Das führte zur Überalterung von Maschinen und zur rücksichtslosen Ausbeutung der Umwelt. Das System lebte von der Substanz.
- Der Versuch, aus dem Teufelskreis von wirtschaftlicher Rückständigkeit und finanzieller Abhängigkeit auszubrechen, führte 1986 zum Beschluss des Politbüros der SED zur „Meisterung der technisch-wissenschaftlichen Revolution". Zur Realisierung des Programms sollten neue Kredite aufgenommen werden, die dann mithilfe der erwirtschafteten Gewinne zurückgezahlt werden sollten.

Das Programm erwies sich als Fehlschlag: Die produzierte Mikroelektronik war in keiner Weise konkurrenzfähig. Die Kosten der Chips lagen um ein Vielfaches über dem Weltmarktpreis. Das Scheitern der technischen Modernisierung bildete einen weiteren Baustein zur Verschuldung der DDR.

- Für das Jahr 1990 zeichnete sich deutlich die Zahlungsunfähigkeit ab: Den Verbindlichkeiten in diesem Jahr von etwa acht Milliarden DM stand ein Überschuss des Exports in den Westen von maximal einer halben Milliarde DM gegenüber.

Fehlende Legitimation

Honeckers Versuch, eine eigene „ostdeutsche (sozialistische) Nation" zu etablieren, scheiterte. Dieses Fehlen einer nationalen Identität hatte zum einen mit der Existenz der Bundesrepublik zu tun, zum anderen aber auch mit einem Selbstständigkeitsmangel der DDR. Das System war von einer fremden Macht, der UdSSR, installiert worden. Die DDR stand unter dem Schutz der Sowjetunion und es war konsequent, dass der Entzug dieses Schutzes entscheidend für den staatlichen Zusammenbruch werden musste.

Zum Zeitpunkt der Wiedervereinigung (1990) zeigte sich das Land in einem ökonomisch und ökologisch ruinierten Zustand. Letztlich verschwand die DDR von der politischen Landkarte, weil ihre Wirtschaftsleistung aufgrund der sozialistischen Planwirtschaft unzureichend war. Die „Marxisten" an der SED-Spitze handelten völlig unmarxistisch, indem sie den Primat (Vorrang) der Politik vor der Ökonomie festschrieben. Um sich die fehlende Legitimation zu verschaffen (Güterversorgung, Wohnraum, Sozialleistungen) und um die „Sicherheit" zu gewährleisten (Staatssicherheit, Polizei, NVA), wurde die Ökonomie ständig überfordert, beziehungsweise es wurden die Fakten ignoriert und Statistiken gefälscht.

Ökonomisch hatte das politische System die eigene Substanz aufgezehrt. Die Kosten der Wiedervereinigung – im Sinne der Angleichung der Lebensverhältnisse – sind entsprechend hoch.

M 2 Erst 1989 wagten die Menschen wieder offenen Protest wie hier bei einer Demonstration in Leipzig.

Aufgaben

1. Erläutern Sie die Ursachen für das Scheitern der DDR als selbstständiger Staat.

13. Die Sowjetunion

Das Bild zeigt die alljährliche Truppenparade auf dem Roten Platz in Moskau. Vor der Kremlmauer das Lenin-Mausoleum, auf dem die politischen Führer standen, um die Parade abzunehmen. Die Sowjetunion war ein Militärstaat, der einen überproportionalen Anteil seiner Wirtschaftskraft in die Rüstung lenkte. Ihre äußere militärische Stärke korrespondierte mit einer wirtschaftlichen und gesellschaftlichen Schwäche. Die Sowjetunion durchlebte eine höchst wechselvolle Geschichte von ihrer Begründung in der Oktoberrevolution 1917, ihrem Aufstieg zur Weltmacht und ihrem Zerfall 1991.

Im Folgenden erzählt der Schweizer Diplomat Tim Guldiman die Geschichte eines russischen Dorfes im 20. Jahrhundert:

„Tsélaja-Rossija ist ein kleines Dorf. Zu Beginn des Ersten Weltkrieges lebten dort 140 Menschen [...]. Die Bolschewiken [...] rissen im Oktober durch einen Staatsstreich die Macht an sich. [...] Das Brot wurde knapp, vor allem in den Städten, wo die Produktion als Folge der wilden Fabrikbesetzungen und der Verstaatlichungen zusammenbrach. [...] Die „Revolution" war in Gefahr. Um sie zu retten, musste „der Klassenkampf ins Dorf getragen werden". Unter der Führung bewaffneter Rotgardisten und Soldaten der Geheimpolizei brachen Arbeiter und verarmte Bauern zum Plünderungsfeldzug gegen die Dörfer auf. [...] Eine grausame Zeit auch in Tsélaja-Rossija: von seinen 138 Einwohnern fiel einer im Bürgerkrieg, einer, vielleicht zwei, wurden von der bolschewistischen Geheimpolizei als „Feinde der Revolution" erschossen, und zwei verhungerten oder wurden von Epidemien hingerafft. Am Ende des Krieges lag das Land in Trümmern.

Nach zehn Jahren Krieg, Terror, Hunger und Epidemien stabilisierte sich in der zweiten Hälfte der zwanziger Jahre die Lage. Die Bolschewiken hatten sich als Alleinherrscher im ganzen Lande durchgesetzt. [...]

1929 waren die Städte wiederum vom Hunger bedroht [...]: Gewaltsam wurde die Landwirtschaft kollektiviert. [...] Mit allen Mitteln widersetzten sich die Bauern der „freiwilligen" Kollektivierung. [...] Die unmittelbare Folge der Kollektivierung war eine Hungersnot (1932/33), der im Dorf fünf Menschen, darunter drei Kinder, zum Opfer fielen.

Doch das Land hatte sich vom Schlag der Kollektivierung kaum erholt, als Stalin durch seine Geheimpolizei eine Terror- und Verhaftungswelle in Gang setzte [...]. Von den 164 Dorfbewohnern waren bereits 1936 fünf im Arbeitslager, in den folgenden zwei Jahren wurden mindestens sieben weitere Einwohner verhaftet. [...]

Am 21. Juni 1941 überfiel die deutsche Wehrmacht die Sowjetunion. Während der vier Kriegsjahre starben von der Dorfbevölkerung sieben Männer als Soldaten an der Front, ebenso viele Zivilisten fielen den Nazis zum Opfer. [...]

Tsélaja-Rossija existiert, sein Leidensweg ist die Geschichte der ersten 40 Jahre der Sowjetunion; „tsélaja Rossija" heißt „ganz Russland". Alle aufgeführten Zahlenangaben müssen mit einer Million multipliziert werden." T. Guldimann, Moral und Herrschaft in der Sowjetunion, Frankfurt/M. 1984, S. 81 ff.

13.1 Die Oktoberrevolution

Russland im 19. Jahrhundert

Im Verlauf des 19. Jahrhunderts gelang Russland der Aufstieg zu einer imperialistischen Großmacht. Die äußere Expansion richtete sich zunächst gegen das zerfallende Osmanische Reich, da die russische Meerengenpolitik auf einen Zugang zum Mittelmeer (Bosporus) zielte. Die Niederlage Russlands im Krimkrieg (1853–56), an dem sich auch England und Frankreich beteiligten, machte allerdings deutlich, dass aufgrund der Überlegenheit der westeuropäischen Staaten die großmachtpolitischen Bestrebungen in Richtung Westen auf Widerstand stießen.

In der Folge richtete sich die Expansion stärker auf den asiatischen Raum, sodass sich in der zweiten Hälfte des Jahrhunderts der russische Einflussbereich bis nach Persien, Afghanistan und China erstreckte. Im Fernen Osten konzentrierte sich das politische und wirtschaftliche Interesse vor allem auf China. Russlands Bemühungen um wirtschaftliche Durchdringung der Mandschurei und in Korea machten den Konflikt mit dem japanischen Imperialismus unvermeidlich. Im Russisch-Japanischen Krieg 1904/1905 erlitt Russland jedoch eine empfindliche Niederlage.

Die russische Innenpolitik wurde im 19. Jahrhundert von widersprüchlichen Tendenzen bestimmt. Neben scharfer politischer Unterdrückung gab es auch Versuche einer reformorientierten Modernisierung des gesellschaftlichen Systems nach westlichem Vorbild. Diese Widersprüche waren aber keineswegs neu in der russischen Geschichte. Bereits Peter der Große hatte nämlich um die Wende vom 17. zum 18. Jahrhundert versucht, durch ein ehrgeiziges Modernisierungsprogramm (Militär, Verwaltung, Wirtschaft) in Anlehnung an westeuropäische Muster die Rückständigkeit Russlands zu überwinden, ohne jedoch die Grundlagen des autokratischen Systems anzutasten.

Zu Beginn des 19. Jahrhunderts dominierten die beharrenden Kräfte des Absolutismus. Die kontinentale Großmacht Russland sah sich im Rahmen der „Heiligen Allianz" (1815) als Bastion der monarchischen Kräfte der Reaktion gegen die aufkommenden liberalen und demokratischen Strömungen. Zar Nikolaus I. (1825–55) verkörperte einen auf despotischer Selbstherrschaft gegründeten Staat (Autokratie), in dem ein Heer von Geheimagenten und Zensoren alle fortschrittlichen Regungen unterdrückte und unnachsichtig verfolgte.

Besonders bedrückend war das sklavenähnliche Dasein, zu dem die Masse der Bauern verurteilt war. Rechtlos und verelendet lebten sie in völliger Abhängigkeit von den (adligen) Grundbesitzern. Zahllose Bauernrevolten wurden zum Teil unter Einsatz ganzer Truppenregimenter blutig niedergeworfen. Erst unter Zar Alexander II. (1855–81) wuchs langsam die Einsicht, dass Reformen unumgänglich waren. So löste zwar die Aufhebung der Leibeigenschaft (1861) 47 Millionen Bauern aus ihrer rechtlichen Abhängigkeit von den Grundbesitzern, aber durch die Ablösungszahlungen für die verteilten Güter blieb die wirtschaftliche Abhängigkeit bestehen. Der unbefriedigte Landhunger der Bauern und das Massenelend waren die Ursachen einer wachsenden politischen und sozialen Unzufriedenheit mit dem zaristischen System.

Seit 1890 beschleunigte sich die kapitalistische Entwicklung in Russland. Die Wirtschaftspolitik des Finanzministers Witte (1892–1903) trieb die Industrialisierung voran. Moskau, Petersburg und das Donez-becken bildeten sich als die „Inseln" der industriellen Revolution her-aus, die durch das Einfließen ausländischen Kapitals begünstigt wur-de. Innerhalb eines Jahrzehnts verdoppelte sich die industrielle Produktion und die Zahl der russischen Fabrikarbeiter stieg von 1,4 auf 2,4 Millionen an. Am Ende des 19. Jahrhunderts bot Russland ein widersprüchliches Bild. Zwar verdienten noch 75 Prozent der Bevöl-kerung ihren Lebensunterhalt in der Landwirtschaft und das Land wies im Vergleich zu den westeuropäischen Ländern einen erheblichen Bildungsrückstand auf (etwa 65 Prozent der Bevölkerung waren Anal-phabeten), aber gleichwohl hatte eine energische und staatlich geförderte Industrialisierungspolitik Erfolge gebracht. Um die Jahr-hundertwende verfügte Russland über eine moderne Industrie, die zudem nicht nur geografisch, sondern auch größenmäßig einen hohen Konzentrationsgrad aufwies. Dieser Umstand erleichterte die Bildung einer wirksamen Arbeiterbewegung beträchtlich.

Revolution 1905

Die Unruhen von 1905 offenbarten den Zusammenhang zwischen der Krise des Herrschaftssystems und der Revolution. Die Niederlage Russ-lands im Russisch-Japanischen Krieg von 1904/05 zeigte die Schwäche der zaristischen Regierung.

Die blutige Unterdrückung einer friedlichen Arbeiterdemonstration vor dem Winterpalast in Petersburg löste 1905 die erste russische Revolution aus. Unbewaffnete Arbeiter, die Ikonen und Zarenbilder trugen, wollten dem Zaren eine Petition überbringen. Die zum Schutz des Zaren eingesetzten Truppen erschossen hunderte von Demons-tranten. Soziale und politische Krisen, bedingt durch Massenarmut, Landhunger der Bauern und politische Unterdrückung, waren Aus-druck der fortschreitenden Zerrüttung des Zarismus. Die spontan sich bildenden Sowjets (Arbeiterräte) spielten zum ersten Mal eine führende Rolle als Zentren des revolutionären politischen Kampfes vor allem in Petersburg und Moskau.

Bis 1905 herrschte in Russland eine absolute Monarchie, auch Auto-kratie, das heißt Selbstherrschaft (des Zaren), genannt. Erst die Nie-derlage Russlands im Krieg gegen Japan und die Revolution von 1905 öffneten den Weg für eine konstitutionelle Monarchie. Zwar wurde im Folgenden ein Parlament (Duma) eingerichtet, aber die Regierung blieb allein vom Zaren abhängig. Zudem erfolgten die Duma-Wahlen nach einem extrem ungleichen Wahlrecht, das den politischen Willen von Bauern, Arbeitern und kleinbürgerlicher Schicht in keiner Weise angemessen zu repräsentieren vermochte. Im Wesentlichen blieb die zaristische Selbstherrschaft bis 1917 erhalten.

Außerhalb des Parlaments entstanden radikale Gruppierungen:
- Kleine anarchistische Zirkel propagierten den revolutionären Umsturz durch gewaltsame Aktionen wie Sabotage und Attentate.
- Die Bewegung der „Narodniki" („Volkstümler") wollte durch Auf-klärung und eine gezielte Agitation unter dem Volk eine revolu-tionäre Bauernerhebung erreichen.
- Gegen Ende des Jahrhunderts gewannen vor allem unter den russi-schen Intellektuellen die sozialistischen Ideen von Marx und Engels an Einfluss. Marxistische Vorstellungen prägten die Entstehungsge-schichte der russischen Sozialdemokratie, aus der die erfolgreichen Revolutionäre der Oktober-Revolution 1917 hervorgingen.

Zar Nikolaus II. (1868–1918) wurde am 17. Juli 1918 in Jekate-rinburg – zusammen mit seiner Familie – ermordet.

Das Revolutionsjahr 1917

Die Revolution von 1917 schien zunächst eine Wiederholung der Ereignisse von 1905 zu sein. Der Erste Weltkrieg hatte Russland in eine tiefe Krise gerissen. Angesichts militärischer Misserfolge und zunehmender Versorgungsschwierigkeiten verlor die Herrschaft des Zaren rasch an Unterstützung. Hungerunruhen und Streiks mündeten in einer Aufstandsbewegung, die in dem Augenblick siegte, als die Garnison von Petrograd – so hieß St. Petersburg seit 1914 – meuterte und sich mit den Aufständischen solidarisierte (Februar 1917). Wenig später wurde der Zar zur Abdankung gezwungen.

Der Widerstand gegen die absolute Monarchie einte fast alle politisch aktiven Bevölkerungskreise. Es bestand Einigkeit über die Einführung bürgerlicher Freiheiten. Eine zu wählende Verfassunggebende Versammlung sollte die Weichen für das weitere politische Schicksal Russlands stellen.

Doppelherrschaft

Aus der Februar-Revolution gingen zwei Machtzentren hervor. Die Herrschaft teilten sich zunächst die Provisorische Regierung und der Petrograder Arbeiter- und Soldatenrat (russisch: Sowjet).

Die Provisorische Regierung hatte sich aus dem Parlament (Duma) heraus gebildet und wurde – aufgrund des ungleichen Wahlrechts im zaristischen Russland – als Vertretung von Adel und Bürgertum angesehen. Arbeiter und Soldaten fühlten sich eher durch den „Sowjet" vertreten. Hierbei handelte es sich um ein spontan gebildetes revolutionäres Organ, das sich als Kontrolleur der Provisorischen Regierung begriff. Denn es bestand unter den Sozialisten die allgemeine Überzeugung, dass an die Stelle des Zarismus zunächst eine bürgerliche Regierung treten müsse, da die gesellschaftlichen und wirtschaftlichen Voraussetzungen für eine sozialistische Arbeitermacht nicht vorhanden waren.

Der neuen Regierung gelang es nicht, die drängendsten Probleme des Landes in den Griff zu bekommen, weil sie den Krieg fortsetzte. Aber mit dem Ausbleiben militärischer Erfolge versank das Land in den folgenden Monaten immer mehr im Chaos. Die Menschenverluste im Krieg waren gewaltig. Bis Februar 1917 summierte sich die Zahl der getöteten, verwundeten und in Gefangenschaft geratenen Soldaten auf acht Millionen. Das Millionenheer an der Front konnte zudem von der Industrie nicht mehr angemessen versorgt werden. Auch im Hinterland nahm die Not kontinuierlich zu. Inflation und Nahrungsmittelknappheit führten zu wachsender Kriegsmüdigkeit der russischen Bevölkerung.

Alexander Kerenski (1881–1970), seit Juli 1917 Ministerpräsident der Provisorischen Regierung, wurde durch die Oktoberrevolution gestürzt und ging anschließend in die Emigration.

Das Transportsystem brach zusammen, der Hunger hielt Einzug in den Städten und ganze Armee-Einheiten lösten sich demoralisiert auf. Von diesen Zuständen profitierte eine kleine Partei, die vorher nur eine politische Nebenrolle gespielt hatte: die bolschewistische Partei. In dieser Phase der Radikalisierung der Massen erhielt sie Zulauf, weil sie als einzige Partei kompromisslos gegen die Fortführung des Krieges eintrat.

Parteien

Die Russische Sozialistische Arbeiterpartei hatte sich 1903 in zwei Flügel gespalten, aus denen zwei verschiedene Parteien hervorgingen. Zum einen die Bolschewiken (wörtlich Mehrheitler) mit Lenin an der Spitze und zum anderen die Menschewiken (wörtlich Minderheitler). Tatsächlich sind diese Bezeichnungen aber irreführend, da die Partei Lenins ihren Namen einem zufälligen Abstimmungssieg verdankte

Wladimir Iljitsch Uljanow, Parteiname Lenin (1870–1924)
Seine Dynamik bildete eine Voraussetzung für die Machtübernahme, Foto von 1918.

Machtergreifung durch die Bolschewiken

M 1 **Das Smolny-Institut in Petrograd** (dem späteren Leningrad und heutigen St. Petersburg) diente als Erziehungsanstalt für die Töchter des hohen Adels. Seit Juli 1917 war es der Sitz des Arbeiter- und Soldatenrats (Sowjets) und der bolschewistischen Partei. Auf dem Foto bewachen Revolutionäre den Haupteingang während des Putsches im Oktober 1917.

und in Wirklichkeit eine zahlenmäßig kleine Splitterpartei blieb. Die Menschewiken ähnelten im Parteiaufbau und -programm den westeuropäischen Arbeiterparteien. Sie lehnten die Parteilehre Lenins und dessen Machtanspruch ab.

Neben den Arbeiterparteien gab es noch die Sozialrevolutionäre, eine sozialistisch orientierte Bauernpartei, bei weitem die größte Partei Russlands. Sie zerfiel 1917 in mehrere Flügel. Die Kadetten (Konstitutionelle Demokraten) repräsentierten das liberale Bürgertum. Sie bildeten zunächst die Provisorische Regierung, die sich allerdings nicht halten konnte, sodass sowohl Menschewiken als auch Sozialrevolutionäre in die Regierung eintraten. Im Juli 1917 übernahm der Sozialrevolutionär Kerenski das Ministerpräsidentenamt.

Diese Umstände ließen die Bolschewiken zur einzigen wirkungsvollen Oppositionspartei werden. Die Partei, die zu Beginn des Revolutionsjahres 1917 nur 24 000 Mitglieder hatte, konnte diese bis zum Oktober auf etwa 350 000 erhöhen. Dieser Zulauf spiegelt die allgemeine Radikalisierung angesichts des militärischen und ökonomischen Zusammenbruchs wider. Die revolutionären Erwartungen des Volkes mussten unerfüllt bleiben, weil die Fortsetzung des Krieges innere Reformen nicht zuließ. Eine geschickte bolschewistische Propaganda („Friede, Brot, Land") war auf die wichtigsten Bedürfnisse der Massen zugeschnitten. Kriegsmüdigkeit, Hunger und Landnot förderten die Radikalisierung ebenso wie der gegen die Sowjets gerichtete Putsch des Generals Kornilow, der im August 1917 fehlschlug.

Die Macht verlagerte sich im Laufe des Jahres 1917 von der Provisorischen Regierung auf die Sowjets, in denen die Bolschewisten mehr und mehr tonangebend wurden. Diese hatten in Lenin, der mithilfe der deutschen Obersten Heeresleitung aus seinem Schweizer Exil nach Russland gekommen war, einen charismatischen Führer (Charisma = Ausstrahlung). Lenin drängte auf eine sofortige Machtübernahme durch die Bolschewiken, während sich im Unterschied dazu die anderen sozialistischen Parteien mit einer Kontrolle der bürgerlichen Regierung begnügen wollten. Gegen starken – auch innerparteilichen – Widerstand gelang es Lenin sich durchzusetzen.

Leo Trotzki (1879–1940),
militärischer Organisator der
Oktoberrevolution, wurde von
einem Agenten Stalins im mexika-
nischen Exil ermordet.

Der Putsch, der als Oktoberrevolution in die Weltgeschichte einging, wurde vom Militärkomitee des Petrograder Sowjets (unter Führung Trotzkis) organisiert. Nachdem fast die gesamte Petrograder Garnison sich auf die Seite des Sowjets gestellt hatte, verfügte die Provisorische Regierung über keine reale Macht mehr. Am 25. Oktober 1917 war die „Doppelherrschaft" beendet. Der Putsch verlief weitgehend unblutig und blieb anfänglich von der Öffentlichkeit fast unbemerkt. Die Menschen Petrograds erlebten zu diesem Zeitpunkt die Auflösung jeglicher Ordnung: Streiks und Aussperrungen, Teuerung und Lebensmittelknappheit, Hunger und Plünderungen waren an der Tagesordnung. Angesichts des totalen Autoritätsverlusts der Regierung herrschte allgemein die Ansicht vor: „Schlimmer kann es nicht mehr kommen."

Der am selben Abend tagende Zweite Allrussische Sowjetkongress, in dem die Bolschewisten die stärkste Fraktion bildeten, legalisierte formal den Staatsstreich. Ein bolschewistischer „Rat der Volkskommissare" übernahm als Regierung die Macht. Bis zum Jahresende hatten die Bolschewisten die wichtigsten Zentren Russlands in ihrer Hand.

Chronologie

1812	Krieg Napoleons gegen Russland
1815	Heilige Allianz (Russland, Preußen, Österreich), Zar Alexander I. (bis 1825)
1825	Aufstand der Dekabristen (oppositionelle liberale Adlige) in St. Petersburg niedergeschlagen
1830/1831	Unterwerfung Polens
1853–1856	Krimkrieg
1855–1881	Zar Alexander II.; innenpolitisch „Neue Ära" mit liberalen Reformversuchen
1858–1860	Verträge mit China (Amur-Gebiete russisch, Wladiwostok gegründet)
1861	Aufhebung der Leibeigenschaft
1881–1894	Zar Alexander III.; Industrialisierungspolitik des Finanzministers Witte; Bau der Transsibirischen Eisenbahn begonnen.
1898/1903	Parteitage der Sozialdemokratischen Arbeiterpartei Russlands (SDAPR)
1904/1905	Russisch-Japanischer Krieg
1905–1907	Revolution in Russland
1914–1917	Russische Teilnahme am Ersten Weltkrieg
1916	Mehrere russische Offensiven scheitern; Demoralisierung des Heeres; wachsende Unzufriedenheit der Bevölkerung
23. Februar 1917	Februar-Revolution in Petersburg; Bildung einer Provisorischen Regierung unter dem Fürsten Lwow
März 1917	Abdankung des Zaren Nikolaus I; „Doppelherrschaft" zwischen Provisorischer Regierung und Sowjets
April 1917	Rückkehr Lenins aus dem Exil
Juli 1917	Bolschewistischer Putsch in Petersburg scheitert; Kerenski wird Ministerpräsident.
September 1917	Gescheiterter gegenrevolutionärer Putsch und Sturz des Generals Kornilow
24./25. Oktober 1917	Oktober-Revolution in Petersburg und Sturz der Provisorischen Regierung[1] (6./7. Nov.)

1 Die Zeitangaben folgen dem in Russland bis 1918 üblichen Julianischen Kalender. In Klammern werden die Datierungen nach dem heute gültigen Gregorianischen Kalender angegeben.

M 2 Russische Leibeigenschaft

Ihre Spielschulden wechselten die russischen Großgrundbesitzer nicht nur mit ihren Ländereien ein, sondern auch mit den dazugehörigen „Seelen". Sichtweise des französischen Grafikers Gustave Doré, Karikatur von 1854.

M 3 Ökonomische Entwicklung und Sozialstruktur

Der Sozialhistoriker Richard Lorenz hält zur Sozialstruktur Russlands Folgendes fest:

Dem relativ niedrigen ökonomischen Entwicklungsniveau entsprach die Sozialstruktur, die sich bis zum Ersten Weltkrieg in Russland herausgebildet hatte. Bei einer Gesamtbevölkerung von 165,7 Millionen
5 (ohne Finnland) lebten lediglich 26,3 Millionen (16 Prozent) in den Städten. Obwohl das russische Proletariat in den letzten Jahrzehnten zahlenmäßig sehr stark zugenommen hatte, stellte es im Jahre 1913 innerhalb der Gesamtbevölkerung nur eine
10 verschwindende Minderheit dar. Die Zahl der Industrie-, Bergbau- und Eisenbahnarbeiter betrug 4,2 Millionen (ohne Familienangehörige). Allerdings war das industrielle Proletariat außergewöhnlich stark konzentriert; im Durchschnitt war
15 mehr als die Hälfte der Arbeiter in Betrieben mit über 500 Personen beschäftigt; in Petersburg, das den höchsten Konzentrationsgrad aufwies, waren es 70 Prozent, in Moskau 51,5 Prozent. Große Teile der Arbeiterschaft hatten jedoch immer noch eine
20 enge Verbindung zur Landwirtschaft – nicht nur infolge ihrer bäuerlichen Herkunft, sondern vor allem deshalb, weil sie im Rahmen der Dorfgemeinde selbst noch ein Stückchen Land besaßen. Das traf in erster Linie für die Arbeiter des Ural, die Bergleute im Donezbecken und die Textilarbeiter 25 des Zentralen Industriebezirks zu. Erst die Stolypinsche Agrarreform [P. A. Stolypin, 1906–1911 Ministerpräsident], die den Verkauf des Anteillandes gestattet hatte, hatte ja in Russland endgültig die Voraussetzungen für die Entstehung einer moder- 30 nen, vom Dorf losgelösten Arbeiterschaft geschaffen. Seitdem konnte sich auch in größerem Umfang ein Stammproletariat herausbilden.

R. Lorenz, Sozialgeschichte der Sowjetunion 1, 1917–1945, Frankfurt/M. 1976, S. 28.

M 4 Eisen- und Steinkohleproduktion (in Mio. t)

	Roheisen	Steinkohle
1877	0,38	1,80
1892	1,05	6,95
1897	1,85	11,20
1898	2,19	12,06
1900	2,88	16,13
1913	4,20	29,10

V. Gitermann, Geschichte Russlands, 3. Band, Hamburg 1949, S.-334/35.

Jahr	Anzahl der registrierten Bauernunruhen	Arbeiterunruhen (Streikende in Tausend)
1900	48	29
1901	50	32
1902	340	37
1903	141	87
1904	91	25
1905	3228	2863
1906	2600	1108
1907	1337	740
1908	855	176
1909	819	64
1910	928	46
1911	507	105
1912	307	725
1913	128	887
1914	178	1337
1915	96	540
1916	263	952
1917 (März–Okt.)	5782	Februar- und Oktober-Revolution

Nach: S. M. Dubrovskij, Die russische Bauernbewegung 1907–14, in: D. Geyer (Hg.), Wirtschaft und Gesellschaft im vorrevolutionären Russland, Köln 1975, S. 348.

M 5 **Die russische Gesellschaft in einer Karikatur,** die um 1900 von der „Union russischer Sozialisten" als Flugblatt im Ausland veröffentlicht wurde. Die Pyramide wird getragen von den Bauern und Industriearbeitern; die Fahne trägt die Inschrift: „Wir arbeiten für Euch, wir ernähren Euch."

M 7 **Die Arbeiter- und Bauernbewegung in Russland (1890–1917)**

M 6

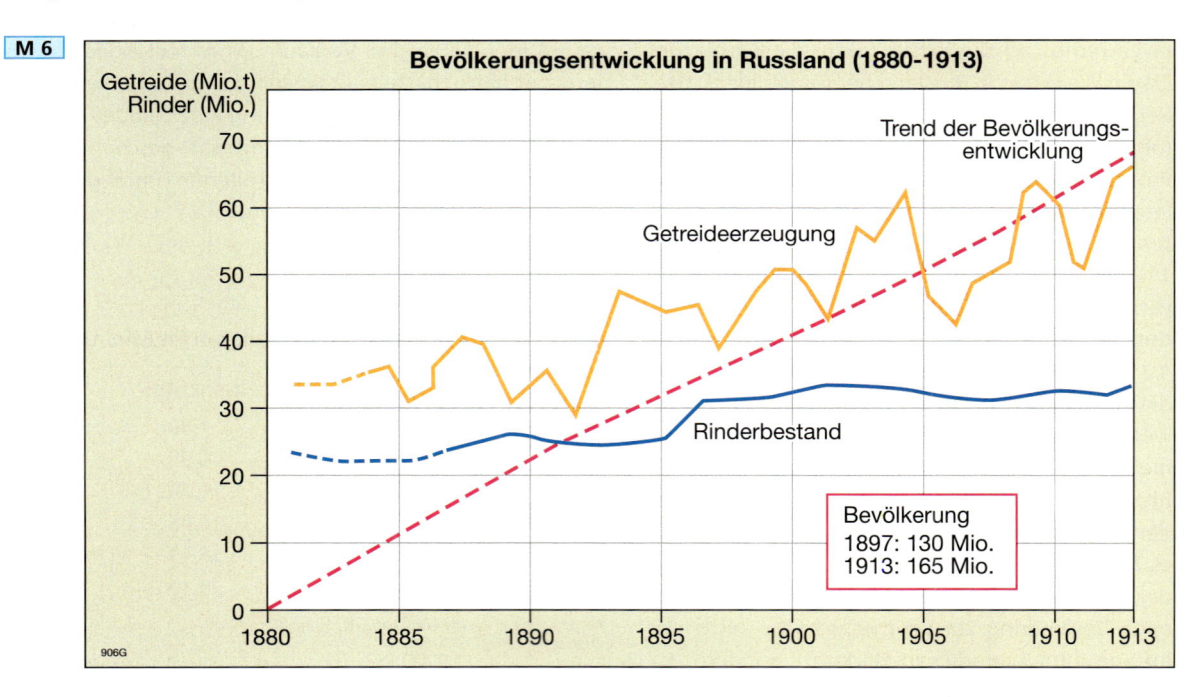

Bevölkerungsentwicklung in Russland (1880-1913)

Getreide (Mio.t) Rinder (Mio.)

Trend der Bevölkerungsentwicklung

Getreideerzeugung

Rinderbestand

Bevölkerung
1897: 130 Mio.
1913: 165 Mio.

906G

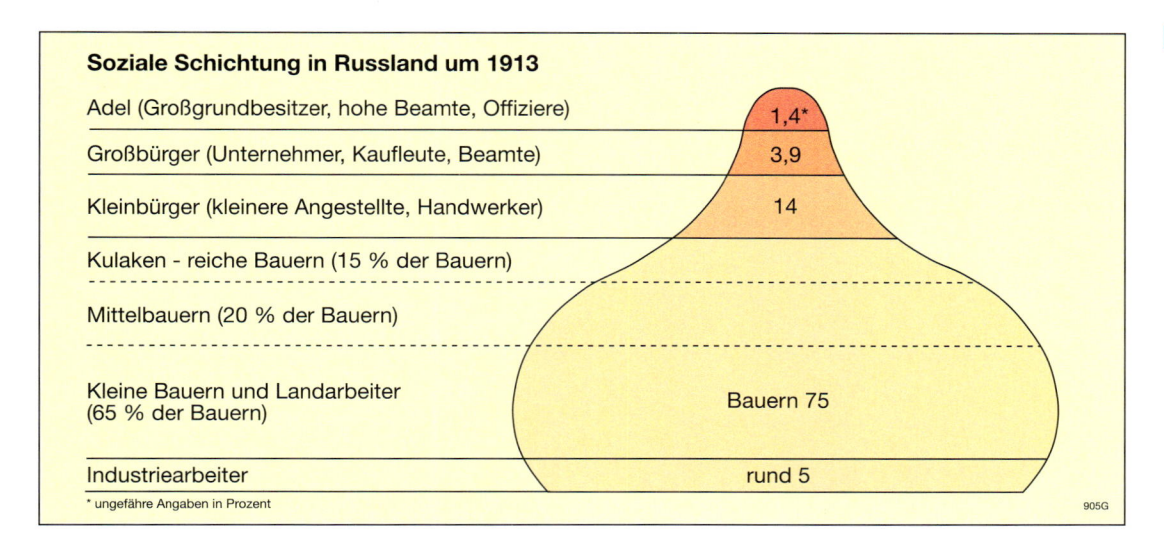

Soziale Schichtung in Russland um 1913

Adel (Großgrundbesitzer, hohe Beamte, Offiziere)	1,4*
Großbürger (Unternehmer, Kaufleute, Beamte)	3,9
Kleinbürger (kleinere Angestellte, Handwerker)	14
Kulaken - reiche Bauern (15 % der Bauern)	
Mittelbauern (20 % der Bauern)	
Kleine Bauern und Landarbeiter (65 % der Bauern)	Bauern 75
Industriearbeiter	rund 5

* ungefähre Angaben in Prozent

905G

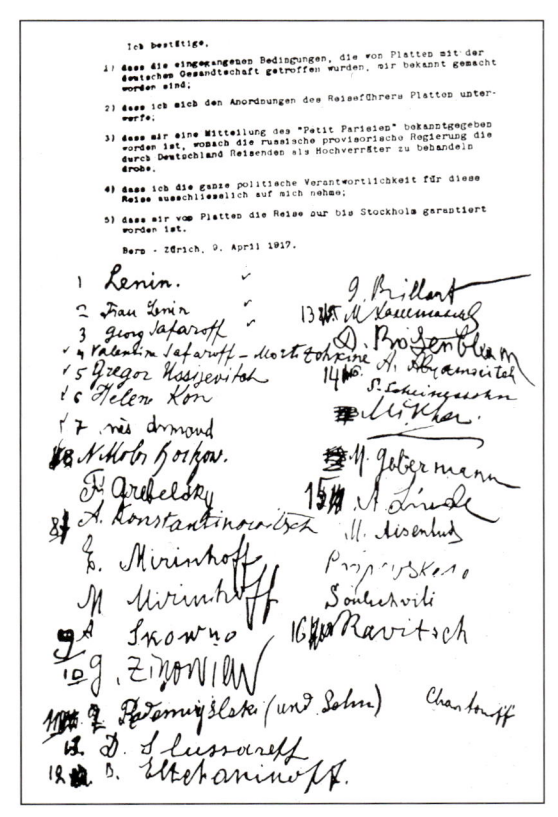

M10 Rückkehr Lenins nach Russland

Liste der russischen Revolutionäre, die im April 1917 durch Deutschland nach Russland zurückkehrten. Faksimile der Abmachung Lenins mit dem Schweizer Sozialisten Fritz Platten für die Reise durch das Deutsche Reich. Die deutsche Oberste Heereslei-
5 tung (OHL) gestattete die Rückkehr der Revolutionäre aus ihrem Schweizer Exil in der Hoffnung auf eine Schwächung Russlands und einen Sieg an der Ostfront. Lenin war besorgt, man könnte ihn für einen Agenten der Deutschen halten (was er nie 10 war). Die Durchreise erfolgte im so genannten plombierten Zug von Zürich nach Stockholm und weiter nach Petrograd, wo Lenin am 3. [16.] April 1917 ankam. [F.B.]

M 9 Was wollen die Revolutionäre?

Der Korrespondent des „Manchester Guardian", Morgan Philips Price, berichtete im Frühjahr 1917[1]:

Revolution hieß für den kleinen, erwerbstätigen Mann in der Menge, dass der Friede nicht mehr fern sei, dass er dann zu dem gewohnten ruhigen Leben, wie er es vor dem Krieg kannte, zurückkehren würde, zurück in die Datscha [Landhäuschen], um 5 seine Tage ruhig zu beschließen, unbehelligt von Mobilisationsbefehlen und lästiger Rationierung der Lebensmittel. Aber Revolution hieß für den rauhen, abgehetzten Arbeiter etwas ganz anderes. Es bedeutete, dass der Krieg freilich bald vorüber 10 sein würde, aber dass er nicht in das gleiche Joch, wie vor dem Kriege, zurückkehren werde; dass der enge Spielraum zwischen Wochenausgaben und Wochenlohn erweitert würde, und zwar beträchtlich erweitert; dass anstelle des gefürchteten Ge- 15 spenstes der Arbeitslosigkeit gesicherte und ihn von der Laune des Unternehmers freimachende Arbeitsbedingungen treten würden; dass er nicht länger in das Heer abgeschoben würde, um für die Besitztümer eines anderen zu kämpfen als Strafe dafür, dass 20 er sich unterstand, seine eigenen Arbeiterrechte zu verteidigen. Die Revolution bedeutete für den der Bauernschicht entnommenen Soldaten, [...] dass ihm die Jahre 1914–1917 nur noch wie ein böser Traum vorkommen würden und dass Erde – Erde in 25 Menge und weit mehr als vor dem Krieg – zu seiner

Verfügung stehen würde, sobald er nur in sein Heimatdorf zurückgekehrt sei. Unter den hochgehen-
den Wogen allgemeiner Begeisterung konnte man
30 somit in diesen Straßenversammlungen zum min-
desten drei verschiedene soziale Typen wahrnehmen, die nach drei verschiedenen Richtungen hin
die Revolution deuteten. Welcher dieser drei Typen
würde der Führer der Revolution werden?

1 Der Autor war Augenzeuge und Korrespondent des
„Manchester Guardian".

M. P. Price, Die Russische Revolution, Berlin 1977, S. 10 ff.

M11 Der revolutionäre Weg zur Macht

*Auf dem Kongress der Arbeiterdeputierten wurde
die Journalistin Markovic Zeugin folgender Wort-
duelle (27. Mai 1917):*

Von Anfang an nimmt die Sitzung einen unge-
wöhnlichen und leidenschaftlichen Verlauf. Der
Minister Cereteli ist auf der Rednertribüne. Er legt
die Schwierigkeit dar, die Macht auf dauerhaften
5 Grundlagen aufzurichten: „Ein leidenschaftlicher
Kampf", sagt er, „zeigt sich in Russland um die Ausübung der Macht, und zur selben Zeit ist keine politische Partei vorhanden, die dafür die Verantwortung übernehmen will."
10 „Doch, es ist eine da!" schreit eine Stimme.
Das ist die Stimme Lenins. Er sitzt in den ersten Reihen mit seiner Frau, der Krupskaja, und einigen
Führern des Maximalismus[1].
„Ich zweifle nicht daran, Genosse Lenin", gibt Cere-
15 teli heftig zurück. [...]
„Man muss von Worten zu Taten schreiten!" ruft er
[Lenin] aus. „Unsere Partei schlägt die Macht nicht
aus. Sie ist jeden Augenblick bereit, die Macht in
ihre Hände zu nehmen. Ich glaube, dass keine Partei, die vorwärts drängt, die Macht zurückweisen 20
kann, selbst wenn die Vertreter der Macht von der
Deportation nach Sibirien bedroht sind. [...] Aber
wir sind noch nicht deportiert!"
Nach diesem Anfang setzt der berühmteste Maxi-
malist sein Programm der wirtschaftlichen und 25
finanziellen Reformen auseinander. „Die Kapitalisten müssten verhaftet werden, ohne das bleiben
unsere Sätze unnütze Worte!" [...]
Lenin hat die Bühne verlassen. Und Kerenski[2] tritt
ganz einfach vor. Alle Herzen schlagen höher. 30
„Herr Lenin", sagt Kerenski, „hat vergessen, dass ein
Marxist, der solche Hilfsmittel gegen das soziale
Übel vorschlägt, nicht würdig ist, Sozialist genannt
zu werden, denn die Verfahren, die er anpreist,
sind die der schlimmsten asiatischen Despoten. Herr 35
Lenin hat vergessen, dass in unserer Zeit eine Mas-
senverhaftung der Kapitalisten ‚Sabotage' der
Gesetze der wirtschaftlichen Entwicklung ist." [...]
„Der Weg, den Sie betreten wollen, ist der der Zerstörung. Hüten Sie sich! Aus dem Chaos wird, wie 40
ein Phönix aus der Asche, ein Diktator aufsteigen –
nicht ich!, obgleich Sie alles tun, um mich zur Diktatur zu treiben. Sie öffnen dem wahren Diktator
die Türen, der ihnen zeigen wird, wie die Kapitalisten sich gegen die Sozialisten verhalten! [...] Sie 45
sagen, im Kampf seien alle Mittel gut [...]"
„Das ist nicht wahr", rufen die Bolschewiken.

1 hier: Bolschewismus

2 Sozialrevolutionär; seit März 1917 Minister in der Provisorischen Regierung; seit Juli 1917 Ministerpräsident

R. Kohn (Hg.), Die Russische Revolution in Augenzeugenberich-
ten, München 1977, S. 240 ff.

Aufgaben

1. Skizzieren Sie die sozialen Krisenherde, die die
   Entwicklung der russischen Agrargesellschaft im
   19. Jahrhundert kennzeichneten.
   → Text, M2, M3, M5– M8

2. In welcher Form schlugen sich die autokrati-
   schen Strukturen des Zarismus im politischen
   Herrschaftssystem nieder?
   → Text, M5

3. Erläutern Sie, welche Besonderheiten die russische Gesellschaft des 19. Jahrhunderts im Vergleich mit den westeuropäischen Ländern aufwies.
   → Text, M2, M5, M8

4. Erklären Sie die Rolle des Krieges als Auslöser
   der Ereignisse vom Februar 1917.
   → Text, M9, M10

5. Kennzeichnen Sie die unterschiedlichen politischen und sozialen Kräfte, die der „Doppelherrschaft" zu Grunde lagen.
   → Text

6. Wie erklärte sich der Autoritätszerfall der Regierung Kerenski und der wachsende politische Einfluss der Bolschewiki?
   → Text, M10

7. Fassen Sie zusammen: Warum konnte es einer
   kleinen Partei entschlossener Revolutionäre
   gelingen, die Macht an sich zu reißen?
   → Text, M5, M9–M11

13.2 Leninismus und die Festigung der bolschewistischen Macht

Leninismus

Während des Ersten Weltkrieges trennten sich Lenin und seine Anhänger von den sozialdemokratischen Arbeiterparteien. Denn diese bekannten sich 1914 bei Kriegsbeginn zum Grundsatz der Landesverteidigung und waren darum zu einem „Burgfrieden" mit den bürgerlichen und militärischen Machthabern bereit. Lenin hingegen geißelte die Sozialdemokraten als „Partei der Arbeiteraristokratie" und forderte die Umwandlung des imperialistischen Krieges in einen Bürgerkrieg für den Sozialismus.

Mit der bolschewistischen Machtübernahme in Russland (Okt./Nov. 1917) hatte die sozialistische Revolution in einem Land gesiegt, das nach der Marxschen Lehre keineswegs „reif" dafür war. Denn Marx hatte in seiner Lehre vom Historischen Materialismus dargelegt, dass der Sozialismus auf einer voll entwickelten kapitalistischen, das heißt industrialisierten Gesellschaft aufbaue. Russland war aber 1917 weitgehend noch eine Agrargesellschaft. Die russische Gesellschaft – nach Lenin „das schwächste Glied des Kapitalismus" – hatte sich erst wenig entwickeln können. Aber aus dieser Schwäche des Bürgertums sowie aus der Rückständigkeit der wirtschaftlichen und gesellschaftlichen Verhältnisse in Russland leitete Lenin – ganz im Gegensatz zur Marxschen Lehre – die Notwendigkeit ab, dass die Arbeiterbewegung selbst sofort die Führung der Revolution übernehmen müsse. Lenin ging dabei davon aus, dass die sozialistische Revolution in Russland international nicht isoliert bliebe. Diese Erwartung ging nicht in Erfüllung.

Die bolschewistische Revolution war die Revolution einer Minderheit. Die neuen Machthaber standen von Anfang an vor dem Problem,

M 1 Propagandabild
Lenin spricht am 8. November 1917 auf dem 2. Allrussischen Sowjetkongress.
Lenin war zweifellos der alles entscheidende Antreiber der Oktoberrevolution. „Die Geschichte wird uns nicht verzeihen, wenn wir die Macht jetzt nicht ergreifen", schrieb er 1917.
Lenin besaß keinerlei moralische Skrupel, wenn es um die Macht ging. Nach seinem Tod 1924 wurde ein – von Stalin geförderter – halbreligiöser Leninkult in Szene gesetzt, der zum Beispiel in der Einbalsamierung seines Leichnams und der Errichtung des Lenin-Mausoleums seinen Ausdruck fand, zeitgenössisches Propagandagemälde.

wie die Macht erhalten werden konnte. Folgerichtig spielte die Gewalt in Lenins Strategie der Machtergreifung eine viel größere Rolle als in der Marxschen Theorie.

Abweichend von der Marxschen Lehre konnten die Bolschewiken keinen fertigen Produktionsapparat übernehmen. Zudem war die Produktion in den wenigen Industriezentren – bedingt durch Revolution und Kriegswirren – zum Erliegen gekommen. Für Lenin und seine Nachfolger ging es in erster Linie darum, die industrielle Rückständigkeit Russlands zu überwinden. Die neue Formel Lenins für Kommunismus lautete: „Sowjetmacht und Elektrifizierung des ganzen Landes".

Während Marx die Veränderungen der Politik (Überbau) als Reflex der geänderten wirtschaftlichen Verhältnisse (Basis) ansah, kehrte Lenin das Verhältnis um. Für ihn galt es, zuerst die Staatsmacht zu erringen, dann erfolgte die „Diktatur des Proletariats" und der Aufbau des Sozialismus. Da aber das russische Proletariat eine Minderheit darstellte und alleine nicht handlungsfähig war, musste die leninistische Partei als Stellvertreter des Proletariats handeln. Dem Willen der Partei kam also – nach Lenin – mehr Bedeutung zu als den ökonomischen Gesetzmäßigkeiten.

Die leninistische Partei („Vorhut der Arbeiterklasse") stand im Widerspruch zur demokratischen Tradition der westeuropäischen sozialdemokratischen Parteien. Bei Marx befreite die Arbeiterklasse noch sich selbst; Lenin lehnte diese Perspektive ab. Sein Parteikonzept wurde später für alle sowjetkommunistischen Länder verbindlich.

Welche Risiken dieser Parteityp aber in sich birgt, das hat Trotzki – zunächst Widersacher und später Mitkämpfer Lenins und Organisator der Oktoberrevolution – bereits 1904 festgestellt: „Lenins Methoden führen zu folgendem Ergebnis: Zuerst tritt die Parteiorganisation an die Stelle der ganzen Partei, dann nimmt das Zentralkomitee die Stelle der Organisation ein und schließlich ersetzt ein einziger ‚Diktator‘ das Zentralkomitee."

Bolschewistische Alleinherrschaft

Nachdem die Regierungsgewalt den Bolschewiken nahezu kampflos in den Schoß gefallen war, stand für sie das Problem der Machtbehauptung im Vordergrund. Die neue Regierung („Rat der Volkskommissare") verfügte keineswegs über ein fertiges Konzept. Die ersten Dekrete (Verordnungen) legalisierten im Wesentlichen das bereits spontan Geschehene: die Besetzung der Güter und die Aufteilung des Landes, die Arbeiterkontrolle in den Fabriken. Banken wurden verstaatlicht; die Abschaffung des Offiziersranges förderte den Zerfall der Armee. Für landwirtschaftliche Erzeugnisse bestand eine Ablieferungspflicht.

Die Wahlen zur Verfassunggebenden Versammlung brachten ein die Bolschewiken nicht befriedigendes Ergebnis: Bolschewiken 25 Prozent, sozialistische Parteien 62 Prozent, bürgerliche Parteien 13 Prozent. Daraufhin wurde die Versammlung Anfang 1918 von ihnen mit Waffengewalt aufgelöst. Damit war für jedermann erkennbar, dass Lenins Partei nicht gewillt war, ihre Macht nach demokratischen Spielregeln zu gebrauchen. Zuerst wurden bürgerliche, anschließend auch sozialistische Parteien unterdrückt und verboten. Der Weg zum Einparteienstaat war damit bereits 1918 eingeschlagen. Die Sowjets wurden zusehends entmachtet und zu Instrumenten der Partei umfunktioniert. Der Durchsetzung der bolschewistischen Alleinregierung diente eine Organisation, die im Dezember 1917 gegründet worden war: die „Außerordentliche Kommission zur Bekämpfung der Konter-

Felix Dserschinski (1877–1926)
Gründer der Tscheka (der bolsche-
wistischen Geheimpolizei) und
Organisator des „Roten Terrors".

revolution und Sabotage" (Tscheka). Unter verschiedenen Bezeichnungen hat diese Institution die sowjetische Geschichte nachhaltig
geprägt.

Das wichtigste Problem, das es für die neuen Machthaber zu lösen
galt, war der Frieden. Die Verhandlungen mit der deutschen Obersten
Heeresleitung (OHL) führten Anfang März zum Vertrag von Brest-
Litowsk, der wegen seiner ungewöhnlich harten Bedingungen (unter
anderem Abtrennung der Ukraine, der baltischen Staaten und Finn-
lands) von der russischen Öffentlichkeit fast einhellig abgelehnt wurde.
Mit der Annahme dieses Friedensdiktats stürzte Lenin auch seine
eigene Partei in eine Zerreißprobe. Aber ihm ging es darum, eine Atem-
pause zu bekommen, um die Selbstbehauptung der Revolution voranzutreiben. Der Zusammenbruch der Mittelmächte im Herbst des gleichen
Jahres machte dann den Frieden von Brest-Litowsk bedeutungslos.

Im Laufe des Jahres 1918 formierte sich ein breit gefächerter Widerstand gegen die bolschewistische Herrschaft, der in einen Bürgerkrieg
zwischen den Verteidigern der neuen Ordnung (den „Roten") und
ihren Feinden (den „Weißen") mündete.

Unterstützt durch die Landung alliierter Expeditionskorps, die aber
nicht unmittelbar in den Bürgerkrieg eingriffen, rückten „weiße" Truppen auf das bolschewistische Kerngebiet um Moskau und Petrograd
vor. Die „weiße" Opposition bildete keine Einheit: Sie umfasste Monarchisten, Liberale und Sozialisten. Sie blieb ohne festes Programm,
ohne gemeinsame Strategie, wurde nur halbherzig von den Alliierten
unterstützt und war lediglich geeint durch den gemeinsamen Feind.

Die Regierung Lenins stand mit dem Rücken zur Wand. Isoliert vom
Ausland, kämpfte sie ums Überleben. Unter Hinzuziehung ehemaliger
zaristischer Offiziere wurden binnen kurzem Arbeiter bewaffnet und die
Rote Armee – im Wesentlichen organisiert von Trotzki – aus dem Boden
gestampft.

Die Rote Armee konnte ihre Kräfte konzentriert einsetzen und hat-
te somit einen strategischen Vorteil gegenüber den unkoordinierten
Aktionen der „Weißen". Letztendlich entscheidend für den Erfolg der
Roten Armee war aber, dass deren Feinde von den Kleinbauern und
Landarbeitern nicht unterstützt wurden. Diese Bevölkerungsgruppen
mussten nicht zu Unrecht befürchten, dass nach einem Sieg der
„Weißen" die Großgrundbesitzer zurückkehren und die Landauftei-
lungen rückgängig gemacht würden.

Nach der Beendigung des Bürgerkrieges (Mitte 1920) blieb trotz des
Sieges die bolschewistische Macht immer noch instabil. Die katastro-
phale wirtschaftliche Situation sowie der Alleinherrschaftsanspruch
der Partei führten zu weiteren innenpolitischen Krisen, die im Aufstand der Kronstädter Marinesoldaten gipfelten (Febr./März 1921).

Kronstadt – eine vor den Toren Petrograds im finnischen Meerbu-
sen gelegene Insel – war der Hauptstützpunkt der russischen Ostsee-
flotte. Die Kronstädter Matrosen hatten entscheidenden Anteil am
Erfolg der Oktoberrevolution gehabt und auch in den folgenden Jahren des Bürgerkriegs hatten sie die Sache der Revolution unterstützt.
Ihr Aufstand richtete sich gegen die bolschewistische Parteidiktatur,
die alle wesentlichen Freiheitsrechte, unter anderem der Rede, der
Presse und der Versammlung, beseitigt hatte. Lenin befahl den Angriff
auf die Insel. Kronstadt wurde belagert und gestürmt. Die Rote Armee
und die Tscheka richteten ein Blutbad an.

Die Rebellion der Kronstädter Matrosen blieb die letzte innenpolitische Herausforderung der Sowjetmacht. Lenin reagierte auf dem parallel zu den Ereignissen tagenden Zehnten Parteitag seiner Partei auf zweifache Weise: Er setzte ein Fraktionsverbot durch. Dadurch wurde jede Opposition innerhalb der Partei praktisch in die Illegalität abgedrängt. Gleichzeitig veranlasste er einen radikalen wirtschaftspolitischen Kurswechsel.

Kriegskommunismus und Neue Ökonomische Politik

In den ersten Jahren nach der Revolution versank Russland in einem Chaos: Hungersnöte und Inflation, Bürgerkrieg und Gewalt, Enteignungen und Sabotage, Entvölkerung und Flucht waren an der Tagesordnung. Die Regierung versuchte der Auflösung der staatlichen Ordnung Einhalt zu gebieten. Ihre diktatorischen Maßnahmen waren vom Behauptungswillen geprägt. Dabei befolgten die bolschewistischen Machthaber kein ausgearbeitetes Konzept. Die Regierungsdekrete waren zunächst die Antwort auf den Zusammenbruch der Versorgung: Güter waren knapp, das Geld wertlos, die Bauern hielten ihr Getreide zurück. Die Regierung reagierte darauf, indem sie ein staatliches Getreidemonopol verordnete. Getreide (und oft genug auch das Saatgetreide) wurde beschlagnahmt. Auf diese Weise sollte das Überleben der städtischen Bevölkerung gewährleistet werden. Die Bauern setzten sich erbittert zur Wehr. Der Bürgerkrieg auf dem Land hatte entsetzliche Hungersnöte zur Folge.

M 2 **Hungersnot (1920–1922)**
Die Hungersnot konnte (durfte) durch westliche Hilfsorganisationen nur unzureichend gelindert werden. Diese zeitgenössische Fotografie zeigt Opfer der Hungersnot, die auf eine Brotverteilung warten. Verwaiste und verwahrloste Kinder, Opfer des Bürgerkrieges und der Hungerjahre, bildeten gewalttätige Banden, die bis weit in die zwanziger Jahre ein großes soziales Problem darstellten.

Als Folge einer längeren Dürre, aber auch des Kriegskommunismus und der Requisitionen reichten die Ernten 1921/22 nicht aus, um eine minimale Versorgung der Bevölkerung zu sichern. Man schätzt, dass damals etwa fünf Millionen Menschen durch das neue Regime dem Hungertod preisgegeben wurden.

Diese erste Phase der sowjetkommunistischen Entwicklung (1917–1921) bezeichnet man als „Kriegskommunismus". Verteidiger der bolschewistischen Herrschaft glaubten trotz der absoluten Mangelwirtschaft einen gesellschaftlichen Fortschritt zu sehen, weil – ent-

M 3 Aufruf zur Hilfe
während der Hungersnot im
Winter 1921/22

sprechend einem kommunistischen Ideal – Geld keine Rolle mehr spielte. Löhne wurden in Form von Naturalien ausgegeben und privater Handel gänzlich verboten. Die Industrieproduktion sank gegen Null. Das Elend war allgegenwärtig.

Nach dem Bürgerkrieg gegen die „Weißen" und nach dem gescheiterten Aufstand der Kronstädter Matrosen riss Lenin das wirtschaftspolitische Ruder herum (1921). Der Kriegskommunismus wurde zugunsten der Neuen Ökonomischen Politik (NEP) aufgegeben. Lenin spürte, dass die mittelfristige Sicherung der bolschewistischen Herrschaft einer wirtschaftlich solideren Basis bedurfte. Diesem Zweck sollte ein gemischtes Wirtschaftssystem dienen, in dem der Staat zwar die „Kommandohöhen" besetzt hielt (Banken, Großbetriebe, Außenhandel), in dem aber nunmehr privater Handel und private Kleinbetriebe ihren Platz haben sollten. Der Boden blieb zwar Staatseigentum, aber er durfte privat bewirtschaftet werden. Die Bauern durften wieder einen Teil ihrer Produkte vermarkten. Binnenhandel, Kleingewerbe und Handwerk durften wieder privat ausgeübt werden.

Ziel der Neuen Ökonomischen Politik war es, einen Ausgleich zwischen dem Staat und den Bauern herzustellen und die industrielle Produktion, die weit unter den Vorkriegsstand gesunken war, zu steigern. Die NEP führte relativ schnell zu einer Stabilisierung der Lage. 1926/27 wurde der Vorkriegsstand der Industrieproduktion erreicht.

Seit Mitte der zwanziger Jahre fand innerhalb der Partei eine Debatte über den richtigen Weg zur Industrialisierung Russlands statt. Sie endete 1928, als Stalin die Politik der Zwangskollektivierung der Landwirtschaft und der beschleunigten Industrialisierung einleitete. Damit ging die NEP zu Ende. Im Nachhinein erscheint die NEP als eine Übergangsperiode zwischen zwei plötzlichen Kurswechseln: 1921 und 1928.

Chronologie

1898	Parteikongress in Minsk: Gründung der Sozialdemokratischen Arbeiterpartei Russlands (SDAPR)
1903	Londoner Parteitag der SDAPR: Spaltung der Partei in Menschewiki (Martow, Plechanow, Trotzki) und Bolschewiki (Lenin)
Oktober 1917	Erste Dekrete der Sowjetregierung
25. November 1917	Wahlen zur Konstituierenden Nationalversammlung (aufgelöst Januar 1918 durch bolschewistische Truppen)
3. März 1918	Friede von Brest-Litowsk
28. Juni 1918	Dekret über Verstaatlichung der Industrie
10. Juli 1918	Verfassung der Russischen Sozialistischen Föderativen Sowjetrepublik (RSFSR)
1918–1920	Bürgerkrieg und Intervention; Weiße Truppen gegen Rote Armee (Trotzki)
1917–1921	Kriegskommunismus
März 1921	Aufstand in Kronstadt; 10. Parteitag: Beschluss über Einführung der „Neuen Ökonomischen Politik" (NEP)
1921–1922	Hungersnot
1922	Gründung der Union der Sozialistischen Sowjetrepubliken (UdSSR)
1924	Tod Lenins

M 4 Lenins Theorie der revolutionären Partei

Bereits 1902 hat Lenin die Kernelemente für den revolutionären Kampf festgehalten:

Wir haben gesagt, dass die Arbeiter ein sozialdemokratisches Bewusstsein gar nicht haben konnten. Dieses konnte ihnen nur von außen gebracht werden. Die Geschichte aller Länder zeugt davon, dass die
5 Arbeiterklasse ausschließlich aus eigener Kraft nur ein tradeunionistisches[1] Bewusstsein hervorzubringen vermag, d. h. die Überzeugung von der Notwendigkeit, sich in Verbänden zusammenzuschließen, einen Kampf gegen die Unternehmer zu führen, der
10 Regierung diese oder jene für die Arbeiter notwendigen Gesetze abzutrotzen u. a. m. [...] Der politische Kampf der Sozialdemokratie ist viel umfassender und komplizierter als der ökonomische Kampf der Arbeiter gegen die Unternehmer und die Regie-
15 rung. Genauso (und infolgedessen) muss die Organisation der revolutionären sozialdemokratischen Partei unvermeidlich anderer Art sein als die Organisation der Arbeiter für diesen Kampf. Die Organisation der Arbeiter muss erstens eine gewerkschaftliche
20 sein; zweitens muss sie möglichst umfassend sein; drittens muss sie möglichst wenig konspirativ sein (ich spreche natürlich hier und weiter unten vom autokratischen Russland). Die Organisation der Revolutionäre muss dagegen vor allem und haupt-
25 sächlich Leute erfassen, deren Beruf die revolutionäre Tätigkeit ist (darum spreche ich auch von der Organisation der Revolutionäre, wobei ich die revolutionären Sozialdemokraten im Auge habe). [...] Und nun behaupte ich, 1. Keine einzige revolu-
30 tionäre Bewegung kann ohne eine stabile und die Kontinuität wahrende Führerorganisation Bestand haben; 2. je breiter die Masse ist, die spontan in den Kampf hineingezogen wird, die die Grundlage der Bewegung bildet und an ihr teilnimmt, um so drin-
35 gender ist die Notwendigkeit einer solchen Organisation und umso fester muss diese Organisation sein (denn umso leichter wird es für allerhand Demagogen sein, die unterentwickelten Schichten der Masse mitzureißen); 3. eine solche Organisation muss
40 hauptsächlich aus Leuten bestehen, die sich berufsmäßig mit revolutionärer Tätigkeit befassen; 4. je mehr wir die Mitgliedschaft einer solchen Organisation einengen, und zwar so weit, dass sich an der Organisation nur diejenigen Mitglieder beteiligen,
45 die sich berufsmäßig mit revolutionärer Tätigkeit befassen und in der Kunst des Kampfes gegen die politische Polizei berufsmäßig geschult sind, umso schwieriger wird es in einem autokratischen Lande sein, eine solche Organisation „zu schnappen", und

5. umso breiter wird der Kreis der Personen aus der 50 Arbeiterklasse wie aus den übrigen Gesellschaftsklassen sein, an der Bewegung teilzunehmen und sich in ihr aktiv zu betätigen. [...]

1 auf gewerkschaftliche Forderungen beschränkt (englisch tradeunion = Gewerkschaft)

Lenin, Werke, Bd. 5, Berlin, S. 385, S. 469, S. 480.

M 5 Erste Maßnahmen der Sowjetregierung

a) Dekret über den Frieden (26.10. [8.11.] 1917):

Die Arbeiter- und Bauernregierung, die durch die Revolution vom 24.–25. Oktober geschaffen wurde und die sich auf die Sowjets der Arbeiter-, Soldatenund Bauerndeputierten stützt, schlägt allen Krieg führenden Völkern und ihren Regierungen vor, so- 5 fort Verhandlungen über einen gerechten demokratischen Frieden zu beginnen. [...] Ein solcher Friede ist nach Auffassung der Regierung ein sofortiger Friede ohne Annexionen (d. h. ohne Aneignung fremder Territorien, ohne gewaltsame An- 10 gliederung fremder Völkerschaften) und ohne Kontributionen [erzwungene Abgaben].
[...] Die Regierung schlägt allen Regierungen und Völkern aller Krieg führenden Länder vor, sofort einen Waffenstillstand abzuschließen. [...] 15
Die Provisorische Arbeiter- und Bauernregierung Russlands, die dieses Friedensangebot an die Regierungen und an die Völker aller Krieg führenden Länder richtet, wendet sich gleichzeitig insbesondere an die klassenbewussten Arbeiter der drei fortge- 20 schrittensten Nationen der Menschheit und der größten am gegenwärtigen Kriege beteiligten Staaten: England, Frankreich und Deutschland. Die Arbeiter dieser Länder haben der Sache des Fortschritts und des Sozialismus die größten Dienste 25 erwiesen [...], sie werden die ihnen jetzt gestellte Aufgabe der Befreiung der Menschheit von den Schrecken des Krieges und seinen Folgen begreifen; denn diese Arbeiter werden uns durch ihre allseitige, entschiedene, rückhaltlos energische Tätigkeit helfen, 30 die Sache des Friedens und zugleich damit die Sache der Befreiung der werktätigen und ausgebeuteten Volksmassen von jeder Sklaverei und jeder Ausbeutung erforderlich zu Ende zu führen.

Zit. nach: W. Lautemann, M. Schlenke (Hg.), Weltkriege und Revolutionen 1914–1945, München 1975, S. 80 f.

b) Dekret über den Grund und Boden (26.10. [8.11.] 1917):

1. Das Eigentumsrecht der Gutsbesitzer an Grund und Boden wird unverzüglich ohne jede Entschädigungszahlungen aufgehoben.

2. Die gutsherrlichen Besitzungen sowie alle Domä-
5 nenverwaltungen, Klöstern und Kirchen gehörenden Ländereien gehen mit allem lebenden und
toten Inventar, allen Baulichkeiten und allem
Zubehör in die Verfügungsgewalt der Amtsbezirks-
Landkomitees und der Kreissowjets der Bauernde-
10 putierten über, bis zum Zusammentritt der Konsti-
tuierenden Versammlung.

3. Jedwede Schädigung des konfiszierten Eigentums, das von nun an dem ganzen Volk gehört,
wird als Schwerverbrechen angesehen und vom
15 Revolutionsgericht geahndet.

Zit. nach: H. Altrichter, H. Haumann (Hg.), Die Sowjetunion,
Bd. 2, München 1987, S. 25.

c) Dekret über die Presse (27.10. [9.11.] 1917):

In der schweren, entscheidenden Stunde des Um-
sturzes und in den Tagen, die ihm unmittelbar folgten, war das Provisorische Revolutionskomitee
gezwungen, eine ganze Reihe von Maßnahmen
5 gegen die konterrevolutionäre Presse […] zu
ergreifen. […]
Jedermann weiß, dass die bürgerliche Presse eine der
wichtigsten Waffen der Bourgeoisie ist. Besonders
im kritischen Moment, da die neue Macht, die
10 Macht der Arbeiter und Bauern, sich erst konsolidierte, war es gänzlich unmöglich, diese Waffe in
den Händen des Feindes zu lassen, sie wäre zu diesem Zeitpunkt nicht weniger gefährlich gewesen
als Bomben und Maschinengewehre. […]
15 Wenn sich die Neuordnung erst gefestigt hat, werden
alle administrativen Beeinträchtigungen der Presse
beseitigt, wird sie die vollständige Freiheit erhalten.

Zit. nach: H. Altrichter, H. Haumann (Hg.), a. a. O., S. 29.

d) Dekret über die Errichtung der Versorgungs-
diktatur (13. Mai 1918):

Der unheilvolle Zerfallsprozess in der Versorgung des
Landes, auch eine Folge des vierjährigen Krieges,
setzt sich immer weiter fort, weitet sich aus, spitzt sich
zu. Zu einer Zeit, da die getreidearmen Gouver-
5 nements hungern, gibt es in den Getreide produzierenden Gouvernements gleichzeitig wie eh und je
große Vorräte, sogar an noch nicht gedroschenem
Getreide der Ernten 1916 und 1917. Dieses Getreide
befindet sich in den Händen der dörflichen Groß-
10 bauern (kulaki) und Reichen, in den Händen der dörflichen Bourgeoisie. Satt und wohlgenährt, mit riesigen Geldmengen, die sie in den Kriegsjahren verdient hat, bleibt die Dorfbourgeoisie vollkommen
taub und gleichgültig gegenüber dem Stöhnen der
15 hungernden Arbeiter und der armen Bauern. […]

2. Alle Werktätigen und nicht vermögenden Bauern
sind aufgerufen, sich rasch zum bedingungslosen
Kampf gegen die Kulaken zusammenzuschließen.
3. Alle, die Getreideüberschüsse haben und sie nicht
zu den Sammelstellen bringen, sowie diejenigen, die 20
Getreidevorräte für Schwarzbrennereien verschwen-
den, sind zu Volksfeinden zu erklären, dem revolutionären Gericht zu übergeben und mindestens
zehn Jahre ins Gefängnis zu sperren; ihr ganzes
Vermögen ist zu konfiszieren, und sie sind für 25
immer aus der Landgemeinde auszuschließen: […]
Schwarzbrenner sind darüber hinaus zu öffentlichen Zwangsarbeiten zu verurteilen.

Zit. nach: H. Altrichter, H. Haumann (Hg.), a. a. O., S. 56 ff.

M 6 sowjetisches
Plakat von 1920
Übersetzung:
Genosse Lenin reinigt
die Erde von Unrat.

Тов. Ленин ОЧИЩАЕТ
землю от нечисти.

M 7 Lenins Programm der „Säuberung"

Der Journalist Fritjof Meyer fasst Lenins Vorstellun-
gen und Anweisungen zusammen (1999):

Auf einem Kongress der Parteijugend am 2. Oktober
1920 erläuterte Lenin: „Wenn ein Bauer sich den
Getreideüberschuss aneignet, den er auf seinem
Land erwirtschaftet hat, also Getreide, das weder er
noch sein Vieh zum Überleben benötigen, […] dann 5
hat er sich bereits in einen Ausbeuter verwandelt",
in einen „Kulaken".
Sogar „gegen die schwankenden und hemmungslosen Elemente der arbeitenden Menschen selbst"
sei Gewalt anzuwenden, befand Lenin. 10
Sein Programm: „Säuberung der russischen Erde von
allem Ungeziefer, von den Flöhen, den Gaunern, von
den Wanzen – den Reichen und so weiter und so
fort", auch von „bürgerlichen Intellektuellen" und

15 „Arbeitern, die sich vor der Arbeit drücken“.
Gemeint waren die Schriftsetzer von Petrograd, die
bis zum Januar 1918 und wieder im April 1919
gegen die Diktatur der Bolschewiki streikten.
Lenin wandte sich gegen Sozialdemokraten, die da
20 sagten: „Die Revolution ist zu weit gegangen.“
Ihnen solle man antworten: „Gestattet uns, euch
dafür an die Wand zu stellen.“
Bei Bedarf war er auch Antisemit. „Behandelt die
Juden in der Ukraine mit eiserner Faust“, trug er
25 den ukrainischen Genossen auf und schrieb danach
an den Rand: „Formuliert es freundlicher: die jüdischen Kleinbürger.“
Er kümmerte sich um Details: Zur Beschattung Verdächtiger empfahl er „besondere Trennwände,
30 Holzverschläge oder Umkleidekabinen, Blitzdurch-
suchungen; Systeme zur doppelten und dreifachen
Sofortüberprüfung“. Er riet, Verhaftungen am
besten nachts vorzunehmen; Parteimitglieder hätten alles Auffällige der Staatssicherheit zu melden.
35 Als gleich nach dem Oktoberputsch die Genossen
die Todesstrafe für Deserteure abgeschafft hatten,
erregte sich Lenin: „So ein Unsinn. Wie kann man
denn eine Revolution ohne Erschießungen durchführen?“ Allein 1921, vier Jahre nach dem Sieg,
40 wurden 4337 Rotarmisten exekutiert.
Einige wörtliche Befehle Lenins:
„Einen von zehn, die sich des Müßiggangs schuldig
machen, auf der Stelle erschießen.“
„Können nicht weitere 20 000 Petrograder Arbeiter
45 mobilisiert werden, plus 10 000 Bourgeois, mit hinter ihnen aufgestellten Maschinengewehren, die
ein paar hundert erschießen?“
„Hunderte von Prostituierten, welche die Soldaten
betrunken machen, ehemalige Offiziere und der-
50 gleichen sind zu erschießen und abzutransportieren.“
„Bieten Sie sämtliche Kräfte auf, um die korrupten
Beamten und Spekulanten von Astrachan zu
erschießen. Man muss diesem Pack eine derartige
Lehre erteilen.“
55 „Solange wir nicht mit Terror gegen Spekulanten
vorgehen, also keine standrechtlichen Erschießungen
durchführen, wird nichts dabei herauskommen.“
„Mit Räubern muss man ebenso verfahren und sie
auf der Stelle erschießen.“
60 „Meiner Meinung nach muss man den Einsatz von
Erschießungen (als Ersatz für die Verbannungen ins
Ausland) verstärken.“
„Bürger, die sich weigern, ihren Namen zu nennen,
werden auf der Stelle und ohne Gerichtsverhand-
65 lung erschossen. […] Familien, die Banditen verstecken, werden verhaftet und verbannt. Der älteste
Arbeiter der Familie ist ohne Verfahren sofort zu

erschießen. Dieser Befehl ist erbarmungslos auszu-
führen.“
Die Erschießungsobsession hatte Lenin schon, ehe 70
er erwarten konnte, sie in die Tat umzusetzen. Auf
die Frage, was nach einem Sieg mit den Beamten
des alten Regimes geschehen solle, hatte er in der
Emigration keinen Augenblick gezögert: „Wir werden den Mann fragen: ,Wie stellst du dich zur Revo- 75
lution? Bist du dafür oder bist zu dagegen?‘ Wenn
er dagegen ist, werden wir ihn an die Wand stellen.
Ist er dafür, so werden wir ihn willkommen heißen
und ihn auffordern, mit uns zu arbeiten.“

Aus: Der Spiegel, Nr. 29/1999, S. 146 f.

M 8 Die Revolution im klassischen Marxismus

Der Marxismus-Experte Wolfgang Leonhard rekapituliert die Voraussetzungen im Marxschen Revolutionsbegriff:

Mit dem Begriff „soziale Revolution“ wollten Marx
und Engels besonders unterstreichen, dass es sich
um eine soziale Umwälzung, um den Sieg einer sozialen Kraft, der Arbeiterklasse, über die Bourgeoisie,
die Herrschaft der Kapitalisten, handelt und um eine 5
Neuorganisation der Gesellschaft. Dabei wiesen
Marx und Engels stets auf drei entscheidende Voraussetzungen einer solchen sozialen Revolution
hin:
a) Der Kapitalismus müsse, nach Marx und Engels, 10
auf einer hohen wirtschaftlichen Stufe stehen, sodass die ökonomischen Vorbedingungen für seine
Ersetzung durch den Sozialismus vorhanden sind.
b) Die Widersprüche zwischen dem wirtschaftlich-
technischen Stand der Entwicklung auf der einen und 15
den sozialen Beziehungen auf der anderen Seite
müssen sich so sehr verschärft haben, dass eine
radikale Veränderung des ökonomischen, sozialen
und politischen Systems unumgänglich notwendig
geworden ist. 20
c) Die Industriearbeiterschaft muss die Mehrheit der
Bevölkerung ausmachen, zumindest aber eine bedeutende Stellung einnehmen. „Eine radikale soziale
Revolution“, erklärte Marx, „ist an gewisse historische Bedingungen der ökonomischen Entwicklung 25
geknüpft. Letztere sind ihre Voraussetzungen. Sie ist
also nur möglich, wo mit der kapitalistischen Produktion das industrielle Proletariat wenigstens eine
bedeutende Stelle in der Volksmasse einnimmt.“
Falls diese Voraussetzungen – hoher ökonomischer 30
Stand, Widersprüche in einer entwickelten kapitalistischen Gesellschaft, Arbeiterklasse als Mehrheit
der Bevölkerung – nicht gegeben sein sollten, sahen

Marx und Engels voraus, dass dann nur der Mangel
35 verallgemeinert würde und dies zu einer neuen
sozialen Klassenschichtung führen müsste. Der Versuch, eine soziale Revolution ohne die erwähnten
Voraussetzungen oder gar als Handstreich einer
kleinen revolutionären Minderheit durchzuführen,
40 würde nicht zur Herrschaft der Arbeiterklasse
führen, sondern nur zur Diktatur einiger weniger,
die den Handstreich unternommen hätten.

W. Leonhard, Was ist Kommunismus?, München 1976, S. 17 f.

M 9 „Kommunismus – das ist Sowjetmacht
plus Elektrifizierung des ganzen Landes"

Rede Lenins am 22. Dezember 1920:

Solange wir in einem kleinbäuerlichen Lande leben, besteht für den Kapitalismus in Russland eine
festere ökonomische Basis als für den Kommunismus. Das darf man nicht vergessen. Jeder, der das
5 Leben auf dem Lande aufmerksam beobachtet und
es mit dem Leben in der Stadt verglichen hat, weiß,
dass wir den Kapitalismus nicht mit der Wurzel ausgerottet und dem inneren Feind das Fundament,
den Boden nicht entzogen haben. Dieser Feind
10 behauptet sich dank dem Kleinbetrieb, und um ihm
den Boden zu entziehen, gibt es nur ein Mittel: die
Wirtschaft des Landes, auch die Landwirtschaft, auf
eine neue technische Grundlage, auf die technische
Grundlage der modernen Großproduktion, zu stellen.
15 Eine solche Grundlage bildet nur die Elektrizität.
Kommunismus – das ist Sowjetmacht plus Elektrifizierung des ganzen Landes. Sonst wird das Land ein
kleinbäuerliches Land bleiben, und das müssen wir
klar erkennen. Wir sind schwächer als der Kapitalis-
20 mus, nicht nur im Weltmaßstab, sondern auch im
Innern unseres Landes. Das ist allbekannt. Wir haben

M10 „Kommunismus
ist Sowjetmacht plus
Elektrifizierung des
ganzen Landes."
Propagandaplakat
von 1920/21

das erkannt, und wir werden es dahin bringen, dass
die wirtschaftliche Grundlage aus einer kleinbäuerlichen zu einer großindustriellen wird. Erst dann, wenn
das Land elektrifiziert ist, wenn die Industrie, die 25
Landwirtschaft und das Verkehrswesen eine moderne großindustrielle technische Grundlage erhalten,
erst dann werden wir endgültig gesiegt haben. […]
Wir müssen es dahin bringen, dass jede Fabrik, jedes Kraftwerk zu einer Stätte der Aufklärung wird, 30
und wenn Russland sich mit einem dichten Netz
von elektrischen Kraftwerken und mächtigen technischen Anlagen bedeckt haben wird, dann wird
unser kommunistischer Wirtschaftsaufbau zum Vorbild für das kommende sozialistische Europa und 35
Asien werden. (Stürmischer, nicht enden wollender
Beifall.)

Zit. nach: H. Altrichter, H. Haumann (Hg.), a. a. O., S. 109 f.

Aufgaben

1. Erläutern Sie, wie Lenin die Notwendigkeit einer
   revolutionären Partei begründete. Wie sollte
   die Partei seiner Meinung nach organisiert sein?
   → Text, M1, M4
2. Geben Sie die Inhalte der ersten Maßnahmen
   der Sowjetregierung wieder.
   → Text, M5
3. Mit welchen Methoden festigten die Bolschewiki ihre Macht, obwohl sie nicht über die Mehrheit verfügten?
   → Text
4. Nennen Sie die Bestimmungen der NEP und
   erläutern Sie, inwieweit sie einen wirtschaftlichen Kurswechsel bedeuteten.
   → Text
5. Erklären Sie, wie Lenin seine neue Definition
   des Kommunismus begründete.
   → Text, M9
6. Hinterfragen Sie den sprachlichen Ausdruck
   „Säuberung" im Zusammenhang mit der Politik
   Lenins.
   → M6, M7
7. Vergleichen Sie Lenins Revolutionslehre mit der
   Marxschen Theorie. Welche Unterschiede stellen Sie fest?
   → M8

13.3 Stalinismus

Mit dem Namen Stalin verbindet sich eine Umwälzung der politischen, ökonomischen und gesellschaftlichen Verhältnisse in der Sowjetunion, die man gelegentlich als eine zweite (bolschewistische) Revolution bezeichnet hat. Im Gegensatz zum Jahre 1917 erfolgte unter Stalin die Veränderung der sowjetischen Gesellschaft als „Revolution von oben".

Nach Lenins Tod (1924) kam es zu einem innerparteilichen Machtkampf um die Nachfolge des Parteioberhaupts. Stalin, der 1922 zum Generalsekretär der bolschewistischen Partei bestellt worden war, vermochte sich gegen seine Konkurrenten Trotzki, Sinowjew und Kamenew durchzusetzen. Die beherrschende Rolle innerhalb der Partei zu spielen, gelang Stalin nicht zuletzt deswegen, weil er die Funktion als Generalsekretär geschickt ausnutzte, um die Personalpolitik der Partei zu kontrollieren.

Stalins Aufstieg ist verknüpft mit der These vom „Sozialismus in einem Land" (1925). Sie bedeutete eine fundamentale Abkehr von der bis dahin gültigen Lehre, dass die Errichtung einer sozialistischen Gesellschaft im rückständigen Russland nur möglich sei in Verbindung mit der erfolgreichen Revolution in den westlichen Industrieländern, insbesondere in Deutschland. Nachdem sich 1924 ein Ausbleiben dieser Revolution klar abgezeichnet hatte, bekam Stalins Linie innerhalb der Partei die Oberhand. Aufbauend auf der These von der „kapitalistischen Einkreisung" lautete nunmehr das Ziel: Errichtung des Sozialismus aus eigener Kraft.

Diese Doktrin richtete sich auch gegen Stalins Konkurrenten Trotzki und dessen These von der „permanenten Revolution". Trotzki hielt am revolutionären Internationalismus fest, weil er den Aufbau des Sozialismus in einem isolierten Land wie der Sowjetunion für undurchführbar hielt.

Mit „Stalinismus" bezeichnet man heute sowohl die Periode von 1928 bis 1953 als auch eine spezielle Ausprägung des sowjetischen Herrschaftssystems. Dessen Merkmale waren:
- Im Rahmen der zentralistischen Einparteien-Herrschaft konzentrierte sich die Macht an der Parteispitze, insbesondere in der Person Stalins (Ein-Mann-Diktatur).
- Durch die Vernichtung der revolutionären Elite von 1917 unterwarf sich Stalin die Partei. Auch ranghöchste Parteiführer waren der Willkür Stalins ausgeliefert.
- Das Parteimonopol für alle wichtigen Entscheidungen führte zu einer Reglementierung und Erstarrung des öffentlichen Lebens. Zugelassen waren lediglich Rituale des Personenkults um Stalin beziehungsweise Äußerungen, die im Einklang mit der dogmatischen Ideologie des Marxismus-Leninismus (in der von Stalin gebilligten Version) standen.
- Es entstand ein bürokratisches Herrschaftssystem, das sich auf einen überdimensionalen Polizeiapparat stützte (Polizeistaat).
- Jegliche (potenzielle) Opposition wurde durch so genannte Säuberungen ausgeschaltet. Schauprozesse dienten der Führung dazu, die Öffentlichkeit abzuschrecken und Sündenböcke für Fehlschläge der eigenen Politik zu liefern.

- Liquidierungen, Massendeportationen und Zwangsarbeit wurden zu hervorstechenden Merkmalen des Stalinismus. Unter Stalins Herrschaft entstand eine moderne Form der Sklavenwirtschaft („Archipel GULAG", so der Titel von A. Solschenizyns berühmten Werk, GULAG = Hauptverwaltung der Lager). Man schätzt, dass etwa fünf Prozent der sowjetischen Bevölkerung durch diese Lager gegangen beziehungsweise in ihnen umgekommen sind.

Zwangskollektivierung

Der „Aufbau des Sozialismus in einem Land" bedeutete in der Praxis eine beschleunigte, nachholende Industrialisierung. Dieses Programm war unvermeidlich mit dem Problem verknüpft, wie das für die Industrialisierung notwendige Kapital aufzubringen sei.

In Anbetracht außenpolitischer Isolierung und des Ausbleibens von ausländischem Kapital sah die sowjetische Führung im Agrarsektor die einzige Möglichkeit, sich abschöpfbare Überschüsse anzueignen. Die Bauern sollten also das Investitionskapital für die Industrialisierung zur Verfügung stellen.

Der Sowjetstaat versuchte, durch hohe Steuern beziehungsweise niedrige Preise für Agrarprodukte das Industrialisierungskapital anzueignen. Daraus ergab sich zwangsläufig ein Interessengegensatz zwischen den selbstständigen Bauern und der Staatsmacht. Weil der Staat keine angemessenen Gegenwerte zur Verfügung stellen konnte, gingen viele Bauern dazu über, Getreide zurückzuhalten. Als es 1928 wegen Missernten und der Hortung von Getreide zu einer Getreideverknappung und Versorgungskrise kam, beschritten Stalin und die sowjetische Führung den Weg der Zwangskollektivierung. Die Kollektivierung, das heißt die Überführung der Privatbauern in Genossenschaften, bedeutete praktisch deren Enteignung. Ihrem Wesen nach war die Zwangskollektivierung eine Kriegserklärung an die gesamte Bauernschaft. Die Strategie der bolschewistischen Bewegung lief darauf hinaus, „den Klassenkampf ins Dorf zu tragen" und die reichen und armen Bauern gegeneinander auszuspielen.

Die Durchführung dieser Aktion nahm die Formen eines Bürgerkrieges auf dem Lande an. Denn die Bauern setzten sich gegen ihre Entrechtung, gegen hohe Ablieferungsnormen und niedrige Preise zur Wehr. Sie schlachteten zum Beispiel ihr Vieh, was dazu führte, dass der Viehbestand zwischen 1928 und 1933 um fast 50 Prozent abnahm. Die sowjetische Staatsmacht setzte die Kollektivierung mit militärischen Mitteln durch. Es kam zu regelrechten Vernichtungsfeldzügen, Massenliquidierungen und Deportationen. Ende 1929 befahl Stalin die „Liquidierung des Kulakentums als Klasse", das heißt der bäuerlichen Oberschicht, die nach mitteleuropäischen Maßstäben aber eher Mittelbauern, ja sogar Kleinbauern entsprach. Wer auch nur einen Arbeiter beschäftigte, wurde als „Ausbeuter" beziehungsweise „Kulak" erfasst. Im Verlaufe der Aktionen wurden mehrere Millionen Bauern enteignet und in den hohen Norden oder nach Sibirien deportiert. Viele versuchten in die Städte zu fliehen.

Die politischen Kommissare und Funktionäre organisierten die verbliebene Landbevölkerung in Kolchosen (Genossenschaften) und Sowchosen (Staatsgütern). Durch die Kollektivierung entstand eine Schicht bäuerlicher Landarbeiter, die gänzlich vom Staat abhängig war und unter dem Zwang der Planerfüllung (Ablieferungszwang zu niedrigen Preisen) stand.

M 1 „Geh zur Kolchose", heißt es auf dem Plakat, auf dem die Vertreter des alten Regimes versuchen, ein Bauernmädchen von diesem Schritt abzuhalten.

Als unmittelbare Folge der Zwangskollektivierung breitete sich zwischen 1931 und 1933 eine riesige Hungersnot unter der Landbevölkerung aus, die – so schätzt man heute – über zehn Millionen Menschen das Leben kostete. Diese Katastrophe wurde vor der Weltöffentlichkeit geheim gehalten. Von außen konnte – im Unterschied zu 1921 – keine Hilfe kommen.

Aus der Perspektive der sowjetischen Führung waren bei der Durchsetzung der Kollektivierung zwei Aspekte maßgebend: Zum einen befürchtete man, dass ein agrartechnischer Fortschritt auf der Grundlage eines zersplitterten Kleinbauerntums nicht möglich sei. Zum anderen gestattete eine kollektivierte Landwirtschaft einen unmittelbaren Zugriff des Staates auf die Produktion. In Bezug auf die Versorgung der wachsenden Bevölkerung in den Städten war damit der Marktmechanismus ausgeschaltet. Zwar erhöhte sich in den folgenden Jahren durch die fortschreitende Mechanisierung die landwirtschaftliche Produktion, aber die Landwirtschaft blieb bis zum Ende der Sowjetunion eine Achillesferse der Wirtschaft. Ihre Produktivität blieb weit hinter der westlichen Landwirtschaft zurück.

Industrialisierung

Gegen Ende der zwanziger Jahre trat eine plötzliche Wende in der sowjetischen Wirtschaftspolitik ein. Die „Neue Ökonomische Politik" (NEP) wurde zugunsten einer beschleunigten Industrialisierung aufgegeben. Die Wirtschaftspolitik Stalins zielte darauf ab, unter der Bedingung der Autarkie die ökonomische und damit politische Unabhängigkeit des Sowjetstaates zu sichern. Durch einen Entwicklungsschub sollten die westlichen Ökonomien eingeholt beziehungsweise überholt werden. Stalin knüpfte dabei mittelbar an Lenin an, der den Kommunismus als „Sowjetmacht plus Elektrifizierung des ganzen Landes" definiert hatte. Die stalinistische Wirtschaftsverfassung war auf Rüstungsbedürfnisse ausgerichtet und kriegswirtschaftlich organisiert. Weitere wesentliche Merkmale waren:
- Wirtschaftslenkung mittels eines zentralisierten Plans (Fünfjahrespläne),
- Vollsozialisierung von Industrie und Handel,
- Primat der Schwerindustrie,
- Militarisierung der Arbeit, unter anderem durch Beschneidung jeglicher Freizügigkeit und strenge Disziplinierungen,
- Ablösung des Zeitlohns durch Akkordlöhne,
- Betriebshierarchien,
- Zwangsarbeit.

Die Industriealisierung unter Stalin brachte ein zwiespältiges Ergebnis. Zwar gelang es mithilfe von hohen Wachstumsraten, innerhalb von etwa zwölf Jahren einen modernen Produktionsapparat aufzubauen, aber die Effektivität der Investitionen beziehungsweise die Produktivität blieb hinter westlichen Standards zurück. Daran hat sich bis zum Ende der Sowjetunion 1991 nichts geändert.

Terror

Der Kommunismus war die einzige politische Bewegung, die ihre Führer und Funktionäre systematisch selbst umbrachte. Die Verfolgung von Kommunisten durch Kommunisten ist ein großes Paradoxon der Geschichte des 20. Jahrhunderts. So kamen zum Beispiel in den Lagern der Sowjetunion mehr kommunistische deutsche Funktionäre um als in den Konzentrationslagern der Nationalsozialisten. Man kann letztlich nur darüber spekulieren, welche Funktionen die sich wiederho-

M 2

lenden „Säuberungen" hatten, zumal diese absolut willkürlich verliefen. In jedem Fall ging ein einschüchternder, Angst machender Effekt von den Verhaftungen aus. Eine „Abweichung von der Parteilinie" verbot sich von selbst. Aber auch die vollkommene Anpassung nutzte vielen nichts. Gleichzeitig konnte die Parteiführung immer wieder Schuldige (Sündenböcke) für Fehlschläge und Niederlagen präsentieren.

Zwischen 1936 und 1938 wurden in Moskau drei Schauprozesse für die sowjetische, aber auch für die Weltöffentlichkeit inszeniert. Sie waren sorgfältig als Medienereignis vorbereitet worden:

- August 1936: Prozess gegen das „Trotzkistisch-Sinowjewistische Terroristische Zentrum",
- Januar 1937: Prozess gegen das „Sowjetfeindliche Trotzkistische Zentrum",
- März 1938: Prozess gegen den „Antisowjetischen Block der Rechten und Trotzkisten".

Die große Mehrheit der angereisten Journalisten und Beobachter glaubte den absurdesten Selbstbezichtigungen der Angeklagten. Diese waren Monate lang auf den Prozess vorbereitet worden: mit Folter, Schlafentzug, Zermürbung durch pausenlose Verhöre, durch Drohungen und Versprechungen. Die angeklagten ranghohen Kommunisten beschuldigten sich selbst in diesen Prozessen der unwahrscheinlichsten Verbrechen: Angeblich ständen sie im Solde ausländischer Mächte. Sie seien klassenfeindliche Spione oder faschistische Agenten. Sie bezichtigten sich selbst der Verschwörung gegen Stalin. Sie hätten der sowjetischen Rüstungswirtschaft durch Sabotage geschadet usw. Eine genaue Analyse der Prozessumstände sowie der Protokolle ergibt, dass die Angeklagten während des öffentlichen Verfahrens vorbestimmte Rollen als „Volksfeind", „Spion" oder „Saboteur" zu übernehmen hatten.

Parallel zu den Schauprozessen fanden Massenverhaftungen statt, deren Umfang letztlich nur geschätzt werden kann. Knapp eine Million der Verhafteten wurde direkt getötet. Man geht davon aus, dass sich zum Zeitpunkt der Prozesse etwa acht Millionen Menschen (fünf Prozent der Bevölkerung) in Gefängnissen und Lagern befanden, von denen zwei Millionen durch Lagerarbeit starben.

Auch nach dem Zugang zu neuen Quellen besteht immer noch Unklarheit über den Umfang der Repressionen. 1997 erschien in Frankreich das von Stephane Courtois herausgegebene „Schwarzbuch des Kommunismus". In ihm wurde die Zahl der Opfer des kommunistischen Herrschaftssystems in der Sowjetunion mit etwa 20 Millionen beziffert. Die Autoren stellten dem nationalsozialistischen „Rassen-Genozid" (Völkermord) den kommunistischen „Klassen-Genozid" gegenüber.

Chronologie

1922	Stalin wird Generalsekretär.
1924	Lenins Tod
1925	Stalins These vom „Sozialismus in einem Land" wird offiziell von der Partei übernommen.
1926	Ausschluss Trotzkis aus dem Politbüro; 1940 wird Trotzki im mexikanischen Exil ermordet.
1928	Beginn der Zwangskollektivierung und erster Fünfjahresplan
1934–1938	Schauprozesse
1953	Stalins Tod

M 3 Selbstdarstellung Stalins

Plakat zum ersten Fünfjahresplan, der vom freundlich lächelnden, verschlagenen Stalin bereits in vier Jahren erfüllt wurde; die internationale Kirche, das Kapital und die Sozialdemokraten geifern vergebens gegen ihn.

M 4 Über die „innere Lage der Sowjetunion"

Stalin in einem Bericht für den 14. Parteitag der Kommunistischen Partei der Sowjetunion (1925):

[…] Wir arbeiten und bauen unter den Bedingungen der kapitalistischen Umkreisung. […] Das ist der Rahmen, innerhalb dessen der Kampf der beiden Systeme vor sich gehen muss, des sozialistischen
5 Systems und des kapitalistischen Systems. […]
Hieraus folgt: Wir müssen unsere Wirtschaft so aufbauen, dass unser Land nicht zu einem Anhängsel des kapitalistischen Weltsystems wird, dass es nicht in das Gesamtsystem der kapitalistischen Entwick-
10 lung als deren Hilfsbetrieb einbezogen wird, dass sich unsere Wirtschaft nicht als ein Hilfsbetrieb des Weltkapitalismus entwickelt, sondern als eine selbstständige Wirtschaftseinheit, die sich hauptsächlich auf den inneren Markt, auf den Zusam-
15 menschluss unserer Industrie mit der bäuerlichen Wirtschaft unseres Landes stützt.
Es gibt zwei Generallinien: Die eine geht davon aus, dass unser Land noch lange ein Agrarland bleiben müsse, dass es landwirtschaftliche Erzeugnisse aus-
20 führen und Maschinen einführen, dass es dabei bleiben und sich auch in Zukunft in der gleichen Bahn weiterentwickeln müsse. […] Diese Linie bedeutet eine Abkehr von den Aufgaben unseres Aufbaus. Das ist nicht unsere Linie.

Es gibt eine andere Generallinie, die 25 davon ausgeht, dass wir alle Kräfte aufbieten müssen, um unser Land zu einem wirtschaftlich selbstständigen, unabhängigen, auf dem inneren Markt basierenden Land zu machen, zu ei- 30 nem Land, das zum Anziehungsfeld für alle anderen Länder wird, die nach und nach vom Kapitalismus abfallen und in die Bahnen der sozialistischen Wirtschaft einlenken werden. […] 35
Das ist unsere Aufbaulinie, die die Partei einhält und die sie auch künftig einhalten wird. Diese Linie ist unerlässlich, solange es eine kapitalistische Umkreisung gibt. 40
Anders wird sich die Lage gestalten, sobald die Revolution in Deutschland oder in Frankreich oder in beiden Ländern gesiegt hat, sobald dort der sozialistische Aufbau auf einer höhe- 45 ren technischen Grundlage beginnt. Dann werden wir von der Politik der Verwandlung unseres Landes in eine unabhängige Wirtschaftseinheit zur Politik der Einbeziehung unseres Landes in die 50 gemeinsame Bahn der sozialistischen Entwicklung übergehen. Solange das aber nicht geschehen ist, brauchen wir für unsere Volkswirtschaft unbedingt jenes Minimum von Unabhängigkeit, ohne das es unmöglich ist, unser Land vor der wirtschaftlichen 55 Unterwerfung unter das System des Weltkapitalismus zu bewahren. […]

Zit. nach: H. Altrichter (Hg.), Die Sowjetunion, Bd.1, München 1986, S. 87 ff.

M 5 Überwindung der Rückständigkeit

Vor Industriefunktionären hielt Stalin am 4. Februar 1931 folgende Rede:

Zuweilen wird die Frage gestellt, ob man nicht das Tempo etwas verlangsamen, die Bewegung zurückhalten könnte. Nein, das kann man nicht, Genossen! Das Tempo darf nicht herabgesetzt werden! Im Gegenteil, es muss nach Kräften und Möglich- 5 keiten gesteigert werden. Das fordern die Verpflichtungen gegenüber den eigenen Arbeitern und Bauern, gegenüber der Arbeiterklasse der ganzen Welt. Das Tempo verlangsamen, das bedeutet Zurückbleiben. Und Rückständige werden 10 geschlagen. Wir aber wollen nicht die Geschlagenen sein […]. In der Vergangenheit hatten wir kein Vaterland und konnten keines haben. Jetzt

aber, wo wir den Kapitalismus gestürzt haben und
15 bei uns die Arbeiter an der Macht stehen, haben
wir ein Vaterland und werden seine Unabhängigkeit verteidigen. Wollt ihr, dass unser sozialistisches
Vaterland geschlagen wird und seine Unabhängigkeit verliert? Wenn ihr das nicht wollt, dann müsst
20 ihr in kürzester Frist seine Rückständigkeit beseitigen
und ein wirklich bolschewistisches Tempo im Aufbau seiner sozialistischen Wirtschaft entwickeln.
Andere Wege gibt es nicht. Darum sagte Lenin zur
Zeit des Oktobers: entweder Tod oder die fortge-
25 schrittenen kapitalistischen Länder einholen und
überholen. Wir sind hinter den fortgeschrittenen
Ländern um fünfzig bis hundert Jahre zurückge-
blieben. Wir müssen diese Distanz in zehn Jahren
durchlaufen. Entweder bringen wir das zu Stande,
30 oder wir werden zermalmt.

Zit. nach: G. v. Rauch, Machtkämpfe und soziale Wandlungen in
der Sowjetunion seit 1923, Stuttgart 1972, S. 15 f.

M 6 Verhältnis des Produktions- zum Konsumgütersektor

Jahr	Produk-tionsgüter	Konsum-güter
1913	35,1	64,9
1928	39,5	60,5
1940	61,2	38,8
1945	74,9	25,1
1946	65,9	34,1
1950	68,8	31,2
1955	70,5	29,5

Zit. nach: H. Altrichter, H. Haumann (Hg.), a. a. O., S. 527.

M 7 „Säuberungen" und Schauprozesse

*Der Kommunismus-Experte Hermann Weber
beleuchtet den Höhepunkt des stalinistischen Terrors zwischen 1936 und 1938:*

Außer den Schauprozessen gab es unter Ausschluss
der Öffentlichkeit geführte Prozesse, so gegen
Tuchatschewski und die Armeeführer im Juni 1937
und gegen die Altbolschewiki Jenukidse, Karachan
5 u. a. im Dezember 1937. Neben diesen zentralen
Tribunalen fanden ungezählte in der Provinz statt,
denen die lokalen Führer zum Opfer fielen. Noch
weit größer ist die Zahl der Erschossenen, die stillschweigend verschwanden, nachdem sie als angeb-
10 liche „Volksfeinde" ihre Positionen verloren hatten. Auf diese Weise vernichtete das NKWD Stalins
in den Jahren 1936 bis 1938 fast die gesamte Füh-

M 8 Alltäglicher Personenkult

Stalins Name erscheint auf der Titelseite der „Prawda" vom
17.11.1950 nicht weniger als 101-mal; davon 38-mal als
„Genosse Stalin", 10-mal als „Großer genialer Führer und
Lehrer", 5-mal als „teurer und geliebter Stalin", 8-mal als
„großer", „genialer" oder „weiser" Stalin, 20-mal wird
Stalins Name adjektivisch verwendet und 20-mal ohne Zusatz.

rergruppe der KP aus der Zeit Lenins. [...] Von den
32 Mitgliedern der Politbüros zwischen 1919 und
1938 fielen nicht weniger als 17 der Säuberung zum 15
Opfer. 40 Mitglieder des Zentralkomitees der KPd-
SU wurden liquidiert. 18 frühere Volkskommissare
(d. h. Regierungsmitglieder), 16 Botschafter und 10
Gesandte, fast sämtliche Vorsitzende der einzelnen
Republiken wurden erschossen oder verschwanden 20
in Sibirien. Nicht anders erging es den meisten ausländischen Kommunisten, die sich zu jener Zeit in
Russland befanden. Ohne große Schauprozesse
aber wurden Zehntausende alter Kommunisten
erschossen oder in die Verbannung geschickt, 25
wovon die Öffentlichkeit kaum etwas erfuhr. Auch
in der Armee wütete die Säuberung, ihr fielen fast
alle 80 Mitglieder des 1934 geschaffenen Obersten

Kriegsrates und vermutlich 35 000 Offiziere zum
30 Opfer. Allein im höheren Offizierskorps verschwanden drei von fünf Marschällen (Tuchatschewski, Blücher, Jegorow), 13 von 15 Armeekommandeuren, 57 von 85 Korpskommandeuren, 110 von 195 Divisionskommandeuren. Sämtliche Befehlshaber
35 der Flotte wurden erschossen. Die Folgen dieser Dezimierung der Armeeführung 1937/38 musste die Sowjetunion beim Überfall Hitler-Deutschlands verspüren.

Die große Säuberung von 1936 bis 1938 zog einen
40 Schlussstrich unter die gesellschaftliche Entwicklung, die – basierend auf der Grundlage der verstaatlichten Industrie und der kollektivierten Landwirtschaft – seit Anfang der zwanziger Jahre zur politischen und wirtschaftlichen Herrschaft der
45 Apparate geführt hatte. Die blutige Säuberung beseitigte die Kräfte, die durch ihre Verbundenheit mit der revolutionären Tradition der neuen Herrschaft bei der Unterdrückung der Arbeiter latent gefährlich werden konnten.

H. Weber, Stalinismus. Zum Problem der Gewalt in der Stalin-Ära, in: R. Crusius und M. Wilke (Hg.), Der XX. Parteitag der KPdSU und seine Folgen, Frankfurt/M. 1977, S. 274 f.

M 9 **Stalin auf der Titelseite der Zeitschrift „Wir bauen, Zeitschrift der Industrie", Nr. 20 aus dem Jahr 1937**

Seit Mitte der dreißiger Jahre versucht Stalin, seine Rolle als einziger „Führer" in der Sowjetunion zu festigen. Im ganzen Land lässt er sich mit Liedern, Gedichten und Hymnen feiern. Bereits im Kindergarten werden Huldigungsformeln eingeübt: „Sta- 5
lin – Großer Lehrer, Freund und Vater! Stalin – das Licht!". Um auch im kollektiven Bildgedächtnis seine herausragende Rolle zu verankern, ordnet er einen nicht endenden Prozess von Fälschungen, Retuschen und Inszenierungen an. Gleichzeitig 10
lässt er sich in Gemälde hinein malen, die Ereignisse während der Oktoberrevolution zeigen, um sich in diese Tradition zu stellen. Das Ministerium für Agitation und Propaganda kontrolliert, welche Stalinbilder verbreitet werden: In der Regel zeigen sie 15
Stalin mit einem ernsten, jedoch entspannten Gesichtsausdruck. Die Bilder sind geschönt, Stalins Teint ist glatt, seine Pockennarben nicht zu sehen. Im Gegensatz zu Hitler und Mussolini sucht Stalin keine Nähe zu den Menschen. Fotos mit begeister- 20
ten Anhängern sind nicht vorhanden. Fotomontagen und Collagen sollen die Nähe zum Volk suggerieren. Ein weiteres Mittel zur Popularisierung Stalins ist seine Darstellung im Spielfilm. Auch hier inszeniert er sein eigenes Bild, indem er selbst die 25
Darsteller seiner Person auswählt und vorgibt, wie er zu zeigen ist.

Aus: Haus der Geschichte (Hg.), Bilder, die lügen, Bonn 1999, S. 37.

M10 **Bilanz des Grauens**

Sowjethistoriker rechnen mit Stalin ab

Moskau. Zwischen 42 und 52 Millionen Menschen sind von 1927 bis 1953 nach Berechnungen des sowjetischen Historikers Roy Medwedjew von stalinistischen Terrormaßnahmen wie Inhaftierung und Deportation betroffen worden oder fielen der 5
durch die Agrarkollektivierung ausgelösten Hungersnot von 1932/33 zum Opfer. Mit Bestimmtheit lässt sich aus Medwedjews Schätzungen eine Mindestzahl von neun Millionen Todesopfern ablesen. Ihre wirkliche Zahl dürfte jedoch weitaus höher lie- 10
gen, da allein von den fünf bis sieben Millionen Verhafteten des Massenterrors von 1937/38 nur eine Minderheit die Auflösung der Lager nach Stalins Tod noch erlebt haben dürfte.

Medwedjews Statistik, in der jüngsten Nummer der 15
[sowjetischen] Zeitschrift „Argumente und Fakten" veröffentlicht, dürfte den drängenden Forderungen nach gründlicher Sichtung und öffentlicher Auswertung der Archive aus der Stalin-Ära neuen Auftrieb geben. Dazu dürften auch die von Med- 20
wedjew geäußerten Zweifel an der Zahl der sowjetischen Kriegsopfer beitragen, die mit 20 Millionen angegeben wird.

Nach Medwedjews Angaben, die sich teils auf bis-
25 her nur ungenaue sowjetische Quellen, teils offenbar auch auf ausländische Schätzungen stützen,
befanden sich bereits von 1927 bis 1929 etwa eine
Million politischer Häftlinge in Haft oder Verbannung. Die „Entkulakisierung" von 1930 bis 1932,
30 also die Vertreibung tatsächlicher oder angeblicher
Großbauern von ihren Höfen und ihre gewaltsame
Umsiedlung in unwirtliche östliche Landesteile,
betraf mit Familienangehörigen sechs bis sieben
Millionen Menschen, dazu kamen als „Subkulaken"[1]
35 vermutlich weitere drei bis vier Millionen. Eine
neue Deportationswelle erfasste 1933 etwa eine
Million Bauern.
Schätzungen der Zahl von Hungertoten aus den
Jahren 1932/33 bewegen sich zwischen drei und
40 zehn Millionen. Anhand der demografischen Statistiken aus den zwanziger und dreißiger Jahren
nimmt Medwedjew sechs bis sieben Millionen Ver-
hungerte an. Eine Verschärfung der bäuerlichen
Ablieferungsverpflichtungen führte vermutlich zu
45 weiteren eineinhalb bis zwei Millionen Verhaftungen auf dem Lande. Die Deportationskampagne
nach der wahrscheinlich von Stalin selbst verant-
worteten Ermordung des Leningrader Parteichefs
Kirow verschlug 1935 etwa eine Million Großstadt-
50 bewohner in ferne Landesteile.
Dem „Jeschow-Terror"[2] von 1937/38 mit fünf bis
sieben Millionen Verurteilungen zu Lagerhaft oder
Tod folgten 1939 und 1940/41 zwei weitere Depor-
tationswellen in den annektierten Gebieten der
55 Westukraine und des Baltikums, auf deren Umfang
die in den vergangenen zwei Jahren erfolgte Rehabilitierung von rund einer Million Betroffener
schließen lässt. Während des Krieges wurden unter
anderem zwei Millionen Sowjetdeutsche und drei
60 Millionen Angehörige islamischer Völkerschaften
des Kaukasus nach Osten transportiert.

Durch die rigorose Verschärfung der Arbeitsge-
setzgebung 1940 mit strengsten Strafen auch für
geringfügige Versäumnisse erhöhte sich die Zahl
der Lagerhäftlinge um weitere zwei bis drei Millio- 65
nen, darunter viele junge Menschen. Besondere
Schwierigkeit bereitet die Ermittlung der Zahl
jener, die während des Krieges oder danach in
Lager verbracht wurden, weil sie sich angeblich
unter deutscher Okkupation verdächtig gemacht 70
hatten oder in Kriegsgefangenschaft geraten
waren. Medwedjew nennt die Annahme von zehn
bis zwölf Millionen eher zu niedrig als zu hoch. Die
Zeit zwischen 1946 und Stalins Tod 1953 kostete
nach Medwedjew nochmals ein bis anderthalb Mil- 75
lionen Menschen die Freiheit.
Ungewissheit herrscht vor allem über die Zahl der
Lagerhäftlinge, die entweder Opfer der Härten des
Lagerlebens wurden oder aber mit oder ohne Urteil
der Geheimtribunale jener Zeit exekutiert wurden. 80

1 Kulak: russische Bezeichnung für Mittel- und Großbauern;
(sub = unter)

2 N. I. Jeschow: Leiter des Volkskommissariats für Innere
Angelegenheiten während der Terrorwelle von 1936–1938

U. Engelbrecht, in: Die Presse (Wien), 8.2.1989.

M11 **Karikatur von Brigitte Schneider,**
aus: Das Parlament, Nr. 46–47, 1990

Aufgaben

1. Welcher Methoden der Machterhaltung bediente sich Stalin?
→ Text, M2, M3, M7

2. Analysieren Sie, welche Formen der Personenkult um Stalin annahm.
→ Text, M3, M8, M9

3. Erläutern Sie den Zusammenhang zwischen der
Kollektivierung der Landwirtschaft und der
niedrigen Produktivität.
→ Text, M1

4. Analysieren Sie die Begründungen Stalins für
sein Programm der beschleunigten Industrialisierung.
→ Text, M4, M5

5. Welche Auswirkungen hat die stalinistische Ent-
wicklungsdiktatur auf die Gesellschaft?
→ M10

6. Fassen Sie zusammen: Was versteht man aus
heutiger Perspektive unter „Stalinismus"?
→ Text, M1–M10

Fragen an die Geschichte

Wie wird mit Bildern Politik gemacht?

Bilder prägen unser Bild von der Wirklichkeit mehr als jedes andere Medium. Sie vermitteln eine vermeintliche Objektivität und Glaubwürdigkeit, was mit der herausragenden Bedeutung des Auges als menschliches Sinnesorgan zu tun hat. Die Illusion des Sichtbaren hat sich die Bildpropaganda zu Nutze gemacht. Das Ab-Bild kann durch verschiedene Manipulationspraktiken zur Lüge werden. Bildausschnitt, Blickwinkel, Vergrößerung und Retusche stellen die üblichen

M 1

Bearbeitungstechniken dar, die in den dreißiger Jahren perfektioniert wurden. Die totalitären Diktaturen (Kommunismus, Faschismus und Nationalsozialismus) betrieben Bildfälschungen und Bildinszenierungen im großen Stil. Diese dienten in erster Linie dazu, den Führerkult um Mussolini, Hitler, Stalin und Mao Zedong und andere zu popularisieren.

Wenn es in der Vergangenheit oft schwierig war, Schein und Wirklichkeit auseinander zu halten, so dürfte das in Zukunft fast unmöglich werden. Die Digitalisierung von Fotos und die computergestützte Bildbearbeitung ermöglichen heute perfekt gefälschte Bilder, deren Authentizität visuell nicht mehr überprüfbar ist.

Aufgaben

1. Warum wurde in der Sowjetunion die öffentliche Erinnerung an bestimmte Personen ausgelöscht?

2. Erläutern Sie, inwiefern totalitäre Systeme die Geschichtsdarstellung instrumentalisieren.

3. Erörtern Sie die Aussage: „Die Lüge ist Teil der Wirklichkeit."

[...] Sicher ist, dass eine „Auslöschung der Erinnerung" an das politische Wirken anders Denkender oder inzwischen missliebiger Personen eine gängige Herrschaftspraxis in den totalitären Systemen
5 unsere Jahrhunderts gewesen ist. So soll mit der Entstalinisierung nach dem Tod Stalins dessen Andenken ausgelöscht werden. Eines der bekanntesten Beispiele für eine „Damnatio memoriae" [sinngemäß: Auslöschung der Erinnerung] bereits
10 zu Lebzeiten ist das Schicksal Trotzkis.

M 3

Leo Dawidowitsch Bronstein – genannt Trotzki – verschwindet aus sämtlichen Bildern. Vor allem die Geschichte einer Fotografie verdeutlicht dies: Auf dem Swerdlow-Platz vor dem Bolschoi-Theater in
15 Moskau versammeln sich am 5. Mai 1920 Einheiten der Roten Armee. In der Mitte des Platzes steht ein Holzpodium, auf dem Wladimir Iljitsch Lenin eine Rede hält, bevor die Truppen gegen die Verbände des polnischen Marschalls Jozef Klemens Pilsudski
20 ins Feld ziehen. Das revolutionäre Russland befindet sich im Krieg. [...]
Die Aufnahme zeigt Trotzki und Leo Borissowitsch Kamenew auf der Treppe zum Podium, während Lenin in der ihm typischen Rednerpose die bunt
25 zusammengewürfelten Verbände mit seiner Ansprache zu mobilisieren versucht. Das Bild wird in den folgenden Jahren in der Sowjetunion zu einer wahren Ikone und findet als Fotoabzug und Postkarte weite Verbreitung.

30 Ein unbekannter Fotograf macht nur wenige Sekunden nach dem Goldstein-Bild eine nahezu identische Aufnahme. Sie zeigt Trotzki und Kamenew im Profil. Auch dieses Motiv wird in hohen Auflagen gedruckt und verbreitet. Die Originalver-
35 sion erscheint das letzte Mal 1927. [...]
Später wird nur noch die Fälschung veröffentlicht. Ein Retuscheur sorgt dafür, dass fünf Holzstufen Trotzki und Kamenew ersetzen. In der Geschichte der Fotografie wird dieser Eingriff nicht nur wegen seiner für die damaligen Verhältnisse gelungenen Durch-
40 führung berühmt, sondern auch weil die Entfernung Trotzkis aus dem Bild das spätere Schicksal des einstigen Weggefährten Lenins vorwegnimmt. Bereits im Novem-
45 ber 1927 schließt ihn die Führung der Kommunistischen Partei aus dem ZK aus. 1929 aus der UdSSR wegen angeblicher „konterrevolutionärer Betätigung" ausgewie-
50 sen, führt er den Rest seines Lebens ein Emigrantendasein, bis ihn Stalin am 20. August 1940 in Mexiko durch einen Agenten ermorden lässt.
55 Für Stalins Herrschaftssicherung ist es essenziell, auch die Erinnerung an die politische Bedeutung Trotzkis zu tilgen. Trotzkis politische Zielsetzung, seine Theorie
60 einer „permanenten Revolution", die von Russland aus auf andere Länder übergreifen soll, widerspricht den Absichten des Georgiers. Stalin
65 hingegen formuliert sein Programm als den „Aufbau des Sozialismus in einem Land", das später in den Exzessen der Zwangskollektivierung der bäuerlichen Privatwirtschaft mündet. In den zwanziger Jahren gelingt es Stalin, als Generalsekretär der
70 Kommunistischen Partei seine Machtbasis systematisch zu vergrößern und seinen Widersacher ins politische Abseits zu manövrieren.
Trotzki bleibt jedoch im kollektiven Gedächtnis eine der Schlüsselfiguren der Oktoberrevolution. Er hat den Aufbau der Roten Armee organisiert
75 und damit entscheidend zum Sieg der Bolschewiki im Bürgerkrieg beigetragen. Zahlreiche Aufnahmen belegen die zentrale Rolle Trotzkis nach dem Sturz der Zarendynastie wie auch seine enge Verbundenheit zu Lenin.
80

T. Chafig, in: Haus der Geschichte (Hg.), Bilder, die lügen, Bonn 1998, S. 30 f.

13.4 Die Sowjetunion nach Stalin

Entstalinisierung

Nach dem Tode Stalins (1953) gelang es Chruschtschow, sich gegen seinen Hauptrivalen Malenkow durchzusetzen. Mit Chruschtschow als Sekretär des Zentralkomitees begann eine neue Phase sowjetischer Politik, die man als Entstalinisierung bezeichnet. Auf dem XX. Parteitag (1956) der Kommunistischen Partei der Sowjetunion (KPdSU) hielt Chruschtschow eine Geheimrede, die eine Abrechnung mit den Verbrechen Stalins und dessen Personenkult beinhaltete.

Entstalinisierung bedeutete in der innenpolitischen Praxis:
- eine Abkehr vom Massenterror,
- die Kontrolle des verselbstständigten und allmächtigen Staatssicherheitsapparates durch die Partei,
- die Auflösung vieler Zwangsarbeitslager,
- mehr Rechtssicherheit für den Bürger,
- die Ankurbelung der Konsumgüterproduktion.

M 1 **Stalins Denkmal-Kopf**
Am 23. Oktober 1956 rissen Demonstranten das Stalin-Denkmal in Budapest nieder. Der Kopf stürzte zu Boden. Das Standbild galt als Symbol der sowjetischen Fremdherrschaft. An diesem Tag begann der ungarische Volksaufstand.

Die Entstalinisierungsphase mit den Enthüllungen der Verbrechen unter Stalin weckte Hoffnungen in der Sowjetgesellschaft, die kaum eingelöst wurden. Viele Probleme blieben tabuisiert, viele unschuldige Opfer ohne Rehabilitierung. Chruschtschow wurde 1964 abgesetzt. Ab 1965 setzte unter seinem Nachfolger Breschnew ein härterer innenpolitischer Kurs ein, der eine kritische Auseinandersetzung mit dem Stalinismus kaum noch zuließ.

Die Kommunistische Partei der Sowjetunion

Das politische System der Sowjetunion, wie es sich in den zwanziger Jahren ausgebildet hatte, blieb bis zur Perestroika (1985) in Kraft. Die Entstalinisierung brachte also keine prinzipielle Änderung des politischen Machtgefüges mit sich. Der einzige Unterschied zwischen der Stalinzeit und den nachfolgenden Jahrzehnten bestand darin, dass die Partei eifersüchtig darüber wachte, dass kein neuer Alleinherrscher die Partei unterjochte. Unter diesen Vorzeichen ist auch der Sturz Chruschtschows und seine Ablösung durch Breschnew zu sehen (1964).

Offiziell war die Sowjetunion ein demokratischer Räte (Sowjet)staat. Tatsächlich kann jedoch das politische System nur aus der Existenz eines Herrschaftszentrums in der Parteispitze verstanden werden. Die leitenden Gremien der KPdSU stellten den Kern der politischen Macht dar. Über den Entscheidungsprozess innerhalb der oligarchischen Führungsgruppe war nur wenig bekannt, weil die Vorgänge sorgfältig jeder öffentlichen Kontrolle entzogen wurden. Man vermutete aber zu Recht, dass Gruppenbildungen und persönliche Rivalitäten eine wichtige Rolle spielten.

Aufgrund der hierarchischen Struktur der KPdSU war die Parteibasis politisch einflusslos. Entschließungen und Personalentscheidungen der Parteitage wurden sorgfältig vorbereitet und liefen ritualisiert ab. Die Delegierten hatten lediglich die Funktion, bereits gefällten Entscheidungen Beifall zu spenden.

Ein so genannter Demokratischer Zentralismus durchdrang das Innenleben der Partei. Das Statut (die Satzung) der Kommunistischen Partei der Sowjetunion sah die Wählbarkeit der leitenden Organe vor, was aber eine reine Formsache blieb. Andererseits schrieb es auch die „unbedingte Verbindlichkeit der Beschlüsse der höheren Organe für die unteren" vor. Letzteres wurde hingegen von den Inhabern der Macht umso ernster genommen. Diese Organisationslogik folgte dem Denken Lenins, das ganz auf die Technik der Machterringung und -erhaltung ausgerichtet gewesen war.

Im Zentrum der Entscheidungsfindung und der hierarchischen Willensbildung stand das Politbüro (PB). Hier fasste eine kleine Gruppe von Spitzenfunktionären alle wichtigen Beschlüsse. Neue Mitglieder dieses Organs wurden in unregelmäßigen Abständen kooptiert, das

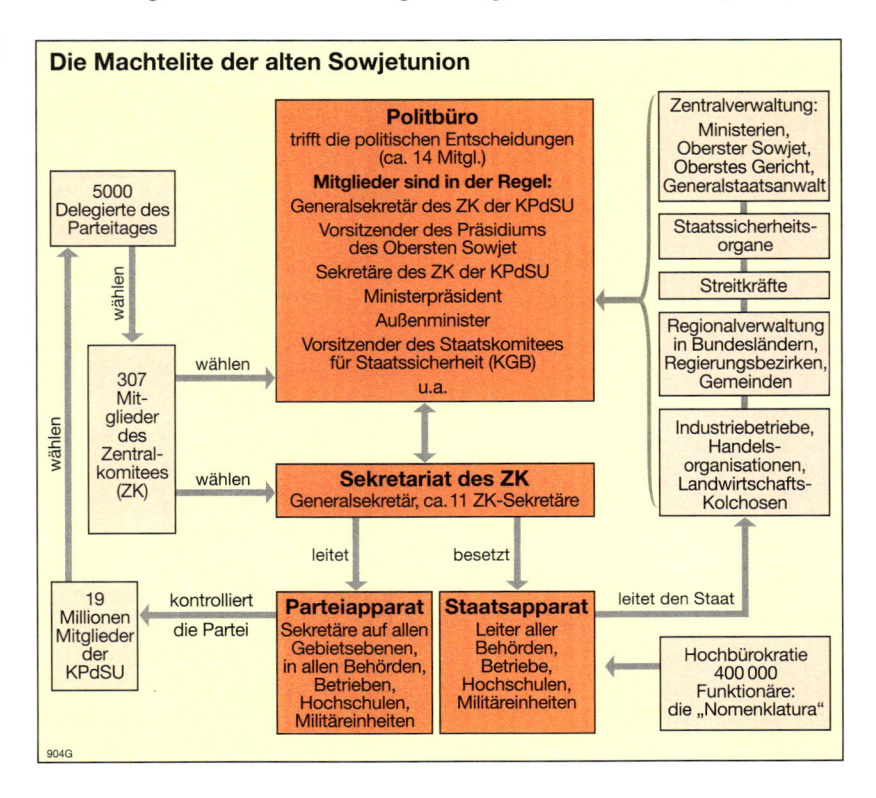

M 2 Die Machtelite der alten Sowjetunion

heißt vom Politbüro selbst zugewählt. Zusammen mit den Sekretären des Zentralkomitees (ZK) der Partei konzentrierte sich bei den Politbüromitgliedern die Macht. Der Parteitag als solcher, formell das „oberste Organ der KPdSU", besaß hingegen als Entscheidungsträger keinerlei Bedeutung. Die KPdSU hatte etwa 19 Millionen Mitglieder; das waren etwa 10 Prozent der Sowjetbürger über 18 Jahre. Viele von ihnen hatten die Mitgliedschaft weniger aus ideologischer Überzeugung als mit der Hoffnung gesucht, sich das berufliche Fortkommen zu erleichtern und die eigene Existenz abzusichern.

Der Sowjetstaat

Die Sowjetunion war ein Vielvölkerstaat, der sich formell aus selbstständigen Republiken zusammensetzte. Die 15 Unionsrepubliken waren theoretisch souverän und verfügten auch über eigene Verfassungen. Allerdings bestand der föderale Charakter nur der Form nach, denn in der Praxis wurde die Union der Sozialistischen Sowjetrepubliken (UdSSR) zentral von Moskau aus gelenkt. Das geschah seit der Stalinzeit durch Personalentscheidungen, Parteibindungen und die Umsiedlung von Russen in die nicht russischen Gebiete (Russifizierung).

Die KPdSU verfügte über ein vielfältiges Instrumentarium, um ihren Anspruch auf die führende Rolle in Staat und Gesellschaft durchzusetzen. Ein Mittel, alle gesellschaftlichen Bereiche zu durchdringen und parteikonforme Verhaltensweisen zu sichern, war die gezielte Besetzung von Schlüsselstellungen (Kaderpolitik).

Die Sowjetunion war der Staat der KPdSU, genau so wie die DDR der Staat der SED gewesen war. Dabei hielt die Parteidiktatur den Anschein eines Parlamentarismus aufrecht. In der UdSSR diente der „Oberste Sowjet" und dessen regelmäßige Wahl durch das Volk dazu,

M 3

Formen der Übertragung des Parteiwillens auf Staat und Gesellschaft

Partei →
- Verbindlichkeit von Parteibeschlüssen für Parteimitglieder und parteilose Funktionäre
- Personelle Verschmelzung von Partei, Staat und gesellschaftlichen Organisationen
- Zuständigkeit der Partei für die Besetzung von politischen Schlüsselstellungen (Nomenklatur, Kaderpolitik)
- Anleitung und Kontrolle von Staatsorganen, gesellschaftlichen Organisationen, Betrieben durch die Partei und ihren Apparat

→ Staat und Gesellschaft

903G

der Herrschaft der Partei einen scheinlegalen Anstrich zu verleihen. Tatsächlich fiel der Volksvertretung nur die Aufgabe zu, die Entscheidungen, die bereits an der Parteispitze gefällt worden waren, formal abzusegnen und als Gesetze zu verabschieden. Der Oberste Sowjet stellte keinen eigenständigen Machtfaktor dar. Die Besetzung aller wichtigen Ämter geschah mithilfe der Nomenklatura, das heißt wörtlich eines Verzeichnisses von Ämtern und Personen. Die Nomenklatura umfasste die Träger von Herrschaftspositionen und bezeichnete somit die Machtelite der Sowjetunion. Hierzu zählten vor allem die „Vertreter der Staatsmacht", also Personen, die zur Ausübung von staatlicher Hoheitsgewalt berechtigt waren. Man schätzt, dass etwa 400 000 Partei- und Staatsfunktionäre solche Herrschaftspositionen innehatten. Ihre Einsetzung erfolgte entweder direkt durch die Partei oder doch zumindest mit ihrer Zustimmung. Diese „Hochbürokratie" bildete zusammen mit dem höheren Offizierskorps und der so genannten Prestige-Elite, wozu die führenden Wissenschaftler, Schriftsteller und Künstler gezählt wurden, eine privilegierte Personengruppe. Die Nomenklatura war mit abgestuften Vorrechten versehen, die es ihr zum Beispiel gestatteten, Dienstwohnungen zu beziehen, in abgeschlossenen Siedlungen zu wohnen, in Spezialgeschäften einzukaufen und ins Ausland zu reisen.

Wirtschaft und Gesellschaft

Die Wirtschaftsordnung der Sowjetunion war nach den Grundsätzen der Planwirtschaft organisiert. Folgende Merkmale kennzeichneten das sozialistische Wirtschaftssystem des sowjetischen Typs:
- Das private Eigentum an Produktionsmitteln war durch staatliches Eigentum ersetzt.
- Die Wirtschaft wurde durch staatliche Instanzen zentral geplant und gelenkt (zentral-administratives Planungssystem).
- Die staatliche Planung ersetzte den Markt- und Preismechanismus.
- Die Ziele der wirtschaftlichen Entwicklung wurden durch die Führungsgremien der Partei festgelegt.

Seit Stalin und den ersten Fünfjahresplänen hatte die sowjetische Wirtschaftspolitik das Ziel einer beschleunigten nachholenden Industrialisierung verfolgt. Die Bevorzugung der Investitionsgüter- und Rüstungsindustrie ging dabei notwendig auf Kosten des Lebensstandards der Bevölkerung und war eine wesentliche Ursache wirtschaftlicher Fehlentwicklungen und von Versorgungsschwierigkeiten.

Das niedrige Konsumniveau und die Unflexibilität einer hoch zentralisierten Planung stellten die sowjetische Wirtschaft nach Stalin vor neue Probleme. Verschiedene Wirtschaftsreformen unter Chruschtschow und Breschnew/Kossygin (seit 1964) hatten die Zielsetzung, mit Maßnahmen wie einer regionalen Dezentralisierung und verstärkter Mitsprache der Betriebe den starren Planungsapparat stärker auf die Anforderungen und Bedürfnisse einer entwickelten Industriegesellschaft auszurichten.

Die sowjetische Gesellschaft konnte auf Jahrzehnte eines eindrucksvollen Wirtschaftswachstums zurückblicken. So wuchs – nach offiziellen Angaben – die Industrieproduktion von 1940 bis zum Ende der Sowjetunion um das 25-fache, die Realeinkommen der sowjetischen Bevölkerung immerhin um das 6-fache. Während der Anteil der UdSSR an der Weltindustrieproduktion 1922 nur ein Prozent betrug, war er bis 1983 auf 20 Prozent gestiegen.

Dennoch wurden jahrelang die ehrgeizigen Planziele nicht mehr erreicht. Zwischen Plan und Wirklichkeit tat sich eine zunehmend größer werdende Kluft auf, weil sich das Wachstum verlangsamte. Die Entwicklung ist auf Mechanismen zurückzuführen, die der Planwirtschaft innewohnen. Diese begünstigte augenscheinlich ein mengenmäßiges Wachstum („Tonnenideologie"), während qualitative Aspekte der Produktion in den Hintergrund gedrängt wurden.

M 4 **Das Denkmal „Arbeiter und Kolchosebäuerin" in Moskau**
Monumentale Verherrlichung der sowjetischen Gesellschaft; das Denkmal von W. Muchina war ursprünglich der sowjetische Beitrag zur Weltausstellung in Paris im Jahre 1937.

461

Sowjetkarikatur zur
Arbeitsmoral:
Permanenter Bummelstreik
Auf der Betriebswandtafel steht:
„Gesucht – heute in unserem
Konzern: a) ging zur chemischen
Reinigung, b) ging zur Besichti-
gung, c) ging rauchen, d) ging
fünf Minuten weg, e) ging zur
anderen Abteilung."

Zwar gab es einige Bereiche – hier sind Rüstung und Raumfahrt zu
nennen –, in denen die sowjetische Wirtschaft Spitzenleistungen her-
vorbrachte, aber aufs Ganze gesehen existierte ein technologischer
Rückstand im Vergleich zu den westlichen Industrieländern (zum Beispiel im Bereich der Chemie und der Computertechnik).

Eine Achillesferse der sowjetischen Ökonomie war die Landwirtschaft. Aufgrund ihrer unzureichenden Effektivität konnte die Ernährung der wachsenden Bevölkerung nur mithilfe von enormen Getreide-
importen sichergestellt werden. Die unzureichende Leistungskraft der
Landwirtschaft wurde oft mit ungünstigen Witterungsbedingungen erklärt. Hingegen dürften die Eigentumsordnung, Planungsfehler, ungenü-
gende Mechanisierung, Transport- und Lagerverluste eine entscheidende
Rolle gespielt haben. Die traditionelle Bevorzugung der Produktions-
güterindustrie hatte zur Folge, dass die Versorgung der Bevölkerung
mit Konsumgütern lückenhaft blieb. Die sowjetische Führung mit Gorbatschow an der Spitze (seit 1985) hatte öffentlich die Schwächen der
sowjetischen Ökonomie zugegeben und eine umfassende „Modernisierung des Sozialismus" verkündet. Im Zuge dieses Programms sollte
auch das Niveau der Konsumgüterindustrie angehoben werden.

Der wirtschaftliche Abstand der Sowjetunion zu den führenden
westlichen Industrieländern konnte nicht weiter verringert werden.
Ein wirtschaftliches Zurückbleiben musste aber zwangsläufig den ideologischen Anspruch auf Überlegenheit des Sozialismus als ungerechtfertigt erscheinen lassen. Die UdSSR konnte ihre Rolle als Weltmacht
auf Dauer nur mit einer effektiv funktionierenden Wirtschaft ausüben.

Sowjetideologie

Der Marxismus-Leninismus war die offizielle ideologische Grundlage
des Sowjetsystems. Umgeben vom Anspruch der Wissenschaftlichkeit,
wurde er an Schulen und Universitäten als Wahrheit gelehrt. Ideologische Schulungen und Weiterbildungen waren auch auf allen Ebenen
des Staatsapparates verbindlich vorgeschrieben.

Der Marxismus-Leninismus gliederte sich folgendermaßen:

- Der dialektische Materialismus bildete die philosophische Grundlage. Im Mittelpunkt standen dabei das Verhältnis von materiellem zu ideellem Sein sowie die allgemeinen Entwicklungsgesetze („Kampf" und die Einheit der Gegensätze, Umschlagen von quantitativen Veränderungen in qualitative).
- Der historische Materialismus beinhaltete die Anwendung des dialektischen Materialismus auf die Geschichte. Er lehrte den gesetzmäßigen Ablauf der Geschichte und die Aufeinanderfolge verschiedener Gesellschaftsformationen mit der sozialistischen Ordnung als zwangsläufiger Weiterentwicklung des Kapitalismus.
- Die Politische Ökonomie beschäftigte sich mit den Grundlagen kapitalistischer und sozialistischer Wirtschaft.
- Im Mittelpunkt der Lehre vom „wissenschaftlichen Kommunismus" standen die Revolution, der Klassenkampf und der Aufbau des Sozialismus.

Das in der Sowjetunion gültige ideologische Gebäude wich in vielfacher Hinsicht von der Lehre Marx' und Engels' ab. Diese Unterschiede erklärten sich unter anderem daraus, dass der Marxismus-Leninismus offensichtlich die Funktion hatte, die Verhältnisse in der Sowjetunion zu rechtfertigen und gegen Kritik abzuschirmen (Legitimationsideologie). Die KPdSU beanspruchte für sich das Erkenntnismonopol im Hinblick auf die „Gesetze" politischer beziehungsweise historischer Entwicklungen. Dieser Anspruch stand in einem engen Verhältnis zu dem Führungsanspruch der Partei. Während es der KPdSU über einige Jahrzehnte gelang, die Verbindlichkeit ihrer Ideologie für alle kommunistischen Bewegungen durchzusetzen, hatten sich in der Nachkriegszeit die unterschiedlichsten Strömungen kommunistischer Ideologie (zum Beispiel chinesische, jugoslawische und reformkommunistische) herausgebildet.

Kritik am Sowjetsystem

Obgleich die enormen Härten der stalinistischen Diktatur nach Stalins Tod deutlich abgemildert worden waren, so reagierte doch die Sowjetmacht nach wie vor repressiv auf Kritik. Dissidenten, die oftmals nur von verfassungsmäßig festgelegten Rechten Gebrauch machten, mussten mit der Einweisung in Gefängnisse oder psychiatrische Kliniken, Verbannung oder Ausbürgerung rechnen.

Dissidenten stellten eine kleine Minderheit von Intellektuellen, Wissenschaftlern und Schriftstellern dar (Sacharow, Kopelew, Solschenizyn, Amalrik und andere). Die große Mehrheit der Sowjetbürger hatte sich offensichtlich angepasst, den Rückzug ins Private angetreten und war mit den täglichen Versorgungskämpfen beschäftigt. Die Demokratiebewegung blieb bis zu den Reformen unter Gorbatschow schwach.

Es hat in der Vergangenheit viele Versuche gegeben, das Sowjetsystem wissenschaftlich einzuordnen. Eine besondere Bedeutung kommt dabei der in den fünfziger Jahren formulierten Totalitarismustheorie (C. J. Friedrich, 1953) zu. Nach dieser Theorie besitzen totalitäre Diktaturen folgende Merkmale:

- eine allgemein verbindliche Ideologie,
- eine einzige Partei, die die wichtigen Entscheidungen monopolisiert,
- ein Terrorsystem,
- Kontrolle der Massenmedien und aller Waffen durch die Partei,
- zentrale Lenkung der Wirtschaft.

Mechanismus rührt von der Tatsache 5
her, dass eine einzige Partei, die Kommunistische Partei, das Rückgrat der
gesamten politischen, wirtschaftlichen und ideologischen Tätigkeit
ist. Das ganze öffentliche Leben sta- 10
gniert oder läuft weiter, bleibt zurück
oder führt Wendungen aus – je nachdem, was in den Parteiinstanzen vor
sich geht.

Unter den kommunistischen Syste- 15
men erkennen die Leute sehr schnell,
was ihnen erlaubt ist und was nicht.
Gesetze und Vorschriften haben keine wesentliche Bedeutung für sie.
Wichtig sind die tatsächlichen und 20
ungeschriebenen Regeln, die das Verhältnis zwischen der Regierung und
ihren Untertanen bestimmen. Ungeachtet der Gesetze weiß jeder, dass
die Regierungsgewalt bei den Partei- 25
komitees und bei der Geheimpolizei
liegt. Nirgends ist die „Führungsrolle" der Partei vorgeschrieben, aber
die Macht wirkt sich in allen Organisationen und auf allen Sektoren aus. 30
Kein Gesetz sieht vor, dass die
Geheimpolizei das Recht hat, die Bürger zu bespitzeln, aber die Polizei ist
allmächtig. Kein Gesetz schreibt vor,
dass Gerichte und Staatsanwaltschaft 35
unter der Kontrolle der Geheimpolizei und der Parteikomitees stehen
müssen, es ist aber so. Die meisten
Leute wissen das. Jeder weiß, was
man tun kann und was nicht, und was 40
von wem abhängt.

M. Djilas, Die neue Klasse, München 1957, S. 103 f.

M 6 **Szene vor dem Gorki-Park in Moskau**
Lange Schlangen vor den Geschäften und permanente
Propaganda gehörten zum Alltag der Sowjetunion.

M 7 Parteistaat

*Milovan Djilas, ehemaliger stellvertretender Minis-
terpräsident Jugoslawiens, musste wegen seiner
Kritik am Sowjetsystem für sieben Jahre ins Zuchthaus. Er schrieb über die Funktionsweise kommunistischer Macht:*

Der Mechanismus der kommunistischen Macht ist
wahrscheinlich der einfachste, den man sich denken
kann, obwohl er zu raffiniertester Tyrannei und
brutalster Ausbeutung führt. Die Einfachheit dieses

M 8 Führung der Kommunistischen Partei der Sowjetunion

*Im Statut der KPdSU wurde die Rolle der Partei fol-
gendermaßen festgelegt (1961):*

Unter der Führung der Kommunistischen Partei
sind in der Sowjetunion die ausbeutenden Klassen
beseitigt worden; die moralische und politische Einheit der sowjetischen Gesellschaft hat sich entwickelt und gefestigt. Der Sozialismus hat vollstän- 5
dig und endgültig gesiegt. Die Kommunistische
Partei, die Partei der Arbeiterklasse, ist jetzt zur
Partei des ganzen sowjetischen Volkes geworden.
Die Partei existiert für das Volk und dient dem Volk.

10 Sie ist die höchste Form der gesellschaftlich-politischen Organisation, die führende und lenkende Kraft der sowjetischen Gesellschaft. Die Partei leitet die große aufbauende Tätigkeit des sowjetischen Volkes, sie verleiht seinem Kampf für die 15 Erreichung des letztlichen Ziels – des Sieges des Kommunismus – einen organisierten, planmäßigen, wissenschaftlich fundierten Charakter.

Die Arbeit der KPdSU basiert darauf, dass die Leninschen Normen des Parteilebens, das Prinzip der 20 Kollektivität der Leitung strikt eingehalten werden, dass die innerparteiliche Demokratie, die Aktivität

und Selbsttätigkeit der Kommunisten, die Kritik und Selbstkritik allseitig entfaltet werden.

Ein unumstößliches Lebensgesetz der KPdSU ist die ideelle und organisatorische Einheit, die monoli- 25 thene [einheitliche] Geschlossenheit ihrer Reihen, die hohe bewusste Disziplin aller Kommunisten. Jegliche Erscheinung von Fraktionstätigkeit und Gruppenbildung ist unvereinbar mit der marxistisch-leninistischen Parteilichkeit, mit der weiteren Mit- 30 gliedschaft in der Partei. […]

Zit. nach: G. Meyer (Hg.), Das politische und gesellschaftliche System der UdSSR, Ein Quellenband, Köln 1976, S. 113.

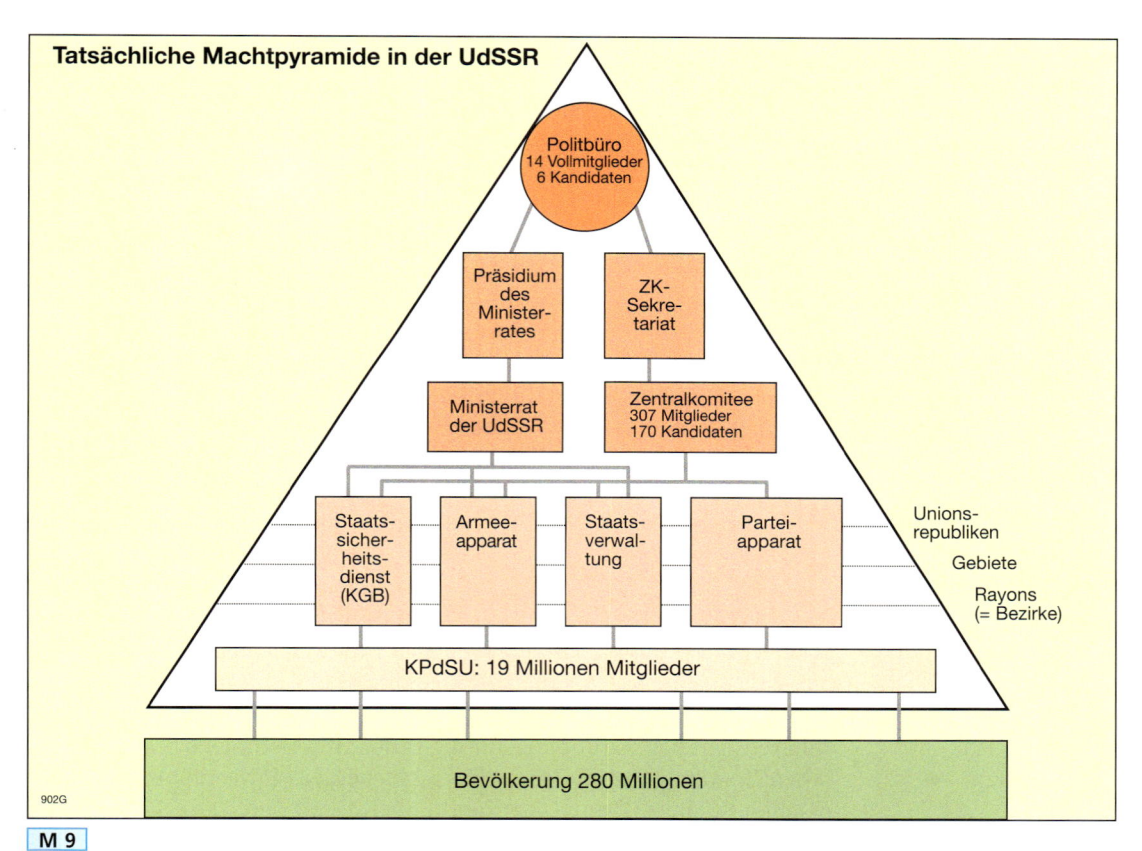

Tatsächliche Machtpyramide in der UdSSR

902G

M 9

Aufgaben

1. Beschreiben Sie das Gefüge der zentralen Parteiorgane und nehmen Sie eine Gewichtung vor.
→ Text, M2

2. Erklären Sie die Organisationsprinzipien, mit denen es der Parteiführung gelang, ihre Vormacht sicherzustellen.
→ Text, M8, M9

3. In welcher Form legitimierte die KPdSU ihre politisch führende Rolle in der Sowjetunion?
→ Text, M8

4. Auf welche Weise vermochte es die KPdSU, die von ihr beabsichtigte Rolle als „führende Kraft"

durchzusetzen?
→ Text, M3, M7

5. Nach welchen Grundsätzen funktionierte die sozialistische Planwirtschaft? Warum nahm die Leistungsfähigkeit der Planwirtschaft ab?
→ Text, M5

6. Erläutern Sie die Methoden, mit denen die sowjetische Führung auch ohne stalinistischen Massenterror autoritäre Strukturen aufrecht erhielt.
→ Text, M6, M7, M9

13.5 Die Außenpolitik der UdSSR

Die erste Phase der Außenpolitik des jungen Sowjetstaates fußte auf der Überzeugung seiner Führer, dass das bolschewistische Regime ohne internationale Hilfe nicht überlebensfähig sei. Die russischen Revolutionäre von 1917 hofften auf die proletarische Revolution in Westeuropa, besonders in Deutschland. Nach gängiger Ansicht bedurfte das agrarische Russland der Hilfe eines Industrielandes, damit die neue sozialistische Ordnung aufgebaut werden könne. Weltrevolutionäre Bestrebungen waren so gesehen nur die Kehrseite der staatlichen Existenzsicherung. Die 1919 gegründete Kommunistische Internationale (Komintern) diente als Instrument, mit dem revolutionäre Bewegungen in der Welt gefördert und die nationale Sicherheit des Sowjetstaates erhöht werden sollte. Vor allem nachdem sich Stalin mit seiner Konzeption vom „Aufbau des Sozialismus in einem Land" gegen seinen Widersacher Trotzki durchgesetzt hatte, diente die Komintern nur der Schaffung günstiger Bedingungen für die nationalen Ziele der sowjetischen Führung.

Hitler-Stalin-Pakt

Mit der Annäherung der Sowjetunion an das nationalsozialistische Deutschland begann eine neue – allerdings kurze – Etappe in der sowjetischen Außenpolitik, die im Hitler-Stalin-Pakt vom August 1939 ihren Ausdruck fand. Diese plötzliche außenpolitische Kehrtwendung wurde von den Zeitgenossen allgemein als Sensation empfunden und mit ungläubigem Staunen quittiert. Das Vertrauen nicht weniger Kommunisten in Stalins Klugheit wurde erschüttert, weil aus dem faschistischen Erzfeind von einem Tag auf den anderen ein Verbündeter geworden war. Während Hitlers Absichten auf der Hand lagen (denn durch den Vertrag ließ sich beim Angriff auf Polen ein Zweifrontenkrieg vermeiden), waren Stalins Motive ungewiss. Die sowjetische Seite tat sich lange Zeit schwer, die Existenz eines geheimen Zusatzprotokolls einzugestehen. Die in ihm vorgenommene Abgrenzung der deutsch-sowjetischen Interessensphären hatte die Grundlage für die Besetzung Ostpolens und der baltischen Staaten geboten. Die völkerrechtswidrige Einverleibung der balti-schen Staaten Litauen, Lettland und Estland durch die Sowjetunion war von den Westmächten nie anerkannt worden.

Während der Perestroika haben dann die Unabhängigkeitsbewegungen der baltischen Staaten ihr Streben nach Souveränität damit begründet, einen alten Rechtszustand wiederherzustellen. Das „neue Denken" unter Gorbatschow ermöglichte es, dass die Unrechtmäßigkeit des Hitler-Stalin-Pakts offen ausgesprochen wurde. Die drei baltischen Staaten haben 1991 ihre Unabhängigkeit wiedererlangt.

Die sowjetische Geschichtsschreibung hatte den Vertrag so interpretiert, dass auf diese Weise Zeit für die Vorbereitung auf den sich abzeichnenden Krieg gewonnen worden sei. Insgeheim war wohl die sowjetische Führung davon ausgegangen, dass der Krieg zwischen dem nationalsozialistischen Deutschland und den westlichen Demokratien Großbritannien und Frankreich beide Seiten – letztlich zugunsten der Sowjetunion – schwächen werde. Tatsache ist, dass die Westmächte, die 1939 ebenfalls mit Stalin verhandelt hatten, als Schutzmächte Polens auftraten

M 1 **Stalin-Plakat (1944)**
„Vorwärts, vernichten wir die deutschen Okkupanten und jagen wir sie hinter die Grenzen unserer Heimat!"

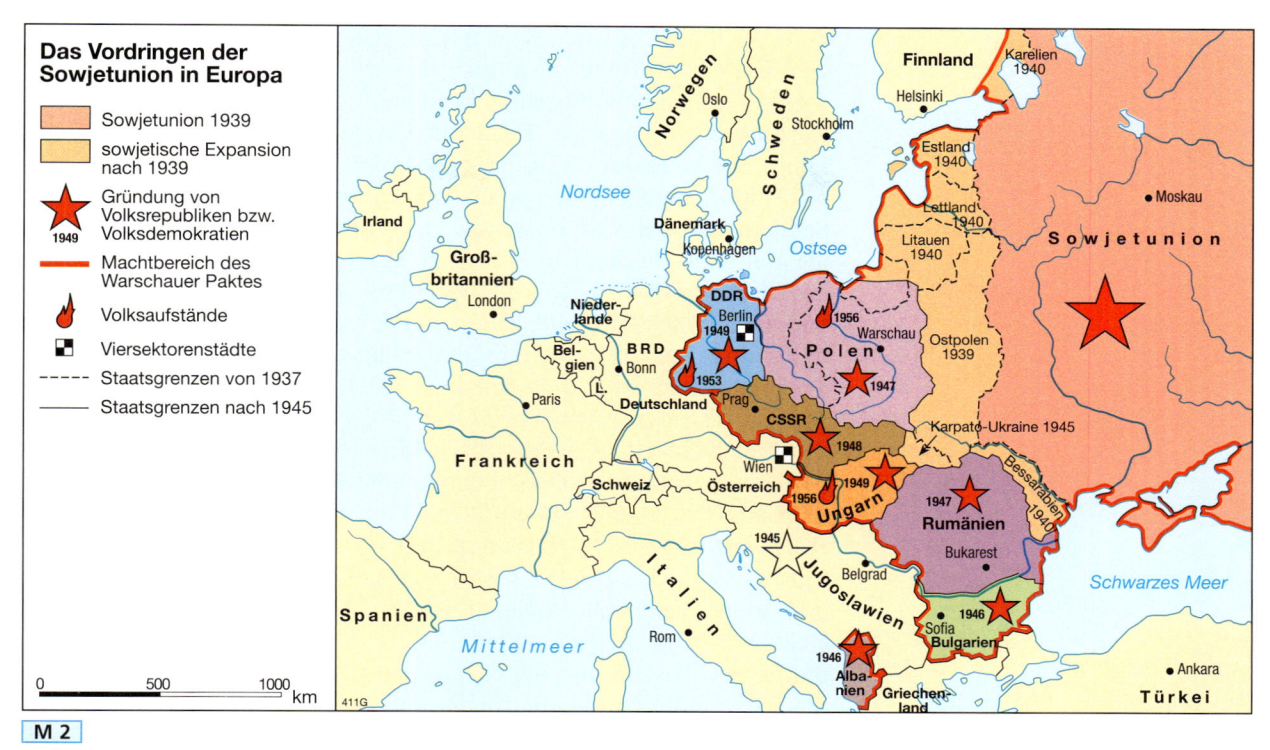

Das Vordringen der Sowjetunion in Europa

- Sowjetunion 1939
- sowjetische Expansion nach 1939
- Gründung von Volksrepubliken bzw. Volksdemokratien (1949)
- Machtbereich des Warschauer Paktes
- Volksaufstände
- Viersektorenstädte
- ----- Staatsgrenzen von 1937
- —— Staatsgrenzen nach 1945

0   500   1000 km

M 2

und daher nicht bereit waren, der UdSSR territoriale Zugeständnisse zu machen. Genau das tat aber Hitler in taktischer Absicht, wobei er sein Ziel, nach Osten zu expandieren, nicht aus den Augen verlor.

Der knapp zwei Jahre später erfolgte nationalsozialistische Überfall auf die Sowjetunion zog zwangsläufig wieder eine Umorientierung der sowjetischen Außenpolitik nach sich. Es kam zu einer Annäherung an die Westalliierten, die unter anderem in der umfangreichen Lieferung von kriegswichtigem Material durch die USA und Großbritannien ihren Niederschlag fand. Die Auflösung der Komintern spiegelt deutlich die Unterordnung der weltrevolutionären Zielsetzung unter das nationale Interesse der UdSSR wider. Diese wollte mit diesem Schritt die Westalliierten beschwichtigen, auf deren Hilfe sie angewiesen war.

Nach dem Zweiten Weltkrieg

Als Siegermacht des Zweiten Weltkrieges schob die UdSSR ihren Einflussbereich nach Westen vor und befestigte sich als vorherrschende Macht in Osteuropa. Dies geschah zum einen durch die Annexion jener Gebiete, die das nationalsozialistische Deutschland der UdSSR zugestanden hatte, zum anderen durch die Einsetzung von kontrollierten Regierungen. Die Politik Stalins lief darauf hinaus, einen „cordon sanitaire" (Sicherheitsgürtel) – gebildet von politisch und wirtschaftlich abhängigen Staaten – zu schaffen. Nicht zuletzt diese Politik war es, die zum Zerbrechen der Allianz mit den Westalliierten führte. Aus der Kooperation wurde die Konfrontation.

„Friedliche Koexistenz"

Die Politik der „friedlichen Koexistenz" eröffnete ein neues Kapitel in den Ost-West-Beziehungen. Der „kalte" und teilweise auch „heiße" Krieg hatte seine Höhepunkte in der Berlinblockade (1948/49), im Koreakrieg (1950–53), in der Berlinkrise (1958–61) sowie der Kubakrise (1962) gehabt. Mitte der fünfziger Jahre setzte sich in der UdSSR die Erkenntnis durch, dass im Zeitalter der Verfügung über thermonukleare

Waffen die „friedliche Koexistenz von Staaten unterschiedlicher Gesellschaftsordnung" zwangsläufig wird. In der Chruschtschow-Ära wurde damit formell Abschied genommen von einer kompromisslosen Revolutionspropaganda. Tatsächlich stammt diese Lehre bereits von Lenin und ist später aufs Engste verknüpft mit Stalins These vom „Sozialismus in einem Land". Spätestens seitdem dominierte innerhalb der Sowjetführung das Interesse, die eigene Entwicklung voranzutreiben, die außenpolitische Isolierung zu durchbrechen und den eigenen Einflussbereich abzusichern. Die Politik der „friedlichen Koexistenz" und die mit ihr verknüpfte These von der Vermeidbarkeit von Kriegen hatte ihre Basis letztlich in der gegenseitigen Respektierung der Systemgrenzen. Im Unterschied zu Teilen der Dritten Welt waren in Europa die Grenzen zwischen Ost und West klar abgesteckt. Im Atomzeitalter wäre ein Antasten dieses Status quo mit unkalkulierbaren beziehungsweise menschheitsbedrohenden Risiken verbunden gewesen.

Wiederholt hatte die UdSSR Unabhängigkeitsbestrebungen in ihrem Herrschaftsbereich gewaltsam unterdrückt, ohne dass der Westen eingegriffen hätte, so zum Beispiel in der DDR (1953), in Ungarn (1956) und in der Tschechoslowakei (1968). Militärische Interventionen stellten in diesem Zusammenhang aber nur eine extreme Form der politischen Disziplinierung dar. Andere Instrumente, mit deren Hilfe die Souveränität der osteuropäischen Staaten eingeschränkt wurde, waren die Warschauer Pakt Organisation, Truppenstationierungen, der Rat für gegenseitige Wirtschaftshilfe sowie Rohstoff- und Kreditabhängigkeiten.

Breschnew-Doktrin

Im Zuge der militärischen Niederschlagung des tschechoslowakischen Reformkommunismus (1968) wurde von Seiten der sowjetischen Führung die Breschnew-Doktrin formuliert, so benannt nach dem damaligen Parteivorsitzenden der KPdSU. Sie beinhaltete die Aussage von der „beschränkten Souveränität sozialistischer Staaten". Ihr zufolge gab es also innerhalb des sowjetischen Machtbereiches keine eigenständige Entwicklung – losgelöst von den Vorgaben Moskaus. Die UdSSR behielt sich damit ein Interventionsrecht vor. Die Breschnew-Doktrin hatte die Funktion, die Gleichschaltung innerhalb des sowjetischen Machtbereiches zu rechtfertigen. Die UdSSR hatte im Zuge der Koexistenzpolitik oft wiederholt, dass der „Kampf der Systeme" auf ideologischer Ebene fortgesetzt beziehungsweise verschärft werden sollte.

Entspannung

Der Ost-West-Konflikt musste für die UdSSR bedrohliche Formen annehmen, als es nach dem chinesisch-sowjetischen Konflikt zu einer Annäherung zwischen der Volksrepublik China und den USA gekommen war (1972). Einkreisungsängste wurden wach. Nicht zuletzt auf diesen Umstand, aber auch auf das Zurückbleiben der sowjetischen Wirtschaft dürfte es zurückzuführen sein, dass es in den siebziger Jahren zu einer Ost-West-Entspannung kam. Die sowjetische Führung unter Breschnew strebte eine Ausweitung des Handels und der wissenschaftlich-technischen Kooperation mit den westlichen Industrieländern an, um die eigene Wirtschaft zu modernisieren. Die Verträge von Moskau und Warschau (1970) zwischen der Bundesrepublik Deutschland und der Sowjetunion und Polen sowie die Konferenz für Sicherheit und Zusammenarbeit in Europa (Helsinki 1975) führten zu einer Anerkennung des territorialen Status quo in Europa.

M 3 Eine wirkliche Entstalinisierung
fand nicht 1956, sondern erst mit Glasnost und Perestroika statt.

„Perestroika"

Charta von Paris

Es ist aus heutiger Perspektive unumstritten, welcher Seite die Entspannungspolitik mehr genutzt hat: Die Entspannung hat in Osteuropa reformfreundliche Kräfte freigesetzt, weil das innenpolitische Druckmittel der Konfrontation und des Kalten Krieges weggefallen war. Die sowjetische Führung hatte diesen Zusammenhang vermutlich klar gesehen, denn die außenpolitische Entspannungsbereitschaft war verknüpft mit einem härteren innenpolitischen Kurs.

Die UdSSR unternahm in den letzten Jahren enorme rüstungstechnische Anstrengungen, um die Rolle einer mit den USA gleichwertigen Weltmacht auszufüllen. Sie operierte weltweit und suchte ihre strategischen Vorteile in der Dritten Welt, so zum Beispiel in Vietnam, Äthiopien, Angola und Mosambik.

Der sowjetische Einmarsch in Afghanistan (1979) markierte das Ende der Entspannungspolitik der siebziger Jahre. Die folgenden Jahre waren vom Wettrüsten sowie von intensivierten ideologischen Auseinandersetzungen zwischen den beiden Weltmächten geprägt.

Nach der Wahl Gorbatschows zum Parteichef der KPdSU (1985) kam es zu einer Wiederannäherung zwischen den USA und der UdSSR.

Das so genannte neue Denken – so lautete Gorbatschows Ausdruck für seine neue Außenpolitik – hat einen dramatischen Umbruch in der internationalen Politik zur Folge gehabt. Die politische Weltlage hatte sich in den Jahren der Perestroika (Umbau) fundamental geändert. Das Jahr 1990 markierte das Ende der Epoche des Ost-West-Konflikts. Dieser umspannte fast ein halbes Jahrhundert, beginnend mit dem Zerfall der Anti-Hitler-Koalition 1946/47.

Die Politik der Umgestaltung war die Antwort der sowjetischen Führung auf die krisenhafte Zuspitzung der innersowjetischen Verhältnisse. Um den wirtschaftlichen Niedergang zu bremsen, mussten die Rüstungslasten gesenkt werden. Außerdem strebte man verstärkt danach, ausländische Wirtschaftshilfe zu erhalten. Beides ließ sich aber in einem Klima internationaler Spannungen nicht erreichen. Der Abbau des Ost-West-Konfliktes sollte den Weg für eine breit angelegte Kooperation der Sowjetunion mit den westlichen Staaten ebnen. Die Außenpolitik hatte also zunächst die Funktion, die innenpolitischen Reformen abzusichern.

Das „neue Denken" im Zuge der Perestroika drückte sich in einer Entideologisierung der Außenpolitik und in der Absage an traditionelle Feindbilder aus. Es war nicht mehr die Rede vom „internationalen Klassenkampf". Stattdessen wurde die Zugehörigkeit zur europäischen Zivilisation betont.

Die Neuorientierung der sowjetischen Außenpolitik vollzog sich in mehreren Schritten zwischen 1986 und 1990. Am Ende dieses Prozesses stand die Integration der UdSSR in ein durch gemeinsame Werte geprägtes internationales System. In der Charta von Paris (1990) wurde die ideologische Konfrontation zwischen Ost und West feierlich beendet. Auch die Sowjetunion bekannte sich darin zu den Werten der Menschenrechte, der Selbstbestimmung, des Pluralismus und der Marktwirtschaft.

Somit wurde das Fundament für eine gemeinsame Friedensordnung gelegt. Die Vision des amerikanischen Präsidenten F. D. Roosevelt (1933–45) von einer Welt („one world") schien damit nach fast einem halben Jahrhundert doch noch Wirklichkeit werden zu können.

Die UdSSR sagte sich von ihrem Streben nach Hegemonie (Vorherrschaft) los. Im Unterschied zu früheren Jahren wurden die Reformbewegungen für die Demokratie und Unabhängigkeit in den ehemaligen Ostblockstaaten nicht niedergeschlagen. Die Breschnew-Doktrin von der „begrenzten Souveränität sozialistischer Staaten" wurde in aller Form widerrufen.

Die Sowjetunion zog ihre Truppen aus den ehemaligen Ostblockstaaten zurück und gab damit – sehr zum Unwillen von Teilen der Roten Armee – ihr militärisches Vorfeld (Glacis) frei. Sie respektierte somit das Recht der Staaten beziehungsweise Völker auf Selbstbestimmung. Das war die entscheidende Voraussetzung für den Erfolg der mittelosteuropäischen Revolutionen und die Befreiung der ehemaligen Ostblockländer aus dem Status von Satellitenstaaten. Dieser Prozess mündete konsequenterweise in der Auflösung des Warschauer Paktes sowie des Rats für gegenseitige Wirtschaftshilfe (1991).

Deutsche Einheit

Im Zeichen der Wende der sowjetischen Außenpolitik konnte die Sowjetunion auch der deutschen Einheit zustimmen. Politisch und militärisch gesehen bedeutete dieser Vorgang einen Machtverlust für die UdSSR. Gleichwohl stand die Glaubwürdigkeit der außenpolitischen Wende auf dem Spiel, wenn das Prinzip der Selbstbestimmung nicht auch auf Deutschland angewendet werden würde.

Zweifellos verband die sowjetische Führung mit ihrem Zugeständnis auch die Hoffnung, in einem vereinigten Deutschland einen finanzstarken Partner für die Modernisierung der Wirtschaft zu finden.

Die Vereinigung Deutschlands symbolisierte wie kein anderes Ereignis die Überwindung der Spaltung Europas in zwei Lager. Die Tiefe und die Dramatik der Veränderungen im internationalen System kamen an keiner Stelle so deutlich zum Ausdruck wie im Hinblick auf die Wiedervereinigung. Die Freigabe des überaus wichtigen strategischen Brückenkopfes DDR bildete die Voraussetzung für die endgültige Regelung der deutschen Frage. Damit wurden völlig neuartige Perspektiven für eine europäische Kooperation eröffnet.

Abrüstung

Das „neue Denken" beinhaltete den Abschied von der These der Existenz eines westlichen Imperialismus sowie der Friedensunfähigkeit der kapitalistischen Staaten.

Durch die Beilegung des Systemkonflikts eröffnete sich zum ersten Mal seit Kriegsende die Chance einer wirkungsvollen Abkehr von der Hochrüstung. Verschiedene Abkommen über die Verringerung atomarer und konventioneller Waffen wurden bereits unterzeichnet. Drastische Verkleinerungen der Armeen wurden ins Auge gefasst. Diese und weitere Maßnahmen zielten auf die Beseitigung der Angriffsfähigkeit sowohl der UdSSR als auch der USA.

Weltpolitik

Globalpolitisch war die Annäherung zwischen Ost und West von der Entschärfung verschiedener Krisenherde begleitet, so zum Beispiel in Afghanistan (Rückzug der Roten Armee), Angola und Kambodscha. Im Rahmen des Ost-West-Gegensatzes hatte immer die Gefahr bestanden, dass Regionalkonflikte den Schauplatz für Stellvertreterkriege abgeben. Dieser Gefahr war nunmehr der Boden entzogen. Das zeigte sich deutlich während des Golfkrieges nach der Besetzung Kuwaits durch den Irak (1991). Die Sowjetunion beteiligte sich konstruktiv am Krisenmanagement und blockierte nicht die UN-Sanktionen durch ein Veto im Sicherheitsrat der Vereinten Nationen (UNO).

Die neue Partnerschaft zwischen Ost und West eröffnete auch die Möglichkeit für eine neue und effektivere Rolle der Vereinten Nationen. In der Vergangenheit wurde die UNO regelmäßig durch den Ost-West-Konflikt blockiert. Mit der Kooperation der Großmächte könnte es wie nie zuvor gelingen, Konflikte zu entschärfen und den Frieden zu fördern.

Chronologie

1919	Gründung der Kommunistischen Internationale (Komintern)
23. Aug. 1939	Hitler-Stalin-Pakt
	Die Rote Armee besetzt Ostpolen.
1939–1940	Angriff der UdSSR auf Finnland (sowjetisch-finnischer Winterkrieg)
1940	Sowj. Annexion der baltischen Staaten (Estland, Lettland, Litauen)
22. Juni 1941	Deutscher Angriff auf die Sowjetunion
1943	Offizielle Auflösung der Komintern
1945	Ende des Zweiten Weltkrieges; Konferenz von Potsdam
1947	Beginn des Kalten Krieges
1948	Staatsstreich in der Tschechoslowakei bringt das Land unter kommunistische Herrschaft;
	Berlin-Krise
1950–1953	Koreakrieg
1953	Stalins Tod
17. Juni 1953	Volksaufstand in der DDR
1955	Gründung des Warschauer Pakts
1956	Aufstände in Ungarn und Polen
ab 1960	Konflikt zwischen der VR China und der UdSSR
1968	Intervention von Truppen des Warschauer Pakts gegen den tschechoslowakischen Reformkommunismus
1970	Moskauer Vertrag und Warschauer Vertrag zwischen der UdSSR bzw. Polen und der Bundesrepublik Deutschland
1972	Annäherung der USA und der VR China
1975	Konferenz für Sicherheit und Zusammenarbeit in Europa (KSZE) in Helsinki;
	Intervention kubanischer Truppen in den angolanischen Bürgerkrieg
1979	Einmarsch sowjetischer Truppen in Afghanistan
1985	Gorbatschow wird Generalsekretär der KPdSU.
Dezember 1987	3. Gipfeltreffen zwischen US-Präsident Reagan und dem sowjetischen Staats- und Parteichef Gorbatschow: Unterzeichnung des INF-Abkommens (Vernichtung der Mittelstreckenraketen)
1988	Sowjetischer Truppenabzug aus Afghanistan
Juli 1990	Treffen von Bundeskanzler Kohl und dem sowjetischen Präsidenten Gorbatschow: Einigung über die äußeren Aspekte der deutschen Einheit (auch das vereinigte Deutschland gehört der NATO an).
November 1990	Vertrag über gute Nachbarschaft, Partnerschaft und Zusammenarbeit zwischen Deutschland und der UdSSR unterzeichnet.
Februar 1991	Beschluss über die Auflösung der Militärorganisation des Warschauer Pakts
März 1991	Ratifizierung des 2+4-Vertrages durch den Obersten Sowjet (Regelung der deutschen Einheit)

M 4 Aus den Statuten der Kommunistischen Internationale (1920)

Die Komintern war als Weltorganisation der Kommunistischen Parteien 1919 auf Initiative der Bolschewiki gegründet worden:

Die Kommunistische Internationale setzt sich zum Ziel: mit allen Mitteln, auch mit den Waffen in der Hand, für den Sturz der internationalen Bourgeoisie und für die Schaffung einer internationalen
5 Sowjetrepublik, als Übergangsstufe zur vollen Vernichtung des Staates, zu kämpfen. Die Kommunistische Internationale hält die Diktatur des Proletariats für das einzige Mittel, welches die Möglichkeit gibt, die Menschheit von den Gräueln des Kapita-
10 lismus zu befreien. Und die Kommunistische Internationale hält die Sowjetmacht für die geschichtlich gegebene Form dieser Diktatur des Proletariats.
Der imperialistische Raubkrieg hat die Geschicke der Arbeiter des einen Landes mit den Geschicken der
15 Proletarier aller Länder besonders eng verknüpft. Der imperialistische Krieg hat aufs Neue bestätigt […]: Die Emanzipation der Arbeiter ist weder ein lokales, noch ein nationales, sondern ein internationales Problem. […] Die Kommunistische Interna-
20 tionale stellt sich die Befreiung der Werktätigen der ganzen Welt zur Aufgabe. In den Reihen der Kommunistischen Internationale vereinigen sich brüderlich Menschen weißer, gelber, schwarzer Hautfarbe – die Werktätigen der ganzen Erde.
25 Die Kommunistische Internationale unterstützt voll und ganz die Eroberung der großen proletarischen Revolution in Russland, der
30 ersten siegreichen sozialistischen Revolution in der Weltgeschichte, und ruft die Proletarier der ganzen
35 Welt auf, denselben Weg zu gehen. Die Kommunistische Internationale verpflichtet sich, jede Sowjetrepu-
40 blik zu unterstützen, wo immer sie auch geschaffen wird.

Zit. nach: K. Farner, Th. Pinkus, Der Weg des Sozialismus, Quellen und Dokumente 1891–1962, Reinbek 1964, S. 166 f.

M 5 Der Vertrag zwischen Deutschland und der UdSSR über die wechselseitigen Beziehungen vom 23.8.1939:

Der informell Hitler-Stalin-Pakt genannte Vertrag ermöglichte Hitler den Angriff auf Polen ohne das Risiko eines Zweifronten-Krieges:

Die deutsche Regierung und die Regierung der Union der Sozialistischen Sowjetrepubliken […] sind zu nachstehender Vereinbarung gelangt:
Artikel 1
Die beiden Vertrag schließenden Teile verpflichten 5
sich, sich jeden Gewaltaktes, jeder aggressiven Handlung und jeden Angriffs gegeneinander, und zwar sowohl einzeln als auch gemeinsam mit anderen Mächten, zu enthalten.
Artikel 2 10
Falls einer der Vertrag schließenden Teile Gegenstand kriegerischer Handlungen seitens einer dritten Macht werden sollte, wird der andere vertragschließende Teil in keiner Form diese dritte Macht unterstützen. […] 15

Geheimprotokoll über die Abgrenzung der Interessensphären zwischen dem Deutschen Reich und der Sowjetunion vom 23.8.1939:

Aus Anlass der Unterzeichnung des Nichtangriffsvertrages zwischen dem Deutschen Reich und der Union der Sozialistischen Sowjetrepubliken haben die unterzeichneten Bevollmächtigten der beiden Teile in streng vertraulicher Aussprache die Frage 5

SOMEONE IS TAKING SOMEONE FOR A WALK

M 6 Britische Karikatur aus dem Jahre 1939

der Abgrenzung der beiderseitigen Interessensphäre in Osteuropa erörtert. Diese Aussprache hat zu folgendem Ergebnis geführt:

10 1. Für den Fall einer territorial-politischen Umgestaltung in den zu den baltischen Staaten (Finnland, Estland, Lettland, Litauen) gehörenden Gebieten bildet die nördliche Grenze

15 Litauens zugleich die Grenze der Interessensphären Deutschlands und der UdSSR. Hierbei wird das Interesse Litauens am Wilnaer Gebiet beiderseits anerkannt.

20 2. Für den Fall einer territorial-politischen Umgestaltung der zum polnischen Staate gehörenden Gebiete werden die Interessensphären Deutschlands und der UdSSR ungefähr durch

25 die Linie der Flüsse Narew, Weichsel und San abgegrenzt.

Die Frage, ob die beiderseitigen Interessen die Erhaltung eines unabhängigen polnischen Staates erwünscht erscheinen lassen und wie dieser Staat

30 abzugrenzen wäre, kann endgültig erst im Laufe der weiteren politischen Entwicklung geklärt werden.

In jedem Falle werden beide Regierungen diese Frage im Wege einer freundschaftlichen Verständi-

35 gung lösen.

3. Hinsichtlich des Südostens Europas wird von sowjetischer Seite das Interesse an Bessarabien betont. Von deutscher Seite wird das völlige politische Desinteresse[ment] an diesen Gebieten erklärt.

40 4. Dieses Protokoll wird von beiden Seiten streng geheim behandelt werden.
Moskau, den 23. August 1939
Für die deutsche Reichsregierung
v. Ribbentrop

45 In Vollmacht der Regierung der UdSSR
W. Molotow

Zit. nach: W. Lautemann, M. Schlenke (Hg.), Geschichte in Quellen, Bd. V, München 1961, S. 437 ff.

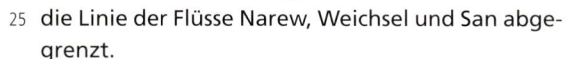 M 7 Stalin: Sowjetische Außenpolitik (1945/48)

In einem Gespräch mit dem hochrangigen jugoslawischen KP-Funktionär Milovan Djilas äußerte sich Stalin über die Ziele sowjetischer Außenpolitik:

Stalin legte dar, wie er über die besondere Art des Krieges dachte, den wir zurzeit führten: „Dieser Krieg ist nicht wie in der Vergangenheit; wer immer

M 8 **Englische Karikatur zur sowjetischen Osteuropa-Politik nach 1945**

ein Gebiet besetzt, erlegt ihm auch sein eigenes gesellschaftliches System auf. Jeder führt sein eigenes System ein, so weit seine Armee vordringen 5 kann. Es kann gar nicht anders sein."
Er erklärte auch, ohne sich auf lange Erklärungen einzulassen, den Sinn seiner panslawistischen Politik. „Wenn die Slawen zusammenbleiben und Soli- 10 darität wahren, wird in Zukunft niemand mehr einen Finger rühren können. Nicht einen Finger!", wiederholte er, den Gedanken unterstreichend, indem er mit dem Zeigefinger durch die Luft fuhr. Jemand gab seinem Zweifel daran Ausdruck, dass 15 die Deutschen fähig sein würden, sich innerhalb von fünfzig Jahren wieder zu erholen. Aber Stalin war anderer Meinung. „Nein, sie werden sich wieder erholen, und zwar sehr rasch. Sie sind eine hochentwickelte Industrienation mit einer äußerst 20 qualifizierten und zahlreichen Arbeiterklasse und einer technischen Intelligenzia. Gebt ihnen zwölf oder fünfzehn Jahre Zeit, und sie werden wieder auf den Beinen stehen. Und deshalb ist die Einheit der Slawen so wichtig. Aber ganz davon abgesehen 25 – wenn die Einheit der Slawen Tatsache ist, wird niemand wagen, auch nur einen Finger zu rühren." Einmal stand er auf, zog die Hosen hoch, als trete er zu einem Ringkampf oder Boxkampf an, und rief, fast wie hingerissen: „Der Krieg wird bald vor- 30 bei sein. In fünfzehn oder zwanzig Jahren werden wir uns erholt haben, und dann werden wir es noch einmal versuchen." […]
Sowohl an diesem Abend wie bald danach bei einer Zusammenkunft mit der bulgarischen und der 35 jugoslawischen Delegation betonte Stalin, dass Deutschland geteilt bleiben würde: „Der Westen

wird sich Westdeutschland zu Eigen machen, und
wir werden aus Ostdeutschland unseren eigenen
40 Staat machen."

Dieser sein Gedanke war neu, aber verständlich; er
hing mit dem ganzen Trend der sowjetischen Politik
in Osteuropa und gegenüber dem Westen zusammen.
Ich hatte nie begreifen können, dass Stalin und die
45 Sowjetführer den Bulgaren und Jugoslawen gegenüber im Frühjahr 1946 gesagt hatten, ganz Deutschland müsse unser werden, das heißt sowjetisch,
kommunistisch. Ich fragte einen der Anwesenden,
wie die Russen denn das erreichen wollten. Er erwi-
50 derte: „Das weiß ich selber nicht!" Ich nehme an, dass
nicht einmal diejenigen, die solche Ankündigun-
gen machten, es wirklich wussten, sondern einfach
mitgerissen waren von dem Schwung der militärischen Siege und von ihren Hoffnungen auf einen
55 wirtschaftlichen und sonstigen Zerfall Westeuropas.

M. Djilas, Gespräche mit Stalin, Zürich 1962, S. 146 f. und 195 f.

M 9 Prag am 21. August 1968
Um den Reformkommunismus in der Tschechoslowakei zu
beenden, marschierten die Armeen des Warschauer Paktes ein.

M10 Breschnew-Doktrin

*Verlautbarung der sowjetischen Führung im
Zusammenhang mit dem Einmarsch in die Tschechoslowakei (1968):*

Aber bekanntlich, Genossen, gibt es auch allgemeine Gesetzmäßigkeiten des sozialistischen Aufbaus,
und ein Abweichen von diesen Gesetzmäßigkeiten
könnte zu einem Abweichen vom Sozialismus im
5 Allgemeinen führen. Und wenn innere und äußere
dem Sozialismus feindliche Kräfte die Entwicklung
eines sozialistischen Landes zu wenden und auf

eine Wiederherstellung der kapitalistischen
Zustände zu drängen versuchen, wenn also eine
ernste Gefahr für die Sache des Sozialismus in die- 10
sem Lande, eine Gefahr für die Sicherheit der
ganzen sozialistischen Gemeinschaft entsteht –
dann wird dies nicht nur zu einem Problem für das
Volk dieses Landes, sondern auch zu einem gemeinsamen Problem, zu einem Gegenstand der Sorge 15
aller sozialistischen Länder. Begreiflicherweise stellt
militärische Hilfe für ein Bruderland zur Unterbindung einer für die sozialistische Ordnung entstandenen Gefahr eine erzwungene, außerordentliche
Maßnahme dar. Sie kann nur durch direkte Aktio- 20
nen der Feinde des Sozialismus im Landesinneren
und außerhalb seiner Grenzen ausgelöst werden,
durch Handlungen, die eine Gefahr für die gemeinsamen Interessen des sozialistischen Lagers darstellen. Die Erfahrung zeigt, dass der Sieg der sozialis- 25
tischen Ordnung in dem einen oder anderen Land
unter den gegenwärtigen Verhältnissen nur dann
als endgültig und eine Restauration des Kapitalismus als ausgeschlossen betrachtet werden kann,
wenn die kommunistische Partei als die führende 30
Kraft der Gesellschaft bei der Entwicklung aller
Bereiche des gesellschaftlichen Lebens unbeirrbar
eine marxistisch-leninistische Politik betreibt; nur
dann, wenn die Partei unermüdlich die Landesverteidigung und den Schutz ihrer revolutionären Er- 35
rungenschaften verstärkt, wenn sie in ihren eigenen
Reihen die Wachsamkeit gegenüber dem Klassenfeind und die Unversöhnlichkeit gegenüber der bürgerlichen Ideologie bewahrt und das Volk in diesem Geist erzieht; nur dann, wenn das Prinzip des 40
sozialistischen Internationalismus als unverletzlich
gilt und die Einheit und brüderliche Solidarität mit
anderen sozialistischen Ländern gefestigt wird.

Zit. nach: P. H. Lange, Die „Breschnew-Doktrin" heute und morgen, Information für die Truppe, Nr. 10/1979, S. 24.

M11 Der neue deutsch-sowjetische Vertrag

*Der deutsch-sowjetische Vertrag vom 13. Septem-
ber 1990 ergänzte den 2 + 4-Vertrag:*

Artikel 1
Die Bundesrepublik Deutschland und die Union der
Sozialistischen Sowjetrepubliken lassen sich bei der
Gestaltung ihrer Beziehungen von folgenden
Grundsätzen leiten: Sie achten gegenseitig ihre
souveräne Gleichheit und ihre territoriale Integrität 5
und politische Unabhängigkeit. Sie stellen den
Menschen mit seiner Würde und mit seinen Rechten,
die Sorge für das Überleben der Menschheit und
die Erhaltung der natürlichen Umwelt in den Mittel-

10 punkt ihrer Politik. Sie bekräftigen das Recht aller Völker und Staaten, ihr Schicksal frei und ohne äußere Einmischung zu bestimmen und ihre politische, wirtschaftliche, soziale und kulturelle Entwicklung nach eigenen Wünschen zu gestalten. Sie bekennen
15 sich zu dem Grundsatz, dass jeder Krieg, ob nuklear oder konventionell, zuverlässig verhindert und der Frieden erhalten und gestaltet werden muss. [...]

Zit. nach: Frankfurter Rundschau, 14.9.1990.

M12 Die Pariser Charta für ein neues Europa

Ein Sondergipfeltreffen der KSZE (Konferenz für Sicherheit und Zusammenarbeit in Europa) beendete feierlich den Kalten Krieg (21. November 1990):

Wir, die Staats- und Regierungschefs der Teilnehmerstaaten der Konferenz über Sicherheit und Zusammenarbeit in Europa, sind in einer Zeit tief greifenden Wandels und historischer Erwartungen
5 in Paris zusammengetreten. Das Zeitalter der Konfrontation und der Teilung Europas ist zu Ende gegangen. Wir erklären, dass sich unsere Beziehungen künftig auf Achtung und Zusammenarbeit gründen werden.

10 Europa befreit sich vom Erbe der Vergangenheit. Durch den Mut von Männern und Frauen, die Willensstärke der Völker und die Kraft der Ideen der Schlussakte von Helsinki bricht in Europa ein neues Zeitalter der Demokratie, des Friedens und der Einheit an. [...]
15 Menschenrechte, Demokratie und Rechtsstaatlichkeit:

Wir verpflichten uns, die Demokratie als die einzige Regierungsform unserer Nationen aufzubauen,
zu festigen und zu stärken. In diesem Bestreben werden wir an Folgendem festhalten:
20 Menschenrechte und Grundfreiheiten sind allen Menschen von Geburt an eigen: Sie sind unveräußerlich und werden durch das Recht gewährleistet. Sie zu schützen und zu fördern ist vornehmste Pflicht jeder Regierung. Ihre Achtung ist wesentli-
25 cher Schutz gegen staatliche Übermacht. Ihre Einhaltung und uneingeschränkte Ausübung bilden die Grundlage für Freiheit, Gerechtigkeit und Frieden. Demokratische Regierung gründet sich auf den Volkswillen, der seinen Ausdruck in regelmäßigen,
30 freien und gerechten Wahlen findet. Demokratie beruht auf Achtung vor der menschlichen Person und Rechtsstaatlichkeit. Demokratie ist der beste Schutz für freie Meinungsäußerung, Toleranz gegenüber allen gesellschaftlichen Gruppen und
35 Chancengleichheit für alle.
Die Demokratie, ihrem Wesen nach repräsentativ und pluralistisch, erfordert Verantwortlichkeit gegenüber der Wählerschaft, Bindung der staatlichen Gewalt an das Recht sowie eine unparteiische
40 Rechtspflege. Niemand steht über dem Gesetz. [...]
[...] Die beispiellose Reduzierung der Streitkräfte durch den Vertrag über Konventionelle Streitkräfte in Europa wird – gemeinsam mit neuen Ansätzen für Sicherheit und Zusammenarbeit innerhalb des
45 KSZE-Prozesses – unser Verständnis für Sicherheit in Europa verändern und unseren Beziehungen eine neue Dimension verleihen. In diesem Zusammenhang bekennen wir uns zum Recht der Staaten, ihre sicherheitspolitischen Dispositionen [hier: Pla-
50 nung] frei zu treffen. [...]

Zit. nach: Frankfurter Rundschau, 22.11.1990.

Aufgaben

1. Erläutern Sie die Zielsetzung der Komintern.
   → Text, M4
2. Analysieren Sie die Anzeichen dafür, dass die UdSSR weniger ideologisch motivierte Außenpolitik als reale Machtpolitik betrieb.
   → Text, M5, M6
3. Beschreiben Sie die Systematik, mit der seitens der UdSSR die Sowjetisierung Osteuropas betrieben wurde.
   → M7, M8
4. Welche Zielsetzung erkennen Sie in der sowjetischen Außenpolitik unter Stalin?
   → Text, M2, M8
5. Fassen Sie die Begründung der sowjetischen Führung für die Doktrin von der „beschränkten

Souveränität sozialistischer Staaten" zusammen.
   → Text, M9, M10
6. Inwiefern lässt sich die Nachkriegsordnung als stabil charakterisieren?
   → Text
7. Erklären Sie, wie die Politik der Perestroika das internationale System verändert hat.
   → Text, M11, M12
8. Geben Sie die wesentlichen Inhalte des deutsch-sowjetischen Vertrages von 1990 wieder.
   → M11
9. Begründen Sie, wieso die Charta von Paris das Ende des Ost-West-Konfliktes besiegelte.
   → Text, M12

13.6 Das Ende der Sowjetunion

Krise

Die Wahl von Michail Gorbatschow zum Generalsekretär des ZK der KPdSU (1985) bedeutete mehr als eine rein personelle Änderung, die die Herrschaft der Alten beendete. Der Führungswechsel markierte einen Einschnitt, weil mit der Person ein neuer Kurs der Partei verknüpft war. Mit Gorbatschow wurde das jüngste Politbüromitglied Parteichef – eine dynamische, reformfreudige und zugleich nüchterne Persönlichkeit, die dem traditionellen Bild der sowjetischen Politbürokraten nicht entsprach.

Die KPdSU reagierte damit auf den wachsenden Problemdruck, der auf dem sowjetischen System lastete. Der neue Reformkurs der Partei stellte die Antwort auf krisenhafte Erscheinungen dar, die an folgenden Punkten deutlich wurden:

Ideologie: Die Ideologie des Marxismus-Leninismus, das herkömmliche Instrument zur Herrschaftslegitimierung und Integration von Volk und Partei, verlor zusehends an Wirksamkeit. Zu groß war die Kluft zwischen Anspruch und Wirklichkeit geworden, als dass die Ideologie nicht an Überzeugungskraft einbüßen und zum Ritual erstarren musste. Parallel dazu war ein Anwachsen religiöser Orientierung festzustellen, was von der Partei mit äußerstem Misstrauen registriert wurde.

Nationalitäten: Die UdSSR war formal ein föderalistisch aufgebauter Vielvölkerstaat („Union"), der etwa 100 nichtrussische Völkerschaften umfasste. Es gab 15 Unionsrepubliken, die auf dem Papier einige Unabhängigkeiten besaßen, in Wirklichkeit aber in allen wesentlichen Belangen zentral von Moskau aus regiert wurden.

Dabei dienten sowohl die russische Sprache als auch die Organisation der Partei als wichtigste Integrationsinstrumente in Bezug auf die

M 1

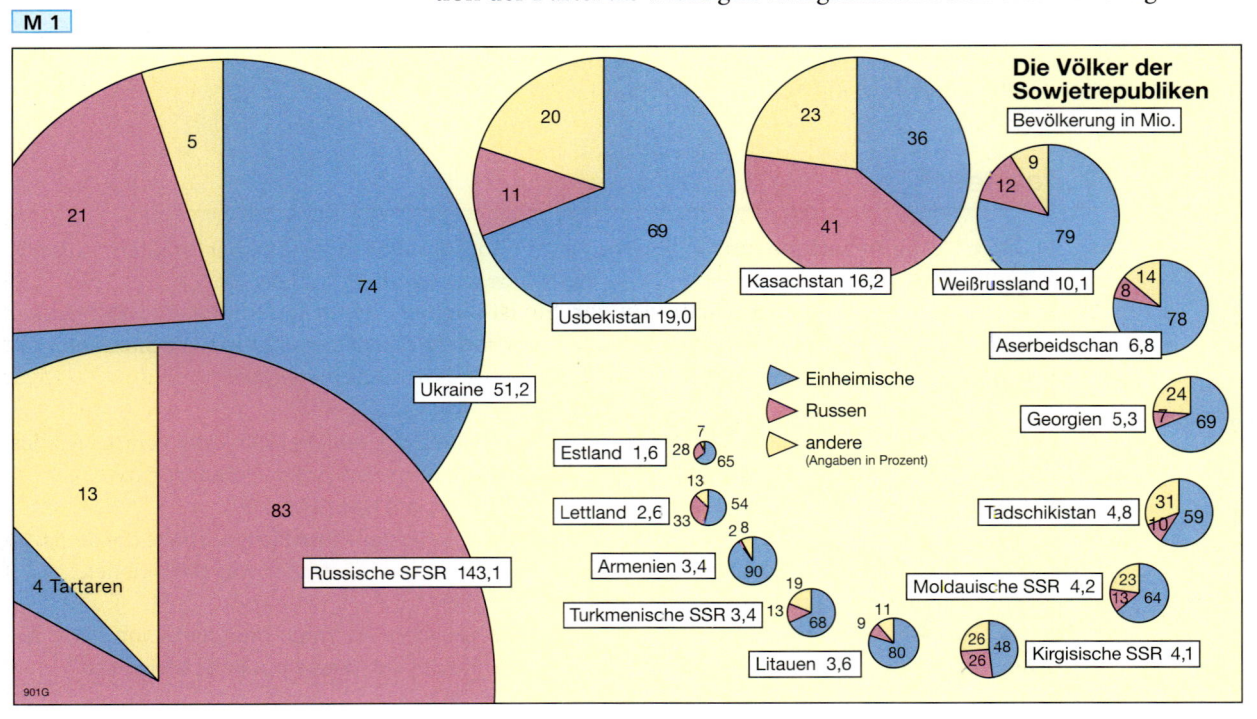

Die Völker der Sowjetrepubliken
Bevölkerung in Mio.

Usbekistan 19,0
Kasachstan 16,2
Weißrussland 10,1
Aserbeidschan 6,8
Ukraine 51,2
Georgien 5,3
Russische SFSR 143,1
4 Tartaren
Estland 1,6
Lettland 2,6
Tadschikistan 4,8
Armenien 3,4
Moldauische SSR 4,2
Turkmenische SSR 3,4
Litauen 3,6
Kirgisische SSR 4,1

Einheimische
Russen
andere (Angaben in Prozent)

901G

nationalen Eliten. Versuche der Russifizierung – durch Umsiedlungsaktionen, Vergabe wichtiger Posten in den Republiken an Russen, Zurückdrängung der nicht russischen Sprachen – stießen auf Widerstand. Beunruhigend wirkte auf die russische Führung der UdSSR die Tatsache, dass der Bevölkerungsanteil der Russen nur noch 50 Prozent ausmachte und dass dieser Anteil weiter sank, weil die nichtrussischen Völker eine höhere Geburtenrate aufwiesen.

Soziale Verhältnisse: Die sozialen Verhältnisse waren für eine Mehrheit der sowjetischen Bevölkerung nach wie vor nicht befriedigend. Unwillen erregten die unzureichende Versorgung mit Konsumgütern, das alltägliche Schlangestehen, die oft schlechte Qualität der einheimischen Produkte. Die Mängel bei der Wohnraumbeschaffung waren – trotz erheblicher staatlicher Anstrengungen – nicht behoben worden. Die Norm betrug nur 9 m² pro Person und auch diese konnte in den Ballungszentren oft nicht eingehalten werden.

Landwirtschaft: Obgleich 20 Prozent der sowjetischen Beschäftigten in der Landwirtschaft tätig waren (zum Vergleich: Bundesrepublik Deutschland 2,5 Prozent in 2001), war es der Sowjetunion nicht gelungen, die Selbstversorgung sicherzustellen. Die niedrige Produktivität verursachte Fehlbeträge, die nur durch riesige Nahrungsmittelimporte gedeckt werden konnten.

Technologie: Das erklärte Ziel, den technologischen Rückstand zu den westlichen Industriestaaten aufzuholen, konnte nur teilweise erreicht werden, so zum Beispiel in den Bereichen Rüstung und Raumfahrt. Im Übrigen erwies sich die Planwirtschaft, gelenkt von einem bürokratischen Wasserkopf, als zu schwerfällig. Experimentierfreude, Risikobereitschaft und Leistungsmotivation wurden nicht hinreichend gefördert.

Die Politik der Perestroika

M 2 „Hallo Totengräber, is' was?"

Die Wahl Gorbatschows zum Generalsekretär der KPdSU bedeutete einen Wendepunkt in der Geschichte der Sowjetunion. Gorbatschows Machtantritt drückte die Bereitschaft von Teilen der Parteielite aus, einen neuen Kurs zu steuern, und signalisierte den Durchbruch der Reformer. Die Reformer beabsichtigten, das sozialistische Wirtschafts- und Gesellschaftssystem zu modernisieren. Dadurch wurde aber ein dynamischer Prozess ausgelöst, der letztlich zur Auflösung der Sowjetunion führte. Aus dem angestrebten Systemwandel wurde ein Systemwechsel. Die Perestroika brachte ein Ergebnis hervor, das von den Reformern nicht gewollt worden war.

Die Perestroika stellt eine abgeschlossene Periode in der Geschichte der Sowjetunion dar. Sie ist zugleich deren letzte Phase (1985–1991).

Obgleich Gorbatschow seine Politik als „Revolution" bezeichnete, war sie in Wirklichkeit nicht auf einen Systemwechsel gerichtet. Ziel war vielmehr die Effizienzsteigerung des sozialistischen Systems selbst. Die neue sowjetische Politik wollte die Modernisierung des Sozialismus. Der Führung war klar, dass nur eine hoch entwickelte Volkswirtschaft auf Dauer den Rang der Sowjetunion als Weltmacht sichern konnte. Diesem Zweck diente der „Umbau" (Perestroika) des politischen und wirtschaftlichen Systems. Eine Wirtschaftsreform sollte neue Energien freisetzen, den Lebensstandard erhöhen sowie den technologischen Rückstand wettmachen, das heißt die bisher nicht vorhandene Konkurrenzfähigkeit sowjetischer Produkte auf dem Weltmarkt herstellen. Die bis ins Kleinste geregelte und damit schwerfällige Befehlswirtschaft sollte mehr Spielraum und Eigenständigkeit erhalten. Neue Methoden der Wirtschaftslenkung sollten die Reglementierungen abbauen, Privatinitiative fördern und die Vorteile von Plan- und Marktwirtschaft kombinieren. Private Kleinunternehmen sollten zugelassen werden, so wie das schon in der Volksrepublik China der Fall war.

Glasnost

M 3 **Michail Gorbatschow** von 1985 bis 1991 Vorsitzender der KPdSU, leitete die Politik der Perestroika ein. Lenin blieb bis zum Ende der Sowjetunion allgegenwärtig.

Reform von oben

„Glasnost", was so viel wie Offenheit und Transparenz bedeutet, stellte eine flankierende Maßnahme im Zuge des „Umbaus" dar. Glasnost diente dazu, verkrustete Strukturen aufzubrechen und die Menschen zu aktivieren. Die zensierten Massenmedien, die traditionell ein Instrument der Partei waren, durften in bisher nicht gekannter Offenheit Themen aufgreifen, die seit Jahrzehnten tabu gewesen waren. Sie berichteten zum Beispiel über Justizwillkür, Alkoholismus und Drogensucht, Katastrophen und bürokratische Auswüchse.

Es gab ein „Tauwetter" in der Kulturpolitik: Vorher gesperrte Filme durften gezeigt werden, die weißen Flecken der sowjetischen Geschichte, Geschehnisse, die bisher verdrängt und verschwiegen wurden, durften diskutiert werden, so zum Beispiel der Terror der Stalinzeit. Der Name Trotzkis, des neben Lenin bedeutendsten Führers der Russischen Revolution von 1917, jahrzehntelang durch Stalin und dessen Nachfolger aus den Medien verbannt, durfte wieder erwähnt werden.

Mit der Formulierung: „Keiner hat das Recht auf Wahrheit gepachtet" (1987) erregte Gorbatschow Aufsehen, denn damit rückte er vom Absolutheitsanspruch der marxistisch-leninistischen Ideologie ab und brach mit einer geheiligten Parteitradition. Bei einer anderen Gelegenheit beteuerte er: „Wir brauchen die Demokratie wie die Luft zum Atmen" (1987).

In der Perspektive der Reformer sollte die informierte Öffentlichkeit als Gegengewicht zu einer beharrenden, unproduktiven Bürokratie dienen. Glasnost wurde zu einem entscheidenden Instrument der Umgestaltung. Sie beinhaltete zunächst eine Pluralisierung der Medienlandschaft sowie das Zugeständnis größerer Freiheiten in Bezug auf Meinungsäußerungen, Vereinigungen und Mitbestimmung. Damit wurde zum ersten Mal in der sowjetischen Geschichte das Politikmonopol der kommunistischen Partei in einem nennenswerten Umfang durchlöchert. Im Sowjetsystem hatte staatliches Handeln immer als Geheimbereich gegolten. Nunmehr wurden Missstände aller Art öffentlich gemacht, Versäumnisse und Korruption beim Namen genannt. Politische Gefangene wurden frei gelassen: Dissidenten, wie zum Beispiel Sacharow, durften aus der Verbannung zurückkehren. Eine Abrechnung mit dem Stalinismus setzte ein. So wurden zum Beispiel in den Zeitungen und Zeitschriften Aufsätze über die Opfer, die der Stalinismus gekostet hatte, veröffentlicht. Das politische Bewusstsein der sowjetischen Öffentlichkeit wuchs. Der Staat, der sich seit seiner Gründung praktisch im Alleinbesitz der KPdSU befunden hatte, verlor zusehends seinen Charakter als fest gefügter Machtblock.

Charakteristisch für die Perestroika war, dass die entscheidenden Impulse für ihre Durchführung aus dem Herrschaftszentrum selbst kamen. Innerhalb der Spitze der KPdSU hatte sich eine Reformfraktion gebildet, deren wichtigster Kopf Gorbatschow war. Dieser hatte eine durchaus traditionelle Parteikarriere hinter sich, bevor ihn der damalige Generalsekretär Andropow (1982–84) ins Politbüro holte. Was Gorbatschow von anderen Sowjetführern unterschied, war seine Weltoffenheit, sein intellektueller Zuschnitt und seine Lernfähigkeit. Obwohl überzeugter Sozialist, erkannte er deutlicher als andere sowjetische Politiker die Schwächen des Systems und die verkrusteten Strukturen seiner eigenen Partei. Eine Erneuerung und Humanisierung des Sozialismus erschien ihm nur dann möglich, wenn wirtschaftliche Reformen von demokratisierenden gesellschaftspolitischen Reformen begleitet würden. Unausgesprochen knüpfte er ideologisch an die Absichten der tschechoslowakischen Reformsozialisten von 1968 an („Prager Frühling"). Damals wurde der Versuch, einen „Sozialismus mit menschlichem Antlitz" zu verwirklichen, durch den Einmarsch von Warschauer-Pakt-Truppen blutig niedergeschlagen.

Bei der Perestroika handelte es sich zunächst um eine „Reform von oben". Der Reformdruck kam nicht „von unten", das heißt vom Volk selbst. Die Dissidenten stellten nur eine winzige intellektuelle Minderheit dar, die das System als solches nicht gefährden konnte. Durch die russisch-sowjetische Geschichte von Iwan IV. („dem Schrecklichen") im 16. Jahrhundert über Zar Peter den Großen (1689–1725) bis zu Stalin zieht sich wie ein roter Faden das politische Handeln so genannter starker Herrscher, die Reform- und Machtpolitik „von oben" betrieben. Das „Volk" blieb bis in die jüngste Zeit immer nur „Objekt" der Politik.

Der sowjetischen Gesellschaft fehlte aufgrund ihrer Geschichte eine demokratische Tradition. Lediglich 1917/18 – in jener kurzen Phase zwischen dem untergegangenen Zarismus und dem sich festigenden Bolschewismus – gab es politischen Pluralismus. Dieser kurze Zeitraum reichte aber nicht aus, um eine demokratische Traditionsbildung auf breiterer Grundlage zu begründen.

Die gesellschaftlichen Erfahrungen des durchschnittlichen russischen Bürgers haben eine obrigkeitsstaatliche Ausprägung. Die Mehr-

M 4 **Widerstand gegen die Perestroika**
Die Nomenklatura:
„Nichts überstürzen, Genosse Gorbatschow!"

heit ist bis in die Gegenwart eher passiv, abwartend und wenig experimentierfreudig. Dies stellt ein großes Hindernis für die Demokratisierung der ehemaligen Sowjetunion dar.

Dynamik des politischen Wandels

Mithilfe von Glasnost war das Scheitern des sozialistischen Gesellschaftsmodells für eine breite Öffentlichkeit offenbar geworden. Parallel dazu zeigte sich, dass die Wirtschaftsreformen die erhofften positiven Wirkungen nicht erbrachten. Im Gegenteil: Die sich verschlechternde Versorgungssituation ließ die Glaubwürdigkeit der Kommunistischen Partei weiter sinken. Es entstand eine unübersichtliche Situation, in der Unzufriedenheit, Chaos, Kriminalität und Anarchie wuchsen. Die stark abnehmende Popularität Gorbatschows zeugte von der sich zuspitzenden Krise.

Die sowjetische Gesellschaft polarisierte sich. Auf der einen Seite stand die demokratische Opposition, getragen von einer intellektuellen städtischen Minderheit. Sie forderte eine radikale Überwindung des sozialistischen Systems. Dem widersetzten sich die Vertreter der bürokratischen Apparate (Partei, Armee, KGB, Wirtschaft). Zusammen mit den Konservativen forderten sie die Rückkehr zu den alten autoritären Verhältnissen.

Der Putsch

Am 19. August 1991 putschte ein aus acht Konservativen bestehendes „Staatskomitee", geführt vom sowjetischen Vizepräsidenten Janajew. Weitere Mitglieder des Komitees waren unter anderem Krjutschkow (KGB-Vorsitzender), Jasow (Verteidigungsminister), Pugo (Innenminister der UdSSR) und Pawlow (Ministerpräsident der UdSSR). Janajew verkündete den Ausnahmezustand und erklärte Gorbatschow für abgesetzt. Der Staatsstreich wurde also von den wichtigsten Repräsentanten des Machtkomplexes der alten UdSSR durchgeführt. Auffallend war, dass die Kommunistische Partei als eigenständiger Faktor schon nicht mehr in Erscheinung trat.

Nach eigener Aussage wollten die Putschisten der Auflösung der Union zuvorkommen sowie die Ordnung und Staatsautorität wieder herstellen. Es ging ihnen um die Rettung des sowjetischen Machtstaates und seiner Einheit. Beides sahen sie durch westliche Werte wie Pluralismus, Demokratie und Selbstbestimmung gefährdet.
Der Putsch scheiterte aus mehreren Gründen:
- Die Putschisten besaßen keine überzeugende politische Alternative.
- Unter ihnen gab es keine glaubwürdige Persönlichkeit, die über Ausstrahlung verfügte.
- Es gelang in einigen Zentren (Moskau, Leningrad), Widerstand zu organisieren. Dieser kristallisierte sich um den russischen Präsidenten Jelzin und verschaffte ihm eine neue Legitimation als Sprecher des demokratischen Russlands.
- Teile der Armee beziehungsweise des KGB hatten sich geweigert, gegen die rechtmäßige russische Regierung um Jelzin vorzugehen.
- Nach sechs Jahren Glasnost hatte sich eine kritische städtische Öffentlichkeit gebildet, die von ihrem Widerstandsrecht Gebrauch machte.

Der misslungene Staatsstreich produzierte ein Ergebnis, das den Absichten der Putschisten völlig zuwiderlief: das Ende des Sowjetreiches in seiner alten Gestalt. Alle Republiken erklärten sich anschließend für souverän.

Boris Jelzin
erster Präsident Russlands
(1991–1999)

Der gescheiterte Putsch hatte also den Zerfall der sowjetischen Staatlichkeit beschleunigt. Es handelte sich dabei um einen Zerfall von innen, das heißt ohne Einwirkung äußerer Mächte. Es hatte sich gezeigt, dass mit dem Machtverlust der Kommunistischen Partei das einigende organisatorische Band des Vielvölkerstaates abhanden gekommen war. Dazu gesellte sich die rapide fortschreitende Unglaubwürdigkeit der kommunistischen Ideologie. Dies hinterließ ein ideologisches Vakuum, in das der Nationalismus einfließen konnte.

Aus der Sowjetunion wurde die Gemeinschaft Unabhängiger Staaten (GUS). Die neue „Gemeinschaft" trat an die Stelle der UdSSR. Die 1922 gebildete „Union der Sozialistischen Sowjetrepubliken" war somit nach 69 Jahren aufgelöst worden. Der sowjetische Präsident Gorbatschow wurde für abgesetzt erklärt. Damit war dessen Absicht, der Aufbau einer „erneuerten Union", gescheitert.

Die Staatschefs der einzelnen Republiken, die das höchste beschließende Organ der neuen Gemeinschaft bilden, lehnten die Errichtung einer Zentralgewalt ab. Nach dem Ende der UdSSR nahm Russland an ihrer Stelle den Sitz im Sicherheitsrat der UNO ein.

Der russische Präsident Jelzin ging aus dem Putsch als neuer „starker Mann" hervor, aber auch er konnte den weiteren Niedergang seines Landes nicht aufhalten.

Die anschließende Talfahrt der Wirtschaft und die zunehmende Verelendung erlebte der russische Durchschnittsbürger als Ergebnis des Zusammenbruchs der alten Ordnung. Diese musste vielen, je mehr sich die Lebensumstände weiter verschlechterten, als Hort der Stabilität und der Sicherheit erscheinen. Vielfach zeigten sich Demokratie und Marktwirtschaft in Verbindung mit Korruption, Kriminalität und (angeblichem) nationalen Ausverkauf an den Westen.

Vor diesem Hintergrund formierte sich eine Oppositionsbewegung, die Altkommunisten, Nationalisten, Antisemiten und Monarchisten umfasst. Es zeigt sich, dass es dem westlich-liberalen Gesellschaftsmodell an Tradition und Verankerung in der russischen Bevölkerung fehlt und autoritäre Traditionen lebendig sind.

Chronologie

11. März 1985	Gorbatschow wird Generalsekretär der KPdSU.
25. Februar–6. März 1986	27. Parteitag der KPdSU: Ankündigung der Perestroika
26. Mai 1988	Gesetz über das Genossenschaftswesen: Das Eigentumsmonopol des Staates wird erstmals durchbrochen.
26. März 1989	Wahlen zum „Kongress der Volksdeputierten" – Erstmals haben die Wähler echte Wahlmöglichkeiten zwischen mehreren Kandidaten.
13.–16. März 1990	Das Amt des sowjetischen Staatspräsidenten wird geschaffen: Wahl Gorbatschows
12. Juni 1990	Souveränitätserklärung der Russischen Sozialistischen Föderativen Sowjetrepublik (RSFSR)
12. Juni 1991	Jelzin wird in freier Wahl zum Präsidenten der RSFSR gewählt.
1. Juli 1991	Gesetz über die Privatisierung von Unternehmen
19.–22. August 1991	Gescheiterter Staatsstreich gegen den sowjetischen Präsidenten Gorbatschow
21. Dezember 1991	Gründung der „Gemeinschaft Unabhängiger Staaten" (GUS) – das Ende der Sowjetunion und ihr Zerfall in souveräne Staaten

M 6 Die Voraussetzungen für den Umbruch

*Der Osteuropa-Experte Gerhard Simon erläutert
die Hintergründe für die Krise der Sowjetunion:*

Die Bolschewiki, die im Oktober 1917 in Russland
die Macht ergriffen hatten, betrachteten sich als
Vollstrecker historischer Gesetze auf dem Weg zur
kommunistischen Gesellschaft. Sie hielten es des-
5 halb für unnötig, sich Mandat und Legitimation
durch die Zustimmung der Bevölkerung in freien
Wahlen zu verschaffen. Dieses selbst erteilte Mandat der Geschichte steht nach mehr als siebzig Jahren Sowjetherrschaft heute grundsätzlich zur Dis-
10 position.
Das traditionelle sowjetische Herrschafts- und
Gesellschaftssystem beruhte vor allem auf drei Säulen: der „wissenschaftlichen Weltanschauung" des
Marxismus-Leninismus; der Einparteiherrschaft; der
15 zentralen Planwirtschaft. Diese tragenden Prinzipi-
en kommunistischer Machtausübung sind in eine
tiefe Krise geraten. Der Ausschließlichkeitsanspruch
der „wissenschaftlichen Weltanschauung" hat zu
keiner Zeit in der Sowjetunion wirklich durchge-
20 setzt werden können, aber niemals haben
Anspruch und Wirklichkeit so weit auseinander
geklafft wie in den vergangenen zwei Jahrzehnten.
Weil der Sowjetstaat niemals ein säkularer [welt-
licher] Staat hat sein wollen, für den die Sinngebung
25 menschlicher Existenz, Religion und Kultur, Angelegenheiten des Einzelnen oder gesellschaftlicher
Gruppen sind, nicht aber Aufgabe des Staates,
musste der Verfall des Geltungsanspruchs des Marxismus-Leninismus schwer wiegende Auswirkungen
30 auf die öffentliche Moral haben. Der propagierte
Verzicht auf das kleine private Glück, auf Wohl-

stand und Selbstständigkeit zugunsten eines
zukünftigen großen Glücks für alle hat jede Glaub-
würdigkeit verloren. Typisch für das tatsächliche
Verhalten der Menschen und das gesellschaftliche 35
Klima sind vielmehr die entgegengesetzten Normen geworden: Rückzug ins Private, Materialismus,
Überordnung des Eigeninteresses über das
Gemeininteresse. Die Folgen waren sinkende
Arbeitsmoral, Verantwortungsscheu, Entwendung 40
öffentlichen Eigentums, Korruption und Vettern-
wirtschaft. Die Krise der öffentlichen Moral erreichte in den achtziger Jahren früher nicht gekanntes
Ausmaße.
Alle diese Krisensymptome betrafen eine Gesell- 45
schaft, die sich seit der Stalin-Zeit gründlich gewandelt hatte. Die totalitäre Diktatur hatte selbstständige Regungen der Gesellschaft weitgehend unterdrückt, unabhängige Gruppen zerschlagen,
Interessenartikulation verhindert, ein hierarchi- 50
sches Befehlssystem aufgebaut und damit das Land
in eine ständige Ausnahmesituation versetzt. Das
Verhältnis zwischen Herrschaftssystem und Gesellschaft in den achtziger Jahren war durch ein drei-
faches Dilemma gekennzeichnet. Erstens: Die 55
Strukturen der Herrschaft – administratives Kom-
mandosystem, Nichtvorhandensein einer demokra-
tisch-parlamentarischen Legitimation – waren seit
den dreißiger Jahren die gleichen geblieben. Zweitens: Die Führung war aber nicht mehr bereit und 60
in der Lage, zur Durchsetzung der Diktatur uneingeschränkt Gewalt und Massenterror einzusetzen.
Das äußere Feindbild konnte nicht mehr aufrecht
erhalten werden. Drittens: Die Gesellschaft war aus
dem Trauma von Terror und Krieg erwacht. Eine 65
Fülle von alten und neuen Interessengruppen,

Schichten und Organisationen entstand und forderte Selbsttätigkeit und Mitsprache. Die Gesellschaft emanzipierte sich von der Diktatur, die aber
70 nicht bereit war, die Gesellschaft freizugeben, sondern allenfalls pragmatisch einzelne Abstriche am Monopolanspruch auf die Macht zuließ. Es kam zu einer Legitimitätskrise der Einparteiherrschaft. Allerdings erreichte diese Krise vor 1985 noch nicht
75 den Punkt, an dem in breiten Schichten der Gesellschaft die Machtfrage – d. h. die Forderung nach Abtreten der KPdSU von der Macht – gestellt wurde.

G. Simon, Der Umbruch des politischen Systems in der Sowjetunion, in: APuZ, Nr. 19–20/1990, S. 3.

M 7 Was bedeutet Perestroika?

Michail Gorbatschow erläutert seine Vorstellungen vom Umbau der sowjetischen Gesellschaft (1987):

Perestroika bedeutet Initiative der Massen; Entwicklung der Demokratie auf breiter Basis, sozialistische Selbstverwaltung, Förderung von Initiative und schöpferischer Arbeit, Stärkung von Ordnung
5 und Disziplin, mehr Offenheit, Kritik und Selbstkritik in allen Bereichen unserer Gesellschaft; ein Höchstmaß an Achtung des Individuums und Wahrung seiner persönlichen Würde.
Perestroika bedeutet Intensivierung der gesamten
10 sowjetischen Wirtschaft, Wiedereinführung und Entwicklung der Prinzipien des demokratischen Zentralismus bei der Führung der Volkswirtschaft, generelle Einführung ökonomischer Methoden, Verzicht auf ein Management des Kommandierens
15 und administrativer Methoden sowie Ermutigung zu Innovation und sozialistischem Unternehmungsgeist auf allen Ebenen.
Perestroika bedeutet entschiedene Hinwendung zu wissenschaftlichen Methoden sowie die Fähig-
20 keit, jeder neuen Initiative eine solide wissen-

schaftliche Basis zu geben. Sie bedeutet ferner Kopplung der Errungenschaften der wissenschaftlich-technischen Revolution mit der Planwirtschaft. Perestroika bedeutet vorrangige Entwicklung des sozialen Bereichs mit dem Ziel, die Bedürfnisse des 25 sowjetischen Volkes nach guten Lebens- und Arbeitsbedingungen, nach Erholung, Bildung und medizinischer Versorgung immer besser zu befriedigen; ständiges Ringen um kulturellen und geistigen Reichtum, um die Bildung des Individuums und 30 der ganzen Gesellschaft.
Perestroika bedeutet Befreiung der Gesellschaft von Verzerrungen der sozialistischen Ethik und konsequente Verwirklichung der Prinzipien sozialistischer Gerechtigkeit. Sie bedeutet ferner Einheit von Wort 35 und Tat, von Rechten und Pflichten. Sie bedeutet Wertschätzung ehrlicher, in guter Qualität ausgeführter Arbeit sowie die Überwindung gleichmacherischer Tendenzen in Entlohnung und Konsum. [...] Aber im Prinzip, soviel kann ich sagen, ist uns das 40 Endziel der Perestroika klar: Sie ist die tief greifende Erneuerung aller Bereiche des sowjetischen Lebens, die Schaffung modernster Organisationsformen in der sozialistischen Gesellschaft, die volle Ausschöpfung des humanistischen Charakters unserer gesell- 45 schaftlichen Ordnung in all ihren entscheidenden Aspekten – den ökonomischen, sozialen, politischen und moralischen. [...]
Wir werden uns weiter auf einen besseren Sozialismus zu bewegen, und nicht von ihm weg. Wir 50 sagen das in aller Aufrichtigkeit und nicht, um unser Volk oder die Welt zu täuschen. Jede Hoffnung, wir würden eine andere, nicht-sozialistische Gesellschaft anstreben und ins andere Lager umschwenken, ist unrealistisch und zwecklos. Die 55 Leute im Westen, die von uns eine Abkehr vom Sozialismus erwarten, werden enttäuscht sein.

M. Gorbatschow, Perestroika, Die zweite russische Revolution, München 1987, S. 40 ff.

Aufgaben

1. Erklären und beurteilen Sie Gorbatschows Aussage: „Perestroika ist eine Revolution".
   → Text, M7
2. Untersuchen Sie, warum die KPdSU mit ihrem Herrschaftsanspruch in der Sowjetunion scheiterte. Beschreiben Sie die Krisensymptome.
   → Text, M6
3. Erläutern Sie die Begriffe „Glasnost" und „Perestroika".
   → Text, M7

4. Auf welche Schwierigkeiten aus der Anfangsphase der Perestroika verweist die Karikatur?
   → M4
5. Fassen Sie zusammen: Warum scheiterte die Weltmacht Sowjetunion nach wenigen Jahrzehnten ihrer Existenz?
   → Text, M4–M7

14. Die USA im 20. Jahrhundert

Am 23. Februar 1945 richten nach einem äußerst verlustreichen Kampf amerikanische Soldaten die Flagge ihres Landes auf der japanischen Insel Iwo Jima auf. Das Bild – bei dem es sich um eine nachgestellte Inszenierung handelt – wurde zum legendären Kriegsfoto Amerikas. Es wurde massenhaft verbreitet, erschien unter anderem als Briefmarke und ein nach dem Bild gestaltetes Denkmal steht auf dem ehrwürdigen Soldatenfriedhof Arlington. Die Wirkung des Fotos erschließt sich aus seinem symbolischen Gehalt: Es versinnbildlicht die siegreiche, ja triumphierende Nation, der es gelungen ist, im 20. Jahrhundert mehr Einfluss auszuüben als jedes andere Land.

Schon 1941 hatte der amerikanische Verleger Henry Luce das mittlerweile geflügelte Wort vom „amerikanischen Jahrhundert" geprägt. Er sollte damit Recht behalten. Nachdem die USA bereits durch ihr Eingreifen in den Ersten Weltkrieg das Patt der europäischen Mächte zu Gunsten der Entente entschieden hatten, so gab ihre Intervention auch im Zweiten Weltkrieg den Ausschlag. Der Überfall Japans auf Pearl Harbor am 7. Dezember 1941 erzwang nach zwei Jahrzehnten außenpolitischer Zurückhaltung die Rückkehr auf die weltpolitische Bühne. Das Land stellte danach einmal mehr seine Fähigkeit unter Beweis, seine riesigen materiellen Ressourcen zu mobilisieren. Folglich gingen die USA als eindeutiger Sieger aus dem Zweiten Weltkrieg hervor. Zwar gelang es der Sowjetunion in den folgenden Jahrzehnten durch einen gewaltigen rüstungspolitischen Kraftakt die strategische Parität herzustellen, aber ihr Supermacht-Status war auf dem Fundament einer ineffizienten – technologisch und finanziell überforderten – Planwirtschaft errichtet worden. Nach der Selbstauflösung der UdSSR (1991) sind die USA der einzig verbliebene globale Akteur. Zu Beginn des 21. Jahrhunderts kommt den Vereinigten Staaten von Amerika gleichsam automatisch eine Führungsrolle zu:

- Die amerikanischen Vorstellungen vom freien Welthandel haben sich weitgehend durchgesetzt.
- Die USA sind die führende Wirtschaftsmacht. Sie verfügen mit dem US-Dollar über die Leitwährung der Welt.
- Die USA nehmen eine technologisch-wissenschaftliche Spitzenposition ein.
- Als Militärmacht sind sie das einzige Land auf der Welt, das eine globale Interventionsfähigkeit besitzt.
- Die heutige Weltzivilisation ist – trotz mancher Einschränkungen – in einem erheblichen Ausmaße amerikanisch geprägt, was sich bei der Kleidung und in der populären Musik, in Filmen und Essgewohnheiten und nicht zuletzt in der Sprache zeigt.

In einer tendenziell multipolaren Welt mit den Schwerpunkten USA, Europa, Russland, China und Japan werden die USA bis auf Weiteres der erste „global player" bleiben. Die Politikwissenschaft hat für die Rolle einer behutsam ausgeübten weltpolitischen Führungsmacht den Begriff der „wohlwollenden Hegemonie" (Vormachtstellung) geprägt.

14.1 Die Außenpolitik der USA

Der Erste Weltkrieg

Der Eintritt der USA in den Ersten Weltkrieg markierte einen Einschnitt in der amerikanischen Außenpolitik. Das Land brach mit der Empfehlung seines ersten Präsidenten George Washington und wandte sich vom Isolationismus ab.

Präsident Woodrow Wilson (1913–1921) verfocht zunächst eine Neutralitätspolitik, wobei aber seine Sympathien als überzeugter Demokrat und Liberaler der Entente gehörten. Die enge wirtschaftliche und finanzielle Verflechtung – auch durch Kriegskredite –, der politische Gegensatz zum autoritär regierten Deutschen Kaiserreich und vor allem der unbeschränkte U-Boot-Krieg Deutschlands (1917) erhöhten den innenpolitischen Druck auf Wilson. Der dilettantische diplomatische Versuch Deutschlands, Mexiko zu einer Kriegserklärung gegenüber den USA zu bewegen, führte zu heller Empörung in der amerikanischen Öffentlichkeit. Vor diesem Hintergrund erklärten die USA dem Deutschen Reich am 6. April 1917 den Krieg. In seiner Kriegserklärung prägte Präsident Wilson die programmatische Formel: „The world must be made safe for democracy." Als ein von moralischen Überzeugungen geleiteter Mensch verstand er den Krieg als einen Kreuzzug für eine gute Sache.

1918 legte Wilson eine Erklärung mit 14 Punkten vor, die einen Frieden ohne Sieger und Besiegte ermöglichen sollte. Sein Programm beinhaltete unter anderem Abrüstung, freien Handel, Abschaffung der Geheimdiplomatie und die Errichtung eines Völkerbundes zur Sicherung des Friedens.

Wilsons Versuch, eine stabile Nachkriegsordnung in Europa aufzubauen, scheiterte. Er nahm an der Pariser Friedenskonferenz (1918/19) teil, aber es gelang ihm nicht, einen maßvollen Frieden durchzusetzen, der die Gefahren einer deutschen Revanchepolitik gemindert hätte.

M 1 „Du kaufst eine Freiheitsanleihe, damit ich nicht untergehe."
Amerikanisches Propagandaplakat von 1917/1918

M 2 **Präsident Woodrow Wilson** spricht kurz vor dem Ersten Weltkrieg, am 14. Juli 1914, in Philadelphia vom Balkon der Independence Hall. Das Foto zeigt den ganzen Mann: ein großer innenpolitischer Reformer mit einem Touch von Messias schon damals, ein guter Redner, aber zugleich ein zum Belehren disponierter Professor, jedenfalls jahrelang ein begabter, in Europa unterschätzter Zauberer auf der politischen Bühne der USA.

Text aus: H.-P. Schwarz, Das Gesicht des Jahrhunderts, Berlin 1998, S. 434.

Mit seinen Friedensvorstellungen geriet Wilson in Konflikt mit den europäischen Alliierten, die – vor allem wegen ihrer Kriegsschulden bei den USA – auf Reparationen der Besiegten beharrten.

Wilsons Hauptziel, die Gründung des Völkerbundes, misslang insofern, als der US-Senat dem Versailler Friedensvertrag und dem Beitritt der USA zum Völkerbund nicht zustimmte. Die notwendige Zweidrittel-Mehrheit für die Ratifizierung der Verträge kam nicht zu Stande. Der Völkerbund wurde zwar dennoch als internationale Friedensorganisation in Genf errichtet, aber das größte und wichtigste Land war nicht Mitglied, was sein politisches Gewicht von Beginn an schmälerte.

Isolationistische Strömungen gewannen nach 1920 in den USA wieder an Boden.

Isolationismus

Dennoch kann von einem Isolationismus nach dem Ersten Weltkrieg nur bedingt die Rede sein, denn wegen der Kriegsschuldenproblematik blieben die USA außenwirtschaftlich mit Europa eng verbunden. Amerikas zeitweiliger Rückzug stimmte nicht mit den Gegebenheiten des internationalen Systems überein. Durch den Ersten Weltkrieg waren die USA zur stärksten Wirtschaftsmacht der Welt mit globalen Handelsinteressen und zur Gläubigernation Europas geworden.

Der Rückzug der USA von der Weltpolitik fand seinen Ausdruck im Neutralitätsgesetz (1937), das als Fundament der Außenpolitik in Kriegszeiten galt. Mittels einer „Cash-and-carry"-Klausel sollten dabei Neutralitätspolitik und Handelsinteressen in Einklang gebracht werden. Sie galt für den Handel mit Krieg führenden Staaten und war auf kapitalkräftige Länder zugeschnitten, denn die Güter mussten vor der Ausfuhr bezahlt und auf Schiffen des Importlandes transportiert werden.

Der Zweite Weltkrieg

Nach Ausbruch des Zweiten Weltkrieges (1939) verhinderte zunächst eine breite neutralistische Grundströmung den Kriegseintritt gegen den Faschismus. Erst der japanische Überfall auf den Flottenstützpunkt Pearl Harbor auf Hawaii (1941) bedeutete das Ende des Isolationismus und die Übernahme einer weltweiten Führungsrolle, die die USA seitdem nicht mehr abgegeben haben.

Vor dem Hintergrund britischer Zahlungsunfähigkeit waren bereits seit dem Frühjahr 1941 Hilfslieferungen an die Alliierten auf der Grundlage des „Lend-Lease-Act" (Leih-Pacht-Gesetz) abgewickelt worden. Von der Militärhilfe profitierte vor allem England, später aber auch die Sowjetunion.

Der Aufstieg der USA als auch der UdSSR zu ihrer weltbeherrschenden Stellung begann 1941 mit dem japanischen Überfall auf Pearl Harbor und dem Angriff Hitler-Deutschlands auf die UdSSR. Die Gemeinsamkeiten im Kampf gegen den Faschismus ließen zeitweilig die politisch-ideologischen Unterschiede in den Hintergrund treten.

Mit Kriegsbeginn war ein gewaltiges Rüstungsprogramm angekurbelt worden, das rasch Erfolge zeigte. Bereits 1943 übertraf die Produktionskapazität der USA diejenige der Achsenmächte (Deutschland, Italien, Japan). Deren Niederlage 1945 spiegelte die materielle und technologische Überlegenheit der USA wider.

Die Amtszeit von Franklin Delano Roosevelt (1933–45) zählt zu den großen Präsidentschaften in der Geschichte der USA. Als überzeugter Demokrat und Anhänger einer liberalen Weltwirtschaftsordnung führte er sein Land in dem globalen Konflikt mit dem deutschen Nationalso-

Franklin Delano Roosevelt
Amerikanischer Präsident von 1933 bis 1945

zialismus, dem italienischen Faschismus und dem japanischen Imperialismus. Auf ihn hatten sich die Hoffnungen der Demokraten in vielen Ländern der Welt konzentriert. Als er 1945 verstarb, hinterließ er eine siegreiche Nation mit dem unzweifelhaften Status einer Weltmacht. Seine Vorstellungen hinsichtlich der Nachkriegsordnung, nämlich die Welt kooperativ mit der Sowjetunion Stalins zu regieren, waren allerdings zum Scheitern verurteilt und muten aus heutiger Perspektive illusionär an.

M 3 Hiroshima nach dem Abwurf der Atombombe am 6. August 1945

Von der Kooperation zur Konfrontation

Aus dem Zweiten Weltkrieg gingen zwei Weltmächte siegreich hervor: die USA und die UdSSR. Ein bi-polares Weltsystem war entstanden, denn die westeuropäischen Staaten waren faktisch zu politischen Mittelmächten geworden.

Angesichts der Niederlage des Faschismus zerbrach schnell jene „seltsame Allianz" der beiden Großmächte in der Anti-Hitler-Koalition. Ideologische und machtpolitische Gegensätze ließen sich offenbar nur so lange zurückstellen, als ein gemeinsamer Feind vorhanden war.

Der Ost-West-Konflikt entzündete sich an der Verschiebung des sowjetischen Einflussbereiches nach Westen. Die Politik der UdSSR zielte auf die Errichtung eines Gürtels freundlich gesinnter Staaten. Zu diesem Zweck wurde eine Sowjetisierung Osteuropas betrieben, die den alliierten Absprachen in Bezug auf das Selbstbestimmungsrecht der Völker entschieden zuwiderlief.

In der Amtszeit von Roosevelts Nachfolger im Präsidentenamt, Truman, verschärfte sich der Ost-West-Gegensatz zum Kalten Krieg. Als 1947 die britische Regierung erklärte, sie könne die griechische Regierung, die in einem Krieg mit kommunistischen Partisanen stand, nicht länger unterstützen, sprangen die USA aus wirtschaftlichen, strategischen und humanitären Gründen ein. Diese als Truman-Doktrin bezeichnete amerikanische Außenpolitik akzentuierte sich im Sinne einer anti-kommunistischen Strategie der Eindämmung (containment)
- durch militärische und wirtschaftliche Hilfsmaßnahmen an Länder, die von kommunistischen Bewegungen bedroht waren,
- durch ein internationales wirtschaftliches Hilfsprogramm (European Recovery Program, ERP), auch Marshall-Plan genannt,
- durch Bündnispolitik (u. a. Gründung der NATO, 1949) und ein globales Stützpunktsystem.

Zwischen 1947 und 1949 zerfiel die Welt in zwei feindliche Lager. Die Idee einer gemeinsamen globalen Sicherheit hielt der Wirklichkeit nicht stand, die von ideologischer Konfrontation und militärischer Rivalität geprägt war.

M 4 Präsident Harry S. Truman (1945–1953) und Außenminister George C. Marshall
Namensgeber für das – offiziell so genannte – „European Recovery Program" (Marshallplan)

Weltpolitik im Rahmen der Ost-West-Beziehungen

Kalter Krieg

Die Kooperation der Weltkriegsverbündeten zerbrach 1947/48. Die USA reagierten darauf mit der Gründung von Militärbündnissen, Stützpunkten und mittelfristig mit der Wiederbewaffnung der Bundesrepublik Deutschland im Rahmen der NATO. Angesichts der nuklearen Überlegenheit der USA bestand die offizielle Militärdoktrin in der „massiven Vergeltung" im Falle eines sowjetischen Angriffes. Spannungen prägten die Beziehungen zwischen Ost und West, wobei die Bezeichnung „Kalter Krieg" nur für Mitteleuropa berechtigt ist. Denn hier kam es trotz verschiedener Konflikte (zum Beispiel Berlin-Blockade 1948/49, Berlin-Krise 1959, Mauerbau 1961) nie zu bewaffneten Auseinandersetzungen.

Der Ausdruck „Kalter Krieg" bezeichnete ab 1947 den Spannungszustand im Kontext des Ost-West-Verhältnisses, wobei der Konflikt primär mit propagandistischen Mitteln, diplomatischen Drohgebärden, wirtschaftlichem Druck und dem Wettrüsten ausgetragen wurde. Auf der Grundlage abgesteckter Einflussbereiche wandelte sich die Konfrontation zur Koexistenz zweier unterschiedlicher Gesellschaftsordnungen. Die Teilung Europas und Deutschlands war festgeschrieben und Ergebnis einer bipolaren Weltordnung.

In den nachfolgenden Jahrzehnten, die von den tief greifenden politischen Gegensätzen zwischen Ost und West geprägt waren, kam es trotz der Spannungen zu keiner unmittelbaren militärischen Konfrontation zwischen den hochgerüsteten Weltführungsmächten. Dies konnte aus wohlerwogenem Überlebensinteresse verhindert werden.

Dreimal nach 1945 drohte der „kalte" Krieg allerdings zu einem globalen „heißen" Krieg zu eskalieren: im Koreakrieg (1950–1953), im

Vietnamkrieg (1964–75) und im Zusammenhang mit der Kuba-Krise, als die Sowjetunion versuchte, Mittelstreckenraketen auf der Karibikinsel zu stationieren (1962).

Koreakrieg

1950 überfiel das kommunistische Nordkorea – man vermutet nicht ohne das Einverständnis Stalins – den Süden des geteilten Landes. Nachdem Südkorea fast gänzlich erobert worden war, schafften es die USA und ihre Verbündeten im Rahmen eines UN-Mandats die Aggression zurückzuschlagen. Trotz des Eingreifens der Volksrepublik China gelang es, den Krieg zu regionalisieren und nach drei Jahren den Status quo ante, also den Zustand vor dem Konflikt, wiederherzustellen (1953). Die Demarkationslinie zwischen Nord- und Südkorea am 38. Breitengrad besitzt bis heute ihre Gültigkeit.

Der Koreakrieg hatte weitreichende militärische, wirtschaftliche und psychologische Folgen. Allgemein wurde er aus europäischer Perspektive als Testfall von Seiten der Sowjetunion angesehen, wie sich die westlichen Demokratien im Falle eines Angriffs verhalten würden. Eine Kapitulation in Korea hätte in dieser Sichtweise die Sowjetunion Stalins ermutigen können, etwas Vergleichbares auch in Europa zu unternehmen. Der Koreakrieg bewirkte daher die militärische Aufrüstung in Europa und er beschleunigte die Wiederbewaffnung der Bundesrepublik Deutschland und ihre Integration in das westliche Verteidigungsbündnis der NATO.

Kuba-Krise

In der Kuba-Krise (1962) stand die Menschheit abermals am Abgrund eines Weltkrieges. Die UdSSR versuchte auf Kuba Mittelstreckenraketen aufzustellen. Dieser Schachzug im globalen Ost-West-Konflikt diente dazu, einen strategischen Vorteil zu erringen. Die amerikanische Führung unter Präsident Kennedy zeigte sich zutiefst entschlossen, eine solche Stationierung zu verhindern. Allerdings hätte ein Einmarsch auf Kuba die Gefahr heraufbeschworen, dass im Gegenzug West-Berlin besetzt werden würde. Letztlich erwiesen sich die Androhung militärischer Gewalt und eine Seeblockade Kubas als erfolgreich. Die UdSSR gab – nicht ohne Prestigeverlust – nach. Als inoffizielle Gegenleistung wurden später die amerikanischen Jupiterraketen aus der Türkei entfernt.

M 5 **Kuba-Krise (1962)**
Der sowjetische KP-Chef Chruschtschow und US-Präsident Kennedy: „Einverstanden Herr Präsident, wir wollen verhandeln." (Originaltext). Die britische Karikatur von 1962 will deutlich machen: Wer zuerst drückt, stirbt als zweiter.

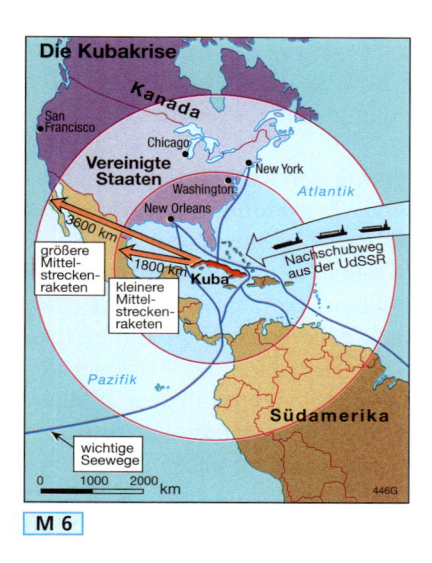

Die Kubakrise

M 6

Vietnam Krieg

M 7

Der Vietnamkrieg 1964–1973

US-Luftbasen
US-Marinebasen
US-Luftangriffe (seit Febr. 1965)

Der Vietnamkrieg 1964–1973

Demokratische Republik Nordvietnam
Seit Herbst 1970 kommunistisch kontrolliert von

Vietcong
Pathet-Lao
Rote Khmer

Die USA dokumentierten in der Kuba-Krise ihre Überlegenheit; sie standen im Zenit ihrer Macht.

Von der Kuba-Krise gingen zwei ganz gegensätzliche Folgewirkungen aus: Die faktische Niederlage veranlasste die Führung der UdSSR zu verstärkten Rüstungsanstrengungen, sodass sich schon gegen Ende der sechziger Jahre ein ungefähres nuklearstrategisches Gleichgewicht abzeichnete. Die beiden Weltführungsmächte verfügten nunmehr über globale Vernichtungspotenziale, die eine traditionelle Drohpolitik als widersinnig erscheinen ließen. Die militärische Parität (Gleichwertigkeit) erforderte eine den veränderten Verhältnissen angepasste Militärdoktrin. Die „massive Vergeltung" musste nach Lage der Dinge bei einem Konflikt zur Vernichtung der Menschheit führen. Die neue Strategie von 1967 lautete „flexible response" (wörtlich: angepasste Antwort). Diese sah im Konfliktfall den abgestuften Einsatz von konventionellen Waffen und von taktischen und strategischen Nuklearwaffen vor.

Vietnam war bis zum Zweiten Weltkrieg ein Teil der französischen Kolonie Indochina. Als nach Kriegsende dem Land die Unabhängigkeit verweigert wurde, brach ein Unabhängigkeitskrieg aus. Nachdem die national-kommunistischen Vietminh der französischen Kolonialmacht bei Dien-Bien-Phu (1954) eine schwere Niederlage zugefügt hatten, zog sich Frankreich aus Indochina zurück. Die anschließende Genfer Indochinakonferenz (1954) beschloss die provisorische Teilung Vietnams in einen kommunistischen Norden und einen westlich orientierten Süden. Für 1956 waren gesamt-vietnamesische Wahlen vorgesehen.

Nach dem Abzug der französischen Kolonialmacht steigerten die USA kontinuierlich ihr finanzielles und militärisches Engagement. Sie förderten das antikommunistische und autoritäre Diem-Regime in Saigon, das sich nur auf eine Minderheit aus Soldaten, sozialer Oberschicht und Katholiken stützen konnte. Die gesamtvietnamesischen Wahlen wurden von dieser Regierung boykottiert und die Oppositionellen verfolgt. Diem selbst wurde im Verlaufe eines Armeeputsches 1963 ermordet. Südvietnam nahm danach die Form einer Militärdiktatur an. Gegen dieses Regime hatte sich eine nationalrevolutionäre Widerstandsbewegung (Vietcong) formiert, die von Nordvietnam unterstützt wurde. Es entwickelte sich ein Guerillakrieg, bei dem die USA immer mehr die Hauptlast trugen. Die Zahl amerikanischer Soldaten stieg von 16 000 (1963) auf knapp 550 000 (1968). Diese Eskalation wurde Präsident Johnson, dem Nachfolger J. F. Kennedys, durch die so genannte Tonkin-Golf-Resolution ermöglicht, in der ein gezielt falsch informierter Kongress auf das Vorrecht der Kriegserklärung verzichtete. Diese Blankovollmacht ermöglichte der US-Führung die Bombardierung Nordvietnams und eine weitgehende Amerikanisierung des Krieges.

Mit dem War Powers Act hat der Kongress (1973) die Ermächtigung wieder zurückgenommen. Nunmehr gilt, dass die Kriegsführung ohne Zustimmung des Kongresses nur noch zeitlich begrenzt (60 Tage) möglich ist.

Der seit 1969 im Amt befindliche Präsident Nixon reduzierte die amerikanische Präsenz in Vietnam. Sein Programm der „Vietnamisierung" des Kriegs verband den Rückzug amerikanischer Bodentruppen mit einer Aufrüstung der südvietnamesischen Armee und massiver amerikanischer Luftunterstützung.

Das Pariser Waffenstillstandsabkommen (1973) – ausgehandelt von Richard Nixons Sicherheitsberater und späterem Außenminister Henry Kissinger – leitete die Beendigung der amerikanischen Verwicklung in Vietnam ein.

Das Waffenstillstandsabkommen konnte den Zerfall des südvietnamesischen Regimes Thieu nur für kurze Zeit aufhalten. 1975 zogen Vietcong- und nordvietnamesische Einheiten in Saigon ein.

Der Vietnamkrieg war der längste Krieg in der Geschichte der USA und der erste Krieg, den sie verloren haben. Trotz großer materieller, militärischer und personeller Übermacht gelang den USA keine „Eindämmung". Vielmehr bewirkte der Krieg ein sinkendes Ansehen der USA in der Weltöffentlichkeit und spaltete die amerikanische Nation. Der Verfall der militärischen Moral, die Kriegsmüdigkeit und das Anwachsen einer breiten Protestbewegung zeigten, dass dieser Krieg selbst innerhalb der amerikanischen Gesellschaft stark umstritten war.

Die Niederlage im Vietnamkrieg hatte ganz wesentlich ihre Ursache in der Funktionsweise einer demokratischen Gesellschaft. In ihr kann – im Unterschied zu diktatorisch regierten Staaten – kein Krieg gegen den Willen der Bevölkerungsmehrheit fortgesetzt werden. Selbst Minderheiten besitzen in freiheitlichen Gesellschaften eine Art Vetomacht und können militärische Einsätze politisch erschweren. Die Kriegshandlungen und Kriegsgräuel, die aufgrund der freien Berichterstattung tagtäglich auf den amerikanischen Bildschirmen zu sehen waren, hatten einen großen Einfluss auf die wachsende Ablehnung des Kriegseinsatzes in der amerikanischen Öffentlichkeit.

Außerdem litt das militärische Engagement unter einem Legitimationsdefizit. Zwar kämpften die USA gegen einen kommunistischen Feind, der – jenseits aller Propaganda – weder für Menschenrechte noch für Demokratie eintrat, aber gleichzeitig stützten die Amerikaner eine südvietnamesische Regierung, die mit ähnlich terroristischen Methoden regierte wie die andere Seite.

Der psychologische Vorteil des Vietcong und der hinter ihm stehenden nordvietnamesischen Armee bestand darin, dass sie ihren Kampf als nationale Befreiung vom amerikanischen Kolonialismus darzustellen vermochten. In weiten Teilen der vietnamesischen Bevölkerung galten die amerikanischen Soldaten als die Eindringlinge und weniger als willkommene Helfer in der Not. Von Belang war zweifellos auch die Tatsache, dass der Vietcong die Vorteile des Territoriums besser nutzen konnte. Die Form des Dschungelkrieges begünstigte den technologisch Unterlegenen. Hingegen mussten die amerikanischen Soldaten fernab der eigenen Heimat kämpfen – in einem Umfeld, das ihnen fremd war. Als Folge davon setzte eine weit verbreitete Demoralisierung der Truppen ein.

Der Vietnamkrieg stieß die amerikanische Gesellschaft in eine kollektive Depression, auch weil mit ihm das Ansehen von der Unbesiegbarkeit verloren gegangen war. Er kostete die amerikanische Nation 55 000 Tote und die – für damalige Verhältnisse – gewaltige Summe von etwa 170 Milliarden US-Dollar.

M 8 Demonstration gegen den Vietnamkrieg in Washington, D.C.

Koexistenz und Entspannung

Bei den Weltmächten wuchs nach der Kuba-Krise langsam die Erkenntnis, dass die atomare Rüstung unter Kontrolle gebracht werden müsse. Das schlug sich im Kernwaffenteststopp-Abkommen von 1963 und auch im Vertrag über die Nichtweiterverbreitung von Kernwaffen (1968) nieder. Beide Abkommen leiteten zu einer dritten Phase der Ost-West-Beziehungen über, in der die Koexistenz durch Entspannung und Zusammenarbeit weitergeführt wurde.

Während der siebziger Jahre entstand ein Beziehungsgeflecht als Antwort auf das „Gleichgewicht des Schreckens". Ost und West suchten neue Formen der Kooperation auf politischem, militärischem und wirtschaftlichem Gebiet:

- Gewaltverzicht und Anerkennung territorialer Besitzstände (z. B. Konferenz für Sicherheit und Zusammenarbeit in Europa: Helsinki 1975).
- Entschärfung von Krisenherden [z. B. Viermächteabkommen über Berlin 1971].
- Rüstungskontrollabkommen (z. B. Begrenzung strategischer Waffen: SALT I (1972) und SALT II (1979).
- Handel, Kredite und Technologietransfer an den Osten.

Auch die neue Ostpolitik der sozialliberalen Bundesregierung Brandt/Scheel war in die politische Großwetterlage vollständig eingebunden und führte zu den Verträgen von Moskau und Warschau (1970). Diese Phase ging 1979/80 zu Ende.

Aufrüstung und neues Misstrauen

Ein entscheidender Auslöser für die Verschlechterung der Beziehungen zwischen den beiden Weltmächten war der Einmarsch sowjetischer Truppen in Afghanistan (Dezember 1979).

Nahezu zeitgleich verloren die USA – allerdings ohne Einflussnahme der Sowjetunion – nach dem Sturz des Schahs von Persien eine hochgerüstete und strategisch wichtige Bastion. Die Geiselnahme von amerikanischen Diplomaten der Teheraner US-Botschaft trug viel zum Stimmungsumschwung der Amerikaner bei.

Der Nahe Osten mit seinen Erdölreserven sowie die Tankerrouten wurden wegen der lebenswichtigen Bedeutung für die westlichen Industriestaaten zu Brennpunkten des Ost-West-Konflikts. Die USA verkündeten, dass der Versuch, Kontrolle über das Gebiet des Persischen Golfes zu erlangen, von ihnen als Angriff auf ihre Lebensinteressen gewertet und militärisch zurückgeschlagen werden würde (US-Präsident Jimmy Carter 1980).

Durch die Entspannungspolitik war das amerikanische Misstrauen gegenüber der UdSSR nicht abgebaut worden. Denn der Ost-West-Konflikt als solcher war nicht beseitigt worden. Er hatte sich vielmehr nur aus dem europäischen Bereich in andere Regionen, vor allem nach Afrika, verlagert (z. B. sowjetisch-kubanisches Engagement in Angola 1975 und Äthiopien 1978).

Zudem hatte die Rüstungskontrollpolitik das Wettrüsten nicht bremsen können. Die UdSSR nutzte die siebziger Jahre zur Vergrößerung und Modernisierung ihres Militärapparates (z. B. Flottenbau, Panzer, SS-20-Mittelstreckenraketen). Die NATO ihrerseits reagierte auf diese Situation mit dem Doppelbeschluss von 1979, der die Aufstellung von Pershing-2-Raketen und Marschflugkörpern für den Fall vorsah, dass Verhandlungen erfolglos bleiben sollten.

So deutete sich der Umschwung zur vierten Phase der Ost-West-Beziehungen bereits am Ende der Amtszeit des amerikanischen Präsidenten Carter an. Die Wahl des nachfolgenden Ronald Reagan (1980) spiegelte den Stimmungsumschwung in den Vereinigten Staaten wider. Reagan knüpfte in seiner Rhetorik an den Kalten Krieg an (die UdSSR wurde als „Reich des Bösen" bezeichnet) und leitete eine umfangreiche

Aufrüstung ein, um die militärisch-politischen Handlungsmöglichkeiten zu erweitern. Verhandlungen mit der UdSSR wurden zwar nicht grundsätzlich abgelehnt, aber sie sollten nur aus einer Position der Stärke heraus geführt werden. Die US-Regierung stellte die Wirtschaftsbeziehungen zwar nicht ein, mit Rücksicht auf die amerikanischen Farmer wurden die umfangreichen Getreidelieferungen fortgesetzt, aber den Transfer von Krediten und Technologien schränkte sie ein.

Annäherung durch sowjetische Reformpolitik

In der zweiten Amtsperiode Präsident Reagans (1984–88) bestimmte die völlig neue sowjetische Außenpolitik das Verhältnis zwischen den beiden Supermächten. Die Politik der Perestroika des sowjetischen Parteichefs Gorbatschow führte zu einer Lockerung der Konfrontation und zu einer Annäherung. Begünstigt durch den Reformkurs der UdSSR führten Verhandlungen zu einem ersten echten Abrüstungsvertrag über die Beseitigung von Mittelstreckenraketen (1987).

Die letzte Phase der sowjetisch-amerikanischen Beziehungen ist geprägt durch die bahnbrechenden Veränderungen im Ost-West-Verhältnis. Die gesellschaftspolitischen Veränderungen in der Sowjetunion, ihr Zerfall, die demokratischen Revolutionen in den Ländern Ostmitteleuropas sowie die Herstellung der Einheit Deutschlands haben das Gesicht der Welt verändert. Die Kategorien „Ost" und „West" haben ihre Bedeutung im Sinne eines Freund-Feind-Verhältnisses verloren. Der Warschauer Pakt hat sich aufgelöst. Der Kalte Krieg als Ausdruck des Systemkonflikts wurde im Rahmen der KSZE in aller Form beendet.

Die Invasion Kuwaits durch den Irak (1990) führte zum Eingreifen der USA in ihrer Rolle als „Weltpolizist". Aufgrund des beigelegten Ost-West-Konflikts geschah dies mit aktiver Unterstützung der Sowjetunion. Zum ersten Mal nach 1945 handelten beide Mächte Hand in Hand, zum Beispiel im Sicherheitsrat der UNO.

Ziel der von der USA geführten anti-irakischen Allianz war es, die Besetzung Kuwaits rückgängig zu machen, die Beherrschung eines Großteils der Erdölreserven durch den Irak zu verhindern sowie das Kriegspotenzial des Iraks (mögliche A-, B- und C-Waffen) zu zerschlagen.

Zu diesem Zweck leiteten die USA mit Tolerierung durch die UdSSR einen gewaltigen Truppenaufmarsch ein (über eine halbe Million Soldaten). Dieser Umfang erklärt sich aus den Erfahrungen im Vietnamkrieg. Die politische Führung von US-Präsident Bush wollte die Wiederholung eines lang andauernden Verschleißkrieges mit sinkender Unterstützung durch die Bevölkerung unter allen Umständen vermeiden. Der überaus schnelle Sieg gab dieser Strategie im Nachhinein Recht.

Nach dem Zerfall des sowjetischen Imperiums gingen die USA als der eigentliche Sieger aus dem Ost-West-Konflikt hervor. Sie haben im Zusammenhang mit dem Golfkrieg gegen den Irak Saddam Husseins bewiesen, dass sie zurzeit die einzige Weltmacht sind, die im globalen Sinne handlungsfähig ist. Gleichwohl können auch die USA nicht den Status einer uneingeschränkten Hegemonialmacht für sich beanspruchen. Für den Golfkrieg bildeten die USA eine umfangreiche Koalition gegen den Irak. Die Finanzierung des Golfkrieges wurde in erheblichem Umfang durch Kuwait, Saudi-Arabien, Japan und Deutschland geleistet. Die USA sind die führende Weltmacht, aber im Rahmen einer multipolaren Welt, in der Europa, die pazifischen Länder mit Japan, die Volksrepublik China und in Zukunft auch Russland eine bedeutende Rolle spielen.

M 9 Die USA als global player
Karikatur von 1992

Chronologie

1918	Wilsons 14-Punkte-Programm
1920	Wilson scheitert mit seinem Versuch, eine neue Friedensordnung zu errichten.
1933–1945	Präsidentschaft Franklin D. Roosevelts
1937	Neutralitätsgesetzgebung
1941	Lend-Lease-Act (Leih-Pacht-Gesetz): Es ermöglichte den Kauf von Waffen und militärischen Gütern durch „befreundete Staaten".
1941	Atlantik-Charta zwischen US-Präsident Roosevelt und dem britischen Premierminister Churchill
1941	Japanischer Überfall auf Pearl Harbor und Eintritt der USA in den 2. Weltkrieg
1945	Kapitulation Deutschlands und Japans; Abwurf der Atombomben auf Hiroshima und Nagasaki
1945	Konferenz von Potsdam; Einstellung der amerikanischen Lend-Lease-Lieferungen an die UdSSR
1947	Truman-Doktrin; Marshall-Plan
1949	Gründung der NATO (North Atlantic Treaty Organization)
1950–1953	Koreakrieg
1962	Kuba-Krise
1964–1975	Vietnamkrieg
1991	Golfkrieg: Eine Allianz von 31 Staaten unter der Führung der USA besiegt den Irak.
1991	Selbstauflösung der Sowjetunion

M10 Atlantik-Charta

Am 14. August 1941 trafen sich US-Präsident Roosevelt und der britische Premierminister Churchill auf einem Kriegsschiff vor der kanadischen Insel Neufundland, um die Prinzipien einer gemeinsamen Kriegs- und Nachkriegspolitik festzulegen:

Der Präsident der Vereinigten Staaten von Amerika und der Premierminister, Mr. Churchill, als Vertreter der Regierung seiner Majestät im Vereinigten Königreich, die zusammengetroffen sind, halten es für
5 angezeigt, eine gemeinsame Erklärung bekannt zu geben über gewisse allgemeine Grundsätze in der nationalen Politik ihrer Länder, auf die sie ihre Hoffnungen für eine bessere Zukunft der Welt gründen.
• Erstens, ihre Länder streben nach keiner territo-
10 rialen oder sonstigen Vergrößerung;
• Zweitens, sie wünschen keine territorialen Veränderungen zu sehen, die nicht mit den frei geäußerten Wünschen der betroffenen Völker übereinstimmen;
15 • Drittens, sie achten das Recht aller Völker, die Regierungsform zu wählen, unter der sie leben wollen; und sie wünschen, dass die souveränen Rechte und die Selbstregierung derjenigen wiederhergestellt werden, denen sie gewaltsam genommen worden sind;
• Viertens, sie werden bestrebt sein, unter gebührender Berücksichtigung ihrer bestehenden Verpflichtungen den gleichberechtigten Zugang aller Staaten, ob groß oder klein, ob Sieger oder Besiegte, zu dem Handel und den für ihr wirtschaftliches Gedeihen erforderlichen Rohstoffen der Welt zu fördern;
• Fünftens, sie wünschen die vollste Zusammenarbeit aller Nationen auf wirtschaftlichem Gebiet herbeizuführen, mit dem Ziele, verbesserte Arbeitsbedingungen, wirtschaftlichen Fortschritt und soziale Sicherheit für alle zustande zu bringen;

M11 Eine fast endlose Prozession von Militärflugzeugen auf den Fließbändern der Douglas-Flugzeugwerke in Kalifornien: In wenigen Monaten gelang den Amerikanern die Umstrukturierung ihrer Wirtschaft auf die Massenproduktion von Rüstungsgütern. Bereits Ende 1942 produzierten die USA mehr als die Achsenmächte zusammen.

• Sechstens, sie hoffen, nach der endgültigen Zerstörung der Nazityrannei einen Frieden geschaffen zu sehen, der allen Nationen die Mittel bieten wird, innerhalb der eigenen Grenzen in Sicherheit zu 50 leben, und der gewährleisten wird, dass alle Menschen in allen Ländern frei von Furcht und Mangel leben können;
• Siebtens, ein solcher Frieden sollte es allen Menschen ermöglichen, die hohe See und die Ozeane 55 ohne Hinderung zu überqueren;
• Achtens, sie glauben, dass alle Nationen der Welt sowohl aus realistischen als auch aus geistigen Gründen dazu gelangen müssen, auf jede Gewaltanwendung zu verzichten. Da künftig kein Frieden 60 gewahrt bleiben kann, wenn Rüstungen zu Lande, zu Wasser und in der Luft weiterhin von Nationen vorgenommen werden, die mit Angriffen über ihre Grenzen drohen oder drohen können, glauben sie, dass die Abrüstung solcher Nationen unumgäng- 65 lich ist, bis ein umfassenderes und dauerndes System allgemeiner Sicherheit errichtet sein wird. Sie werden gleichfalls die sonstigen praktischen Maßnahmen unterstützen und ermutigen, die den friedliebenden Völkern die erdrückenden 70 Rüstungslasten erleichtern werden.

Zit. nach: G. Zieger, Die Atlantik-Charta, hrsg. v. d. Niedersächsischen Landeszentrale für politische Bildung, Hannover 1963, S. 93 ff.

M12 Die Vereinigten Staaten von Amerika – ein „gigantischer Dampfkessel"

Der britische Premierminister Winston Churchill über den Kriegseintritt der USA nach dem japanischen Überfall auf Pearl Harbor (7. Dezember 1941):

Kein Amerikaner wird mir das Geständnis verargen, dass es mir zur größten Freude gereichte, die Vereinigten Staaten an unserer Seite zu wissen. Den Gang der Ereignisse konnte ich zwar nicht voraussehen, und ich gebe nicht vor, dass ich die krie- 5 gerische Potenz Japans richtig bewertete; ich wusste in jenem Augenblick nur: Die Vereinigten Staaten beteiligen sich aktiv am Krieg und sind auf Leben und Tod engagiert. Damit hatten wir dennoch gesiegt! […] 10
Der Sieg war uns gewiss. England würde leben, Großbritannien würde leben, das Commonwealth of Nations und das Empire würden leben. Wie lang der Krieg dauern und in welcher Weise er zu Ende gehen würde, das konnte niemand voraussehen; 15 ich fragte in jenem Moment auch nicht danach. […] Dumme Menschen, deren es viele und nicht nur in den feindlichen Ländern gab, neigten dazu, die

Kraft der Vereinigten Staaten zu unterschätzen.
20 Einige sagten, sie seien schlapp, andere, man würde sich dort niemals einig. Sie würden sich höchstens aus der Entfernung ein wenig wichtig machen. Zu hart auf hart würden sie es nie kommen, nie würden sie eigenes Blut fließen lassen. Das demo-
25 kratische System mit ewigen Wahlen müsse alle Kriegsanstrengungen lähmen, und so würden sie für Freund und Feind eine verschwommene Silhouette am Horizonte bleiben. Aller Welt würde sich jetzt die Schwäche dieser volkreichen, aber fernen,
30 wohlhabenden und sich Ruhm bereitenden Nation offenbaren. Ich hingegen hatte mich eingehend mit dem bis zum letzten Zoll durchgekämpften amerikanischen Sezessionskrieg befasst. In meinen Adern fließt auch amerikanisches Blut. Eine Bemer-
35 kung [des britischen Außenministers] Sir Edward Greys vor über dreißig Jahren fiel mir ein, in der er die Vereinigten Staaten mit einem „gigantischen Dampfkessel" verglich. „Wenn er erst einmal angeheizt ist, werden der von ihm entwickelten Kraft
40 keine Grenzen gesetzt sein." Übersättigt von Aufregung und Gefühlsstürmen, ging ich zu Bett und schlief dankbar den Schlaf des Geretteten.

W. Churchill, Der Zweite Weltkrieg, Bern 1954, S. 566 f.

M13 Truman-Doktrin

In einer Botschaft an den Kongress am 12. März 1947 verkündete US-Präsident Harry S. Truman einen neuen Grundsatz amerikanischer Außenpolitik:

In einer Anzahl von Ländern waren den Völkern kürzlich gegen ihren Willen totalitäre Regimes aufgezwungen worden. Die Regierung der Vereinigten Staaten hat mehrfach gegen Zwang und Ein-
5 schüchterung bei der Verletzung des Jalta-Abkommens in Polen, Rumänien und Bulgarien protestiert. Und weiter muss ich feststellen, dass in einer Anzahl anderer Staaten ähnliche Entwicklungen stattgefunden haben.
10 Im gegenwärtigen Abschnitt der Weltgeschichte muss fast jede Nation ihre Wahl in Bezug auf ihre Lebensweise treffen. Nur allzu oft ist es keine freie Wahl.
Die eine Lebensweise gründet sich auf den Willen
15 der Mehrheit und zeichnet sich durch freie Einrichtungen, freie Wahlen, Garantie der individuellen Freiheit, Rede- und Religionsfreiheit und Freiheit von politischer Unterdrückung aus.
Die zweite Lebensweise gründet sich auf den Wil-
20 len einer Minderheit, der der Mehrheit aufgezwungen wird. Terror und Unterdrückung, kontrollierte Presse und Rundfunk, fingierte Wahlen

und Unterdrückung der persönlichen Freiheiten sind ihre Kennzeichen.
Ich bin der Ansicht, dass es die Politik der Vereinig- 25 ten Staaten sein muss, die freien Völker zu unterstützen, die sich der Unterwerfung durch bewaffnete Minderheiten oder durch Druck von außen widersetzen.
Ich glaube, dass wir den freien Völkern helfen müs- 30 sen, sich ihr eigenes Geschick nach ihrer eigenen Art zu gestalten.
Ich bin der Ansicht, dass unsere Hilfe in erster Linie in Form wirtschaftlicher und finanzieller Unterstützung gegeben werden sollte, die für eine wirt- 35 schaftliche Stabilität und geordnete politische Vorgänge wesentlich ist.
Die Welt steht nicht still, und der Status quo ist nicht heilig. Aber wir können keine Veränderungen im Status quo zulassen, die eine Verletzung der 40 Charta der Vereinigten Nationen durch Zwangsmethoden oder durch vorsichtigere Maßnahmen wie eine politische Durchdringung bedeuten. Wenn wir freien und unabhängigen Nationen helfen, ihre Freiheit zu bewahren, so werden wir 50 damit die Prinzipien der Charta der Vereinten Nationen verwirklichen. Man braucht nur einen Blick auf die Karte zu werfen, um zu erkennen, dass Existenz und Integrität der griechischen Nation von schwerwiegender Bedeutung im Rahmen 55 einer viel umfassenderen Situation sind. Sollte Griechenland der Kontrolle einer bewaffneten Minderheit unterworfen werden, so würde das sofort schwerwiegende Auswirkungen auf seinen Nachbarn, die Türkei, haben. Verwirrung und Unord- 60 nung würden sich vielleicht durch den ganzen Mittleren Osten verbreiten.

Zit. nach: E.-U. Huster u. a., Determinanten der westdeutschen Restauration 1945–1949, Frankfurt 1972, S. 338 f.

M14 Kooperation oder Konfrontation?

Der amerikanische Diplomat George F. Kennan, der maßgeblich an der Politik der Eindämmung mitgewirkt hat, schrieb anlässlich der Potsdamer Konferenz (1945):

Die Idee, Deutschland gemeinsam mit den Russen regieren zu wollen, ist ein Wahn. […]
Es versteht sich – bei solchen Überzeugungen –, dass ich die Arbeit der Konferenz von Potsdam mit Skepsis und Entsetzen verfolgte. Ich kann mich an 5 kein politisches Dokument erinnern, das mich je so deprimiert hätte wie das von Truman unterzeichnete Kommuniqué am Ende dieser wirren und verwirrenden Verhandlungen. Nicht nur weil ich wusste,

10 dass die Idee einer gemeinsamen Vier-Mächte-Kontrolle, die man jetzt zur Grundlage für die Regierung Deutschlands gemacht hatte, abwegig und undurchführbar sei. Auch die unpräzise Ausdrucksweise, die Verwendung so dehnbarer Begriffe wie
15 „demokratisch", „friedlich", „gerecht" in einem Abkommen mit den Russen lief allem direkt zuwider, was siebzehn Jahre Russlanderfahrung mich über die Technik des Verhandelns mit der sowjetischen Regierung gelehrt hatten. Die Behauptung zum
20 Beispiel, wir würden zusammen mit den Russen das deutsche Erziehungssystem „nach demokratischen Richtlinien" umformen, ließ Rückschlüsse zu, die, nach allem, was wir von der Geisteshaltung der sowjetischen Führer und den damaligen russischen
25 Erziehungsgrundsätzen wussten, völlig ungerechtfertigt waren. Noch erschreckender las sich die von uns verkündete Absicht, in Zusammenarbeit mit den Russen das deutsche Rechtswesen so umzugestalten, dass es „den Prinzipien der Demokratie, der Urteils-
30 findung nach Recht und Gesetz und der gleichen Behandlung aller Bürger ohne Ansehen von Rasse, Nationalität oder Religion" entspräche. Für die weitere Behauptung, man werde die politische Tätigkeit „demokratischer Parteien und die dazugehöri-
35 ge Versammlungsfreiheit und öffentliche Diskussion" nicht nur gestatten, sondern „ermutigen", würden mildernde Umstände schwer zu finden sein. Jeder Mensch in Moskau hätte unsern Unterhändlern sagen können, was die sowjetische
40 Führung unter „demokratischen Parteien" verstand. Die Irreführung der Öffentlichkeit in Deutschland und im Westen durch die Verwendung eines solchen Ausdrucks in einem Dokument, das außer von Stalin auch von den Herren Truman und
45 Attlee unterzeichnet war, ließ sich selbst mit allergrößter Naivität nicht entschuldigen.

G. F. Kennan, Memoiren eines Diplomaten, Stuttgart 1968, S. 262 ff.

M15 Antikommunismus

Der amerikanische Außenminister John Foster-Dulles (1953–1959) erläutert sein Bild vom sowjetischen Kommunismus (1953):

[…] Es gibt eine Reihe von politischen Fragen, die ich vorziehe, mit dem Ausschuss in einer geschlossenen Sitzung zu diskutieren, aber ich habe keine Einwände dagegen, in einer offenen Sitzung zu
5 sagen, was ich schon früher gesagt habe: nämlich, dass wir niemals einen sicheren Frieden oder eine glückliche Welt haben werden, solange der sowjetische Kommunismus ein Drittel aller Menschen, die es gibt, beherrscht und dabei ist, mindestens den

Versuch zu machen, seine Herrschaft auf viele 10 andere auszuweiten.

Diese versklavten Menschen sind Menschen, die die Freiheit verdienen, und die, vom Standpunkt unseres Eigeninteresses, die Freiheit haben sollten, weil sie, wenn sie unterwürfige Mittel eines aggressiven 15 Despotismus sind, irgendwann einmal zu einer Kraft zusammengeschweißt werden, die für uns selbst und die ganze freie Welt höchst gefährlich sein wird.

Deswegen müssen wir immer die Befreiung dieser 20 unterjochten Völker im Sinn behalten. Nun bedeutet Befreiung nicht einen Befreiungskrieg. Befreiung kann auch erreicht werden durch Vorgänge unterhalb der Kriegsschwelle. Wir haben als ein Beispiel, wenn auch nicht als ideales Beispiel, aber 25 es veranschaulicht meine Argumentation, den Abfall Jugoslawiens unter Tito von der Herrschaft des sowjetischen Kommunismus. [1948] […]

Deswegen ist eine Politik, die nur darauf zielt, Russland auf den Bereich zu beschränken, in dem es 30 schon ist, für sich allein genommen eine unvernünftige Politik; es ist aber auch eine Politik, die zum Scheitern verurteilt ist, weil eine nur defensive Politik niemals gegen eine aggressive Politik gewinnt. Wenn unsere Politik nur darauf zielt, zu 35 bleiben, wo wir sind, dann werden wir zurückgedrängt. Allein dadurch, dass wir an der Hoffnung auf Befreiung festhalten, dass wir uns diese Hoffnung zu Nutze machen, wenn sich eine Gelegenheit bietet, werden wir dieser schrecklichen Gefahr 40 ein Ende machen, die die Welt beherrscht, die uns so schreckliche Opfer und so große Zukunftsängste auferlegt. Aber all dies kann und muss getan werden in Formen, die keinen allgemeinen Krieg provozieren, und in Formen, die auch keinen Aufstand provozie- 45 ren, der mit blutiger Gewalt zerschlagen würde. […] Die Bedrohung durch den sowjetischen Kommunismus ist meiner Meinung nach nicht nur die schwerste Bedrohung, der sich die Vereinigten Staaten je ausgesetzt sahen, sondern auch die 50 schwerste Bedrohung, dem das, was wir westliche Kultur nennen, oder überhaupt jede Kultur, die vom Glauben an Gott geprägt ist, je ausgesetzt war. Der sowjetische Kommunismus ist seinem Wesen nach atheistisch und materialistisch. Er glaubt, 55 menschliche Wesen seien nicht mehr als etwas bessere Tiere […]. Glaubt man jedoch an die göttliche Natur des Menschen, dann ist es eine Ideologie, die völlig unannehmbar ist und die mit diesem Glauben vollständig unvereinbar ist. 60

Zit. nach: E.-O. Czempiel, C.-Chr. Schweitzer, Weltpolitik der USA nach 1945, Leverkusen, 1984, S. 125 f.

Der Politikwissenschaftler Hans Wassmund stellt dar, wie die USA dem Kommunismus begegneten:

Während nach dem Ende der Kampfhandlungen an den europäischen und asiatischen Fronten 1945 praktisch keine formellen Militärpakte mehr existierten, gehörten nur zehn Jahre später bis auf
5 ganz wenige Ausnahmen alle wichtigen Staaten der Erde zu einem der rivalisierenden Bündnissysteme.

Auf der einen Seite standen die USA im Zentrum eines weltumspannenden Systems von Militärpak-
10 ten: Mit den westeuropäischen Staaten schlossen sie 1949 die Nordatlantische Verteidigungsgemeinschaft (NATO), der sich 1955 auch die Bundesrepublik Deutschland anschloss; im pazifischen Raum gründeten sie 1951 mit Australien und Neuseeland den
15 Anzus-Pakt und 1954 zusammen mit Australien, Frankreich, Neuseeland und den Philippinen die Südostasiatische Verteidigungsgemeinschaft (SEATO). Schließlich waren die USA seit 1947 mit weiteren 20 Staaten des amerikanischen Kontinents durch
20 den Rio-Pakt verbunden. Auf der anderen Seite war aufgrund der Initiative der Sowjetunion ein dichtes

Netz von Verträgen und Bündnisstrukturen geschaffen worden, durch das Moskau seine militärischen Potenziale steigerte […]. Der sowje-
25 tisch-chinesische Verteidigungspakt vom Februar 1950 z. B. räumte der Sowjetunion eine Fülle von Sonderrechten in der gerade gegründeten Volksrepublik ein […].

Die Vielzahl der bilateralen Bündnispakte, die die Sowjetunion mit allen osteuropäischen Staaten 30 bereits geschlossen hatte, wurde 1955 durch den Warschauer Pakt ergänzt, in dem Moskau sich mit sieben Staaten Ost- und Südosteuropas zu „Freundschaft, Zusammenarbeit und gegenseitigem Beistand" verbündete. 35

Gemeinsame Abschreckung des Gegners vor unbedachten Militäraktionen und Eindämmung der Kommunistischen Weltbewegung ganz generell wurden zu den zentralen Zielen der im ersten Jahrzehnt nach 1945 entstandenen westlichen Militär- 40 bündnisse. Ihnen standen im östlichen Militärlager „Verteidigung der Errungenschaften des Sozialismus" und [die] „Durchsetzung des Sozialismus im Weltmaßstab" gegenüber.

H. Wassmund, Die Supermächte und die Weltpolitik, München 1989, S. 58 f.

M17

Die Welt im Ost-West-Konflikt nach 1949

USA und Verbündete	Sowjetunion und Verbündete	Kommunistische Staaten in Asien	★ Konflikte im Kalten Krieg
		strategische US-Flotten	

Der US-Präsident Dwight David Eisenhower begründete das amerikanisches Engagement in Südostasien (1954):

[…] Es geht da um Spezifisches und Allgemeines, wenn man sich über alle diese Dinge Gedanken macht. Zum Ersten geht es um den spezifischen Wert eines geografischen Raumes im Hinblick auf die
5 Produktion von Rohstoffen, die die Welt braucht. Dann besteht die Möglichkeit, dass viele Menschen unter eine Diktatur geraten, die der freien Welt feindlich gegenübersteht.
Schließlich gibt es allgemeinere Erwägungen, die
10 sich ableiten aus einem Prinzip, das man als „Dominotheorie" bezeichnen kann.
Es steht da eine Reihe von Dominosteinen. Sie stoßen den ersten um, und was mit dem letzten geschieht, ist die Gewissheit, dass es sehr schnell
15 gehen wird. So könnte der Anfang eines Zerfalls mit außerordentlich weitreichenden Folgen aussehen. Nun zu dem ersten Punkt: Zwei Dinge, die die Welt aus dieser speziellen Gegend bezieht, sind Zinn und Wolfram. Diese sind sehr wichtig. Natürlich gibt es
20 noch andere, die Gummiplantagen usw.
Dann zu der zunehmenden Anzahl von Menschen, die unter diese Herrschaft geraten: Asien hat schließlich bereits ungefähr 450 Millionen Menschen seiner Bevölkerung an die kommunistische
25 Diktatur verloren, und wir können uns größere Verluste einfach nicht leisten.
Aber wenn wir zu dem möglichen Ablauf der Ereignisse kommen, dem Verlust von Indochina, Burma, Thailand, der Halbinsel und danach Indonesiens,
30 hier geht es um Gebiete, die nicht nur die Nachteile vervielfachen, die durch den Verlust von Rohstoffen und Rohstoffquellen entstünden, jetzt geht es hier vielmehr in Wirklichkeit um Millionen und Millionen und Millionen von Menschen. Schließlich
35 wird durch die damit entstandene geografische Situation vieles bewirkt: Sie verschiebt die so genannte Inselverteidigungskette: Japan, Formosa, Philippinen weiter südwärts; mit dieser Verschiebung kommt es zur Bedrohung Australiens und
40 Neuseelands.
In wirtschaftlicher Hinsicht verliert Japan die Gebiete, die es als Handelspartner braucht; oder aber Japan müsste seinerseits, um weiterzuleben, sich in eine ganz bestimmte Richtung hin orientieren,
45 nämlich zu den kommunistischen Gebieten.
So sind also die möglichen Konsequenzen des Verlusts für die freie Welt gar nicht auszudenken. […]

Zit. nach: E.-O. Czempiel, C.-Chr. Schweitzer, a. a. O., S. 154.

Die Politikwissenschaftler Peter H. Merkl und Dieter Raabe verdeutlichen, warum das Konzept der Eindämmung in der Dritten Welt nicht funktionierte:

Die sowjetische und chinesische Unterstützung von Guerillabewegungen wurde aus amerikanischer Sicht mit dem Versuch der Erweiterung des kommunistischen Machtbereichs gleichgesetzt und als Herausforderung der Containment-Strategie be- 5 trachtet. Aber die herkömmliche Definition der Aggression ließ sich in solchen Fällen nicht länger anwenden. Die Voraussetzungen für eine gemeinsame Haltung des westlichen Verteidigungsbündnisses mussten somit entfallen. Das Festhalten an einem 10 wenig flexiblen Verteidigungskonzept führte immer wieder zu amerikanischen Einzelreaktionen und Interventionen, so in Guatemala (1954), im Libanon (1958), in Kuba (1961), in der Dominikanischen Republik (1965) und schließlich in Vietnam. Kritiker dieser 15 Politik konnten mit gutem Grund Vergleiche mit der bereits 1904 von Präsident Theodore Roosevelt beanspruchten Rolle Amerikas als Weltgendarm ziehen. Das starre Festhalten an überholten Denkmodellen unter den Bedingungen der Konkurrenz der Super- 20 mächte um die neuen Nationen Afrikas und Asiens brachte Amerika schließlich in offenen Konflikt mit seinen eigenen traditionellen Idealen und führte im Verlauf des Vietnamkrieges zu einer der schwersten und folgenreichsten Krisen der amerikanischen Politik. 25 Dieser Konflikt trat besonders in der Unterstützung „antikommunistischer", diktatorischer Regime zutage. Die amerikanische Demokratie, die sich selbst gern auf ihre revolutionäre Entstehung beruft, widersetzte sich immer wieder – oft im Namen der 30 Freiheit und der Demokratie – revolutionärem Wandel in der Dritten Welt; ein deutliches Indiz für das konservative Demokratieverständnis der Amerikaner. Ironischerweise erwiesen sich jedoch derartige Regime immer wieder als die unwirksamsten 35 Bollwerke gegen kommunistische Unterwanderung, also gegen den eigentlichen Gegner. Gerade in Vietnam wurde diese Erkenntnis bereits lange vor dem Ende erreicht. Die besondere Tragik dieses Krieges bestand nicht zuletzt in seiner langjährigen 40 Fortsetzung für letzten Endes gänzlich belanglose Ziele. Wie aus den 1971 veröffentlichten „Pentagon-Papieren" hervorgeht, lauteten bereits im März 1965 die amerikanischen Kriegsziele in Vietnam wie folgt: „70 Prozent – Vermeidung einer demüti- 45 genden amerikanischen Niederlage (in unserem Ansehen als Garant); 20 Prozent – die Bewahrung

Südvietnams (und des angrenzenden Territoriums) vor chinesischem Zugriff; 10 Prozent – der Bevölkerung Südvietnams ein besseres, freieres Leben zu ermöglichen."

P. H. Merkl, D. Raabe, Politische Soziologie der USA, Wiesbaden 1977, S. 182 f.

M20 **Die Nachwirkungen des Vietnamkriegs (rechts)**
US-Präsident Bill Clinton angesichts der Frage, ob amerikanische Truppen auf dem Balkan eingesetzt werden sollen, Karikatur aus dem Jahr 1993.

M21 **Entspannung und Kriegsvermeidung**

Grundsatzerklärung über die amerikanisch-sowjetischen Beziehungen, am 29. Mai 1972 in Moskau anlässlich des Besuchs von US-Präsident Nixon in der Sowjetunion unterzeichnet:

Die Vereinigten Staaten von Amerika und die Union der Sozialistischen Sowjetrepubliken sind […] wie folgt übereingekommen:
1. Sie werden von dem gemeinsamen Schluss aus-
5 gehen, dass es im Nuklearzeitalter keine andere Alternative gibt, als die gegenseitigen Beziehungen auf der Grundlage einer friedlichen Koexistenz zu gestalten. Unterschiede in der Ideologie und in den Gesellschaftssystemen der USA und der UdSSR
10 sind keine Hindernisse für die bilaterale Entwicklung normaler Beziehungen, die auf den Grundsätzen der Souveränität, der Gleichberechtigung, der Nichteinmischung in innere Angelegenheiten und des beiderseitigen Vorteils beruhen.
15 2. Die USA und die UdSSR legen größten Wert darauf, das Entstehen von Situationen zu verhindern, die zu einer gefährlichen Verschlechterung ihrer Beziehungen führen könnten. Sie werden daher ihr Äußerstes tun, um militärische Konfrontationen
20 zu vermeiden und den Ausbruch eines Nuklearkrieges zu verhindern. Sie werden in ihren gegenseitigen Beziehungen stets Zurückhaltung üben, und sie werden bereit sein, zu verhandeln und Meinungsverschiedenheiten mit friedlichen Mitteln
25 beizulegen. Gespräche und Verhandlungen über offen stehende Fragen werden in einem Geiste der Gegenseitigkeit, des beiderseitigen Entgegenkommens und des beiderseitigen Vorteils geführt wer-

den. Beide Seiten erkennen an, dass Bestrebungen, direkt oder indirekt einen einseitigen Vorteil auf 30 Kosten des anderen zu erreichen, nicht im Einklang mit diesen Zielen stehen.
Die Voraussetzungen für die Erhaltung und Stärkung friedlicher Beziehungen zwischen den USA und der UdSSR sind die Anerkennung der Sicherheitsinte- 35 ressen der Vertragspartner auf der Basis des Grundsatzes der Gleichberechtigung und der Verzicht auf Anwendung oder Androhung von Gewalt. […]
6. Die Vertragspartner werden ihre Bemühungen fortsetzen, die Rüstungen sowohl auf bilateraler als 40 auch auf multilateraler Basis zu begrenzen. Sie werden weiterhin besondere Anstrengungen unternehmen, um die strategischen Rüstungen zu begrenzen. Wo immer möglich, werden sie konkrete Abkommen schließen, die der Erreichung die- 45 ser Ziele dienen. […]
7. Die USA und die UdSSR betrachten Handels- und Wirtschaftsbeziehungen als ein wichtiges und notwendiges Element der Stärkung ihrer bilateralen Beziehungen und werden daher das Wachstum sol- 50 cher Beziehungen fördern. Sie werden die Zusammenarbeit zwischen den zuständigen Organisationen und Unternehmen beider Länder […] erleichtern.
8. Beide Seiten betrachten es als angebracht und nützlich, gegenseitige Kontakte und Zusammenar- 55 beit auf den Gebieten der Wissenschaft und der Technologie zu entwickeln. Wo angebracht, werden die USA und die UdSSR geeignete Abkommen schließen, die sich auf die konkrete Zusammenarbeit auf diesen Gebieten erstrecken. 60

Zit. nach: E.-O. Czempiel, C.-Chr. Schweitzer, Weltpolitik der USA nach 1945, Leverkusen 1984, S. 327 ff.

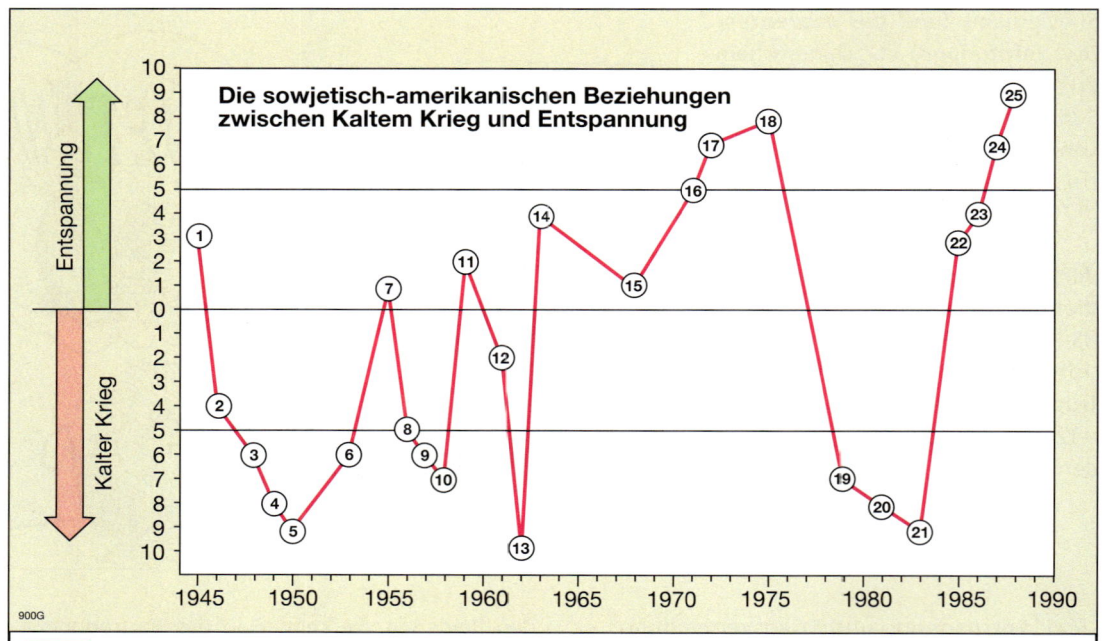

Die sowjetisch-amerikanischen Beziehungen zwischen Kaltem Krieg und Entspannung

M22 Die sowjetisch-amerikanischen Beziehungen zwischen Kaltem Krieg und Entspannung

1	Mai bzw. Aug. 1945	Ende des Krieges in Europa bzw. Asien; Gründung der UNO
2	März–Sept. 1947	Truman-Doktrin/Marshallplan; 2-Lager-Theorie
3	Feb. bzw. Juni 1948	Kommunistischer Umsturz in der CSSR bzw. Beginn der sowjetischen Blockade Berlins
4	April bzw. Okt. 1949	Gründung der NATO; kommunistische Staatsgründung in China und der DDR
5	Juni 1950	Ausbruch des Korea-Krieges
6	März bzw. Juli 1953	Tod Stalins bzw. Waffenstillstand in Korea
7	Juli 1955	Genfer Gipfelkonferenz der vier Siegermächte
8	Okt./Nov. 1956	„Doppelkrise" von Ungarn und Suez
9	Okt. 1957	Sowjetischer Sputnik
10	Nov. 1958	Sowjetisches Berlin-Ultimatum
11	Sept. 1959	Gipfeltreffen in Camp David
12	Aug. 1961	Bau der Berliner Mauer
13	Okt./Nov. 1962	Kuba-Krise
14	Juli/Aug. 1963	Vertrag über Stopp von Atomtests und „heißen Draht"
15	Juli/Aug. 1968	Kernwaffensperrvertrag; Ende des „Prager Frühlings"
16	Sept. 1971	Berlin-Abkommen
17	Mai 1972	SALT-1-Vertrag
18	Aug. 1975	Schlussakte der KSZE in Helsinki
19	Dez. 1979	NATO-Doppelbeschluss; sowjetische Besetzung Afghanistans
20	Dez. 1981	Kriegsrecht in Polen; amerikanische Handelssanktionen gegen die UdSSR
21	Nov./Dez. 1983	Abbruch aller Rüstungskontrollverhandlungen in Genf
22	Nov. 1985	Gipfeltreffen in Genf
23	Okt. 1986	Gipfeltreffen in Reykjavik
24	Nov./Dez. 1987	Einigung in Genf über Abbau der Mittelstreckenraketen; Unterzeichnung dieses INF-Vertrages beim Gipfeltreffen in Washington (über die Vernichtung der Mittelstreckenraketen)
25	Mai–Aug. 1988	Gipfeltreffen in Moskau; Fortsetzung des sowjetischen Rückzugs aus Afghanistan; Waffenstillstandsabkommen für Iran/Irak, Angola/Namibia; gegenseitige Besuche der amerikanischen und sowjetischen Generalstabschefs, überwachter Abbau von Mittelstreckenraketen

Nach: H. Wassmund, Die Supermächte und die Weltpolitik, München 1989, S. 54 f.

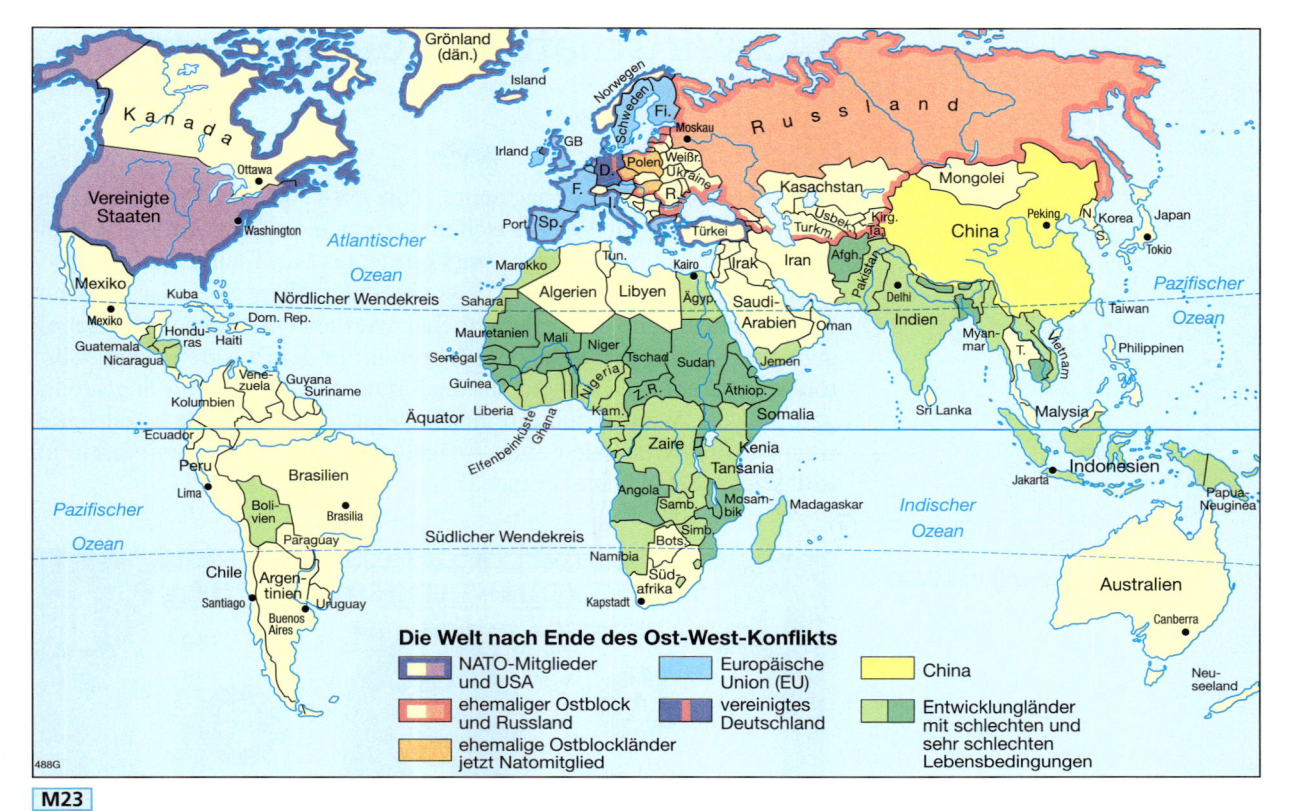

Die Welt nach Ende des Ost-West-Konflikts

- NATO-Mitglieder und USA
- ehemaliger Ostblock und Russland
- ehemalige Ostblockländer jetzt Natomitglied
- Europäische Union (EU)
- vereinigtes Deutschland
- China
- Entwicklungländer mit schlechten und sehr schlechten Lebensbedingungen

488G

M23

Aufgaben

1. Erläutern Sie das außenpolitische Konzept von US-Präsident Wilson.
   → Text

2. Mit welcher Zielsetzung griffen die USA in den Zweiten Weltkrieg ein? Beurteilen Sie den Erfolg dieser Politik.
   → Text, M10

3. Schildern Sie die Gefühle, die der britische Premierminister Churchill nach dem Kriegseintritt der USA hatte.
   → M12

4. Kennzeichnen Sie die Politik der Eindämmung (containment).
   → Text, M4, M13–M19

5. Man hat den Kalten Krieg als die Form der Konfrontation im Atomzeitalter bezeichnet. Erläutern Sie dies.
   → Text, M5

6. Wie begründet Dulles seine außenpolitische Konzeption? Beurteilen Sie, wie realistisch die Politik des „roll back" war.
   → M15

7. Stellen Sie die Herausbildung der beiden feindlichen Lager in der Nachkriegszeit dar.
   → Text, M14, M16, M17

8. Inwiefern leitet sich aus der „Dominotheorie" das Eingreifen der USA in Vietnam ab?
   → Text, M18

9. „Das vietnamesische Bollwerk … war auf Sumpf gebaut (Theo Sommer)." Auf welche Ursachen ist die Niederlage der USA im Vietnamkrieg zurückzuführen?
   → Text, M7, M8, M19, M20

10. Untersuchen Sie die Probleme, zu denen die amerikanische „Eindämmungspolitik" in der Dritten Welt führte.
    → Text, M19

11. Formulieren Sie jene Erkenntnisse, auf denen die Entspannungspolitik beruhte.
    → Text, M5, M21

12. Ordnen Sie – unter Zuhilfenahme des Schaubilds – die wichtigsten politischen Ereignisse im Hinblick auf die verschiedenen Phasen der Ost-West-Beziehungen.
    → Text, M22

13. Welche Rolle zeichnet sich für die USA in einer sich dramatisch wandelnden Welt ab? Beschreiben Sie die Auflösung der bipolaren Weltordnung und kennzeichnen Sie das gegenwärtige Weltsystem.
    → Text, M9, M23

503

14.2 Wirtschaft und Gesellschaft

Nach dem Zweiten Weltkrieg nahmen die USA eine einzigartig herausgehobene Stellung im Weltwirtschaftssystem ein. Ungeachtet des Aufstiegs von Japan und Westeuropa konnte das Land seine Vormachtposition festigen. Die USA sind trotz eines zeitweiligen Niedergangs ein dynamisches Land mit einer höchst wettbewerbsfähigen Wirtschaft geblieben. Ein in den neunziger Jahren unter der Präsidentschaft Clintons einsetzender Wirtschaftsboom hat die Staatsverschuldung verringert und die Armutssituation merklich gelindert. Die Stärke der amerikanischen Wirtschaftsnation spiegelt sich auch in der dominierenden Rolle des US-Dollars als Leitwährung der Welt wider.

M 1 Der US-Dollar – die wichtigste Währung der Welt

Machtelite

Spätestens seit dem Erscheinen des Buches „Die Machtelite" des Sozialwissenschaftlers C. W. Mills (1956) wird in der amerikanischen Gesellschaft die Frage diskutiert, in welchem Verhältnis der demokratische Verfassungsanspruch zur Wirklichkeit steht. Mills stellte seinerzeit die These auf, dass die Spitzen der Wirtschaft und Politik sowie des Militärs zu einer Herrschaftselite zusammengewachsen seien. Allgemein wird heute am Einfluss dieser Elite nicht gezweifelt, umstritten ist hingegen, ob beziehungsweise inwieweit die demokratische Willensbildung dadurch tatsächlich beeinträchtigt worden ist. Der Einfluss mächtiger Interessenverbände durchdringt den modernen Parlamentarismus. Die „pressure groups" verfügen über Geld, Spezialisten und Massenmedien. Wahlkampffinanzierungen schaffen einen engen Kontakt zu den Politikern.

Schon der scheidende Präsident Dwight D. Eisenhower (1953–1961) hatte in seiner Abschiedsbotschaft vor der Ballung von wirtschaftlicher und militärischer Macht gewarnt: Der militärisch-industrielle Komplex übe eine unkontrollierte Macht aus und stelle eine Herausforderung für die Demokratie dar.

Militärisch-industrieller Komplex

Die USA waren immer ein Land ohne besondere militärische Traditionen. Der Funktionsverband von Pentagon (Verteidigungsministerium), Rüstungsindustrie und Kongress entstand erst im Verlaufe des Zweiten Weltkrieges, als binnen kürzester Frist eine beispiellose Rüstungsindustrie förmlich aus dem Boden gestampft wurde. Im Unterschied zur Situation nach Beendigung des Ersten Weltkrieges bekannten sich die USA

M 2 US-Karikatur 1969

„Ein junges Pferd einzureiten ist
ganz leicht, wenn man ihm klar
macht, wer der Stärkere ist". In
der Rolle des Pferds: US-Präsident
Nixon (1969–74).

M 3

nach 1945 zu ihrer Weltmachtrolle. Angesichts weltweiter strategischer
Interessen erfolgte eine Abkehr vom traditionellen Isolationismus.
Begünstigt durch den Kalten Krieg sowie angefacht durch den Koreakrieg (1950–1953) blieb die Rüstung auf einem hohen Niveau. Seitdem
umfassen die Staatsausgaben für militärische Zwecke in der Regel über
fünf Prozent des Bruttosozialprodukts.

Einige Industriesektoren profitierten überdurchschnittlich von den
Staatsaufträgen (z. B. Luftfahrt, Schiffbau, Elektronik) und gerieten in
Abhängigkeit vom Pentagon. Diese Verbindung wird gestützt durch
den regelmäßigen personellen Austausch zwischen den Spitzen des
Militärs und der Wirtschaft. Pensionierte Offiziere werden vielfach als
Berater von Rüstungskonzernen eingestellt. In diese Kooperation von
zivilen und militärischen Stellen wurde auch die militärtechnologische
Forschung einbezogen.

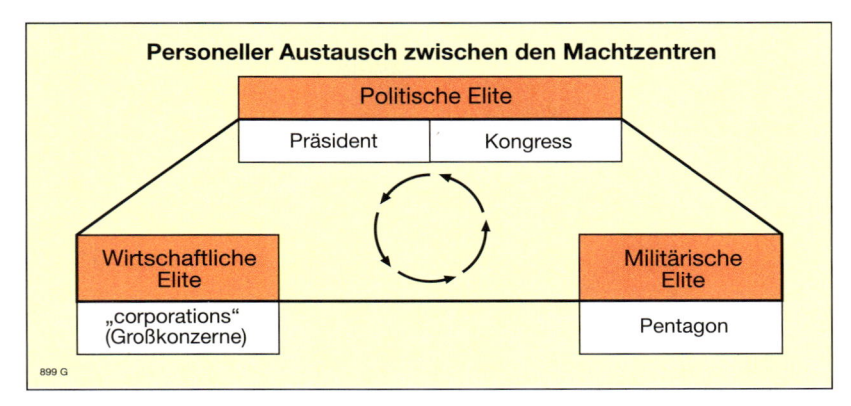

Personeller Austausch zwischen den Machtzentren

Nach dem Zusammenbruch der Sowjetunion und dem Ende des Ost-
West-Konflikts wurde der Militärhaushalt zwar erheblich verringert,
blieb aber – im Vergleich zu den europäischen NATO-Partnern – auf
einem hohen Niveau. Nach dem Terroranschlag vom 11. September
2001 hat die Regierung unter Präsident George W. Bush (jr.) eine
massive Erhöhung der Militärausgaben vorgenommen. Dies geschah
vor dem Hintergrund des Krieges in Afghanistan beziehungsweise
gegen den internationalen Terrorismus. Die militärische Dominanz
der USA im globalen Maßstab steht am Anfang des 21. Jahrhunderts
außer Frage.

Das Zusammenspiel von politischen, militärischen und privatwirtschaftlichen Interessen ist prinzipiell keine Besonderheit der amerikanischen Gesellschaft. Allerdings hat dieser Komplex aufgrund der
Höhe der Militärausgaben und des Umfanges der Rüstungsexporte in
den USA ein besonderes Gewicht. Die USA sind gegenwärtig der mit
Abstand größte Lieferant von Rüstungsmaterial.

Pluralismus

An Warnungen, dass die Politik der Regierung von der Rüstungslobby
gesteuert beziehungsweise manipuliert werde, hat es nicht gemangelt.
Allerdings haben sie sich nicht bewahrheitet. Es ist geradezu das Merkmal von pluralistischen Gesellschaften, dass unterschiedliche Interessen in den politischen Raum hineinwirken und sich dort gegenseitig
Konkurrenz machen. Zudem wird durch die Öffentlichkeit in Form der
Massenmedien darauf geachtet, dass die machtpolitischen Gewichte
sich nicht zu sehr nach einer Seite verlagern.

Gesellschaftliche Herausforderungen

Minderheiten

Zwischen 1820 und 1980 wanderten fast 50 Millionen Menschen in die Vereinigten Staaten ein. Die Integration von immer neuen Einwanderern stellt eine große gesellschaftliche Leistung dar, denn für die große Mehrheit von ihnen ging der Traum vom Wohlstand in Erfüllung.

Die Zuwanderung der verschiedensten Rassen und Nationalitäten in die USA hat die Vorstellung entstehen lassen, Nordamerika sei zu einem großen Schmelztiegel geworden, in dem die Unterschiede zwischen den verschiedenen Gruppen eingeebnet und verwischt würden. Diese Vorstellung von einer Angleichung stimmt aber nur sehr begrenzt mit der Wirklichkeit überein. Eine Integration, die aber nur sehr selten reibungslos verlief, gab es lediglich in Bezug auf die (west)europäischen Einwanderer. Neben der weißen Mehrheit zerfällt die Gesellschaft der USA in ethnische Minderheiten, die aus Menschen gebildet werden, die sprachlich und kulturell einer einheitlichen Volksgruppe angehören. Die ethnische Zusammensetzung der Gesellschaft hat sich in den letzten Jahren dramatisch geändert. Der Anteil der US-Amerikaner europäischer Herkunft sank auf 73 Prozent. Die Bevölkerungsstatistik für 2002 weist bei einer Gesamtzahl von 285 Millionen Einwohnern folgende Anteile auf:

- Schwarze: 12,7 %
- Hispano-Amerikaner: 13 %
- Asiaten: 3,9 %
- Indianer, Ureinwohner: 1,2 %

Charakteristisch für die Vereinigten Staaten ist der Prozess der Inselbildung. In den Zentren der großen Städte sammeln sich die Minderheiten in geschlossenen Wohngebieten, während die weiße Mittelschicht in die ausschließlich von Weißen bewohnten Vororte abwandert. Die Finanzkraft der Städte sinkt und damit die Qualität der Schulen, Krankenhäuser und anderen sozialen Einrichtungen. Faktisch erfolgt auf diese Weise eine Trennung der Wohn- und Lebensbereiche.

Eine Vielzahl von inneren Problemen, mit denen die amerikanische Gesellschaft zu kämpfen hat, hängt mit der Rassenfrage zusammen. Dass ein Graben zwischen Weißen und vor allem Schwarzen existiert, wird angesichts der statistischen Daten deutlich: Die Arbeitslosenrate von Schwarzen liegt durchschnittlich doppelt so hoch wie die von Weißen. Ein Drittel aller Schwarzen bezieht ein Einkommen, das unterhalb der Armutsgrenze liegt (im Vergleich zu 11 Prozent bei Weißen). Der Mittelwert der „schwarzen" Einkommen beträgt nur 57 Prozent von „weißen" Einkommen. Schwarze haben außerdem eine deutlich geringere Lebenserwartung. Die Kindersterblichkeit ist bei den Schwarzen doppelt so hoch wie bei den Weißen. 46 Prozent aller Gefängnisinsassen sind Schwarze, obgleich deren Bevölkerungsanteil nur bei 12 Prozent liegt. Diese Zahlen belegen, dass die Integration dieses Bevölkerungsteils nur unvollständig gelungen ist, obgleich seit Beginn der sechziger Jahre erhebliche Fortschritte erzielt wurden.

Die Zahl der Schwarzen, die der Mittelschicht angehören, stieg. Gleichfalls wuchs die Zahl schwarzer Wähler und damit ihr politischer Einfluss. Die bürgerliche Gleichstellung der Schwarzen konnte in den sechziger Jahren – gegen den Widerstand rassistischer Weißer – durchgesetzt werden. Der Gesetzgeber stellte jede Form der öffentlichen Diskriminierung aufgrund der Hautfarbe unter Strafe.

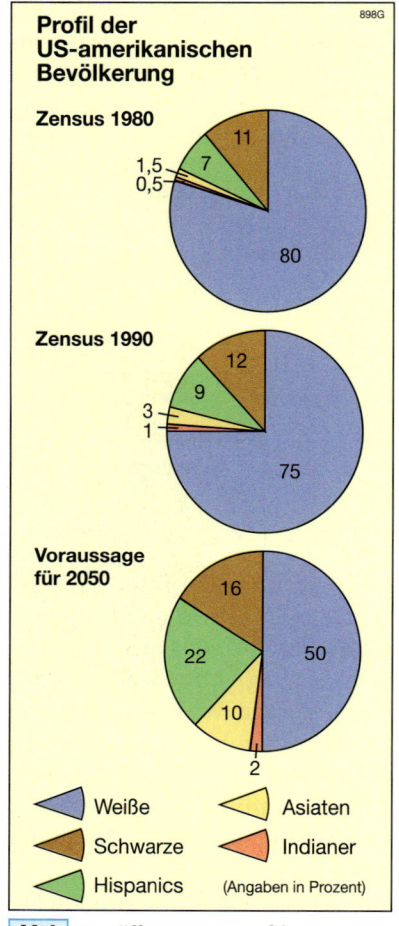

Profil der US-amerikanischen Bevölkerung

Zensus 1980: 80, 11, 7, 1,5, 0,5
Zensus 1990: 75, 12, 9, 3, 1
Voraussage für 2050: 50, 16, 22, 10, 2

Weiße · Asiaten · Schwarze · Indianer · Hispanics

(Angaben in Prozent)

M 4 Bevölkerungsprofil in Prozent

Dieser Meilenstein in den Beziehungen zwischen den Rassen war eine Folge des Aufbruchs während der Präsidentschaft von John F. Kennedy (1961–1963). Wegen dessen Ermordung konnte sein Programm erst vom nachfolgenden Präsidenten Lyndon B. Johnson (1963–1969) verwirklicht werden. Der „Krieg gegen die Armut" verband sich bei ihm mit der Vision einer „Great Society", die allen Amerikanern – unabhängig von ihrer Hautfarbe – ein menschenwürdiges Dasein garantieren sollte. Das war rechtlich gesehen der Schlusspunkt einer Entwicklung, die bereits mit der Aufhebung der Rassentrennung in der Armee in den vierziger Jahren begonnen hatte. In der Folge hatte 1954 der Oberste Gerichtshof die Aufhebung der Rassentrennung an Schulen verfügt. Ein wesentlicher Impuls für den Abbau der Rassenschranken ging von der Bürgerrechtsbewegung aus, die in den sechziger Jahren ihre größte Wirksamkeit zu entfalten vermochte. Ihr historischer Führer und gleichzeitig Symbolfigur des gewaltlosen Widerstands war Martin Luther King (1929–1968). Auch er fiel einem Mordanschlag zum Opfer. Sein Geburtstag wird seit 1986 als Nationalfeiertag begangen.

M 5 „I have a dream."
Hoffnungsträger Martin Luther King nach seiner legendären Rede am 28. August 1963 vor 300 000 Zuhörern in Washington.

Als eine Folge des Mordes an Martin Luther King radikalisierten sich Teile der Bürgerrechtsbewegung und spalteten sich ab. Die „Black Panthers" verfochten den revolutionären Kampf, erlangten aber mit diesem Konzept nur kurzfristige Bedeutung.

Die Idee der Gleichstellung hat sich heute in den USA prinzipiell durchgesetzt. Es gibt Hilfsprogramme und Quoten für Minderheiten bei staatlichen Dienststellen und Bildungseinrichtungen. So bleibt zum Beispiel an vielen Universitäten eine bestimmte Anzahl von Plätzen für schwarze Bewerber reserviert, was einer Privilegierung gegenüber gleich oder besser qualifizierten weißen Bewerbern gleichkommt. Die Bevorzugung von Schwarzen im Bildungsbereich und auf dem Arbeitsmarkt nennt man in den USA „affirmative action". Es handelt sich um so genannte Aufholgesetze, mit denen die frühere Diskriminierung ausgeglichen werden soll. Für öffentliche Schulen werden Bus-Programme durchgeführt, damit eine Rassentrennung, die sich aufgrund der unterschiedlichsten Wohngebiete ergibt, verhindert wird. Auf diese Weise werden rassisch-gemischte Klassen hergestellt. Mit solchen Maßnahmen verknüpft sich auch die Hoffnung, dass vorhandene Vorurteile zwischen den Rassen in Zukunft abgebaut werden.

Multikulturelle Gesellschaft

M 6 Integrative Symbolik: das Staatswappen der USA
Der amerikanische Adler trägt einen Ölzweig und ein Bündel mit 13 Pfeilen in seinen Krallen (Friedens- bzw. Kriegssymbolik). Das Spruchband in seinem Schnabel hat die Inschrift: „Aus Vielem Eines." Über dem Kopf eine Scheibe mit 13 Sternen (Zahl der Gründerstaaten).

Armut und Sozialstaat

In den achtziger Jahren hat sich das Unbehagen an der multikulturellen Gesellschaft spürbar vergrößert. Der Zerfall der Gesellschaft in ethnische, soziale und religiöse Gruppen verstärkte sich. Auf der einen Seite nimmt der Widerstand gegen die Gesetze der „affirmative action" zu. Die Abkehr vom Leistungsprinzip zugunsten der Hautfarbe (Bevorzugung von ethnischen Minderheiten) wird von der Mehrheit mit europäischer Abstammung als neues Unrecht empfunden. Auf der anderen Seite wächst ein völlig neues ethnisches Bewusstsein, das die anglo-europäischen Normen der US-amerikanischen Gesellschaft radikal infrage stellt. Die Kluft zwischen den Rassen hat sich verbreitert. Das belegen auch die Rassenunruhen, die – ausgelöst durch ein rassistisches Gerichtsurteil – in South Central Los Angeles 1992 ausbrachen. Das Ergebnis dieser Gewaltexplosion: 58 Tote, über 2 000 Verletzte, etwa 5 000 zerstörte und zum Teil geplünderte Häuser. Viele Beobachter der Situation sehen die Gefahr, dass der gesellschaftliche Zusammenhalt verloren gehen könnte. Die Grundidee des amerikanischen Staates ist immer die Bildung einer speziellen amerikanischen Identität bei den Einwanderern gewesen, basierend auf einer gemeinsamen Sprache und auf gemeinsamen Idealen. Heute mehren sich hingegen die Anzeichen dafür, dass die ethnischen (Ethnos = griechisch das Volk) und sozialen Differenzen immer größer werden. Die Gesellschaft droht in einander bekämpfende ethnische Lager zu zerfallen. Es bilden sich separate ethnische Gemeinden, die sich ganz bewusst von anderen Volksgruppen abgrenzen. Es werden ethnische Quoten für Bildung, Arbeit und politische Ämter gefordert. Der amerikanische Traum „e pluribus unum" („Aus Vielem Eines") ist von seiner Verwirklichung ein gutes Stück entfernt. Trotz der zweifellos vorhandenen Spannungen hat die amerikanische Gesellschaft andererseits eine erstaunliche Kraft bewiesen, immer neue Einwanderer zu integrieren und an den Wertekodex des „amerikanischen Glaubens" heranzuführen.

Das wichtigste ungelöste innenpolitische Problem der USA – neben den Rassenbeziehungen und doch zugleich mit diesen aufs Engste verknüpft – ist die Armut. Diese erhält dadurch ihre besondere Note, dass es sich um eine Armut im Reichtum handelt. Gut 10 Prozent der amerikanischen Bevölkerung gelten als arm. Die Sozialstatistik zeigt, dass die Armut ungleich verteilt ist und dass Schwarze in einem erheblich höheren Maße von ihr betroffen sind als Weiße. Der Armut begegnet man konzentriert in ländlichen Notstandsgebieten und vor allem in städtischen Gettos, wo es zu einem verhängnisvollen Kreislauf von Arbeitslosigkeit, schlechten Wohnverhältnissen, Drogensucht und Kriminalität kommt. In den Gettos der großen Städte sind bis zu zwei Drittel der jugendlichen Schwarzen arbeitslos und es herrscht allgemeine Ratlosigkeit darüber, wie der Armutszirkel durchbrochen werden kann. Die im Vergleich zu westeuropäischen Ländern extrem hohe Gewalt- beziehungsweise Kriminalitätsrate amerikanischer Städte hat in diesem Umfeld ihre Ursachen. Die Mordrate ist im Durchschnitt fünfmal so hoch wie in Deutschland.

Das Netz der sozialen Sicherung ist in den USA weniger eng geknüpft, als es in vergleichbaren Industriestaaten der Fall ist. Denn das Denken der Amerikaner wurde allzeit von der Überzeugung beeinflusst, dass der Einzelne sein Schicksal selbst in die Hände zu nehmen weiß. Diesem Umstand ist es zuzuschreiben, dass erst in der Folge der Welt-

wirtschaftskrise von 1929 ein Gesinnungswandel eintrat. Die amerikanische Sozialpolitik im modernen Sinne begann mit dem Sozialversicherungsgesetz von 1935. Erst seitdem gibt es sozialstaatliche Leistungen in nennenswertem Umfang. Diese Politik wurde später insbesondere von den Präsidenten Kennedy (1961–63) und Johnson (1963–69) fortgesetzt.

Der Einstieg in den Sozialstaat war Teil der Reformpolitik des „New Deal" in der Präsidentschaft Franklin Delano Roosevelts (1933–1945), die eine deutliche Ausweitung bundesstaatlicher Kompetenzen mit sich brachte. „New Deal" – frei übersetzt: neue Chance – war der Oberbegriff für einen politischen Kurswechsel, der für amerikanische Verhältnisse einer Revolution gleichkam. So griff die Zentralregierung in Washington in vorher nicht gekannter Weise in die Wirtschaft und Gesellschaft ein (Arbeitsbeschaffung, Mindestlöhne, Stärkung der Arbeitnehmervertretungen, Pflichtversicherungen).

Seit Präsident Roosevelt ist die soziale Verantwortung des Staates zwar grundsätzlich anerkannt, aber strittig blieb in der Gesellschaft immer die Frage nach dem Ausmaß der Leistungen. So hat das Pendel immer wieder zur einen oder anderen Seite ausgeschlagen – von der engagierten Sozialpolitik des demokratischen Präsidenten Johnson auf der einen Seite bis zum Abbau sozialer Leistungen während der Präsidentschaft des Republikaners Reagan (1981–1989) auf der anderen Seite.

Es gibt zwar Arbeitslosenversicherung, öffentliche Wohlfahrt und Sozialversicherung für Alte, Hinterbliebene und Invaliden, aber sowohl die Reichweite als auch die Leistungen bleiben im Vergleich zu den westeuropäischen Ländern zurück. Eine staatliche Krankenversicherung besteht nur für Arme und Rentner.

Fürsorgereform

1996 trat ein Gesetz in Kraft, das den Bezug staatlicher Fürsorge (vergleichbar der Sozialhilfe in Deutschland) auf maximal fünf Jahre begrenzt. Das Konzept lautete: „Arbeit statt Fürsorge". Es folgte die Umschichtung finanzieller Hilfen zu Programmen, die die Arbeitsaufnahme erleichtern sollen: Kinderbetreuung, Krankenversicherung, Schulung beziehungsweise Qualifizierung. Arbeitende im Niedriglohnbereich, so genannte working poor, fallen unter das bundesstaatliche Hilfsprogramm der negativen Einkommenssteuer (Earned Income Tax Credit). Damit wird das Einkommen bis zu einer gewissen Grenze durch den Staat aufgestockt. Die dahinter stehende Idee lässt sich so umschreiben: Arbeit soll belohnt werden. Die Anzahl der Empfänger staatlicher Fürsorge konnte in den letzten Jahren deutlich verringert werden. Der relative Erfolg wurde zweifellos durch den Umstand begünstigt, dass eine boomende Wirtschaft die Integration der Arbeitslosen in den Arbeitsmarkt erleichterte. Ein solcher radikaler Einschnitt in die Sozialhilferegelung wäre vermutlich in sozialdemokratisch geprägten Ländern Westeuropas nicht möglich. Er spiegelt vielmehr einen wesentlichen Aspekt der amerikanischen Kultur wider. Die Wurzeln dieser Kultur liegen in der Besiedlungsgeschichte eines Landes und in der Mentalität der Menschen, die es in Besitz genommen haben. In diesem Zusammenhang hat sich eine anti-staatliche „amerikanische Ideologie" herausgebildet, ein Konzept von Wertvorstellungen, in dem Individualismus, Eigentum, Selbstverantwortung und die calvinistische Moral vom wirtschaftlichen Erfolg eine herausragende Rolle spielen.

Dieser ausgeprägte Individualismus leistete einer Einstellung Vorschub, die Armut als selbstverschuldetes Ergebnis eigener Faulheit erklärte. Diese Einstellung stand traditionell der Übernahme sozialer Verantwortung durch den Staat im Wege. Sozialstaatliche Maßnahmen schienen dem amerikanischen Selbstverständnis von der Eigenverantwortlichkeit des Individuums zu widersprechen.

Hilfe für die sozial Schwachen wurde weniger als staatliche Aufgabe, sondern vielmehr als Ergebnis privater Fürsorge verstanden. Ehrenamtliches soziales Engagement spielt in den USA sowohl auf kommunaler Ebene als auch gesamtstaatlich in Form von Stiftungen eine große Rolle. Dahinter steht auch das Selbstverständnis vieler Amerikaner, dass eine offene Gesellschaft sich so weit wie möglich selbst reguliert – ohne eine Intervention des Staates.

Von der Krise zu neuem Selbstbewusstsein

Vietnamkrieg und Watergate-Skandal haben das amerikanische Selbstbewusstsein stark erschüttert. Vietnam war der erste Kriegsschauplatz, den die Amerikaner nicht siegreich verlassen haben. Nixon war der erste Präsident, der zum Rücktritt von seinem Amt gezwungen wurde.

Die Watergate-Affäre hatte die nationale Symbolfigur der Amerikaner – den Präsidenten – politisch befleckt und gleichzeitig die Gefahr bewusst gemacht, die von einer übermächtigen Exekutive ausgehen kann. Nixon und seine Vertrauensleute scheuten keine kriminellen Praktiken, um die eigene Macht zu sichern. Zwei Journalisten der „Washington Post" gelang es, die Spuren eines Einbruchs ins Büro der Demokratischen Partei (im Watergate-Gebäude) bis in die unmittelbare Nähe des Präsidenten zu verfolgen.

Gegen Präsident Nixon wurde das Verfahren zur Amtsenthebung (impeachment) eingeleitet, bei dem das Repräsentantenhaus als Kläger und der Senat als Richter auftreten. In beiden Häusern sind Zwei-Drittel-Mehrheiten für eine Amtsenthebung erforderlich. Nixon kam ihr durch seinen Rücktritt zuvor. Sein Nachfolger im Amt Gerald Ford gewährte ihm Straffreiheit für alle strafbaren Handlungen.

Als Folge des gestiegenen Misstrauens gegenüber der Regierung verstärkte der Kongress seine parlamentarischen Kontrollmechanismen. So verpflichtete beispielsweise der War Powers Act den Präsidenten, die Zustimmung des Kongresses innerhalb von 60 Tagen einzuholen, falls er Streitkräfte ins Ausland entsendet.

Die Wahl des Republikaners Ronald Reagan zum Präsidenten (1981) kann als ein Reflex auf die nationalen Demütigungen der siebziger Jahre (vom verlorenen Vietnamkrieg bis zur Geiselnahme von Teheran) verstanden werden. Im Unterschied zu seinem Vorgänger Jimmy Carter vermochte Reagan eine Aufbruchsstimmung zu vermitteln und dem Vertrauensverlust der Amerikaner in ihre Institutionen entgegenzuwirken. Er galt als „starker" Präsident, der mit seiner Ausstrahlung von Optimismus und Gottvertrauen dem amerikanischen Durchschnittsbürger ein neues Selbstbewusstsein gab.

Reagans politisches und wirtschaftliches Programm beruhte im Wesentlichen auf drei Säulen:

- Reduzierung des Staatseinflusses auf die Privatwirtschaft bei gleichzeitigem Abbau wohlfahrtsstaatlicher Leistungen,
- Konjunkturbelebung durch umfangreiche Steuerentlastungen,
- außenpolitische Stärkung durch Aufrüstung.

Am Ende seiner ersten Amtsperiode erschien Reagan als ein äußerst erfolgreicher Präsident. Seine Popularität zeigte sich, als er 1984 mit großer Mehrheit für eine zweite Amtsperiode wiedergewählt wurde. Reagans Zuversicht schien berechtigt zu sein: Wirtschaftswachstum und eine reduzierte Arbeitslosigkeit spiegelten den Aufschwung der ersten Jahre wider.

Während seiner zweiten Amtsperiode stand Reagan weitaus weniger erfolgreich da. Gesteigerte Militärausgaben bei gleichzeitiger Steuerminderung führten zwangsläufig zu riesigen Haushaltsdefiziten, die nur über eine enorme Staatsverschuldung gedeckt werden konnten.

Die sinkende Konkurrenzfähigkeit der Industrie hatte hohe Zahlungsbilanzdefizite zur Folge. Die USA waren zum größten Schuldnerland der Welt geworden.

Reagan wird wahrscheinlich als derjenige Präsident in die Geschichte eingehen, der wie kein anderer vor ihm die Präsidentschaft im elektronischen Zeitalter repräsentierte. Er profilierte sich und sein Amt durch die wirksame Nutzung des Massenmediums Fernsehen. Reagan regierte mit jenem Medium, dessen Macht in den USA größer ist als in vergleichbaren westeuropäischen Ländern. Mit seiner Erfahrung als Schauspieler beherrschte er souverän die Methoden der „Public Relations". In einer Mischung aus Kritik und Anerkennung haben die Zeitgenossen ihm die Eigenschaft eines „Great Communicator" zugeschrieben.

Reagans Nachfolger im Amt des US-Präsidenten war sein ehemaliger Stellvertreter George Bush, ebenfalls ein Republikaner.

Unter seiner politischen Verantwortung errang die von den USA geführte Koalition einen schnellen und für die Amerikaner verlustarmen Sieg im Krieg gegen den Irak (1991). Viele Amerikaner haben diesen Sieg mit tiefer Befriedigung aufgenommen und als Ausgleich für die Niederlage in Vietnam empfunden.

Zu Beginn des 21. Jahrhunderts präsentiert sich das Land als selbstbewusste Führungsmacht im weltpolitischen Mächtekonzert. Ein lang andauernder Wirtschaftsaufschwung in den neunziger Jahren hat dazu beigetragen, die Staatsfinanzen zu sanieren und der Regierung neue finanzielle Spielräume zu eröffnen. Die USA sind nicht nur zum Magneten für Finanz- und Investitionskapital geworden, sondern auch für viele Migranten. Neben den Armutsmigranten aus den lateinamerikanischen Ländern werden hochqualifizierte Wissenschaftler, Techniker und Wirtschafts- beziehungsweise Finanzfachleute – letztere gefördert durch eine gezielte Einwanderungspolitik – von der Entwicklungsdynamik und den finanziellen Möglichkeiten dieses Landes angezogen.

Chronologie

1929	Große Depression; Beginn der Wirtschaftskrise
1933	Nach der Wahl Franklin D. Roosevelts zum Präsidenten leitet dieser eine umfassende soziale Reformpolitik („New Deal") ein.
1941	Der japanische Angriff auf Pearl Harbor führt zur Umstellung der amerikanischen Wirtschaft auf die Erfordernisse des Krieges.
1945	Die USA sind die mit Abstand führende Wirtschaftsmacht der Welt.
1954	Entscheidung des Obersten Bundesgerichtshofs: Die Segregation (Trennung) an Schulen ist verfassungswidrig. Damit wird der Grundsatz „gleich, aber getrennt" (so die Entscheidung von 1896) aufgehoben.
1955	Beginn der Bürgerrechtsbewegung, gewaltlose Kampfaktionen gegen die rassische Diskriminierung (Martin Luther King)
1961	John F. Kennedy wird zum Präsidenten gewählt. Es gelingt ihm, eine Aufbruchsstimmung zu wecken („New Frontier") und eine reformfreudige Politik einzuleiten.
1963	Ermordung Kennedys; Vizepräsident Lyndon B. Johnson wird Nachfolger im Amt.
1964	Inkraftsetzung des noch vom ermordeten Präsidenten Kennedy eingebrachten Bürgerrechtsgesetzes durch Präsident Johnson; umfassende Bundeskompetenz zur Durchsetzung des Gleichheitsgebots im Arbeits- und Bildungsbereich, in öffentlichen Einrichtungen und bei der Wahl
1966	Gettorebellion in über 20 Städten
1967	Aufstände in über 100 Städten
1968	Ermordung Martin Luther Kings; Aufstände in über 100 Städten
1965–1969	Eskalation des Vietnamkrieges; die innenpolitische Szene wird durch eine schnell wachsende Protestbewegung gegen den Krieg geprägt.
1968	Wahl Nixons zum Präsidenten (1972 wiedergewählt)
1971	Der Oberste Gerichtshof billigt das „Busing"-Programm zur Überwindung der Rassentrennung an Schulen. Durch den täglichen Transport von Schülern soll die Schülerschaft aller Schulen rassisch gemischt werden, sodass alle Schüler eine vergleichbar gute Ausbildung erhalten.
1973	Watergate-Skandal; Einleitung eines Verfahrens zur Amtsenthebung gegen Präsident Nixon
1974	Nixon tritt zurück (Nachfolger Gerald Ford).
1976	Wahl Jimmy Carters zum US-Präsidenten
1980	Wahl Ronald Reagans zum US-Präsidenten, Wiederwahl 1984
1988	Wahl von George Bush zum US-Präsidenten
1991	Golfkrieg: Sieg der von den USA geführten Koalition über den Irak
1992	Wahl von Bill Clinton zum US-Präsidenten, Wiederwahl 1996
1992	Schwere Rassenunruhen in Los Angeles.
2000	Wahl von George W. Bush jr. zum US-Präsidenten

**Amerikas Antwort auf die Weltwirt-
schaftskrise**

*Der Amerikanist Hans J. Kleinsteuber stellt die Poli-
tik des „New Deal" dar:*

In den zwanziger Jahren genossen die USA eine bis
dahin unbekannte Prosperität mit dem höchsten
Lebensstandard der Welt. Diese Periode der so
genannten „Normalität" [nach der Kriegswirt-
5 schaft des Ersten Weltkriegs] gab noch einmal der
Initiative und dem kapitalistischen Profitinteresse
freien Lauf und gebärdete sich außerordentlich
gewerkschaftsfeindlich. Nach der in der Wall
Street beginnenden Weltwirtschaftskrise [1929]
10 allerdings, die bald alle Wirtschaftszweige durch
scharf zurückgehenden Absatz und eine hohe
Arbeitslosigkeit in schwere Mitleidenschaft zog,
war das Selbstbewusstsein der amerikanischen Privatwirtschaft schwer angeschlagen, und Präsident
15 Franklin D. Roosevelt (1933–1945) wurde in seinem
„New Deal" Raum gegeben, um die USA auf den
Stand eines modernen, organisiert-kapitalistischen
Industriestaates zu bringen. Dies bedeutete, dass
der Staat eine Verantwortung zur Konjunkturpoli-
20 tik und -lenkung übernahm, also um ein Wieder-
ankurbeln der darniederliegenden Wirtschaft
bemüht war. Dazu dienten freiwillige Absprachen
zwischen den Produzenten, umfangreiche Preis-
und Abnahmegarantien für die Landwirtschaft und
25 eine expansive staatliche Ausgabenpolitik. Manche
dieser Programme orientierten sich an der engen
Kooperation zwischen der Industrie und dem Staat
während des Ersten Weltkriegs.
Da Teile der Geschäftswelt gegen Roosevelts staats-
30 interventionistische Pläne opponierten, hatte er
sich politisch besonders auf die Gewerkschaften zu
stützen, die wiederum durch gesetzgeberische
Maßnahmen aufgewertet wurden: In Lohnverhand-
lungen wurden sie als gleichberechtigte Par-
35 tei anerkannt, staatliche Behörden widmen sich
seitdem der Lösung von Arbeitsstreitigkeiten
(National Labor Relations Act, 1935), der Beginn
eines Sozialversicherungssystems (Social Security
System) wies den Weg für mehr soziale Sicherheit
40 für die Lohnabhängigen.
Das New Deal stellte also ein Programm dar, in dem
der bis zur Krise noch vergleichsweise staatsfrei und
damit chaotisch verlaufende amerikanische Kapitalismus durch massive und dauerhafte Staatsinter-
45 ventionen, die weit über das frühere Maß (ab 1887)
hinausgingen, wieder reaktiviert wurde, um so
nicht kapitalistische Lösungen von Anbeginn zu
unterbinden.

Die Massenarbeitslosigkeit, gemildert durch große
staatliche Arbeitsbeschaffungsprogramme wie bei- 50
spielsweise der wasserwirtschaftliche Ausbau des
Tennessee-Tals (Tennessee-Valley-Authority) war
bei weitem nicht behoben, als die USA im Zweiten
Weltkrieg die „Schmiede der Demokratie" wurden
und riesige Produktionsstätten für das Waffenarse- 55
nal der Alliierten aufbauten. Nach Kriegsende wurde die Wirtschaft nur zögernd auf Friedensproduk-
tion umgestellt, die befürchtete Rezession blieb
aber durch eine weiterhin aktive Wirtschaftspolitik
der Regierung Truman (1945–1953) aus. 60

H. J. Kleinsteuber, Die USA – Politik, Wirtschaft, Gesellschaft,
Hamburg 1974, S. 111.

Eine Warnung an die Nation

*Aus der Abschiedsbotschaft des Präsidenten
Dwight D. Eisenhower (1961):*

Unsere heutige militäri-
sche Organisation hat
nur wenig Ähnlichkei-
ten mit jener, die meine
Amtsvorgänger in Frie-
denszeiten oder selbst
die Soldaten des Zwei-
ten Weltkrieges oder
des Koreakrieges kann-
ten.
Noch bis in die Zeit un-
serer jüngsten Weltkon-
flikte besaßen die Ver-
einigten Staaten keine
Rüstungsindustrie. Her-
steller von Pflugscharen
in Amerika konnten ge-
gebenenfalls so, wie es
erforderlich war, auch

**General Dwight D. Eisenhower,
1952–1960 Präsident der USA**

Schwerter anfertigen. Gegenwärtig können wir in 20
der nationalen Verteidigung keine aus einem Not-
fall geborene Improvisationen mehr riskieren; wir
sind gezwungen worden, eine bleibende Rüstungsindustrie großen Ausmaßes zu schaffen. Darüber
hinaus sind dreieinhalb Millionen Männer und 25
Frauen unmittelbar in den Verteidigungseinrich-
tungen tätig. Für unsere militärische Sicherheit
geben wir jährlich einen höheren Betrag aus, als
[es] dem Reingewinn aller Wirtschaftsunternehmen
der Vereinigten Staaten entspricht. Diese Verbin- 30
dung riesiger militärischer Einrichtungen mit einer
großen Rüstungsindustrie ist eine neue Erfahrung
für Amerika. Die Gesamtheit ihres Einflusses – wirtschaftlicher, politischer und selbst geistiger Art – ist

35 in jeder Stadt, jedem Staatsparlament, jedem Amt
der Bundesregierung spürbar. Wir erkennen die
zwingende Notwendigkeit dieser Entwicklung an.
Dennoch dürfen wir es nicht versäumen, die ernsten Folgerungen, die sich ergeben, zu begreifen.
40 Unser Schaffen, unsere Hilfsquellen und unser
ganzes Leben sind mit betroffen ebenso wie die
Struktur unserer Gesellschaft selbst.
Unsere Regierungsstellen müssen vor jedem über-
mäßigen gewollten oder unbeabsichtigten Einfluss
45 von Seiten der Militärs und der Industrie auf der Hut
sein. Die Voraussetzungen für ein katastrophales
Anwachsen falsch verteilter Macht existieren und
werden weiterhin vorhanden sein. Wir dürfen unsere
demokratischen Freiheiten durch eine derartige Ge-
50 wichtsverlagerung nicht in Gefahr bringen. Auch
sollten wir nichts als selbstverständlich erachten.
Nur eine wachsame und aufgeklärte Bürgerschaft
kann die richtige Verknüpfung einer riesigen industriellen und militärischen Verteidungsmaschinerie
55 mit unseren friedlichen Methoden und Zielen
erzwingen, auf dass Sicherheit und Freiheit zusammen gedeihen können.

Zit. nach: E.-O. Czempiel, C.-Chr. Schweitzer, Weltpolitik der
USA nach 1945, Leverkusen 1984, S. 241 f.

M10 Der militärisch-industrielle Komplex

*Der Amerikanist Hartmut Wasser beschreibt die
Symbiose von Militärs und Unternehmensvertre-
tern:*

Heute gilt vielen Amerikanern die politische Beherrschung Amerikas durch eine elitäre Minderheit
mit einheitlichem Interesse als ausgemachte Tatsache.
Worauf stützen sich solche Annahmen? Einmal auf
5 spektakuläre Personalunionen innerhalb der „herrschenden Klasse". [...]
Zum anderen zieht die These von der Beherrschung
Amerikas durch den „militärisch-industriellen Komplex" Bestätigung aus mancherlei Sachgegeben-
10 heiten. Da werden die Milliarden-Aufträge des Pentagon an die Industrie erwähnt. [...]
Von diesen Aufträgen hängen längst ganze Firmen
mit Millionen Arbeitnehmern ab, „Boeing" ebenso
wie „General Dynamics". [...]
15 Dass Militärs und Industrie Rüstungsinteressen vertreten, verwundert weiter nicht, ebenso wenig ihre
enge Symbiose, die von Ex-Militärs als Unterneh-
mensberatern und Lobbyisten auch personell
gewährleistet wird. [...]
20 Was schon eher der Erklärung bedarf, ist der Umstand, dass auch Politiker, Abgeordnete und Sena-
toren die Zwecke der Rüstungs-Lobby großherzig

fördern helfen. „Bestechung" ist kaum das Zauber-
wort zur Erhellung des Sachverhalts, wie es der
Volksmund wissen will. Viel eher kann die Abhän- 25
gigkeit der Repräsentanten von den local constitu-
encies [Wählerschaft] von den Wahlkreisen und
den Parteimaschinen der Einzelstaaten Licht auf
solch eigentümliche Verfilzungen werfen. Militär-
basen und Rüstungsunternehmen bringen Geld ins 30
Land und in den Wahlkreis, schaffen Arbeitsplätze
und veranlassen den Bund zu infrastrukturellen Investitionen. Der Kongressabgeordnete und Sena-
tor darf des Beifalls seiner constituency gewiss sein,
der militärische Aufträge im eigenen Landstrich 35
platzieren kann. [...]
Auch renommierte Universitäten und Forschungs-
institute, nach traditionellem Verständnis eher Institutionen mit kritischer Distanz zu den „Herrschenden", sind in den Kreis des military-industrial complex 40
eingebunden. Pentagon-Dollars ermöglichen ihnen
oft genug erst kostspielige Forschungs- und Ent-
wicklungsvorhaben. [...]
An Beweisen für die behauptete Einseitigkeit der
Machtverhältnisse im Handlungsgeflecht von Wirt- 45
schaft und Politik hapert es allerdings zuweilen.
Dass die Rockefeller-Dynastie über unvorstellbare
Reichtümer verfügt, lässt sich leicht feststellen, dass
ihr Einfluss die politischen Institutionen gleichsam
zu Erfüllungsgehilfen ihrer wirtschaftlichen Inte- 50
ressen degradiere, wird zwar behauptet, aber
empirisch nirgendwo eindeutig belegt. Dass Kongress oder Weißes Haus zuweilen politische Entscheidungen treffen, welche die Ziele der „Oligarchie" konterkarieren [hintertreiben], wird als Tat- 55
bestand abgewertet oder ganz einfach
verschwiegen. Sowohl die „Reichen", die großen
Familiendynastien etwa, wie die „Mächtigen", der
„industriell-militärische Komplex" beispielsweise,
müssen politische Niederlagen einstecken, die nicht 60
einfach als demokratische Gesichtskosmetik baga-
tellisiert werden können. Wenn sich in den vergangenen Jahren Ausschüsse des Kongresses, das
Justizministerium und zuständige Kartellbehörden
verstärkt der Kontrolle amerikanischer Großunter- 65
nehmen zuwenden, signalisiert solche Aktivität die
Bereitschaft des politischen Systems, sich mit der
Macht der Konzerne anzulegen. [...]
Immer wieder konnten Bürgerorganisationen beim
Engagement für spezifische Konsumentenanliegen 70
handfeste Erfolge erzielen. Die Automobilindustrie
wurde mit rigorosen umweltschützenden und sicher-
heitsfördernden Auflagen bedacht. Zigarettenwer-
bung im Fernsehen ist gegen den erbitterten Widerstand der Tabakindustrie verboten, der Aufdruck 75

einer Konsumentenwarnung auf jedem Zigaretten-
päckchen verbindlich vorgeschrieben worden. Trotz
intensiver Kampagnen der „American Medical
Association" wurden schließlich Krankenschutzge-
80 setze für alte und arme Bürger verwirklicht. […]
Der Staat gewinnt aus der Gegensätzlichkeit und
Vielfalt der wirtschaftlichen und gesellschaftlichen
Interessen jene Autonomie, er schafft sich aus ihr jenen Handlungsspielraum, der ihn mehr sein lässt als
85 eine bloße Marionette am Drahte von big business.

H. Wasser, Die Vereinigten Staaten von Amerika, Porträt einer
Weltmacht, Stuttgart 1980, S. 347 ff.

M11 Wachstumsdynamik und Modernisie-
rung

*Der Diplomat Konrad Seitz schreibt in seiner Stu-
die über den Wandel zur globalen Hochtechnolo-
giewirtschaft:*

Zwar bauten die großen Unternehmen Amerikas in
den achtziger Jahren drei Millionen Arbeitsplätze
ab und wandelten sich zu „schlanken" Unternehmen, um so ihre Wettbewerbsfähigkeit im Manu-
5 facturing zurückzugewinnen; zur gleichen Zeit
jedoch explodierten die Neugründungen von
Unternehmen, es entstanden nicht weniger als 1,5
Millionen neue Firmen. Es waren diese neu gegründeten Firmen und die kleinen und mittleren Unter-
10 nehmen insgesamt, die das amerikanische Job-
Wunder herbeiführten. Sie schufen allein in den
achtziger Jahren 18 Millionen neue Arbeitsplätze,
also weit mehr, als in der Großindustrie verloren
gingen. In den neunziger Jahren hält die Schaffung
15 neuer Arbeitsplätze durch neue und kleinere
Unternehmen an. Einen wesentlichen Anteil daran
haben die rasch wachsenden jungen Hochtechno-
logieunternehmen im Silicon Valley und anderen
Technologiezentren. […]
20 In den 25 Jahren von 1972 bis 1996 hat Amerika die
Zahl der Arbeitsplätze um nicht weniger als 60 Prozent vermehrt. Welche Leistung dies darstellt, wird
deutlich, wenn man auf die Entwicklung in Europa
blickt. In den Staaten der Europäischen Union
25 nahm die Zahl der Arbeitsplätze im gleichen Zeitraum um vier Prozent ab. […]
Amerika ist auf dem Weg in die Informationsge-
sellschaft weit voraus. 1997 nutzten von 1 000 Einwohnern bereits 183 Online-Dienste, in Deutsch-
30 land dagegen erst 76 und in Japan gerade 41. In
über 40 Prozent aller amerikanischen Haushalte
stand ein PC. Ebenso sind auch die amerikanischen
Unternehmen in der Nutzung der Informations-
technik sehr viel weiter vorangeschritten als ihre

europäischen und japanischen Konkurrenten. Die 35
Amerikaner besitzen bereits eine Unternehmens-
kultur, in der die Mitarbeiter wie selbstverständlich
ihre vernetzten PCs benutzen und ihr Wissen untereinander austauschen.
Als erstes Land der Welt errichtet Amerika die 40
Industrie und die Kultur des Informationszeitalters.
Wird in Europa das volkswirtschaftliche Wachstum
noch vor allem von den nur langsam wachsenden
klassischen Industrien getragen – Automobile,
Maschinen, Chemie und Elektrotechnik –, so wird es 45
in Amerika bereits von den neuen Wachstumsin-
dustrien der Hochtechnologie-Ära angetrieben:
Halbleiter, Computer, Telekommunikationsausrüs-
tungen, Informations- und Kommunikations-
dienstleistungen, Medien- und Unterhaltungsin- 50
dustrie, Biotechnik in Pharmaindustrie und Landwirtschaft, Umwelttechnik, Luft- und Raumfahrt.

K. Seitz, Wettlauf ins 21. Jahrhundert, Berlin 1998, S. 110 f., 173.

M12 Bruttoinlandsprodukt: USA, Japan, EU
1990–1998 (Reale Wachstumsraten in %)

Region	USA	Japan	EU
1990	1,3	5,1	3,0
1991	-1,0	3,8	1,5
1992	2,7	1,0	1,0
1993	2,3	0,3	-0,5
1994	3,5	0,6	2,9
1995	2,0	1,4	2,4
1996	2,4	3,6	1,6
1997	3,8	0,8	2,6
1998	3,5	-1,5	2,7

Aus: K. Seitz, a. a. O., S. 111.

M13 Ursachen der Rassenunruhen

*Der Korrespondent Joachim Schwelien berichtete
über das Gutachten der Kerner[1] – Kommission, in
dem diese zu folgenden Ergebnissen kam:*

„Der Rassendünkel (Rassismus) der Weißen ist weitgehend verantwortlich für die explosive Mischung,
die sich in unseren Städten seit dem Ende des Zweiten Weltkriegs angesammelt hat." Dieses für die
weiße Bevölkerungsmehrheit vernichtende Urteil 5
wird in dem Kerner-Bericht für jeden sozialen
Bereich von der Schule bis zum Beruf, vom Dorf bis
zum Getto, vom eingebildeten bis zum bewusst
gezüchteten Vorurteil klar belegt. […]
Die amerikanische Nation – so heißt es in dem Ker- 10
ner-Bericht – bewegt sich auf zwei voneinander
getrennte Gesellschaften hin, eine weiße und eine
schwarze, und dies sind zwei ungleiche Gesellschaften. Die Segregation und die Armut haben im

515

15 Rassengetto eine selbstzerstörerische Umgebung hervorgebracht, die den meisten weißen Amerikanern vollkommen unbekannt ist. Diese Umgebung ist von Institutionen der Weißen geschaffen, wird von ihnen aufrechterhalten und wird von der

20 weißen Gesellschaft gutgeheißen. Wenn es bei der Haltung der Segregation und der Diskriminierung bleibt, ist die Zukunft jedes Amerikaners gefährdet. Als die bittersten Früchte des weißen Rassismus werden in dem Bericht die intensive Diskriminie-

25 rung und die Segregation am Arbeitsplatz, in der Erziehung und im Wohnwesen genannt, die zum fortgesetzten Ausschluss zahlreicher Schwarzer vom Ertrag des wirtschaftlichen Fortschrittes geführt haben; die weiterhin die Zuwanderung der

30 Farbigen in die Stadtkerne und die Abwanderung der Weißen in die Vororte bewirkte, eine massive und wachsende Konzentration verarmter Schwarzer in den Großstädten und schließlich das Zusammenfließen von Segregation und Armut in den

35 schwarzen Gettos bei der Jugend, das ihre Aufstiegsmöglichkeiten vernichtet und ihren Fehlschlag im Leben zwangsläufig heraufbeschwört. Das Ergebnis bei dieser Jugend sei die Zunahme an Kriminalität, Rauschgiftsucht, Abhängigkeit von

40 Wohlfahrtsleistungen, aus denen dann Verbitte-

rung und der Hass gegen die Gesellschaft, im Besonderen gegen die weiße Gesellschaft, sich ergeben. Diese vom Dasein enttäuschte Jugend werde ständig durch die Massenmedien mit dem Überfluss der Wohlstandsgesellschaft konfrontiert, 45 der für sie unerreichbar sei; daraus entstünde jene Mischung von enttäuschten Hoffnungen und Erwartungen, der Neigung zu gewalttätigen Aktionen und einem Gefühl der Ohnmacht, das sich schließlich in den Aufständen der Gettos entlade. 50 In dem Bericht werden die schon erwähnten Folgen der Wanderung der Schwarzen vom Land in die Stadt, ihre hohe Arbeitslosigkeit, die Ursachen ihrer Bedürftigkeit und die Verhältnisse in den Gettos in aller Breite geschildert; der Mangel an sanitären 55 Einrichtungen dort und der allgemein schlechte Gesundheitszustand der Slum-Bewohner führen dazu, dass die Kindersterblichkeit dreimal so hoch und die Lebenserwartung um zehn Jahre niedriger ist als in den Wohnbezirken der weißen Mittelklasse. 60

1 Nach den blutigen Rassenunruhen von 1967 hatte Präsident Johnson eine Kommission unter der Leitung des Gouverneurs von Illinois, Otto Kerner, berufen. – Eine Konferenz, die sich 20 Jahre nach dem Kerner-Report dem gleichen Thema der Rassenbeziehungen widmete, kam zu dem Ergebnis, dass trotz der Entstehung eines schwarzen Mittelstands wesentliche Benachteiligungen (z. B. höhere Arbeitslosigkeit, niedrigere Einkommen, höhere Kindersterblichkeit) geblieben sind.

J. H. Schwelien, Amerikas brutales Antlitz, Der Januskopf der Neuen Welt, Düsseldorf 1968, S. 42 f.

M14 **Rassenkrawalle 1992**

Bei Rassenkrawallen in Los Angeles starben 58 Menschen. Eine Menge von zumeist schwarzen Jugendlichen legte 5 400 Brände; etwa 10 000 Geschäfte von vorwiegend asiatischen Einwanderern wurden zerstört und geplündert. Anlass für die bürgerkriegsähnlichen Unruhen war ein Gerichtsurteil. Ein Richter hatte vier weiße Polizisten freigesprochen, die einen Schwarzen bei der Festnahme zusammengeschlagen hatten.

M15 **Die Lage der Schwarzen**

Die USA besitzen strenge Antidiskriminierungsgesetze. Im Alltagsleben gibt es aber viele Schranken zwischen den ethnischen Gruppen:

„Wenn wir tatenlos zusehen, wie die Zentren unserer Städte zu Sammelbecken von Entbehrung, Kriminalität und Hoffnungslosigkeit verkommen, wenn aus uns ein Volk mit zwei Völkern wird, das eine wohlhabend in 5 den Vorstädten, das andere urban und arm, jedes voller Misstrauen und Furcht vor dem anderen, dann werden wir jede kommende Generation 10 zu Krüppeln machen."

Der Präsident, der so sprach, heißt Lyndon B. Johnson – und die Rede stammt aus dem Jahr 1965, aus der Mitte des Jahrzehnts der amerikani- 15 schen Bürgerrechtsbewegung. Als drei Jahre später Martin Luther King

ermordet wird und Rassenunruhen Los Angeles, Detroit und Chicago
20 erschüttern, legt eine Untersuchungskommission einen Bericht vor, dessen Befund heute erschreckend aktuell klingt: „Es gibt zwei Amerikas: schwarz und weiß, getrennt und ungleich."
25 Gewiss, die Trennlinie zwischen den Rassen war vor 25 Jahren schärfer als heute. Aber die amerikanische Apartheid besteht fort, auch wenn kein Schwarzer mehr auf den hintersten
30 Plätzen im Bus sitzen muss, weil die vorderen für die Weißen reserviert sind. Drei neue Studien belegen, dass – bei schwarzen Amerikanern Anträge auf Hypothekenkredite doppelt so
35 häufig abgelehnt werden wie bei weißen Amerikanern,
– Schwarze gegenüber gleich qualifizierten Weißen bei Vorstellungsgesprächen wesentlich häufiger schlech-
40 ter behandelt werden und
– Afroamerikaner, die bei Maklern vorsprechen, geringere Chancen haben, einen Mietvertrag zu erhalten als Weiße.

M16 Geschichte und Gegenwart

Die Central High School in Little Rock (Arkansas) war 1957 ein Ort erbitterter Auseinandersetzungen um die Aufhebung der Segregation. Zuvor hatte das Oberste Gericht der USA die Rassentrennung an öffentlichen Schulen für verfassungswidrig erklärt (1954). Nach Ausschreitungen schickte Präsident Eisenhower Soldaten nach Little Rock, um den Widerstand zu brechen. Heute wird die „Central High" mehrheitlich von schwarzen Schülern besucht, weil viele Weiße in die Vororte abgewandert sind beziehungsweise ihre Kinder auf Privatschulen schicken.

45 Bis heute hat es Amerikas Politik nicht vermocht, der gesamten schwarzen Bevölkerung die gleichen Chancen zu eröffnen wie früher den irischen oder italienischen, heute den chinesischen und koreanischen Einwanderern. Die Schwarzen
50 sind die einzige ethnische Gruppe, die das hoch gelobte Land unfreiwillig und in Ketten betraten. Die späteren Einwanderer, die auf der Suche nach dem Lebensglück kamen, übersprangen die früheren Sklaven auf der sozialen Leiter. Mobilität und
55 Aufstieg, selbst nur das schiere gesicherte Überleben, sind für viele Schwarze ein Fremdwort geblieben. Die Statistik bietet ein trübes Bild von Ausweglosigkeit und Verzweiflung:
– Fast zehn Millionen schwarze Amerikaner, mehr
60 als dreißig Prozent der gesamten farbigen Bevölkerung, müssen mit Einkommen unterhalb der offiziellen Armutsgrenze leben. Unter den Weißen gilt „nur" etwa jeder zehnte als arm, insgesamt sind das zwanzig Millionen Menschen.
65 – Die Arbeitslosenquote für Schwarze ist doppelt so hoch wie die für Weiße. 1970 verfügte eine schwarze Familie über etwa sechzig Prozent des Einkommens einer weißen Familie, 1990 sind es nur noch 58 Prozent.
– Mehr als die Hälfte aller Mordopfer in den USA ist
70 schwarz; Mord ist die häufigste Todesursache für

einen jungen Afroamerikaner. In der Hauptstadt Washington saßen an jedem Tag des vergangenen Jahres 15 Prozent aller farbigen Männer im Alter zwischen 18 und 35 Jahren im Gefängnis. Weitere 21 Prozent waren auf Bewährung entlassen, 6 Pro- 75 zent wurden von der Polizei gesucht. Fast 85 Prozent aller Schwarzen in Washington werden während ihres Lebens mindestens einmal verhaftet.
– Zweimal mehr schwarze als weiße Babys sterben schon kurz nach der Geburt. Die Kindersterblichkeit 80 unter Amerikas Farbigen ist so hoch wie im Schwellenland Malaysia. 43 Prozent aller schwarzen Kinder wachsen in bitterer Armut auf.
– Obwohl sie nur etwa 13 Prozent der Gesamtbevölkerung stellen, entfallen auf die Schwarzen in 85 Amerika 28,8 Prozent der Aids-Fälle. 52 Prozent der aidskranken Frauen, 53 Prozent der aidskranken Kinder sind schwarz.
„Die Chance, auf der sozialen Stufenleiter aufzusteigen, wurde nur einem Teil der schwarzen 90 Bevölkerung eröffnet", resümiert Sydney Verba, Soziologe an der Harvard-Universität. Längst ist die schwarze Gesellschaft Amerikas zu einer Ein-Drittel-Gesellschaft geworden. Anfang der sechziger Jahre konnte sich nur jeder zehnte Afroamerikaner zur 95

Mittelklasse zählen, heute jeder dritte. Die Zahl der Farbigen mit einem College-Abschluss ist von 280 000 pro Jahr auf mehr als zwei Millionen gestiegen. Zu Zeiten von Martin Luther King gab es in den
100 USA nur 300 Schwarze in einem Wahlamt, heute sind es 7 370.

U. Schiller u. a., Die schwarzen Tage von L. A., Die Zeit, Nr. 20/1992.

M17 Kriminalität

Die USA weisen Kriminalitätsraten auf, die deutlich höher sind als in den westeuropäischen Ländern:

Tatsächlich sind in den USA die Mord- und Gewaltverbrechensraten höher als in Deutschland. […] Amtliche Daten zeigen freilich auch, dass es keine neue „Verbrechenswelle" gibt. Die Mordrate zum Bei-
5 spiel fluktuiert seit zwanzig Jahren zwischen 7,9 und 10,2 pro 100 000 Einwohner und liegt jetzt mit 21 600 Morden (8,2 pro 100 000) am unteren Ende des Spektrums. Für das Alltagsleben der Amerikaner sind nationale Verbrechensdaten freilich nicht
10 besonders relevant: Auf dem Land liegt die Mordrate bei unter drei pro 100 000 (z. B. in New Hampshire, South Dakota und Maine); in verarmten Ballungszentren ist sie wesentlich höher, in Washington und anderen Großstädten mehr als sechzig pro
15 100 000.
Das amerikanische Kriminalitätsproblem unterscheidet sich vom europäischen in vier Punkten: Verfügbarkeit von Schusswaffen, Rasse, Armut und Sozialpolitik. In den USA sind mehr als 200 Millionen
20 Schusswaffen im Umlauf. […] Revolver und Pistolen sind frei erhältlich. […] In den USA agitiert zudem eine militante Schusswaffenlobby, der das Recht zum Schusswaffenbesitz so heilig ist wie die Religionsfreiheit. Waffenfabrikanten machen aggressiv
25 Reklame: Anfang der achtziger Jahre, als der Schusswaffenabsatz zurückging, wurden neue semiautomatische Schusswaffen angepriesen. Heute wollen die Hersteller Frauen überzeugen (schicke kleine Pistolen fürs Handtäschchen), die sich
30 bisher kaum bewaffnen.
Morde – genauso wie Gewaltverbrechen – kommen eher in unteren Einkommensschichten vor, in heruntergekommenen Innenstädten. Besonders betroffen sind Minoritäten; ein Drittel der Schwarzen
35 und fast die Hälfte der schwarzen Kinder leben unter dem Existenzminimum. Dass Armut zur Kriminalität verleitet, weiß Amerika spätestens seit der Depression der dreißiger Jahre: Damals war die Mordrate höher als heute. Zurzeit ist die Angst vor dem
40 sprichwörtlichen schwarzen Mann verständlich:

Afro-Amerikaner, vor allem junge Schwarze, verüben überproportional viele Verbrechen. Bei armen Weißen ist die Kriminalitätsrate freilich ebenso hoch.

K. Ege, Eine Nation hinter Gittern?, in: Das Parlament, Nr. 17/1997.

M18 Der Erfolg asiatischer Einwanderer

Ein deutscher Journalist berichtet über die asiatischen Einwanderer in Los Angeles:

Die erfolgreichsten Einwanderer in der ersten Hälfte dieses „amerikanischen Jahrhunderts" [gemeint ist das 20. Jahrhundert] kamen aus Europa und dem Nahen Osten. Sie kamen aus religiösen
5 Gründen, wie viele Deutsche, aus politischen und wirtschaftlichen, wie viele Polen, Russen, Iren oder Araber, und als tödlich Bedrohte und Verfolgte, wie viele Juden. Sie arbeiteten hart, fügten sich klaglos in den bürgerlichen „mainstream" ein, schafften
10 zumeist den Aufstieg in die Mittelschicht und prosperieren noch heute. Die erfolgreichsten Neuankömmlinge gegen Ende dieses ersten amerikanischen Jahrhunderts sind nun die Asiaten. Vor alteingesessenen Minderheiten wie den Schwarzen
15 und mit großem Abstand vor der immer größeren Immigrantenschar aus Lateinamerika, verwirklichen die Flüchtlinge aus kommunistischen Tyranneien, ökonomisch maroden Drittweltländern mit gehöriger Energie ihren „amerikanischen Traum".
20 Nirgendwo sind die Fortschritte, Schwierigkeiten und neuen Formen ethnischer Koexistenz so augenfällig wie in Los Angeles. Die kalifornische Metropole ist ein Mosaik aus Mikrokosmen, wo oft mehr asiatische Landsleute auf einem Fleck leben als irgendwo in
25 ihrer Heimat, mit Ausnahme der Hauptstädte. „Chinatown", Little Tokyo", „Koreatown" und „Little Saigon" sind nur vier Ausschnitte aus einem asiatischpazifischen Panorama, das auch Inder, Pakistanis oder Filipinos einschließt. Das Geheimnis ihres
30 Erfolgs in den Vereinigten Staaten ist, dass sie ähnlich wie zuvor die frühen Europäer von ihrem Gastland nichts und von sich selbst alles verlangen.
Die Gebildeten und beruflich Ausgebildeten der ersten Generation scheuen keine Mühe beim Eng-
35 lisch lernen und am Arbeitsplatz. Die weniger Vorbereiteten, die die neue Sprache niemals vollkommen beherrschen werden und nur mit einfachen Handlangerdiensten beginnen können, zeigen sogar doppelten Einsatz. Für beide Gruppen ist das verfassungsrechtlich geschützte „Streben nach Glück" eine
40 selbstverständliche Aufforderung und keine sozialstaatliche Garantie. […] Wegen ihrer Tüchtigkeit und Beharrlichkeit sind sie nicht überall beliebt. […]

518

In Lebensstil, Interessen und Aussehen schon „ameri-
45 kanisiert", sind die besonders leistungswilligen oder
mit mehr als nur sanftem Druck zu Hochleistungen
angespornten jungen Asiaten die erfolgreichsten
Schüler und Studenten an den kalifornischen Hochschulen und über den „Goldenen Staat" hinaus. […]
50 Ihr Sammelpunkt ist Los Angeles, die „östliche Hauptstadt Asiens". Nicht alle unter dem Dach der „Familienzusammenführung" Nachrückenden sind ehren-
werte Gesellen. Aus Thailand, Vietnam, Taiwan, der
Volksrepublik oder den Philippinen kommen auch
55 Verbrechersyndikate, die ihre Rauschgift-, Prostitu-

tions- und Glücksspielunternehmungen mit neuem
unternehmerischen Elan und kaltblütiger Gewalttätigkeit in „Chinatown", „Koreatown" und „Little
Saigon" fortsetzen. Das Gros sind indes jene findigen,
emsigen und tüchtigen Neuamerikaner, die nicht nur 60
das ethnische Gewebe der westlichen Großmacht im
Inneren verändern, sondern auch deren auswärtige
Handelsbilanz, die einströmenden Investitionen und
sogar Washingtons längst nicht mehr exklusiv „euro-
zentrischen" geopolitischen Blickwinkel.   65

L. Wieland, Im Streben nach Glück von Amerika nichts und von
sich selbst alles verlangen, FAZ, 14.3.1997.

M19 **Eine Mauer**
Grenzbefestigung
zwischen San Diego
und Tijuana zur
Abwehr illegaler
Einwanderer: Im
Südwesten der USA
stoßen Erste und
Dritte Welt aufeinan-
der. Obgleich das
Schwellenland
Mexiko beträchtliche
wirtschaftliche Fort-
schritte gemacht hat,
ist das Wohlstandsge-
fälle nach wie vor
groß.

M20 **Selbstgettoisierung**

*Der Politikwissenschaftler Peter Lösche schreibt
über ein Land aus „Inseln der Gleichheit" und was
diese zusammenhält:*

Die Vereinigten Staaten bestehen aus tausenden
und abertausenden von Inseln, von Nachbar-
schaftsinseln, die klar voneinander abgegrenzt und
verschieden sind. Auf diesen Inseln, in den Nach-
5 barschaften und Stadtvierteln, in den Kommunen,
wohnen Menschen, die die gleiche ethnische und
rassische Herkunft haben; die ungefähr über das
gleiche Einkommen und ungefähr auch über das
gleiche Sozialprestige verfügen; die im konkreten
10 und übertragenen Sinn die gleiche Sprache sprechen und zur gleichen Kultur gehören; die in die
gleiche Kirche gehen und ähnliche Schulen und Col-

leges besucht haben; die in vergleichbaren Häusern, Eigentums- oder Mietwohnungen leben. Dies
sind Inseln der Gleichheit und Glückseligkeit – oder 15
auch der Unglückseligkeit. Denn die gerade
genannten Merkmale treffen auch auf die Elends-
quartiere der Großstädte zu. Aber: Slums sind in
sich differenziert, nicht einheitlich grau und trüb,
sondern trotz Armut und (möglicher) Aggressivität 20
ethnisch und sprachlich, auch kulturell gegliedert,
strukturiert, segmentiert. Da gibt es den schwarzen
und den hispanischen und den koreanischen Slum.
Der unwissende weiße Facharbeiter oder der naive
europäische Tourist erfährt über die Segmentie- 25
rung der Armutsviertel dann etwas, wenn er in der
Zeitung von Schlachten liest, die sich Jugendgangs
aus verschiedenen Nachbarschaften bis hin zu Mord
und Totschlag geliefert haben. Solidarität oder gar

30 „Klassenbewusstsein" entsteht da nicht, obwohl diejenigen, die brutal aufeinander losgehen oder auch unverbunden in reichen Nachbarschaften nebeneinander leben, nach „objektiven" sozialen und ökonomischen Kriterien]…] zur gleichen

35 Gruppe von Menschen, zur gleichen Schicht, zur gleichen Klasse gehören […].

Es sind die großen Gegensätze, die ungeheuren Widersprüche, die uns Europäern in die Augen fallen und die eben nicht auf den einzelnen Inseln der Glück-

40 seligkeit oder Unglückseligkeit vorhanden sind, sondern zwischen ihnen: Vorstadtidylle und Elendsquartier; „Little Italy" und schwarzer Slum; japanisches Millionärsviertel und polnische Facharbeiternachbarschaft; Fremdenhass und Gastfreundschaft;

45 Provinzialismus und Weltoffenheit; moralischer Rigorismus und brutale Skrupellosigkeit. […] Was diese vielfach aufgespaltene amerikanische Gesellschaft zusammenhält, was das Bedürfnis nach Integration angesichts sozialer Segmentierung und politischer

50 Fragmentierung erfüllt, das ist die amerikanische Ideologie. […]

Darüber hinaus geht es um Symbole wie die amerikanische Flagge (das Sternenbanner) und Rituale (etwa das tägliche [Treue-]Gelöbnis in der Schule

55 auf die Vereinigten Staaten, die „Pledge of Allegiance"), um Architektur, Denkmäler und Stadtplanung (etwa die Anlage der Bundeshauptstadt

Washington zwischen Capitol, Weißem Haus, Lincoln Memorial und Helden-Friedhof von Arlington). Zur amerikanischen Ideologie gehören dann die 60 weltliche Heiligsprechung der Gründungsväter, Abraham Lincolns, der Unabhängigkeitserklärung und der Verfassung mit der „bill of rights"; der Mythos, die amerikanische Demokratie habe sich an der Grenze zum unentwickelten Land im 65 Westen, an der Frontier, konstituiert mit ihren entscheidenden Merkmalen von Individualismus, Freiheit und Chancengleichheit, fundamentaler Skepsis gegen jede Art von Machtanhäufung; der Traum vom sozialen Aufstieg, vom Tellerwäscher zum Mil- 70 lionär, unter dem Motto, jeder sei seines Glückes Schmied.

Dies ist ein eigenartiges Gemisch aus Politik, Religion und Moralismus, eine weltliche Religion. Sie verklammert und übergreift soziale Schichten und 75 Klassen sowie Gruppen, die ansonsten nach ethnischen, rassischen, kulturellen, sprachlichen und religiösen Merkmalen voneinander geschieden sind. Die amerikanische Ideologie hat immer wieder eine ungeheure Sogwirkung entfaltet, sie integriert 80 sonst auseinander strebende gesellschaftliche Segmente, die abertausend Inseln der Glückseligkeit und Unglückseligkeit.

P. Lösche, Die Vereinigten Staaten, Innenansichten, Hannover 1997, S. 53 ff.

M21

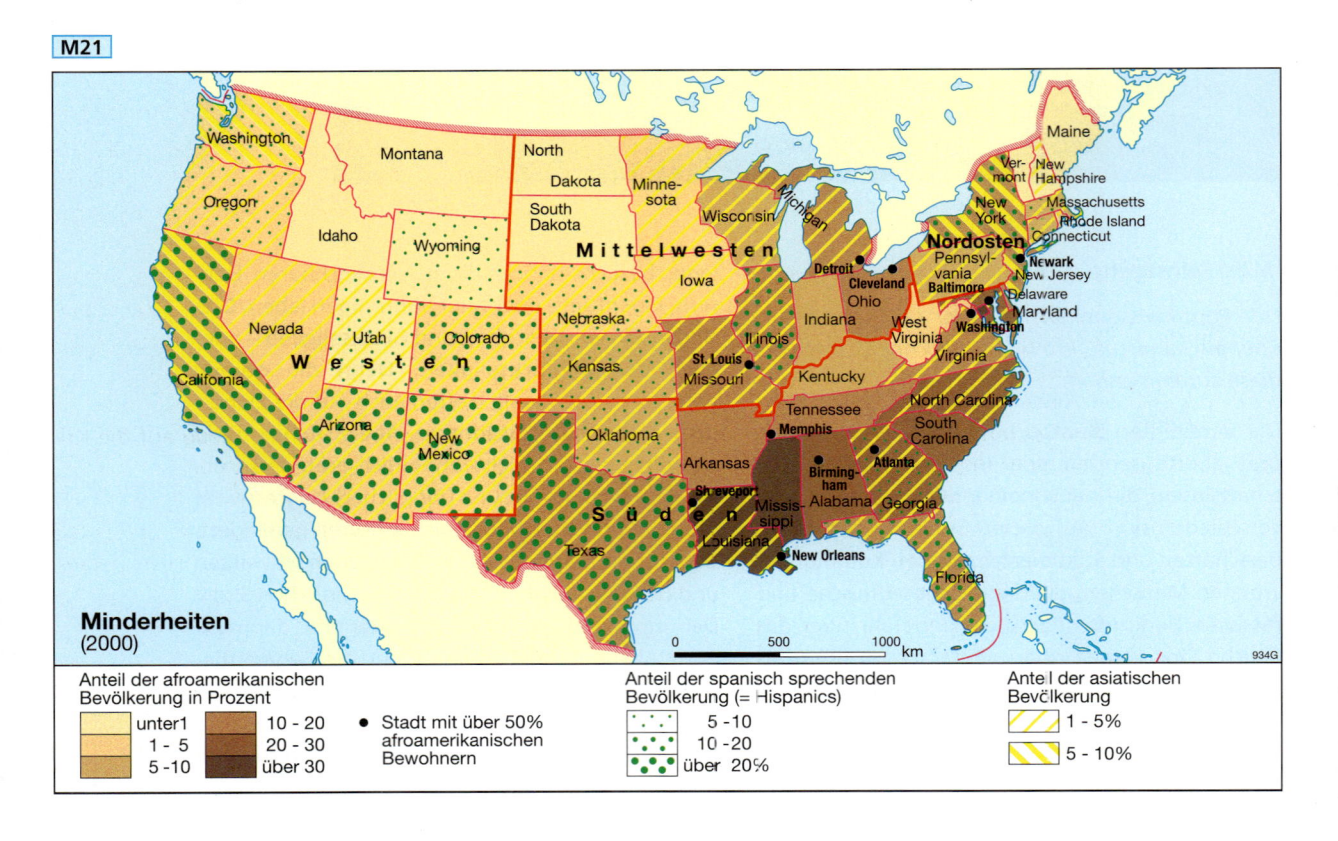

Minderheiten (2000)

Anteil der afroamerikanischen Bevölkerung in Prozent

unter 1	10 - 20
1 - 5	20 - 30
5 - 10	über 30

● Stadt mit über 50% afroamerikanischen Bewohnern

Anteil der spanisch sprechenden Bevölkerung (= Hispanics)

5 - 10
10 - 20
über 20%

Anteil der asiatischen Bevölkerung

1 - 5%
5 - 10%

0 500 1000 km

934G

M22 **Einwanderungsland Amerika**

„Der Richter zu Uncle Sam: Wenn die Einwanderung wirklich eingeschränkt würde, hätten Sie keinen Ärger mehr mit Anarchie, Sozialismus, Mafia und derlei Dingen." Karikatur um 1900.

Aufgaben

1. Erklären Sie, inwiefern die „New Deal"-Politik einen tiefen Einschnitt in der amerikanischen Geschichte bedeutete.
   → M8

2. Beschreiben Sie das Zusammenwirken des Militärs mit der Wirtschaft. Wie beurteilte Präsident Eisenhower 1961 die Existenz eines militärisch-industriellen Komplexes?
   → Text, M2, M3, M9, M10

3. Analysieren Sie die wirtschaftliche Position der USA zu Beginn des 21. Jahrhunderts.
   → Text, M11, M12

4. Geben Sie das ethnische Profil der USA wieder.
   → Text, M4, M21

5. Analysieren Sie die Rolle, die die Immigration für die Gesellschaft der USA spielt.
   → Text, M18, M19, M21, M22

6. Welche Faktoren haben nach Erkenntnissen der Kerner-Kommission die Entstehung eines schwarzen Gewaltpotenzials gefördert?
   → Text, M7, M13, M14

7. Untersuchen Sie die Schwierigkeiten und Fortschritte, die es im Hinblick auf die Herstellung von Chancengleichheit der Minderheiten gegeben hat.
   → Text, M15, M16, M18

8. Erklären Sie, warum die Durchsetzung sozialstaatlicher Verantwortung in den USA auf Widerstand stößt.
   → Text, M20

9. Welche Faktoren spielen in Bezug auf die Kriminalitätsrate eine Rolle?
   → Text, M15, M17

10. Stellen Sie die integrativen Kräfte dar, die die multikulturelle Gesellschaft der USA zusammenhalten.
    → Text, M6, M20

11. Inwiefern ist das Bild vom Schmelztiegel untauglich für die Charakterisierung der amerikanischen Gesellschaft?
    → Text, M20

Sun Yatsen (1866–1925)

Mao Zedong (1893–1976)

Chiang Kaishek (1887–1975)

Deng Xiaoping (1904–1997)

15. China

Vier Politiker haben auf höchst unterschiedliche Weise der Geschichte Chinas im 20. Jahrhundert ihren Stempel aufgedrückt: Sun Yatsen, Chiang Kaishek, Mao Zedong und Deng Xiaoping. Sun Yatsen (1866–1925) gilt als der Vater des modernen Chinas. Er beteiligte sich an der revolutionären Bewegung, die 1911 den Sturz der Mandschu-Dynastie herbeiführte. Als bürgerlicher Revolutionär gründete er im Jahr darauf die „Guomindang" („Nationale Volkspartei"), die erste moderne Partei in der chinesischen Geschichte. Nachdem er kurzzeitig Präsident der Republik China gewesen war, musste er auf Druck des Militärdiktators Yuan Shikai zurücktreten.

Aus der Führungskrise der Guomindang nach dem Tod Sun Yatsens ging General Chiang Kaishek (1887–1975) als Sieger hervor. Ihm gelang es in mehreren Feldzügen, die Einheit Chinas im Wesentlichen wieder herzustellen, nachdem die Macht im Lande zuvor in die Hände von regionalen Militärmachthabern („Warlords") übergegangen war. Chiang Kaishek übernahm den Vorsitz der Nationalregierung in Nanjing und betrieb ab 1927 eine antikommunistische Politik. In den folgenden Jahren entwickelte sich ein Bürgerkrieg zwischen der Guomindang und der von Mao Zedong aufgebauten Roten Armee, der nur zwischenzeitlich durch den gemeinsamen Kampf gegen die japanische Invasion unterbrochen war (1937–1945). Nach der Kapitulation Japans (1945) folgte die letzte Phase des Bürgerkrieges, die mit der Verdrängung der Guomindang vom Festland endete. Chiang Kaishek flüchtete 1949 mit etwa zwei Millionen Anhängern auf die Insel Taiwan, wo anschließend die Republik China (Nationalchina) gegründet wurde, deren Präsident er bis zu seinem Tod blieb.

Der siegreiche Gegenspieler Chiang Kaisheks hieß Mao Zedong (1893–1976), der Gründer der Volksrepublik China (1949), deren Geschichte er als Vorsitzender der Kommunistischen Partei bis zu seinem Tod bestimmte. Die so genannten Mao Zedong-Ideen bildeten die offizielle Ideologie des neu gegründeten Staates. Maos Vorstellungen liefen auf eine gleichgeschaltete kommunistische Gesellschaft hinaus, in der – angefacht durch immer neue Massenkampagnen – ein „neuer Mensch" hervorgebracht werden sollte, der von klassenkämpferischen Ideen durchdrungen ist. Seine Politik stürzte das Land in mehrere Katastophen mit Millionen Todesopfern.

Die Politik der wirtschaftlichen Liberalisierung und Öffnung des Landes nach außen verbindet sich mit dem Namen von Deng Xiaoping (1904–1997). Er gehörte zur alten Garde der kommunistischen Spitzenfunktionäre, fiel mehrmals bei Mao in Ungnade und wurde ab 1980 bis zu seinem Tod zum lenkenden Politiker der Volksrepublik China. Er ließ dem Begriff der „sozialistischen Marktwirtschaft" Verfassungsrang geben und erlaubte so die Freisetzung des schöpferischen Wirtschaftspotenzials der chinesischen Gesellschaft. Seine politische Konzeption lässt sich im Kern dahingehend charakterisieren, dass die Reform der Wirtschaft nur bei gleichzeitiger Wahrung des Machtmonopols der Partei betrieben wird.

**Vorrevolutionäre
Gesellschaftsordnung**

Die traditionelle chinesische Gesellschaftsordnung war geprägt durch eine strenge Hierachie, an deren Spitze der Kaiser als absoluter Herrscher stand. Er verkörperte gleichermaßen die weltliche und die göttliche Macht. Nach der überlieferten Lehre des Konfuzius (551–479 v. Chr.) legitimierte sich seine Herrschaftsgewalt durch das Mandat des Himmels, was sich auch im Titel „Sohn des Himmels" widerspiegelte.

Politisch stand der Kaiser an der Spitze eines zentralisierten Einheitsstaates, den er mithilfe einer straff geführten und privilegierten Beamtenschaft verwaltete. Zusammen mit den größeren Grundbesitzern bildeten diese die kleine Oberschicht in einem Reich, in dem die Mehrheit der Bevölkerung aus politisch einflusslosen, zumeist ausgebeuteten Bauern bestand.

Die konfuzianische Lehre bildete die ideologische Grundlage des Staates. Ihr zufolge besteht die Aufgabe des Herrschers darin, die bestehende Ordnung zu schützen und zu erhalten.

Imperialismus

Die traditionelle chinesische Ordnung wurde nicht nur durch innere Krisen bedroht, sondern auch von außen durch die gewaltsame Öffnung Chinas. Aufgrund der waffentechnischen Unterlegenheit wurde das bis ins 19. Jahrhundert weitgehend isolierte Riesenreich zur Interessensphäre der imperialistischen Mächte.

Den Beginn dieser Entwicklung stellt der erste Opiumkrieg dar, der von England vom Zaun gebrochen wurde, als die chinesische Regierung sich ernsthaft bemühte, den Opiumhandel zu unterbinden.

Nach chinesischer Auffassung beginnt nach der Niederlage im ersten Opiumkrieg die „Periode der Ungleichen Verträge". Sie umfasst den Zeitraum von 1842 (Vertrag von Nanking) bis 1901 (Boxerprotokoll). Der Begriff „Ungleiche Verträge" bezieht sich auf solche Verträge, die von chinesischer Seite unter Zwang abgeschlossen wurden, weil sie Gebietsabtretungen beinhalteten und das Land zu einer Halbkolonie herabstuften.

Um die Jahrhundertwende – vor allem nach der Niederlage im Krieg gegen Japan (1895) – geriet das Land zusehends in die Abhängigkeit von den Weltmarktmächten. Diese wetteiferten um Pachtgebiete, Konzessionen für den Eisenbahnbau und um profitable Investitionsmöglichkeiten. Die kaiserlich-chinesische Regierung verschuldete sich immer mehr bei ausländischen Kreditgebern, was ihre Erpressbarkeit erhöhte und sie zu weiteren Zugeständnissen zwang. Die Konkurrenz der imperialistischen Mächte verhinderte zwar, dass China eine Kolonie im klassischen Sinn wurde. Insbesondere die USA pochten auf das Prinzip der „offenen Tür". Dies entsprach den handelspolitischen Interessen der im Grundsatz antikolonialistischen Großmacht. Aber insgesamt betrachtet glich der Status Chinas dem einer Kolonie.

Die Öffnung des chinesischen Marktes für die Güter der Industrieländer sowie deren zollmäßige Begünstigung ruinierten in der Folgezeit das chinesische Handwerk und Hausgewerbe. Die Existenzbedingungen breiter chinesischer Bevölkerungskreise verschlechterten sich dadurch zusätzlich.

M 1 Der englische Handel mit Opium aus französischer Sicht
„Sie haben dieses Gift auf der Stelle zu kaufen, damit wir eine Menge Tee zum Verdauen unseres Roastbeefs bekommen."

M 2 Fremde Mächte in China (bis 1912)

Interessensphären: Russisch · Deutsch · Japanisch · Vertragshäfen
Britisch · Französisch · Seefestungen

Das Ende des Kaiserreiches

Im 19. Jahrhundert mehrten sich die Zeichen für die Auflösung der traditionellen staatlichen Ordnung. Verzweiflung und Massenelend führten zu Massenaufständen, in deren Verlauf Millionen von Menschen getötet wurden. Mit der größten dieser Erhebungen, der Taiping-Revolution (1851–1864), wurde der Anfang vom Ende der Ch'ing-Dynastie (Mandschu-Dynastie) eingeleitet.

Im Laufe der Taiping-Revolution gesellten sich zu den sozialen Forderungen einer durch Missernten und soziale Belastungen bedrückten Bevölkerung ein Fremdenhass, der im erwachenden chinesischen Nationalismus seine Fortsetzung fand.

Auch der Boxer-Aufstand von 1900 – eines nationalistischen Geheimbundes mit dem Namen „Fäuste der Redlichkeit und Eintracht" (nach einer anderen Übersetzung „Verfechter von Recht und Frieden") – trug Züge von religiösem Fanatismus und Fremdenfeindlichkeit. Es kam zu Gewalttaten gegenüber Ausländern und Plünderungen von Handelsniederlassungen. Die Belagerung des Gesandtschaftsviertels in Peking veranlasste die chinesische Regierung, alle ausländischen Diplomaten auszuweisen. Der Boxer-Aufstand wurde durch ein internationales Expeditionskorps, das sich aus Soldaten von acht Nationen (auch mit deutscher Beteiligung) zusammensetzte, niedergeschlagen.

Die soziale Krise, das Scheitern von Reformbemühungen sowie der Widerstand gegen die ausländische Vorherrschaft führten 1912 zum Sturz der Monarchie. Damit fand die Tradition von 25 Kaiserdynastien ein Ende. Die unter Führung von Sun Yatsen gegründete Republik erwies sich allerdings als nicht lebensfähig. Die Macht zerfiel und ging in die Hände von rivalisierenden Militärmachthabern, so genannten Kriegsherren, über.

Guomindang und Kommunistische Partei

Die erste moderne Partei in China nach dem Sturz des Kaiserhauses war die Guomindang (Nationale Volkspartei), gegründet von Sun Yatsen (1866–1925). Dessen sozialreformerisches Programm blieb jedoch unrealisiert, als sich unter seinem Nachfolger Chiang Kaishek ab 1926 die Herrschaft der Guomindang zusehends zu einer Militärdiktatur entwickelte.

Unter seinem Oberbefehl begann von Kanton aus der so genannte Nordfeldzug, der das Ziel hatte, durch einen Sieg über die regionalen Militärmachthaber wieder eine chinesische Zentralgewalt zu errichten. Im Zuge dieser militärischen Operationen wurde der Bruch mit den Kommunisten vollzogen, mit denen die Guomindang (GMD) seit 1923 eine Einheitsfront gebildet hatte. Allerdings entging die Kommunistische Partei Chinas (KPCh) einer totalen Vernichtung, sodass die folgenden Jahrzehnte geprägt waren vom Kampf dieser beiden Parteien und ihrer Führer Chiang Kaishek und Mao Zedong (Mao Tse-tung) um die Macht in China. Dieser Kampf wurde lediglich kurzfristig 1937 zugunsten einer gemeinsamen Abwehr der japanischen Invasion unterbrochen. Tatsächlich war jedoch diese Einheitsfront bereits 1941 wieder zerbrochen. Nach der Kapitulation Japans (1945) setzte sich der Bürgerkrieg auf ausgeweiteter Grundlage fort. Er wurde ab 1948 – trotz deutlicher Unterlegenheit an Waffen und Soldaten – zügig von den Kommunisten gewonnen. Die Reste der Nationalarmee unter Führung von Chiang Kaishek flüchteten auf die Insel Taiwan. Hier riefen sie die Nationale Republik China aus (1950). Schon vorher, am 1. November 1949, war in Peking die Volksrepublik China proklamiert worden.

Chronologie

1839–1842	1. Opiumkrieg
1842	Vertrag von Nanking: Kriegsentschädigung, Öffnung von Häfen
1851–1864	Taiping-Revolution
1856–1858	2. Opiumkrieg
1858	Vertrag von Tientsin: Öffnung weiterer Häfen, Freizügigkeit für westliche Kaufleute und Missionare
1894/1895	Japanisch-chinesischer Krieg
1900	Boxeraufstand
1912	Abdankung der Ch'ing-Dynastie

M 3

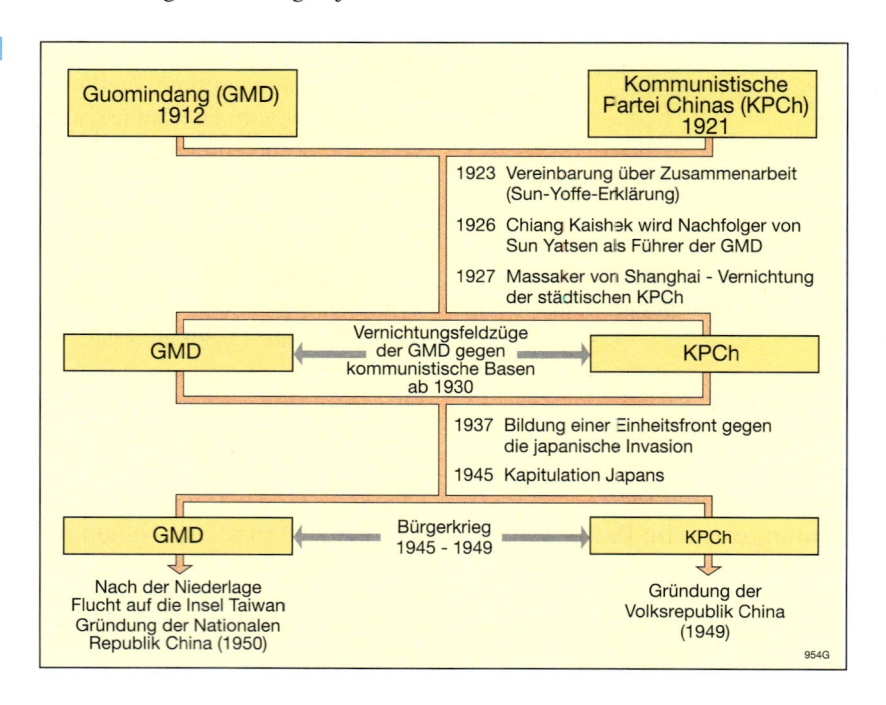

Der Historiker Ernstjoachim Vierheller stellt die Krise der chinesischen Gesellschaft im 19. Jahrhundert dar:

[…] Das gravierendste Problem, dem sich die Mandschu-Dynastie gegenübersah, war der außerordentliche Bevölkerungszuwachs. Schätzungen besagen, dass zu Beginn der Dynastie im Jahre 1644 China
5 höchstens 100 Millionen Menschen zählte. Um 1800 waren es schon zwischen 300 und 400 Millionen. Die Zahl stieg weiter und wird für 1928 mit rund 450 Millionen angegeben. Demgegenüber nahm die landwirtschaftliche Nutzfläche zwischen 1724 und 1833
10 nur um weniger als 5 % zu. Daraus ergab sich praktisch eine Halbierung der bebaubaren Fläche pro Kopf der Bevölkerung. Durch Auswanderung nach Übersee und die Besiedlung der Mandschurei wurde dieser Druck nur geringfügig gelindert. Mög-
15 lichkeiten der Ertragssteigerung gab es im Rahmen der herkömmlichen Landwirtschaft nicht. […]
Entscheidenden Einfluss hatte die Struktur der landwirtschaftlichen Produktion, in der die Tendenz zur Konzentration des Grundbesitzes sozusa-
20 gen eingebaut war. Kleine Betriebsflächen (im Mittel bei einer Größenordnung von 1–2 ha), durch Erbteilung zerstückelt, geringe Produktion über den Eigenbedarf hinaus, Steuern, Wucherzinsen für Überbrückungskredite und eine ruinöse Mani-
25 pulation der Preise durch die Kaufmannschaft ermöglichten dem selbstständigen Bauern nur eine prekäre [missliche] Existenz, die ihn bei der kleinsten Schwierigkeit zur Aufgabe seines Landes oder in die Abhängigkeit von
30 einem Grundbesitzer trieb, der 50 % der Ernte als Pacht verlangte. Die Massen der entwurzelten Bauern bildeten ein Reservoir für Lokalarmeen und Banditenschwärme. Alle Fakto-
35 ren wirkten auf eine Verelendung der ländlichen Massen hin, die sich im 19. und 20. Jahrhundert immer mehr beschleunigte.
Aus einer solchen Notlage gab es für
40 die Bauern traditionell nur einen Ausweg: Bauernaufstände, die in der Geschichte vielfach das Ende einer Dynastie ankündigten. Der herrschenden Ideologie zufolge wurden
45 derartige Rebellionen als gerechtfertigt und legitim angesehen, wenn sie zum Sturz einer Dynastie führten. Ein solcher Erfolg bestätigte den Verlust des „Himmelsmandates" der Dynastie, das somit auf die folgende Dynastie überging. Die Ablösung 50 einer Dynastie durch eine neue bedeutete also einen „Wechsel des Himmelsmandates" (chinesisch: ko-ming), ein Ausdruck, der im 19. Jahrhundert für die Wiedergabe des westlichen Begriffes „Revolution" entlehnt wurde. Dem Vorgang des 55 ko-ming fehlte jedoch der Charakter einer „Revolution" im westlichen Sinne: Niemals wurde dabei die Herrschaftsstruktur und die Staatsordnung in Frage gestellt. Der Machtantritt der neuen Dynastie bedeutete eine – allerdings vielfach von adminstra- 60 tiven und sozialen Reformen begleitete – Restauration. Die Bauernschaft war zwar die zweithöchste Schicht in der traditionellen Gesellschaftsordnung; aber dem hohen Rang, der ihr im Rahmen der konfuzianischen Idealvorstellungen zugebilligt 65 wurde – als dem Stand, welcher die materielle Grundlage des Reiches schuf – entsprach keine politische Rolle. Die gesellschaftliche und politische Oberschicht der Grundbesitzer und die aus ihr hervorgehenden Beamten betrachteten sich als „Vater 70 und Mutter" des Volkes, das in politischer Unmündigkeit gehalten wurde und von sich aus diese Rolle nie in Frage stellte. Die lokale Herrschaft der Oberschicht wurde durch eine Staatsordnung sanktioniert [bestätigt], deren zentrale Administration 75 nur bis auf die Ebene des Landkreises hinabreichte, darunter aber auf die besitzenden und privilegierten Familien delegiert war.

E. Vierheller, Die Kommunistische Bewegung in China 1921-1949, Hannover 1972, S. 16 f.

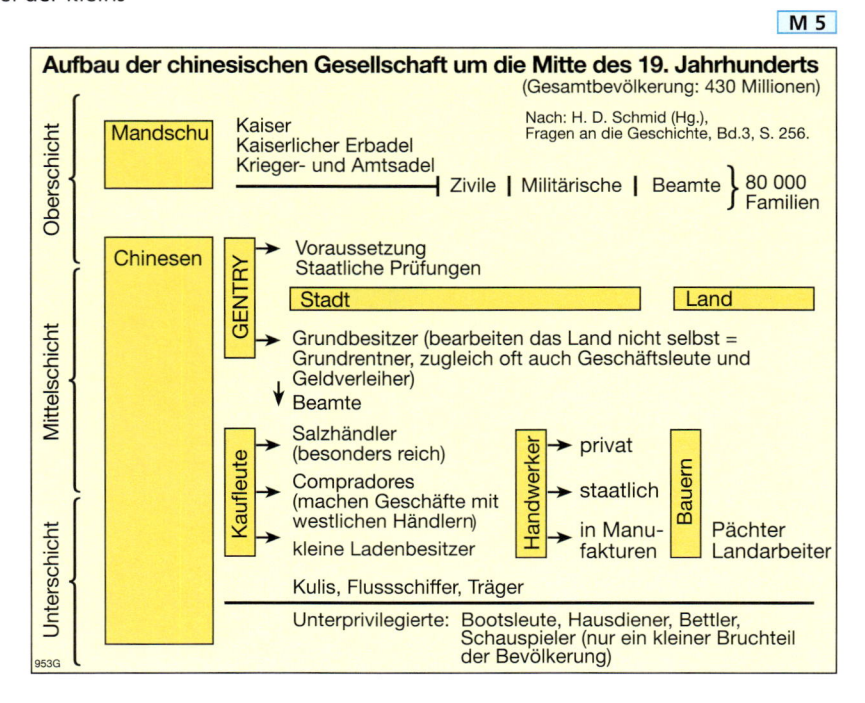

Aufbau der chinesischen Gesellschaft um die Mitte des 19. Jahrhunderts
(Gesamtbevölkerung: 430 Millionen)

Nach: H. D. Schmid (Hg.), Fragen an die Geschichte, Bd.3, S. 256.

Oberschicht — Mandschu — Kaiser / Kaiserlicher Erbadel / Krieger- und Amtsadel
Zivile | Militärische | Beamte } 80 000 Familien

Mittelschicht — Chinesen — GENTRY — Voraussetzung Staatliche Prüfungen
Stadt | Land
Grundbesitzer (bearbeiten das Land nicht selbst = Grundrentner, zugleich oft auch Geschäftsleute und Geldverleiher)
Beamte

Unterschicht — Kaufleute — Salzhändler (besonders reich) / Compradores (machen Geschäfte mit westlichen Händlern) / kleine Ladenbesitzer
Handwerker → privat / → staatlich / → in Manufakturen
Bauern — Pächter / Landarbeiter

Kulis, Flussschiffer, Träger

Unterprivilegierte: Bootsleute, Hausdiener, Bettler, Schauspieler (nur ein kleiner Bruchteil der Bevölkerung)

953G

Der Sinologe Bodo Wiethoff zeigt die Hintergründe und Folgen des ersten Opiumkrieges:

Die Opiumeinfuhr nach China stieg von 4 000–5 000 Kisten (à 60–70 kg) im Jahresdurchschnitt zwischen 1780 und 1810 auf etwa 40 000 Kisten zwischen 1835 und 1840. Die sozial-physiologischen Auswirkungen
5 (Suchtsyndrom in weiten Kreisen der Armee und Verwaltung) und ökonomischen Konsequenzen (Abfluss und damit Verknappung von Silber, dem wichtigsten Zahlungsmedium im Steuer- und Handelsverkehr) waren unübersehbar. Die Ch'ing-Regie-
10 rung erließ daher wiederholt Edikte, welche die Einfuhr und den Konsum von Opium untersagten, allerdings ohne dass es gelang, sich gegen die Interessen der Fremden und betroffenen Reichsangehörigen nennenswert durchsetzen zu können. Im
15 Jahr 1838 wurde Lin Tse-hsü (1785–1850) zum Sonderbeauftragten für die Untersuchung der Opiumfrage in Kwang-tung ernannt. Lin bekämpfte als erster konsequent den Opiumhandel. 1839 ließ er 20 000 Kisten britischen Opiums in Canton vernich-
20 ten. Der latente Konflikt zwischen China und den überseeischen Handelsmächten führte damit erstmals zur offenen militärischen Auseinandersetzung [mit Großbritannien].
Der „Opium-Krieg" (1839 bis 1842) endete mit der
25 Niederlage der Mandschu Ch'ing. 1842 wurde dem

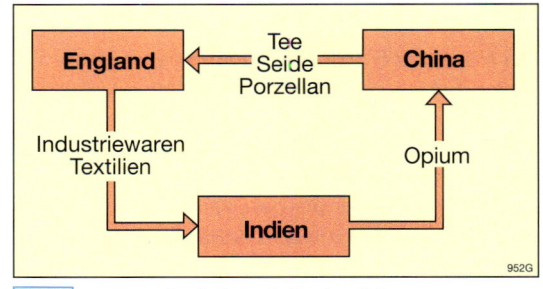

M 8 Der Dreieckshandel mit China

Ch'ing-Reich der erste der später so genannten „Ungleichen Verträge" [Vertrag von Nanking] diktiert. Innerhalb von zwei Jahren folgten drei weitere. Ihr wesentlicher Inhalt: Abtretung Hongkongs an Großbritannien, Wiedergutmachung in Höhe 30 von 20 Millionen Tael [chinesische Silberwährung], Liquidierung des Cohong-Systems[1], Öffnung von Canton, Amoy, Foochow, Ningpo und Shanghai als Außenhandelshäfen („Vertragshäfen"), Recht der Ausländer auf Niederlassung, Grunderwerb, Mis- 35 sion, Konsulargerichtsbarkeit, Stationierung von Militär und Marine in den Vertragshäfen, Zollvergünstigung […], Meistbegünstigung.

1 eingerichtet 1760, beschränkt den Außenhandel auf bestimmte chinesische Kaufleute, die einer staatlichen Aufsicht unterworfen waren.

B. Wiethoff, Grundzüge der neueren chinesischen Geschichte, Darmstadt 1977, S. 93 f.

THE REAL TROUBLE WILL COME WITH THE "WAKE"

M 7 Der schlafende Drache
„Die wirklichen Probleme kommen erst, wenn er [der chinesische Drache] aufwacht." Der Drache symbolisierte in der chinesischen Tradition den Kaiser, darüber hinaus auch das Kaiserreich. Englische Karikatur aus der Zeit des Boxer-Aufstands.

M 9 Die „Politik der offenen Tür"

Aus einem Rundschreiben des US-Außenministers Hays an die Regierungen von Deutschland, Großbritannien, Frankreich, Russland und Japan vom 6. September 1899:

Die Vereinigten Staaten haben das ernste Bestreben, allen Grund für Spannungen zu beseitigen, und wünschen zugleich, dem Handel aller Nationen in China die unbezweifelba- 5 ren Vorteile zu sichern, welche aus einer formellen Anerkennung der dort „Interessensphären" beanspruchenden Mächte entstehen würden. Sie wünschen, dass alle Nationen vollstän- 10 dige Gleichheit der Behandlung ihres Handels und ihrer Schifffahrt innerhalb solcher Sphären genießen sollen.

Zit. nach: Th. Koch, Nordamerika, München 1972, S. 38.

M10 Die Ostasien-Frage aus deutscher Sicht

Aufzeichnungen des Staatssekretärs des Auswärtigen Amtes Bernhard von Bülow (14. März 1899):

Ganz geheim

Die ostasiatische Frage in ihrer gegenwärtigen Gestalt beruht auf der militärischen Schwäche des Chinesischen Reiches und der Unfähigkeit seiner Zentral-
5 regierung, welche dieses reiche Ländergebiet oder doch einzelne Stücke desselben allen stärker organisierten Staaten als leichte und lohnende Beute erscheinen lassen. Der Machtzuwachs, welchen sich einzelne europäische Staaten durch territoriale Er-
10 werbungen in China holen könnten, würde aber unausbleiblich auf das bestehende europäische Gleichgewicht eine fühlbare Rückwirkung ausüben. Deshalb sehen sich mehr oder weniger alle zivilisierten Nationen daran interessiert, den Zerset-
15 zungsprozess des Chinesischen Reiches aus nächster Nähe zu beobachten, um einzugreifen, sobald es ihre Interessen zu erheischen scheinen. [...] Die von Japan her drohende Gefahr einer Aufrollung der chinesischen Frage ist durch die Intervention der
20 drei Mächte [Russland, Frankreich, Deutschland] nach dem Frieden von Schimonoseki zunächst noch beschworen worden. Im Interesse des Weltfriedens, aber auch weil unsere Position in Ostasien sich stetig verbessert, vor allem aus marinetechnischen
25 Gründen muss uns vorläufig daran liegen, dass der Prozess der weiteren Aufteilung Chinas noch hinausgeschoben wird. Wir werden kommerziell immer stärker, da unser ostasiatischer Handel schon jetzt in stärkerer Progression zunimmt als z. B. derjenige
30 Englands, und die Lücken unserer infolge der Umtriebe einer verblendeten Opposition in der Entwicklung zurückgebliebenen maritimen Rüstung werden mit jedem Jahr mehr ausgefüllt. [...] England wünscht dabei, sich das Jangtse-Tal [...] zu reservie-
35 ren und uns hingegen das Hwangho-Tal zuzuweisen. Es liegt auf der Hand, dass diese beiden Gebiete nicht entfernt gleichwertig sind und wir im Hwangho-Gebiet obendrein auch noch der Gefahr von Zusammenstößen mit Russland ausgesetzt sein
40 würden. Wir können mit England nicht anders zusammengehen als auf dem Fuße der Behandlung als vollkommen Gleichberechtigte. Um den englischen Aspirationen [Bestrebungen] auf das Jangtse-Gebiet, das wichtigste in China, von dem wir uns
45 deshalb nicht abdrängen lassen dürfen, zu begegnen, müssen wir versuchen, England möglichst lange bei der Politik der offenen Tür [...] festzuhalten.

Zit. nach: L. Helbig, Imperialismus – das deutsche Beispiel, Frankfurt 1975, S. 63 ff.

M11 Nationalismus und Republik

Die Hintergründe, die zum Sturz der Monarchie führten, beleuchtet der Historiker Ernstjoachim Vierheller:

Politisch hatte sich die Entstehung dieser neuen Gruppen [Bürger, Arbeiter, Militärs, Intellektuelle, Studenten] bemerkbar gemacht durch den zunehmenden Drang nach Auflösung der traditionellen staatlichen Ordnung. Dieses Bestreben fand seinen 5 Ausdruck in einer Bewegung für die konstitutionelle Monarchie nach 1900 sowie in dem zu Beginn des 20. Jahrhunderts aufkommenden Nationalismus. In dem Dilemma, die nationalen Interessen gegen den Westen nur durch eine vermehrte Hinwendung 10 zum Westen verteidigen zu können, wendete sich dieser Nationalismus zunächst gegen die Mandschu-Dynastie. Die Revolutionsbewegung, die sich unter der Führung von Sun Yatsen seit 1905 mit Zentrum in Japan entfaltete, trat im Gegensatz zu 15 den inländischen Kräften der Konstitutionellen Bewegung für den Sturz der Monarchie und die Gründung der Republik ein. Zu der Verwirklichung dieses Ziels im Jahre 1911 trug allerdings wesentlich bei, dass die neu erwachten kapitalistischen Interessen der Oberschicht einiger Provinzen und vor allem Teile des jungen, nach neuzeitlichen Gesichtspunkten ausgebildeten Offizierskorps sich auf die Seite der Revolution stellten. Allerdings blieben die über den Sturz der Dynastie hinausgehenden sozialen und politischen Ziele der Revolution unerreicht, weil die Militärkreise sich die politische Macht sichern konnten. Nominell unter einer parlamentarischen Regierung in Peking geeint, entwickelte sich die Republik China sehr bald zu einer Ansammlung relativ autonomer

M12 Straßenszene aus Nanjing (1912)

Ein kaiserliches Gesetz der Ch'ing-Dynastie (Mandschus) verpflichtete die Chinesen, einen Zopf zu tragen. Die dahinter liegende Absicht bestand darin, auf diese Weise die Chinesen leichter von der mandschurischen Führungsschicht unterscheiden zu können. Im 19. Jahrhundert wurde der Zopf zum Symbol der Fremdherrschaft. Darum kam dem Zopfabschneiden eine revolutionäre Bedeutung zu.

und zu fluktuierenden Bündnissen zusammenge-
50 schlossenen Militärdiktaturen. Die aus dem Rennen
geschlagene revolutionäre Gruppe um Sun Yatsen
versuchte von Kanton als ihrem neuen Zentrum aus
wiederholt, mithilfe rivalisierender Militärmachthaber die Vormacht der Pekinger Regierung zu bre-
55 chen. Einer dieser Konflikte sollte gerade durch
Friedensverhandlungen in Shanghai beigelegt werden, als die Bewegung des 4. Mai das Land erfasste.
Der durch eine Studentendemonstation in Peking
am 4. Mai 1919 im ganzen Land ausgelöste Protest
60 gegen die im Versailler Vertrag vorgeschlagene Übertragung ehemals deutscher Rechte in China auf
Japan ist Ausdruck für den anderen, gegen die imperialistischen Mächte gerichteten Nationalismus.
Er hatte lange Zeit hinter der Mandschufeindlich-
keit der Revolutionsbewegung zurückgestanden, 65
war aber nach der Revolution von 1911 immer stärker hervorgetreten. Getragen vorwiegend von der
städtischen Kaufmannschaft, dem aufstrebenden
Bürgertum und den Arbeitern, wurde die Auflehnung gegen den Imperialismus zu einem tragen- 70
den Element des in den zwanziger Jahren neu einsetzenden Aufschwungs der Revolution, in dem
sich die kommunistische Bewegung erstmals
etablierte.

E. Vierheller, Die Kommunistische Bewegung in China
1921–1949, Hannover 1972, S. 20 f.

M13 **Erwachender chinesischer Nationalismus**
Faksimile aus einem volkstümlichen Bilderalbum
von 1891, das im Zuge des erwachenden chinesischen Nationalismus zum Krieg gegen die „ausländischen Eindringlinge" und ihre negativen
Einflüsse auf die chinesische Kultur aufruft. Das
gekreuzigte Schwein gilt als Symbol für Christus
und die Christen, die Ziegen [mit menschlichen
Leibern] versinnbildlichen das Fremde, Westliche
überhaupt. Linke Seite: Buddha-Priester und Tao-
Priester töten Dämonen. Rechte Seite: Hinrichtung
des Schweins und der Ziegen.

Aufgaben

1. Welche Merkmale wies die politische und soziale Ordnung bis zum Beginn des 20. Jahrhunderts
auf?
→ Text, M4, M5, M12

2. Untersuchen Sie den „sozialen Sprengstoff", der
sich im vorrevolutionären China angesammelt
hatte.
→ Text, M4, M5, M11

3. Durch welche Faktoren wurde der Auflösungs-
prozess der chinesischen Monarchie gefördert?
→ Text, M11

4. Stellen Sie die Zielsetzungen dar, mit denen die
imperialistischen Mächte in China handelten.
→ Text, M2, M6, M8–M10

5. Nennen Sie die Länder, die in China aktiv waren
und erläutern Sie deren Handlungen.
→ Text, M1, M2, M6, M8–M10

6. Woran scheiterte die formelle Inbesitznahme
Chinas durch die Kolonialmächte?
→ Text, M2, M9

7. Erläutern Sie, wie sich der chinesische Nationalismus äußerte.
→ Text, M7, M11–M13

15.2 Mao Zedongs Revolutionsstrategie

Lebensbedingungen der bäuerlichen Bevölkerung

China war seit Jahrhunderten immer wiederkehrenden Naturkatastrophen (Dürren, Überschwemmungen usw.) und damit Hungersnöten ausgesetzt gewesen. Im Verlaufe des 19. und 20. Jahrhunderts traten zu diesen naturhaften Bedrohungen soziale Konflikte hinzu. Dem Wachstum der Bevölkerung entsprach keine angemessene Erweiterung der Anbauflächen, sodass daraus eine Verknappung der Bodennutzungsfläche resultierte. Im Zuge dieser Entwicklung verschärften sich die sozialen Auseinandersetzungen auf dem Land. Der Landhunger der armen Landbevölkerung führte zu Erhöhungen der Pachtforderungen seitens der Grundherren. Da nur etwa die Hälfte der chinesischen Bauern Eigentümer ihrer zumeist kleinen Äcker war, wuchs insgesamt die Abhängigkeit der Landbevölkerung von den Großgrundbesitzern (Landlords).

Agrarsteuern (etwa 10 Prozent), Pacht (im Durchschnitt 50 Prozent) minderten den Bruttoertrag, sodass in der ersten Hälfte des 20. Jahrhunderts etwa zwei Drittel der dörflichen Bevölkerung am Rande des Existenzminimums lebten. Die Mehrheit der Landbevölkerung war daher nicht in der Lage, Überschüsse zu erzielen. Die Produktivität blieb insgesamt niedrig, was bei steigender Bevölkerungszahl eine Abnahme des Pro-Kopf-Ertrags verursachte.

Allgemeine soziale Desintegration, das heißt Absinken der Eigentumsbauern zu Pächtern sowie der Pächter zu Landarbeitern, Landflucht und Bandenbildungen waren die Folge.

Revolutionsstrategie

Mao Zedong gehörte zu den Mitgründern der KPCh (1921). Während des Nordfeldzugs Chiang Kaisheks (1926/1927) organisierte er – noch im Einklang mit der Politik der GMD – Bünde von Bauern, die sich gegen Großgrundbesitzer und plündernde Soldaten zur Wehr setzten. Die bei dieser Tätigkeit gesammelten Erfahrungen ließen Mao zu der Erkenntnis kommen, dass in einem Agrarland wie China die nationale und soziale Revolution ihrem Charakter nach keine proletarische sein könne. In China gab es 1918 nur etwa zwei Millionen Industriearbeiter (in einem Land mit ungefähr 450 Millionen Menschen), die zudem auf wenige Städte konzentriert waren.

Mit der Erkenntnis, in den Bauern das revolutionäre Subjekt zu sehen, wich Mao sowohl von der Marxschen Lehre als auch vom bolschewistischen Vorbild ab. Er geriet dadurch in Konflikt mit dem orthodoxen, moskau-orientierten Flügel in der KPCh.

Die Zerschlagung der städtischen Arbeiterbewegung durch die GMD (Massaker von Shanghai, 1927) beraubte die KPCh ihrer städtischen, proletarischen Basis. Dieses Ergebnis bestärkte Maos Position. Im folgenden Bürgerkrieg zwischen Nationalisten und Kommunisten setzte sich Maos Linie endgültig durch, als er 1935 zum Vorsitzenden der KPCh gewählt wurde. Die Stützpunkte der kommunistischen Guerilla-Armee wurden immer wirkungsvoller von den GMD-Truppen eingekreist und belagert, sodass Mao und die anderen kommunistischen Führer nur noch die Möglichkeit sahen, den Belagerungsring zu durchbrechen und eine neue Basis in einer abgelegenen Region zu suchen.

Dieser „Lange Marsch" wurde in der kommunistischen Geschichtsschreibung in ungewöhnlicher Weise verherrlicht und zum Mythos der Unbezwingbarkeit erhoben. In Wirklichkeit handelte es sich um einen verlustreichen Rückzug, bei dem die große Mehrheit der Beteiligten durch Hunger, Krankheit, Erschöpfung oder im Kampf umkam. Aus

M 1 Kommandeure der Roten Armee und engste Weggefährten Mao Zedongs in Shaanxi
Die 8000 Überlebenden des „Langen Marsches" bildeten den Kern der kommunistischen Parteiführung in den kommenden Jahrzehnten. Am rechten Bildrand sieht man Deng Xiaoping (1904–1997). Er wurde zweimal von Mao entmachtet, und erst nach dessen Tod stieg er zum mächtigsten Mann Chinas auf, Foto von 1938.

den überlebenden Veteranen des Langen Marsches rekrutierten sich bis zu Deng Xiaoping die Führungskader der Volksrepublik China.

„Die Dörfer besiegen die Städte".

Nach dem Langen Marsch bildeten die Überreste der Roten Armee in Shaanxi (Shensi) einen neuen Stützpunkt (1935). Der Aufbau der kommunistischen Macht musste sich dabei unter Bedingungen vollziehen, die durch die Überlegenheit der GMD- und japanischer Armeen diktiert wurden. Ein physisches und politisches Überleben in den revolutionären Basen war nur möglich, weil drei Voraussetzungen erfüllt waren:

- die Unterstützung der Kommunisten durch die Bauern,
- eine Ökonomie, die angesichts der Blockaden die Selbstversorgung sicherte,
- eine militärische Konzeption, mit deren Hilfe es gelang, dem an zahlenmäßiger Stärke und Bewaffnung um ein Vielfaches überlegenen Gegner standzuhalten.

Mao koppelte in seiner revolutionären Strategie die anti-feudalistischen Komponenten traditioneller Bauernaufstände mit der nationalen Komponente des anti-imperialistischen Kampfes gegen die japanischen Invasoren. In diesem Kampf wurde die Rote Armee zum wichtigsten Instrument. Ihr Sieg war langfristig nur möglich, weil sie sich radikal und positiv von den anderen Armeen auf chinesischem Boden unterschied. Dazu gehörte unter anderem die Schonung der Gefangenen, das strikte Verbot von Plünderungen und Diebstählen und das Verbot von Zwangsrekrutierungen.

Den Kommunisten gelang es, von Yan'an (Yenan) aus das Stützpunktsystem auszubreiten. Bei Kriegsende (1945) existierten 19 Stützpunkte, in denen knapp 100 Millionen Menschen lebten. Die Rote Armee war in den zehn Jahren zwischen 1935 und 1945 auf knapp eine Million Soldaten angewachsen. Im nachfolgenden Bürgerkrieg siegten die Kommunisten, sodass sie 1949 die Volksrepublik proklamieren konnten.

China 1935-1945

Mongolei
unabhängig 1924

Xinjiang

Sichuan

Lanzhou

Yan'an

Xi'an

Baotou

Datong
Tangshan
Beijing
Taiyuan
Tianjin
Jinan
Zhengzhou
Xuzhou
Nanjing

Indien

Chengdu
Chongqing
Zunyi
Guiyang
Wuhan
Suzhou
Changsha
Jiujiang
Hengyang
Nanchang

Burma

Yunnan

Kunming

Französisch-
Indochina

Siam

Hainan

Fuzhou

Xiamen
Shantou

Hongkong

Manchouli
Mandschurei
Qiqihar
Harbin
Jilin
Shenyang Fushun
Jinzhou
Dalian
Port Arthur
(Lüshun)
Korea
(japanisch
1910-45)
Seoul

Qingdao

Shanghai
Ningbo
Hangzhou

Taiwan

UdSSR

Wladiwostok

*Japanisches
Meer*

Japan

Tokyo
Kyoto
Hiroshima
Nagasaki

*Gelbes
Meer*

*Ost-
chinesisches
Meer*

*Ryukyu-
Inseln*

P a z i f i s c h e r   O z e a n

*Südchinesisches
Meer*

Gelber Fluss

Yangzi

Mandschukuo

Legende (China 1935-1945)

- ⬭ kommunistische Hochburgen bis 1935
- → Langer Marsch Oktober 1934 - Okober 1935
- ▮ kommunistische Basis 1935-45
- ▮ von Kommunisten kontrollierte Gebiete 1945
- ▮ japanisch besetztes Gebiet
- ■ wichtige städtische und industrielle Zentren

0   500   1000 km

Nationalchina 1928 - 1937

UdSSR

Äußere Mongolei

Xinjiang
unabhängige
War-Lords

Mandschurei
japanische Marionetten-
regierung Mandschukuo
von 1933

Chahar

Jehol

Shenyang

Korea
(japanisch)

Suiyou

Beijing

Sichuan
unter nationalistischer
Kontrolle 1937

Gansu

Shanxi

Shandong
japanische Vorherrschaft
1927-29

Chongqing
(Hauptstadt Chinas
1938-45)

Nanjing
(Hauptstadt Chinas
1927-38)

Shanghai

Yunnan

Guizhou

Jiangxi

Guangxi

Guangdong

Fujian

Taiwan
(japanisch)

Legende (Nationalchina)

- ▮ unter japanischer Besetzung 1933
- ▨ von Japan unterstützte Marionettenregierung
- ▮ unter Kontrolle der nationalistischen Regierung in Nanjing 1928
- ▮ unter Kontrolle von Nanjing 1929-34
- ▯ unter Kontrolle von Nanjing 1935-37

0   500   1000 km

956G

M 3 **Reichtum und Armut**

M 4 **Lebensbedingungen auf dem Land:**

Der schwedische Journalist Jan Myrdal hat das maoistische China mehrmals besucht und zu Beginn der sechziger Jahre Interviews mit Dorfbewohnern durchgeführt. Ein Bauer berichtet:

In jedem Frühjahr ging uns das Getreide aus, sodass wir uns einen Teil vom Grundbesitzer ausleihen mussten, den wir nach der Ernte im Herbst zurückgaben. Die Zinsen waren in den einzelnen Jahren
5 verschieden hoch. Das hing davon ab, wie die Ernte gewesen war. Der niedrigste Zinssatz war, dass wir 300 chin [1 chin 500 g] liehen und 390 zurückzahlten, der höchste betrug 450 chin für 300 geliehene. Je schlechter es für uns stand und je größer
10 die Missernte war, desto höhere Zinsen mussten wir zahlen. Auf diese Weise verdiente der Grundbesitzer immer, ganz gleich ob es eine gute Ernte oder eine Missernte gegeben hatte. Er war immer der Gewinner. Wenn wir Pacht, Schulden und Zinsen
15 bezahlt hatten, blieb nicht viel übrig. Bald mussten wir auch Geld für Kleidung und Geräte leihen. Zu Beginn hielt sich der Geldzins um 3 % im Monat, aber dann stieg er auf 5 %, und schließlich betrug er gar 10 % im Monat. Nicht immer konnten wir
20 alles zurückzahlen, und die Schulden wuchsen um den Zinseszins [...]
Es ist ja hier in Nordshensi immer so gewesen, dass die Leute gearbeitet haben. Nicht umsonst heißt es, dass man hier wie ein Schwein essen, aber wie ein Pferd
25 arbeiten muss. Früher, als noch die alten Verhältnisse bestanden, gab es zwar eine kleine Oberschicht, die im Luxus lebte, aber selbst die hatte weder Brokat noch Seide noch sonst etwas. Alle anderen mussten sich sechs Monate des Jahres von Kleie 30 und Spreu und wilden Kräutern ernähren. [...]
Aber es hatte sich während dieser Jahre auch sonst manches ereignet. Es waren böse Jahre gewesen. 1928- 35 1929 hatten wir hier eine Hungersnot. 1928 war die Ernte schlecht, und im Frühjahr 1929 kamen die Sklavenhändler nach Nordshensi. Sie kauften Kinder in den Dörfern. Viele Jungen 40 und Mädchen wurden damals verkauft. Man brachte sie von Nordshensi nach Shansi und Hopei. Die Jungen wurden an kinderlose Familien vermittelt, die ihre Familie fort- 45 führen wollten, und die Mädchen wurden als Bräute oder in die Städte verkauft. [...] Die Grundbesitzer waren unmenschlich und grausam. Sie hatten selber Getreide genug und unterhielten große Lager. Aber sie gaben nichts 50 an Leute, die kein Land zu verpfänden hatten. Sie verlangten Sicherheit für das, was sie gaben, und kümmerten sich nicht um die Not. Ich arbeitete unter Aufbietung all meiner Kräfte und konnte mit meiner Frau durchkommen. Wir waren ja nur zwei. 55 Aber wenn Chang Ming-liang sein Getreide zu normalen Preisen verkauft hätte, wäre keiner in unserem Dorf verhungert. Er hatte genügend große Vorräte. Das glaubten wir schon damals während der Hungersnot, und als wir ihn dann im Jahre 1935 60 während der Revolution enteigneten und seine Lager prüften, fanden wir große Getreidevorräte aus den Jahren vor 1929. Er war eben ein Grundbesitzer.

Zit. nach: J. Myrdal, Bericht aus einem chinesischen Dorf, München 1969, S. 300 ff.

M 5 **Bauernbewegung**

Im Unterschied zu Lenin, der in den Arbeitern die revolutionäre Kraft sah, setzte Mao auf die Bauern. Er schrieb 1927:

Wenn wir zehn Punkte für die Durchführung der demokratischen Revolution redlich verteilen wollen, so verdiente die Leistung der Stadtbewohner und Soldaten nur drei Punkte; die übrigen sieben Punkte würden den Bauern und ihrer Revolution 5 auf dem Lande zufallen. [...]
Alle revolutionär gesinnten Genossen müssen wissen, dass die nationale Revolution eine große Ver-

änderung auf dem Lande verlangt. Die Revolution
10 von 1911 hat diese Veränderung nicht mit sich
gebracht, deshalb ist sie gescheitert. [...]
Eine Revolution ist kein Gastmal, kein Aufsatz-
schreiben, kein Bildermalen oder Deckchen-
stricken. [...] Die Revolution ist ein Aufstand, ein
15 Gewaltakt, durch den eine Klasse eine andere
stürzt. Die Revolution im Dorf ist eine Revolution,
in der die Bauernschaft die Macht der feudalen
Grundherrenklasse stürzt. Ohne die maximale
Kraftanstrengung ist es der Bauernschaft unmög-
20 lich, die seit Jahrtausenden tief eingewurzelte
Macht der Grundherrenklasse zu brechen. Auf dem
Lande muss es zu einer gewaltigen revolutionären
Aufwallung kommen; erst dann kann man die Mil-
lionenmassen in Bewegung setzten, damit sie zu
25 einer gigantischen Kraft werden. [...] Die einzige
Gruppe auf dem Lande, die stets den erbitterten
und hartnäckigen Kampf aufnahm, sind die armen
Bauern. Sowohl in der illegalen Periode wie in der
Periode des offenen Auftretens waren es die armen
30 Bauern, die kämpften, organisierten und revolutionäre Arbeit leisteten. Sie allein sind Todfeinde
der örtlichen Machthaber und Shenshi [Groß-
grundbesitzer], stürmen deren Lager, ohne zu zau-
dern. Nur sie sind in der Lage, das Werk der Zer-
35 störung durchzuführen. [...] Diese Riesenmasse
armer Bauern ist das Rückgrat der Bauernvereini-
gungen, sie bildet die Vorhut beim Sturz der feudalen Kräfte; es sind dies jene verdienstvollen Pio-
niere, die das große revolutionäre Werk vollbracht
40 haben, das so viele Jahre ungetan geblieben war.

Zit. nach: S. R. Schram, Das politische Denken Mao Tse-Tungs,
München 1975, S. 233 ff.

M 6 Der Lange Marsch

*Der Lange Marsch war der bedeutendste Mythos
des kommunistischen Chinas. Der Sinologe Bodo
Wiethoff schrieb über ihn:*

In einigen südchinesischen Provinzen entstanden
[...] neue Stützpunkte in Form von Sowjetgebieten.
Aber lediglich die von Mao Zedong und Zhu De in
Süd-Kiangsi begründeten Gebiete waren stark
5 genug, den Angriffen der GMD-Truppen zu widerstehen. Zu ihrem Schutz diente die Rote Armee.
Damit hatten die Kommunisten um Mao Zedong
nicht nur einen festen Stützpunkt gefunden, sondern auch einen genügend großen Bereich für
10 sozial-revolutionäre Experimente. [...] Im November 1931 wurden die Sowjetgebiete zu einer Ver-
waltungseinheit zusammengefasst und die Chinesische Sowjetunion mit der Hauptstadt Jui-chin

(Kiangsi) ausgerufen. Den Vorsitz des neuen Staates übernahm Mao Zedong, Oberbefehlshaber 15
wurde Zhu De. Dieser Staat war zwar auf allen Seiten vom Hoheitsbereich Chiang Kaisheks umgeben,
aber er war auch ein realer Wirkungsraum für die
chinesischen Kommunisten. Im Herbst 1932 musste
die Parteileitung aus Shanghai fliehen und in Mao 20
Zedongs Staat Zuflucht suchen. Damit war Mao
Zedongs Machtbereich zum alleinigen Zentrum der
kommunistischen Bewegung geworden.
Obwohl die chinesische Sowjetunion bereits im
Februar 1932 Japan den Krieg erklärt und die GMD 25
zur Bildung einer nationalen Front aufgerufen hatte, führte Chiang Kaishek seine „Vernichtungsfeld-
züge" gegen die Kommunisten fort. 1934 schließlich sahen diese sich gezwungen, dem massiven
Druck auszuweichen. Unter großen Mühen gelang 30
es dem Gros der Roten Armee und der politischen
Führer, die Umzingelung zu durchbrechen. Für die
Kommunisten unter Mao Zedong begann der „Lange Marsch", der über mehrere tausend Kilometer
zu dem im fernen Nordwesten Chinas gelegenen 35
Shensi führten sollte. Der Lange Marsch, der später
zum Heldenmythos wurde, war in zweifacher Hinsicht für die unmittelbare Zukunft von Bedeutung.
Die ungeheuren Strapazen, die großen Verluste
und die gemeinsame Kampferfahrung fügten die 40
Überlebenden zu einer festen Gemeinschaft
zusammen, die in ihrer Geschlossenheit diejenige
von Jui-chin[1] noch übertraf. Bedeutend war der
Marsch weiterhin dadurch, dass er etwa zweihun-
dert Millionen Menschen, die bis dahin wenig oder 45
nichts vom Kommunismus gehört hatten, mit diesem bekannt machte und die Bevölkerung positiv
für die Kommunisten einnahm, da die Revolutionäre auch auf ihrer Flucht Zurückhaltung und
Disziplin zeigten. Mao Zedong konnte überdies 50
einen persönlichen Erfolg verbuchen. Im Jahre 1935
wurde er auf einer Parteiführerkonferenz in Tsunyi
[Kueichou] erstmals zum Vorsitzenden des ZK
bestellt. Diese Wahl ist von Beobachtern später
dahingehend interpretiert worden, dass sich mit 55
ihr die „chinesische Linie" aufgrund ihres Erfolges
gegenüber der Komintern[2]-Fraktion endgültig
durchgesetzt habe.
In dem entlegenen, ärmlichen Bergland von Nord-
Shensi entstand nach Ankunft des kommunistischen 60
Trecks eine neue Basis mit der Hauptstadt Yenan.

1 Hauptort des kommunistischen Rätegebiets in Jiangxi
(1930–1934)

2 Kommunistische Internationale; abhängig von der Führung
der UdSSR

B. Wiethoff, China, Hannover 1973, S. 62 f.

M 7 Mao Zedong über die Landverteilung

Das Interview führte Edgar Snow, ein amerikanischer Journalist, der 1936 als erster westlicher Besucher nach Yenan gereist war. Sein von großer Sympathie für Mao getragenes Buch wurde zu einem „Klassiker" der China-Literatur:

Pao An, den 19. Juli 1936

Snow: Welches ist die wichtigste innenpolitische Aufgabe der Revolution nach dem Kampf gegen den japanischen Imperialismus?

5 **Mao:** Die Chinesische Revolution, eine Revolution von bürgerlich-demokratischem Charakter, hat zum obersten Ziel die Neuorganisation des Landproblems – die Durchführung der Landreform. Eine Vorstellung von der Dringlichkeit der Landreform

10 lässt sich gewinnen aus den statistischen Angaben über die Landverteilung in China heute. Während der Nationalistischen Revolution war ich Sekretär des Komitees der Bauernbewegung in der Guomindang und leitete die statistischen Erhebungen

15 in 21 Provinzen.

Unsere Erhebung brachte erstaunliche Ungleichheiten zum Vorschein. Etwa 70 % der gesamten Landbevölkerung bestanden aus armen Bauern, Pächtern oder Teilpächtern und Landarbeitern.

20 Etwa 20 % waren mittlere Bauern, die ihr eigenes Land bestellten. Wucherer und Grundbesitzer bildeten etwa 10 % der Bevölkerung. Zu diesen 10 % gehörten auch reiche Bauern, Ausbeuter, wie die Militärs, Steuereintreiber usw. Die 10 % reiche Bau-

25 ern, Grundbesitzer und Geldverleiher zusammen besaßen ungefähr 70 % des bebauten Landes. 12–15 % waren in Händen der mittleren Bauern. Die 70 % arme Bauern, Pächter, Teilpächter und Landarbeiter besaßen nur zwischen 10 und 15 % des gesamten bebauten Landes […]. 30

Die Revolution wird hauptsächlich durch zwei Arten von Unterdrückung ausgelöst – durch die Imperialisten und durch die 10 % Grundbesitzer und chinesische Ausbeuter. So können wir sagen, dass wir bei unseren neuen Forderungen nach Demo- 35 kratie, Landreform und Krieg gegen die Imperialisten von weniger als 10 % der Bevölkerung bekämpft werden. Sicher nicht einmal 10 %, vielleicht nur 3 %; denn nicht mehr als 5 % Chinesen werden Verräter werden und sich mit Japan ver- 40 bünden, um ihr eigenes Volk zu unterwerfen unter der Devise des Einheitspakts gegen die Roten.

Snow: Es sind andere Dinge des Sowjetprogramms im Interesse einer Einheitsfront zurückgestellt worden; ist es deshalb nicht möglich, dass das Pro- 45 gramm der Landneuverteilung ebenfalls verzögert wird?

Mao: Ohne die Konfiszierung der Güter der Großgrundbesitzer, ohne Erfüllung der obersten demokratischen Forderung der Landbevölkerung ist die 50 Herstellung einer breiten Massenbasis zum erfolgreichen revolutionären Kampf für die nationale Befreiung unmöglich. Wenn wir die Unterstützung der Bauern für unser nationales Anliegen gewinnen wollen, müssen wir unbedingt ihre Forderung 55 nach Land erfüllen. […]

E. Snow, Roter Stern über China, Frankfurt 1970, S. 542 f.

Aufgaben

1. Erläutern Sie, wie sich die soziale Krise der chinesischen Bauerngesellschaft darstellte.
   → Text, M3, M4

2. Die chinesische Landwirtschaft war kaum in der Lage, Überschüsse zu produzieren. Wie muss sich eine solche Situation in Bezug auf die gesamtgesellschaftliche Entwicklung auswirken?
   → Text

3. Wie begründete Mao seine Sichtweise, in den Bauern die „Hauptkraft der nationalrevolutionären Bewegung" zu sehen?
   → Text, M5

4. Formulieren Sie die Strategie, die Mao entwarf, um die Revolution erfolgreich durchzuführen.
   → Text, M5, M7

5. Erklären Sie die Bedeutung des „Langen Marsches" für die kommunistische Bewegung in China.
   → Text, M1, M2, M6,

6. Erläutern Sie, wie es den Kommunisten gelang, die Unterstützung der armen Bauern zu finden.
   → M6, M7

7. Militärfachleute erklärten im Nachhinein den Sieg der Roten Armee gegen einen militärisch weit überlegenen Gegner unter anderem mit einer erfolgreichen Militärstrategie. Erläutern Sie diese.
   → Text

15.3 Die Volksrepublik – ein entwicklungspolitisches Modell?

Nach ihrem Sieg über die Guomindang (GMD) war den Kommunisten 1949 ein Land in die Hände gefallen, das durch den achtjährigen Krieg mit Japan und den anschließenden Bürgerkrieg vollständig zerrüttet war. Vor dem Hintergrund des Kalten Krieges lehnte sich die Volksrepublik China fast zwangsläufig zunächst an die Sowjetunion an. Politisch kopierte man das leninistische Modell der Einparteien-Diktatur, bei der die tatsächliche Macht in den Händen einer kleinen Führungsgruppe um Mao Zedong lag. In der Verfassung wird das bis heute als „demokratische Diktatur des Volkes" umschrieben. Alle Kernelemente der bürgerlich-liberalen Gesellschaftsordnung – Parteienpluralismus, Privateigentum, Rechtssicherheit und die obligatorischen Freiheitsrechte – wurden als „reaktionär" diffamiert.

Im China Mao Zedongs entstand ein System von Arbeits-, Umerziehungslagern und Gefängnissen, wie es in der Sowjetunion unter Stalin existierte. Über dieses Lagersystem (chinesisch: Laogai = Nirgendwo) war lange Zeit wenig bekannt, weil die Abschottung des Landes nach außen und eine fehlende freie Öffentlichkeit den Informationsfluss behinderten. Die Lager füllten sich mit Menschen, die im Zuge von immer neuen Kampagnen gegen „Klassenfeinde", „schlechte Elemente", „Landbesitzer", „reaktionäre Elemente" und „Konterrevolutionäre" festgenommen worden waren. Jede Abweichung von der jeweiligen Parteilinie konnte zum Anlass von Repressionsmaßnahmen werden.

Wirtschaftlich folgte die Volksrepublik zunächst den Vorstellungen der Moskauer Machthaber, zumal sie von sowjetischer Finanzhilfe und technischer Unterstützung abhängig war. Die Übernahme des sowjetischen Modells bedeutete im Wesentlichen die Kollektivierung der Landwirtschaft und die Verstaatlichung der Industrie. Mithilfe von Fünfjahresplänen sollte das Land möglichst zügig zu Macht gelangen.

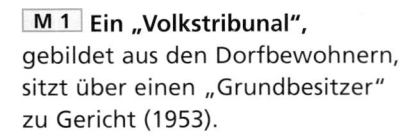

M 1 Ein „Volkstribunal", gebildet aus den Dorfbewohnern, sitzt über einen „Grundbesitzer" zu Gericht (1953).

Darum lag die Priorität beim Aufbau der Schwerindustrie, während der Konsumbereich von der Führung absichtlich vernachlässigt wurde.

Bei der Übertragung des sowjetischen Entwicklungsmodells auf die chinesischen Verhältnisse blieb das unterschiedliche Ausgangsniveau ohne Berücksichtigung.

Eine Agrarreform wurde mit dem Landreformgesetz von 1950 eingeleitet und bestand in der Enteignung der Großgrundbesitzer sowie der Umverteilung des Bodens zugunsten der landlosen beziehungsweise landarmen Bauern. Die Umwälzung der Sozialordnung auf dem Land („Fanshen") schuf eine relativ homogene Schicht von Kleineigentümern. Dieser Prozess, der oftmals in idealisierenden Bildern gezeichnet wird, war zugleich ein politischer Racheakt, bei dem Millionen von Menschen Opfer von Terror und Massenprozessen wurden.

Mit der Agrarreform von 1950 war keine nennenswerte Erhöhung der Arbeitsproduktivität verbunden. Für die Führung eines kaum industrialisierten Landes stellte sich folglich das Problem, wie jene Geldmittel abzuschöpfen waren, die für eine Industrialisierung notwendig sind. Der traditionelle Sektor der Landwirtschaft musste so mobilisiert werden, dass er die für eine Industrialisierung notwendigen Überschüsse produzierte. Als Antwort auf diese Problematik leitete die KPCh ab 1953 die Kollektivierung ein, das heißt die Überführung der einzelnen Privatbetriebe in Produktionsgenossenschaften. Die Kollektivierung wurde bis 1958 abgeschlossen.

Die Zielsetzung bestand unter anderem in einem effektiveren Einsatz der Arbeitskraft. Saisonal ungenutzte Arbeitskräfte sollten durch Terrassenbau, Be- und Entwässungsarbeiten für eine Vergrößerung und Verbesserung der Betriebsflächen sorgen.

Der „Große Sprung nach vorn"

Als 1957 die Getreideproduktion hinter dem Bevölkerungswachstum von 2 Prozent zurückblieb, veranlasste das die chinesische Führung unter Mao Zedong, vom sowjetischen Entwicklungsvorbild abzurücken. Dieser so genannte Große Sprung nach vorn beinhaltete den organisatorischen Zusammenschluss von 680 000 Kollektiven zu 26 500 Volkskommunen. Diese sollten die Basiseinheiten für die Durchsetzung der sozialistischen Gesellschaftsordnung bilden. Im

M 2 Entwicklungsschema zur Industrialisierung

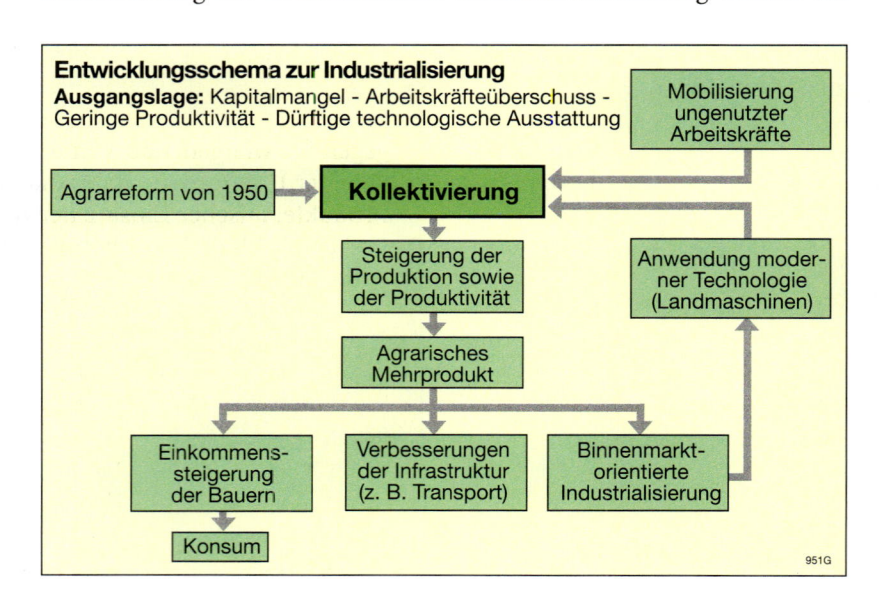

wie hier in der Provinz Henan gehörten zu den Kernpunkten der Vision Maos, das Land schnell zu modernisieren. Es stellte sich jedoch bald heraus, dass der Stahl aufgrund seiner Minderwertigkeit nicht zu gebrauchen war.
Der „Große Sprung nach vorn" hatte die Vernachlässigung der Landwirtschaft zur Folge und führte zur wahrscheinlich größten Hungerkatastrophe der Neuzeit.

Rahmen der Volkskommune wurde die totale Mobilisierung des vorhandenen Arbeitskräftepotenzials zur Bildung akkumulationsfähiger Überschüsse angestrebt. Wegweisend sollte dabei das Prinzip der „Entwicklung aus eigener Kraft" sein.

Mit dieser Politik sollte der „sozialistische Aufbau" beschleunigt werden. Das gesamte Volk wurde von der kommunistischen Führung mobilisiert, um mit Zuwachsraten von 20–30 Prozent pro Jahr den industriellen Ausstoß zu erhöhen. Zu diesem Zweck wurde das Dorf selbst industrialisiert. Symptomatisch dafür waren die so genannten Hinterhof-Hochöfen, die mit einfachsten Mitteln Eisen und Stahl herstellen sollten. Jenseits aller gefälschten Statistiken erwies sich dieser Versuch als untauglich. Die gewonnenen Produkte waren durchweg unbrauchbar.

Der „Große Sprung" bedeutete die Abkehr vom sowjetischen Vorbild. Allerdings zeigte sich, dass die Politik eines sprunghaften Entwicklungsschubs nicht durchführbar war. Sie scheiterte
- am Widerstand der Menschen gegen die Auflösung der Familie und gegen die weitgehende Militarisierung des Lebens,
- an einer Überforderung des ökonomischen Systems (unbrauchbare Produkte, falscher Einsatz der Arbeitskräfte usw.)
- und an gleichzeitig hereinbrechenden Naturkatastrophen.

Die propagandistische Euphorie des „Großen Sprungs nach vorn" konnte die ökonomisch-technischen Gesetzmäßigkeiten nicht außer Kraft setzen. Diese von Mao vorangetriebene Politik erwies sich als Misserfolg. Die Vernachlässigung der Landwirtschaft hatte eine riesige Hungersnot zur Folge, die in ihrem Umfang lange vor der Weltöffentlichkeit verschwiegen wurde. Die Jahre 1959 bis 1962 sind als die „drei schweren Jahre" in die neuere Geschichte Chinas eingegangen. Anhand der Auswertung von Bevölkerungsstatistiken geht man heute im Allgemeinen davon aus, dass dieses Entwicklungsexperiment bis zu 30 Millionen Menschen das Leben gekostet haben könnte.

Parallel dazu zog die UdSSR plötzlich ihre Techniker ab (1960). Jegliche Wirtschaftshilfe wurde eingestellt. Da die Konstruktionsunterlagen mitgenommen worden waren, blieben viele Entwicklungsprojekte ohne Abschluss. Ausschlaggebend für das sowjetische Verhalten dürfte nicht zuletzt das maoistische Wirtschaftsexperiment gewesen sein, das das sowjetische Monopol für den einzig richtigen Weg zum Sozialismus gefährdete.

Das Scheitern führte zu einem Prestigeverlust Maos. Im Folgenden setzte sich eine pragmatische Wirtschaftspolitik durch, die maßgeblich von Deng Xiaoping und Liu Shaoqi gefördert wurde. Die materielle Versorgung der Bevölkerung trat in den Vordergrund bei gleichzeitiger Zurückstellung ideologischer Gesichtspunkte. Die Politik der Kollektivierung des gesamten Lebens wurde aufgegeben.

Die Politik der Organisierung der Wirtschaft mittels riesiger Volkskommunen wurde revidiert zugunsten einer Umstrukturierung auf kleine Betriebsgrößen. Weitere Aspekte dieser wirtschaftspolitischen Liberalisierung waren:
- die Schaffung materieller Anreize (Leistungsprinzip, Prämien),
- die Zulassung von Privatbesitz an Haus, Garten, Kleinvieh und kleinem Acker,
- ein begrenzt freier Handel,
- die Zulassung familiärer Nebentätigkeiten.

Die Abkehr vom „Großen Sprung" bedeutete keineswegs eine Rückkehr zum sowjetischen Entwicklungsmodell. Die Zielsetzung einer sprunghaften und dezentralen Schnellindustrialisierung wurde allerdings fallen gelassen.

„Kulturrevolution"

Mit „Kulturrevolution" bezeichnet man heute eine Phase in der chinesischen Geschichte, in der der Kampf um die künftige Politik Bürgerkriegsausmaße annahm und zu einem zeitweiligen Zusammenbruch der staatlichen Ordnung führte, insbesondere zwischen 1966 und 1969. So waren zum Beispiel Schulen und Universitäten auf Jahre geschlossen. „Revolution statt Produktion" hieß das Motto. Zeitweilig kam sogar die Industrieproduktion zum Erliegen. Das Transportsystem wurde lahm gelegt. Das Chaos vergrößerte sich noch, als rivalisierende Fraktionen der Roten Garden sich untereinander bekriegten. Selbst Einheiten der Volksbefreiungsarmee wurden von dem allgemeinen Aufruhr erfasst.

Gegen eine primär am Wirtschaftswachstum orientierte so genannte Expertenlinie (Hauptvertreter: Deng Xiaoping und Liu Shaoqi) mobilisierte Mao die (Partei-)jugend (Rote Garden) und knüpfte dabei an die Massenmobilisierung von 1958 an (so genannte Massenlinie). Seinen Höhepunkt fand Maos Kampf um die Vormacht innerhalb der KPCh in der Losung: „Bombardiert das Hauptquartier!" (womit die Zentrale der KPCh gemeint war). Der kulturrevolutionäre Bürgerkrieg war mit politischen Verfolgungen und Massenterror seitens der Roten Garden verknüpft.

Der Terror richtete sich gegen Vorgesetzte allgemein und insbesondere gegen Angehörige der Intelligenzschicht: Funktionäre, Professoren, Lehrer, Wissenschaftler, Techniker, Künstler. Demütigungen, Folter und Inhaftierungen in Arbeitslagern waren an der Tagesordnung. Letzteres hieß beschönigend „Reform durch Arbeit". Mao zielte mit seinen Bestrebungen auf eine Reaktivierung des revolutionären Bewusstseins und des Klassenkampfes. Stützen konnte er seine Mobilisierungsaktion auf die Armee unter Führung von Lin Piao, der offiziell zum Nachfolger Maos als Parteichef benannt wurde, später aber – vermutlich nach einem missglückten Putsch – ums Leben kam (1971). Sein Tod ist auch heute noch nicht vollends geklärt. Es heißt, dass sein Fluchtflugzeug über der Mongolei abgeschossen wurde. Lin war auch als Organisator eines überdimensionierten Personenkults um Mao in Erscheinung getreten.

Zwischenzeitlich siegten in diesem Kampf die Kulturrevolutionäre. Das fand seinen Ausdruck in der politischen Entmachtung von Liu und Deng. Liu Shaoqi verstarb 1969 im Gefängnis, während Deng Xiaoping nach Maos Tod (1976) zum mächtigsten Politiker aufstieg.

Das Jahrzehnt der – wie es seinerzeit hieß – „Großen Proletarischen Kulturrevolution" gilt heute als verlorenes Jahrzehnt. Die wirtschaftliche Entwicklung Chinas verzögerte sich. Der Zusammenbruch des höheren Bildungswesens hinterließ Millionen unzureichend qualifizierter Jugendlicher.

„Zwei Linien"

Es entsprach maoistischem Denken, die innerparteilichen Auseinandersetzungen um die Grundsätze gesellschaftlicher und wirtschaftlicher Entwicklung als „Zwei Linien" zu interpretieren. Dabei standen sich jeweils „Pragmatiker" und „Ideologen" beziehungsweise Maoisten gegenüber. Unter Pragmatikern versteht man Politiker, wie zum Beispiel Deng Xiaoping, die aufgrund eines konkreten Nutzens handeln. Es geht ihnen um die Bewältigung drängender Probleme. Die Weltanschauung („Ideologie") tritt somit in den Hintergrund. Eine pragmatische Einstellung kam zum Beispiel zum Ausdruck, als Deng sagte: „Ob schwarze Katze oder weiße Katze, die Katze, die Mäuse fängt, ist eine gute Katze."

„Pragmatische Linie"	„Ideologische Linie"
Entlohnung: materielle Anreize (Prämien, Akkord)	Entlohnung: moralische Anreize
Leistungsprinzip	Bedürftigkeitsprinzip
soziale Differenzierung	egalitäre Gesellschaft: Beseitigung sozialer Unterschiede
Vorrang der Produktion	Vorrang der (revolutionären) Ideologie (Gesinnung)
Expertentum	Massenmobilisierung

M 4 Einwohner Kantons demonstrieren gegen die Viererbande (1976)

Nach der Kulturrevolution setzte ab 1971 wieder eine pragmatische Wirtschaftspolitik ein, die von Zhou Enlai und dem 1973 rehabilitierten Deng Xiaoping gesteuert wurde. Angesichts des gesundheitlichen Verfalls von Mao Zedong begann ein Machtkampf um dessen Nachfolge. Dabei standen sich die Pragmatiker auf der einen Seite und die orthodox kommunistische „Viererbande" – geführt von Maos Frau Jiang Qing – auf der anderen Seite gegenüber.

Das Jahr 1976

Das Jahr 1976 hieß „Jahr des Drachens" – ein Jahr, in dem – nach traditionellem chinesischen Verständnis – schlimme Dinge passieren würden. Tatsächlich starben in diesem Jahr Zhou Enlai und der älteste Marschall und Kampfgefährte Maos Zhu De. Außerdem ereignete sich eine Naturkatastrophe. Das größte Erdbeben der Neuzeit zerstörte die Stadt Tangshan und hinterließ etwa 250 000 Tote. Nach traditionellem Glauben war dies ein „Zeichen des Himmels" und bedeutete das „Ende einer Dynastie". Tatsächlich erlag Mao Zedong kurz darauf seinen Leiden. Den Machtkampf entschied Deng anschließend zu seinen Gunsten. Die „Viererbande" wurde festgenommen und später verurteilt (1981). Ab 1978 hatten sich Deng und die ihn stützenden Kräfte endgültig durchgesetzt. Es begann die Abkehr von maoistischer Politik und Ideologie. „Armut ist nicht Kommunismus", lautete Dengs Wahlspruch. Das China der maoistischen „blauen Ameisen" gehörte endgültig der Vergangenheit an.

Deng Xiaopings Reformpolitik

Seit Ende der siebziger Jahre wurde eine neue Wirtschaftspolitik betrieben, die von Deng dirigiert wurde und die sich – darüber hinaus – mit den Namen Zhao Ziyang und Hu Yaobang verbindet. Die Politik der „Vier Modernisierungen" (Industrie, Militär, Landwirtschaft, Bildung) sollte die Volksrepublik China aus ihrer Rückständigkeit befreien. Dengs Devise lautete: „Ein armer Sozialismus kann auf Dauer nicht bestehen."

Die Kommunistische Partei verkündete die „Vervollkommnung des sozialistischen Systems". Gleichzeitig war sich die Führung im Klaren, dass Produktionsfortschritte nur durch neue Leistungsanreize zu erreichen seien. In der Folge wurden die landwirtschaftlichen Kommunen aufgelöst. Die Bauern konnten nunmehr ihre Äcker eigenverantwortlich nutzen („Produktionsverantwortung"). Es entstanden freie Märkte im ganzen Land. Die Erträge stiegen explosionsartig, und 1984 konnte eine Rekordernte (von über 400 Millionen Tonnen Getreide) eingefahren werden.

Parallel dazu machte die Privatisierung von Handwerk, Gewerbe und Dienstleistungen rasche Fortschritte. Zweistellige Wachstumsraten pro Jahr waren die Regel. Reichtum wurde nicht länger verteufelt. In der Industrie ging man vom Prinzip des „eisernen Lohns", das heißt des gleichen Lohns, ab. Auch die „eiserne Reisschüssel", der unkündbare Arbeitsplatz, war nicht länger ein Tabu. Der Anteil der staatlichen Unternehmen an der Industrieproduktion sank kontinuierlich.

Der Wirtschaftsboom der achtziger Jahre brachte Gewinner und Verlierer mit sich. Gewonnen haben zunächst Bauern, die ihre Erzeugnisse nunmehr privat vermarkten konnten, ferner alle, die einer geregelten privatwirtschaftlichen Tätigkeit nachgingen. Verlierer waren insbesondere staatliche Angestellte und Beamte, deren Gehälter der Inflationsrate hinterherhinkten. Verlierer waren auch viele Menschen, die ihren angestammten Arbeitsplatz verloren hatten. Millionen Menschen sind gegenwärtig als Wanderarbeiter auf der Suche nach Arbeit.

Folge der Reformpolitik war nicht nur eine zunehmende gesellschaftliche Ungleichheit, sondern auch eine Auseinanderentwicklung der verschiedenen Provinzen. Der Wirtschaftsaufschwung verlief besonders rasant in den südlichen Küstenprovinzen, und da vor allem in den so genannten Sonderwirtschaftszonen, die günstige Investitionsbedingungen für ausländisches Kapital bieten. Die größte Sonderwirtschaftszone Shenzhen – zwischen Hongkong und Guangzhou (Kanton) gelegen – verzeichnete ein explosionsartiges Wachstum. Hier machte sich schon eine enge wirtschaftliche Verflechtung mit Taiwan und Hongkong bemerkbar. Die Kronkolonie Hongkong wurde 1997 von Großbritannien an China zurückgeben. Im Rückgabevertrag wurde der Kapitalismus Hongkongs auf 50 Jahre festgeschrieben: „ein Land, zwei Systeme".

M 5 Das neue China

Das Bild zeigt eine Großbaustelle in Shenzhen, der „Sonderwirtschaftszone" an der Grenze zu Hongkong.

M 6 „So lassen wir ihn vorläufig einmal!" Mit dem Pressluftbohrer: Deng Xiaoping, rechts daneben der zeitweilige Parteichef Hua Guofeng

Das Massaker vom Tiananmen

Im Vergleich zu Südchina bleibt das Wirtschaftswachstum im Landesinnern und besonders in den von Minderheiten bewohnten Randprovinzen zurück.

Neben der beträchtlichen Inflation machen sich außerdem Wirtschaftskriminalität und Korruption als Begleiterscheinungen der Reformpolitik negativ bemerkbar.

Ideologisch beinhalteten die achtziger Jahre den Abschied von der Gleichheitsdoktrin. Die Reformer ließen verlauten: Mit Marx und Engels ließen sich die Probleme der Gegenwart nicht lösen. Die Wirtschaftsreformen wurden folglich von einer Entmaoisierung begleitet. Das Bild des gottgleichen „Großen Steuermanns" verblich angesichts der von Mao zu verantwortenden Katastrophen, wie zum Beispiel der Kulturrevolution. Man sprach von seinen „Irrtümern" und setzte eine neue Bewertung fest: „zu 70 Prozent gut, zu 30 Prozent schlecht".

Politisch gingen die Reformen mit einer vorsichtigen Liberalisierung einher. Die Reformpolitiker sahen die Notwendigkeit, das Land nach außen mehr zu öffnen. Denn China sollte durch den Import von Kapital, Know-how und moderner Technologie modernisiert werden. Das bis dahin ziemlich abgeschlossene Land ermöglichte Kontakte und Kommunikation, wie sie noch zu Maos Zeiten undenkbar gewesen wären. Liberale Ideen verbreiteten sich mittels der Medien sowie durch Geschäftsleute, Touristen, Auslandschinesen und Studenten.

Der Tiananmen-Platz – der „Platz des Himmlischen Friedens" – liegt im Herzen von Peking südlich der „Verbotenen Stadt", des Kaiserpalastes. Hier versammelten sich im April 1989 Studenten zu einer Trauerkundgebung für den verstorbenen Reformpolitiker Hu Yaobang. Im Anschluss daran blieb der Tiananmen Schauplatz von Demonstrationen der Studenten für eine Demokratisierung des Landes. Es ging den Studenten unter anderem um die Freiheit der Forschung und Lehre, freie und unabhängige Medien, allgemein um mehr Liberalität in Staat und Gesellschaft.

Sympathie und Unterstützung fanden die Demonstranten zunächst bei Intellektuellen, später auch zusehends allgemein bei der Pekinger Bevölkerung. Auch ein Teil der Parteiführung (um den Ministerpräsidenten Zhao Ziyang) stand dem Anliegen der Demokratiebewegung wohlwollend gegenüber.

Der Konflikt eskalierte und wurde mehr und mehr als ein Kräftemessen zwischen der Regierung und den Studenten verstanden. Der Blick auf Osteuropa ließ die Angst der KPCh-Führung vor einer Wiederholung der revolutionären Ereignissse anwachsen. Sie sprach von „konterrevolutionärer Verschwörung". Die Parteiführung fürchtete den Verlust ihres Machtmonopols. Sie ließ nach langem Zögern Armee-Einheiten aufmarschieren, verhängte den Ausnahmezustand und gab Schießbefehl für die Soldaten (4. Juni 1989).

Über die Anzahl der Opfer gibt es keine Gewissheit. Man sprach von etwa 1 400 Toten und 10 000 Verletzten. Deng Xiaoping, der das Vorgehen rechtfertigte, wandelte sich über Nacht vom Haupt der Reformbewegung zum Unterdrücker derselben.

Nach der gewaltsamen Niederschlagung der Demokratie-Bewegung erhielt die konservative Fraktion um den Ministerpräsidenten Li Peng Auftrieb. Eine „Säuberungswelle" erfasste das Land. Studentische Anführer wurden zu hohen Gefängnisstrafen verurteilt. Studenten und

Schüler mussten ideologische Schulungen („Belehrungen") über sich ergehen lassen. Die gelenkten Massenmedien betonten wieder die Bedeutung der „Mao Zedong-Ideen" und des „sozialistischen Weges".

Wesentlich für das Scheitern der Demokratie-Bewegung war, dass die ländliche Bevölkerung Chinas die Demonstranten nicht unterstützte. 800 Millionen Menschen (70 Prozent der Gesamtbevölkerung) sind Bauern beziehungsweise leben auf dem Land. Für sie ist Demokratie kein Thema. Die Landbevölkerung ging unbekümmert ihrer Arbeit nach. Liberale Ideen interessierten die Bauern nur insoweit, als sie zur Verbesserung ihrer konkreten Lebensumstände beitrugen.

Perspektiven

Zentral für die Entwicklung Chinas bleibt das Bevölkerungswachstum. In der VR China leben etwa 1,25 Milliarden Menschen (2001), was mehr als eine Verdoppelung seit ihrer Gründung 1949 bedeutet. Zwar gelang es der Führung mithilfe einer Kampagne für die Ein-Kind-Familie das Wachstum unter das vergleichbarer Entwicklungsländer zu drücken. Aber der Wirtschaftsboom des letzten Jahrzehnts und die Lockerung der Kontrolle drohen das Programm zum Scheitern zu bringen. Abgesehen davon, dass ein hohes Bevölkerungswachstum die erreichten entwicklungspolitischen Erfolge aufzehrt, ist es auch von globaler Bedeutung, denn das Land beherbergt nicht weniger als ein Fünftel der Weltbevölkerung.

Die Einwohner der Volksrepublik China lassen sich unterscheiden in so genannte Hanchinesen und in die verschiedenen Minderheiten. Zu diesen gehören etwa acht Prozent der Bevölkerung. 55 Minderheiten, unter ihnen Uiguren, Tibeter, Mongolen, Kasachen, Tadschiken, bewohnen vor allem die riesigen Grenzprovinzen des heutigen China,

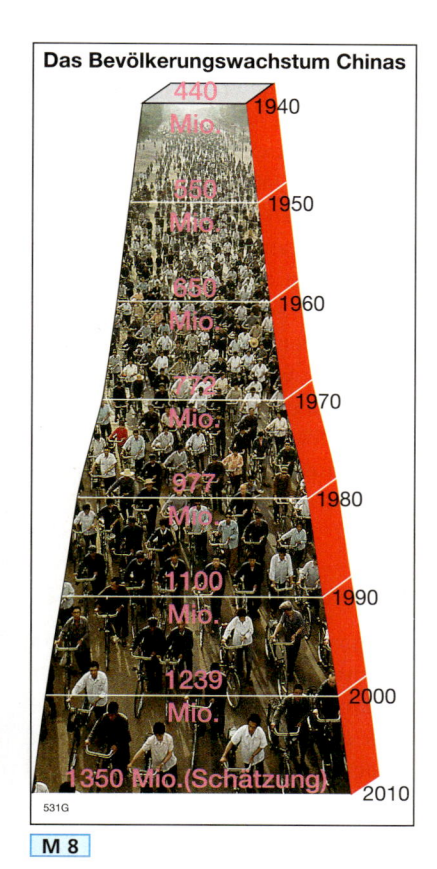

Das Bevölkerungswachstum Chinas

440 Mio. — 1940
550 Mio. — 1950
660 Mio. — 1960
772 Mio. — 1970
977 Mio. — 1980
1100 Mio. — 1990
1239 Mio. — 2000
1350 Mio. (Schätzung) — 2010

531G

M 8

die 60 Prozent des gesamten Territoriums ausmachen. Die Pekinger Führung sieht mit wachsendem Misstrauen auf Autonomiebestrebungen sowie das Erwachen religiöser Traditionen. Sie befürchtet einen Zerfall des Riesenreiches, wie er sich in der Sowjetunion vollzogen hat. In Tibet wurden in den vergangenen Jahren mehrere Aufstandsversuche gewaltsam niedergeschlagen.

Die Ereignisse vom Tiananmen haben gezeigt, dass die Volksrepublik China vorerst eine Einparteien-Diktatur bleibt. Das Land wird von einer kleinen Parteielite regiert, die um sich einen Geheimbereich („Große Mauer") aufgerichtet hat. So wie im kaiserlichen China die Aristokratie kaiserlicher Beamter, so regierten bis gegen Ende des 20. Jahrhunderts Parteikader das Land, die teilweise noch am legendären „Langen Marsch" teilgenommen haben. Eine demokratische Kontrolle existiert nicht, genauso wenig wie unabhängige Massenmedien. Die Öffentlichkeit erfährt wenig über die Machtkämpfe im Führungskreis der KPCh. Die Herrschaft einer Handvoll Politiker an der Spitze der Partei birgt aber in sich die Gefahr der Erstarrung des politischen Systems. Pluralistische Bestrebungen, die der Einparteienherrschaft zuwiderlaufen, werden unterdrückt. Die Pekinger Führung, durch den Zusammenbruch des Kommunismus in Osteuropa verunsichert, will Einheit und Stabilität um jeden Preis. Sie beabsichtigt, westliche Technologie und westliche Wirtschaftsmethoden zu importieren. Hingegen sollen westliche Gedanken ferngehalten werden. Man verwendet in diesem Zusammenhang das Bild vom geöffneten Fenster mit dem Fliegengitter davor, das bürgerlich-liberale Ideen abfangen soll. Es fragt sich aber, ob eine Modernisierung des Landes unter Beibehaltung der autoritären Einparteienherrschaft überhaupt möglich ist.

Die fehlende Demokratie in der Volksrepublik China sollte aber den Blick dafür nicht verstellen, dass sich nach den drei Jahrzehnten des maoistischen Klassenkampfes die Lage der Menschen im Vergleich zu früher dramatisch verbessert hat. Vom „Reich der blauen Ameisen" ist nichts mehr übrig geblieben. Es gibt in der Gegenwart eine (relative) Offenheit, eine kulturelle Vielfalt und einen Wohlstand, der noch zu Maos Zeiten undenkbar gewesen ist. Allerdings konzentriert sich dieser Wohlstand in den östlichen Küstenprovinzen des Landes. Als Folge dieses Ost-West-Gefälles entstand eine innerstaatliche Wanderungsbewegung von riesigen Ausmaßen. Entwurzelte und Arbeit suchende Menschen gehören mittlerweile zum Erscheinungsbild der großen Städte an der Ostküste. Da gleichzeitig der Stadt-Land-Gegensatz und die Kluft zwischen Arm und Reich zunehmen, steht das Land vor der Bewältigung schwieriger sozialer Probleme.

Chronologie

1949	Gründung der Volksrepublik China
1958–1960	„Großer Sprung nach vorn"
1966–1976	„Kulturrevolution" (im engeren Sinne bis 1969)
1976	Tod Mao Zedongs und Zhou Enlais
1989	Massaker vom Tiananmen (4. Juni)
1997	Tod Deng Xiaopings

M 9 Strukturelle Rückständigkeit

Der Ökonom Willy Kraus macht eine Bestandsaufnahme der wirtschaftlich-sozialen Situation Chinas bei der Gründung der Volksrepublik:

Die Volksrepublik China zeigte 1949 typische Merkmale eines rückständigen, unterentwickelten Landes mit niedrigem Produktionsniveau und Pro-Kopf-Einkommen. Die einzelnen Wirtschaftsbereiche
5 waren nur geringfügig miteinander verflochten. Die traditionelle Landwirtschaft bildete den größten Wirtschaftsbereich, der in den dreißiger Jahren zu 60 bis 65 Prozent zum Sozialprodukt beitrug. Daneben gab es einen kleinen Sektor der Leichtindustrie
10 und des Handwerks in Höhe von ca. 10 Prozent – und schließlich die Schwerindustrie, die hauptsächlich von den Japanern während ihrer Besatzungszeit nach 1931 in der südlichen Mandschurei aufgebaut worden war. Kennzeichnend war ein ökonomischer
15 Dualismus, ein Nebeneinander traditioneller und moderner Wirtschaftsreformen mit sektoraler und regionaler Aufspaltung. [...] Relativ moderne Industrien, die lediglich einige wenige Prozent zum Sozialprodukt beitrugen, waren meist in den Küsten-
20 gebieten konzentriert.
Über 80 Prozent der Erwerbsbevölkerung waren in der Landwirtschaft beschäftigt. Arbeitsintensive Bewirtschaftungsmöglichkeiten führten zwar zu hohen Erträgen pro Flächeneinheit, jedoch zu einer gerin-
25 gen Produktion pro Beschäftigten. Von ca. 9,6 Millionen km² Gesamtfläche waren nur etwa 1,08 Millionen km², d. h. nur etwa 11,4 %, landwirtschaftlich nutzbar. Das niedrige Subsistenzniveau [Lebensunterhalt] eines Großteils der ländlichen Bevölkerung
30 reichte kaum zu einer nennenswerten Ersparnisbildung aus. Der Bevölkerungsdruck führte bei fehlenden nichtlandwirtschaftlichen Beschäftigungsmöglichkeiten, geringer Zuwachsrate des kultivierten Landes und wegen der Erbteilung an alle überle-
35 benden Söhne zu sinkenden Anbauflächen pro Kopf und Familie. [...] [Seitens der GMD] war versäumt worden, ein vernünftiges, praktisches Steuersystem aufzubauen, das den anstehenden Entwicklungserfordernissen Rechnung tragen konnte.
40 Da die öffentlichen Aufgaben nur unzureichend wahrgenommen wurden, blieb es bei einem unzulänglichen Schulsystem und einer hohen Analphabetenquote. Von zehn Kindern im Schulalter konnte schätzungsweise nur eins lesen und schreiben. Das
45 Gesundheitswesen war in einem äußerst dürftigen Zustand. Die schlecht ernährte Bevölkerung war immer wieder Seuchen und Naturkatastrophen ausgesetzt. Infektionskrankheiten und parasitäre Er-
krankungen, insbesondere Tuberkulose, Malaria, Pocken, Pest [...] waren in weiten Teilen des Landes 50 verbreitet. China hatte eine hohe Sterbequote von etwa 3 % jährlich. Die durchschnittliche Lebenserwartung betrug nur 28 Jahre, von 1 000 lebend geborenen Kindern starben bereits 160 bis 170 im Säuglingsalter. Es fehlte an einer systematischen 55 medizinischen Betreuung der Bevölkerung – ein Mangel, der sich vor allem auf dem Land bemerkbar machte. Im Jahr 1948 sollen 13 447 Ärzte, 371 Zahnärzte, 962 Pharmazeuten, 6 000 Arzthelfer und 5 268 staatlich geprüfte Hebammen in China tätig gewe- 60 sen sein. Für ca. 500 Millionen Einwohner standen nur 84 000 Krankenhausbetten zur Verfügung.

W. Kraus, Wirtschaftliche Entwicklung und sozialer Wandel in der Volksrepublik China, Berlin 1979, S. 28 und 31.

M10 Die Bildung von Volkskommunen (1958)

Die von Mao gesteuerte Politik des „Großen Sprungs" zielte sowohl auf eine Erhöhung der Industrieproduktion als auch auf die radikale Umgestaltung der Lebensverhältnisse – das zeigt die Darstellung des Politikwissenschaftlers Heinrich Bechtoldt:

Über das chinesische Dorf brach eine Sintflut herein. Die bisherigen Genossenschaften und alle Einzelbauern hatten grundsätzlich alle Produktionsmittel und allen Besitz, also das Land, das Vieh, die Geräte, das Haus mit seinem gesamten Inventar 5 usw., der Volkskommune zu übereignen; nur kleine Haustiere und einiges Geflügel würden noch als Einzelbesitz erlaubt sein. Was abgetreten wurde, ging in die Akten als gezeichnete Anteile ein. Um alle Illusionen zu zerstören, hieß es gleich, dass auf 10 die Anteile keinerlei Zinsen oder Dividenden zu erwarten seien. Die Bauern waren über Nacht zu Lohnarbeitern geworden. Es gab keine Vergütung nach Tagewerken mehr, also auch keine Gewinnaufteilung wie in den Genossenschaften. Ein Mus- 15 terstatut für Volkskommunen empfahl einen Leistungslohn, machte aber zu Bedingung, dass von den für Lohnzahlungen vorgesehenen Geldern von vornherein ein Viertel für Sonderzulagen abgezweigt wurde, damit also eine normale Existenz nur durch 20 übernormale Anstrengungen möglich würde. In den Dörfern waren Speisehäuser, Kindergärten, Schneiderwerkstätten usw. einzurichten, damit die Frauen von der Belastung durch den Haushalt befreit und für den Arbeitseinsatz der Volkskommune 25 verfügbar würden.
Umgekehrt wurden der Volkskommune nun zahlreiche Posten der Verwaltungskosten aufgebürdet.

Die bisherige Hsiang-Verwaltung
30 [hsiang = Kleine Verwaltungseinheit] sollte als Leitung der Volkskommune fungieren und ist von der Volkskommune zu besolden. Verkaufseinrichtungen und Bank-
35 filialen, die die Volkskommunen zu errichten hatten, mussten ihre Profite an den Staat abliefern, ihre Angestellten wurden aber von der Volkskommune bezahlt.
40 Die Volkskommune hatte Milizeinheiten aufzustellen, als so genannte Ordnungsmacht; verfügungsberechtigt blieben aber die übergeordneten staatlichen
45 Instanzen. In der Kassenführung der Volkskommune stehen die Produktionskosten, Investitionen und Steuern an erster Stelle, erst dann kommen die Ernährung der Bevölkerung und die Löhne. Die Volkskommune wurde als die gesellschaftliche
50 Grundeinheit des Staates definiert, als der Anfang vom Übergang aus dem kollektiven Eigentum zum Eigentum des Volkes (sprich: Staates) und als die beste Organisation, um den Übergang vom Sozialismus zum Kommunismus in Gang zu setzen.
55 Ganz China war in einen Rausch versetzt. Die Milizen wurden aufgerufen und zogen in geschlossener Formation zur Arbeit, Arbeitspausen zu militärischen Übungen verwendend. Wo Eisen und Kohle erreichbar waren, wurden kleine Hochöfen mittelalterlichen
60 Modells errichtet; alle Arbeiten, Transport und Zerkleinerung mussten von Hand geleistet werden. In geschlossenen Brigaden wurden Männer und Frauen zu Einsätzen bei Industrieprojekten oder Straßenbau, Eisenbahnbau, Kanalisierungen verschickt.
65 Übereifrige Funktionäre ließen die kleinen Familienhütten abreißen. Die kleine Familie habe aufgehört, die größere Familie sei die Volkskommune. Gräber wurden eingeebnet und die Zahl der Hektare ausgerechnet, die nun für die Landwirtschaft
70 gewonnen seien. Särge sollten nicht mehr aus Holz hergestellt werden, sondern aus Lehm und einigen Latten, und gleich wurde die Zahl der Eisenbahnschwellen errechnet, die aus dem eingesparten Holz gewonnen würden. Zwei Dinge waren ent-
75 scheidend: Die Regierung wollte in der Landwirtschaft eine Organisationsform haben, die die zu erwartenden Gewinne aus der durchaus steigenden Produktion von den Bauern auf den Staat umleiteten und nach ihrer Struktur imstande wäre,
80 alle weiteren Ertragssteigerungen nur noch dem Staat zugute kommen zu lassen und den Lebens-

M11 **Personenkult und Propaganda**
„Auf dem Weg zur Revolution, größeren Siegen entgegen".

standard der Massen nach Belieben auf einem niedrigen Niveau zu halten. Zum anderen sollte eine Organisationsform geschaffen sein, die die Mobilisierung von Menschenmassen, wie sie im vorange-
85 gangenen Winter erstmals ausprobiert worden war, als ständiges Requisit [hier: Instrument] der Planwirtschaft und Politik in Bereitschaft hielte, Menschenkraft also wie Maschinen und an Stelle von Maschinen nach Belieben einsatzfähig und ver-
90 schiebbar machte.

H. Bechtoldt, Indien oder China, Die Alternative in Asien, München 1964, S. 147 ff.

M12 **Ziele der Kulturrevolution**

Am 23. August 1966 veröffentlichte die offizielle chinesische Nachrichtenagentur Hsinhua („Neues China") das Programm der Pekinger Roten Garden:

1. Jeder Bürger soll manuelle Arbeit verrichten.
2. In allen Kinos, Theatern, Buchhandlungen, Omnibussen usw. müssen Bilder Mao Zedongs aufgehängt werden.
3. Überall müssen Zitate Zedongs an Stelle der bis- 5
herigen Neonreklame angebracht werden.
4. Die alten Gewohnheiten müssen verschwinden.
5. Die Handelsunternehmungen müssen reorganisiert werden, um den Arbeitern, Bauern und Soldaten zu dienen. 10
6. Eine eventuelle Opposition muss rücksichtslos beseitigt werden.
7. Luxusrestaurants und Taxis haben zu verschwinden.
8. Die privaten finanziellen Gewinne sowie die Mieten müssen dem Staat abgegeben werden. 15
9. Die Politik hat vor allem den Vorrang.
10. Slogans müssen einen kommunistischen Charakter aufweisen.

12. In allen Straßen sollen Lautsprecher aufgestellt
20 werden, um der Bevölkerung Verhaltensmaßregeln
zu vermitteln.

13. Die Lehre Mao Zedongs muss schon im Kindergarten verbreitet werden.

14. Die Intellektuellen sollen in Dörfern arbeiten.

25 15. Die Bankzinsen müssen abgeschafft werden.

16. Die Mahlzeiten sollen gemeinsam eingenommen
werden, und es soll zu den Sitten der ersten Volkskommunen im Jahr 1958 zurückgekehrt werden.

17. Auf Parfüms, Schmuckstücke, Kosmetik und
30 nichtproletarische Kleidungsstücke und Schuhe
muss verzichtet werden.

18. Die Erste Klasse bei den Eisenbahnen und luxu-
riöse Autos müssen verschwinden.

19. Die Namen von Straßen und Monumenten müs-
35 sen geändert werden.

20. Die alte Malerei, die nicht politische Themen
zum Gegenstand hat, muss verschwinden.

21. Es kann nicht geduldet werden, dass Bilder verbreitet werden, die nicht dem Denken Mao Ze-
40 dongs entsprechen.

22. Bücher, die nicht das Denken Mao Zedongs wie-
dergeben, müssen verbrannt werden.

„Hsinhua", 23. August 1966, zit. nach: Information für die
Truppe, Nr. 12/1966

M13 **Aufmarsch**
Während der Kulturrevolution bestimmten
Aufmärsche und Kampagnen, Versammlungen
und Schulungen den Tagesablauf der Chinesen.

M14 **Öffnung nach Westen**

*Der chinesische Parteiführer Deng Xiaoping defi-
niert seine Vorstellung von Sozialismus (1992):*

Dass wir uns in unserer Öffnungspolitik nicht trauen,
Neues zu testen, ist doch, im Grunde genommen, nur
die Angst, den kapitalistischen Weg zu beschreiten
und Werte des Kapitalismus zu übernehmen. Doch
lautet nicht die entscheidende Frage, was gehört   5
eigentlich zur Familie „Kapitalismus" oder „Sozialismus"? Der einzige Maßstab dafür darf nur sein,
was die Produktionskraft erhöht, den Lebensstandard des Volkes verbessert und die Qualität eines
sozialistischen Landes verstärkt. [...]   10
Der Sozialismus kann erst dann seine Überlegenheit demonstrieren, wenn er alle zivilisatorischen
Vorzüge der Menschheit – einschließlich der kapitalistischen – in sich integriert hat. Sozialismus heißt
gemeinsam reich werden. [...] Noch immer tragen   15
Ideologen und Politiker einen großen Hut, um Leute zu erschrecken. Das ist nicht eine „rechte"
Gewohnheit, sondern eine „linke".
Es war grauenhaft, was diese Leute in der Geschichte unserer Partei angestellt haben. Zwar können   20
nicht nur Linke, sondern auch Rechte die gute
Sache des Sozialismus ruinieren. Doch müssen wir
vor allem vor den Linken auf der Hut sein. Sie
behaupten, die Reform- und Öffnungspolitik bringe die friedliche Evolution ins Land. [...]   25
Gegenwärtig entwickelt sich die Wirtschaft in unseren Nachbarländern schneller als bei uns. Wenn
unsere Bürger vergleichen, könnte das zu unange-
nehmen Fragen führen. [...] Wo es Möglichkeiten
zur wirtschaftlichen Entwicklung gibt, sollten des-   30
halb keine Hindernisse konstruiert werden. Denn
geringes Tempo bedeutet Stillstand.
Wenn wir in der Wirtschaft schneller voranschrei-
ten wollen, ist es für ein so großes und unterent-
wickeltes Land unmöglich, nur auf Ruhe und Stabi-   35
lität zu starren. Beides sind relative, keine absoluten Werte. Nur wirtschaftliche Entwicklung ist eine
feste Größe.
Wenn wir das Denken nicht befreien, werden wir
uns nicht entwickeln und eine günstige Gelegen-   40
heit verpassen. Fährt ein Schiff gegen den Strom, so
muss es mit voller Kraft voranpreschen, sonst wird
es zurückgetrieben.
Japan, Südkorea und Südostasien haben bei ihrer
Entwicklung schnelle Wachstumsphasen durcheilt.   45
Wenn man bedenkt, dass der Sozialismus in der
Lage ist, bei bestimmten Zielvorgaben alle Kräfte
zu massieren, sollten wir den Ehrgeiz aufbringen,
dies jetzt auch anzugehen. Wenn wir die Gelegen-

50 heit nicht beim Schopfe packen, wird sie uns entweichen. [...]
Guangzhou (Kanton) muss in 20 Jahren die „vier kleinen Drachen" Asiens [Taiwan, Südkorea, Hongkong und Singapur] eingeholt haben. Die gesell-
55 schaftliche Ordnung Singapurs kann man getrost als hervorragend bezeichnen. Dort existiert ein strenges System der Verwaltung und Kontrolle. Das sind Erfahrungen, die wir übernehmen und verbessern sollten. Historische Erfahrungen haben
60 gezeigt, dass unsere politische Macht nur mit Diktatur zu konsolidieren ist. Eigentlich sollten wir unser Volk Demokratie genießen lassen. Um aber unseren Feinden überlegen zu sein, müssen wir Diktatur praktizieren – die demokratische Diktatur
65 des Volkes.

Zit. nach: Der Spiegel, Nr. 14/1992.

M15 Über bürgerlichen Liberalismus

Angesichts von Studentenunruhen äußerte sich Deng Xiaoping vor führenden chinesischen Politikern (30. Dezember 1986):

Wenn wir von Demokratie sprechen, dann können wir nicht die bürgerliche Demokratie übernehmen und keine dreifache Gewaltenteilung. Ich habe wiederholt die Herrschenden in den USA kritisiert
5 und dabei gesagt, sie hätten in Wirklichkeit drei Regierungen. [...]
Wir führen eine Politik der Öffnung nach außen durch. Wir lernen von ausländischen Technologien, nutzen ausländisches Kapital. Aber das ist nur eine
10 Ergänzung des sozialistischen Aufbaus und nicht, um den sozialistischen Weg zu verlassen. [...]
China hat keine Zukunft ohne die Führung durch die kommunistische Partei und ohne den Sozialismus. [...]
15 Der Kampf gegen den bürgerlichen Liberalismus muss mindestens noch zwanzig Jahre geführt werden. Eine Demokratie kann nur Schritt für Schritt entwickelt werden. Wir könnten dabei nicht den Westen kopieren, sonst würden wir im Chaos
20 enden. Unser sozialistischer Aufbau muss in geführter und ordentlicher Weise unter einer Lage der Stabilität verfolgt werden. Wenn ich besonders die Ideale und die Disziplin unterstreiche, dann ist das in diesem Sinn. Wenn bürgerlicher Liberalismus
25 betrieben würde, dann käme es erneut zu einer Erschütterung mit dem bürgerlichen Liberalismus und einer Abkehr von der Führung durch die Partei, würden eine Milliarde Menschen ihren Kondensationspunkt verlieren und ihre Kampfstärke.
30 Eine solche Partei wäre nicht einmal soviel wert

wie eine Massenvereinigung, wie könnte sie das Volk zum Aufbau führen? [...]
Der Kampf gegen den bürgerlichen Liberalismus ist ebenfalls unverzichtbar. Die Sorge ist unnötig, ob Ausländer sagen, wir würden damit unserem eige- 35 nen Ansehen schaden. Für China besteht nur Hoffnung, wenn es seinen eigenen Weg geht und einen Sozialismus chinesischer Prägung aufbaut.

Zit. nach: Frankfurter Rundschau, 3.4.1987.

M16 Personenkult um Deng Xiaoping
Geschäftsdistrikt in Schanghai: „Reich werden ist ruhmvoll."

M17 Der „Platz des Himmlischen Friedens"

Der „Platz des Himmlischen Friedens" (chinesisch: Tiananmen) ist der zentrale historisch-politische Ort Chinas. Auf ihm soll nach dem Willen der Kommunistischen Partei nur ihre Souveränität zur Geltung kommen. Auch ein Grund für die Niederschlagung der Demokratie-Bewegung, die hier bis zum 4. Juni 1989 demonstrierte:

Der Platz birgt einige der wichtigsten Symbole des kommunistischen China – an seinem Südende seit 1977 das Mausoleum Mao Zedongs und in seiner Mitte seit 1950 das Denkmal der Volkshelden, das den Kampf der Partei von ihrer Gründung 1921 bis 5 zum Sieg 1949 ehrt. An der Westseite steht die Große Halle des Volkes, Sitz des Parlaments (Nationaler Volkskongress) und Schauplatz offizieller Besuche sowie aller Parteitage seit den fünfziger Jahren, mit ihren neoklassizistischen Säulen. Die Ostseite 10 wird von Museen gesäumt, in denen Chinas Geschichte und die Revolution dargestellt werden.
Von den mittelalterlichen Mauern des Tores, das vom Platz in die „Verbotene Stadt" der ehemaligen Kaiserpaläste führt, rief Parteichef Mao Zedong am 15 1. Oktober 1949 die Volksrepublik China aus. Das

Bild Maos hängt an der Frontseite des rot gestrichenen Backsteintores mit dem geschwungenen Pagodendach.

20 Die Größe und Lage des Platzes haben ihn zu einem gegebenen Ort für Massendemonstrationen seit seinem Bestehen gemacht. Am 4. Mai 1919 hielten hier Studenten eine Massendemonstration ab, die eine bedeutende patriotische Bewegung einleitete.

25 Anlass der Demonstration war die Abtretung chinesischen Gebiets an Japan als Teil einer Neuregelung nach dem Ende des Ersten Weltkriegs. In den Jahren 1926 und 1935 kam es hier zu antijapanischen Protestkundgebungen. Die letztere war der Beginn des Widerstands

30 gegen die japanische Aggression in China. In den zehn Jahren der von Mao ausgelösten so genannten Kulturrevolution von 1966 bis 1976 fanden hier zahllose gelenkte Demonstrationen der Roten Garden statt.

Aus: Frankfurter Rundschau, 24.5.1989.

M18 Nur Demokratie kann China retten (1989)

Stellungnahme des Astro-Physikers Fang Lizhi[1], der als „Chinas Sacharow" galt, das heißt als mutiger Dissident:

Schuld am Misslingen der vergangenen vierzig Jahre war jedenfalls nicht allein die chinesische Tradition. Die Tatsachen zeigen eindeutig, dass fast alle anderen Länder und Regionen, die mit einem ähn-

5 lichen kulturellen Hintergrund begannen und deren Ausgangspunkt dem Chinas vergleichbar war, heute zu den entwickelten Ländern gehören oder zu ihnen aufgeschlossen haben. Genauso wenig können die vierzig Jahre des Miss-

10 erfolgs einfach der Überbevölkerung Chinas zugeschrieben werden. Zuerst einmal müssen wir erkennen, dass Chinas Überbevölkerung selbst eine der „politischen Errungenschaften" der maoistischen Zeit ist. Maos Politik der fünfziger Jahre bekämpf-

te die Geburtenkontrolle und förderte ein rapides 15 Bevölkerungswachstum. Außerdem blockierte gerade der Reigen riesiger „Klassenkampf-Kampagnen" und politischer Massenverfolgungen jahrelang Chinas wirtschaftliche Entwicklung. [...] Die Logik lässt nur einen Schluss zu: Die Enttäu- 20 schungen der vergangenen vierzig Jahre sind dem Gesellschaftssystem selbst zuzuschreiben. [...] Die Reformen der letzten Jahre, die vor dem Hintergrund dieses Denkwandels begannen, haben in der Tat China gegenüber dem, was es zur Zeit Maos 25 war, stark verändert. Wir sollten diese Veränderung positiv sehen. Die neue Betonung der Wirtschaft in der Innenpolitik und die Abkehr vom „Export der Revolution" in der Außenpolitik sind wichtige Bei- 30 spiele des Fortschritts. Andererseits weckte bereits vor neun Jahren die Abschaffung der „Mauer der Demokratie[2]" die Ahnung, dass der Regierung nicht der Sinn nach politischen Reformen stand. Die Erfahrung der darauffolgen- 35 den Jahre bestätigte diese Angst. Beispiele: – Obwohl die Regierung den Klassenkampf der maoistischen Zeit als Fehler eingestand, verkündete sie ihre „Vier politischen Grundprinzipien" – was nichts anderes bedeutete als die Aufrechterhaltung 40 erstens der Führung der Kommunistischen Partei; zweitens der Diktatur des Proletariats; drittens des sozialistischen Systems und viertens der Ideen des Marxismus-Leninismus-Maoismus. [...] – Obwohl die chinesische Verfassung die Redefrei- 45 heit und andere Menschenrechte vorsieht, hat es die Regierung bis heute unterlassen, die UN-Menschenrechtskonventionen zu unterschreiben. Und in der Praxis wird sogar ein Grundrecht wie die Freiheit von Lehre und Forschung, politisch von gerin- 50 ger Bedeutung, tagtäglich verletzt. Kürzlich gab es Fälle, bei denen Dozenten der Naturwissenschaften aus politischen Gründen verbannt wurden. – Das chinesische Erziehungssystem, das jahrelang die verheerenden Folgen von Maos anti-intellektu- 55 ellen und anti-kulturellen politischen Prinzipien erdulden musste, bescherte China eine Bevölkerung, deren Analphabetenrate in etwa so hoch ist wie vor vierzig Jahren. […]

60 – In den letzten Jahren mahnte die Regierung wiederholt zu „Stabilität und Einigkeit", besonders bei Anzeichen von Unruhe. Stabilität und Einigkeit scheinen zu einer Art höchstem Prinzip erhoben worden zu sein.

1 Im Zuge des Massakers auf dem „Platz des Himmlischen Friedens" gelang ihm die Flucht in die US-Botschaft in Peking. Fang Lizhi lebt heute in den USA.

2 bezieht sich konkret und im übertragenen Sinn auf die Möglichkeit freier Meinungsäußerung

Zit. nach: Die Zeit, Nr. 7/1989.

M19 Koloss im Umbruch

Ulrich Schmid, der Korrespondent der Neuen Zürcher Zeitung in Peking, beurteilt den chinesischen Weg der Modernisierung des Landes:

Für jemanden, der in Russland gelebt hat, ist China eine Offenbarung. Das Land vibriert fast vor Arbeitsfreude. Überall wird gebaut, Tag und Nacht, überall wird transportiert, alle Menschen scheinen
5 einem großen, gemeinsamen Ziel entgegenzugehen – oder zumindest entgegenzuradeln. Der Entschluss Deng Xiaopings, das sinistere [unheilvolle] ideologische Erbe Maos auf die Müllhalde der Geschichte zu kippen, hat eine unerhörte Dynamik
10 freigesetzt. Die großen Städte der Ostküste sind kaum noch wieder zu erkennen und bieten dem, der Geld hat, jeden erdenklichen Luxus. Der Hunger, einst die Geisel der Chinesen, ist gebannt, der Lebensstandard ist angestiegen, immer mehr Wohnungen
15 werden mit Wasser, Elektrizität und Energie versorgt. Die Landwirtschaft ist fast komplett privatisiert, die Bauern machen ihre Preise selber und produzieren entsprechend. Ein beachtlicher, kaum
20 besteuerter Privatsektor ist entstanden. […]

Vor allem im seit je dynamischen Süden des Landes schießen neue Betriebe aus dem Boden, und vermut-
25 lich – so genau weiß das niemand – sorgt die Privatwirtschaft bereits jetzt für mehr als die Hälfte der gesamten Landesproduktion. In den Großstädten hat sich eine kleine Mittelschicht
30 herangebildet, die hingebungsvoll konsumiert und unerbittlich elektronisch kommuniziert. Ein sehr farbiger, pulsierender, vage sogar westlich

anmutender Modernismus regiert, und die Stimmung unter den jungen Leuten in den Städten, die 35 sich anschicken, das China von morgen zu bauen, ist im Ganzen recht gut. […]

Hinter der neuen Glitzerfassade Chinas türmen sich monumentale Probleme. […]

Doch die Regierung zaudert, genau wie einst die 40 russische. Sie propagiert zwar das Prinzip der Privatisierung, aber sie scheut die Konsequenz: Bei Großbetrieben behält sie praktisch immer die Aktienmehrheit und verhindert so die nötigen Sanierungen. Noch ist die Nabelschnur zwischen 45 Staat und Privatwirtschaft längst nicht durchgetrennt; klar definierte Eigentumsverhältnisse trifft man selten. Doch das ist nicht überraschend. Auch in China hat man sich Jahrzehnte auf die Fürsorge des Staats verlassen. Der Appell an die Eigeninitia- 50 tive ist relativ neu, und wenn der Staat sich aus der Wirtschaft zurückzieht, dann tut er das nicht nur mit einem unguten Gefühl, weil ihm Kontrolle entgleitet, sondern auch schuldbewusst, weil er die Lehren Maos mit Füssen tritt. Dennoch ist der Ent- 55 staatlichungsprozess in China bisher weit günstiger verlaufen als in Russland. Der Einfluss von Gangstern ist vergleichsweise gering, und viele Privatbetriebe florieren tatsächlich. Auf Rosen gebettet sind die Privaten in China allerdings nicht. Sie erhal- 60 ten keine Subventionen, haben aber auch kaum Zugang zu Krediten – die Banken vergeben ihr Geld nach wie vor zu drei Vierteln an die maroden Staatsbetriebe. […]

Soweit das Wirtschaftliche. Nun zum Politischen. 65 China ist nicht nur ein wirtschaftliches Entwicklungsland, sondern auch eine kommunistische Diktatur – besser: eine Diktatur. Der Kommunismus als Ideologie hat ausgespielt. Mao ist ein Papiertiger;

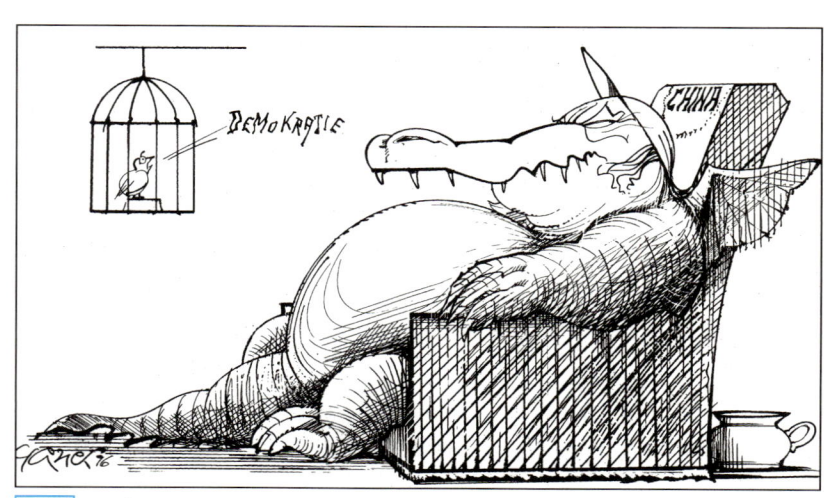

M20 Karikatur aus: Das Parlament, Nr. 18, 1996

70 sein Ideal einer klassenlosen Gesellschaft ist im China der Superreichen und der verarmenden Massen ein fast schon rührender Anachronismus. Dass die KP-Führung sein Andenken hochhält, zeigt nur eins: dass sie krampfhaft nach allem greift, was 75 ihrer undemokratischen Herrschaft ein Minimum an Legitimität verleihen könnte. Aber genau damit hapert es. Die chinesischen Kommunisten sind in keiner Weise legitimiert, sondern herrschen, weil sie die Macht vom Kriegsherr Mao vererbt erhalten 80 haben. Und diese Macht verteidigen sie, mit allen Mitteln, auch den verbrecherischsten.
Die chinesische KP ist weder eine aufgeklärte noch eine gut meinende Oberschicht, sondern eine wahrhaft üble Bande von etwa 200 Männern, die eifer-85 süchtig darüber wacht, dass ihr das, was sie an sich gerissen hat, nicht entwendet wird. Diese Männer herrschen mit eiserner Faust. Sie tolerieren keinen Widerspruch, und wer aufzubegehren wagt, bekommt es mit der mörderischsten Justiz der Welt zu tun. Und diese Partei soll das Land ins 21. Jahr-90 hundert führen? Halten wir uns kurz die Bedingungen für wirtschaftlichen Erfolg in einer global vernetzten Welt vor Augen. Unabdingbar sind: eine gebildete Bevölkerung; eine faire, neutrale, zügig arbeitende Justiz; freier Zugang zu allen 95 Märkten und zu global zirkulierenden Informationen; Rede- und Versammlungsfreiheit; eine prognostizierbare, verfasste Regeln respektierende Politik; unbedingter Schutz des physischen und geistigen Eigentums, vor allem aber: eine ge-100 lassene, da legitimierte Regierung, die ihren Bürgern vertraut. Nichts davon gibt es in China.

Aus: Neue Zürcher Zeitung (NZZ), 31.8.2000.

Anmerkung zur Schreibweise chinesischer Namen	
Die Umschreibung chinesischer Namen ist im Deutschen sehr uneinheitlich. In diesem Kapitel wurden die im Deutschen gebräuchlichen Umschreibungen bevorzugt, wobei sich in vielen Fällen die Schreibung chinesischer Namen nach der heute üblichen Standardumschrift Pinyin durchgesetzt hat. Zur Orientierung hier eine Übersicht mit den Umschreibungen der wichtigsten Namen und Begriffe.	Mao Tse-tung, Mao Dse-dung, Mao Zedong; Tschiang Kai-schek, Chiang Kai-shek, Jiang Kaishek; Tschu En-lai, Dschou En-lai, Chou En-lai, Zhou Enlai; Liu Shao-ch'i, Liu Shaoqi; Teng Hsiao-ping, Deng Xiaoping; Kuomintang (KMT), Guomindang (GMD); Shensi, Shaanxi; Yenan, Yan'an; Peking, Beijing; Nanking, Nanjing;

Aufgaben

1. Beschreiben Sie die Merkmale der Unterentwicklung Chinas.
   → Text, M8, M9

2. In welchem Zusammenhang steht die Kollektivierung mit der Zielsetzung einer Industrialisierungspolitik?
   → Text, M1, M2

3. Listen Sie die Charakteristika des maoistischen Entwicklungsmodells auf.
   → Text, M1, M2, M10

4. Welcher Methoden bediente sich die chinesische Führung, um die Entwicklung zum Sozialismus zu beschleunigen?
   → Text, M1, M10, M11

5. Erläutern Sie die Bedeutung des „Großen Sprunges" in der Geschichte Chinas.
   → Text, M3, M10

6. Analysieren Sie das entwicklungspolitische Konzept und das Gesellschaftsmodell, das in der kulturrevolutionären Ära propagiert wurde.
   → Text, M12, M13

7. Mit welchen Mitteln strebte Deng die Überwindung der Rückständigkeit Chinas an? Welche Elemente umfasste die von ihm gesteuerte Reformpolitik? Wie begründete er die Öffnung seines Landes?
   → Text, M14, M16

8. Geben Sie die Position Dengs wieder, die er gegenüber dem westlich-liberalen Gedankengut bezog. Wie wurde sie begründet?
   → M15, M20

9. Aus welchen Gründen scheiterte die Demokratie-Bewegung 1989?
   → Text, M7

10. Welche symbolische Bedeutung haftet dem „Platz des Himmlischen Friedens" an?
    → Text, M17

11. Untersuchen Sie, welche Kritik der Dissident am politischen System seines Landes übt.
    → M18

12. Beschreiben Sie die gegenwärtige Situation der chinesischen Gesellschaft.
    → Text, M19

Fragen an die Geschichte

Welche Rolle spielt der Konfuzianismus in der Geschichte und Gegenwart Chinas?

In Bezug auf China, Japan, Korea und Vietnam spricht man von konfuzianisch geprägten Gesellschaftsordnungen. Dieser Kulturkreis und die Mentalität seiner Bewohner wurden wesentlich durch die Lehren des Konfuzius (chinesisch Kong Fu Zi) beeinflusst. Der „Meister aus dem Geschlecht der Kong" – so lautet die wörtliche Übersetzung– war einer der vielen Gelehrten, die im Lande umherwanderten. Mit seinem Namen verbindet sich eine philosophisch-sittliche Lehre, die in ihren Ursprüngen 2500 Jahre zurück reicht.

Konfuzius (551–479 v. Chr.) entwickelte seine Lehre vor dem Hintergrund von Konflikten feudaler Fürsten, Bürgerkriegen und politischem Chaos. Ihm ging es vorrangig darum, die gesellschaftliche Stabilität wieder herzustellen. Das entsprach der Sehnsucht der Bevölkerung nach Frieden. Das konfuzianische Gedankengebäude kann den Kontext seiner Entstehung nicht verleugnen: Es ist geprägt von der Suche nach Stabilität und Ordnung.

Im Gegensatz zum abendländischen Denken, das in seinem Kern die Individualisierung gefördert hat, betont Konfuzius die Einbindung des Einzelnen in die Gesellschaft. Dessen Pflicht bestehe darin, die egoistischen Ansprüche zurückzustellen. Die Grundlage für die Versittlichung der menschlichen Beziehungen sieht Konfuzius in der Anerkennung von Autorität und Ungleichheit. Er forderte die Unterordnung der Menschen allgemein unter den Kaiser, des Sohnes unter den Vater, der Frau unter den Mann. So erwachse aus dem als sittlich verstandenen Verhalten der einzelnen Gesellschaftsmitglieder das Wohl der gesamten Gesellschaft.

Die konfuzianische Lehre, die bis in die Gegenwart kulturprägend und im Alltagsbewusstsein vorhanden ist, betont also die Hierarchisierung der Gesellschaft und fordert die Anerkennung von Autoritäten. Nicht die Entfaltung des Individuums, sondern dessen Selbsteinbindung stand dabei im Mittelpunkt. Auf dieser Basis entstand im zweiten Jahrhundert durch die chinesischen Kaiser auch eine Staatsdoktrin mit ausgesprochen paternalistischen Zügen. Der Schutz vor dem Staat, der dem westlichen Menschenrechtsgedanken eigen ist, ist dem konfuzianischen Denken fremd. Auch darum besitzen in der chinesischen Rechtsauffassung Sozialrechte Vorrang vor Individualrechten.

Das maoistische China hat das konfuzianische Denken wiederholt als „reaktionär" verurteilt. Insbesondere während der Kulturrevolution (1966–1976) wurden anti-konfuzianische Massenkampagnen gestartet, in denen das konfuzianische Harmoniegebot angegriffen wurde. Das maoistische Klassenkampfkonzept widersprach ja der chinesischen Tradition. Andererseits hat die Führung in Peking nie gezögert, sich die autoritären Aspekte dieser Denktradition zu Nutze zu machen, wenn es ihr darum ging, ideologische „Linientreue" einzufordern.

Ein anderer Gesichtspunkt des konfuzianischen Menschenbildes ist die Betonung der Erziehung und des Lernens. Der Beamtenapparat im kaiserlichen China rekrutierte sich nicht auf Grund der Geburt, son-

Fragen an die Geschichte

dern es handelte sich um eine Bildungselite, die umfangreiche Prüfungen durchlaufen musste. Das in der Gegenwart so oft betonte Leistungsprinzip findet im Konfuzianismus seine Legitimation. Das asiatische Wirtschaftswunder ist gerade im konfuzianischen Einflussbereich besonders eindrucksvoll. So liegt es nahe, gerade auch in der Kultur eine Wurzel für das enorme Wirtschaftswachstum zu sehen. Bereits der konfuzianische Philosoph Menzius (372–289 v. Chr.) forderte eine Arbeitsethik, die Privateigentum, Gewinnstreben und persönlichen Leistungswillen einschloss, also Tugenden, die gleichsam wesentliche Aspekte der Wettbewerbsfähigkeit ausmachen. Ihre Ergänzung finden diese Wirtschaftstugenden in der Bildung von stabilen Netzwerken, die heutzutage die Festlandschinesen mit den Auslandschinesen in Nordamerika, Taiwan, Singapur, Indonesien und anderen Orten verbinden. Dafür ist der Ausdruck „Greater China" in den Sprachgebrauch eingegangen.

M 1 **Idealtypische Konfuzius-Abbildung**
Konfuzius – ein Bild, das sich die Nachwelt von ihm machte.

M 2 Asiatische Demokratie

Der Sinologe Oskar Weggel beleuchtet die kulturellen Hintergründe für die Eigenheiten asiatischer Demokratie- und Menschenrechtsvorstellungen:

Asiatische Institutionen haben, wie Deng Xiaoping es auszudrücken pflegte, eine „besondere Farbe" – angefangen vom „Sozialismus" bis hin zur „Demokratie". [...]

5 Die unterschiedlichen Prämissen [Voraussetzungen] beziehen sich auf das Wesen, den Zweck und den Entfaltungsraum von „Demokratie".

Was zunächst die Demokratie in ihren Grundeigenschaften anbelangt, so gilt sie in Asien, um es 10 nochmals zu betonen, keineswegs als Selbstzweck, der sich unmittelbar aus der Selbstbestimmung des Individuums ableitete und auf den Kampf um Mehrheiten hinausliefe, sondern als Mittel zum Zweck, d. h. zur optimalen Vereinheitlichung des 15 politischen Willens. „Demokratisierung" pflegt spontan in einen dialektischen Zusammenhang mit der „Zentralisierung" gebracht zu werden: In einer solchen Gegenüberstellung aber läuft „Demokratie" auf Vielheit, „Zentralismus" aber auf Einheit 20 hinaus. Damit ergibt sich sogleich auch ein dialektischer Bezug: Demokratie ohne Zentralismus nämlich wird mit Anarchie, Zentralismus ohne Demokratie aber mit Diktatur assoziiert. Erstrebenswert bleibt am Ende jener „Demokratische Zentralis- 25 mus", der die Mitte zwischen beiden Extremen auslotet und der übrigens auch zu einem Lieblingsbegriff der chinesischen Kommunisten geworden ist. [...] Während daher die Wirkung demokratischer Beschlüsse nach westlicher Auffassung bereits mit 30 der Stimmabgabe (und ihrer möglicherweise oft außerordentlich knappen Mehrheit) einsetzt, ist die Willensbildung nach asiatischen Vorstellungen die Vereinheitlichung divergierender Meinungen, bedarf also „konsultativer" Vorarbeit und bisweilen 35 auch sanften Drucks von Seiten der Gemeinschaft. Abstimmungen im formellen Sinn pflegen deshalb in aller Regel erst dann stattzufinden, wenn die Chance besteht, dass möglichst jedermann am gleichen Strang zieht, dass also Einstim- 40 migkeit gewährleistet ist. Wie unschwer zu ersehen, hängt diese Auffassung von Demokratie mit einem anderen Menschenbild zusammen.

Da in den meisten asiatischen Kulturen nicht das Subjekt, sondern das Inter-Subjektive Vorrang hat, dient Demokratie keineswegs vorrangig dem 45 Schutz des Individuums, sondern gerade umgekehrt dem Schutz des Ganzen vor allzu unverblümten Individual- und Partikularinteressen.

Diese überindividuelle Ausrichtung von Demokratievorstellungen hat zur Folge, dass zwischen Indivi- 50 duum und Gesamtheit sowie zwischen Gesellschaft und Staat kein Dualismus anerkannt wird und daher für typisch westliche Einrichtungen wie Gewaltenteilung oder die Einklagbarkeit subjektiver Rechte gegenüber dem Staat entweder überhaupt 55 kein Verständnis besteht oder dass solche westlichen Fremdkörper zwar gesetzestechnisch rezipiert, im Alltag aber nur widerwillig akzeptiert werden.

Die Vorstellung von der Existenz eines autonomen Individuums ist sämtlichen asiatischen Überliefe- 60 rungen gleichermaßen fremd. [...]

An keiner anderen Stelle unterscheidet sich „Asien" stärker von der europäischen Tradition als bei dieser ich-verneinenden Tradition des Menschenbilds. Kein Wunder, dass Ost und West gerade in der „Men- 65 schenrechts–Frage" oft aneinander vorbei reden.

Nicht das Recht des Einzelnen gegen den Staat findet in Asien Anerkennung; was vielmehr zählt, ist gerade umgekehrt das Recht des Ganzen gegenüber Einzelpersonen oder Gruppierungen, die auf Extra- 70 vaganzen zu verzichten und sich statt dessen an die Gemeinsamkeiten zu halten haben. Zu diesen besonders geschützten Gemeinschaftswerten – oder „Sozialrechten" – gehört an allererster Stelle das Recht auf „Ordnung und Harmonie", ferner das 75 „Recht auf Leben", aber auch das „Recht auf Frieden und Entwicklung" sowie auf eine heile Umwelt.

Gemeinschaftswerte dieses Kalibers haben Vorrang vor Individualansprüchen, die ja allemal mit Chaos und Konflikt assoziiert werden. Nicht die Einzelgerechtig- 80 keit, sondern die „Gesamtgerechtigkeit" im Sinne sozialer Symmetrie, gesellschaftlicher „Harmonie" und wechselseitigen Friedens steht also im Vordergrund!

O. Weggel, Wie mächtig wird Asien? Der Weg ins 21. Jahrhundert, München 1999, S. 100 ff.

Aufgaben

1. Fassen Sie die Lehren und Vorstellungen zusammen, die mit dem Namen „Konfuzius" in Verbindung gebracht werden.

2. In welcher Form nahm und nimmt die „konfuzianische Denkweise" Einfluss auf die chinesische Gesellschaft und Politik?

16. Der Weg zum vereinten Europa

Im November 1950 zerstörten Anhänger der paneuropäischen Bewegung deutsch-französische Grenzschranken und demonstrierten so für ein Vereintes Europa. Das Europa ohne Grenzen blieb allerdings noch für Jahrzehnte eine kühne Vision. Erst das Schengener Abkommen, das 1995 in Kraft trat, sieht den Abbau von Personenkontrollen vor und ermöglicht den freien Personenverkehr zwischen den meisten westeuropäischen Staaten.

Die Idee eines gemeinsamen Europa besitzt in den Verheerungen, die der Erste Weltkrieg hinterlassen hatte, eine ihrer Wurzeln. 1923 veröffentlichte Richard Graf Coudenhove-Kalergi (1894–1972), ein politischer Schriftsteller österreichisch-ungarischer Herkunft, einen Artikel mit dem Titel: „Paneuropa – ein Vorschlag". Er sah in einem europäischen Staatenbund die einzige Möglichkeit, einen neuen Krieg zu verhindern. Aufgrund seiner Initiative bildete sich die Pan-Europa-Bewegung (1923), die bei vielen Schriftstellern und Intellektuellen auf fruchtbaren Boden fiel. Auch Politiker wie der deutsche Außenminister Gustav Stresemann und sein französischer Partner Aristide Briand besaßen viel Sympathie für die Idee einer Annäherung der europäischen Staaten. Im Nachhinein wird aber deutlich, dass die Zeit für einen solchen Schritt offensichtlich noch nicht reif war. Der Nationalismus erwies sich rückblickend betrachtet als zu dominant. Erst nach der zweiten europäischen Katastrophe im 20. Jahrhundert – NS-Diktatur und Zweiter Weltkrieg – und angesichts der Expansion der Sowjetunion ebnete sich der Weg für die europäische Einigung. Diesmal fand die Idee eines europäischen Zusammenschlusses stärkere Unterstützung, wobei gleichermaßen der Wunsch nach Frieden als auch die gemeinsame Gefahrenabwehr gegenüber dem Kommunismus eine Rolle spielten. In der Zeit des Kalten Krieges ab 1947 unterstützten auch die USA nachhaltig die Initiativen von zunächst einzelnen Politikern. Zu den weitsichtigen Politikern gehörte unter anderem der britische Premierminister Winston Churchill. Er sprach sich bereits 1946 in seiner berühmten Züricher Rede für die Schaffung der Vereinigten Staaten von Europa aus. Der französische Außenminister Robert Schuman arbeitete auf eine deutsch-französische Annäherung hin, wohl wissend, dass ein gemeinsames Europa die Überwindung der „deutsch-französischen Erbfeindschaft" voraussetze. Er schlug vor, die gesamte Kohle- und Stahlproduktion zusammenzulegen und einer unabhängigen Behörde zu unterstellen. Dahinter stand auch die Überlegung, auf diese Weise die Rüstungspotenziale der beteiligten Länder zu kontrollieren.

Neben Robert Schuman traten der französische Wirtschaftspolitiker Jean Monnet, der italienische Ministerpräsident Alcide De Gasperi und der deutsche Bundeskanzler Konrad Adenauer als Europapolitiker der ersten Stunde hervor. Von deutscher Seite sah man in der europäischen Annäherung einen Weg, das durch die nationalsozialistische Politik geächtete Land wieder in die Völkergemeinschaft zurückzuführen.

16.1 Die Europäische Union: Geschichte und Gegenwart

Im 20. Jahrhundert bekamen freiheitliche Ideen im Hinblick auf die Einigung des Kontinents deutliche Umrisse. Denn der Erste Weltkrieg hatte nicht nur die Mittelmächte, sondern auch die Siegerstaaten demografisch, ökonomisch und finanziell zurückgeworfen. Noch unter dem Eindruck des Weltkriegs stehend, veröffentlichte der Graf Coudenhove-Kalergi (1894–1972) 1923 seine Schrift „Pan-Europa", in der er für eine Überwindung der Zersplitterung und für einen europäischen Staatenbund plädierte.

Nach dem Zweiten Weltkrieg erhielt das Streben nach einem Zusammenschluss Europas neue Impulse. Verschiedene Motive waren dafür ausschlaggebend:

- *Friedensbewahrung:* Die Geschichte der europäischen Nationalstaaten war eine lange Kette von bewaffneten Konflikten mit dem Zweiten Weltkrieg als dem zerstörerischen Tiefpunkt. Es galt folglich, der europäischen Selbstzerstörung Einhalt zu gebieten.
- *Kultur- und Wertegemeinschaft:* Trotz nationaler und regionaler Unterschiede gibt es eine Gemeinsamkeit der europäischen Kultur.
- *Wirtschaft:* Der Wiederaufbau nach dem Zweiten Weltkrieg sowie die Steigerung der internationalen Wettbewerbsfähigkeit ließen die Schaffung eines wirtschaftlichen Großraums sinnvoll erscheinen.

Nach 1945 wurde von einigen weitblickenden Politikern aus dem Geist der Aussöhnung heraus die deutsch-französische Annäherung betrieben. Den Deutschen fiel es vergleichsweise leicht, sich den Europa-Gedanken zu eigen zu machen. Die post-nationale Gesinnung einer Mehrheit muss als Reaktion auf die nationalsozialistischen Verbrechen verstanden werden. Das „Dritte Reich" hatte als Folge seiner Gewalttaten die nationale Identität der Deutschen zutiefst verletzt. In Frankreich lagen die Dinge anders. Dort dominierte nach der Befreiung der Nationalstaatsgedanke. Dort blieben auch die Abgrenzung von den USA und das Großmachtbestreben lebendig. Die französischen Eliten verschlossen sich einer tief greifenden Vergemeinschaftungspolitik, und an ihnen scheiterte auch 1954 das Projekt einer Europäischen Verteidigungsgemeinschaft (EVG), die die Verschmelzung der nationalen Streitkräfte vorgesehen hatte. Folgerichtig sprach sich Charles de Gaulle – Präsident Frankreichs von 1958 bis 1969 – wiederholt nur für ein „Europa der Vaterländer" aus, wobei er für Frankreich eine politische Führungsrolle beanspruchte.

M 1 „Hoffentlich entwickelt sich das Ding besser als die Sicherheitsnadel."
An der Nähmaschine der französische Außenminister Robert Schuman; die Sicherheitsnadeln beinhalten eine Anspielung auf die Maginot-Linie, dem zwischen 1929 und 1932 erbauten Befestigungssystem an der französischen Nordostgrenze, Karikatur von Klaus Pielert.

Der Europarat

Der Europarat war nach dem Weltkrieg der erste Zusammenschluss europäischer Staaten in Form einer ständigen Institution. Ihm gehören gegenwärtig 47 Staaten an (Stand 2010). Der Europarat mit Sitz in Straßburg stellt kein Organ der Europäischen Union dar, und seine Arbeit steht ganz im Schatten der EU. Der Europarat hat mitgewirkt, eine europäische Rechtsgemeinschaft zu schaffen. Die „Europäische Konvention der Menschenrechte und Grundfreiheiten" (1950) stellt das bedeutendste Dokument des Europarats dar. Der ihm zugeordnete „Europäische Gerichtshof für Menschenrechte" (1959) ist für die Überwachung und Einhaltung von Menschenrechten zuständig.

Europäische Gemeinschaft

Die Initiativen für eine Zusammenführung der europäischen Staaten mündeten zunächst in der Gründung der Europäischen Gemeinschaft für Kohle und Stahl (1951). Dieses Projekt zielte auch darauf ab, die Rüstungspotenziale der beteiligten Länder zu kontrollieren. Durch die Vernetzung der Basisindustrien sollte ein Krieg für alle Zukunft ausgeschlossen sein.

Die Bundesrepublik Deutschland, Frankreich, Italien und die BeNeLux-Länder – allesamt Mitglieder der EGKS – unterzeichneten 1957 die Verträge von Rom und setzten mit der Europäischen Wirtschaftsgemeinschaft (EWG) die Integration fort. Der EWG-Vertrag beinhaltet:

- Die Freiheit des Warenverkehrs zielte auf den Abbau von Zöllen und Beschränkungen.
- Die Freiheit des Zahlungs- und Kapitalverkehrs baute die Beschränkung im Devisen- und Wertpapierhandel ab.
- Die Freiheit der Arbeitskraft bedeutete die berufliche Entfaltung eines EWG-Bürgers in der Gemeinschaft. Das „Marktbürgerrecht" beinhaltet das Recht auf Freizügigkeit, die Ausübung von beruflichen Tätigkeiten und die Gewährleistung sozialer Sicherheit in jedem Mitgliedstaat.

M 2 **Unterzeichnung der Römischen Verträge am 25. März 1957**
Rechts neben Bundeskanzler Konrad Adenauer der spätere erste Präsident der EWG-Kommission Walter Hallstein

Nach der Fusion von EWG, EGKS und der Europäischen Atomgemeinschaft (Euratom) sprach man seit 1967 von der Europäischen Gemeinschaft (EG). Erst 1986 erfolgte eine Vertragsänderung. Die Mitgliedstaaten der EG unterzeichneten in Erweiterung der Römischen Verträge von 1957 die Einheitliche Europäische Akte.

Einheitliche Europäische Akte

Sie verpflichtete die EG-Mitglieder, bis zum 31. Dezember 1992 einen „Raum ohne Binnengrenzen" zu verwirklichen, das heißt den freien Verkehr von Kapital, Waren, Dienstleistungen und Personen sicherzustellen.

Der Abbau der Binnengrenzen brachte eine Fülle von Problemen mit sich. Vor einer uneingeschränkten Öffnung der Grenzen mussten die jeweils nationalen Bestimmungen einander angeglichen werden, wenn nicht Wettbewerbsverzerrungen und neue Konflikte eintreten sollten.

Mit dem Beschluss der europäischen Staats- und Regierungschefs, einen einheitlichen Wirtschaftsraum bis Ende 1992 zu verwirklichen, war die Europäische Gemeinschaft (EG) in eine neue Entwicklungsphase eingetreten. Als Fernziel wurde eine politische Union, als ein fester Zusammenschluss der EG-Mitglieder, angestrebt. Dies geschah durch den Vertrag von Maastricht, der am 1. November 1993 in Kraft trat.

Europäische Union

Der Vertrag von Maastricht – so benannt nach dem Tagungsort der EU-Staats- und Regierungschefs – sah einen noch festeren Zusammenschluss der EU-Staaten vor. Der Vertrag beinhaltet Folgendes:
- Einführung einer Unionsbürgerschaft: Die EU-Bürger haben das Recht, sich im Hoheitsgebiet der Union frei zu bewegen.
- Schaffung einer Wirtschafts- und Währungsunion (bis 1999).
- Stärkung der Rechte des Europäischen Parlaments.
- Gemeinsame Außen- und Sicherheitspolitik: Diesbezüglich war der Vertrag unverbindlich formuliert und hatte mehr den Charakter einer Absichtserklärung.

Währungsunion

Am 1. Januar 1999 wurde in elf Ländern der EU der Beschluss zur Europäischen Wirtschafts- und Währungsunion in die Praxis umgesetzt. Seit dem 1. Januar 2002 ist der EURO alleiniges gesetzliches Zahlungsmittel. Mit dem EURO wurde eine neue Qualität der Integration erreicht. Die Europäische Zentralbank (EZB) hat ihren Sitz in Frankfurt am Main.

Der parallel dazu in Kraft getretene Amsterdamer Vertrag (1997) verstärkte die außen- und sicherheitspolitische Zusammenarbeit der EU-Staaten. Mit ihm wurde auch das sogenannte Schengener Abkommen in das EU-Recht aufgenommen. Das Schengener Abkommen von 1995 – so benannt nach einem kleinen Ort in Luxemburg – regelt die Bewegungfreiheit zwischen den Vertragsstaaten. Die Abschaffung der Personen- und Warenkontrollen wird durch strengere Kontrollen an den Außengrenzen der EU ausgeglichen.

Erweiterung der EU

Nach dem Ende des Ost-West-Konflikts stellte sich die Frage, wie der bis dahin zerrissene Kontinent Europa wieder zusammengeführt werden könne. Die ethnischen Konflikte, zum Beispiel auf dem Balkan,

M 3

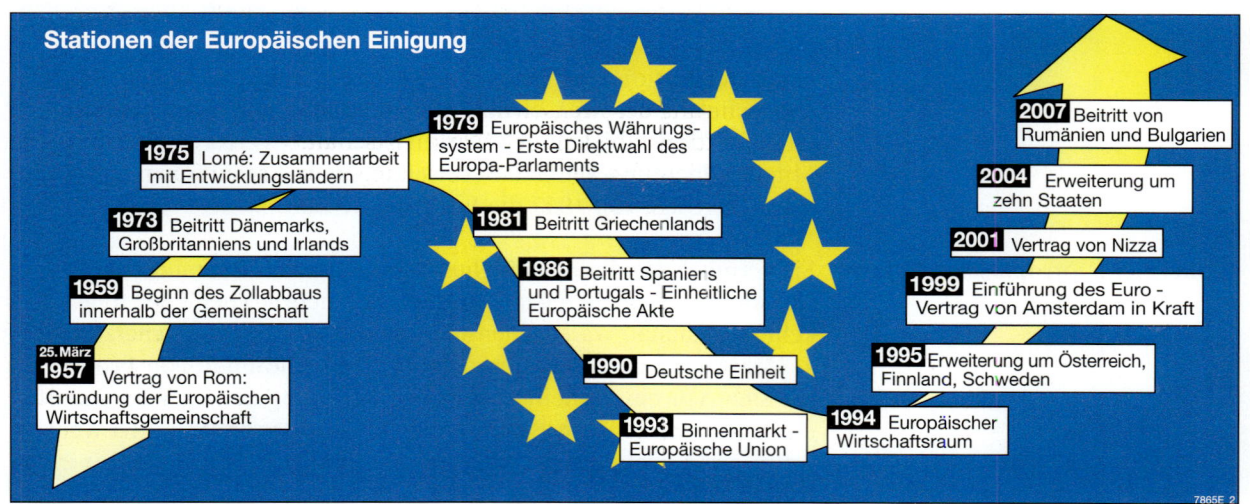

Stationen der Europäischen Einigung

- **1957** 25. März Vertrag von Rom: Gründung der Europäischen Wirtschaftsgemeinschaft
- **1959** Beginn des Zollabbaus innerhalb der Gemeinschaft
- **1973** Beitritt Dänemarks, Großbritanniens und Irlands
- **1975** Lomé: Zusammenarbeit mit Entwicklungsländern
- **1979** Europäisches Währungssystem - Erste Direktwahl des Europa-Parlaments
- **1981** Beitritt Griechenlands
- **1986** Beitritt Spaniers und Portugals - Einheitliche Europäische Akte
- **1990** Deutsche Einheit
- **1993** Binnenmarkt - Europäische Union
- **1994** Europäischer Wirtschaftsraum
- **1995** Erweiterung um Österreich, Finnland, Schweden
- **1999** Einführung des Euro - Vertrag von Amsterdam in Kraft
- **2001** Vertrag von Nizza
- **2004** Erweiterung um zehn Staaten
- **2007** Beitritt von Rumänien und Bulgarien

7865E 2

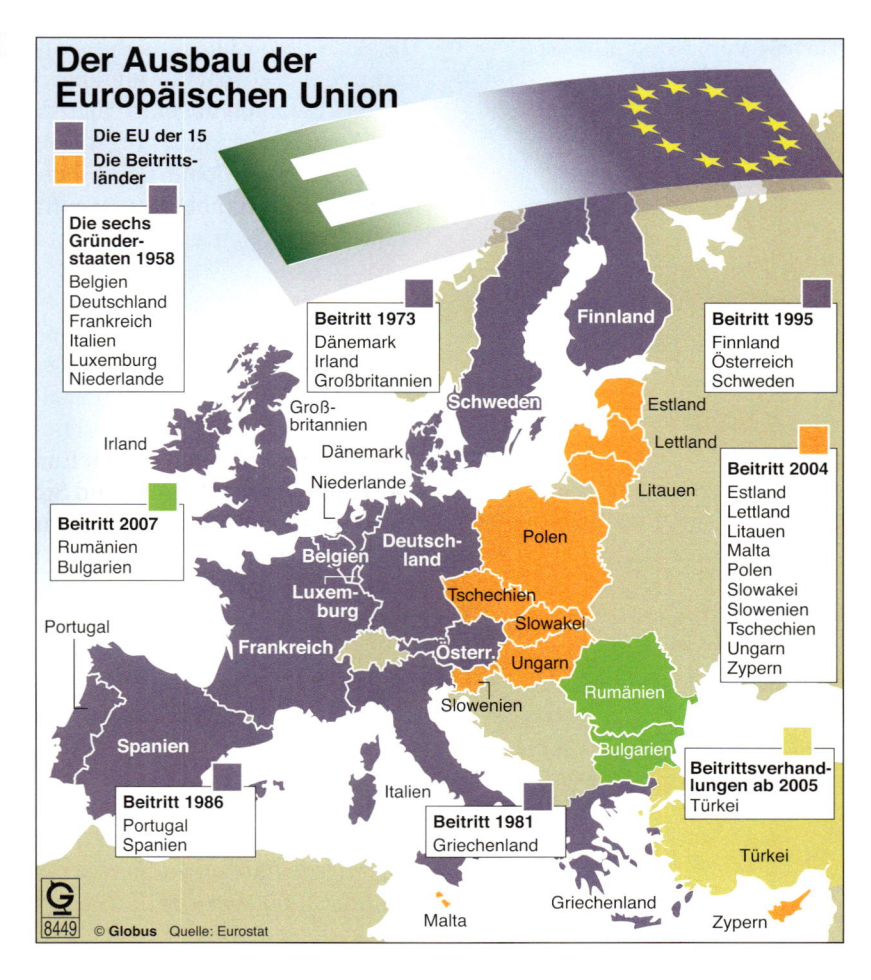

M 4

Der Ausbau der Europäischen Union

Die EU der 15
Die Beitrittsländer

Die sechs Gründerstaaten 1958
Belgien
Deutschland
Frankreich
Italien
Luxemburg
Niederlande

Beitritt 1973
Dänemark
Irland
Großbritannien

Beitritt 1995
Finnland
Österreich
Schweden

Beitritt 2004
Estland
Lettland
Litauen
Malta
Polen
Slowakei
Slowenien
Tschechien
Ungarn
Zypern

Beitritt 2007
Rumänien
Bulgarien

Beitritt 1986
Portugal
Spanien

Beitritt 1981
Griechenland

Beitrittsverhandlungen ab 2005
Türkei

© **Globus** Quelle: Eurostat 8449

überzeugten viele Politiker davon, dass man den Menschen eine EU-Perspektive geben müsse. Nur eine politische und wirtschaftliche Stabilisierung der ehemals kommunistischen Länder garantiere Frieden und Sicherheit im „europäischen Haus".

Die Erweiterung der EU wird als ein wirkungsvolles Mittel gesehen, den Rückfall in Krieg und Diktatur zu verhindern. Es ging der EU also um die Stärkung der demokratischen Kräfte. Von den Beitrittsländern mussten folgende Bedingungen erfüllt werden:

- Vorhandensein einer demokratischen und rechtsstaatlichen Ordnung,
- Wahrung der Menschenrechte und Schutz von Minderheiten,
- Funktionsfähigkeit der Marktwirtschaft,
- Verpflichtung, die EU-Bestimmungen und rechtlichen Regelungen zu übernehmen.

Die 2004 vollzogene Erweiterung der EU um zehn Länder stellte eine außerordentliche organisatorische Herausforderung dar. Mit der Vergrößerung verlagerte sich nicht nur der Schwerpunkt der EU nach Osten. Der Beitritt von vielen Ländern mit geringer Wirtschaftskraft verstärkte auch innerhalb der EU das Wohlstandsgefälle. Im Durchschnitt erreichte das Pro-Kopf-Einkommen der Beitrittsländer nur 50 Prozent der EU. Daraus ergaben sich beträchtliche Belastungen für das Finanzsystem.

Vertrag von Nizza

Die nach dem Zusammenbruch des Kommunismus angestrebte Erweiterung der EU machte umfangreiche institutionelle Änderungen notwendig. Letztlich ungelöst blieb dabei die Frage, wie eine Vergrößerung der EU mit einer Vertiefung in Einklang zu bringen sei. Der Vertrag von Nizza (2001) brachte keine befriedigende Antwort und beinhaltete höchst unpraktikable Bestimmungen. Daher wurde der Ruf nach einer umfassenden Neuregelung laut.

Europäische Verfassung

Vor diesem Hintergrund ist auch das Projekt einer europäischen Verfassung zu sehen. Diese sollte – parallel zur Erweiterung – die EU nach innen festigen und die Handlungs- bzw. Regierungsfähigkeit sicherstellen. Grundrechtsgarantien für alle EU-Bürger, vermehrte Mitentscheidungsrechte für das Europäische Parlament sowie eine Vertiefung der Beschlussformalitäten bildeten wesentliche Inhalte der neuen Verfassung. Der entsprechende Vertrag wurde 2004 von den europäischen Staats- und Regierungschefs unterzeichnet. Nachdem aber im Jahre 2005 eine Mehrheit der Bevölkerung in Frankreich und in den Niederlanden sich gegen die Verfassung ausgesprochen hatte, war das Projekt „Europäische Verfassung" in der bisherigen Form gescheitert.

Vertrag von Lissabon

Das Scheitern des Verfassungsvertrags veranlasste die EU-Staaten, einen zweiten Anlauf zu unternehmen, die Union demokratischer, transparenter und effizienter zu machen. Der Vertrag von Lissabon (2007) verzichtet dabei absichtlich auf den Begriff „Verfassung". Auch werden nationalstaatliche Symbole, wie zum Beispiel Fahne und Hymne, nicht mehr erwähnt, um den Gegnern des Projektes keine unnötigen Angriffsflächen zu bieten.

Ende 2009 war der Ratifizierungsprozess in allen 27 EU-Staaten abgeschlossen. Damit erhielt der Vertrag seine völkerrechtliche Gültigkeit und konnte am 1. Dezember 2009 in Kraft treten. Der EU-Reformvertrag von Lissabon beinhaltet eine Vielzahl von Änderungen. Die wichtigsten sind:

- Das neue Amt des „Präsidenten des Europäischen Rats": Der Präsident leitet die Treffen der Staats- und Regierungschefs.
- Das neu geschaffene Amt eines „Hohen Vertreters für die Gemeinsame Außen- und Sicherheitspolitik",
- der „Europäische Rat" der Staats- und Regierungschefs wird nunmehr ein offizielles EU-Organ. In diesem Gremium erfolgt die allgemeine politische Zielsetzung der EU.
- Im „Rat der Europäischen Union" (Ministerrat) werden Entscheidungen grundsätzlich mit Mehrheit gefällt – und zwar nach dem Prinzip der doppelten Mehrheit von Staaten und Bevölkerung.
- Das EU-Parlament erhält eine erhebliche Aufwertung: Die Mitentscheidung bei der Gesetzgebung wird zur Regel. Zukünftig wird der Kommissionspräsident vom Parlament gewählt.

Noch stellen die einzelnen (National-)Staaten den primären Bezugspunkt der Bürger dar. Ein europäisches Volk gibt es (noch) nicht. In allen Ländern ist ein beträchtlicher Widerstand gegen die Brüsseler Zentralisierungsbestrebungen vorhanden. Viele Menschen sehen ihr Selbstbestimmungsrecht in Gefahr, wobei sich bei den Volksabstimmungen ein ums andere Mal zeigt, dass Abstimmungen über Europa durch nationale Konflikte und Probleme überlagert werden.

M 5 Das Europäische Haus im Bau
Karikatur von Frederick Deligne, 2008

M 6 Die Vereinigten Staaten von Europa

*Der britische Premierminister Winston Churchill[1]
trug am 19. September 1946 in Zürich folgende
Gedanken vor:*

Wir müssen etwas wie die Vereinigten Staaten von
Europa schaffen. Nur so können Hunderte von
Millionen schwer arbeitender Menschen wieder
die einfachen Freuden und Hoffnungen zurück-
5 gewinnen, die das Leben lebenswert machen. Das
Verfahren ist einfach. Was wir benötigen, ist der
Entschluss von Hunderten von Millionen Männern
und Frauen, Recht statt Unrecht zu tun und als
Lohn Segen statt Fluch zu ernten.
10 [...]
Ich spreche jetzt etwas aus, das Sie in Erstaunen
setzen wird. Der erste Schritt bei der Neugründung der europäischen Familie muss eine Partnerschaft zwischen Frankreich und Deutschland
15 sein. Nur auf diese Weise kann Frankreich die
moralische Führung Europas wiedererlangen.
Es gibt kein Wiederaufleben Europas ohne ein
geistig großes Frankreich und ein geistig großes
Deutschland.
20 Die Struktur der Vereinigten Staaten von Europa,
wenn sie gut und echt errichtet wird, muss so sein,
dass die materielle Stärke eines einzelnen Staates
von weniger großer Bedeutung ist. Kleine Nationen zählen ebensoviel wie große und erwerben
25 sich ihre Ehre durch ihren Beitrag zu der gemeinsamen Sache.
Die alten Staaten und Fürstentümer Deutschlands, frei vereint aus Gründen gegenseitiger
Zweckmäßigkeit in einem Bundessystem, können
30 alle ihren individuellen Platz in den Vereinigten
Staaten von Europa einnehmen.
Ich versuche nicht, ein ausführliches Programm zu
entwerfen für hunderte von Millionen Menschen,
die glücklich und frei sein wollen, zufrieden und
35 sicher, die die vier Freiheiten, von denen der große Präsident Roosevelt sprach, genießen [wollen]
und nach den in der Atlantik-Charta[2] verankerten
Grundsätzen leben wollen. Ist dies ihr Wunsch,
so müssen sie es nur sagen, und gewiss finden
40 sich Mittel und Möglichkeiten, um diesen Wunsch
Wirklichkeit werden zu lassen.

1 britischer Premierminister von 1940–1945 und 1951–1955

2 Erklärung von Churchill und US-Präsident Roosevelt über
die Grundsätze der Nachkriegspolitik (1941): u. a. Selbstbestimmungsrecht der Völker, System kollektiver Sicherheit

Zit. nach: C. Gasteyger, Europa zwischen Spaltung und Einigung
1945–1990, Bonn 1990, S. 39 f.

M 7 Europäische Gemeinschaft für Kohle und Stahl

*Der französische Außenminister Robert Schuman
erklärte am 9. Mai 1950 in Paris:*

Europa lässt sich nicht mit einem Schlag herstellen
und auch nicht durch eine einfache Zusammenfassung: Es wird durch konkrete Tatsachen entstehen,
die zunächst eine Solidarität der Tat schaffen. Die
Vereinigung der europäischen Nationen erfordert, 5
dass der Jahrhunderte alte Gegensatz zwischen
Frankreich und Deutschland ausgelöscht wird. Das
begonnene Werk muss in erster Linie Deutschland
und Frankreich umfassen. Zu diesem Zweck schlägt
die französische Regierung vor, in einem begrenz- 10
ten, doch entscheidenden Punkt sofort zur Tat zu
schreiten. Die französische Regierung schlägt vor,
die Gesamtheit der französisch-deutschen Kohle-
und Stahlproduktion unter eine gemeinsame Hohe
Behörde zu stellen, in einer Organisation, die den 15
anderen europäischen Ländern zum Beitritt offen
steht. Die Zusammenlegung der Kohle- und Stahlproduktion wird sofort die Schaffung gemeinsamer
Grundlagen für die wirtschaftliche Entwicklung
sichern – die erste Etappe der europäischen Föde- 20
ration – und die Bestimmung jener Gebiete ändern,
die lange Zeit der Herstellung von Waffen gewidmet
waren, deren sicherste Opfer sie gewesen sind. Die
Solidarität der Produktion, die so geschaffen wird,
wird bekunden, dass jeder Krieg zwischen Frank- 25
reich und Deutschland nicht nur undenkbar, sondern materiell unmöglich ist.

Zit. nach: H. Teske, Europa zwischen gestern und morgen, Köln
1988, S. 32 f.

M 8 Karikatur zum Schuman-Plan

Beseelt vom Geiste Gustav Stresemanns, des deutschen
Außenministers der Weimarer Republik, baut Bundes-
kanzler Konrad Adenauer an der deutsch-französischen
Verständigung. Rechts protestiert der sozialdemokratische
Oppositionsführer Kurt Schumacher.

Abendländisches Europa

Charles de Gaulle – von 1958 bis 1969 französischer Staatspräsident – stellt seine europapolitischen Vorstellungen dar:

Ich glaube, dass heute wie in allen verflossenen Epochen die Einigung Europas nicht im Verschmelzen der Völker liegen, sondern nur das Ergebnis ihrer systematischen Annäherung sein kann, sein muss.
5 Alles drängt sie dazu in unserer Zeit des Massenaustausches, der gemeinsamen Unternehmungen, der Wissenschaft und Technik, die keine Grenzen mehr kennen, in dieser Welt der schnellen Verbindungen und des vervielfachten Reisens. Meine Politik gilt
10 daher der Einrichtung des Konzerts der europäischen Staaten, um so deren Solidarität wachsen zu lassen, indem sie untereinander die mannigfaltigsten Bande knüpfen und festigen. [...]
Praktisch bedeutet diese Überlegung: die Wirt-
15 schaftsgemeinschaft der Sechs in die Tat umzusetzen, deren regelmäßige Abstimmung im politischen Bereich herbeizuführen und dafür zu sorgen, dass gewisse andere, vor allem Großbritannien, das Abendland nicht in ein atlantisches System hinein-
20 ziehen, das unvereinbar wäre mit jeder Möglichkeit eines europäischen Europa, sondern dass sich diese Zentrifugalen entschließen, durch eine Änderung ihrer Gesinnung, Gewohnheiten und Abnehmer [von Wirtschaftsgütern] mit dem Kontinent zusam-
25 menzugehen. [...] Welch tiefer Illusion und Voreingenommenheit muss man verfallen, um glauben zu können, europäische Nationen, die der Hammer ungezählter Mühen und zahlloser Leiden auf dem Amboss der Jahrhunderte schmiedete, deren jede
30 ihre eigene Geografie, ihre Geschichte, ihre Sprache, ihre besonderen Traditionen und Institutionen hat, könnten ihr Eigenleben ablegen und nur noch ein einziges Volk bilden?

Ch. de Gaulle, Memoiren der Hoffnung, Wien 1971, S. 207 ff. Zit. nach: Deutschland und Europa, Nr. 51/2006, S. 55.

Der Weg nach Europa

Der Historiker Hagen Schulze weist auf die historischen Wurzeln des Europa-Gedankens hin:

Der europäische Widerstand gegen Hitlers Diktatur war eine Wurzel der Europabewegung nach dem Zweiten Weltkrieg; eine andere war der Kalte Krieg: Ohne die beiden großen Despoten des 20. Jahrhun-
5 derts, Hitler und Stalin, wäre eine europäische Einigungsbewegung, die das erste Mal in der Geschichte des Kontinents dauerhafte, übernationale Institutionen hervorbringen sollte, nicht möglich gewe-

sen. Der Blick auf die Entwicklung des europäischen „Wir"-Gefühls von der Schlacht von Salamis[1] bis in 10 die Gegenwart gibt dafür eine ebenso einfache wie bedrückende Erklärung: Europa hat sich immer nur gegen etwas, nie für etwas zusammenschließen können. Europa erlebt seine Einheit vor allem dann, wenn es um die Abwehr geht, und es verliert diese 15 Einheit, wenn die Gefahr geschwunden ist. Wenn die Araber in Gallien einfielen und bei Tours und Poitiers geschlagen wurden, wenn die Mongolen über Ungarn und Schlesien hereinbrachen, wenn die Türken vor Wien standen, wurde die Einheit Euro- 20 pas ebenso beschworen wie angesichts des chinesischen Boxer-Aufstands von 1900, in dem die Angstfantasien vor der „Gelben Gefahr" ihre Evidenz[2] zu finden schienen, und zu dessen Niederschlagung sich noch vierzehn Jahre vor dem Ersten Weltkrieg, 25 als Nationalismus und Imperialismus den Blick auf gesamteuropäische Zusammenhänge schon weitgehend versperrt hatten, ein gesamteuropäisches Expeditionskorps zusammenfinden konnte.
Die Gefahr eines neuen Weltkriegs, eines Angriffs 30 der Truppen des Warschauer Pakts auf Westeuropa, wurde zwar durch das zwischen Ost und West herrschende nukleare Patt [hier: Gleichstand] verringert, aber sie hatte seit dem Ausbruch des Koreakriegs 1950 beträchtliche Nahrung erhalten, sodass 35 nicht nur die Bereitschaft der Westeuropäer zum militärischen Zusammenschluss wuchs, sondern auch die Erkenntnis, dass die ökonomischen, militärischen und politischen Verflechtungen eine Abwendung von isolierter, nationalstaatlicher Poli- 40 tik erforderten. Als Winston Churchill in seiner Züricher Rede vom 19. Dezember 1946 die Schaffung der „Vereinigten Staaten von Europa" forderte, die, zu diesem Zeitpunkt noch eine schockierende Idee, auf der Partnerschaft zwischen Frankreich und 45 Deutschland beruhen sollte, da nahm er Großbritannien noch aus; das war im Geist der klassischen britischen Balance-of-power-Politik gedacht, die das unruhige Europa vor den Toren Englands durch Paktsysteme ruhig zu stellen suchte, um sich selbst 50 den überseeischen Interessen ihrer britischen Majestät zu widmen. Aber der Zusammenbruch des britischen wie des französischen Kolonialreichs machte im Laufe der 50er-Jahre deutlich, dass die Zeit europäischer Weltherrschaft für immer been- 55 det, dass Europa ganz auf sich selbst zurückgeworfen worden war und nur dann eigenes Gewicht im Bündnis mit den Vereinigten Staaten behalten konnte, wenn es seine verbliebenen Kräfte bündelte und konzentrierte. Die Gründung des 60 „Gemeinsamen Markts für Kohle und Stahl" 1951,

auch „Montanunion" genannt, durch die die Produktion von Kohle und Stahl in Frankreich, Deutschland, den Niederlanden, Belgien und
65 Luxemburg einer gemeinsamen Behörde unterstellt wurde, war der erste Schritt zu einer wirtschaftlichen Verflechtung Europas, an deren vorläufigem Ende die heutige „Europäische Union" mit ihrem mächtigen Überbau von Kommissionen,
70 Räten, Generaldirektorien und Bürokraten steht.

1 Sieg der griechischen Flotte über die Perser (480 v. Chr.)

2 dem Augenschein entsprechend

H. Schulze, Staat und Nation in der europäischen Geschichte, München 1994, S. 327 f.

M 11 Berliner Erklärung

Anlässlich des 50. Jahrestages der Unterzeichnung der Römischen Verträge entstand das folgende Dokument über die Zukunft Europas – unterzeichnet von den Repräsentanten des Europäischen Parlaments, des Europäischen Rates und der Europäischen Kommission (25. März 2007):

Europa war über Jahrhunderte eine Idee, eine Hoffnung auf Frieden und Verständigung. Diese Hoffnung hat sich erfüllt. Die europäische Einigung hat uns Frieden und Wohlstand ermöglicht. Sie hat
5 Gemeinsamkeit gestiftet und Gegensätze überwunden. […]
I. Wir verwirklichen in der Europäischen Union unsere gemeinsamen Ideale: Für uns steht der Mensch im Mittelpunkt. Seine Würde ist unantastbar. Seine
10 Rechte sind unveräußerlich. Frauen und Männer sind gleichberechtigt. Wir streben nach Frieden und Freiheit, nach Demokratie und Rechtstaatlichkeit, nach gegenseitigem Respekt und Verantwortung, nach Wohlstand und Sicherheit, nach Toleranz und
15 Teilhabe, Gerechtigkeit und Solidarität. Wir leben und wirken in der Europäischen Union auf eine einzigartige Weise zusammen. Dies drückt sich aus in dem demokratischen Miteinander von Mitgliedstaaten und europäischen Institutionen. Die Europäische Union gründet sich auf Gleichberechtigung 20 und solidarisches Miteinander. So ermöglichen wir einen fairen Ausgleich der Interessen zwischen den Mitgliedstaaten. Wir wahren in der Europäischen Union die Eigenständigkeit und die vielfältigen Traditionen ihrer Mitglieder. Die offenen Grenzen und 25 die lebendige Vielfalt der Sprachen, Kulturen und Regionen bereichern uns. […]
II. Wir stehen vor großen Herausforderungen, die nicht an nationalen Grenzen haltmachen. Die Europäische Union ist unsere Antwort darauf. 30 Nur gemeinsam können wir unser europäisches Gesellschaftsideal auch in Zukunft bewahren zum Wohl aller Bürgerinnen und Bürger der Europäischen Union. Dieses europäische Modell vereint wirtschaftlichen Erfolg und soziale Verantwortung. 35 Der Gemeinsame Markt und der Euro machen uns stark. So können wir die zunehmende weltweite Verflechtung der Wirtschaft und immer weiter wachsenden Wettbewerb auf den internationalen Märkten nach unseren Wertvorstellungen gestal- 40 ten. Europas Reichtum liegt im Wissen und Können seiner Menschen: Dies ist der Schlüssel zu Wachstum, Beschäftigung und sozialem Zusammenhalt. Wir werden den Terrorismus und die organisierte Kriminalität gemeinsam bekämpfen. Die Freiheits- 45 und Bürgerrechte werden wir dabei auch im Kampf gegen ihre Gegner verteidigen. Rassismus und Fremdenfeindlichkeit dürfen nie wieder eine Chance haben. Wir setzen uns dafür ein, dass Konflikte in der Welt friedlich gelöst und Menschen nicht Opfer 50 von Krieg, Terrorismus oder Gewalt werden. Die Europäische Union will Freiheit und Entwicklung in der Welt fördern. Wir wollen Armut, Hunger und Krankheiten zurückdrängen. Dabei wollen wir auch weiter eine führende Rolle einnehmen. Wir 55 wollen in der Energiepolitik und beim Klimaschutz gemeinsam vorangehen und unseren Beitrag leisten, um die globale Bedrohung des Klimawandels abzuwenden.

Zit. nach: Europäisches Parlament (Hg.), Europa 2007 (Beilage).

Aufgaben

1. Rekapitulieren Sie die einzelnen Schritte, die zur Europäischen Union führten. → Text, M10

2. Fassen Sie die Begründungen zusammen, mit denen Coudenhove-Kalergi, Briand und Churchill für die Vereinigung Europas an die Öffentlichkeit traten. → Text, M6, M10

3. Analysieren Sie die zugrunde liegenden Ideen, die Schuman bewegten, eine Gemeinschaft für Kohle und Stahl zu bilden. → Text, M7, M8

4. Wie beurteilen Sie die europapolitischen Vorstellungen von Charles de Gaulle? → Text, M9

5. Diskutieren Sie die Frage, ob es eine gemeinsame europäische Kultur bzw. gemeinsame europäische Ideale gibt. → M11

16.2 Institutionen und Funktionsweise der Europäischen Union

Die EU hat staatsrechtlich betrachtet einen einzigartigen Zuschnitt. Sie stellt mehr als einen Staatenbund dar, hat aber doch weniger Kompetenzen als ein Staat. Das Bundesverfassungsgericht sprach daher von einem „Staatenverbund".

Die Hauptorgane der EU sind:

- die Europäische Kommission,
- der Ministerrat und „Europäischer Rat",
- das Europäische Parlament,
- der Europäische Gerichtshof.

Die Kommission

Die Europäische Kommission ist das Exekutivorgan der EU. Sie sorgt für die Durchführung der Verträge und der Beschlüsse des Ministerrats und ist nicht an Weisungen der nationalen Regierungen gebunden. Die Kommission hat das Initiativrecht gegenüber dem Ministerrat, der in der Regel auf Vorschlag der Kommission tätig wird. Die Europäische Kommission ist der „Motor der Gemeinschaft". Sie soll ein Gegengewicht zum Ministerrat darstellen. Ihre 27 Mitglieder werden von den EU-Staaten einvernehmlich auf vier Jahre ernannt. Sitz der Kommission ist Brüssel.

Der Ministerrat

Der Ministerrat stellt zusammen mit dem Europäischen Parlament die Legislative der EU dar. Im Zusammenwirken mit der Europäischen Kommission und dem Europäischen Parlament trifft er die gesetzgeberischen Entscheidungen, die für die Mitgliedstaaten verbindlich sind. Zusammengesetzt ist der Ministerrat aus den Vertretern der 27 Mitgliedstaaten, das heißt den jeweils zuständigen Fachministern.

Das Europäische Parlament

Das Europäische Parlament teilt sich im Gegensatz zu den nationalen Parlamenten die Gesetzgebungsbefugnis mit dem Ministerrat. Seine Rechte wurden mit dem Inkrafttreten des Lissabon-Vertrages am 1. Dezember 2009 deutlich ausgeweitet. Allgemein gilt das EU-Parlament als der Gewinner im Rahmen des Umbaus der EU. Damit wurde das Demokratiedefizit der EU zwar nicht gänzlich behoben, aber signifikant verringert. Auch künftig besitzen die Regierungen der einzelnen Mitgliedstaaten ein entscheidendes Beschlussrecht. Während in der Vergangenheit nur Teile der EU-Gesetze der Zustimmung des Parlaments bedurften, gilt nunmehr dessen gleichberechtigte Mitentscheidung als Regel. Neue Befugnisse sind hinzugetreten. Eine Aufwertung des EU-Parlaments drückt sich auch dadurch aus, dass der Präsident der Kommission in Zukunft vom Parlament gewählt wird. Dies geschieht auf Vorschlag des Europäischen Rats. Allerdings besitzen die europäischen Parlamentarier kein sogenanntes Initiativrecht, das heißt sie können nicht von sich aus Gesetze in den dafür erforderlichen Prozess einbringen.

Ein europäischer Bundesstaat – vergleichbar den USA – wird so lange nicht möglich sein, wie große nationale und regionale Interessenunterschiede bestehen. Noch auf absehbare Zeit wird die EU ein politisches System bleiben, in dem die Einzelstaaten ihre Vorteile suchen und in dem folglich der politische Alltag durch Kompromissfindungen geprägt sein wird. So lange diese Grundsituation vorgegeben ist, kann es auch kein Europäisches Parlament geben, das in eigener Souveränität Gesetze beschließt, die für die ganze EU gültig sind (Sitz: Straßburg und Brüssel).

Der Europäische Gerichtshof

Der Europäische Gerichtshof überwacht das rechtmäßige Handeln von europäischen Organen und spricht Recht bei Streitigkeiten und Verstößen gegen das EU-Recht. Im Zuge der europäischen Einigung hat auch die Bedeutung des Gerichtshofes zugenommen. Immer häufiger wird europäisches Recht berührt beziehungsweise nationales Recht von diesem überlagert. 27 Richter und acht Generalstaatsanwälte, die von den Regierungen der Mitgliedstaaten im Einvernehmen für sechs Jahre ernannt werden, bilden den Europäischen Gerichtshof mit Sitz in Luxemburg.

Der Europäische Rat

Der Europäische Rat besteht aus den Staats- und Regierungschefs der EU-Länder, seinem Präsidenten sowie dem Präsidenten der EU-Kommission. Die „europäischen Gipfeltreffen" finden zweimal jährlich statt. Auf dieser Ebene werden alle fundamentalen Entscheidungen getroffen. Bei bestimmten Sachfragen kommen die jeweils zuständigen Minister zusammen. Die Europa-Politik wird nach wie vor von den Exekutiven der einzelnen EU-Mitgliedstaaten beherrscht. Wichtige Beschlüsse, zum Beispiel in den Bereichen Steuer-, Außen- und Sicherheitspolitik, erfordern die Einstimmigkeit, was naturgemäß die Entscheidungsfindung erschwert. In anderen Fällen genügt die einfache beziehungsweise die qualifizierte Mehrheit. Ähnlich wie im deutschen Bundesrat gibt es eine Gewichtung der einzelnen Länderstimmen, abgestuft nach der Einwohnerzahl des Landes. Eine sogenannte qualifizierte Mehrheit erfordert 55 % der Mitglieder im Rat, die 65 % der EU-Bevölkerung repräsentieren .

 **M 1** (Stand: 2010)

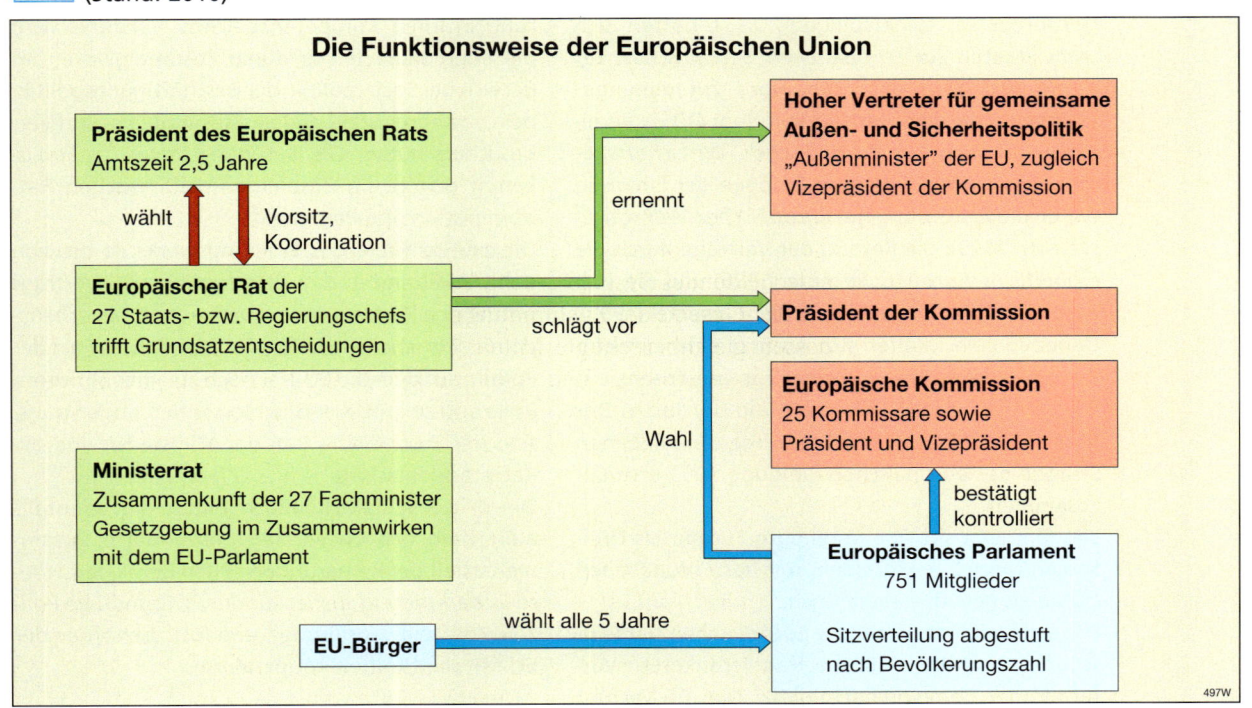

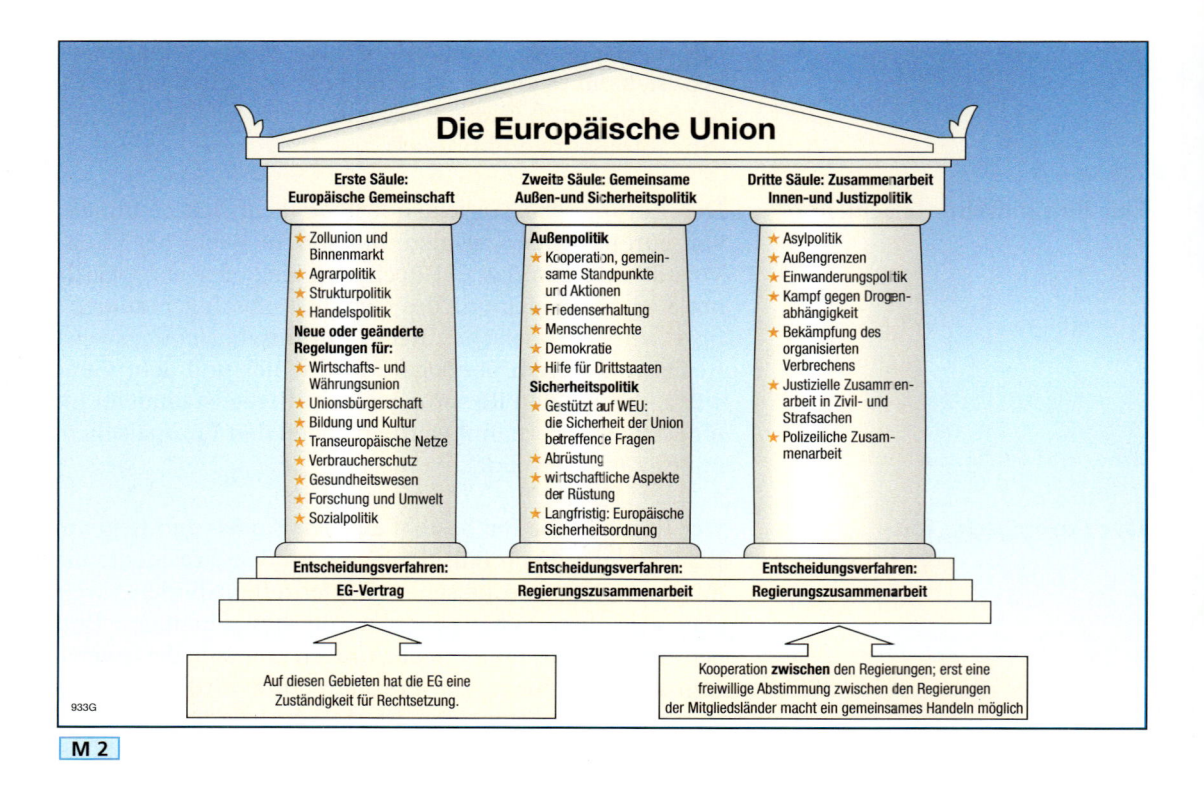

Die Europäische Union

Erste Säule: Europäische Gemeinschaft	Zweite Säule: Gemeinsame Außen- und Sicherheitspolitik	Dritte Säule: Zusammenarbeit Innen- und Justizpolitik

Erste Säule:
* Zollunion und Binnenmarkt
* Agrarpolitik
* Strukturpolitik
* Handelspolitik

Neue oder geänderte Regelungen für:
* Wirtschafts- und Währungsunion
* Unionsbürgerschaft
* Bildung und Kultur
* Transeuropäische Netze
* Verbraucherschutz
* Gesundheitswesen
* Forschung und Umwelt
* Sozialpolitik

Außenpolitik
* Kooperation, gemeinsame Standpunkte und Aktionen
* Friedenserhaltung
* Menschenrechte
* Demokratie
* Hilfe für Drittstaaten

Sicherheitspolitik
* Gestützt auf WEU: die Sicherheit der Union betreffende Fragen
* Abrüstung
* wirtschaftliche Aspekte der Rüstung
* Langfristig: Europäische Sicherheitsordnung

Dritte Säule:
* Asylpolitik
* Außengrenzen
* Einwanderungspolitik
* Kampf gegen Drogenabhängigkeit
* Bekämpfung des organisierten Verbrechens
* Justizielle Zusammenarbeit in Zivil- und Strafsachen
* Polizeiliche Zusammenarbeit

Entscheidungsverfahren: EG-Vertrag

Entscheidungsverfahren: Regierungszusammenarbeit

Entscheidungsverfahren: Regierungszusammenarbeit

Auf diesen Gebieten hat die EG eine Zuständigkeit für Rechtsetzung.

Kooperation **zwischen** den Regierungen; erst eine freiwillige Abstimmung zwischen den Regierungen der Mitgliedsländer macht ein gemeinsames Handeln möglich

933G

M 2

M 3 Drei Säulen der europäischen Einigung

Grundlagen und Regeln der europäischen Zusammenarbeit sollen in der künftigen EU-Verfassung ihren Platz finden. Bisher sind sie verstreut über ein vielschichtiges Vertragswerk, in dem sich die Etap-
5 pen eines mehr als 50 Jahre andauernden Integrationsprozesses widerspiegeln. 1951 hatten sich sechs Staaten zur *Europäischen Gemeinschaft für Kohle und Stahl (Montanunion)* zusammengeschlossen; mit dem Vertrag von Rom (1957) verei-
10 nigten sie sich zur *Europäischen Wirtschaftsgemeinschaft (EWG)*. Weitere Etappen der Einigung waren die Einführung des *Europäischen Währungssystems* (1979), die Reform der Verträge durch die *Einheitliche Europäische Akte* (1986) und die Ver-
15 wirklichung des *Europäischen Binnenmarkts* (1993). Daneben entwickelten sich Ansätze einer gemeinsamen Außenpolitik und einer Zusammenarbeit in Fragen der inneren Sicherheit und der Justiz. Der *Vertrag von Maastricht* führte diese verschiedenen
20 Stränge der europäischen Einigung 1993 erstmals zusammen.

Seitdem lässt sich das vereinigte Europa als Drei-Säulen-Modell beschreiben, mit der *Europäischen Union* als gemeinsamem Dach.
25 Die erste Säule steht für die *Europäischen Gemeinschaften* und die im EG-Vertrag verankerten Verfahren der Gemeinschaftspolitik. Die EG verfügt

über supranationale Zuständigkeiten u. a. im Bereich der Zoll- und Handelspolitik, der Agrarpo-
30 litik, der Wettbewerbspolitik, des Binnenmarktes und der Wirtschafts- und Währungsunion. Seit dem Vertrag von Amsterdam fallen auch Fragen der Freizügigkeit, des Asylrechts und der Einwanderung in ihren Kompetenzbereich. Verstärkt wird
35 die erste Säule ferner durch Zuständigkeiten im Bereich der Sozialpolitik, der Beschäftigungspolitik, des Umweltschutzes und des Gesundheits- und Verbraucherschutzes. Die Ausübung dieser Zuständigkeiten erfolgt im Zusammenspiel zwischen Rat,
40 Kommission und Parlament.

Die zweite Säule des Einigungswerks ist die von den EU-Mitgliedstaaten außerhalb des EG-Vertrags betriebene *Gemeinsame Außen- und Sicherheitspolitik*. Entscheidende Akteure auf diesem Feld der
45 Politik, auf dem die EU erst noch zu einer aktiveren Rolle und zu größerer Geschlossenheit finden muss, sind der Europäische Rat, der Ministerrat und die Ratspräsidentschaft.

Die dritte Säule schließlich bildet die ebenfalls außerhalb des EG-Vertrags vereinbarte Zusam-
50 menarbeit der Regierungen in den Bereichen *Innere Sicherheit und Justiz*, auf deren Grundlage Polizei-, Zoll-, Einwanderungs- und Justizbehörden der EU-Mitgliedstaaten kooperieren.

Schmidt Zahlenbild 714 020

568

Karikatur zur Aufnahme von drei neuen Mitgliedern in die EU. Viele Europa-Karikaturisten verwenden das Bild von der „Europa auf dem Stier". Dahinter verbirgt sich der altgriechische Mythos vom Raub der phönizischen Königstochter Europa durch den als Stier verkleideten Göttervater Zeus.

M 5 Was ist die Europäische Union?

Den staatsrechtlichen Charakter der EU erläutert der Staatsrechtler Hans Boldt:

Manches an der Union erinnert, um einen älteren, vertrauten Begriff zu verwenden, an einen Staatenbund: dass die Union auf Verträgen ihrer Mitgliedstaaten basiert, dass es Regierungsorgane der
5 Mitgliedstaaten sind, die im Europäischen Rat und im Ministerrat die entscheidenden Beschlüsse fassen, dass in wesentlichen Fragen das Prinzip der Einstimmigkeit gewahrt bleibt, kein Mitglied überstimmt werden kann, dass Richtlinien in nationales
10 Recht umgesetzt werden müssen, um Geltung gegenüber den Bürgern zu erlangen, oder dass die Union weitgehend auf intergouvernementale Zusammenarbeit [Zusammenarbeit zwischen den Regierungen] setzt. Anderes verleiht der Union
15 eher bundesstaatliche Züge: die Existenz rechtlich selbstständiger Gemeinschaftsorgane, die Ansätze zu einer Unionsbürgerschaft und das Vorhandensein einer von den Mitgliedstaaten unabhängigen Bürgerrepräsentation, die eigenständige Rechts-
20 ordnung mit Vorrang gegenüber dem Recht der Mitgliedstaaten.[…]
Sicherlich hat sie sich heute weit entfernt von einem wirtschaftlichen „Zweckverband", als den man sie in den sechziger Jahren mit einiger Plausi-
25 bilität ausgegeben hatte. Indessen fehlt ihr offensichtlich noch einiges an Staatlichkeit, um sie einfach als einen Bundesstaat bezeichnen zu können: Sie hat keine Regierung, die vom Volk oder Parlament legitimiert wird, die gerade eingeführte Uni-
30 onsbürgerschaft stellt keine Staatsangehörigkeit im vollen Sinne dar, es gibt weder ein Staatsvolk der Union, noch besitzt sie ein Staatsgebiet, über das sie verfügen könnte. […] Der Umstand, dass die Union keinen typischen Staatenbund darstellt,

aber auch kein Bundesstaat ist, hat neuerdings zu 35 ihrer Deklarierung als „Staatenverbund" geführt. Das Bundesverfassungsgericht will damit in seinem Maastricht-Urteil vom 12. Oktober 1993 offensichtlich die Zwischenposition der Gemeinschaft zwischen Bundesstaat und Staatenbund kennzeich- 40 nen, ohne dass diese Kennzeichnung freilich dem, was aus den Verträgen herauszulesen ist, etwas Erhellendes hinzufügt. Man kann die Union genausogut als „Staatenbund mit bundesstaatlichen Zügen" bezeichnen oder einfach als ein Zwi- 45 schending zwischen beiden, wobei die Eigenart der Europäischen Gemeinschaft und nun der Europäischen Union gerade darin besteht, dass sie ein sich veränderndes, auf einen immer engeren Zusammenschluss ihrer Mitgliedstaaten gerichtetes Gebil- 50 de darstellt, ohne dass ihr selbstverständliches Endstadium der Bundesstaat sein muss.

H. Boldt, Die Europäische Union, Mannheim 1995, S. 88 f.

M 6 Die Europäische Einigung und der Nationalstaat

Der Politikerwissenschaftler Karl-Rudolf Korte begründet, warum der Nationalstaat alter Prägung viele Probleme nicht lösen kann:

„Für die Lösung der großen Probleme des Lebens ist der Nationalstaat zu klein und für die kleinen zu groß" – so fasste der Politikwissenschaftler Daniel Bell die Kernproblematik eines mittlerweile alten Themas zusammen. […] Die Frage ist nur, was denn 5 Nation und Nationalstaat am Ende des 20. Jahrhunderts sinnvoll bedeuten können und wo ihre Grenzen liegen.

[…] Der Nationalstaat ist vor diesem Hintergrund
10 einem doppelten Kompetenzverlust ausgesetzt. Er
ist in zweifacher Hinsicht heute bereits überholt
und unzeitgemäß:
– Der Nationalstaat kann die ihm gestellten Aufgaben der Gewährung von Sicherheit und Wohlfahrt
15 nicht mehr alleine wahrnehmen. Internationale
Organisationen und Staatenbündnisse sind Ausdruck der gewachsenen Verflechtungen. Das Selbstverständnis als autonomer und souveräner Staat ist
fiktiv [hier: nicht realistisch]. Er ist zu klein, um die
20 anstehenden Probleme zu lösen.
– Der Nationalstaat konkurriert aber auch mit
regionalen Autonomiebestrebungen. Er ist oftmals
zu groß, um spezielle Regelungsbedürfnisse der
Provinzen zu befriedigen. […]
25 Die Unzeitgemäßheit des traditionellen Nationalstaates soll weiter veranschaulicht werden: Der alte
Staat zehrt aus. Er wird zu eng für die Lösung der
Probleme, die Aufgaben wandern über seine Grenzen hinweg aus. […] Der Grad der außenwirtschaft-
30 lichen Verflechtung lässt keinen Spielraum für
Alleingänge: Über 65 Prozent der Exporte und
Importe entfallen beispielsweise in Deutschland auf
Länder der EU. […]
Die Gewährleistung des wirtschaftlichen Wohl-
35 stands ist abhängig von der Integration der
europäischen Volkswirtschaften. […]
80 Prozent der marktrelevanten Gesetzgebung
werden sich mit der Vollendung des Binnenmarktes
auf die europäische Ebene verlagern. Kann man
40 Umweltfragen, Währungsmodalitäten, Verkehrs-
probleme im nationalstaatlichen Rahmen klären?
Die Probleme sind über die nationalstaatlichen
Grenzen längst hinausgewandert. Sie bedürfen der
Regelung im europäischen Rahmen. Auch der Inno-
45 vationswettbewerb mit den USA und Japan verlangt einen großen Wirtschaftsraum. Ebenso ist der
Nationalstaat verteidigungspolitisch anachronis-
tisch [unzeitgemäß]. Erst die sicherheitspolitische
Integration in das transatlantische und europäische
50 Bündnis lässt auch äußere Sicherheit zu. […]

K.-R. Korte, Das Dilemma des Nationalstaates in Westeuropa:
Zur Identitätsproblematik der europäischen Integration, in:
APuZ, Nr. 14/1993, S. 21 ff.

M 7 Europa ohne Verfassung

*Der Historiker Heinrich August Winkler sieht Euro-
pa in der Krise:*

Machen wir uns nichts vor: Der europäische Verfassungsvertrag hat keine Aussichten mehr, jemals in
Kraft zu treten. Dem Nein der Referenden in Frankreich und den Niederlanden werden vermutlich

weitere folgen; Großbritannien hat sich durch die 5
vorläufige Aussetzung des Ratifizierungsverfah-
rens von dem Projekt bis auf Weiteres verabschiedet. Selbst wenn der Vertrag noch von einer Mehrheit der Mitgliedstaaten ratifiziert werden sollte:
Die Neinsager werden sich dadurch schwerlich um- 10
und keineswegs überstimmen lassen. […]
Das Nein zum Verfassungsvertrag läuft auf ein Ja
zum Vertrag von Nizza hinaus, der dem Demokra-
tieprinzip Hohn spricht und ein Unterpfand dafür
ist, dass die Europäische Union niemals das Ziel 15
erreichen wird, in wichtigen politischen Fragen mit
einer Stimme zu sprechen. Jene Neinsager, die von
sich behaupten, sie wollten eine bessere, demokra-
tischere und handlungsfähigere EU, haben also für
das Gegenteil dessen gestimmt, was sie wollen oder 20
zu wollen vorgeben. […]
Wenn Europa zunehmend als Domäne einer verselbstständigten Exekutivgewalt wahrgenommen
wird, dann liegt das nicht nur an der Selbstherrlichkeit, mit der Brüssel schaltet und waltet. Es liegt 25
auch daran, dass die wichtigsten Richtungsent-
scheidungen von den nationalen Regierungen im
Europäischen Rat ohne parlamentarische Vollmacht, ja häufig ohne jede öffentliche Debatte
getroffen werden. Statt eines herrschaftsfreien Dis- 30
kurses eine diskursfreie Herrschaft: Es sind die
europäischen Regierungen, die es zu verantworten
haben, dass ihre Beschlüsse oft nur so und nicht
anders wahrgenommen werden.
Nie ist die Politik der vollendeten Tatsachen so krass 35
durchexerziert worden wie im Dezember 1999, als
der Europäische Rat auf seinem Gipfel in Helsinki
unter massivem amerikanischen Druck beschloss,
der Türkei den Kandidatenstatus zu verleihen. In
einer Nacht- und Nebelaktion trafen die Staats- 40
und Regierungschefs eine Entscheidung, die den
Charakter der Europäischen Union radikal zu verändern droht: weg vom Projekt der Politischen Union, hin zu einem lockeren Bund souveräner Nationalstaaten, der nicht mehr durch eine gemeinsame 45
politische Kultur, sondern nur noch durch gemeinsame Wirtschafts- und Sicherheitsinteressen zusammengehalten wird.
„Das haben wir nicht gewollt!", werden die Betrei-
ber des Beschlusses von Helsinki versichern. Doch 50
die Wirkung einer Europäischen Union, die bis zum
Euphrat und Tigris reicht, war auch schon 1999
absehbar: Eine derart überdehnte EU wäre zwar
räumlich groß, aber infolge der extrem unterschiedlichen Traditionen und Interessen ihrer Mit- 55
gliedstaaten nicht mehr handlungsfähig. In einem
solchen Gebilde würde sich auch kein Gefühl der

Zusammengehörigkeit und Solidarität entwickeln können. […]

60 Was der Europäische Konvent im Jahr 2003 vorgelegt und der Europäische Rat im Oktober 2004 in leicht veränderter Form verabschiedet hat, ist der Entwurf eines zwischenstaatlichen Vertrages, der in Kraft tritt, wenn er von allen Mitgliedstaaten rati-

65 fiziert worden ist. Die Staaten bleiben die Herren der Verträge. […]

Wahrscheinlich wären die Widerstände gegen die überfällige Reform der Entscheidungsprozesse und Institutionen geringer, wenn Rat und Konvent auf

70 den Begriff „Verfassung" verzichtet und statt dessen, bescheidener und realistischer, von einem „Grundlagenvertrag" gesprochen hätten. Der Appell an die Furcht vor einer Staatswerdung der EU oder gar einem europäischen „Superstaat"

75 wäre in diesem Fall wohl weniger erfolgreich gewesen.

Die schwerfälligen, undurchsichtigen, undemokratischen Prozeduren des Vertrags von Nizza jedoch bieten der EU keine Zukunftsperspektive. Die Uni-

80 on der 25 wäre mit diesem Vertrag allenfalls bedingt funktionsfähig, und sie wäre strukturell erweiterungsunfähig. Sie ist auf einige der institutionellen Reformen, die der Verfassungsvertrag vorsieht, geradezu existenziell angewiesen. Dazu

85 gehören die Anpassung der Stimmverhältnisse im Europäischen Rat an die Bevölkerungsgrößen; die Zurückdrängung des Erfordernisses einstimmiger Entscheidungen zu Gunsten von Mehrheitsentscheidungen; das Prinzip der „doppelten Mehr-

90 heit", also der Mehrheit der Staaten und der Unionsbürgerschaft; die Einbindung der nationalen Parlamente in die europäische Politik; die Stärkung des Europäischen Parlaments gegenüber der Kommission; die Verkleinerung der Kommission durch

95 Abkehr von der Regel, dass jedes Land einen Kommissar stellt; die Wahl eines Ratspräsidenten, der

für zweieinhalb Jahre gewählt wird und einmal wiedergewählt werden kann. […]

Im Stil des aufgeklärten Absolutismus lässt sich Europa-Politik nicht länger erfolgreich betreiben.100 Wenn die Krise dieser Einsicht zum Durchbruch verhilft, hat sie etwas Gutes bewirkt. Eine Reform der europäischen Institutionen und Entscheidungsprozesse ist überfällig.

H. A. Winkler, Grundlagenvertrag statt Verfassung, aus: FAZ, 18.6.2005.

M 8 **Plakat aus dem Wettbewerb des „European Recovery Program" (1950)**
Amerikanische Hilfe für das europäische Segelschiff

Aufgaben

1. Stellen Sie die Aufgaben und Kompetenzen der Hauptorgane der EU dar.
   → Text, M1

2. Wie beurteilen Sie die Verwirklichung des Demokratieprinzips in der EU?
   → Text

3. Erklären Sie die „Tempelkonstruktion" der heutigen EU.
   → M2, M3

4. Welcher Abstimmungsmodus gilt im Minister-

rat? Erörtern Sie das Für und Wider von Mehrheitsentscheidungen (statt der Einstimmigkeit).
   → Text, M5

5. Untersuchen Sie den staatsrechtlichen Charakter der EU.
   → Text, M5

6. Erläutern Sie das Spannungsverhältnis, in dem die europäische Einigung zum traditionellen Nationalstaat steht.
   → M6, M7

WE SHALL BEAT OUR SWORDS INTO PLOWSHARES

SCULPTOR E. VUCHETICH

572

17. Die Vereinten Nationen

Schwerter zu Pflugscharen! – Diese Statue steht im Park der Vereinten Nationen (UNO) in New York. Sie veranschaulicht auf eindrucksvolle Weise die zentrale Aufgabe der UNO: die Bewahrung des Weltfriedens.

Am 26. Juni 1945 unterzeichneten unter der Führung der Siegermächte des Zweiten Weltkrieges 50 Nationen in San Francisco die Charta der Vereinten Nationen. Der Prozess, der zur Gründung der UNO führte, begann 1942 und stützte sich auf die Atlantik-Charta vom 14. August 1941. Dabei handelt es sich um ein Dokument, in dem US-Präsident Franklin D. Roosevelt und der britische Premierminister Winston Churchill die Prinzipien formulierten, auf denen eine Nachkriegsfriedensordnung beruhen sollte.

Die Vereinten Nationen nahmen die Tradition des Völkerbundes wieder auf. Der Völkerbund war 1919 auf Initiative des amerikanischen Präsidenten Woodrow Wilson gegründet worden. Die Wirksamkeit dieser Institution litt aber von Beginn an daran, dass die USA und das sowjetische Russland ihm nicht beitraten. Das erklärte Ziel des Völkerbundes, den Frieden unter den Völkern zu erhalten, Rüstungen zu begrenzen und Aggressionen mit Sanktionen (Zwangsmaßnahmen) zu belegen, wurde nicht erreicht.

Im Unterschied zum Völkerbund sollte die neu gegründete Weltorganisation institutionelle Instrumente besitzen, um einem neuen Weltkrieg wirkungsvoll entgegenarbeiten zu können. Diesem Zweck diente die Einrichtung eines Sicherheitsrates, in dem fünf Großmächte als ständige Mitglieder dominieren. Die USA, Großbritannien, Frankreich, Russland (bis 1991 die Sowjetunion) und China (bis 1971 Taiwan) besitzen ein Vetorecht. Daher sind auch Mehrheitsentscheidungen gegen den Willen eines der fünf Länder nicht durchsetzbar. Diese Konstruktion sollte schon sehr bald für die Lähmung der UNO verantwortlich sein. Der Ost-West-Konflikt zwischen den Westmächten auf der einen Seite und der Sowjetunion auf der anderen zerstörte alle Hoffnungen auf eine Weltordnung, in der überall nach den gleichen Prinzipien regiert wird („one world"). Die Spaltung der Welt lähmte über 40 Jahre die Arbeit der UNO. Mithilfe der Veto-Macht, von der die Sowjetunion besonders häufig Gebrauch machte, konnten Beschlüsse jederzeit verhindert werden. Somit konnte die UNO gerade gegen die Interessen beziehungsweise Völkerrechtswidrigkeiten einer beteiligten Großmacht (insbesondere der Sowjetunion) nicht vorgehen.

Zwischen 1945 und 1990 hat die UNO auch mehr als 150 Kriege nicht verhindern können. Das Ende des Ost-West-Konfliktes befreite die UNO aus ihrem Zustand der politischen Blockierung. Erst ab 1990 wurde es möglich, dass der Weltsicherheitsrat seiner Verpflichtung uneingeschränkt nachkam, den Weltfrieden zu wahren und die Sicherheit durch schnelles Handeln herzustellen. Diese neue Handlungsfähigkeit stellte er zum Beispiel bei der Beendigung der irakischen Besetzung Kuweits und bei der Bekämpfung des Terrorismus unter Beweis.

Aufbau und Auftrag der UNO

„Weltfeuerwehr"

Erst nach dem Ende der bipolaren Weltordnung kann die Weltfriedensorganisation mit ihren 191 Mitgliedern eine so große Rolle spielen, wie sie ihr 1945 zugedacht wurde. Die drastische Zunahme von friedenssichernden Maßnahmen belegen die gewachsene Bedeutung. Soldaten im Auftrage der UNO („Blauhelme") dienen in verschiedenen Regionen der Welt als „peacekeeping forces". Die Bilanz dieser Einsätze nimmt sich allerdings höchst zwiespältig aus. Vielfach hat allein die Präsenz der „Blauhelme" dazu beigetragen, Gewalttätigkeiten zu verhindern. In anderen Fällen wurden UNO-Truppen in die Kriege beziehungsweise Bürgerkriege hineingezogen und konnten ihre Aufgabe nicht erfüllen. Die UNO hatte 1950 die Aufstellung von Friedenstruppen ermöglicht. Im Falle einer offenkundigen Bedrohung des Friedens, eines Friedensbruches oder einer Angriffshandlung kann die UNO aktiv werden. Da die Vereinten Nationen aber über keine eigenen Truppen verfügen, müssen die Mitgliedsstaaten aufgefordert werden, Truppenkontingente bereitzustellen. Voraussetzung für die friedenssichernden Operationen sind insbesondere:

- Zustimmung der Konfliktparteien,
- Prinzip der Freiwilligkeit der Teilnahme von UN-Mitgliedsstaaten,
- kein Einsatz von Waffengewalt außer zur Selbstverteidigung,
- multilaterale Zusammensetzung der Truppen unter dem Oberbefehl beteiligter Staaten,
- jederzeitiges Rückrufrecht für die teilnehmenden Mitgliedsstaaten.

Das Spektrum der Themen, die von der Weltfriedensorganisation aufgegriffen wurden, hat sich in den letzten Jahrzehnten merklich erweitert. Entsprechend einer komplexeren Wahrnehmung des Friedensbegriffes haben sich neue Themen in den Mittelpunkt der UNO-Debatten gedrängt:

- die unkontrollierte Verbreitung von Massenvernichtungswaffen,
- grenzüberschreitende Umweltzerstörungen,
- Regionalkonflikte mit ethnischen und/oder religiösen Ursachen,
- die Armutsbekämpfung in der Dritten Welt,
- die Wahrung von Menschenrechten in den einzelnen Staaten.

Menschenrechte

Vor allem die Überwachung der Menschenrechtslage geht weit über das hinaus, was die Gründer der UNO vor Augen hatten.

Im Zusammenhang mit Frieden erzwingenden Maßnahmen lautet die Frage: Wie soll die westlich orientierte Wertegemeinschaft reagieren, wenn bei offensichtlich schwersten Menschenrechtsverstößen ein Beschluss des UNO-Sicherheitsrates nicht zustande kommt? Insbesondere die Volksrepublik China pocht auf den Vorrang der Souveränität der Staaten und wehrt jede „Einmischung in die inneren Angelegenheiten" ab. Eine humanitäre Intervention, die ohne Zustimmung dieses UNO-Gremiums ausgeführt wird, wie das im Kosovo-Konflikt durch die NATO praktiziert wurde, muss zwangsläufig aber die Autorität der UNO untergraben.

Die gewachsene Bedeutung der Menschenrechte kommt auch in dem Beschluss der UNO zum Ausdruck, Völkermorde strafrechtlich zu verfolgen. Das Statut basiert auf der Völkermordkonvention von 1948, die nach dem Vorbild der Nürnberger Prozesse gegen die Führung des Nationalsozialismus formuliert wurde. Danach kann das Gericht Völkermorde und Verbrechen gegen die Menschlichkeit (Mord, Ausrottung, Versklavung, Folter usw.) ahnden. In diesem Zusammenhang ist die Errichtung des Internationalen Tribunals in Den Haag (Niederlande) zu sehen (1993). Dieser Strafgerichtshof ist speziell berechtigt, die genozidalen (Genozid = Völkermord) Verbrechen im ehemaligen Jugoslawien zu verfolgen. Ein ständiger Internationaler Strafgerichtshof nahm im Jahre 2002 seine Arbeit auf.

Reformdiskussion

So sehr die Existenz der UNO als solche von keinem Land infrage gestellt wird, so sehr ist aber die heutige Struktur der Vereinten Nationen umstritten. Die wichtigsten Kritikpunkte lauten dabei:

- Die Generalversammlung ist ein reiner Debattierklub; Resolutionen der Vollversammlung sind Empfehlungen ohne bindenden Charakter.
- Das Prinzip der kollektiven Sicherheit (Artikel 1 der UNO-Charta) richtet sich gegen die Gewaltanwendung zwischen ihren Mitgliedsstaaten und geht von zwischenstaatlichen Kriegen aus, sodass die neuen internen Kriege eigentlich keine ausdrückliche Aufgabe für die UNO sind.
- Die UNO hat keine eigenen Truppen für friedenserzwingende Operationen.
- Der Sicherheitsrat ist eine Einrichtung, die durch die fünf ständigen Mitglieder dominiert wird.
- Das ausdrückliche Vetorecht der fünf ständigen Mitgliedsstaaten als Sonderrecht – schon bei der Gründung der Organisation umstritten – verhindert die Durchsetzung von Sanktionen gegen den erklärten Willen einer (oder mehrerer) der fünf ständigen Ratsmächte.

M 1 **Karikatur zum Millenniumsgipfel am 6. September 2000 in New York**
In den Armen von Kofi Annan – seit 1997 Generalsekretär der UNO – treffen sich die Staats- und Regierungschefs der UNO-Mitgliedsstaaten.

Die Reformdiskussion zentriert sich vor allem um die Funktion und Zusammensetzung des UN-Sicherheitsrates. Es entspricht allgemeiner Überzeugung, dass seine gegenwärtige Zusammensetzung nicht mehr die weltpolitischen Realitäten widerspiegelt, wie sie 1945 bei der Gründung der Weltorganisation bestanden. In der UN-Charta wird Deutschland (zusammen mit Japan) immer noch als Feindstaat bezeichnet, obwohl das Land mittlerweile eine weithin anerkannte Rolle spielt. Die Bundesrepublik Deutschland gehört seit 1973 der UNO als Vollmitglied an. Sie zählt neben den USA und Japan zu den größten Geldgebern der UNO. Sowohl Deutschland als auch Japan streben gegenwärtig einen Sitz im Sicherheitsrat an. Aber auch andere Staaten, wie zum Beispiel Italien, Nigeria, Indien, Brasilien, Mexiko und Südafrika, haben solche Ansprüche erhoben. Erörtert wird auch die Idee eines wechselnden europäischen Sitzes im Sicherheitsrat. Allerdings stößt diese Idee auf wenig Zustimmung in Großbritannien und Frankreich. Da aber Veränderungen der UN-Charta der Einstimmigkeit in der Vollversammlung bedürfen, ist ein Ende der Reformdiskussion nicht abzusehen.

Chronologie: Wechselnde Phasen in der Entwicklung der Vereinten Nationen

1945–1950 Optimistische Einschätzung in Bezug auf die UNO als Institution der Konfliktbewältigung – „Idee der Einen Welt"

1950–1960 Im Zeichen des wachsenden Ost-West-Gegensatzes (Kalter Krieg) stagniert die Bereitschaft, in Krisenfällen Lösungen im Rahmen der UNO zu finden.

1960–1990 Die UNO wird zum Forum der jungen Staaten (Dritte Welt) – Überlagerung des Ost-West-Konfliktes durch den Nord-Süd-Gegensatz. Bemühungen um einen wirtschaftlichen Ausgleich zwischen den entwickelten Industrieländern und den Nationen der Dritten Welt (1974: 105 Entwicklungsländer mit UNO-Sitz) – Neue Weltwirtschaftsordnung (UNCTAD = United Nations Conference on Trade and Development)

Die UNO bemüht sich auch um die Rüstungskontrolle durch Anwendungsbeschränkungen neuer Technologien. Beispiele: Vertrag über die Nichtverbreitung von Atomwaffen (1968), Weltraumvertrag (1967) bzw. Meeresbodenvertrag (1971) mit Stationierungsverbot für Massenvernichtungswaffen im Weltraum bzw. auf dem Meeresboden. Der Nord-Süd-Konflikt prägt die Weltbevölkerungskonferenz (1974), die Welternährungskonferenzen (1974 und 1984) und die Weltfrauenkonferenzen (1975, 1980 und 1985).

ab 1990 Neue Probleme und neue Chancen: Aufwertung der UNO nach dem Ende des Kalten Krieges. Die so genannte Zweite (sozialistische) Welt löst sich auf.

Zunehmende Handlungsfähigkeit der UNO: Der sowjetische Parteichef Gorbatschow kündigt einseitige Abrüstungsschritte an und räumt der UNO dabei eine zentrale Rolle ein. Die Nachfrage nach friedenssichernden Operationen der UNO steigt seit 1988 stetig an (1988–1995 21 Peace-keeping-Einsätze; 1999 wurden noch 15 UN-Aktionen durchgeführt). Es hat dabei Erfolge und Misserfolge gegeben. 2001 standen etwa 38 000 Friedenstruppen („Blauhelme") im Dienst der UNO. Die Schweizer Bevölkerung billigte 2002 in einem Volksentscheid den Beitritt des Landes zur UNO. Die Schweiz ist somit das 191. Mitglied der Weltorganisation.

M 2 Ziele der Vereinten Nationen

Auszug aus der Charta vom 26. Juni 1945:

Artikel 1: Die Vereinten Nationen setzen sich folgende Ziele:

• den Weltfrieden und die internationale Sicherheit zu wahren und zu
5 diesem Zweck wirksame Kollektivmaßnahmen zu treffen, um Bedrohungen des Friedens zu verhüten und zu beseitigen, Angriffshandlungen und andere Friedensbrüche zu unter-
10 drücken und internationale Streitigkeiten oder Situationen, die zu einem Friedensbruch führen könnten, durch friedliche Mittel nach den Grundsätzen der Gerechtigkeit und des Völker-
15 rechts zu bereinigen oder beizulegen.

• freundschaftliche, auf der Achtung vor dem Grundsatz der Gleichberechtigung und Selbstbestimmung der Völker beruhende Beziehungen zwi-
20 schen den Nationen zu entwickeln […];

• eine internationale Zusammenarbeit herbeizuführen, um internationale Probleme wirtschaftlicher, sozialer, kultureller und humanitärer Art zu lösen und die Achtung vor den Menschenrechten
25 und Grundfreiheiten für alle ohne Unterschiede der Rasse, des Geschlechts, der Sprache oder der Religion zu fördern und zu festigen;

• ein Mittelpunkt zu sein, in dem die Bemühungen der Nationen zur Verwirklichung dieser gemeinsa-
30 men Ziele aufeinander abgestimmt werden.

Maßnahmen bei Bedrohung oder Bruch des Friedens und bei Angriffshandlungen:

Artikel 39: Feststellung der Gefahrsituation

Der Sicherheitsrat stellt fest, ob eine Bedrohung
35 oder ein Bruch des Friedens oder eine Angriffshandlung vorliegt; er gibt Empfehlungen ab oder beschließt, welche Maßnahmen aufgrund der Artikel 41 und 42 zu treffen sind, um den Weltfrieden und die internationale Sicherheit zu wahren oder
40 wiederherzustellen.

Artikel 40: Vorläufige Maßnahmen

Um einer Verschärfung der Lage vorzubeugen, kann der Sicherheitsrat, bevor er nach Artikel 39 Empfehlungen abgibt oder Maßnahmen beschließt,
45 die beteiligten Parteien auffordern, den von ihm notwendig oder erwünscht erachteten vorläufigen Maßnahmen Folge zu leisten. […]

Artikel 41: Der Sicherheitsrat kann beschließen, welche Maßnahmen – unter Ausschluss von Waf-

M 3 **Am 26. Juni 1945** unterzeichnen 50 Staaten auf einer Konferenz in San Francisco die Charta der Vereinten Nationen. Am Rednerpult steht der amerikanische Präsident Truman.

fengewalt – zu ergreifen sind, um seinen Beschlüs- 50
sen Wirksamkeit zu verleihen; er kann die Mitglieder der Vereinten Nationen auffordern, diese Maßnahmen durchzuführen. Sie können die vollständige oder teilweise Unterbrechung der Wirtschaftsbeziehungen, des Eisenbahn-, See- und Luftver- 55
kehrs, der Post-, Telegrafen- und Funkverbindungen sowie sonstiger Verkehrsmöglichkeiten und den Abbruch der diplomatischen Beziehungen einschließen.

Artikel 42: Ist der Sicherheitsrat der Auffassung, 60
dass die in Artikel 41 vorgesehenen Maßnahmen unzulänglich sein würden oder sich als unzulänglich erwiesen haben, so kann er mit Luft-, See- oder Landstreitkräften die zur Wahrung oder Wiederherstellung des Weltfriedens und der internationa- 65
len Sicherheit erforderlichen Maßnahmen durchführen. Sie können Demonstrationen, Blockaden und sonstige Einsätze der Luft-, See- oder Landstreitkräfte von Mitgliedern der Vereinten Nationen einschließen. 70

Artikel 43: (1) Alle Mitglieder der Vereinten Nationen verpflichten sich, zur Wahrung des Weltfriedens und der internationalen Sicherheit dadurch beizutragen, dass sie […] dem Sicherheitsrat auf sein Ersuchen Streitkräfte zur Verfügung stellen, 75
Beistand leisten und Erleichterungen einschließlich des Durchmarschrechts gewähren, soweit dies zur Wahrung des Weltfriedens und der internationalen Sicherheit erforderlich ist.

80 Artikel 51: Selbstverteidigungsrecht bis zum Eingreifen des Sicherheitsrats
Diese Charta beeinträchtigt im Falle eines bewaffneten Angriffs gegen ein Mitglied der Vereinten Nationen keineswegs das naturgegebene Recht zur
85 individuellen oder kollektiven Selbstverteidigung, bis der Sicherheitsrat die zur Wahrung des Weltfriedens und der internationalen Sicherheit erforderlichen Maßnahmen getroffen hat.

Zit. nach: H. Siegler, Die Vereinten Nationen, Bonn 1966, S. 173 ff.

Die Organisation der Vereinten Nationen (UNO)

Stand: 2002

Generalsekretär
Untersekretäre
Sekretariat

Wahl für 5 Jahre

Präsident
191 Mitglieder
Generalversammlung

Wahl

Internationaler Gerichtshof (Den Haag)

wählt ständige · nicht-Mitglieder

Wahl für 9 Jahre

Wirtschafts- und Sozialrat

Russland · China · USA · Frankreich · Großbritannien
5 ständige Mitglieder

Sicherheitsrat
10 nichtständige Mitglieder (2 Jahre)

entsendet → Friedenstruppen ("Blauhelme")

412G

Sonderorganisationen der Vereinten Nationen

M 4

M 5 **Friedensmissionen der UNO**

Die Schwierigkeiten bei „Blauhelmeinsätzen" zeigen die Politikwissenschaftler Gerald Braun und Angelina Topan:

Angesichts der Ursachen- und Erscheinungsvielfalt der kriegerischen Konflikte sowie der Schwierigkeit, Konflikte zu verhüten, muss über Grenzen der Peace-keeping- und Peace-building-Einsätze sowie
5 über Verbesserungsmöglichkeiten nachgedacht werden. Während Peace-keeping [Friedenserhaltung] bei gewaltsam oder sogar kriegerisch ausgetragenen Konflikten greift, bezieht sich Peace-building auf die „Zeit danach", auf die Phase der Friedens-
10 konsolidierung. Im Gegensatz zu Peace-building, welche die Zustimmung der Konfliktparteien voraussetzt, werden Peace-enforcement-Einsätze [Friedensdurchsetzung] auch ohne die Einwilligung der

Betroffenen durchgeführt (Irak 1990-1991), um beispielsweise auf Angriffshandlungen zu reagie- 15 ren. Beide Kategorien sird in der Praxis jedoch nicht eindeutig trennbar.
Ein Vergleich der UN-Blauhelmeinsätze veranschaulicht dreierlei: Die Erfahrungen in El Salvador und Mosambik verdeutlichen erstens, dass Peace- 20 keeping und Peace-building auf die Kooperation der Kontrahenten angewiesen sind, wenn sie erfolgreich sein sollen. UN-Einsätze wie in Bosnien und Somalia zeigen die beschränkten Möglichkeiten der „Friedenserzwin- 25 gung" auf: Endogene [innere] Kriegsursachen wie Staatszerfall, politisierte Ethnizität und die Zersplittung politischer Kräfte, aber auch der leichte Zugang zu Waffen, 30 die deutliche Überlegenheit einer Konfliktpartei und die Entschlossenheit der Kombattanten, keine Rücksicht auf die Bevölkerung zu nehmen, lassen Skepsis an der Wirksamkeit der 35 UN-Einsätze aufkommen, bei denen es den Konfliktparteien grundsätzlich an Friedenswilligkeit und Kompromissbereitschaft mangelt. Solange Kriegsparteien einen militärischen 40 Sieg noch für möglich halten, hat Friedenserzwingung kaum eine Chance, weil jede Partei versuchen wird, ihre Position noch zu verbessern. Gerade im Falle zeitlich termi- 45 nierter Einsätze wie in Somalia genügte es dann, den Abzug der Blauhelme abzuwarten.
Zweitens zeigen sich konzeptionelle Schwächen der Blauhelmeinsätze sowohl in ihrer Organisation 50 als auch in ihrer Qualität. Qualitativ breit angelegte UN-Missionen wie in El Salvador, Mosambik und Kambodscha demonstrieren, dass Friedensmissionen, die politische, militärische und humanitäre Komponenten umfassen, tendenziell erfolgreicher 55 sind als Spareinsätze, die dazu neigen, der militärischen Komponente zu viel Gewicht beizumessen.
Drittens veranschaulichen diese Einsätze auch, dass eine dauerhafte Friedensregelung nur möglich ist, wenn politische, sozioökonomische und militäri- 60 sche Probleme gelöst werden. Ohne eine wirtschaftliche, soziale und politische Integration breiter Bevölkerungsschichten, aber auch der Kombattanten, ist ein dauerhafter Frieden gefährdet [...].

G. Braun, A. Topan, Frieden als Abwesenheit von Krieg? in: APuZ, Nr. 16–17, 1998, S. 3 u. 11 f.

Der Sicherheitsrat der Vereinten Nationen

Sein Zweck:	Seine Mitglieder:	Seine Beschlüsse:
Der Sicherheitsrat ist der **Friedenswächter** der Vereinten Nationen.	Der Sicherheitsrat hat **fünf ständige** Mitglieder (USA, Russland, Frankreich, Großbritannien, China) und **10 nichtständige** Mitglieder.	Zur Beschlussfassung sind mindestens 9 der 15 Stimmen erforderlich; die fünf ständigen Mitglieder haben ein **Vetorecht.**

Seine Mittel: Der Sicherheitsrat kann im Konfliktfall:

1) **feststellen**, ob Friedensbedrohung, Friedensbruch oder eine Angriffshandlung vorliegt,

2) von den beteiligten Parteien **vorläufige Maßnahmen** zur Entschärfung der Lage fordern,

3) **friedliche Sanktionen** beschließen,

4) **militärische Sanktionen** beschließen.

Alle Mitglieder der Vereinten Nationen sind verpflichtet, dem Sicherheitsrat auf Ersuchen Streitkräfte zur Verfügung zu stellen und Beistand zu leisten.

937G

M 7 **Militärische Menschenrechtserzwingung?**

Soll die Souveränität eines Staates im Fall von schwerwiegenden Menschenrechtsverletzungen ignoriert werden? Im Bundesverteidigungsministerium hat man sich darüber Gedanken gemacht:

Einen schwierigen Sonderfall von internationaler Einmischung für die Menschenrechte bildet die „humanitäre Intervention" [Eingreifen] mit militärischen Mitteln. Spätestens durch die Erfah-
5 rungen mit dem nationalsozialistischen Deutschland wurde klar, dass es einen Zusammenhang zwischen „innerem" und „äußerem" Frieden gibt: Ein Staat kann aufgrund seiner internen machtpolitischen Struktur andere Völker und Staaten sowie
10 deren Souveränität tödlich bedrohen. Folgerichtig wurde das Verbrechen des Völkermordes international geächtet; es kann von den Vereinten Nationen zum Anlass für ein bewaffnetes Einschreiten genommen werden. Aber gilt diese Ermächtigung
15 auch für „weniger schwere" Verstöße gegen die Menschenrechte? Befürworter einer „humanitären Intervention" berufen sich in jüngster Zeit vor allem auf die am 5. April 1991 verabschiedete Resolution 688 des UN-Sicherheitsrates. In dieser Reso-

lution wird die gewaltsame Unterdrückung bis hin 20 zur massenhaften Ermordung der kurdischen Bevölkerung im Irak verurteilt, deren Folgen – in Gestalt eines grenzüberschreitenden Flüchtlingsstroms – den Weltfrieden und die internationale Sicherheit in der Region bedrohen würden. Auf 25 dieser Grundlage wurde eine von der UNO militärisch gesicherte Schutzzone im Norden des Landes eingerichtet. Ähnlich wurde das Eingreifen der Weltorganisation in Somalia (1992-1994) und in Haiti (seit 1994) begründet. 30
Menschenrechtsverletzung und internationale Sicherheit:
Markiert die Resolution 688, wie vor allem im Westen behauptet, eine „Wende im internationalen Menschenrechtsschutz"? Aus zwei Gründen 35 sind Zweifel angebracht. Erstens: Im Vordergrund dieser und nachfolgender vergleichbarer UN-Beschlüsse steht nicht der umfassende Menschenrechtsschutz, sondern das Bemühen um konkrete humanitäre Hilfe. Zweitens: Das Eingreifen der Ver- 40
einten Nationen wird nicht mit den vorhandenen schweren Menschenrechtsverletzungen begründet, sondern mit der daraus sich ergebenden „Bedrohung für den Weltfrieden und die interna-

45 tionale Sicherheit", also dem klassischen Rechtfertigungsgrund für Blauhelm-Operationen der Weltorganisation. Insofern ist die Resolution 688 durchaus von Bedeutung: Sie dokumentiert die zunehmende Bereitschaft der Völkergemeinschaft, auch
50 gravierende [schwerwiegende] Verstöße gegen die Menschenrechte als friedensgefährdend anzusehen und entsprechend zu handeln. Daraus lässt sich eine völkerrechtliche Tendenz zur Befürwortung von militärischen Interventionen für die Menschen
55 rechte aber nur sehr bedingt ableiten: Nur dann, wenn eine Menschenrechtsverletzung auch die internationale Sicherheit bedroht, wird es zu einem humanitär begründeten Eingreifen kommen.

Damit ist eine hohe Schwelle gesetzt, um das erforderliche internationale Einvernehmen herzustel 60 len. Nicht jeder schwere Menschenrechtsverstoß wird von den Mitgliedsstaaten der UNO oder des Weltsicherheitsrates als Friedensbedrohung verstanden werden. Zu berücksichtigen ist zudem das pragmatische [auf das Handeln bezogene] Argu 65 ment, dass die Vereinten Nationen völlig überfordert wären, wenn sie eine militärische Erzwingung der Menschenrechtseinhaltung in großem Rahmen versuchen würden.

Bundesministerium der Verteidigung (Hg.), Reader Sicherheitspolitik, Ergänzungslieferung 9/95.

M 8 **Ohne Worte…**
Karikatur aus dem
„Spiegel" von 1992

Aufgaben

1. Nennen Sie die Ziele, die sich die UNO gesetzt hat.
   → Text, M1, M2
2. Erläutern Sie, über welche Handlungsmöglichkeiten die Institutionen der UNO verfügen.
   → Text, M2, M4
3. Wie beurteilen Sie die Chancen, dass sich durch die Institution der UNO eine weltweite Friedensordnung durchsetzen lässt?
   Welche Auswirkungen hatte die Beilegung des Ost-West-Konfliktes auf die Rolle der UNO?
   → M5, M6, M8

4. Wann lässt sich eine UNO-Intervention in die inneren Angelegenheiten eines souveränen Staates rechtfertigen? Erörtern Sie das Pro und Contra einer „humanitären Intervention".
   → Text, M7
5. Inwiefern müsste die UNO den veränderten weltpolitischen Bedingungen angepasst werden? Überlegen Sie, welche Organe innerhalb der UNO für eine Reform in Betracht kommen.
   → Text, M4, M6

18. Exkurs: Terrorismus

Der Terroranschlag vom 11. September 2001 ist ein historisches Datum. An diesem Tag erreichte der internationale Terrorismus eine neue Dimension, was dessen Planung, Durchführung und die Zahl der Opfer (über 3 000) anbetrifft. Obwohl sich niemand zu diesem Anschlag offiziell bekannt hatte, bestand an der Urheberschaft von Bin Laden und der von ihm geführten Organisation „Al Qaida" (Die Basis) kein Zweifel.

M 1

Islamistische Selbstmordattentäter hatten gleichzeitig mehrere Flugzeuge in ihre Gewalt gebracht und als Sprengkörper benutzt. Ziele des Angriffs waren das Pentagon in Washington D. C. und das World Trade Center in New York, das als Folge der Attacke in sich zusammenstürzte. Regierung und Öffentlichkeit der USA fassten diesen Terroranschlag als eine Form der Kriegserklärung auf.

Terrorismus ist keineswegs ein neuartiges Phänomen. Gleichwohl ist es der Forschung bislang nicht gelungen, eine allgemein verbindliche Definition zu geben.

„la terreur"

Der Begriff Terror beinhaltet den Schrecken. Seine Wurzeln liegen in der Französischen Revolution, als die Jakobiner unter der Führung von Robespierre 1793/94 eine revolutionäre Diktatur errichtet hatten. (französisch „la terreur"). Bei ihrer Jagd auf wirkliche und vermeintliche Feinde der Revolution ließen die Machthaber alle Mäßigung fallen. Einige hunderttausend Menschen wurden verhaftet, etwa 40 000 mit der Guillotine („Sichel der Gleichheit") hingerichtet. Gewaltanwendung und gezielte Angsterzeugung prägten die öffentliche Atmosphäre in dieser historischen Phase.

Definitionsschwierigkeiten

In allgemeinster Form wird Terror mit Gewaltherrschaft und Machtmissbrauch in Verbindung gebracht. Aber eine differenziertere Definition ist schwierig, weil Persönlichkeitstyp des Terroristen, seine Motive und Ideologie, die Formen des Terrors und dessen Legitimation erheblich voneinander abweichen.

Was die Motive von Terroristen anbetrifft, so lässt sich der religiöse Terrorismus vom politischen abgrenzen. Der politische Terrorismus kann im Weiteren wie folgt differenziert werden:

- linksradikal-revolutionär,
- ethnisch-nationalistisch,
- separatistisch,
- rassistisch-fremdenfeindlich.

Der Terror geht in der Regel von Parteien und Gruppen aus, die die Macht erringen wollen. Davon zu unterscheiden ist der Terror der Machthabenden. Hierfür hat sich der Begriff „Staatsterrorismus" eingebürgert. Beispiele dafür liefern die totalitären Regime des 20. Jahrhunderts: Nationalsozialismus, Faschismus und Stalinismus.

„Volkswille"

Die erste bedeutende terroristische Organisation der Neuzeit bildete sich in den siebziger Jahren des 19. Jahrhunderts in Russland. Die „Narodnaya Wolya" (Volkswille) machte durch Attentate auf führende Vertreter des russischen Zarismus von sich reden. Die „Propaganda der Tat" sollte die Aufmerksamkeit auf die unwürdigen Verhältnisse in Russland lenken. Die Mitglieder dieser Organisation kämpften für eine Verfassung und für Bürgerrechte im autokratisch regierten Russland. Den Höhepunkt erreichte der Terror mit der Ermordung von Zar Alexander II. (1881). Im Unterschied zum aktuellen Terrorismus handelte es sich um einen begrenzten Terror. Die Zielpersonen wurden sorgfältig ausgewählt und eine Schädigung von Unbeteiligten nach Möglichkeit vermieden. Der „Volkswille" war ein Vorläufer des revolutionären Anarchismus, der die Utopie einer Gesellschaft ohne Herrschaft anstrebte. Dessen Hauptvertreter Michail Bakunin (1814–1876) bekannte sich zur Gewaltanwendung als Mittel im Kampf gegen staatliche und kirchliche Autoritäten.

„RAF"

M 2 **Der entführte Arbeitgeberpräsident H.-M. Schleyer 1977** kurz vor seiner Ermordung

Die moderne Terrorismusforschung hat herausgefunden, dass der Terror nur selten die Ziele erreichte, die dessen Urheber vor Augen hatten. Das galt für den antizaristischen Terror genau so wie zum Beispiel für den Terror, der in der Folge der 68er-Bewegung in der Bundesrepublik Deutschland aufkam. Vor allem in den siebziger Jahren erschütterte eine Terrorwelle das Land. Ein kleiner Teil der Protestbewegung von 1968 – gruppiert um Andreas Baader, Ulrike Meinhof und Gudrun Ensslin – tauchte in den Untergrund ab und nahm den bewaffneten Kampf auf. Diese so genannte Rote Armee Fraktion (RAF) – und in der Nachfolge die „Bewegung 2. Juni" – entführte, bombte und mordete. Dieser Terror wurde als Widerstand gegen einen angeblich faschistischen Staat legitimiert. Dahinter stand auch die Idee, man müsse „das System" provozieren, damit es seinen wahren (inhumanen) Charakter offenbare. Unter dem Emblem vom roten Stern und Kalaschnikoff deklarierte man den Terror als Teil des antiimperialistischen Kampfes nach dem Vorbild der südamerikanischen Stadtguerilla.

Islamischer Fundamentalismus

Zu Beginn des 21. Jahrhunderts erweist sich der vom islamischen Fundamentalismus inspirierte Terror als eine außerordentliche Herausforderung für die freiheitlich-demokratische Ordnung. Der 11. September 2001 war die spektakulärste Gewalttat in einer langen Reihe von ausgeführten beziehungsweise gescheiterten Terroranschlägen. Den Hintergrund des islamistischen Terrors bildet eine Ideologie, die die Religion für politische Zwecke benutzt.

Ausgehend von der unauflöslichen Einheit von Religion und Staat wird ein Kampf gegen den modernen weltlichen Staat geführt. Westlich-liberale Werte wie Demokratie, Pluralismus und Individualismus werden von den islamischen Fundamentalisten als „Unglaube" verdammt. Sie sehen in der Einführung des islamischen göttlichen Rechts („Scharia") den einzigen Weg in die Zukunft. Ihr dualistisches Weltbild wird geprägt durch die Verherrlichung jener Zeit, als der Prophet Mohammed regierte (7. Jahrhundert). Im Kontrast dazu werden die USA als der „große Satan" verflucht.

„Dschihad"

Nach dem Sieg der „Mudschahidin" (Gotteskrieger) über die Sowjetunion in Afghanistan beansprucht der Islamismus die globale Führungsrolle im 21. Jahrhundert. Getragen von der Vision der „Weltmacht Islam" glauben diese Kämpfer, nunmehr auch die USA besiegen zu können. Diese aggressive Politisierung der Religion findet ihren Ausdruck im „Dschihad" (Heiliger Krieg), der gegen den Westen insgesamt geführt wird.

Die Verbindung von Terror und Religion ist nichts Neues in der Geschichte. Der religiöse Fanatiker rechtfertigt den Kampf gegen so genannte Ungläubige als „heilige Pflicht". Er wird in Erwartung des „ewigen Heils" eher zum Selbstmordattentäter und Märtyrer, als es bei politisch motivierten Terroristen der Fall ist.

Bedingungen

Auf die Frage, warum Menschen zu Terroristen werden, gibt es keine einfache Antwort. Es sind keineswegs – wie meistens gemutmaßt wird – Armut und fehlende Bildung. Die Attentäter des 11. Septembers rekrutierten sich ganz überwiegend aus dem bürgerlich-wohlhabenden Milieu Saudi-Arabiens. Es lassen sich aber soziale und psychologische Bedingungen festhalten, die den Terrorismus begünstigen. Dazu zählen: Unterlegenheitsgefühle, Demütigungen, Perspektivlosigkeit, Bevölkerungswachstum, Verstädterung, materielle Verelendung – allgemein ausgedrückt eine misslungene soziale Integration.

M 3 Nach dem 11. September
Karikatur aus der FAZ vom 23. Oktober 2001.

M 4 Schreckensherrschaft

Der französische Revolutionär Saint-Just (1767–1794), engster Kampfgefährte von Robespierre und Mitglied des Wohlfahrtsausschusses, in einer Rede am 26. Februar 1794:

Bei der Regierung darf kein Verbrechen verziehen oder ungestraft gelassen werden. Die Gerechtigkeit ist furchtbarer für die Feinde der Republik als die Schreckensherrschaft allein. Wie viele Verräter sind

5 der Schreckensherrschaft entgangen, die nicht der Gerechtigkeit entgehen würden, welche die Verbrechen mit ihrer Waage abwägt. Die Gerechtigkeit verurteilt die Feinde des Volkes und die Anhänger der Tyrannei unter uns zu ewiger Knechtschaft; die

10 Schreckensherrschaft lässt sie auf deren Ende hoffen, denn alle Stürme haben einmal ein Ende, das haben Sie gesehen; die Gerechtigkeit zwingt die Beamten zur Rechtlichkeit, die Gerechtigkeit macht das Volk glücklich und befestigt die neue Ordnung

15 der Dinge; die Schreckensherrschaft ist ein zweischneidiges Schwert, dessen die einen sich bedient haben, das Volk zu rächen, die andern, der Tyrannei zu dienen; die Schreckensherrschaft hat die Gefängnisse zwar gefüllt, aber man hat die Schul-

20 digen nicht bestraft; sie ist wie ein Orkan dahingebraust. In einem Staate dürfen Sie dauernde Strenge nur von der Kräftigkeit der Institutionen erwarten; eine grausige Stille folgt immer unsern Stürmen, und wir sind auch in der Regel nachsichti-

25 ger nach der Schreckensherrschaft als vor derselben.

Zit. nach: P. Fischer (Hg.), Reden der Französischen Revolution, München 1974, S. 374.

M 5 Wegzeichen

Der Ägypter Sayyid Qutb (1906—1966) gilt als der intellektuelle Vater des islamischen Fundamentalismus. Seine Schriften werden millionenfach in der islamischen Welt gelesen (Text von 1964):

Die Menschheit steht in unseren Tagen am Rande des Abgrunds […]. Dies wird deutlich in der westlichen Welt, die keine menschlichen Werte mehr besitzt, mit denen sie ihr eigenes Gewissen von

5 ihrer Existenzberechtigung überzeugen könnte. Nachdem die „Demokratie" in der westlichen Welt den Bankrott anmelden musste, fing man allmählich an, die Strukturen des Ostblocks zu übernehmen, insbesondere das Wirtschaftssystem, und

10 zwar im Namen des Sozialismus! Die Menschheit braucht unbedingt eine neue Führung! […] Am Ende sind individuelle wie kollektivistische Ideologien fehlgeschlagen. Jetzt ist es

am Islam, an der Umma [Gemeinschaft der Gläubigen] ihre Rolle in der kritischsten aller Zeiten, 15 voller Unruhe und Verwirrung, zu übernehmen. […] Wie wird diese islamische Wiedererweckung beginnen? Eine Avantgarde muss dies in Angriff nehmen und sich auf den Weg machen, um die Dschahiliyya[1], die überall auf der Welt ihre tiefen 20 Wurzeln geschlagen hat, von innen her zu zerstören. […]

„Der Islam kennt nur zwei Sorten von Gesellschaften: islamische oder dschahilitische. Die islamische Gesellschaft ist diejenige, in der der Islam ange- 25 wandt wird. Er ist Glaube und Anbetung [Gottes], Gesetz und soziale Ordnung, Schöpfung und Verhalten. Die dschahilitische Gesellschaft ist diejenige, in der der Islam nicht angewandt wird. […] Was für die islamische Glaubenslehre und die aus ihr her- 30 vorgehende Gesellschaft kennzeichnend ist, ist die Bewegung, die es niemanden erlaubt, sich zu verstecken. […] Der Kampf kennt kein Ende, und der Heilige Krieg dauert an bis zum Jüngsten Tag. Das Reich Gottes auf Erden zu errichten und das Reich 35 der Menschen auszulöschen, den Usurpatoren[2] die Macht zu entreißen und sie Gott allein zurückzugeben, das göttliche Recht als einzige Autorität anzuerkennen und die von Menschen erlassenen Gesetze abzuschaffen, […] all dies kann nicht allein durch 40 Predigten und Reden erreicht werden. Während sich die Predigt gegen die [irrigen] Lehren und Vorstellungen wendet, beseitigt die „Bewegung" die materiellen Hindernisse, und das heißt vor allem die politische Macht. 45

1 Dschahiliyya: sinngemäß die „Zeit der Unwissenheit" vor dem Auftreten des Propheten Mohammed; im Weiteren die Welt der Ungläubigen

2 Usurpator: jemand, der die Macht unrechtmäßig erobert

Zit. nach: G. Kepel, Der Prophet und der Pharao, München 1995, S. 43 ff.

M 6 Das Attentat

Der Soziologe Wolfgang Sofsky untersucht die Psychologie des terroristischen Anschlags:

Die rapideste Form der Gewalt ist der Anschlag. Er zielt auf direkte Zerstörung und Vernichtung. Der Anschlag will nicht verletzten, er will sofort töten. Augenblicklich gelangt die Gewalt an ihre äußerste Grenze: den Tod des anderen. Der Anschlag ist 5 Gewalt ohne Vorzeichen. Zwar können Warnungen oder Gerüchte der Tat vorausgehen. Das Opfer mag in einem Klima der Bedrohung leben und sich mit Leibwächtern, Spitzeln oder kugelsicheren Glaskäfigen zu schützen suchen. Dennoch wird es vom 10 Angriff überrascht. Weder kennt es den Zeitpunkt noch den Täter. Blindlings läuft es ins Verderben. Denn die Initiative liegt ganz beim Täter. Er allein weiß, wann und wo er zuschlagen wird. Er kennt

15 sein Opfer genau, weiß von seinen Gewohnheiten und Bewegungen, seinen Schwächen und Vorlieben. Er hat sich gerüstet, durch Informationen, durch Waffen, durch einen Plan. Sind alle Vorkehrungen getroffen und die Umstände günstig, greift

20 er an. Was an der Konstellation des Anschlags zuerst auffällt, ist diese Asymmetrie des Wissens, der Pläne und Waffen, dieser Gegensatz von Passivität und Initiative, Wehrlosigkeit und Aktion. Wirkung gewinnt der Anschlag durch seine Plötz-

25 lichkeit. Jählings durchbricht das Ereignis die Stetigkeit der Normalzeit. [...] Ein einziger Moment ändert alles.

W. Sofsky, Zeiten des Schreckens, Frankfurt/M. 2002, S. 93.

M 7 Die Motive der Attentäter

Vor dem Hintergrund der Ereignisse vom 11. September 2001 stellt der Terrorismus-Experte Walter Laqueur einige Erkenntnisse dar:

In den Medien herrschte weiterhin die Überzeugung, der Terrorismus sei eine Reaktion auf Ungerechtigkeit. Wenn es keine soziale, politische und

5 ökonomische Ungerechtigkeit gebe, dann gebe es auch keinen Terrorismus. Die einzige Möglichkeit, den Terrorismus zu bekämpfen, bestand danach in dem Bemühen, das Elend oder die Spannungen zu verringern, die ihm zugrunde lagen.

10 Als wir uns damals die Tatsachen, also gleichsam die „real existierenden Terroristen", genauer ansahen, wurde uns zunehmend klar, dass der Gedanke, der Terrorismus sei eine Reaktion auf Ungerechtigkeit, nicht der Wirklichkeit entsprach. Man erkannte all-

15 mählich, dass es keine einfache Erklärung für politische Gewalt gibt und dass zum Beispiel der Wahrnehmung von Ungerechtigkeit weit größere Bedeutung zukommt als deren Realität. Auch erkannte

man, dass die Neigung zu politischer Gewalt in man-

20 chen Teilen der Welt größer ist als in anderen. Über die Gründe konnten wir natürlich nur spekulieren, aber die Tatsachen ließen keinen Zweifel zu. [...] Aber wie steht es um die Ursachen des Terrorismus? Wieder einmal behaupten wohlmeinende Männer

25 und Frauen, er sei die Folge von Verzweiflung, Armut, Hunger und Unterdrückung. Wenn man diesen Menschen Hoffnung gebe und ihre Lebensverhältnisse verbessere, verhindere man damit auch den Terrorismus. Das ist ein nobler Gedanke, aber

30 er entspricht nicht den bekannten Tatsachen. Betrachten wir einige Beispiele. Dass Bin Laden nicht in Elend und Unterdrückung lebt, dürfte bekannt sein. Wie steht es um die Selbstmordpiloten und ihre Helfer? Sie sind nicht in den Slums von

35 Kairo oder hoffnungslos in einem Flüchtlingslager aufgewachsen. Sie stammen ausnahmslos aus der Mittelschicht Saudi-Arabiens oder anderer Länder, zum Teil aus wohlhabenden Familien. Sie haben nie hungern müssen; ihre Familien schickten sie auf

40 Universitäten. Falls sie je auf einer Demonstration geschlagen wurden, waren es arabische Polizisten und nicht imperialistische oder zionistische. [...] Natürlich gibt es Ursachen, aber die sind komplex, und liegen keineswegs alle im Bereich des Rationa-

45 len. Dazu gehören nicht nur religiöse und nationalistische Ressentiments, sondern auch Fanatismus, Zerstörungswut und der Wunsch nach Bestrafung. Auch Wahnsinn spielt eine Rolle, vor allem Verfolgungswahn; nicht alle Paranoiker [von Wahnvor-

50 stellungen ergriffene Menschen] sind Terroristen, aber bei allen Terroristen findet sich ein gewisser Verfolgungswahn, der Glaube an eine gewaltige Weltverschwörung. Wir haben es nicht mit einem einzigen Terrorismus zu tun, sondern mit verschie-

55 denen Formen, und jeder Versuch, sie alle auf einen Nenner zu bringen, kann nur Verwirrung stiften.

W. Laqueur, Das Motivarsenal der Attentäter, in: FAZ, 4.10.2001.

Aufgaben

1. Erklären Sie die Schwierigkeit, Terrorismus allgemein verbindlich zu definieren.
   → Text

2. Differenzieren Sie die Formen des Terrorismus und erläutern Sie die unterschiedlichen Arten der Legitimation.
   → Text, M4, M5

3. Erläutern Sie die Probleme, die freiheitliche Gesellschaften bei der Bekämpfung des Terrorismus haben.
   → M3

4. Charakterisieren Sie das Weltbild des islamischen Fundamentalismus.
   → Text, M5

5. Beschreiben Sie das Verhältnis von Attentäter und Opfer bei einem Terroranschlag.
   → M6

6. Halten Sie die Erkenntnisse fest, die die Terrorismusforschung über die Attentäter und deren Motive besitzt.
   → Text, M7

Arbeitstechniken und Methoden

Quellen

Weil es keinen unmittelbaren Zugang zum Vergangenen gibt, stellt sich bei jedem geschichtlichen Rückblick die Frage: Woher weiß man das eigentlich?

Die Geschichte vergegenwärtigt sich in Form von Quellen. Diese ermöglichen erst den Zugang zu ihr. Quellen stellen sozusagen den „Rohstoff" für den Historiker dar. Als Quelle kann prinzipiell alles dienen, was das zeitlich Zurückliegende zu erhellen vermag.

Quellen lassen sich dahingehend unterscheiden, ob sie absichtlich (intentional) oder unabsichtlich der Nachwelt überliefert wurden. Ferner lassen sich Primärquellen von historischen Darstellungen unterscheiden. Letztere bezeichnet man oft auch als Sekundärquellen. Eine Differenzierung der Quellen lässt sich auch auf der Basis des Informationsträgers (Tontafel, Buch, Computer, Diskette) vornehmen:

- Schriftliche Quellen: zum Beispiel Besitzurkunden, Testamente, Parlamentsprotokolle, Tagebücher, diplomatische Korrespondenzen, Gerichtsakten, Zeitungen,
- Bildquellen: zum Beispiel Gemälde, Zeichnungen, Karikaturen, Plakate, Filme, Wochenschauen,
- Tonquellen: zum Beispiel Radioübertragungen, Interviews, Hörspiele,
- Sachquellen (Realien): zum Beispiel Gebäude, Denkmäler, Arbeitsgeräte, Waffen, Schmuck, Münzen, Kleidung.

Werkzeuge des Historikers

Zur Erforschung und Bearbeitung des Materials greift der Historiker auf die Ergebnisse der so genannten historischen Hilfswissenschaften zurück. Dazu zählen:

- Archäologie,
- Schriftkunde (Paläografie),
- Urkundenlehre (Diplomatik),
- Archivkunde,
- Wappenkunde (Heraldik) und Siegelkunde (Sphragistik),
- Sprachwissenschaft (Philologie)
- Zeitrechnungslehre (Chronologie),
- Münzkunde (Numismatik),
- Maß- und Gewichtskunde (Metrologie),
- Personen- und Geschlechterkunde (Genealogie),
- Bevölkerungskunde (Demografie),
- Historische Bildkunde (Ikonografie),
- Historische Kartenkunde (Geografie).

Quellenerschließung

Unter Quellenerschließung versteht man eine methodische Untersuchung, durch die eine Quelle in einen Sinnzusammenhang gestellt wird. Die Erschließung von historischen Quellen wird in je unterschiedlicher Gewichtung beschreibende, erklärende und interpretierende Elemente umfassen.

Beschreibung

Bei der Beschreibung handelt es sich um eine erste – provisorische – Erfassung der Quelle. Diese wird in Augenschein genommen. Das Sichtbare, zum Beispiel in einem Bild, wird festgehalten, ein Text wird gegliedert, inhaltlich rekapituliert. Formale Auffälligkeiten (Vermerke, Stempel) werden registriert.

Erklärung

Daran anschließend sollten Begriffe geklärt und die erwähnten Personen politisch-biografisch eingeordnet werden. Der nächste Schritt besteht darin, die Quelle in einen inhaltlichen Zusammenhang von Ursache und Wirkung zu stellen. In diesem Zusammenhang sind die Fragen nach dem Autor, dem Adressaten, den Interessen und Auswirkungen zu beantworten.

Interpretation

Die abschließende Interpretation baut auf den ersten beiden Schritten auf und zielt auf ein tiefer gehendes Verständnis. Die Quelle wird in einen größeren Zusammenhang gerückt. Ihr Sinn erschließt sich meist erst dadurch, dass eine Beziehung zu anderen Quellen (beziehungsweise Ereignissen) hergestellt wird.

Diese drei Schritte weisen vielfältige Berührungspunkte auf, sodass in der Praxis die Übergänge fließend sind. Der Begriff der Interpretation bezieht sich im umfassenderen Sinne auf den gesamten Vorgang der Quellenerschließung.

Schriftliche Quellen

Unter den historischen Quellen kommt der schriftlichen Überlieferung eine überragende Bedeutung zu. Mit der Entwicklung der Schrift in den frühen Hochkulturen (ab ca. 3000 v. Chr.) hat der Grad der Schriftlichkeit – mit Unterbrechungen zum Beispiel im frühen Mittelalter – ständig zugenommen. Für das gesamte öffentliche Leben (Gesetzgebung, Verwaltung, Außenpolitik) sind schriftliche Quellen maßgebend.

M 1 **Die Neolithische Revolution** bezeichnet jenen epochalen Einschnitt, als die Menschheit vom Jagen und Sammeln zur Produktion von Nahrung überging. Die „Erfindung der Landwirtschaft" erhöhte die Produktivität und bildete die Grundlage für die Entstehung von Hochkulturen. Erst im Rahmen dieser neuen Zivilisationsstufe wurden die ältesten Schriftformen entwickelt.

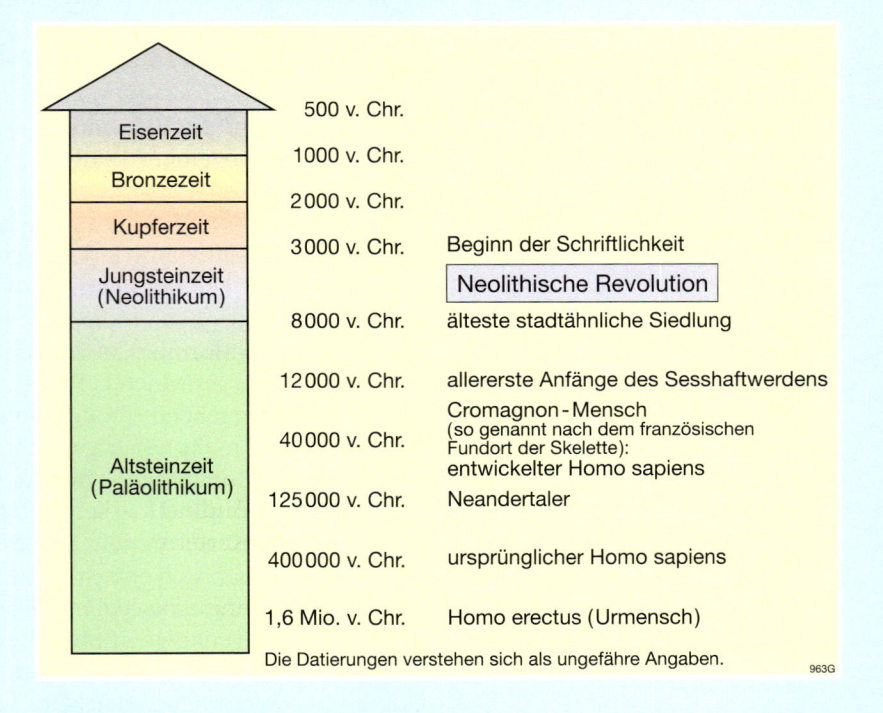

Die Datierungen verstehen sich als ungefähre Angaben.

963G

Leitfragen zu Textquellen

- Wer ist der Verfasser?
- Welchen Inhalt hat der Text?
- Aus welchem Anlass wurde der Text verfasst?
- Lässt sich die Quelle datieren?
- Gibt es einen feststellbaren Adressaten?
- Erfüllt der Text eine erkennbare Absicht?
- Welche (Aus-)wirkung hat der Text gehabt?

M 2

**Erschließung der
Extra-Ausgabe des Vorwärts**

Die Quelle zeigt die Extraausgabe des „Vorwärts" (Zentralorgan der SPD) vom 9. November 1918. Der Inhalt besteht aus der Wiedergabe eines Erlasses, den der amtierende Reichskanzler Prinz Max von Baden am gleichen Tag der Presse zugeleitet hatte. In ihm kommt der Thronverzicht Wilhelms II. (Deutscher Kaiser und König von Preußen) zum Ausdruck. Die fett gedruckte Überschrift („Der Kaiser hat abgedankt!") stammt offenkundig von den Redakteuren der Zeitung. Der Reichskanzler informiert in seinem Erlass unter anderem über seine Absicht, den Abgeordneten Ebert als Reichskanzler und Wahlen für eine verfassunggebende Nationalversammlung vorzuschlagen. Dies soll von einem nicht näher genannten „Regenten" – also einem Stellvertreter des Monarchen – durchgeführt werden. Zunächst fällt auf, dass Kaiser Wilhelm II. – seit 1888 Staatsoberhaupt – seine Abdankung nicht selbst verkündete. Außerdem fällt die Formulierung „Seine Majestät ... haben sich entschlossen ..." auf. Ein Entschluss ist keineswegs identisch mit einer vollendeten Tat. Handelt es sich nur um eine sprachliche Ungenauigkeit ohne Bedeutung?

Im Laufe des 9. November 1918 hatte sich die Situation in Berlin zugespitzt. Geboren aus der Niederlage an der Westfront, der Kriegsmüdigkeit der Soldaten und der Meuterei der Kieler Matrosen war eine revolutionäre politische Bewegung entstanden. Die alten Machthaber des Kaiserreichs hatten ihre Autorität weitgehend eingebüßt. An ihre Stelle waren teilweise Arbeiter- und Soldatenräte getreten. Reichskanzler Max von Baden sah die Gefahren einer weiteren Radikalisierung und eines verstärkten Zulaufs für den linkssozialistischen Spartakusbund. Außerdem gab es den diplomatischen Druck seitens des amerikanischen

Präsidenten Wilson, Kaiser Wilhelm aus seinem Amt zu entfernen. In dieser unübersichtlichen Situation entschloss sich der gemäßigt konservative Reichskanzler zu eigenmächtigem Handeln. Er schickte den unautorisierten Text von der Abdankung des Kaisers an das Wolffsche Telegrafenbüro – vergleichbar einer heutigen Presseagentur. Max von Baden stellte damit den Kaiser gleichsam vor vollendete Tatsachen. Wilhelm II. konnte sich dem nicht widersetzen und flüchtete anschließend in die Niederlande. Noch am gleichen Tag vollzog Max von Baden selbst die – nicht verfassungskonforme – Amtsübergabe an Friedrich Ebert, dem Parteivorsitzenden der SPD, die die stärkste Fraktion im Reichstag bildete. Seine Absicht war es dabei, die revolutionäre Situation zu entschärfen. Max von Badens Erlass stellte also eine Art „Flucht in die Öffentlichkeit" dar, wobei der Text selbst es noch offen lässt, ob die Monarchie als solche noch zu retten sei. Am darauffolgenden Tag bildete Ebert eine Provisorische Regierung („Rat der Volksbeauftragten"), die ihre Legitimität sowohl durch die Amtsübergabe als auch durch den revolutionären Berliner Soldatenrat erhielt. Die Frage einer so genannten Regentschaft hat sich nicht mehr gestellt. Der 9. November 1918 kennzeichnet die Novemberrevolution und das Ende der Monarchie in Deutschland. Die Weimarer Republik nahm von diesem Datum ihren Ausgang. Nach den Wahlen zur Nationalversammlung wurde Friedrich Ebert ihr erster Reichspräsident.

Bildquellen

„Wir glauben, was wir sehen." In diesem Spruch drückt sich die Macht der Bilder aus. Von ihnen geht erfahrungsgemäß eine größere Suggestivkraft aus als von Texten. Die Nachhaltigkeit des Bilderlebens führt dazu, dass Bilder länger im Gedächtnis bleiben als Texte. Es kann daher nicht verwundern, dass die politischen Mächte sich seit Jahrtausenden der Bilder bedienten, zum Beispiel in Form von Herrscherporträts auf Münzen und Siegeln.

Seit dem 19. Jahrhundert haben vor allem Fotos als Massenprodukt eine neue Bildwirklichkeit hervorgebracht. Dem Foto haftet eine (scheinbare) Objektivität an, die das künstliche Bild nie erreichen konnte.

Im 20. Jahrhundert wurde das Bild zu einem zentralen Aspekt politischer Herrschaft. Totalitäre Regime haben systematisch Bildfälschungen betrieben, um zum Beispiel „in Ungnade gefallene Personen" aus dem kollektiven Gedächtnis zu entfernen.

Im Zeitalter der Digitalisierung wird es objektiv immer schwieriger, Bildfälschungen („Bilder, die lügen") zu erkennen. Aufgrund moderner Technik entfällt die konventionelle Bearbeitung des Bildmaterials (Montage, Retusche), sodass die Spuren einer Manipulation nicht mehr sichtbar sind.

Leitfragen zur Erschließung von Bildquellen

- Wie wird die Person beziehungsweise der Gegenstand dargestellt (Größe, Ausschnitt, Perspektive, Lichtquelle, Farben, Bildaufbau)?
- Was lässt sich über die Bildentstehung in Erfahrung bringen (Auftraggeber, Fotograf)?
- Gibt es Gegenstände, Darstellungen, Personen oder Symbole, deren Bedeutung durch zusätzliche Informationen zu klären ist?
- Welchem Zweck dient das Bild (zum Beispiel Selbstdarstellung, Propaganda)?
- Gibt es eine erkennbare Inszenierung?

M 3

Erschließung der Fotografie M3

Im Vordergrund ist ein offenes Militärfahrzeug zu sehen – in ihm zwei Soldaten mit Helmen, die für die deutsche Wehrmacht charakteristisch waren. Uniformierte Polizisten bilden ein Spalier – hinter ihnen eine wütende und aufgebrachte Ansammlung von Menschen. Man erkennt schmerzverzerrte Gesichter sowie geballte Fäuste. Die Menschen blicken voller Empörung auf die Soldaten.

Das Foto zeigt einen Ausschnitt vom Einmarsch der deutschen Truppen in Prag am 15. März 1939. Diese Momentaufnahme dokumentiert die ohnmächtige Wut der tschechischen Bevölkerung. Hier waren die Deutschen ganz offensichtlich nicht willkommen. Dieses Bild kam mit Sicherheit nicht als Propagandamittel für die nationalsozialistischen Massenmedien in Betracht. Dem Einmarsch vorausgegangen war das Münchener Abkommen (30. September 1938), in dem sich Deutschland, Großbritannien, Frankreich und Italien auf die Abtretung des von Deutschen besiedelten Sudetenlandes verständigten. Der tschechischen Regierung war die Teilnahme an dieser Konferenz verwehrt geblieben. Das Entgegenkommen der Westmächte an das nationalsozialistische Deutschland resultierte aus der Annahme, dass damit die territorialen Ansprüche Deutschlands endgültig befriedigt seien.

Tatsächlich war Hitler aber von Beginn an entschlossen, auch die „Rest-Tschechei" – wie er sie nannte – zu zerschlagen. Völkerrechtswidrig marschierte die Wehrmacht ein. Am folgenden Tag proklamierte Hitler das „Reichsprotektorat Böhmen und Mähren" (16. März 1939).

Hitlers Annahme: „In 14 Tagen spricht kein Mensch mehr davon." sollte sich als falsch erweisen. Die politischen Führer der Westmächte gaben sich nun keinen Illusionen mehr hinsichtlich der Kriegspolitik Hitlers hin. Die so genannte Appeasement-Politik (Beschwichtigungspolitik) der Westmächte fand ihr Ende. Zwar griffen sie nicht unmittelbar ein, aber es setzte umgehend eine forcierte Aufrüstung ein. Gleichzeitig wurde ein Beistandspakt mit dem gefährdeten Polen geschlossen. Folgerichtig erklärten Großbritannien und Frankreich den Krieg, als Hitler am 1. September 1939 den Angriff auf Polen befahl.

Der 15. März 1939 kann insofern als Wendepunkt verstanden werden, weil Hitler an diesem Tag erstmals ein fremdes Volk unterwarf.

Die nationalsozialistische Besetzung der Tschechei und die Vertreibung der Sudetendeutschen nach dem Krieg haben das Verhältnis zwischen Tschechen und Deutschen bis in die Gegenwart hinein schwer belastet.

Erschließung des Plakats M4

Die massige Figur, die schemenhaft fast die gesamte Breite des Bildes einnimmt, steht hinter den Fahnen der Sowjetunion (rechts), der USA und Großbritanniens (links). Die Nationalfahnen sind wie Vorhänge gezeichnet und geben den Blick auf einen Mann frei, der mit englischem Herrenhut, Weste und Übermantel bekleidet ist. In Bauchhöhe hängt eine Kette mit einem sechseckigen Stern.

Das Gesicht des Mannes wird durch eine breite Nase, wulstige Lippen und kräftige Augenbrauen charakterisiert. Nur ein Auge ist zu sehen, das unter dem Lid schräg nach oben schaut.

Der Text auf dem Plakat lautet: „Hinter den Feindmächten: der Jude" – wobei „der Jude" mit Pinselstrichen ansteigend und unterstrichen optisch hervorgehoben wird.

Hammer und Sichel (UdSSR), „Stars und stripes" (USA) sowie der Union Jack (GB) ermöglichen die Identifizierung der wichtigsten Kriegsgegner des nationalsozialistischen Deutschlands. Die dargestellte Person wird nicht nur im Text ausdrücklich benannt, sondern sie ist auch am Davidstern erkennbar. Die ungenaue Datierung des Plakats (um 1941) lässt es offen, ob das Bild im Kontext der intensivierten Propaganda nach dem Kriegseintritt der USA (Dezember 1941) zu sehen ist. Die Kleidung enthält Anspielungen auf einen bürgerlichen Geschäftsmann oder Bankier. „Der Jude" wird als verschlagene und geheimnisvolle Macht dargestellt, die hinter allen – so unterschiedlichen – Feindmächten stehe. Der Krieg gegen die kommunistische Sowjetunion sowie gegen die liberalkapitalistischen Staaten des Westens wird paradoxerweise auf einen Nenner gebracht. Antikommunismus und Antikapitalismus werden auf „den Juden" projiziert.

M 4

Das Plakat ist die ikonografische Umsetzung der NS-Ideologie von der „jüdischen Weltverschwörung". Es dient der Produktion beziehungsweise Vertiefung des Feindbildes. Diese Figur soll Angst erwecken und die Bereitschaft zur Fortsetzung des Krieges erhöhen. Indem das Plakat „den Juden" als Verkörperung des Bösen darstellt, werden Tötungshemmungen abgebaut. Es erschließt sich somit als Teil der psychologischen Kriegsführung.

Karikaturen

Die Karikatur ist ein Bildmedium, das bis in die Gegenwart nichts von seinem Reiz eingebüßt hat. Karikaturen gewannen seit der Reformation im 16. Jahrhundert große Bedeutung, weil neue Drucktechniken ihre massenhafte Reproduzierbarkeit ermöglichten.

Die Karikatur stellt eine bildliche Satire dar, bei der sich der Zeichner der Mittel der Verzerrung, der Zuspitzung und des Bild-Witzes bedient. Ihre Absicht besteht zumeist in der Bloßstellung beziehungsweise Verspottung einer Person oder eines Vorkommnisses. Die Karikatur ist eine politische Waffe, die letztlich nach dem volkstümlichen Motto „Lächerlichkeit tötet." funktioniert.

Karikaturen stellen einen komplexen Kommentar dar. Meistens sind zusätzliche Kenntnisse des Kontextes vonnöten, um eine Karikatur angemessen zu entschlüsseln.

Leitfragen zu Karikaturen

- Wozu stellt die Karikatur einen bildlichen Kommentar dar?
- In welchem Kontext steht sie?
- Welcher Bildelemente bedient sich der Karikaturist?
- In welcher Beziehung steht ein beigefügter Text zum Bild?
- Welche Absicht verfolgt der Zeichner?
- Handelt es sich um eine wohlwollende, verletzende oder aggressive Karikatur?
- Welche emotionale beziehungsweise rationale Wirkung geht von der Karikatur aus?

Erschließung der Karikatur M5 Simson Germanicus

Das von Werner Hahmann gezeichnete Bild erschien am 25. Januar 1920 in der satirischen Zeitschrift „Kladderadatsch". Im Mittelpunkt steht ein altägyptisch nachempfundener Tempel mit steinernen Säulen. Unterhalb des Gesims steht das Wort „Schmachfrieden". Auf dem Dach wird offenkundig eine Orgie gefeiert. An den Hüten der Männer sind andeutungsweise Amerikaner, Briten und Franzosen erkennbar. Unten auf den Stufen vor den Säulen liegt eine nackte männliche Gestalt: sich mühsam mit den Armen stützend, mit kahl geschorenem Schädel, am linken Fuß – wie ein Sträfling – an eine Eisenkugel gekettet.

Der Zeichner selbst liefert die Deutung der Karikatur mit der Überschrift „Simson Germanicus" als auch durch den Untertitel „Einst wird kommen der Tag, an dem Simson die Locken wieder wachsen". Beides verweist auf die alttestamentarische Figur des Simson. Dessen übermenschlichen Kräfte entsprangen seinem Haupthaar. Seine Feinde ließen ihm die Haare abschneiden, aber im Gefängnis wuchsen sie ihm nach, und mit ihnen kehrte seine Kraft zurück.

Das Wort „Schmachfrieden" bezieht sich auf den Versailler Vertrag von 1919, der den offiziellen Schlusspunkt unter den Ersten Weltkrieg setzte. Dieser Vertrag war kurz vor der Publizierung des Bildes am 10. Januar 1920 in Kraft getreten.

Diese Karikatur suggeriert eine Analogie zwischen dem gefangenen Simson und dem gedemütigten deutschen Volk. Das Bild spiegelt zum einen die Gefühle vieler Deutscher wider, die den Versailler Vertrag für ungerecht hielten, zum anderen machte es Hoffnung auf eine langfristige Änderung. Die Karikatur trug zur Verfestigung des Feindbildes in Bezug auf die – angeblich unmoralischen – Westmächte bei.

Der Kampf gegen den Versailler Vertrag einte einen erheblichen Teil der deutschen Gesellschaft in der Zeit der Weimarer Republik. Das Bild bediente vor allem die politischen Kräfte, die eine Revanchepolitik betrieben. Es verweist somit mittelbar auf den Aufstieg des Nationalsozialismus und das unglückselige Ende der Weimarer Republik.

Der „Kladderadatsch" existierte von 1848 bis 1944. Gegründet als Oppositionsblatt vertrat er anlässlich der Revolution von 1848 noch bürgerlich-liberale Positionen. Seine weitere Entwicklung war durch eine Anpassung an die Staatsmacht und durch eine zunehmend nationalistische Ausrichtung geprägt.

Einst wird kommen der Tag, da auch diesem Simson die Locken wieder wachsen

Statistiken

Bei der Statistik handelt es sich um die zahlenmäßige Erfassung bestimmter Sachverhalte. Dies kann entweder grafisch oder tabellarisch geschehen. Aus den beigefügten Angaben sollte klar hervorgehen, was genau gemessen worden ist. Statistiken stellen eine äußerst komprimierte Information dar und ermöglichen einen relativ schnellen Überblick zum Beispiel über eine historische Entwicklung.

Ob eine Statistik stimmt, ist für Nichtfachleute in der Regel nicht erkennbar. Den berühmten – dem britischen Staatsmann Winston Churchill zugeschriebenen – Ausspruch, er glaube keiner Statistik, die er nicht selbst gefälscht habe, hat dieser zwar nicht gemacht. Aber die zum Ausdruck kommende Skepsis gegenüber Zahlen ist mitunter wohlbegründet.

Statistiken können einem legitimatorischen beziehungsweise propagandistischen Zweck dienen. So ist zum Beispiel bekannt, dass die Statistiken der ehemaligen DDR durchgängig ein falsches Bild von der Wirklichkeit widerspiegelten. Die offiziellen Daten, zum Beispiel zum Wohnungsbau, zur Produktion oder zur Finanzkraft, blieben bis zum Ende geschönt. Das hatte zur Folge, dass die wirtschaftliche Situation der DDR selbst von vielen westdeutschen Spezialisten überbewertet wurde.

- Welche Quellen werden für die Daten angegeben?
- Gibt es zusätzliche Informationen seitens des Autors?
- Handelt es sich um absolute oder relative Zahlen?
- Wie wird die Vergleichbarkeit der Daten hergestellt?
- Bewegen sich die angegebenen Größenordnungen (Mrd./Mio.; t./kg.) auf realistischem Niveau?
- Gibt es wesentliche Abweichungen in vergleichbarem Datenmaterial?
- Wer ist der Autor der Statistik beziehungsweise ihr Herausgeber?
- Wie steht es um die Objektivität der Publikation?

Erschließung der Statistik M6

Diese Statistik stammt im Original von P. Bairoch, einem angesehenen britischen Wirtschaftshistoriker, und wurde in der Fachzeitschrift „Journal of European Economic History" 1982 publiziert.

M 6 **Gesamtes Industriepotenzial der Mächte im Vergleich 1880-1938**
(Großbritannien: 1900 = 100)

	1880	1900	1913	1928	1938
Großbritannien	73,3	[100]	127,2	135	181
Vereinigte Staaten	46,9	127,8	298,1	533	528
Deutschland	27,4	71,2	137,7	158	214
Frankreich	25,1	36,8	57,3	82	74
Russland	24,5	47,5	76,6	72	152
Österreich-Ungarn	14	25,6	40,7	–	–
Italien	8,1	13,6	22,5	37	46
Japan	7,6	13	25,1	45	88

Aus: P. Kennedy, Aufstieg und Fall der großen Mächte, Frankfurt/M. 1989, S. 311.

Es handelt sich um eine Index-Statistik, das heißt sie gibt keinen Aufschluss über absolute Zahlen, sondern nur über Relationen. Als Bezugsgröße wurde Großbritannien im Jahre 1900 gewählt: Indexziffer 100 in eckiger Klammer.

Wie das Industriepotenzial im Einzelnen gemessen wurde, das geht aus der Statistik selbst nicht hervor. Der Begriff „Industriepotenzial" verweist auf die Wirtschaftskraft und indirekt auch auf die Finanzkraft, die militärische Stärke sowie die Position des Landes in der globalen Konkurrenz der Mächte. Die Ziffern besitzen keine Aussagekraft in Bezug auf den Lebensstandard oder den Industrialisierungsgrad pro Kopf der Bevölkerung. Die synchrone (zeitliche) Analyse bezieht sich im vorliegenden Beispiel auf die senkrechte Datenreihe. Die Frage dazu kann zum Beispiel lauten: Wie stellte sich 1938 die industrielle Größenordnung der Mächte im Vergleich dar? Die diachrone (historische) Analyse bezieht sich hingegen auf die waagerechte Anordnung der Ziffern. Die Frage dazu kann zum Beispiel lauten: Wie entwickelt sich die Industrie in Deutschland zwischen 1880 und 1938?

Bei der Auswertung der 38 Ziffern lassen sich unterschiedliche Schwerpunkte legen.

1. Die Daten ermöglichen einen Einblick in die industrielle Wachstumsdynamik der einzelnen Länder zwischen 1880 und 1938. Großbritannien wächst nur um den Faktor 2,5, währen die Zahlen für Deutschland (Faktor 8), für die USA (Faktor 11,5) oder Japan (Faktor 11) deutlich stärker ansteigen. Der relative industrielle Abstieg Großbritanniens – des historisch ersten Industrielandes – wird somit erkennbar. Gleichzeitig dokumentieren die Zahlen den rasanten

Aufstieg Japans, das aber zu den großen Mächten noch nicht aufzuschließen vermag. Das japanische Industriepotenzial erreicht weniger als die Hälfte des deutschen oder britischen.

2. Bereits gegen Ende des 19. Jahrhunderts rücken die USA zur stärksten Weltwirtschaftsmacht auf. Wachstumsdynamik kombiniert mit der Größe des Landes schlagen sich in einem Industriepotenzial nieder, das bereits 1913 größer ist als dasjenige von Großbritannien und Deutschland zusammengenommen.

3. Diese Statistik lässt sich auch im Hinblick auf die zwei Weltkriege auswerten. Da die moderne Kriegsführung des 20. Jahrhunderts auf der industriellen Basis eines Landes beruhte, musste das Industriepotenzial mittelfristig den Ausschlag über den Kriegsverlauf geben. Das Jahr 1913 – Ausgangspunkt für den Ersten Weltkrieg – verdeutlicht, dass nach dem Kriegseintritt der USA (1917) der Krieg für die Mittelmächte (Deutschland und Österreich-Ungarn) nicht mehr zu gewinnen war. Eine ähnliche Erkenntnis gilt auch für den Zweiten Weltkrieg. Allein das Industriepotenzial der USA überstieg bereits 1938 dasjenige der Achsenmächte (Deutschland, Italien und Japan) zusammengenommen bei weitem.

4. Das vorliegende Zahlenmaterial dokumentiert den allgemeinen industriellen Wachstumstrend. Aber es gibt statistische Auffälligkeiten. So machte sich zum Beispiel in den USA nach 1928 die Weltwirtschaftskrise stark bemerkbar. Das erklärt die leicht rückläufigen Ziffern zwischen 1928 und 1938.

   Auch Deutschland erlebte im Zuge der Weltwirtschaftskrise einen wirtschaftlichen Einbruch, der sich aber in der Statistik nicht widerspiegelt. Die kreditfinanzierte Aufrüstung unter nationalsozialistischen Vorzeichen führte nach 1933 zu einer industriellen Rekonstruktion. Außerdem kam 1938 das Industriepotenzial Österreichs zum Reich. Darum weist die entsprechende Ziffer für 1938 einen Anstieg auf. Russland erlitt in den zwanziger Jahren als Folge von Revolution, Bürgerkrieg und sozialem Chaos eine Schrumpfung seines Industriepotenzials. Der Wachstumssprung nach 1928 spiegelt dann die Politik Stalins zur beschleunigten und gewaltsamen Industrialisierung des Landes wider.

   Österreich-Ungarn wurde als Folge des Ersten Weltkrieges aufgelöst. Daher werden für die Jahre 1928 und 1938 keine Angaben gemacht.

Karten

Seit ältesten Zeiten stellt die Karte ein praktisches Hilfsmittel bei der Erfassung des Raumes dar. Der Mensch bewegt sich konkret und im übertragenen Sinne in einem Raum. Diese Räumlichkeit begründete die historisch-politische Geografie, die die territorialen Veränderungen erfasst (zum Beispiel Wanderungsbewegungen, Siedlungsstrukturen, Gebietsänderungen als Folge von Kriegen).

Auch die so genannte Geopolitik des 20. Jahrhunderts bezog sich auf den Raum als politische Konstante. Die räumliche Lage eines Staates determiniert in erheblicher Weise seine Sicherheitsinteressen. Der Blick auf die Karte verdeutlicht räumliche Besonderheiten, die die Staatengeschichte sehr beeinflusst haben. Die Insellage Englands prädestinierte zum Beispiel das Land für den Aufbau einer Seemacht. Bis in die Neuzeit hinein war daher das Land nahezu unangreifbar. Sowohl Napoleon als auch Hitler scheiterten mit ihren Plänen einer Invasion der Insel. Auch die Geschichte Russlands stellt sich als durch die geografische

Lage geprägt dar. Die Weiten dieses Landes wurden bekanntermaßen den Armeen Napoleons und Hitlers zum Verhängnis. Die Geschichte Deutschlands lässt sich ohne Berücksichtigung seiner geografischen Lage nicht verstehen. Seine kontinentale Mittellage definierte die Sicherheitsinteressen völlig anders als im Falle eines Insel- beziehungsweise Randstaates. Das Fehlen natürlicher Barrieren und die Möglichkeit eines Zweifronten-Krieges haben die außenpolitischen Strategien zahlloser Politiker (zum Beispiel auch Bismarcks) beeinflusst.

Die für den Historiker wichtige Karte kann Raum und Zeit miteinander kombinieren. Veränderungen werden optisch aufbereitet und eingearbeitet. Damit stellt die Karte eine wichtige Ergänzung von Texten dar.

Leitfragen zu Karten

- Wie lautet das Thema der Karte?
- Wie wurde das Problem der grafischen Anschaulichkeit gelöst?
- Ist die Legende (Zeichenerklärung) korrekt?
- Werden zusätzliche Erläuterungen gegeben?
- Welche Abweichungen beziehungsweise Veränderungen lassen sich bei Kartenvergleichen feststellen?
- Werden mit der Karte politische (territoriale) Ansprüche erhoben?

Erschließung der Karte M7

Die Karte veranschaulicht die Kriegssituation in Europa und dem Mittelmeerraum in den Jahren 1942–1945. Die beigefügte Legende lässt eine Identifizierung der von den Achsenmächten und Alliierten besetzen beziehungsweise gehaltenen Gebiete zu. Lediglich im Hinblick auf die neutralen Staaten fällt die Farbdifferenzierung zwischen hell- und dunkelbeige auf (Schweden, Irland, Spanien und Portugal blieben während des gesamten Zweiten Weltkriegs neutral).

Die Karte enthält eine statische und dynamische Aussage. Die Eckdaten 1942 und 1945 verweisen auf die maximale Ausdehnung des Dritten Reiches im Jahre 1942 und bei der Kapitulation 1945. Die dun-

M 7

Der Zweite Weltkrieg in Europa 1942-1945

596

kelviolett gerahmten Gebiete (Alpenraum, Österreich, Böhmen, Schleswig-Holstein) kennzeichnen den verbliebenen deutschen Machtbereich im Mai 1945. Dazwischen liegen drei Jahre des Kriegsgeschehens, in denen die Alliierten die vom nationalsozialistischen Deutschland beherrschten Gebiete kontinuierlich einengten. Die roten Linien mit ihren Pfeilspitzen markieren dabei die drei entscheidenden Stoßrichtungen des alliierten Vormarsches:

- Im Osten rückte die Rote Armee auf der gesamten Breite vor und erreichte im Januar 1945 Ostpreußen. Im Süden landeten die Westalliierten auf Sizilien (Juli 1943) und eroberten Italien in Süd-Nord-Richtung.
- Im Westen erfolgte die Landung der Westalliierten in der Normandie (6. Juni 1944).
- Am 25. April 1945 trafen sowjetische und amerikanische Truppen bei Torgau an der Elbe zusammen. Wenige Tage danach (am 7. Mai) erfolgte die Gesamtkapitulation der deutschen Wehrmacht. Der Zweite Weltkrieg war zu Ende.

Anleitung zur Facharbeit

Themen

Es gibt eine kaum zu begrenzende Vielfalt von allgemein-, regional- oder lokalgeschichtlichen Themen, die sich für eine häusliche Facharbeit eignen. Dabei sind sowohl reine Literaturarbeiten denkbar als auch solche, die im Zusammenhang mit bestimmten Lernorten stehen: Museen, Gedenkstätten, Schlösser, Kirchen, Klöster usw.

Themenbegrenzung

Die Bearbeitung eines Themas unterliegt den Gesetzen der „Zeitökonomie", das heißt es muss in der zur Verfügung stehenden Zeit sinnvoll zu bearbeiten sein. Um den Aufwand in vernünftigen Grenzen zu halten, bedarf es also einer Präzisierung des Themas. Das Ziel beziehungsweise die Absicht der Untersuchung sollte deutlich erkennbar sein.

Informationsbeschaffung

Nach der thematischen Eingrenzung beginnt die Suche nach geeignetem Material („Recherche"): Internetadressen eröffnen den Zugang zu einem Teil der unten erwähnten Informationsquellen. Zu deutschen Bibliotheken gelangt man zum Beispiel über die Webseite:
http://z3950gw.dbf.ddb.de

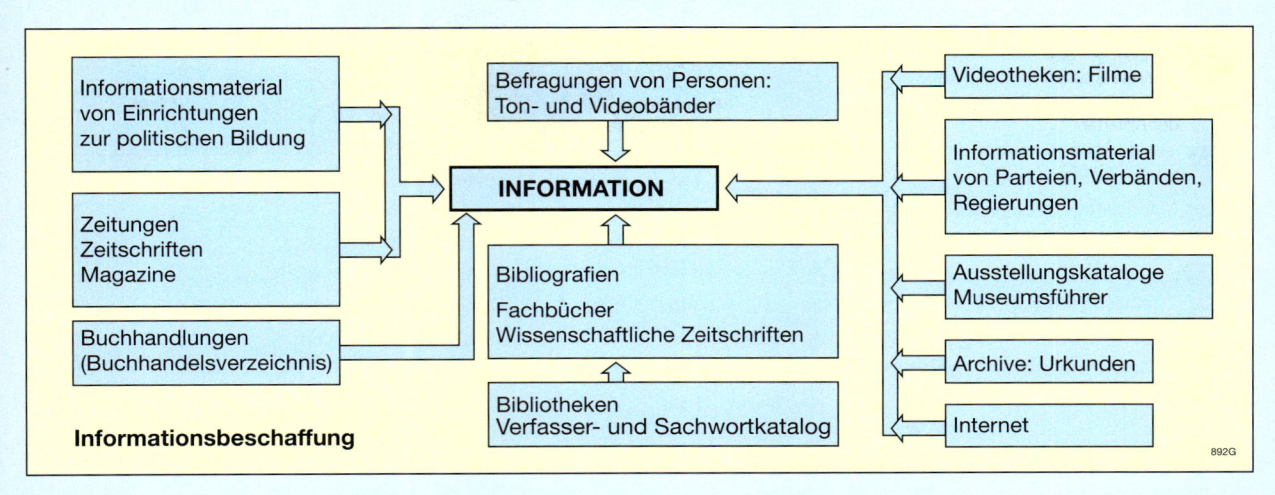

892G

Das Buchhandelsverzeichnis ist über das WWW zugänglich: http://www.buchhandel.de

Informationssammlung

Das Festhalten der Informationen kann konventionell oder elektronisch erfolgen. Die traditionellen Mittel sind Kopien, Exzerpte (Auszüge) und eigene Notizen, die einen Bezug zum Thema besitzen. Wichtig ist, dass alle Informationen mit Quellenangaben versehen werden und dass die Ablage des Materials in geordneter Weise erfolgt.

Informationsverarbeitung

Anschließend muss das gesammelte Material ausgewertet werden. Die Leitfrage lautet in diesem Zusammenhang: Welche Informationen gehören in die schriftliche Arbeit – und an welche Stelle?

Die allgemeine Gliederung einer Facharbeit sieht folgendermaßen aus:
- Titelseite
  (Thema, Verfasser, Klasse, eventuell Lehrer)
- Inhaltsverzeichnis
- Einleitung
- Hauptteil
- Schluss
- Literaturverzeichnis

In der Einleitung kann auf die persönliche Motivation – oder das eigene Interesse – Bezug genommen werden. Man kann die Bedeutung des Themas kurz umreißen und die thematische Eingrenzung begründen.

Das Inhaltsverzeichnis spiegelt die gesamte Arbeit wider. Die Gliederung lässt Rückschlüsse auf die inhaltliche Perspektive, Stoffdurchdringung und Sachlogik zu. Als Beispiel für eine wissenschaftliche Gliederung wird im Folgenden ein Auszug aus dem Inhaltsverzeichnis eines Buches des Historikers Hans-Ulrich Wehler: „Das Deutsche Kaiserreich 1871-1918" (Göttingen 1973) abgedruckt:

III. Herrschaftssystem und Politik

Für die Gliederung einer historischen Facharbeit eignet sich in besonderer Weise das chronologische Prinzip. Darüber hinaus sollte der Aufbau den Gesetzen der Systematik folgen. Das heißt:
a) Was inhaltlich zusammengehört, das sollte auch zusammen stehen.
b) Es gilt Oberbegriffe zu finden, unter die die einzelnen inhaltlichen Aspekte einzuordnen sind.

Insgesamt sollte die Darstellung so strukturiert sein, dass der Leser die Aussagen nachvollziehen kann.

Der Schluss einer Facharbeit wird in der Regel eine Zusammenfassung beziehungsweise das Ergebnis beinhalten. Es ist „unwissenschaftlich", sich mit – wie der Volksmund sagt – fremden Federn zu schmücken. Das Plagiat, also der Diebstahl fremden geistigen Eigentums, gilt als eine schwere Verfehlung.

Wissenschaftliche Darstellungsform

Die wissenschaftliche Darstellungsform zielt daher darauf ab, die Überprüfbarkeit der Aussagen sicherzustellen und die eigenen Arbeitsergebnisse von den Erkenntnissen anderer Autoren zu trennen. Diesem Zweck dienen Quellen- und Literaturangaben, Zitatbelege und Verweise.

Zitate stellen keinen Selbstzweck dar, vielmehr haben sie die Funktion, die eigene Argumentation zu belegen. Ferner dürfen Zitate auch dann verwendet werden, wenn sie besonders aussagekräftig sind, zum Beispiel im Hinblick auf eine bestimmte Person oder wissenschaftliche Position. Beim Zitat handelt es sich um eine wörtliche Wiedergabe, die in Anführungszeichen gesetzt wird. Der Nachweis des Zitats erfolgt nummeriert unten auf der Seite oder im Anhang. Es gibt unterschiedliche Formen für die Literaturangabe. Allgemein hat sich das Autor-Jahr-System durchgesetzt. Beispiel:

Broszat, Martin (1983), Der Staat Hitlers. Grundlegung und Entwicklung seiner inneren Verfassung, München

Weitere Aspekte, die beim Zitieren zu beachten sind:
- Als Zitatbeleg muss die Seitenzahl hinzugefügt werden. Im Wiederholungsfall reicht dann die Angabe des Autors, der Jahres- und Seitenzahl. Beispiel:
Broszat, Martin (1983), S. 125.
- Zieht sich das Zitat über zwei oder mehrere Seiten hin, so ist das durch ein f. bzw. ff. zu kennzeichnen. Beispiel:
Broszat, Martin (1983), S. 15 f.
- Kürzungen eines Zitats sind im Zitat durch drei Punkte (…) deutlich zu machen. Diese Punkte können auch durch eine Klammer gekennzeichnet sein.
- Beim Paraphrasieren, also der Wiedergabe beziehungsweise Umschreibung einer Textvorlage mit eigenen Worten, ist wie beim Zitieren zu verfahren – allerdings mit dem Unterschied, dass am Anfang ein siehe (s.) oder vergleiche (vgl.) steht. Beispiel:
Vgl. Broszat, Martin (1983), S. 15 f.
- Beim Zitieren aus zweiter Hand erfolgt der korrekte Beleg durch folgende Formulierung:
Zit. nach: Broszat, Martin (1983), S. 15 f.

Internet für historische Recherchen

Für die Recherche im Internet bieten sich zwei unterschiedliche Möglichkeiten an:

1. Portale:
   Auf einer Portal-Seite sind Links zu einem bestimmten Themengebiet gesammelt und für einen schnellen Zugriff aufbereitet.
2. Suchmaschinen:
   Hier unterscheidet man zwischen drei Typen:

- Volltext-Suchmaschinen: Sie führen eine Datenbank, die die Schlagworte und Adressen aus allen verfügbaren Internet-Seiten enthält. Sie sind für umfangreiche Recherchen geeignet.
- Web-Kataloge: Die eingetragenen Seiten sind nach Schlagwörtern sortiert und meistens bewertet oder zumindest vom Suchmaschinen-Betreiber eingesehen. Sie werden überwiegend für eine Recherche ohne eine genaue Suchanfrage verwendet.
- Meta-Suchmaschinen: Sie führen keinen eigenen Datenbestand, sondern durchsuchen mehrere Volltext-Suchmaschinen und Kataloge. Mit Meta-Suchmaschinen erhält man die größte Anzahl an Suchergebnissen.

Vorgehensweise für Internet-Recherchen mit Suchmaschinen

1. Auswahl der Suchbegriffe:
   Um den Erfolg einer Suche zu gewährleisten, sollten die Suchbegriffe möglichst eng gefasst sein. Zum Ausschließen von nichtrelevanten Suchergebnissen kann man mehrere Begriffe kombinieren.
2. Umgang mit Suchmaschinen:
   Bei den meisten Suchmaschinen hat sich dabei eine Verknüpfungssyntax eingebürgert, die eng an die boolesche Algebra angelehnt ist. In der folgenden Tabelle sind die wichtigsten dieser Operatoren aufgeführt.
   Leider verwenden allerdings nicht alle Suchmaschinen diese Syntax.

Schlüsselworte	Zeichen	Bedeutung	Beispiel
	+	Angegebener Begriff muss im Ergebnis enthalten sein.	+Napoleon + Schlacht
	–	Angegebener Begriff darf nicht im Ergebnis enthalten sein.	+Napoleon – Schlacht
	*	Platzhalter für Wortsegmente	
	„ "	Ausdruck muss im Ergebnis enthalten sein.	„Schlacht bei Waterloo"
AND	&	Im Ergebnis müssen die mit „&" verbundenen Begriffe enthalten sein.	Napoleon AND Schlacht
OR	|	Im Ergebnis muss mindestens einer der mit „|" verbundenen Begriffe enthalten sein.	Schlacht OR Krieg
NOT	!	Angegebener Begriff darf nicht im Ergebnis enthalten sein.	Napoleon AND Schlacht AND NOT Krieg
	()	Logische Klammern, benötigt wegen AND vor OR-Regel (wie Punkt vor Strich)	Napoleon AND (Schlacht OR Krieg)

Link-Sammlung für die Internet-Recherche allgemein

Die gängigsten Suchmaschinen	www.altavista.de www.hotbot.com www.acoon.de www.google.de www.fireball.de www.abacho.de	www.hurra.de www.alltheweb.com www.lycos.de www.northernlight.com
Die gängigsten Meta-Suchmaschinen	www.paperball.de	
Spezielle Suchmaschine für Zeitungen	www.metacrawler.de www.metager.de	www.profusion.com www.metaspinner.de
Die gängigsten Web-Kataloge/-portale	www.wissen.de www.web.de www.looksmart.com www.aol.de www.fireball.de	www.yahoo.de www.allesklar.de www.dino-online.de www.t-online.de
Hilfeseiten für Lehrer und Schüler	www.bildungsserver.de www.schulweb.de www.abi-tools.de	www.zum.de www.abitur.de www.zahlreich.de

**Link-Sammlung für die
Internet-Recherche zum
Geschichtsunterricht**

www.wissen.de
+ Verschafft schnell einen Überblick durch eine interaktive Zeitleiste.
  (Startseite → Geschichte)
+ Weiterführende Links
+ Nachschlagen in Lexika und Wörterbüchern möglich
+ Unterrichtsrelevante Themen (Startseite → Lernen)
– Seite lädt in manchen Browsern nicht richtig.
– Lange Ladezeiten

www.vl-geschichte.de
+ Weiterführende Links
+ Sehr umfangreich
– Qualität variiert sehr stark.

www.crispinius.com
+ Newsgroups
+ Gute Recherche-Seite mit vielen „Extras", zum Beispiel einer Such-
  maschine und einer Mediendatenbank (Videos, Bücher, CD-Roms)
  zum Thema Geschichte (Startseite → Suchen)

Historisch-politische Grundbegriffe

Absolutismus Abgeleitet von lat. absolutus: uneingeschränkt. Staatsform, in der ein Monarch alleiniger Inhaber der Staatsgewalt ist. Europäische Fürsten versuchten, sich von der Mitregierung durch die Stände zu befreien. Ihr Anspruch auf ungeteilte Souveränität gab einer Epoche ihren Namen (17./18. Jh.). Im aktuellen politischen Sprachgebrauch wird das Wort „absolutistisch" bisweilen im übertragenen Sinne gebraucht. Es bedeutet dann so viel wie „selbstherrlich" oder „losgelöst" von den Wählern.

Adel Bevorrechtigter Geburtsstand, dessen Macht auf der Verfügung über Grund und Boden beruhte. Als gesellschaftliche Machtelite hielt er seinen Führungsanspruch teilweise bis ins 20. Jh. aufrecht. Im 19. Jh. verband sich der europäische Adel vielfach mit neureichen bürgerlichen Familien. Der deutsche Adel spielt als politische Kraft seit 1945 keine Rolle mehr. Die Herrschaft des Adels nennt man Aristokratie.

Agrargesellschaft ist eine Gesellschaft, in der die Landwirtschaft der wichtigste Wirtschaftszweig ist. In der Evolution der Menschheit bildete die A. das Bindeglied zwischen den Jägern und Sammlern und der Industriegesellschaft. Erst die gesteigerte Produktivität des Agrarsektors bildete die Voraussetzung für die Freistellung von Beschäftigten für andere wirtschaftliche, administrative, wissenschaftliche oder kulturelle Tätigkeiten. In modernen Gesellschaften bietet der Agrarbereich nur noch zwei bis fünf Prozent der Beschäftigten Arbeit.

Anarchismus Zweideutiger Begriff, abgeleitet von Anarchie („Herrschaftslosigkeit"). Als politische Bewegung strebte der A. im 19. Jh. einen Gesellschaftszustand an, in dem die größte Freiheit und Selbstständigkeit der Individuen ermöglicht werden würde. Dem pazifistischen A. stand ein gewalttätiger gegenüber, der das heutige Verständnis von Anarchie prägt: als Zustand der Gesetz- und Führungslosigkeit sowie des Unfriedens.

Antisemitismus ist der Hass auf Juden, der sich bis in die römische Antike zurückverfolgen lässt. Er schöpfte seine aggressiven Energien zunächst aus christlich-religiösen Gefühlen (Juden als „Christusmörder"). Im 19. Jh. verbanden sich Rassismus und Judenhass zum modernen A. Dieser stellte den Wesenskern der nationalsozialistischen Ideologie dar und ebnete den Weg in den Holocaust.

Arbeiterklasse Soziologischer Begriff, der seine politische Bedeutung vor allem im Zusammenhang mit dem Marxismus erhielt. Diesem zufolge werde die A. geschichtsnotwendig zum revolutionären Subjekt, das den Kapitalismus beseitigt. Mit dem A. verband die kommunistische Ideologie die Utopie einer total befreiten Gesellschaft.

Aristokratie Republikanische Staatsform, die auf ein antikes Ideal zurückgeht: „Herrschaft der Besten". Die A. grenzt sich von der Demokratie und der Monarchie ab. In der politischen Praxis bezieht sich A. auf die Herrschaft durch privilegierte Angehörige des Adels (vgl. Adel).

Autokratie In der wörtlichen Bedeutung von „Selbstherrschaft" deckt sich dieser Begriff weitgehend mit Absolutismus. A. wurde oft im Zusammenhang mit der russischen Zarenherrschaft gebraucht. Der Autokrat muss nicht notwendigerweise ein Despot sein.

Bolschewismus Bei den Bolschewiki (russ. Mehrheitler) handelte es sich in Wirklichkeit um eine Splittergruppe der russischen Sozialdemokratie, die von der Führungskraft und den Ideen Lenins geprägt wurde. Das Wesenselement des B. ist die Lehre von der revolutionären Machtergreifung durch eine kleine Partei von Berufsrevolutionären mit dem Ziel der Errichtung einer kommunistischen Gesellschaft (vgl. Leninismus).

Bürgertum Das Bürgertum befreite sich im Verlaufe des 18.und 19. Jh. aus der ständischen Ordnung und wurde zur tragenden Schicht der neuen Gesellschaft und zum Wegbereiter der bürgerlichen Demokratie. Der Aufstieg des Bürgertums war das Ergebnis von kapitalistischer Erwerbsgesinnung, privaten Unternehmertums und rationeller Arbeit. Der Wirtschaftsbürger (franz. bourgeois) fand seine Ergänzung im Staatsbürger (franz. citoyen).

Bundestag ist das gesamtstaatliche Parlament der Bundesrepublik Deutschland, in dem die Repräsentanten des Volkes versammelt sind. Der B. ist als Teil der gewaltenteiligen Ordnung formal der Gegenspieler der Regierung, zuständig u. a. für die Gesetzgebung. Er hat auch die Funktion eines Forums, wo die bewegenden Zeitfragen debattiert werden.

Charisma Der Begriff stammt ursprünglich aus dem Bereich der Religion und meint eine Gnadengabe. Übertragen auf die Politik bezieht sich C. auf spezielle Persönlichkeitsmerkmale, von denen eine besondere Ausstrahlung ausgeht. Die charismatische Autorität herrscht über Menschen z. B. kraft magischer Fähigkeiten, rhetorischen Vermögens, kriegerischer Erfolge oder geistiger Leistungen. Der Soziologe Max Weber entwickelte den Idealtyp der charismatischen Herrschaft, die insbesondere in Krisenzeiten zum Tragen kommen kann (Retterfunktion).

Chauvinismus Aus dem Französischen kommende Bezeichnung für einen extrem überzogenen bzw. fanatischen Nationalismus.
Im Zusammenhang mit der emanzipatorischen Frauenbewegung hat der Begriff eine zweite Bedeutung gewonnen. C. nennt man

heute auch eine männliche Haltung, die das eigene Geschlecht verherrlicht und mit Arroganz dem anderen Geschlecht gegenübertritt.

Demagogie Der Begriff aus der griechischen Politik bezieht sich auf die Volks(ver)führung mittels rhetorischer Fähigkeiten. Im 19. Jh. verstand man unter dem „Demagogen" einen Politiker, der an die so genannten niederen Instinkte des Volkes appellierte. Die „Demagogen-Verfolgung" war aber eine obrigkeitliche Maßnahme, die sich gegen die liberale und nationale Bewegung richtete.

Demokratie Staatsform, in der die Staatsgewalt vom Volke ausgeht. Man unterscheidet allgemein die repräsentative und die plebiszitäre Form der D. Am Ende des 20. Jh. hat sich die D. als globales Legitimationsprinzip durchgesetzt. Auch Diktaturen verzichten nur selten auf eine demokratische Fassade. Kommunistische Parteidiktaturen nannten sich „volksdemokratisch".

Despotie/Despotismus Gewaltherrschaft, in der keine Gesetze und rechtsstaatliche Normen der Willkür der bzw. des Herrschenden bremsen. Der Begriff ist weitgehend identisch mit Tyrannei, nicht hingegen mit Absolutismus.

Diktatur Der Begriff entstammt dem römischen Staatsleben und bezeichnete dort die (zeitlich begrenzte) unbeschränkte Gewalt im Zeichen eines Staatsnotstands. Daraus wurde im Laufe der Geschichte eine Herrschaftsform, die in sehr unterschiedlichen Zusammenhängen stehen kann (z. B. faschistische D., nationalsozialistische D., kommunistische D., Militärdiktatur, D. des Proletariats).

Elite ist die politische, wirtschaftliche, militärische und kulturelle Führungsschicht in Staat und Gesellschaft. Die Rekrutierung von Eliten ist abhängig vom jeweiligen Gesellschaftsverständnis. Nach 1945 war die Betonung des Elitegedankens als undemokratisch in Verruf geraten, gegenwärtig aber wieder im Rahmen der Leistungsgesellschaft akzeptiert.

Emanzipation Der Begriff stammt aus dem römischen Recht und bezog sich auf die Freilassung von Sklaven aus der Gewalt des Herrn (wörtl. „aus der Hand geben"). E. steht begrifflich für die Befreiung von tatsächlich oder vermeintlich benachteiligten Gruppen aus ihrer Abhängigkeit. Im 19. Jh. spielte der Begriff „Judenemanzipation" eine bedeutende Rolle, womit die staatsbürgerliche Gleichstellung der Juden gemeint war. Heute ist E. ein emotionalisierter und diffuser Begriff, der in Deutschland vor allem durch die kulturrevolutionäre 68er-Bewegung popularisiert wurde.

Ethnie Abgeleitet von griech. ethnos: Volksstamm, stellt die E. eine Anzahl von Menschen dar, die aufgrund von Sprache, Religion, Kultur und Geschichte ein Zusammengehörigkeitsgefühl besitzen. Vor allem am Ende des 20. Jh. haben ethnische Konflikte erheblich zugenommen, z. B. weil Ethnien sich als Nation definieren und einen eigenen Staat anstreben.

Faschismus Historisch-politischer Oberbegriff für antidemokratische, rechtsgerichtete Bewegungen nach dem 1. Weltkrieg. Gemeinsame Merkmale: u. a. Verabsolutierung des Staates, Einparteisystem, Führerkult, tendenziell totale Erfassung des Einzelnen, Militarismus und Expansion. Die Rassenideologie und der Antisemitismus waren vor allem für den Nationalsozialismus grundlegend.
In der deutschen Nachkriegsgeschichte dienten die Adjektive „faschistisch" und „antifaschistisch" oft als politische Kampfbegriffe und wurden zur Diffamierung oder Rechtfertigung von Gewalt instrumentalisiert.

Feudalismus Abstrakter und mehrdeutiger historisch-politischer Begriff, der sich von lat. feudum: Lehen herleitet. Das Lehenswesen entstand im Rahmen der Agrargesellschaft des Mittelalters, letztlich weil Geld als gesellschaftliches Tauschmittel nicht in ausreichendem Maße zur Verfügung stand. Das Lehen (Leihgut) – meistens Grund und Boden – stellte ein Entgelt für (Kriegs-)Dienste und Treue dar. Das Lehenswesen, die Beziehung des Feudalherrn zu seinem Vasallen, wurde zum gesellschaftlichen Strukturprinzip des Mittelalters. Es entstand – theoretisch – ein pyramidenförmiger Staat mit dem König als oberstem Lebensherrn an der Spitze.
Im Laufe der Zeit vermischten sich die Begriffe Feudalismus und Grundherrschaft. Wenn in der Gegenwart von „Feudalherrn" die Rede ist, dann sind damit i.d.R. Großgrundbesitzer gemeint.
Marxistische Historiker sehen im F. eine Wirtschafts- und Gesellschaftsform, die eine Mittelstellung zwischen antiker Sklavenhaltergesellschaft und dem bürgerlichen Kapitalismus einnimmt.

Föderalismus Abgeleitet von lat. foedus: Bund, Bündnis bedeutet F. eine bundesstaatliche Ordnung. Die Untergliederung des Gesamtstaates in Bundesländer spiegelt die historische Staatswerdung wider, wie z. B. in Deutschland und in den USA. In Deutschland wirken die Bundesländer über den Bundesrat an der Gesetzgebung des Bundes mit. Der F. stellt einen wesentlichen Aspekt der Gewaltenteilung dar. Die Gegenbegriffe zu F. lauten Einheits- bzw. Zentralstaat.

Frauenbewegung Die Wurzeln der F. reichen bis zur Französischen Revolution zurück. Die F. trat dafür ein, die Werte der bürgerlichen Revolutionsbewegung auch auf die Frauen zu übertragen. Der Kampf der politisch engagierten Frauen galt daher

im Wesentlichen der rechtlichen Gleichstellung mit dem Mann. Politisch ging es um das Frauenwahlrecht, wirtschaftlich um gleichen Lohn und sozial um den ungehinderten Zugang zu den Bildungseinrichtungen.
In der Bundesrepublik Deutschland erhielt die F. besonders durch die studentische Bewegung von 1968 neuen Auftrieb. Im Grundgesetz ist die Gleichberechtigung von Frauen und Männern festgeschrieben. Der Staat „wirkt auf die Beseitigung bestehender Nachteile hin" (Art. 3 GG).

Freiheitlich demokratische Grundordnung (FDGO) bildet das Herzstück im Verfassungsverständnis der Bundesrepublik Deutschland. Das Bundesverfassungsgericht hat die FDGO folgendermaßen definiert: Achtung der Menschenrechte, Volkssouveränität, Gewaltenteilung, Verantwortlichkeit der Regierung, Gesetzmäßigkeit der Verwaltung, Unabhängigkeit der Gerichte, Mehrparteienprinzip, Recht auf Opposition. Nur solche links- bzw. rechtsextremistische Parteien, die die FDGO ablehnen, können vom Bundesverfassungsgericht verboten werden.

Gesellschaft ist ein hochabstrakter Begriff, der alle Formen menschlichen Zusammenlebens umfasst. Soziologisch lassen sich sesshafte von nomadischen Gesellschaften abgrenzen. Darüber hinaus spricht man – abhängig vom wirtschaftlichen Entwicklungsstand – von Agrar-, Industrie- und Dienstleistungsgesellschaften. In der historisch-politischen Perspektive lassen sich Stände-, Klassen- und Schichtungsgesellschaften unterscheiden. In der pluralistischen G. haben sich frühere Gesellschaftsstrukturen zu Gunsten von Milieus weitgehend aufgelöst. G. und Staat stehen in einem wechselseitigen Einwirkungsverhältnis.

Genozid Relativ neuer Begriff, der sich für Völkermord durchgesetzt hat. Nach der Völkermord-Konvention der UNO (1948) umfasst der G. alle Handlungen, die begangen werden, um eine nationale, ethnische, rassische oder religiöse Gruppe ganz oder teilweise zu zerstören.

Gesetze sind Rechtsnormen des gesellschaftlichen Zusammenlebens, die im Unterschied zu anderen Regeln auf eine verfassungsmäßig vorgeschriebene Weise durch den Gesetzgeber zustande gekommen sind. Hinter den Gesetzen steht die Macht des Staates (Polizei, Justiz) als Erzwingungsinstanz. In einem Rechtsstaat müssen sich auch die Staatshandlungen selbst im Rahmen der G. bewegen.

Gewaltenteilung ist ein Grundsatz des modernen Parlamentarismus bzw. des Rechtsstaats, demzufolge der Machtmissbrauch verhindert und die bürgerliche Freiheit bewahrt werden soll. Die klassische Lehre der G. geht von der Unterscheidung zwischen Exekutive (Regierung), Legislati-

ve (gesetzgebende Gewalt) und Judikative (richterliche Gewalt) aus. In pluralistischen Gesellschaften hat sich die G. ausdifferenziert. Die G. ist ein substanzieller Bestandteil der freiheitlich demokratischen Grundordnung.

Globalisierung zu Beginn des 21. Jh. bezieht sich auf eine neue Qualität der weltweiten Vernetzung. Ursächlich dafür sind die neuen Informationstechnologien sowie die Transportrevolution. Die G. zeigt sich im sprunghaft gestiegenen Güter- und Kapitalverkehr, in der noch nie dagewesenen Mobilität von Menschen sowie in der grenzenlosen Verfügbarkeit von Informationen.

Grundherrschaft Herrschaftsform des Mittelalters und der Frühen Neuzeit, bei der die Herrschaft über das Land mit der Herrschaft über die auf ihm ansässigen Menschen verbunden war. Grundherrn konnten der König, der Adel oder die Kirche sein. Mit der G. verbindet sich i.d.R. die Gerichtsherrschaft. Der ganz überwiegende Teil der bäuerlichen Bevölkerung des Mittelalters besaß nur ein Nutzungsrecht für das Herreneigentum. In Form der Gutsherrschaft konnte sich eine modifizierte G. – vor allem östlich der Elbe – bis ins 19. Jh. halten.

Hegemonie Der Begriff entstammt der griechischen Geschichte und bedeutete das Streben eines Staates nach Vorherrschaft in einer Staatengemeinschaft. Heute oft verallgemeinert gebraucht im Sinne einer politischen, wirtschaftlichen und militärischen Überlegenheit eines Staates.

Herrschaft Im Unterschied zu privater Machtausübung handelt es sich in Bezug auf H. um eine institutionalisierte Form von Macht. Der Herrschaftsanspruch bedarf der Legitimation. Der Soziologe Max Weber unterschied idealtypisch drei Geltungsgründe für H.: traditionale H., die sich aus der je bestehenden Ordnung herleitet, charismatische H. und legale H.

Hierarchie Dieser Grundbegriff der Soziologie, abgeleitet von griech. Hierarch: oberster Priester, bezieht sich auf die vertikale Gliederung der Gesellschaft. Der abgestufte Aufbau formt klare Über– und Unterordnungsverhältnisse, die den Menschen einen bestimmten Rang zuordnen.
Während Diktaturen aus herrschaftstechnischen Gründen regelmäßig hierarchische Organisationsformen durchsetzen, wurde die H. in modernen Unternehmen zugunsten kooperativer Organisationsformen abgebaut.

Holocaust Angelsächsische Bezeichnung für den Genozid an den Juden (griech. „Ganzopfer", „Brandopfer"). In Deutschland ist die Leugnung des H. eine Straftat.

Ideologien Darunter versteht man (geschlossene) Systeme von Wertvorstellungen und weltanschaulichen Einstellun-

gen. Die großen politischen Bewegungen des 20. Jh. standen in engem Zusammenhang mit ihren I.: Liberalismus, Kommunismus, Faschismus.
Besonders im Zeitalter der Massenmedien besitzen I. eine integrierende und propagandistische Funktion.
Der Vorwurf der „Ideologisierung" bezieht sich regelmäßig auf fehlende Sachlichkeit und Voreingenommenheit.

Imperialismus Abgeleitet von lat. imperium: Herrschaftsgewalt, bezeichnet I. seit dem Ende des 19. Jh. das allgemeine Streben nach Vorherrschaft bzw. Ausdehnung des Machtbereichs. I. kann in unterschiedlichen Formen in Erscheinung treten: direkt (in Form von Kolonien) oder indirekt. Es können politische, wirtschaftliche, militärische oder kulturelle Mechanismen eine Rolle spielen.
Im Kalten Krieg war der Begriff I. Teil der politischen Propagandasprache des kommunistischen Ostblocks. Der Westen wurde regelmäßig mit dem Adjektiv „imperialistisch" versehen bzw. als „imperialistisches Lager" etikettiert.

Industriegesellschaft Die I., deren Wurzeln bis ins 18. Jh. zurückreichen, hat die agrarisch bzw. handwerklich geprägte Gesellschaft abgelöst. Sie ist das Ergebnis der Industriellen Revolution, durch die die Fabrik mit ihren Maschinen ins Zentrum einer neuen Produktionsweise rückte. Dieser Prozess bewirkte einen vielschichtigen gesellschaftlichen Strukturwandel: soziale Auf- und Abstiegsbewegungen, Urbanisierung, Säkularisierung, Massenwohlstand, veränderte Qualifikationen und Leistungsanforderungen. Gegen Ende des 20. Jh. hat sich die moderne I. aufgrund der dynamischen Technikentwicklung zur Dienstleistungsgesellschaft weiterentwickelt.

Integration ist die soziologische Bezeichnung für die „Wiederherstellung des Ganzen", in der politischen Alltagssprache im Sinne von „Vereinigung" bzw. „Einbindung" gebraucht. Von I. spricht man z. B. in Bezug auf Ausländer, Strafenentlassene und Europa.

Kaiser Entstanden aus dem lat. caesar nennt man den Inhaber der höchsten Gewalt die K. Das Kaisertum entwickelte sich aus dem antiken Römischen Reich und wurde auf das Mittelalter übertragen. Seit den Ottonen besaßen die deutschen Könige eine Anwartschaft auf den Titel. Der damit erhobene Anspruch auf eine abendländische Vormachtstellung konnte nie wirklich realisiert werden. Seit dem 19. Jh. verlor der Kaisertitel durch vielfachen Gebrauch seine Einzigartigkeit.

Kalter Krieg Bezeichnung für den weltpolitischen Zustand nach dem 2. Weltkrieg (1947-1989), als die tief greifenden politischen Gegensätze zwischen Ost- und Westmächten zwar zu ständigen Konflikten, nicht aber zum („heißen") Krieg führten.

Klasse ist ein Grundbegriff der Soziologie, der sich eng an marxistische Gesellschaftsvorstellungen anlehnt. Er bezeichnet in Abgrenzung zu Stand und Schicht die Position innerhalb der Industriegesellschaft. Die Klassenzugehörigkeit wird sozial definiert, und zwar im Rahmen der kommunistischen Ideologie durch den Besitz oder Nichtbesitz von Produktionsmitteln. Das Konzept der K. hat sich in Bezug auf moderne Gesellschaften als zu undifferenziert erwiesen.

Klerus bezeichnet in der mittelalterlichen Gesellschaft den geistlichen Stand, der sich durch den Gegensatz zu den Laien definierte. Er beanspruchte bestimmte Standesvorrechte. Der hierarchisch gegliederte K. war der einzige Stand, in den man nicht geboren wurde.

König Ursprünglich der Träger der höchsten staatlichen Gewalt in einer Monarchie. Das Königtum ist eine Institution, die in vorantike Zeiten zurückreicht. Seine Wurzeln liegen in der Vorstellung einer göttlichen Abstammung bzw. eines besonderen Königheils. Durch die Thronfolge eines Verwandten (i.d.R. des ältesten Sohnes) entstanden Dynastien. Die Könige bzw. Königinnen der parlamentarischen Monarchien besitzen heute nur noch die repräsentative Funktion eines Staatsoberhaupts.

Kommunismus Oberbegriff für eine Ideologie und für die auf ihr beruhenden Herrschaftssysteme; leitet sich von lat. communis: gemeinschaftlich ab. Die kommunistische Lehre ist der Entwurf einer utopischen Gesellschaftsordnung, in der die gleichen Lebensverhältnisse für alle herrschen. Der Marxismus sah in der Arbeiterklasse das Instrument zur Realisierung des K. In der politischen Praxis des 20. Jh. endeten alle kommunistischen Herrschaftssysteme in menschenverachtenden und opferreichen Diktaturen (vgl. Stalinismus und Maoismus).

Konflikt Grundbegriff der Politik und der Soziologie: „Zusammenstoß" bzw. Gegensatz von Meinungen, Interessen, Parteien, Organisationen usw. Konflikte stellen eine Konstante des menschlichen Zusammenlebens dar. Gesellschaften unterscheiden sich lediglich dadurch, wie tiefgreifend die Konflikte sind und wie mit ihnen umgegangen wird. Die pluralistische Demokratie lebt von der offenen Konfliktaustragung in den gesetzlichen Bahnen. Sie unterscheidet sich dadurch von Diktaturen aller Art.

Konservatismus/Konservativismus Politische Ideologie bzw. Grundhaltung, die den Schwerpunkt auf das Bewahren legt. Der K. betont mehr die Kontinuität als die Veränderung, lehnt daher revolutionäre Veränderungen ab und achtet auf die Aufrechterhaltung bewährter Institutionen. Der K. grenzt sich vom Liberalismus, Sozialismus, Kommunismus und Nationalsozialismus ab. Der Bedeutungsinhalt des konservativen

Denkens ist abhängig vom historisch-politischen Zusammenhang, in dem es steht.

Legalität, abgeleitet von lat. lex: Gesetz, ist ein juristischer Begriff. Er bezieht sich auf die Gesetzmäßigkeit, z. B. einer Handlung. Er sagt nichts über deren Qualität aus.

Legitimation heißt „Berechtigung". In der Politik geht es um die Berechtigung von Herrschaft. L. kann durch Geburt erworben werden (z. B. in einer Erbmonarchie) oder auch durch das Charisma. Die L. in der Demokratie kommt durch die Einhaltung von bestimmten verfassungsmäßig festgelegten Regeln zustande. Die demokratische Regierung legitimiert sich letztlich durch die Zustimmung der Mehrheit in freier Wahl, in der die Souveränität des Volkes zum Ausdruck kommt.

Legitimität Der Begriff überschneidet sich mit dem der Legitimation. Während diese formaler Natur ist, verweist L. auf Rechtmäßigkeit in einem höheren Sinne. Die allgemeine Überzeugung von L. unterliegt einem historischen Wandel. Noch im 19. Jh. bezog sich L. auf den Monarchen „von Gottes Gnaden". In der Gegenwart hat sich das demokratische Prinzip als Grundlage der L. in weiten Teilen der Welt durchgesetzt.

Leibeigenschaft bezeichnet die grundherrschaftliche Abhängigkeit, auch Hörigkeit genannt, wobei der Grad der Abhängigkeit sehr unterschiedlich sein konnte. Im Unterschied zum Sklaven, der rechtlich einem materiellen Gut entsprach, besaß der Leibeigene des Mittelalters eine Rechtsqualität als Mensch. Seine Freiheit war allerdings eingeschränkt durch Arbeits- und Abgabezwang, Mobilitätsverbot und Heiratsbeschränkungen.

Leninismus Oberbegriff für politische und wirtschaftliche Ideen und Herrschaftspraktiken, die auf Lenin, den Begründer der Sowjetunion, zurückgehen. Im Unterschied zum Marxismus hielt Lenin die proletarische Revolution auch in einem wirtschaftlich rückständigen Land (wie Russland) für machbar. Diesem Zweck diente die leninistische Partei. Diese zahlenmäßig kleine Partei von Berufsrevolutionären sollte die Arbeiterklasse führen. Nach der Revolution erfolgte im Schutz der Diktatur des Proletariats der Aufbau des sozialistischen Staates.

Liberalismus Politische Grundströmung der modernen Welt, die den Schwerpunkt auf die freie Entfaltung des Individuums legt. Abgeleitet von lat. liber: frei, stellt die Ideologie des L. die Basis für die Demokratie des 20 Jh. dar. Das Eingreifen des Staates wird vom L. entweder ganz abgelehnt oder auf das als notwendig Erachtete begrenzt. Das gilt nicht nur politisch, sondern auch wirtschaftlich. Der L. ist die ideelle Grundlage für die freie Marktwirtschaft (Wirtschaftsliberalismus).

Links (Extremismus) ist ein Ausdruck der „politischen Geografie", der nur eingeschränkt sachlich verwendbar ist und oft der politischen Meinungs- und Werbesprache zugerechnet werden muss. Ursprünglich eine Bezeichnung der parlamentarischen Sitzordnung umfasst „links" allgemein alle politischen Strömungen mit sozialistischer Ausrichtung. Das linke politische Spektrum war und ist äußerst vielfältig und reicht vom revolutionären Leninismus bis zur modernen Sozialdemokratie. Als linksextremistisch bezeichnet man heute linke Gruppierungen, die die freiheitlich demokratische Grundordnung bekämpfen.

Machiavellismus Diese Bezeichnung geht auf den frühneuzeitlichen florentinischen Diplomaten Niccolò Machiavelli zurück. Dieser entwarf ein Bild von der Politik, demzufolge der Staat seine Macht ohne Rücksicht auf sittliche Gebote einsetzen dürfe. M. steht allgemein für politische Skrupellosigkeit.

Macht Grundsätzlich stellt sich M. immer in Form einer Beziehung dar. Nach einer Definition des Soziologen Max Weber bedeutet M. die Fähigkeit, den eigenen Willen auch gegen Widerstreben durchzusetzen.

Maoismus ist neben dem Leninismus eine weitere geschichtlich bedeutende Variante des Kommunismus. Der Begriff leitet sich vom chinesischen Revolutionär Mao Zedong ab, der im Unterschied zum Marxismus in den Bauern die Akteure der Revolution sah. Maos Vision von der revolutionären Umgestaltung der Gesellschaft kostete viele Millionen Menschen das Leben.

Marxismus stellt die wichtigste Ideologie im Rahmen des Sozialismus dar. Im Verlaufe des 19. und 20. Jh. hat sich eine Vielzahl von politischen Richtungen herausgebildet, die sich auf Marx beziehen.
M. ist also ein Sammelbegriff für gesellschaftspolitische Lehren, die entweder auf Marx und Engels selbst zurückgehen oder von ihren Interpreten stammen. Der M. bietet eine Kritik der kapitalistischen Gesellschaft und entwirft ein Szenario der proletarischen Revolution mit anschließender Errichtung der kommunistischen Gesellschaftsordnung.

Menschenrechte Die Idee der M. wurzelt in der Auffassung, dass das Individuum natürliche und unveräußerliche Rechte besitzt. Diese sog. Grundrechte werden nicht hoheitlich (z. B. vom Staat) verliehen, sondern sie sind jeder Person kraft ihrer Geburt eigen. Seit der amerikanischen und französischen Revolution im ausgehenden 18. Jahrhundert gehören das Bekenntnis zu den M. und Grundrechtskataloge zu den Verfassungen demokratischer Rechtsstaaten.

Migration bezeichnet Wanderungsbewegungen, wobei man zwischen Immigration und Emigration differenziert. Menschheitsgeschichtlich war M. vor der Sesshaftigkeit der Normalfall. Heute ist die Migrationspolitik in vielen Ländern Gegenstand politischer Kontroversen, die sich um Asyl, Arbeitsplätze, Überfremdung, kulturelle Identität und soziale Leistungen drehen.

Monarchie Staatsform, in der ein Fürst als Landesherr Träger der Souveränität ist. Man unterscheidet zum einen die absolute M. bzw. Autokratie, in der der Fürst die Gewalt uneingeschränkt inne hat, zum anderen die konstitutionelle M., in der die Fürstenherrschaft durch die Verfassung beschränkt ist. Der Monarch bleibt aber Träger der Staatsgewalt. Erst die parlamentarische M. siedelt die Staatsgewalt beim Volk an und überlässt dem Monarchen lediglich noch eine repräsentative Funktion.

Nation Ursprünglich bezog sich der Begriff auf die „in einem Land geborenen Menschen". Abstammung, Geschichte, Sprache und Kultur bilden das Fundament für das Bewusstsein der Zusammengehörigkeit (Nationalbewusstsein). Das Werden einer N. bedeutet demzufolge immer auch die Abgrenzung nach außen. Der moderne Begriff der N. betont weniger die Kultur als den Willen, eine politische Einheit (Staat) zu formen.

Nationalismus Mächtige Ideologie bzw. politische Bewegung, die die Interessen der eigenen Nation in übersteigerter, oft militanter Weise vertritt. Der N. und mehr noch der Chauvinismus leugnen die Gleichwertigkeit von Nationen, verursachen Konflikte und sind Bestandteil von aggressiven Ideologien (z. B. Nationalsozialismus).

Nationalsozialismus Damit bezeichnet man gleichermaßen die Ideologie und das Herrschaftssystem des 3. Reiches. Der N. deckt sich bedeutungsmäßig wesentlich mit dem Faschismus und ist wie dieser eine totalitäre Diktatur mit einem Führer an der Spitze. Im Unterschied zu anderen faschistischen Staaten akzentuierte der N. den Rassismus und Antisemitismus. Der Genozid an den Juden war ein speziell nationalsozialistisches Programm.

Oligarchie, griech. „Herrschaft der Wenigen", ist eine Form der Herrschaft, die auf Großorganisationen oder Staaten bezogen sein kann. Oligarchien können sich aus Offizieren, Wirtschaftsführern und Parteifunktionären zusammensetzen. In den meisten Ländern des ehemaligen Ostblocks bildete sich eine oligarchische Herrschaft durch die kommunistische Parteiführung.

Opposition Sehr weitläufiger Begriff für eine Gegnerschaft bzw. für den Widerstand gegen staatliche Maßnahmen. Eine politische Herrschaft kann danach beurteilt werden, wie sie mit der O. umgeht. Das Recht auf O. ist ein Teil der freiheitlich demokratischen Grundordnung.

Parlament Das moderne Parlament stellt das Kernstück des parlamentarischen Regierungssystems dar. Es setzt sich aus den Repräsentanten des Volkes zusammen. Im Rahmen der gewaltenteiligen Ordnung ist das P. für die Gesetzgebung (einschließlich Budget) und die Kontrolle der Regierung zuständig. Das deutsche Parlament heißt Bundestag. Außerdem gibt es die Parlamente der einzelnen Bundesländer.

Parteien Moderne Parteien sind politische Vereinigungen, die sich an den Wahlen zu den Parlamenten beteiligen. P. umfassen Menschen mit ähnlichen Interessen und Weltanschauungen. Die deutsche Verfassung (das Grundgesetz) erkennt die Mitwirkung der P. an der politischen Willensbildung ausdrücklich an. Die Vielfalt der P. stellt ein Grundelement des Pluralismus dar. P. sind trotz mancher Kritik als Säulen der parlamentarischen Demokratie unentbehrlich. Einparteistaaten erweisen sich regelmäßig als Diktaturen.

Partizipation nennt man in der Politik allgemein die Teilnahme bzw. Teilhabe an Entscheidungen. Der Begriff steht in enger Beziehung zur Demokratisierung von Staat und Gesellschaft.

Pauperismus Begriff aus dem 19. Jh., der sich auf die massenhafte Armut in der Frühphase der Industrialisierung bezog. Der P. steht im Zusammenhang mit der sozialistischen Ideologie, die in ihm das Ergebnis der kapitalistischen Ausbeutung sah. Tatsächlich war der P. Ausgangspunkt für verschiedene Wege zur Lösung der Sozialen Frage (Sozialstaat).

Pazifismus Abgeleitet von lat. pax: Friede ist der P. eine Weltanschauung, die den Krieg, die Rüstung und alles Soldatische ablehnt. Die historische Erfahrung lehrt, dass der P. kaum geeignet ist, skrupellosen Diktaturen wirkungsvoll entgegenzutreten. Insofern liegt dem P. ein utopisches Menschenbild zugrunde.

Plebiszit ist die Abstimmung und Entscheidung unmittelbar durch das Volk selbst, d. h. ohne die Zwischenschaltung von Parlamenten. Die plebiszitäre (direkte) Form der Demokratie besitzt ihr Gegenmodell in der repräsentativen Demokratie.

Pluralismus Darunter versteht man in der Politik die grundlegende Anerkennung der Tatsache, dass es in jeder Gesellschaft eine Vielzahl von Meinungen, Interessen und folglich auch Organisationen und Parteien gibt. P. stellt einen notwendigen Aspekt einer jeden Demokratie dar. Die pluralistisch verfasste Gesellschaft steht im Gegensatz zu allen politischen Ordnungen, die eine Gesellschaft vereinheitlichen wollen (Diktatur, Totalitarismus).

Pogrom Das Wort stammt aus dem Russischen und bedeutet „Verwüstung". Es

Historisch-politische Grundbegriffe

bezeichnet gewalttätige Ausschreitungen gegen Juden, deren Tötung und/oder Vertreibung. In jüngster Zeit wird bei offiziellen Anlässen für die so genannte Reichskristallnacht (9. Nov. 1938) der Begriff Reichspogromnacht verwendet.

Politik Der Ausdruck stammt aus dem Griechischen und leitet sich aus der Polis (griech. Stadt) ab. Im Stadtstaat der griechischen Antike wurde gewissermaßen die P. „erfunden" und später als „Staatskunst" verallgemeinert. Politische Fragen sind Machtfragen, wobei man zwischen einem engeren Politikbegriff (Staat) und einem weiteren Politikbegriff (Gesellschaft) unterscheiden kann. P. in einem weiteren Sinne beeinflusst heute tendenziell alle Lebensbereiche.

Prinzipat bezeichnet das ältere römische Kaisertum. Sprachlich leitet sich P. von lat. princeps ab: derjenige, der die erste Stelle einnimmt. In der ersten Epoche der römischen Kaiserzeit blieben republikanische Institutionen erhalten. Später erfolgte im Dominat (von lat. dominus: Alleinherrscher) die Transformation zur absolutistischen Monarchie.

Proletariat Der Begriff leitet sich von lat. proles: Nachkommenschaft ab. In der römischen Geschichte erwies sich die unterste, zur Zahlung von Steuern nicht fähige Schicht als besonders zeugungsfreudig. Mit dem Wort „Proletarier" bezeichnete man im 19. Jh. Leute, die zwar ihren Lebensunterhalt selbst verdienten, aber nur am Existenzminimum leben konnten. In der marxistischen Lehre wurde aus den armen und ausgebeuteten Lohnarbeitern (Arbeiterklasse) das Subjekt der sozialistischen Revolution.

Propaganda ist die Verbreitung von Meinungen, Ideologien und Glaubensinhalten. Sie dient als Herrschaftstechnik der Überredung bzw. Überzeugung von Menschen. Die technischen Instrumentarien des 20. Jh. haben die Möglichkeiten der P. erheblich erweitert. P. kann sowohl der Zerstörung bestehender Ordnungen als auch zu deren Stabilisierung dienen.

Putsch („Stoß", „Handstreich") Es handelt sich um ein illegales Unternehmen, das den Sturz der Regierung bezweckt. Meist ausgeführt durch eine kleine Gruppe (z. B. von Militärangehörigen) zielt der P. zunächst nicht auf eine tief greifende Umformung der Gesellschaft (vgl. Revolution), sondern auf den Austausch der politischen Führung (Elite).

Radikalismus Abgeleitet von lat. radix: Wurzel besitzt das Wort eine erhebliche Bedeutungsbreite. Positiv gewendet heißt „radikal" so viel wie gründlich, negativ aber kompromisslos, intolerant sowie extrem (vgl. Links- und Rechtsextremismus). R. ist Teil der politischen Meinungssprache und muss im jeweiligen Zusammenhang untersucht werden.

Rassismus ist eine biologistische Ideologie, die die Qualität eines Menschen nach seiner rassischen Zugehörigkeit bewertet. Der R. leugnet das Gleichheitspostulat und legitimiert Diskriminierung und aggressive Handlungen gegenüber fremden, andersartigen Menschen. Die Rassenideologie, auch in der Form des Antisemitismus, wurde im 3. Reich durch den Nationalsozialismus zum Rassenkampf gesteigert und zum Ausgangspunkt des Völkermord.

Reaktion Im Unterschied zum naturwissenschaftlichen Sprachgebrauch wird der Begriff R. in der Politik manchmal nicht wertneutral gebraucht. Er drückt dann eine politische Meinung aus und bedeutet „Rückschritt", dessen Feststellung eine Sache des Standpunkts ist. Der abgeleitete Begriff „reaktionär" besitzt einen ausgeprägt abwertenden Sinn. Im 19. Jh. bezeichnete man auf diese Weise jene konservativen politischen Kräfte, die die Verbreitung des Liberalismus und Nationalismus verhindern wollten.

Recht ist ein hoch abstrakter Begriff, der bestimmte Normen zu dem Zweck umfasst, das Zusammenleben von Menschen zu regeln. Je nach Geltungsbereich kann man das R. einzelner Staaten unterscheiden. R. kann in geschriebener oder ungeschriebener Form existieren. Es ist aber in jedem Fall überindividuell. Die Rechtswissenschaft unterscheidet vier Funktionen des Rechts:
1. Ordnungsfunktion
2. Gerechtigkeitsfunktion
3. Herrschaftsfunktion
4. Herrschaftskontrollfunktion
In modernen Gesellschaften findet die Rechtsverbindlichkeit ihren Ausdruck im Gesetz. Aus der politischen Perspektive sind Rechtsfragen Machtfragen (vgl. Macht, Gesetz).

Rechts (Extremismus) Als Teile der „politischen Geografie" ergänzen sich „rechts" und „links" spiegelbildlich. Im allgemeinen politischen Sprachgebrauch ist „rechts" ein Sammelbegriff für rechtsliberale, konservative, autoritäre oder neonazistische politische Strömungen – in der meinungsbetonten Alltagssprache oft undifferenziert benutzt. Der Rechtsextremismus bekämpft die freiheitlich demokratische Grundordnung und stützt sich dabei im Wesentlichen auf den Nationalismus und den Rassismus.

Rechtsstaat Er entwickelte sich im Zusammenhang mit dem Kampf des Liberalismus gegen die absolutistische Monarchie. Historisch-politisch stellt der R. den Gegenbegriff zu Diktatur und Despotie dar. Die Rechtsstaatlichkeit der Bundesrepublik Deutschland erweist sich in der Rechtssicherheit, der Freiheitsgarantie, der Gleichheit vor dem Gesetz und in der Gewaltenteilung.

Regierung ist allgemein die Leitung eines Staates. In der gewaltenteiligen Ordnung des demokratischen Verfassungsstaates stellt sie die Spitze der Exekutive dar. Dabei steht die R. unter der Kontrolle durch die Gesellschaft, insbesondere aber durch die parlamentarische Opposition. Regierungen lassen sich dahingehend unterscheiden, wie sie in ihr Amt gekommen sind (Legalität, Legitimität).

Repräsentation bedeutet zunächst „Stellvertretung" und bildet einen Mechanismus, um die demokratischen Entscheidungen in einer größeren territorialen Einheit zu organisieren. Die von der Basis ausgewählten Repräsentanten kommen im Parlament an Stelle des gesamten Volkes zusammen. Deutschland besitzt heute die Form einer repräsentativen Demokratie. Die Abgeordneten besitzen ein freies Mandat, d. h. sie sind an Aufträge nicht gebunden (Gegensatz: imperatives Mandat).

Republik Von lat. res publica: öffentliche Angelegenheit abgeleitet, wurde R. früher oft mit „Volksherrschaft" gleichgesetzt. Im aktuellen Sprachgebrauch ist R. eine Staatsform ohne monarchische Spitze. Die Bezeichnung eines Staates als R. gibt keine Auskunft über die Art und Weise der Regierungsausübung

Restauration („Wiederherstellung") wurde und wird in ganz verschiedenen Zusammenhängen benutzt. R. dient u. a. zur Bezeichnung einer Epoche in der ersten Hälfte des 19. Jh., als im Zeichen des Konservativismus jene politische Ordnung „restauriert" wurde, die durch die Französische Revolution destabilisiert worden war.

Revolution Im Gegensatz zu Evolution mit ihren Reformen bezeichnet R. eine tief greifende, meistens schnell (und oft gewaltsam) ablaufende Veränderung der Verhältnisse. Ursprünglich als Rückkehr (lat. revolutio) zum alten Recht verstanden, betont der moderne Revolutionsbegriff den sozialen Fortschritt und die politische Weiterentwicklung. Je nach dem gesellschaftlichen Träger der R. lassen sich z. B. bürgerliche, proletarische, bäuerliche, nationale und religiös-fundamentalistische Revolutionen unterscheiden.

Ritter In der römischen Republik Bezeichnung für den wohlhabenden Stand der Reiter. Im Mittelalter bildeten die R. den Geburtsstand des niederen Adels. Ihr Rang ergab sich aus dem Besitz und dem vollen Waffenrecht. Die politische Position der R. änderte sich in der Frühen Neuzeit, als die reichsunmittelbaren R. der fürstlichen Landeshoheit unterworfen wurden.

Schicht Grundbegriff der Soziologie, der zur Erfassung der vertikalen Gliederung der Gesellschaft dient. Im Unterschied zur Kaste, zum Stand und zur Klasse werden Schichten durch eine Vielzahl gemeinsamer Merkmale definiert: z. B. Einkommen, Besitz, Bildung, Beruf, Beziehungen. Die

Abgrenzungen zwischen den einzelnen Schichten sind nicht eindeutig vorzunehmen. Im Schichtenmodell der Gesellschaft wird die Durchlässigkeit bzw. die Mobilität der Gesellschaftsmitglieder hervorgehoben.

Souveränität Im alltäglichen Sprachgebrauch bedeutet S. den Besitz einer Überlegenheit. Seit dem 16. Jh. ist S. ein Begriff des Völker- und Staatsrechts. Die S. als höchste Herrschaftsgewalt eines Staates drückt sich nach außen durch die Unabhängigkeit (von anderen Staaten) aus, nach innen durch die oberste Gerichtskompetenz.
Seit dem Ende des 2. Weltkriegs wird die traditionelle S. der Staaten zusehends beeinträchtigt. Immer mehr staatliche Entscheidungen fallen im Rahmen von zwischenstaatlichen bzw. überstaatlichen Institutionen (EU, NATO, UNO usw.).

Sozialdarwinismus orientiert sich an der Abstammungslehre von Charles Darwin und dessen Selektionsideen („survial of the fittest"). Der S. übertrug das biologische Prinzip vom Tierreich auf die menschlichen Gesellschaften. Diese im 19. Jh. weit verbreitete Ideologie machte sich der Nationalsozialismus zu eigen, um seine Kriegspolitik zu legitimieren.

Sozialismus Abgeleitet von lat. socialis: gesellig dient S. als Oberbegriff für eine Vielzahl von z. T. sehr unterschiedlichen Theorien und Ideen, die im Zusammenhang mit der Revolutionierung oder reformerischen Umgestaltung der kapitalistischen Gesellschaftsordnung stehen. Die wichtigste Lehre im Zusammenhang mit dem S. stellt der Marxismus dar.
Als gesellschaftlicher Träger des S. gilt die Arbeiterklasse. Im 20. Jahrhundert hat sich die sozialistische Bewegung weit aufgefächert und reicht von der Sozialdemokratie bis zum Leninismus und Maoismus.

Sozialstaat Im Unterschied zum Staatsverständnis des klassischen Liberalismus des 19. Jh. („Nachtwächterstaat") verpflichtet das Grundgesetz den Staat zur aktiven Herstellung eines Mindestmaßes an sozialem Ausgleich. Die konkrete Ausgestaltung des Sozialstaats, das Ausmaß der Umverteilung unterliegt dem gesellschaftlichen Wandel und wird politisch kontrovers diskutiert.

Staat ist eine Institution der modernen Gesellschaft, die in sehr unterschiedlicher Form existieren kann (Monarchie, Republik). Der klassische S. definiert sich nach außen durch seine Souveränität und nach innen durch das Gewaltmonopol. Im freiheitlich-demokratischen S. ist die Staatsgewalt geteilt, um Machtmissbrauch zu verhindern. S. und Gesellschaft stehen sich dabei als zwar unterschiedliche, aber sich gegenseitig durchdringende Funktionsfelder gegenüber.

Ständestaat Der S. existierte in den meisten europäischen Ländern vom Mittelalter bis ins 18. Jh. Er beruhte auf der Gliederung der Gesellschaft in Stände. Die Stände (in der Regel Adel, Geistlichkeit und Städte, sehr selten auch Bauern) waren neben dem Monarchen an der Ausübung der Staatsgewalt beteiligt. Der Absolutismus versuchte den Einfluss der Stände zurückzudrängen.

Stalinismus umfasst sowohl die Ideologie als auch die Herrschaftspraktiken, die sich mit der Diktatur Stalins verbinden. Der S. stellt die blutigste, gewalttätigste Phase in der Geschichte der Sowjetunion dar (1928-1953). In dieser Zeit nahmen Staatswillkür, Terror, Deportationen und Personenkult extreme Formen an.

Stand Stände stellen sozial und rechtlich abgeschlossene Gruppen innerhalb einer hierarchischen Gesellschaftsordnung dar. Vormoderne Gesellschaften waren ständisch aufgebaut, wobei sich die Zugehörigkeit aus der Geburt oder dem Beruf ergab. Das klassische Ständemodell des Mittelalters unterschied zwischen Klerus, Adel und Bauern (bzw. Bürgern). Die neuzeitliche Wirtschaftsentwicklung hat die Stände zugunsten moderner Schichten aufgelöst.

Status In der Politik bedeutet S. allgemein einen Zustand. Der soziologische S. bezeichnet hingegen die soziale Lage eines Menschen im Rahmen der Schichtung. Der Rang bzw. die Position einer Person ergibt sich aus der Differenzierung bestimmter Merkmale: Beruf, Amt, Bildungsabschluss, Besitz, Einkommen, Konsum (Statussymbole). Die Statuszuweisung unterscheidet sich je nach Art der Gesellschaft.

Strukturwandel Moderner Begriff für die gesellschaftlichen, wirtschaftlichen und allgemein menschlichen Veränderungen als Folge von technischen Innovationen. In jüngster Zeit hat der S. durch die Einführung neuer Informationstechnologien eine zunehmende Beschleunigung erfahren. Die technische Revolution erweist sich als stärkster Motor für die Neustrukturierung der Arbeit, der Produktion, der Bildung, der Freizeitgestaltung und des Konsums.
Eine Begleiterscheinung des modernen Strukturwandels ist die Globalisierung.

Timokratie Bei der T. („Herrschaft der Vermögenden") handelt es sich um eine Herrschaftsform, bei der die politischen Rechte entsprechend dem Besitz oder der Steuerleistung abgestuft sind. Das Zensuswahlrecht, z. B. auch in der Form des preußischen Dreiklassenwahlrechts, entsprach dem timokratischen Herrschaftsverständnis. Bis zur Durchsetzung des gleichen Wahlrechts im 20 Jh. gab es durchweg Einschränkungen hinsichtlich der Wahlberechtigung.

Totalitarismus ist eine Form der Herrschaft, die die lückenlose Erfassung des Individuums anstrebt. Der Begriff selbst stammt aus den vierziger Jahren des 20. Jh. und diente der Politikwissenschaft zur Erfassung der Gemeinsamkeiten zwischen stalinistischen und faschistischen Diktaturen. Die totalitäre Diktatur macht systematischen Gebrauch von den technisch-operativen Herrschaftsinstrumenten des 20. Jh.

Tyrannei (Tyrannis) Herrschaftsform, die sich von griech. tyrannos: Herr, Alleinherrscher ableitet und heute die Bedeutung von Gewalt- oder Willkürherrschaft hat. In der griechischen Staatslehre galt die T. als Entartung der Monarchie. Der Tyrannenmord war in der Geschichte durchweg als legitime Form des Widerstandes anerkannt.

Utopie ist wörtlich der Ort, der nicht existiert. Der Begriff bezieht sich auf einen Roman des englischen Kanzlers Thomas Morus (16. Jh), in dem ein Staats- und Wirtschaftsideal dargestellt wird. Utopische Entwürfe enthalten neben ihrer weltverbesserischen Substanz eine Kritik an herrschenden Zuständen. Sie können auch warnende Komponenten enthalten.

Verbände organisieren wirtschaftliche, berufliche, kulturelle oder andere Interessen im Rahmen der pluralistischen Ordnung. V. nehmen im Unterschied zu modernen Volksparteien klar abgrenzbare Interessen ihrer Mitglieder wahr und vertreten diese nach außen: gegenüber der Regierung, den Parteien und den konkurrierenden Organisationen. Das Wirken der Verbände ist grundgesetzlich geschützt und stellt ein wesentliches Element der freiheitlichen Ordnung dar.

Verfassung In der V. wird die Grundordnung eines Staates fixiert. In ihr werden u. a. die Grundrechte der Bürger, die Staatsziele und die Formen und Grenzen staatlichen Handelns festgelegt. Verfassungen müssen notwendigerweise allgemein formuliert sein, sodass sich Spielräume eröffnen, die in der politischen Praxis geschlossen werden. Die Verfassungsgeschichte verlief weitgehend deckungsgleich mit der Herausbildung des bürgerlichen Rechtsstaates. Die V. der Bundesrepublik heißt Grundgesetz. Dessen Wesenskern ist als freiheitlich demokratische Grundordnung definiert.

Volkssouveränität In der Kombination von Souveränität und Volk ist dieser Begriff bedeutungsgleich mit Demokratie: Die Herrschaftsgewalt liegt letztlich beim Volk.

Widerstand Sehr allgemeiner Begriff für alle Maßnahmen und Handlungen, die gegen die Regierung oder die Staatsgewalt gerichtet sind. W. muss auf seine Legitimität hin im Einzelnen geprüft werden. Als Folge der nationalsozialistischen Diktatur sieht das Grundgesetz ein Widerstandsrecht für den Fall vor, dass die freiheitlich demokratische Grundordnung beseitigt werden soll.

Weiterführende Literatur

Kapitel 1: Französische Revolution und das Zeitalter Napoleons

Günter Barudio, Paris im Rausch, Die Revolution in Frankreich 1789–1795, Gütersloh, München 1989

Jean-Paul Bertaud, Alltagsleben während der Französischen Revolution, Freiburg, Würzburg 1989

François Furet, Mona Ozuf, Kritisches Wörterbuch der Französischen Revolution, Frankfurt/M. 1996

Wolfgang Mager, Frankreich vom Ançien Régime zur Moderne, 1630-1830, Stuttgart 1997

Albert Soboul, Kurze Geschichte der Französichen Revolutionen, Berlin 2000

Charles Tilly, Die europäischen Revolutionen, München 1999

Hans-Ullrich Wehler, Deutsche Gesellschaftsgeschichte, Bd. 1, 1700-1815, München 1996

Kapitel 2: Exkurs: Menschenrechte in Geschichte und Gegenwart

Gabriele von Arnim u.a. (Hg.), Jahrbuch der Menschenrechte 2001, Frankfurt/M. 2000

Alexander Demandt, Sternstunden der Geschichte, München 2000

Wolfgang Heidelmeyer (Hg.), Die Menschenrechte, Paderborn 1997

Uwe Wesel, Geschichte des Rechts, München 1997

Kapitel 3: Restauration und Vormärz

Karl Otmar Freiherr von Aretin, Vom Deutschen Reich zum Deutschen Bund, Göttingen 1980

Thomas Nipperdey, Deutsche Geschichte 1800–1866, Bürgerwelt und starker Staat, München 1998

Hans-Ulrich Wehler, Deutsche Gesellschaftsgeschichte, Bd. 2, 1815–1845/49, München 1996

Heinrich August Winkler, Der lange Weg nach Westen, Bd. 1, Deutsche Geschichte vom Ende des Alten Reiches bis zum Untergang der Weimarer Republik, München 2002

Kapitel 4: Die Revolution von 1848/49

Manfred Botzenhart, 1848/49: Europa im Umbruch, Paderborn 1998

Walter Grab, Die Revolution von 1848/49, Ditzingen 1998

Heinrich Lutz, Zwischen Habsburg und Preußen, Deutschland 1815–1866, Berlin 1985

Carola Stern und *Heinrich August Winkler* (Hg.), Wendepunkte deutscher Geschichte 1848–1990, Frankfurt/M. 2001

Veit Valentin, Geschichte der Deutschen Revolution 1848–1849, Berlin 1998

Kapitel 5: Industrielle Revolution und Soziale Frage

Christoph Buchheim, Industrielle Revolution, München 1994

Friedrich-Wilhelm Henning, Die Industrialisierung in Deutschland 1800–1914, Stuttgart 1995

Lothar Gall, Manfred Pohl, Die Eisenbahn in Deutschland, München 1999

David Landes, Wohlstand und Armut der Nationen, Berlin 1998

Heinrich Potthoff, Kleine Geschichte der SPD, Bonn 1991

Gerhard A. Ritter, Arbeiter, Arbeiterbewegung und soziale Ideen in Deutschland, München 1996

Hans-Ulrich Wehler, Deutsche Gesellschaftsgeschichte, Bd.2, 1815-1845/49, München 1996

Kapitel 6: Exkurs: Mensch und Umwelt

Johan Goudsblom, Feuer und Zivilisation, Frankfurt/M. 1995

Bernd Herrmann (Hg.), Umwelt und Geschichte, Göttingen 1989

Helmut Jäger, Einführung in die Umweltgeschichte, Darmstadt 1994

Rolf Peter Sieferle, Rückblick auf die Natur, Eine Geschichte des Menschen und seiner Umwelt, München 1997

Gottfried Zirnstein, Ökologie und Umwelt in der Geschichte, Marburg 1996

Kapitel 7: Das Deutsche Kaiserreich

Gordon A. Craig, Deutsche Geschichte 1866–1945, München 1999

Lothar Gall, Bismarck, Berlin 1997

Christian Graf von Krockow, Kaiser Wilhelm II. und seine Zeit, Berlin 2002

Thomas Nipperdey, Deutsche Geschichte, Bd. 2, 1866–1918, Arbeitswelt und Bürger, München 1998

John C. Röhl, Kaiser, Hof und Staat, Wilhelm II, und die deutsche Politik, München 1995

Michael Stürmer, Das ruhelose Reich, Deutschland 1866-1918, München 1998

Volker Ullrich, Die nervöse Großmacht, 1871-1918, Frankfurt/M. 1999

Kapitel 8: Imperialismus

Rudolf von Albertini, Europäische Kolonialherrschaft, Die Expansion nach Übersee, Stuttgart 1997

Winfried Baumgart, Der Imperialismus, Stuttgart 1975

Eric J. Hobsbawm, Das imperiale Zeitalter 1875–1914, Frankfurt/M., New York 1989

Jürgen Osterhammel, Kolonialismus, Geschichte, Formen, Folgen, München 1995

Wolfgang Reinhard, Kleine Geschichte des Kolonialismus, Stuttgart 1996

Wolfgang Reinhard (Hg.), Imperialistische Kontinuität und nationale Ungeduld im 19. Jahrhundert, Frankfurt/M. 1991

Kapitel 9: Der erste Weltkrieg

Fritz Fischer, Griff nach der Weltmacht, Düsseldorf 1994

Niall Ferguson, Der falsche Krieg, Der Erste Weltkrieg und das 20. Jahrhundert, Stuttgart 1999

John Keegan, Der Erste Weltkrieg, Eine europäische Tragödie, Reinbek 2000

Wolfgang Michalka (Hg.), Der Erste Weltkrieg, Wirkung, Wahrnehmung, Analyse, München 1994

Theodor Schieder, Staatensystem als Vormacht der Welt 1848–1918, Frankfurt/M. 1982

Barbara W. Tuchman, August 1914, Frankfurt/M. 2001

Kapitel 10: Die Weimarer Republik

Karl Dietrich Bracher, Die Auflösung der Weimarer Republik, Düsseldorf 2000

Thomas Nipperdey, Deutsche Geschichte, Bd.3, Machtstaat vor Demokratie, München 1998

Michael Stürmer, Das Jahrhundert der Deutschen, München 2002

Heinrich August Winkler, Weimar 1918–1933, Die Geschichte der ersten deutschen Demokratie, München 1998

Kapitel 11: Der Nationalsozialismus

Wolfgang Benz (Hg.), Die Juden in Deutschland 1933–1945, München 1996

Alan Bullock, Hitler und Stalin, Berlin 1999

Joachim Fest, Staatsstreich, Berlin 1999

Norbert Frei, Der Führerstaat, Nationalsozialistische Herrschaft 1933–1945, München 2001

Eric A. Johnson, Der nationalsozialistische Terror, Berlin 2001

Ian Kershaw, Hitler (Gesamtausgabe), Stuttgart 2002

Stanley Payne, Geschichte des Faschismus, Aufstieg und Fall einer europäischen Bewegung, München, Berlin 2001

Bernd Sösemann (Hg.), Der Nationalsozialismus und die deutsche Geschichte, Stuttgart 2002

Weiterführende Literatur

Kapitel 12: Deutschland Von der Teilung zur Wiedervereinigung

Adolf Birke, Nation ohne Haus, Deutschland 1945–1961, Berlin 1989

Peter Graf Kielmansegg, Nach der Katastrophe, Berlin 2000

Christian Graf Krokow, Die Deutschen in Ihrem Jahrhundert, 1890–1990, Reinbek 1992

Gregor Schöllgen, Geschichte der Weltpolitik von Hitler bis Gorbatschow 1941–1991, München 1996

Klaus Schroeder, Der SED-Staat, Partei, Staat und Gesellschaft 1949-1990, München 2000

Jürgen Weber, Kleine Geschichte Deutschlands seit 1945, München 2000

Heinrich August Winkler, Der lange Weg nach Westen, Bd. 2, Deutsche Geschichte vom „Dritten Reich" bis zur Wiedervereinigung, München 2001

Stefan Wolle, Die heile Welt der Diktatur, Alltag und Herrschaft in der DDR 1971–1989, Berlin 1998

Kapitel 13: Die Sowjetunion

Stéphane Courtois u.a., Schwarzbuch des Kommunismus, München, Zürich 1998

Orlando Figes, Die Tragödie eines Volkes, Die Epoche der Russischen Revolution 1891-1924, Berlin 1998

Manfred Hildermeyer, Geschichte der Sowjetunion 1917–1991, Entstehung und Niedergang des ersten sozialistischen Staates, München 1998

Gerd Koenen, Utopie der Säuberung, Was war der Kommunismus?, Berlin 1998

Gerhard und *Nadja Simon*, Verfall und Untergang des sowjetischen Imperiums, München 1993

Hans-Joachim Torke (Hg), Historisches Lexikon der Sowjetunion 1917/22 bis 1991, München 1993

Kapitel 14: Die Vereinigten Staaten von Amerika im 20 Jahrhundert

Willi Paul Adams, Die USA im 20. Jahrhundert, München 2000

Willi Paul Adams u.a. (Hg.), Länderbericht USA I und II, Frankfurt/M., New York 1999

Erich Angermann, Die Vereinigten Staaten von Amerika seit 1917, München 2001

Jürgen Heideking, Geschichte der USA, Tübingen, Basel 1996

Peter Lösche, Die Vereinigten Staaten, Innenansichten, Hannover 1997

Gert Raeithel, Geschichte der nordamerikanischen Kultur, Bd. 3, Vom New Deal bis zur Gegenwart 1939–1988, Weinheim, Berlin 1989

Jörg von Uthmann, Volk ohne Eigenschaften, Amerika und seine Widersprüche, Stuttgart 1988

Kapitel 15: China

Patricia Buckley Ebrey, China, Frankfurt/M. 1996

Carsten Herrmann-Pillath u.a. (Hg.), Länderbericht China, Bonn 1998

Helwig Schmidt-Glitzer, Das neue China, Von den Opium-Kriegen bis heute, München 2001

Konrad Seitz, China, Eine Weltmacht kehrt zurück, Berlin 2000

Oskar Weggel, China im Aufbruch, Konfuzianismus und politische Zukunft, München 1997

Kapitel 16: Der Weg zum vereinten Europa

Hans Boldt, Die Europäische Union, Geschichte, Struktur, Politik, Mannheim 1995

Dietmar Herz, Die Europäische Union, München 2002

Europa-Union (Hg.), Europa von A bis Z, Bonn 2002

Walter Laqueur, Europa auf dem Weg zur Weltmacht 1945–1992, München 1992

Michael Stürmer, Die Kunst des Gleichgewichts, Europa in einer Welt ohne Mitte, Berlin, München 2001

Kapitel 17: Die Vereinten Nationen

Ernst-Otto Czempiel, Die Reform der UNO, München 1994

Dietmar Herz u.a., Vereinte Nationen, Entwicklung, Aktivitäten, Perspektiven, Frankfurt/M. 2002

Günther Unser, Die UNO, Aufgaben und Strukturen der Vereinten Nationen, München 1997

Andreas Zumach, Vereinte Nationen, Reinbek 1995

Kapitel 18: Exkurs Terrorismus

Hans Frank, Kai Hirschmann, Die weltweite Gefahr, Terrorismus als internationale Herausforderung, Berlin 2002

Bruce Hoffman, Terrorismus, Der unerklärte Krieg, Frankfurt/M. 2001

Walter Laqueur, Die globale Bedrohung, Neue Gefahren des Terrorismus, Berlin 1998

Bassam Tibi, Die neue Weltunordnung, Westliche Dominanz und islamischer Fundamentalismus, München 2001

Register

Register

Register

Bildnachweis